Recueil de Problèmes

F. P. B.

GOLFMES

RECUEIL

DE

PROBLÈMES

Tout exemplaire qui ne sera pas revêtu des trois signatures ci-dessous sera réputé contrefait.

Les Éditeurs,

Les ouvrages suivants se trouvent aux mêmes adresses.

Livre-Tableau, format in-plano.
Syllabaire, in-18.
Premier Livre de Lecture, in-18.
Syllabaire et Premier Livre, in-18.
Vie de N.-S. Jésus-Christ, in-18.
Devoirs du Chrétien, in-12.
Lectures courantes, in-12.
* Lect. instructives (manuscrit), in-12.
Abrégé de Grammaire, in-18.
Grammaire française, in-12.
Cours élém. d'Orthographe, in-12.
* Cours intermédiaire d'Orthographe, in-12.
* Cours d'Analyse, in-12.
* Exercices orthographiques, 2 v. in-12.
* Leçons de Langue française : Cours préparatoire, élémentaire, moyen, supérieur, 4 vol. in-12.
Petite Histoire sainte, in-18.
Cours moyen d'Histoire sainte, in-16.
Cours supérieur d'Hist. sainte, in-12.
Histoire sainte et de France, in-18.
Histoire sainte et de France, in-12.
Hist. de France : Cours élém., moyen, supér., 3 vol. (in-18, in-16, in-12.)
Chronologie de l'Hist. de France, in-12.
45 Leçons de Géographie, in-12.
Petite Géographie, in-18.
Géographie : Cours élément., moyen, supérieur, 3 v. (in-18, in-16, in-12).
Atlas A, de 8 cartes, in-8°.

Atlas B, C, D, E, in-4°, contenant: 8, 14, 30, 36 cartes.
Petite Arithmétique, in-18.
Abrégé d'Arithmétique, in-18.
* Exercices de Calcul, in-18.
* Recueil de Problèmes, in-18.
* Petit Système métrique, in-18.
* Les Fractions, in-18.
* Traité d'Arithmétique décim., in-12.
Réponses aux Probl. du Traité, in-12.
* Arithmétique, Cours moyen, in-16.
* Arithmétique, Cours supér., in-12.
* Recueil de Problèmes, in-12.
Extraits de la Géométrie, in-18.
* Abrégé de Géométrie, in-12.
Le même, avec Atlas, in-4°.
Manuel d'Arpentage, in-12.
Petit Questionnaire, in-18.
Manuel des commençants, in-18.
* Cours élém., Tenue des Livres, in-12.
Chants Pieux (texte), in-18.
Les mêmes, avec musique, in-18.
Éléments d'Arithmétique, d'Algèbre, de Géométrie, de Trigonométrie, d'Arpentage, de Géometrie descriptive, de Cosmographie, Mécanique, 8 vol. in-12.
Exercices (maître) d'Arithmétique, d'Algèbre, de Géométrie, de Trigonométrie, de Géométrie descriptive, Mécanique, 6 vol. in-12.

Nota : Aux ouvrages marqués * correspond un Livre du Maître.

RECUEIL

DE

PROBLÈMES

PRÉSENTANT

L'APPLICATION DES OPÉRATIONS DE L'ARITHMÉTIQUE

AUX DIVERSES BRANCHES

DU COMMERCE ET DE L'INDUSTRIE

ET SPÉCIALEMENT

A L'AGRICULTURE, A L'ÉCONOMIE DOMESTIQUE,
AUX CONSTRUCTIONS CIVILES, AUX CHEMINS DE FER, A LA MÉTALLURGIE
A L'EXPLOITATION DES MINES ET DES CARRIÈRES,
A L'ÉVALUATION DES SURFACES ET DES VOLUMES,
A LA DENSITÉ DES CORPS, AUX ASSURANCES, AUX RENTES SUR L'ÉTAT,
AUX RENTES VIAGÈRES, ETC. ETC.

Ouvrage qui, dans plus de 4200 problèmes distincts, offre près de 6000 questions à résoudre.

A L'USAGE DES ÉCOLES CHRÉTIENNES

PAR F. P. B.

LIVRE DE L'ÉLÈVE

CHEZ LES ÉDITEURS

TOURS	PARIS
ALFRED MAME ET FILS	POUSSIELGUE FRÈRES
Imprimeurs-Libraires	Rue Cassette, 15

AVANT-PROPOS

Le *Recueil de Problèmes* que l'on publie aujourd'hui forme, avec les *Exercices de Calcul,* publiés il y a quelques années, un cours à peu près complet d'Arithmétique pratique. Dans ce Recueil, les problèmes appliqués aux nombres entiers et décimaux sont la suite des problèmes de même espèce contenus dans les Exercices de Calcul; c'est pourquoi ceux-là sont plus compliqués que ceux-ci. Tous les autres problèmes du présent Recueil sont gradués de telle sorte que, dans chaque article, on en trouve d'abord un assez grand nombre qui sont très-élémentaires; puis, à mesure qu'on avance, les difficultés se compliquent peu à peu, de manière que les derniers problèmes de chaque série sont assez difficiles pour exercer les élèves avancés et ceux qui sont doués d'un bon jugement. Dans la classification de ces problèmes, on a eu soin de placer ensemble ceux qui présentent des combinaisons, des difficultés du même genre. Ainsi, quand on aura bien saisi la solution du premier des trois ou quatre problèmes se rapportant à la même combinaison, les autres serviront d'exercices pour graver dans l'esprit la solution des difficultés que présente cette combinaison.

Pour chaque série, on a passé en revue, et l'on a inséré dans les problèmes, selon les différents cas, les diverses combinaisons employées dans les Traités d'Arithmétique et les Recueils de problèmes les plus estimés, tels que le Traité d'Arithmétique en usage dans nos Écoles, les Principes et Problèmes d'Arithmétique de Delille, l'Arithmétique des Écoles primaires par M. Ritt, le Recueil de problèmes de Saigey, celui de Grémilliet, etc.

Dans la rédaction de ces problèmes, on s'est étudié à les rendre aussi utiles et aussi instructifs que possible. On a parcouru les principales branches du commerce, les principaux genres d'industrie, et spécialement l'art si important de l'agriculture.

Tous ces problèmes sont appliqués à quelqu'une des différentes conjonctures qui peuvent se présenter dans les diverses professions agricoles, industrielles et commerciales. Les données qu'ils renferment présentent des notions intéressantes, d'utiles renseignements sur les procédés à employer, sur la marche à suivre, sur la dépense à faire, sur le bénéfice à réaliser dans les nombreuses circonstances de la vie des industriels, des commerçants, des ouvriers et des agriculteurs.

Toutes les données et tous les prix indiqués dans l'énoncé des problèmes et dans les solutions ont été puisés à des sources certaines, authentiques et officielles, si l'on peut s'exprimer ainsi ; en sorte que, lorsqu'on y lit que telle marchandise coûte tel prix, que telle industrie produit tel rapport, tel profit, demande tel poids de combustible, telle quantité de matières premières, etc., les nombres employés expriment la vérité, la réalité ; ce ne sont pas des quantités prises ou trouvées au hasard. Les prix sujets à varier sont ceux auxquels s'évaluaient les objets à l'époque de la rédaction des problèmes, ou bien ils sont la moyenne entre le prix le plus élevé et le prix le plus bas. Une partie des prix indiqués désignent la valeur des marchandises vendues en gros ; l'autre partie, la valeur des marchandises vendues en détail.

Les élèves des classes ou des divisions élémentaires trouveront dans cet ouvrage une ample provision de problèmes simples et faciles, en rapport avec leur degré d'instruction ; les élèves des classes ou des divisions avancées, des classes spéciales, des classes supérieures, etc., y trouveront une très-grande quantité de questions et des problèmes qui leur offriront de nombreuses applications des différentes propriétés des nombres, des différents principes démontrés en Arithmétique, et même de plusieurs principes démontrés en Géométrie. Ceux d'entre les élèves qui voudraient se préparer à l'obtention du brevet de capacité pour l'instruction primaire, trouveront dans ce Recueil tous les genres de problèmes proposés dans les commissions d'examen. A tous, cet ouvrage fournira un travail proportionné aux divers degrés d'intelligence, un travail qui sera pour eux très-utile, très-instructif et très-intéressant.

En résumé, l'élève, le jeune homme qui aura suivi avec application ce cours de problèmes, se trouvera en possession d'une foule de notions utiles, et pourra être placé avantageusement dans une usine, dans une maison de commerce, dans une exploitation agricole, etc.; il connaîtra une multitude de choses qui lui donneront l'intelligence de divers procédés employés, et lui prépareront le plus heureux avenir par l'expérience qu'il acquerra dans la carrière qu'il aura embrassée.

N.-B. A la fin de l'ouvrage, se trouve une table analytique et alphabétique des matières, laquelle donne la définition et l'explication des objets les moins connus faisant la matière du commerce et de l'industrie. A la suite du nom ou de la définition de chaque objet, cette table indique les n°s des problèmes dans lesquels il est fait mention de cet objet ou qui y ont quelque rapport.

Ainsi, par exemple, voudra-t-on résoudre des problèmes sur l'industrie du fer, on cherchera dans la table le mot FER, et l'on y trouvera l'indication des n°s de tous les problèmes qui ont rapport à cette industrie. Voudra-t-on résoudre des Problèmes sur le commerce des Laines, on cherchera dans la table le mot LAINES, et l'on y trouvera l'indication des n°s des problèmes qui ont rapport à ce commerce. Il en sera de même pour les autres articles, tels que la Maçonnerie, la Charpente, la Menuiserie, le Blé, les Huiles, les Graines, etc.

Dans l'exécution des opérations indiquées par les solutions, lorsqu'il s'est agi du calcul des décimales, on s'est généralement arrêté, selon les différents cas : 1° au calcul des millimètres pour les mesures linéaires proprement dites, et au calcul des mètres pour les mesures itinéraires; 2° au calcul des millimètres carrés pour les petites superficies, et des centimètres carrés pour les superficies de moyenne grandeur; 3° au calcul des centiares ou des mètres carrés pour les mesures agraires; 4° au calcul des millimètres cubes pour les volumes de petites dimensions, des centimètres cubes pour les volumes de dimensions moyennes, et des décimètres cubes pour les volumes de grandes dimensions; 5° au calcul des centilitres pour les mesures de capacité de petites dimensions, et au calcul des litres comme centièmes d'hectolitre pour les capacités de grandes dimensions; 6° au calcul des milligrammes pour les matières précieuses, au calcul des grammes comme millièmes de kilogramme pour le poids des objets ordinaires, et au calcul des kilogrammes comme centièmes du quintal métrique ou millièmes de la tonne métrique pour les poids considérables; 7° enfin, au calcul des centimes pour les sommes d'argent.

Lorsque la décimale à laquelle on s'est arrêté devait être suivie d'une autre décimale représentée par un chiffre plus fort que 5, on a généralement augmenté d'une unité de son ordre la décimale à laquelle on a borné l'évaluation.

REMARQUES
SUR L'EMPLOI DE QUELQUES-UNS DES SIGNES DE L'ARITHMÉTIQUE.

$+$	Plus.
$-$	Moins.
$\times$	Multiplié par.
$12 : 4$ ou $\frac{12}{4}$	12 divisé par 4.
$=$	Égale.
x	Quantité inconnue.
$:$	Est à (dans les proportions).
$::$	Comme (dans les proportions).
p. $^0/_0$	Pour cent.
p. $^0/_{00}$	Pour mille.
$\div$	Progression par différence.
$\div\!\!\!\cdot$	Progression par quotient.
$\sqrt[2]{\ }$ ou $\sqrt{\ }$	Racine carrée à extraire.
$\sqrt[3]{\ }$	Racine cubique à extraire.

On appelle *exposant* un nombre que l'on écrit à la droite d'un autre et un peu au-dessus; il indique combien de fois le dernier nombre est pris comme facteur, ou à quelle puissance il est élevé.

Ex. $8^2 = 8 \times 8$; $8^3 = 8 \times 8 \times 8$.

$4 \times 7 + 9$ indique qu'il faut multiplier 4 par 7 et ajouter 9 au produit; ainsi $4 \times 7 + 9 = 28 + 9 = 37$.

$36 : 4 - 1$ indique qu'il faut diviser 36 par 4 et retrancher 1 du quotient; ainsi $36 : 4 - 1 = 9 - 1 = 8$.

DES PARENTHÈSES.

Les parenthèses indiquent des opérations à effectuer sur les nombres qu'elles renferment, avant d'effectuer les opérations indiquées par les autres signes.

$4 \times (7 + 9)$ ou $4(7 + 9)$ (1) indique qu'il faut additionner 7 et 9 et multiplier 4 par le total; ou qu'il faut multiplier 4 par chacun des nombres 7 et 9 et additionner les

---

(1) Pour indiquer le produit de deux quantités dont l'une est entre (), on les écrit à la suite l'une de l'autre avec ou sans interposition du signe $\times$. Il en est de même si toutes les deux sont entre ().
Ex. $4 \times (7+9)$ ou $4(7+9)$ ou $(7+9)4$; $(8+3) \times (6+5)$ ou $(8+3)(6+5)$.

produits : ainsi : $4 \times (7 + 9) = 4 \times 16 = 64$; ou $4 \times (7 + 9) := 4 \times 7 + 4 \times 9 = 28 + 36 = 64$.

$36 : (4 - 1)$ indique qu'il faut retrancher 1 de 4 et diviser 36 par cette différence; ainsi : $36 : (4 - 1) = 36 : 3 = 12$.

$8 \times (3^2 \times 5 + 6 \times 7 - 10) : (2 \times 7 - 3) + 15$ indique qu'il faut élever 3 au carré, le multiplier par 5, y ajouter le produit de 6 par 7, en retrancher 10, et multiplier 8 par ce résultat; ensuite multiplier 2 par 7, retrancher 3 du produit, diviser le premier résultat par le deuxième, et ajouter 15 au quotient; cette formule devient donc : $8 \times (3 \times 3 \times 5 + 6 \times 7 - 10) : (2 \times 7 - 3) + 15$, ou $8 \times (45 + 42 - 10) : (14 - 3) + 15 = (8 \times 77) : 11 + 15 = 616 : 11 + 15 = 56 + 15 = 71$ (1).

Le signe $=$ indique que les quantités qu'il sépare sont égales; on ne doit donc pas écrire.

$8 \times 6 = 48 + 7 = 55 : 11 = 5 + 4 = 9$.

C'est comme si l'on écrivait :

$48 = 55 = 5 = 9$, ce qui est évidemment faux.

On pourrait écrire

$8 \times 6 = 48$; $48 + 7 = 55$; $55 : 11 = 5$; $5 + 4 = 9$; ou $(8 \times 6 = 48) + 7 = 55$; $(55 : 11 = 5) + 4 = 9$; ou enfin $[(8 \times 6 = 48) + 7 = 55] : 11 = 5$; $5 + 4 = 9$.

Si l'on avait $18 - (12 - 5)$, on pourrait écrire $18 - 12 + 5$ au lieu de $18 - 7$, en changeant les signes de 12 (qui est censé avoir le signe $+$) et de 5. En effet, si l'on avait à retrancher 12 de 18, on écrirait $18 - 12$; mais 12 est trop fort de 5, donc le reste $18 - 12$ est trop faible de 5; il faut donc y ajouter 5; ainsi il devient $18 - 12 + 5 = 6 + 5 = 11$, qui égale bien $18 - 7 = 11$.

Soit à multiplier $7 - 3$ par $5 - 2$.

$$\begin{array}{r} 7 - 3 \\ 5 - 2 \\ \hline 7 \times 5 - 3 \times 5 - 7 \times 2 + 3 \times 2 \\ \text{ou}\quad 35 - 15 - 14 + 6 = 12 \end{array}$$

Le produit de $(7-3) \times 5$ est $7 \times 5 - 3 \times 5$; celui de $(7-3) \times 2$ est $7 \times 2 - 3 \times 2$; mais comme il doit être retranché du précédent, il faut changer ses signes $+$ et $-$ (le signe $+$ est censé être devant tout nombre qui n'est pas précédé du signe $-$).

---

(1) Quand des nombres sont séparés par l'un des signes $\times$ ou $:$, ils sont considérés comme ne formant qu'un seul nombre ou terme; on ne les met entre ( ) que quand on veut faire ressortir leur produit ou leur quotient, soit dans une démonstration, soit ailleurs; ainsi :

$8 + 7 \times 6 - 21 : 3 - 2$ est la même chose que $8 + (7 \times 6) - (21 : 3) - 2$.

$6 + (6 + 5) + (6 + 5 - 4)$ est la même chose que $6 + 6 + 5 + 6 + 5 - 4$.

L'emploi des ( ) indique le total de trois nombres dont le premier est 6; le second surpasse le premier de 5; et le troisième est inférieur au deuxième de 4.

LISTE
DES PRINCIPALES ABRÉVIATIONS
EMPLOYÉES DANS CET OUVRAGE

Mm.	signifie	myriamètre.
km.	—	kilomètre.
hm.	—	hectomètre.
Dm.	—	décamètre.
m. *ou* mèt.	—	mètre.
dm.	—	décimètre.
cm.	—	centimètre.
mm.	—	millimètre.
Dm^2 *ou* Dm. carr.	—	décamètre carré.
m^2 *ou* m. carr.	—	mètre carré.
dm^2 *ou* dm. carr.	—	décimètre carré.
cm^2 *ou* cm. carr.	—	centimètre carré.
mm^2 *ou* mm. carr.	—	millimètre carré.
m^3 *ou* m. cub.	—	mètre cube.
dm^3 *ou* dm. cub.	—	décimètre cube.
cm^3 *ou* cm. cub.	—	centimètre cube.
mm^3 *ou* mm. cub.	—	millimètre cube.
ha.	—	hectare.
a.	—	are.
ca.	—	centiare.
Dst.	—	décastère.
st.	—	stère.
dst.	—	décistère.
kl.	—	kilolitre.
hl.	—	hectolitre.
Dl.	—	décalitre.
l. *ou* lt.	—	litre.
dl.	—	décilitre.
cl.	—	centilitre.
kg. *ou* kilog.	—	kilogramme.
hg.	—	hectogramme.
Dg.	—	décagramme.
g. *ou* gr.	—	gramme.
dg.	—	décigramme.
cg.	—	centigramme.
mg.	—	milligramme.
f. *ou* fr.	—	franc.
c.	—	centime.

MOYENS D'ABRÉGER

CERTAINES OPÉRATIONS

Ce recueil contenant des problèmes dont la résolution exige de grandes multiplications, ou de grandes divisions, ou des extractions de racines assez compliquées, il serait utile d'employer des méthodes abrégées.

MÉTHODE ABRÉGÉE POUR LA MULTIPLICATION.

PRINCIPE. Il est évident que des millièmes multipliés par des unités donnent des millièmes au produit; que des dizaines multipliées par des dix-millièmes donnent des millièmes au produit; que des dizaines multipliées par des centièmes donnent des dixièmes au produit, etc.

Réciproquement, des unités multipliées par des millièmes donnent des millièmes au produit, etc.

Ce principe donne le moyen d'abréger les multiplications dont les facteurs renferment un grand nombre de chiffres décimaux, en permettant de négliger le calcul des chiffres dont les produits fourniraient des décimales d'un ordre inférieur.

Lorsque, dans une multiplication de nombres décimaux, on ne veut tenir compte que d'un certain nombre de décimales, on calcule, pour plus d'exactitude, comme si l'on voulait tenir compte d'une décimale de plus. Pour obtenir ce résultat, on opère de la manière suivante :

RÈGLE. On écrit le chiffre des unités du multiplicateur au-dessous du chiffre du multiplicande qui exprime des unités de l'ordre décimal auquel on veut s'arrêter pour plus d'exactitude, puis on renverse en quelque sorte le multiplicateur, en écrivant les dizaines, les centaines, etc., à la droite du chiffre des unités; et, à la gauche de ce même chiffre, les dixièmes, les centièmes, etc. du multiplicateur; comme si le chiffre des unités servant de pivot, on faisait tourner le multiplicateur sur ce chiffre. Ensuite on multiplie le multiplicande par chacun des chiffres du multiplicateur ainsi renversé, en négligeant pour chaque produit partiel tous les chiffres du multiplicande qui sont à la droite du chiffre placé au-dessus de celui du multiplicateur par lequel on multiplie actuellement; on ne tient compte que de la retenue du chiffre précédent. Les produits partiels ne s'avancent pas successivement d'un, de deux, etc., rangs vers la gauche, puisque tous expriment des unités de même nature.

1er Ex. Calculer 5 945,80 364 × 257,940 728 à moins de 0,001 près.

Afin d'obtenir le chiffre des millièmes exact, on calculera les dix-millièmes et l'on tiendra compte des dix-millièmes donnés par les produits des cent-millièmes.

Puisque l'on se contente de l'exactitude des millièmes, on dispose les facteurs de telle sorte, que le chiffre des unités du multiplicateur soit placé, pour plus d'exactitude, sous le chiffre des dix-millièmes du multiplicande, puis on écrit les autres chiffres du multiplicateur dans un ordre inverse, en plaçant à la droite du chiffre des unités les dizaines, les centaines, etc.; et, à sa gauche, les dixièmes, les centièmes, etc.

Par suite de cette disposition, chacun des chiffres du multiplicateur se trouve placé, à l'égard du chiffre correspondant du multiplicande, d'une manière telle, que le produit des deux chiffres placés l'un au-dessus de l'autre exprime des dix-millièmes : comme il manque un chiffre à la droite du multiplicande, on y a écrit un zéro.

```
   5945,803640
    827 049752
   ───────────
  11891 607280
   2972 901820
    416 206255
     53 512232
      2 378321
        41621
         1189
          475
   ───────────
   1533664,9193
```

Les facteurs étant ainsi disposés, on multiplie le multiplicande par 2, puis par 5, en commençant la 2ᵉ multiplication partielle à partir du chiffre 4 placé au-dessus du 5. On agit pareillement à l'égard du 7 en commençant la 3ᵉ multiplication partielle à partir du chiffre 6 placé au-dessus du 7 ; mais pour tenir compte de la retenue qui proviendrait du produit précédent, on multiplie mentalement 4 par 7 ; le produit 28 étant plus près de 30 que de 20, il vaut mieux retenir 3 que de retenir 2, puis on dit : 7 fois 6 font 42 et 3 de retenue font 45, j'écris 5, etc. En commençant la 4ᵉ multiplication partielle, on multiplie mentalement 6 par 9, le produit 54 donnant 5 de retenue, on dit : 9 fois 3 font 27 et 5 font 32, j'écris 2, etc. La somme des produits partiels, ou le produit demandé, est donc 1 533 664,919 à moins de 0,001 près.

Le chiffre à droite des millièmes n'étant pas demandé, on le supprime ; s'il était au moins 5, on augmenterait d'une unité le chiffre 9 des millièmes.

2ᵉ Ex. Calculer le produit $864{,}295642 \times 28{,}7092654$ à moins de 0,01 près.

```
   864,295642
    45629 0782
   ──────────
     1728 5913
      691 4365
       60 5006
          7778
           173
            52
             4
   ──────────
     24813,29
```

On calcule les millièmes afin que les centièmes soient exacts. On écrit le chiffre 8 des unités du multiplicateur au-dessous du chiffre 5 des millièmes du multiplicande, etc.

Le produit de 2 par 6 est augmenté de 1 ; car, en multipliant mentalement 4 par 2, on obtient 8, nombre plus près de 10 que de 0.

Le 5 du multiplicateur n'ayant point de correspondant supérieur dans le multiplicande, on se contente de multiplier mentalement 8 par 5 et d'écrire la retenue 4 du produit, et l'on ne multiplie point du tout par 4, puisqu'il n'a pas non plus de correspondant supérieur dans le multiplicande.

Le produit total est 24 813,29 à moins de 0,01 près.

3ᵉ Ex. $72{,}94 \times 0{,}00685632$ à moins de 0,001 près.

```
        72,9400
      23658 6000
     ───────────
           437 6
            58 3
             3 6
               4
     ───────────
           0,499 9
   ou      0,5
```

Puisqu'il faut calculer les dix-millièmes, on écrit deux zéros à la droite du multiplicande.

Le chiffre 9 des dix-millièmes du produit étant supérieur à 5, le chiffre 9 des millièmes doit être augmenté d'une unité ; ainsi, le produit est 0,5 à moins de 0,001 près (et non à moins de 0,1 près, car le produit est 0,500).

MÉTHODE ABRÉGÉE POUR LA DIVISION.

En général, la détermination d'un chiffre du quotient ne dépend que des deux ou trois premiers chiffres à gauche du dividende, et du premier ou des deux premiers chiffres à gauche du diviseur ; on peut donc, ordinairement, trouver tous les chiffres du quotient sans employer les chiffres qui sont à la droite du dividende, ce qui abrége l'opération.

RÈGLE. On supprime à la droite du dividende autant de chiffres *moins deux* qu'il y en a au diviseur. On divise la partie à gauche du dividende par le diviseur, comme à l'ordinaire. S'il n'y a pas de reste, on écrit à la droite du quotient autant de zéros que l'on a supprimé de chiffres dans le dividende. S'il y a un reste, on supprime le chiffre à droite du diviseur, puis on divise le reste par le nouveau diviseur. En multipliant le diviseur par le chiffre écrit au quotient, il faut avoir soin de tenir compte de la retenue donnée par le produit partiel du chiffre supprimé ; il en est de même pour chaque opération partielle.

On continue la division en barrant, à chaque opération partielle, le dernier chiffre à droite du diviseur.

On termine l'opération lorsqu'il n'y a plus au diviseur qu'un chiffre non barré.

Barrant alors le chiffre à droite du quotient trouvé, on a le quotient demandé.

1ᵉʳ Ex. Soit à diviser 98 068 792 586 par 789 673.

```
9806879 |2586    | 78 9673
1910149 |        |
 330803 |        | 12|4186,
  14934 |
   7037 |
    720 |
     10 |
      2 |
```

Comme il y a six chiffres au diviseur, on en sépare quatre à la droite du dividende. Divisant ensuite 9 806 879 par 789 673, on obtient 12 pour quotient et 330 803 pour reste. Barrant le chiffre 3 du diviseur et divisant le reste par 78 967, on trouve 4 pour quotient. En multipliant 78 967 par 4, on tient compte de la retenue 1 du produit (3×4) du chiffre supprimé, en disant 4 fois 7 font 28 et 1 de retenue font 29, etc. Barrant alors le 7 du diviseur, la division de 14 934 par 7896 donne 1 pour quotient; le produit du chiffre supprimé 7 par 1 ne donne pas de retenue; cependant ce produit étant assez près de 10, on peut retenir 1 (de cette manière ce que l'on néglige d'une part est à peu près compensé par ce que l'on ajoute de l'autre). Barrant le dernier chiffre 1 du quotient trouvé, on obtient 124 186 pour le quotient demandé, à moins d'une unité près.

2ᵉ Ex. Soit à diviser 966 225 865 par 2 876 561.

```
9662 |25865  | 2876561
1033 |       |
 170 |       | 3359
  27 |       |  336
   2 |
```

Le diviseur ayant sept chiffres, on supprime à la droite du dividende cinq chiffres, c'est-à-dire sept moins deux; mais, après avoir supprimé ces cinq chiffres à la droite du dividende, on ne peut diviser la partie à gauche par le diviseur; on supprime donc à la droite du diviseur le nombre de chiffres nécessaire pour que la division puisse s'effectuer, en sorte que le diviseur n'est plus que 2876; on divise la partie restante du dividende, ou 9662, par 2876; puis le reste 1033 par 287; le nouveau reste 170 par 28, et 27 par 2, en tenant compte chaque fois de la retenue provenant du produit du chiffre du quotient par le dernier chiffre supprimé au diviseur.

Le dernier chiffre 9 du quotient peut être trop fort à cause des retenues négligées; ces retenues pour chaque opération partielle de la partie abrégée sont toujours plus petites que l'unité. Le dernier dividende partiel ne peut donc être trop fort tout au plus que d'autant d'unités que l'on a fait d'opérations abrégées; ici il y en a trois; retranchant 3 de 27 il reste 24, qui, divisé par 2, en tenant compte de la retenue 6 de 8×8, donne 8, chiffre plus fort que 5; ainsi le dernier chiffre du quotient doit être augmenté d'une unité. Le quotient est donc 336 à moins d'une demi-unité près par excès.

Division des nombres décimaux.

Calculer le quotient de 8 653,242 : 653,43 à moins de 0,0 001 près.

Après la suppression de la virgule au diviseur, la division est 865 324,2 : 65 343; mais puisqu'il faut quatre chiffres décimaux au quotient, et que le dividende ne contient qu'un chiffre décimal, il faut écrire trois zéros à sa droite; or, comme il faudra supprimer trois chiffres à la droite du dividende, on peut ne pas écrire les trois zéros.

```
865324,2|000  | 65 343
211894       |
 15865 2     | 13,2428     Le quotient est donc 13,2428.
  2796 6     |
   182 9     |
    52 2     |
     - 0     |
```

MÉTHODE ABRÉGÉE POUR L'EXTRACTION DE LA RACINE CARRÉE

Après avoir déterminé par le procédé ordinaire plus de la moitié des chiffres, on écrit à la droite du reste toutes les tranches non employées, et, à la droite du double de la racine, autant de zéros qu'il y a de tranches; ou bien on écrit seulement à la droite du reste la moitié des chiffres non employés; et, ainsi modifié, on le divise par le double de la racine.

Ex. Soit à extraire la racine carrée de 676 932 528,735.

```
6.76.93.25.28,73.50  | 26017,92
2 76                 |
  00 9 3 2.5         |    46
     4 124 287       |   5201
       48 288        |
         1 4 70 7    |   5202
            4 30 5   |
```

Après avoir déterminé les quatre premiers chiffres de la racine par le procédé ordinaire, on détermine les trois derniers par la division. Après avoir trouvé à la racine 2601 et au reste 4 124, on devrait écrire à la droite du reste les trois tranches 28.73.50 et trois zéros à la droite de 5 202, double de la racine; et, les ayant ainsi préparés, diviser le reste par le double de la racine; mais il est plus simple de ne pas écrire les trois zéros et de n'écrire que la moitié des chiffres restants; on est ainsi conduit à diviser 4 124 287 par 5 202, ce qui donne 792 pour les trois derniers chiffres de la racine; comme il doit y avoir deux décimales à la racine, elle est 26 017,92 à moins d'un centième près.

Pour faire la preuve, il suffit d'élever au carré la racine obtenue; on devra retrouver le nombre donné si celui-ci est un carré parfait; s'il n'est pas un carré parfait, on obtiendra un nombre inférieur; mais si l'on y ajoute deux fois la racine plus 1, on devra obtenir un résultat supérieur au nombre donné.

On pourrait encore, dans cet exemple, calculer six chiffres de plus (1); mais auparavant il faut rectifier le reste, qui est toujours trop fort. Pour cela, on peut élever au carré la racine 26 017,92 et retrancher ce carré du nombre proposé; ou, plus simplement, faire le double produit de 2601 suivi de trois zéros (autant qu'il y a de chiffres à la suite de 2601) par 792, puis former le carré de 792, additionner les résultats, et retrancher le total de 4 124 287 350 (le reste 4124 (2) suivi de toutes les tranches laissées à la droite du nombre donné, quand même elles seraient des zéros de décimales).

Produit du double de 2 601 000 par 792	=	4 119 984 000
Carré de 792	=	627 264
Total	=	4 120 611 264
à retrancher de		4 124 287 350
Reste rectifié		3 678 086

à diviser par le double de 2 601 792 ou 5 203 584.

Il faudrait écrire douze zéros (3) à la droite de ce reste et six (4) à la droite du double de la racine; il suffit donc d'en écrire six à la droite du reste. On peut aussi faire la division abrégée.

```
36780860 00000 | 5 203 584
  355772       | 7 06 8 37 0
   43557       |
    1929       |
     368       |
      04       |
```

La racine est donc 26 017,92 706 837 à moins d'un cent-millionième près.

(1) Un de moins que l'on n'en a calculé en tout.
(2) Le dernier reste obtenu en calculant d'après la **méthode ordinaire**.
(3) Le double du nombre des chiffres à calculer.
(4) Autant qu'il reste de chiffres à calculer.

MÉTHODE ABRÉGÉE POUR L'EXTRACTION DE LA RACINE CUBIQUE.

Après avoir déterminé plus de la moitié des chiffres de la racine, on écrit à la droite du reste obtenu les chiffres suivants non employés (du nombre proposé) en nombre égal à celui des chiffres qui restent à déterminer, puis on divise le nombre ainsi formé par le triple carré de la racine obtenue.

```
Ex.  4.678.325.647,854 | 1672,4
    1³ = 1             |   3
      36               |  768
    16³ = 4096         |
      5823             |
    167³ = 4657463     |
      2086264 | 83667
       412924 |   24
        78256 |
```

Après avoir obtenu les trois premiers chiffres 167 de la racine, on divise 2 086 264 (le dernier reste et les chiffres suivants 6 et 4 du nombre donné) par 83 667, triple carré de 167; on obtient ainsi 2 et 4 pour les deux autres chiffres de la racine.

La racine cubique demandée est donc 1672,4, à moins d'un dixième près.

Si l'on voulait calculer quatre chiffres de plus, il faudrait d'abord rectifier le reste en retranchant du nombre donné le cube de 16724, ou procéder comme il est indiqué ci-dessous; puis diviser le reste ainsi rectifié, et suivi de douze chiffres (1) (ici, douze zéros, puisqu'il n'y a plus de chiffres significatifs) par le triple carré de 16724 suivi de huit zéros (2); ou plus simplement diviser le reste suivi de quatre zéros (3) par le triple carré de 16724.

Ou. Il est à remarquer que la racine 16724 peut se décomposer en deux parties 16700 et 24. La première partie 16700 a été obtenue par le procédé ordinaire, et la seconde 24, l'a été par la division.

Pour rectifier le reste il faut :

1° Former le triple carré de la première partie et le multiplier par la seconde.

2° Multiplier le triple de la première partie par le carré de la seconde.

3° Former le cube de la seconde et additionner ces résultats.

4° Retrancher ce total du nombre formé par le reste obtenu en calculant la première partie et les tranches suivantes en nombre égal à celui des chiffres déterminés par la division, ainsi :

(Triple carré de 16700) × 24	=	20080080000
(Triple de 16700) × le carré de 24	=	28857600
Cube de 24	=	13824
Total	=	20108951424
à retrancher de	=	20862647854
Reste rectifié		753696430

à diviser par 839 076 528, nombre qui est le triple carré de 16 724.

```
755696|4300000 | 83907652a8
 82435          |    89824
  6919
   207
    39
     6
```

La racine demandée est donc 1 672,48 932 à moins de 0,00 001 près.

---

(1) Nombre de chiffres triple de celui qui reste à déterminer, ou nombre de tranches égal au nombre de chiffres qui restent à déterminer.
(2) Nombre double de celui des chiffres qui restent à déterminer.
(3) Nombre égal à celui des chiffres qui restent à déterminer.

N° 1. TABLEAU

DES POIDS SPÉCIFIQUES, OU DES DENSITÉS DE QUELQUES CORPS (1).

SOLIDES.

Platine laminé.	22,069	Verre fin (à la potasse).	2,454
Id. passé à la filière.	21,0417	Id. de Saint-Gobain.	2,488
Id. forgé.	20,3366	Porcelaine de Chine.	2,384
Id. purifié.	19,5	Id. de Sèvres, dégourdie.	2,619
Or forgé.	19,3617		
Or fondu.	19,2581	Id. cuite.	2,242
Or des monnaies de France.	17,65	Marbre de Paros.	2,838
		Id. d'Afrique.	2,798
Mercure.	13,596	Id. des Pyrénées.	2,726
Plomb fondu.	11,352	Id. de Carrare.	2,717
Argent fondu.	10,4743	Marbre français.	2,649
Id. des monnaies de France.	10,121	Id. florentin jaune.	2,516
		Albâtre calcaire.	2,758
Bismuth.	9,822	Id. gypseux.	2,314
Cuivre laminé ou forgé	8,95	Pierre meulière.	2,484
Cuivre rouge fondu.	8,85	Gypse ou plâtre fin.	2,2648
Bronze écroui.	8,70	Pierre à plâtre ordinaire	2,20
Cuivre jaune ou laiton.	8,427	Briques les plus cuites.	2,200
Fer en barre (2).	7,788	Id. les moins cuites.	1,500
Fer fondu.	7,207	Tuiles ordinaires.	2,00
Etain.	7,291	Sable pur.	1,900
Zinc laminé.	7,19	Sable terreux.	1,700
Zinc fondu.	6,861	Terre glaise.	1,900
Antimoine.	6,720	Terre argileuse.	1,600
Aluminium écroui.	2,67	Terre végétale légère.	1,400
Id. fondu.	2,56	Soufre.	2,086
Diamants les plus lourds (légèrement colorés en rose).	3,531	Anthracite. de 1,343 à 1,462	
		Houilles maréchales, de 1,280 à 1,302	
Id. les plus légers.	3,501	Id. grasses à longue flamme. de 1,276 à 1,363	
Cristal de roche.	2,653		
Cristal.	3,33	Id. sèches, id.	1,362
Flint-glass.	3,589	Asphalte.	1,063
Crown ordinaire.	2,447	Gutta-percha.	0,966
Verre à vitres.	2,527	Cire.	0,963
Id. à glaces.	2,463	Blanc de baleine.	0,943
Id. commun (à la soude).	2,451	Beurre.	0,942
		Graisse de porc (saindoux).	0,937
Id. à la potasse.	2,460		
Id. fin (à la soude).	2,436	Id. de mouton.	0,924

(1) Lorsque dans le calcul on ne devra tenir compte que d'un nombre de décimales moindre que celui de la table, le renvoi l'indiquera.
Ex. Le renvoi (T. 1 — 3 d.) indique qu'il ne faut tenir compte que de 3 décimales; ainsi pour l'argent on prendra 10,474 au lieu de 10,4743.
Si le chiffre décimal suivant était au moins 5, le dernier chiffre décimal employé devrait être augmenté d'une unité.
Pour les houilles et les bois, à moins d'indication contraire, on prendra le dernier nombre, lorsqu'il y en aura plusieurs.
(2) Dans la pratique, on compte 7, 8.

BOIS.

	de	à		de	à
Grenadier.	1,342	1,357	Frêne.		0,845
Buis de Hollande.	1,314	1,328	If.	0,744	0,807
Id. de Mahon.	0,914	0,928	Prunier.		0.872
Id. de France.	0,900	0,914	Orme vert.		0,763
Ebénier d'Amérique.	1,199	1,328	Orme.	0,553	0,723
Id. des Alpes.		1,042	Pin du Nord.		0,738
Ebène vert.		1,210	Pin rouge.		0,657
Id. noir.		1,187	Pin blanc.		0.553
Ebène.		1,125	Pommier.		0,734
Chêne vert.	0,930	1,220	Poirier.		0,732
Chêne sec.	0,643	1,015	Oranger.		0,705
Chêne de 60 ans (le cœur).		1,17	Sorbier.		0,673
Chêne rouvre et du Canada.		0,872	Cyprès, un an de coupe.		0,664
Chêne pédonculé.		0.808	Marronnier.		0,657
Noyer vert.		0,920	Sapin.		0,657
Id. brun (France).	0,600	0,685	Id. d'Angleterre.		0,555
Id. d'Afrique.	0,728	0,743	Id. d'Ecosse.		0,529
Mûrier.	0,885	0,890	Id. à 20 p.%d'humidité.		0,493
Acajou d'Espagne.		0,852	Platane.		0,648
Id. de St-Domingue.		0,755	Tilleul.		0,604
Id. de Cuba.		0,563	Sycomore.		0,590
Id. de Honduras.		0,560	Cèdre du Liban sec.	0,486	0,575
Acacia vert.	0,785	0,820	Aune.	0,510 à	0,800 0,555
Id. à 20 p.%d'humidité.		0,717	Peuplier de Holl.	0,528	0,614
Bouleau, idem.		0,812	Peuplier blanc d'Espagne.		0.511
Bouleau.	0,720	0,738	Peuplier.		0.387
Hêtre.	0,750	0,852	Liége.		0,24
Id. un an de coupe.		0,659	Moelle de sureau.		0,076

LIQUIDES.

Mercure.		13,596	Huile de caméline.	0,923
Acide sulfurique concentré (huile de vitriol).		1,841	Id. de pavots (d'œillette ou huile blanche).	0,924
Acide azotique du commerce (eau-forte).		1,2175	Id. d'olive.	0,915
Acide chlorhydrique (esprit de sel).		1,208	Id. de navette, de colza.	0,914
			Essence de térébenthine	0,869
Lait.		1,03	Bitume liquide, naphte, pétrole.	0,847
Eau de la mer.		1,0263	Alcool du commerce.	0,84
Vin de Bordeaux.		0,9939	Alcool absolu.	0,792
Id. de Bourgogne.		0,9915	Esprit de bois.	0,798
Huile de lin.		0,94	Ether sulfurique.	0,7155
Id. de poisson.		0,927		

GAZ. (Densité de l'air = 1.)

	Poids du litre. Gr.	Densité.
Chlore.	3,194172	2,47
Acide sulfureux.	2,888980	2,234
Acide carbonique.	1,977414	1,529
Oxygène.	1,429802	1,10563
Air.	1,293187	1
Hydrogène bicarboné (gaz de l'éclairage).	1,264737	0,978
Azote.	1,256167	0,97137
Oxyde de carbone.	1,237580	0,957
Hydrogène.	0,089578	0,06926

N° 2. — TABLE *servant à trouver le nombre de jours compris entre deux époques quelconques de l'année.*

JANVIER.	FÉVRIER.	MARS.	AVRIL.	MAI.	JUIN.	JUILLET.	AOUT.	SEPTEMBRE.	OCTOBRE.	NOVEMBRE.	DÉCEMBRE.
1	32	60	91	121	152	182	213	244	274	305	335
2	33	61	92	122	153	183	214	245	275	306	336
3	34	62	93	123	154	184	215	246	276	307	337
4	35	63	94	124	155	185	216	247	277	308	338
5	36	64	95	125	156	186	217	248	278	309	339
6	37	65	96	126	157	187	218	249	279	310	340
7	38	66	97	127	158	188	219	250	280	311	341
8	39	67	98	128	159	189	220	251	281	312	342
9	40	68	99	129	160	190	221	252	282	313	343
10	41	69	100	130	161	191	222	253	283	314	344
11	42	70	101	131	162	192	223	254	284	315	345
12	43	71	102	132	163	193	224	255	285	316	346
13	44	72	103	133	164	194	225	256	286	317	347
14	45	73	104	134	165	195	226	257	287	318	348
15	46	74	105	135	166	196	227	258	288	319	349
16	47	75	106	136	167	197	228	259	289	320	350
17	48	76	107	137	168	198	229	260	290	321	351
18	49	77	108	138	169	199	230	261	291	322	352
19	50	78	109	139	170	200	231	262	292	323	353
20	51	79	110	140	171	201	232	263	293	324	354
21	52	80	111	141	172	202	233	264	294	325	355
22	53	81	112	142	173	203	234	265	295	326	356
23	54	82	113	143	174	204	235	266	296	327	357
24	55	83	114	144	175	205	236	267	297	328	358
25	56	84	115	145	176	206	237	268	298	329	359
26	57	85	116	146	177	207	238	269	299	330	360
27	58	86	117	147	178	208	239	270	300	331	361
28	59	87	118	148	179	209	240	271	301	332	362
29		88	119	149	180	210	241	272	302	333	363
30		89	120	150	181	211	242	273	303	334	364
31		90		151		212	243		304		365

La première colonne indique la date pour chaque mois.

Le nombre correspondant à une date quelconque d'un mois indique le nombre de jours écoulés depuis le 31 décembre précédent.

Ex. Au 15 janvier, il s'est écoulé 15 jours depuis le 31 décembre.

Au 26 juillet, il s'est écoulé 207 jours depuis le 31 décembre.

Pour trouver le nombre de jours compris entre deux époques quelconques de l'année, on retranche le nombre correspondant à la première époque du nombre correspondant à la seconde. Pour les années bissextiles, si le 29 février se trouve entre les deux époques, on augmente le résultat d'un jour.

Ex. Du 18 janvier au 7 mars, il y a 66 — 18 = 48 jours, et 49 si l'année est bissextile.

Du 16 février au 21 juillet, il y a 202 — 47 = 155 jours, et 156 si l'année est bissextile.

Du 28 mars au 3 septembre, il y a 246 — 87 = 159 jours.

TAUX.

1 1/2.	2.	2 1/2.	3.	4.	4 1/2.	5.	6.

Diviseurs correspondants aux taux ci-dessus.

24 000.	18 000.	14 400.	12 000.	9 000.	8 000.	7 200.	6 000.

Nombres de jours correspondants à 1 p. %.

240.	180.	144.	120.	90.	80.	72.	60.

N° 3. — TABLE *des surfaces, des rayons, des apothèmes et des côtés de quelques polygones réguliers.*

Nombre des côtés.	CÔTÉ = 1.			RAYON du cercle circonscrit = 1	APOTHÈME ou rayon du cercle inscrit = 1
	SURFACES.	RAYON du cercle circonscrit.	APOTHÈME ou rayon du cercle inscrit.	CÔTÉ.	CÔTÉ.
3	0,443013	0,577350	0,288675	1,732050	3,464100
4	1,000000	0,707106	0,500000	1,414213	2,000000
5	1,720477	0,850651	0,688191	1,175570	1,453085
6	2,598076	1,000000	0,866025	1,000000	1,154700
7	3,633931	1,152387	1,038266	0,867767	0,963148
8	4,824427	1,306563	1,207107	0,765367	0,828427
9	6,181826	1,461902	1,373739	0,684040	0,727940
10	7,694210	1,618034	1,538842	0,618034	0,649839
11	9,365658	1,774736	1,702847	0,563464	0,587252
12	11,196150	1,931478	1,866025	0,517738	0,535898
13	13,185770	2,089297	2,028580	0,478630	0,492956
14	15,334536	2,246978	2,190648	0,445042	0,456486
15	17,642363	2,404869	2,352315	0,415823	0,425113
16	20,109352	2,562919	2,513669	0,390180	0,397825
17	22,735537	2,721103	2,674769	0,367498	0,373864
18	25,520769	2,879388	2,835641	0,347296	0,352054
19	28,465211	3,037760	2,996338	0,329190	0,333741
20	31,568775	3,196227	3,156877	0,312869	0,316769

Nota. 1° Pour obtenir la surface d'un polygone régulier dont on connaît le côté, il faut multiplier le nombre correspondant de la 2° colonne de la table par le carré de ce côté.

2° Pour obtenir le rayon ou l'apothème d'un polygone régulier dont on connaît le côté, il faut multiplier le nombre correspondant de la 3° ou celui de la 4° colonne de la table par le côté donné.

3° Pour obtenir le côté d'un polygone régulier dont on connaît le rayon ou l'apothème, il faut multiplier le nombre correspondant de la 5° ou celui de la 6° colonne de la table par le rayon ou par l'apothème.

Lorsque les données du problème ne seront pas trop considérables, on pourra se contenter de quatre décimales; dans ce cas, si le chiffre de la cinquième décimale dans la table, est au moins 5, le chiffre de la quatrième décimale devra être augmenté d'une unité.

Ex. Pour le pentagone, la surface sera 1,7205.

N° 4. — LOI de la mortalité en France suivant la Table de Deparcieux, complétée dans les premières années.

AGES.	VIVANTS à chaque âge.	SOMME des vivants.	DURÉE DE LA VIE				AGES.	VIVANTS à chaque âge.	SOMME des vivants.	DURÉE DE LA VIE			
			moyenne.		probable.					moyenne.		probable.	
			Ans.	Mois.	Ans.	Mois.				Ans.	Mois.	Ans.	Mois.
0	1286	51467	39	8	42	0	50	581	12135	20	5	21	0
1	1071	50181	46	4	53	2	51	571	11554	19	9	20	3
2	1000	49110	48	4	54	11	52	560	10983	19	1	19	7
3	970	48104	49	1	55	4	53	549	10423	18	6	18	10
4	947	47134	49	4	55	2	54	538	9874	17	10	18	1
5	930	46187	49	2	54	10	55	526	9336	17	3	17	5
6	917	45257	48	10	54	4	56	514	8810	16	8	16	8
7	906	44340	48	5	53	9	57	502	8296	16	0	16	0
8	896	43434	48	0	53	2	58	489	7794	15	5	15	4
9	887	42538	47	5	52	6	59	476	7305	14	10	14	8
10	879	41651	46	11	51	10	60	463	6829	14	3	14	0
11	872	40772	46	3	51	1	61	450	6366	13	8	13	4
12	866	39900	45	7	50	3	62	437	5916	13	0	12	7
13	860	39034	44	11	49	6	63	423	5479	12	5	12	0
14	854	38174	44	2	48	9	64	409	5056	11	10	11	4
15	848	37320	43	6	47	11	65	395	4647	11	3	10	8
16	842	36472	42	10	47	2	66	380	4252	10	8	10	1
17	835	35630	42	2	46	5	67	364	3872	10	2	9	6
18	828	34795	41	6	45	8	68	347	3508	9	7	9	0
19	821	33967	40	10	44	11	69	329	3161	9	1	8	5
20	814	33146	40	3	44	2	70	310	2832	8	8	7	11
21	806	32332	39	7	43	5	71	291	2522	8	2	7	6
22	798	31526	39	0	42	9	72	271	2231	7	9	7	0
23	790	30728	38	5	42	0	73	251	1960	7	4	6	7
24	782	29938	37	9	41	3	74	231	1709	6	11	6	2
25	774	29156	37	2	40	6	75	211	1478	6	6	5	9
26	766	28382	36	7	39	10	76	192	1267	6	1	5	4
27	758	27616	35	11	39	1	77	173	1075	5	9	4	11
28	750	26858	35	4	38	4	78	154	902	5	4	4	7
29	742	26108	34	8	37	7	79	136	748	5	0	4	3
30	734	25366	34	1	36	10	80	118	612	4	8	4	0
31	726	24632	33	5	36	1	81	101	494	4	5	3	9
32	718	23906	32	9	35	5	82	85	393	4	1	3	7
33	710	23188	32	2	34	6	83	71	308	3	10	3	3
34	702	22478	31	6	33	9	84	59	237	3	6	2	11
35	694	21776	30	11	33	0	85	48	178	3	2	2	9
36	686	21082	30	3	32	3	86	38	130	2	11	2	6
37	678	20396	29	7	31	5	87	29	92	2	8	2	4
38	671	19718	28	11	30	8	88	22	63	2	4	2	0
39	664	19047	28	2	29	10	89	16	41	2	1	1	9
40	657	18383	27	6	29	0	90	11	25	1	9	1	6
41	650	17726	26	9	28	3	91	7	14	1	6	1	3
42	643	17076	26	1	27	5	92	4	7	1	3	1	0
43	636	16433	25	4	26	7	93	2	3	1	0	1	0
44	629	15797	24	7	25	9	94	1	1	0	6	0	6
45	622	15168	23	11	24	11	95	0	0				
46	615	14546	23	2	24	2							
47	607	13931	22	5	23	4							
48	599	13324	21	9	22	7							
49	590	12725	21	1	21	9							

N° 5. — LOI de la mortalité en France, d'après Duvillard.

Cette table indique année par année le nombre des survivants sur un million de naissances.

AGES.	vivants.	AGES.	vivants.	AGES.	vivants.	AGES.	vivants.	AGES.	vivants.	AGES.	vivants.	AGES.	vivants.
0	1000000	19	507949	38	383300	57	240214	76	63424	95	1140		
1	767525	20	502216	39	376363	58	231488	77	55511	96	850		
2	671834	21	496317	40	369404	59	222605	78	48057	97	621		
3	624668	22	490267	41	362419	60	213567	79	41107	98	442		
4	598713	23	484083	42	355400	61	204380	80	34705	99	307		
5	583151	24	477777	43	348342	62	195054	81	28886	100	207		
6	573025	25	471366	44	341235	63	185600	82	23680	101	135		
7	565838	26	464863	45	334072	64	176035	83	19106	102	84		
8	560245	27	458282	46	326843	65	166377	84	15175	103	51		
9	555486	28	451635	47	319539	66	156651	85	11886	104	29		
10	551122	29	444932	48	312148	67	146882	86	9224	105	16		
11	546888	30	438183	49	304662	68	137102	87	7165	106	8		
12	542030	31	431398	50	297070	69	127347	88	5670	107	4		
13	538255	32	424583	51	289361	70	117656	89	4686	108	2		
14	533711	33	417744	52	281527	71	108070	90	3830	109	1		
15	528969	34	410886	53	273560	72	98637	91	3093	110	0		
16	524020	35	404012	54	265450	73	89404	92	2466				
17	518863	36	397123	55	257193	74	80423	93	1938				
18	513502	37	390219	56	248782	75	71745	94	1499				

N° 6.— TABLE *indiquant la valeur de* 1f. *à intérêts composés*.

Années	3 p. %	4 p. %	4,50 p. %	5 p. %	5,50 p. %	6 p. %
1	1,0300000	1,0400000	1,0450000	1,0500000	1,0550000	1,0600000
2	1,0609000	1,0816000	1,0920250	1,1025000	1,1130250	1,1236000
3	1,0927270	1,1248640	1,1411661	1,1576250	1,1742414	1,1910160
4	1,1255088	1,1698586	1,1925186	1,2155063	1,2388247	1,2624770
5	1,1592741	1,2166529	1,2461819	1,2762816	1,3069600	1,3382256
6	1,1940523	1,2653190	1,3022601	1,3400956	1,3788428	1,4185191
7	1,2298739	1,3159318	1,3608618	1,4071004	1,4546792	1,5036303
8	1,2667701	1,3685691	1,4221006	1,4774554	1,5346865	1,5938481
9	1,3047732	1,4233118	1,4860951	1,5513282	1,6190943	1,6894790
10	1,3439164	1,4802443	1,5529694	1,6288946	1,7081445	1,7908477
11	1,3842339	1,5394541	1,6228530	1,7103394	1,8020924	1,8982986
12	1,4257609	1,6010322	1,6958814	1,7958563	1,9012075	2,0121965
13	1,4685337	1,6650735	1,7721961	1,8856491	2,0057739	2,1329283
14	1,5125897	1,7316764	1,8519449	1,9799316	2,1160915	2,2609040
15	1,5579674	1,8009435	1,9352824	2,0789282	2,2324765	2,3965582
16	1,6047064	1,8729813	2,0223701	2,1828746	2,3552627	2,5403517
17	1,6528476	1,9479005	2,1133768	2,2920183	2,4848022	2,6927728
18	1,7024331	2,0258165	2,2084788	2,4066192	2,6214663	2,8543392
19	1,7535061	2,1068492	2,3078603	2,5269502	2,7656469	3,0255995
20	1,8061112	2,1911231	2,4117140	2,6532977	2,9177575	3,2071355
21	1,8602946	2,2787681	2,5202412	2,7859626	3,0782341	3,3995636
22	1,9161034	2,3699188	2,6336520	2,9252607	3,2475370	3,6035374
23	1,9735865	2,4647155	2,7521663	3,0715238	3,4261516	3,8197497
24	2,0327941	2,5633042	2,8760138	3,2250999	3,6145899	4,0489346
25	2,0937779	2,6658363	3,0054345	3,3863549	3,8133923	4,2918707
26	2,1565913	2,7724698	3,1406790	3,5556727	4,0231289	4,5493830
27	2,2212890	2,8833686	3,2820096	3,7334563	4,2444010	4,8223459
28	2,2879277	2,9987033	3,4297000	3,9201291	4,4778431	5,1116867
29	2,3565655	3,1186515	3,5840365	4,1161356	4,7241244	5,4183879
30	2,4272625	3,2433975	3,7453181	4,3219424	4,9839513	5,7434912
31	2,5000804	3,3731334	3,9138574	4,5330395	5,2580686	6,0881006
32	2,5750828	3,5080588	4,0899810	4,7649415	5,5472624	6,4533867
33	2,6523352	3,6483811	4,2740302	5,0031885	5,8523618	6,8405899
34	2,7319053	3,7943163	4,4663615	5,2533480	6,1742417	7,2510253
35	2,8138625	3,9460890	4,6673478	5,5160154	6,5138250	7,6860868
36	2,8982783	4,1039325	4,8773785	5,7918161	6,8720854	8,1472520
37	2,9852267	4,2680899	5,0968605	6,0814069	7,2500501	8,6360871
38	3,0747835	4,4388135	5,3262192	6,3854773	7,6488028	9,1542523
39	3,1670270	4,6163660	5,5658991	6,7047511	8,0694870	9,7035075
40	3,2620378	4,8010206	5,8163645	7,0399887	8,5133088	10,2857179
41	3,3598989	4,9930615	6,0781009	7,3919882	8,9815408	10,9028610
42	3,4606959	5,1927839	6,3516155	7,7615876	9,4755255	11,5570327
43	3,5645168	5,4004953	6,6374382	8,1496669	9,9966794	12,2504546
44	3,6714523	5,6165151	6,9361229	8,5571503	10,5464968	12,9854819
45	3,7815958	5,8411757	7,2482484	8,9850078	11,1265541	13,7646108
46	3,8950437	6,0748227	7,5744196	8,4342582	11,7385146	14,5904875
47	3,0118950	7,3178156	7,9152685	9,9059711	12,3841329	15,4659167
48	4,1322519	6,5705282	8,2714556	10,4012697	13,0652602	16,3938717
49	4,2562194	6,8333494	8,6436711	10,9213331	13,7838495	17,3775040
50	4,3839060	7,1066834	9,0326363	11,4673998	14,5419612	18,4201543

N° 7. — TABLE *indiquant la somme à verser immédiatement pour recevoir 1 f. après un nombre déterminé d'années.*

Années	3 p. %.	4 p. %.	4,50 p. %.	5 p. %.	5,50 p. %	6 p. %.
1	0,9708738	0,9615385	0,9569378	0,9523810	0,9478673	0,9433962
2	,9425959	,9245562	,9157299	,9070295	,8984524	,8899964
3	,9151417	,8889964	,8762966	,8638376	,8516137	,8396193
4	,8884871	,8548042	,8385613	,8227025	,8072167	,7920937
5	,8626088	,8219271	,8024510	,7835262	,7651343	,7472582
6	,8374843	,7903145	,7678957	,7462154	,7252458	,7049605
7	,8130915	,7599178	,7348285	,7106813	,6874368	,6650571
8	,7894092	,7306902	,7031851	,6768394	,6515989	,6274124
9	,7664167	,7025867	,6729044	,6446089	,6176293	,5918985
10	,7440939	,6755642	,6439277	,6139133	,5854306	,5583948
11	,7224213	,6495809	,6161987	,5846793	,5549105	,5267875
12	,7013799	,6245971	,5896639	,5568374	,5259815	,4969694
13	,6809513	,6005741	,5642716	,5303214	,4985607	,4688390
14	,6611178	,5774751	,5399729	,5050679	,4725694	,4423010
15	,6418619	,5552645	,5167204	,4810171	,4479330	,4172651
16	,6231669	,5339082	,4944693	,4581115	,4245811	,3936463
17	,6050164	,5133732	,4731764	,4362967	,4024465	,3713644
18	,5873946	,4936281	,4528004	,4155207	,3814659	,3503438
19	,5702860	,4746424	,4333018	,3957340	,3615790	,3305130
20	,5536758	,4563870	,4146429	,3768895	,3427290	,3118047
21	,5375493	,4388336	,3967874	,3589424	,3248616	,2941554
22	,5218925	,4219554	,3797009	,3418499	,3079257	,2775951
23	,5066917	,4057263	,3633501	,3255713	,2918727	,2617973
24	,4919337	,3901215	,3477035	,3100679	,2766566	,2469785
25	,4776056	,3751168	,3327306	,2953028	,2622337	,2329986
26	,4636947	,3606892	,3184025	,2812407	,2485627	,2198100
27	,4501891	,3468166	,3046914	,2678483	,2356045	,2073679
28	,4370768	,3334775	,2915707	,2550936	,2233218	,1956301
29	,4243464	,3206514	,2794050	,2429463	,2116794	,1845567
30	,4119868	,3083187	,2670000	,2313775	,2006440	,1741101
31	,3999871	,2964603	,2555024	,2203595	,1901839	,1642548
32	,3883370	,2850579	,2444999	,2098662	,1802691	,1549574
33	,3770263	,2740942	,2339712	,1998725	,1708712	,1461862
34	,3660449	,2635521	,2238959	,1903548	,1619632	,1379115
35	,3553834	,2534155	,2142544	,1812903	,1535196	,1301052
36	,3450324	,2436687	,2050282	,1726574	,1455162	,1227408
37	,3349829	,2342969	,1961992	,1644356	,1379301	,1157932
38	,3252262	,2252854	,1877504	,1566054	,1307394	,1092388
39	,3157536	,2166206	,1796655	,1491480	,1239236	,1030555
40	,3065568	,2082890	,1719287	,1420457	,1174631	,0972222
41	,2976280	,2002779	,1645251	,1352816	,1113395	,0917190
42	,2889592	,1925749	,1574403	,1288396	,1055350	,0865274
43	,2805429	,1851682	,1506605	,1227044	,1000332	,0816296
44	,2723718	,1780464	,1441728	,1168613	,0948182	,0770091
45	,2644386	,1711984	,1379644	,1112965	,0898751	,0726501
46	,2567365	,1646139	,1320233	,1059967	,0851896	,0685378
47	,2492588	,1582826	,1263381	,1009492	,0807485	,0646583
48	,2419988	,1521948	,1208977	,0961421	,0765388	,0609984
49	,2349503	,1463411	,1156916	,0915639	,0725487	,0575457
50	,2281071	,1407126	,1107097	,0872037	,0687665	,0542884

N° 8. — TABLE *indiquant le capital acquis à la fin de chaque année par un versement annuel de 1 fr.*

Années	3 p. %.	4 p. %.	4,50 p. %.	5 p. %.	5,50 p. %.	6 p. %.
1	1,0300000	1,0400000	1,0450000	1,0500000	1,0550000	1,0600000
2	2,0909000	2,1216000	2,1370250	2,1525000	2,1680250	2,1836000
3	3,1836270	3,2464640	3,2781911	3,3101250	3,3422664	3,3746160
4	4,3091358	4,4163226	4,4707097	4,5256313	4,5810910	4,6370930
5	5,4684099	5,6329755	5,7168917	5,8019128	5,8880510	5,9753185
6	6,6624622	6,8982945	7,0191518	7,1420084	7,2668938	7,3938376
7	7,8923361	8,2142263	8,3800136	8,5491089	8,7215730	8,8974679
8	9,1591061	9,5827953	9,8021142	10,0265643	10,2562595	10,4913160
9	10,4638793	11,0061071	11,2882094	11,5778925	11,8753538	12,1807949
10	11,8077957	12,4863514	12,8411788	13,2067872	13,5834982	13,9716426
11	13,1920296	14,0258055	14,4640318	14,9171265	15,3855906	15,8699412
12	14,6177904	15,6263377	16,1599133	16,7129829	17,2867981	17,8821377
13	16,0863242	17,2919112	17,9321094	18,5986320	19,2925720	20,0150659
14	17,5989139	19,0235876	19,7840543	20,5785636	21,4086635	22,2759690
15	19,1568813	20,8245311	21,7193367	22,6574918	23,6411500	24,6725281
16	20,7615877	22,6975124	23,7417069	24,8403664	25,9964027	27,2128798
17	22,4144354	24,6454129	25,8550837	27,1323847	28,4812048	29,9056525
18	24,1168684	26,6712294	28,0635625	29,5390039	31,1026711	32,7599917
19	25,8703745	28,7780786	30,3714228	32,0659541	33,8683180	35,7855912
20	27,6764857	30,9692017	32,7831368	34,7192518	36,7860755	38,9927267
21	29,5367803	33,2479698	35,3033779	37,5052144	39,8643097	42,3922903
22	31,4528837	35,6178886	37,9370300	40,4304751	43,1118467	45,9958277
23	33,4264702	38,0826041	40,6891904	43,5019089	46,5379983	49,8155773
24	35,4592643	40,6459083	43,5652101	46,7270988	50,1525882	53,8645120
25	37,5530422	43,3117446	46,5706446	50,1134538	53,9659805	58,1563827
26	39,7096335	46,0842144	49,7113236	53,6691265	57,9891094	62,7057657
27	41,9309225	48,9675820	52,9933332	57,4025828	62,2335105	67,5281116
28	44,2188502	51,9662863	56,4230332	61,3227119	66,7113535	72,6397983
29	46,5754157	55,0849378	60,0070697	65,4388475	71,4354780	78,0581862
30	49,0026782	58,3283353	63,7523878	69,7607899	76,4194293	83,8016774
31	51,5027585	61,7014687	67,6662452	74,2988294	81,6774979	89,8897780
32	54,0778413	65,2095274	71,7562263	79,0637708	87,2247603	96,3431647
33	56,7301765	68,8579085	76,0302565	84,0669504	93,0771221	103,1837546
34	59,4620818	72,6522249	80,4966180	89,3203073	99,2513638	110,4347799
35	62,2759443	76,5983139	85,1639658	94,8363227	105,7651888	118,1208667
36	65,1742226	80,7022464	90,0413443	100,6281388	112,6372742	126,2681187
37	68,1594493	84,9703363	95,1382048	106,7095453	119,8873243	134,9542058
38	71,2342328	89,4091497	100,4644240	113,0950231	127,5361271	144,0584581
39	74,4012597	94,0255157	106,0303231	119,7997742	135,6056141	153,7619656
40	77,6632975	98,8265364	111,8466876	126,8397629	144,1189229	164,0476836
41	81,0231965	103,8195978	117,9247885	134,2317511	153,1004636	174,9505446
42	84,4838923	109,0123817	124,2764040	141,9933386	162,5759891	186,5075772
43	88,0484091	114,4128770	130,9138422	150,1430056	172,5722685	198,7580319
44	91,7198614	120,0293921	137,8499651	158,7001559	183,1191653	211,7435138
45	95,5014572	125,8705677	145,0982135	167,6851637	194,2457194	225,5081246
46	99,3965009	131,9453905	152,6726331	177,1194218	205,9842340	240,0986121
47	103,4083960	138,2632061	160,5879016	187,0253929	218,3683668	255,5645288
48	107,5406479	144,8337343	168,8593572	197,4266625	231,4336270	271,9584005
49	111,7968673	151,6670837	177,5030283	208,3479957	245,2174765	289,3359046
50	116,1807733	158,7737670	186,5356645	219,8153955	259,7594397	307,7560589

N° 9. — TABLE *indiquant le capital à recevoir immédiatement, et dont on s'acquitte en servant une annuité de 1 fr.*

Années.	3 p. %.	4 p. %.	4,50 p. %.	5 p. %.	5,50 p. %.	6 p. %.
1	0,9708738	0,9615385	0,9569378	0,9523809	0,9478673	0,9433962
2	1,9134697	1,8860947	1,8726678	1,8594104	1,8463197	1,8333927
3	2,8286114	2,7750910	2,7489644	2,7232480	2,6979334	2,6730119
4	3,7170984	3,6298952	3,5875257	3,5459505	3,5051501	3,4651056
5	4,5797072	4,4518223	4,3899767	4,3294767	4,2702845	4,2123638
6	5,4171914	5,2421369	5,1578725	5,0756921	4,9955303	4,9173243
7	6,2302830	6,0020547	5,8927009	5,7863734	5,6829671	5,5823814
8	7,0196922	6,7327449	6,5958861	6,4632128	6,3345660	6,2097938
9	7,7861089	7,4353316	7,2687905	7,1078217	6,9521952	6,8016923
10	8,5302028	8,1108958	7,9127182	7,7217349	7,5376258	7,3600870
11	9,2526241	8,7604767	8,5289169	8,3064142	8,0925363	7,8868746
12	9,9540040	9,3850738	9,1185808	8,8632516	8,6185178	8,3838439
13	10,6349553	9,9856479	9,6828524	9,3935730	9,1170785	8,8526829
14	11,2960731	10,5631229	10,2228253	9,8986409	9,5896479	9,2949839
15	11,9379351	11,1183874	10,7395457	10,3796580	10,0375809	9,7122490
16	12,5611020	11,6522956	11,2340151	10,8377696	10,4621620	10,1058953
17	13,1661185	12,1656689	11,7071914	11,2740662	10,8646085	10,4772597
18	13,7535151	12,6592970	12,1599918	11,6895869	11,2460744	10,8276035
19	14,3237991	13,1339394	12,5932936	12,0853209	11,6076535	11,1581165
20	14,8774748	13,5903264	13,0079365	12,4622103	11,9503825	11,4699212
21	15,4150241	14,0291600	13,4047239	12,8211527	12,2752440	11,7640766
22	15,9369166	14,4511153	13,7844248	13,1630026	12,5831697	12,0415817
23	16,4436084	14,8568417	14,1477749	13,4885739	12,8750424	12,3033790
24	16,9355421	15,2469631	14,4954784	13,7986418	13,1516989	12,5503575
25	17,4131477	15,6220800	14,8282090	14,0939446	13,4139326	12,7833561
26	17,8768424	15,9827692	15,1466115	14,2751853	13,6624954	13,0031662
27	18,3270315	16,3295858	15,4513028	14,6430336	13,8980999	13,2105341
28	18,7641082	16,6630632	15,7428735	14,8981273	14,1214217	13,4061643
29	19,1884546	16,9837146	16,0218885	15,1410736	14,3331011	13,5907210
30	19,6004413	17,2920333	16,2888885	15,3724510	14,5337451	13,7648311
31	20,0004285	17,5884936	16,5443910	15,5928105	14,7239290	13,9290860
32	20,3887655	17,8735515	16,7888909	15,8026767	14,9041981	14,0840434
33	20,7657918	18,1476457	17,0228621	16,0025492	15,0750693	14,2302296
34	21,1318366	18,4111978	17,2467620	16,1929040	15,2370325	14,3681411
35	21,4872200	18,6646132	17,4610124	16,3741943	15,3905521	14,4982464
36	21,8322525	18,9082820	17,6660406	16,5468517	15,5360684	14,6209871
37	22,1672354	19,1425788	17,8622398	16,7112873	15,6739984	14,7367803
38	22,4924616	19,3678642	18,0499902	16,8678927	15,8047378	14,8460192
39	22,8082151	19,5844848	18,2296557	17,0170407	15,9286615	14,9490747
40	23,1147720	19,7927739	18,4015844	17,1590864	16,0461246	15,0462969
41	23,4125000	19,9930518	18,5661095	17,2943680	16,1574641	15,1380159
42	23,7013592	20,1856267	18,7235498	17,4232076	16,2629991	15,2245433
43	23,9819021	20,3707949	18,8742103	17,5459120	16,3630323	15,3061729
44	24,2542739	20,5488413	19,0183851	17,6627733	16,4578505	15,3831820
45	24,5187125	20,7200397	19,1563474	17,7740698	16,5477256	15,4558321
46	24,7754490	20,8846536	19,2883707	17,8800665	16,6329153	15,5243699
47	25,0247078	21,0429361	19,4147088	17,9810157	16,7136638	15,5890282
48	25,2667066	21,1951309	19,5356066	18,0771578	16,7902026	15,6500266
49	25,5016569	21,3414720	19,6512981	18,1687217	16,8627513	15,7075723
50	25,7297640	21,4821846	19,7620078	18,2559255	16,9315178	15,7618606

N° 10. — TABLE *indiquant la valeur d'une annuité de* 1 fr. *à la fin de chaque année.*

Années.	3 p. 0/0.	4 p. 0/0.	4,50 p. 0/0.	5 p. 0/0.	5,50 p. 0/0.	6 p. 0/0.
1	1,0000000	1,0000000	1,0000000	1,0000000	1,0000000	1,0000000
2	2,0300000	2,0400000	2,0450000	2,0500000	2,0550000	2,0600000
3	3,0909000	3,1216000	3,1370250	3,1525000	3,1680250	3,1836000
4	4,1836270	4,2464640	4,2781911	4,3101250	4,3422664	4,3746160
5	5,3091358	5,4163226	5,4707097	5,5256313	5,5810910	5,6370930
6	6,4684099	6,6329755	6,7168917	6,8019128	6,8880510	6,9753185
7	7,6624622	7,8982945	8,0191518	8,1420084	8,2668938	8,3938376
8	8,8923361	9,2142263	9,3800136	9,5491089	9,7215730	9,8974679
9	10,1591061	10,5827953	10,8021142	11,0265643	11,2562595	11,4913160
10	11,4638793	12,0061071	12,2882094	12,5778925	12,8753538	13,1807949
11	12,8077957	13,4863514	13,8411788	14,2067872	14,5834982	14,9716426
12	14,1920296	15,0258055	15,4640318	15,9171265	16,3855906	16,8699412
13	15,6177905	16,6268377	17,1599133	17,7129829	18,2867981	18,8821377
14	17,0863242	18,2919112	18,9321094	19,5986320	20,2925720	21,0150659
15	18,5989139	20,0235876	20,7840543	21,5785636	22,4086635	23,2759699
16	20,1568813	21,8245311	22,7193367	23,6574918	24,6414000	25,6725287
17	21,7615877	23,6975124	24,7417069	25,8403664	26,9964027	28,2128798
18	23,4144354	25,6454129	26,8550837	28,1323847	29,4812048	30,9056525
19	25,1168684	27,6712294	29,0635625	30,5390039	32,1026711	33,7599917
20	26,8703745	29,7780786	31,3714228	33,0659541	34,8683180	36,7855912
21	28,6764857	31,9692017	33,7831368	35,7192518	37,7860755	39,9927267
22	30,5367803	34,2479698	36,3033779	38,5052144	40,8645097	43,3922903
23	32,4528837	36,6178886	38,9370300	41,4304751	44,1118467	46,9958277
24	34,4264702	39,0826041	41,6891963	44,5019989	47,5379983	50,8155773
25	36,4592643	41,6459083	44,5652101	47,7270988	51,1525882	54,8645120
26	38,5530423	44,3117446	47,5706446	51,1134538	54,9659805	59,1563827
27	40,7096335	47,0842144	50,7113236	54,6691265	58,9891094	63,7057657
28	42,9309225	49,9675830	53,9933332	58,4025828	63,2335105	68,5281116
29	45,2188502	52,9662863	57,4230332	62,3227119	67,7113535	73,6397983
30	47,5754157	56,0849378	61,0070697	66,4388475	72,4354780	79,0581862
31	50,0026782	59,3283355	64,7523878	70,7607899	77,4194293	84,8016774
32	52,5027585	62,7014687	68,6662452	75,2988294	82,6774979	90,8897780
33	55,0778413	66,2095274	72,7562263	80,0637708	88,2247603	97,3431647
34	57,7301765	69,8579085	77,0302565	85,0669594	94,0771221	104,1837546
35	60,4620818	73,6522249	81,4966180	90,3203073	100,2513638	111,4347799
36	63,2759443	77,5983139	86,1639658	95,8363227	106,7651888	119,1208667
37	66,1742226	81,7022464	91,0413443	101,6281388	113,6372742	127,2681187
38	69,1594493	85,9703363	96,1382048	107,7095458	120,8873243	135,9042058
39	72,2342328	90,4091497	101,4644240	114,0950231	128,5361271	145,0584581
40	75,4012597	95,0255157	107,0303231	120,7997742	136,6056141	154,7619656
41	78,6632975	99,8265364	112,8466876	127,8397629	145,1189229	165,0476836
42	82,0231965	104,8195978	118,9247885	135,2317514	154,1004636	175,9505446
43	85,4838923	110,0123817	125,2764040	142,9933386	163,5759891	187,5075772
44	89,0484091	115,4128770	131,9138422	151,1430056	173,5726685	199,7580319
45	92,7198614	121,0293921	138,8499651	159,7001559	184,1191653	212,7435138
46	96,5014572	126,8705677	146,0982135	168,6851637	195,2457194	226,5081246
47	100,3965010	132,9453905	153,6726331	178,1194218	206,9842340	241,0986121
48	104,4083960	139,2632061	161,5879016	188,0253929	219,3683668	256,5645288
49	108,5406479	145,8337343	169,8593572	198,4266626	232,4336270	272,9584005
50	112,7968673	152,6670837	178,5030283	209,3479957	246,2174765	290,3359046

N° 11. — TABLE indiquant le tant pour cent d'un capital quelconque, à verser au premier jour de chaque année, pour obtenir ce même capital après un temps donné.

Années.	3 p. %.	4 p. %.	4,50 p. %.	5 p. %.	5,50 p. %.	6 p. %.
1	97,0874	96,1538	95,6938	95,2381	94,7867	94,3396
2	47,8263	47,1342	46,7940	46,4577	46,1249	45,7959
3	31,4107	30,8027	30,5046	30,2104	29,9198	29,6330
4	23,2065	22,6433	22,3678	22,0964	21,8289	21,5652
5	18,2868	17,7526	17,4920	17,2357	16,9835	16,7355
6	15,0095	14,4963	14,2467	14,0017	13,7614	13,5248
7	12,6705	12,1740	11,9332	11,6971	11,4658	11,2392
8	10,9181	10,4354	10,2019	9,9735	9,7501	9,5317
9	9,9567	9,0859	8,8588	8,6372	8,4039	8,2996
10	8,4690	8,0087	7,7874	7,5719	7,3618	7,1574
11	7,5803	7,1297	6,9137	6,7037	6,4995	6,3012
12	6,8410	6,3992	6,1882	5,9834	5,7848	5,5922
13	6,2165	5,7831	5,5766	5,3767	5,1833	4,9962
14	5,6822	5,2566	5,0546	4,8594	4,6710	4,4891
15	5,2201	4,8020	4,6042	4,4136	4,2299	4,0531
16	4,8166	4,4058	4,2120	4,0257	3,8467	3,6747
17	4,4614	4,0575	3,8677	3,6856	3,5111	3,3438
18	4,1465	3,7494	3,5633	3,3854	3,2151	3,0525
19	3,8654	3,4749	3,2926	3,1186	2,9588	2,7944
20	3,6132	3,2290	3,0503	2,8802	2,7184	2,5646
21	3,3856	3,0077	2,8326	2,6663	2,5085	2,3589
22	3,1794	2,8076	2,6359	2,4734	2,3195	2,1741
23	2,9916	2,7309	2,4577	2,2987	2,1488	2,0074
24	2,8201	2,4603	2,2954	2,1401	1,9939	1,8565
25	2,6629	2,3088	2,1473	1,9955	1,8530	1,7195
26	2,5583	2,1699	2,0116	1,8633	1,7382	1,5948
27	2,3849	2,0422	1,8870	1,7516	1,6068	1,4809
28	2,2615	1,9243	1,7723	1,6307	1,4989	1,3767
29	2,1471	1,8154	1,6665	1,5281	1,3999	1,2811
30	2,0407	1,7144	1,5686	1,4335	1,3086	1,1933
31	1,9999	1,6207	1,4778	1,3459	1,2243	1,1125
32	1,9047	1,5335	1,3936	1,2648	1,1465	1,0380
33	1,7627	1,4523	1,3153	1,1895	1,0744	0,9691
34	1,6817	1,3764	1,2423	1,1196	1,0075	,9055
35	1,6058	1,3055	1,1742	1,0544	0,9455	,8466
36	1,5343	1,2391	1,1106	0,9938	,8877	,7920
37	1,4671	1,1769	1,0511	,9371	,8341	,7413
38	1,4038	1,1184	0,9954	,8842	,7848	,6942
39	1,3441	1,0635	,9431	,8347	,7374	,6504
40	1,2876	1,0119	,8941	,7884	,6939	,6096
41	1,2342	0,9632	,8480	,7450	,6532	,5716
42	1,1837	,9173	,8047	,7043	,6151	,5362
43	1,1698	,8740	,7639	,6660	,5795	,5031
44	1,0903	,8331	,7254	,6301	,5461	,4723
45	1,0471	,7945	,6892	,5964	,5199	,4434
46	1,0061	,7579	,6650	,5646	,4855	,4165
47	0,9670	,7233	,6237	,5347	,4579	,3913
48	,9299	,6904	,5922	,5065	,4321	,3677
49	,8945	,6593	,5634	,4800	,4078	,3456
50	,8607	,6298	,5361	,4549	,3849	,3249

— 21* —

N°. 12. — TABLE indiquant le tant pour cent d'un capital quelconque, à payer à la fin de chaque année, pour s'acquitter de ce même capital, à une époque déterminée.

Années.	3 p. %	3,50 p. %	4 p. %	4,50 p. %	5 p. %	5,50 p. %	6 p. %
1	103,0000	103,5000	104,0000	104,5000	105,0000	105,5000	106,0000
2	52,2611	52,6400	53,0196	53,3998	53,7805	54,1618	54,5437
3	35,3530	35,6934	36,0349	36,3973	36,7209	37,0635	37,4110
4	26,9027	27,2251	27,5490	27,8744	28,2012	28,5294	28,8591
5	21,8355	22,1481	22,4627	22,7792	23,0975	23,4176	23,7696
6	18,4598	18,7668	19,0762	19,3878	19,7017	20,0175	20,3363
7	16,0506	16,3544	16,6610	16,9601	17,2820	17,5261	17,9135
8	14,2456	14,5477	14,8528	15,1610	15,4722	15,7864	16,1036
9	12,8434	13,1446	13,4493	13,7574	14,0690	14,3839	14,7022
10	11,7231	12,0241	12,3291	12,6379	12,9505	13,2668	13,5868
11	10,8077	11,1092	11,4149	11,7248	12,0389	12,3571	12,6793
12	10,0462	10,3484	10,6552	10,9666	11,2825	11,6029	11,9277
13	9,4030	9,7062	10,0144	10,3275	10,6456	10,9684	11,2960
14	8,8526	9,1571	9,4669	9,7820	10,1024	10,4279	10,7585
15	8,3767	8,6825	8,9941	9,3114	9,6342	9,9062	10,2963
16	7,9611	8,2685	8,5820	8,9015	9,2270	9,5583	9,8952
17	7,5953	7,9043	8,2199	8,5418	8,8699	9,2044	9,5445
18	7,2709	7,5817	7,8993	8,2237	8,5546	8,8911	9,2357
19	6,9814	7,2940	7,6139	7,9407	8,2745	8,6150	8,9621
20	6,7216	7,0361	7,3582	7,6876	8,0243	8,3679	8,7185
21	6,4872	6,8037	7,1280	7,4601	7,7996	8,1466	8,5005
22	6,2447	6,5932	6,9199	7,2546	7,5971	7,9471	8,3046
23	6,0814	6,4019	6,7309	7,0682	7,4137	7,7747	8,1278
24	5,9047	6,2273	6,5587	6,8987	7,2471	7,6036	7,9679
25	5,7428	6,0674	6,4012	5,7439	7,0952	7,4549	7,8227
26	5,5938	5,9205	6,2567	6,6021	6,9564	7,3193	7,6904
27	5,4564	5,7852	6,1239	6,4719	6,8292	7,1952	7,5697
28	5,3293	5,6603	6,0013	6,3521	6,7123	7,0814	7,4593
29	5,2115	5,5445	5,8880	6,2415	6,6046	6,9769	7,3580
30	5,1019	5,4371	5,7830	6,1392	6,5051	6,8805	7,2649
31	4,9999	5,3372	5,6855	6,0443	6,4132	6,7917	7,1792
32	4,9047	5,2442	5,5949	5,9563	6,3280	6,7095	7,1002
33	4,8156	5,1572	5,5104	5,8745	6,2490	6,6335	7,2073
34	4,7322	5,0760	5,4315	5,7982	6,1755	6,5629	6,9598
35	4,6539	4,9998	5,3577	5,7270	6,1072	6,4975	6,8974
36	4,5804	4,9284	5,2887	5,6606	6,0434	6,4366	6,8395
37	4,5112	4,8613	5,2240	5,5984	5,9840	6,3799	6,7857
38	4,4459	4,7982	5,1632	5,5402	5,9284	6,3272	6,7358
39	4,3844	4,7388	5,1061	5,4856	5,8765	6,2779	6,6894
40	4,3262	4,6827	5,0523	5,4343	5,8278	6,2320	6,6462
41	4,2712	4,6298	5,0017	5,3862	5,7822	6,1891	6,6059
42	4,2192	4,5798	4,9540	5,3409	5,7395	6,1489	6,5683
43	4,1698	4,5325	4,9090	5,2982	5,6993	6,1119	6,5333
44	4,1230	4,4878	4,8665	5,2581	5,6616	6,0762	6,5006
45	4,0785	4,4453	4,8262	5,2202	5,6262	6,0431	6,4701
46	4,0363	4,4051	4,7882	5,1845	5,5928	6,0122	6,4415
47	3,9961	4,3669	4,7522	5,1507	5,5614	5,9771	6,4148
48	3,9578	4,3306	4,7181	5,1189	5,5318	5,9558	6,3898
49	3,9213	4,2962	4,6857	5,0887	5,5040	5,9300	6,3664
50	3,8865	4,2634	4,6550	5,0602	5,4777	5,9061	6,3444

N° 13. — TABLE supplémentaire de la Table n° 6, pour le calcul des intérêts composés, lorsqu'on capitalise les intérêts tous les trois mois ou tous les six mois.

Trimestres ou Semestres	1,125 p. %.	1,25 p. %.	1,75 p. %.	2,25 p. %.	2,50 p. %.	3,50 p. %.
1	1,0112500	1,0125000	1,0175000	1,0225000	1,0250000	1,0350000
2	1,0226266	1,0251562	1,0353062	1,0455062	1,0506250	1,0712250
3	1,0341311	1,0379707	1,0534241	1,0690301	1,0768906	1,1087179
4	1,0457650	1,0509453	1,0718590	1,0930833	1,1038129	1,1475230
5	1,0575300	1,0640821	1,0906166	1,1176777	1,1314082	1,1876863
6	1,0694271	1,0773832	1,1097023	1,1428254	1,1596934	1,2292553
7	1,0814581	1,0908505	1,1291221	1,1685390	1,1886857	1,2722793
8	1,0936243	1,1044861	1,1488818	1,1948311	1,2184029	1,3168090
9	1,1059275	1,1182922	1,1689872	1,2217148	1,2488630	1,3628973
10	1,1183690	1,1322708	1,1894445	1,2492034	1,2800845	1,4105988
11	1,1309510	1,1464242	1,2102598	1,2773105	1,3120867	1,4599697
12	1,1436741	1,1607545	1,2314393	1,3060500	1,3448888	1,5110686
13	1,1565410	1,1752639	1,2529895	1,3354361	1,3785110	1,5639561
14	1,1695514	1,1899547	1,2749168	1,3654834	1,4129738	1,6186945
15	1,1827090	1,2048292	1,2972279	1,3962068	1,4482982	1,6753488
16	1,1960170	1,2198895	1,3199293	1,4276215	1,4845056	1,7339860
17	1,2094692	1,2351382	1,3430281	1,4597429	1,5216183	1,7946755
18	1,2230757	1,2505774	1,3665311	1,4925872	1,5596587	1,8574892
19	1,2368356	1,2662096	1,3904454	1,5261704	1,5986502	1,9225013
20	1,2507500	1,2820372	1,4147782	1,5605092	1,6386164	1,9897889
21	1,2648210	1,2980627	1,4395368	1,5956207	1,6795818	2,0594815
22	1,2790505	1,3142885	1,4647287	1,6315221	1,7215744	2,1315116
23	1,2934395	1,3307171	1,4903615	1,6682313	1,7646107	2,2061145
24	1,3079907	1,3473510	1,5164428	1,7057666	1,8087259	2,2833285
25	1,3227056	1,3641929	1,5429805	1,7441463	1,8539441	2,3632450
26	1,3375861	1,3812453	1,5699827	1,7833896	1,9002927	2,4459586
27	1,3526337	1,3985109	1,5974574	1,8235159	1,9478000	2,5315671
28	1,3678510	1,4159923	1,6254129	1,8645450	1,9964950	2,6201770
29	1,3832391	1,4336922	1,6538576	1,9064972	2,0464074	2,7118780
30	1,3988010	1,4516134	1,6828001	1,9493934	2,0975676	2,8067937
31	1,4145372	1,4697585	1,7122491	1,9932548	2,1500068	2,9050315
32	1,4304510	1,4881305	1,7422135	2,0381030	2,2037569	3,0067076
33	1,4465436	1,5067321	1,7727022	2,0839603	2,2588507	3,1119423
34	1,4628168	1,5255663	1,8037245	2,1308494	2,3153221	3,2208603
35	1,4792736	1,5446359	1,8352897	2,1787936	2,3732052	3,3335904
36	1,4959154	1,5639438	1,8674073	2,2278164	2,4325353	3,4502661
37	1,5127445	1,5834931	1,9000869	2,2779422	2,4933487	3,5710254
38	1,5297626	1,6032868	1,9333384	2,3291960	2,5556824	3,6960113
39	1,5469727	1,6233279	1,9671718	2,3816029	2,6195745	3,8253717
40	1,5643761	1,6436195	2,0015973	2,4351890	2,6850638	3,9592597
41	1,5819752	1,6641647	2,0366253	2,4899807	2,7521904	4,0978338
42	1,5997728	1,6849668	2,0722662	2,5460053	2,8209952	4,2412580
43	1,6177700	1,7060288	2,1085309	2,6032904	2,8915201	4,3897020
44	1,6359695	1,7273542	2,1454302	2,6618644	2,9638081	4,5433416
45	1,6543744	1,7489461	2,1829752	2,7217564	3,0379033	4,7023585
46	1,6729861	1,7708080	2,2211773	2,7829959	3,1138509	4,8669411
47	1,6918074	1,7929431	2,2600479	2,8456133	3,1916971	5,0372840
48	1,7108402	1,8153549	2,2995987	2,9096396	3,2714896	5,2135890
49	1,7300870	1,8380468	2,3398417	2,9751065	3,3532768	5,3960646
50	1,7495504	1,8610224	2,3807889	3,0420464	3,4371087	5,5849269

RECUEIL DE PROBLÈMES

NOMBRES ENTIERS

ET

NOMBRES DÉCIMAUX

ADDITION.

P. 1. Le canal de l'Ourcq parcourt 97 km; celui des Ardennes, 93 km.; celui de l'Aisne à la Marne, 58 km.; le canal latéral à la Marne, 63 km.; celui de la Marne au Rhin, 318 km.: quelle est l'étendue de pays traversée par ces canaux?

P. 2. En 1849, la flotte française comptait 46 vaisseaux de ligne, 49 frégates et 173 bâtiments inférieurs à voiles; elle comptait en outre 1 vaisseau, 21 frégates et 82 bâtiments à vapeur: combien en tout?

P. 3. En 1849, l'armée de terre se montait à 300 000 hommes d'infanterie, 65 000 de cavalerie, 38 000 artilleurs, 10 000 hommes de génie et 17 000 vétérans: quel était l'effectif de l'armée?

P. 4. La France récolte annuellement 69 558 062 hl. de froment; 136 127 d'épeautre, 11 829 448 de méteil, 27 811 700 de seigle, 16 661 462 d'orge, 48 899 785 d'avoine et 7 620 264 de maïs: quel est le total de sa récolte en céréales?

P. 5. En 1852, Paris a consommé 1 272 099 hl. de vin en cercles, 10 313 hl. en bouteilles, 63 045 hl. d'alcool et liqueurs, 22 531 hl. de cidre, poiré, etc., et 834 hl. d'alcools dénaturés: quel est le total de cette consommation?

P. 6. La superficie de la France peut être divisée ainsi qu'il suit: 21 000 000 ha. en prairies, pâturages, etc.; 18 000 000 en céréales et légumes, 8 800 000 en bois, 2 200 000 en parties non plantées, 2 000 000 en vignes et 800 000 en vergers et pépinières: quelle est, en hectares, la superficie totale de la France?

P. 7. En 1852, il est sorti des abattoirs de Paris 49 993 399 kg. de viande de bœuf, vache, etc., 892 956 kg. d'abats et issues de veaux, 4 153 799 kg. de viande et graisse de porc, 591 968 kg. d'abats et issues de porcs : quelle quantité de viande est-il sorti des abattoirs?

P. 8. En 1852, Paris a consommé pour 1 759 981 f. d'huîtres, pour 808 586 f. de poissons d'eau douce, pour 14 028 627 f. de volailles et gibier, pour 13 238 533 f. de beurre et pour 6 150 089 f. d'œufs : à combien se montent ces diverses dépenses, en y comprenant 6 935 167 f., valeur des poissons de mer?

P. 9. En 1853, le commerce général a importé en France une certaine quantité d'ivoire brut en morceaux de moins d'un kilogramme. La Belgique en a fourni 724 kg.; les villes hanséatiques, 509 kg.; les autres pays, 544 kg.; la quantité importée des Pays-Bas est de 1 519 kg. : quelle est la quantité totale des importations de l'ivoire en question?

P. 10. D'après Dandolo, les vers à soie provenant de 30 g. 59 d'œufs, ont consommé 11 kg. 74812 de feuilles de mûrier dans le premier âge; 26 kg. 43333 dans le 2e âge; 146 kg. 852 dans le 3e âge, et 440 kg. 5555 pendant le 4e âge : combien de kg. de feuilles ont-ils consommés pendant ces quatre périodes?

P. 11. L'étendue topographique de l'île de la Réunion étant divisée comme il suit : 97 800 ha. en terres cultivées, 46 341 ha. en bois et forêts, 20 334 ha. en terrain incultivable, 13 665 ha. au domaine public : de combien d'hectares se compose la superficie totale de cette île?

P. 12. Pour ce qui concerne l'industrie du fer en France, la valeur des produits fabriqués annuellement est répartie ainsi qu'il suit : minerai, exploitation, lavage, 8 292 218 f.; fonte, 49 964 194 f.; ouvrages en fonte, tels que bouches à feu, projectiles, mécaniques, ustensiles divers, 11 900 415 f.; fontes et fers, 81 607 349 f.; fers en barres et forgés, 36 061 418 f.; fers martelés et laminés, tôles, fers-blancs, chaudières, 41 566 180 f.; tréfilerie, clouterie, chaînes, aiguilles, épingles, hameçons, 36 702 527 f.; fers marchands, 35 042 262 f.; fers et aciers, 13 791 807 f.; quincaillerie, serrurerie, etc., 9 233 250 f.; armes de guerre, 1 741 953 f.; armes de chasse, 1 600 000 f.; construction de machines, chaînes, câbles, 42 211 969 f.; fers ouvrés, instruments aratoires, 12 688 415 f. : quel est le total des valeurs créées par ces divers produits?

P. 13. Un négociant a acheté 72 kg. de gomme de copahu mondée au vif, pour 453 f. 60 cent.; 125 kg. de gomme demi-dure d'Afrique, pour 237 f. 50; 80 kg. de gomme de Domert, pour 128 f. : combien de kg. de marchandises a-t-il achetés, et quelle somme a-t-il dépensée?

P. 14. Un tanneur a acheté 25 peaux fraîches de bœuf pour la somme de 656 f. 25; après les avoir préparées, il les a revendues 362 f. 60 de plus qu'il ne les avait achetées : quelle somme en a-t-il retirée?

P. 15. La moyenne de la production du sucre de quatre colonies françaises pour les quatre années qui se sont écoulées depuis 1831 jusqu'à 1835, a été : 1° pour la Martinique, de 24 173 000 kg. de sucre brut, et de 35 000 kg. de sucre terré; 2° pour la Guadeloupe, de 34 082 000 kg. de sucre brut, et de 26 000 kg. de sucre terré; 3° pour la Guyane, de 2 223 000 kg. de sucre brut; 4° pour l'île de la Réunion, de 18 686 000 kg. de sucre brut. Quelle a été la production totale de ces quatre colonies : 1° en sucre brut; 2° en sucre terré?

P. 16. Un boucher a vendu à un tanneur 6 peaux de bœuf pesant ensemble 204 kg. pour 153 f.; 4 peaux de vache pesant ensemble 104 kg. pour 68 f. 64, et 15 peaux de veau pesant ensemble 75 kg. pour 82 f. 50 : combien ce boucher a-t-il vendu de peaux; pour quelle somme, et quel était leur poids total?

P. 17. Un marchand a acheté du drap qu'il a revendu 6 218 f. 50; il a perdu 143 f. 40 : combien l'avait-il acheté?

P. 18. Dix-huit peaux de cheval tannées pèsent ensemble 243 kg.; elles ont perdu par le tannage 162 kg. de leur poids : combien pesaient-elles étant fraîches?

P. 19. Un nombre est tel que si on le diminue de 6 487, il devient 5 976 : quel est-il?

P. 20. La richesse minérale de la France peut être appréciée par les chiffres suivants :

	qm.	val.
1° Houille.	32 000 000	30 000 000 f.
2° Tourbe.	4 472 000	3 652 000 f.
3° Bitume.	25 000	456 000 f.
4° Sel gemme.	500 000	4 600 000 f.
5° Verres aluminifères.	120 000	1 780 000 f.
6° Carrières de toute espèce.	»	50 000 000 f.
7° Minerais de fer.	40 091 000	13 500 000 f.
8° Minerais divers.	280 000	626 000 f.

On demande 1° la valeur totale annuelle de la production minérale de la France; 2° combien de quintaux métriques de matières minérales sont extraits annuellement, indépendamment de la pierre des carrières, qui ne s'évalue pas au quintal.

P. 21. La laine en suint, première qualité, vaut 5 f. 40 le kg.; lorsqu'elle est lavée, le prix du kilogramme augmente de 18 f. 60 : quel est le prix du kilogramme de laine lavée?

P. 22. Un marchand a échangé une pièce de toile estimée 147 f. 25, contre une pièce de drap pour laquelle il a donné en retour 467 f. 40 : combien cette pièce de drap lui a-t-elle coûté?

P. 23. Un entrepreneur de maçonnerie avait en magasin une certaine quantité de barriques de chaux qui lui avaient coûté 2 700 f.; il en a déjà employé 236 barriques, et il lui en reste encore 439 : combien de barriques de chaux avait-il?

P. 24. Un négociant, qui pouvait disposer d'une certaine somme, a acheté 50 kg. de gomme du Sénégal, 25 kg. de copahu de Calcutta, et 32 kg. de copahu en petits grains solidifiés; il lui reste 845 f. : quelle est la somme qu'il avait à dépenser, sachant que, pour le 1er achat, il a dépensé 75 f.; pour le 2e, 187 f. 50; pour le 3e, 166 f. 40?

P. 25. Une personne réglant ses comptes a donné 85 f. 75 à son boulanger, pour 245 kg. de pain; 125 f. 80 au boucher, pour 148 kg. de viande; 150 f. pour le loyer de son appartement; 96 f. 30 au tailleur; 134 f. 75 au marchand de vin, pour 385 litres; et enfin 20 f. 25 pour les pauvres : quelle somme a-t-elle dépensée pour tous ces divers paiements?

P. 26. En 1855, on a marné une terre de 70 a. en y répandant une couche de marne composée de 20 hl. Or, chacun sait qu'on doit marner tous les 22 ans : dans quelle année devra-t-on renouveler le marnage?

P. 27. On avait déjà dans une office 48 hg. de vermicelle et 35 hg. de macaroni ; on a acheté ensuite 52 hg. de millefanti pour 4 f. 68, et 27 hg. de semoule pour 2 f. 15 : combien a-t-on eu en tout d'hectogrammes de ces diverses substances désignées sous le nom général de *pâtes d'Italie?*

P. 28. Sur 750 kg. de garance qui avaient coûté 840 f., on a gagné 150 f. : combien aurait-on dû les revendre pour gagner encore autant que l'on a gagné?

P. 29. Quatre barriques de garance alizari d'Avignon ont été achetées pour 1792 f. ; la première barrique en contenait 380 kg. ; la deuxième, 150 kg. ; la troisième, 270 kg., et la quatrième en contenait, à elle seule, autant que les trois premières : combien de kilogrammes a-t-on achetés en tout?

P. 30. Un cultivateur a récolté 542 hl. de blé, puis 251, puis 180. L'année suivante il a récolté 84 hl. de plus : on demande le montant de la récolte de chaque année et celui des deux années réunies.

P. 31. Sept mètres cubes de chaux hydraulique ont été livrés en gros pour 210 f. ; s'ils eussent été vendus en détail on en aurait retiré 42 f. de plus : quelle somme aurait-on reçue?

P. 32. On a vendu des cantharides à trois pharmaciens : le premier en a pris 258 hg., qui, à 1 f. 75 l'h., lui ont coûté 451 f. 50 ; le deuxième en a pris 164 hg., qui lui ont coûté 287 f. ; le troisième en a pris autant que les deux autres et aux mêmes prix : combien d'hectogrammes de cantharides a-t-on vendus et quelle somme a-t-on reçue?

P. 33. Pour un premier travail, un entrepreneur a reçu 4885 f. ; pour un second, autant que pour le premier plus 375 f. ; et pour un troisième, autant que pour les deux premiers plus 26 f. : combien a-t-il reçu en tout?

P. 34. Trois personnes se sont partagé une certaine somme : la première ayant eu 4368 f., la seconde autant que la première et 540 f. de plus, la troisième autant que les deux premières et 54 f. de plus, il restait encore 27 f. ; on demande quelle a été la part de chaque personne et le total de la somme partagée.

P. 35. En 1836, la population de la France était de 33540910 habitants ; en 1841, elle était augmentée de 689268 habitants ; en 1846, la nouvelle augmentation était de 1170307 habitants ; et, en 1856, elle se trouvait encore augmentée de 638879 habitants : on désire connaître la population de la France en 1856.

P. 36. Un cultivateur a vendu 8 moutons ; le premier lui a été payé 10 f. 75, les prix des sept autres ont augmenté successivement de 0 f. 50, 1 f. 20, 0 f. 70, 0 f. 95, 1 40, 0 f. 35 et 1 f. 50 : quel est le prix de chacun et quelle est la somme totale touchée par le cultivateur?

P. 37. Un marchand de bois de chauffage en a vendu à six particuliers ; le premier en a pris 175 stères ; chacun des autres en a pris successivement de plus que celui qui le précédait les quantités suivantes : 24 st., 35 st., 21 st., 15 st. et 18 stères. On demande combien il en a vendu à chacun et combien en tout.

ADDITION.

P. 38. En 1834, le département du Rhône possédait 18 082 mûriers, et les départements de Tarn-et-Garonne, des Pyrénées-Orientales, du Var, de la Lozère et de Vaucluse en possédaient des quantités qui augmentaient successivement des nombres suivants, savoir : 1918, 24 100, 164 325, 5 975, et 1 798 634 : combien chacun de ces départements en avait-il, et combien y en avait-il en totalité?

P. 39. Pendant les années 1831, 1832, 1833, 1834 et 1835, on a récolté en France les quantités de soie dont le détail suit : en 1831 on en avait récolté 317 213 kilogrammes de plus qu'en 1834; en 1830 on en récolta 66 859 kg. de plus qu'en 1831; la récolte de 1832 surpassa de 876 087 kg. celle de 1830; en 1833 on en récolta 437 313 kg. de plus qu'en 1832, enfin, la récolte de 1835 surpassa de 16 310 kg. celle de 1833; quelle quantité de soie a-t-on récoltée pendant chacune de ces six années, et quelle est la quantité totale qu'elles ont fournie, sachant qu'on en a récolté 7 294 365 kg. en 1834?

P. 40. Un fabricant de brosserie commune paie à la fin du mois 4 ouvriers apprêteurs de crin. Combien de journées à 2 f. 50 aura-t-il à payer à chacun de ces ouvriers? Il sait que le 1er a travaillé pendant 24 jours; le 2e, pendant 4 jours de plus que le 1er; le 3e, pendant 2 jours de plus que le 2e; et le 4e, pendant six jours de plus que le 1er. Il veut encore savoir combien de journées il devra payer en tout.

P. 41. Un marchand de bois en éclisses en a reçu de deux fournisseurs, qui lui en ont expédié chacun 5 envois. Le premier envoi de l'un a été de 750 feuilles, valant 0 f. 08 la pièce, et le premier envoi de l'autre, de 640 feuilles; l'un a augmenté chacun de ses envois successifs de 84 feuilles, et l'autre a augmenté chacun des siens de 72 feuilles : combien chaque fournisseur a-t-il envoyé de feuilles d'éclisses, et combien le marchand en a-t-il reçu?

P. 42. On a vendu 72 kg. de maquereau pour 57 f. 60, et 57 kg. d'anguille pour 54 f. 30; si l'on avait vendu 35 kg. de plus de chaque sorte de poisson, quel aurait été le total de la vente?

P. 43. Un marchand de marée a vendu 75 kg. de raie pour 65 f. 25, et il lui en reste 36 kg. de plus qu'il n'en a vendu; combien en avait-il?

P. 44. On a vendu de la sole, du turbot et du saumon; si l'on avait vendu 14 kg. de sole et 23 kg. de turbot de moins, on en aurait vendu une quantité égale à ce qu'on a vendu de saumon, quantité qui se monte à 18 kg., pour 21 f. 60; combien a-t-on vendu de chaque sorte de poissons?

P. 45. Un négociant a vendu à quatre pharmaciens presque toutes les cantharides qu'il avait en magasin; le premier en a pris 2 789 Dg.; le deuxième en a pris autant que le premier et 709 Dg. de plus; le troisième autant que les deux premiers et 113 Dg. de plus; enfin le quatrième en a pris autant que le deuxième et le troisième et 381 Dg. de plus; après cela il en restait encore 741 Dg. au négociant, qui aurait pu les céder pour 125 f. 97 : combien de Dg. de cantharides avait-il en tout?

P. 46. De 1831 à 1835, la France a envoyé en Belgique les quantités de coton dont le détail suit : en 1831, elle en envoya

103090 kg.; l'envoi de 1832 surpassa de 146592 kg. celui de l'année précédente; en 1833, elle en envoya 16428 kg. de plus qu'en 1832; en 1834, le double de ce surplus et 9034 kg.; enfin en 1835, l'envoi a été celui de l'année précédente ajouté deux fois à lui-même, et, de plus, augmenté de 8989 kg.; quel a été le total des exportations de coton de France en Belgique pendant ces cinq années?

P. 47. Un marchand de chevaux en a vendu cinq : le premier lui a été payé 600 f.; le deuxième 45 f. de plus que le premier; le troisième autant que les deux premiers; le quatrième 75 f. de plus que le deuxième, et le cinquième autant que le premier et le quatrième : combien a-t-il dû recevoir et quel est le prix de chaque cheval?

P. 48. Un cultivateur a cinq fermes; dans la première il récolte 50 hl. de froment; dans la seconde 72 hl. de plus que dans la première; dans la troisième autant que dans les deux premières; la quatrième produit autant que la première et la troisième: quel est le montant d'hectolitres de sa récolte, sachant que la cinquième a produit autant que les deux premières plus 7 hl.?

P. 49. Un boucher a acheté quatre bœufs et trois veaux; le premier veau lui a coûté 30 f.; le deuxième 6 f. de plus que le premier; le troisième 15 f. de plus que le deuxième. Le prix du premier bœuf a été de 250 f.; le deuxième lui a coûté autant que le premier plus le prix du premier veau; le troisième bœuf lui a coûté autant que le deuxième plus les prix réunis des deux premiers veaux; et le quatrième autant que le premier plus le prix des trois veaux réunis : quel est le prix de chacun de ces animaux, et combien le boucher a-t-il dû débourser en tout?

P. 50. On a carrelé quatre salles; pour la première on a employé 970 carreaux; pour la deuxième on en a employé autant que pour la première et la troisième; pour la quatrième, on en a employé 82 de moins que pour la troisième : on demande combien il a fallu de carreaux pour la deuxième, la troisième et en tout, sachant qu'il en a fallu 892 pour la quatrième.

P. 51. Un fabricant a acheté de cinq sortes de laine; de la première, il en a acheté 125 kg.; de chacune des deuxième et quatrième, il en a pris 570 kg.; de la troisième, il en a pris 50 kg. de plus que de la première; et, de la cinquième, il en a pris 175 kg. de plus que de la quatrième. Combien de kg. de chaque sorte a-t-il pris, et quel est le poids total de son achat? En outre, quel est le prix du kg. de chaque qualité, si la qualité inférieure, la cinquième, vaut 1 f. 90, et si les prix des autres qualités augmentent successivement de 0 f. 60, 0 f. 30, 1 f. 70 et 2 f. 25?

P. 52. En 1853, le commerce spécial de la France a mis en consommation une certaine quantité d'ivoire, en morceaux de plus d'un kg. Sur cette quantité, la Belgique en a fourni 13983 kg.; les villes hanséatiques, 2083 kg., quantité que la fourniture de la côte occidentale d'Afrique a surpassée de 1334 kg., et cette fourniture a été surpassée, à son tour, de 17622 kg., par la quantité qu'a fournie le Portugal. Les autres pays d'Afrique en ont envoyé 5989 kg. de plus que divers autres pays qui, eux-mêmes, en ont donné 476 kg. de plus que le Sénégal, dont la fourniture surpassait de 2134 kg. les 1914 kg. envoyés par les Indes anglaises.

La quantité fournie par les Pays-Bas surpasse de 649 kg. le total des quantités données par les contrées ci-dessus indiquées. Quelle est la quantité totale de la consommation, et quelle est celle fournie par les Pays-Bas?

P. 53. En 1731, l'importation du sucre dans la Grande-Bretagne était d'environ 400 000 qm.; 49 ans plus tard, elle était augmentée d'environ 350 000 qm.; encore 5 ans plus tard, elle avait subi une nouvelle augmentation de 43 370 qm. En quelle année avait-elle éprouvé cette dernière augmentation, et quel était alors le nombre total de qm. importés?

P. 54. En retranchant successivement de la quantité totale d'ivoire brut en morceaux de moins d'un kg. mise en consommation par le commerce spécial en 1853, les 530 kg. importés de la Belgique, les 533 kg. fournis par les villes hanséatiques, et les 201 kg. importés des autres pays, on a un reste qui est la quantité fournie par les Pays-Bas, laquelle surpasse de 354 kg. le total des importations de autres contrées : à combien de kg. se monte la fourniture des Pays-Bas, et quelle est la quantité totale mise en consommation?

P. 55. Un marchand de bois d'ébénisterie a acheté en six fois différentes un certain nombre de billes de bois d'acajou valant 0 f. 75 le kg. La deuxième fois, il en a reçu 4 billes de plus que la première; la troisième, 2 billes de plus que la deuxième; la quatrième, 1 bille de plus que la troisième; la cinquième, 6 billes de plus que la quatrième; la sixième, 5 billes de plus que la cinquième, et ce sixième envoi était le double du premier : de combien de billes se compose chaque envoi, et combien en a-t-on reçu en tout?

SOUSTRACTION.

P. 56. Si, en 1746, le nombre d'hectares en culture à l'île de la Réunion était de 42 000, on demande de combien d'hectares s'est augmentée la terre en culture jusqu'en 1854, si à cette époque elle était de 97 800 ha.

P. 57. Le tableau de l'Immaculée-Conception, par Murillo, ayant été mis aux enchères à 150 000 f., a été adjugé pour 586 000 f. au gouvernement français, qui l'a placé au musée du Louvre : quelle a été la surenchère?

P. 58. En 1852, Paris a consommé pour 13 238 533 f. de beurre et pour 6 150 089 f. d'œufs. De combien la consommation des œufs a-t-elle été inférieure à celle du beurre?

P. 59. Sur un baril de harengs qui pèse 140 kg., il y a 39 kg. de tare et de saumure : quel est le poids net du poisson?

P. 60. Deux compagnons paveurs ayant chacun leur garçon, pavent une chaussée de 3 000 m. de long; ils se placent aux deux extrémités de la chaussée; et, quand ils se rencontrent, l'un en a pavé 1 875 m. courants : combien l'autre en a-t-il pavé?

P. 61. En 1810, la population de Marseille était de 104 049 âmes; en 1820, elle était de 140 190 âmes; en 1830, de 150 051 âmes; en 1840, de 171 006 âmes, et en 1856, de 233 817 âmes : de combien la population s'est-elle accrue pendant chacune des périodes précédentes?

P. 62. De la laine en suint pesant 540 kg. a été soumise à l'opération du lavage, après laquelle son poids s'est trouvé réduit à 145 kg. 8 : de combien est-il diminué?

P. 63. L'île de la Réunion ayant été découverte en 1545, combien, en 1659, y avait-il d'années que cet événement eut lieu?

P. 64. Quand une terre est bonne et bien cultivée, on peut récolter par hectare 28 000 kg. de pommes de terre, ou 40 000 kg. de betteraves, ou 27 700 kg. de topinambours, ou 22 500 kg. de navets, ou 1 500 kg. de blé : on demande 1° de combien de kilogrammes le poids de la récolte des betteraves surpasse les poids de celles des topinambours, des pommes de terre, des navets et du blé; 2° de combien le poids de la récolte de pommes de terre surpasse les poids de celles des topinambours, des navets et du blé; 3° de combien le poids de celle de topinambours surpasse le poids de celles des navets et du blé.

P. 65. Les matières précédentes contiennent une certaine quantité d'eau; si on les suppose desséchées, les récoltes deviennent: pommes de terre, 6562 kg.; betteraves, 6000 kg.; topinambours, 4798 kg.; navets, 1395 kg.; et blé, 1350 kg. : on demande de combien de kilogrammes le poids de chaque récolte surpasse le poids de chacune de celles qui la suivent.

P 66. Dans une terre d'une fertilité très-ordinaire, on récolte 30 000 kg. de betteraves, ou 21 000 kg. de pommes de terre, ou 19 000 kg. de topinambours, ou 18 000 kg. de navets, ou 1200 kg. de blé par ha. : de combien le poids de chaque récolte surpasse-t-il les poids de chacune de celles qui la suivent?

P. 67. Les substances précédentes, étant desséchées, se réduisent à 5250 kg. pour les pommes de terre, à 4500 kg. pour les betteraves, à 3839 kg. pour les topinambours, à 1115 kg. pour les navets, et à 1080 kg. pour le blé : on demande de combien le poids de chaque récolte surpasse les poids de chacune de celles qui la suivent.

P. 68. D'après les problèmes 64 et 65, on demande la quantité d'eau contenue dans 40 000 kg. de betteraves, dans 28 000 kg. de pommes de terre, dans 27 700 kg. de topinambours, dans 22 500 kg. de navets, et dans 1500 kg. de blé.

P. 69. D'après les problèmes 66 et 67, on demande combien il y a d'eau dans 30 000 kg. de betteraves, dans 21 000 kg. de pommes de terre, dans 19 000 kg. de topinambours, dans 18 000 kg. de navets, et dans 1200 kg. de blé.

P. 70. Un fabricant de mousseline de Tarare en a vendu 540 pièces dans l'espace d'un an; 170 ont été vendues à des négociants de Lyon; 85, à des négociants de Marseille; 130, à des négociants d'Avignon, et le reste a été vendu à des négociants de Paris : quel est ce reste?

P. 71. Un fermier qui a vendu 37 840 kg. de foin, en a livré 3 voitures; la première était chargée de 3647 kg., la deuxième de 3947 kg., et la troisième de 4129 kg. : combien de kilogrammes le fermier doit-il encore livrer?

P. 72. Sur 100 kg., la pierre argilo-calcaire qui sert à la fabrication du ciment de Vassy contient 14 kg. de silice, 11 kg. 6 de carbonate de fer, 1 kg. 5 de carbonate de magnésie, 5 kg. 7 d'alumine, 3 kg. 4 d'eau et de matières organiques; le reste est du carbonate de chaux : combien y a-t-il de kilogrammes de cette dernière substance?

P. 73. Sur 1000 hg., la pierre qui donne le ciment de Vassy étant réduite dans des fours à chaux ordinaires, donne 137 hg. de protoxyde de fer, 11 hg. de magnésie, 212 hg. de silice, 69 hg. d'alumine et 5 hg. de perte, le reste est de la chaux : combien y a-t-il d'hectogrammes de cette dernière substance?

P. 74. Un marchand a acheté du drap pour 1280 f. 70, du coton pour 417 f. 50, de la laine pour 117 f. 10; il a revendu ces marchandises en quatre fois; à la première vente, il a retiré 782 f. 15; à la deuxième, 401 f.; à la troisième, 222 f. 20, et à la quatrième, 181 f. : quel est son bénéfice ou sa perte?

P. 75. Un négociant a acheté pour 12347 f. de sucre; les frais de transport se sont élevés à 311 f. 70, ceux de commission et d'emmagasinement à 291 f. 30; il a revendu le tout 12511 f. 30. On demande quel est son bénéfice ou sa perte.

P. 76. Un marchand de drap en a vendu 842 m. pour 10 5 7 f. 10; puis 702 m. pour 6318 f.; 243 m. pour 1822 f. 50. Il en avait en magasin 1961 m. estimés 19 925 f. 60 : combien lui en reste-t-il de mètres, et pour quelle somme?

P. 77. Un marchand de vin a reçu 1105 hl. 50 en trois différentes fois, pour la somme de 33850 f. 90; la première fourniture était de 370 hl., et était estimée 11 139 f. 55; la seconde était de 405 hl., pour 12 950 f. 65 : dites le montant de la troisième et sa valeur.

P. 78. De deux barils de harengs qui pèsent le même poids, il s'en faut de 35 harengs que le premier en contienne autant que le second, qui en contient 250; et il s'en faut de 1 f. 30 que le deuxième coûte autant que le premier, qui vaut 9 f. 50 : combien chaque baril en contient-il, et combien coûte-t-il?

P. 79. Un particulier a acheté 217 st. de bois pour 2819 f.; il a donné en paiement 18 barriques de vin estimées 1632 f. et 14 hl. de blé estimés 254 f. : combien doit-il encore?

P. 80. Trois chevaux enharnachés coûtent 3025 f.; sans les harnais, ils ne coûtent que 2100 f. : on demande : 1° le prix des harnais, et 2° de combien le prix des chevaux surpasse celui des harnais.

P. 81. Cinq millions de kg. de betteraves coûtent 65 000 f., et produisent 300000 kg. de sucre brut, coûtant au fabricant 135 000 f. : dites à combien s'élèvent les frais de fabrication.

P. 82. Sur 10 000 kg. de froment, il y a environ 1096 kg. de parties azotées et 7 149 kg. d'amidon ou fécule (ces matières forment la partie nutritive du froment); sur 10 000 kg. de pommes de terre, il n'y a environ que 150 kg. de matières azotées et 2 000 kg. de fécule : de combien les matières nutritives du froment surpassent-elles celles des pommes de terre?

P. 83. Un épicier disait : Si je pouvais vendre 75 hg. de confitures qui, à 2 f. 40 le kilo, me rapporteraient 18 f., j'aurais en espèces 1 000 f. : combien ai-je?

P. 84. Un carreleur a reçu pour le carrelage d'une cage d'escalier une certaine somme dont il ne se souvient pas; il sait seulement qu'en ajoutant à cette somme 38 f. 40 qu'il a reçus pour le carrelage d'une cuisine, 19 80 reçus pour le carrelage d'une buanderie, il a un total de 107 f. 70 : quelle est cette somme?

P. 85. Combien 100 kg. de farine donnent-ils de kg. de pain, sachant qu'ils absorbent 57 kg. d'eau dans le pétrissage et qu'il s'en évapore 22 dans la cuisson?

P. 86. Trois caisses d'oranges contiennent 1435 oranges et ont coûté 85 f. 75, outre 15 f. de voiture par caisse ; la première contient 240 oranges, la deuxième en contient 80 de plus : combien y en a-t-il dans la troisième?

P. 87. Un teinturier a acheté en trois différentes fois 548 hg. de curcuma pour 19 f. 18 ; la première fois il en avait acheté 235 hg., et cette quantité excédait de 75 hg. celle qu'il avait achetée dans sa troisième emplette : combien en a-t-il acheté la deuxième fois?

P. 88. Un cordonnier a acheté de trois sortes de cuir, pour 253 f. 40, savoir : 1° du cuir fort de bœuf ; 2° du cuir de vache de troisième qualité; 3° du même cuir, de deuxième qualité; il en a acheté de cette dernière sorte pour 104 f. 40, et cette somme surpasse de 42 f. 90 celle qu'il a déboursée pour le paiement du cuir de vache de troisième qualité; quelle somme a-t-il donnée pour payer le cuir de bœuf?

P. 89. Sur 54874 kg. de sucre non purifié, il y a 32924 kg. 4 de mélasse : de combien cette dernière substance surpasse-t-elle le sucre purifié?

P. 90. Un teinturier achète de deux droguistes 84 kg. 36 de curcuma, pour 29 f. 53; il en prend 57 kg. 40 au premier : combien celui-ci en a-t-il fourni de plus que le deuxième, et combien en ont-ils fourni chacun?

P. 91. Deux marchands ont fait un fonds de 18500 f. ; le premier a mis 6590 f. : combien doit-il ajouter à sa mise pour qu'elle égale celle du second?

P. 92. Un marchand de mulets en a vendu quatre dans les conditions suivantes ; le premier lui a été payé 750 f.; le deuxième 125 f. de moins; le troisième 45 f. de moins que le deuxième, et le quatrième 240 f. de moins que le premier. On demande le prix de chacun d'eux et le prix total.

P. 93. En 1853, le commerce spécial de la France a mis en consommation 75091258 kg. de coton en laine ; sur cette quantité les Etats-Unis en avaient fourni 70220752 kg.; l'Égypte, 2401497 kg.; la Turquie, 1657166 kg. de moins que l'Égypte; la Belgique, 183265 kg. de moins que la Turquie, et les autres pays ont fourni le reste : quel est ce reste?

P. 94. Le commerce général, en 1835, a importé en France 15943 kg. d'écailles de tortue non débitées, en feuille; sur cette quantité on en a tiré des Pays-Bas 522 kg.; de la Belgique, 862 kg.; de Rio de la Plata, 12000 kg.; de divers autres pays, 206 kg. de moins que de la Belgique et des Pays-Bas, et le reste a été fourni par l'île de la Réunion : combien en a-t-on tiré de cette colonie?

P. 95. En 1835, la Belgique employait 126886 personnes à la fabrication des produits de coton, dont 55466 à la filature, 24800 au tissage, 10932 de moins aux toiles peintes, 12886 à la passementerie, et le reste au commerce de coton en laine et fabriqué : quel était le nombre de personnes employées à cette dernière spécialité?

SOUSTRACTION.

P. 96. Entre la naissance et la première mue des vers à soie, il s'est écoulé quatre jours. Voici le détail de la consommation des feuilles de mûrier faite pendant ce temps par les vers provenant de 30 g. 59 d'œufs : le premier jour, ils en consomment 489 g. 51 de moins que le deuxième jour, et 979 g. 01 de moins que le troisième jour, pendant lequel ils en consomment 1958 g. 02 : combien en consomment-ils chacun des deux autres jours, et combien en tout, sachant que le quatrième jour est pour eux un jour de sommeil ?

P. 97. Combien de kilogrammes de feuilles de mûrier consomment les vers à soie provenant de 30 kg. 59 d'œufs pendant les trois jours qui s'écoulent entre leur première et leur seconde mue, sachant que le troisième jour ils en mangent 4 kg. 89 506 de moins que le deuxième jour, dont la consommation surpasse de 1 kg. 46852 celle du premier jour ; or, le deuxième jour, ils en absorbent 5 kg. 38 457 : combien en consomment-ils par jour ?

P. 98. Le troisième âge de l'éducation des vers à soie dure cinq jours, pendant lesquels les vers provenant de 30 g. 59 d'œufs consomment 46 kg. 50 305 de feuilles de mûrier ; combien en consomment-ils chaque jour, sachant que la quantité absorbée le troisième jour est de 19 kg. 5802, qu'elle surpasse de 4 kg. 895 la quantité consommée le quatrième jour, laquelle est supérieure de 7 kg. 34 261 à celle qui est absorbée le deuxième jour, laquelle surpasse à son tour de 3 kg. 91 605 la quantité que l'on doit leur fournir le premier jour ?

P. 99. Un cultivateur a vendu deux juments et trois poulains ; la première jument lui a été payée 450 f. ; la deuxième, 135 f. de moins ; le premier poulain a été vendu 25 f. de plus que la différence entre les prix des deux juments ; le prix du deuxième fut égal à la différence entre le prix du premier et le prix de la deuxième jument ; enfin le troisième fut payé 12 f. de moins que le deuxième : on demande le prix de chacun de ces animaux, et ce que le cultivateur devra ajouter à la somme totale qu'il a reçue pour cette vente, afin d'acquitter une dette de 1500 f.

P. 100. Un propriétaire va à la foire avec 5000 f., il achète quatre chevaux ; le premier lui coûte 850 f. ; le deuxième, 430 f. de plus que le premier ; le troisième, autant que les deux premiers moins 920 f. ; et le quatrième, autant que le premier et le troisième moins le prix du deuxième : on demande le prix des trois derniers chevaux et ce qui restera au propriétaire quand il les aura payés.

P. 101. Six cent soixante-quinze hectolitres de châtaignes ont été vendus 3510 f. ; si on les eût vendus 33 f. 75 de plus, le gain se serait élevé à 843 f. 75 : combien ces six cent soixante-quinze hectolitres avaient-ils coûté ?

P. 102. Une maison qui a été vendue 71 800 f., aurait donné un bénéfice de 4 200 f. si le propriétaire l'eût achetée 1 500 f. meilleur marché : quel est son prix d'achat ?

P. 103. Si j'avais vendu 20 f. de plus une marchandise qui me coûtait 350 f., j'aurais gagné 30 f. : combien l'ai-je vendue ?

P. 104. Avec 508 f. 50 de plus que ce que j'ai, je pourrais payer 1015 f. 80 que je dois, et il me resterait 75 f. : dites ce que j'ai.

SOUSTRACTION.

P. 105. Si j'avais 84 f. de plus, j'aurais de quoi payer les 140 kg. de gomme élastique de Para que je viens d'acheter pour 770 f., et il me resterait encore 26 f. : quelle somme ai-je?

P. 106. Si j'avais 15 f. 75 de plus, j'aurais de quoi payer les 46 f. 20 que je dois pour l'achat de 84 kg. de riz à 0 f. 55 le kilo, et il me resterait encore 9 f. 55 : quelle somme ai-je?

P. 107. Un cultivateur a vendu de la laine de quatre qualités; de la première il en a vendu 48 kg. pour 360 f.; les quantités vendues des autres qualités augmentent successivement de 20 kg., 28 kg. et 15 kg.; et les prix diminuent successivement de 47 f., 19 f. et 22 f. 80 : combien en a-t-il vendu de chaque qualité et pour quelle somme? quelle est la quantité totale vendue et la somme totale qu'on en a retirée?

P. 108. En 1853, le commerce général a importé en France 11 385 kg. d'écailles de tortue débitées en feuilles, et le commerce spécial en a mis 8 878 kg. en consommation. Si cette consommation eût surpassé de 615 kg. le total des importations, de combien de kilogrammes eût-elle était augmentée, et à quelle quantité se serait-elle montée? de quelle quantité a-t-elle été réellement inférieure à ce total?

P. 109. Un fermier a mis 60 000 kg. de fumier dans un champ de 150 ares, il a fait quatre récoltes dans l'ordre suivant : première année, pommes de terre et betteraves; deuxième, froment; troisième trèfle; quatrième, froment. On suppose que les racines ont absorbé 21 000 kg. d'engrais, le premier froment 30 000 kg. et le deuxième froment 27 000 kg. : on demande à combien de kilogrammes de fumier équivaut la fertilité rendue au sol par le trèfle.

P. 110. Un menuisier qui avait 250 planches en magasin, en a employé 142 pour faire un plancher et 75 pour une cloison; il en a acheté 872, on ne lui en a d'abord fourni que 740; il en a employé 657 pour divers travaux; il a reçu le reste de celles qu'il avait achetées et 121 de plus : combien en a-t-il employé pour faire un certain ouvrage s'il lui en reste encore 77?

P. 111. Un général partant pour une expédition avec 18 000 hommes, en laissa 600 pour garder une petite place; en même temps il reçut un renfort de 800 hommes, 450 furent obligés de rester aux hôpitaux; il en demanda 3500, mais il n'en reçut que 2730, et en laissa 1750 dans divers postes : avec combien d'hommes arriva-t-il à sa destination?

P. 112. Quel est le poids et le prix de la soie en cocons récoltés en France pendant chacune des années 1830, 1831, 1832, 1833, 1834 et 1835, sachant 1° qu'en 1830 on en a récolté 7 678 437 kg., que la récolte de 1831 fut inférieure de 66 859 kg. à la récolte précédente, et de 942 946 kg. à la récolte suivante, qui elle-même fut dépassée de 437 313 kg. par la récolte de 1833, laquelle fut supérieure de 1 697 472 kg. à la récolte suivante, qui fut dépassée de 1 714 602 kg. par la récolte de 1835; 2° qu'en 1830 le prix de la soie en cocons était de 3 f. 15 le kilogramme, qu'il diminua de 0 f. 47 en 1831, qu'il diminua encore de 0 f. 02 l'année suivante, qu'en 1833 il augmenta de 0 f. 52, qu'en 1834 il augmenta encore de 0 f. 94, et qu'enfin en 1835 il diminua de 0 f. 30?

P. 113. Quel est le poids et le prix du kg. des soies grèges

SOUSTRACTION. 13

filées, récoltées pendant chacune des années 1824, 1825, 1826, 1827, 1828 et 1829, sachant 1° qu'en 1824 on en récolta 670 863 kg.; quantité qui surpassait de 62 303 kg. la récolte de l'année suivante, qui fut encore surpassée de 4 394 kg. par la récolte de 1826, qu'en 1827 on en récolta 34 528 kg. de plus que l'année précédente, et 6 968 de moins que l'année suivante, dont la récolte fut inférieure de 24 041 kg. à celle de 1829; 2° que le prix du kilogramme de soie grège filée était, en 1824, de 44 f. 09, que ce prix augmenta de 5 f. 39 l'année suivante, qu'il diminua de 4 c. en 1826, de 5 f. 32 en 1827, qu'il augmenta de 38 centimes en 1828 et de 52 c. en 1829?

P. 114. Un marchand de drap en a acheté 80 mètres et en a ensuite vendu 140; après ces deux opérations il lui reste encore la moitié de la quantité qu'il avait en magasin avant son dernier achat: quelle était alors cette quantité?

P. 115. En ajoutant 25 f. 40, prix d'une peau de bœuf, à la somme déboursée par un tanneur pour quatre peaux de veau et six peaux de cheval, on obtient un total de 114 f. 90: combien ont coûté les six peaux de cheval, sachant que les quatre peaux de veau ont été payées 22 f.?

P. 116. En retranchant 7 f. 25 du prix d'une peau de bœuf tannée, et en joignant cette somme au prix de cette peau fraîche, les deux résultats obtenus sont égaux chacun à 33 f. 50: quel est le prix de cette peau étant fraîche, et quel est son prix étant tannée?

P. 117. Je viens d'acheter 72 kg. de gomme élastique de Batavia et de gomme élastique de Para; si j'avais acheté 26 kg. de gomme de Batavia de moins et 26 kg. de gomme de Para de plus, j'en aurais eu 36 kg. de chaque sorte: combien de kilogrammes de chaque espèce de gomme ai-je achetés?

P. 118. En 1853, les importations des laines tirées de l'Espagne et de la Suisse se sont élevées à un chiffre tel, que si l'on retranchait 1 676 345 f. de la valeur des laines fournies par l'Espagne, et si l'on ajoutait cette même somme aux valeurs de celles qu'a fournies la Suisse, les valeurs des laines fournies par ces deux contrées seraient égales chacune à la somme de 2 929 334 f.: quelle est la valeur des laines fournies par l'Espagne et par la Suisse?

P. 119. On a reçu deux envois de bois de Campêche à 0 f. 20 le kilo; le plus petit de ces deux envois se compose de 24 bûches, pesant chacune en moyenne 20 kg. Si le plus petit envoi avait été augmenté de 26 bûches et l'autre diminué de 17 bûches, le total des deux envois eût été de 67 bûches: de combien se composait le plus grand?

P. 120. Un pharmacien a acheté deux boîtes de musc qui en contiennent ensemble 1 250 g.; l'excès du poids de la grande boîte sur la différence entre ce poids et celui de la plus petite boîte est de 525 g.: quel est le poids de chaque boîte, et quel est le prix de chacune, sachant que, au prix de 1 f. 35 le gramme, l'excès du prix de la plus grande sur la différence entre ce prix et le prix de la plus petite est de 708 f. 75, et que les deux boîtes ont coûté ensemble 1 687 f. 50?

P. 121. On a reçu deux envois de bois feuillard ayant 1 m.

75 de longueur, à 0 f. 05 la pièce. Le plus petit de ces deux envois se composait de 324 pièces ; et, après avoir vendu 138 pièces de l'un et 72 de l'autre, il restait 656 pièces des deux envois : quel était le plus grand ?

MULTIPLICATION.

P. 122. L'Europe produit chaque année 1 733 kg. d'or ; quelle en est la valeur totale, sachant que le kilogramme de ce précieux métal est estimé 3 437 francs ?

P. 123. Une famille composée de neuf personnes désire faire un voyage de l'île de la Réunion en France ; on leur demande 1 200 i. par personne : combien leur coûtera ce voyage ?

P. 124. Combien coûterait le transport funéraire d'un cercueil de Paris à Mâcon, la distance étant de 441 km., et le prix fixé pour la location du wagon étant de 0 f. 50 par kilomètre ?

P. 125. Le poids d'une couverture en tuiles creuses est en moyenne de 87 kg. par mètre carré pour les tuiles seules ; quel est le poids de 948 m^2. 25 ?

P. 126. Le poids d'un mètre carré de couverture en ardoises est en moyenne de 38 kg. pour les ardoises seules ; quel est le poids d'une toiture en ardoises, de 475 mètres carrés ?

P. 127. Deux cultivateurs se sont associés pour acheter une charrue à défrichement ; pour cela, l'un a économisé 6 f. par mois et l'autre 5 f., en sorte qu'à la fin de l'année ils ont eu la somme nécessaire au paiement de cette charrue : quelle somme leur a-t-elle coûtée ?

P. 128. Combien coûterait le transport d'une voiture à deux fonds et deux banquettes ? Le prix fixé est de 0 f. 32 par kilomètre ; la distance de Lyon à Paris est de 507 km. ; le chargement coûte 2 f., le déchargement 2 f., et l'enregistrement 0 f. 10.

P. 129. Un ouvrier ajusteur de verres chez un opticien gagnait 83 f. 20 par mois ; il tombe malade, et il ne peut travailler pendant deux mois. Ses voisins viennent à son secours et donnent à sa famille ce qu'il aurait gagné pendant ce temps, plus 18 f. 75 : on demande à quelle somme se monte leur aumône.

P. 130. Une armée est composée de 215 escadrons de 165 hommes, et de 224 bataillons de 540 hommes : on veut connaître l'effectif des hommes présents sous les armes, en supposant qu'il y en ait 4 537 dans les hôpitaux.

P. 131. Dans une fonderie de fer, il y a trois grues en bois avec flasques en fonte et tirants en fer ; elles ont coûté en moyenne 420 f. par tonne à enlever : or, la première peut enlever 25 tonnes, la deuxième 20 et la troisième 15 : quel est le prix de chacune, et le prix des trois ensemble ?

P. 132. Un libraire a fait un envoi contenant 125 volumes à 3 f. 45 ; 248 à 2 f. 50 ; 136 à 1 f. 75 ; 246 à 1 f., et 275 à 0 f. 55 : quel est le montant de sa facture ?

P. 133. Un fabricant de sucre emploie annuellement 42 ha. de terre pour la culture de la betterave ; combien doit-il récolter de kilogrammes de ce tubercule, si chaque hectare en produit

MULTIPLICATION.

40000 kg., et à quelle somme s'élèvent les frais de culture, sachant qu'il dépense 420 francs par hectare?

P. 134. La consommation moyenne annuelle par habitant est, en France, de 267 l. de blé, 69 l. de vin, 21879 g. de viande, 6525 g. de sel, 3648 g. de sucre : quelle est la consommation totale de chacune de ces denrées, en supposant le nombre des habitants de 36230178?

P. 135. Un jardinier a recueilli dans son verger, 1° 45 kg. d'abricots, qu'il a vendus 0 f. 275 le kg.: 2° 21 kg. de prunes reine-claude, qu'il a vendues 0 f. 55 le kg.; 3° 42 kg. 50 de poires, qu'il a vendues 0 f. 45 le kg.; 4° 5 kg. 25 de groseilles, qu'il a vendues 0 f. 60 le kg.; 5° 56 kg. de figues, qu'il a vendues 0 f. 30 le kg.; 7° 28 kg. 25 de pêches, qu'il a vendues 0 f. 425 le kg. : combien lui a produit son verger?

P. 136. Je devais une somme que je solde en donnant 334 pièces de calicot à 47 f. 20; 22 à 23 f. 45; 24 pièces de 2 f.; 41 de 1 f.; 36 de 0 f. 50 c.; et 24 de 0 f. 20 c. : combien devais-je?

P. 137. Un maître bottier a fait venir : 1° 80 paires de tiges de Limoges, à 6 f. 25 la paire; 2° 200 kg. de cuir de vache du pays, à 2 f. 95 le kg.; 3° 120 kg. de cuir de vache lissée, à 2 f. 45 le kg.; 4° 169 kg. de cuir de vache dite *croupon*, à 3 f. 18 le kg.; 5° 99 kg. de cuir de veau, à 3 f. 98 le kg.; 6° 26 kg. de cuir de cheval, à 3 f. 75 le kg.; 7° 7 kg. de cuir verni, à 6 f. 13 le kg.; 8° 2 douzaines de peaux de chèvres de couleur, à 25 f. 75 la douzaine; 9° 18 peaux de chèvres maroquinées, à 2 f. 95 la peau; 10° 13 pièces de maroquin, à 11 f. 70 la pièce : quelle est sa dépense?

P. 138. Un ouvrier, en un jour, bat 45 gerbes de blé donnant 130 litres de grains : combien quatorze ouvriers en neuf jours battront-ils de gerbes, et quelle sera la quantité de grain obtenue?

P. 139. Lorsque l'engrais flamand vaut 0 f. 30 l'hectolitre, et qu'on en emploie 842 hl. pour fumer un hectare de terre, quelle dépense fait-on 1° pour la fumure d'un hectare, 2° pour celle de 453 hectares?

P. 140. Combien faut-il de kilogrammes de foin pour nourrir 8 chevaux pendant un an, en donnant par jour à chaque cheval une botte de 7 kg., et quelle sera la dépense si chaque botte coûte 0 f. 40?

P. 141. Sur une charrette, il y a 12 sacs de blé contenant chacun 2 hectolitres : quelle est la charge de la charrette si l'hectolitre de blé pèse 75 kg.?

P. 142. Un ouvrier peut, avec une faucille, moissonner 18 a. par jour: combien d'ares 15 ouvriers pourront-ils moissonner en 6 jours?

P. 143. En admettant qu'un mouton donne 3 kg. de laine par an : combien 28 moutons en donneront-ils en 3 ans, et pour quelle somme si la laine vaut 2 f. 15 le kilog.?

P. 144. Quelle est la valeur de la récolte d'un champ de 7 ha., si 1 ha. rapporte 33 hl. d'avoine estimée 6 f. 95 l'hectolitre?

P. 145. Dans une ferme, il y a 27 vaches qui donnent en moyenne chacune 54 kg. de beurre : combien le fermier retirera-t-il s'il vend le kilogramme 1 f. 80?

P. 146. Un particulier s'est chargé de fournir l'avoine nécessaire à 3680 chevaux pendant 23 mois; chaque cheval en consomme 3 hl. par mois, et elle vaut 6 f. 25 l'hectolitre : on demande la somme qu'il devra recevoir au bout de 23 mois.

P. 147. Lorsqu'un hectare de lin donne 543 kg. de filasse et 12 hl. de graine, on demande combien on retirera pour la culture de 7 ha., si la filasse vaut 1 f. 65 le kg., et la graine 23 f. 75 l'hectolitre.

P. 148. Un cultivateur veut fumer un champ de 5 ha. 42 avec l'engrais poisson, qui coûte sur place 20 f. le quintal métrique; le transport de l'engrais revient à 7 f. par quintal, et il en faut 4 q. par hectare : combien coûtera la fumure de ce champ?

P. 149. Une personne s'éclaire au moyen d'une lampe qui consomme pour 4 c. d'huile par heure : à combien se monte la dépense d'éclairage de cette personne au bout de l'année, en supposant qu'elle se serve de la lampe pendant 3 heures par jour en moyenne?

P. 150. Un entrepreneur de tapisserie paye chaque semaine ses ouvriers à raison de 3 f. 75 par homme et par journée, de 2 f. 20 par femme et de 0 f. 75 par enfant. Il y a 5 hommes, 3 femmes et 2 enfants, et 6 jours ouvrables : quelle somme doit-il verser chaque semaine pour cet objet?

P. 151. Le canton de Noirétable (Loire) possède des scies à l'eau, dites *seytols*, qui peuvent scier journellement 8 douzaines de planches qu'on peut livrer sur place au prix moyen de 18 f. la douzaine : pour quelle somme 4 de ces scies peuvent-elles fournir de planches en 320 jours?

P. 152. Un fermier a 28 bêtes à cornes, chacune d'elles consomme pour litière 275 bottes de 5 kg. : on demande 1° combien il lui faut de bottes, 2° combien il emploie de kilogrammes de paille, et 3° quelle est sa dépense en supposant qu'une botte vaut 0 f. 18.

P. 153. Un fermier possède 7 vaches laitières, qui, en moyenne, donnent par an chacune 1750 litres de lait. Combien de beurre pourra-t-il retirer du lait de toutes ses vaches, sachant qu'un litre de lait donne 0 kg. 03125 de beurre, et quelle somme retirera-t-il de la vente du beurre au prix moyen de 1 f. 80 le kilogramme?

P. 154. Un banquier envoie à Paris un sac d'argent pesant 22 kg. : combien coûtera cet envoi, sachant que le prix fixé est de 0 f. 003 par kilogramme et par kilomètre pour toute somme au-dessus de deux cents francs? La distance est de 315 km.

Factage du départ. . . . . . 0 f. 35
— de l'arrivée. . . . . . 0 f. 35
Enregistrement. . . . . . 0 f. 10

NOTA. Les envois d'argent doivent avoir lieu soit en sacs cousus en dedans, fermés par une corde sur les extrémités de laquelle sont apposés des cachets à la cire avec lettres ou emblèmes, soit en caisses, soit en barils clos et solides, ligaturés d'une corde en croix, scellés à la cire empreinte de cachets avec lettres ou emblèmes. Les transports en espèces ne sont admis à découvert que jusqu'à concurrence de 100 f. par expédition.

P. 155. Un chasseur, habitant la Bourgogne, part de Dijon pour aller faire une partie de chasse à Fontainebleau; il prend une place de première classe qui lui coûte 26 f. 45. Sa meute de chiens se compose de 25 têtes; il les fait monter dans la loge destinée à ces quadrupèdes : quelle est sa dépense pour aller et revenir, sachant que le prix fixé pour le transport des chiens est de 0 f. 01 par tête et par kilomètre (grande vitesse)? La distance entre Dijon et Fontainebleau est de 256 km.

P. 156. Combien coûterait le transport de six tonnes de beurre par grande vitesse, le prix étant fixé à 0 f. 25 par tonne et par kilomètre, si on les fait partir de la gare de Plombières pour les rendre à Paris, la distance étant de 310 km.?

P. 157. Un convoi de chemin de fer se compose de deux wagons de 1re classe renfermant chacun 24 voyageurs, de 5 wagons de 2e classe qui en renferment chacun 30, de 8 wagons de 3e classe qui en renferment chacun 35, et de 2 wagons de marchandises chargés de chacun 8 tonnes : quelle sera la valeur de la recette à faire sur ce convoi s'il parcourt une distance de 164 km., le tarif des prix étant fixé ainsi qu'il suit : wagons de 1re classe, 0 f. 11 par voyageur et par kilomètre ; wagons de 2e classe, 0 f. 0825 ; wagons de 3e classe, 0 f. 0605 ; marchandises, 0 f. 16 par tonne et par kilomètre?

P. 158. Dans une usine qui marche jour et nuit et où l'on extrait l'étain du minerai qui le renferme, on obtient par heure 26 kg. d'étain raffiné : on demande quelle est la valeur de l'étain obtenu en 6 jours, sachant que par kilogramme d'étain obtenu, 1° le minerai employé coûte 0 f. 797 ; 2° les frais de transport et de préparation de ce minerai s'élèvent à 0 f. 63 ; 3° que les frais de fondage et de raffinage reviennent à 0 f. 035 ; 4° les frais généraux se montent à 0 f. 58.

P. 159. Dans une usine ayant un seul haut-fourneau au charbon de bois produisant 3000 kg. de fonte par jour et roulant dix mois de l'année, le prix de revient des 100 kg. de fonte d'affinage pourra s'établir comme suit :

	f.	c.
FRAIS SPÉCIAUX.		
Minerai, 300 kg. à 1 f. 32 les 100 kg.	»»	»»
Castine ou fondant, 80 kg. à 0 f. 29 c. les 100 kg.	»»	»»
Charbon, 110 kg. à 7 f. les 100 kg.	»»	»»
Main d'œuvre,	0	45
FRAIS GÉNÉRAUX.		
Cours d'eau, direction, intérêts du capital à 5 p. 0/0, et du fonds de roulement à 6 p. 0/0, contributions et frais divers,	2	73
TOTAL.	»»	»»

On demande, d'après cela, quelle sera la valeur de la fonte produite pendant la campagne.

P. 160. Pour réduire l'or en feuilles on le passe au laminoir afin d'en former des feuilles d'une épaisseur de 1 mm. 128, et on leur fait subir un premier martelage jusqu'à ce qu'elles aient l'épaisseur d'une feuille de papier gris ; après quoi on les partage en quartiers que l'on met, au nombre de 56, entre deux feuilles de vélin, pour leur faire subir un second martelage, ensuite on les partage chacun en 4 quartiers ; après un troisième martelage, on partage chacun de ces nouveaux quartiers en 4 autres, qui après un quatrième martelage entre deux feuilles de

MULTIPLICATION.

baudruche, sont partagés chacun en 4 nouveaux quartiers : quel est le nombre de quartiers ainsi obtenus avec les 56 premiers?

P. 161. Il s'est écoulé 18 secondes entre le moment où l'on a vu la lumière d'une pièce de canon d'une frégate qui est en pleine mer et celui où l'on a entendu la détonation : on demande à quelle distance on se trouve de cette frégate, sachant que, pour les distances terrestres, la vision est instantanée, et que le son parcourt 340 mètres par seconde.

P. 162. Un particulier veut acheter 728 kg. de beurre; il en trouve 317 kg. à 1 f. 45; 214 kg. à un 1 f. 85 et le reste à 2 f. 10; aurait-il avantage à payer le tout 1 f. 80 le kilog.?

P. 163. Un particulier, voulant faire une provision de beurre, en trouva 91 kg. en pains d'un kilogramme, à 1 f. 75; le trouvant trop cher, il offrit de le payer 1 f. 70 en le pesant en bloc, alors le poids s'est trouvé de 95 kg. : a-t-il eu avantage à suivre cette idée?

P. 164. Un meunier a acheté 58 sacs de froment à 28 f. 70, 39 sacs à 31 f. 25, 27 sacs à 34 f. et 62 sacs à 29 f. 50 : combien doit-il revendre le tout pour gagner 3 f. 40 par sac, si les frais s'élèvent à 0 f. 95 par sac?

P. 165. On a acheté 34 rames de papier à 5 f. 60 la rame; on en a vendu 18 rames à 0 f. 35 la main, et le reste à 0 f. 016 la feuille : quel est le bénéfice, si l'on en a donné pour 2 f. 85 aux pauvres? — La rame contient 20 mains et la main 25 feuilles.

P. 166. 89 rames de papier ont coûté chacune 4 f. 10 d'achat, 0 f. 70 de port et de commission : on revend 12 rames à 0 f. 29 la main; mais on fait, par rame, 0 f. 80 de remise; 16 rames ont été vendues 0 f. 33 la main, à l'exception de 5 mains, qui ont été données aux pauvres; le reste a été vendu 0 f. 012 la feuille, à l'exception de 40 feuilles données aux pauvres : quel est le bénéfice?

P. 167. On a acheté 36 m. de drap cati de troisième classe, à raison de 12 f. 50 le mètre; on a revendu 8 m. à 12 f. 80, 7 m. à 13 f. 25, 9 m. à 13 f. 90, 5 m. à 14 f. 15, et le reste à 14 f. 45 : combien a-t-on gagné?

P. 168. On a acheté 45 caisses de raisins secs, 97 caisses de figues et 84 caisses de prunes sèches, chaque caisse pesait net 22 kg.; on a payé les raisins 1 f. 07 le kilogramme, les figues 0 f. 65 et les prunes à 0 f. 95. On a revendu les raisins 1 f. 25 le kilogramme, les figues 0 f. 80, et les prunes 1 f. 15 : on demande le bénéfice que l'on a réalisé, sachant qu'à la vente au détail, chaque caisse n'a pesé que 21 kg. à cause du bon poids, et que l'on a payé 12 f. 95 de port.

P. 169. Quatre hectolitres de graine d'œillette donnent 100 l. d'huile à 1 f. 22 le litre, et 150 kg. de tourteaux à 0 f. 18 le kilogramme; les frais de fabrication et de transport s'élèvent à 14 f. : dites ce qu'on gagne, sachant que le prix d'achat est de 30 f. par hectolitre de graine.

P. 170. On a loué une prairie 780 f.; on y a laissé 18 chevaux pendant 4 mois, ensuite 21 chevaux pendant 3 mois, et 16 autres chevaux pendant 3 mois; chaque cheval ayant rapporté 9 f. 15 par mois, on désire connaître le bénéfice.

P. 171. Le père, ouvrier ébéniste, gagne 6 f. 20 par jour; la mère, 4 f. 80, et 3 enfants, ouvriers ébénistes comme leur père, gagnent chacun 2 f. 75 par jour : à combien se montera leur économie par semaine si la dépense journalière est de 10 f. 75?

P. 172. Une fabrique de sucre de betteraves de la Bourgogne retire annuellement de sa fabrication 24 690 kg. de sucre et 15 642 kg. de cassonade. Quel bénéfice a le propriétaire, sachant que les matières premières lui occasionnent une dépense de 14 780 f. 60, que, pour le paiement de ses ouvriers, il dépense 8 792 f. 40, que l'entretien de son usine lui coûte 13 648 f., que les menues dépenses peuvent être évaluées à 1 240 f., les impôts et patentes à 8 568 f. 60? Il vend le sucre 1 f. 40 le kilogramme et la cassonade 1 f. 10 le kilogramme.

P. 173. Dans une fabrique d'acide sulfurique, on a employé 1 440 kg. de soufre à 0 f. 16 le kilogramme, 596 kg. d'acide nitrique à 0 f. 45 le kilogramme, 180 hl. de houille à 2 f. 50 l'hectolitre ; la main-d'œuvre, les frais de direction et de loyer peuvent être évalués à 1 224 f.; les divers autres frais se montent à 2 421 f., et l'on a obtenu 43 200 kg. d'acide sulfurique qui ont été vendus à raison de 0 f. 20 le kilogramme : quel bénéfice a-t-on fait ?

P. 174. Un ouvrier graveur, qui gagne 120 f. par mois, étant tombé malade, plusieurs de ses voisins viennent au secours de sa famille. Pendant 2 mois de 25 jours, un apprenti serrurier, par ses soins, procure à son maître 0 f. 15 d'économie par jour, ce qui est destiné à la bonne œuvre. Un instituteur y consacre le produit des leçons particulières données à 4 élèves à raison de 8 f. 50 par mois pour chacun ; les élèves de l'école au nombre de 75, réalisent dans le même but chacun 0 f. 15 d'économie, chaque mois, par suite de la bonne tenue de leurs effets classiques : à combien se montent ces secours et quelle est leur différence avec ce qu'aurait gagné l'ouvrier ?

P. 175. Une fabrique de fécule de pommes de terre consomme chaque mois 5 200 hl. de pommes de terre à 1 f. 58 l'hectolitre. Pour chaque mois, les frais d'emmagasinage et de soins des pommes de terre dans les silos s'élèvent à 390 f., la main-d'œuvre dans la fabrique coûte 150 f., la direction coûte 260 f., le combustible 520 f., les frais à faire pour les chevaux se montent à 702 f., les frais de loyer et d'entretien à 650 f., les frais de transport à 260 f.; les intérêts, les frais imprévus, l'emballage à 312 f. Le rendement est de 59 670 kg. de fécule à raison de 21 f. les 100 kg. De plus, on vend chaque mois 114 400 kg. de pulpe pressée, à raison de 0 f. 75 les 100 kg. : quel sera le bénéfice de la fabrique au bout de l'année? quel sera ce bénéfice au bout de 8 ans?

P. 176. Pour une fabrique de dentelles, on a acheté des fils à 236 f. 50 le kilogramme et à 538 f. 75; on en a pris 75 kg. du premier prix, et il s'en faut de 18 kg. qu'on en ait pris autant du deuxième prix que du premier : combien devra-t-on débourser?

P. 177. Un marchand de poisson a vendu 13 kg. d'anguilles à 3 f. 15 le kilogramme, et 7 kg. 45 de barbeaux à 1 f. 50 : s'il avait vendu de plus 5 kg. 20 de chaque sorte de poisson et au même prix, quelle somme aurait-il reçue, et quelle somme a-t-il perçue en réalité?

P. 178. On a fait faire un escalier en bois à la française, qui, ayant 20 marches de 1 m. de longueur, a coûté 9 f. la marche; la rampe en fer de 16 mm. de diamètre, de 20 barreaux, a coûté 3 f. par barreau; la main courante en noyer, de 4 m. de longueur, a coûté 5 f. le mètre; la peinture de la rampe a coûté 5 f., et le plafond de dessous l'escalier 15 f. : quel est le prix total de cet escalier?

P. 179. Un pépiniériste a vendu 450 pommiers à 2 f. 75 la pièce : quelle somme doit-il recevoir, et combien doit-il en livrer s'il les vend à condition d'en donner 104 pour 100?

P. 180. Quel est le poids de 128 m^3 de pierres concassées pour l'empierrement des routes, le poids du mètre cube étant de 2570 kg. et le volume des vides étant les 0,47 du volume total?

P. 181. Un fabricant de poterie fait 12 fournées par an, il les vend l'une dans l'autre 590 f. chacune; quel sera son bénéfice annuel s'il fait les déboursés suivants :

1° Loyer de sa maison, des ateliers, du four, etc.   327 f.
2° Contributions et patente.   75 f. 25
3° Paiement de 2 ouvriers à 3 f. par jour et 298 journées de travail.
4° id. de 2 manœuvres à 1 f. 25 id.
5° Achat de 50 st. de bois de sapin à 10 f. le stère.
6° 1140 kg. de minium à 50 f. les 100 kilog.
7° Manganèse, limaille de cuivre, etc., pour couleurs.   65 f.
8° Redevance au propriétaire du terrain où il prend la terre glaise.   55 f.
9° Extraction de la terre glaise et charroi.   215 f.
10° Entretien du ménage, vivres, habillements (3 personnes).   1210 f. 25
11° Diverses autres petites dépenses (voyages, aumônes, etc.).   350 f. 25

P. 182. On a acheté 247 kg. de macaronis dits points de Paris, à 64 f. 75 les 100 kg.; 347 kg. de vermicelle, à 63 f. 90 les 100 kg., et 432 kg. d'autres pâtes, à 65 f. 15 les 100 kg.; on a payé 0 f. 15 de frais par kilogramme, 2 f. 25 de transport par 100 kg., et 25 f. 60 d'emballage : combien doit-on débourser?

P. 183. Un mécanicien a construit une machine hydraulique qui fait manœuvrer trois scies à la fois, dont l'une, occupée à faire des liteaux de plafonnage, peut en fournir 1800 par jour à 3 f. le cent; une seconde scie, employée à faire des planches pour caisses d'emballage, peut en préparer pour 80 f. par jour; enfin, la troisième scie, employée à fournir des planches marines, peut en scier 5 douzaines par jour, estimées à 20 f. la douzaine. Calculez le profit net qui revient au possesseur de la machine en 10 ans de 300 jours ouvrables, après avoir déduit 10 000 f. par an pour le prix d'achat et de construction de la susdite machine, ainsi que l'achat annuel du bois se montant à 10 900 f. (il laisse les débris de bois pour payer la main d'œuvre.)

MULTIPLICATION.

P. 184. La production totale de la houille en France peut être évaluée annuellement à 44693420 qm. Sur cette quantité :

Le bassin houiller de la Loire fournit les	0,3405
— de Valenciennes	0,2325
— du Creuzot et Blanzy	0,0698
— d'Aubin	0,0403
58 autres bassins carbonifères fournissent les	0,1169

On désire savoir : 1° quel poids chacun des bassins indiqués en fournit; 2° pour quelle somme, le quintal pris sur place valant 0 f. 90.

P. 185. Un relieur a acheté 5 douzaines de peaux de mouton en basane à 20 f. la douzaine, et 2 douzaines de peaux de chèvre en maroquin ; la douzaine de cette dernière marchandise coûte trois fois plus, moins 4 f., que la douzaine de peaux de mouton : combien devra-t-il débourser ?

P. 186. 1 kg. de sucre, première qualité, vaut autant que 1 kg. 18 deuxième qualité : combien aura-t-on de kilogrammes deuxième qualité pour 875 kg. première qualité ?

P. 187. Un ouvrage est payé 12 f. 25 le mètre : on demande combien on ferait de mètres d'un autre ouvrage au lieu d'en faire 182 m. du premier, si un mètre du premier équivaut à 0 m. 85 du deuxième.

P. 188. 1 m. de lasting coûte 3 f. 40, et vaut autant que 1 m. 25 de lasting d'une seconde qualité : on demande combien l'on aura de mètres de la seconde qualité pour 129 m. 60 de la première.

P. 189. Les quantités de soie fournies à la France par l'Autriche et le Piémont, en 1834, sont telles, que la quantité fournie par l'Autriche, étant évaluée en kilogrammes, est égale au produit de 96 par 63, et que le Piémont en a fourni une quantité qui surpasse celle fournie par l'Autriche, d'un nombre de kilogrammes égal au produit de 209 par 38. Le prix de la soie en cocons étant de 4 f. 12 en 1834, pour quelle somme chacun de ces pays en a t-il donné ?

P. 190. Un tanneur a acheté 75 peaux de mouton à 1 f. 20 ; les frais de tannage étant calculés à raison de 55 f. 25 p. 0/0 du prix des peaux brutes, il les a revendues 1 f. 95 : on demande le montant de son gain ou de sa perte.

P. 191. Un plombier-fontainier a fourni dans diverses maisons 73 robinets en cuivre-potin ; il en a fourni 37 de 13 mm. de diamètre intérieur, à 4 f. 60 la pièce ; il en a fourni de 20 mm. de diamètre, 13 de moins que du calibre précédent, et leur prix surpasse de 2 f. 35 celui des précédents ; enfin, les autres sont des robinets de 27 mm. de diamètre, et leur prix est le double du prix des premiers plus 1 f. 30 : quelle somme a-t-il dû recevoir ?

P. 192. Un convoi de grande vitesse parcourt 36 km. par heure : de combien de kilomètres sera-t-il en avance, après 6 heures, sur un autre convoi parti 2 heures après, et qui ne fait que 30 km. à l'heure ?

P. 193. Un éventailliste a acheté au prix de 7 f. 75 le kilogramme une certaine quantité d'ivoire ; s'il en avait pris 3 kg. 15 de plus, son emplette aurait été augmentée d'un huitième : **quelle somme a-t-il dû débourser pour cet achat ?**

P. 194. Un marchand de bois feuillard en a acheté 648 pièces ayant moins de 2 m. de hauteur, à 0 f. 05 chacune ; 812 de 2 m. à 4 m. valant chacune 0 f. 97, et 936 de 4 m. et au-dessus, valant chacune 0 f. 10 : de combien de pièces chacune de ces trois emplettes aurait-elle dû être augmentée pour que les sommes qu'il a versées pour chacune fussent quintuplées ?

P. 195. Une machine à nettoyer les couteaux, et appelée pour cette raison *policouteaux*, se vend 150 f. : quelle somme la vente de semblables machines a-t-elle rapporté dans un an à la maison de Paris qui les fabrique, supposé qu'elle en ait vendu un nombre tel, qu'étant ajouté à 156 × 156, le total soit 24 970 ?

P. 196. Un ouvrier ferait un ouvrage en 8 jours si on lui donnait 4 f. par jour ; mais en lui donnant 6 f. 50 il le ferait en 5 jours ; comme chaque jour de retard (à partir du premier) produit un dommage de 5 f. 50, on demande quel est le parti le plus avantageux.

DIVISION.

P. 197. Un corps se mouvant d'une manière uniforme parcourt 315 m. en 63 secondes : quelle est sa vitesse, c'est-à-dire combien de mètres parcourt-il par seconde ?

P. 198. Un corps se mouvant d'une manière uniforme a parcouru 840 m. avec une vitesse de 2 m. 50 par seconde : quel temps a-t-il employé pour franchir cet espace ?

P. 199. De Paris à Bordeaux, il y a, par le chemin de fer, 582 km. : combien trois convois qui parcourraient ce chemin, feraient-ils chacun de kilomètres par heure, si le premier le parcourt en 13 heures (train express), le deuxième en 18 heures, le troisième en 21 heures ?

P. 200. Les grandes roues d'une diligence ont 5 m. 475 de circonférence, les petites ont 2 m. 85 : combien feront-elles de tours chacune pour parcourir un espace de 46 394 m. 15 ?

P. 201. Un fermier a un troupeau de 150 moutons ; la laine que ce troupeau lui a fournie, vendue à raison de 1 f. 80 le kilogramme en suint, lui a rapporté une somme de 742 f. 50 : quel est le poids moyen d'une toison ?

P. 202. Un ouvrier sabotier veut gagner 1 f. 35 par jour : combien doit-il faire journellement de paires de sabots, sachant qu'on lui donne 0 f. 15 pour la façon d'une paire ?

P. 203. Un maître cordonnier-bottier a 24 ouvriers, 7 peuvent faire chacun 3 paires de chaussures légères par jour ; 9 en font chacun 5 paires en 2 jours, les autres chacun 3 paires en 2 jours : combien chaque ouvrier gagne-t-il par jour, sachant que la paire lui est payée 1 f. 10 ?

P. 204. Un homme bien portant consomme 7 344 l. d'air en 24 heures, et respire à peu près 15 fois par minute : combien consomme-t-il d'air à chaque fois qu'il respire ?

P. 205. En supposant qu'un chemin de fer de 500 km. fasse une recette de 18 000 000 par an : on demande quelle est sa recette moyenne par jour, et ce qu'il rapporte par kilomètre pendant une année.

P. 206. Combien faut-il employer d'écrivains pour transcrire autant de pages qu'un imprimeur en imprime par jour, supposant qu'il en tire 1250 feuilles de 24 pages, et que les écrivains copient chacun 7 pages et demie?

P. 207. Un maître cordonnier a chargé l'un de ses ouvriers de la confection des objets suivants: 1° 23 paires de souliers, à 2 f. 75 de façon par paire; 2° 29 paires de souliers pour femmes, à 1 f. 65 par paire; 3° 12 paires de souliers fins, à 4 f. 60 par paire; 4° 9 paires de brodequins, à 4 f. 75 par paire; 5° 18 paires de brodequins pour enfants, à 2 f. 70 par paire. L'ouvrier a eu fini la confection de ces objets en 78 jours : combien a-t-il reçu pour la façon, et combien gagnait-il par jour?

P. 208. Quelle épaisseur faut-il donner aux murs d'un bâtiment simple dont la hauteur est de 10 m. et la largeur de 12, sachant qu'on détermine cette épaisseur en ajoutant à la largeur du bâtiment la moitié de sa hauteur, et en divisant par 24?

P. 209. L'air contenu dans un bocal pèse 9 g. 75; l'eau qui pourrait y être contenue pèserait 7507 g. 5 : combien l'eau pèse-t-elle de fois plus que l'air?

P. 210. La population du globe est d'environ 1 283 000 000 d'habitants; on suppose qu'elle se renouvelle tous les 33 ans (en France la vie moyenne est d'environ 37 ans) : combien meurt-il d'hommes par an, par jour, par heure et par minute?

P. 211. Un colon a sur son habitation 10 engagés : combien lui faut-il de balles de riz de 75 kg. par an, la ration étant pour chaque homme de 5 kg. 250 par semaine? (52 semaines.)

P. 212. Combien de kilogrammes d'indigo fin seront broyés par les 25 ouvriers d'un atelier pendant 3 semaines de 6 jours de travail, si chaque ouvrier peut en broyer 384 kg. dans un an de 300 jours de travail?

P. 213. On a déboursé 460 f. 70 pour payer 542 kg. de cornes de cerf : combien aurait-on déboursé si le kg. eût été payé 0 f. 075 de plus, et quel aurait été alors le prix du kilogramme?

P. 214. Un poêlier-fumiste demande combien de mètres courants de conduit d'air froid, à 2 f. le mètre, il devrait faire pour recevoir la même somme que pour 8 m. 34 de conduit de fumée, à 3 f. 85.

P. 215. Dans un four à chaux construit à l'arsenal de Brest, on a brûlé 3 209 fagots en 85 heures; chaque fagot pesait 9 k. 25, et on a cuit 37 m^3 de chaux : combien la cuisson d'un mèt. cub. a-t-elle exigé de kilogrammes de bois?

P. 216. La distance moyenne du soleil à la terre égale environ 24 046 fois 91 le rayon terrestre; ce dernier est égal à 6 366 km. 654. La lumière parcourt environ 310 248 kilom. par seconde : combien met-elle de temps à venir du soleil à la terre?

P. 217. Un bœuf a consommé pendant la durée de son engraissement l'équivalent de 3 545 kg. de foin; il a gagné en poids 105 kg. : combien a-t-il fallu de kilogr. de foin pour produire 1 kg. de viande? Et si son engraissement a duré 215 jours, combien en moyenne a-t-il été augmenté de poids par jour, et combien de foin a-t-il consommé aussi par jour?

P. 218. En 1853, la France a employé environ 8 729 259 kg. de cuivre pur. Sur cette quantité, environ 700 000 kg. avaient été produits en France; d'autres nations ont fourni le reste, savoir: la Russie, 928 944 kg.; la Suède, 63 370; l'Allemagne, 55 302; les Pays-Bas, 691 683; la Belgique, 1 143 162; les villes hanséatiques, 641 474; l'Angleterre, 3 674 990; l'Espagne, 296 226; la Suisse, 63 376; la Turquie, 98 221; le Chili, 50 338; le Pérou, 49 239; l'Algérie, 59 562; et divers pays, 213 272 kg.: on demande combien pour 100 kg. de cuivre consommé en France, chacun des pays ci-dessus indiqués en a fourni.

P. 219. Sur une certaine somme, provenant de la vente de 225 kg. de défenses d'éléphant, un négociant a prélevé 435 f. pour le paiement de son premier commis; 6 autres de ses employés, qui se sont partagé le reste, ont eu chacun 250 f.: quel était le prix du kilogramme de cette marchandise?

P. 220. On obtient 2 f. 50 de remise sur le prix d'achat de 15 douzaines d'annelets en cuivre, à 3 f. la douzaine; à combien revient chaque douzaine?

P. 221. On a acheté 17 sacs de farine, pesant chacun 175 kg., pour 1338 f. 75. En revendant cette farine, on a perdu 148 f. 75. On demande 1º le prix de la vente du kg.; 2º combien on a perdu sur chaque sac; 3º combien on a perdu sur un kilogramme.

P. 222. On a acheté une machine à comprimer l'air à mouvement de rotation, laquelle a coûté 850 f.; on est convenu de s'acquitter en payant 17 f. par semaine: sachant qu'il y a déjà 28 paiements d'effectués, on demande combien il en reste encore à faire pour être quitte.

P. 223. En vendant pour 413 f. 295 kg. de gomme laque blonde, un négociant a gagné 82 f. 60: pour quelle somme devra-t-il en vendre s'il veut gagner 132 f. 16? combien de kilogrammes en vendrait-il alors?

P. 224. Un poêlier-fumiste a acheté 25 boisseaux cannelés pour colonnes de poêles; ces boisseaux ont chacun 0 m. 32 de hauteur, sur 0 m. 19 de diamètre; ils lui ont coûté 43 f. 75; il en a revendu 18 en faisant sur chacun un bénéfice de 0 f. 30: quelle somme a-t-il dû recevoir?

P. 225. Un raffineur a vendu 1 643 kg. de sucre candi pour 6 161 f. 25; s'il les eût vendus 6 432 f. 75, il eût gagné 904 f. 90: on désire savoir 1º combien il a vendu le kilogramme; 2º quel est son bénéfice total, et 3º à combien lui revenait la totalité du sucre.

P. 226. Un marchand de bonneterie reçoit 4 douzaines de bonnets; il paie pour chaque bonnet 0 f. 90; il y en a 4 de déchirés: on demande combien il doit vendre les autres pour gagner 20 f. sur son marché.

P. 227. Trois militaires ont 36 km. à faire pour se rendre à leur destination; le premier fait 6 km. par heure, le second 4 km. 5, et le troisième 4: on demande à combien d'heures d'intervalle ils doivent partir pour pouvoir arriver ensemble.

P. 228. Dans un fourneau qui a coûté 2 900 f. on a chargé 127 st. de bois de sapin et l'on a consommé pour une fournée 13 st. de bois de corde; le charbon obtenu a été estimé 1 155 f. 70, à raison de 1 f. 40 l'hl.: on demande combien d'hectolitres de charbon a fournis chaque stère de bois employé.

P. 229. Lorsque les fagots coûtent 36 f. le cent, on en a 56

DIVISION.

pour une certaine somme : combien en aurait-on pour la même somme s'ils coûtaient 42 f. le cent?

P. 230. Un baril contenant 250 harengs en renferme 35 de plus qu'un autre baril, et coûte 12 f. 50 : combien doit coûter le second baril ; et quelle somme totale gagnera-t-on si, au détail, on vend ces harengs 8 f. le cent?

P. 231. Après avoir employé 265 kg. du salpêtre qu'il avait acheté, et en avoir revendu 238 kg. 5, un fabricant d'acide sulfurique a encore 450 kg. de ce salpêtre : sachant qu'il avait déboursé 724 f. 66 pour le payer, combien le kg. de cette substance lui avait-il coûté?

P. 232. Un marchand a acheté 875 assiettes à 14 f. le cent ; il a payé 10 f. 45 d'emballage et de port, et, en outre, 3 f. 30 d'autres frais : on demande combien il doit vendre chaque assiette pour gagner 14 f. 77, s'il s'en est cassé 24 et s'il en a donné 12 aux pauvres. S'il vendait chaque assiette 0 f. 20 c., quel serait son bénéfice?

P. 233. Dans une usine où l'on traite les minerais de cuivre, on dépense en 24 heures pour 344 fr. 31 de minerai : combien y traite-t-on de kg. de minerai en une campagne de 5 mois, le mois étant de 26 jours de travail, et le minerai coûtant, rendu à l'usine, 82 f. 72 les 1 767 kg.?

P. 234. En une journée de 12 heures de travail, au moyen d'une machine ingénieusement disposée, un ouvrier peut fabriquer 7776 chandelles. Si l'on admet que 16 de ces chandelles pèsent un kg., combien faudra-t-il d'ouvriers pour fabriquer en 6 jours les 108 000 kg. de chandelles que Paris peut livrer au commerce dans chaque semaine d'hiver?

P. 235. Le charbon employé à la cuisson d'une fournée de chaux a coûté 728 f.; il vaut 3 f. 20 l'hectolitre, et la cuisson d'un m. cube de chaux demande 1 hl. 75 de houille : de combien de m. cubes de chaux se composait cette fournée? Quelle est la valeur de la même fournée, la chaux se vendant 8 f. 25 le m. cube?

P. 236. Un particulier a vendu 246 m. 40 de toile pour du drap estimé 8 f. 80 le mètre : on demande combien il en a reçu de mètres, et combien il a vendu le mètre de toile, sachant que le prix du mètre de drap équivaut à celui de 2 m. 75 de toile.

P. 237. Un libraire achète des livres qui lui reviennent à 5 pour 4 fr. ; il les revend 4 pour 5 f. : combien doit-il en vendre pour gagner le prix d'achat de 270 volumes?

P. 238. Un marchand avait acheté du drap de Lodève à 58 f. les 8 m., et il l'a revendu 48 f. 90 les 6 m., ce qui lui a donné 225 f. de bénéfice : combien de mètres de drap avait-il achetés?

P. 239. On a acheté une peau de chinchilla dont le double du prix, ôté de 18 f., donne un reste égal au triple de ce même prix. quelle est la valeur de cette peau?

P. 240. On a acheté un cheval, un mulet et un âne pour 1 096 f.; le prix de l'âne, qui est de 68 f., étant joint à celui du mulet, le rend égal au prix du cheval : quel est le prix du cheval et celui du mulet?

P 241. Quelle serait la somme à dépenser pour établir à Rouen une filature de coton, sachant qu'en retranchant 1000 f. de la 165ᵉ partie de cette somme, la 8ᵉ partie du quintuple du reste égale 3750 f. ?

P. 242. Un menuisier a fourni 72 m. de barres brutes en chêne, non assemblées, dressées sur les rives, ayant chacune 13 mm. d'épaisseur sur un dm. de largeur. Pour cette fourniture, il a reçu une somme telle, que la 3ᵉ partie de sept fois cette somme, étant divisée par 5 et multipliée par 4, donne un produit tel, qu'en le divisant par 48, le quotient est égal à 1 f. 12 : quel est le prix du mètre linéaire de ces barres ?

P. 243. Un marchand quincaillier avait à vendre 96 boulons de 24 cm. de long, à raison de 1 fr. 25 la pièce. Un certain nombre d'amateurs se présentent; mais il arrive que 4 d'entre eux se retirent sans en acheter, ceux qui restent se partagent le tout, ce qui fait qu'ils en achètent chacun 12. On demande : 1° combien il y avait d'amateurs; 2° combien chacun aurait eu de boulons si tous en avaient acheté.

P. 244. On a acheté 8 kg. 25 de gruau, 6 kg. de fécule, 4 kg. 80 d'orge perlé, et 7 kg. 60 de semoule. Si l'on augmente de 0 f. 01 le cinquième de la somme payée pour le gruau, de 0 f. 145 le quart de la somme payée pour la fécule, de 0 f. 05 le sixième de la somme payée pour la semoule, et si l'on diminue de 0 f. 04 le tiers de la somme payée pour l'orge perlé, on aura également 1 f. On demande : 1° la somme totale dépensée; 2° le prix du kilogramme de chaque sorte de marchandise.

P. 245. Un ouvrier marqueteur vient de recevoir sa paie; il l'emploie à payer son loyer, sa nourriture et son habillement : le double du 1ᵉʳ paiement plus 24 f. 60, le triple du 2ᵉ plus 6 f. 40, et le quadruple du 3ᵉ plus 18 f. 20, font également 115 f. : quel est le montant de chacun des trois paiements qu'il fait ?

P. 246. On a acheté 25 Dl. de haricots, 72 Dl. de pois, 48 Dl. de lentilles, et 84 Dl. de pommes de terre : le quintuple de la somme payée pour les haricots, augmenté de 25 f.; le double de la somme payée pour les pois, diminué de 3 f. 20; le triple de la somme payée pour les lentilles, diminué de 24 f. 80, et le sextuple de la somme payée pour les pommes de terre, diminué de 28 f. 40, font également 400 f. On demande : 1° la somme totale dépensée; 2° le prix du décalitre de chacun de ces légumes.

P. 247. On demandait à un enfant qui venait d'acheter des oranges, combien il les avait payées. Il répondit : J'en ai d'abord acheté 12, et j'ai dû donner pour les payer 3 f., plus une certaine somme; mais, réfléchissant que je n'en aurais pas assez, j'en ai pris 8 autres, pour lesquelles j'ai donné encore 3 f., et le marchand m'a rendu la somme que j'avais ajoutée aux 3 premiers fr.: quel est le prix d'une orange, et la somme ajoutée d'abord et rendue ensuite ?

P. 248. Un certain nombre de maîtres maçons se présentent chez un industriel qui s'occupe de la fabrication du ciment de pure tuile de Bourgogne; cet industriel dit à ces maîtres maçons que s'il leur vend à chacun 6 m. cubes de ciment, il lui en restera 18; et que s'ils en prennent chacun 9 m. cubes, il lui en manquera 3. On demande: 1° le nombre des maîtres maçons; 2° quelle est la valeur de la provision de l'industriel, sachant qu'il vend son ciment 22 f. le m. cube.

P. 249. Un pont ayant une longueur de 75 m. 60 a donné lieu à une dépense de 403 110 f. Supposé que le parapet de ce pont soit formé de morceaux de fonte pesant chacun 310 kg. 45, que la longueur de chacun de ces morceaux de fonte soit de 1 m. 35 ; le prix de la fonte étant de 21 fr. 50 les 100 kg., à combien se réduit la dépense faite pour ce pont, quand on en a retranché la somme nécessaire au paiement du double parapet ?

P. 250. L'administration d'un chemin de fer prend pour le transport des charbons 0 f. 097 par 1 000 kg. et par km. On paie, en outre, un droit fixe de 2 f. 12 par wagon contenant 32 hl. 4. On suppose que le chef d'une usine paie annuellement à l'administration du chemin de fer 3 196 f. pour le transport de ses charbons. Le parcours étant de 24 km. 75, on demande combien d'hectolitres de 82 kg. cette usine consomme annuellement.

P. 251. On consomme annuellement en France 492 905 bœufs, donnant en moyenne 26 kg. de suif ; 718 956 vaches, qui en donnent chacune 15 kg. ; 4 769 493 moutons et brebis, donnant chacun 2 kg. 08 de suif ; 2 487 362 veaux, qui en donnent en moyenne 1 kg. ; 1 521 622 agneaux et chevreaux, qui en produisent 0 kg. 5. Ce suif, dit en branche, donne 80 p. 0/0 de son poids de suif fondu. On demande : 1° quelle est la production totale en France du suif en branche et du suif fondu ; 2° quelle est la valeur du suif en branche au cours de 41 f. les 100 kg. ; 3° quelle est la valeur du suif fondu au prix de 53 f. 35 les 100 kg.

P. 252. Un bœuf de travail, de taille moyenne, coûte, avec ses harnais, 470 f. Les soins à donner, les frais de logement et de nourriture coûtent environ 344 f. 80 par an. On doit de plus tenir compte des intérêts du capital à raison de 24 p. 0/0, à cause des frais d'entretien et du dépérissement du mobilier. D'autre part, un bœuf donne à peu près 127 quintaux de fumier à 1 f. 20 le quintal. On demande : 1° le prix annuel du travail d'un attelage de 4 bœufs ; 2° le prix de la journée de travail de cet attelage. On suppose qu'il y a en moyenne 230 jours de travail par an.

P. 253. Pour cuire 240 m. cubes de plâtre, on a brûlé 7 590 fagots coûtant 0 f. 30 la pièce. Par un nouveau perfectionnement, on peut cuire 18 mètres cubes de plâtre avec 1 975 kg. de houille coûtant 2 f. 96 les 100 kg. On demande quelle économie on peut réaliser sur la cuisson de 6 480 m. cubes de plâtre en employant la houille par le nouveau procédé.

P. 254. Dans une exploitation de 12 ha., on a dépensé 2 250 f. pour un amendement calcaire, la chaux valant 2 f. 50 l'hl., charrois compris. On a eu dans 9 ans trois récoltes de froment valant ensemble 14 400 f., au lieu de 10 800 f. sans amendement. On demande : 1° combien l'amendement coûte par hectare ; 2° de combien d'hectolitres l'amendement a augmenté la production de chaque hectare, sachant que le prix de l'hectolitre est de 20 f. ; 3° quel est le bénéfice net par hectare.

P. 255. La consommation du blé en France est de 16 150 000 kg. par jour. Une paire de meules demande une force de 3 chevaux-vapeur pour moudre en 24 heures 16 hl. de blé pesant chacun 80 kg. Il faut 6 chevaux, ou bien 30 hommes pour produire le travail d'un cheval-vapeur. On demande : 1° combien il faudrait de chevaux pour moudre nos grains si tout autre moteur venait à nous manquer; 2° combien, dans le même cas, il faudrait d'hommes si l'on ne voulait pas employer de chevaux.

P. 256. Une machine anglaise à battre le blé, conduite par quatre chevaux et servie par 15 ouvriers, peut battre 96 hl. de grain par jour. Si l'on admet que le loyer de la machine coûte 5 f. par jour, que l'on évalue à 3 f. 20 le prix de la journée d'un cheval et à 1 f. 75 le prix moyen de la journée d'un ouvrier, à quel prix reviendra le battage d'un hectolitre de blé?

P. 257. Une machine à battre le blé demande le travail de 4 chevaux à 3 f. 50 par jour, et le travail de 4 ouvriers qu'on paie chacun 2 f. 50 par jour. L'intérêt du prix de la machine et les réparations sont évalués à 2 f. 50 par jour. Cette machine peut battre 60 hl. de grain en 10 heures, et l'on travaille 12 heures par jour. Un batteur au fléau payé à raison de 2 f. 50 par jour peut battre 2 hl. 50 de grain. En se servant de la machine, quelle économie réalisera un cultivateur qui avait ensemencé en froment 9 ha. 48, qui ont rapporté en moyenne 18 hl. 75 par hectare?

P. 258. En 1849, on employait en France 32 352 ouvriers pour l'extraction de la houille. Ils ont fait en tout 7 999 973 journées de travail, et ils ont extrait 40 492 200 quintaux métriques de houille. Supposé que cette houille ait été vendue en moyenne à raison de 0 f. 90 le quintal métrique pris sur la mine, et que le prix total des salaires ait été de 17 266 204 f., on demande : 1° combien il a fallu vendre de houille pour payer les ouvriers ; 2° la quantité de houille extraite en un jour par un ouvrier ; 3° combien d'ouvriers il a fallu pour extraire la houille dont le prix a servi au paiement des salaires.

P. 259. La distillation de la térébenthine récoltée par le propriétaire d'une plantation de pins dans les Landes, lui a fourni dans une campagne pour 90 f. 05 d'huile de térébenthine et pour 85 f. 64 de colophane. Sachant que l'huile de térébenthine vaut 1 f. 15 le kg. et la colophane, 0 f. 15, que sur 100 kg. de térébenthine, il y a 12 kg. d'huile et 87 kg. 05 de colophane, que chaque arbre a fourni en moyenne 3 kg. 75 de térébenthine, on demande combien de pins il y a dans la plantation.

P. 260. Pour clarifier le vin, on emploie la colle de poisson ou des blancs d'œufs. Si l'on emploie la colle de poisson, on en met de 8 à 16 grammes par hectolitre. Supposé que l'on emploie aussi par hectolitre 75 gr. de blancs d'œufs, on demande : 1° combien il faudra d'œufs pour le collage de 672 hl. de vin, sachant qu'un œuf contient en moyenne 30 g. de blanc; 2° quel sera le prix des œufs à employer s'ils coûtent 0 f. 60 la douzaine.

P. 261. Dans le fourneau d'une machine à vapeur faisant fonctionner la machine soufflante d'un haut-fourneau, la combustion de 1 kg. de houille transforme en vapeur 5 kg. 5 d'eau, et l'on veut obtenir par heure 316 kg. de vapeur. Si la houille coûte 2 f. 45 l'hectolitre pesant 82 kg., quelle sera la valeur de la houille consommée en un an de 300 jours de travail, et 24 heures par jour?

P. 262. Pour l'entretien d'un haut-fourneau roulant au charbon de bois, dans un laps de temps pendant lequel on a produit pour 285 525 f. de fonte au prix de 0 f. 15 le kg., on aurait consommé 110 kg. de charbon par 100 kg. de fonte, ce qui aurait fait une dépense de 146 569 f. 50; mais, par l'emploi de l'air chauffé, on a réalisé une économie de 17 588 f. 50 : combien de kg. de charbon a-t-on économisés, 1° par 100 kg. de fonte, 2° en tout?

P. 263. Dans le cours d'une campagne, un haut-fourneau a produit pour 682 020 f. de fonte à 15 f. les 100 kg. En employant de l'air chaud, on a réalisé 36 % d'économie sur la dépense du coke, ce qui a produit un gain de 34 783 f. 02 : le coke étant payé 1 f. 25 les 100 kg., combien de kilogrammes de coke aurait-on consommés pour 100 kilogrammes de fonte, sans l'économie réalisée? et, par cette économie, combien de kilogrammes de coke a-t-il suffi d'employer pour 100 kilogrammes de fonte?

P. 264. Deux fours, chauffés au bois, exigent, pour 4 fournées donnant 1 800 pains, 3 st. de bois, à 11 f. Le chauffage des eaux pour la pâte demande 5 fagots à 0 f. 16. La braise retirée du bois est évaluée à 4 hl., valant chacun 1 f. 60. Un système de fours dû à Davreux et Colson permet de chauffer ces fours avec de la houille. Pour la cuisson de 1 800 pains, on consomme dans la proportion de 16 kg. de charbon pour 100 pains. Les 1 000 kg. de houille valent 14 f. Pour chauffer les eaux nécessaires à la pâte, on use 12 kg. de houille. Ces données connues, on demande : 1° l'économie que pourra faire, dans un an, une famille composée de 6 personnes qui consomment par jour chacune, en moyenne, 0 kg. 75, si cette famille emploie le chauffage à la houille, supposé que chaque pain pèse 2 kg.; 2° quelle sera l'économie d'un boulanger qui, pendant un an de 305 jours de travail, a cuit par jour 385 pains de 2 kg.

P. 265. Pour amender un champ de 275 a. de surface, un cultivateur a employé 206 hl. 25 de chaux. La durée de cet amendement a été de 15 années. On demande combien il faudra mettre de chaux par are pour un amendement qu'il faudra renouveler tous les 12 ans.

P. 266. Deux personnes vont à la rencontre l'une de l'autre, et partent en même temps des deux extrémités d'une route de 6 345 m. Pendant que la première personne parcourt 4 m., la seconde en fait 5. A quelles distances de leur point de départ ces deux personnes se joindront-elles?

P. 267. Si j'avais encore autant d'argent que j'en ai, après avoir dépensé 76 f., il me resterait 140 f. : quel serait le poids d'un boucaut de quercitron que je pourrais acheter avec la somme que je possède, si je payais cette marchandise 0 f. 20 le kg.?

P. 268. Quatre thermomètres ont coûté ensemble 80 f. On veut connaître le prix de chacun, sachant que, si le 3ᵉ avait coûté 5 f. de plus et le 1ᵉʳ 5 f. de moins, ils auraient coûté tous les quatre la même somme.

P. 269. Un négociant vient d'envoyer à 2 de ses correspondants 329 kg. d'ivoire : les quantités qu'il fournit à chacun d'eux seraient égales si l'on retranchait 36 kg. de la livraison faite au 1ᵉʳ, et si l'on augmentait de 3 kg. la livraison faite au 2ᵈ; il a reçu du 1ᵉʳ 1 361 f. 60, et du 2ᵈ 1 196 f. 25 : quel est le prix du kilogramme pour chacune de ces deux livraisons, et quel est le poids de chacune?

P. 270. Un cultivateur a vendu des moutons 18 f. 75 la pièce; avec la somme qu'il en a retirée, il a acheté un cheval et il a eu 500 f. de reste; s'il n'avait vendu ses moutons que 12 f. 50, il n'aurait eu que 50 f. de reste après avoir payé le cheval : on demande combien ce propriétaire a vendu de moutons, et quel était le prix du cheval.

P. 271. On a acheté au prix de 0 f. 20 le kg. deux boucauts de quercitron pesant ensemble 1200 kg., et dont le plus petit pèse 188 kg. de moins que l'autre: quel est le prix de chaque boucaut?

P. 272. Un négociant vient de recevoir deux envois de défenses d'éléphant pesant ensemble 613 kg.; pour les rendre égaux, il faudrait ajouter 137 kg. au plus faible: le plus fort, qui se compose de défenses entières, a coûté 6150 f.; l'autre, qui se compose de défenses en morceaux d'un kg. au moins, a coûté 1785 f. : quel est le prix du kg. pour chacun de ces deux envois?

P. 273. Les sommes destinées à payer deux boucauts de quercitron pesant ensemble 1455 kg. sont telles, que, si l'on ajoute 15 f. à la plus petite, elles seront égales: leur total est de 325 f. : on demande le prix du kg. de quercitron pour chaque boucaut, sachant que l'un des deux pèse 95 kg. de plus que l'autre, et que la plus grande des deux sommes est le prix du plus petit des deux boucauts.

P. 274. La somme reçue pour le carrelage de deux appartements est de 350 f. 40, et la différence des prix reçus pour chacun de ces deux appartements est de 58 f. 60 : quelle est la superficie de chaque appartement si le mètre carré a coûté 3 f. 20?

P. 275. Un menuisier a reçu 2827 f. 40 pour avoir parqueté une salle et un salon; le parquet de la salle, qui a coûté 16 f. 20 le mètre carré, vaut 865 f. de plus que le parquet du salon, qui a coûté 14 f. 35 le mètre carré : quelle est la superficie de chacun de ces deux appartements?

P. 276. Deux ouvriers paveurs ont pavé une chaussée de 880 m. de superficie; le 1er a fait chaque jour 2 m. 666667 de plus que le 2^d, et ils ont fini après 30 jours de travail : combien chacun doit-il recevoir s'ils sont payés à raison de 0 f. 55 par mètre superficiel?

P. 277. Un plombier a fourni et posé 5330 m. de tuyaux physiqués pour gaz, les uns ayant 20 mm. de diamètre à 3 f. le mètre courant, les autres, dont la longueur surpasse de 1999 m. celle des premiers, ont 13 mm. de diamètre et valent 2 f. le mètre : quelle somme a dû recevoir ce plombier?

P. 278. Un fermier a un troupeau dont la laine provenant de la tonte d'une année étant vendue à raison de 1 f. 80 le kg. lui a rapporté une somme telle, que, en multipliant cette somme par 12, elle se trouve augmentée de 10875 f. 15 : on demande de combien de moutons se compose ce troupeau, sachant que le poids moyen d'une toison est de 3 kg. 25.

P. 279. Deux bassins peuvent contenir ensemble 2745 hl. : dire ce que chaque bassin peut contenir, sachant qu'en divisant la capacité du premier par celle du second, on trouve 4 au quotient.

P. 280. Deux personnes ont ensemble 72 f.; en divisant la part de l'une par celle de l'autre, on trouve 7 au quotient : quelle est la part de chaque personne ?

P. 281. Si j'avais 2012 f. 40 de plus, dit un pharmacien, mon avoir serait quintuplé ; et je pourrais acheter 16 kg. 25 de castoréum : combien ai-je ? combien, avec mon avoir, puis-je acheter de kilogrammes d'antale à 3 f. 354 le kilogramme, et quel est le prix du kilogramme de castoréum que je pourrais acheter avec mon avoir quintuplé ?

P. 282. Si l'on retranchait 6 fois le quintuple du prix donné pour une peau de zèbre, du double de 7 fois le quadruple du prix que l'on a donné à un chamoiseur pour une peau de panthère, il resterait 1800 f., dont le quotient par 75 est le prix de la peau de zèbre : quel est le prix de chacune de ces deux peaux ?

P. 283. Un marchand de bois a vendu 478 fagots à deux particuliers. La quantité prise par le 1er, divisée par la quantité prise par le 2^d, donne 8 pour quotient et 19 pour reste : combien ce marchand a-t-il dû recevoir, le 1er particulier ayant payé ses fagots 40 f. le cent, et le 2^d les ayant payés 45 f. le cent ?

P. 284. On a acheté pour la somme de 160 f. un appareil à blanchir le linge, désigné sous le nom de buanderie-baignoire, et un fourneau à repasser. En divisant le prix de la buanderie-baignoire par le prix du fourneau, on a 3 pour quotient et 20 pour reste : quel est le prix de chacun de ces deux objets ?

P. 285. On a acheté deux poulains dont l'un a coûté 17 f. de plus que l'autre ; quatre fois le prix de ce dernier et deux fois le prix du 1er auraient été nécessaires pour payer un cheval dont le prix était fixé à 982 f. : quel est le prix de chacun des deux poulains ?

P. 286. Un marchand de fourrures a acheté 3 peaux de léopard et 8 peaux d'ours, pour la somme de 611 f. : quel est le prix de chaque peau, si la 5e partie du prix d'une peau de léopard est égale à la 4e partie du prix d'une peau d'ours ?

P. 287. Deux morceaux de bois d'Amboine ont le même poids. En retirant du 1er une partie valant 7 f. et du 2^d une partie valant 21 f., le 1er est moitié plus pesant que l'autre : quel est le poids primitif de chaque morceau, sachant que l'hectogramme de ce bois se vend 1 f. 40 ?

P. 288. On a reçu deux envois de merrain qui contenaient chacun le même nombre de pièces, après en avoir retiré pour 6120 f. de l'un et pour 1008 f. de l'autre : de combien de pièces de merrain se composaient-ils chacun avant qu'on les diminuât, sachant que chaque pièce de merrain vaut 1 f. 20 ?

P. 289. On a acheté chez un marchand de fourrures un certain nombre de peaux de panthère qu'on a payées 72 f. la pièce : quel est le nombre de peaux achetées, sachant que la somme totale versée est inférieure de 216 f. au produit obtenu en multipliant par elle-même la 3e partie du prix de chaque peau ?

P. 290. En 1835, la France a tiré de l'Espagne et du Piémont 598 kg. de soies teintes ; le produit des quantités tirées de chacun de ces deux pays, étant divisé par ce qu'on a tiré du Piémont, est égal à la 159e partie de ce même produit ; or, la valeur des soies fournies par l'Espagne était de 41705 f. On demande :

1° combien de kg. de soie ont été fournis par les deux pays; 2° le prix du kilogramme de soie teinte; 3° la valeur de la quantité tirée du Piémont.

P. 291. En 1834, la France a tiré tant de l'Espagne que de l'Autriche 37 363 kg. de soies grèges écrues; le produit des quantités tirées de chacun de ces pays, étant divisé par ce qu'on a tiré de l'Autriche, est égal à la six cent soixante-dix-huitième partie de ce même produit; or, l'Autriche en a fourni pour 41 378 f. 34 : quel est le prix du kg., et pour quelle somme l'Espagne en a-t-elle fourni?

P. 292. Dans quatre pièces de terre, on a récolté 150 hl. de froment; le produit des quantités d'hectolitres récoltés dans les deux premières pièces est 675; la quantité récoltée dans la troisième est égale à la différence qui existe entre la récolte de la première pièce et celle de la deuxième; enfin, dans la quatrième, on a récolté autant que dans les trois autres : quelle est la contenance en hectares de chaque pièce, sachant qu'en moyenne elles ont donné 15 hl. par hectare?

P. 293. Si j'avais eu 5 fois plus d'argent que j'en avais, et 20 f. de plus, j'aurais pu acheter un modèle de pompe réunissant à la fois les trois effets des pompes, aspirante, foulante et élévatoire, lequel m'aurait coûté 345 f. : combien avais-je?

P. 294. Quarante mouchoirs ont coûté 48 f.; on veut les revendre avec un bénéfice de 0 f. 25 sur chacun; or, un cantonnier qui gagne 1 f. 75 par jour vient d'être payé pour 21 jours de travail : combien lui restera-t-il sur la somme qu'il vient de recevoir après qu'il aura acheté et payé 18 de ces mouchoirs?

P. 295. Un mètre de velours coûte 6 f. 80 : on demande à quel prix il doit être vendu pour qu'on puisse gagner sur 20 m. le prix de vente d'un mètre.

P. 296. On a acheté 875 kg. de laine de mérinos en suint pour 5 031 f. 25 : à quel prix faut-il revendre le kg. pour qu'on puisse gagner sur 12 kg. le prix de vente d'un kg.?

P. 297. On a déboursé 41 f. 568 pour payer 25 kg. 98 de gomme-laque blonde : à quel prix faudra-t-il revendre le kg. pour qu'on puisse gagner sur 4 kg. le prix de vente d'un kg.?

P. 298. On a reçu 122 f. 50 pour la vente de 14 barils de harengs; sur cette somme, on a pris 33 fr. 75 pour payer 45 kg. de mulets, et l'on a employé le reste à l'achat de 71 kg. de merlans. On demande : 1° combien l'on a vendu le baril de harengs; 2° à quel prix on doit porter le kg. de mulets pour gagner sur 5 kg. le prix d'achat d'un kg.; 3° à quel prix on doit vendre le kg. de merlans pour gagner sur 8 kg. le prix de vente d'un kg.

P. 299. Un négociant a acheté au prix de 6 f. 60 le kg. une certaine quantité de gomme-gutte qui lui a coûté 187 f. 20; il voudrait la revendre de manière à pouvoir gagner sur 13 kg. le prix de vente d'un kilogramme : à quel prix doit-il porter le kilogramme?

P. 300. Un marchand de matériaux pour les constructions achète 95 milliers d'ardoises grandes carrées, qui lui reviennent à 46 f. le millier. A quel prix doit-il les revendre pour gagner **sur** 18 milliers le prix de vente d'un millier?

PROBLÈMES DIVERS

SUR LES QUATRE RÈGLES

APPLIQUÉES AUX NOMBRES ENTIERS ET DÉCIMAUX

PRINCIPES PRÉLIMINAIRES.

1. Si, à l'une ou à plusieurs des quantités d'un total, on ajoute un nombre quelconque, le total est augmenté du nombre ou du total des nombres ajoutés.

2. Si, de l'une ou de plusieurs des quantités d'un total, on retranche un nombre quelconque, le total est diminué du nombre ou du total des nombres retranchés.

3. Si l'on multiplie ou si l'on divise par un même nombre toutes les quantités qui composent un total, ce total est multiplié ou divisé par ce même nombre.

4. Réciproquement, si l'on multiplie ou si l'on divise un total par un nombre quelconque, toutes les quantités qui composent ce total sont aussi multipliées ou divisées par ce nombre quelconque.

5. La somme de deux nombres pairs ou impairs est un nombre pair.

6. La différence de deux nombres pairs ou impairs est un nombre pair.

7. En retranchant de leur somme la différence de deux nombres, on obtient le double du petit nombre.

Ex. Soit 8 le grand nombre et 5 le petit, leur somme $= 8 + 5 = 13$; leur différence $= 8 - 5 = 3$. Or, $13 - 3 = 10 = 5 \times 2$, ou le double du petit nombre.

Et, en retranchant de la somme de deux nombres **le double du plus petit, on obtient leur différence.**

8. En ajoutant la différence de deux nombres à leur somme, on obtient le double du grand nombre.

Ex. Soit 8 le grand nombre et 5 le petit ; leur somme $= 8 + 5 = 13$; leur différence $= 8 - 5 = 3$. Or, $13 + 3 = 16 = 8 \times 2$, ou le double du grand nombre.

9. En augmentant le grand nombre, ou en diminuant le petit nombre d'une quantité quelconque, la différence est augmentée de cette même quantité.

10. En diminuant le grand nombre, ou en augmentant le petit d'une quantité tout au plus égale à la différence, cette différence est diminuée de cette même quantité.

11. En ôtant du grand nombre la moitié de la différence pour ajouter au petit nombre cette demi-différence, les deux nombres deviennent égaux, et la somme des nombres reste la même.

12. Quand on multiplie ou quand on divise deux nombres par une même quantité, leur différence est multipliée ou divisée par cette même quantité.

13. Multiplier un nombre par un autre, c'est augmenter le premier d'autant de fois sa valeur qu'il y a d'unités moins une dans le nombre par lequel on le multiplie.

Ex. Multiplier un nombre par 6, c'est le prendre 6 fois, ou l'augmenter de $(6 - 1)$ fois, ou de 5 fois sa valeur.

14. En augmentant ou en diminuant d'un nombre quelconque l'un des facteurs d'un produit, ce produit est augmenté ou diminué d'autant de fois l'autre facteur qu'il y a d'unités dans le nombre ajouté ou retranché.

15. En ajoutant au dividende une ou plusieurs fois le diviseur, le quotient est augmenté d'autant d'unités qu'on a ajouté de fois le diviseur.

16. En retranchant du dividende une ou plusieurs fois le diviseur, le quotient est diminué d'autant d'unités qu'on a retranché de fois le diviseur.

17. La somme de deux nombres est égale au petit nombre répété autant de fois plus une, qu'il y a d'unités dans le quotient de ces deux nombres.

Ex. Soient les nombres 28 et 7, leur quotient $= 28 : 7 = 4$, leur somme $= 28 + 7 = 35$. Or, $35 = 7 \times 5 = 7 \times (4 + 1)$. Donc :

En divisant la somme de deux nombres par leur quotient augmenté de 1, on obtient le petit nombre.

Ex. Soit $35 =$ la somme de deux nombres, et $4 =$ leur quotient ; $35 : (4 + 1)$ ou $35 : 5 = 7 =$ le petit nombre ; et 7×4 ou $35 - 7 = 28 =$ le grand nombre. En effet, $28 + 7 = 35$ et $28 : 7 = 4$.

PROBLÈMES DIVERS

SUR LES QUATRE RÈGLES

APPLIQUÉES AUX NOMBRES ENTIERS ET DÉCIMAUX

PRINCIPES PRÉLIMINAIRES.

1. Si, à l'une ou à plusieurs des quantités d'un total, on ajoute un nombre quelconque, le total est augmenté du nombre ou du total des nombres ajoutés.

2. Si, de l'une ou de plusieurs des quantités d'un total, on retranche un nombre quelconque, le total est diminué du nombre ou du total des nombres retranchés.

3. Si l'on multiplie ou si l'on divise par un même nombre toutes les quantités qui composent un total, ce total est multiplié ou divisé par ce même nombre.

4. Réciproquement, si l'on multiplie ou si l'on divise un total par un nombre quelconque, toutes les quantités qui composent ce total sont aussi multipliées ou divisées par ce nombre quelconque.

5. La somme de deux nombres pairs ou impairs est un nombre pair.

6. La différence de deux nombres pairs ou impairs est un nombre pair.

7. En retranchant de leur somme la différence de deux nombres, on obtient le double du petit nombre.

Ex. Soit 8 le grand nombre et 5 le petit, leur somme $= 8 + 5 = 13$; leur différence $= 8 - 5 = 3$. Or, $13 - 3 = 10 = 5 \times 2$, ou le double du petit nombre.

Et, en retranchant de la somme de deux nombres le double du plus petit, on obtient leur différence.

il donne aux pauvres 542 f. par an; et, pour ses contributions, il verse 682 f.

P. 307. Pour donner une idée de la valeur des animaux morts, un auteur évalue la valeur du cadavre d'un cheval ainsi qu'il suit : Peau fraîche ou passée dans un lait de chaux léger, 34 kg. à 0 f. 40 l'un. Sang cuit et pulvérulent pour nourriture des chiens, des poules, et pour engrais, 9 kg. à 0 f. 30. Fers et clous, 0 f. 25. Sabots réduits en râpures, 1 kg. 500 à 1 f. 20 le kilogramme. Viscères et issues employés à faire naître des asticots (vers) pour la nourriture des volailles, 8 kg. à 0 f. 20 (on peut sécher les intestins grêles pour en faire des cordes à mécaniques, rouets, etc.). Vidange des boyaux comme fumier, 20 kg. à 0 f. 05. Tendons trempés dans un lait de chaux et desséchés, 0 kg. 500 à 0 f. 60 le kilogramme. Graisse fondue, 4 kg. 150 à 1 f. 20. Chair musculaire cuite et divisée pour nourrir les poules, les chiens, les porcs, ou pour engrais dans les cultures productives, 115 kg. à 0 f. 35. Os bien décharnés pour le noir animal, 46 kg. à 0 f. 04. Quel est le total de cette évaluation?

P. 308. Un bon bourgeois a un revenu tel, que, s'il était augmenté de la somme qu'il a déboursée pour acheter une armoire en chêne, qui lui a coûté 180 f., il aurait 6 f. 75 à dépenser par jour : quel est son revenu?

P. 309. On a fourni trois sortes de tuyaux en zinc; les premiers de 2 cm. de diamètre, à 0 f. 80 le mètre courant, les deuxièmes, de 5 cm. à 1 f. 60, les troisièmes de 8 cm. à 2 f. 40; les premiers ont ensemble 99 m. de longueur, et cette longueur surpasse de 20 m. celle des deuxièmes, et de 34 m. celle des troisièmes : quelle somme devra-t-on recevoir pour cette fourniture?

P. 310. Quel est le nombre qui doit diviser 60917 pour que le quotient soit 895 et le reste 57?

P. 311. Quel est le nombre qui doit être divisé par 37, pour que le quotient soit 13,25 et le reste 0,35?

P. 312. On a acheté au prix de 0 f. 25 le kg. une certaine quantité de poix qui a coûté 36 f. 43. Après avoir fait la division nécessaire pour savoir combien de kg. on a achetés, on trouve, avec la partie entière du quotient, 18 pour reste : quelle est la partie décimale relative à ce reste?

P. 313. Le puits de Grenelle, à Paris, donne 2361 lt. d'eau par minute : en supposant qu'une famille de 5 personnes ait besoin de 90 lt. d'eau par jour en moyenne, on demande le nombre de familles que le puits de Grenelle pourra fournir d'eau.

P. 314. Un marchand de soieries a acheté des foulards à deux négociants : le premier lui en a vendu 45 m. pour 112 f. 50, et le second lui en a fourni 72 m. pour 226 f. : combien par mètre le dernier négociant a-t-il vendu ses foulards de plus ou de moins que le premier?

P. 315. Un ouvrier laveur dans une amidonnerie gagne 2 f. 25 par jour; l'un de ses compagnons étant tombé malade, il consacre chaque jour à le secourir le prix d'une heure de son travail : à combien montera son aumône en 62 jours de 10 heures?

P. 316. Un fabricant de mouchoirs a acheté 78 paquets de fil, dont 40 de chaîne à 54 f. 50 le paquet, et 38 paquets de trame à 52 f. 75. Il a eu pour 4 f. 25 de frais par douzaine de mou-

PROBLÈMES DIVERS. 37

choirs. Quel a été son bénéfice par douzaine, sachant qu'il en a fait 640 douzaines, qu'il a dépensé 131 f. 50 pour frais de vente, et qu'il a vendu chaque douzaine 12 f. 90?

P. 317. Dans le cours de l'année 1817, on fabriquait dans la Grande-Bretagne environ 3 987 501 000 écheveaux de fil de coton. Sachant que chaque bobine produit 2 écheveaux par jour, et qu'il y a 300 jours de travail dans l'année, combien y avait-il alors de bobines employées?

P. 318. Un boulanger a fourni 238 pains de 2 kg., la moitié à 0 f. 28 c. le kg. et l'autre moitié à 0 f. 29 ; on lui a livré en paiement 18 st. 6 de bois à 5 f. 25 le stère : combien doit-il recevoir en espèces?

P. 319. Un marchand a acheté 789 st. de bois à 6 f. 35 le stère ; il a donné en paiement 148 m. de drap, à 13 f. 75, et 342 m. de flanelle à 3 f. 15 : combien doit-il encore, ou combien lui doit-on?

P. 320. Un maître maçon, ayant sous lui 13 ouvriers, a entrepris de bâtir une maison ; il donne à chacun des deux premiers 3 f. 75, à 4 autres 2 f. 50, à 5 autres 2 f. 25, et aux deux autres 1 f. 70 par jour ; la maison a été bâtie dans six mois. Quelle est la dépense du maître maçon, sachant que les ouvriers ont travaillé, par mois, 21 jours chacun, à l'exception du groupe de cinq, dans lequel, par suite d'accident, le premier a manqué 2 jours, le deuxième 3 jours, le troisième 4 jours, le quatrième 5 jours et le cinquième 6 jours, et quel sera le profit du maître maçon s'il a gagné autant que le premier et le dernier groupe?

P. 321. Un négociant a acheté 9 pièces de damas de laine, contenant chacune 45 m., à raison de 3 f. 75 le mètre, l'une dans l'autre ; il en a revendu à différents tapissiers 2 pièces à 4 f. 20 le mèt., 3 pièces à 4 f. 50, une pièce à 4 f., et le reste à 4 f. 35 : combien, en moyenne, a-t-il gagné par mètre?

P. 322. Un cultivateur exploite une ferme de 15 ha. de terres labourables et 4 ha. 50 de prairies. Il paie annuellement 58 f. 75 de fermage par hectare de terre, et 96 f. par hectare de prairie. Il paie de plus les impôts, qui s'élèvent au dixième du revenu (fermage), et les réparations locatives, estimées 75 f. par an. Il doit en outre 3 journées de charroi par an, à 6 f. 50 la journée. La dépense moyenne annuelle a été de 180 f. par hectare pour les terres, afin de couvrir les frais de culture, de récolte, d'entretien, des harnais, etc., et de 29 f. par hectare de prairie. Récapitulant au bout de 15 ans la valeur de tous ses produits, il trouve qu'ils s'élèvent à 91 043 f. 60 : quel a été son produit net?

P. 323. Établir le compte d'une féculerie en supposant que les frais journaliers se composent ainsi :
200 hl. de pommes de terre à 1 f. 50. Emmagasinage, 15 f. Main-d'œuvre, 60 f. Direction, 10 f. Combustible, 20 f. Chevaux, 28 f. Loyer et entretien, 25 f. Transports, 10 f. Intérêts, frais imprévus et emballage, 12 f.

Les produits sont :
2 295 kg. de fécule à 21 f. les 100 kg. et 4 400 kg. de pulpe à 0 f. 75 les 100 kg.

Quel serait en outre le bénéfice après 214 jours de travail,

2

en admettant que les eaux du lavage donnent un bénéfice de 1230 f. et que les frais généraux soient diminués de 945 f.?

P. 324. Un père de famille, ouvrier décatisseur de drap, dépense annuellement 2045 f. 75 pour l'entretien de sa famille; il gagne 135 f. 75 par mois, et il travaille annuellement pendant 10 mois 5 dixièmes; sa femme, qui exerce la même industrie, est payée à raison de 860 f. par an, et elle perd 0,1 du temps, dont le prix lui est retenu : on demande combien ce père de famille peut mettre chaque année à la caisse d'épargne.

P. 325. Un pharmacien a acheté de la rhubarbe de Chine de deux qualités; il en a pris autant de l'une que de l'autre, et il a déboursé 168 f.; la première sorte coûte 14 f. 50 le kg., et la seconde 6 f. 50 : combien chaque sorte de rhubarbe lui coûte-t-elle, et combien de kg. de chaque sorte a-t-il achetés?

P. 326. Un tapissier a acheté du satin de laine qui lui coûte 4 f. 50 le mètre; pour 702 f., il en a eu 3 pièces et 6 mètres de plus : combien y avait-il de mètres dans chaque pièce?

P. 327. Dans une féculerie, un ouvrier tamiseur gagne 3 f. 50 par jour; il économise par son assiduité au travail : 1° le gain de la demi-journée du lundi qu'il avait autrefois le tort de perdre; 2° 0 f. 75 qu'il dépensait en moyenne pendant ce temps passé au café. On demande : 1° à combien de jours de travail correspondent les économies ainsi réalisées pendant les 52 semaines de l'année; 2° la somme qu'il pourra déposer à la caisse d'épargne par suite de cette économie effectuée pendant 142 semaines.

P. 328. On a employé pour 210600 f. de poudre à canon pour un siège qui a duré 30 jours; chaque pièce tirait 40 coups par jour; la charge d'une pièce était de 3 kg., et chaque kilogramme coûtait 3 f. 25 : quel est le nombre des pièces de canon?

P. 329. Un ouvrier peigneur de laine convient avec son maître d'en peigner 275 kg. à raison de 0 f. 075 le kg., et de rendre le déchet qui rentre, dans le gain de ses journées, à raison de 0 f. 60 que son maître lui donne par demi-kilogramme de déchet; sachant que cet ouvrier a mis 14 jours, et que le déchet est de 19 kg. 5, on demande quelle somme il a reçue, et combien il a gagné par jour.

P. 330. Pour la construction des conduits de fumée des cheminées d'une maison, on a déboursé 340 f. 20; ces cheminées sont au nombre de huit; les conduits ont été payés 4 f. 50 le mètre courant; 4 de ces conduits de cheminées du rez-de-chaussée ont 11 m. 90 de hauteur : on demande la hauteur des autres.

P. 331. Un marchand coutelier a acheté à un fabricant de Saint-Etienne 600 couteaux à raison de 18 f. la grosse, et on lui en a livré 13 pour 12 : sachant qu'il les a revendus à raison de 0 f. 50 la pièce, on demande combien il a gagné par couteau.

P. 332. Un libraire a acheté un certain nombre de volumes à 1 f. 45 le volume, à condition qu'on lui en donnerait 13 pour 12; il en a reçu 936. On demande : 1° combien il en a acheté de douzaines; 2° combien il a revendu le volume pour gagner 232 f., s'il a donné 8 volumes aux pauvres.

P. 333. Un fabricant de sucre a acheté pour 142850 f. de betteraves; il a fabriqué en trois mois 207500 kg. de sucre, vendus à 0 f. 85 le kg. Il paie le tiers de ses ouvriers avec l'argent provenant du résidu et de la mélasse ; quant aux autres, il les solde à son compte, et il fait un déboursé de 13 248 f. pour 72 jours, les payant en moyenne à 2 f. 30. Il désire savoir : 1° s'il a fait un bénéfice ; 2° combien d'ouvriers ont été payés avec ces 13 248 f.

P. 334. Un commerçant a reçu 3 000 kg. de marchandises pour 37 740 f. ; il en a revendu d'abord 425 kg. pour 5 525 f., puis 2 425 kg. à 12 f. 75 le kilogramme. On désire savoir : 1° ce que le marchand a payé le kg. ; 2° le prix du kilogramme de la première vente ; 3° ce qu'il a reçu pour la seconde ; 4° ce qui lui reste de kilogrammes ; et 5° ce qu'il a gagné sur le tout, sachant que ce qui lui reste est estimé 1 887 f.

P. 335. Un éleveur a 18 têtes de bétail pesant, l'une dans l'autre, 280 kg. ; la consommation du fourrage est de 15 kg. 550 g. par 100 kg. de poids vivant de bétail : quelle étendue de terrain faudra-t-il cultiver pour nourrir ce bétail pendant 150 jours, si chaque hectare donne deux coupes de 35 800 kg. chacune ?

P. 336. Un ouvrier bourrelier qui gagne 65 f. par mois, vient d'être payé pour 2 mois de travail. Or, avec cette somme, il a acheté de la toile qui lui a coûté 2 f. 05 le mètre : on demande : 1° combien de mètres il a achetés ; 2° quelle était la longueur de chacune des pièces de toile vendues à ce même prix, sachant que le mètre avait coûté au marchand 1 f. 90, et que son bénéfice total sur les cinq pièces a été de 45 f.

P. 337. La circonférence de la grande roue d'une locomotive a une longueur de 4 m. 40 ; la roue fait un tour entier pour chaque coup double du piston de la locomotive : combien ce piston devra-t-il donner de coups doubles par seconde pour qu'on ait une vitesse telle, qu'on puisse faire 204 km. en 4 heures ? On sait que le kilomètre = 1 000 m.

P. 338. Un ouvrier tabletier a gagné 45 f. en un certain nombre de jours de travail ; s'il eût travaillé 9 jours de plus, il eût gagné 67 f. 50 : combien gagnait-il par jour ?

P. 339. Une armée est composée de trois corps : le 1er a 5 régiments ; le 2e, 8 régiments ; et le 3e, 9 régiments. Chaque régiment compte 3 bataillons ; chaque bataillon, 6 compagnies, et chaque compagnie, 120 hommes. On demande : 1° le nombre d'hommes par bataillon et par régiment ; 2° le nombre d'hommes de toute l'armée et de chaque corps d'armée ; 3° la part qui reviendra à chaque homme, si l'on distribue également entre tous une somme de 1 696 464 f. ; 4° combien il faut de sacs de farine pour l'entretien de cette armée pendant une semaine, si chaque homme reçoit 0 kg. 75 de pain par jour, sachant qu'un sac de farine pèse net 157 kg., et que 3 kg. de farine donnent 4 kg. de pain.

P. 340. Un épicier a reçu 75 pains de sucre pesant chacun 10 kg. 075 g. qu'il paie 1 f. 87 le kg. Il en a revendu 25 pains au prix coûtant, puis 15 pains à 2 f. le kg., et enfin le reste pour 828 f. 67. On demande : 1° combien l'épicier a déboursé pour son achat ; 2° ce qu'il a reçu pour la première et la seconde vente ; 3° le prix du kilogramme de la troisième vente ; 3° enfin, le gain qu'il a fait sur le tout.

P. 341. Un marchand épicier a déboursé 826 f. 50 pour l'achat de 15 caisses de cassonade, pesant chacune 58 kg. Il en a cédé à un ami 6 caisses au même prix ; puis, de ce qui lui restait, il a revendu 495 kg. pour 544 f. 50 ; enfin ce qui lui reste est vendu à 1 f. 40 le kilogramme : dites, 1° ce que l'épicier a payé le kilogramme ; 2° ce qu'il a reçu pour les 6 caisses ; 3° quel est le prix du kilogramme de la seconde vente ; 4° ce qu'il a reçu pour le 3° reste ; 5° enfin, ce qu'il a gagné ou perdu.

P. 342. Un ouvrier tourneur en chaises qui gagne 3 f. par jour a acheté une certaine quantité d'œufs. Il ne sait combien ils lui coûtent la pièce, ni combien il en a acheté ; il sait seulement qu'il a dépensé la somme qu'il vient de recevoir pour 3 jours de travail, et que s'il en avait acheté 3 douzaines de plus, il aurait dépensé 10 f. 08. Combien d'œufs a-t-il achetés et à combien lui revient la douzaine ?

P. 343. Un menuisier a planchéié deux appartements en point de Hongrie ; le plancher de l'un, qui a 11 m². 3963 de plus que l'autre, a coûté 584 f., et l'autre a coûté 467 f. 20 : quelle est la superficie de chaque appartement ?

P. 344. Pour faire 103 casquettes, un fabricant a dépensé pour 135 f. 20 de velours ; il a déboursé 127 f. 40 pour diverses fournitures. On demande : 1° combien il doit vendre chaque casquette afin d'avoir 77 f. 30 pour la main-d'œuvre ; 2° quelle somme resterait à un ouvrier mineur qui gagne 1 f. 75 par jour, et qui aurait acheté deux de ces casquettes après avoir été payé pour 6 journées de travail ?

P. 345. En revendant une marchandise 3050 f. on a gagné autant qu'elle avait coûté, moins 2500 f. : combien avait-elle coûté ?

P. 346. On brûle l'extrémité de 78 poteaux de barrière pour qu'ils se conservent plus longtemps dans la terre, et l'on reçoit pour ce travail une somme telle, qu'étant ajoutée à la 9° partie de 1458 f., on a un total de 204 f. 90 : combien reçoit-on pour chaque poteau ?

P. 347. On a acheté une cuisine portative, appareil culinaire pour préparer de 1 à 5 plats différents en même temps : quel est le prix de cet appareil, sachant que, pour le payer, on a déboursé une somme égale au tiers de la septième partie de 8 fois 99 f. 75 ?

P. 348. Un charpentier disait : J'ai fait sept assemblages à trait de Jupiter, de 0 m. 60 de longueur ; et, si la somme que j'ai reçue pour ce travail était multipliée par 8, et le produit divisé par 7, j'aurais 19 f. 20 : quel est le prix de chaque assemblage ?

P. 349. On estime que le Brésil produit annuellement en moyenne 25000 carats de diamants, et que les frais d'extraction s'élèvent à 805000 f. : supposé que, pour la vente des diamants non taillés, on gagne par carat 15 f. 80, quelle sera la valeur d'un diamant taillé, du poids de 1 carat, sachant que la taille quadruple sa valeur ?

P. 350. Un marchand de merrain en vend 9240 pièces ayant 0 m. 75, avec un bénéfice de 277 f. 20 ; de cette manière il gagne la douzième partie du prix d'achat : à quelle somme lui revenait chaque pièce ?

P. 351. Un marchand de merrain vend 4480 pièces de merrain de 1 m. 25 pour la somme de 3808 f. ; de cette manière il gagne la seizième partie du prix d'achat : à combien lui revenait chaque pièce de merrain ?

P. 352. On demande : 1° quel serait le produit net d'une mine qui embrasserait 37 ha. 25 de terrain ; 2° quelle était, en 1852, l'étendue totale des terrains concédés pour les mines françaises ; 3° quel était alors le produit net de toutes ces mines. On sait : 1° que les mines rapportent à l'Etat une 1re redevance de 0 f. 10 par hectare et une 2e redevance égale à un vingtième du produit net de l'exploitation ; 2° qu'en 1852, la 1re redevance a produit à l'Etat 78 034 f. 20, et la 2e, 512 581 f., y compris le décime par franc.

P. 353. Si l'on retranchait 72 f. de 3 fois le quintuple de 8 fois la somme que j'ai dépensée pour acheter du tan à 9 f. les 100 kg., cette somme serait égale à 9000 f. : combien de kilogrammes de tan ai-je achetés ?

P. 354. La quatorzième partie de la somme payée pour 680 kg. d'écorce d'aune, multipliée par 5, augmentée de 23 et divisée par 12, donne 9 au quotient : quel est le prix du kilogramme de cette écorce ?

P. 355. Une première roue a 144 dents ; elle engrène avec une seconde roue qui a 96 dents ; et celle-ci, avec une troisième roue qui a 48 dents. La première roue fait 100 tours par minute : combien les deux dernières font-elles de tours pendant le même temps ?

P. 356. On achète des huîtres chez deux marchands ; le 1er en fournit 18 douzaines de moins que le 2d, qui en fournit 3 fois autant que le 1er : quelle somme doit-on à chaque marchand, si on achète ces huîtres au prix de 0 f. 20 la douzaine ?

P. 357. Lorsque les huîtres valent 12 f. 50 le panier de 50 douzaines, on en a 8 douzaines pour une certaine somme : combien en aurait-on pour la même somme si le panier coûtait 10 f. ?

P. 358. Combien faudrait-il d'heures à 5 ouvriers couvreurs, travaillant chacun avec un compagnon, pour employer 6540 ardoises, sachant qu'un ouvrier avec son compagnon met 1 heure 2 pour employer 45 ardoises ?

P. 359. Sachant qu'un ouvrier couvreur avec son compagnon met 1 heure 2 pour employer 45 ardoises, on demande combien il faudrait d'ouvriers et de compagnons pour employer 27 000 ardoises en 8 journées de 10 heures.

P. 360. Combien d'écheveaux de fil de coton tire-t-on de 49 866 666 kg. de coton brut, sachant que, par le filage, il y a sur le poids une diminution de 7 kg. sur 64 kg., et qu'un kilogramme de fil donne 88 écheveaux ?

P. 361. Sachant que 378 f. sont le prix d'achat de 36 m. de drap, combien faudra-t-il revendre le mètre pour gagner 6 f. sur 40 f., et combien de mètres de drap un ouvrier bridier, qui gagne 18 f. 12 par semaine, pourra-t-il acheter avec la somme qu'il vient de recevoir pour 4 semaines de travail ?

P. 362. Un menuisier a fourni 56 balustres en chêne, de 35 mm. de diamètre, avec baguettes au milieu, chapiteaux et embuse. La somme qu'il a reçue pour cette fourniture, étant multipliée par

9, donne le même produit que 72 multipliés par 7 : quel est le prix de chaque balustre?

P. 363. L'eau de la mer contient environ 2,5 % de son poids de sel; un litre d'eau de mer pèse 1 kg. 026 : combien faudra-t-il prendre de litres d'eau de mer pour obtenir 36 kg. de sel?

P. 364. Un menuisier a reçu 262 f. 50 pour la fourniture de 15 paquets de baguettes demi-rondes en sapin, de 13 mm.; chaque paquet en contient 20 de 3 m. 50 de longueur : quelle somme recevra-t-il pour une 2ᵉ fourniture ayant 3 paquets de plus que la 1ʳᵉ, chaque paquet contenant 25 baguettes de 4 m. de longueur; et quel est le prix du mètre?

P. 365. D'après des expériences récentes, le volume de l'air sec se dilate de la 0,00367ᵉ partie de son volume à 0° pour chaque degré d'élévation de température. Or, dans la fabrication de la fonte, on se sert d'air chaud pour activer le haut-fourneau : quel sera donc le volume que prendront 15 m. cubes 895 d'air portés de 12° à 275°?

P. 366. Une machine bat 50 gerbes de blé dans une heure : combien mettra-t-elle de temps pour en battre 1800 gerbes, si elle fonctionne 8 heures par jour, et combien le propriétaire des gerbes retirera-t-il de doubles décalitres de blé, s'il est obligé de donner une gerbe sur 20 au maître de la machine, et si l'on admet que 6 gerbes donnent un double décalitre?

P. 367. Cinq hommes sont occupés à battre du blé dans une grange. Chacun d'eux peut battre par jour 80 gerbes. Chaque gerbe fournit en moyenne 3 lt. de grain. La journée de chaque homme est fixée à 2 f. 50. Le travail terminé, on a obtenu 150 hl. ou 15000 lt. de grain : on demande pendant combien de jours les hommes ont travaillé, combien chacun d'eux a battu de gerbes et ce qui sera payé à chacun.

P. 368. Sept ouvriers se sont loués pour battre le blé dans une ferme. Chacun d'eux peut battre par jour 70 gerbes. Chaque gerbe donne en moyenne 2 lt. 75 de grain. La journée de chaque ouvrier est de 2 f. 45. Le travail fini, on a mesuré le grain, et on a obtenu 13475 lit. On demande : 1° pendant combien de jours ces ouvriers ont travaillé; 2° combien chacun d'eux a battu de gerbes; 3° ce qui revient à chacun.

P. 369. Trois fermiers se sont associés pour faire du fromage. La fromagerie, qui en contenait 15000 kg., s'est vendue 105 f. les 100 kg. Les fermiers ont payé au fromager 6 f. par 100 kg. Le 1ᵉʳ a fourni 7000 lit. de lait; le 2ᵉ, 8000 lit.; et le 3ᵉ 30000 lt. : quelle somme chacun d'eux recevra-t-il?

P. 370. Neuf jeunes gens sont à une pension alimentaire qui s'élève à la fin du mois, pour eux tous, à 205 f. : quelle est la dépense de chacun, sachant que l'un d'entre eux est resté chez ses parents 9 jours dans le mois, et qu'un autre n'est entré à la pension que le 12 du mois? Le mois est de 30 jours.

P. 371. Les fils de fer de première qualité supportent sans se rompre un poids de 80 kg. par millimètre carré de section transversale; mais il n'est pas prudent de porter leur charge au delà du quart de cette limite. Or le tablier d'un pont suspendu pèse 18500 kg. Il peut avoir à supporter un poids de 23000 kg. Il est supporté par

12 câbles de fils de fer : quel est le nombre total des fils qui doivent former chacun de ces câbles, la section d'un fil étant 3 mm². 1416.

P. 372. Pour produire 100 kg. de fonte, il faut 300 kg. de minerai ; pour élever à 250° la température de l'air nécessaire à la production de 100 kg. de fonte, il faut 40 kg. de houille à 1 f. 20 les 100 kg. : quelle est la dépense à faire pour la houille consommée pour cet objet dans un haut-fourneau qui réduit en fonte, dans le cours d'une campagne de 9 mois, 4 649 400 kg. de minerai ?

P. 373. Par le moyen d'un appareil fort ingénieux, on ne consomme que 25 kg. de houille par 100 kg. de fonte, pour élever à 350° la température de l'air alimentant un haut-fourneau qui consomme par jour pour 291 f. 06 de minerai, valant 1 f. 32 les 100 kg., et il faut 300 kg. de minerai pour produire 100 kg. de fonte : combien coûtera la houille destinée au chauffage de l'air qui alimentera ce haut-fourneau pendant une campagne de 28 mois, la houille valant 1 f. 15 les 100 kg., et le mois étant de 30 jours ?

P. 374. Dans une usine, la machine à vapeur, travaillant jour et nuit, consomme environ 14 kg. 538 de houille par heure ; par suite de la destination de l'usine, on interrompt le travail de la machine pendant 3 jours sur 17. On demande : 1° combien elle consommera de houille dans un an ; 2° quelle somme coûtera cette consommation, la houille coûtant en gros 2 f. 75 l'hl., et l'hectolitre pesant 84 kg.

P. 375. Avec les débris de poisson, on fabrique un engrais appelé engrais-poisson, et qui, réduit en poudre sèche, pèse 22 fois la centième partie du poids des poissons ou des débris de poissons à l'état naturel. Or on pêche tous les ans, à Terre-Neuve, 1 400 000 tonnes de poisson, dont la moitié est abandonnée par les pêcheurs comme impropre à la consommation. On demande : 1° la quantité d'engrais qu'on pourrait fabriquer avec ces débris ; 2° le nombre d'hectares que l'on pourrait fumer avec cet engrais à raison de 2 tonnes pour 5 ha. ; 3° la valeur totale de cet engrais à raison de 200 f. la tonne.

P. 376. Une scie est mise en mouvement par une roue qui a 8 dents ; celle-ci, par une deuxième qui a 24 dents ; et cette dernière, par une troisième roue qui a 72 dents. On demande : 1° combien chaque roue fait de tours par heure, si la plus grande en fait 90 en 1 minute 5 ; 2° combien on peut scier de planches dans un jour de 14 heures de travail, s'il faut 1 minute 75 pour scier une planche ; 3° combien le propriétaire gagne par jour, si on lui paie seulement 5 centimes par planche, sachant que toutes les planches ont 2 m. 75 de longueur.

P. 377. Un fermier a 2 bœufs et 5 vaches : combien de moutons pourra-t-il entretenir avec ces bestiaux pendant 150 jours, avec le foin récolté dans trois prairies artificielles fournissant 2 000 kg. de foin par hectare ? La contenance de chacune est telle, que le triple de la contenance de la deuxième plus 11 ha. 10, le double de la contenance de la première plus 10 ha. 5, et le quadruple de la contenance de la troisième plus 1 ha. font également 15 ha. On sait qu'un bœuf pèse 450 kg. ; une vache, 300 kg. ; un mouton, 32 kg., et qu'il faut journellement 3 kg. 50 de foin pour 100 kg., poids vivant de bétail.

P. 378. Une voiture attelée de deux chevaux exerçant un effort moyen de 70 kg. chacun, marche sur un terrain ordinaire pour lequel la force du tirage est les 0,075 de la charge totale : de combien de gerbes de froment cette voiture pourra-t-elle être chargée, le poids d'une gerbe étant de 11 kg.?

P. 379. Dans la construction d'une route, combien coûtera le transport de 4 872 m. cubes de déblais à 320 m. de distance, si le transport se fait avec des tombereaux attelés de 2 chevaux, chaque tombereau étant payé 14 f. par jour de 10 heures; le temps perdu à décharger, dételer, etc., est de 1 heure 9 par jour, et les chevaux parcourent journellement 36000 m. avec une charge de 0 m³ 80?

P. 380. Deux champs ont une contenance telle, que le 1er a 1 ha. 75 de plus que le 2^d, qui est 2 fois plus petit que le 1er : combien faudra-t-il de mètres cubes de fumier pour le fumer, sachant que, pour 1 ha., il faut 10 m. cub. 66 ; et combien de voyages faudra-t-il faire avec un tombereau attelé de trois chevaux, le mètre cube de fumier pesant 750 kg., un cheval pouvant tirer avec un effort de 80 kg., le rapport du tirage à la charge totale étant de 0,165, et le poids de la voiture étant le 1/4 de la charge totale ?

P. 381. Quatre bateaux à vapeur ont des capacités de 640, de 820, de 580 et de 750 tonnes; ils sont engagés pour transporter des marchandises à raison de 96 f. 25 par tonne pour un voyage de 7 mois. On a calculé qu'en faisant 3 voyages en 2 ans, on aurait néanmoins un bénéfice de 36 % sur le prix des bateaux : quel est ce prix pour chaque bateau, et quel sera le bénéfice total pour les 3 voyages?

P. 382. Un libraire veut faire relier 960 volumes dans le plus bref délai, et s'adresse à trois ateliers : le 1er aurait fini le travail en 16 jours, le 2e en 48 jours, le 3e en 24 jours : s'il les emploie tous les trois ensemble, combien durera le travail, et combien chaque atelier reliera-t-il de volumes?

P. 383. Deux courriers partent à la même heure, l'un de Paris, et l'autre de Bruxelles; le premier fait 6 km. à l'heure, et le second, 9 km. : sachant que ces deux villes sont distantes de 360 km., dans combien de temps se rencontreront-ils s'ils marchent 11 heures par jour, et à quelle distance de ces deux villes?

P. 384. En 1853, la France a tiré de l'Uruguay et de la province de Rio-de-la-Plata une quantité de crins telle, que, si l'on retranchait 4547 kg. de la quantité fournie par Rio-de-la-Plata, pour les joindre à la quantité fournie par l'Uruguay; les quantités fournies par les deux pays seraient égales chacune à 259 754 kg. : sachant que ces crins peuvent être évalués en moyenne à 1 f. 90 le kg., on demande pour quelle somme en a fourni chacune de ces deux contrées.

P. 385. Un fabricant acheta des laines à cinq cultivateurs; le 2e lui en fournit 95 kg. à 3 f. 50; le 3e lui en fournit 125 kg. à 4 f. 25; le 4e en fournit 17 kg. de plus que le 2e, et il vendit la laine 0 f. 75 de plus par kg.; le 5e en fournit 38 kg. de moins que le 3e, et il la fit payer 0 f. 35 de moins par kg. : sachant que le négociant acheta 480 kg. de laine, et que le 1er vendit la laine

PROBLÈMES DIVERS. 45

qu'il fournit à raison de 5 f. 40 le kg., on demande ce que le fabricant doit à chacun des cinq cultivateurs, et sa dépense totale.

P. 386. On veut acheter de la toile à 2 f. 50 le mètre, de la mousseline à 1 f. 85, de l'indienne à 3 f. 25, du lasting à 4 f. 10 : combien en aura-t-on de chaque sorte, autant de l'une que de l'autre, pour 491 f. 40?

P. 387. Une personne achète trois sortes de rubans, savoir : la première à raison de 1 f. pour 4 m., la seconde à 3 f. pour 6 m., et la troisième à 3 f. 60 pour 12 m. Elle dépense en tout 21 f. en achetant une quantité égale de chaque sorte : combien de mètres a-t-elle achetés?

P. 388. Trois jeunes gens voulant aider trois apprentis, le 1er donna 8 f., le 2e 4 fois autant, et le 3e autant que les deux autres. Le 1er apprenti reçoit 2 fois plus que le 3e, et celui-ci, 5 f. p. que le 2e : on demande la somme donnée par chacun des jeunes gens et combien chaque apprenti a reçu.

P. 389. De trois ouvriers, le 1er a reçu 50 f.; le 2e, 5 fois moins, et le 3e autant que les deux autres. Trois personnes charitables avaient donné cet argent : la 2e a donné 3 fois plus que la 1re; et la 3e, 2 fois plus que la 2e. On demande ce que chaque ouvrier a reçu et ce que chaque personne a donné.

P. 390. Un secrétaire et une bibliothèque coûtent ensemble 1837 f. 20. La bibliothèque coûte 5 fois plus que le secrétaire : quel est le prix de chaque objet?

P. 391. Deux pièces de terre ont fourni : la 1re 18 hl. de froment, la 2e 45 hl. d'orge, qui ont été vendus ensemble 668 f. 25; un hectolitre de froment coûte le double d'un hectolitre d'orge : on demande quel est le prix du froment et celui de l'orge.

P. 392. Pour 48 jours de travail, 19 ouvriers ont reçu 1 860 f.; chacun des 12 premiers gagnait le double de chacun des 7 autres : on demande combien chacun gagnait par jour.

P. 393. Une compagnie de 210 soldats doit se partager 1 703 f.; la part de chacun des 50 premiers sera double de celle d'un des derniers : combien doivent-ils avoir chacun?

P. 394. Un serrurier a acheté du fer et de l'acier; il en a autant de l'un que de l'autre, en tout 56 kg. pour 61 f. 60 : le prix du kilogramme d'acier étant 3 fois celui du kilogramme de fer, quel est le prix du kilogramme de chaque sorte?

P. 395. Un compagnon poêlier qui gagne 4 f. par jour achète pour les besoins de sa famille du café à 3 f. 50 le kg., du sucre à 1 f. 90, et du thé à 8 f. 60 ; il débourse pour le tout 27 f. 30 : 1° il demande combien il a eu de kilogrammes de chaque sorte de marchandise, s'il a pris 5 fois plus de café que de thé et 3 fois moins de café que de sucre; 2° après avoir payé cette emplette, il veut savoir quelle somme lui reste de la solde qu'il vient de recevoir pour 27 jours de travail.

P. 396. Un ouvrier poêlier gagnant 12 f. 90 par semaine vient d'être payé pour 3 semaines de travail. Avec une partie de la somme qu'il vient de recevoir, il achète du café à 2 f. 85 le kilogramme, du sucre à 1 f. 80, du chocolat à 3 f. 75, et du thé à 8 f. 25. Il prend 4 fois plus de café que de thé, et 2 fois plus de sucre que de café, et moitié moins de chocolat que de café; il débourse pour le tout 33 f. 25. On demande : 1° combien il a eu de kilogrammes de chaque denrée et combien en tout; 2° quelle somme il lui reste après cette dépense.

P. 397. Un pharmacien a acheté 50 kg. 4 de rhubarbe de Chine de deux qualités; il en a pris autant d'une qualité que de l'autre, et il a déboursé 529 f. 20 : on demande le prix du kg. de chaque qualité, sachant que 3 kg. de la 1re coûtent autant que 7 kg. de la 2e.

P. 398. Un ouvrier marqueteur a reçu 158 f. 90; il partage cette somme en deux parties telles, que leur quotient est 34; il donne la plus petite aux pauvres, et emploie l'autre pour payer une partie du loyer d'un logement qu'il habite, loyer qui se monte à 240 f. par an. On demande : 1° combien il a donné aux pauvres; 2° combien il a payé de son loyer.

P. 399. Un ouvrier qui travaille chez un fabricant d'articles de literie veut donner aux pauvres le tiers de ce qu'il a gagné pendant sa journée; il trouve qu'en donnant 20 centimes à chaque pauvre, il lui manquerait un décime; il donne 15 centimes à chacun, et a 25 centimes de reste : combien a-t-il assisté de pauvres, et combien gagne-t-il par jour?

P. 400. J'achète du lin pour une certaine somme : si je paie le kilogramme 2 f. 30, j'ai 6 f. de trop; et, si je paie le kilogramme 2 f. 50, il me manque 9 f. : combien de kilogrammes ai-je achetés, et quel est le prix du kilogramme?

P. 401. Charles veut acheter des oranges; en en prenant 24, il lui resterait 0 f. 75; et, en en prenant 30, il lui manquerait 1 f. 05; on demande le prix d'une orange, et combien Charles avait d'argent.

P. 402. Deux libraires ont acheté chacun un certain nombre de cuirs de Russie; le 1er dit au 2d : Si je te donnais 5 de mes cuirs, tu en aurais autant que moi, et, si tu m'en donnais 5 des tiens, j'en aurais le triple de ce qui t'en resterait : combien chacun d'eux a-t-il dépensé pour cette emplette, sachant que chaque cuir leur a coûté en moyenne 12 f. 50?

P. 403. Je dis à mon ami : Donne-moi 8 pommes, j'en aurai autant que toi. Et il me dit : Donne-moi 8 des tiennes, et j'en aurai le double de ce que tu as : quel est le nombre de pommes que possède chacun de nous?

P. 404. Jules et Ernest ont chacun un certain nombre d'oranges; si Jules en donnait une à Ernest, ils en auraient autant l'un que l'autre; si Ernest, au contraire, en donnait une à Jules, celui-ci en aurait deux fois plus que lui : combien en ont-ils chacun?

P. 405. Deux relieurs, Pierre et Jean, ont acheté des cuirs de Russie; Jean en a acheté 2, et Pierre 5. La dépense de chacun est telle, que, si Jean eût employé 20 f. de plus, et Pierre 20 f. de moins, leurs dépenses seraient égales; si, au contraire, Jean eût employé 20 f. de moins, et Pierre 20 f. de plus, la dépense de Pierre serait 9 fois celle de Jean : combien chacun d'eux a-t-il payé ses cuirs la pièce?

P. 406. On a acheté un mulet et un âne pour 520 f.; le prix de l'âne est à celui du mulet comme 3 est à 23 : quelle somme a coûté chacun de ces deux animaux?

P. 407. Trois maîtres paveurs, s'étant associés, ont fait 14250 m² d'un pavage qui leur a été payé 7 f. 60 le mètre carré. Les quantités de mètres carrés faites par chacun d'eux sont entre elles comme les nombres 3, 5 et 11, c'est-à-dire que quand le 1er a pavé 3 m²., le 2e en a pavé 5, et le 3e, 11 : combien chacun d'eux recevra-t-il pour ce travail?

P. 408. Un peintre a bronzé sur fond à la colle un certain nombre de poêles avec colonnes, et il a reçu 4 f. pour chacun; il en a bronzé d'autres à l'huile à raison de 6 f. pour chacun; et, de ces derniers, il y en a 9 de moins que des autres : quelle somme doit-il recevoir, sachant que le nombre des poêles bronzés à la colle est au nombre des poêles bronzés à l'huile comme 7 est à 4?

P. 409. Un marchand a vendu 58 m. 75 de velours et 43 m. 25 de satin pour 791 f. 20 c.; une autre fois il a vendu 58 m. 75 de velours et 271 m. 75 de satin pour 2 984 f. 80 : quel est le prix du mètre de velours et celui du mètre de satin?

P. 410. Je viens d'acheter une tonne d'huile de sésame; si l'on ajoutait 40 f. 44 à la somme qu'elle m'a coûtée, le total serait autant au-dessus de 150 f., que cette somme est maintenant au-dessous : quel est le prix de cette tonne d'huile?

P. 411. J'ai acheté à raison de 0 f. 25 la pièce un nombre d'oranges tel, que le double de ce nombre diminué de 8 est égal à l'excès de 37 sur ce même nombre : combien ces oranges m'ont-elles coûté?

P. 412. Un ouvrier s'est engagé pour 63 jours; il doit recevoir 4 f. pour chaque jour de travail; il doit donner à son maître 5 f. pour chaque jour qu'il ne travaillera pas, à cause du dommage. Au bout de 65 jours, il reçoit 144 f. : combien a-t-il travaillé de jours; combien aurait-il travaillé de jours s'il ne lui était rien dû, ou s'il devait rendre 9 f.?

P. 413. Un maître dit à son élève : Toutes les fois que tu seras diligent, je te donnerai 0 f. 75, et toutes les fois que tu seras paresseux, tu me donneras 0 f. 25. Au bout de 32 jours, il se trouva qu'ils ne se devaient rien l'un à l'autre : pendant combien de jours l'élève a-t-il été diligent, et combien de jours a-t-il été paresseux?

P. 414. Une fabrique de pouzzolane peut en fournir environ 2 m. cubes 50 par jour; or, on a fait construire deux manéges : le 1er pour pulvériser, l'autre pour mélanger l'argile et la chaux; ces deux manéges ont coûté ensemble 3 100 f.; divisant le prix du 1er par celui du 2d, on a 5 pour quotient et 100 pour reste : quel est le prix de chacun?

P. 415. La somme de deux nombres est 180, le plus petit est égal à leur différence : quels sont ces deux nombres?

P. 416. Le produit de deux nombres est 140; si l'on diminue le multiplicande de 4, le produit ne sera plus que 112 : quel est le multiplicande et quel est le multiplicateur?

P. 417. Un maître serrurier prend un apprenti pour deux ans, et promet de lui donner 74 f. et un pantalon; mais, peu satisfait de sa conduite, il le renvoie après un an et quatre mois, et lui donne 42 f. et le pantalon : quelle est la valeur de ce pantalon?

P. 418. Un maître serrurier prend un ouvrier pour un an, et il lui promet 1 710 f. et une redingote; mais après 5 mois de travail, il le renvoie, lui donne la redingote et 683 f. 80 : quel est le prix de la redingote?

P. 419. En prenant un domestique à son service, un maître lui promet 240 f. par an et un habit; au bout de 8 mois, il le renvoie, et lui donne 120 f. et l'habit : on demande le prix de cet habit.

P. 420. On a acheté 75 kg. d'antale et 60 kg. de cornes de cerf pour 688 f. : un kilogramme d'antale valant 4 fois plus qu'un kilogramme de cornes de cerf, quel est le prix du kilogramme de chacune de ces marchandises?

P. 421. Un cultivateur a vendu 8 chevaux, 12 bœufs, 24 vaches et 78 moutons; il a retiré de sa vente 10 914 f. : on demande le prix de vente de chacun de ces animaux, et combien le cultivateur a reçu pour chaque espèce, sachant qu'un cheval a été vendu au même prix que 2 bœufs, une vache et un mouton; qu'un bœuf a été vendu autant que 2 vaches et un mouton, et qu'une vache l'a été autant que 6 moutons.

P. 422. Deux frères doivent se partager également une terre d'une contenance de 18 ha. 72; l'un d'eux donne 1 547 f. à l'autre à condition que sa part contiendra 3 ha. 40 de plus que l'autre. On demande : 1° la part de chacun ; 2° la valeur totale de la terre; 3° la somme qu'il faudrait débourser pour l'acquisition d'une autre terre qui contiendrait 2 ha. 38, si l'hectare de cette seconde terre valait 270 f. de plus que l'hectare de la première.

P. 423. Deux voitures chargées d'huîtres arrivent à Paris; la 2e en contient 15 paniers de moins que la 1re; si l'on vend 24 paniers de celle-ci et 18 de celle-là, il restera en tout 83 paniers sur les deux voitures : combien y avait-il de douzaines d'huîtres sur chaque voiture, si chaque panier en contenait 50 douzaines, et quelle somme en a-t-on retirée, au prix de 0 f. 25 la douzaine?

P. 424. La quantité d'hectolitres de seigle récoltés dans deux pièces de terre, est telle, que la 1re des deux pièces en a donné 18 hl. de plus que la 2e, et que, si l'on retranche 12 hl. de la récolte faite dans la 1re, et 6 hl. de la récolte faite dans la 2e, il restera 50 hl. de la récolte totale : on demande le nombre d'ares contenus dans chacune des deux pièces, sachant que la 1re a donné 12 hl. 50 par hectare, et la 2e 15 hl. 72.

P. 425. Deux marchands ont fait un échange; le 1er a donné 270 m. de toile qu'il paie 3 f. 60 le mètre, mais qu'il a évalués 1 302 f.; le 2d a donné de la mousseline qui lui revient à 5 f. 20, et qu'il estime 6 f. 15 : à combien s'élève le gain ou la perte du 1er sur les 270 m. de toile?

P. 426. Un négociant de Lyon a acheté des soies en cocons et des soies grèges filées; il a acheté des premières 3 fois plus que des secondes. La soie en cocons lui a coûté 3 f. 85 le kg.; si les deux sortes de soies eussent été payées le même prix moyen, chaque kilogramme aurait coûté 17 f. 5375 : on demande combien le kilogramme de soie grège vaut de plus que le kilogramme de soie en cocons; 2° combien de kilogrammes de chaque sorte de soie on a achetés, sachant que, en totalité, la soie grège a coûté 1 129 f. 20 de plus que la soie en cocons.

P. 427. Sept amateurs se présentent chez un marchand quin-

PROBLÈMES DIVERS. 49

caillier pour acheter un certain nombre de cadenas de Picardie, à 1 f. 80 la pièce ; mais trois d'entre eux se retirent sans rien conclure ; les autres, trouvant la marchandise à leur gré, en prennent la même quantité, ce qui fait qu'ils ont chacun 6 cadenas de plus : combien en ont-ils acheté, et pour quelle somme?

P. 428. Huit amateurs se présentent chez un quincaillier pour acheter 72 arrêts de volets avec chaînette et goupille, à 0 f. 45 la pièce ; mais un certain nombre d'entre eux ne peuvent s'arranger avec le marchand, et les autres prennent en somme la même quantité de marchandise, ce qui fait qu'ils doivent débourser chacun 1 f. 35 de plus : combien y a-t-il d'amateurs qui n'ont rien acheté?

P. 429. Dans une filature de coton, on emploie des hommes, des femmes et des enfants. Les hommes, qui sont fileurs, retordeurs, tourneurs de cardes, batteurs, dévideurs, reçoivent en moyenne chacun 17 f. 40 par semaine de 6 jours de travail ; les femmes, qui sont dévideuses, peloteuses, écheveaucheuses, soigneuses de cardes, etc., reçoivent 9 f. ; et les enfants, qui sont rattacheurs, bobineurs, etc., reçoivent 4 f. 80. On demande : 1° combien il y a d'hommes, de femmes et d'enfants ; 2° combien chacun d'eux gagne par jour. On sait que la dépense de deux mois, dans le cours de chacun desquels chaque ouvrier a travaillé pendant 24 jours, est de 12 196 f. 80 ; que les femmes ont eu pour leur part 4 248 f., et les enfants, 153 f. 60.

P. 430. Quatre taillis, situés dans un très-bon terrain, ont fourni, au bout de 20 ans, 92 725 st. de bois d'orme, de frêne et de chêne : le 1er a produit 4 650 st. de plus que le 2e ; le 2e, 2 780 st. de plus que le 3e ; et le 3e, 1 185 st. de plus que le 4e : quelle est, en hectares, la contenance de chacun de ces taillis, sachant qu'un hectare a fourni en moyenne 183 st. de bois?

P. 431. Trois taillis, situés dans un très-bon terrain, ont fourni, au bout de 25 ans, 17 736 stères de bois. Un hectare ayant en moyenne donné 238 st., on demande quelle est, en hectares, la contenance de chaque taillis, sachant que le 1er a fourni 3 250 st. de plus que le dernier ; et le 2e, 2 060 st. de plus que le 3e.

P. 432. Quatre taillis, situés dans un terrain de 2e classe, c'est-à-dire dans un terrain fertile, ont donné, au bout de 30 ans, 21 368 st. 4 de bois de chêne, de hêtre et de tremble ; dans ces conditions, un hectare donne en moyenne 219 st. de bois : on demande quelle est, en hectares, la contenance de chaque taillis, sachant que le premier a fourni 1 180 st. de plus que le 2e ; le 2e, 1 069 st. de plus que le 3e ; et le 4e, 425 st. de plus que le 3e.

P. 433. Quatre taillis, situés dans un terrain de 2e classe, ont ensemble une contenance de 38 ha. Au bout de 35 ans, un hectare peut donner 260 st. de bois de chêne, de hêtre et de tremble : combien chacun de ces taillis en fournira-t-il dans ces conditions ; le 1er contenant 3 ha. de plus que le 2e ; le 2e, 3 ha. de plus que le 3e ; et le 3e, 3 ha. de plus que le 4e?

P. 434. Un fermier a 3 bœufs, 8 vaches, 150 moutons et un nombre de veaux de différents âges qui consomment annuellement autant que 3 veaux d'un an ; le poids d'un bœuf est de

450 kg.; celui d'une vache, de 250 kg.; celui d'un mouton, de 31 kg. 25; un veau d'un an consomme moitié moins qu'une vache; la nourriture journalière de 100 kg., poids vivant des bestiaux, est de 3 kg. 50 de foin; on fait usage du foin pendant 151 jours de l'année. Le fermier récolte le foin dont il a besoin dans trois prairies artificielles; elles produisent en moyenne 2 500 kg. de foin par hectare : quel est le nombre d'hectares de chaque prairie si la 2e contient 1 ha. 25 de plus que la 3e, et la 1re un hectare 534 de plus que la 3e?

P. 435. Un lévrier poursuit un lièvre qui a 82 sauts d'avance sur lui; pendant que le lévrier fait 9 sauts, le lièvre en fait 13, et 3 sauts de lévrier en valent 5 du lièvre : combien le lévrier fera-t-il de sauts pour attraper le lièvre?

P. 436. Un maître carreleur s'est chargé du carrelage de deux appartements dont la superficie totale est de 83 m. c. 5725; la 5e partie de la superficie du plus petit est égale à la 6e partie de la superficie du plus grand : combien coûtera le carrelage de chacun de ces appartements, si pour le petit on emploie des carreaux de 16 cm., et, pour le 2e, des carreaux de 12 cm. 2; sachant que, dans le premier cas, le mètre carré vaut 2 f. 40; et, dans le 2e, 2 f. 20.

P. 437. Pour payer 85 peaux de chevreau, on a donné 180 f. moins le prix de 15 peaux : quel est le prix de chaque peau; combien a gagné le vendeur sur chacune, si le tout lui a procuré un bénéfice de 12 f. 75, et combien lui avaient-elles coûté la douzaine?

P. 438. Un négociant vient d'acheter, au prix de 18 f. la douzaine, une certaine quantité de douzaines de paires de gants de tulle-cordonnet. Cette quantité égale la moitié de celle qu'il avait d'abord en magasin; et, si cette dernière eût été augmentée de 24 douzaines, la quantité de douzaines de paires de gants achetées n'aurait été que le 5e du nombre de douzaines de paires restées en magasin : quelle somme doit-il débourser?

SYSTÈME MÉTRIQUE

MESURES DE LONGUEUR

p. 439. Quelle est, à partir du sol, la hauteur des édifices ci-après désignés? On sait que le sommet de l'édifice et le sol où il est assis sont respectivement élevés au-dessus du niveau de la mer, des quantités exprimées par les nombres du tableau suivant:

Clocher de Saint-Pierre à Angoulême,   149 m. 70   91 m. 50.
Clocher neuf de N.-D. de Chartres,   270 m. 80   157 m. 70.
Flèche de la cathédrale de Bordeaux,   87 m. 40   6 m. 60.
Tour de Launay à Nantes,   67 m. 60   12 m. 50.
Clocher de la cathédrale d'Orléans,   196 m. 30   116 m. 30.

P. 440. La boule du clocher de la chapelle érigée dans la citadelle de Besançon est élevée de 391 m. 50 au-dessus du niveau de la mer; le seuil de cette chapelle et celui de l'église de Saint-Pierre de la même ville sont élevés au-dessus du même niveau, le 1er de 367 m. 70, le 2e, de 251 m. On demande : 1° la hauteur du clocher de la chapelle à partir du seuil; 2° de combien l'élévation du seuil de la chapelle surpasse l'élévation du seuil de l'église.

P. 441. Le pic le plus élevé de l'Himalaya (Thibet) a 8 588 m. de hauteur; le mont Blanc (Alpes) a 4 810 m.; le Cantal, 1 857 m.; et le Puy-de-Dôme, 1 465 m. : de combien l'Himalaya est-il plus élevé que les trois derniers monts réunis?

P. 442. Une brasse vaut 1 m. 624, et on dit qu'à 100 brasses les eaux de la mer perdent leur amertume : à combien de mètres répond cette profondeur?

P. 443. Sur un chemin de fer à plusieurs voies, la largeur de chaque voie est de 1 m. 50, celle de l'entre-voie est de 1 m. 80; la largeur moyenne des accotements est de 1 m. 50 depuis les rails jusqu'aux fossés : quelle est la largeur moyenne totale d'un chemin de fer à deux voies?

P. 444. Sur le chemin de fer de Londres à Bristol, la largeur de la voie est de 2 m. 13; celle de l'entre-voie est de 1 m. 87; et celle des accotements, depuis la face extérieure du rail jusqu'à l'arête du fossé, est de 1 m. 45 : si ce chemin de fer est à deux voies, quelle est sa largeur?

P. 445. Un naturaliste a mesuré la longueur du fil de soie donné par 4 cocons : le 1er avait une longueur de 5 hm. 84; le 2e avait une longueur inférieure de 15 Dm. 38 à la précédente, et de

48 m. 63 à la longueur du 3e; enfin le 4e était aussi long que les 2 premiers, moins un demi-kilomètre : quel était le nombre total de kilomètres de ce fil de soie?

P. 446. Un ouvrier qui travaille à la rubanerie a tissé, le lundi, 9 m. 50 de rubans; le mardi, il en a tissé 12 dm. de moins; le mercredi, 34 cm. de moins que le mardi; le jeudi, 72 cm. de moins que le mercredi; le vendredi, le double de ce qu'il a tissé le jeudi, moins 5 m. 25; et le samedi, autant que le jeudi et le vendredi moins 643 cm. : combien de mètres de rubans a-t-il tissés chaque jour, et combien pendant la semaine entière?

P. 447. Un marchand a vendu 6 pièces de toile; la 1re contient 1084 dm.; la 2e est de 575 cm. plus courte que la 1re; la 3e contient 80 m. 25; la 4e est égale à la différence qui existe entre la 1re et la 3e; la 5e surpasse la 4e d'une quantité égale à la différence qui existe entre la 2e et la 3e; et la 6e est de 48 dm. plus courte que la 5e : quelle est, en mètres, la longueur de chaque pièce?

P. 448. On a payé 93 f. 50 à un ouvrier qui a fait un certain ouvrage à 0 f. 22 le mètre : combien l'ouvrier a-t-il gagné journellement, s'il a fait 12 m. 50 par jour?

P. 449. Pendant les 35 premières secondes d'une course, un coureur marchait avec une vitesse de 13 m. par seconde; pendant le reste de la course, qui a duré 1 heure, la vitesse était de 7 m. par seconde : combien ce coureur a-t-il parcouru de kilomètres?

P. 450. Sur un sol horizontal, un homme transporte, dans une journée de dix heures, 300 brouettées de terre à 30 m. de distance; quelle sera, en myriamètres, la longueur du chemin parcouru par cet homme en une année de 300 jours de travail?

P. 451. Un homme, portant des fardeaux à une assez grande distance, peut porter 61 kg. 25 et parcourir dans sa journée 11 km. et la même distance à vide : quelle est, en myriamètres, la longueur du chemin qu'il parcourt en un mois de 26 jours de travail?

P. 452. Un portefaix chargé d'un hectolitre de houille pesant 83 kg., transporte ce fardeau à une distance de 36 m. et fait 290 voyages par jour : combien de kilomètres parcourt-il pendant sa journée? combien de myriamètres parcourt-il pendant une semaine de 6 jours de travail?

P. 453. Quelle somme coûtera le sable nécessaire à l'établissement de la chaussée d'un chemin de fer de 58 km. de longueur, s'il faut 4 m³ de sable par mètre courant, et si ce sable, rendu sur le chemin, coûte 3 f. 75 le mètre cube?

P. 454. Pour construire la chaussée d'un chemin de fer, on emploie 4 m³ de sable par mètre courant de chaussée : combien dépensera-t-on pour le sable employé à cet effet sur un chemin de fer ayant 15 Mm. 8 hm. de longueur, si ce sable coûte 2 f. 50 le mètre cube, rendu sur le chemin de fer?

P. 455. Pour faire une blouse, on a employé 2 m. 35 de lasting à 3 f. 10 le mètre : quelle dépense fera-t-on pour donner une blouse à 128 enfants, si les fournitures et la façon sont payées 1 f. par blouse?

MESURES DE LONGUEUR.

P. 456. Un tailleur a confectionné 214 pantalons pour chacun desquels on a employé 1 m. 20 de drap, à 8 f. 55 le mètre; 1 m. 15 de doublure, à 0 f. 75; des boutons pour 0 f. 50; une boucle de 0 f. 25, des sous-pieds de 0 f. 40; la façon a été payée 5 f; si le tailleur veut encore avoir 1 f. 35 de bénéfice par pantalon, quelle somme devra-t-il recevoir pour le tout?

P. 457. On sait que le son parcourt 340 m. par seconde : à quelle distance se trouve-t-on d'une pièce de canon dont on entend l'explosion 15 secondes après avoir vu la lumière?

P. 458. A quelle distance se trouve-t-on d'un nuage électrisé, lorsqu'on entend le bruit du tonnerre 9 secondes après avoir vu l'éclair?

P. 459. Un mur de 182 m. 15 de longueur, 2 m. 48 de hauteur et 0 m. 45 d'épaisseur a été payé 27 f. 40 par décamètre de longueur : combien a-t-on dépensé?

P. 460. Un mur a 18 Dm. 754 de longueur; on l'a payé à raison de 2 f. 20 le mètre : combien a-t-on dépensé?

P. 461. Un bateau à vapeur fait 35 Dm. par minute : combien de myriamètres fera-t-il en 16 jours?

P. 462. Une pièce de drap contient 25 m. 75 et coûte 8 f. 60 le mètre; on en vend 9 m. 45 à 10 f. 80 le mètre; 2 m. 55 à 11 f. 15, et le reste à 7 f. 75 : quel est le résultat de cette vente?

P. 463. On a vendu 47 m. 85 de drap cuir laine à raison de 9 f. 40 le mètre; 54 m. 50 de coutil, au prix de 2 f. 95 le mètre; 89 m. 45 de casimir, à 7 f. 25 le mètre; 53 m. 20 de velours, à 4 f. 30 le mètre : quel est le montant de la facture, si on fait un rabais de 27 f. 80?

P. 464. Pour clore une propriété de 898 m. 80 de longueur et de 549 m. 70 de largeur, on dépense 9 f. 85 par mètre courant : quelle est la dépense totale?

P. 465. Le mètre d'une certaine étoffe vaut 2 m. 65 d'une autre étoffe : combien 432 m. 80 de la 1re valent-ils de mètres de la seconde?

P. 466. Un tapissier a acheté 6 rouleaux de ruban pour 45 f. 05. On demande : 1° quelle est la longueur du rouleau si le mètre coûte 5 cent. 5; 2° quelle somme il retirera de l'emploi de ce ruban, s'il fait un bénéfice de 25 c. par décamètre; 3° ce qu'il devra ajouter à cette somme ou en retrancher, pour payer un garçon tapissier à qui il doit 13 journées de travail à raison de 4 f. 50 par jour.

P. 467. Pour lambrisser une salle de 8 m. 95 de longueur sur 6 m. 55 de largeur, on a payé 5 f. 75 par mètre : quelle est la dépense totale si les ouvertures non lambrissées offrent une longueur de 4 m. 75 c.?

P. 468. Un ballot contient 4 pièces de drap mesurant ensemble 148 m. 85; les deux premières ont chacune 29 m. 70 cm.; la 3e, 41 m. 80; et, le prix d'achat du mètre étant 8 f. 25, on demande combien on retirera de la vente, si le mètre est revendu 9 f. 85, et quelle est la longueur de la quatrième pièce.

P. 469. Combien recevra-t-on pour la vente de 175 m. 65 de satin, coûtant 8 f. 45 d'achat par mètre, et pour laquelle vente on fait 25 f. 40 de frais, si l'on veut gagner 209 f. 25 sur le tout?

54   SYSTÈME MÉTRIQUE.

P. 470. Une avenue renferme 285 arbres de chaque côté ; les arbres sont espacés de 2 m. 5 ; le 1er et le dernier sont à 1 m. 75 des extrémités : quelle est la longueur de cette avenue?

P. 471. Quelle est la longueur d'une grille pour laquelle on a employé 638 barreaux espacés de 0 m. 25, y ayant un barreau à chaque extrémité?

P. 472. Quelle est la longueur d'une grille formée de 548 barreaux espacés de 0 m. 28 c., les barreaux des extrémités étant remplacés par des murs?

P. 473. On veut faire une grille de 66 m. de longueur ; la distance des barreaux est de 0 m. 24 : combien y aura-t-il de barreaux, s'il y en a un à chaque extrémité?

P. 474. Combien faut-il employer de barreaux espacés de 22 cm. pour faire une grille de 115 m. 28, si les barreaux des extrémités sont remplacés par des murs?

P. 475. Un terrain de 175 m. de long et 87 m. 50 de large doit être entouré d'une grille dont les barreaux seront espacés de 0 m. 28 cm. : combien en faudra-t-il s'il y a 4 portes, et si pour chaque porte il en faut 2 de plus?

P. 476. On achète 4 pièces de rubans gaufrés contenant, la 1re 16 m. 63 ; la 2e, 5 dm. 40 de moins que la 1re ; la 3e, autant que les deux premières moins 45 doubles-décimètres ; et la 4e, 675 mm. de plus que la 1re : combien coûteront ces 4 pièces de rubans, si le mètre vaut 1 f. 35?

P. 477. Un voyageur marche avec une vitesse de 1 m. 60 par seconde : combien de jours emploiera-t-il pour faire un voyage de 18 myriamètres, s'il marche 10 heures par jour, et combien de pas fera-t-il pendant ce voyage, un pas étant de 0 m. 65?

P. 478. Le canal de Nantes à Brest a 374 km. de longueur : combien d'heures faudra-t-il à un bateau marchand pour se rendre de l'une de ces villes à l'autre, s'il parcourt 5 m. 40 par seconde?

P. 479. Combien faudra-t-il d'heures à un bateau à vapeur pour se rendre de Lyon à Arles, la distance entre ces deux villes étant de 265 km., et la vitesse du bateau étant de 69 dm. par seconde?

P. 480. Un bateau à vapeur, marchant avec une vitesse de 144 hm. par heure, s'est rendu en 3 jours de Paris à Rouen : quelle est en km. la longueur du cours de la Seine entre ces deux villes?

P. 481. L'eau de la Seine à Paris marche avec une vitesse moyenne de 23 hm. à l'heure : combien de jours et d'heures l'eau qui se trouve dans le lit de la Seine à Paris emploie-t-elle pour se rendre à Rouen? On sait qu'un bateau à vapeur qui marchait avec une vitesse moyenne de 108 hm. à l'heure, a employé 4 jours pour se rendre de Paris à Rouen?

P. 482. Un convoi de chemin de fer, marchant à grande vitesse, parcourt 14 m. par seconde : en combien d'heures franchira-t-il la distance de 507 km. qui sépare Lyon de Paris?

P. 483. Un riche particulier veut se rendre le plus tôt possible de Paris au Havre ; il prend pour lui seul une locomotive et un wagon qui marchent avec une vitesse exceptionnelle de 28 m. à la seconde : combien d'heures emploiera-t-il pour franchir la distance de 229 km. qui sépare ces deux villes?

MESURES DE LONGUEUR.

P. 484. La ligne de chemin de fer de Vierzon à Limoges étant longue de 20 Mm. : combien a coûté la clôture de ce chemin, supposé que l'on ait déboursé pour cet objet 2 f. 50 par mètre courant ?

P. 485. La ligne du chemin de fer de Bordeaux à Cette étant longue de 475 km., à quelle somme s'élèvent annuellement les frais de perception sur le parcours de cette ligne, si l'on admet qu'ils se montent à 1 190 800 f. pour une longueur de 13 Mm.?

P. 486. Le réseau des lignes des chemins de fer de Normandie se compose : 1° de la ligne de Paris à Mantes, longue de 57 km.; 2° de la ligne de Mantes à Rouen, longue de 8 Mm.; 3° de la ligne de Rouen au Havre, longue de 92 km.; 4° de l'embranchement de Beuzeville à Fécamp, long de 2 Mm.; 5° de l'embranchement se dirigeant sur Dieppe, long de 51 km.; 6° de la ligne de Mantes à Cherbourg, longue de 313 km. D'après ces données, on demande : 1° la longueur totale de ces diverses lignes; 2° combien coûte leur entretien annuel, si l'on dépense pour cela 50 584 f. pour 2 Mm.

P. 487. Le réseau du chemin de fer dit d'Orléans se compose : 1° de la ligne de Paris à Orléans, longue de 121 km.; 2° de l'embranchement de Corbeil, long de 14 km.; 3° de la ligne d'Orléans à Bordeaux, longue de 257 km.; 4° de la ligne de Tours à Saint-Nazaire, longue de 267 km.; 5° de la ligne de Poitiers à La Rochelle, longue de 145 km.; 6° de l'embranchement d'Aigrefeuille sur Rochefort, long de 15 km.; 7° de la ligne d'Orléans à Limoges, longue de 279 km.; 8° de l'embranchement de Coutras à Périgueux, long de 75 km.; 9° de la ligne de Montauban à Saint-Christophe, longue de 167 km.; 10° de l'embranchement de Viviers sur Decazeville, long de 4 km. On demande : 1° la longueur totale de ces diverses lignes et de leurs embranchements; 2° à combien s'élèvent annuellement les frais de traction et de transport, supposé qu'ils soient de 1 947 417 f. pour 315 km.?

P. 488. Quelle est, en décamètres, la longueur totale d'un train composé de 20 wagons; la longueur de la locomotive et de son tender étant de 136 dm.; le train comprenant 12 wagons tant de 1re et de 2e classe, que wagons à bagages, ayant chacun 7 m. 22 de longueur du dehors en dehors des tampons, et 8 wagons tant de 3e classe que mixtes, ayant 8 m. 12? On suppose que les wagons étant accouplés, la distance entre les faces extérieures des tampons d'un wagon et du wagon suivant est de 16 cm.

P. 489. Quelle est, en décamètres, la longueur d'un train de marchandises composé de 40 wagons? On sait que la longueur de la locomotive et du tender est de 136 dm., que le train se compose : 1° de 18 wagons à marchandises, ayant chacun 7 m. 46 de longueur; 2° de 15 wagons-écuries, ayant chacun 5 m. 56 de longueur; 3° de 7 wagons à bois, ayant chacun 55 dm. de longueur. Toutes ces longueurs sont prises de dehors en dehors des tampons, et l'on suppose 18 cm. de distance entre les tampons d'un wagon et ceux du suivant.

P. 490. Pour l'exploitation d'un chemin de fer ayant un parcours total de 133 km., on emploie 93 locomotives, et chacune en moyenne parcourt annuellement 16 926 km. 1° Supposé que chaque locomotive franchisse dans chaque voyage la distance entière, on demande combien de fois par an elle fait ce voyage. On demande en 2ᵈ lieu combien chaque locomotive aurait d'hectomètres de parcours à exploiter s'il était partagé également entre les 93 locomotives?

P. 491. Une vis avance de 13 cm. 72 en 98 tours : de combien avance-t-elle en un tour?

P. 492. Combien aura-t-on de mètres de velours à 5 f. 75 le mètre, pour 243 f. 80 c?

P. 493. On a payé 17 f. 45 pour 35 m. de ruban; quel est, à moins d'un millième près, le prix du mètre?

p. 494. Un journalier a fait 275 m. 44 d'un certain ouvrage, pour lequel il a reçu 68 f. 86 c. : combien gagnait-il par jour et par mètre, s'il a employé 22 jours pour faire l'ouvrage?

P. 495. Un tailleur a employé 96 m. 75 de drap pour faire 45 redingotes: combien en a-t-il employé par redingote, et pour quelle valeur si le drap est estimé 15 f. 50 le mètre?

P. 496. En supposant que la distance moyenne de la terre au soleil soit de 15 300 050 Mm., et que la lumière parcoure 31 022 Mm. par seconde : on demande en combien de temps la lumière du soleil parviendra jusqu'à nous.

P. 497. Une pièce de toile de lin contient 75 m. 40, et coûte 233 f. 74; on en revend 48 m. 80 pour 163 f. 50 : combien gagne-t-on par mètre sur cette vente partielle?

P. 498. Un fossé a été payé 1437 f. 59, à raison de 17 f. 50 le décamètre : quelle est sa longueur en mètres?

H. 499. Un journalier gagne 1 f. 35 par jour en travaillant à un ouvrage qui lui est payé 18 c. le mètre : combien a-t-il fait de mètres en 46 jours?

P. 500. Quel est le prix du décimètre de ruban, quand 8 m. 75 coûtent 29 f. 75 c.?

P. 501. Un tapissier a déboursé 3 f. 69 pour payer 82 cm. de moquette rouge pour banquette : quel est le prix du mètre?

P. 502. Un tapissier a acheté 45 cm. de velours pour 4 f. 05 : quel est le prix du mètre?

P. 503. De Paris à Rouen, il y a 137 km. par le chemin de fer; les prix des places sont: pour les premières, 15 f. 35; pour les secondes, 11 f. 50; et pour les troisièmes, 8 f. 45 : combien paye-t-on par myriamètre dans chacune des trois classes?

P. 504. Le chemin de fer de Paris à Orléans a coûté 54 324 600 f. La distance entre ces deux villes est de 12 Mm. 1; les voies supplémentaires forment un total de 11 km. : quelle est la dépense moyenne pour un kilomètre?

P. 505. Pour le service d'un chemin de fer et de ses divers embranchements, on emploie 196 locomotives : quelle est la longueur totale du chemin principal et de ses embranchements, s'il y a 5 locomotives pour 18 km. de développement?

P. 506. Un voyageur qui a parcouru une route de 75 Mm. 15 Dm. a calculé qu'il avait fait 15 km. 3 m. en un jour : quel temps a-t-il mis pour faire la route?

P. 507. Sur une route, il y a deux rangées d'arbres, et les arbres sont placés à 5 m. de distance ; un voyageur qui en a compté 5 080 en tout, demande qu'elle est, en hectomètres, la longueur de la route.

MESURES DE LONGUEUR.

P. 508. En voyageant sur une route bordée d'arbres des deux côtés, j'en ai compté 5000 tant d'un côté que de l'autre, sur une longueur d'un myriamètre : à quelle distance l'un de l'autre ces arbres sont-ils plantés?

P. 509. Un bateau à vapeur a fait 216 Mm. en 5 jours : combien de kilomètres faisait-il par heure?

p. 510. Un bateau à vapeur a fait 861 Mm. 84 en 15 jours : combien de mètres faisait-il par seconde?

P. 511. Pour creuser un fossé ayant 183 m. 30 de longueur, on emploie 6 ouvriers pendant 13 jours : quelle longueur un ouvrier creuse-t-il dans un jour?

P. 512. On demande la longueur d'un fossé qui a été creusé en 9 jours par 27 ouvriers, sachant qu'on a dépensé 814 f. 05, à raison de 4 f. 50 le mètre; on demande en outre combien chaque ouvrier gagnait par jour.

P. 513. Dans combien d'heures une personne qui parcourt 6 Dm. 51 en 1 minute 5 aura-t-elle parcouru une route de 15 km. 3 Dm. 25?

P. 514. On a acheté, au prix de 5 f. 25 le mètre, 729 m. 28 d'étoffe, dont 12 m. 76 se sont trouvés endommagés : à quel prix a-t-on revendu les autres pour gagner 1007 f. 79, sans tenir compte de 238 f. 80 de frais?

P. 515. Un voyageur qui a marché pendant 2 jours a reçu, le premier jour, 5 c. pour 3 hm. 25; et le second jour, 0 f. 025 pour 11 Dm. : sachant que le voyageur a reçu 5 f. par jour, on demande la longueur de la route qu'il a parcourue.

P. 516. Un détachement composé de 243 hommes reçoit 4986 f. 36 pour indemnité de route, à raison de 0 f. 045 par kilomètre et par homme; le détachement ayant employé 12 jours pour se rendre à sa destination, on désire connaître le chemin parcouru dans une journée.

P. 517. On a payé 21384 f. à un détachement composé de 528 hommes : on demande combien il a employé de jours pour se rendre à sa destination, sachant que chaque jour il parcourait 45 km., et que chaque homme recevait 0 f. 05 par km.

P. 518. On sait que, pour une blouse, on emploie ordinairement 3 m. 50 d'une certaine étoffe. On demande : 1° combien on pourrait faire de blouses avec 864 m. 5; 2° combien on a employé d'étoffe par blouse, sachant qu'on a pu faire 254 blouses avec les 864 m. 5.

P. 519. Un marchand a acheté 275 m. 85 d'une étoffe dont il a revendu 82 m. 72 pour 492 f. 20; à ce marché, il a gagné 1 f. 10 par mètre : on demande combien il avait déboursé pour l'achat de cette étoffe.

P. 520. En vendant 8 pièces de drap satin laine contenant chacune 23 m. 70, on a gagné 1 f. 75 par mètre : on demande combien on a vendu le mètre si le prix d'achat des 8 pièces est 1403 f. 04.

P. 521. En vendant du drap 7 f. 45 le mètre, on gagne 1317 f. 47 c.; si on le vendait 7 f. 70, on gagnerait 1505 f. 68 : quelle est la quantité de drap, et combien a-t-on payé le mètre?

P. 522. Quelle somme devra-t-on débourser pour les chevrons

employés dans la charpente d'un bâtiment ayant 45 m. de longueur, chaque chevron ayant 5 m. 80 de longueur, le toit étant à deux égouts, les chevrons étant placés à 0 m. 32 les uns des autres, et valant en sapin 0 f. 60 le mètre courant?

P. 523. On a donné 15 m. d'indienne pour un mètre de drap. On demande : 1° combien il faudra de mètres d'indienne pour 67 m. de drap; 2° quel est le prix d'un mètre d'indienne si le drap vaut 14 f. 70 le mètre.

P. 524. Dans un terrain ayant une longueur de 126 m., on veut planter 8 rangées de mûriers, ceux qui seront aux extrémités de chaque rangée devront être chacun à 3 m. 50 des limites du terrain : combien d'arbres faudra-t-il pour garnir ce terrain, sachant qu'ils doivent être distants de 7 m.?

P. 525. On sait que la circonférence se divise en 360 degrés, le degré en 60 minutes, la minute en 60 secondes; la circonférence de la terre égale 40000 km. : quelle est, en mètres, la longueur d'une minute, d'une minute et demie, et celle d'une seconde?

P. 526. On veut échanger 432 m. de toile qui vaut 2 f. 65 le mètre, contre du velours qui vaut 8 f. 45 c.; mais on estime la toile à 3 f. 15 le mètre : combien recevra-t-on de mètres de velours, et combien gagnera-t-on à cet échange?

P. 527. On a acheté 190 m. de toile à 2 f. 95 c.; on en donne 5 m. à quelques pauvres, et l'on échange le reste contre une étoffe qui vaut 3 f. 70; dans cet échange on estime la toile à 3 f. 60 : combien recevra-t-on de mètres d'étoffe?

P. 528. Si l'on me donnait 450 f., je pourrais faire pour 800 f. de dépense et avoir 25 f. de reste. Je demande : 1° combien de croisées je pourrais faire ferrer avec l'argent que j'ai, si la ferrure d'une croisée me coûte 7 f. 50; 2° quelle longueur en mètres formeraient les pièces de 5 f. contenues dans la somme que je possède si on les plaçait en ligne droite à plat, et au contact les unes des autres, leur diamètre étant de 37 mm.

P. 529. La somme que je possède est telle, que, si elle était augmentée de 85 f. et divisée par 9, elle donnerait 25 au quotient. Je demande : 1° combien de mètres courants de moulures en tôle à 1 f. 50 le mètre, je pourrais acheter avec une somme égale au quotient par 8 de la somme que je possède; 2° supposé que cette somme que j'ai soit en pièces de 20 f., quelle longueur formeraient ces pièces posées en ligne droite, à plat, et au contact les unes des autres, leur diamètre étant de 21 mm.

P. 530. Un agriculteur veut faire drainer, dans le sens de la longueur, un terrain dont l'espèce du sol est un sable graveleux coulant. Ce terrain a 18 Dm. 50 de largeur sur 2 hm. 14 de longueur. Les drains sont établis sur des rangées distantes de 2 Dm. 05; les tuyaux coûtent 22 f. le mille, et ils ont 4 dm. de longueur. Le creusement des fossés, la pose des tuyaux et le remplissage coûtent 2 f. 09 par décamètre courant: combien faudra-t-il de tuyaux pour drainer cette terre, et que coûtera le drainage? Les drains collecteurs ont une longueur de 200 m. et coûtent 30 f. le mille.

P. 531. Un cultivateur veut faire drainer un terrain carré ayant 15 Dm 8 de côté, dont l'espèce du sol est un sable graveleux grossier. Les drains doivent être établis de telle manière, qu'il y ait 17 m. 65 de distance entre chacune des rangées parallèles. Le prix de la main-d'œuvre est de 18 f. 80 par hectomètre courant; les tuyaux coûtent 17 f. 75 le mille, et ils ont 0 m. 33 de longueur : quelle sera la dépense à faire pour le drainage de ce terrain ? Le drain collecteur doit être continué à 250 m. hors de la propriété, et commencer à la première rangée; les tuyaux de ce drain valent 2 f. 50 le mille.

P. 532. La tête d'une vis est divisée en 360 degrés; quand on fait faire 8 tours complets à la vis, elle avance de 2 cm. : de combien de millimètres avancera-t-elle quand on fera tourner la vis de 438 degrés?

P. 533. La force d'une vis augmente comme le quotient de sa circonférence par la longueur de son pas : quel rapport y a-t-il entre les forces de deux vis dont les circonférences sont de 9 c. 50 et de 15 c. 708, et les longueurs respectives des pas de 4 mm. et 6 mm.

P. 534. Quelle dépense la compagnie d'un chemin de fer aura-t-elle à supporter pour l'acquisition des locomotives nécessaires à son exploitation, s'il faut compter sur 5 locomotives pour 2 Mm., si le prix moyen d'une locomotive est de 45 700 f. et si la longueur du chemin est de 148 km.

P. 535. L'embranchement du chemin de fer du Midi, de Narbonne à Perpignan, ayant une longueur de 64 km., combien a-t-on dû dépenser pour l'acquisition des locomotives qui en font le service, si l'on admet : 1° que chacune parcourt annuellement 2 180 Mm.; 2° que le nombre total de kilomètres parcourus annuellement sur ce chemin est de 50 370 pour une étendue de 20 km.; 3° que le prix moyen d'une locomotive est de 45 800 f. ?

P. 536. Un tender coûte 5 800 f.; et, pour chaque série de 52 locomotives, il faut 51 tenders. D'après cela, quelle somme devra-t-on débourser pour les tenders servant à l'exploitation d'un chemin de fer nécessitant l'emploi de 70 locomotives pour les trains de voyageurs, sachant que, sur un nombre total de 23 locomotives, il en faut 14 pour les trains de voyageurs?

P. 537. Pour l'exploitation d'un chemin de fer, on a calculé qu'il fallait 51 tenders par 52 locomotives : quel devra être approximativement le nombre de tenders que devra faire exécuter la compagnie qui exploite ce chemin de fer, si le nombre de locomotives pour voyageurs est de 84; et si, pour 14 de ces locomotives, il faut 10 locomotives pour les trains de marchandises?

P. 538. Pour l'exploitation d'un chemin de fer sur lequel les trains de voyageurs effectuent un parcours annuel total de 227 360 Mm., on a un wagon pour 3 270 km. parcourus pour le service des voyageurs : quelle est la dépense totale à faire pour les wagons, le prix moyen de chacun étant de 7 500 f.?

P. 539. L'embranchement du chemin de fer de Coutras à Périgueux a une longueur de 75 km. Or, supposé qu'un entrepreneur se soit chargé de la plantation des haies de clôture de cet embranchement, combien de plants d'aubépine a-t-il dû fournir, sachant que la plus grande distance d'un brin à l'autre est d'un décimètre, et qu'il faut fournir 6 plants pour 5, à cause des sinuosités et des accidents du terrain?

P. 540. Un voiturier s'est chargé de transporter au prix de

87 f. 50 par hm. courant de rails, tous ceux qui sont nécessaires à l'établissement des deux voies d'une section de 24 km. de chemin de fer : quelle somme devra-t-il recevoir, si pour 3 Dm. courants des rails nécessaires pour les voies principales, il faut en plus 1 m. pour les voies accessoires?

P. 541. Quelle sera la dépense à supporter par une compagnie de chemin de fer pour les frais divers et pour la pose des traverses, coussinets, rails, etc., nécessaires à l'établissement de deux voies d'une section de 88 km. d'un embranchement, si ce travail coûte, avec les frais divers, 45 f. par Dm. courant pour l'ensemble des deux voies; et si, à 40 f. dépensés pour les deux voies principales, il faut ajouter 3 f. pour les voies accessoires?

P. 542. Sur un chemin de fer à deux voies, la distance entre les traverses est de 9 dm. : combien faudra-t-il de traverses pour une section de ce chemin ayant 873 hm. de longueur, si, sur 20 traverses pour la voie ordinaire, il faut fournir une traverse de plus pour les voies d'évitement, le garage, le remisage, etc.?

P. 543. Une ligne de chemin de fer a une longueur de 198 km. : combien ont dû coûter les traverses employées sur cette ligne pour soutenir les rails? On sait : 1° que cette ligne n'a qu'une seule voie ; 2° que la distance d'une traverse à l'autre est de 12 dm.; 3° qu'il faut compter 21 traverses pour 20 à cause des voies d'évitement, de garage, de remisage, etc.; 4° que le prix moyen de chaque traverse est de 5 f. 70.

P. 544. Un marchand de bois s'est engagé à fournir, au prix moyen de 5 f. 70 la pièce, toutes les traverses nécessaires à l'établissement des 2 voies d'un chemin de fer ayant 110 km. de développement : quelle somme recevra-t-il, si la distance entre les traverses est de 11 dm., et si, sur 20 traverses nécessaires pour les 2 voies principales, il faut en fournir une de plus pour les voies d'évitement, de garage, de remisage, etc.?

P. 545. Pour un chemin de fer à deux voies où la distance entre les traverses est de 9 dm., un maître de forges s'est engagé à fournir, pour une section de 18 km., les coussinets qui, aux extrémités de chaque traverse, soutiennent les rails : quel est le nombre de coussinets qu'il doit fournir, sachant qu'il en doit donner 21 pour 20, à cause des voies d'évitement, de garage, de remisage, qu'il faut ajouter aux deux voies principales?

P. 546. Un maître de forges s'est engagé à fournir les chevillettes au moyen desquelles on fixe les coussinets sur les traverses supportant les rails des chemins de fer : combien devra-t-il en fournir, pour une section de 19 km., si le chemin de fer est à deux voies; sachant : 1° qu'il faut 2 chevillettes par coussinet; 2° qu'il faut 2 coussinets par traverse ; 3° que la distance entre les traverses est de 95 cm.; 4° qu'il faut fournir 21 chevillettes pour 20?

P. 547. Quelle somme devra recevoir un entrepreneur qui s'est chargé de fournir au prix de 1 f. 60 les 8 chevillettes, toutes celles qui sont nécessaires pour une section de 588 hm. d'un chemin de fer à deux voies? On sait : 1° que la distance entre les traverses est de 98 cm.; 2° qu'il faut 4 chevillettes par traverse; 3° qu'il faut fournir 21 chevillettes, pour 20 qui sont nécessaires aux deux voies principales.

P. 548. Pour assujettir les rails des chemins de fer, dans les coussinets fixés aux extrémités de chaque traverse, on emploie des coins en bois de chêne ou d'acacia : quelle somme devra recevoir un entrepreneur qui, au prix de 139 f. le mille, s'est chargé de fournir les coins nécessaires à une section de 147 km. d'un chemin de fer à deux voies, sachant : 1° qu'il faut 2 coins par traverse ; 2° que la distance entre les traverses est de 105 cm. ; 3° que pour 20 coins à fournir pour les 2 voies principales il en faut fournir un de plus pour les voies d'évitement, le garage, le remisage, etc.

P. 549. Pour un voyage de 198 km. une locomotive a consumé 1 386 kg. de coke ; et, pour un voyage de 15 Mm., une autre locomotive en a consumé 1 350 kg. : laquelle des deux locomotives consume le plus de coke, et quel est le nombre de kilogrammes qu'elle dépense de plus par heure, la vitesse moyenne de chacune étant de 38 km. à l'heure ?

P. 550. Pour l'exploitation d'un chemin de fer, les locomotives pour les trains de marchandises parcourent ensemble annuellement 656 532 km., et les locomotives pour les trains de voyageurs, 1 046 724 km. : d'après cela, on demande combien il y a de locomotives pour les trains de marchandises, et combien il y en a au service des voyageurs, sachant que chacune des premières parcourt 24 316 km., et que chacune des autres en parcourt 20 524.

P. 551. Le prix d'une locomotive pour le service des voyageurs étant de 40 000 f., et celui d'une locomotive pour le service des marchandises étant de 47 250 f., quelle somme totale ont dû couter les 75 locomotives employées pour ce service dans l'exploitation d'un chemin de fer, sachant que le parcours total annuel des locomotives pour voyageurs est de 732 648 km., et que chaque locomotive a parcouru annuellement 14 952 km. ?

P. 552. Pour l'exploitation d'un chemin de fer, on a calculé qu'il faudrait en tout 168 locomotives ; que les locomotives pour les voyageurs effectueraient un parcours annuel total de 1 970 339 km., à raison de 1 800 Mm. par machine : combien coûteront ensemble les locomotives employées pour le service des marchandises, si le prix de chacune d'elles est de 48 500 f. ?

P. 553. Pour l'exploitation d'un chemin de fer, on estime qu'il faut 110 locomotives pour les trains de voyageurs, et le nombre des locomotives pour les trains de marchandises doit être tel, que, pour 29 locomotives destinées aux voyageurs, il doit y en avoir 20 pour les marchandises : d'après cela, quelle dépense faudra-t-il faire pour les wagons destinés aux marchandises, si chacun coûte 4 000 f. et s'il en faut 10 par locomotive ?

P. 554. Le réseau des lignes de Bretagne se compose : 1° de la ligne de Paris à Rennes, longue de 373 km. ; 2° de l'embranchement du Mans à Argentan, long de 99 km. : combien faut-il de wagons pour le service des voyageurs sur ces lignes, en admettant : 1° qu'il faut en moyenne 19 locomotives pour 88 km. ; 2° que sur un nombre total de 24 locomotives, il en faut 9 pour le service des marchandises ; 3° que pour 11 locomotives destinées au service des voyageurs, il faut 65 wagons.

P. 555. Le réseau du chemin de fer du Midi se compose : 1° de la ligne de Bordeaux à Bayonne, longue de 198 km.; 2° de l'embranchement de Lamothe à Arcachon, long de 16 km.; 3° de l'embranchement de Marceux à Mont-de-Marsan, long de 39 km.; 4° de la ligne de Bordeaux à Cette, longue de 476 km.; 5° de l'embranchement de Narbonne à Perpignan, long de 64 km. On demande : 1° la longueur totale de ces diverses lignes; 2° combien ont coûté les wagons qui en font le service, si l'on admet : 1° qu'il y a 25 locomotives pour 113 km.; 2° que sur un nombre total de 24 locomotives, il en faut 9 pour les trains de marchandises ; 3° qu'il faut 63 wagons pour 11 locomotives servant pour les voyageurs, et 10 wagons pour une locomotive servant aux trains de marchandises; 4° que le prix moyen de chacun des wagons pour les voyageurs est de 7 500 f., et celui de chacun des autres wagons, de 4 000 f.

P. 556. L'embranchement du chemin de fer d'Orléans allant de Vierzon au Guétin a une longueur de 89 km. : supposé que trois marchands de bois se soient associés pour fournir les poteaux destinés à maintenir le treillage de clôture du chemin, combien chacun d'eux a-t-il dû en livrer, sachant: 1° que la distance d'un poteau à l'autre doit être de 13 dm. d'axe en axe; 2° qu'il faut fournir 6 poteaux pour 5, à cause des sinuosités et des accidents du terrain; 3° que le 2ᵉ marchand a fourni 540 poteaux de plus que le 1ᵉʳ, et que le 3ᵉ en a fourni 871 de plus que le 2ᵉ.

P. 557. La ligne du chemin de fer de Montauban à Saint-Christophe est longue de 167 km. : supposé que 3 entrepreneurs se soient chargés de fournir les lattes destinées à la clôture en treillage de cette ligne, combien chacun d'eux a-t-il dû en fournir de bottes, sachant: 1° que la distance d'une latte à l'autre est de 45 mm.; 2° que chaque botte contient 50 lattes; 3° qu'il faut fournir 6 bottes pour 5, à cause des sinuosités et des accidents de terrain; 4° que le 2ᵉ entrepreneur a fourni 1 540 bottes de plus que le 1ᵉʳ, et le 3ᵉ, 2 860 bottes de plus que le 2ᵉ ?

MESURES DE SUPERFICIE

PROPREMENT DITES.

Principe préliminaire. 19. Dans plusieurs des problèmes de cet article et de l'article des MESURES AGRAIRES, plusieurs superficies ne sont données que par l'étendue de leur longueur et de leur largeur. Pour avoir le nombre de mètres carrés contenus dans ces superficies, on multipliera la longueur par la largeur.

N. B. Dans les travaux de maçonnerie, de charpente, etc., on ne tient pas compte des dernières subdivisions des mesures métriques. Lorsque ces subdivisions sont employées dans quelques problèmes des mesures de surface ou de solidité, elles ne sont proposées que comme exercices.

P. 558. Un ouvrier paveur est chargé du pavage d'une cour, il en a déjà pavé 85 m² 7 dm² 3 cm², et il lui reste encore à paver 75 m² 743 cm² : quelle est la surface de cette cour ?

P. 559. Un ouvrier carreleur a carrelé deux appartements l'un plus grand et l'autre plus petit; le plus petit a 11 m² 39 dm² 62 cm²; le plus grand a 113 m² 9623 cm² : quelle est la superficie totale du travail fait par cet ouvrier ?

P. 560. Un ouvrier menuisier a planchéié deux appartements dont l'un est plus grand que l'autre; le plus petit a 15 m² 19 dm² 5, et la différence entre sa superficie et celle du plus grand appartement est de 22 m² 79 cm² : quelle est la superficie du grand appartement ?

P. 561. Un ouvrier menuisier a fait deux planchers dont la superficie totale est de 64 m² 7 dixièmes de décim. carré; et dont le plus petit a 22 m² 7 dm² : quelle est la surface du plus grand ?

P. 562. Un ouvrier paveur a pavé deux cours qui ont ensemble 2 Dm² 5 dm²; la plus petite a 72 m² 8 : quelle est la superficie de la plus grande ?

P. 563. À la fin du 4ᵉ âge de leur éducation, les vers à soie provenant de 30 gr. 59 d'œufs occupent un espace de 6 dm²; pendant le 3ᵉ âge, cet espace renferme 344 cm² 417 de moins; pendant le 2ᵉ âge, il est encore diminué de 23448 mm² 8; et enfin, pendant le 1ᵉʳ âge, il est encore moindre d'un demi-cm², augmenté de 130 mm²; quel espace occupent-ils pendant chacune des 3 premières périodes de leur existence ?

P. 564. Un ouvrier carreleur a carrelé deux appartements

dont le plus grand a 68 cm² 4 cm², et sa différence avec le plus petit est de 37 m² 98 dm² : quelle est la superficie du plus petit?

P. 565. Un arpenteur a mesuré un bois contenant 502 hm² 450 m² : combien doit-on lui payer, s'il demande 1 f. 50 par hectomètre carré?

P. 566. Un menuisier étant convenu de faire la boiserie d'un bâtiment à 10 f. 05 le mètre carré, on demande ce qu'on devra lui payer pour 900 m² 350 cm²?

P. 567. Une glace de 54 dm² 04 cm² a été payée à raison de 1 f. 85 par décimètre carré : combien a-t-elle coûté?

P. 568. On a fait mettre en couleur à l'huile, en faisant donner 3 couches dont deux à la colle, puis on a fait encaustiquer à l'eau les parquets de trois appartements : 1° une antichambre ayant 15 m² 2 dixièmes ; 2° un salon ayant 34 m² 19 cm² ; 3° une salle ayant 30 m² 4 dm² ; et tout ce travail a été payé sur le pied de 0 f. 56 le mètre carré : quelle somme a-t-on dû débourser?

P. 569. Un menuisier a fait le parquet de trois salles ; le premier contient 45 m² 2750 ; le deuxième, 85 m² 5 dm² 8 cm² ; le troisième, 94 m² 70 cm² : quelle somme doit-il recevoir, si le mètre carré lui est payé 6 f. 70?

P. 570. Le parquet d'une grande salle a coûté 2173 f. 91, à raison de 5 f. 75 le mètre carré : combien revient-il à chacun des deux ouvriers qui l'ont fait, si le 1er a fait 204 m² 8 dm²?

P. 571. Un maître carreleur qui s'est chargé du carrelage de deux appartements dont le plus petit a 12 m² 16 dm² 75 cm², et le plus grand, 115 m² 5427 cm²., a fait cet ouvrage en carreaux de Bourgogne de 16 cm., à 3 f. 20 le mètre carré : combien lui est-il dû?

P. 572. Un maître paveur qui s'est chargé du pavage d'une cour, en a déjà fait 78 m² 7 dm² ; il lui reste encore à paver 80 m² 743 cm² : combien recevra-t-il pour le pavage de cette cour, si ce travail est fait en pavé échantillonné de 19 cm², scellé en mortier de chaux et ciment fin de bonne qualité, avec sablage de 25 mm. par-dessus le pavé ; ce genre de pavage valant 10 f. 45 le mètre carré?

P. 573. Un maître menuisier a planchéié deux appartements dont le plus petit a 18 m² 15 dm² 7, et dont le plus grand surpasse le plus petit en superficie de 21 m² 6 cm² : combien recevra-t-il pour ce travail qui est fait à point de Hongrie, compris la pose de lambourdes en chêne de 27 mm. sur 8 cm. de largeur, ce genre de plancher coûtant 10 f. 25 le mètre carré?

P. 574. Un peintre a mis en couleur de briques peintes la façade d'une maison présentant une surface de 211 m² 28 cm² ; cette peinture étant à l'huile et à 3 couches, a coûté 2 f. 28 le mètre carré : quelle somme le peintre devra-t-il recevoir pour ce travail?

P. 575. Un peintre a mis en couleur à l'huile et encaustiqué à l'essence le parquet d'une salle ayant 68 m² 38 de superficie : quelle somme recevra-t-il pour ce travail fait à 3 couches, dont 2 à la colle, s'il est payé à raison de 0 f. 78 le mètre carré?

P. 576. Combien doit-on payer à un peintre qui a mis en cou-

MESURES DE SUPERFICIE. 65

leur des deux côtés 14 portes de 2 m. 05 de hauteur sur 1 m. 10 de largeur, si l'on paie 0 f. 85 par mètre carré?

P. 577. La plus grande largeur d'une route impériale est de 14 m. non compris les fossés : quelle est la superficie du terrain occupé par une route qui a 226 000 m. de longueur?

P. 578. Le canal de l'Aisne à la Marne a une longueur de 582 hm., et une largeur moyenne de 10 m.; le canal latéral à la Marne a une longueur de 6351 Dm., sur la même largeur moyenne de 10 m : combien d'hectomètres carrés de terrain ce dernier occupe-t-il de plus que l'autre?

P. 579. Combien devra-t-on débourser pour payer la construction d'un mur de clôture ayant une longueur de 38 m. 75 sur 2 m. 45 de hauteur, sachant que le mètre carré de maçonnerie coûte 3 f. 75?

P. 580. Un menuisier a lambrissé un salon ayant 9 m. 4 cm. de longueur sur 8 m. 9 dm. de largeur; ce lambris, étant à grands cadres avec bâtis en chêne, panneaux en sapin et à deux parements, a coûté 12 f. 75 le mètre carré : quelle somme le menuisier devra-t-il recevoir pour ce travail, le lambris s'élevant à une hauteur de 1 m. 6 c.?

P. 581. On a fait lambrisser deux salons ayant chacun 7 m. 40 de longueur sur 5 m. 25 de largeur; les lambris ont 97 cm. de hauteur; ces lambris, qui sont à petits cadres, à deux parements et tout en chêne, ont coûté 12 f. 90 le mètre superficiel : quelle somme devra-t-on débourser?

P. 582. Pour la tapisserie d'un appartement qui a 8 m. 42 de long, 5 m. 36 de large, et 3 m. 90 de haut, on emploie du papier gris qui, tout collé, revient à 6 c. le mètre carré, et du papier de tenture qui, dans les mêmes conditions, revient à 1 f. 40 : combien coûtera cette tapisserie?

P. 583. Un peintre a mis en couleur imitant la coupe des pierres, avec détrempe à 2 couches et à 3 filets d'appareils, les 4 murs d'un vestibule ayant 6 m. 20 de longueur sur 4 m. 5 de largeur et 4 m. 20 de hauteur, le tout à raison de 0 f. 90 le mètre carré : quelle somme devra-t-il recevoir?

P. 584. On a mis en couleur de bois et à l'huile les lambris d'une salle ayant 7 m. 6 dm. de longueur, sur 6 m. 8 cm. de largeur, et ceux d'un salon ayant 8 m. 2 cm. de longueur sur 7 m. 4 dm. de largeur : quelle somme recevra le peintre qui a fait ce travail, s'il est payé à raison de 2 f. 60 le mètre carré, s'il faut ajouter à ce prix 0 f. 40 par mètre carré, pour 2 couches de vernis, et si, dans les deux appartements, les lambris s'élèvent à une hauteur de 0 m. 97?

P. 585. On fait faire trois croisées qui nécessitent les dépenses suivantes : la pierre de taille coûte 4 f. 10 le mètre d'arête; le menuisier demande 10 f. 50 par mètre carré, pour les châssis et les dormants; le vitrier fait payer 0 f. 90 chacun des 6 carreaux de chaque croisée; le peintre demande 1 f. 40 par mètre carré; le serrurier demande 0 f. 50 pour chacune des 8 charnières posées à chaque croisée, qui a de plus une espagnolette longue de 1 m. 80, et valant 3 f. le mètre courant, non compris la poignée valant 1 f. : quelle somme coûteront ces trois croisées ayant chacune 1 m. 14 de largeur sur 1 m. 90 de hauteur?

P. 586. Combien doit-on payer pour 742 m² 85 cm² d'un terrain dont le prix du mètre carré est égal à celui de 2 m. 80 cm. de calicot à 1 f. 45 le mètre?

P. 587. Combien faudrait-il de pavés de 286 cm², joints compris, pour paver une rue de 420 m²?

P. 588. Un menuisier a fait une boiserie de 7 m² 8750, pour laquelle il a reçu 74 f. 03 : combien le décimètre carré lui a-t-il été payé?

P. 589. Un peintre a mis en couleur les boiseries d'un bâtiment à raison de 4 f. 55 par mètre carré; la dépense s'étant élevée à 2452 f. 25, on demande la superficie des boiseries.

P. 590. On a payé 720 f. 60 à un arpenteur pour avoir mesuré un taillis : ce travail ayant été payé à raison de 1 f. 50 par hm², on demande quelle est, en mètres carrés, la surface de ce taillis.

P. 591. Un peintre a employé 8 kg. 740 de peinture pour peindre une surface de 75 m² 8342 cm² : combien lui a-t-il fallu de peinture pour un mètre carré?

P. 592. Des déblais ayant été amenés sur un terrain de 845 m. de longueur et 352 m. de largeur, on a dépensé 11897 f. 60 pour le dressement et le nivellement de ces terres : combien ce travail a-t-il coûté par mètre carré?

P. 593. On a déboursé 3509 f. pour le dressement et le nivellement au rouleau des déblais déposés sur un terrain de 638 m. de longueur et 275 m. de largeur : combien a coûté le mètre carré de ce travail?

P. 594. Un poêlier a fourni deux tablettes en marbre de Sainte-Anne, ayant 27 mm. d'épaisseur; la longueur de chacune est de 0 m. 72, et la largeur de 0 m. 45; il a reçu 22 f. 68 pour cette fourniture : quel est le prix du mètre carré?

P. 595. Pour le carrelage de deux appartements dont le plus grand a 64 m² 5 cm², et dont le plus petit est inférieur au grand de 21 m² 48 dm², un maître carreleur a reçu 916 f. 95 : quel est le prix du carrelage pour un mètre carré, ce travail étant fait en briques de Bourgogne, posées sur champ et en forme de point de Hongrie?

P. 596. On a payé 5 f. 35 pour mettre en couleur un lambris de 15 m² 7 dm² : combien est-ce pour 7 cm²?

P. 597. Le pavage d'une cour a coûté 351 f.; chaque pavé a 286 cm², joints compris, et a coûté 0 f. 33 : quelle est la surface de la cour et le nombre des pavés?

P. 598. On a déboursé 22 f. 33 pour payer une glace de 145 dm²: quel est le prix du mètre carré?

P. 599. Combien faudra-t-il de planches de 8275 cm² pour faire un plancher de 89 m² 7 dm² 8 cm², si chaque planche perd 194 centimètres carrés par suite du travail ; et combien paiera-t-on le mètre carré si la dépense totale s'élève à 244 f. 95?

P. 600. Un poêlier-fumiste a reçu 32 f. 20 pour avoir fait 1840 dm² de ravalement en plâtre à la corde nouée : quel est le prix du mètre carré de ce travail?

P. 601. Pour une cloison en briques doubles, laquelle a 9 m. 48 de longueur sur 4 m. 2 de hauteur, on a fourni des briques qui, au prix de 32 f. le mille, ont coûté 1 f. 28 par mètre carré

MESURES DE SUPERFICIE.

de cloison : combien de briques a-t-il fallu fournir en tout?

P. 602. Un peintre a reçu 38 f. 75 pour avoir mis en couleur fine jaune-jonquille, et à 2 couches, les murs de 4 chambres à coucher ayant chacune 4 m. 7 dm. de longueur, 3 m. 4 de largeur et 2 m. 6 de hauteur : combien ce travail a-t-il coûté par mètre carré?

P. 603. Un peintre a demandé 38 f. 144 pour avoir mis en couleur fine jaune clair, et à 3 couches, les 4 murs d'un appartement : combien ce travail a-t-il coûté par mètre carré, la hauteur de l'appartement étant de 4 m., deux de ces murs ayant chacun 8 m. 40 de longueur, et les 2 autres chacun 6 m. 50?

P. 604. On a fait faire une cloison de cave en planches brutes de sapin jointes à rainures et à languettes; cette cloison a 8 m. 36 de longueur sur 2 m. 30 de hauteur, et a coûté 57 f. 68 : à combien revient le décimètre carré?

P. 605. On a fait faire une cloison vitrée et assemblée à petits cadres; cette cloison a 5 m. 24 de longueur sur 3 m. 75 de hauteur, et elle a coûté 176 f. 85 : quel est le prix du décimètre carré?

P. 606. Pour la toiture d'un édifice composé de 6 versants ayant chacun en moyenne 236 dm. de longueur sur 7 m. 25 de hauteur, il a fallu 60 569 ardoises de moyen modèle. On demande : 1° combien il en a fallu par mètre carré; 2° combien a coûté cette couverture à raison de 4 f. 90 le mètre carré.

P. 607. Un tailleur de pierre a travaillé pour 4 maîtres maçons; pour le 1er, il a taillé 47 m^2 325 de joints ordinaires à deux ciselures, en pierres de liais, à 3 f. 50 le mètre carré; pour le 2e, il a taillé 78 m^2 6342 des mêmes joints en pierre franche, à 2 f. 30 le mètre carré; pour le 3°, il a taillé 83 m^2 5 cm^2 6 des mêmes joints en pierre de roche, à 3 f. 20 le mètre carré; et pour le 4°, il a taillé 64 m^2 9 dm^2 de joints pour claveaux et voussoirs en pierre tendre, à 0 f. 80 le mètre carré : combien de mètres carrés a-t-il taillés en tout, et pour quelle somme?

P. 608. Un maître tailleur de pierre s'est chargé de faire exécuter 645 m^2 80 cm^2 de parements en pierre de liais fin, pour la somme de 4 095 f. 80. Il fait exécuter ce travail par trois ouvriers : le 1er en fait 231 m^2 4 dm^2, au prix de 6 f. 15 le mètre carré; le 2e en fait 198 m^2 7 cm^2, au prix de 6 f. 08 le mètre carré; et le 3e fait le reste, au prix de 9 f. 55 le mètre carré. On demande : 1° quelle somme chaque ouvrier a dû recevoir; 2° ce que le maître tailleur de pierre a gagné ou perdu; 3° à combien s'élève son gain ou sa perte par mètre carré.

P. 609. Un maître maçon a employé deux tailleurs de pierre, pour tailler 15 308 dm^2 de parements layés en pierre tendre, à raison de 1 f. 95 le mètre carré; le 1er des deux ouvriers a fait 72 m^2 45 cm^2 de ce travail. On demande : 1° la somme totale gagnée par les deux ouvriers; 2° la somme gagnée par le 2e.

P. 610. Un entrepreneur a fait pour un marchand de bois, le plafonnage de 5 appartements; le 1er a 13 m^2 3 de superficie; le 2e, 19 m^2 6 dm^2; le 3e, 28 m^2 465 cm^2; le 4e, 37 m^2 95 cm^2; et le 5e, 45 m^2 8 dm^2, le tout au prix de 1 f. 90 le mètre carré. Pour s'acquitter le marchand de bois livre à l'entrepreneur 5 st. de solives à 95 f. le stère : quel est celui des deux contractants qui doit rendre de l'argent à l'autre, et quelle est la somme à rendre ?

P. 611. On a fait plafonner en plâtre un vestibule ayant une superficie de 37 m² 9 dm², pour 77 f. 889. Par mètre carré, on a fourni pour 0 f. 40 de lattes, pour 0 f. 10 de pointes ; le dégrossissage en plâtre gris et une couche en plâtre fin ont coûté en tout 33 f. 381 ; l'équipage et les faux frais ont coûté 3 f. 709 : combien a-t-on demandé par mètre carré et pour la main-d'œuvre ?

P. 612. Un maître maçon a fait en briques trois cloisons dont la 1re a 7 m. 2 dm. de longueur ; la 2e, 6 m. 4 cm. ; la 3e, 5 m. 72 ; leur hauteur commune est de 3 m. 9 dm. Il reçoit pour le prix de ces cloisons une somme de 155 f. 28 ; pour chaque mètre carré, il a fourni 40 briques au prix de 18 f. le mille ; du plâtre gris servant à la pose des briques, pour 0 f. 23 ; du plâtre blanc servant aux deux enduits, pour 0 f. 40 ; l'équipage et les faux frais ont coûté 15 f. 53 : quel est, par mètre carré, le prix de la main-d'œuvre ?

P. 613. Un maître maçon fait une cloison en briques doubles, pour laquelle il fournit par mètre carré pour 2 f. 70 ; il a en tout pour sa main-d'œuvre 23 f. 81, en demandant pour toute la cloison une somme de 70 f. 31 : quel est le prix du mètre carré de cette cloison ?

P. 614. Un maître paveur a pavé deux cours qui ont ensemble 2 Dm² 4 dm², et dont la plus petite a 87 m² 6. Pour la 1re, dont les pavés sont scellés en chaux grasse et ciment ordinaire avec couche de sable dessus et dessous, il a reçu 1017 f. 22 ; et pour la 2e, dont les pavés sont scellés en chaud et ciment fin, il a reçu 836 f. 58 : quel est celui des deux pavages qui coûte le moins par mètre carré, et de combien son prix est-il inférieur à l'autre ?

P. 615. Un menuisier a planchéié deux appartements ; pour le plus petit, qui a 25 m² 4 dm², et dont le plancher est fait en chêne de 27 mm. avec frises de 11 cm. et retourné d'onglet, il a reçu 240 f. 39 ; pour le plus grand qui, avec le plus petit, forme une superficie totale de 67 m² 4 dixièmes de décimètre carré, et dont le plancher est fait en chêne de 34 mm., il a reçu 524 f. 55 : quel est celui des deux planchers qui coûte le plus par mèt. carré, et de combien ce prix surpasse-t-il le prix inférieur ?

P. 616. Un couvreur fait la couverture de trois bâtiments ; la 1re toiture a une surface de 21 350 dm² ; la surface de la 2e toiture est de 345 m² 8 dm², et celle de la 3e est de 184 m² 25 cm². La 1re toiture, en tuile neuve de Bourgogne, grand moule, coûte 4 f. 80 le mètre carré ; la 2e, en tuile, petit moule, coûte 5 f. 25 le mètre carré ; la 3e, en tuile vieille sur plâtre, coûte 4 f. le mètre carré. Sur l'argent qu'il reçoit, il prend la somme nécessaire à l'acquit d'une dette ; il paie 7 ouvriers à qui il devait 18 journées de travail à 6 f. par jour, et il lui reste 1284 f. 48 : quel était le montant de sa dette ?

P. 617. Un carrier a contracté envers un entrepreneur de maçonnerie une dette de 1936 f. Pour l'acquitter, il lui fournit, au prix de 66 f. les 100 quartiers rendus sur le chantier, la pierre de taille nécessaire à l'élévation d'une façade longue de 21 m. 45, sur 13 m. 65 de hauteur. Pour achever de s'acquitter, il fournit d'une autre sorte de pierre au prix de 40 f. les 100 quartiers; combien de quartiers de cette 2ᵉ sorte devra-t-il livrer? On sait que 100 quartiers de pierre donnent 12 m² de façade.

P. 618. Un entrepreneur de maçonnerie a sous ses ordres 15 tailleurs de pierre qui doivent, au prix de 18 f. les 100 quartiers, tailler les pierres nécessaires à l'élévation des deux façades principales d'un édifice ayant 28 m. 78 de longueur sur 16 cm. 55 de hauteur. On sait que, pour un mètre carré de façade, il faut 12 quartiers de pierre. Or, l'entrepreneur a déjà donné à chacun de ces ouvriers 3 f. 50 par jour, pour 12 jours de travail : combien chaque ouvrier devra-t-il encore recevoir après l'entier achèvement de la tâche commune, supposé que le travail soit également réparti entre les 15 tailleurs de pierre?

P. 619. Un entrepreneur d'ouvrages de marbrerie s'est chargé du polissage de 78 m² de marbre de Flandre. Il fait exécuter ce travail par 3 ouvriers ; le 1ᵉʳ y emploie 25 jours 4 heures, et il reçoit 7 f. 20 par jour; le 2ᵉ y emploie 36 jours 5 heures, et il reçoit 6 f. 90 par jour; le 3ᵉ y emploie 31 jours 7 heures, et il reçoit 6 f. 85 par jour : combien l'entrepreneur gagne-t-il ou perd-il sur ce marché, sachant qu'il est payé à raison de 9 f. le mètre carré, et que la journée des ouvriers est de 10 heures?

P. 620. Un tailleur de pierre a taillé des joints ordinaires à deux ciselures pour des dalles, des marches et des appuis de peu d'épaisseur en pierre tendre, à raison de 1 f. 30 le mètre carré. Pour ce travail, il a reçu 156 f., et il employait 2 heures 20 pour la taille d'un mètre carré. On demande : 1° combien il a employé de jours pour ce travail, s'il employait 10 heures par jour; 2° combien il a gagné par jour; 3° combien il a taillé de mètres carrés.

P. 621. Un tailleur de pierre a taillé 93 467 cm² de parements layés, en pierre de roche très-dure. Il employait 11 heures pour tailler 75 dm², et il gagnait 8 f. par journée de 12 heures de travail : quelle est la somme qu'il a dû recevoir, et combien de jours a-t-il employés pour la gagner?

P. 622. Dans la construction d'un bâtiment donnant 582 m² 24 cm² de maçonnerie, il est entré 14 m³ de moellons sur 29 m² de maçonnerie : 1° on demande le prix total de ces moellons à 17 f. les 16 m³ ; 2° en supposant qu'on fasse sur le prix une remise de 5 f. pour 100 f., on veut savoir quelle est cette remise.

P. 623. Un entrepreneur a fait en maçonnerie de moellons les deux façades d'une maison ayant 48 m. 20 de longueur sur 16 m. 40 de hauteur; ce travail lui revient à 4 f. 75 le mètre carré; il a fait, pour chaque 100 f. du prix de revient, 4 f. 25 de faux frais en sus de ce prix, et il veut gagner 8 f. 40 pour 100 f. de ce même prix: à combien, en définitive, doit-il compter le mèt. carré de cette maçonnerie, et quelle est la somme totale qu'il devra recevoir?

P. 624. On a payé, au prix de 5 f. 25 le mètre carré, la maçonnerie de moellons d'un bâtiment présentant 600 m² de maçonnerie; dans la somme qu'on a déboursée, il y a autant de pièces de 10 f. en or que de pièces de 5 f. en argent : combien y a-t-il de pièces de chaque valeur?

P. 625. Le propriétaire d'une carrière a fait extraire 548 quartiers de pierre de taille; il en a vendu 372 quartiers à raison de 13 f. 50 le cent. On demande: 1° combien il lui en reste encore ; 2° pour quelle somme il en a vendu ; 3° combien de mètres carrés de murs de façade on élèvera avec la quantité de pierre vendue, sachant que 25 quartiers de cette pierre font 3 m^2 de façade ; 4° à combien reviendra la façade élevée avec cette quantité vendue, si, au prix d'achat d'un cent de quartiers de pierre, il faut ajouter 14 f. 20 pour les frais de transport au chantier, 6 f. pour la taille, et 9 f. pour la pose.

P. 626. Un maître menuisier a entrepris la confection des dormants et châssis en chêne des 50 croisées d'une maison; chacune de ces croisées a une largeur moyenne de 1 m. 54, et sa hauteur est double de sa largeur. Il charge de cette confection deux ouvriers qui doivent avoir fini en 6 mois de 26 jours, et chaque ouvrier emploie 13 heures pour en faire 1 m^2. Or, après 4 mois, ils ont terminé les dormants et les châssis de 40 croisées : de combien d'heures par jour doivent-ils diminuer le temps qu'ils consacraient journellement à ce travail, s'ils veulent n'avoir fini qu'au bout des 6 mois ?

P. 627. Trois maîtres carriers s'étaient associés pour fournir la pierre de taille nécessaire à l'élévation d'une façade ayant 36 m. 47 de longueur, sur 19 m. 15 de hauteur; il faut 12 quartiers de pierre pour faire 1 m^2 de façade : le 1er en a fourni 2430 quartiers; le 2e, 2530 ; le 3e a fourni le reste; ils ont perdu 419 f. 50 : combien chacun d'eux doit-il supporter de cette perte ?

P. 628. Dans la construction d'un bâtiment présentant 756 m^2 18 cm^2 de maçonnerie de moellons, il est entré 19 hl. de chaux vive sur 60 m^2 de maçonnerie ; toute la chaux employée a coûté 1080 f.; et elle a été livrée par trois chaufourniers ; le 1er en a fourni 72 hl., au prix de 4 f. 25 l'hectolitre ; le 2e en a livré 84 hl., au prix de 4 f. 50 l'hectolitre ; et le 3e a fourni le reste : quel est le prix de chaque hectolitre livré par ce 3e ?

P. 629. Un briquetier a vendu une certaine quantité de briques sur lesquelles il a fait un bénéfice de 175 f. 40. On sait que son bénéfice est de 8 f. 35 sur 100 f. et que le mille de briques lui revient à 17 f. 25, y compris le transport et les frais d'entrée : combien coûteront les murs de refend élevés avec ces briques, sachant qu'à leur prix d'achat il faut ajouter par mètre carré de murs 0 f. 75 pour la main-d'œuvre du maçon, 0 f. 75 pour le mortier, 0 f. 20 pour les faux frais, et qu'il faut 100 briques par mètre carré.

P. 630. Un entrepreneur de maçonnerie avait à élever une façade de 358 m^2 6 dm^2 de superficie. Dans son devis primitif, il comptait qu'il ne lui faudrait par mètre carré que 5 quartiers de pierre qui, rendus sur le chantier, lui coûteraient 88 f. le cent pour le prix d'achat, 44 f. le cent pour la taille; que, par mètre carré, la pose reviendrait à 0 f. 50, le mortier à 0 f. 80, et que, par mètre carré, il faudrait compter pour 1 f. 30 d'équipage, de faux frais et de bénéfice; mais, contre son attente, il lui a fallu 26 quartiers de pierre pour 5 m^2 de façade, et cette façade doit être ornée de plinthes, de pilastres, etc., qui augmentent de

1 f. par mètre carré le prix de la main-d'œuvre : on demande de combien il doit augmenter le devis primitif de cette façade, s'il veut augmenter aussi son bénéfice de 150 f.

P. 631. En multipliant par 8 la longueur d'une antichambre, cette longueur serait augmentée de 55 m. 51; la largeur de cette pièce est de 4 m. 50, et sa hauteur de 3 m. 80 : quelle somme devra recevoir un peintre qui, au prix de 1 f. 50, a peint en détrempe vernie et couleur de bois les 4 murs de cet appartement?

P. 632. En additionnant la hauteur et la longueur d'un cabinet de travail on obtient un total de 8 m. 2; le produit de la hauteur et de la longueur de cette pièce, étant divisé par la hauteur, donne un résultat égal à la 3e partie de ce produit : sa largeur étant de 3 m. 50, quelle somme devra recevoir un peintre qui a peint en détrempe vernie de couleur verte et à deux tons les murs de ce cabinet, le tout à raison de 1 f. 75 le mètre carré?

P. 633. Il y a 9 m. 60 de différence entre la longueur et la largeur d'un corridor, et sa longueur est égale à 4 fois sa largeur; or, un peintre en a peint les murs en granit porphyre à la colle en y mettant 2 couches et deux jetées : quelle somme doit recevoir ce peintre, s'il est payé à raison de 0 f. 44 le mètre carré, et si la peinture de ces murs s'élève à une hauteur de 0 m. 95?

P. 634. Dans la construction d'un bâtiment présentant 874 m² 7 dm. de maçonnerie de moellons, il a fallu pour la confection du mortier 8 hl. de sable pour 5 m² de maçonnerie. Ce sable a été fourni par trois propriétaires; le 1er en a fourni 75 hl. de plus que le 2e; et le 2e, 68 hl. de plus que le 3e. Le 1er l'a fait payer 0 f. 21 l'hectolitre; le 2e, 0 f. 24; et le 3e, 0 f. 27 : on demande la somme totale à débourser pour ce sable.

P. 635. On a fait plafonner trois appartements : le 1er avait une superficie de 22 m² 8 dm²; le 2e, une superficie de 45 m² 57; et le 3e, une superficie de 68 m² 25 dm². On a employé une botte de 50 lattes pour 3 m²; ces lattes ont été fournies par un marchand qui en a remis une certaine quantité au prix de 22 f. les 1000 lattes, une seconde quantité surpassant la 1re de 250 lattes, au prix de 23 f. 50 le mille, et enfin une 3e quantité surpassant la 2e de 400 lattes, au prix de 24 f. 75 le mille, et l'entrepreneur a voulu faire sur le tout un bénéfice de 5 f. 20 : on demande quel est le prix de revient du mètre carré de plafond pour les lattes seulement.

P. 636. Sur chacun des deux versants de la toiture d'un édifice, il y a 65 rangées d'ardoises, comprenant chacune 137 ardoises. On demande : 1° combien il en a fallu pour cette toiture; 2° la somme qu'elles ont coûtée posées, à 4 f. 55 le mètre carré de toiture, sachant qu'elles ont 0 m. 217 de largeur sur 1 dm. de pureau (le pureau est la partie de la longueur de l'ardoise qui n'est pas recouverte).

P. 637. Pour faire la toiture d'un édifice en ardoises cartelettes, il a fallu 19 jours 7 heures à trois ouvriers avec leurs compagnons, qui travaillaient chacun 12 heures par jour; or, il faut à un ouvrier et son compagnon 1 heure 5 pour faire un mètre carré de cette couverture : on demande quelle est la longueur de cet édifice, chacun des deux versants de la toiture formant un rectangle de 6 m. 75 de hauteur?

MESURES AGRAIRES

P. 638. Combien y a-t-il d'hectares dans une exploitation agricole renfermant 472 a. 20 de prairies naturelles, 11 ha. 8 de prairies artificielles, 1248 a. 40 de froment, 1158 a. 42 d'autres céréales, et 10 ha. 7245 ca. de cultures diverses?

P. 639. Quelle est l'étendue d'une propriété composée d'un verger de 23 a. 50 ca., d'un pré de 228 a. 55 ca., de 243 a. 8 ca. de terres arables, d'une vigne de 140 a. 7 ca., si la maison, les cours et le jardin occupent 63 a. 25 ca.?

P. 640. Un particulier a un jardin de 3 ha. 6; il en cède 30 m² à son voisin : combien lui en reste-t-il encore?

P. 641. Dans une exploitation agricole de 46 ha. 2, il y a 10 ha. 5 de prairies artificielles, 552 a. d'avoine, 4 ha. 27 a. 8 d'orge, 2 ha. 6 a. 17 de seigle, 11 ha. 423 de froment, et 1064 a. de cultures diverses; le reste est en prairies naturelles : quelle est l'étendue de ces prairies?

P. 642. Un cultivateur qui dirige une exploitation de 45 ha. 87, se proposait d'en ensemencer en froment 15 ha. 37 et d'en convertir 1425 a. en prairies artificielles; mais n'ayant ensemencé en avoine que 150 a.; en orge, que 128 a.; et, en seigle, que 135 a.; il prend sur les terres destinées d'abord aux prairies artificielles une pièce de 1 ha. 14 qu'il ensemence en seigle, une pièce de 1 ha. 64 qu'il ensemence en orge, et une 3ᵉ pièce de 218 a. 24 qu'il ensemence en avoine. Pour ce qui concerne les racines et tubercules, il avait destiné 148 a. à la culture des pommes de terre, 1 ha. 6 a. 15 à celle des navets, et 2 ha. 3885 à celle des betteraves; mais il prend sur les terres destinées à la culture du froment une 1ʳᵉ pièce de 2 ha. 4 a. 24, qu'il plante en pommes de terre; une 2ᵉ pièce de 124 a. 5, qu'il plante en navets, et une 3ᵉ pièce de 205 a. 95, qu'il plante en betteraves; le reste de l'exploitation étant en prairies naturelles, on demande combien, après ce dernier arrangement, il y a d'ares de terres consacrées à chacune des cultures ci-dessus indiquées.

P. 643. Trois frères se partagent un bien contenant une surface de 40 ha. 20 ca.; l'aîné a un bois contenant 10 hm² 35 m²; le cadet, une terre de 12 ha. 4535 : quelle est la part du troisième?

P. 644. Neuf enfants se sont partagé les terres de leur père, et chacun a eu 20 a. 90 ca. : quelle est la surface totale?

P. 645. Un hectare de terre produit 52 000 têtes de chardon à foulon, et les 100 têtes valent 0 f. 35 : quelle est la valeur de la récolte faite sur 4 ha. 8 ha. 5?

P. 646. Pour le drainage d'un are, on emploie 360 tuyaux de 35 cm. de longueur, à 0 f. 098 le mètre : la main-d'œuvre coûtant le même prix, quelle sera la dépense à faire pour le drainage de 17 ha. 784?

MESURES AGRAIRES.

P. 647. Un cultivateur laisse monter en graine la luzerne d'une prairie artificielle contenant 154 a. 24, et il récolte 824 kg. de graine par ha.; il vend cette graine au prix de 115 f. 80 les 100 kg. : quelle est la valeur de cette récolte?

P. 648. Une propriété de 285 ha. 8 a. 15 est estimée valoir 9 f. 85 le décamètre carré : quelle est la valeur de cette propriété?

P. 649. Une propriété de 782 hm² 75 m² a été payée 263 f. 85 l'hectare : combien gagnerait-on si on la revendait 3 f. 12 le décamètre carré?

P. 650. Si un hectare de terre coûte 914 f. 15, combien paiera-t-on une propriété contenant 7 842 728 m², et quel serait le bénéfice si on revendait le décamètre carré 10 f. 35?

P. 651. Un terrain qui a 32 Dm. 5 m. de longueur sur 82 m. de largeur a été vendu à raison de 625 f. l'hectare : combien l'acheteur a-t-il déboursé?

P. 652. Un terrain de 175 ha. 45 a. 25 ca. est estimé 532 f. 70 l'hectomètre carré; un autre terrain de 1 354 Dm² 6 m² est estimé 786 f. 25 l'hectare : combien l'un vaut-il plus que l'autre?

P. 653. On a ensemencé de pois 1 ha. 265 de terre; les frais de culture et la semence coûtent 3 f. 90 par are; le produit de la récolte est de 569 f. 50 : quel est le bénéfice moyen pour chaque are?

P. 654. Cinq ouvriers ont défriché chacun 3 a. 99 ca. à 0 f. 12 par mètre carré : combien a coûté le défrichement entier, et quelle somme a eue chaque ouvrier?

P. 655. J'ai acheté une terre contenant 3 ha. 20 ca. à 45 f. 20 l'are; j'ai payé au cultivateur 0 c. 75 par mètre carré, et j'ai ensuite revendu la terre 5 000 f. l'hectare : ai-je perdu ou gagné, et combien?

P. 656. J'ai acheté un terrain contenant 5 a. 3 ca. pour 60 f. 30. J'ai payé pour le défricher 0 f. 055 par mètre carré; les frais de vente se montaient à 30 f. par hectare. J'ai ensuite revendu le terrain 1 300 f. l'hectare : ai-je perdu ou gagné, et combien?

P. 657. Quelle est la surface d'une propriété estimée 204 438 f. 48 si l'hectare vaut 267 f. 50?

P. 658. Un terrain qui rapporte net 43 f. 25 par hectare a donné un revenu de 1 533 f. 78 : quelle est sa superficie, et combien en retirerait-on si on le vendait 25 fois son revenu?

P. 659. Une propriété qui vaut 25 fois son revenu net a été vendue 217 948 f. 50 : quelle est sa superficie, un hectare rapportant net pour 46 f. 75?

P. 660. Une prairie qui vaut 30 fois son revenu net et qui rapporte pour 141 f. 25 par hectare a été vendue 52 900 f. 95 : quelle est sa surface, et quel est le prix 1° d'un hectare, 2° d'un are de cette prairie?

P. 661. La superficie totale des 86 départements français est de 530 402 km² 05 : quelle est, en hectares, la superficie moyenne d'un département?

P. 662. Un terrain de 82 ha. 40 a. 50 ca. est estimé 528 f. l'hectare : il doit être changé contre un autre qui est estimé

2 f. 75 le décamèt. carré : quelle est, en ares, la superficie de ce dernier ?

P. 663. Pour drainer une prairie de 28 hectares 75 ares, on a dépensé 4490 f. 18 : combien, par hectare, a-t-on employé de tuyaux de 0 m. 30 de longueur à 0 f. 095 le mètre, le prix de la main-d'œuvre étant le même que celui des tuyaux ?

P. 664. Quelle est la superficie d'un terrain dans lequel 11 personnes ont travaillé 57 jours et 12 heures par jour, si un hectare exige 22 journées de travail ?

P. 665. Un terrain de 28 ha. 56 a. 60 ca. a été cultivé en 18 jours par 46 ouvriers : combien chaque ouvrier en cultivait-il par jour, et combien recevait-il par décamètre carré, sa journée lui étant payée 2 f. 48 ?

P. 666. Quelle est la superficie d'un terrain pour le drainage duquel on a employé par hectare 3590 tuyaux de 0 m. 30, à 0 f. 098 le mètre, le prix de la main-d'œuvre étant égal à celui des tuyaux, et la dépense totale étant 311 f. 36 ?

P. 667. Une propriété située dans une contrée peu fertile, et qui a été achetée 2140 f. 95, a été revendue, après amélioration, 3731 f. 37 ; à cette vente on a gagné 65 f. par hectare : quelle est l'étendue de cette propriété ?

P. 668. Dans un pays montagneux, on a échangé une propriété de 62 ha. 728 ca., estimée 2 f. 40 l'are, contre une propriété qui ne vaut que 182 f. 55 l'hectare : quelle est l'étendue de celle-ci ?

P. 669. Dans un verger, la distance qui sépare les arbres fruitiers doit être : 1° de 12 m. pour les poiriers taillés et dirigés en tête, et greffés sur des arbres francs ; 2° de 4 m. pour les poiriers taillés et dirigés en pyramide, et greffés aussi sur des arbres francs ; 3° de 3 m. pour les mêmes poiriers s'ils sont greffés sur des cognassiers : d'après cela, on demande combien on pourrait planter d'arbres de chacune de ces sortes de poiriers dans un terrain de 11 ha. 93 a. 76 ca., 1° si l'on n'y en mettait que d'une seule sorte, 2° si l'on en mettait un nombre égal de chaque sorte.

NOTA. Dire que les arbres doivent être distants de 12 m., c'est dire que chacun doit occuper $12 \times 12 = 144$ m². ; si leur distance doit être de 4 m., ils doivent occuper une surface de $4 \times 4 = 16$ m²., etc.

P. 670. Dans un verger, la distance qui sépare des arbres fruitiers doit être : 1° de 12 m. pour les pommiers taillés et dirigés en tête, et greffés sur des arbres francs ; 2° de 4 m. pour les pommiers taillés et dirigés en pyramide, et greffés aussi sur des arbres francs ; 3° de 3 m. pour les mêmes pommiers, s'ils sont greffés sur des pommiers ou sauvageons de doucin ; 4° de 3 m. pour les pommiers taillés et dirigés en vase, s'ils sont greffés sur les sauvageons de doucin ; 5° de 2 m. pour les pommiers taillés et dirigés en buisson, et greffés sur des pommiers de paradis : d'après cela, on demande combien on pourrait planter de chacune de ces espèces de pommiers dans un verger de 4 ha. 752 ca., 1° si l'on en mettait un nombre égal de chaque espèce, 2° si l'on voulait n'en mettre que d'une seule espèce.

P. 671. Dans un verger, la distance qui sépare les arbres fruitiers doit être : 1° de 6 m. pour les pruniers taillés et dirigés en tête; 2° de 3 m. pour les pruniers taillés et dirigés en pyramide; 3° de 8 m. pour les cerisiers taillés et dirigés en tête; 4° de 3 m. pour les cerisiers taillés et dirigés en pyramide. On demande combien on pourrait planter de chacune de ces espèces d'arbres dans un verger de 352 a. 8 : 1° si l'on voulait n'en mettre que d'une seule espèce; 2° si l'on en mettait un nombre égal de chaque espèce; 3° si l'on voulait en mettre un nombre égal de chacune des deux espèces de cerisiers; 4° si l'on voulait en mettre un nombre égal de chacune des deux espèces de pruniers?

P. 672. Dans un verger, la distance qui sépare les arbres fruitiers doit être : 1° de 8 m. pour les abricotiers taillés et dirigés en tête, s'ils sont greffés sur des amandiers, et de 6 m., s'ils sont greffés sur des pruniers; 2° de 3 m. 50 pour les abricotiers taillés et dirigés en pyramide, s'ils sont greffés sur des amandiers, et de 3 m., s'ils sont greffés sur des pruniers. D'après cela, on demande combien on pourra planter de ces arbres dans un verger de 132 a. 40 : 1° si l'on met un nombre égal d'arbres de chacune des deux espèces d'abricotiers en tête; 2° si l'on met un nombre égal d'arbres de chacune des deux espèces d'abricotiers en pyramide.

P. 673. La distance qui sépare les arbustes doit être : 1° de 1 m. pour les framboisiers; 2° de 4 m. pour les noisetiers taillés et dirigés en tête; 3° de 3 m. pour les noisetiers taillés et dirigés en pyramide : combien y a-t-il de chacun de ces arbustes dans un terrain de 36 ares? On sait que la place réservée aux noisetiers est double de celle qui est destinée aux framboisiers, et que le nombre des noisetiers en tête est trois fois plus petit que celui des noisetiers en pyramide.

P. 674. Quelle est, en hectares, la contenance d'un verger dans lequel il y a 118 pieds de chacune des 3 espèces de poiriers mentionnés au problème 669e?

P. 675. Quelle est, en ares, la contenance d'un verger dans lequel il y a 130 pieds de pommiers? On sait que cette quantité de 130 pieds comprend un nombre égal d'arbres de chacune des cinq espèces de pommiers mentionnées au problème 670e.

P. 676. Quelle est, en ares, la contenance d'un jardin renfermant un nombre égal de chacune des deux espèces des pruniers et des cerisiers mentionnés au problème 671e, sachant que le nombre total de ces arbres est, dans ce jardin, de 84?

P. 677. Quelle est, en ares, la contenance d'un jardin renfermant 72 abricotiers, parmi lesquels il s'en trouve deux fois plus des deux premières espèces mentionnées au problème 672e que des deux dernières? On sait de plus qu'il y en a autant de la 1re espèce que de la 2e, et autant de la 3e que de la 4e.

P. 678. Dans un jardin, la distance qui sépare les pieds de groseilliers doit être : 1° de 2 m. 50 pour les groseilliers à grappes, taillés et dirigés en vase; 2° de 1 m. 50 pour les groseilliers épineux, s'ils sont taillés soit en vase, soit en pyramide. On demande combien on pourrait planter de groseilliers de chacune de ces deux espèces dans un terrain de 28 a. : 1° si l'on n'en mettait que d'une seule espèce ; 2° si, en plantant des deux espèces de ces arbustes, on en mettait deux fois plus de la 1ʳᵉ que de la 2ᵉ.

P. 679. Trois pièces de terre ensemencées d'orge ont donné une récolte évaluée à 630 f. ; la 1ʳᵉ pièce a donné une récolte valant 130 f. de plus que les récoltes des deux autres, et la récolte de la 3ᵉ vaut 50 f. de moins que celle de la 2ᵉ : sachant qu'elles ont produit 14 hl. par hectare, et que le prix de l'hectolitre d'orge est de 10 f., on demande, en hectares et en ares, la contenance de chaque pièce.

P. 680. Le drainage d'une propriété de 16 ha. 78 a coûté 280 f. 92 par hectare. Le prix du fermage, qui était de 30 f. 95 par hectare avant le drainage, était estimé après cette opération au taux de 1 f. 30 par are. On demande : 1° en combien de temps le prix du drainage sera payé ; 2° de combien le prix du fermage est augmenté par 100 f.

P. 681. Un cultivateur ensemence de lentilles une terre contenant 175 a. : combien d'hectolitres de graine et de bottes de fourrages obtiendra-t-il si, par hectare, il récolte 15 hl. 74 de graine et 1800 kg. de fourrage sec, si chaque botte pèse 6 kg. ?

P. 682. Un cultivateur a loué une propriété contenant 51 ha. 48 a. Il divise cette propriété en onze parties égales, et l'une de ces parties est employée en prairies naturelles qui rapportent annuellement 3540 kg. de foin par hectare : combien de bottes de 5 kg. récoltera-t-il ?

P. 683. Un cultivateur veut ensemencer de blé un champ de 2 ha. 4 a. 7, et il emploie une espèce de froment dont l'hectolitre renferme 2170000 grains : combien lui faudra-t-il d'hectolitres, s'il veut mettre 400 grains par centiare ?

P. 684. Un cultivateur qui exploite une ferme de 49 ha. 72 a., ayant employé la onzième partie de cette ferme en prairies naturelles, divise le reste en quatre parties égales, et il ensemence de froment l'une de ces quatre parties ; or le froment demande que la terre reçoive annuellement trois labours : combien de jours le cultivateur emploiera-t-il à ce travail, s'il se sert de deux charrues ou attelages, et si chaque attelage laboure en moyenne 40 a. par jour ?

P. 685. Un cultivateur qui a 15 ha. 72 a. de froment à moissonner, emploie 3 sapeurs pour couper ce blé : en combien de jours ces ouvriers auront-ils terminé ce travail, sachant que pour saper un hectare, un homme emploie 35 heures 20 minutes, et que ces ouvriers travaillent 14 heures par jour ?

P. 686. Un cultivateur qui a 12 ha. 48 a. de froment à moissonner emploie, pour le faucher, une machine à moissonner, dont le travail coûte 5 f. par hectare, dépense à laquelle il faut ajouter celle qu'il faut faire pour payer le liage des gerbes, à raison de 0 f. 25 par 100 gerbes : on demande combien ce cultivateur devra payer en tout, si par hectare il récolte 400 gerbes de blé.

P. 687. Un cultivateur qui exploite une ferme de 52 ha. 36, en emploie 4 ha. 76 en prairies naturelles ; il divise le reste en 4 parties égales ; il en emploie une en prairies artificielles, et il destine les trois autres à diverses cultures qui demandent en moyenne chacune trois labours par an : combien ce travail lui demande-t-il de jours, s'il se sert de 2 attelages pouvant labourer en moyenne chacun 50 a. par jour?

P. 688. Combien vaudra la récolte en froment de 12 ha. 48 de terres, si chaque hectare a fourni 35 hl. de grain pesant 76 kg. vendus sur le pied de 24 f. 50 les 120 kg., et quel sera le bénéfice du cultivateur, si les frais de culture, de récolte, d'entretien des harnais, ustensiles, etc., s'élèvent à 171 l. par hectare?

P. 689. Un cultivateur veut ensemencer d'orge 3 ha. 28 de son exploitation : combien de kilogrammes de fumier devra-t-il employer, sachant qu'il espère récolter 24 hl. d'orge par hectare, que le poids d'un hectolitre est de 56 kg., que le poids de la paille est double de celui du grain, et qu'il faut 220 kg. de fumier par 100 kg. de paille et de grain réunis?

P. 690. Un cultivateur qui destine 3 ha. 25 à la culture du seigle, demande combien il doit employer de fumier pour les terres destinées à cette culture, sachant qu'il pourra récolter 26 hl. de ce grain par hectare, que l'hectolitre pèse 72 kg., que le poids de la paille est double de celui du grain, et qu'il faut 200 kg. de fumier pour 100 kg. de paille et de grain réunis.

P. 691. Un journalier, travaillant pendant 12 heures par jour, a gagné en 7 mois de 26 jours de travail une somme qu'il a consacrée à l'achat d'un champ qu'il a revendu plus tard en perdant 5 f. sur chaque 100 f. du prix d'achat. Il divise le prix de cette vente en 4 parties égales, et il en emploie 3 parties à l'achat d'un terrain de 18 a. au prix de 1 729 f. l'hectare : combien ce journalier gagnait-il par heure?

P. 692. Un cultivateur qui exploite une ferme de 48 ha. 95, ensemence de froment 11 ha. 12 a. 5 qui doivent rapporter 23 hl. 50 par hectare. Le poids d'un hectolitre étant de 78 kg., et 22 kg. de fumier étant nécessaires pour produire 1 kg. 87 de froment, on demande combien de charrettes de fumier pesant chacune 1 600 kg. lui seront nécessaires pour fumer ses terres à froment.

P. 693. Un cultivateur ensemence de froment 9 ha. 8 a. 40 de terres situées à une distance moyenne de 15 hm. des bâtiments de la ferme : il fume ces terres de manière à obtenir par hectare 28 hl. de froment pesant 76 kg. par hectolitre. Or, 22 kg. de fumier étant nécessaires pour produire 1 kg. 87 de froment, il emploie pour le charroi du fumier 3 attelages menant, à chaque voyage, chacun 1 600 kg. de fumier, et le nombre journalier des voyages est de 8 pour chaque attelage : combien de jours seront nécessaires pour le charroi de ce fumier?

P. 694. Combien coûtera la semence destinée à emblaver d'orge, de seigle et d'avoine une étendue de 14 ha. 28 a. de terrain, sachant : 1° que, par hectare, il faut 2 hl. 75 d'orge, 2 hl. 15 de seigle et 3 hl. 40 d'avoine; 2° qu'un hectolitre d'orge pèse 56 kg. et se vend sur le pied de 15 f. 50 les 100 kg.; 3° qu'un hectolitre de seigle pèse 72 kg. et se vend sur le pied de 16 f. les 115 kg.; 4° qu'un hectol. d'avoine pèse 47 kg. et se vend sur le pied de 30 f. 50 les 150 kg.; 5° que les portions de terrain destinées à chaque sorte de culture sont égales entre elles?

P. 695. Un cultivateur destine 8 ha. 72 a. de son exploitation à la culture de l'orge et de l'avoine : combien d'hectolitres de chacune de ces céréales récoltera-t-il, si par hectare il obtient 46 hl. d'orge et 42 hl. d'avoine, sachant que si la portion de terre ensemencée d'avoine était doublée, elle surpasserait de 130 a. la portion ensemencée d'orge?

P. 696. Un cultivateur exploite une ferme de 48 ha. 73, sur lesquels il destine 11 ha. 7 a. 5 à la culture des pommes de terre et des betteraves; si la portion plantée en pommes de terre était doublée, elle surpasserait de 25 a. la portion plantée en betteraves : combien de kilogrammes de betteraves et combien d'hectolitres de pommes de terre récoltera-t-il, sachant qu'un hectare de betteraves rend 32 600 kg. de racines, qu'un hectare de pommes de terre fournit 24 242 kg. de tubercules et qu'un hectolitre ras de pommes de terre pèse 62 kg.?

P. 697. Un cultivateur destine 15 ha. 20 a. de son exploitation à la culture du seigle, de l'avoine et de l'orge; la portion qu'il destine à la culture de l'avoine surpasse de 148 a. celles qu'il destine à la culture des deux autres sortes de grain; la portion qu'il ensemencera d'orge est inférieure de 515 a. à celles qui seront ensemencées d'avoine et de seigle : quelle sera l'étendue de chaque culture?

P. 698. Un cultivateur ensemence de pois, fèves et haricots 7 ha. 4 a. : la portion ensemencée de haricots et celle ensemencée de pois surpassent de 172 a. la portion semée de fèves; et la portion ensemencée de pois est de 184 a. moins grande que les deux autres portions : combien d'hectolitres de chacune de ces graines légumineuses récoltera-t-il si, par hectare, il obtient 15 hl. 74 de pois, 26 hl. 35 de fèves, et 34 hl. 52 de haricots?

P. 699. Un cultivateur ensemence de pois, fèves et haricots, diverses pièces de terre contenant ensemble 8 ha. 73; la portion semée de pois et celle qui l'est de fèves surpassent de 195 a. l'autre portion; et la portion semée de fèves est inférieure de 209 a. à l'ensemble des deux autres : combien, outre la graine, ces plantes légumineuses fourniront-elles de fourrage, si par hectare les pois rendent 3 540 kg. de paille; si les fèves rendent 25 hl. 72 de graine, et un poids de fanes égal à celui du grain dont l'hectolitre pèse 88 kg., et si les haricots rendent 2 250 kg. de paille?

P. 700. Un fermier destine 9 ha. 17 a. 40 de son exploitation à la culture des pommes de terre, des navets et des carottes : combien de kilogrammes de carottes et de navets récoltera-t-il, et quelle sera la valeur de la récolte de pommes de terre si elle est estimée à raison de 2 f. 90 l'hectolitre de 62 kg., sachant, 1° que le terrain planté en pommes de terre surpasse de 125 a. l'ensemble du terrain ensemencé de carottes et de navets, et que le terrain occupé par les carottes surpasse de 28 a. le terrain destiné aux navets; 2° que, par hectare, les pommes de terre fournissent 21 390 kg. de tubercules; les carottes, 23 500 kg.; et les navets, 28 740 kg. de racines?

P. 701. Un fermier dirige une exploitation de 54 ha. 23 de terrain qu'il partage en 11 portions égales, dont l'une est employée en prairies naturelles. Il divise le reste en 4 parties égales, dont l'une est destinée à la culture du froment, une 2ᵉ à la culture de l'orge et de l'avoine, une 3ᵉ se compose de prairies artificielles de trois sortes : luzerne, trèfle et sainfoin ; le reste est employé à la culture de trois sortes de légumineuses: haricots, pois et fèves. Quelle est, en ares, l'étendue de chaque culture, sachant : 1° que la portion ensemencée d'avoine est 3 fois plus grande que celle qui est ensemencée d'orge; 2° que la portion ensemencée de luzerne surpasse de 138 a. l'ensemble des portions ensemencées de trèfle et de sainfoin, et que la portion semée de trèfle est le double de celle qui l'est de sainfoin; 3° que la portion ensemencée de haricots est inférieure de 45 a. à l'ensemble des portions ensemencées de pois et de fèves, et que la portion destinée à la culture des pois est le double de celle qui est destinée à la culture des fèves?

P. 702. Un cultivateur a deux terres contenant ensemble 276 a. et dont l'une est 4 fois plus grande que l'autre; il ensemence la plus grande de lentilles et l'autre de vesces : combien d'hectolitres de graine et de bottes de fourrage récoltera-t-il si, par hectare, les lentilles rendent 18 hl. 40 de graine, et 1850 kg. de fourrage ; si les vesces rendent 14 hl. 87 de graine et 3540 kg. de fourrage, et si chaque botte pèse 5 kg. 80 ?

P. 703. Un cultivateur exploite une ferme de 52 ha. 52 $\frac{1}{2}$; sur cette étendue de terrain, il y a 477 a. 50 de prairies naturelles ; le reste est partagé en 4 portions égales. Or, l'une de ces portions est semée partie de luzerne et partie de trèfle dans une proportion telle, que la partie semée de luzerne est 4 fois aussi grande que la partie ensemencée de trèfle : combien de bottes de foin de 5 kg. récoltera-t-il si, par hectare, les prairies naturelles rapportent 4320 kg.; la luzerne, 8350 kg.; et le trèfle, 6340 kg. ?

P. 704. Un cultivateur ensemence de haricots et de fèves deux pièces de terres contenant ensemble 3 ha. 71 ; la contenance de la terre ensemencée de haricots est 6 fois plus grande que celle de la terre ensemencée de fèves. On demande : 1° combien il récoltera d'hectolitres de chacune de ces graines légumineuses si, par hectare, les haricots rendent 31 hl. pesant chacun 77 kg., et les fèves, 27 hl. 40 ; 2° combien de kilogrammes de fumier ont été nécessaires pour l'engrais de la terre ensemencée de haricots, sachant que par hectare on a obtenu 2 300 kg. de paille, et que 100 kg. de paille et de graine absorbent 367 kg. de fumier.

P. 705. Un cultivateur qui exploite une ferme de 55 ha., ensemence de froment 1250 a. de terrain qui lui rapportent en moyenne 28 hl. de froment par hectare. L'hectolitre de ce blé pèse 78 kg.; et, sur 228 kg. de grain, il y a 577 kg. de paille : quelle somme retirera-t-il de la vente d'un lot de bottes de paille vendues à raison de 16 f. 40 le cent, sachant que la quantité de paille qu'il a gardée est 4 fois aussi grande que la quantité qu'il a vendue, et que le poids d'une botte de paille est de 6 kg. ?

P. 706. Un cultivateur a deux pièces de terre d'une étendue telle, que la contenance de la 1re, étant multipliée par celle de la 2e, donne pour produit 10 ha. 80; et que, si la contenance de la 2e était augmentée de 6 a., ce produit serait 1350 a. Or, il ensemence la plus grande de pois, et la plus petite de lentilles : combien de litres de semence lui seront nécessaires pour cela, si par hectare il faut 150 l. de pois et 125 l. de lentilles?

P. 707. Un cultivateur laisse monter en graine le trèfle d'une 1re pièce et le sainfoin d'une 2e pièce de prairies artificielles. Quelle somme lui rapportera la vente de cette graine, sachant 1° que les contenances respectives de ces deux pièces sont telles que leur produit est 3 ha. 34 a. 8, et que, si la contenance de la 1re était augmentée de 3 a. 5, ce produit serait 4 ha. 216; 2° que par hectare le sainfoin rend 24 hl. 30 de graine valant 29 f. 50 les 3 hl.; 3° que le trèfle rend, par hectare, 780 kg. valant 148 f. les 100 kg.?

P. 708. Un cultivateur ensemence de luzerne et de sainfoin deux portions de son exploitation. La partie ensemencée de luzerne est 9 fois plus grande que la partie ensemencée de sainfoin, et elle surpasse cette dernière de 4 ha. 38 : combien de bottes de foin récoltera-t-il si, par hectare, la luzerne rend 8 590 kg. et le sainfoin 4 250 kg., et si chaque botte pèse 5 kg.?

P. 709. Un cultivateur a deux sortes de prairies naturelles; la 1re sorte comprend des prés à une seule coupe rendant, par hectare, 3 940 kg. de foin; la 2e comprend des prés à deux coupes rendant annuellement, par ha., 6 935 kg. : combien de bottes de foin pesant chacune 5 kg. récoltera-t-il, si la 1re sorte de prairies a une contenance 5 fois plus grande que celle de la 2e, et si cette 2e contenance est inférieure de 3 ha. 48 à la 1re?

P. 710. Un cultivateur ensemence de trèfle une 1re pièce de terre d'une étendue 7 fois plus grande qu'une 2e pièce qu'il ensemence de sainfoin : combien devra-t-il dépenser pour l'achat de la graine dont il a besoin, 1° si la contenance de la pièce qu'il veut ensemencer de sainfoin est inférieure de 372 a. à celle de la pièce qu'il veut ensemencer de trèfle ; 2° si, par hectare, il faut 145 kg. de graine de sainfoin, et 18 kg. de graine de trèfle; 3° si l'hl. de graine de sainfoin pèse 31 kg., et l'hectol. de graine de trèfle, 79 kg.; 4° si la graine de sainfoin se vend 27 f. 96 les 3 hl., et la graine de trèfle, 145 f. les 100 kg.?

P. 711. Un propriétaire qui a acheté 372 m³ de pierre donne pour les payer une terre ou un pré, valant ensemble 1 980 f. s'il donne la terre, on devra lui rendre 350 f.; s'il donne le pré, il devra y ajouter 230 f. On demande : 1° la contenance de chacune des deux pièces, sachant que la terre vaut 800 f. l'hectare, et le pré 400 f. l'hectare; 2° le prix d'un mèt. cube de pierre.

MESURES DE VOLUME OU DE SOLIDITÉ

PROPREMENT DITES

Principe préliminaire. **20.** Dans plusieurs des problèmes de cet article et de l'article des mesures pour le bois de chauffage, certains *volumes* ou *solides* ne sont donnés que par l'étendue de leur longueur, de leur largeur et de leur hauteur ou épaisseur. Pour avoir le nombre de mètres cubes contenus dans ces volumes ou solides, on multipliera leur longueur par leur largeur, et le produit obtenu par leur hauteur ou épaisseur.

P. 712. Un marchand de bois à construire a vendu 3 poutres : la 1re contient 1 m^3 24 dm^3 8 mm^3 ; la 2e, 1 m^3 6 dm^3 45 cm^3 ; et la 3e, 1 m^3 174 dm^3 524 mm^3 : combien ces poutres contiennent-elles ensemble de mètres cubes?

P. 713. Un marchand de bois à construire a vendu 4 poutres : la 1re contient 2 m^3 143 dm^3 238 cm^3 ; la 2e, 2 m^3 542 mm^3 ; la 3e, 1 m^3 647 dm^3 843 mm^3 ; la 4e, 2 m^3 348 cm^3 : combien contiennent-elles ensemble de mètres cubes?

P. 714. Un propriétaire a vendu de la marne à 3 particuliers : le 1er en a pris 142 m^3 12 dm^3 9 cm^3 ; le 2e en a pris 25 m^3 64 dm^3 28 cm^3 de plus que le 1er, et 42 m^3 538 dm^3 472 cm^3 de moins que le 3e : combien chacun des deux derniers en a-t-il pris, et combien le propriétaire en a-t-il vendu en tout?

P. 715. Dix-huit ouvriers ont creusé les fondations de 4 murs ; de celles du 1er, on a extrait 27 m^3. 87 276 cm^3 de plus que de celles du 4e ; de celles du 2e, on a tiré 42 867 cm^3 de moins que de celles du 1er ; de celles du 4e, on a extrait 683 m^3 784 cm^3 ; et, de celles du 3e, 930 m^3 8 dm^3. 24 cm^3 de moins que des deux premiers réunis : quelle quantité de déblais a-t-on extraite des fondations de chacun des trois premiers murs, et combien en a-t-on extrait en tout?

P. 716. Pour un bâtiment donnant 466 m^2 de maçonnerie de 60 cm. d'épaisseur, il a fallu 228 m^3 de moellons que 3 charretiers ont amenés sur le chantier ; le 1er en a charrié 78 m^3 42 cm^3 ; le 2e, 21 m^3 35 dm^3 52 de moins que le 1er ; et le 3e a charrié le reste : combien de mètres cubes ce dernier a-t-il amenés?

P. 717. Quatre voituriers se sont chargés de charrier 78 m^3 125 cm^3 de sable. Avec une voiture à trois chevaux, le 1er en a transporté en quatre voyages 12 m^3 54 dm^3 28 cm^3 ; avec une voiture à 5 chevaux, le 2e, en 16 voyages, en a transporté 21 m^3 634 cm^3 de plus que le 1er ; le 3e, avec une voiture à 4 chevaux, en a transporté 14 m³ 8 dm³ de moins que le 2ᵉ, et cela en 12 voyages; enfin, le 4ᵉ a transporté le reste : combien de mètres cubes ce dernier a-t-il transportés?

P. 718. Un poêlier a fait un fourneau circulaire en briques de Bourgogne jointoyées, à raison de 100 f. le mètre cube : quelle somme devra-t-il recevoir, si ce fourneau a 1 m³ 530?

P. 719. On a creusé trois fossés : on a extrait du 1ᵉʳ 278 m³ 784 cm³; du 2ᵉ, on a tiré 1247 m³ 45 dm³ 84 cm³; et, du 3ᵉ, 904 m³ 7 645 cm³. On demande : 1° combien on a extrait de mètr. cubes de déblais; 2° quelle somme on a dû recevoir à raison de 2 f. 30 c. par mètre cube.

P. 720. Pour construire les murs d'un bâtiment, il a fallu 1 603 voitures de pierres et 601 voitures de sable : quelle est la dépense faite pour ces matériaux si les pierres coûtent 3 f. 25 et le sable 2 f. 75 le mètre cube? On sait d'ailleurs qu'une voiture de pierre contenait 1 mètre 100 décim. cubes, et qu'une voiture de sable contenait 1 mètre cube.

P. 721. Quatre voituriers se sont chargés de transporter, à une distance moyenne de 6 hm., les déblais provenant d'une tranchée exécutée pour le percement d'une montagne : le 1ᵉʳ en a transporté 172 m³ 9 dm³; le 2ᵉ, 184 m³ 29 dm³; le 3ᵉ, 295 m³ 4 dm³; et le 4ᵉ, 245 m³ 54 dm³ : combien de mètres cubes ont-ils transportés en tout, et quelle somme coûtera ce transport? On sait que les deux premiers voituriers, ayant des tombereaux à deux chevaux, ont été payés sur le pied de 0 f. 65 par mètre cube, et que les deux derniers, ayant des tombereaux à trois chevaux, ont reçu 0 f. 77 par mètre cube.

P. 722. Le mètre cube de marbre de Baudéan se vend dans le pays 233 f. 36 : combien coûtera un bloc de 5 875 décimètres cubes?

P. 723. Si le mètre cube de marbre d'Aspin coûte 160 f. 50, pris dans le pays, combien faut-il payer pour 15 mille 2 décimètres cubes?

P. 724. Un bloc de marbre de Seravezza ayant 2 m. 35 de hauteur, 1 m. 15 de largeur, et 0 m. 80 d'épaisseur, a été acheté sur le pied de 2 584 f. le mètre cube : combien a-t-il coûté?

P. 725. Un bâtiment dont la maçonnerie est faite en pierre de taille, et qui présente 840 m² de murs ayant 0 m. 54 d'épaisseur moyenne, a coûté pour la maçonnerie 120 f. le mètre cube : quelle somme a-t-on dû débourser pour cet effet?

P. 726. On a enlevé au tombereau les déblais provenant de la fouille des fondations d'un bâtiment dont les murs ont une longueur développée de 178 mètres; la profondeur de ces fondations est de 1 m. 48, et leur largeur de 0 m. 85 : combien a coûté le chargement des tombereaux, à raison de 0 f. 19 le mètre cube?

P. 727. On a creusé une cave ayant 18 m. 75 de longueur, 6 m. 80 de largeur, et 2 m. 25 de profondeur : en supposant que les déblais aient été enlevés à la brouette, combien a coûté le chargement des brouettes, à raison de 0 f. 16 le mètre cube?

P. 728. Un poêlier-fumiste a fait un fourneau rectangulaire pour une usine; ce fourneau a 2 m. 75 de longueur, 1 m. 50 de largeur, et 2 m. 30 de hauteur : quelle somme recevra le poêlier à raison de 75 f. le mèt. cube?

MESURES DE VOLUME. 83

P. 729. Un petit bloc de marbre de Seravezza, en Italie, ayant 0 m. 78 de longueur, 0 m. 45 de largeur, et 0 m. 57 d'épaisseur, a été vendu sur le pied de 1930 f. le mèt. cube : quelle somme a-t-il coûtée?

P. 730. La fouille d'un mètre cube faite par les maçons, et le transport de la terre à un relais de 20 mèt., coûtent 1 f. 20 : combien dépensera-t-on pour la fouille d'une cave ayant 25 m. 36 de longueur, 8 m. 40 de largeur, et 2 m. 60 de profondeur?

P. 731. Quand on commence l'exploitation d'une mine de houille, on creuse deux puits, dont l'un pénètre jusqu'à la partie supérieure de la couche de houille, et l'autre jusqu'à sa partie inférieure; et l'on joint le fond de chacun de ces deux puits par une galerie. Supposé que cette galerie ait 32 m. 75 de longueur, 2 m. 35 de largeur, et 18 dm. de hauteur : combien coûtera-t-elle, le prix de l'abattage d'un mètre cube de roches étant de 12 f. 40?

P. 732. Un marbrier a acheté 4 blocs de marbre bleu turquin, au prix de 875 f. le mètre cube : quelle somme devra-t-il débourser, la hauteur de ces blocs étant, pour le 1er, de 2 m. 45; pour le 2e, de 1 m. 30; pour le 3e, de 1 m. 05; et, pour le 4e, de 0 m. 80; leur largeur étant, pour le 1er, de 1 m. 08; pour le 2e, de 0 m. 92; pour le 3e, de 0 mèt. 73; et, pour le 4e, de 0 mèt. 51; et leur épaisseur étant, pour le 1er, de 0 m. 64; pour le 2e, de 0 m. 45; pour le 3e, de 0 m. 38; et, pour le 4e, de 0 m. 28?

P. 733. Pour la construction de deux piliers de 0 m. 50 de côté, et de 3 m. 10 de hauteur, on a employé une quantité de pierres formant ensemble un volume égal à celui des deux piliers, et coûtant 14 f. le mètre cube; pour les faire tailler, on a payé 4 f. par mètre carré; le transport a coûté 16 f., et la pose a demandé 8 journées de maçon à 2 f. 75 : à combien reviennent ces deux piliers?

P. 734. Combien de mètres cubes de bois y a-t-il dans une ferme de charpente composée des pièces dont les noms et les dimensions suivent :

		Long.	Équarrissage.	
		m.	m.	m.
1°	un tirant,	6,60	0,27 sur	0,24
2°	un entrait retroussé,	2,40	0,21	0,19
3°	deux arbalétriers, chacun,	3,60	0,22	0,19
4°	un poinçon,	1,20	0,19	0,19
5°	deux contre-fiches, chacune,	0,40	0,16	0,16
6°	quatre jambettes, chacune,	0,40	0,16	0,16
7°	deux aisseliers, chacun,	1,20	0,19	0,15
8°	un faîte, ayant d'une ferme à l'autre,	3,50	0,19	0,16
9°	deux liens de faîte, chacun,	0,40	0,15	0,15
10°	une lierne, reliant les fermes,	3,50	0,19	0,19
11°	quatre pannes, chacune,	3,50	0,19	0,19
12°	quatre tasseaux, chacun,	0,19	0,19	0,19
13°	deux sablières,	3,50	0,12	0,23
14°	deux blochets, chacun,	0,70	0,18	0,14

P. 735. Combien y a-t-il de mètres cubes de bois dans une ferme de charpente composée des pièces de bois dont les dimensions suivent :

		Long.	Équarrissage.	
		m.	m.	m.
1°	un tirant ou entrait,	12,80	0,42 sur	0,30
2°	un entrait retroussé,	4,80	0,33	0,30
3°	deux arbalétriers, chacun,	7,20	0,27	0,22
4°	un poinçon,	2,40	0,22	0,22
5°	deux contre-fiches, chacune,	0,80	0,18	0,18
6°	quatre jambettes, chacune,	0,80	0,18	0,18
7°	deux aisseliers, chacun,	2,40	0,30	0,32
8°	un faîte, ayant d'une ferme à l'autre,	3,50	0,22	0,19
9°	deux liens de faîte, chacun,	0,80	0,17	0,17
10°	une lierne,	3,50	0,22	0,22
11°	quatre pannes, chacune,	3,50	0,22	0,22
12°	quatre tasseaux, chacun,	0,22	0,22	0,22
13°	deux sablières, chacune,	3,50	0,16	0,28
14°	deux blochets, chacun,	1,40	0,22	0,16

P. 736. Pour un mètre cube de maçonnerie en moellons, il faut 0 m³ 320 de mortier. D'après cela, on demande le prix de revient de la fabrication du mortier nécessaire à la construction d'un bâtiment donnant 520 m² de maçonnerie ayant 0 m. 60 d'épaisseur, la fabrication d'un mètre cube de mortier avec un tonneau Roger pouvant être évaluée à 0 f. 356.

P. 737. Une propriété a été vendue 15465 f.; l'acheteur a déboursé 742 f. 65 pour frais de vente; il y a fait conduire 2743 m³ 275 de terre à 1 f. 05 le mètre cube; il y a fait faire un mur de clôture de 195 m. 50 de longueur, à 6 f. 55 le mètre courant; il y a fait des constructions pour 2740 f.; il y a employé 34 ouvriers pendant 21 jours, à 2 f. 45 par jour, 4 jardiniers pendant 18 jours, à 3 f. 75 par jour; il y a mis 485 pieds d'arbres, à 38 f. 40 le cent, et il y a employé pour 86 f. 50 de graines : à combien revient cette propriété?

P. 738. Quarante-cinq poutres ont coûté 952 fr. 38, à raison de 65 f. le mètre cube : quel est le volume de chaque poutre?

P. 739. Un petit bloc de marbre de Carrare, ayant 0 m. 72 de hauteur, 0 m. 48 d'épaisseur, et 0 m. 50 de largeur, a coûté 151 f. 20 : quel est le prix du m. cube?

P. 740. Un bloc de marbre de Carrare, dit *Ravaccione*, a été vendu pour 9743 f. 58 : quel est le prix du mètre cube, ce bloc ayant 3 m. 85 de hauteur, 1 m. 48 de largeur, et 0 m. 95 d'épaisseur?

P. 741. On a répandu 75 m³ de marne dans un champ de 150 ares : on demande quelle est la quantité répandue par mètre carré.

P. 742. Dites ce que vaut le mètre cube de marbre statuaire, quand 16 f. 70 sont le prix de 15 décimètres cubes?

P. 743. Un bloc de marbre de Baudéan, ayant 3 m³ 18 dm³, est vendu dans le pays, sur le pied de 0 f. 0021 les 6 cent. cubes : combien coûtera ce bloc?

P. 744. Le décimètre cube de maçonnerie pour murs de refend, revient à 0 f. 01775 : combien de mètres cubes de murs de refend a-t-on fait faire pour 4182 f. 76?

P. 745. La façon du décimètre cube de maçonnerie, y com-

MESURES DE VOLUME. 85

pris la fourniture de plâtre, coûte 0 f. 009 : combien de mètres cubes contient un mur qui a coûté 699 f. 30 de façon?

P. 746. Dans l'exécution des travaux d'une route, un ouvrier rouleur peut transporter dans sa journée 15 m³ de terre à 30 m. de distance : s'il gagne 1 f. 50 par jour, combien coûtera le transport de 95 648 décim. cubes?

P. 747. On veut construire un mur de 685 m³ 595; on emploie des briques qui, les joints compris, ont 1 022 cm³ : combien en faut-il de milliers, et quelle sera la dépense si le cent coûte 1 f. 85?

P. 748. Combien faut-il de milliers de briques pour faire un mur de 743 m³ 92 476, si le volume de chaque brique est de 843 cm³, et quel sera le prix de ces briques si le millier coûte 25 f. 40? Le mortier doit former le 6ᵉ du mur.

P. 749. On a payé 6 254 f. 45 pour les briques qui ont été employées à la maçonnerie d'une maison; elles ont coûté 13 f. 40 le millier; on sait qu'une brique a 864 cm³, et qu'il est entré 67 m³ 12 dm³ de mortier : quel est le volume du mur?

P. 750. On a dépensé 37 740 f. pour le percement d'une galerie dans une mine de houille. Cette galerie a 7 hectom. 4 de longueur, 25 décim. de largeur, et 1 m. 30 de hauteur : combien l'abattage du mètre cube a-t-il coûté?

P. 751. Quelle est la somme qui, étant multipliée par 80, 35, donne un produit triple de celui qu'on obtiendrait en multipliant 47, 50 par les 0, 6 de 93, et combien de mètres cubes de marbre Campan mélangé pourrait-on payer avec cette somme, le décimètre cube de ce marbre valant dans le pays 0 f. 23?

P. 752. Pour la charpente d'un bâtiment, il faut 3 fermes contenant chacune 3 418 dm³ 92 de bois, dont le mètre cube monté, posé et assemblé coûte une somme telle, qu'après l'avoir doublée, avoir divisé le double par 4, avoir multiplié par 12 le quotient obtenu, le tiers du résultat est égal à 239 : combien coûtera cette charpente?

P. 753. Un charpentier a posé la charpente d'un bâtiment, laquelle se compose de 4 fermes comprenant chacune 2 536 dm³ 32, et il a reçu pour ce travail une somme telle, que le quotient de 5 fois cette somme divisée par 79, étant multiplié par 7, donne un produit égal à 427 f. : combien a-t-il reçu par mètre cube?

P. 754. Un cultivateur marne un champ éloigné de 65 hm. de la marnière d'où il extrait cet amendement; il charrie par jour, avec trois chevaux, en 4 voyages, 8 m³ : combien lui faudra-t-il de jours pour marner un champ de 548 ares, à raison de 40 m³ par hectare? et à combien lui reviendra le charroi de la marne, la journée de l'attelage étant supposée de 15 f.?

P. 755. On a acheté des moellons d'une 1ʳᵉ qualité valant 8 f. 50 le mètre cube, et 264 m³ 32 dm³ de moellons d'une 2ᵉ qualité valant 7 f. 45 le mètre cube : combien de mètres cubes de la 1ʳᵉ qualité a-t-on achetés, sachant que, pour les payer, on a déboursé la même somme que pour payer ceux de la 2ᵉ?

P. 756. On a acheté 95 m³ 8 dm³ de moellons d'une 1ʳᵉ qualité, et 154 m³ d'une 2ᵉ qualité; quelle somme devra-t-on débourser en tout, sachant que, par mètre cube, ceux de la 1ʳᵉ qualité coûtent 2 f. 05 de plus que ceux de la 2ᵉ, pour le paiement desquels il faudrait débourser 1 147 f. 30 ?

P. 757. Combien coûteront la chaux et le sable employés à fabriquer 148 m³ 74 cm³ d'un mortier destiné à des travaux faits dans l'eau ? On sait que, pour faire 3 mètres cubes de ce mortier, il faut 1 m³ 08 de chaux hydraulique d'une grande énergie coûtant 41 f. 50 le mètre cube, et 3 m³ de sable coûtant 5 f. 25 le mètre cube.

P. 758. Combien coûteront 21 m³ 17 dm³ de mortier destiné à la maçonnerie d'un égout ? On sait que, pour faire un mètre cube de ce mortier, il faut 333 dm³ de chaux hydraulique éteinte, valant 20 f. le mètre cube, et 1 m³ 02 de sable de rivière, valant 5 f. 25 le mètre cube, et que la fabrication d'un mètre cube de mortier coûte 2 f. 53 ?

P. 759. Combien y a-t-il de mètres cubes de chaux éteinte, et de mètres cubes de sable dans 147 m³ 28 dm³ de mortier destiné à la maçonnerie d'un mur de clôture ? On sait que, pour faire un mètre cube de ce mortier, il faut 0 m³ 37 de chaux grasse éteinte, et 0 m³ 95 de sable.

P. 760. Combien y a-t-il de mètres cubes de chaux éteinte, et de mètres cubes de ciment de tuileaux dans 75 m³ 46 cm³ de mortier destiné au pavage d'une cour ? On sait que, pour faire un mètre cube de ce mortier, il faut 0 m³ 34 de chaux grasse éteinte, un peu hydraulique, et 820 dm³ de ciment de tuileaux.

P. 761. La chaux éteinte entrant dans la maçonnerie d'un bâtiment a coûté 648 f.; on sait qu'elle a été payée sur le pied de 37 f. 85 le mètre cube ; que, pour un mètre cube de mortier, il faut 0 m³ 37 de chaux éteinte, et 950 dm³ de sable valant 5 f. 25 le mètre cube. On demande : 1° combien il y a de mètres cubes de maçonnerie de bâtiment, si, par mètre cube de maçonnerie, on a employé 320 dm³ de mortier ; 2° combien a coûté la fabrication de ce mortier, si elle revient à 2 f. 50 le mètre cube.

P. 762. Le sable entrant dans le mortier qui a servi à la maçonnerie d'un bâtiment construit en moellons, a coûté 487 fr. 92, et il a été payé sur le pied de 5 f. 30 le mètre cube. On demande : 1° combien on a dû dépenser pour la chaux entrant dans la construction, sachant que, pour un mètre cube de mortier, il faut 350 dm³ de chaux éteinte coûtant 20 f. 15 le mètre cube, et 0 m³ 95 de sable ; 2° combien il y a de mètres cubes de maçonnerie, sachant que, par mètre cube de maçonnerie on a employé 0 m³ 4 de mortier ; 3° combien a coûté la confection de ce mortier, si, ayant été effectuée avec un manége, elle est revenue à 1 f. 24 le mètre cube.

P. 763. Pour la maçonnerie d'un bâtiment construit en pierres de taille dites *libages*, on a employé pour 776 f. 58 de chaux vive coûtant 43 f. le mètre cube : combien ont coûté les libages employés dans la construction de ce bâtiment, sachant, 1° que 10 m³ de libages donnent 9 m³ de maçonnerie à cause du déchet ; 2° que le mètre cube de libages coûte 38 f. ; 3° que, pour un mètre cube de cette maçonnerie, il faut 90 dm³ de mortier ; 4° que, pour un mètre cube de mortier, il faut 0 m³ 37 de chaux éteinte, 5° que, pour avoir 4 m³ de chaux éteinte, il faut 3 m³ de chaux vive ?

P. 764. La fabrication du mortier entrant dans la maçonnerie d'un bâtiment construit en moellons, ayant été effectuée avec un tonneau Roger servi par un cheval, a coûté 147 f. 20, au prix de 0 f. 92 le mètre cube. On demande : 1° combien a coûté la chaux vive entrant dans la confection de ce mortier, sachant que, pour un mètre cube de mortier, il faut 370 dm^3 de chaux éteinte, que, pour avoir 3 m^3 de chaux éteinte, il faut 2 m^3 de chaux vive coûtant 40 f. le m^3 ; 2° combien il y a de mètr. cubes de maçonnerie si, par mètre cube, on a employé 250 dm^3 de mortier.

P. 765. Pour la maçonnerie d'un bâtiment construit en trèsbeaux libages, on a employé pour 406 f. 70 de chaux vive coûtant 41 f. 50 le mètre cube : combien ont coûté les libages employés dans la construction de ce bâtiment? On sait : 1° que 10 m^3 de libages donnent 9 m^3 de maçonnerie ; 2° que le mètre cube de trèsbeaux libages coûte 42 f. ; 3° que pour un mètre cube de cette maçonnerie il faut 0 m^3 09 de mortier ; 4° que pour un mètre cube de mortier il faut 370 dm^3 de chaux éteinte et 0 m^3 95 de sable ; 5° que pour avoir 5 m^3 de chaux éteinte, il faut 4 m^3 de la chaux vive employée.

P. 766. Pour la maçonnerie d'un bâtiment construit en pierres meulières, on a employé pour 904 f. 50 de chaux vive, au prix de 75 f. le mètre cube : combien ont coûté les pierres employées dans cette construction? On sait 1° que le déchet de la pierre est nul ou n'est pas compté, en sorte qu'il faut autant de mètres cubes de pierre qu'il doit y avoir de mètres cubes de maçonnerie ; 2° que le mètre cube de moellons de meulières coûte 11 f. 50 ; 3° que, pour un mètre cube de cette maçonnerie, il faut 350 dm^3 de mortier de chaux et sable ; 4° que, pour un mètre cube de ce mortier, il faut 0 m^3 37 de chaux éteinte ; 5° que, pour avoir 6 m^3 de chaux éteinte, il faut 5 m^3 de la chaux vive employée.

P. 767. Pour la construction d'un égout, on a employé 84 m^3 17 dm^3 de béton ordinaire. On demande combien a coûté ce béton, sachant : 1° que, pour en préparer un mètre cube, on a employé 0 m^3 52 de mortier et 0 m^3 78 de cailloux ; 2° que les cailloux ont coûté 5 f. 50 le mètre cube ; 3° que, pour un mètre cube de mortier, il faut 1 020 dm^3 de sable coûtant 5 f. 30 le mètre cube et 333 dm^3 de chaux hydraulique éteinte ; 4° qu'un mètre cube de chaux hydraulique vive a coûté 40 f. et a donné 1 m^3 55 de chaux éteinte ; 5° que la fabrication d'un mètre cube de béton a coûté 1 f. 92.

P. 768. Pour la construction d'un réservoir, on a employé 75 m^3 89 dm^3 de béton gras. On désire savoir combien a coûté ce béton, sachant : 1° que, pour en préparer un mètre cube, on a employé 770 dm^3 de cailloux coûtant 5 f. 50 le mètre cube, et 0 m^3 55 de mortier ; 2° que, pour un mètre cube du mortier employé, il faut 250 dm^3 de chaux hydraulique éteinte et 940 dm^3 de sable coûtant 5 f. 25 le mètre cube ; 3° que, par l'extinction, la chaux hydraulique vive augmentait de 300 dm^3 par mètre cube ; 4° que cette chaux vive coûtait 40 f. le mètre cube ; 5° que la fabrication d'un mètre cube de béton coûtait 2 f. 10.

P. 769. Pour les fondations des piles d'un pont, on a employé 84 m^3 19 dm^3 de béton ordinaire. On demande combien a coûté ce béton, sachant : 1° qu'ayant été fabriqué avec un couloir à béton, le prix de fabrication est revenu à 1 f. 14 le mètre cube; 2° que, pour en faire un mètre cube, on a employé 840 dm^3 de cailloux coûtant 5 f. 50 le mètre cube, et 0 m^3 48 de mortier; 3° que, pour faire un mètre cube de ce mortier, on a employé 0 m^3 95 de sable coûtant 5 f. 30 le mètre cube, et 370 dm^3 de chaux hydraulique éteinte; 4° qu'un mètre cube de chaux hydraulique vive a coûté 42 f. et a donné 1 m^3 85 de chaux éteinte.

P. 770. Pour la fondation d'un édifice sur un terrain humide et mouvant, on a employé pour 945 f. 75 de béton un peu maigre. On demande combien il en a fallu de mètres cubes, sachant : 1° que ce béton ayant été fabriqué avec une machine dite *à coffres*, le prix de fabrication d'un mètre cube est revenu à 1 f. 92 le mètre cube; 2° que, pour en faire un mètre cube, on a employé 0 m^3 9 de cailloux coûtant 5 f. 80 le mètre cube, et 450 dm^3 de mortier; 3° que, pour faire un mètre cube de ce mortier, on a employé 1020 dm^3 de sable de plaine à 4 f. le mètre cube, et 380 dm^3 de chaux hydraulique éteinte; 4° qu'un mètre cube de chaux hydraulique vive a coûté 41 f. et a donné 1 m^3 5 de chaux éteinte.

P. 771. On a dépensé 348 f. pour la fabrication d'un béton très-maigre employé pour les fondations d'un édifice sur un terrain sec et très-mouvant; une 1re partie de ce béton a été fabriquée avec la griffe à bras d'hommes, et cette fabrication a coûté 2 f. 10 le mètre cube; une 2e partie a été fabriquée avec la machine à coffres, et la fabrication a coûté 1 f. 92 le mètre cube; enfin une 3e partie a été fabriquée avec le couloir à béton, et le prix de fabrication est revenu à 1 f. 20 le mètre cube. On demande combien de mètres cubes de béton il a fallu, sachant que, pour la fabrication à la griffe, on a dépensé 78 f. 40, et que la somme dépensée pour payer la fabrication de la 2e partie est triple de celle qui a été dépensée pour payer la fabrication de la 3e partie.

P. 772. Quelle somme devra-t-on débourser pour de la chaux vive payée sur le pied de 43 f. le mètre cube, sachant que si l'on en avait pris trois fois plus et 6396 dm^3 de plus, on en aurait eu en tout 18 m^3 42?

P. 773. Quelle somme devra-t-on débourser pour de la chaux vive payée à raison de 30 f. le mètre cube, sachant que si l'on en avait pris le double de ce qu'on a acheté et 1962 dm^3 de plus, on en aurait eu 26 m^3 30 dm^3?

P. 774. Quelle somme devra-t-on débourser pour de la chaux de Senonches payée sur le pied de 75 f. le mètre cube, sachant que, si la quantité achetée était quadruplée et le résultat augmenté de 6284 dm^3, on en aurait 30 m^3 5?

P. 775. On a acheté au prix de 81 f. le mètre cube, des blocs de pierre de liais ayant en moyenne 1 m. de longueur sur 0 m. 55 de largeur et 0 m. 3 d'épaisseur : quelle somme devra-t-on débourser, sachant que le nombre des blocs achetés est tel, qu'en retranchant 6 de sa 9e partie, le double du reste est 60?

P. 776. On achète au prix de 71 f. le mètre cube, de la pierre de taille, dite pierre de liais en petits morceaux : quelle somme devra-t-on débourser, sachant que, si le nombre de mètres cubes achetés était augmenté de 106 m³ 84 dm³ 62 cm³, il serait quatre fois plus grand?

P. 777. On achète de la pierre de liais de deux qualités, la 1ʳᵉ au prix de 92 f., la 2ᵉ au prix de 51 f. le mètre cube : quelle somme devra-t-on débourser, sachant que le nombre de mètres cubes pris de la 1ʳᵉ qualité est tel, qu'étant joint à six fois le nombre de mètres cubes pris de la 2ᵉ, le total est de 486 m³ 9 dm³ 16 cm³, et que la quantité des pierres achetées est de 142 m³ 21 dm³ 1 cm³?

P. 778. On avait acheté de la pierre de taille de deux espèces : la 1ʳᵉ était de la pierre franche valant 56 f. le mètre cube; la 2ᵉ était de la pierre ordinaire valant 38 f. le mètre cube. Le nombre de mètres cubes de la 2ᵉ qualité est tel, qu'étant joint à trois fois le nombre de mètres cubes de la 1ʳᵉ, le total est de 246 m³ 143 dm³ ; et l'on avait acheté en tout 110 m³ 53 dm³ de pierre : quelle somme avait-on dé-boursée?

P. 779. On avait acheté 94 m³ 39 dm³ de pierre de taille de deux qualités: la 1ʳᵉ était de la pierre de roche valant 65 f. le mètre cube; la 2ᵉ était de la pierre tendre valant 35 f. le mètre cube : quelle somme avait coûté l'achat de ces pierres, sachant que la quantité prise de la 1ʳᵉ qualité est telle, qu'étant ajoutée à 5 fois la quantité prise de la 2ᵉ, le total est de 238 m³ 167?

P. 780. Un entrepreneur de maçonnerie achète, au prix de 91 f. le mètre cube, des blocs de pierre de taille, dite pierre de liais, ayant en moyenne chacun 2 m. 75 de longueur sur 1 m. de largeur et 0 m. 30 d'épaisseur : quelle somme devra-t-il débourser, sachant que, s'il avait pris 184 blocs de plus, il en aurait le triple de ce qu'il a pris réellement?

P. 781. On a dépensé 172 f. 33 pour payer le transport de 252 m³ 192 de terre à 300 m. de distance, par trois charretiers ; le 1ᵉʳ, ayant un tombereau à un cheval, a reçu 46 f. 235 ; le 2ᵉ, ayant un tombereau à deux chevaux, a reçu 58 f. 84 ; et le 3ᵉ, ayant un tombereau à trois chevaux, a reçu le reste : on demande combien chacun a reçu par mètre cube, sachant qu'ils ont transporté chacun une même quantité de terre.

P. 782. Trois charretiers ont transporté des déblais à 9 hm. de distance; le 1ᵉʳ, qui a un tombereau à un cheval, en a transporté une quantité que l'on ne dit pas; si la quantité transportée par le 2ᵉ, qui a un tombereau à deux chevaux, était augmentée de 8 m³ 44 dm³; et si la quantité transportée par le 3ᵉ, qui a un tombereau à trois chevaux, était augmentée de 5 m³ 13 dm³, chacun des trois en aurait voituré la même quantité, et ils auraient transporté en tout 219 m³ 345 : quelle somme devra-t-on débourser si, par mètre cube, le 1ᵉʳ reçoit 0 f. 62 ; le 2ᵉ, 0 f. 80 ; et le 3ᵉ, 0 f. 90 ?

P. 783. Trois charretiers ont transporté un certain nombre de mètres cubes de terre à 2 km. de distance; si la quantité transportée par le 1ᵉʳ, qui a un tombereau à un cheval, était augmentée de 6 m³ 22 dm³; et si la quantité transportée par le 3ᵉ qui a un tombereau à trois chevaux était augmentée de 9 m³ 18 dm³ chacun des trois aurait transporté la même quantité, et ils en auraient voituré en tout 54 m³ 78 dm³ : quelle somme coûtera le transport, si le 1ᵉʳ demande 1 f. par mètre cube; le 2ᵉ, 1 f. 25; et le 3ᵉ, 1 f. 50?

P 784. Trois charretiers ont transporté des déblais à 5 km. de distance; si la quantité transportée par le 1ᵉʳ, qui a un tombereau à un cheval, était diminuée de 4 m^3 1 dm^3; et si la quantité transportée par le 2ᵉ, qui a un tombereau à deux chevaux, était augmentée de 6 m^3 971, chacun des trois en aurait transporté la même quantité; et ils auraient voituré en tout 144 m^3 24 dm^3 : quelle somme totale devra-t-on débourser, le 1ᵉʳ demandant 2 f. 70 par mètre cube; le 2ᵉ, 3 f. 30; et le 3ᵉ, 4 f.?

P. 785. Dans les travaux de terrassement effectués lors de l'exécution d'une tranchée pour le passage d'un chemin de fer, on a eu à transporter 378 000 m^3 de déblais à une distance de 15 hm. Supposé qu'une partie de ces déblais ait été transportée au moyen de wagons trainés par des chevaux, et que le reste ait été transporté au moyen de wagons trainés par des locomotives, combien a-t-on dépensé, sachant : 1° que, par mètre cube, le 1ᵉʳ mode de transport coûte 2 f. 54; et le 2ᵈ, 2 f. 58; 2° que, par le 1ᵉʳ mode de transport, on a transporté la plus petite partie des déblais, et que cette partie surpasse de 72 000 m^3 la différence entre les deux portions des déblais transportés?

MESURES POUR LE BOIS DE CHAUFFAGE

P. 786. Un marchand de bois en a livré 275 st. 4 dst., 187 doubles-stères 8 dst., 54 Dst. 3 st. et 8821 dst. : combien en avait-il en magasin, s'il en a acheté 670 st. et s'il lui reste 426 doubles-stères?

P. 787. On a acheté 138 st. de bois de frêne de 100 ans, au prix de 15 f. 50 le stère; on en a déjà reçu 28 doubles-stères que l'on a payés aussitôt après la livraison : combien doit-on en recevoir encore et pour quelle somme?

P. 788. Un marchand de bois doit en livrer 64 Dst. de quatre espèces différentes; il doit donner : 1° 46 doubles-stères de bois de charme de 90 ans, au prix de 14 f. 90 le stère; 2° 25 demi-décastères de bouleau de 60 ans, au prix de 11 f. 90 le stère; 3° 15 Dst. de bois d'aune de 70 ans, au prix de 8 f. 15 le stère; le reste de la fourniture doit être du bois de hêtre de 40 ans, au prix de 11 f. 60 le stère : quelle somme devra-t-il recevoir en tout?

P. 789. Un marchand de bois a acheté la coupe d'un taillis qui a produit 7 000 st. de bois : quel sera son bénéfice si le prix d'achat de ce bois est de 72 f. le décastère, si l'on paie 2 f. 50 par stère pour le transport au chantier, et si l'on revend ce bois sur le pied de 12 f. 50 le stère?

P. 790. Combien pourra-t-on assister de familles avec 9 950 Dst. de bois, si l'on en donne un demi-décastère à chaque famille, et quelle sera la valeur du don total, si le décistère de ce bois vaut 0 f. 55?

P. 791. Un marchand de bois en a 4 756 dst. qui lui coûtent 6 f. 30 le stère, 143 demi-décastères 23 dst. à 5 f. 90, et 379 doubles-stères à 4 f. 35 le stère : quel sera son bénéfice s'il vend le 1er lot 7 f. 80; le 2e lot, 7 f.; et le 3e lot, 5 f. 90 le stère?

P. 792. On avait 732 st. 4 dst. de bois revenant à 7 f. 10 le stère et 384 doubles-stères 18 dst. revenant à 5 f. 30 le stère; on a revendu le tout au prix moyen de 6 f. 85 le stère : quel bénéfice a-t-on réalisé?

P. 793. Quelle somme recevra-t-on pour la vente de 128 demi-décastères de bois, à raison de 7 f. 25 le stère, si l'on accorde 1 centime par franc de rabais?

P. 794. Un marchand a acheté 340 stères 9 de bois à 5 f. 80 le stère, 152 demi-décastères 38 stères à 62 f. 25 le décastère, 127 doubles-stères à 8 f. 40 le stère; il en a vendu 542 stères à 6 f. 25 le stère; 782 stères 7, à 6 f. l'un, et le reste à 8 f. 30 le stère : quel est son bénéfice ou sa perte?

P. 795. Un marchand de bois a acheté la coupe d'un taillis contenant 45 ha. 8 a., et qui, n'ayant pas été coupé depuis 25 ans, a rendu par hectare 178 st. de bois de chêne, de hêtre et de tremble dans des proportions telles, que, sur 8 st., il y en a 5 de chêne, 2 de hêtre et 1 de tremble : quelle somme retirera-t-il de la vente de ce bois, si le chêne lui est payé 11 f. 20, le hêtre 11 f. 50, et le tremble 8 f. 75 le stère?

P. 796. Un marchand de bois a acheté la coupe d'un taillis situé dans un bon terrain en coteau, contenant 15 ha. 72 a., et qui, n'ayant pas été coupé depuis 30 ans, a rendu par hectare 175 st. de bois de hêtre, de charme et de frêne, dans des proportions telles, que, sur 15 st., il y en a 8 de hêtre, 4 de charme et 3 de frêne : quelle somme lui procurera la vente de ce bois si, par stère, le hêtre lui est payé 11 f. 75, le charme 12 f. 25, et le frêne 11 f. 80?

P. 797. J'ai acheté 43 Dst., 86 demi-décastères, 176 doubles-stères et 960 st. de bois que j'ai payé à raison de 20 f. le double-stère : sachant que, sur cet achat, il ne me reste plus que 939 st., combien en ai-je vendu, pour quelle somme, et qu'ai-je gagné en le revendant 12 f. le stère?

P. 798. Un marchand de bois en a acheté 4 voitures contenant chacune 3 m³. On demande : 1° combien il doit revendre le stère de bois, sachant que les 4 voitures ont coûté ensemble 156 f. et qu'on veut gagner 9 f. par voiture; 2° combien de stères de ce bois un ouvrier couvreur qui gagne 5 f. 50 par jour, pourrait acheter avec la somme qu'il vient de recevoir pour 14 jours de travail?

P. 799. Combien retirera-t-on de décastères de bois d'un taillis âgé de 40 ans, situé dans un terrain de montagne pierreux, et d'une contenance de 172 ha. 9 a.? On sait que ce taillis rend 104 st. par hectare.

P. 800. On demande : 1° combien il faut de voitures pour transporter 59 Dst. 28 de bois, si chaque voiture contient 24 dst.; 2° à combien revient le stère, sachant que, pour le transport, on a payé 1 f. 70 par voiture, 0 f. 20 par stère pour le mettre en chantier, 3877 f. 90 pour l'achat, et 29 f. 64 pour d'autres frais.

P. 801. Quelle doit être la hauteur d'un bûcher de 8 m. 40 de longueur, sur 7 m. 50 de largeur, pour qu'il contienne 113 doubles-stères 8 dst.?

P. 802. Un bûcher a 9 m. 50 de longueur, 8 m. 60 de largeur, et 4 m. 30 de hauteur : combien y entrera-t-il de voitures de bois chacune de 2 st. 3 dst., s'il doit y avoir 1710 dm³ de reste?

P. 803. Quelle est la longueur d'un bûcher qui a 8 m. 60 de largeur, et 4 m. 50 de hauteur? On sait qu'il contient 154 voitures chacune de 26 dst., et qu'il y a encore assez de place dans ce bûcher pour y mettre 2 st. 1?

P. 804. Combien faut-il de voitures chacune de 2 st. 6 pour remplir un bûcher de 11 m. 20 de longueur, 7 m. 40 de largeur, 3 m. 50 de hauteur? et quelle sera la charge de la dernière voiture?

P. 805. Un marchand de bois a acheté la coupe d'un taillis situé dans un terrain médiocre et sec, et qui, n'ayant pas été coupé depuis 30 ans, a produit 96 st. par hectare; il vend pour 18719 f. 80 le bois qu'il a retiré de ce taillis et qui était de quatre espèces, savoir : du chêne, du hêtre, de l'alizier et de l'érable, dans des proportions telles, que, sur 12 st., il y en avait 5 de chêne, 4 de hêtre, 2 d'alizier et 1 d'érable. On demande : 1° la contenance de ce taillis; 2° combien il a fallu débourser pour payer les coupeurs et les empileurs, sachant : 1° que, par double-stère, les premiers reçoivent 0 f. 90, et les seconds, 0 f. 25 ; 2° que, par stère, le chêne a été vendu 11 f. 50 ; le hêtre, 11 f. 75 ; l'alizier, 12 f., et l'érable, 11 f. 20 ?

P. 806. En supposant que 1 st. de bois de chêne vaille autant que 1 st. 8 de sapin, on demande : 1° combien il faut de stères de sapin pour remplacer 532 st. 5 de chêne, et quel sera le prix du stère de sapin, en supposant qu'un stère de chêne coûte 12 f. 60 ; 2° combien il faut de stères de chêne pour remplacer 846 st. de bois de sapin, et quel sera le prix du stère de chêne, si le stère de sapin coûte 5 f. 40.

P. 807. Un marchand de bois a perdu 0 f. 75 par stère, en revendant du bois pour 7 747 f. 29. On demande : 1° combien lui avait coûté le stère de ce bois, si sa perte s'est élevée à 656 f. 55 ; 2° combien de stères de ce bois a pu lui acheter un ouvrier couvreur qui gagne 36 f. par semaine, si, pour cet achat, il emploie la somme qu'il a reçue pour 5 semaines de travail.

P. 808. Un stère de bois rend 0 m³ 325 de charbon : combien a-t-il fallu de stères de bois pour faire le charbon contenu dans trois voitures portant chacune 1 m³ 645 ?

P. 809. Un stère de bois donne 64 kg. de charbon : combien a-t-il fallu de stères de bois pour faire le charbon contenu dans cinq voitures portant chacune 1 m³ 645 de charbon ? On sait que le mètre cube de ce charbon pèse 195 kg.

P. 810. Le transport du charbon s'effectue dans des voitures appelées bannes, contenant 1 m³ 645 ; or, le mètre cube de charbon de chêne pèse 225 kg. ; et, sur 100 kg. de bois, on obtient 18 kg. de charbon : combien faut-il de stères de bois de chêne pour faire le charbon contenu dans une banne, si le stère pèse 431 kg.?

P. 811. Dans la carbonisation en meules par le procédé ordinaire des charbonniers, on obtient 17 kg. 50 de charbon sur 100 kg. de bois : combien a-t-il fallu de stères pesant chacun 340 kg. pour obtenir 18 m³ 042 de charbon, si le mètre cube pesait 198 kg.?

P. 812. On a vendu pour 875 f. 40 de charbon à raison de 8 f. 50 les 100 kg. : combien de stères de bois avait-il fallu employer pour faire ce charbon ? On sait qu'un stère avait rendu 0 m³ 384 de charbon, et que le poids du mètre cube était de 240 kg.

P. 813. Combien de kilogrammes de charbon retirera-t-on d'une meule de bois qui en contient 96 st., sur lesquels il y a 48 st. de bois de charme, 24 st. de saule, et 24 st. de tremble? On sait : 1° qu'un stère de bois de charme pèse 410 kg., qu'un stère de bois de saule pèse 324 kg., et qu'un stère de bois de tremble pèse 220 kg. ; 2° que, en moyenne, 100 kg. de ces bois mélés donnent 18 kg. de charbon.

P. 814. Pour faire le charbon, on construit des fourneaux contenant de 60 à 90 st. de bois : combien de mètres cubes de charbon retirera-t-on de trois fourneaux dont le 1er est chargé de 64 st., le 2e de 72 st., et le 3e de 86 st., si le poids du stère est en moyenne de 300 kg., si 100 kg. de bois donnent 21 kg. de charbon, et si le mètre cube de charbon pèse 200 kg.?

P. 815. Dans les forêts, pour carboniser le bois, on le dispose quelquefois en tas de forme rectangulaire contenant 84 Dst. de bois. On demande : 1° la valeur du bois carbonisé dans 15 de ces tas, s'il revient à 8 f. 50 les 2 st. ; 2° la valeur du charbon obtenu, s'il est évalué à 8 f. 40 les 100 kg., et si chaque stère produit 84 kg. de charbon ; 3° la contenance du taillis qui fournit ce bois, si, par hectare, il a rendu 124 st.

P. 816. Par la nouvelle méthode de carbonisation dans les forêts, on dispose le bois en meules de 15 Dst., dont la carbonisation dure 15 jours. On demande : 1° combien un maître charbonnier peut carboniser annuellement de stères de bois en une année de 300 jours de travail ; 2° combien il obtiendra d'hectolitres de charbon, si chaque stère rend 65 kg. de charbon et si l'hectolitre pèse 20 kg. ; 3° combien lui coûtera le dressage des meules, s'il paie les ouvriers à raison de 0 f. 175 par stère.

P. 817. Combien a-t-il fallu préparer de meules de bois contenant chacune 45 st. pour obtenir le charbon consommé annuellement dans une usine où l'on prépare le fer au charbon de bois ? On sait : 1° que cette usine roule 300 jours par an, et qu'elle produit 3000 kg. de fonte par jour ; 2° que, pour 100 kg. de fonte, il faut 110 kg. de charbon ; 3° que, pour obtenir 21 kg. de charbon, il faut 100 kg. de bois ; 4° que le stère de bois mêlés pèse 375 kg.

P. 818. Pour la carbonisation du bois en vase clos, on a construit un fourneau dans lequel on peut carboniser 127 st. de bois de sapin par fournée. On demande : 1° combien on peut obtenir de charbon par an, si la carbonisation et les opérations accessoires durent 25 jours, si l'on travaille 300 jours par an, si 100 kg. du bois employé donnent 21 kg. de charbon, et si le stère de bois de sapin pèse 320 kg. ; 2° combien l'on obtiendra de goudron si, sur 25 kg. de bois, on obtient 0 kg. 12 de goudron ; 3° combien l'on carbonisera de décastères de bois par an ; 4° combien on consumera de stères de bois pour chauffer le fourneau, si chaque fournée en exige 13 st.

P. 819. Dans un nouvel appareil pour la carbonisation du bois de chêne, on a 8 fourneaux qui, annuellement, carbonisent chacun 62 Dst. 5 de bois de chêne ; 100 kg. de bois donnant 20 kg. de charbon et 19 kg. 50 d'acide pyroligneux. On demande : 1° la valeur du charbon produit annuellement, sachant que le stère de bois pèse 250 kg. et que le charbon vaut 8 f. 20 les 100 kg. ; 2° combien d'hectolitres de vinaigre de bois on obtient par an, sachant qu'une pièce d'acide pyroligneux pèse 223 kg. 5, que chaque pièce a produit 13 kg. 75 de vinaigre de bois, et que l'hectolitre de ce vinaigre pèse 106 kg. 3.

P. 820. Un voiturier a transporté chez un particulier 75 st. de gros bois de tige de chêne en quartiers : combien de voyages a-t-il dû faire pour cela ? On sait : 1° que sa voiture est à deux chevaux, dont chacun tire avec une force de 72 kg. ; 2° que le poids de la voiture est la 4e partie de la charge totale ; 3° que, pour tirer la voiture, il faut que l'effort exercé soit le produit de la charge totale par 0,08 ; 4° que le poids d'un stère plein est de 875 kg. ; 5° que les interstices ou vides ne laissent que 0,586 du stère plein.

P. 821. Avec une voiture à trois chevaux, dont chacun tire

avec une force de 68 kg., un voiturier a transporté 8 Dst. 7 de gros bois de tige de hêtre en quartiers : combien de voyages a-t-il dû faire ? On sait : 1° que le poids de la voiture était la 4ᵉ partie de la charge totale; 2° que le poids d'un stère plein est, pour le hêtre, de 820 kg.; 3° que les vides ne laissent que les 0,656 du stère plein; 4° que, pour tirer la voiture, les chevaux devaient exercer un effort égal au produit de la charge totale par 0,071.

P. 822. Avec une voiture à quatre chevaux, dont chacun tire avec une force de 68 kg., un voiturier a transporté 72 Dst. de gros bois de charme en quartiers, à une distance de 9 hm : combien ce transport a-t-il coûté? On sait : 1° que les chevaux marchaient avec une vitesse de 60 m. par minute ; 2° que, pour charger et décharger, il fallait 14 minutes par voyage ; 3° que, par jour, on travaillait pendant 10 heures 16 minutes ; 4° que le poids de la voiture était la 4ᵉ partie de la charge totale ; 5° que, pour le charme, le stère plein pèse 757 kg.; 6° que les vides étaient les 0,391 du stère plein ; 7° que, pour tirer la voiture, les chevaux devaient exercer un effort égal au produit de la charge totale par 0,165 ; 8° que, par jour, on payait 3 f. 50 par cheval, 3 f. pour le charretier, et 2 f. pour la voiture et les faux frais.

P. 823. Avec une voiture à 3 chevaux, dont chacun tire avec une force de 69 kg., un voiturier a débardé ou transporté à 85 Dm. de distance le bois provenant de la coupe d'un taillis de 25 ans qui a produit 164 st. de bois par hectare, et qui contient 15 ha. 72 : quelle somme a dû recevoir ce voiturier? On sait, 1° que les chevaux marchaient avec une vitesse de 50 m. par minute ; 2° que, par voyage, il fallait 20 minutes pour charger et décharger la voiture ; 3° que chaque stère pesait en moyenne 520 kg.; 4° que le poids de la voiture était la 4ᵉ partie de la charge totale; 5° que, pour tirer la voiture, les chevaux devaient exercer un effort égal au produit de la charge totale par 0,24 ; 6° que, par jour de 10 heures 48 minutes de travail, le voiturier devait recevoir 3 f. 75 pour chacun de ses chevaux, 3 f. pour lui-même, 2 f. pour équipage et faux frais.

P. 824. Un propriétaire a trois taillis que l'on coupe tous les 35 ans : leur contenance totale est de 548 ha. 36 a.; celle du plus grand, qui est de 198 ha. 4 a., surpasse de 42 ha. 9 a. celle du plus petit : le plus grand, situé dans un terrain médiocre, rend 112 st. par hectare; le 2ᵉ, situé dans un bon terrain exposé au nord, rend par hectare 208 st., et le plus petit, situé dans un terrain propre à la culture ordinaire, rend 246 st. par hectare : combien de décastères de bois ces trois taillis fourniront-ils dans une coupe?

P. 825. On a deux taillis que l'on a coupés au bout de 30 ans, et dont le plus petit a fourni 154 Dst. de bois ; or, si l'on retranchait 84 st. de la quantité fournie par le plus grand, et si le plus petit avait donné 56 st. de plus qu'il n'a fourni, on aurait en tout 372 Dst. de bois : quelle est la contenance de chacun de ces taillis, le plus grand ayant rendu 96 st., et le plus petit 175 st. par hectare?

P. 826. On a deux taillis dont le plus grand est situé dans un terrain très-fertile, et l'autre, dans un terrain propre à faire de très-bonnes terres. Ayant été coupés au bout de 40 ans, le plus petit a fourni 2 648 st. de bois ; or, si l'on retranchait 136 st. de la quantité fournie par le plus grand, et si l'autre avait donné 8 Dst. 5 de plus qu'il n'a fourni, on aurait en tout 972 Dst. de bois : quelle est la contenance de chacun de ces taillis, si, par hectare, le plus grand a rendu 408 st. et le plus petit 301 st. ?

P. 827. On a deux taillis âgés de 35 ans et situés, l'un, dans un fonds un peu froid et d'une fertilité ordinaire, l'autre, le plus grand, dans un bon terrain en coteau. Le plus petit a fourni 341 Dst. de bois : mais, s'il avait donné en plus 95 st., et si l'on retranchait 108 st. de la quantité fournie par le plus grand, on aurait retiré en tout, de ces deux taillis, 846 Dst. de bois : quelle est la contenance de chacun, si, par hectare, le plus petit donne 24 Dst. 6, et l'autre 208 st. ?

P. 828. Si l'on multipliait par 4 le nombre de stères de bois en grume fournis par deux futaies, on obtiendrait 2 845 pour la différence entre le nombre de stères fournis par la 1re, et le nombre de stères fournis par la 2e, qui a donné 872 st. : quelle quantité de fagots pesant chacun 8 kg. retirera-t-on de chacune de ces deux futaies ? On sait : 1° que le poids d'un stère de branches est de 270 kg.; 2° que pour un stère de bois en grume, la 1re fournit 16 dst., et la 2e, 11 dst. de branches.

P. 829. Si l'on multipliait par 6 le nombre des fagots formés avec les branches provenant de la coupe de deux taillis, on obtiendrait 6 474 pour la différence entre le nombre de fagots donné par le plus grand et le nombre donné par le plus petit, qui a rendu 4 820 fagots : quelle est la contenance de chacun de ces taillis ? On sait que, outre les bûches, ils ont produit 1 250 fagots par hectare.

P. 830. Si l'on multipliait par 5 le nombre de fagots obtenus dans deux futaies, on obtiendrait 3 975 pour la différence entre le nombre de fagots donnés par la 1re et le nombre de fagots donnés par la 2e, qui a fourni 1 246 fagots : quel est le nombre de stères de bois en grume fournis par chacune de ces deux futaies ? On sait : 1° que le poids moyen d'un fagot est de 8 kg. 7 ; 2° que le poids d'un stère des branches avec lesquelles ils sont faits est de 275 kg., 3° que, pour 1 st. de bois en grume, la 1re futaie étant très-branchue, a fourni 2 st. de branches, et que la 2e, étant moyennement branchue, a fourni 16 dst. de branches.

P. 831. On a acheté pour 15 630 f. le bois provenant d'une coupe faite, au bout de 15 ans, dans deux taillis situés dans des terrains médiocres : or, si l'on retranchait 2 057 f. de la somme déboursée pour la coupe du plus grand, afin de les joindre à la somme payée pour la coupe du plus petit, ces deux sommes seraient égales : quelle est la contenance de chacun de ces deux taillis ? On sait : 1° que, par hectare, le plus grand taillis a fourni 33 st. de bois ' et le plus petit, 32 st.; 2° que le prix de revient du stère a été de 6 f. 90.

P. 832. On a acheté pour 25 630 f. le bois provenant d'une coupe faite au bout de 25 ans dans deux taillis : or, si l'on retranchait 1 385 f. de la somme qu'a coûtée la coupe du plus grand, pour les joindre à la somme payée pour la coupe du plus petit, ces deux sommes seraient égales : quelle est la contenance de chacun de ces deux taillis? On sait : 1° que le prix de revient du stère de bois est de 7 f. 20; 2° que, par hectare, le plus grand taillis a rendu 178 st., et le plus petit, 238 st.

P. 833. Le bois provenant de la coupe faite, au bout de 15 ans, dans deux taillis, a coûté 12 540 f. Or, ces deux taillis, situés dans des terrains assez bons, ont fourni, le plus grand, 68 st. par hectare, et l'autre, 88 st., et le prix de revient du stère a été de 7 f. 60 : quelle est la contenance de chacun de ces taillis? On a calculé que, si l'on retranchait 2 424 f. de la somme payée pour la coupe du plus grand, afin de les joindre à la somme qu'a coûtée la coupe du plus petit, les deux sommes seraient égales.

P. 834. On a acheté pour 675 f. de bois de chauffage de deux espèces; la 1re était du bois de chêne valant 11 f. 50 le stère, la 2e était du bois de frêne coûtant 11 f. 70 le stère; or, la somme dépensée pour ce dernier bois était inférieure à celle dépensée pour le chêne, et elle surpassait de 285 f. la différence entre les deux sommes : combien de stères de chaque espèce de bois a-t-on achetés?

P. 835. On a retiré 8 437 st. de bois de deux taillis coupés au bout de 25 ans; la quantité fournie par le plus petit surpasse de 230 Dst. la différence entre les quantités de bois fournies par les deux taillis : quelle est leur contenance respective si, par hectare, le plus grand a rendu 63 st., et l'autre 76 st.?

P. 836. On a acheté pour 17 643 f. le bois provenant d'une coupe faite au bout de 25 ans dans deux taillis, dont le plus grand a rendu 14 Dst. par hectare, et le plus petit 164 st. : quelle est la contenance de chacun de ces deux taillis? On sait : 1° que la somme donnée pour payer le bois provenant du plus petit taillis surpasse de 1 950 f. la différence entre le prix de la coupe du plus grand et le prix de la coupe du plus petit; 2° que le prix de revient du stère a été de 7 f. 40.

MESURES DE CAPACITÉ

P. 837. Combien y avait-il de décalitres d'huile dans un baril d'huile de baleine qui en contient encore 4 hl. 32, après qu'on en a vendu 13 Dl. 5 et qu'on en a perdu 15 lt.?

P. 838. Un cultivateur qui avait déjà 35 doubles-litres de graine de trèfle, vient d'en acheter 15 demi-décalitres pour 78 f.: combien d'hectolitres de cette graine a-t-il en tout?

P. 839. Un cultivateur a vendu à un 1er marchand brasseur 65 demi-hectolitres d'orge pour 309 f.; à un 2e, 614 doubles-décalitres pour 1154 f. 32, et à un 3e, 878 demi-décalitres pour 417 f. 05 : combien d'hectolitres a-t-il vendus en tout, et pour quelle somme?

P. 840. Un fabricant d'huile d'olive veut en remplir une pièce dans laquelle il en a déjà versé 548 lt. : quelle est la contenance de cette pièce, s'il en faut encore 1 hl. 2 lt.?

P. 841. Quelle quantité de litres d'huile de baleine a-t-on achetée si, à deux barils dont on a déjà fait l'acquisition, et qui contiennent, l'un 6 Dl., et l'autre 5 hl. 4, on ajoute l'emplette d'un 3e baril qui en contient 1 kl. 25 lt.?

P. 842. En 1853, la France a envoyé en Norwége 9477 hl. de seigle; en Allemagne, 6047 kl. 5; en Hollande, 7952 hl.; en Belgique, 22911 kil.; en Suisse, 5711 hl.; dans les Etats-Sardes, 119935 doubles-décalitres; en Angleterre, 371 kl. 5 de plus que dans les Etats-Sardes; et, dans les autres pays, 2693 hl. : quel est le nombre total d'hectolitres de seigle envoyés par la France aux pays étrangers?

P. 843. On a acheté deux barils d'huile de baleine qui en contiennent chacun une quantité telle, que, si l'on retranche de l'un 35 Dl. et 154 lt. de l'autre, il reste dans chaque baril 8 hl. : combien chacun en contient-il d'hectolitres?

P. 844. Un propriétaire veut répandre de la chaux dans 4 pièces de terre, à raison de 18 hl. par hectare. Pour la 1re, il lui en faut 124 Dl.; pour la 2e, il lui en faut 75 Dl. de plus; pour la 3e, autant que pour les deux premières; et, pour la 4e, 31 Dl. de plus que pour la 2e : combien de décalitres de chaux devra-t-il acheter à 4 f. 20 l'hectolitre?

P. 845. Un épicier veut avoir 175 lt. 45 d'huile de colza, il en a déjà 12 Dl. 36 : combien doit-il encore en acheter?

P. 846. Un cultivateur avait vendu 218 Dl. de sarrazin pour 163 f. 50; il en a déjà livré 16 demi-hectolitres pour 60 f. : combien en doit-il encore livrer d'hectolitres, et pour quelle somme?

P. 847. Un cultivateur a récolté 574 demi-décalitres de seigle; il en prend 4 hl. 80 pour sa semence : combien lui en restera-t-il de doubles-décalitres?

P. 848. Trois barils d'huile de baleine contiennent ensemble 3 kl. 75 lt.; le 1er en contient 12 hl. moins 2 doubles-décalitres; et le 2e en contient 118 Dl. : quelle est, en hectolitres, la contenance du 3e?

MESURES DE CAPACITÉ.

P. 849. On a récolté dans une ferme, 85 demi-décalitres de graine de luzerne sur lesquels on en a réservé 98 doubles-litres pour l'ensemencement de divers champs, et l'on a vendu le reste : de combien de litres la quantité vendue surpasse-t-elle la quantité réservée ?

P. 850. On a un vase plein d'eau, dont la capacité est 25 lt., un caillou de 7 580 cm^3 est tombé dedans : combien y est-il resté d'eau ?

P. 851. Un marchand de vin en a une certaine quantité ; il en vend d'abord 74 hl. 8 Dl. ; il en achète 97 doubles-décalitres 18 lt., puis 32 hl. 45 dl. ; il en vend 873 Dl. 6 lt., puis 640 lt., puis 289 Dl. ; et, après en avoir acheté 43 hl., il lui en reste encore 788 Dl. 85 : combien en avait-il en magasin ?

P. 852. Un vigneron a récolté 172 hl. 7 lt. de vin dans une vigne ; une seconde en a produit 28 doubles-décalitres de moins ; une 3e en a produit 243 lt. de plus que la 1re ; et enfin, une 4e en a produit autant que la 1re et la 3e, moins 631 demi-décalitres : quelle est sa récolte totale ?

P. 853. Un magasin contenait 4 636 hl. de blé ; on en a distribué en cinq différentes fois 428 doubles-hectolitres, 154 demi-kilolitres, 1 652 doubles-décalitres, 8 433 demi-décalitres, et 8 755 doubles-litres : combien en reste-t-il de décalitres ?

P. 854. Deux laitières ont vendu du lait ; la 2e en a débité 54 dl. de moins que la 1re, qui en a déjà vendu 21 lt. 4 : combien la 2e en aura-t-elle vendu, en ayant le même débit que la 1re, lorsque celle-ci en aura encore débité 3 doubles-litres ?

P. 855. Sur 72 289 kl. de maïs que le commerce général de la France a envoyés aux pays étrangers en 1853, l'Espagne en a reçu 6 784 hl. ; les États-Sardes, 2 081 kl. ; la Toscane, 23 265 doubles-décalitres ; la Suisse, 10 776 demi-hectolitres de plus que les États-Sardes ; la Guadeloupe, 4 065 doubles-décalitres de plus que la Martinique, qui en a reçu 5 897 hl. ; enfin, divers pays en ont reçu 38 kl. 5 ; et l'Angleterre a reçu le reste : quel est ce reste en hectolitres ?

P. 856. Un marchand peut vendre par an 3 743 lt. de vin en gagnant 8 centimes par litre ; mais s'il gagne 11 centimes par litre, il ne peut en vendre, pendant le même temps, que 26 hl. 82 lt. : quel est le plus avantageux ?

P. 857. Pour 1 f. on a eu un décalitre de lait : combien en aura-t-on de décilitres pour 8 f. 90 ?

P. 858. Si l'on sème 245 lt. de pois gris ou bisailles par hectare, quelle quantité de semence faudra-t-il pour ensemencer 18 ha. 7 a. 45 ca., et quelle sera la récolte, si les pois rendent 32 pour un ?

P. 859. Un marchand de vin en a acheté les quantités suivantes : 1° 743 hl. 845 cl. ; 2° 9 632 lt. ; 3° 807 hl. 8 dl. ; 4° 1 843 Dl. 6 lt. ; 5° 7 432 dl. : combien en a-t-il reçu, et combien doit-il payer pour le tout, si le litre coûte 0 f. 45 ?

P. 860. Combien coûtent 1 728 Dl. 28 dl. de vin, si l'hectolitre coûte 37 f. 50 ?

P. 861. Un courtier a vendu 145 hl. 60 lt. de vin : quel sera son gain s'il a 0 f. 025 par litre ?

P. 862. Un hectare d'avoine produit en moyenne 3 258 lt. de

grain : quelle est la valeur de la récolte de 9 ha. 275 ca., si l'hectolitre d'avoine vaut 6 f. 95?

P. 863. Un particulier a dépensé 665 f. 15 pour achat de vin, à 0 f. 35 le litre : on lui en a d'abord livré 78 Dl. 763 cl., puis 2 hl. 49 l. 54 : de combien était la 3ᵉ livraison ?

P. 864. Un baril d'huile à brûler en contient 123 lt. 17 cl.; un deuxième en contient 11 Dl. 8 dl.; et un 3ᵉ, 878 dl. L'huile du 1ᵉʳ coûte 1 f. 15 le litre; celle du 2ᵉ, 1 f. 22 le litre; et celle du 3ᵉ, 12 f. 75 le Dl. : quel est le prix de chaque baril et celui des trois barils réunis ?

P. 865. On a vendu 18 barils d'huile d'olive contenant chacun 18 Dl. 7 lt. à raison de 170 f. les 100 kg. : quelle somme devra-t-on recevoir, sachant que l'hectolitre de cette huile pèse 91 kg. 5 ?

P. 866. Avec un égrenoir à maïs on peut en égrener 3 hl. par jour : combien de doubles-décal. pourrait-on égrener pendant les six jours de travail d'une semaine ?

P. 867. Un filtre mobile, pouvant servir dans les voyages et valant 3 f., donne 5 Dl. d'eau en 24 heures : combien de demi-hectolitres donnera-t-il en huit jours, s'il fonctionne jour et nuit ?

P. 868. On demande combien l'on gagnera sur 225 lt. de vin, en le vendant 0 f. 60 le litre; sachant qu'il a coûté par hectolitre 38 f. d'achat, 2 f. 50 de commission, 2 f. 75 pour droits de circulation, 4 f. 75 pour frais de transport.

P. 869. Une 1ʳᵉ pièce de vin contient 221 lt. 75; une 2ᵉ en contient 215 lt. 68; une 3ᵉ, 206 lt. 22; une 4ᵉ, 196 lt. 35. On demande : 1° à combien revient ce vin, si on l'a payé 0 f. 22 le litre, et si l'on a payé pour l'entrée 8 f. 50 par hectolitre, et pour le tout 52 f. 50 de transport et autres frais ; 2° à quel prix on devra porter le litre, si l'on veut gagner 3 c. 25 par litre.

P. 870. Un propriétaire a vendu 28 sacs de blé à raison de 18 f. 75 l'hectolitre, 18 sacs à 17 f. 15, 31 sacs de seigle à 13 f. 60 l'hectolitre; le sac contenant 15 Dl., on demande combien le propriétaire a dû recevoir en tout.

P. 871. Un cultivateur a récolté 5 435 demi-hectolitres de rutabagas mesurés comble dans une pièce de terre qui a rendu par hectare 72 500 kg. de ces racines : quelle est, en ares, la contenance de cette pièce, l'hectolitre mesuré comble, pesant 78 kg. ?

P. 872. Un cultivateur a quatre pièces de terre ensemencées de lin; la 1ʳᵉ lui a rendu 28 doubles-décalitres de graine; la 2ᵉ, 15 demi-hectolitres; la 3ᵉ, 75 Dl.; et la 4ᵉ, 1 675 lt. : combien d'hectolitres de graine de lin a-t-il récoltés en tout, et combien d'hectol. d'huile pourra-t-il en retirer, l'hectol. de graine donnant 12 lt. d'huile ?

P. 873. Un cultivateur a ensemencé de chanvre quatre pièces de terre : la 1ʳᵉ lui a fourni 54 demi-hectolitres de graine; la 2ᵉ, 8 hl. 46; la 3ᵉ, 74 doubles-décalitres, et la 4ᵉ 182 Dl. : combien d'hectolitres d'huile pourra-t-on retirer de cette graine, sachant que, pour avoir 12 lt. d'huile, il faut un hectolitre de graine ?

P. 874. Un négociant achète, au prix de 132 f. les 100 kg., 35 tonneaux contenant chacun 22 Dl. 8 d'huile de sésame : quelle somme devra-t-il débourser, sachant que l'hectolitre d'huile de sésame pèse 92 kg. 7 ?

MESURES DE CAPACITÉ.

P. 875. Un cultivateur a 8 ha. 40 a. plantés en pommiers dont les fruits servent à faire du cidre : combien d'hectolitres de cidre ce cultivateur peut-il vendre chaque année, supposé qu'il en réserve 35 hl. pour la consommation de sa maison ? On sait : 1° que, par hectare, il y a 70 arbres ; 2° que, en moyenne, chaque arbre fournit annuellement 20 Dl. de pommes ; 3° qu'un hectolitre de pommes donne 43 lt. de cidre.

P. 876. Une fontaine qui donne 35 Dl. d'eau par heure, remplit un bassin en 24 heures : combien une fontaine qui donnerait 2 hl. 8 par heure, emploierait-elle d'heures pour remplir le même bassin ?

P. 877. Deux fontaines coulent dans un bassin ; la 1re y verse 7 lt. 45 par minute, et la seconde, 8 lt. 22 : combien faudra-t-il de temps aux deux fontaines coulant ensemble pour remplir le bassin qui contient 82 hl. 2675 ?

P. 878. Trois fontaines coulent dans un bassin : la 1re donne 72 lt. par heure ; la 2e, 25 dl. par minute, et la 3e, 345 cl. aussi par minute ; il y a, au fond du bassin, une ouverture par laquelle il perd 92 lt. 75 par heure : le bassin étant vide, quelle quantité d'eau y aura-t-il après 17 heures ?

P. 879. Un bassin reçoit par minute 12 lt. 25 d'une 1re fontaine, 34 dl. d'une 2e, et 21 lt. 40 d'une 3e. D'autre part, une 1re ouverture lui fait perdre, dans le même temps, 15 lt. 60, et une 2e ouverture, 245 cl. : quelle est la capacité du bassin, s'il faut 17 heures pour l'emplir ?

P. 880. Un négociant a acheté 24 barils d'huile d'olive surfine vieille, contenant chacun 115 lt., à raison de 220 f. les 100 kg. : combien gagnera-t-il sur ce marché, s'il revend cette huile à raison de 2 f. 50 le kilogramme, supposé qu'il y ait eu 5 lt. de perte sur chaque baril ? On sait que l'hectolitre d'huile d'olive pèse 91 kg. 5.

P. 881. Un marchand limonadier a acheté 7 pièces de liqueur contenant chacune 215 lt., à 195 f. la pièce : quel sera son bénéfice, s'il vend cette liqueur à raison de 0 f. 15 le dl. ? Il est à remarquer qu'il a payé 140 f. de droits, 50 f. de transport, et que, par divers accidents, il s'en est perdu 4 lt. par pièce.

P. 882. Quelle est la dépense annuelle occasionnée pour l'entretien de 6 chevaux, si chaque cheval consomme, par mois, 3 hl. d'avoine à 5 f. 35 ; une botte de foin par jour et 34 bottes de paille par mois ? Le foin vaut 38 f. 35 les 100 bottes ; et la paille, 19 f. 50 ; le ferrage est évalué annuellement à 24 f. par cheval.

P. 883. On a vendu 144 Dl. de froment à 19 f. 55 l'hectolitre ; 385 lt. à 16 f. 25 l'hectolitre, et 18 doubles-décalitres à 17 f. 60 l'hectolitre ; sur le 1er lot, on a gagné 2 f. 18 par hectolitre ; sur le 2e, on a perdu 1 f. 85 aussi par hectolitre ; et sur le 3e, on a gagné 0 f. 07 par décalitre. On demande : 1° combien on a gagné en tout ; 2° le prix coûtant total ; 3° ce qui restera à un ouvrier marbrier, de la somme qu'il a reçue pour 72 jours de travail, s'il a employé une partie de cette somme à l'achat des 385 lt. ci-dessus cités, et s'il gagne 3 f. 50 par jour.

P. 884. Trois pièces de vin de même qualité ont été vendues 329 f. 12 ; la 1re a été vendue 80 f. 64 ; et la 2e, 73 f. 71 ; la

1ᵣₑ contenait 230 lt. 40 cl. : quel était le contenu des deux autres?

P. 885. Un marchand de vin a fait quatre achats montant à 13 983 f. 60 ; le 1ᵉʳ achat était de 542 Dl. 8 ; pour le 2ᵉ, il a déboursé 2739 f. 10 ; et, pour le 3ᵉ, 5 355 f. 65 : de combien de litres était chacun des trois derniers achats, l'hectolitre ayant coûté 43 f. ?

P. 886. Un vase pouvant contenir 75 dm³ 50 cm³ a été rempli d'une liqueur qui coûte 250 f. 05 l'hectolitre : combien faut-il revendre le demi-litre de cette liqueur, pour gagner 12 f. 50 sur le tout?

P. 887. Le demi-hectolitre de graine de colza s'est vendu 12 f. 50 : combien aura-t-on d'hectolitres pour 18 193 f. 70 ?

P. 888. En admettant qu'une personne consomme 168 lt. de blé par an et qu'un moulin puisse moudre 36 hl. de blé par jour, on demande combien il faudrait de moulins pour moudre, en 245 jours, la quantité de blé nécessaire à la consommation annuelle de 35 782 000 hommes.

P. 889. Un marchand de vin en a acheté 48 barriques contenant chacune 315 lt., à raison de 30 f. l'hectolitre. On demande : 1° combien il doit revendre l'hectolitre pour gagner 415 f. 80 ; 2° pendant combien de jours un ouvrier tapissier qui gagne 3 f. par jour, devra travailler pour gagner la somme nécessaire à l'achat de 36 lt. de ce vin.

P. 890. On a accordé une ration de vin à tous les hommes d'une division qui se trouvaient à une grande manœuvre ; un litre a fourni 3 rations ; chaque tonneau contenant 27 Dl. a été payé 148 f. 50 ; et on a donné, pour le total de la dépense, 3 300 f. On demande : 1° à combien d'hommes on a distribué ce rafraîchissement ; 2° combien a coûté chacune des rations distribuées.

P. 891. Un champ de 196 m. 90 de longueur, sur 117 m. de largeur, est planté en pommes de terre ; les rangs, disposés dans le sens de la longueur, sont écartés de 0 m. 45, et les plants d'un même rang sont à 0 m. 33 de distance : combien a-t-il fallu d'hectolitres de pommes de terre si chaque plant contient un tubercule d'une grosseur moyenne de 8 cl., et quelle a été la dépense à faire pour les pommes de terre, si l'hectolitre a coûté 2 f. 85 ?

P. 892. En 56 jours, 728 personnes ont consommé 125 pièces de vin ; la ration journalière était de 0 lt. 65 ; la dépense totale a été de 11 569 f. 35 ; les droits d'entrée se sont élevés à 331 f. 28 ; et les frais de transport, à 108 f. 10. On demande : 1° le prix d'achat et le prix de revient de l'hectolitre de ce vin ; 2° le nombre d'hectolitres contenus dans chaque pièce.

P. 893. On a acheté 14 hl. de vin à 0 f. 40 le litre. On demande : 1° combien on devra débourser ; 2° combien il faudra vendre le litre, si l'on veut gagner en tout 182 f. ; 3° combien de litres de ce vin un ouvrier menuisier pourrait acheter avec la somme qu'il vient de recevoir pour 3 mois de travail, sachant qu'il gagne 1 500 f. par an.

P. 894. On a acheté 8 barriques de vin contenant chacune 218 lt. 25. On demande : 1° combien l'on déboursera si le litre coûte 0 f. 28, et si l'on a payé 87 f. 30 pour frais divers ; 2° combien on devra vendre le litre si l'on veut gagner 0 f. 12 par litre ; 3° combien de litres de ce vin un ouvrier menuisier pourra acheter avec la somme qu'il a reçue pour 2 mois et demi de travail, sachant qu'il gagne 80 f. par mois.

P. 895. Un marchand de vin en a acheté 4 barriques contenant chacune 260 lt. pour 530 f.; pour les droits, il a payé 30 f. par barrique; pour le transport du tout, il a payé 82 f. On demande : 1° combien il doit revendre le litre pour gagner 100 f. sur le tout; 2° combien de litres pourront être achetés par un compagnon serrurier qui gagne 4 f. 50 par jour, avec la somme qu'il a reçue pour 4 jours de travail.

P. 896. Un marchand de vin en a acheté 5 pièces pour 371 f. 16, à raison de 36 f. l'hectolitre; la 1re contient 202 lt. 5; la 2e, 204 lt·; la 3e, 207 lt. 27; la 4e, 217 lt. 23. On demande: 1° combien de litres contient la 5e; 2° le nombre de litres que pourrait acheter un ouvrier serrurier ferreur ou poseur, qui gagne 4 f. 75 par jour, avec la somme qu'il vient de recevoir pour 9 jours de travail, si le marchand veut gagner 0 f. 90 par décalitre.

P. 897. Un marchand a acheté 4 pièces de vin pour 630 f.; il en a vendu à un ouvrier tourneur 55 lt. pour 36 f. 30; on sait que ce marchand gagne 0 f. 03 par litre : on demande combien chaque pièce contient de litres.

P. 898. Deux cent quarante-huit litres d'eau-de-vie ont coûté 406 f. 72; 643 lt. 28 d'eau-de-vie d'une autre qualité ont coûté 1 f. 65 le litre : on demande quelle est la plus chère, et de combien par litre.

P. 899. Si l'on vend du vin 4 f. 50 le décalitre, on ne gagne rien; mais, si on le vend 41 f. 15 l'hectolitre, on perd 664 f. 66. On demande : 1° quelle est la quantité d'hectolitres de vin que l'on vend pour éprouver cette perte; 2° combien de litres de ce vin un peintre en bâtiment qui gagne 2 f. pourra acheter avec la somme qu'il vient de recevoir pour 6 jours de travail.

P. 900. Un marchand a acheté, d'une part, 5 pièces de vin qui contiennent ensemble 10 hl. 8, et qui lui ont coûté 432 f.; et, d'une autre part, 7 pièces dont chacune contient 2 hl. 98 dl. pour la somme de 587 f. 44. On demande : 1° quel est le plus cher; 2° à combien revient le litre de chaque qualité; 3° combien on doit vendre le litre pour gagner 0 f. 08 par litre.

P. 901. Si un litre de vin vaut 25 cl. d'eau-de-vie, on demande : 1° combien il faudrait de litres de vin pour payer 511 lt. 16 d'eau-de-vie estimée 1 f. 40 le litre; 2° quel est le prix du litre de vin.

P. 902. Pour la cuisson de 1 800 pains, on a employé 3 st. 4 dst. de bois à 10 f. 35 le stère, et 5 falourdes à 0 f. 16 pour le chauffage de l'eau; on retire 4 hl. de braise estimée 1 f. 65 l'hectolitre. On demande : 1° à combien revient la cuisson d'un pain; 2° la somme qui restera à une polisseuse de marbre qui gagne 1 f. 50 par jour, sur celle qu'elle a reçue pour 15 jours de travail, après qu'elle aura acheté et payé la braise en question.

P. 903. Une pièce de vin contenant 227 lt. 40 a été échangée contre une pièce d'eau-de-vie contenant 148 lt. 60 à 1 f. 20 le litre : on demande quel est le prix du litre de vin, si la pièce d'eau-de-vie vaut 30 f. 51 de plus que la pièce de vin.

P. 904. Un litre de froment contient en moyenne 16 000 grains. Dans une bonne terre, un plant doit occuper une surface de

52 cm² à cause du tallage; dans une moyenne terre, il doit occuper 45 cm²; et, dans une mauvaise terre, il n'en doit occuper que 36 : combien d'hectolitres de grains faut-il pour ensemencer un hectare de chaque qualité de terre? Il faut augmenter le résultat de moitié à cause des grains qui ne lèvent pas.

P. 905. Un fermier veut ensemencer de froment 3 ha. 15 a. de terre de première qualité, 245 a. de moyenne qualité et 352 a. de mauvaise qualité : combien lui faudra-t-il d'hectolitres de blé, si le tiers du grain semé ne lève pas; et quelle sera sa dépense, si l'hectolitre coûte 15 f. 90?

REMARQUE. Le tiers du grain semé égale la moitié du grain levé.

P. 906. Un plant de lentilles doit occuper environ 24 cm² : combien faut-il de litres de grains pour ensemencer 1° un hectare, 2° 458 a., si un décalitre contient 348 500 grains; et, pour le second cas, quelle est la dépense, si la semence coûte 37 f. 75 l'hectolitre? On ajoutera 0,1 pour les grains qui ne lèvent pas.

P. 907. Un journalier avait reçu des lentilles pour ensemencer un terrain de 3 ha. 65 a. aux conditions du problème précédent; mais, cédant à une inspiration coupable, il a retenu une partie de la semence qui lui avait été confiée, et il a semé le reste de telle manière que chaque plant de lentilles occupe en moyenne un espace de 30 cm² : combien de litres de lentilles ce journalier a-t-il retenus, et quelle est la valeur de cette retenue frauduleuse?

P. 908. Quelle est la quantité d'hectares de vignes que possède un propriétaire qui a récolté un nombre d'hectolitres de vin tel, que, si l'on retranche 6 de la 9ᵉ partie de ce nombre, le reste sera 12? On sait que la récolte a été de 45 hl. par hectare.

P. 909. Trois pièces de terre ont donné 72 hl. d'avoine; la 1ʳᵉ et la 2ᵉ en ont donné 26 hl. de plus que la 3ᵉ; et la 2ᵉ en a donné 28 hl. de moins que la 1ʳᵉ et la 3ᵉ ensemble; leur produit moyen par hectare est évalué à la somme de 287 f. : on demande le prix de l'hectolitre, sachant que chaque hectare a donné 35 hl.; on demande aussi la contenance de chaque pièce.

P. 910. Un cultivateur a récolté dans trois champs 9486 hl. de topinambours : combien de doubles-décalitres de ces tubercules avait-il été obligé de planter dans ces champs? On sait : 1° que, par hectare, il a récolté 13 800 kg. de topinambours; 2° que l'hectolitre comble de ces tubercules pèse 75 kg.; 3° que, par hectare, il faut planter 21 hl. de topinambours.

P. 911. Un jardinier a planté en citrouilles une des planches de son jardin, laquelle a 14 a. 25 de superficie : combien de litres de graines lui ont fourni les citrouilles qu'il a récoltées? On sait : 1° que le rendement a été de 2 800 kg. par are, 2° que le poids moyen de chaque citrouille était de 12 kg. 50, 3° que 100 citrouilles lui ont fourni 14 Dl. de graines.

P. 912. On a vendu, au prix de 3 f. 50 l'hectolitre mesuré ras, les pommes de terre récoltées dans un champ qui en a fourni 16 820 kg. par hectare; et, si la somme qu'a produite cette vente était augmentée de 50 f., elle monterait à 3 200 f : quelle est, en ares, la contenance du champ, l'hectolitre de pommes de terre pesant 67 kg. mesuré ras?

P. 913. Un marchand achète, au prix de 2 f. 75 l'hectolitre, une certaine quantité de pommes de terre qu'il revend avec un bénéfice de 248 f. 20; et ce bénéfice est la seizième partie du prix d'achat : quelle était la contenance totale des quatre champs qui ont fourni ces pommes de terre, dont l'hectolitre pesait 72 kg.? On sait que le rendement moyen de ces champs a été de 21 350 kg. par hectare.

P. 914. Un marchand achète au prix de 3 f. 25 l'hectolitre une certaine quantité de pommes de terre qu'il revend avec un bénéfice de 172 f., et ce bénéfice est égal à la dix-huitième partie du prix de vente : quelle était la contenance totale des trois champs qui ont fourni ces pommes de terre dont l'hectolitre, mesuré comble, pesait 75 kg.? On sait que le rendement a été de 15 420 kg. par hectare.

P. 915. Un marchand de vin achète au prix de 48 f. 50 l'hectolitre la récolte d'un vigneron; ce marchand revend ensuite ce vin avec un bénéfice de 375 f., et ce bénéfice est égal à la quinzième partie du prix de vente : combien d'hectares de vignes possède le vigneron? On sait que sa récolte a été de 18 hl. 40 par hectare.

P. 916. Un cultivateur a deux pièces de terre contenant ensemble 95 a.; la différence entre leurs contenances respectives est triple de la contenance de la plus petite. Or, par hectare, la plus grande a fourni 28 400 kg. de navets-turneps, et la petite en a donné 31 580 kg. : combien d'hectolitres de ces racines a-t-on récoltés, l'hectolitre de turneps pesant 52 kg. mesuré ras?

P. 917. Un cultivateur ensemence de navets-turneps deux pièces de terre contenant ensemble 1 ha. 80; la différence entre leurs contenances respectives est quatre fois plus grande que la contenance de la plus petite. Or, par hectare, la grande fournit 41 520 kg., et la petite, 46 830 kg. : combien d'hectolitres de turneps ces deux terres donneront-elles, si l'hectolitre pèse 67 kg. mesuré comble?

P. 918. Un cultivateur ensemence de rutabagas deux pièces de terre contenant ensemble 2 ha. 48 a. 50 ca.; la différence entre leurs contenances respectives est 5 fois la contenance de la plus petite; par hectare, la grande fournit 49 750 kg. de ces racines, et la petite en donne 60 420 kg. : combien de doubles-décalitres de rutabagas récoltera-t-il, sachant que l'hectolitre pèse 60 kg. mesuré ras?

P. 919. Un cultivateur possède 28 beaux noyers qui lui rapportent annuellement chacun 30 Dl. de noix : combien d'hectolitres d'huile de noix peut-il vendre chaque année, supposé que, pour la consommation de sa maison, il garde 3 demi-hectolitres de noix, qu'il fasse de l'huile avec le reste et qu'il réserve pour ses usages domestiques 3 doubles-décalitres d'huile? On sait : 1° que l'hectolitre de noix en coques donne 16 kg. d'huile, 2° que le décalitre d'huile de noix pèse 9 kg. 283.

P. 920. Un industriel, qui exploite un moulin à huile, achète de quatre cultivateurs de la graine de lin avec laquelle il fabrique pour 18 540 f. d'huile, au prix de 131 f. les 100 kg.; le 1er de ces cultivateurs lui fournit 297 demi-hectolitres de graine; le 2e, 672 doubles-décalitres; le 3e, 1459 dl. : combien d'hectolitres a-t-il reçus du 4e, qui a fourni le reste? On sait : 1° que l'hectolitre de graine a rendu 108 Dl. d'huile ; 2° qu'un litre d'huile de lin pèse 0. kg. 94.

P. 921. Un industriel, qui exploite une huilerie, a fait dans une année pour 25 640 f. d'huile de chènevis vendue sur le pied de 140 f. les 100 kg. Cinq marchands de graines lui ont fourni la graine de chanvre avec laquelle il a fabriqué cette huile ; le 1er en a fourni 458 hl. 40 ; le 2e, 735 demi-hectolitres ; le 3e, 975 doubles-décalitres ; le 4e, 1482 Dl., et le 5e a fourni le reste : quel est ce reste ? On sait que l'hectolitre de graine rendait en moyenne 13 lt. d'huile, et que l'hectolitre d'huile de chènevis pèse 92 kg. 76.

P. 922. Un négociant achète au prix de 152 f. les 100 kg., 25 tonneaux d'huile d'arachide contenant chacun 2 hl. : combien de doubles-décalitres de semence a-t-il fallu employer pour produire la graine qui a fourni cette huile, et quelle somme le négociant devra-t-il débourser ? On sait : 1° que l'hectolitre de graine d'arachide pèse 30 kg. et que, par hectare, il faut 19 lt. de semence; 2° qu'un hectare produit 500 kg. de graine, rendant 34 kg. d'huile par 100 kg. de graine. On suppose que l'hectolitre de cette huile pèse 92 kg.

P. 923. Un cultivateur a employé 74 kg. 5 de graine de cameline pour ensemencer divers champs qui, à la récolte, lui ont rendu 22 hl. de graine par hectare ; quelle somme ce cultivateur retirera-t-il de la vente de cette huile, et combien de kilogrammes de tourteaux pourra-t-il avoir pour la nourriture de ses bestiaux ? On sait : 1° que, par hectare, il a répandu 5 kg. 8 de semence ; 2° que l'hectolitre de cameline pèse 70 kg. ; 3° que 100 kg. de graine donnent 27 kg. d'huile et 72 kg. de tourteaux ; 4° que l'huile a été payée sur le pied de 93 f. les 100 kg.

P. 924. La récolte de colza d'hiver d'un cultivateur lui a produit 65 hl. d'huile : combien d'hectares de terre lui ont fourni cette récolte ? On sait : 1° que le poids du décalitre de graine est de 6 kg. 8 ; 2° que, par hectare, il a récolté 275 doubles-décalitres ; 3° que, sur 100 kg. de graine ; il a eu 32 kg. d'huile ; 4° que le poids de l'hectolitre d'huile est 91 kg. 4. On veut aussi savoir combien de kilogrammes de tourteaux on a eus, sachant que 50 kg. de graine donnent 33 kg. 5 de tourteaux.

P. 925. Les 100 kg. d'huile de colza se vendent 93 f. : combien faudrait-il en vendre d'hectolitres pour recevoir 1540 f., et quelle serait la contenance des terres qui auraient fourni cette quantité d'huile ? On sait : 1° que l'hectolitre de cette huile pèse 91 kg. ; 2° que, pour avoir 8 kg. d'huile, il faut 25 kg. de graine ; 3° que pour avoir 284 doubles-décalitres de graine, il faut un hectare de très-bonne terre ; 4° que l'hectolitre de graine pèse 68 kg.

P. 926. Un cultivateur a semé 6 doubles-décalitres de colza d'été. On demande combien d'hectolitres d'huile et de kilogrammes de tourteaux il pourra retirer de sa récolte, sachant : 1° que l'hectolitre de graine pèse 68 kg. ; 2° qu'il a répandu la semence à raison de 7 kg. 56 par hectare ; 3° que chaque hectare lui a rendu à la récolte 75 demi-hectolitres de graine ; 4° que 100 kg. de graine ont fourni 28 kg. d'huile et 62 kg. de tourteaux ; 5° que le poids de l'hectolitre d'huile est de 91 kg. 4.

P. 927. Dans un terrain planté d'oliviers et contenant 3 ha. 40 a., il y a 150 oliviers par hectare, et l'on récolte 32 kg. d'o-

MESURES DE CAPACITÉ. 107

lives par are. On demande : 1° quelle somme on retirera de l'huile faite avec ces olives, si on la vend 236 f. les 100 kg.; 2° combien de doubles-décalitres d'huile on pourra faire avec ces mêmes olives, si 100 kg. de ces fruits donnent 12 lt. d'huile; 3° combien, en moyenne, chaque olivier produit de kilogrammes d'olives. On sait que l'hectolitre d'huile d'olive pèse 91 kg. 5.

P. 928. Un marchand a reçu 9540 f. pour une certaine quantité d'huile d'olives qu'il a vendue à raison de 225 f. les 100 kg. On demande combien d'hectares de terre plantés en oliviers ont été nécessaires pour produire la graine qui a fourni cette huile, sachant : 1° que le rendement d'un hectare est de 82 sacs de graine, et que chaque sac pèse 39 kg.; 2° que 12 hl. d'huile d'olive sont fournis par 10 000 kg. de graine; 3° que le poids de l'hectolitre d'huile est de 91 kg. 5.

P. 929. Cent kilogrammes de graine de navette d'hiver donnent 33 kg. d'huile et 62 kg. de tourteaux : combien d'hectares de terre ont dû être ensemencés de navette, par un cultivateur qui, au prix de 140 f. 50 les 100 kg., a vendu à un marchand une quantité d'huile telle, que celui-ci, en gagnant 1 f. 08 sur 18 kg., a fait un bénéfice total de 432 f.: On sait 1° qu'un hectolitre de graine pèse 65 kg.; 2° que, par hectare, le cultivateur récolte 215 décalitres de graine.

P. 930. Cent kilogrammes de graine de navette d'été donnent 20 kg. d'huile et 65 kg. de tourteaux : combien de kilogrammes de tourteaux a dû avoir un cultivateur qui, ayant vendu au prix de 145 f. 75 les 100 kg., la quantité d'huile provenant de sa récolte de navette, en a fourni au marchand une quantité telle, que celui-ci, en gagnant 4 f. 80 sur 32 kg., a fait un bénéfice de 2880 f.? On désire savoir aussi combien de doubles-décalitres de cette huile on pourrait acheter pour la somme de 278 f. 20 si on la payait au prix de vente chez le marchand, le litre de cette huile pesant 0 kg. 914.

P. 931. Pour payer 75 hl. d'huile d'œillette commune, on a déboursé 9 600 f. moins le prix de 5 hl. On demande : 1° à quelle somme revenaient les 91 kg.; 2° quelle quantité de graine il avait fallu pour fabriquer cette huile; 3° combien d'hectares de terrain avaient fourni cette graine. On sait : 1° que l'hectolitre d'huile d'œillette pèse 92 kg. 4; 2° que, pour avoir 35 kg. d'huile, il faut 100 kg. de graine; 3° que le rendement d'un hectare est de 22 hl. de graine; 4° qu'un hectolitre de graine de navette pèse 60 kg.

P. 932. Pour 42 hl. d'huile d'œillette bon goût, on a déboursé 5600 f. moins le prix de 20 Dl. On demande : 1° à quelle somme revenaient les 91 kg. de cette huile ; 2° quelle quantité de graine il avait fallu semer pour obtenir la récolte avec laquelle on a pu faire les 42 hl. d'huile. On sait : 1° qu'un décalitre d'huile pèse 9 kg. 24; 2° que pour avoir 35 kg. d'huile, il faut 100 kg. de graine; 3° que le poids d'un hectolitre de graine est de 60 kg.; 4° que le rendement d'un hectare est de 22 hl. de graine; 5° que, par hectare, il faut 4 kg. de semence.

P. 933. Pour payer 3450 kg. d'huile d'olive, on a donné 8400 f. moins le prix de 50 kg. : à combien revenait l'hectolitre de cette huile, et quelle serait la contenance d'un terrain qui aurait fourni les olives nécessaires à la confection d'une quantité d'huile qui, vendue au même prix, aurait coûté 6325 f.? On sait : 1° qu'un litre d'huile d'olive pèse 0 kg. 915 ; 2° que, pour avoir 105 dl. d'huile, il faut 100 kg. d'olives ; 3° que, par hectare, on récolte 3200 kg. d'olives.

P. 934. Un cultivateur a deux pièces de terre qu'il ensemence de carottes : combien de doubles-décalitres de ces racines récoltera-t-il, si, par hectare, le rendement de la 1re pièce est de 43200 kg., et celui de la 2e, de 48780 kg.? On sait : 1° que la 1re pièce contient 28 a. de plus que la 2e ; 2° que, si la 1re pièce était deux fois plus grande, et la 2e, 3 fois aussi plus grande, elles contiendraient ensemble 2 ha. 41 ; 3° que l'hectolitre de carottes pèse 60 kg. mesuré ras.

P. 935. Un cultivateur a deux pièces de terre qu'il ensemence de carottes : combien de demi-hectolitres de ces racines récoltera-t-il, si, par hectare, la 1re pièce en donne 51420 kg., et la 2e, 47320 kg.? On sait : 1° que la 2e pièce contient 32 a. de moins que la 1re ; 2° que si la 1re pièce était 4 fois, et la 2e, 6 fois plus grande, leur contenance totale serait de 4 ha. 92 a. ; 3° que l'hectolitre de carottes pèse 70 kg. mesuré comble.

P. 936. Un cultivateur a deux pièces de terre qu'il avait ensemencées de carottes ; par hectare, la 1re lui avait fourni 42340 kg., et la 2e, 46720 kg. de ces racines ; de la 1re, il avait récolté 9875 kg. de plus que de la 2e ; et, si la contenance de la 1re avait été trois fois, et celle de la 2e, cinq fois plus grande, la récolte totale aurait été de 468620 kg. de carottes. On demande : 1° quelle est la contenance de chaque pièce ; 2° combien de doubles-décalit. de carottes, divisées au coupe-racine, elles lui avaient fournis, sachant que l'hectolitre de carottes ainsi préparées pèse 47 kg.

P. 937. Un cultivateur a deux pièces de terre qu'il plante en betteraves ; la plus petite contient 45 a. ; le total de leur contenance, étant ajouté au produit de la contenance de l'une par la contenance de l'autre, donne 3357 pour résultat : combien d'hectolitres de betteraves ont-elles fournis, si, par hectare, la plus petite a rendu 25400 kg., et l'autre 28500 kg.? On sait que l'hectolitre pèse 72 kg.

P. 938. Un fermier a trois bœufs à l'engrais, et un nombre de vaches tel, que le total de ces bestiaux, joint au produit du nombre de bœufs par le nombre de vaches, donne 31 pour résultat : or, chaque bœuf consomme journellement 6 Dl. de betteraves divisées au coupe-racine, et une vache en consomme 3 Dl. : combien d'ares de terre ce fermier a-t-il dû planter en betteraves pour l'entretien de ces bestiaux pendant quatre mois, dont 2 de 31 jours et 2 de 30 jours, sachant qu'un hectare en fournit 27540 kg., et que l'hectolitre de betteraves divisées au coupe-racine pèse 48 kg.?

P. 939. Un cultivateur a récolté dans la plus petite de deux pièces de terre 9540 demi-hectolitres de betteraves ; et, dans la plus grande, il en a récolté un nombre tel, que son produit par 9540, joint au total des quantités de demi-hectolitres fournies par les deux terres, donne pour résultat, 122802210 : quelle est la contenance de chaque pièce, si, par hectare, la plus petite a rendu **32400 kg. de betteraves, et la plus grande, 30920 kg.? On sait que l'hectolitre pesait 75 kg.**

MESURES DE CAPACITÉ.

P. 940. Quelle somme produira la récolte en méteil de deux pièces de terre contenant ensemble 2 ha. 75? On sait que, si la contenance de la 1re était trois fois plus grande, elle aurait 73 a. de plus que la seconde ; la 1re de ces deux pièces a donné 20 hl. par hectare, et la 2e en a donné 17 hl. 75; le prix de l'hectolitre est de 15 f. 25.

P. 941. Un boulanger achète une quantité d'hectolitres de blé de deux fermiers : quelle somme devra-t-il donner à chacun, sachant 1° que le produit du nombre d'hectolitres achetés du 1er par le nombre d'hectolitres achetés du 2d, égale 180 ; 2° que si la quantité achetée du 2d était augmentée de 6 hl., ce produit serait 270 ; 3° que le 1er fermier a vendu son blé 20 f. l'hectolitre, et le 2d, 18 f. 75. ?

P. 942. On a trois barriques d'huile de baleine qui contiennent ensemble 1 kl. 65 lt.; la plus grande contient 23 Dl. 5. de plus que les deux autres ensemble; et l'une de ces dernières en contient 25 lt. de plus que l'autre : quel est le prix de chaque barrique, sachant que l'on a déboursé 1 182 f. 15 pour les trois?

P. 943. Un marchand de houille fait l'inventaire de ses magasins ; il trouve 4 tas de houille, dont le 1er a 275 m^3 25 cm^3; le 2e, 142 m^3 28 dm^3 45 cm^3; le 3e, 284 m^3 132 dm^3 640 cm^3 ; et le 4e, 130 m^3 5 dm^3 8 cm^3 : combien y en a-t-il d'hectol. en tout?

P. 944. On a mesuré 6 sacs de charbon ; le 1er contient 0 m^3 177 dm^3 744 cm^3; le 2e, 0 m^3 171 dm^3 336 cm^3; le 3e, 0 m^3 19 044 ; le 4e, 0 m^3 198 dm^3 375 cm^3; le 5e, 202 dm^3 176 ; et le 6e, 174 lt. 24 : combien ces six sacs contiennent-ils ensemble de décalitres de charbon?

P. 945. On a reçu de trois chaufourniers les quantités de chaux dont le détail suit : le 1er en a livré 7 m^3 4 ; le 2e, 354 dm^3 de plus que le 1er, et 42 dm^3 72 cm^3 de moins que le 3e : combien chacun en a-t-il fourni de doubles-décalitres, et combien de barriques de 2 hl chacune a-t-on reçues en tout?

P. 946. On a acheté de la chaux de quatre chaufourniers qui l'ont vendue à raison de 30 f. le mètre cube : le 1er en a fourni 5 m^3 8 dm^3 15 ; le 2e, 12 m^3 43 dm^3 18 cm^3; le 3e, autant que les deux premiers, plus 175 dm^3 5 ; et le 4e, 2 m^3 428 dm^3 04 de plus que le 2e : combien d'hectolitres de chaux ont-ils fournis chacun et en tout?

P. 947. Un bassin a coûté 1101 f. 009, à raison de 0 f. 0014 par décimètre cube : combien ce bassin contient-il d'hectolitres?

P. 948. Combien a coûté le creusement d'un bassin pouvant contenir 18 430 hl. d'eau, s'il est creusé dans de la terre ordinaire, ce travail, avec enlèvement de la terre, ayant coûté 3 f. le mètre cube?

P. 949. Quelle est, en mètres carrés, l'étendue du terrain qu'il faut cultiver pour nourrir une famille de 18 personnes, et combien faut-il de litres de blé pour ensemencer ce terrain, à raison de 2 lt. par are? La consommation annuelle d'une personne est évaluée à 167 lt. de blé; et la production moyenne d'un hectare, à 12 hl. 45 lt.

P. 950. Un ouvrier a creusé un bassin qui contient 4 kl. 274 lt. : que recevra-t-il, si on lui donne 3 f. 70 par mètre cube de la terre qu'il aura enlevée?

P. 951. Trois robinets, coulant ensemble dans un bassin, donnent, par heure, le 1er, 540 lt.; le 2e, 7 hl., et le 3e, 76 Dl.; s'ils coulent ensemble pendant 7 heures 5 pour remplir le bassin, quelle en est la profondeur? On sait qu'il a 3 m. de long sur 2 de large.

P. 952. Pour ensemencer à la volée 15 a. de terrain, il faut 32 lt. de grain, tandis qu'il n'en faut que 9 lt. en faisant semer grain à grain par des enfants. Par la première méthode, le rendement des 15 a. est de 36 Dl. 2; et, par la seconde, il est de 5 hl. : on demande quelle serait, tant pour la semence que pour le rendement, l'économie résultant de l'emploi de la seconde méthode dans une terre d'un hectare, le prix du blé étant de 21 f. 50 l'hectolitre.

P. 953. On veut drainer une propriété dont l'espèce du sol est un sable graveleux profond. La contenance de cette propriété est de 50 ha.; sa forme est rectangulaire, et l'une de ses dimensions est de 16 hm. 4 m. Les tuyaux seront rangés perpendiculairement à cette direction et seront écartés de 16 m. 75; la longueur du drain principal, où viennent se jeter les autres, sera de 1 604 m. Le drainage coûtera 2 f. 95 par décamètre courant de drain : on demande combien coûtera le drainage de cette propriété.

P. 954. Le volume de la chaux vive ordinaire augmente du quart à 2 fois et demie, par l'extinction. En admettant que le mètre cube de chaux vive coûte 20 f. et donne 16 hl. de chaux éteinte, on demande le prix du mètre cube, de l'hectolitre, de la seillée de maçon ou double-décal. de chaux éteinte. Quels sont les prix des mêmes mesures, celui du mètre cube de chaux vive étant : 1° 25 f., 2° 27 f., 3° 30 f. 50?

P. 955. Supposé que le mètre cube de chaux vive donne 2 m³ 25 de chaux éteinte, quel sera le prix du mètre cube, de l'hectolitre et du double-décalitre de chaux éteinte, si le mètre cube de chaux vive prise au fourneau coûte sur place 1° 21 f., 2° 34 f., 3° 38 f. 80, et 4° 40 f.? On sait que, par mètre cube, le transport coûte 3 f. 10; l'entrée, 2 f. 25; et l'extinction, 3 f.

P. 956. Par l'extinction, la chaux maigre n'augmente que du quart à la moitié de son volume. En admettant que 1 hl. de chaux vive donne 14 Dl. de chaux éteinte, et coûte, 1° 1 f. 25, 2° 2 f., 3° 4 f. 10, on demande le prix du mètre cube, de l'hectolitre et du double-décalitre de chaux éteinte, les frais pour la chaux vive étant les mêmes qu'au problème précédent.

P. 957. Pour faire 1 m³ de mortier, on emploie 0 m³ 370 de chaux grasse éteinte et 0 m³ 950 de sable de rivière; la chaux éteinte coûte 1 f. 35 l'hectolitre; le sable coûte 2 f. 50 le mètre cube; il faut 9 heures d'ouvriers, à 2 f. 50 pour 10 heures; 0 heure 25 centièmes de chef d'atelier, à 6 f. pour 10 heures ; les frais d'outils sont de 0 f. 13 c. A combien revient : 1° le mètre cube, 2° l'hectolitre, 3° le double-décalitre de ce mortier?

P. 958. En se servant de chaux hydraulique très-énergique, on emploie, pour faire 1 m³ de mortier hydraulique, 0 m³ 36 de chaux à 46 f. le mètre cube, et 1 m³ de sable coûtant 2 f. 50: à combien revient : 1° le mètre cube, 2° l'hectolitre de ce mortier? Les autres frais sont les mêmes qu'au problème précédent.

P. 959. Si la chaux est d'une énergie ordinaire, on emploie : 1° 0 m³ 333 de chaux et 1 m³ 020 de sable; ou 2° 0 m³ 370 de chaux et 0 m³ 950 de sable ; ou 3° 0 m³ 380 de chaux et 1 m³ 020 de sable ; la chaux coûtant 30 f. le mètre cube ; le sable, 2 f. 50 ; et les frais étant, dans chacun de ces trois cas, les mêmes qu'au problème 957 : combien coûte, 1° le mètre cube, 2° l'hectolitre, 3° le double-décalitre de chacune de ces trois sortes de mortiers?

P. 960. Pour un mètre carré de maçonnerie ayant 0 m. 60 d'épaisseur, il a fallu 15 Dl. de chaux éteinte provenant d'une quantité deux fois moindre de chaux vive, et 2 hl. de sable : combien coûteront le sable et la chaux nécessaires à la maçonnerie d'un bâtiment présentant 475 m² de maçonnerie, la chaux vive valant 20 f. le mètre cube, et le sable, 2 f. 50 le mètre cube?

P. 961. Combien coûtera la chaux vive nécessaire pour 372 m³ de maçonnerie? On sait : 1° que, pour 1 m³ de maçonnerie, il faut 0 m³ 4 de mortier; 2° que, dans la composition du mortier, il faut, pour 1 hl. de chaux, 3 hl. de sable; 3° que ces 4 hl. combinés ensemble ne donnent que 3 hl. de mortier; 4° qu'un hectolitre de chaux éteinte équivaut à un demi-hectolitre de chaux vive, et 5° que la chaux vive coûte 1 f. 75 l'hectolitre.

P. 962. On a fait creuser, par six ouvriers, un bassin de 18 m. 75 de longueur, 4 m. 30 de largeur et 2 m. 45 de profondeur ; la terre a été transportée dans deux tombereaux à deux chevaux, à un hectomètre de distance. Pour fouiller et jeter un mètre cube de terre, il faut à un homme 1 heure 2 ; pour le charger, il faut 0 heure 15; et, pour le transport et la décharge, il faut 0 heure 075. Les hommes sont payés à raison de 2 f. 50, les chevaux à raison de 4 f. par journée de 12 heures. Il y avait 2 ouvriers pour charger et un seul conducteur pour les attelages et pour décharger : on demande combien coûtera ce bassin.

MESURES DE POIDS

P. 963. Quel est le poids d'un lingot composé de 215 gr. 75 cg. d'or, et de 71 gr. 75 cg. de cuivre?

P. 964. Une pièce d'huile d'olive en renfermait 54 625 Dg.; et il en a fallu, pour la remplir, 537 hg. 50 gr. : quelle est, en kilogrammes, la contenance de cette pièce?

P. 965. Un bijoutier a vendu 5 pièces d'argenterie: la 1re pèse 1 kg. 53 gr.; la 2e, 32 Dg. 17 cg.; la 3e, 258 gr. 132; la 4e, 5 hg. 875 cg.; et la 5e, 874 dg. 7 : quel est, en grammes, le poids total de ces objets?

P. 966. Un matelassier, chargé de confectionner quatre matelas, a employé pour le 1er, 18 kg. 5 de laine; pour le 2e, 1 945 Dg.; pour le 3e, 12 428 gr.; et, pour le 4e, 154 hg. : combien de kilogrammes de laine a-t-il dû acheter?

P. 967. Un tapissier a préparé un lit de plume pour lequel il a employé 104 hg. de duvet de Hollande, deux traversins qui ont demandé 546 Dg. de plume, et quatre oreillers pour lesquels il en a fallu 20 kg. : combien de kilogrammes de plume a-t-il fournis?

P. 968. Un cultivateur, qui vient de faire tondre ses moutons, trouve, en supputant la quantité de laine qu'ils lui ont fournie, que 15 ont donné 458 hg. de laine, que 12 autres lui en ont donné 37 459 gr., que 18 autres lui en ont fourni 50 kg., et que les 25 derniers lui en ont donné 9 542 Dg. : combien a-t-il de moutons, et combien de kilogrammes de laine lui ont-ils donnés?

P. 969. Deux tonnes d'huile d'olive en contiennent ensemble 180 kg., et l'une des deux en renferme 85 475 gr. : quelle est la contenance de l'autre?

P. 970. Combien de décagrammes de beurre faut-il encore acheter pour former une provision de 28 kg., si l'on en a déjà 159 hg. 5?

P. 971. J'ai acheté trois caisses de bois de teinture moulu, valant 0 f. 25 le kilogramme. La 1re en contient 198 kg. 45 cg.; la 2e, 30 kg. 875 gr.; et la 3e, 248 kg.; on ne m'en a livré que 372 kg. : combien m'en doit-on encore?

P. 972. Un fabricant de noir animal a acheté des os chez trois particuliers : le 1er lui en a fourni 540 kg.; le 2e, 18 kg. 15 de plus que le 1er; et le 3e, autant que les deux autres : combien lui en ont-ils fourni en tout?

P. 973. Un fabricant d'huile de chènevis devait en livrer 732 kg. pour 1 171 f. 20; il en a déjà fourni 48 532 Dg. pour 776 f. 512 : combien en doit-il encore d'hectogrammes, et pour quelle somme?

P. 974. En suint, la toison d'un mouton pèse 34 hg.; lavée, elle ne pèse que 1 088 gr. : combien de grammes perd-elle par le lavage?

P. 975. En 1832, l'Allemagne a fourni à la France 178 180 kg. de laine; la Turquie, les Etats barbaresques et Alger, en ont

MESURES DE POIDS.

fourni ensemble 984 136 kg. : de combien d'hectogrammes cette dernière quantité surpasse-t-elle celle fournie par l'Allemagne ?

P. 976. Un tanneur avait acheté 428 qm. d'écorce de chêne pour en faire de la tannée. On lui en a déjà fait trois livraisons ; la 1re a été de 457 kg. 5; la 2e, de 648 kg. 284; et la 3e, de 8 936 hg. 52 : sachant que le fournisseur ne pourra remplir ses engagements et qu'il en livrera 72 qm. 45 de moins que ce qu'il a vendu, combien le tanneur doit-il encore en recevoir de kilog. ?

P. 977. En 1834, le commerce général de la France a envoyé en Russie 10 777 kg. de café; en Belgique, 123 215 kg 5; en Angleterre, 646 qm. 85; en Espagne, 687 qm. 2 : combien de kilogrammes a-t-on envoyés dans ces quatre pays ?

P. 978. Un fabricant de gélatine a acheté des os chez divers particuliers; 725 q. chez l'un; 2 548 kg. chez un autre, et 5 28) kg. chez un 3e : à combien de kilogrammes se monte sa provision, sachant qu'il en avait 12 845 hectogrammes en magasin ?

P. 979. En 1853, le commerce général a importé en France 2 454 qm. 8 d'os provenant de l'Angleterre, 167 495 kg. provenant de l'Espagne, et 26 720 kg. provenant du Portugal : combien en a-t-on tiré de quintaux de ces trois pays ?

P. 980. En 1853, la France a tiré de l'Allemagne 74 kg. de soies teintes; la Belgique en a fourni 8 qm. 91; l'Angleterre 2600 hg. 7 dg.; et les autres pays en ont envoyé un demi-quintal plus 20 hg.; combien de kilogrammes de soies teintes la France a-t-elle reçus de l'étranger pendant cette année ?

P. 981. En 1853, le commerce spécial de la France a envoyé en Allemagne 3 089 qm. 12 de chanvre teillé et d'étoupes; en Belgique, 78 017 kg.; en Angleterre, 726 783 kg. de plus que dans les deux contrées précédentes; en Espagne, 165 600 hg.; en Suisse, 85 qm. 28 de plus qu'en Espagne : combien de tonnes a-t-on envoyées en tout dans ces diverses contrées ?

P. 982. En 1835, la France a tiré de la Turquie 1 612 tm. 89 kg. de coton; de l'Egypte, 6 185 qm. 52 de plus que de la Turquie; des Etats-Unis, 25 885 817 kg. de plus que de tous les autres pays pris ensemble; du Brésil, 980 375 kg.; et des autres contrées, 18 qm. 7 kg. de plus que de la Turquie : quel est, en quintaux métriques, le total des importations de coton pour cette année ?

P. 983. Deux bûches de bois de Campèche pèsent ensemble 10 qm. 25 Dg.; l'une d'elles pèse 6 008 hg. : quel est, en kilogrammes, le poids de l'autre ?

P. 984. J'ai acheté en deux fois une certaine quantité de nerprun qui, au prix de 1 f. 50 le kg., m'a coûté 23 f. 94. Ma 1re emplette a été de 348 Dg.; et, après avoir ôté 65 hg. de ma seconde emplette, ce qui reste surpasse la 1re de 2 kg. 4 ; combien de décagrammes pèse cette seconde emplette ?

P. 985. Pendant le 4e âge de l'éducation des vers à soie, ceux qui sont produits par 30 gr. 59 d'œufs absorbent, le 1er jour, 1958 Dg. 2 dg. de feuilles de mûrier; le 2e jour, ils en consomment 12 kg. 23 Dg. 773 cg. de plus que le 1er; le 3e jour, ils en mangent 400 hg. 895 Dg. 6 dg.; le 4e jour, ils n'en mangent que 979 gr. 1 cg. de plus que le 2e jour; et, le 5e jour, il ne leur en faut que 2 kg. 44 753 : combien, pendant ce 4e âge, consomment-ils de kilogrammes de feuilles de mûrier ?

P. 986. Le 5ᵉ âge de l'éducation des vers à soie comprend 7 jours. Pendant le 1ᵉʳ jour, il faut à ceux qui proviennent de 30 gr. 59 d'œufs, 342 hg. 654 dg. de feuilles de mûrier; les quantités qui leur sont nécessaires, chacun des quatre jours suivants, augmentent successivement de 2 937 Dg. 6 dg., 34 265 gr. 4 ; 68 kg. 53 Dg. 8 dg., et 785 hg. 408 dg.; le 6ᵉ jour, ils en consomment le double du 2ᵉ jour, plus 1 958 Dg. 2 dg.; et, le 7ᵉ jour, il ne leur en faut que 14 kg. 6 852 de plus que le 1ᵉʳ jour : combien faut-il de kilogrammes de feuilles pour leur alimentation pendant la durée de ce 5ᵉ âge?

P. 987. Trois dents d'éléphant pèsent ensemble 758 hg.; la 1ʳᵉ pèse 428 Dg.; la 2ᵉ pèse 1 275 gr. de plus que la 1ʳᵉ : quel est, en kilogrammes, le poids de la 3ᵉ?

P. 988. On a reçu 5 billes de bois d'acajou ; la 1ʳᵉ pèse 280 kg.; la 2ᵉ pèse 5 hg. de plus que la 1ʳᵉ et la 3ᵉ ; la 4ᵉ pèse autant que la 2ᵉ et la 5ᵉ ; la 3ᵉ pèse 28 kg. de plus que la 5ᵉ, qui pèse 75 hg. de plus que la 1ʳᵉ : quel est, en kilogrammes, le poids total de ces cinq billes?

P. 989. Un cordonnier a acheté 210 kg. 379 gr. de cuir de trois sortes : de la 1ʳᵉ sorte, il en a pris 8 435 Dg., et ce poids surpasse de 117 hg. 21 le poids de la quantité prise de la 3ᵉ sorte : combien de kilogrammes de cuir de chaque sorte a-t-il achetés?

P. 990. Un tanneur a acheté 6 peaux de bœuf, 8 peaux de vache et 15 peaux de veau : les 6 peaux de bœuf pèsent 2 088 hg., et leur poids surpasse de 1 104 Dg. celui des 8 peaux de vache; les 15 peaux de veau pèsent 90 kg. de moins que les 8 peaux de vache : quel est, en kilogrammes, le poids total de toutes ces peaux?

P. 991. Deux personnes achètent de la viande chez un boucher; si la 1ʳᵉ en prenait 48 Dg. de moins, elle n'en aurait pas plus que la 2ᵉ, qui en prend 2 kg. 7 : combien d'hectogrammes la 1ʳᵉ personne en a-t-elle achetés?

P. 992. Un boucher a acheté deux moutons dont le poids total en viande est tel, qu'après avoir vendu 68 hg. de l'un et 532 Dg. de viande de l'autre, il reste de chacun des deux moutons 18 kg. de viande : on demande en kilogrammes le poids total mentionné ci-dessus.

P. 993. Un boucher a acheté 3 bœufs dont le poids total en viande est de 1 000 kg.; le 1ᵉʳ pèse 2 qm. 75 ; et le 2ᵉ, 3 645 hg. : quel est, en kilogrammes, le poids du 3ᵉ?

P. 994. Un boucher a débité dans un mois 55 qm. de viande, dont 24 qm. 5 de bœuf, 15 400 kg. de veau, et le reste en mouton : combien d'hectogrammes de cette dernière espèce a-t-il vendus?

P. 995. Un boucher a vendu, le samedi, 230 kg. de viande de bœuf; le lundi, il en a vendu 2 849 hg.; le mardi, 548 Dg. de plus que le lundi; le mercredi, 28 kg. de plus que le jour précédent; et le jeudi, 154 hg. de plus que le mercredi : combien de kilogrammes de viande de bœuf a-t-il vendus pendant la semaine?

P. 996. Un boucher a tué, dans une semaine, 3 bœufs et 5 veaux. Le 1ᵉʳ bœuf lui a donné 275 kg. de viande; le 2ᵉ en a fourni 245 hg. de plus que le 1ᵉʳ; et le 3ᵉ, 6 532 Dg. de plus que le 2ᵉ; les 5 veaux ont donné ensemble 160 kg. de viande : combien de kilogrammes de viande ce boucher a-t-il débités pendant cette semaine?

P. 997. Un boucher débite 15 qm. de viande dans une 1ʳᵉ semaine; il en débite 75 kg. de plus dans une 2ᵉ semaine; pendant la 3ᵉ, 3 428 hg. de moins que dans la 2ᵉ; et dans la 4ᵉ, il débite 4 bœufs, dont le 1ᵉʳ pèse en viande 270 kg.; les poids respectifs des autres vont en augmentant successivement de 825 hg., 975 Dg., 28 435 gr. Il débite, en outre, 3 veaux et 6 moutons; les 3 veaux donnent 124 kg. de viande; et les 6 moutons, 2 845 Dg. de moins que les veaux : quel est, en kilogrammes, le poids de la viande vendue par ce boucher pendant ces quatre semaines?

P. 998. En 1834, le commerce général de la France a envoyé dans le royaume des Deux-Siciles 3 666 qm. 12 de café; et la différence entre cette quantité et la quantité plus grande envoyée à la Toscane, est 69 510 kg.: combien de kilogrammes de café la Toscane a-t-elle reçus?

P. 999. En 1834, le commerce général de la France a envoyé en Turquie 10 389 qm. 32 de café; et la différence entre cette quantité et celle, plus petite, envoyée en Algérie, pendant cette même année, est de 9 005 qm. 5 plus 1 kg.: combien de kilogrammes de café a-t-on fournis alors à l'Algérie?

P. 1000. Les Etats-Unis et le Mexique ont fourni au commerce général de la France des quantités inégales de jalap; la plus petite quantité a été fournie par les Etats-Unis, qui en ont envoyé 2 tm. 096; et la différence entre cette quantité et celle fournie par le Mexique est de 33 quintaux 12 : quelle est, en kilogrammes, la quantité fournie par le Mexique?

P. 1001. En 1853, le Mexique et le Brésil ont envoyé de la salsepareille en quantités inégales; le Brésil, qui en a fourni la plus petite quantité, en a donné 8 718 demi-kilogrammes; et le Mexique en a donné 519 qm. 57 : combien de kilogrammes de salsepareille ces deux contrées ont-elles fournis au commerce spécial de la France?

P. 1002. En 1853, la France a reçu des pays étrangers 1 909 qm. 81 de soies de porc et de sanglier : la Russie en a fourni 13 tm. 777; les Pays-Bas, 324 qm. 55; l'Allemagne, 22 988 kg.; la Belgique, 749 qm. 6 kg.; et l'Angleterre, 247 qm. 7 kg.: combien de kilogrammes a-t-on reçus des autres pays?

P. 1003. On a acheté deux barils d'huile de baleine pesant ensemble 750 kg. 2 Dg.; le 1ᵉʳ pèse seul 4 qm. 824 : on demande de combien d'hectogrammes son poids surpasse celui du 2ᵈ, et quel est, en kilogrammes, le poids de chacun.

P. 1004. Un tanneur a acheté 4 peaux de bœuf, dont la 1ʳᵉ pesait 3 475 Dg.; la 2ᵉ pesait 15 hg. de plus; la 3ᵉ pesait 2 kg. de moins que la 2ᵉ, et la 4ᵉ pesait 304 hg. : on demande quel est, en quintaux, le poids total de ces peaux, et le poids, en kilogrammes, de la 1ʳᵉ et de la 2ᵉ.

P. 1005. En 1835, la France produisait environ 217 528 tm. de combustibles minéraux; sur cette quantité, il y avait 120 228 qm. de lignite, et 5 200 tm. 1 qm. de moins d'anthracite que de lignite : le reste était de la houille : quel était, en quintaux métriques, le montant de la production pour cette substance?

P. 1006. On achète des noix de galle pesant ensemble 6844 kg. pour 12385 f.; il y en a de deux qualités, des pesantes et des légères; de la 1re qualité, il y en a 4144 kg. pour 10360 f.: on demande combien il y en a de quintaux de la seconde et pour quelle somme: on demande aussi ce qui restera de cette seconde qualité, lorsqu'on en aura vendu une quantité égale à l'excès du poids de la 1re qualité sur le poids de la 2e?

P. 1007. Un cordonnier a acheté du cuir de vache de trois qualités: de la 1re pour empeignes, il en a pris 254 hg. valant 147 f. 32; de la 2e sorte, pour quartiers, il en a pris 384 Dg. de moins que de la 1re, et il a dépensé pour cette 2e emplette 61 f. 08 de moins que pour la 1re; de la 3e sorte, pour premières semelles, il en a pris autant que des deux autres, et il a dépensé 6 f. 44 de moins que pour la 1re sorte. On demande: 1° quel est, en kilogrammes, le poids total du cuir qu'il a acheté; 2° à combien se monte la somme qu'il a dépensée.

P. 1008. Un cordonnier a acheté 184 hg. de cuir fort pour 64 f. 40; et, pour du cuir de veau dont le poids était inférieur de 4580 gr. au poids du cuir fort ci-dessus indiqué, il a dépensé 32 f. 24 de plus. Comme il n'est pas riche en numéraire, il s'est acquitté de cette dette en un certain nombre de paiements, dont le 1er a été de 25 f. 75, et les autres ont diminué successivement de 1 f. 50 : combien de paiements a-t-il faits, et quel a été le montant de chacun d'eux?

P. 1009. Dites quel serait le prix de 9 hg. de carton en feuilles de simple moulage, à 2 f. 45 le kilogramme.

P. 1010. Un kilogr. de laque en grains coûte 3 f.: combien coûteront: 1° 30 kg., 2° 8 hg., 3° 75 Dg., 4° 2735 gr. de la même substance?

P. 1011. Les cornes de bétail brutes valent 0 f. 70 le kilogramme: combien doit débourser un négociant qui vient d'en recevoir 16 qm. 75?

P. 1012. Supposé que la population de la Belgique soit de 5538000 habitants, on demande la valeur du café consommé annuellement par cette population, si chaque individu en consomme par an 4 kg. 25, au prix de 1 f. 50 le kilogramme.

P. 1013. On a acheté 25 barils d'huile de baleine, pesant chacun 8124 hg. 5, au prix de 0 f. 90 le kilogramme: combien devra-t-on débourser?

P. 1014. Un cultivateur a un troupeau de 115 moutons qui lui ont fourni chacun 345 Dg. de laine: combien leur dépouille lui rapportera-t-elle, s'il vend cette laine 4 f. 25 le kilogramme?

P. 1015. On a reçu 13 balles contenant chacune 52 bottes de lin, et chaque botte pèse 146 Dg.: combien doit-on payer, le lin valant 2 f. 80 le kilogramme?

P. 1016. Combien faut-il de sacs de farine pour la consommation d'une ville pendant 164 jours, si chaque jour elle en consomme 189 sacs? et quelle sera la dépense si le sac pèse 159 kg., et si le quintal coûte 28 f. 50?

P. 1017. Un cultivateur a vendu 2 bœufs, 3 vaches et 5 veaux, les bœufs pesaient chacun 375 kg.; les vaches, chacune 215 kg.; et les veaux, chacun 35 kg.; il a vendu ces bestiaux au prix de 1 f. 05 le kilogramme: combien devra-t-il recevoir?

MESURES DE POIDS.

P. 1018. Combien recevra-t-on pour la vente de 78 ruches contenant chacune 15 hg. 725 de miel et 75 Dg. de cire, si le miel vaut 2 f. 40, et la cire 4 f. 25 le kilogramme?

P. 1019. Un hectogramme de cochenille coûte 1 f. 25 : combien coûteront : 1° 50 kg., 2° 7 hg., 3° 28 hg., 4° 48 Dg., 5° 554 gr. de la même marchandise?

P. 1020. Un décagramme d'indigo coûte 0 f. 18 : combien coûteront : 1° 90 kg., 2° 78 kg., 3° 517 hg., 4° 158 Dg., 5° 1 285 gr. de la même marchandise?

P. 1021. Un décagramme d'ivoire valant 0 f. 15, combien devra débourser un bimbelotier qui en achète 2 hg. 75 ?

P. 1022. Combien devra-t-on payer pour 475 kg. de carton de simple moulage, à 0 f. 25 l'hectogramme?

P. 1023. On a acheté 705 803 cg. de tabac, au prix de 0 f. 375 l'hectogramme : quelle somme a-t-on déboursée pour payer cette emplette?

P. 1024. Un marchand de fer en ayant vendu 12 barres, chacune de 24 kg. 5 hg., à raison de 45 f. les 100 kg., désire savoir le montant de la somme qui lui est due pour sa vente.

P. 1025. Un pharmacien vient d'acheter 91 hg. de jalap à 7 c. 5 le décagramme, et 71 kg. 5 de salsepareille à 32 c. 5 l'hectogramme : combien devra-t-il débourser?

P. 1026. Un hectare de terrain planté en mûriers peut contenir 1 600 plants ; au bout de 10 ans, chaque tige peut donner 122 kg. 376 dg. de feuilles : combien de kilogrammes de feuilles de mûrier pourra-t-on récolter dans un hectare de terrain pendant 5 ans, à partir de la 10° année ?

P. 1027. En vendant 18 fûts d'huile de baleine pesant chacun 840 kg., on gagne 0 f. 20 par kilogramme : combien avait-on déboursé, le prix total de la vente étant de 15 120 f. ?

P. 1028. Sur une balle de cochenille pesant 80 kg. et vendue au prix de 1 f. 50 l'hectogramme, on a gagné 240 f. : combien avait on déboursé?

P. 1029. Un chapelier a du poil de castor qui lui coûte 4 f. 85 l'hectogramme ; un de ses confrères lui en demande 745 Dg. : combien devra recevoir le chapelier s'il veut gagner 1 f. 60 par kilogramme ?

P. 1030. On a donné 675 kg. de chanvre teillé, à 85 f. 90 le quintal métrique, et on a reçu en retour 245 kg. de chanvre peigné, à 145 f. le quintal : combien doit-on recevoir en argent?

P. 1031. Un négociant vient de recevoir 28 balles de coton pesant chacune 180 kg., et cet envoi lui coûte 14 616 f. : quel est le prix du kilogramme?

P. 1032. On a payé 288 f. 18 pour 4 caisses de sucre contenant chacune 40 kg. 25 g. : à combien revient le kilogramme?

P. 1033. Pour 15 f. 30, on a eu 8 kg. 5 de sucre : quel est le prix du décag. ?

P. 1034. Combien faut-il vendre de kilogrammes de tabac à 0 f. 05 le décagramme, pour payer 400 m. de toile à 2 f. 50 le mètre?

P. 1035. Un cultivateur du Midi plante en amandiers un terrain ayant 58 m. de longueur sur 35 m. de largeur ; ces arbres sont à une distance telle, qu'un hectare peut en contenir 80 :

quelle sera la valeur de la récolte annuelle qu'ils lui fourniront lorsqu'ils seront en plein rapport? On sait que les amandes sont estimées valoir 1 f. 90 le kilogramme, et que chaque arbre peut fournir 6 kg. d'amandes.

P.-1036. Dans les contrées où l'on se livre à la culture du figuier on peut avoir par hectare 257 arbres en plein rapport, et ils peuvent donner annuellement 57 qm. de figues sèches. On demande : 1° combien, en moyenne, chaque arbre donne de kilogrammes de figues ; 2° combien d'arbres on pourrait planter dans un terrain de 85 a. ; 3° combien de demi-kilogrammes de figues on pourrait en tirer chaque année.

P. 1037. Un cultivateur a vendu 184 toisons de mouton, pesant chacune en moyenne 58 hg., au prix de 275 f. le quintal métrique : combien de jours a duré la tonte de ces moutons ; combien lui a-t-elle coûté et quelle somme lui est restée de la vente de sa laine après avoir employé une partie de celle qu'il en a retirée : 1° au paiement d'une machine à battre, du prix de 850 f. ; 2° au paiement des deux hommes qui ont fait la tonte de ses moutons ? On sait que ces hommes ont reçu 15 f. par 100 toisons, et qu'ils tondaient chacun 25 moutons par jour.

P. 1038. Combien faut-il vendre de kilogrammes de tabac à 0 f. 08 le décagramme, pour payer 24 douzaines de canifs à 4 f. la pièce?

P. 1039. Combien pourrait-on avoir de kilogrammes de café à 0 f. 04 le décagramme, pour 10 kg. de sucre à 0 f. 20 l'hectogramme?

P. 1040. Combien peut-on faire de clous avec 15 kg. de fer, si chaque clou pèse 115 mg. ; et pour quelle somme, si on en donne 25 pour 0 f. 08?

P. 1041. Un marchand épicier a acheté 15 pains de sucre, pesant chacun 15 kg. 9 Dg., à 27 f. 16 le pain : combien faut-il qu'il revende le kilogramme pour gagner 90 f. 60 sur son marché?

P. 1042. Quel était, en kilogrammes, le poids total de 15 fûts d'huile de baleine, qui ont coûté chacun 628 f. 80? On sait que ce prix divisé par 1 f. 20, prix du kilogramme, a donné pour quotient 5240 hg. Quelle somme devra-t-on débourser pour ces 15 barils, si, au prix d'achat, il faut ajouter pour chacun 35 f. 50 de frais?

P. 1043. Dans un terrain de 62 a., on peut récolter 610 kg. de lin à 1 f. 25 le kilogramme, et 42 Dl. de graine à 42 f. 10 l'hectolitre, ou 1214 kg. de tabac à 0 f. 81 le kilogramme : quelle est la récolte la plus avantageuse et de combien, si les frais de culture s'élèvent à 769 f. 40 pour le tabac, et à 740 f. 70 pour le lin?

P. 1044. Un économe achète annuellement 178 hl. 85 de blé, au prix moyen de 17 f. 25 l'hectolitre ; 228 kg. de fromage, à 145 f. les 100 kg. ; 1234 décalitres de haricots, à 16 f. l'hectolitre ; cependant le blé ne vaut que 16 f. 80 l'hectolitre, le fromage ne vaut que 132 f. 75 les 100 kg. ; mais les haricots valent 16 f. 15 l'hectolitre : de combien l'économe s'est-il laissé tromper?

P. 1045. Un cultivateur du Limousin possède un champ ayant 128 m. de longueur sur 75 de largeur, et qui, planté de châtaigniers, en renferme 156 par hectare : combien d'hectolitres de châtaignes ce champ lui fournit-il annuellement, si chaque

MESURES DE POIDS.

arbre en fournit 10 kg. par an? On sait que l'hectolitre pèse 80 kg.

P. 1046. Quelle est la valeur des pruneaux préparés avec la récolte donnée annuellement par des pruniers qui, plantés dans un verger de 136 m. de longueur sur 85 de largeur, sont au nombre de 278 par hectare? On sait : 1° que, en moyenne, chaque arbre donne par an 12 kg. 40 de fruits secs ; 2° que ces pruneaux valent 16 f. les 50 kg.

P. 1047. Un cultivateur a retiré 480 f. de la vente des pruneaux qu'il a préparés avec sa récolte de prunes, et qu'il a vendus au prix de 40 f. les 50 kg. : quelle est la contenance totale de son verger? On sait : 1° qu'il renferme 278 arbres par hectare; 2° que chaque arbre, en moyenne, lui a fourni assez de prunes pour préparer 10 kg. de pruneaux.

P. 1048. Un boucher a acheté 6 moutons qui, par tête, lui ont coûté 15 f. 50 d'achat, 1 f. 50 de droits d'octroi, 0 f. 50 de droits d'abat, et 0 f. 85 pour d'autres droits ; chacun d'eux lui a donné 175 hg. de viande qu'il a vendue 1 f. 80 le kilogramme; 254 Dg. de suif qu'il a vendu 0 f. 9 le kilogramme, et 23 hg. 50 de peau, qu'il a vendue 0 f. 85 le kilogramme : combien a-t-il gagné?

P. 1049. A Paris, un ouvrier consomme ordinairement 15 hg. de pain frais par jour ; il ne consommerait que 13 hg. de pain rassis. Le pain coûtant 0 f. 32 le kg., on demande : 1° la dépense annuelle de 15 ouvriers nourris de pain frais ; 2° celle de 15 autres ouvriers nourris de pain rassis ; 3° l'économie que réaliserait chacun de ces derniers par année, par mois, par jour et par semaine; 4° l'économie que réaliseront ensemble ces 15 ouvriers pendant les mêmes périodes de temps.

P. 1050. Dans une ferme, il y a 12 personnes consommant en moyenne chacune 1 kg. 175 gr. de pain par jour ; si c'était du pain frais, la consommation serait de 1 kg. 350 ; le pain de ménage étant estimé 0 f. 27 le kilogramme, on demande quelle serait la dépense annuelle, 1° en pain rassis ; 2° en pain frais, 3° en pain frais les dimanches et 8 fêtes, et en pain rassis les autres jours ; on demande aussi le surplus de la dépense en pain frais au lieu de pain rassis.

P. 1051. On achète au prix de 0 f. 12 le kilogramme 2 hl. 45 de charbon. On demande : 1° quelle somme on devra débourser; 2° à quel prix revient l'hectolitre de charbon pesant 22 kg. 5; 3° quelle somme on devrait débourser pour 35 Dl. de ce charbon.

P. 1052. Un minerai de fer renferme une quantité d'argent égale à 0,00002 du poids du fer obtenu. Par un premier procédé, on extrait par jour 6540 kg. de fer à 270 f. la tonne; par un second procédé, on n'extrait par jour que 6233 kg.; mais on sépare l'argent qui s'y trouve. L'argent pur vaut 220 f. le kilogramme. Quel est le procédé le plus avantageux?

P. 1053. En supposant qu'un bœuf produise 26 kg. 22 Dg. de suif; une vache, 15 kg. 4; un mouton, 2 kg. 15, on demande: 1° quelle sera la quantité de suif donnée par 28 543 bœufs, 27432 vaches et 248271 moutons; 2° quelle est la valeur de ce suif brut ou en branche, si le kilogramme vaut 0 f. 42 ; 3° quelle est la valeur du suif fondu, au prix de 53 f. 10 les 100 kg. On sait que 1 kg. de suif brut donne 0 kg. 80 de suif fondu.

P. 1054. Si 43 f. 22 sont le prix de 18 kg. 75 dg. de jambon de Bayonne : quel est le prix du demi-kilogramme ?

P. 1055. Quelle somme devra-t-on débourser pour l'achat de 181 kg. de carton à lustrer les draps, sachant que 40 Dg. de ce carton coûtent 1 f. 20 ?

P. 1056. On achète 51 kg. de carton moulé, dit *papier mâché*, à 0 f. 50 les 25 Dg. : quelle somme devra-t-on débourser ?

P. 1057. Un pharmacien vient d'acheter 345 demi-hectogrammes d'iris de Florence pour 24 f. 15 : à quel prix devra-t-il vendre le décagramme, s'il veut gagner 0 f. 75 par kilogramme ?

P. 1058. Deux domestiques achètent d'abord, l'un, 25 hg. de beurre, et l'autre, 648 Dg. ; après cette première emplette, ils en achètent chacun 3 demi-kilogrammes : combien chacun d'eux en a-t-il de kilogrammes, et combien en ont-ils à eux deux ?

P. 1059. Combien faut-il vendre le kilogramme de truffes, si l'on veut gagner 750 f. par 100 kg., et si on les a achetées 5 f. le demi-kilogramme ?

P. 1060. En 1832, le commerce général de la France a tiré de la Colombie 3970 qm. 75 de café; de l'Allemagne, il en a tiré 2511 qm. 85; du Mexique, 8790 kg.; et des villes hanséatiques, 173 965 kg.: combien en a-t-il tiré de demi-kilogrammes en tout de ces quatre pays ?

P. 1061. Un fermier donne, chaque année, à son propriétaire, 2 300 f. en argent, 1 qm. 5 de fromage, 450 hg. de beurre et 6 chars de bois : combien ce fermier donne-t-il à son propriétaire, si le fromage se vend 0 f. 40 le demi-kilogramme ; le beurre, 1 f. 30 le kilogramme, et le bois à raison de 15 f. 25 le char ?

P. 1062. Un pharmacien a du jalap qui lui coûte 7 f. 25 le kilogramme, et de la salsepareille qui lui coûte 0 f. 355 l'hectogramme ; il revend ces marchandises avec un bénéfice de 0 f. 25 par demi-kilogramme : combien devra-t-il recevoir d'une personne qui lui achète 24 Dg. de salsepareille et 142 gr. de jalap ?

P. 1063. Un fabricant d'huile d'olive vient d'en livrer quatre barils qui en contiennent ensemble 184 kg. 25 ; il en a envoyé à Paris 3 barils qui en contiennent ensemble 1 548 hg. 75 ; il en a vendu à un épicier 2 barils qui en contiennent ensemble 8425 Dg. 75, et il lui en reste 25 barils qui en contiennent ensemble 12 qm. plus 50 kg. : combien en avait-il de barils et combien contenaient-ils ensemble de kilogrammes d'huile ?

P. 1064. Un marchand épicier a vendu : 1° 450 kg. de sucre ; 2° 148 hg. ; 3° 3 279 gr. ; 4° 927 Dg., le tout au prix de 0 f. 87 le demi-kilogramme : on demande combien il a vendu de kilogrammes de sucre et quelle somme il a reçue.

P. 1065. En 1832, le commerce général a importé en France 5 876 kg. de café venant de la Hollande ; la Toscane en a envoyé 448 kg. de plus ; la quantité fournie par la Hollande surpassait de 868 kg. celle fournie par la Sardaigne ; l'Autriche en a fourni, à elle seule, 10 qm. 64 de plus que le double de la quantité fournie par les trois autres États ci-dessus nommés : combien de quintaux ces quatre pays ont-ils fournis ensemble, et combien chacun d'eux a-t-il envoyé ?

P. 1066. En 1853, le commerce spécial de la France a mis en consommation 4 526 qm. 7 kg. de chanvre peigné fourni par les pays étrangers; les Deux-Siciles en ont fourni 255 295 kg.; la Toscane, 71 772 kg. de moins que les Deux-Siciles; et les Etats-Sardes, 170 tm. 376 de moins que la Toscane; le reste a été fourni par les autres contrées : quel est ce reste en kilogrammes, et quelles sont les quantités fournies par les Etats-Sardes et la Toscane?

P. 1067. En 1853, le commerce spécial de la France a mis en consommation 6 457 tm. 3 kg. de son provenant de la Russie, 147 937 kg. provenant encore de la Russie; 5 177 qm. 7 kg. provenant de la Belgique; 3 303 378 kg. provenant des Deux-Siciles; 2 371 qm. provenant de l'Espagne; les Etats-Sardes en ont fourni 624 640 hg. de moins que l'Espagne; la Toscane, 513 qm. et 5 kg. de moins que les Etats-Sardes, et 106 280 kg. de moins que la Suisse; la Turquie en a fourni 927 tm. 81 kg. de moins que les Deux-Siciles; et 487 668 kg. ont été importés de divers autres pays. Sur le total des quantités de son provenant de toutes ces contrées, 12 437 844 kg. provenaient de la mouture du froment admis temporairement : combien de kg. provenaient d'ailleurs?

P. 1068. Un fermier doit fournir à son maître 68 demi-kilogrammes de beurre; il en a déjà livré 42 doubles-hectogrammes: combien de décagrammes a-t-il encore à donner?

P. 1069. Pour solder 216 kg. de kermès ou graine d'écarlate à 4 f. 50 les 5 hg., et 745 hg. de cochenille à 12 f. le kg., on a donné 120 kg. d'indigo à 1 f. 70 l'hectogramme; et l'on a fait un billet pour le reste : quel est le montant du billet?

P. 1070. Quatre défenses d'éléphant pèsent ensemble 108 kg.; la 1re pèse 15 doubles-kilogrammes; la 2e, 296 demi-hectogrammes; et la 3e, 1 423 doubles-décagrammes : quel est, en demi-kilogrammes, le poids de la 4e?

P. 1071. En 1853, les Pays-Bas ont envoyé en France 115 qm. 05 de nacre franche; et la Belgique, 26 302 demi-kilogrammes : combien faudrait-il ajouter de doubles-kilogrammes à l'envoi des Pays-Bas, pour le rendre égal à celui de la Belgique?

P. 1072. En 1853, le commerce spécial de la France a mis en consommation les quantités de légumes verts dont le détail suit : 109 747 kg. venant de l'Allemagne; 765 tm. 58 kg. venant de la Belgique; 53 476 kg. venant de l'Espagne; 150 tm. 32 kg. venant des Etats-Sardes; 244 qm. 3. kg. venant de la Suisse; 554 310 hg. venant de l'Algérie, et 19 tm. 22 kg. venant de divers pays : combien de doubles-kilogrammes de légumes verts ont été importés pendant cette année?

P. 1073. Dans une filature, un willou (machine à nettoyer le coton), peut nettoyer dans un jour 24 balles de coton pesant chacune 150 kg. : combien de tonnes de coton cette machine peut-elle nettoyer dans 3 semaines, chacune de 6 jours de travail?

P. 1074. Dans une filature de coton, une machine appelée *batteur-éplucheur*, dans laquelle se trouvent deux organes appelés *frappeurs*, peut nettoyer dans un jour 272 kg. de coton : combien de quintaux métriques nettoiera-t-elle en 25 jours; et, si la journée est de 12 heures, combien de coups seront donnés par les frappeurs pendant ces 25 jours, sachant que le 1er donne environ 1 280 coups par minute, et le 2^d, 1 300 coups?

P. 1075. Un bateau à vapeur de la force de 450 chevaux dépense 282 Dg. de charbon par force de cheval et par heure : de combien de tonneaux métriques de charbon devra être sa provision pour faire le voyage d'Amérique en Europe, ce voyage étant de 16 jours ?

P. 1076. Une féculerie traite par jour 18 tm. de pommes de terre à 4 f. 40 le quintal métrique ; on en retire 30 qm. 6 de fécule à 0 f. 25 le kg., et des résidus qui valent environ 30 f. Les frais généraux s'élèvent à 181 f. 15 par jour : quel sera le bénéfice ou la perte du chef de l'usine, à la fin d'une année de 295 jours de travail ?

P. 1077. On a fait venir du Levant 58 caisses d'avélanèdes pesant ensemble 6510 kg., pour 1171 f. 80 ; on en a déjà vendu 3325 kg. valant 598 f. 50 : on demande, en hectogrammes, de combien ce que l'on a vendu surpasse ce qui reste, et la valeur de ce reste aussi bien que son poids en doubles-décagrammes.

P. 1078. Sur un suron de jalap qui en contenait 90 kg., on en a donné à un hôpital une certaine quantité dont on veut connaître le poids en kilogrammes. On sait que, sur le tout, on a vendu 185 hg. à un négociant, 485 Dg. à un pharmacien, 175 gr. à un particulier ; on en a jeté 615 demi-hectogrammes qui étaient gâtés, et il n'en reste que 15 doubles-kilogrammes.

P. 1079. Quelle est, en quintaux métriques, la quantité totale de bulbes et oignons étrangers mis en consommation par le commerce spécial de la France, pendant l'année 1853 ? On sait que l'Allemagne en a fourni 3 tm. et 32 kg., et que les pays ci-après nommés en ont fourni des quantités qui augmentent successivement des nombres suivants : divers pays, 13 qm. 25 ; Etats-Romains, 322 doubles-kilogramm. ; Deux-Siciles, 1884 kg. ; Pays-Bas, 1 tm. 44 doubles kilogramm. ; Belgique, 88 150 hg. ; Toscane, 15 556 demi-kilogrammes ; Etats-Sardes, 199 qm. 69 ; Espagne, 125 qm. 37 kg.

P. 1080. En 1853, le commerce spécial de la France avait tiré des pays étrangers, 793 171 kg. de houblon ; sur cette quantité, la Belgique en avait fourni 1214 qm. 6 kg. de moins que l'Allemagne, qui en avait donné 455 tm. 314 : combien de doubles-hectogrammes en avaient fournis les autres contrées ?

P. 1081. Un propriétaire qui a 5 vaches et 150 moutons les nourrit en vert pendant 215 jours par an ; il peut récolter 950 qm. de fourrage vert : on demande si sa récolte est suffisante, et combien il en pourra vendre, ou combien il devra en acheter de quintaux, sachant que chaque tête de gros bétail consomme journellement 47 kg. 25 de fourrage vert, et que chaque mouton en consomme 2 kg., outre la pâture de chaque jour.

P. 1082. Un boucher a acheté 6 veaux qu'il a payés 35 f. la pièce ; il a, en outre, payé par tête 6 f. pour les droits d'octroi, 0 f. 60 pour les décimes, 2 f. pour droit d'abat, et 2 f. 40 pour d'autres frais ; il a vendu les peaux, qui pesaient chacune 54 hg., sur le pied de 112 f. le quintal métrique ; et la viande, qui, pour chaque veau, pesait en moyenne 35 kg., il l'a vendue 0 f. 80 le 5 hg. : on demande ce qu'il a gagné sur ce marché.

P. 1083. Dans le cours d'une semaine, un boucher débite habituellement les quantités de viande dont le détail suit : le samedi, il en vend 238 kg. ; le lundi, 356 hg. de moins ; le mardi, il en vend la moitié du total des deux jours précédents ; le mercredi, il en vend les 0,625 de la quantité vendue les jours précédents, moins 20 852 Dg. 5 ; enfin le jeudi, il en vend 107 hg. de plus que le jour précédent : combien de bœufs doit-il tuer par semaine, sachant que, en viande, le poids moyen d'un bœuf est de 270 kg.?

P. 1084. Un boucher a vendu à un tanneur quatre peaux de bœuf : la 1re pesait 338 hg. ; la 2e pesait 154 Dg. de plus ; la 3e pesait 1428 gr. de moins que la 4e, qui pesait 3 kg. de plus que la 1re ; il a vendu ces peaux sur le pied de 72 f. 45 le quintal : à combien revient chaque peau, et quelle est leur valeur totale?

P. 1085. Un tanneur a acheté quatre peaux de bœuf, pesant, en moyenne, chacune 348 hg. ; 7 peaux de vache, pesant, en moyenne, chacune 10 kg. 5 Dg. de moins que les peaux de bœuf ; et 25 peaux de veau pesant chacune, en moyenne, un poids inférieur de 1 927 Dg. au poids d'une peau de vache. Il a acheté les peaux de bœuf sur le pied de 74 f. 70 le quintal ; le prix du quintal des peaux de vache est inférieur de 9 f. 45 au prix des peaux de bœuf, et de 43 f. 55 au prix des peaux de veau : combien devra-t-il débourser?

P. 1086. Les droits de douane pour l'entrée en France des dents d'éléphant en morceaux de plus d'un kilogramme sont de 25 f. par quintal métrique pour les provenances d'Afrique et de l'Inde, et de 55 f. pour les provenances des autres pays ; on ajoute un décime par franc. En supposant que des navires français aient seuls participé à ce commerce : quelle somme la douane a-t-elle dû recevoir, en 1853, pour l'entrée de ces marchandises, sachant que les importations totales se sont élevées à 120 357 kg. de défenses entières ; que, sur cette quantité, la côte occidentale d'Afrique en a envoyé 3 635 kg. ; les autres pays d'Afrique, 125 qm. 92 ; le Sénégal, 39 qm. 45 ; et les Indes anglaises, 1 354 kg. 4?

P. 1087. En 1853, le commerce général de la France a fait venir de diverses contrées, 22 400 tm. et 83 kg. de lin teillé et d'étoupes de lin ; sur cette quantité, la Russie en a fourni 113 947 qm. moins un double-kilogramme ; l'Allemagne, 235 830 kg. ; la Belgique en aurait fourni 26 192 qm. de moins que la Russie, si la fourniture de celle-là eût été diminuée de quatre doubles-kilogrammes ; l'Angleterre en a envoyé 7 247 tm. et 7 qm. de moins que la Belgique, et les autres pays ont fourni le reste : quel est ce reste en kilogr., et quelles sont les quantités tirées des pays ci-dessus désignés?

P. 1088. De Paris à Douai, on compte 241 km. ; on a payé pour le transport de 6 qm. de marchandises, 52 f. 062 : quel est le prix du transport par tonne et par kilomètre, en admettant que les prix soient exactement proportionnés au poids et à la distance?

P. 1089. Sur 800 f. que j'avais, j'en ai consacré une partie pour une bonne œuvre ; j'ai employé 84 f. pour l'achat de 24 demi-kilogrammes de jalap ; j'ai employé 176 f. 40 pour un second achat de 245 hg. de jalap ; j'ai mis de côté 154 f., et il m'en reste

75 : combien ai-je acheté de doubles-décagrammes de jalap, et quelle somme ai-je consacrée à la bonne œuvre en question?

P. 1090. Un marchand de pâtes d'Italie a vendu, dans l'espace d'une semaine, 75 demi-kilogrammes de vermicelle pour 30 f.; 48 doubles-hectogrammes de macaroni pour 7 f. 20; 29 hg. 75 de millefanti pour 2 f. 50, et 54 demi-hectogrammes d'andarini pour 2 f. 43 : combien a-t-il vendu en tout de kilogrammes de ces pâtes d'Italie de diverses sortes, et quelle somme en a-t-il retirée?

P. 1091. Un tanneur a vendu à un cordonnier du cuir de bœuf et du cuir de cheval; il a fourni 275 hg. de cuir de cheval; s'il lui en avait fourni 645 Dg. de plus, et s'il lui eût vendu 20 kg. de moins de cuir de bœuf, il aurait fourni en tout 62 kg. 2 : combien de kilogrammes de cuir de bœuf a-t-il vendus?

P. 1092. Un cordonnier a acheté du cuir de bœuf, qu'il a payé 3 f. 50 le kilogramme, et du cuir de cheval, qu'il a payé 1 f. 45 le kilogramme; il en a pris 3728 Dg. de cette dernière espèce; s'il en eût pris 58 hg. de plus, et s'il eût pris 17 545 gr. de moins du cuir de bœuf, il eût eu en tout 68 kg. 35 Dg. de cuir : combien a-t-il dû débourser?

P. 1093. Une fermière a fait 37 hg. de beurre avec 9750 dl. de lait : combien aurait-elle obtenu de kilogrammes de beurre si elle n'avait employé que 38 lt. 75 du même lait?

P. 1094. Un maréchal dit qu'il ferre 3000 chevaux par an; il ajoute que le poids des vieux fers qu'il ôte aux chevaux, et qui lui reviennent de droit, égale les 0,4 de la quantité qu'il emploie pour ferrer. Dites : 1° combien il lui faut de kilogrammes de fer; 2° combien il a de bénéfice par an, si le demi-kilogramme de fer travaillé lui coûte 0 f. 75, et si, pour chaque fer qu'il pose, il reçoit 1 f. 25. On sait que, sur son bénéfice, il paie quatre ouvriers à 800 f. l'un; que chaque fer neuf pèse en moyenne 420 gr., et que les vieux fers sont estimés 0 f. 28 le kilogramme.

P. 1095. Un pharmacien a vendu 45 Dg. d'iris de Florence, pour 1 f. moins un centime, et il a gagné 0 f. 85 par kilogramme : combien lui avaient coûté 5 doubles-kilogrammes de cette substance?

P. 1096. Un ouvrier consomme ordinairement 15 hg. de pain par jour, le pain valant 0 f. 40 le kilogramme : pour combien de jours un ouvrier tapissier qui gagne 2 f. 75 par jour, aura-t-il de quoi acheter le pain nécessaire à sa consommation, avec la somme qu'il a reçue pour 8 jours de travail?

P. 1097. Un commerçant a acheté des balles de laine pesant chacune 1 qm. 75, sur le pied de 43 f. 75 les 875 Dg.; il les a revendues à raison de 27 f. 90 les 45 hg, et il a gagné 9450 f. sur ce marché : combien de balles de laine avait-il achetées?

P. 1098. Trois fois la 11° partie de la somme que je possède égalent 45 f. Avec cette somme je puis acheter 409 kg. 6 de réglisse : combien devrai-je le vendre l'hectogramme, si je veux gagner 0 f. 15 par kilogramme?

P. 1099. On a acheté de l'huile de baleine et de l'huile de morue pour 3734 f. 40; la quantité totale se monte à 40 qm. 32, et l'on a 20 fois autant d'huile de baleine que d'huile de morue :

quel est le prix du kilogramme de cette dernière, si l'on paie l'huile de baleine 0 f. 90 le kilogramme ?

P. 1100. La préparation des allumettes chimiques se fait avec la composition suivante : Phosphore, 4 parties; salpêtre raffiné, 10; gomme, 6; minium, 3; bleu de Prusse, 2. On demande : 1° quelles quantités de ces différentes matières il faudra prendre pour obtenir 36 kg. de pâte ; 2° la somme qu'il faudra dépenser, le phosphore valant 0 f. 078 le décagramme ; le salpêtre raffiné, 1 f. 75 le kilogramme; la gomme, 0 f. 25 l'hectogramme; le minium, 0 f. 72 le kilogramme; et le bleu de Prusse, 0 f. 30 l'hectogramme.

P. 1101. Pour fabriquer les allumettes chimiques s'enflammant sans explosion, on fait usage d'une pâte dont voici la composition d'après M. Payen : Phosphore, 2,5; colle forte, 2; eau, 4,5; sable fin, 2; ocre rouge, 0,5; vermillon, 0,1. On demande : 1° combien il faudra d'hectogrammes de chacune de ces substances pour former 18 kg. 30 de pâte; 2° quelle somme il faudrait pour leur acquisition, le phosphore coûtant 6 f. 50 le kilogramme; la colle forte, 1 f. 70; l'ocre rouge, 0 f. 12; le vermillon, 12 f. 50; le sable et l'eau ne coûtant rien.

P. 1102. La population d'une ville est de 10 420 habitants : combien consomment-ils de quintaux de viande par an, si, en moyenne, chaque habitant en consomme par jour 11 Dg. 75 ? combien faudra-t-il de bœufs pour fournir à cette consommation annuelle, si chaque bœuf pèse en viande 275 kg.; et si, chaque année, les bouchers tuent 100 vaches, pesant chacune, en viande, un poids moyen de 165 kg. 12 Dg. 75 ?

P. 1103. Un boulanger a acheté de la farine à 52 f. 80 la balle de 100 kg.; il peut, avec une balle de farine, faire 88 pains de 15 hg. : à combien par kilogramme ce pain doit-il être taxé pour qu'il puisse gagner 0 f. 04 sur un pain, sachant que les frais de levure, chauffage et autres, se montent à 5 f. 28 pour l'emploi d'une balle de farine ?

P. 1104. En 1853, le commerce spécial de la France a envoyé les quantités suivantes de toiles blanches de coton dans les pays que l'on va nommer : en Angleterre, 63 710 kg.; dans les Etats-Sardes, 45 tm. 08; dans les Etats-Unis, 47 tm. 8 kg.; dans la Nouvelle-Grenade, 44 qm. 3 kg. : quel est, en kg., le total de tissus blancs de coton exportés dans ces quatre contrées ? Combien ce total fait-il de pièces d'étoffe de 48 mèt. ? On sait que 1 kilogr. est le poids de 8 mètres d'étoffe.

P. 1105. En 1853, le commerce spécial de la France a envoyé dans les contrées ci-après indiquées, les quantités suivantes de tissus de coton teint : dans les Deux-Siciles, 9 tm. 06; dans les Etats-Unis, 92 tm. 1 kg.; à Cayenne, 194 qm. 9 kg.; dans les Etats-Sardes, 105 749 kg. : quel est, en kilogrammes, le total des tissus envoyés dans ces quatre contrées ? Combien ce total fait-il de pièces d'étoffe de 48 m. ? On sait que 8 m. pèsent 1 kg.

P. 1106. Un filateur a reçu d'un facteur 350 bottes de lin à 2 f. 50 la botte; il donne 0 f. 15 de peignage pour chacune d'elles : dites le prix du kilogramme, sachant qu'il faut déduire 31 gr. 25 de déchet par botte, et 488 gr. 75 d'étoupe **valant 1 f. le kilogramme, et que la botte de lin pèse 1 kg. 500.**

P. 1107. Un carrossier avait acheté 175 kg. de crin qui lui avait coûté 5 f. 50 le kilogramme ; mais deux de ses confrères se trouvant en avoir besoin, il en cède les 0,4 à l'un et le reste à l'autre : on demande quel bénéfice il a fait par kilogramme, s'il a reçu de l'un 420 f. et de l'autre 630 f.

P. 1108. Un cultivateur a vendu de la laine de deux qualités : la 1re vaut 4 f. 75 le kilogramme ; et la 2e, 3 f. 50 ; il en a vendu 80 kg. de la 1re qualité : combien en a-t-il vendu de la 2e, sachant qu'il a retiré de la vente de cette 2e qualité, la moitié, moins 15 f., de ce que lui a valu la vente de la laine de la 1re qualité?

P. 1109. Un boucher a acheté un bœuf qui lui a coûté 480 f. et qui pèse 320 kg. en viande, 395 hg. en suif, et 3 754 Dg. en cuir. Ce boucher vend la peau sur le pied de 72 f. le quintal ; le suif, sur celui de 1 f. 24 le kilogramme, et il veut gagner 125 f. 40 : combien devra-t-il vendre le kilogramme de viande?

P. 1110. Un siège a duré 23 jours : chaque pièce d'artillerie a tiré 28 coups par jour ; la charge moyenne d'une pièce était de 3 kg. 75 de poudre, à 2 f. 45 le kilogramme ; la dépense pour la poudre a été de 319 504 f. 50 : quel était le nombre de pièces?

P. 1111. Pendant un siège de 27 jours, les pièces en batterie ont tiré journellement chacune 75 coups ; la poudre coûtait 225 f. le quintal métrique, et le total de celle employée montait à 619 650 f. : quel était le nombre des pièces, leur charge moyenne étant de 4 kg.?

P. 1112. Un ouvrier, travaillant dans une filature de coton, gagne 15 f. par semaine ; il vient d'être payé pour 6 semaines de travail : combien lui restera-t-il sur cette somme, après qu'il aura payé le boulanger pour la fourniture du pain nécessaire à sa famille pendant 44 jours, sachant que cette famille se compose de trois personnes qui consomment par jour, en moyenne, chacune 84 Dg. de pain valant 0 f. 45 le kilogramme?

P. 1113. Dans les filatures, on se sert, pour l'épuration du coton, d'une machine appelée batteur-étaleur, qui peut, en 12 heures, préparer 13 qm. de coton ; quelle serait, en myriamèt., la longueur totale du fil n° 60, que l'on pourrait former avec le coton préparé par cette machine en 17 journées de 10 heures? On sait que le numéro du fil indique le nombre d'écheveaux de 1 000 m. que l'on peut faire avec un demi-kilogramme de coton, et que le coton éprouve un déchet de 12,5 % sur le poids brut.

P. 1114. Le willou, ou la machine dont on se sert, dans les filatures, pour l'épuration du coton, peut nettoyer dans un jour 36 qm. de coton. En admettant que, pour réduire en fil ce coton, il y ait 12,5 pour % de perte, combien d'écheveaux de fil du n° 50 pourrait-on faire avec le coton nettoyé par cette machine en 5 jours? On sait que le numéro du fil est le nombre d'écheveaux contenu dans un demi-kilogramme.

P. 1115. Dans une usine à deux fourneaux, on a brûlé dans le cours de l'année pour 52 380 f. de coke, payé à raison de 1 f. 25 le quintal : combien de kilogrammes de coke consommait-on pour avoir un quintal de fonte, sachant que, dans cette usine, on a produit 2 328 tm. de fonte?

MESURES DE POIDS.

P. 1116. Dans une usine où se trouvent deux hauts-fourneaux, on a fondu dans le cours d'une campagne 2 328 tm. de fonte; chacun des deux fourneaux en a fourni le même poids; le 1er en donnait 3 880 kg. par jour; et le 2^d, 48 qm. 50 : combien de jours la campagne du 1er a-t-elle duré de plus que celle du 2^d?

P. 1117. Sur quelques chemins de fer, les rails pèsent 34 kg. le mètre courant: leur longueur est de 6 m., et chaque paire de rails est supportée par 6 traverses ; combien faudra-t-il de rails et de traverses pour une double voie, sur un parcours de 85 km.? quel sera le poids total des rails et leur prix, à raison de 360 f. la tonne rendue sur la ligne?

P. 1118. Un cordonnier a acheté 184 hg. de cuir fort, pour 64 f. 40; et, pour du cuir de veau dont le poids était inférieur de 458 Dg. au poids de cuir fort qu'il a acheté, il a déboursé 32 f. 34 de plus : quel est le prix du kilogramme de chaque sorte?

P. 1119. Un cordonnier a acheté du cuir de vache de trois qualités différentes : de la 1re, pour empeignes, il en a pris 254 hg. pour 147 f. 32 ; de la 2e sorte, pour quartiers, il en a pris 384 Dg. de moins que de la 1re, et il a dépensé pour cette 2e emplette 61 f. 08 de moins que pour la 1re; de la 3e sorte, pour premières semelles, il en a pris autant que des deux autres ensemble, et il a dépensé 6 f. 44 de moins que pour l'achat de la 1re sorte : on demande le prix du kilogr. de chaque sorte de cuir.

P. 1120. Un chapelier a acheté du poil de lièvre qui lui a coûté 15 f. 75 le kilogramme; du duvet de cachemire, dont le kilogramme coûte la moitié du prix du kilogramme de poil de lièvre; et du poil de chevron, dont le kilogramme coûte un prix égal à la moitié plus 21 centimes 25 du prix du kilogramme de poil de lièvre. Combien devra-t-il débourser : 1° pour une balle de duvet de cachemire pesant un quintal 50; 2° pour les 0,75 d'un quintal de poil de lièvre ; 3° pour deux balles de poil de chevron pesant chacune 120 kg.?

P. 1121. Pour avoir 2 kg. de pain bien cuit, il faut 1 525 gr. de fleur de farine : combien un boulanger fera-t-il de pains de 2 kg. avec 25 sacs pesant chacun 100 kg., et quelle somme lui restera-t-il pour la main-d'œuvre et les fournitures, si la taxe est à 0 f. 50 le kilogramme, et si les 100 kg. de farine lui coûtent 58 f.?

P. 122. Une locomotive a fait, en 8 ans, 358 726 km., avec une vitesse moyenne de 45 km. à l'heure. On sait d'ailleurs que la consommation d'une locomotive est d'environ 360 kg. de coke par heure sur un chemin de niveau. Le coke valant 5 f. 40 le quintal, combien a coûté le combustible consommé par cette locomotive pendant ces 8 ans?

P. 1123. On peut conserver 16 kg. de beurre en employant 1 kg. d'une poudre composée de 4 hg. de sel, 2 hg. de sucre, et 4 hg. de nitre (salpêtre); on mélange bien le tout et on le met dans un pot en le pétrissant, de manière à ne laisser aucun vide; le beurre acquiert même une saveur agréable. En supposant que le beurre coûte 2 f. 10 le kilogramme, le sel 0 f. 20, le sucre 1 f. 50, et le nitre 2 f., on demande quelle dépense fait celui qui achète 3 pains de beurre pesant chacun 9 kg. 875 gr., 2 pains qui pèsent chacun 7 kg. 540 gr. et 4 pains qui pèsent chacun 8 kg. 285 gr., et s'il les prépare de la manière ci-dessus indiquée.

P. 1124. On peut obtenir une encre usuelle de bonne qualité en employant les doses suivantes : 1° noix de galle concassées en menus fragments, 2 kg.; 2° sulfate de fer, 1 kg.; 3° bois de Campêche divisé, 0 kg. 150; 4° gomme arabique, 1 kg. 200 gr.; 5° huile essentielle de lavande, 50 gouttes; 6° eau de rivière, 32 l. On laisse la noix de galle et le bois de Campêche dans 24 à 30 l. d'eau; la gomme arabique dans 8 l. d'eau; au bout de 24 à 36 heures, on peut, si l'on veut, verser le mélange de noix de galle et de bois de Campêche dans une chaudière en cuivre où l'on maintient le liquide presque en ébullition pendant 2 heures; on filtre ensuite dans une chausse ou à travers un linge; la solution claire est alors mélangée avec la gomme dissoute, puis avec le sulfate de fer; on agite et on laisse à l'air dans une terrine pendant deux à trois jours; on ajoute l'essence, puis on met dans des bouteilles que l'on devra boucher ensuite hermétiquement. On peut chauffer au rouge le sulfate de fer, afin d'empêcher l'encre de roussir plus tard. On demande quelle quantité de chacun de ces ingrédients il faudra pour 6 bouteilles d'eau renfermant chacune 0 l. 80.

P. 1125. En vendant du sucre au prix de 1 f. 95 le kilogr., on gagne 2756 f. 25; si on le vendait 1 f. 60, on ne gagnerait ni on ne perdrait : combien a-t-on reçu pour cette vente?

P. 1126. Du sucre vaut 1 f. 40, et on l'estime 1 f. 65 : combien aura-t-on de café qui vaut 3 f. 25 le kilogramme pour 741 kg. de sucre; et quel sera le bénéfice, si on revend le café 3 f. 50 le kilogramme?

P. 1127. Un tapissier disait : Si j'avais 2 f. à ajouter à la somme que je possède, et si le résultat de cette augmentation était rendu 6 fois plus grand, puis augmenté de 123 f., je pourrais acheter 175 kg. de crin à 0 f. 42 l'hectogramme : combien avait-il?

P. 1128. Un matelassier a acheté 180 kg. de crin qui lui ont coûté une somme telle, que, si son produit par 4 était diminué de 420 f., le nombre résultant serait égal au prix de 60 kg. de poil de castor valant 5 f. l'hectogramme : quel est le prix du kilogramme de crin?

P. 1129. Un négociant a vendu à un teinturier 552 kg. d'avélanèdes qui lui avaient coûté 99 f. 36; et le teinturier les a achetées pour un prix tel, que, s'il les eût payées 25 f. 40 de plus, le négociant eût gagné une somme égale au prix qu'elles lui avaient coûté : combien les a-t-il revendues?

P. 1130. Un pharmacien a acheté, au prix de 4 f. 50 le kilogramme, un nombre de décagrammes d'acide tartrique, nombre qui est tel, que, si l'on retranche 29 de sa douzième partie, il reste 6 kg. : quelle somme doit-il débourser?

P. 1131. Un teinturier a acheté, au prix de 2 f. 75 le kilogramme, un nombre d'hectogrammes d'acide oxalique, nombre qui est tel, que, si l'on ajoute 12 à sa trente-cinquième partie, on obtient 2 kg. 5 : combien devra-t-il débourser?

P. 1132. Un fabricant d'eau-forte a acheté, au prix de 0 f. 45 **le kilogramme**, une certaine quantité de nitrate de soude. Pour

MESURES DE POIDS. 129

s'acquitter, il a déboursé une somme telle, qu'en ajoutant 26 f. 50 au quintuple de cette somme, on obtient 706 f. : combien de quintaux de nitrate a-t-il achetés ?

P. 1133. Si j'avais encore 3 fois autant d'argent que j'en ai, moins 658 f. 49, j'aurais 6 641 f. 51, somme nécessaire au paiement de l'argile qu'il faut employer pour la confection de 384 milliers de tuyaux de drainage ayant chacun 304 mm. de longueur. Or, pour 1 000 tuyaux, il faut 1 988 kg. d'argile; 1° quel est le prix du quintal de cette substance ; 2° quelle somme ai-je ?

P. 1134. Un fabricant a acheté 6 qm. de laine de deux qualités: laine commune et laine de 1re qualité, pour 2 910 f.; par kilogramme, la laine commune lui a coûté 1 f. 20 de moins que la laine de 1re qualité ; et si elle lui eût coûté autant, son achat lui aurait demandé une somme de 3 240 f. On demande : 1° combien il a acheté de kilogrammes de laine commune; 2° combien il a acheté de kilogrammes de laine de 1re qualité; 3° quel est le prix du kilogramme de chacune de ces deux sortes de laine.

P. 1135. En vendant de la cassonade 1 f. 15 le kilogramme, on perd 193 f. 38; si on la vendait 1 f. le kilogramme, on perdrait 267 f. 53. On demande : 1° combien on a de kilogrammes de cassonade à vendre; 2° le prix total d'achat de la cassonade ; 3° à quel prix on devrait porter le kilogramme pour gagner 189 f. 75; 4° combien de kilogrammes de cette substance un garçon peintre pourrait acheter, à ce prix, avec la somme qu'il vient de recevoir pour 3 semaines de travail, s'il gagne 9 f. par semaine?

P. 1136. On a fait du laiton en alliant 3 kg. 5 de cuivre à 1 kg. 75 de zinc : combien y a-t-il de cuivre et de zinc dans 1 kg. de laiton?

P. 1137. L'étain de vaisselle est formé d'une partie de zinc ou de cuivre sur 19 d'étain. Le prix du cuivre est de 3 f. 80 le kilogramme, et celui de l'étain 3 f. 10 : on demande à combien revient la cuiller faite avec cet alliage, sachant qu'elle pèse 83 gr. 20.

P. 1138. Un tanneur a acheté un certain nombre de peaux de bœuf pesant, en moyenne, chacune 364 hg., sur le pied de 75 f. 80 le quintal métrique; la somme qu'il a déboursée étant divisée par 14, et 6 fois le quotient étant divisé par 78, donne pour résultat un nombre de centimes qui, étant diminué de 15 centimes, serait le même que le nombre d'hectogrammes que pèse chaque peau : combien de peaux a-t-il achetées?

P. 1139. Quelle est la valeur du plomb produit dans une usine où l'on traite annuellement 184 000 kg. de minerai? On sait : 1° que ce minerai renferme 66 % de plomb ; 2° qu'on perd 21 % de tout le plomb que renferme le minerai; 3° que le plomb se vend 0 f. 70 le kilogramme.

P. 1140. On demande : 1° combien il faudra de kilogrammes de fer et d'acide sulfurique pour produire l'hydrogène nécessaire au gonflement d'un ballon de 23 m^3 54 dm^3 18 cm^3, sachant que pour obtenir 23 hg. de gaz hydrogène, il faut verser 113 kg. 5 d'acide sulfurique étendu d'eau, sur 65 kg. de copeaux de fer, et qu'un hectolitre d'hydrogène pèse 8 gr. 948 ; 2° quelle somme il faudra débourser pour l'achat de l'acide sulfurique et du fer; l'acide sulfurique valant 16 f. les 100 kg., et le fer, 0 f. 03 l'hectogramme.

P. 1141. Pour la fabrication de la soude artificielle, on peut décomposer en 24 heures 1 600 kg. de sel marin au moyen de 2 000 kg. d'acide sulfurique, et l'on obtient 2 000 kg. de sulfate de soude qui, mêlés avec 2 000 kg. de craie et 1 060 kg. de charbon, fournissent 1300 kg. de soude. D'après cela, on demande : 1° combien il faudra de kilogrammes de sel marin, d'acide sulfurique, de craie et de charbon pour obtenir une tonne de soude; 2° la somme à dépenser pour l'achat des substances ci-dessus indiquées, le sel marin coûtant 3 f. le quintal métrique, l'acide sulfurique coûtant 9 f. les 100 kg., la craie valant 10 f. le quintal métrique, et le charbon valant 2 f. 45 l'hectolitre de 20 kg.

P. 1142. L'*aluminium*, nouveau métal qu'on retire de l'argile, a une densité 4 fois plus faible que celle de l'argent, et coûte environ 300 f. le kilogramme. On demande : 1° combien de fois, à volume égal, il vaut moins que l'argent, dont la valeur est de 220 f. ; 2° combien de décagrammes il faudrait en vendre pour avoir la somme nécessaire à l'acquit de ce qui est dû à un ouvrier fabricant de produits chimiques qui gagne 56 f. par mois, et qui a travaillé pendant 4 mois.

P. 1143. Une machine à vapeur employée dans une filature, consomme en 24 heures 2 362 kg. de houille à 30 f. 10 la tonne; dans un temps 8 fois moindre, elle consommerait 490 kg. de lignite coûtant 2 f. 30 la tonne prise sur place, 0 f. 26 de transport par tonne et par kilomètre à une distance de 2 Mm. 50 : on demande quelle somme on gagnera au bout d'une année en employant le combustible le plus économique, si la machine travaille 12 heures par jour, à l'exception des 52 dimanches et des 4 fêtes d'obligation.

P. 1144. Au moyen d'un four aérotherme, on peut obtenir 3 192 kg. de pain par jour, en ne brûlant que 650 kg. de coke à 2 f. le quintal, tandis que dans les fours ordinaires, la cuisson de 5 724 hg. de pain coûte 4 f. 77. On demande : 1° de combien pour 100 la dépense est réduite en employant des fours aérothermes; 2° quelle économie réalisera tous les ans, par l'emploi de ces fours, un boulanger qui cuit journellement 2 sacs 37 de farine, chaque sac pesant net 157 kg., et 3 kg. de farine donnant 4 kg. de pain.

P. 1145. Combien a-t-on récolté de gerbes de blé dans un champ qui a fourni le blé nécessaire à la nourriture de 800 hommes pendant 4 mois de 30 jours? On donnait à chaque homme 750 gr. de pain par jour ; 3 kg. de farine donnant 4 kg. de pain, le blé avait rendu en farine 75 °/₀. Pour 30 kg. de blé, on a 70 kg. de paille, et une gerbe pèse 11 kg.

MESURES MONÉTAIRES

RELATIONS

P. 1146. La valeur de la monnaie de bronze étant, à poids égal, 20 fois plus faible que celle de la monnaie d'argent, trouver le poids des pièces de 0 f. 10, de 0 f. 05, de 0 f. 02 et de 0 f. 01, celui de la pièce de 1 f. étant 5 gr.

P. 1147. La valeur de la monnaie d'or étant, à poids égal, 15 fois 5 plus forte que celle de la monnaie d'argent, trouver le poids des pièces en or, de 5 f., de 10 f., de 20 f., de 50 f. et de 100 f.

P. 1148. Dix francs en or pèsent 3 gr. 2258, et en argent ils pèsent 50 gr. : combien de fois le poids de 10 f. en argent, est-il plus grand que celui de 10 f. en or?
Le résultat serait-il le même si l'on prenait une somme quelconque en or, et la même somme en argent?

P. 1149. Une somme de 75 f. en argent pèse 375 gr. : quel est le poids de la même somme, 1° en or, 2° en bronze?

P. 1150. Une somme en argent pèse 16 hg. 25 gr. : quel serait le poids de la même somme, 1° en or, 2° en bronze?

P. 1151. Une somme en argent pèse 1 kg. 125 gr., quel serait le poids de la même somme, 1° en or, 2° en bronze?

P. 1152. Des sommes en argent pèsent : 1° 2575 gr., 2° 855 Dg.; 3° 12 kg. 725 gr., 4° 21 kg. 24, et 5° 728 hg. : quels sont les poids respectifs des mêmes sommes en or?

P. 1153. Une somme de 230 f. en or pèse 742 dg. : quel serait le poids de la même somme, 1° en argent, 2° en bronze?

P. 1154. Une somme en or pèse 282 gr. 26 : quel serait le poids de la même somme, 1° en argent, 2° en bronze?

P. 1155. Quatre sommes en or pèsent : la 1re, 924 Dg. 323 mg.; la 2e, 212 hg.; la 3e, 17 kg. 920 gr. 968 mg.; la 4e, 275 Dg. 645 cg. : quels seraient les poids respectifs des mêmes sommes en argent?

P. 1156. Trois sommes en bronze pèsent : la 1re 785 hg.; la 2e, 28 kg. 5; la 3e, 12 kg. 50 : quels seraient les poids respectifs des mêmes sommes, 1° en or, 2° en argent?

P. 1157. Trois sommes en bronze pèsent : la 1re, 720 gr.; la 2e, 47 hg. 20; la 3e, 1 kg. 20 gr. : quels seraient les poids respectifs des mêmes sommes en argent?

P. 1158. Quelles sont les sommes en or qui, respectivement, pèseraient autant que les sommes suivantes en argent : 1° 780 f.; 2° 1840 f.; 3° 62740 f.; 4° 8950 f.?

P. 1159. Quelles sont les sommes en bronze qui, respectivement, pèsent autant que les sommes suivantes en argent : 1° 742 f. 40; 2° 842 f. 20; 3° 1254 f. 90; 4° 275 f. 50; 5° 910 f. 80?

P. 1160. Quelles sont les sommes en or qui, respectivement, pèsent autant que les sommes suivantes en argent : 1° 570 f.;

2° 170 f.; 3° 940 f.? Quelles seraient les sommes en bronze qui, respectivement, auraient aussi le même poids?

P. 1161. Quelles sont les sommes en argent dont les poids seraient respectivement égaux à ceux des sommes en or dont le détail suit : 1° 2 945 f.; 2° 15 655 f.; 3° 29 915 f.?

P. 1162. Quelles sont les sommes en bronze qui, respectivement, seraient du même poids que les sommes suivantes en or : 1° 465 f.; 2° 3 255 f.; 3° 775 f.?

P. 1163. Quelles sont les sommes en argent qui, respectivement, seraient du même poids que les sommes suivantes en or : 1° 620 f.; 2° 1 705 f.; 3° 2 635 f.? Quelles seraient les sommes en bronze qui auraient aussi les mêmes poids respectifs?

P. 1164. Quelles sont les sommes en argent qui, respectivement, sont du même poids que les sommes en bronze dont le détail suit : 1° 45 f.; 2° 28 f. 12; 3° 7 f. 48; 4° 36 f. 45?

P. 1165. Quelles sont les sommes en or qui, respectivement, sont du même poids que les sommes en bronze dont le détail suit : 1° 8 f.; 2° 12 f. 50; 3° 21 f. 50?

P. 1166. Quelles sont les sommes en or qui, respectivement, sont du même poids que les sommes en bronze dont le détail suit : 1° 56 f. 50; 2° 16 f. 50; 3° 80 f. 50; et 4° 38 f. 50? Quelles sont les sommes en argent qui ont aussi les mêmes poids respectifs?

MONNAIES DE BRONZE.

P. 1167. Quel est le poids de chacune des sommes en bronze dont le détail suit : 1° 1 f.; 2° 10 f.; 3° 100 f.?

P. 1168. Quels sont les poids respectifs des sommes formées par chacune des quantités suivantes : 1° 84 pièces de 1 centime; 2° 227 pièces de 2 centimes; 3° 148 pièces de 5 centimes; 4° 341 pièces de 10 centimes?

P. 1169. Quel est le poids de chacune des sommes en bronze dont le détail suit : 1° 28 f. 75; 2° 7 f. 42; 3° 0 f. 55; 4° 144 f. 12?

P. 1170. Quelles sont les sommes en bronze dont les poids respectifs sont : 1° 645 gr.; 2° 12 gr.; 3° 802 Dg.; 4° 7 kg. 08; 5° 3 kg. 005; 6° 2 kg. 07?

P. 1171. Combien y a-t-il de cuivre, d'étain et de zinc dans chacune des pièces suivantes : 1° 1 pièce de 1 centime; 2° 1 pièce de 2 centimes; 3° 1 pièce de 5 centimes; 4° 1 pièce de 10 centimes?

P. 1172. Quelles sont les quantités de cuivre, d'étain et de zinc contenues dans chacune des sommes qui ont les poids suivants : 1° 728 gr.; 2° 38 hg. 6, 3° 0 kg. 666; 4° 2 kg. 728?

P. 1173. Quelles sont, en grammes, les quantités de cuivre, d'étain et de zinc, contenues dans chacune des sommes ci-après désignées : 1° 2 f. 45; 2° 17 f. 81; 3° 38 f. 48?

MONNAIES D'ARGENT.

P. 1174. Quels sont les poids respectifs des sommes en argent dont le détail suit : 1° 10 f.; 2° 100 f.; 3° 1 000 f. 4° 500 f.; 5° 200 f.; 6° 2 500 f.; 7° 10 000 f.; 8° 15 000 f.?

P. 1175. Quel est le poids de chacune des sommes formées : 1° par 254 pièces de 5 f.; 2° par 9 743 pièces de 2 f.; 3° par 9 641 pièces de 1 f.; 4° par 2 479 pièces de 50 centimes; 5° par 3 528 pièces de 20 centimes; 6° par la réunion de 894 pièces de 5 f., 187 pièces de 1 f. et 384 pièces de 20 centimes : 7° par la réunion de 794 pièces de 2 f., 6 831 pièces de 50 centimes, 8 602 pièces de 1 f.?

P. 1176. Quel est le poids de chacune des sommes en argent ci-après désignées : 1° 4 978 f.; 2° 76 376 f. 20; 3° 124 279 f. 70; 4° 28 040 f. 90; 5° 3 874 f. 60; et 6° 348 200 f.

P. 1177. Trois hommes portent les sommes suivantes en argent : le 1er, 15 870 f. 80; le 2^d, 13 875 f. 20; et le 3e, 14 783 f. 40 : quelle est, en kilogrammes, la charge de chacun d'eux ?

P. 1178. Quelle est, en kilogrammes, la charge d'un homme qui porte 2 830 f. en pièces de 5 f., 6 872 f. en pièces de 2 f.; 1 321 f. en pièces de 1 f.; 154 f. 50 en pièces de 50 centimes, et 101 f. 60 en pièces de 20 centimes ?

P. 1179. Quelle est la valeur de chacune des quantités suivantes d'argent monnayé : 1° 1 gr.; 2° 1 Dg.; 3° 1 hg.; 4° 1 kg. : 5° 10 kg. ?

P. 1180. Quelles sont les sommes en argent qui pèsent respectivement : 1° 560 gr.; 2° 947 gr.; 3° 247 Dg. 25; 4° 7 hg. 875; 5° 2 kg. 724; 6° 10 kg. 2175 ?

P. 1181. Combien y a-t-il de cuivre dans chacune des quantités suivantes d'argent monnayé : 1° 1 gr.; 2° 1 Dg.; 3° 1 hg.; 4° 1 kg.?

P. 1182. Combien y aurait-il de cuivre dans chacune des sommes en argent dont le poids serait : pour la 1re, de 745 gr.; pour la 2e, de 187 Dg.; pour la 3e, de 2 kg. 8 gr.; pour la 4e, de 36 kg. 725 dg.; et, pour la 5e, de 46 hg. 2 gr.?

P. 1183. Combien y a-t-il de cuivre dans chacune des pièces d'argent ci-après désignées : 1° une pièce de 5 f.; 2° une pièce de 2 f.; 3° une pièce de 1 f.; 4° une pièce de 50 centimes; 5° une pièce de 20 centimes?

P. 1184. Combien y a-t-il de cuivre dans chacune des sommes formées : 1° par 45 pièces de 5 f. en argent; 2° par 641 pièces de 2 f.; 3° par 154 pièces de 1 f.; 4° par 62 pièces de 50 centimes; 5° par 84 pièces de 20 centimes; 6° par la réunion de 42 pièces de 5 f. en argent, de 63 pièces de 2 f. et de 18 pièces de 50 centimes?

P. 1185. Combien y a-t-il de cuivre dans chacune des sommes formées : 1° par 1 784 pièces de 1 f.; 2° par 9 842 pièces de 5 f.; 3° par 794 pièces de 2 f.; 4° par 2 573 pièces de 50 centimes; 5° par 74 piles de 20 pièces de 5 f.; 6° par 28 rouleaux de 50 pièces de 2 f.?

P. 1186. Combien y a-t-il de cuivre dans chacune des sommes en argent dont le détail suit : 1° 854 f. ; 2° 3 600 f. ; 3° 180 f. ; 4° 1609 f. ; 5° 0 f. 80 ; 6° 328 f. 70 ; 7° 483 f. 50?

P. 1187. Combien y a-t-il d'argent pur dans les quantités suivantes d'argent monnayé : 1° 1 gr. ; 2° 1 Dg. ; 3° 1 hg. ; 4° 1 kg.?

P. 1188. Combien y a-t-il d'argent pur dans chacune des sommes dont le poids serait : pour la 1re, de 846 gr. ; pour la 2e, de 175 Dg. ; pour la 3e, de 2637 gr. 5 ; pour la 4e, de 18 kg. 64 gr. ; et, pour la 5e, de 42 kg. 9 gr.?

P. 1189. Combien y a-t-il d'argent pur dans chacune des sommes suivantes : 1° 1 f. ; 2° 10 f. ; 3° 100 f. ; 4° 1 000 f.?

P. 1190. Combien y a-t-il d'argent pur dans chacune des sommes ci-après désignées : 1° 12 783 f. ; 2° 90 787 f. 70 ; 3° 150 f. ; 4° 1 550 f. ; 5° 208 770 f. 80 ; 6° 8 709 f. 60 ; 7° 1 084 f. 40 ; 8° 8 043 f. 90 ; 9° 4 728 f. 20?

P. 1191. Combien y a-t-il d'argent pur dans chacune des pièces d'argent ci-après désignées : 1° une pièce de 5 f. ; 2° une pièce de 2 f., 3° une pièce de 1 f. ; 4° une pièce de 50 centimes ; 5° une pièce de 20 centimes?

P. 1192. Combien y a-t-il d'argent pur dans chacune des sommes formées : 1° par la réunion de 294 pièces de 2 f., de 723 pièces de 5 f. en argent et de 817 pièces de 20 centimes ; 2° par la réunion de 854 pièces de 50 centimes, de 683 pièces de 5 f. en argent, de 1 228 pièces de 20 centimes et de 174 pièces de 2 f., 3° par la réunion de 763 pièces de 20 centimes de 501 pièces de 50 centimes et de 630 pièces de 2 f.?

P. 1193. Quel est le poids de chacune des sommes en argent dans lesquelles entrent respectivement les quantités de cuivre ci-après désignées : 1° 875 gr. 5 ; 2° 47 Dg. 845 ; 3° 75 gr., 4° 3 hg. 721, 5° 2 kg. 1 gr. 25?

P. 1194. Quel est le montant de chacune des sommes en argent dans lesquelles entrent respectivement les quantités de cuivre ci-après désignées : 1° 185 gr. ; 2° 67 hg. 75 ; 3° 782 dg. ; 4° 2 kg. 91 gr.?

P. 1195. Pour faire de l'argent au titre de la monnaie, c'est-à-dire au titre de 0,9, combien faut-il ajouter de cuivre à chacune des quantités d'argent pur ci-après désignées : 1° 58 kg. 725 ; 2° 387 Dg. 819 ; 3° 74 hg. 2 275 cg. ; 4° 632 Dg. 07 ; 5° 9437 gr. 22 ; 6° 183 hg. 141 cg. ; 7° 345 Dg. 15 ; 8° 78 hg. 3 g.?

P. 1196. Pour faire de l'argent monnayé, combien faut-il ajouter d'argent pur à chacune des quantités de cuivre ci-après désignées : 1° 3 kg. 87 ; 2° 24 kg. 7 gr. : 3° 504 Dg. 207 ; 4° 51 hg. 274 cg. ; 5° 878 gr. 25 ; 6° 496 Dg. 783 ; 7° 117 hg. 742?

P. 1197. Quelles sommes ferait-on respectivement avec les quantités d'argent au titre de 0,9, ci-après désignées : 1° 7 kg. 875 ; 2° 672 hg. 545 ; 3° 1 943 gr ; 4° 24 kg. 85 ; 5° 1 743 Dg. 25.

P. 1198. En y ajoutant la quantité de cuivre convenable, quelles sommes ferait-on respectivement avec des lingots d'argent pur dont le 1er pèserait 549 gr ; le 2e, 945 dg. ; le 3e, 18 Dg. 45 ; le 4e, 72 hg. 18 : le 5e, 54 hg. 9 gr. ; le 6e, 15 kg. 12 gr. ; et le 7e, 9783 gr.?

P. 1199. Combien taillera-t-on de pièces de 5 f. dans un lingot d'argent pesant 18 kg. 225, ce lingot étant au titre de la monnaie? Combien en obtiendrait-on si le lingot était d'argent pur?

P. 1200. Combien fera-t-on de pièces de 2 f. avec 756 Dg. d'argent au titre de 0,9? Combien ferait-on de pièces de 5 f. avec cette même quantité d'argent?

P. 1201. Combien ferait-on de pièces de 5 f. avec 756 Dg. d'argent pur? Combien ferait-on de pièces de 2 f. avec cette même quantité d'argent pur?

P. 1202. Combien fera-t-on de pièces d'un franc avec un lingot d'argent du poids de 8 kg. 550, si ce lingot est au titre de la monnaie? Combien en ferait-on, si le lingot était d'argent pur?

P. 1203. Combien fera-t-on de pièces de 50 centimes avec un lingot d'argent pesant 137 Dg. 25, s'il est au titre de 0,9? Combien en ferait-on, si le lingot était d'argent pur?

P. 1204. On a trois lingots d'argent au titre de 0,9; le 1er pèse 28 kg. 754; le 2e, 6294 gr.; et le 3e, 918 Dg. 25 : combien chacun de ces lingots fournirait-il de pièces de 5 f. et quelle serait la valeur de ce qui resterait ensuite de chacun d'eux?

P. 1205. Avec deux lingots d'argent pur dont le 1er pèse 6 kg. 615 cg.; et le 2^d, 24 kg. 66 gr., on a fabriqué des pièces de 5 f., des pièces de 2 f .et des pièces de 1 f. : combien chaque lingot a-t-il fourni de chacune de ces pièces, s'il y en a un égal nombre de chaque valeur?

MONNAIES D'OR.

P. 1206. Quel est le poids de chacune des sommes en or dont le détail suit : 1° 10 f.; 2° 100 f.; 3° 1000 f.; 4° 10000 f.; 5° 150 f.; 6° 2500 f.?

P. 1207. Quel est le poids de chacune des sommes formées : 1° par 43 pièces de 100 f.; 2° par 128 pièces de 50 f.; 3° par 239 pièces de 20 f.; 4° par 412 pièces de 10 f.; 5° par 84 pièces de 5 f.; 6° par la réunion de 38 pièces de 50 f. et de 42 pièces de 20 f.; 7° par la réunion de 25 pièces de 20 f., de 14 pièces de 10 f. et de 31 pièces de 5 f.?

P. 1208. Quel est le poids de chacune des sommes en or dont le détail suit : 1° 850 f.; 2° 7 845 f.; 3° 36 540 f.; 4° 485 200 f.; 5° 500 545 f.?

P. 1209. Quelle serait la charge d'une personne qui porterait 360 425 f. en or?

P. 1210. Quelle est la charge d'un homme qui porte 8 500 f. en pièces de 100 f., 7 360 f. en pièces de 20 f., et 1 780 f. en pièces d'or de 5 f.?

P. 1211. Quelle est la valeur de chacune des quantités d'or monnayé dont le détail suit : 1° 1 gr., 2° 1 Dg.; 3° 1 hg.; 4° 1 kg.; et 5° 10 kg.?

P. 1212. Quelles sont les sommes en or, qui pèsent respectivement : 1° 2761 gr. 2903; 2° 57 hg. 564 516; 3° 179 Dg. 1934; et 4° 14 839 cg.?

P. 1213. Combien y a-t-il de cuivre dans chacune des quantités d'or monnayé dont le détail suit : 1° 1 gr. ; 2° 1 Dg. ; 3° 100 gr. ; 4° 1 kg. ?

P. 1214. Combien y a-t-il de cuivre dans chacune des sommes en or dont les poids respectifs sont : 1° 91 gr. 935 ; 2° 2 kg. 541 gr. 935 ; 3° 54 kg. 1 gr. 613 ; et 4° 1 kg. 41 gr. 13 ?

P. 1215. Combien y a-t-il de cuivre dans chacune des pièces suivantes : 1° une pièce de 100 f. ; 2° une de 50 f. ; 3° une de 20 f. ; 4° une de 10 f. ; 5° une de 5 f. en or ?

P. 1216. Combien y a-t-il de cuivre dans chacune des sommes formées : 1° par 21 pièces de 100 f. ; 2° par 87 pièces de 50 f. ; 3° par 128 pièces de 20 f. ; 4° par 211 pièces de 10 f. ; 5° par 75 pièces d'or de 5 f. ; par la réunion de 8 pièces de 100 f., 12 pièces de 20 f. et 3 pièces d'or de 5 f. ?

P. 1217. Combien y a-t-il de cuivre dans chacune des sommes en or ci-après désignées : 1° 7 860 f. ; 2° 12 945 f. ; 3° 8 760 f. ; 4° 19 870 f. ?

P. 1218. Combien y a-t-il d'or pur dans chacune des quantités d'or monnayé dont le détail suit : 1° 1 gr. ; 2° 1 Dg. ; 3° 1 hg. ; 4° 1 kg. ?

P. 1219. Combien y a-t-il d'or pur dans chacune des sommes dont les poids respectifs sont : 1° 306 gr. 45 ; 2° 2 kg. 169 gr. 355 ; 3° 86 hg. ; 4° 17 hg. 242 cg. ; 5° 30 kg. 16 dg. ?

P. 1220. Combien y a-t-il d'or pur dans chacune des pièces ci-après désignées : 1° une pièce de 100 f. ; 2° une de 50 f. ; 3° une de 20 f. ; 4° une de 10 f. ; 5° une pièce en or de 5 f. ?

P. 1221. Combien y a-t-il d'or pur dans chacune des sommes formées : 1° par 22 pièces de 100 f. ; 2° par 46 pièces de 50 f. ; 3° par la réunion de 8 pièces de 100 f. et 27 de 50 f. ; 4° par 136 pièces de 20 f. ; 5° par 201 pièces de 10 f. ; 6° par 82 pièces d'or de 5 f. ?

P. 1222. Combien y a-t-il d'or pur dans chacune des sommes en or ci-après désignées : 1° 75 240 f. ; 2° 87 520 f. ; 3° 27 845 f. ; 4° 278 940 f. ; 5° 93 675 f. ?

P. 1223. Quel serait le montant de chacune des cinq sommes qu'on obtiendrait en convertissant en or monnayé cinq lingots d'or pur dont les poids respectifs sont : 1° 11 kg. 736 ; 2° 0 kg. 2 763 ; 3° 45 hg. 5 229 ; 4° 875 Dg. 124 ; 5° 3 872 gr. 628 ?

P. 1224. Un lingot d'or au titre de la monnaie pèse 128 Dg. 48 cg. : combien fournira-t-il de pièces de 100 f. ? Combien en fournirait-il s'il était d'or pur ? Et, dans chacun de ces deux cas, quelles seraient, à partir de la pièce de 50 f., les pièces d'or qu'on ferait avec ce qui pourra rester ?

P. 1225. Un lingot d'or au titre de la monnaie pèse 2 kg. 8 gr. 8 cg. : combien fournira-t-il de pièces de 20 f. ? Combien en fournirait-il, s'il était d'or pur ? Et, dans chacun de ces deux cas, quelles seraient, à partir de la pièce de 10 f., les pièces d'or qu'on ferait avec ce qui pourra rester ?

P. 1226. Quel serait le poids de chacune des sommes en or dans lesquelles entreraient respectivement les quantités de cuivre ci-après désignées : 1° 18 gr. 226 ; 2° 5 hg. 4 516 mg. ; 3° 7 kg. 93 Dg. 758 cg. ; 4° 323 Dg. ? Quel serait le montant de chacune de ces mêmes sommes ?

P. 1227. Quel est le montant de chacune des sommes en or

dans lesquelles entrent respectivement les quantités de cuivre ci-après désignées : 1° 30 gr. 6451 ; 2° 1 244 gr. 32 mg. ; 3° 27 Dg.; 4° 2 kg. 5 gr. ?

P. 1228. Quel est le poids de chacune des quantités d'or pur qui, pour faire de l'or monnayé, doivent respectivement être ajoutées aux quantités de cuivre ci-après désignées : 1° 6 kg. 728 ; 2° 24 hg. 247 ; 3° 543 Dg. 543 ?

P. 1229. Quel est le poids de chacune des quantités de cuivre qui, pour faire de l'or monnayé, doivent respectivement être ajoutées aux quantités d'or pur ci-après désignées ; 1° 784 gr. ; 2° 3 kg. 4155 ; 3° 12 kg. 65 409 ; 4° 723 Dg. 4 281 ; 5° 28 hg. 7865 ; 6° 94 hg. 63 293 ?

P. 1230. Quel serait le montant de chacune des sommes qu'on pourrait faire avec les quantités d'or au titre de la monnaie ci-après désignées : 1° 2 kg. 8 838 652 ; 2° 79 hg. 29 032 ; 3° 79 kg. 964 gr. 516 ; 4° 3 685 gr. 4 839 ?

PROBLÈMES DIVERS SUR LES MONNAIES.

P. 1231. Quelle somme formerait une quantité d'argent pur, où seraient entrés 150 hg. 25 de cuivre ?

P. 1232. Un marchand de meubles a vendu 3 douzaines de chaises plaquées en acajou, à 25 f. la chaise : quel est, en argent, le poids de la somme qu'il a dû recevoir ?

P. 1233. Pour peser un objet, on n'a à sa disposition que des pièces de monnaie d'argent. On trouve que, pour lui faire équilibre, il a fallu mettre dans la balance 3 pièces de 5 f., une pièce de 2 f., une pièce de 50 centimes et 2 pièces de 20 c. : quel est le poids de cet objet ?

P. 1234. Pour la confection d'un gilet, on donne 3 f. à un ouvrier tailleur : combien y a-t-il de zinc dans la somme en bronze égale à celle qu'a reçue cet ouvrier pour la confection de 25 gilets ?

P. 1235. Quel est le poids du zinc contenu dans la somme en bronze donnée pour payer 25 m. de cordon de tirage pour sonnettes, rideaux, etc., à 0 f. 17 le mètre ?

P. 1236. Un instrument servant à rafraîchir l'eau gazeuse enveloppant le gazogène qui la contient, coûte 12 f. : combien y a-t-il de zinc dans la somme en bronze égale à celle que l'on a déboursée pour l'achat de deux de ces rafraîchissoirs ?

P. 1237. Un couteau de cuisine, dit couteau à abattre, a été payé 5 f. 20, et cela en monnaie de bronze : combien y a-t-il de décagrammes d'étain dans la somme qu'on a déboursée ?

P. 1238. Pour la confection d'un gilet, un ouvrier tailleur reçoit 1 f. 25 : combien y a-t-il d'étain dans la somme en bronze égale à celle qu'il a reçue pour la confection de 18 gilets ?

P. 1239. Combien d'étain y a-t-il dans la somme en monnaie de bronze donnée à un détachement de 35 soldats, pour 29 jours de solde, à raison de 0 f. 25 par jour et par homme?

P. 1240. Un lingot pesant 3 kg. est formé d'or et de cuivre, le poids de l'or qui s'y trouve combiné est précisément les 0,950 du poids du lingot : dire le poids du cuivre qui s'y trouve aussi combiné.

P. 1241. Combien y a-t-il d'argent pur dans la somme déboursée pour payer 4 douzaines de peaux de mouton en basane, à 20 f. la douzaine, et 6 douzaines de peaux de chèvre maroquinées, à 56 f. la douzaine?

P. 1242. Un marchand d'horlogerie a acheté 25 mouvements de pendule au prix moyen de 30 f. la pièce : quel est le poids de l'argent pur contenu dans la somme qu'il a déboursée, laquelle se compose de pièces de 5 f.?

P. 1243. Le poids de l'eau contenue dans un vase égale celui de 220 pièces de 0 f. 20 et de 50 pièces de 5 f. en argent : que est ce poids, et quel est le volume de cette eau en litres et en centilitres?

P. 1244. Un poêlier-fumiste, ayant passé 8 cheminées à la mine de plomb, à raison de 0 f. 60 par cheminée, a été payé en monnaie de bronze : combien de centilitres d'eau pèsent autant que l'étain contenu dans la somme qu'il a reçue?

P. 1245. Un filtre de voyage et de chasse coûte 2 f. 75 : combien de litres d'eau pèsent autant que le cuivre contenu dans la somme en bronze égale à celle qui serait déboursée pour le paiement de 24 de ces appareils?

P. 1246. Un poêlier a fourni, à raison de 1 f. 10 la pièce, 7 bouches de chaleur en cuivre à jour et dormants : quelle est la quantité de litres d'eau qui pèserait autant que le cuivre pur contenu dans la somme en monnaie de bronze reçue pour cette fourniture?

P. 1247. Un marchand coutelier a acheté 7 douzaines de couteaux de cuisine, dits couteaux à abattre, de 2e qualité, à 30 f. la douzaine; il a payé 3 f. 50 pour le transport, dépensé 1 f. 25 par douzaine pour les préparer à la vente en détail; et il veut gagner 0 f. 65 par couteau, tous frais faits : à quel prix doit-il les vendre la pièce? et, pour avoir de l'or monnayé, quelle quantité d'or pur faudrait-il ajouter au cuivre pur contenu dans la somme en bronze égale au prix de vente de quatre couteaux?

P. 1248. Un marchand achète 12 paires de gants de chevreau à 1 f. 95 la paire; il reçoit la 13e paire gratis. Or, il en a revendu 4 paires à 2 f. 20, 3 paires à 2 f. 25, 2 paires à 2 f. 50, et 4 paires à 2 f. 60. On demande : 1° quel bénéfice il a fait; 2° combien il y a d'étain dans la somme qu'il a reçue, sachant qu'il a été payé en monnaie de bronze.

P. 1249. Combien faut-il de pièces de 5 f. en argent pour peser un kilogramme de viande?

P. 1250. Un homme chargé d'argent monnayé, ne connaît pas la somme qu'il porte; il sait seulement que le sac qu'il tient à la main renferme une somme pesant 11 kg. 75 gr., que le poids de l'argent contenu dans ses poches est de 43 hg. 765 dg., et que l'argent de sa bourse pèse 426 gr. : quelle somme porte-t-il?

MESURES MONÉTAIRES.

P. 1251. Un homme de force ordinaire peut porter 125 kg. On demande combien de mètres cubes de marbre vert de Campan on pourrait payer avec la somme que cet homme pourrait porter en argent monnayé; ce marbre pouvant être évalué à 35 f. le décimètre cube?

P. 1252. On a fait faire et poser 20 paires de grands rideaux en mousseline plissés à gros plis et à anneaux de thyrse. Pour les payer, on a donné 2 pièces de 50 f., 6 pièces de 20 f., 10 pièces de 5 f. en or, 4 pièces de 2 f., 2 pièces de 50 centimes et 5 pièces de 20 centimes. On demande : 1° à combien revient la façon et la pose d'une paire de rideaux; 2° le poids du cuivre contenu dans la somme déboursée.

P. 1253. Vingt filtres de voyage avec timbale coûtent 70 f. : combien faudrait-il en vendre pour avoir une somme en argent d'un poids égal à celui de 84 cl. d'eau?

P. 1254. Combien d'éventails à 500 f. la pièce aurait-on pour une somme en argent dont l'argent pur pèserait autant que 9 dm³ d'eau?

P. 1255. On a déboursé 11 f. 25 pour l'acquisition de 125 hg. de nacre bâtarde non dépouillée de sa croûte : quel serait le poids du cuivre contenu dans la somme en argent que l'on devrait débourser pour l'achat de 145 kg de la même substance?

P. 1256. Un industriel qui exploite une mine de houille, a acheté pour ses ouvriers 18 lampes de sûreté de Davy à 14 f. la pièce : quelle somme en bronze pèserait autant que la somme en argent qu'il a dû débourser?

P. 1257. Un cultivateur achète un tarare pour le nettoyage du grain. Supposé que, pour le payer, il donne 28 f. en monnaie de bronze et le reste en monnaie d'argent : quelle serait la somme en or qui pèserait autant que celle qu'il débourse pour payer ce tarare, qui lui coûte 70 f.?

P. 1258. On a acheté pour les ouvriers d'une mine de houille, 16 grandes lampes adoptées en Angleterre, et valant chacune 25 f. : quelle somme en or pèserait autant que la somme en argent qu'on a dû débourser?

P. 1259. Une division a reçu l'ordre d'aller prendre garnison dans une île; on a employé 125 bateaux contenant chacun 128 hommes. On demande quelle somme en or pèserait autant que la somme en argent reçue par l'entrepreneur du passage de ces hommes, si on lui a donné 1 f. 20 par homme.

P. 1260. En vendant 18 couteaux à émincer pour 85 f. 50, un marchand coutelier a perdu 8 f. 10 : combien y a-t-il de grammes de zinc dans la somme en bronze que lui avait coûtée chacun de ces couteaux?

P. 1261. Combien y a-t-il de cuivre dans la somme en or qu'a dû débourser un négociant qui vient de recevoir une caisse d'écaille de tortue débitée en feuilles pesant 84 kg. 5, sachant que, pour payer 2 Dg. 75 de cette substance, il faudrait débourser 2 f. 20?

P. 1262. Combien y a-t-il d'or pur dans une somme en or qui pèse autant que la quantité d'écaille de tortue que vient d'acheter un tabletier qui en a pris pour 53 f. 226, à raison de 8 centimes 25 le décagramme?

P. 1263. On débourse 0 f. 32 pour l'acquisition d'un demi-hectogramme de nacre dépouillée de sa croûte : combien y aurait-il de cuivre dans une somme en or qui pèserait autant que la somme en argent que l'on débourserait pour l'acquisition de 44375 gr. de la même substance?

P. 1264. On a vendu 6 pièces de blonde contenant chacune 4 m. 75 à 56 f. le mètre, et l'on a été payé en monnaie d'argent : combien aurait-on de pièces de blonde contenant chacune 18 m. 50, à 8 f. 25 le mètre, pour une somme en or qui pèserait autant que la somme en argent déboursée pour payer les 6 pièces que l'on a achetées?

P. 1265. Un négociant a vendu un voile en soie qui lui a coûté 2~4 f. 50 ; il a fait sur ce marché 25 f. 50 de gain : combien devrait-il ajouter ou retrancher à la somme en or qui pèserait autant que la somme en argent qu'il a reçue pour ce voile, s'il voulait acheter un manteau de cour qui lui est laissé à 1275 f.?

P. 1266. Avec 23 f. 22, on peut payer 258 Dg. de graine d'écarlate : quelle somme en argent faudrait-il consacrer à l'acquisition de 500 hg. de la même substance, et combien de kilogrammes de cochenille pourrait-on acheter avec la somme en or d'un poids égal à celui de la somme demandée, sachant qu'un décagramme de cochenille vaut 0 f. 12?

P. 1267. Quelle somme ferait-on avec deux lingots d'argent pur pesant chacun 4 kg. 95?

P. 1268. Les mines de la province de Chota, au Pérou, produisent annuellement environ 17 000 kg. d'argent pur : quelle somme cet argent donnerait-il étant monnayé?

P. 1269. Un lingot d'or pur pèse 1 kg. 974 gr. 1896 : combien fournirait-il de pièces de 20 f., et quel serait le poids du cuivre que l'on devrait y ajouter?

P. 1270. On a acheté 4 douzaines de couteaux de cuisine, dits couteaux à abattre, de 1re qualité, à 48 f. la douzaine; on les a revendus en détail à 4 f. 75 la pièce : quel est le poids de la somme en bronze égale à celle que l'on a gagnée, et quelle quantité d'argent faudrait-il allier avec le cuivre pur contenu dans cette somme pour faire de l'argent monnayé?

P. 1271. Un négociant a acheté 450 kg. de graine d'écarlate; et, en revendant cette marchandise au prix de 0 f. 95 l'hectogramme, il a gagné 0 f. 50 par kilogramme : quel serait le poids de l'or pur contenu dans la somme en or qui pèserait autant que la somme en argent qu'il aurait gagnée sur 7 qm. de la même marchandise, et quel est le prix auquel il a acheté les 5 hg. de cette substance?

P. 1272. On achète 5 douzaines de paires de gants d'agneau à 21 f. 50 la douzaine avec la 13e paire en sus; au détail, on revend chaque paire 2 f. 25. On demande : 1° quel bénéfice on a fait; 2° le poids du cuivre pur renfermé dans la somme qu'on aurait reçue, supposé que l'on eût été payé en monnaie de bronze.

P. 1273. Un sac qui pèse 5 kg. 325, renferme 125 pièces de 5 f. en argent, 140 pièces de 2 f.; et le reste est en pièces de 1 f. : combien y a-t-il de ces dernières, et combien de quintaux de réglisse pourrait-on payer avec la somme qu'elles forment, le kilogramme de réglisse valant 0 f. 40?

P. 1274. Un sac qui pèse net 293 gr. 50 contient le plus grand nombre possible de pièces de 5 f., puis de 2 f., puis de 1 f., de 50 c. et de 20 c. : quel est le nombre de pièces de chacune de ces valeurs, et combien de kilogrammes de chocolat pourrait-on payer avec la somme qu'elles forment, si le kilogramme vaut 3 f. 25?

P. 1275. Un cultivateur achète un semoir pour le paiement duquel il verse une somme dont le poids total est de 2296 gr. 9354. Cette somme se compose de 21 f. en monnaie de bronze, de 10 pièces de 20 centimes, de 24 pièces de 50 centimes, de 7 pièces de 1 f., de 2 pièces de 5 f. en argent, de 4 pièces de 5 f. en or, d'une pièce de 10 f.; le reste est en pièces de 20 f. : combien y a-t-il de ces dernières pièces, et quel est le prix du semoir?

P. 1276. Un litre d'huile de baleine pèse 93 Dg : quelle somme obtiendrait-on si, à un lingot de cuivre pesant autant que 3 demi-décalitres d'huile, on ajoutait l'argent nécessaire pour faire de la monnaie d'argent au titre légal? et combien d'hectolitres d'huile pourrait-on acheter avec cette somme, si l'on payait cette huile 0 f. 85 le kilogramme?

P. 1277. On achète 12 paires de gants de castor pour 27 f. 30 et on reçoit la 13ᵉ paire gratis. On demande : 1° à combien revient la paire; 2° quelle quantité d'argent pur il faudrait allier pour faire de l'argent monnayé avec le cuivre pur renfermé dans la somme que l'on recevrait, si l'on revendait ces gants en détail avec 0 f. 45 de bénéfice par paire, et supposé que l'on soit payé en monnaie de bronze; 3° quelle somme d'argent monnayé on obtiendrait.

P. 1278. Un négociant achète 100 paires de gants de Suède à 10 f. 74 la douzaine, et il reçoit 4 paires gratis. On demande : 1° à combien lui revient la paire; 2° quels seraient le poids et la valeur de la somme en or monnayé que l'on obtiendrait en alliant de l'or pur avec le cuivre renfermé dans la somme que produirait la vente au détail de ces gants, si l'on faisait un bénéfice de 0 f. 30 par paire, et si l'on était payé en monnaie de bronze.

P. 1279. On a acheté pour la somme de 50 f. un appareil servant à reconnaître la falsification des farines : quelle quantité de cuivre et d'étain faudrait-il ajouter à une quantité de zinc d'un poids égal au poids de l'argent pur contenu dans ces 50 f. en argent, afin de faire de la monnaie de bronze? et quelle somme obtiendrait-on?

P. 1280. Un décilitre d'huile de baleine pèse 93 gr. : quelle quantité de zinc et d'étain faudrait-il allier avec une masse de cuivre pesant autant qu'une barrique d'huile qui en contient 15 Dl., pour fabriquer de la monnaie de bronze? et quelle somme obtiendrait-on?

P. 1281. Un tanneur a acheté 400 peaux de vache pesant, en moyenne, chacune 25 kg.; il les a payées sur le pied de 66 f. 75 le quintal métrique; la somme qu'il a déboursée se compose en égal nombre de pièces de 20 f., de 1 f., de 0 f. 50 et de 0 f. 20 : combien y en a-t-il de chaque valeur?

P. 1282. Une 1ʳᵉ bourse, contenant des pièces de 20 f., pèse 2129 gr. 28 mg.; une 2ᵉ bourse, contenant des pièces de 5 f.

en argent, pèse 101 hg.; une 3ᵉ bourse, contenant des pièces de 5 centimes, pèse 1 kg. : quelle serait la longueur de la ligne que l'on pourrait former si l'on plaçait en contact et à la suite les unes des autres les pièces de monnaie contenues dans ces trois bourses?

P. 1283. Un marchand de meubles a vendu 6 causeuses plaquées en noyer, pour le paiement desquelles il a reçu une somme d'une valeur telle, que, s'il avait été remboursé en pièces de 50 centimes, ces pièces, placées en contact, et à la suite les unes des autres, auraient formé une longueur de 25 m. 92 : quel est le prix de l'une de ces causeuses?

P. 1284. Combien y aurait-il d'or pur dans la somme qu'il faudrait verser pour payer une caisse de nacre franche que l'on vient de recevoir des Indes et qui pèse 25 kg., si les 0,4 de cette somme étaient en pièces de 10 f. et le reste en pièces de 5 f. en or, sachant que 18 Dg. 5 de cette substance valent 0 f. 481?

P. 1285. On débourse 1 f. 92 pour l'achat de 24 gr. d'écaille de tortue débitée en feuilles : quel serait le poids du cuivre contenu dans une somme en or composée d'autant de pièces qu'il y a de francs dans la somme qu'il faudrait débourser pour payer 335 hg. de la même substance, si, sur 4 pièces, il y en avait 3 de 20 f. et une de 10 f.?

P. 1286. Un teinturier disait : Si j'avais encore autant de pièces de 5 f. que j'en ai, après en avoir dépensé 56 pour l'acquisition de 15 kg. de cochenille, le poids de celles qui me resteraient serait égal au poids de la cochenille que j'ai achetée : quelle somme avait-il, et quel serait le poids du cuivre contenu dans la somme en or qui aurait une valeur égale à la somme en argent qu'il possédait?

P. 1287. Le cuivre qui entre dans les pièces de 5 f. en argent que vient de recevoir un marchand de meubles, pour le paiement de 8 lits en forme d'armoire, plaqués en acajou, représente une valeur de 112 f. : quel est le prix de chacun de ces lits?

P. 1288. Combien pourra-t-on faire de pièces de 20 f. avec un lingot d'or pur qui, ayant été plongé dans l'eau d'un vase a déplacé juste 1 lt. 268 de liquide, le poids du décimètre cube d'or étant de 19 kg. 2581?

P. 1289. Un décimètre cube d'argent pesant 10 kg. 4743, on demande : 1° quel est le poids d'un lingot d'argent pur ayant 28 cm. de longueur, 15 cm. de largeur, et 125 mm. d'épaisseur; 2° combien ce lingot fournirait de pièces de 5 f., de 2 f., de 50 centimes et de 20 centimes, si l'on voulait qu'il y eût un égal nombre de pièces de chacune de ces valeurs; 3° quel serait le poids de l'ensemble des pièces de chaque valeur; 4° quel serait le montant de la somme formée par toutes les pièces; 5° quel serait le poids d'une somme en or ayant la même valeur, et composée de pièces de 20 f., de 10 f. et de 5 f.

P. 1290. Un boucher disait : Si l'on divise par 3 le produit par 7 de la somme payée pour un veau que je viens d'acheter, et si l'on multiplie par 4 le quotient obtenu, on a un produit tel, qu'en le divisant par 6, le double du nouveau quotient est un nombre égal au nombre de grammes contenus dans le poids du cuivre que renferme la somme que j'ai payée en monnaie d'argent pour un bœuf qui m'a coûté 336 f. : dites quel est le prix de ce veau.

P. 1291. Les mines du Potosi en Amérique ont été découvertes en 1545, et ont donné depuis cette époque pour environ 6 000 000 000 de francs d'argent pur : combien a-t-il fallu de kilogrammes d'argent pur pour former cette valeur?

PROBLÈMES DIVERS
SUR LE SYSTÈME MÉTRIQUE

PRINCIPES PRÉLIMINAIRES

DENSITÉ DES CORPS.

21. On dit qu'un corps est plus *dense* qu'un autre, quand, à volume égal, il contient plus de matière, il pèse plus ; ainsi le fer est plus dense que le bois, parce qu'à volume égal il est plus lourd.

22. On prend la densité de l'eau pure pour unité.

23. La *densité* ou le *poids spécifique* d'un corps est le poids de ce corps divisé par celui d'un volume d'eau égal au volume de ce même corps.

24. Si l'on prend le centimètre cube pour unité de volume, le poids spécifique est exprimé en grammes ; si l'on prend le décimètre cube pour unité de volume, le poids spécifique est exprimé en kilogrammes ; il l'est en tonnes (1 000 kilogrammes), si l'on prend le mètre cube pour unité de volume.

25. De ces trois choses : 1° le poids d'un corps ; 2° son volume, et 3° son poids spécifique ou sa densité, deux étant connues, on peut calculer la troisième.

26. Le volume d'un corps et son poids spécifique, ou sa densité, étant connus, si l'on veut savoir combien pèse ce corps, on obtiendra le poids cherché en multipliant le poids spécifique ou la densité par le volume.

27. Le poids d'un corps et son poids spécifique étant connus, on obtiendra son volume en divisant le poids de ce corps par le poids spécifique ou la densité.

28. Le poids d'un corps et son volume étant connus, on obtiendra le poids spécifique ou la densité de ce corps en divisant le poids connu par le volume.

29. Pour les gaz et les vapeurs on prend la densité de l'air pour unité.

30. La *densité* ou le *poids spécifique* d'un gaz est le poids de ce gaz divisé par celui d'un volume d'air égal au volume du gaz en question.

31. Par rapport à l'eau, la densité de l'air est 0,00129319 en sorte qu'un litre d'air pèse 1 gr. 29319.

PROBLÈMES.

P. 1292. On a acheté 36 hl. de charbon de hêtre : combien le portefaix qui transportera ce charbon devra-t-il faire de voyages, un décimètre cube de ce charbon en morceaux pesant 518 gr., les vides entre les morceaux étant les 0,51 du volume total, et le portefaix pouvant porter à chaque voyage un fardeau de 65 kg. ?

P. 1293. Un décimètre cube d'acajou pèse 79 Dg. : combien pèse une bille d'acajou ayant 0 m³ 13 148 ?

P. 1294. Un décimètre cube de bois d'ébène pèse 12 hg. 75 : combien coûteront 5 bûches de ce bois ayant chacune 628 320 cm³, à 0 f. 32 le kilogramme ?

P. 1295. Un aérolithe tombé à Chantonnay dans la Vendée pesait 34 kg. : quel était, en décimètres cubes, le volume de cet aérolithe, sa densité ou son poids spécifique étant de 3,67 ?

P. 1296. Un fossé contient 728 m³ 94 dm³ d'eau de mer. On sait qu'un hectolitre de cette eau pèse 102 kg. 63. On demande : 1° le poids de l'eau contenue dans le fossé ; 2° le poids du même volume d'eau pure.

P. 1297. Un litre de mercure pèse 13 kg. 596. On demande : 1° le poids du mercure contenu dans un vase dont la capacité est de 3 dm³ 25 ; 2° le poids du mercure contenu dans un autre vase d'une capacité de 4 570 cm³.

P. 1298. Un vase vide pèse 8 kg. 752 ; plein d'eau, il pèse 43 kg. 830 : combien pèserait-il s'il était plein de lait ? (T. 1ʳᵉ) (1).

P. 1299. Un hectolitre de haricots pèse 76 kg. : combien coûteront 36 Dl. à 0 f. 45 le kilogramme ?

P. 1300. Un hectolitre de lentilles pèse 78 kg. : combien coûteront 125 lt. 45 à 0 f. 40 le kilogramme ?

P. 1301. Un hectolitre de vesces pèse 79 kg. 50 : combien coûteront 54 demi-décalitres à 0 f. 25 le kilogramme ?

P. 1302. L'hectolitre de houille pesant 88 kg., quelle somme produira la vente de 396 hl. à 6 f. 50 le quintal métrique ?

P. 1303. Un centimètre cube d'huile de colza pèse 914 mg. : combien devra-t-on débourser pour l'achat de 42 Dl. 75 de cette huile, à 1 f. 65 le kilogramme ?

P. 1304. On a acheté 3 hl. 45 l. d'huile d'œillette rousse à 1 f. 50 le kilogramme : combien devra-t-on débourser, sachant qu'un centimètre cube de cette huile pèse 924 mg. ?

P. 1305. Un fabricant d'huile a vendu 548 lt. 25 d'huile de

_____

(1) Les renvois (T. 1ʳᵉ), (T. 2ᵉ), etc., indiquent les numéros des diverses tables placées au commencement du volume.

chanvre à 0 f. 18 l'hectogramme : combien recevra-t-il, sachant qu'un centimètre cube de cette huile pèse 928 mg.?

P. 1306. Une barrique contient 21 Dl. 8 lt. d'huile d'olive estimée 244 f. les 100 kg. : quelle est la valeur de cette huile, son poids étant les 0,915 de celui de l'eau?

P. 1307. Une barrique contient 152 lt. 25 d'huile d'olive : combien coûtera cette barrique d'huile, si elle est vendue à raison de 2 f. 43 le kilogramme? (T. 1re)

P. 1308. Un roulier transporte 28 pièces de vin de Bordeaux et 17 pièces de vin de Bourgogne contenant chacune 2 hl. 15 lt.; chaque fût pèse 28 kg. 25; si ce roulier est payé à raison de 9 f. 75 les 100 kg., quelle somme recevra-t-il? (T. 1re)

P. 1309. Le prix de 8 pièces d'huile d'olive contenant chacune 9 hl. est de 5360 f. : quel sera le prix du double-décalitre?

P. 1310. Pour connaître le volume total de diverses planches de laiton pesant ensemble 1200 kg., on les plonge dans un vase contenant de l'eau : quel sera le volume et le poids de l'eau déplacée? (T. 1re)

P. 1311. Un bec de gaz consomme, en moyenne, 120 l. de gaz par heure : combien coûtera le gaz employé à l'éclairage d'une classe d'adultes pendant 4 mois, en admettant : 1° que l'éclairage dure pendant 2 heures 5 dixièmes par jour; 2° qu'il y a 22 jours de classe par mois; 3° qu'il faut 5 becs de gaz pour l'éclairage de la classe; 3° que le mètre cube de gaz coûte 0 f. 40?

P. 1312. Un cultivateur veut acheter une houe à cheval qui lui coûtera 45 f. Pour la payer, il vend de la graine de colza au prix de 35 f. 40 les 100 kg. : combien devra-t-il en fournir de décalitres, l'hectolitre de cette graine pesant 68 kg.?

P. 1313. En supposant que, dans un st. de bois, les vides soient les 0,44 du volume, on demande en premier lieu le poids d'un stère; en second lieu, le poids de 183 doubles-stères de chacun des bois ci-après nommés, sachant que, sans les vides :

Un mètre cube de chêne pèse		872 kg.
—	de hêtre,	852
—	de frêne,	845
—	d'orme,	763
—	de pommier,	734
—	de sapin jaune,	657
—	de tilleul,	604
—	de peuplier blanc d'Espagne,	514
—	de peuplier ordinaire,	387

P. 1314. On demande le poids de 745 hl. de chacune des diverses sortes de charbon ci-dessous indiquées, en admettant que les vides, dont le volume est très-variable, soient, en moyenne, les 0,52 du volume total. On sait que, sans les vides :

Un mèt. cube de charbon de chêne pèse		421 kg.
—	de hêtre,	518
—	de charme,	455
—	d'orme,	357
—	de bouleau,	364
—	de pin,	323
—	de châtaignier,	279
—	de peuplier,	245

PROBLÈMES DIVERS. 147

P. 1315. Quel est le volume d'une pièce de bois de chêne pesant 798 kg., lorsque le mètre cube pèse 1170 kg.?

P. 1316. Un vase en porcelaine de Chine pèse 12 kg. 728 : quel est le volume de la porcelaine dont il est composé? (T. 1re)

P. 1317. Un vase en porcelaine de Chine, contenant 32 lt. 75 d'eau, pèse 48 kg. 275 : quel est le volume de la porcelaine dont il est composé? (T. 1re)

P. 1318. Une barrique d'alcool pèse 217 kg. 55, le fût pèse 26 kg. 74 : combien cette barrique contient-elle de litres d'alcool? (T. 1re)

P. 1319. Combien y a-t-il de décalitres d'huile d'olive dans une barrique pesant brut 288 kg. 825, et net 252 kg. 40? quel est le prix de cette huile à 222 f. 30 les 100 kg.? (T. 1re)

P. 1320. Dans une construction, il est entré 151270 kg. de bois de chêne rouvre, et 82726 kg. de bois de sapin : 1° quel est le volume du chêne et celui du sapin, un mètre cube de sapin pesant 657 kg.; 2° quel est le prix du chêne et celui du sapin, à raison de 112 f. 18 le mètre cube de chêne, et de 56 f. 22 le mètre cube de sapin? (T. 1re)

P. 1321. Un kilogramme de pepins de raisin donne 12 Dg. d'une huile excellente qui vaut la bonne huile d'olive. On demande : 1° combien 987 kg. 25 de pepins donneront d'huile; 2° combien il faut de kilogrammes de pepins pour donner 82 kg. 734 gr. d'huile.

P. 1322. Un négociant a acheté d'un fabricant d'huile 24 t. 25 d'huile d'œillette blanche pour 3361 f. 05. Chaque tonne contenant un hectolitre, on demande quel est le prix du double-hectogramme? (T. 1re)

P. 1323. Une bûche de bois d'ébène ayant un volume de 523 dm³ 62, et qui a été payée 0 f. 35 le kilogramme, a coûté 206 f. 18 : quel est le poids d'un décimètre cube de ce bois?

P. 1324. Une bille de bois d'acajou vendue à raison de 0 f. 70 le kilogramme, a coûté 69 f. 45; or, cette bille avait un volume de 0 m³ 131409272 : quel est le poids d'un décimètre cube d'acajou?

P. 1325. Un cultivateur a répandu 18900 kg. de fumier sur un hectare de terre; s'il eût employé du sang desséché, il en aurait employé 262 kg. 5 : combien 1 kg. de sang vaut-il de kilogrammes de fumier?

P. 1326. On a acheté du drap pour 6462 f. 72; mais comme on a pris 72 m. 04 de plus, on a déboursé 7057 f. 05 : combien avait-on acheté de mètres?

P. 1327. Un hectolitre de graine de moutarde pèse 68 kg.; or, pour 81 f. 94, on a eu 24 Dl. 10 : combien en aura-t-on de doubles hectogrammes pour 321 f. 40?

P. 1328. Un hectolitre de graine de trèfle pèse 80 kg.; or, pour 28 f. 60 on en a eu 275 dl. : combien en aurait-on de décagr. pour 63 f. 34?

P. 1329. Un hectolitre de graine de luzerne pèse 80 kg., et, pour 643 f. 20, on en a eu 26 doubles-décalitres 80 : combien en aura-t-on de demi-kilogrammes pour 93 f.?

P. 1330. On a acheté 75 Dl. 30 d'huile de caméline pour 1218 f. 92 : quel est le prix du kilogramme? (T. 1re)

P. 1331. On a déboursé 2179 f. 50 pour l'achat de 15 hl. 75 de lin : quel est le prix du demi-kilogramme de cette huile, un décimètre cube pesant 93 Dg. 5?

P. 1332. Un hectolitre de graine de lin pèse 67 kg. 5 ; et, pour 14 f. 58, on en a eu 54 lt. On demande : 1° le prix du litre, 2° le prix du kilogramme.

P. 1333. Un hectolitre de graine de colza pèse 67 kg. 50; et, pour 49 f. 977, on en a eu 154 lt. 25. On demande : 1° le prix de l'hectolitre, 2° le prix du kilogramme.

P. 1334. On achète un baril d'huile d'olive pesant 98 kg. 247 gr.; le baril vide pèse 11 kg. 54 gr.; on a payé 191 f. 85 d'achat, 26 f. 15 de transport, et 34 f. 35 de droit : combien doit-on revendre le litre pour gagner 22 f. 35 ? (T. 1re)

P. 1335. Un négociant de Paris achète au Havre 425 hl. de blé au prix de 15 f. 90 l'hectolitre du poids de 75 kg. : combien devra-t-il débourser tant pour l'achat que pour le transport, sachant que la distance est de 229 km. et que le transport des céréales coûte 0 f. 15 par tonne et par kilomètre ?

P. 1336. En admettant qu'un cheval consomme journellement 10 kg. de foin, autant de paille et 15 lt. d'avoine, quelle sera la dépense annuelle pour 6 chevaux, si le foin coûte 55 f. les 1 000 kg.; la paille, 23 f. 50 les 1 000 kg.; et l'avoine, 0 f. 85 le double-décalitre ?

P. 1337. Une prairie de 5 ha. 18 a. rapporte net 98 f. 50 par hectare; les 1 000 kg. de foin sont estimés, tous frais déduits, 32 f. 75. On demande : 1° la quantité de foin récoltée sur cette prairie ; 2° la valeur de la prairie en la supposant 40 fois son produit net.

P. 1338. Un cultivateur a fait confectionner une charrue qui lui a coûté 145 f. Pour la payer, il a employé d'abord le bénéfice qu'il a fait 1° sur 35 kg. de graine de betteraves champêtres qui lui revenaient à 3 f. 20 le kilogramme et qu'il a vendue au prix de 2 f. les 5 hg.; 2° sur 48 kg. de graine de luzerne qui lui revenaient à 92 f. 40 l'hectolitre de 77 kg et qu'il a vendue au prix de 1 f. 50 le kilogramme : quelle somme a-t-il dû ajouter à ce bénéfice pour achever de payer la charrue ?

P. 1339. Pour payer 15 pièces de calicot contenant chacune 102 m. 25, à 1 f. 45 le mètre; et 8 pièces de mérinos contenant ensemble 240 m. 80, à 7 f. 40, on a donné 23 pièces d'anacoste chacune de 58 m. 30, à 6 f. 50; 17 pièces de mousseline chacune de 100 m., à 0 f. 75 le mètre, et 28 pièces de percaline chacune de 88 m. 60, à 0 f. 70. S'est-on acquitté; et s'il y a de la différence, quelle est-elle ?

P. 1340. Deux marchands ont fait un échange : le 1er a donné 6 pièces de mérinos contenant chacune 48 m. 85 à 6 f. 70; 15 pièces de calicot chacune de 101 m. 70 à 1 f. 35 le mètre, et 11 pièces de lustrine chacune de 85 m. 45 à 0 f. 65 le mètre; le 2e a donné 5 pièces de drap chacune de 25 m. 30 à 11 f. 25; 23 pièces de coton croisé double, chacune de 97 m. 50 à 1 f. 45; 14 pièces de toile chacune de 108 m. 45 à 3 f. 80; le premier devait 852 f. 75 au second : quel est celui qui doit à l'autre, et combien ?

P. 1341. Cent kilogrammes de betteraves équivalent à 45 kg. 4

PROBLÈMES DIVERS.   149

de bon foin; un hectare de terrain peut donner 20245 kg. de betteraves; quelle est la quantité de foin équivalente?

P. 1342. Pour une exploitation agricole, on achète une machine à vapeur de la force de 7 chevaux, à raison de 820 f. par force de cheval : quel est le poids de l'argent pur contenu dans la somme en argent qu'on a dû débourser?

P. 1343. Quel est le poids d'un lingot d'or monnayé valant 975 f. 50, l'or, à poids égal, valant 15 fois 5 plus que l'argent?

P. 1344. Le diamètre des pièces de 5 f. en argent est de 0 m. 037 : combien faudrait-il de ces pièces pour atteindre une longueur égale à celle qu'on obtiendrait en multipliant par 15 la distance du pôle à l'équateur et en divisant par 478 le produit obtenu?

P. 1345. Quelle serait la valeur d'une somme en argent pesant autant que 38 lt. 12 cl. d'eau ; et combien resterait-il de cette somme à un cultivateur qui en aurait employé une partie au paiement d'une machine locomobile à vapeur coûtant 4750 f. et d'une pompe élévatoire servant à tirer l'eau d'un puits et coûtant 125 f.?

P. 1346. D'après la statistique officielle, la France produit annuellement 11 441 780 hectolitres de froment au prix moyen de 15 f. 85 l'hectolitre : quelle serait, en kilomètres, la longueur d'une suite de pièces de 5 f. équivalant à la valeur de ce produit augmenté de 2 f., si ces pièces étaient placées à la file, et au contact les unes des autres ; et quelle serait la hauteur d'une pile composée des mêmes pièces? On sait que le diamètre d'une pièce de 5 f. est de 37 mm., et que son épaisseur est de 0 m. 0025.

P. 1347. Combien devra-t-on payer pour l'affinage d'un lingot composé d'argent, de cuivre et, de plus, d'un dixième d'or, si ce lingot pèse 845 Dg., sachant que l'affineur demande pour ce travail 2 f. 68 par kilogramme?

P. 1348. Supposé que le lingot mentionné au problème précédent renferme 0,18 d'or et 0,007 de cuivre; après en avoir séparé l'or, combien faudrait-il y ajouter de grammes de cuivre pour avoir de l'argent monnayé, et combien ferait-on de pièces de 5 f. avec ce lingot ainsi préparé?

P. 1349. Un lingot d'argent au titre de 0,96 pèse 482 Dg. : combien faut-il y ajouter de cuivre pour ramener le titre au titre légal de la monnaie? quelle somme en argent pourrait-on faire avec ce lingot ainsi modifié, et combien faudrait-il ajouter à cette somme ou en retrancher pour payer une machine à vapeur employée dans une exploitation agricole et qui coûte 6250 f.?

P. 1350. Un orfèvre a quatre lingots d'or : le 1ᵉʳ au titre de 0,94, le 2ᵉ au titre de 0,86, le 3ᵉ au titre de 0,80, et le 4ᵉ au titre de 0,78. Le 1ᵉʳ pèse 48 hg.; le 2ᵉ, 11 kg. 246; le 3ᵉ, 948 Dg.; et le 4ᵉ, 15 628 gr. Il veut les fondre en un seul lingot. Quels seront : 1° le poids du cuivre, 2° le titre de l'alliage?

P. 1351. Quelle somme retirera-t-on de l'huile fournie par la graine de lin récoltée sur une superficie de 14 ha. 7 a. 55 ca. si un are donne 13 lt. 75 de graine? On sait qu'un décalitre de graine pèse 6 kg. 4 et qu'il fournit 21 hg. d'huile estimée 0 f. 85 le kilogramme.

P. 1352. Un champ de 754 a. 50 a produit par hectare

527 kg. 48 de filasse de lin et de 1 238 lt. de graine : quelle est la valeur de la récolte si la filasse vaut 0 f. 17 l'hectogramme, et la graine 2 f. 35 le décalitre?

P. 1353. Un hectare de terre peut contenir 1 000 mûriers à basse tige, produisant 1 182 kg. de feuilles à 0 f. 80 le kilogramme. Ces feuilles peuvent nourrir les vers à soie provenant de 300 gr. d'œufs. Ces vers peuvent donner 518 kg. 85 de cocons à 4 f. 08 le kilogramme. Les autres dépenses peuvent s'élever à 212 f. 20 : quel est le bénéfice de celui qui cultive ainsi 372 a. 80 ?

P. 1354. Dans un hectare de terre on peut planter 1 600 pieds de mûrier, lesquels parvenus à leur 16e année, donneront un produit annuel chacun de 1 223 Dg. 763 de feuilles. Quel produit annuel retirera-t-on de la culture de 120 a. de terrain plantés en mûriers, sachant que, pour 10 qm. de feuilles de mûrier, on peut obtenir 925 hg. de cocons ; que 367 Dg. de cocons donnent 244 gr. 789 de soie filée, estimée 58 f. 60 le kilogramme ?

P. 1355. On sait que 152 kg. de feuilles de mûrier peuvent produire par l'éducation des vers à soie une quantité de soie qui peut être évaluée à 60 f. : quel sera le produit annuel d'un champ de 75 a. planté en mûriers, sachant qu'un are peut contenir 16 plants et que chaque plant peut fournir 120 hg. 75 de feuilles?

P. 1356. Un kilogramme de colza donne 4 hg. d'huile et 6 hg. de tourteaux : quelle est la quantité d'huile et de tourteaux fournie par 785 hl. 48 lt. de colza, si l'hectol. de cette graine pèse 70 kg., et quelle est la valeur de l'huile à 1 f. 45 le kilog. ?

P. 1357. Cent kilogrammes de betteraves donnent 6 kg. 2 de sucre, 2 kg. 5 de mélasse et 20 kg. 4 de pulpe. Un hectare produisant 31 400 kg. de betteraves, on demande la quantité de sucre et de mélasse que l'on peut extraire de la récolte de 3 ha. 9 a. 8 ca.

P. 1358. Quelle est la valeur d'une prairie de 5 ha. 47 a. qui produit par hectare la valeur de 5 245 kg. de foin à 37 f. 40 les 1 000 kg., si les frais de culture s'élèvent à 39 f. 25 par hectare, et si elle vaut 30 fois son revenu net?

P. 1359. Un décalitre d'air pesant 12 gr. 932, quel sera le poids de l'air contenu dans une chambre rectangulaire ayant 8 m. 40 de longueur, 4 m. 23 de largeur et 3 m. 75 de hauteur?

P. 1360. En supposant que, sans craindre l'échauffement du grain, on puisse en remplir un cellier ayant 3 m. 25 de longueur, 25 dm. de largeur et 1 m. 75 de hauteur, combien y mettra-t-on de kilogrammes de froment pesant 76 kg. par hectolitre?

P. 1361. La couche supérieure d'un bassin houiller ayant 10 m. d'épaisseur moyenne, a été reconnue sur une longueur de 6 km. et une largeur de 3. Un mètre cube de houille pesant 1328 kg., combien de quintaux métriques de houille pourra fournir l'étendue reconnue de cette couche?

P. 1362. Un rouleau de fil de fer pèse 5 kg. 125, et le mètre du même fil pèse 281 gr. : combien, avec ce rouleau, fera-t-on de douzaines de pointes de 64 mm. de longueur?

P. 1363. Dans une forge où l'on affine le fer par la méthode comtoise, il faut 7 hl. de charbon de bois par quintal de fer raffiné. L'hectolitre de charbon pesant en moyenne 21 kg. et se vendant en gros 7 f. le quintal : quelle somme faudra-t-il consacrer à l'achat du charbon consommé par cette forge pendant un an, si elle fournit 17 tm. de fer par mois?

P. 1364. Dans une forge où l'on affine le fer par la méthode bourguignonne, on peut, dans l'espace de 8 mois, produire 168 tm. de fer raffiné. Pour la production d'un quintal de ce fer, il faut 63 Dl. 40 de charbon : on demande ce que coûte le charbon dépensé pendant les 8 mois, s'il se vend au prix de 70 f. la tonne. On sait que l'hectolitre de ce charbon pèse 21 kg.

P. 1365. On ne peut charrier par journée de travail et par attelage que 10 m³ de marne : combien en transportera-t-on en 35 jours avec 8 attelages, et pour quelle somme, le mètre cube pesant 1595 kg. et valant 2 f. 15 le quintal?

P. 1366. On calcule que, jusqu'à 12 km., les frais de transport du fumier sont d'un décime par tonne et par kilomètre : combien coûtera la fumure d'un champ de 650 a. éloigné de 68 hm. du lieu où l'on prend le fumier, la fumure étant de 175 qm. de fumier par hectare, le prix du fumier, de 3 f. 75 le mètre cube pesant 750 kg.?

P. 1367. On fait marner un champ de 372 a. à raison de 25 m³ à l'hectare : combien coûtera la marne dont on aura besoin, si on la paie 2 f. 50 le quintal métrique, le mètre cube pesant 1642 kg.?

P. 1368. Deux ballots contiennent chacun 12 pièces de toile de 58 m. 60 ; le 1er contient en outre 8 pièces de calicot chacune de 75 m. 60 ; et le second, 11 pièces contenant ensemble 679 m. 80 ; le 1er est estimé 2412 f. 72 ; et le second, 2476 f. 47 : quel est le prix du mètre de toile et celui du mètre de calicot?

P. 1369. Un cordonnier veut acheter du cuir de veau ; s'il en achète 75 kg., il lui reste 35 f. sur la somme qu'il destine à l'emplette qu'il a dessein de faire ; et, en en prenant 90 kg., il lui manquerait 58 f. : on demande le prix du kilogramme et la somme que le cordonnier veut dépenser.

P. 1370. On veut marner un champ de 18 ha. 75, à raison de 50 m³ par hectare : combien devra-t-on charrier de mètres cubes de marne, et quel en sera le prix d'achat, un mètre cube de marne pesant 1590 kg., et valant 2 f. 15 le quintal métrique?

P. 1371. Combien dépensera-t-on pour soufrer deux fois une vigne malade par suite de l'invasion de l'oïdium, sachant : 1° que sa contenance est de 5 ha. 9 a. 36 ca. ; 2° qu'il faut 10 kg. de soufre et une journée de travail par hectare ; 3° que le soufre coûte 37 f. 50 le quintal métrique ; 4° que le prix de la journée d'un ouvrier est de 2 f. 50?

P. 1372. Dans une ferme, un cheval consomme 125 hg. de fourrage par jour ; les bêtes à cornes, 108 hg. chacune ; mais elles vont au pâturage la moitié de l'année : quelle sera, en mètres cubes, la grandeur du grenier à foin qui doit contenir la provision nécessaire à la nourriture annuelle de 6 chevaux et de 28 bêtes à cornes, si 100 kg. de fourrages occupent un espace de 1 m³?

P. 1373. On a reconnu que 100 kg. de foin équivalent, pour la nourriture des bestiaux, à 380 kg. de carottes, à 160 kg. de balles de froment, à 425 kg. de trèfle vert, à 370 kg. de navets rutabagas, à 42 kg. de tourteaux de lin. Un fermier a 28 vaches qui consomment chacune par jour 15 kg. de foin ; s'il remplaçait le foin par l'une des substances ci-dessus, quelle quantité lui en faudrait-il pendant 16 jours?

P. 1374. Un hectare de terre a rapporté 19 hl. 45 lt. de froment, à 17 f. 85 l'hectolitre, et 3 280 kg. de paille, à 27 f. 10 les 1000 kg.; un autre hectare a produit 31 hl. 25 lt. de seigle, à 13 f. 75 l'hectolitre, et 5 640 kg. de paille, à 28 f. les 1 000 kg. : quelle est la valeur de la récolte de 8 ha. 5 a. 9 ca. ensemencés de froment, et de 7 ha. 6 a. 8 ca. ensemencés de seigle ; et quel est le revenu net, si les frais de culture et autres s'élèvent à 192 f. 60 par hectare pour le froment, et à 189 f. 55 pour le seigle ?

P. 1375. Quel bénéfice fera-t-on sur la culture du sorgho à balais, dans un champ de 327 a., sachant : 1° qu'on a récolté par hectare 550 doubles-décalitres de graine propre à nourrir les volailles et vendue au prix de 10 f. l'hectolitre; 2° qu'avec les branches de cette plante on a pu obtenir par hectare 1180 balais à 6 f. la douzaine; 3° que les frais de culture se sont élevés à 555 f. par hectare ?

P. 1376. Un hectare de terrain est planté en betteraves : quel en sera le produit ? On sait que les betteraves seront payées à raison de 18 f. les 100 kg., que la distance entre chaque pied est de 80 cm. tant en long qu'en large, et que chaque betterave pèse 1 kg. 5 hg. terme moyen.

P. 1377. Un marchand a en magasin du drap qui lui coûte 6 f. 75 le mètre; il en achète 234 m. 20 à 8 f. 55; il en vend 347 m. 90 à 7 f. 90; il en achète 257 m. à 12 f. 75; il en vend 232 m. à 10 f. 80 et 213 m. 70 à 14 f. 45 ; puis, après en avoir acheté 128 m. à 7 f. 30 et vendu 148 m. 40 à 8 f. 80, il lui en reste 353 m. qu'il espère vendre 9 f. 25 : combien avait-il de mètres de drap en magasin et quel sera son bénéfice ?

P. 1378. On a payé 2 235 f. 45 pour 8 pièces de drap d'égale longueur et pour un coupon de 15 m. 30 : quelle est la longueur d'une pièce? On sait que le mètre coûte 10 f. 50.

P. 1379. Combien 28 m. 52 de flanelle croisée coûteront-ils, lorsque 24 cm. valent 0 f. 60 ?

P. 1380. Avec 25 hg. de fil on a fabriqué 12 m. 10 de toile : combien de mètres de toile de même largeur que la précédente pourra-t-on fabriquer avec 1 725 Dg. de fil de même qualité ?

P. 1381. On a acheté 58 pièces de flanelle croisée de basse qualité, 72 pièces de flanelle croisée de qualité superfine, et 26 pièces de flanelle bolivar. Les pièces de flanelle croisée des deux qualités ont chacune 864 dm. de longueur; et les autres, chacune 54 m. 60 : quelle somme devra-t-on débourser, sachant que 12 m. coûtent 30 f. pour la première sorte de flanelle croisée ; 40 f. pour la 2e, et 26 f. 40 pour la flanelle bolivar ?

P. 1382. On achète 75 pièces de mousseline-laine, longues chacune de 648 dm., au prix de 5 f. 60 le mètre. Pour chaque pièce de ce tissu, on dépense 2 f. 50 de transport et autres frais, et on le revend sur le pied de 64 f. 50 les 10 m. : quel est le bénéfice total ?

P. 1383. Un négociant avait 12 pièces de drap de Calabre contenant chacune 18 m., et qui avaient coûté 1944 f. Il a vendu ce drap de la manière suivante : 1° 46 m. 9 cm. à 9 f. 50 le mètre ; 2° 52 m. 4 à 8 f. 90 ; 3° 64 m. 35 à 9 f. 80, et le reste à 10 f. 15 : on demande si la vente a produit un bénéfice, et quel est ce bénéfice.

P. 1384. Un négociant achète 28 pièces de casimir ayant chacune 36 m. de longueur, pour la somme de 8064 f. ; il en cède 6 pièces à l'un de ses amis : quelle somme devra-t-il en recevoir s'il veut réaliser sur chaque mètre un bénéfice de 1 f. 20 ?

P. 1385. Un bon hache-paille valant 215 f. peut couper à la longueur d'un centimètre 2 kg. 75 de paille par minute : combien de bottes de paille un homme hachera-t-il avec cet instrument pendant quatre journées d'hiver, s'il travaille 9 heures par jour, le poids d'une botte de paille étant de 6 kg. 50 ?

P. 1386. Un ouvrier a reçu 48 f. 50 pour 15 jours 8 heures pendant lesquelles il a labouré 7 ha. 90 a. de terrain. On demande : 1° combien de mètres carrés il a labourés par heure, la journée de travail étant de 10 heures ; 2° le prix du labour d'un décamètre carré.

P. 1387. Deux laboureurs, Jean et André, sont en procès pour une parcelle de terre de 80 m. de longueur sur 0 m. 35 de largeur que Jean prétend avoir été usurpée par André. 1° Ils vont devant le juge de paix, et Jean perd ; il est obligé de payer les frais suivants : citation et minute du jugement d'enquête, 7 f. 40 ; citation et taxe des témoins, 19 f. pour les siens, et autant pour ceux de la partie adverse ; procès-verbal et jugement 6 f. 40 ; expédition et signification du jugement, 30 f. 90. Les faux frais sont évalués à 3 journées estimées 2 f. 25 chacune ; nourriture, 1 f. 25 par jour ; consultation, 4 f. L'hectare de terre étant estimé 3800 f., on demande 1° la valeur du terrain contesté, 2° la dépense de chacun des plaideurs. Chaque partie a ses témoins ; la partie perdante paie tous les frais taxés ; chacune supporte ses faux frais.

2° Jean appelle du jugement et gagne. Les frais taxés s'élevant à 130 f. pour chaque partie, et les faux frais à 25 f. : on demande la dépense de chacun des plaideurs.

3° André appelle du jugement et perd. Les frais taxés se montent à 480 f. pour chaque partie, et les faux frais à 90 f. : quelle est la dépense de chacun ?

P. 1388. Dans une usine pour la distillation des betteraves, on opère chaque jour sur 4000 kg. de ces racines coûtant 16 f. la tonne ; on emploie un chef-ouvrier gagnant 3 f., deux ouvriers ordinaires gagnant chacun 2 f. 50 ; un aide gagnant 1 f. 50 ; un cheval au manège payé 6 f. par jour ; on consomme 1 hl. 30 de houille coûtant 4 f. l'hectolitre. Les frais d'entretien de l'usine sont évalués à 1 f. 50, et l'intérêt des capitaux employés à 2 f. 50. On obtient 32 Dl. d'alcool et 3200 kg. de résidus évalués à 1 f. 20 le quintal métrique. On demande : 1° à combien revient l'hectolitre d'alcool ; 2° quel bénéfice on fera dans une campagne de 200 jours de travail, si on vend l'hectolitre d'alcool au prix de 95 f.

P. 1389. On peut faire de bonne encre usuelle en employant les substances suivantes : noix de galle concassées, 500 gr. ; couperose verte (sulfate de fer), 250 gr.; gomme commune, 250 gr.; bois de Campêche, 250 gr.; eau, 10 lt. : à combien revient le litre d'encre si la noix de galle coûte 4 f. 10 le kilogramme, la couperose 0 f. 40, la gomme 2 f. et le bois de Campêche 0 f. 40, supposé qu'on y ajoute pour 0 f. 05 d'essence de lavande? On ne tient pas compte de la main-d'œuvre.

P. 1390. On fait une très-bonne encre avec 750 gr. de noix de galle, 440 gr. de couperose verte, 250 gr. de gomme, 125 gr. de vitriol bleu (sulfate de cuivre), 75 gr. de sucre candi et 6 lt. d'eau : à combien revient le litre, les prix des trois premières sortes d'ingrédients étant les mêmes qu'au problème précédent, le vitriol bleu coûtant 1 f. 50 le kilogramme, et le sucre candi, 4 f. 40?

P. 1391. Il existe à Paris 5 réservoirs établis sur des points culminants pour alimenter les quartiers qui les environnent. La capacité réunie de ces réservoirs est de 285000 hl. Supposé qu'il fût possible d'y faire parvenir l'eau du puits artésien de Grenelle, en combien d'heures seraient-ils remplis par ce puits, qui donne pour le public 2 361 lt. d'eau par minute?

P. 1392. On compte à Paris 2 033 appareils servant à distribuer l'eau pour l'usage public et qui fournissent par jour 694 800 hl. d'eau : combien chacun de ces appareils en fournit-il, en moyenne, de litres par jour et d'hectolitres par an?

P. 1393. Un puits artésien donne 2 000 lt. d'eau par minute : combien de bornes-fontaines pourrait-il alimenter si chacune débite moyennement 0 m³ 00178 par seconde, et si chacune coule pendant 4 heures par jour? On suppose que pendant le temps où les bornes-fontaines cessent de couler, l'eau donnée par le puits artésien s'accumule dans un réservoir.

P. 1394. Un marchand achète dans une 1re emplette 75 kg. d'oléine; dans une 2e, il en achète 846 hg.; et, dans une 3e, il en prend 9 548 Dg., le tout au prix de 84 f. le quintal. Il donne d'abord une somme de 128 f. 50 : combien doit-il encore?

P. 1395. Un marchand épicier a reçu une caisse de chandelles pesant 128 kg. 45 gr. Le poids de la caisse vide est de 85 hg. 45; les frais de transport et autres se sont élevés à 19 f. 825, et il a payé pour le tout 185 f. 45 : combien doit-il vendre le demi-kilogramme de chandelles pour gagner en tout 43 f. 50?

P. 1396. Un épicier achète au prix de 1 480 f. une provision de savon consistant en 16 caisses renfermant chacune 125 kg. de cette marchandise. Supposé qu'il veuille faire un bénéfice de 350 f., combien devra-t-il revendre le demi-kilogramme?

P. 1397. Deux épiciers ont acheté en commun une barrique de sucre pesant 6 qm. pour 1 008 f. : on demande le nombre de kilogrammes que chacun doit prendre, si le 1er a déboursé 745 f. et si le 2d a donné le reste.

P. 1398. Les sucres bruts indigènes se vendent 73 f. 50 les 100 kg. et les sucres raffinés coûtent 165 f. le quintal. Un négociant veut dépenser 2 840 f. pour l'achat d'une égale quantité de sucre de chaque espèce : combien en aura-t-il de kilogrammes?

P. 1399. Un négociant avait acheté des suifs de boucherie **au prix de 602 f. 50 les 5 qm.**; il les revend au prix de 50 f. 88

les 40 kg., et il gagne 510 f. : combien avait-il acheté de kilogrammes de suif?

P. 1400. Un négociant achète de l'oléine et de la stéarine pour 540 f. 80. L'oléine lui coûte 84 f. le quintal, et la stéarine, 2 f. 30 le kilogramme. Il a eu 345 kg. d'oléine. On voudrait connaître le poids de la stéarine qu'il doit recevoir?

P. 1401. Un négociant avait une certaine quantité d'oléine, dont il a vendu 136 kg. pour 114 f. 24, et le reste à raison de 0 f. 85 le kilogramme. La même oléine lui avait coûté 535 f. 35, et il l'avait achetée à raison de 83 f. le quintal : combien ce négociant a-t-il vendu de demi-kilogrammes d'oléine? combien a-t-il gagné sur le tout? Quel a été le prix du demi-kilogramme de la 1re vente?

P. 1402. Un négociant avait acheté au prix de 227 f. les 100 kg. une certaine quantité de stéarine; mais le fournisseur lui en livre 845 hg. de moins ; et, par suite des conventions faites avec le négociant, il est obligé de déduire de la somme que l'acheteur devait lui compter, la valeur de ces 845 hg. au prix de 2 f. 35 le kilogramme. A cause de cela, le fournisseur ne reçoit que 175 f. 80 : on demande quel est le poids de la stéarine qu'il a fournie.

P. 1403. Un peigneur de laine à la main peut en préparer 375 kg. par an : combien de fois le fil n° 100 fait avec la laine qu'il aurait préparée en trois ans et demi ferait-il le tour de la terre? On sait qu'un kilogramme de ce fil contient 100 écheveaux ayant chacun 710 m. de longueur, et l'on suppose qu'il n'y a pas de déchet dans le filage.

P. 1404. Un fermier a vendu, 1° 35 hl. 8 lt. de blé à 16 f. 25 l'hectolitre; 2° 15 hl. 40 à 17 f. 20; et, avec la somme que lui procure la vente de ce blé, il achète un tarare qui lui coûte 200 f. et un trieur qui lui coûte 75 f. Avec l'argent qui lui reste, il veut acheter de la mousseline-laine de qualité supérieure qui lui coûtera 8 f. 50 le mètre : combien pourra-t-il acheter de mètres de ce tissu?

P. 1405. On a acheté une pièce de flanelle galle contenant 546 dm. pour 172 f. : quel doit être le prix d'une pièce de flanelle croisée contenant 86 m. 40? On sait que le prix du mètre de flanelle croisée s'obtient en multipliant par 4 le prix du mètre de flanelle galle, et en divisant par 5 le produit obtenu.

P. 1406. Deux personnes ont acheté une pièce de mérinos longue de 54 m. et qui leur a coûté 648 f. : quel est le nombre de mètres que chacune doit avoir, si la 1re a déboursé 38? f. 20, et si la 2e a donné le reste?

P. 1407. Deux personnes ont acheté ensemble une pièce de drap de Vire contenant 24 m. au prix de 16 f. 50 le mètre : quelle somme devra donner chaque personne, si la 1re doit avoir 3 fois plus de drap que la 2e?

P. 1408. Quatre pièces de drap de Nancy, la 1re de 18 m. 45 mm., la 2e de 17 m. 4 cm., la 3e de 19 m. 8 mm., et la 4e de 169 dm. 7 mm., ont coûté ensemble 1136 f. On demande : 1° quelle somme on a dû donner pour payer 28 m. 40 de ce drap; 2° quelle somme reste à payer; 3° quel nombre de mètres reste à payer; 4° quel est le prix du mètre.

P. 1409. Une personne a besoin de 125 m. 70 de circassienne : elle ne peut donner d'abord pour le paiement de ce tissu, que 85 f. 47. La circassienne valant 30 centimes le décimètre, combien cette personne paie-t-elle de mètres avec la somme qu'elle donne à compte ; combien en recevra-t-elle à crédit, et quelle somme redevra-t-elle au marchand ?

P. 1410. Un négociant a acheté plusieurs pièces de mérinos à raison de 67 f. 50 pour 75 dm. ; et il les a revendues à raison de 1845 f. pour 18 Dm., et il a gagné 2340 f. sur son marché : combien de pièces de mérinos avait-il achetées, la longueur de chacune étant de 54 m. ?

P. 1411. On achète 25 pièces de napolitaine ayant chacune 128 m. 80 de longueur ; 6 fois la 10ᵉ partie de cette acquisition ont coûté 1 835 f. 40. Les frais divers occasionnés par le transport et l'emmagasinement se sont élevés à 0 f. 08 par mètre ; on a cédé ce marché pour un bénéfice de 145 f. 75 : on demande quelle est la différence entre le prix d'achat et le prix de vente du mètre, sachant qu'au déballage 15 m. de cette étoffe se sont trouvés entièrement avariés.

P. 1412. On fait transporter à 86 km. de distance un bloc de marbre ayant 3 m. 20 de longueur, 1 m. 80 de largeur et 0 m 98 d'épaisseur : on demande quelle somme on devra payer, sachant que le décimètre cube de ce marbre pèse 2 kg. 717, que le transport coûte 0 f. 16 par tonne et par kilomètre, et qu'on obtient un rabais de 6 % sur le prix du transport.

P. 1413. Pour la couverture d'un bâtiment, on a employé des tuiles de Bourgogne d'une dimension telle, qu'il en faut 42 par mètre carré de surface de toiture ; et le roulier qui a transporté ces tuiles en a amené 8 voitures à trois chevaux chargées chacune de 1350 kg. : quelle est la superficie de la toiture de ce bâtiment ? On sait que 104 des tuiles employées pèsent 225 kg.

P. 1414. Un cultivateur du Midi possède un champ planté d'orangers ; la distance qui sépare ces arbres est telle, que, par hectare, on pourrait en planter 540. Quelle est la valeur de la récolte annuelle des oranges : 1° s'il les vend au prix de 20 f. le mille ; 2° si chaque arbre produit en moyenne 3640 fruits ; 3° si le champ a 68 m. de longueur sur 45 m. de largeur ?

P. 1415. Un cultivateur a récolté 171 hl. de cidre sur ses propriétés. On demande : 1° combien il lui faudra de tonneaux pour le contenir, si chacun contient 228 lt. ; 2° combien il a de pieds d'arbres, chaque pied donnant, en moyenne, 2 hl. de pommes par an, et un hectolitre de pommes rendant 43 lt. de cidre ; 3° quelle est l'étendue de ses propriétés, un hectare de terrain contenant 70 pommiers.

P. 1416. Une prairie qui vaut 30 fois son revenu net, est estimée 8478 f. 60 : quelle est son étendue, si elle rapporte par hectare 2276 kg. de foin et 585 kg. de regain, à 38 f. 50 les 1 000 kg. de foin et à 34 f. 80 les 1 000 kg. de regain, et si les frais de culture s'élèvent à 38 f. 75 par hectare ?

P. 1417. On a employé 6 ouvriers pendant 6 jours, et 11 heures par jour, pour couper la récolte de 6 ha. 77 a. 50 ca., la récolte d'un hectare pesant 4796 kg. On demande : 1° combien chaque ouvrier a coupé de kilogrammes par heure ; 2° combien on fera de gerbes de 11 kg., et combien chaque ouvrier en coupera par jour ; 3° combien il faudra faire de voyages pour le transport, si l'on met 64 gerbes sur une voiture.

P. 1418. Un cultivateur veut savoir combien de jours il lui faudra pour labourer trois pièces de terre avec un seul attelage. La 1re contient 8 ha. 7 a. 42 m^2; la 2e, 5 ha. 14 a. 48 ca.; et la 3e, 124 a. Il sait qu'une charrue peut remuer par jour 533 m^3 de terre ; il veut que, sur la contenance totale des trois propriétés, il y ait une étendue de 9 ha. 48 a. 7 m^2 qui soit défoncée à 0 m. 28 de profondeur, et le reste à 0 m. 20.

P. 1419. Un cultivateur s'est chargé de labourer trois fois par an les terres de deux fermiers : le 1er fermier en a 21 ha. 7 a. 72 m^2; et le 2^d, 1348 a. 28 m^2 : sachant que, par jour, une charrue peut remuer 536 m^3 de terre, que la profondeur moyenne des labours doit être de 0 m. 24, combien ce cultivateur devra-t-il recevoir, si, par charrue, il emploie 2 chevaux dont la journée lui est payée à raison de 4 f. 50 par cheval, et un homme qui est payé à raison de 3 f. 50 par jour ?

P. 1420. Un cultivateur a trois pièces de terre, l'une de 2 ha. 0008., l'autre de 52 a. 3 ca., et la 3e de 31 a. 26 ca.; la longueur de la 1re est de 174 m. 20 ; celle de la 2e, de 48 m. 30 ; et celle de la 3e, de 42 m. 75 ; il laboure ces terres avec une charrue à deux chevaux retournant à chaque raie, faite dans le sens de la longueur, une bande de terre large de 0 m. 25 ; les chevaux marchent avec une vitesse moyenne de 0 m. 45 par seconde et travaillent 10 heures par jour : combien de jours ce propriétaire emploiera-t-il pour le labour de ces trois pièces ?

P. 1421. Pour obtenir une bonne récolte, il faut fournir à la terre 31 kg. 45 d'azote par hectare. Or, le fumier contient 4 kg. d'azote sur un poids de 1000 kg.; le sang liquide des abattoirs contient 29 kg. 50 d'azote sur 1000 kg.; et les tourteaux des huileries contiennent 46 kg. 40 d'azote sur 1000 kg. : combien faudrait-il de kilogr. de chacune de ces trois sortes d'engrais pour fumer 1° un terrain d'un hectare, 2° un terrain de 1785 a. 26 ?

P. 1422. Un propriétaire doit récolter annuellement environ 230 qm. de foin et 680 qm. de racines. On demande combien d'hectares de terrain lui sont nécessaires pour cet effet, sachant : 1° qu'il veut avoir autant de foin de prairies naturelles que de foin de prairies artificielles ; 2° qu'un hectare des premières rapporte, en moyenne, 25 qm.; et qu'un hectare des secondes rapporte, en moyenne, 30 qm.; 3° qu'un are de terrain produit en racines, 95 kg. On veut encore savoir combien il faudra d'hectares pour chaque culture.

P. 1423. Il y a quatre moulins dans une ville assiégée : le 1er peut moudre chaque jour 4 sacs de grain ; le 2e peut en moudre 7 ; le 3e, 9 ; et le 4e, 12. Or, on veut faire moudre 1088 sacs de grain : combien de jours faudra-t-il pour moudre le tout, et combien devra-t-on distribuer de sacs à chaque moulin en proportion de ce qu'il peut moudre ?

P. 1424. On a 4 moulins dont le 1er peut moudre chaque jour 4 sacs de farine ; le 2e peut en moudre 6 ; le 3e, 9 ; et le 4e, 12. Or, on veut faire moudre 775 sacs : 1° combien de jours faudra-t-il pour moudre le tout ; 2° combien devra-t-on distribuer de sacs à chaque moulin en proportion de ce qu'il peut moudre ; 3° combien d'hectolitres de grain chaque moulin devra-t-il moudre, chaque sac devant peser net 157 kg.; 100 kg. de grain donnant 76 kg. de farine, et l'hectolitre de blé pesant 76 kg.; 4° combien chaque meunier recevra-t-il, la mouture d'un quintal métrique de grain se payant 1 f. 25 ?

P. 1425. Un vase vide pèse 9 kg. 005 ; on le remplit d'huile d'olive, alors il pèse 92 kg. 5. On avait acheté l'huile 128 f., et on l'a revendue 150 f. On demande : 1° le nombre de litres contenus dans le vase, 2° le prix d'achat du litre, 3° le prix de vente, 4° le gain total. (T. 1re).

P. 1426. Un baril plein d'huile d'olive pèse 913 hg. 4 ; vide, il pèse 3 278 Dg. On demande : 1° quelle est sa capacité, 2° combien coûteraient les tonneaux qui pourraient contenir ensemble 16 hl. d'huile, si chaque tonneau valait 2 f. 50, et s'il avait une capacité égale à celle du baril. (T. 1re.)

P. 1427. Par l'invention d'un nouveau four à chaux, on peut réaliser 8 f. de bénéfice sur le prix d'un mètre cube de chaux de première qualité. La densité de la chaux est environ 2,3 ; et son prix, avant cette invention, était de 27 f. 50 la tonne métrique. On demande : 1° à combien revient le quintal métrique de cette chaux ; 2° combien de kilogrammes il en faudrait vendre pour payer un enharnachement pour cheval de carrosse, que le sellier carrossier ne veut céder qu'au prix de 600 f.?

P. 1428. Un cultivateur fait planchéier une salle sur la longueur de laquelle on peut placer 200 pièces de 5 f. (diamètre, 37 millim.) et l'on peut en mettre 150 sur la largeur. Le menuisier prend 4 f. par mètre carré, et fournit tout ; le cultivateur, n'ayant pas d'argent pour le payer, s'acquitte en beurre et en fromage : dites le nombre de kilogrammes qu'il doit donner tant de l'un que de l'autre. On sait que le kilogramme de beurre vaut 1 l. 40, et celui du fromage 0 f. 60, et que la moitié de la somme sera acquittée en beurre et l'autre moitié en fromage.

P. 1429. Un terrain de 72 a. 28 m² a coûté 4 780 f. On en a revendu les 0,6 au prix de 0 f. 68 pour un centiare ; les 0,2 de ce terrain ont été convertis en un verger planté de pruniers, et le reste sert de parterre. On demande : 1° quel est à un centime près le prix d'achat de 35 Dm² de ce terrain ; 2° combien pour 100 f. on a gagné sur le terrain revendu ; 3° quelle doit être la surface du verger et combien de pruniers on y a plantés s'ils sont à 6 m. de distance ; 4° quelle est la surface du parterre.

P. 1430. Un fermier, ayant ensemencé de blé 13 ha. 8 a. 75 m², a récolté, en moyenne, 284 Dl. de blé par hectare. Il fait battre ce blé en hiver par deux ouvriers qui, par jour, peuvent battre chacun 35 gerbes, et qui sont payés chacun à raison de 1 f. 75 par jour. On sait que 28 gerbes rendent 137 lt. de blé et que ces 2 ouvriers sont convenus de verser chaque jour dans une caisse commune chacun la moitié du prix de leur journée : combien y aura-t-il dans leur caisse à la fin du battage, et quelle somme chacun d'eux pourra-t-il en retirer?

P. 1431. Un cultivateur a vendu à un brasseur 84 hl. 16 lt. d'orge à 15 f. 50 les 100 kg. et 78 hl. 56 lt. à 16 f. le quintal. Le brasseur lui a fourni 26 barriques de bière contenant chacune

115 lt., au prix de 16 f. l'hectolitre. Avec l'argent qui lui reste, le cultivateur voudrait acheter un extirpateur qui lui coûtera 350 f. : combien devra-t-il ajouter à ce qui lui reste, ou quelle somme devra-t-il en retrancher? On sait que l'orge vendue pèse 58 kg. par hectolitre.

P. 1432. Un négociant achète 174 hl. d'orge à 15 f. 50 les 100 kg. et 236 hl. à 16 f. les 100 kg.; il mélange ces deux lots d'orge et les vend à un brasseur pour un certain prix, de manière à faire un bénéfice de 72 f. 50 : combien a-t-il vendu l'hectolitre du mélange, cette mesure pesant en moyenne 56 kg.?

P. 1433. On achète 75 barriques de bière contenant chacune 116 lt. : combien a coûté le houblon qui entre dans la fabrication de cette boisson, s'il a été payé au prix de 2 f. 50 le kilogramme? On sait que, pour obtenir 68 hl. de bière, il faut 38 hl. de malt, ou orge germée puis desséchée, et qu'on a employé 48 Dg. de houblon par hectolitre de malt.

P. 1434. Un brasseur achète d'abord 520 hl. d'orge au prix de 15 f. 20 les 100 kg. et 345 hl. au prix de 15 f. 90 le quintal. Il désire savoir : 1° combien lui coûtera le houblon qu'il devra employer pour la confection de la bière faite avec cette orge, s'il paie le houblon à raison de 2 f. 40 le kilogramme; 2° quelle somme il devra débourser pour payer l'orge achetée, l'hectolitre de ce grain pesant 56 kg.; 3° combien il obtiendra d'hectolitres de bière. Il sait qu'il faut, pour la bière ordinaire, 45 Dg. de houblon par hectolitre de malt, que 100 hl. d'orge donnent 108 hl. de malt, et que 38 hl. de malt donnent 68 hl. de bière.

P. 1435. Un marchand de blé a vendu 945 hl. de froment à raison de 25 f. 75 les 120 kg. L'hectolitre de ce blé pesait 80 kg. Pour la somme qu'il a dû recevoir, combien aurait-on pu acheter d'hectolitres d'orge pesant 56 kg. au prix de 15 f. 80 les 100 kg., et quelle somme aurait-on retirée de la bière confectionnée avec cette orge, si cette bière avait été vendue au prix de 15 f. l'hectolitre? On sait que 100 hl. d'orge donnent hl. 108 de malt, et que 38 hl. de malt donnent 680 Dl. de bière.

P. 1436. Un brasseur vend sa bière au prix de 15 f. l'hectolitre. L'orge lui coûte 15 f. 50 les 100 kg.; et le houblon, 2 f. 30 le kilogramme. Il emploie 475 gr. de houblon par hectolitre de malt brassé; 38 hl. de malt donnent 68 hl. de bière ordinaire, et il faut 100 hl. d'orge pesant chacun 56 kg. pour obtenir 109 hl. de malt : on demande ce qui lui reste par hectolitre de bière pour la main-d'œuvre, les autres dépenses accessoires et pour son bénéfice.

P. 1437. Cinq scieurs de bois réduisent dans leur journée 15 st. de bois de chauffage en donnant à chaque bûche 2 traits de scie : combien de temps 7 scieurs emploieront-ils pour réduire le bois amené par 5 voitures à quatre chevaux dont chacun tire avec une force de 56 kg.? On sait : 1° que ce bois doit recevoir trois traits de scie; 2° que les voitures marchaient sur une chaussée en empierrement à l'état ordinaire et que, par suite, l'effort exercé par les chevaux était égal au produit de la charge par 0,08; 3° que le stère du bois en question pèse 431 kg. vides déduits; 4° que le poids de la voiture est le quart de la charge totale.

P. 1438. Un bâtiment ayant 135 m. de longueur est couvert en tuiles de Bourgogne : combien a-t-il fallu atteler de chevaux à la voiture avec laquelle on a amené les faîtières qui ont chacune 0 m. 35 de longueur? On sait : 1° qu'un cheval peut tirer avec une force moyenne de 75 kg.; 2° que l'effort à exercer par les chevaux était les 0,080 de la charge totale; 3° que le poids de la voiture était la 4° partie de la charge totale; 4° que 104 faîtières pèsent 386 kg.

P. 1439. Supposé que le budget de la France fût de 1 426 926 345 f. en pièces d'argent, combien de voitures attelées de deux chevaux seraient nécessaires pour le transporter? On sait : 1° qu'un cheval peut tirer avec une force de 72 kg.; 2° que l'effort exercé par les chevaux est égal au produit de la charge totale par 0,03 lorsque la voiture marche sur une route pavée à la manière ordinaire; 3° que le poids de la voiture est le quart de la charge totale.

P. 1440. Pour un chemin de fer à deux voies, un maître de forges s'est chargé de fournir, au prix de 208 f. 40 la tonne, les coussinets qui, placés aux extrémités des traverses, servent à assujettir les rails. La distance qui sépare les traverses est de 0 m. 90. Les coussinets sont de deux sortes : les coussinets intermédiaires pesant chacun 9 kg. 60, et les coussinets de joint pesant chacun 11 kg. 35, et sur 5 coussinets, il y en a 4 intermédiaires et 1 de joint : quelle somme devra recevoir ce maître de forges s'il fait cette fourniture pour une section de 18 km., et si, à 20 coussinets, employés pour les voies ordinaires, il en faut ajouter 1 pour les voies de garage, de remisage, etc. ?

P. 1441. Un maître de forges s'est chargé de fournir au prix de 224 f. 90 la tonne, les coussinets employés à l'établissement des deux voies d'un chemin de fer sur une longueur de 108 hm. Les traverses sont à 0 m. 90 de distance les unes des autres; sur 5 coussinets il y en a 4 intermédiaires pesant chacun 10 kg. 30, et 1 de joint pesant 12 kg. 30; et, à 20 coussinets fournis pour les voies ordinaires, il faut en ajouter 1 pour les voies de garage, de remisage, etc. : quelle somme le maître de forges devra-t-il recevoir?

P. 1442. Un maître de forges s'est chargé de fournir, au prix de 414 f. la tonne, les chevillettes employées à fixer sur les traverses les coussinets qui supportent les rails d'un chemin de fer à deux voies. Les traverses sont à 1 m. 20 de distance les unes des autres; il faut, par coussinet, deux chevillettes pesant chacune 300 gr. A 20 chevillettes fournies pour les voies ordinaires, il faut en ajouter une pour les voies de garage, de remisage, etc. : quelle somme devra recevoir le maître de forges, si la section pour laquelle il fait cette fourniture a une longueur de 26 km. 4?

P. 1443. Une machine à vapeur sans détente, à condensation, de la force de 6 chevaux, pèse 800 kg. par force de cheval. Dans ce poids total, si l'on représente par 1 le poids de la tôle, celui du fer sera 1,12, celui de la fonte, 1,44, et celui du cuivre, 1,38 : combien coûtera cette machine, le prix du métal façonné étant, par kilogramme, de 0 f. 80 pour la fonte, de 3 f. pour le fer, de 1 f. pour la tôle, et de 5 f. pour le cuivre. Au total de ces prix, on ajoute le dixième de ce même total pour frais d'emballage, frais de pose et frais imprévus.

P. 1444. Une machine à vapeur à détente, sans condensation, de la force de 15 chevaux, pèse 700 kg. par force de cheval. Dans le poids total, si l'on représente par 1 le poids total de la tôle, le poids du fer sera 1,02 ; celui de la fonte, 1,22 ; et celui du cuivre, 1,07 : combien coûtera cette machine, le prix du métal façonné étant de 0 f. 80 pour la fonte, de 3 f. pour le fer, de 1 f. pour la tôle, et de 5 f. pour le cuivre? On sait qu'au prix net total de la machine, il faut ajouter le dixième de ce prix pour frais imprévus, frais de pose et d'emballage.

P. 1445. Une machine à vapeur à détente et condensation, de la force de 54 chevaux, pèse 800 kg. par force de cheval. Dans le poids total de cette machine, si l'on représente par 1 le poids de la tôle, celui du fer sera 1,12 ; celui de la fonte, 1,46 ; et celui du cuivre, 1,38 : combien coûtera cette machine, le prix du métal façonné étant de 0 f. 80 pour la fonte, de 3 f. pour le fer, de 1 f. pour la tôle, et de 5 f. pour le cuivre? On sait qu'au prix net total de la machine il faut ajouter un dixième de ce prix pour frais imprévus, frais de pose et d'emballage.

P. 1446. Un peintre avait 84 f. 60 ; il dépense une partie de cette somme pour acheter des cendres vertes qui lui coûtent 4 f. le kilogramme ; il lui reste 8 fois autant d'argent qu'il en a dépensé : combien de kilogrammes de couleur a-t-il achetés?

P. 1447. Si l'on ajoute 3 f. 37 à la somme que l'on a dépensée pour l'achat des tuyaux nécessaires au drainage d'un champ de 285 a., et si l'on double le résultat obtenu, on obtiendra 100 f. : quel prix ont coûté les tuyaux nécessaires au drainage d'un hectare?

P. 1448. Deux voituriers conduisant des déblais à une certaine distance, travaillent dans le même chantier avec trois autres voituriers qui transportent aussi des déblais à une distance plus longue, de manière que, pendant qu'ils en transportent chacun 2 m³, les deux premiers en transportent chacun 3 m³. S'ils allaient à la même distance, chacun des trois derniers en aurait conduit 5 m³ de plus : combien de mètres cubes chaque voiturier a-t-il transportés?

P. 1449. Dans une maison, un peintre a peint 12 chambranles : les uns en marbre, à 4 f. la pièce, et les autres en granit, à 2 f. 50. Il a reçu pour le tout 40 f. 50 : combien y en a-t-il en marbre et combien en granit?

P. 1450. Un pelletier fourreur a acheté des peaux de chinchilla à 4 f. 50 la pièce, et des peaux de fouine à 3 f. 25 ; il a pris en tout 14 peaux pour la somme de 53 f. : on demande combien de peaux de chaque sorte a achetées.

P. 1451. Un cordonnier a acheté du cuir fort à 3 f. le kilogramme, et du cuir de vache à 3 f. 75 ; il en a pris en tout 79 kg. pour 285 f. : combien de kilogrammes de chaque sorte a-t-il achetés?

P. 1452. Un libraire a vendu 15 cartes murales montées, dont un certain nombre de mappemondes à 25 f. la pièce, et le reste se compose de cartes de France à 20 f. la pièce ; il a reçu pour le tout 330 f. : combien de cartes de chaque sorte a-t-il vendues?

P. 1453. Pour le transport des voitures à une banquette, de Paris à Calais, on paie 186 f., et pour celles à deux banquettes, on paie 238 f. Or, l'administration chargée de ce transport a reçu dans le cours d'une semaine 5646 f. pour le transport de 27 voitures : combien y en avait-il de chaque sorte?

P. 1454. Le transport des voitures de Paris à Londres coûte 253 f. 50 pour une voiture à une banquette, et 352 f. 35 pour celle à deux banquettes; or, dans un voyage, l'administration chargée de ce service a reçu 3128 f. 10 pour le transport de 10 voitures : combien y en avait-il de chaque sorte?

P. 1455. Un régiment se met en marche pour se rendre d'Amiens à Boulogne en faisant 35 km. par jour; 2 jours plus tard, un autre régiment se met en route pour aller de Boulogne à Amiens en faisant 48 km. par jour. A quel jour de départ du 1er régiment se fera la rencontre, la distance d'Amiens à Boulogne étant par les routes de 130 km.?

P. 1456. Un vase vide pèse 3 kg. 534 gr.; plein d'eau, il pèse 326 hg. 34 gr. On demande : 1° combien pèserait l'huile d'olive qui y serait contenue; 2° combien on ferait de francs et de centimes avec un lingot d'argent pur du poids de l'huile. (T. 1re)

P. 1457. On a acheté 12 lt. de lait; pour savoir si le marchand y a mis de l'eau, on pèse ce liquide; et l'on trouve 12 kg. 300 pour le poids des 12 lt. : sachant que la pesanteur spécifique du lait est 1,03, on veut connaître la quantité d'eau que renferment les 12 lt.

P. 1458. Une futaille vide pèse 31 kg. 852; pleine de vin de Bourgogne, elle pèse 239 kg. 128 : combien pèserait-elle si elle était pleine d'alcool? (T. 1re)

P. 1459. Une futaille vide pèse 31 kg. 852; pleine de vin de Bordeaux, elle pèse 239 kg. 128 : combien pèserait-elle si elle était pleine d'alcool?

P. 1460. Un roulier a reçu 685 f. 95 pour le transport de 34 pièces de vin, à raison de 8 f. 50 les 100 kg. : quelle est la capacité de chaque pièce : 1° si c'est du vin de Bordeaux; 2° si c'est du vin de Bourgogne? Le poids du fût est de 26 kg. 25. (T. 1re)

P. 1461. Le poids du vin de Bordeaux contenu dans une pièce est 168 kg. 785. On demande : 1° le poids de l'eau qui remplirait cette pièce; 2° le poids de l'alcool qu'elle pourrait contenir; 3° le poids de l'eau de mer qu'on pourrait y faire entrer; 4° le poids du vin de Bourgogne qu'elle renfermerait. (T. 1re)

P. 1462. Dix pièces de vin de Bordeaux pèsent 5 kg. 088 de plus que si elles étaient pleines de vin de Bourgogne : quelle est la capacité de chaque pièce? (T. 1re)

P. 1463. A l'équateur, le rayon terrestre est de 6377109 m.; au pôle il est de 6359199 m.; la longueur moyenne de ce rayon est de 6366654 m. : on demande quel est le diamètre du soleil, sachant que ce diamètre est 112 fois 06 le diamètre moyen de la terre.

P. 1464. La distance moyenne de la lune à la terre est environ 59 fois 6 le rayon équatorial de la terre (P. 1463) : quelle est cette distance?

P. 1465. La France est située entre le 42e et le 51e degré de latitude Nord : quelle est, en mètres, la distance entre les deux degrés limites?

P. 1466. La circonférence de la terre étant de 360 degrés, et

PROBLÈMES DIVERS. 163

la terre employant 24 heures pour faire un tour sur elle-même, on demande : 1° combien il faut de temps à un point de sa surface pour parcourir un degré ; 2° combien ce point parcourt de degrés en une heure.

P. 1467. Deux points pris sur l'équateur se présentent au même point du ciel, trois heures l'un après l'autre : quelle est, en mètres, la distance qui les sépare ? (On suppose l'équateur égal au méridien.)

P. 1468. Deux points sur l'équateur sont éloignés de 10 000 km. l'un de l'autre : quelle est la différence de leurs heures, ou combien de temps l'un reçoit-il la lumière avant l'autre ?

P. 1469. Un marchand de meubles a vendu 18 fauteuils plaqués en palissandre, à 150 f. la pièce : combien de décalitres d'eau pèsent autant que la somme en argent qu'il a dû recevoir ?

P. 1470. On a vendu, au prix de 10 f. la pièce, 15 rafraîchissoirs pour l'eau gazeuse : combien de décilitres d'eau pèsent autant que l'argent pur contenu dans la somme en argent déboursée pour les payer ?

P. 1471. Un maître charpentier a monté et posé 8 fermes de charpente, comprenant chacune 4 350 dm³, à raison de 9 f. le mètre cube : combien de centilitres d'eau pèsent autant que l'argent pur contenu dans la somme en monnaie d'argent qu'il a reçue pour ce travail ?

P. 1472. Un maître charpentier a fourni, posé, monté et assemblé les fermes de charpente d'un bâtiment qui a 42 m. de longueur ; la distance entre chaque ferme étant de 3 m. 50, chacune comprenant 5 950 dm³ de bois, et les murs étant terminés par deux pignons, on demande combien de décilitres d'eau pèsent autant que l'argent pur contenu dans la somme en argent qu'il a reçue, sachant qu'il a été payé à raison de 120 f. le mètre cube.

P. 1473. On veut mesurer un tas de bois de chauffage et le payer 60 f. le décastère ; ce bois étant coupé à 1 m. 30 de long, on demande : 1° la hauteur qu'on doit donner au stère ; 2° le prix de ce bois, s'il contient 15 st. 5 dst. ; 3° le volume d'eau qui ferait équilibre à ce bois, en supposant que le stère pèse les 0,48 du poids du même volume d'eau ; 4° le nombre de pièces de 5 f. en argent que le 0,01 de ce poids représente.

P. 1474. Trois douzaines de couteaux de cuisine, dits *tranchelard*, en acier cémenté, ont été achetés chez un fabricant pour 135 f. Le coutelier veut gagner 0 f. 75 par couteau : quelle sera la quantité de centilitres d'eau qui pèsera autant que l'étain renfermé dans la somme en bronze égale au prix de vente de chacun de ces couteaux ?

P. 1475. On a vendu 13 éventails à 1 f. 75, puis 18 à 3 f., et 25 à 5 f. 75 ; après la déduction de la remise, on reçoit 200 f. : quelle est, en centilitres, la capacité d'un vase contenant une quantité d'eau d'un poids égal au poids de l'argent pur contenu dans la somme en argent égale à la remise qui a été faite ?

P. 1476. La vitrerie de 72 croisées, chacune de 8 carreaux, a été payée 1 296 f. On demande : 1° à combien revient le carreau ; 2° en combien de temps un bassin ayant 25 dm. de longueur, 142 cm. de largeur et 837 mm. de profondeur, serait rempli par une fontaine qui donne en 3 secondes un nombre de litres d'eau d'un poids égal à celui de l'argent pur contenu dans les 1 296 f. en argent

P. 1477. Les quatre façades d'une maison contiennent un nombre égal de croisées. On demande : 1° quel est ce nombre, sachant qu'on a payé 3 024 f. au vitrier, à raison de 1 f. 75 par carreau, et que chaque croisée en contient 6 ; 2° quelle est la capacité d'un bassin qui, en deux jours, serait rempli par une fontaine donnant en 5 secondes un nombre de litres d'eau d'un poids égal au poids de l'argent pur contenu dans les 3 024 f. payés en monnaie d'argent.

P. 1478. On a acheté trois douzaines d'éventails pour 864 f.; on veut gagner 63 f. sur le tout : à combien doit-on vendre chaque éventail, et quelle serait, en litres, la capacité d'un vase qui contiendrait une quantité d'eau d'un poids égal au poids de l'argent pur contenu dans la somme en argent que l'on devra recevoir pour la vente de 30 éventails ?

P. 1479. Combien y a-t-il de centimètres cubes dans un lingot d'or allié pour faire de la monnaie, et valant 5 755 f.? On sait que l'or ainsi allié pèse, à volume égal, 17 fois 65 autant que l'eau.

P. 1480. Quel est, en millimètres cubes, le volume d'une masse d'or allié pour faire de la monnaie et valant 155 f.? (T. 1re ou P. 1479.)

P. 1481. Le ciment romain de Vassy, pesant 0 kg. 96 par litre, perd 17 $^0/_0$ de son volume étant converti en mortier : combien faut-il de litres de ce ciment pour faire un mètre cube de mortier, et quelle somme coûtera ce ciment au prix de 14 f. 60 les 100 kg.?

P. 1482. Un particulier fait creuser une cave ; les fouilles présentent une longueur de 25 m. 40, une largeur de 8 m. 20 et une profondeur de 4 m. 75. Le mètre cube de la terre extraite pèse, en moyenne, 1 600 kg. D'après cela, on demande ce qu'il faudra débourser pour faire transporter cette terre à une distance de 3 450 m. On sait : 1° qu'un cheval peut traîner, à l'aide d'une voiture, un poids de 1 200 kg.; 2° qu'il peut marcher avec une vitesse de 4 375 m. à l'heure; 3° qu'il faut 12 minutes pour charger et décharger à chaque voyage ; 4° que le prix de la journée du cheval et de son conducteur est de 5 f., et 5° qu'ils doivent travailler 10 heures 42 minutes par jour?

P. 1483. Combien faudra-t-il de chevaux pour traîner une voiture avec laquelle on veut enlever en 6 voyages la récolte d'un champ de pommes de terre, dont la contenance en ares est telle que, si l'on ajoute 24 au quadruple du nombre d'ares qu'elle renferme, pour diviser la somme par 13, le quotient soit 48 ? On sait que l'on a récolté par are 2 hl. 25, qu'un hectolitre pèse 80 kg., que chaque cheval tire avec une force de 90 kg., que la force du tirage est égale au produit de la charge par 0,08, et qu'on néglige le poids de la voiture.

P. 1484. En admettant qu'un hectolitre de blé vaut 17 f. 50, qu'il pèse 78 kg. 5, qu'un grain de blé pèse 51 mg., qu'un épi contient 36 grains, qu'un chardon produit le même dégât que s'il

PROBLÈMES DIVERS. 165

détruisait 20 épis : on demande la perte faite dans 3 ha. 15 a., si l'hectare produit 16 hl. 8, et si un are contient 8 chardons.

P. 1485. En faisant échardonner 12 ha. 9 a., on dépense 1 f. 60 par hectare : de combien augmente-t-on la récolte si chaque are contient 7 chardons, et quelle est la valeur de cette augmentation si l'hectolitre de blé vaut 16 f. 25 ?

P. 1486. Deux cultivateurs exploitent chacun 1275 a. ; le 1er fait échardonner ses terres et dépense 2 f. par hectare ; l'autre ne fait pas cette dépense ; de combien la valeur de sa récolte sera-t-elle diminuée au bout de l'année si l'hectolitre vaut 16 f. 80 ? quelle sera l'économie ou la perte de chacun au bout de 9 ans ? On suppose qu'il y a 758 chardons par hectare.

P. 1487. Pour faire 100 kg. de verre à vitre, il faut 75 kg. de sable sec lavé, 31 kg. 50 de sulfate de soude, et 10 kg. 50 de chaux pulvérisée : combien coûterait un mètre carré de ce verre, s'il avait 0 m. 004 d'épaisseur ? On sait que le kilogramme de sable mis en œuvre revient à 0 f. 035 ; que le kilogramme de sulfate de soude revient à 1 f. 40, et le kilogramme de chaux à 0 f. 055. (T. 1re)

P. 1488. Pour peigner la laine, on a inventé une machine qui peigne une tonne de laine par jour : combien de pièces de drap pourrait-on tisser avec le fil fait avec la laine peignée par cette machine en 18 jours, supposé : 1° qu'avant le foulage, chacune de ces pièces ait une longueur de 75 m. et une largeur de 2 m. 70 ; 2° que le nombre des fils soit de 3870 sur la largeur pour la chaîne ; 3° qu'il soit de 1440 par mètre pour la trame ; 4° que la tension des fils compense le raccourcissement produit par le repliement des fils de la chaîne autour de ceux de la trame ; 5° que la même cause compense le rétrécissement qui serait produit par le repliement des fils de la trame autour de ceux de la chaîne ; 6° que le fil soit du n° 80, c'est-à-dire que le kilogramme de ce fil renferme 80 écheveaux de 710 m. de longueur ?

P. 1489. Un marchand a du drap qui vaut 11 f. 50 le mètre ; en l'échangeant contre de la toile qui vaut 2 f. 75 le mètre, on le porte à 14 f. 20, et l'on estime la toile 3 f. 45. On demande : 1° combien l'on aura de mètres de toile pour 372 m. 60 de drap ; 2° quel est celui des deux marchands qui gagnera, et combien ?

P. 1490. Une feuille de laiton de l'exposition universelle avait 3 m. de longueur, 0 m. 66 de largeur et 35 centièmes de millimètre d'épaisseur, son poids était de 5840 gr. On demande : 1° quel est le poids d'un centimètre cube de laiton ; 2° combien de feuilles de la dimension indiquée précédemment il faudrait vendre, au prix de 2 f. 80 le kilogramme, pour avoir la somme nécessaire au paiement de 4 ouvriers qui ont travaillé chacun pendant 34 jours. Le 1er gagnait 2 f. 50 par jour ; le 2e, 2 f. 75 ; le 3e, 3 f. 50 ; et le 4e, 5 f.

P. 1491. Dans une forge où l'on affine le fer par la méthode champenoise, on a consommé pour 27 331 f. 50 de charbon de bois à raison de 7 f. le quintal métrique. Ce charbon pesait en moyenne 2 qm. par mètre cube, et il en fallait 68 Dl. 5 par quintal de fer : on demande combien de tonnes de fer l'on a raffiné, et pendant combien de mois a duré la provision du charbon consommé, si l'on produisait 19 tonnes par mois.

P. 1492. Un hectolitre de blé pèse 76 kg.; il rend en farine 75 0/0; 3 kg. de farine donnent 4 kg. de pain : combien de grammes de pain consomme par jour celui qui consomme annuellement 3 hl. 8 Dl. de blé?

P. 1493. En admettant que 35 kg. de farine donnent 48 kg. de pain, et qu'un hectolitre de blé donne 58 kg. 75 de farine : on demande le nombre d'hectolitres de blé nécessaires à la nourriture des 9360 habitants d'une ville pendant 128 jours, si chacun consomme 65 Dg. de pain; et quelle sera la dépense journalière, si l'hectolitre de blé coûte 16 f. 80.

P. 1494. Un manœuvre, élevant des poids en les soulevant avec la main, peut élever un poids de 20 kg. avec une vitesse de 17 cm. par seconde : on demande combien de mètres cubes de terre ce manœuvre pourra tirer avec un panier suspendu à une corde, d'un trou d'une profondeur moyenne de 6 m. 50, si cet homme travaille pendant 4 jours de 6 heures, le mètre cube de cette terre pesant 1380 kg.

P. 1495. Un manœuvre, élevant des poids en les portant sur son dos au haut d'une rampe douce, et revenant à vide, peut élever 65 kg. à une hauteur de 0 m. 04 par seconde : combien de jours deux ouvriers emploieront-ils pour élever, du fond d'une carrière de 12 m. 15 de profondeur, 230 m^3 de sable fin et humide, le mètre cube pesant 19 qm., et la durée du travail journalier étant de 6 heures?

P. 1496. Un manœuvre peut élever 65 kg. à une hauteur de 0 m. 04 par seconde, en portant les fardeaux sur son dos au haut d'un escalier : on demande combien d'hectolitres de blé pesant 76 kg. pourront être transportés par un ouvrier gravissant un escalier de 3 m. 50 de hauteur, et travaillant pendant 2 heures?

P. 1497. Un manœuvre, élevant des poids avec une corde et une poulie, ce qui l'oblige à faire descendre la corde à vide, peut élever un poids de 18 kg. avec une vitesse moyenne de 2 dm. par seconde, et peut travailler 6 heures par jour : on demande la quantité d'hectolitres d'eau que ce manœuvre peut tirer en 3 jours, d'un puits qui a 45 m. de profondeur.

P. 1498. On a dépensé 742996 f. 80 pour la nourriture des habitants d'une ville pendant 64 jours; chacun consomme 6 hg. de pain par jour; l'hectolitre de blé coûte 17 f. 55; il fournit 60 kg. de farine; et, avec 35 kg. de farine, on fait 48 kg. de pain. On demande : 1° la population de la ville, 2° le nombre d'hectolitres de blé consommés dans un jour.

P. 1499. En admettant que le poids d'un hectol. de froment soit de 75 kg. 5 pour le grain et de 168 kg. 7 pour la paille, et qu'un hectare donne 17 hl. 95 lt. de grain, on demande : 1° le poids en grain et en paille de la récolte de 653 a. 84 ca.; 2° le poids de la farine et du son, si un hectolitre de grain donne 15 kg. 4 de son, 3 kg. 435 de criblures, 1 kg. 265 de déchet; 3° combien on fera de pains de 2 kg. si 100 kg. de farine absorbent 40 kg. 60 d'eau qui se réduisent à 37 kg. 25 par la cuisson; 4° quelle est la valeur du pain, si le kilogramme vaut 0 f. 32.

P. 1500. Un particulier a acheté au prix de 1848 f. 80 la récolte de seigle d'un champ qui produit 17 hl. de grain par hectare ; l'hectolitre ayant été payé 13 f. 86, on demande : 1° la surface du champ; 2° le poids du grain, l'hectolitre pesant 62 kg. ; 3° le poids de la paille, si un hectolitre de grain donne 183 kg. de paille.

P 1501. En supposant qu'un hectare de terrain rapporte 18 hl. 45 de blé par an et qu'une personne consomme dans le même temps 3 hl. 6 Dl. de blé, on demande : 1° la quantité de terrain qu'il faudrait ensemencer pour avoir le blé nécessaire à la consommation annuelle d'une famille de 8 personnes ; 2° la quantité de pain consommée par cette famille en un an, sachant que l'hectolitre de blé pèse 76 kg.; que, réduit en farine, le blé perd de son poids 24 %, et que 3 kg. de farine donnent 4 kg. de pain; 3° le prix du pain consommé annuellement par cette famille, le pain valant 0 f. 35 le kilogramme.

P. 1502. Quelle quantité de fourrage retirera-t-on de 2 prairies naturelles dont la contenance est telle, que la 1re est quatre fois plus grande que la 2e; et que, si l'on retranche la contenance de la 2e de la contenance de la 1re, il reste un hectare 50? On sait d'ailleurs que la 1re a fourni par hectare 48 qm. ; et la 2e, 5 275 kg.

P. 1503. Deux barriques, dont la plus grande renferme de l'huile de baleine, et l'autre de l'huile de morue, contiennent ensemble 898 lt.; si le contenu de la plus petite était triplé, il surpasserait de 14 lit. celui de la plus grande. Sachant qu'un litre d'huile de baleine pèse 93 Dg. et qu'un litre d'huile de morue pèse 928 gr., on demande combien on devra débourser pour l'achat de ces deux barriques, l'huile de baleine valant 0 f. 95 le kilogramme, et l'huile de morue 1 f. 40.

P. 1504. La population de la France est de 36 039 364 habitants qui consomment annuellement 167 lt. de blé par individu. L'hectolitre de blé pèse environ 76 kg. et vaut, en moyenne, 15 f. 95. On sème par hectare 2 hl. 8 lt. de blé, et l'on récolte 12 hl. 45 lt. Cela posé, on demande : 1° le volume en mètres cubes, le poids en quintaux et le prix du blé nécessaire pour nourrir pendant une année tous les habitants de la France; 2° le nombre de mètres carrés de terrain qu'il faut ensemencer de blé chaque année pour suffire à la consommation et aux semailles.

P. 1505. A l'aide d'un moulin à bras, un homme et un enfant peuvent moudre et bluter en une heure 14 kg. de grain. L'homme reçoit 3 f. par jour ; l'enfant, 1 f. 50; et la journée est de 9 heures de travail. Sur 3 quintaux métriques de blé, on obtient 240 kg. de farine à 0 f. 56 le kilogramme, 42 lt. de farine de remoulage à 0 f. 09 le litre, 234 lt. de son à 0 f. 04 : on compte 1 f. par jour pour frais de réparation et d'intérêts de la valeur du moulin. Dans un moulin ordinaire, le meunier ne rend que 200 kg. de farine sur 300 kg. de blé, et il garde le son pour le paiement de la mouture : quel bénéfice fera-t-on avec le moulin à bras par hectol. de blé pesant 75 kg.?

P. 1506. Un propriétaire qui peut récolter, année moyenne, 145 hl. de froment, 115 hl. d'avoine, 35 hl. d'orge, 250 qm. de foin, demande quelle devra être la capacité d'une grange dans laquelle il veut renfermer ces divers produits, sachant : 1° que l'hectolitre de froment pèse 75 kg.; l'hectolitre d'orge, 62 kg.; et l'hectolitre d'avoine, 47 kg.; 2° que 40 kg. de froment donnent 60 kg. de paille, que 45 kg. d'orge donnent 55 kg. de paille, et que 42 kg. d'avoine donnent 58 kg. de paille; 3° que le poids moyen d'une gerbe non battue est de 6 kg., et qu'il faut, tant pour le blé non battu que pour le foin, un mèt. cube de capacité par 100 kg. de récolte. On veut, de plus, réserver pour le battage un espace de 6 m. 40 de longueur, 4 m. 20 de largeur, et 3 m. 80 de hauteur.

P. 1507. Un boulanger a fourni à 2 maisons 427 kg. de pain; le quotient du nombre de kilogrammes fourni à la 1re par le nombre fourni à la 2e, est 6 : combien a-t-il fallu de décalitres de blé pesant 7 kg. 5 pour faire le pain livré à la 1re maison, sachant que la farine est les 0,725 du poids du blé, et que 4 kg. de pain sont fournis par 3 kg. de farine?

P. 1508. On a acheté de l'encre qui a coûté 4 f. le litre; la somme que l'on a déboursée pour cette emplette, étant multipliée par 6, a donné un produit qui a été ensuite diminué de 25 f. 60; le reste a été divisé par 4; on a retranché 2 f. 30 du quotient, et il est resté 30 f. : combien de litres d'encre a-t-on achetés?

P. 1509. On a acheté 6 kg. de brochet pour une somme dont le double, augmenté de 12 f., est égal au quadruple diminué de 9 f. : quel est le prix du kilog.?

P. 1510. On a acheté 4 kg. d'anguille pour le paiement desquels on a donné une somme qui, diminuée de 5 f., est égale à son quadruple diminué de 38 f. : quel est le prix du kilogramme?

P. 1511. On a acheté 12 kg. de barbeau pour le paiement desquels on a donné une somme dont le triple, augmenté de 42 f., est égal au quintuple augmenté de 6 f. : quel est le prix du kilogramme?

P. 1512. Un dentiste a acheté 15 hg. d'ivoire pour une somme telle, qu'en ajoutant 8 au produit de cette somme par 4, et retranchant 2 du produit du total par 7, le résultat est égal à 81, sans tenir compte du zéro qui termine le nombre : quel est le prix du kilogramme d'ivoire?

P. 1513. Deux personnes vont chez un miroitier, chacune avec une somme égale; la 1re achète une glace de 20 dm² qui lui coûte 12 f.; et la 2e en achète une de 60 dm² qui lui coûte 64 f. Après que chacune a payé son emplette, il se trouve que la 1re a trois fois plus d'argent que la 2e : combien chacune avait-elle d'abord?

P. 1514. On a vendu 80 lt. de vernis à un carrossier qui a payé cette substance au prix de 2 f. 50 le litre, avec 49 pièces tant de 5 f. que de 2 f. : combien en a-t-il donné de chaque espèce?

P. 1515. Un négociant ayant vendu un baril d'huile de baleine qui en contenait 290 kg. à 100 f. le quintal métrique, a été payé avec 103 pièces tant de 5 f. que de 2 f. : combien de pièces de chaque espèce a-t-il reçues?

P. 1516. Une garnison se compose de 2250 hommes, cavalerie et infanterie. Chaque cavalier reçoit 15 f. par mois, et chaque fantassin, 10 f. La solde de 3 mois des soldats coûte 72 900 f. : combien y a-t-il de fantassins et de cavaliers?

P. 1517. Un poélier-fumiste avait acheté, pour 300 f., 15 colonnes en faïence d'une seule pièce pour poêles en faïence. Dans le cours d'une semaine, il en vend une partie à 1 f. 50 de bénéfice par colonne, et une seconde partie double de la 1re à 1 f. de bénéfice, et il retire de ces deux ventes une somme de 254 f. : combien de colonnes a-t-il vendues?

P. 1518. Un charpentier a fait et fourni un ouvrage de charpente dans lequel entrent 5 m³ de bois de qualité, assemblé, refait sur trois côtés et refeuillé, à 151 f. le mètre cube; il a été payé en pièces de 20 f. et de 5 f. : combien en a-t-il reçu des unes et des autres, sachant qu'il en a reçu 70 en tout?

P. 1519. Deux ouvriers paveurs ont fait ensemble 499 m² de pavage; le 1er en a fait 89 m² de plus que le 2d : combien ont-ils gagné chacun, s'ils ont reçu 0 f. 55 par mètre carré?

P. 1520. On a acheté 18 kg. tant de cannelle que de clous de girofle; la cannelle, dont on a pris 5 kg. de moins que de clous de girofle, a coûté 9 f. 50 le kilogramme; et les clous de girofle, 4 f. 75 : combien devra-t-on débourser?

P. 1521. Un marchand de couleurs avait 56 kg. de cendres bleues; il en a vendu un certain nombre de kilogrammes, et il en a gardé 12 kg. 48 de plus qu'il n'en a vendu : quelle somme a-t-il dû recevoir s'il a vendu le kilogramme 3 f. 50?

P. 1522. En vendant de la cire 5 f. 25 le kilogramme, un marchand ferait un bénéfice de 324 f.; en la vendant 4 f. 70, il perdrait 72 f. : combien a-t-il de kilogrammes de cire, et à combien lui revient-elle?

P. 1523. Un fermier a du blé qui, étant vendu au prix de 20 f. l'hectolitre, lui produirait la somme nécessaire à l'acquisition d'une propriété rurale, et il aurait 560 f. de reste; mais, s'il ne vendait son blé que 17 f. 50, il serait contraint d'emprunter 1260 f. pour la payer. On demande : 1° le nombre d'hectolitres de blé du fermier; 2° le nombre d'hectares de terre que renferme cette propriété, si elle se compose de terres de 2e classe valant 910 f. l'hectare.

P. 1524. Cinq marchands se sont associés : la mise du 1er plus celle du 2d égale 4360 f.; celle du 2d et du 3e égale 4508 f.; celle du 3e et du 4e égale 4998 f.; celle du 4e et du 5e égale 5696 f.; enfin celle du 5e et du 1er égale 4446 f. : on demande quelle est la mise de chacun.

P. 1525. Trois ouvriers travaillent chez un fabricant de charbon préparé; le 1er et le 2d ont gagné 97 f. 20 en 18 jours; le 1er et le 3e, 103 f. 50 en 15 jours; le 2d et le 3e, 150 f. en 20 jours : combien chacun d'eux gagne-t-il par jour?

P. 1526. On a acheté du saumon à 2 f. 50 le kilogramme; de l'anguille à 3 f., et de la raie à 1 f. 50. La somme dépensée pour l'anguille et le saumon se monte à 19 f. 50; pour l'anguille et pour la raie, on a dépensé 21 f.; et, pour le saumon et la raie, on a dépensé 16 f. 50 : combien de kilogrammes de chaque sorte de poisson a-t-on achetés?

P. 1527. Trois ouvriers menuisiers ont équarri, rainé et quarderonné chacun un certain nombre de mètres carrés de vieux lambris. Le 1er et le 2d en ont réparé 40 mèt. carrés 25; le 1er et le 3e, 45 m² 48 : le 2d et le 3e, 48 m² 67 : combien est-il dû à chacun, si ce travail coûte 1 f. 30 le mètre carré?

P. 1528. Un pharmacien a acheté de la badiane à 2 f. 65 le

kilogramme; de la graine de moutarde à 0 f. 65 le kilogramme, et des follicules de séné à 3 f. 60 le kilogramme; la badiane et la graine de moutarde pèsent ensemble 30 kg.; la graine de moutarde et les follicules de séné pèsent ensemble 36 kg., et la badiane et les follicules de séné pèsent ensemble 32 kg.: combien devra-t-il débourser?

P. 1529. Trois charpentiers, travaillant ensemble à la construction d'une maison, ont fourni des vieux bois avec assemblage, au prix de 64 f. 50 le stère : quelle somme chacun d'eux devra-t-il recevoir, sachant que le 1er et le 2^d en ont fourni ensemble 13 m^3 860 ; le 1er et le 3e, 23 m^3 010 ; le 2^d et le 3e, 17 m^3 190?

P. 1530. On a fait entourer d'un mur de clôture une propriété ayant la forme d'un pentagone irrégulier. Le 1er et le 2e côté ont ensemble 160 m. de longueur; le 2e et le 3e, 206 m.; le 3e et le 4e, 232 m.; le 4e et le 5e, 200 m.; le 1er et le 5e, 170 m. Les parements de ce mur faits des deux côtés avec de la meulière concassée et du plâtre, ont coûté, y compris fourniture des matériaux, 1 f. 70 le mètre carré : quelle somme a-t-il fallu débourser pour cela, le mur ayant 4 m. de hauteur, et quelle est la longueur des côtés?

P. 1531. On a fait entourer d'un mur de clôture une propriété ayant la forme d'un hexagone irrégulier; le 1er et le 2e côté ont ensemble 115 m de longueur; le 2e et le 3e, 102 m.; le 3e et le 4e, 113 m.; le 4e et le 5e, 123 m,; le 5e et le 6e, 134 m.; le 2e et le 6e, 150 m.; ce mur, à partir du sol, a 3 m. 75 de hauteur, et il est bâti en moellons neufs : combien coûteront les jointoiements faits en plâtre des deux côtés, au prix de 0 f. 40 le mètre carré; et quelle est la longueur de chacun des côtés?

P. 1532. Dans le trajet d'une voiture, on a remarqué que la roue de devant, dont la circonférence est de 1 m. 70, a fait 8 400 tours de plus que la roue de derrière, qui a 2 m. 30 de circonférence : quelle est, en kilomètres, la longueur du trajet?

P. 1533. Deux navires sont éloignés en mer de 224 km.; les officiers chargés du commandement de ces vaisseaux, ayant des ordres à se communiquer, dirigent leurs voiles pour aller à la rencontre l'un de l'autre et partent en même temps; le 1er fait 16 km. tandis que le 2^d en fait 12 : on demande où se fera leur rencontre.

P. 1534. Dans une usine à zinc, on traite annuellement 210 950 qm. de minerai rendant 31 % de zinc. Il faut, pour produire une tonne de zinc, 74 qm. 8 de houille, et cette houille revient à 53 f. 20 la tonne. On demande : 1° combien coûte annuellement la houille employée dans cette usine; 2° supposé que, sur la somme à débourser, on ait payé 6 282 f. 57 avec diverses pièces de monnaie, et que, pour acquitter le reste, on ait donné 84 928 pièces d'or de 100 f. et de 10 f., combien de pièces de chacune de ces deux sortes a-t-on données?

P. 1535. Vingt-sept pièces de 5 f. mises bord à bord donnent une longueur d'un mètre moins un millimètre, et 43 pièces de 1 f. donnent une longueur d'un mètre moins 11 mm. On met bout à bout 104 pièces, les unes de 5 f. et les autres de 1 f., et l'on a une longueur égale à celle d'un coupon d'étamine buratée, qui, payé à raison de 6 f. 50 le mètre, a coûté 22 f. 10 : combien y a-t-il de pièces de chaque espèce?

P. 1536. Un miroitier a déboursé 1770 f. pour l'achat de 30 glaces; les unes, de 40 dm², valaient 35 f. la pièce; les autres, de 80 dm², valaient 95 f. : combien de glaces de chaque prix a-t-il achetées?

P. 1537. On a acheté au prix de 2 f. 60 le kilogramme, 91 qm. 2 d'acétate de cuivre ou vert-de-gris sec, et l'on s'est acquitté avec des pièces de 2 f. et des pièces de 5 f. : combien a-t-on donné de pièces de chaque espèce, sachant qu'on en a versé 9120 en tout?

P. 1538. Deux maîtres maçons achètent chacun une certaine quantité de ciment de brique et de tuile à 12 f. le mètre cube. Le 1ᵉʳ dit au 2ᵈ : Si tu me cèdes 5 hl. du ciment que tu viens d'acheter, ma provision sera égale à la tienne; et, si je te donne 3 hl. de ce qui vient de m'être livré, ta provision sera le quintuple de la mienne : quelle somme chacun doit-il verser pour payer sa propre provision?

FRACTIONS

ADDITION.

P. 1539. Un meunier a trois moulins ; le 1ᵉʳ lui fournit 4 hl. de farine en 3 heures ; le 2ᵉ lui en fournit 11 hl. en 7 heures ; et le 3ᵉ, 10 hl. en 9 heures : combien chacun d'eux fournit-il d'hectolitres par heure, et combien en donnent-ils ensemble ?

P. 1540. Un meunier a deux moulins : le 1ᵉʳ lui fournit 4 hl. en 7 l heures ; et le 2ᵈ, 3 hl. en 5 heures : combien les deux moulins ui donnent-ils d'hectolitres de farine par heure ?

P. 1541. Un entrepreneur ferait une construction en 14 semaines ; un autre la ferait en 24 ; un 3ᵉ en 22, et un 4ᵉ en 16 : quelle partie de la construction feront-ils ensemble en une semaine ?

P. 1542. On a semé $1/8$ d'hectolit. de graine de vesces dans une pièce de $2/11$ d'hectare, $4/15$ d'hectolitre dans une autre de $3/4$ d'hectare, enfin 2 hl. $5/9$ dans une 3ᵉ de 1 ha. $5/12$: combien d'hectolitres de graine a-t-on semés, et combien d'hectares a-t-on ensemencés ?

P. 1543. Une personne a acheté $47/6$ de mètre de drap chez un marchand ; chez un autre, $13/6$, et enfin chez un 3ᵉ, $30/6$: dites combien elle a acheté de mètres de drap, et combien elle déboursera en payant ce drap au prix de 0 f. 75 le $1/6$ de mètre.

P. 1544. Un entrepreneur a 7 ouvriers ; en un jour, le 1ᵉʳ fait 1 m. $2/3$ d'ouvrage ; le 2ᵈ en fait $11/12$ de mètre ; le 3ᵉ, 1 m. ; le 4ᵉ, 1 m. $3/5$; le 5ᵉ, 1 m. $5/12$; le 6ᵉ, 1 m. $1/8$; et le 7ᵉ, 2 m. $1/11$: quelle est la quantité totale du travail journalier des 7 ouvriers ?

P. 1545. On a trois becs de gaz dans un atelier : le 1ᵉʳ consomme 561 lt. de gaz en 4 heures ; le 2ᵉ, 400 lt. en 3 heures ; et le 3ᵉ, 610 lt. en 6 heures : combien de litres consomment-ils en une heure, lorsqu'ils sont allumés tous trois ?

P. 1546. Dans un magasin, se trouvent 4 becs de gaz : le 1ᵉʳ consomme du gaz pour 0 f. 305 en 4 heures ; le 2ᵉ, pour 0 f. 3162 en 5 heures ; le 3ᵉ, pour 0 f. 1108 en 3 heures ; et le 4ᵉ, pour 0 f. 3288 en 7 heures. Ces 4 becs étant allumés ensemble, quelle est leur dépense totale en une heure ?

P. 1547. Une machine fait $8/9$ de mètre d'une certaine étoffe par heure ; une seconde machine en fait $7/11$ de mètre dans le même temps : dites combien de mètres et de parties de mètre les deux machines font par heure.

P. 1548. Une fontaine donne $3/5$ de litre d'eau par minute ; une autre fontaine en donne $7/8$ de litre dans le même temps : quelle quantité d'eau les deux fontaines réunies donnent-elles en **une minute ?**

P. 1549. Une 1ʳᵉ fontaine donne 28 lt. d'eau en 3 minutes :

ADDITION. 173

une 2ᵉ en donne 63 lt. en 28 minutes; une 3ᵉ, 32 lt. en 14 minutes; une 4ᵉ, 57 lt. en 44 minutes; une 5ᵉ, 88 lt. en 56 minutes; et une 6ᵉ, 60 lt. en 20 minutes : combien de litres donnent-elles ensemble en une minute?

P. 1550. En un jour, un 1ᵉʳ ouvrier ferait $1/7$ d'un ouvrage; un 2ᵈ ouvrier ferait les $2/5$ du même ouvrage, et un 3ᵉ ouvrier en ferait les $2/9$: quelle portion de cet ouvrage feront-ils ensemble dans le même espace d'un jour?

P. 1551. Cinq menuisiers travaillent à un ouvrage : le 1ᵉʳ en fait $3/7$ de mètre par jour; dans le même temps le 2ᵈ en fait $4/5$ de mètre; le 3ᵉ, $8/9$ de mètre; le 4ᵉ, $10/11$ de mètre; et le 5ᵉ, $11/12$ de mètre : combien de mètres d'ouvrage font-ils ensemble par jour?

P. 1552. J'ai acheté 5 coupons de drap : le 1ᵉʳ contient $1/2$ m. ; le 2ᵉ, $3/4$ de mètre; le 3ᵉ, $1/3$ de mètre; le 4ᵉ, $5/24$ de mètre; et le 5ᵉ, $9/16$ de mètre : combien de mètres de drap dois-je avoir?

P. 1553. Un tapissier avait acheté une pièce de damas de laine dont il a déjà employé 18 m. $5/13$, et dont il reste encore 27 m. $4/7$: quelle était la longueur de cette pièce?

P. 1554. Un tapissier avait une pièce de coutil dont il a déjà employé 38 m $6/11$, et il lui en reste encore 21 m. $5/9$: quelle était la longueur de cette pièce?

P. 1555. Un père partage les terres d'une ferme entre ses trois fils : le 1ᵉʳ a 10 ha. $1/4$; le 2ᵉ, 12 ha. $2/3$; et le 3ᵉ, 15 ha. $4/5$: dites la contenance totale.

P. 1556. Un particulier a acheté un meuble pour 300 f. $1/5$; il y a fait des réparations pour 200 f. $1/2$: combien doit-il le vendre pour gagner 50 f. $8/10$?

P. 1557. On avait une pièce de toile valant 6 f. 50 le mètre, et on l'a vendue à 4 personnes : la 1ʳᵉ en a pris 22 m. $5/8$; la 2ᵉ, 26 m. $3/7$; la 3ᵉ, 35 m. $3/4$; et la 4ᵉ, 13 m. $1/2$: quelle était la longueur de cette pièce?

P. 1558. Un matelassier a acheté des laines de Picardie; il en a employé 16 kg. $4/5$ à la confection d'un 1ᵉʳ matelas; un 2ᵉ matelas en a demandé 18 kg. $7/9$; et, pour un 3ᵉ moins grand que les 2 premiers, il en a employé 12 kg. $1/8$; il reste encore au matelassier 13 kg. $3/7$: combien de kilogrammes de laine avait-il achetés?

P. 1559. Un tapissier a confectionné 6 chaises en noyer pour lesquelles il a employé 9 kg. $3/8$ de crin, 16 chaises gondoles dans lesquelles il en a fait entrer 32 kg. $8/9$, 4 fauteuils de bureau qui lui en ont demandé 10 kg. $5/7$, et 3 fauteuils ordinaires pour lesquels il en a employé 7 kg. $7/12$: combien de kilogrammes de crin a-t-il dû acheter pour confectionner ces différents meubles?

P. 1560. Trois pauvres se présentent à une porte : on donne au 1ᵉʳ $3/5$ de kilogramme de pain; au 2ᵈ, $1/3$; et au 3ᵉ, $5/9$ de kilogramme : quelle quantité de pain a-t-on donnée à ces pauvres?

P. 1561. Un particulier a vendu 4 mesures $1/3$ pour 7 f. $1/5$, plus 7 mesures $3/4$ pour 13 f. $8/10$, plus 15 mesures $9/20$ pour 30 f. $7/8$: combien de mesures a-t-il vendues, et quelle somme en a-t-il retirée?

P. 1562. Six ouvriers se présentent pour faire un ouvrage : le 1er le ferait en 12 jours ; le 2e, en 8 jours ; le 3e, en 16 jours ; le 4e, en 18 jours ; le 5e, en 15 jours ; et le 6e, en 24 jours : s'ils travaillent ensemble, quelle partie de l'ouvrage feront-ils en un jour ?

P. 1563. Un ouvrier ferait un ouvrage en 8 jours ; un autre le ferait en 12 jours ; un 3e le ferait en 9 jours ; et un 4e, en 16 jours ; s'ils travaillent ensemble, combien en feront-ils dans un jour ?

P. 1564. Trois compagnies se présentent pour faire un ouvrage : la 1re le ferait en 18 jours ; la 2e, en 16 jours ; et la 3e, en 20 jours : quelle partie de l'ouvrage feront-elles ensemble dans un jour ?

P. 1565. Un fabricant de savon avait une certaine provision d'huile d'olive ; pour une cuite de savon il a employé 57 qm. $7/8$ de cette huile, et il lui en reste encore 136 qm. $13/20$: à combien de quintaux se montait sa provision ?

P. 1566. Un bassin reçoit l'eau par 4 robinets. Si ces robinets coulaient séparément, le 1er remplirait le bassin en 2 heures ; le 2e, en 7 heures ; le 3e, en 5 heures ; et le 4e, en 6 heures. S'ils coulent ensemble, quelle partie du bassin rempliront-ils dans une heure ?

P. 1567. Quelle partie d'un bassin serait vidée en une heure par 5 robinets coulant ensemble ? On sait que, s'ils coulaient séparément, le 1er le viderait en 6 heures ; le 2e, en 5 heures ; le 3e, en 7 heures ; le 4e, en 8 heures, et le 5e, en 3 heures.

P. 1568. De quel nombre faut-il retrancher 17 $3/5$ pour que le reste soit 26 $4/7$?

P. 1569. Un ouvrier a fait 28 m. $7/8$ d'un ouvrage ; et, dans une autre circonstance, il en a fait 12 m. $2/3$ de plus : combien en a-t-il fait en tout ?

P. 1570. Trois pièces de drap contiennent : la 1re, 21 m. $7/12$; la 2e, 3 m. $7/8$ de plus que la 1re ; et la 3e, 1 m. $1/4$ de plus que la 2e : combien contiennent-elles ensemble ?

P. 1571. J'ai acheté 3 rouleaux de toile ; le 1er est de 2 m. $1/3$ plus long que le 2e, qui est lui-même de 4 m. $1/5$ plus long que le 3e, qui a 14 m. $1/7$: dites la longueur des deux premiers.

P. 1572. Une filature est mue par 3 machines à vapeur. La 1re consomme par heure 30 kg. $5/6$ de houille ; la 2e, 8 kg. $2/7$ de plus que la 1re, et 5 kg. $3/5$ de moins que la 3e : combien de kilogrammes consomment-elles chacune par heure ? et combien, dans le même temps, en consomment-elles toutes trois ensemble ?

SOUSTRACTION.

P. 1573. Le poids du jus de la betterave est les $19/20$ du poids total de cette racine ; par les moyens ordinaires, on extrait de ce jus une quantité qui n'est que les $19/25$ du poids de la betterave : quel est le poids du jus qui reste dans la pulpe ?

P. 1574. Une caisse de raisin pèse brut 18 kg. $8/15$: quel est son poids net si la caisse vide pèse 2 kg. $7/9$?

SOUSTRACTION.

P. 1575. Un matelassier a besoin, pour la confection de 6 matelas, de 118 kg. $5/16$ de laine, il en a déjà 76 kg. $2/3$: combien faut-il qu'il en achète pour compléter ce qui lui manque?

P. 1576. Un bassin reçoit d'une fontaine 78 lt. $3/4$ par heure, et perd par un orifice 24 lt. $2/3$: combien conserve-t-il de litres par heure?

P. 1577. Que reste-t-il d'un objet dont on a enlevé $1/3$, $1/7$, les $2/9$ et les $2/15$?

P. 1578. Que reste-t-il d'un objet dont on a enlevé les $7/24$ plus $1/11$, les $2/16$ plus $1/15$?

P. 1579. Un tailleur achète 9 m. $2/9$ de drap pour en faire un pantalon et une veste; s'il en emploie 5 m. $2/3$ pour le pantalon, que restera-t-il pour la veste?

P. 1580. Un tapissier enlève 3 m. $7/15$ d'un coupon de velours d'une longueur primitive de 8 m. $9/16$: quelle est la longueur du morceau restant?

P. 1581. Un écolier possède 3 f. $3/4$; il achète un livre pour 2 f. $7/10$, le fait relier pour $3/4$ de franc, et achète un cahier avec son reste : quel est le prix de ce cahier?

P. 1582. Un tapissier avait une pièce de satin dont la longueur était de 48 m. $7/8$; il l'a coupée en 4 morceaux; la longueur du 1er est de 9 m. $1/2$; celle du 2e, de 13 m. $2/9$; celle du 3e, de 16 m. $3/4$: quelle est la longueur du 4e?

P. 1583. Un négociant a une pièce de linon ayant 18 m. de longueur; il en vend 5 m. $4/7$ à raison de 20 f. le mètre : combien lui reste-t-il de mètres de cette pièce?

P. 1584. On n'extrait, par les procédés manufacturiers, qu'une moyenne de $4/25$ en fécule de la pomme de terre, et $3/4$ de pulpe. On a reconnu cependant que la pomme de terre contenait en fécule jusqu'à $11/50$ de son poids total : quelle est la quantité de fécule qui reste dans la pulpe des pommes de terre?

P. 1585. Un pharmacien avait acheté en 2 fois 1 kg. $1/10$ d'extrait de quinquina pour 34 f. $19/20$; la 1re fois il en avait acheté 6 hg. pour 18 f. $3/4$: quelle quantité a-t-il achetée la 2e fois et pour quelle somme?

P. 1586. Un marchand de Paris envoie à un épicier de province 25 caisses de savon pesant ensemble 630 kg. $1/3$. On demande si l'épicier a reçu ce qu'il a demandé, sachant qu'il avait demandé 630 kg. $1019/3057$.

P. 1587. Je vends un livre 3 f. $7/8$; si j'en avais retiré $3/4$ de franc de moins, j'aurais perdu 1 f. $1/4$: que m'a coûté le livre, et combien ai-je perdu?

P. 1588. Deux fontaines, coulant ensemble, rempliraient un bassin en 12 heures; la 1re seule le remplirait en 29 heures : quelle partie du bassin la 2e remplit-elle en une heure?

P. 1589. Un bassin serait rempli en 5 heures par une fontaine; il serait vidé en 8 heures par un robinet : si on les ouvre tous les deux ensemble, de combien le bassin se remplira-t-il par heure?

P. 1590. Un voyageur fait 7 km. $2/5$ par heure; un autre, marchant dans le même sens et partant du même endroit, fait 4 km. $8/9$ par heure : combien le 1er gagne-t-il par heure sur le 2d?

P. 1591. Deux voyageurs marchent dans le même sens et partent ensemble du même endroit ; le 1er fait 85 km. en 9 heures ; et le 2d, 71 km. en 8 heures : quel est celui qui devance l'autre, et de combien par heure?

P. 1592. Un 1er bec de gaz dépense 940 lt. de gaz en 7 heures ; un second bec en dépense 640 lt. en 5 heures : quel est celui qui en consomme le plus, et quel est l'excédant de cette consommation?

P. 1593. Un 1er bec de gaz dépense pour 0 f. 27 de gaz en 4 heures ; un second bec en dépense pour 0 f. 1836 en 3 heures : quel est celui qui fait la plus forte dépense, et quel est l'excédant de cette dépense?

P. 1594. Trois voyageurs partent ensemble du même point et marchent dans le même sens ; le 1er fait 47 km. en 3 heures ; le 2e, 53 km. en 6 heures ; et le 3e, 31 km. en 5 heures : à quelle distance seront-ils l'un de l'autre après une heure?

P. 1595. Trois ouvriers font un ouvrage en 6 jours ; le 1er le ferait seul en 18 jours, le 2e en 16 jours : quelle partie de l'ouvrage le 3e fait-il par jour?

P. 1596. Un bassin serait rempli en 3 heures par une 1re fontaine, et en 5 heures par une 2e fontaine ; il serait vidé en 2 heures par un robinet, et en 8 heures par un autre : de combien se remplira-t-il ou se videra-t-il par heure?

P. 1597. Trois fontaines coulent dans un bassin ; la 1re le remplirait en 2 heures ; la 2e, en 4 heures ; la 3e, en 3 heures ; trois robinets le videraient, le 1er en une heure, le 2e en 5 heures, et le 3e en 8 heures : quelle est la quantité dont s'augmente ou se diminue le bassin dans une heure?

P. 1598. Deux fontaines coulent ensemble dans un bassin et en remplissent les $15/22$ en une heure ; la 1re seule n'en remplirait que les $3/7$ pendant le même temps : quelle portion du bassin la seconde remplirait-elle en une heure?

P. 1599. Deux ouvriers, travaillant ensemble, peuvent faire un ouvrage en 2 heures $3/4$; le 1er le ferait seul en 5 heures $1/2$: combien de temps mettrait le second?

P. 1600. Un navire fait 4 lt. $2/3$ d'eau en 10 minutes, et la pompe en retire 3 lt. en 7 minutes : on demande si le travail de la pompe est suffisant pour empêcher l'eau d'augmenter.

P. 1601. Deux forges servant à l'affinage du fer, l'une par la méthode champenoise et l'autre par la méthode comtoise, consomment, en charbon de bois, la 1re, 45 Dl. $1/2$ en 2 heures $1/4$; et la 2e, 37 Dl. $3/5$ en 1 heure $1/2$: quelle est celle qui en consomme le plus?

P. 1602. En 7 heures $1/2$ une forge comtoise consomme 18 hl. $4/5$ de charbon de bois, et une forge bourguignonne en consomme 3 hl. $13/25$ en $2/3$ d'heure : quelle est celle de ces deux forges qui en consomme le plus?

MULTIPLICATION.

P. 1603. Dix-sept enfants ont eu chacun les $3/5$ d'un **gâteau :** combien de gâteaux leur a-t-on distribués?

P. 1604. Il faut 4 hl. $2/5$ d'œillette pour faire une tonne d'huile : combien en faudra-t-il pour faire 8 tonnes?

P. 1605. Quelqu'un achète un anneau d'or pesant 40 gr. : combien coûte cet anneau si l'on paie le $1/5$ de gramme 0 f. 70?

P. 1606. Dans un mur de clôture, il y a 28 chaînes en pierre de taille, distantes l'une de l'autre de $9/4$ de mètre : quelle est la longueur de ce mur?

P. 1607. On a entendu le bruit du tonnerre 7 secondes $2/3$ après l'apparition de l'éclair. Le son parcourant 340 mèt. par seconde, à quelle distance est-on du nuage orageux?

P. 1608. Un are de terrain coûte 150 f. : quel sera le prix des $3/5$ d'un hectare?

P. 1609. Quelqu'un achète les $52/65$ d'un mètre de drap : combien paiera-t-il, si le décimètre est estimé 0 f. 50?

P. 1610. Si, pour 1 f., on reçoit les $2/5$ d'un mètre de calicot, combien en recevra-t-on pour les $3/8$ d'un franc?

P. 1611. Trois commerçants ont formé un fonds de 45 000 f. : le 1er a mis le $1/3$ de cette somme; le 2e en a mis les $14/42$; le 3e, les $56/168$: dites quelle somme chacun d'eux a placée.

P. 1612. Pour un franc, on fait les $5/84$ d'un mètre cube de maçonnerie en mortier de chaux et sable : combien en fera-t-on de mètres cubes pour 4 656 f. 96?

P. 1613. Un mètre cube de marbre de Sienne se vend 2 340 f. : combien coûtera un bloc de marbre ayant les $5/12$ d'un mètre cube?

P. 1614. Un ouvrier couvreur a employé 1 heure $1/12$ pour faire un mètre d'arêtier : quel temps emploierait-il pour faire un arêtier de 5 m. $2/7$?

P. 1615. Il faut 4 hl. $3/7$ de cameline pour faire une tonne d'huile : combien en faudra-t-il pour faire les $8/9$ d'une tonne?

P. 1616. Il faut 3 hl. $7/8$ de colza pour faire une tonne d'huile : combien en faudra-t-il pour faire 6 tonnes $3/5$?

P. 1617. Un ouvrier emploie 12 heures $3/8$ pour faire, en fil de laiton, un mètre carré de grillage dont les mailles sont de 14 mm^2 : quel temps emploiera-t-il pour faire un grillage de 8 m^2 $2/9$?

P. 1618. Dans une ville où il y a 3 000 hommes de garnison, la ration de pain de chaque soldat était de 1 kg. $1/4$; elle a été réduite à $5/8$ de kilogramme : quelle est la valeur de la diminution entière si le kilogramme de pain vaut 0 f. 30.

P. 1619. Un coupon de velours avait $8/9$ de mètre de longueur; un tapissier prend les $3/5$ de ce coupon : quelle est la longueur du morceau enlevé, et sa valeur à raison de 9 f. le mètre?

P. 1620. Un particulier a vendu les $39/52$ d'une pièce de vin à 20 f. le $1/10$ de la pièce : combien recevra-t-il?

P. 1621. J'ai acheté $5/6$ de mètre de toile à $5/8$ de franc le mètre, et j'ai donné en paiement $1/16$ de mètre de drap à 15 f. le mètre : me revient-il quelque chose ?

P. 1622. En un jour, on peut poser et monter un échafaudage dans lequel entreraient les $3/4$ d'un mètre cube de bois : de combien de mètres cubes se compose un échafaudage pour le montage duquel il a fallu employer 2 jours $3/7$?

P. 1623. Combien y a-t-il de grappes de raisin dans une vigne où il y a 34750 souches dont $1/5$ est à 3 grappes, $1/2$ à 2 grappes, et le reste à 4 grappes ?

P. 1624. Un particulier a acheté les $5/8$ d'un mètre de satin à 25 f. le mètre ; un de ses amis lui en demande $1/2$ mètre : combien lui en restera-t-il, et combien devra-t-on lui rembourser ?

P. 1625. Un marchand qui a besoin d'une somme de 64 f. a déjà les $3/4$ et les $7/8$ de 32 f. ; et, pour avoir le reste, il vend une paire d'éperons : quel en est le prix ?

P. 1626. Un fabricant de flanelles a acheté 45 balles de laine d'écouailles pesant chacune 80 kg. à raison de 3 f. 50 le kilogramme ; il cède les $11/18$ de son emplette à l'un de ses amis qui en a besoin : combien lui en restera-t-il de kilogrammes ?

P. 1627. On a acheté 1240 bouteilles champenoises à 24 f. 75 le cent ; on a payé les $8/11$ du prix avec du vin de Champagne, valant 3 f. 60 la bouteille ; on a soldé le reste en argent : combien a-t-on donné de bouteilles de vin, et combien d'argent ?

P. 1628. On achète une propriété du prix de 75600 f. dont on a payé $1/3$ comptant, et $2/9$ au bout de six mois : combien doit-on encore si le vendeur accorde une remise de $1/36$ du prix d'achat ?

P. 1629. D'une somme de 71 f. 50 que l'on avait à dépenser, on a pris les $7/11$ pour souscrire à une bonne œuvre, les $2/13$ pour secourir une pauvre famille, et le reste a été employé à l'acquisition d'un hygromètre à cheveu avec monture en bois : quel est le prix de cet instrument ?

P. 1630. L'huile de colza se vend à Paris 139 f. les 100 kg. : un litre de cette huile pesant 0 kg. 915, quel sera le prix de 2 hl. $2/3$?

P. 1631. Un débitant a acheté 18 pièces $3/4$ de vin, contenant chacune 220 lt. ; il en a revendu 8 pièces $7/8$: combien lui en reste-t-il de litres ?

P. 1632. Un débitant a acheté 3 pièces $1/4$ de liqueur contenant chacune 150 lt. ; il a revendu le $1/5$ de son emplette : combien lui en reste-t-il de litres ?

P. 1633. Un débitant a acheté 24 pièces $3/5$ d'eau-de-vie, contenant chacune 250 lt. ; il en a revendu 7 pièces $1/4$; il en a donné 85 lt. aux pauvres : combien lui en reste-t-il de litres ?

P. 1634. Un débitant a acheté 14 pièces de vin, chacune de 236 lt. ; il en a revendu 9 pièces $3/4$, et il dépense pour sa propre consommation 225 lt. : combien lui en reste-t-il de litres ?

P. 1635. Une pièce de coutil avait 64 m. $7/9$ de longueur ; un tapissier achète les $2/11$ de cette pièce à raison de 2 f. 60 le mètre : quelle somme doit-il débourser ?

P. 1636. J'ai acheté 3 m. $1/3$ de toile à 1 f. $1/5$ le mètre ; j'ai revendu le tout 4 f. $3/16$: ai-je perdu ou gagné ?

P. 1637. **On a fait drainer les $5/8$ d'un champ de 8 ha. 37 a.**

MULTIPLICATION. 179

On demande : 1° quelle est, en mètres carrés, l'étendue de la surface drainée ; 2° combien coûteront les tuyaux, sachant qu'il en faut pour 12 f. par 100 m².

P. 1638. Dans des travaux de terrassement, un ouvrier qui reprend de la terre déjà fouillée, et qui la jette dans un tombereau, peut en reprendre ainsi 5 m³ en 2 heures : quel temps emploiera-t-il pour charger les tombereaux qui doivent transporter 42 m³ $5/7$?

P. 1639. Un train de chemin de fer emploie 13 heures $1/4$ pour se rendre de Paris à Limoges. Orléans est à peu près aux $3/10$ de la distance de Paris à Limoges : combien de temps ce train emploiera-t-il pour se rendre de Paris à Orléans ?

P. 1640. On a calculé qu'une bonne vache à lait donnait en moyenne en lait, pendant sa lactation, les $2/5$ du poids du foin qu'elle consommait : quel sera le produit d'une vache nourrie à raison de 19 kg. $3/4$ par jour ?

P. 1641. Un jardinier fleuriste a loué un jeune homme pour 4 mois, à 1 f. 50 par jour ; celui-ci n'a travaillé dans le mois d'avril que pendant 24 jours $1/3$; dans le mois de mai, que pendant 16 jours $3/4$; dans le mois de juin, que 21 jours $1/4$; et, dans le mois de juillet, que 15 jours $1/2$: combien ce jeune homme doit-il recevoir pour son travail ?

P. 1642. Un mètre cube de marbre Porto vaut 1 800 f. : quel sera le prix de 6 blocs ayant, le 1er, 1 mèt. cube $3/8$; le 2e, 2 m. cubes $5/6$; le 3e, 1 m. cube $7/15$; le 4e, 0 m. cube $7/9$; le 5e, 0 m. cube $11/12$, et le 6e, 1 m. cube $3/4$?

P. 1643. Un tisserand fait un mètre de toile en une heure $7/8$: quel temps lui faudra-t-il pour tisser : 1° 15 m., 2° 2 m. $6/7$, 3° 4 m. $5/9$, 4° 6/11 de mètre, 5° $12/19$ de mètre ?

P. 1644. Une machine fait 13 m. $7/8$ de toile par jour ; combien de mètres fera-t-elle : 1° en 3 jours ; 2° en $7/16$ de jour ; 3° en 4 jours $2/3$; 4° en 1 jour $7/8$; 5° en 32 jours $11/12$; 6° en 47 jours $12/17$, et 7° en 274 jours $19/24$?

P. 1645. Pour cuire un mètre cube de plâtre, il faut 11 fagots $2/3$ de bouleau et châtaignier mélangés ; chaque fagot pèse 16 kg. $1/2$. On demande : 1° combien il faudra de fagots pour faire cuire 60 m³ de plâtre ; 2° combien il faudra de kilogrammes de bois.

P. 1646. Combien y a-t-il de fer pur dans les rails d'un chemin de fer à deux voies ayant 161 km. de longueur, le poids des rails étant de 45 kg. par mètre courant, les deux voies comprenant 4 cours de rails, et la fonte servant à la fabrication des rails, des marmites, des poêles, etc., renfermant $1/20$ de matières étrangères, et notamment de charbon ?

P. 1647. En 1817, il se fabriquait annuellement dans les filatures de la Grande-Bretagne environ 3 987 540 000 écheveaux de fil de coton. En évaluant à 127 gr. $1/2$ la quantité de houille nécessaire pour produire un écheveau, combien dépensait-on de houille par jour, en comptant l'année de 300 jours de travail ?

P. 1648. Un meuble a coûté 814 f., mais l'acheteur n'a encore payé que les $2/3$ des $3/5$ des $4/11$ de cette somme : combien a-t-il déboursé ?

P. 1649. Quelqu'un à qui l'on demande l'heure qu'il est répond : Il est les $5/8$ de $1/4$ des $12/9$ de 24 heures : quelle heure est-il ?

P. 1650. On a reçu les $5/6$ des $11/12$ des $24/25$ des $7/8$ d'une pièce de toile : combien doit-on encore en recevoir?

P. 1651. Combien devra-t-on débourser pour 462 kg. de bois d'érable, si le prix du kilogramme est égal aux $4/5$ des $3/7$ des $3/11$ de 5 f. 40?

P. 1652. J'ai acheté les $5/6$ d'une pièce de drap pour 136 f.; j'ai cédé les $3/4$ de ce que j'avais acheté : combien m'en reste-t-il, et quelle somme dois-je recevoir?

P. 1653. Un bassin contient 100 lt. d'eau; on en retire les $2/3$ des $3/4$: combien en reste-t-il?

P. 1654. Trois personnes se sont partagé 4 260 f. : la 1re a eu les $5/8$ des $2/3$ des $6/15$ de cette somme; la 2e en a eu les $3/4$ de $1/6$ des $4/5$, et la 3e a eu le reste : quelle est la part de chacune?

P. 1655. Une personne dit qu'elle a dans sa bourse les $2/3$ des $3/4$ de 80 f. : quel volume d'eau distillée pèserait-elle avec cette somme en argent?

P. 1656. On a acheté 840 kg. de liége râpé : combien devra-t-on débourser si le prix du kilogramme est égal aux $3/7$ des $3/5$ de 6 f.?

P. 1657. On a acheté le tiers $1/2$ de 100 kg. de bois d'ébène à 0 f. 35 le kilogramme : combien devra-t-on débourser?

P. 1658. Dans des travaux de terrassement, un ouvrier, en une heure, charge 1 728 dm³ de terre légère dans des brouettes : combien de mètres cubes chargera-t-il pendant les $2/3$ des $3/4$ des $5/6$ de 12 heures?

P. 1659. La pomme de terre donne $4/25$ de son poids en fécule; la fécule donne les $3/2$ de son poids en sirop de dextrine; le sirop donne les $9/20$ de son poids d'esprit de sirop (alcool) : combien obtiendra-t-on, par la distillation des sirops, de kilogrammes d'esprit sur 4 500 kg. de pommes de terre?

P. 1660. Un fabricant de sparterie a acheté 1 304 kg. de sparte en tiges brutes, à 18 f. les 100 kg. La mise en œuvre de cette marchandise lui a rapporté un bénéfice égal aux $5/6$ des $3/8$ de 7 fois ce qu'elle lui avait coûté : combien a-t-il gagné?

P. 1661. Un père de famille permet à ses quatre enfants d'acheter un cadran solaire tout en cuivre, pouvant servir pour toutes les latitudes, avec boussole et double niveau : quelle somme ont-ils versée pour l'achat de cet instrument, sachant que le 1er a versé 25 f. $1/5$, le 2e 17 f. $1/4$, le 3e 20 f. $1/8$, et que la quotité versée par le 4e est les $5/8$ de la somme des quotités versées par les trois autres?

P. 1662. Une prairie artificielle de 2 ha. 3 a. 75 ca. a donné deux coupes; le produit de la 1re coupe est de 2 842 kg. de fourrage sec; celui de la 2e a été les $4/7$ de celui de la 1re; il y a eu un regain évalué aux $2/5$ de la seconde coupe; le foin vaut 32 f. les 1 000 kg. : 1° quelle est la valeur de la récolte totale; 2° quelle est sa valeur par hectare?

P. 1663. Quatre ouvriers ont fait les plafonds d'une maison; 617 m² de cet ouvrage ont coûté 0 f. 45 le mètre carré; et 548 m² ont été payés à raison de 0 f. 65 le mètre carré : quelle somme recevra chaque ouvrier, si le 1er prend $1/8$ de ce qui est dû

MULTIPLICATION.

pour tout le travail, si le 2ᵈ prend 1/4 du 1ᵉʳ reste, et si les deux autres se partagent le 2ᵈ reste par égales portions?

P. 1664. Une bille tombe d'une hauteur de 60 cm. sur une table de marbre. Chaque fois qu'elle touche la table, elle rebondit à une hauteur égale à 1/3 de celle dont elle est tombée : à quelle hauteur s'élèvera-t-elle après avoir touché trois fois la table?

P. 1665. En 1832, l'Angleterre a reçu d'Amérique 615402 balles de coton pesant en moyenne chacune 156 kg.; la perte dans le filage est évaluée aux 7/64 du poids total : à quelle somme revient le fil formé avec ce coton, s'il vaut 5 f. 50 le kilogramme?

P. 1666. En 1832, l'Angleterre a reçu des Indes orientales 55 416 balles de coton pesant chacune 150 kg.; la perte dans le filage étant évaluée aux 7/64 du poids total, et le fil étant supposé du n° 30, combien de milliers d'écheveaux d'un kilomètre de fil a-t-on pu faire avec ce coton? Le numéro du fil est le nombre d'écheveaux contenu dans un 1/2 kg.

P. 1667. Un milord anglais a fait transporter 12 chevaux par le chemin de fer de Dijon à Paris; combien doit-il à l'administration, sachant que le prix de transport est fixé à 16 c. par tête et par kilomètre, quand le nombre dépasse 3 chevaux. Un permis de circulation est accordé à un domestique par 6 chevaux. La distance de Dijon à Paris est de 315 km. Tout kilomètre entamé de 10 m. au moins est compté pour 1 km. Le chargement est de 1 f. par tête (grande vitesse). Par convention, il a obtenu une remise des 2/3 : à combien se monte sa dépense?

P. 1668. Un charretier de Paris a 5 gros chevaux de charrette à chacun desquels il donne par jour 8 kg. d'avoine : combien lui coûtera sa provision d'avoine pour 6 mois, s'il l'achète, hors de Paris, à raison de 31 f. 25 les 3 hl., le droit d'entrée étant de 0 f. 66 par hectolitre, l'hectolitre pesant 49 kg. 5/11?

P. 1669. On a vendu 13 hl. de blé à 21 f., et 24 hl. à 18 f. : combien a-t-on gagné si l'hectolitre coûtait 18 f. 10, et combien restera-t-il à un ouvrier tireur de soufflet chez un fabricant de limes où il gagne 39 f. par mois, lorsque, sur la somme qu'il vient de recevoir pour 2 mois 1/4 de travail, il aura pris de quoi payer 4 doubles-décalitres de ce blé acheté au prix moyen des 37 hl. ci-dessus indiqués?

P. 1670. Un particulier a planté une pièce de terre en pieds de tabac; et, pendant la maturité, ces pieds de tabac ont été frappés par la grêle. Le propriétaire comptait en recueillir 300 de la 1ʳᵉ qualité, 180 de la 2ᵉ et 120 de la 3ᵉ. Par suite du sinistre qu'il a éprouvé, sa récolte a été diminuée de 1/5 sur chaque espèce : on demande combien il a perdu, sachant que 3 pieds de la 1ʳᵉ qualité pèsent 1/2 kg.; 5 pieds de la seconde, 3/4 de kilogramme; 10 pieds de la 3ᵉ, 1 kg. 1/2; et que le prix est ainsi fixé :

1ʳᵉ qualité, 63 f. les 100 kg.
2ᵉ — 42 f. —
3ᵉ — 35 f. —

P. 1671. Un fabricant de sucre a employé, dans 4 mois de fabrication, 2 500 800 kg. de betteraves par mois; il les a payées au prix de 11 f. les 1000 kg.; la dépense des ouvriers, des écrivains, de l'éclairage, etc. monte à 9600 f. par mois; celle du charbon, au 1/4 de la précédente dépense; il se trouve avoir fabriqué pour 274158 f. de sucre. Dites: 1° à quel chiffre monte le nombre de kilogrammes fabriqués, sachant qu'il les a expédiés, tous frais faits, à 0 f. 90 le kilogramme; 2° quel bénéfice il a réalisé dans ces quatre mois, sachant que le 1er commis a 1/20 du bénéfice net, les intérêts du capital et l'entretien du matériel étant estimés 26331 f.

P. 1672. Un cultivateur a ensemencé de carottes les 5/7 des 3/4 d'un hectare de terrain : quel sera son bénéfice, s'il récolte par hectare 39 tonnes 1/5 de carottes à 22 f. 1/2 la tonne ? On sait que, par hectare, 1° les frais de culture s'élèvent à 210 f. 84 ; 2° les frais de récolte et de transport coûtent les 5/21 de cette somme; 3° le loyer est des 78/251 de la même somme; 4° l'engrais coûte 120 f. et les frais généraux s'élèvent au 1/4 de cette dernière somme.

P. 1673. Un débitant de tabac veut faire l'acquisition d'une boîte de poids pesant 500 gr. avec la subdivision du gramme en argent, le tout au prix de 60 f. 90. Or, il a vendu 425 cigares à 5 centimes la pièce, et une seconde quantité de cigares à 10 centimes la pièce ; sur un kilogramme de cigares de cette seconde espèce, il gagne 3 f., et il ne gagne que la moitié de cette somme sur un kilogramme de l'autre espèce. Sachant: 1° que la quantité de cigares vendus à 10 centimes est les 6/17 de la quantité vendue à 5 centimes; 2° que le nombre de cigares contenus dans un kilogramme est les 5/3 de ces 6/17, on demande : 1° à quelle somme se monte le bénéfice du débitant; 2° combien de fois il devra réaliser un pareil bénéfice pour avoir la somme nécessaire à l'acquisition qu'il se propose de faire?

P. 1674. On a acheté 75 moutons au prix moyen de 18 f. 40 la pièce, on en a payé les 2/3 en monnaie d'or, et le reste en monnaie d'argent : combien y a-t-il de cuivre pur, d'argent pur et d'or pur, dans la somme qu'on a déboursée?

P. 1675. Un homme de la campagne porte au marché, dans un panier divisé en deux compartiments, 8 kg. de beurre; il en vend les 7/8 à raison de 2 f. le kilogramme, et reçoit le montant en pièces de 10 centimes nouvelles qu'il met dans l'autre compartiment : quel est le côté qui pèse le plus?

P. 1676. Un maquignon veut acheter 3 chevaux valant chacun 675 f. ; 5 poulains valant chacun 340 f.; 4 mulets valant chacun 435 f. ; il a de plus dans sa ceinture 325 f. pour des dépenses imprévues : combien pèse la somme qu'il a dû prendre pour ces emplettes, si les 2/3 de cette somme sont en or, et le reste en argent?

P. 1677. Deux ouvriers menuisiers ont ensemble 171 m. linéaires de moulures à faire; et ils commencent en même temps leur travail; mais, pendant que l'un fait 5 m., l'autre n'en fait que 4 : combien de mètres chacun d'eux aura-t-il faits, quand l'ouvrage sera terminé?

P. 1678. Deux ouvriers, l'un filateur, l'autre retordeur de soie, et qui gagnent, le 1er, 3 f. 50 par jour, et le 2^{d}, les 5/7 du gain du 1er, ont reçu, le 1er 328 f., et le 2^{d}, 472 f. : de combien devrait-

DIVISION.

on augmenter chaque somme pour que leur total fût quadruplé, et combien le 2ᵈ gagnait-il par jour?

P. 1679. Un marchand de quincaillerie a acheté 75 limes qu'il a payées 5 f. les 8 limes, et il les a revendues 7 f. les 9 limes : quelle somme a-t-il gagnée ou perdue?

P. 1680. Un marchand de charbon en a acheté 640 hl. à 13 f. les 7 hl., et il les a revendus à 19 f. les 9 hl. : quelle somme a-t-il gagnée?

P. 1681. Un marchand de houille en a acheté 525 hl. à 7 f. les 6 hl., et il les a revendus à raison de 7 f. les 5 hl. : quelle somme a-t-il gagnée?

P. 1682. On fond ensemble 3 gr. d'argent avec 5 gr. de cuivre : quelle quantité d'argent et de cuivre y a-t-il dans $2/9$ de gramme de cet alliage?

P. 1683. On mélange 4 lt. d'eau avec 11 lt. de vin : quelle quantité de vin et d'eau y a-t-il dans $5/7$ de litre de ce mélange?

P. 1684. Un vase est rempli d'eau salée; cette eau contient 15 hg. de sel en dissolution. On vide les $3/8$ du vase et on le remplit d'eau; puis on en vide les $2/9$, et on le remplit encore d'eau; enfin, on vide encore les $4/7$ du contenu du vase, et on le remplace par de l'eau : combien le liquide renfermera-t-il maintenant de sel en dissolution?

P. 1685. Je désire acheter un troupeau de moutons divisés en 3 espèces estimées comme il suit : les $5/9$ du troupeau à 15 f. la pièce, les $3/8$ à 12 f., et 5 moutons évalués à 50 f. : combien coûtera le troupeau?

P. 1686. Deux roues dentées engrènent l'une dans l'autre; la 1ʳᵉ a un nombre de dents égal aux $2/13$ du nombre de dents de la 2ᵉ, qui en a 390 : combien la 2ᵉ roue fera-t-elle de tours par minute, si la 1ʳᵉ en fait 48?

P. 1687. Un convoi express part lundi soir à 12 heures $1/4$ de Nantes pour Paris avec une vitesse de 56 km. à l'heure; le même jour, un train omnibus part de Paris à 6 heures du soir avec une vitesse de 38 km. à l'heure : on demande à quelle heure ces convois se rencontreront, à quelle distance de Paris aura lieu la rencontre, et enfin à quelle heure chacun d'eux arrivera à sa destination, la distance de Nantes à Paris étant de 431 km.

P. 1688. Un marchand de bestiaux a dans sa ceinture une somme qui pèse 23 kg. 399 gr. 9904; les $4/5$ de cette somme sont en or, et le reste en argent; il emploie le $1/3$ de cette somme à l'achat de 16 bœufs, le $1/4$ à l'acquisition de 20 vaches, la moitié de ce qui lui reste pour acheter 25 bouvillons; il dépense 250 f. à son auberge. On demande : 1° la somme qui lui reste; 2° le prix moyen de chacun des animaux qu'il a achetés.

DIVISION.

P. 1689. Les $15/22$ d'un ouvrage coûtent 45 f. : combien coûte $1/22$ de cet ouvrage?

P. 1690. Les $8/9$ d'un mètre de drap coûtent 12 f. 80 : combien coûte $1/9$ de mètre?

P. 1691. Une barrique de cidre remplie aux $2/5$ contient 226 lt. : quelle est sa capacité?

P. 1692. Une barrique de cidre est remplie aux $4/7$; il lui manque 243 lt. pour être pleine : quelle est sa capacité?

P. 1693. Pour $5/4$ de franc, on a $2/3$ de mètre de calicot. On demande : 1° combien on aura de calicot pour 1 f.; 2° combien coûte le mètre?

P. 1694. Un ouvrier fait $2/3$ de mètre en $3/4$ de jour : que fait-il par jour?

P. 1695. Combien faut-il de temps pour faire un ouvrage, si on en fait les $2/5$ en $1/4$ d'heure?

P. 1696. Un maçon construirait les $3/7$ d'un mur en 12 jours : en combien de jours aurait-il construit tout le mur?

P. 1697. Un ouvrier ébéniste a reçu 4 f. 50 pour $3/5$ de jour de travail : combien est-ce par jour?

P. 1698. Les $3/5$ d'un mètre de galon en or coûtent 12 f. : à combien revient le mètre?

P. 1699. En $3/5$ de jour, un ouvrier fait les $3/11$ de son ouvrage : quel temps lui faudra-t-il pour faire l'ouvrage entier?

P. 1700. Les $4/7$ d'un litre d'eau-de-vie coûtent 2 f. $3/5$: combien coûtent les $8/9$ d'un litre?

P. 1701. Les $7/9$ d'une pièce de toile contiennent 21 m. $14/18$: quelle est la longueur de la pièce?

P. 1702. Les $2/5$ d'un jambon pèsent 3 kg. $7/8$: combien pèse tout le jambon?

P. 1703. En 12 minutes, une fontaine donne 21 lt. $6/7$ d'eau : quel temps emploie-t-elle pour donner un litre?

P. 1704. Un bloc de marbre de Sienne ayant 2 m. cub. $5/9$ a coûté 7 590 f. : quel est le prix du mètre cube?

P. 1705. Lorsqu'on reçoit 130 f. 40 pour 14 pièces $3/10$ de ruban, à combien revient la pièce?

P. 1706. On a acheté 18 kg. $7/12$ de carthame pour 44 f. 60 : quel est le prix du kilogramme?

P. 1707. Un ébéniste a acheté 5 kg. $4/9$ de nacre pour 19 f. 60 : quel est le prix du kilogramme?

P. 1708. Avec 5 hl. $4/9$ de graine de lin on peut faire un hectolitre d'huile : combien en fera-t-on avec un hectolitre de graine?

P. 1709. Avec 8 hl. $1/4$ de graine de chènevis, on peut faire une tonne d'huile de 91 kg. : quelle quantité d'huile fera-t-on avec un hectolitre de graine?

P. 1710. Combien aura-t-on de litres de bière pour 17 f. $1/8$, si $3/4$ de litre coûtent 15 dizaines de millièmes?

P. 1711. Pour 220 f. on a eu 3 kg. $2/3$ de safran : combien en aurait-on eu pour 1 f., et quel est le prix du kilogramme?

P. 1712. Un ouvrier peintre peut, en une heure, broyer à l'huile les $2/9$ d'un kilogr. de laque commune : combien d'hectogrammes broiera-t-il en 5 heures $3/8$?

P. 1713. Une des roues d'une machine fait 3 tours en $2/3$ de minute : combien de tours fera-t-elle en 5 heures $1/4$?

P. 1714. Un ouvrier fait $2/3$ de mètre en $2/5$ d'heure : combien de mètres fait-il en 10 heures $1/3$?

P. 1715. On a payé 8 f. $2/5$ pour 3 m. $3/4$ d'étoffe : à combien revient le mètre?

DIVISION.

P. 1716. On a acheté 29 kg. $1/2$ de prussiate de potasse pour 67 f. $1/8$: quel est le prix du kilogramme?

P. 1717. Un ouvrier a travaillé pendant 9 jours $2/3$ et a reçu 25 f. $3/4$: combien a-t-il reçu par jour?

P. 1718. Un ouvrier fait 4 m. $1/3$ d'un ouvrage en 5 heures $1/4$: que fait-il par heure?

P. 1719. Pour forger 7 grosses $5/6$ de lames de couteaux, un ouvrier a employé 3 jours $11/12$: combien a-t-il forgé de grosses par jour?

P. 1720. Un maçon et son garçon ont employé 3 jours $4/7$ pour faire 2 m. cub. $2/3$ de maçonnerie de meulière : quel temps ont-ils employé pour faire un mètre cube?

P. 1721. En 3 jours $13/15$, un ouvrier a fait 2 m. carr. $11/12$ d'un grillage en fil de laiton dont les mailles sont de 7 mm. : quel temps a-t-il employé pour faire un mètre carré?

P. 1722. La fabrication de 25 tonnes $4/13$ d'huile de colza revient au fabricant à 82 f. $1/4$: combien lui coûte la fabrication d'une tonne?

P. 1723. On paie 5 f. $1/4$ pour 2 m. $2/5$ d'un ouvrage : que faut-il payer pour $2/3$ de mètre?

P. 1724. Un tapissier veut diviser un coupon de damas de 18 m. $7/15$ de longueur, en morceaux de $5/9$ de mètre : combien y en aura-t-il?

P. 1725. En 9 jours $3/7$, un ouvrier tailleur fait 6 pantalons et les $5/6$ de l'ouvrage à faire pour la confection d'un 7e pantalon : quel temps emploie-t-il pour faire un pantalon?

P. 1726. En 10 jours $4/7$, un ouvrier tailleur fait 4 paletots et les $5/9$ de l'ouvrage à faire pour un 5e paletot : quel temps emploie-t-il pour faire un paletot?

P. 1727. Combien faut-il débourser pour payer une pièce de drap, lorsque $2/5 + 1/9$ de cette pièce ont coûté 85 f. 10?

P. 1728. On a acheté, au prix de 0 f. 30 le kilogramme, une quantité de quintaux de cèdre, dont 24 est les $4/5$: combien devra-t-on débourser?

P. 1729. Les $6/13$ de la somme payée pour 6 kg. $1/2$ de rhubarbe, égalent 27 f. 60 : quel est le prix du kilogramme?

P. 1730. En ajoutant les $2/3$ avec les $3/5$ du prix que vaut le mètre de crêpe, on a 1 f. 90 : combien devra-t-on débourser pour 28 m. de ce tissu?

P. 1731. Une locomotive parcourt les $7/12$ d'une route en 3 heures $1/2$: on demande, en premier lieu, combien elle met de temps pour parcourir la route entière; en second lieu, combien de temps elle emploie pour en parcourir : 1° les $2/5$; 2° les $7/8$; 3° les $9/14$.

P. 1732. Trois ouvriers ont défriché $3/11$ d'hectare de terre en $3/5$ de jour : quelle partie d'hectare font-ils par jour, et quel temps mettront-ils pour défricher l'hectare entier?

P. 1733. Le minerai de cuivre extrait d'une mine contient les $3/7$ de son poids de cuivre pur : combien de tonnes de minerai faut-il extraire pour avoir 871 qm. de cuivre pur?

P. 1734. Un entrepreneur de marbrerie donne 5 f. par jour à un 1er ouvrier; 4 f. $1/4$ à un 2e, et 4 f. à un 3e : le 1er ayant reçu 2 f.; le 2ᵉ, 1 f. $1/2$; et le 3ᵉ, 1 f., on demande pendant quelle partie du jour chacun a travaillé.

P. 1735. Quatre ouvriers, également habiles, peuvent en un jour faire chacun 96 dm² d'un grillage en fil de fer nº 4, dont les mailles ont 14 mm. : sachant que le 1ᵉʳ n'en a fait que 72 dm² ; le 2ᵉ, 56; le 3ᵉ, 28; et le 4ᵉ, 36, on demande pendant quelle partie du jour chacun d'eux a travaillé.

P. 1736. Quel est le prix de 5 m. $4/5$ de drap à 25 f. $3/4$ pour 2 mètres ?

P. 1737. On paie 140 f. pour 5 pièces de toile contenant chacune 10 m. $1/3$: combien coûte le mètre ?

P. 1738. Pour la cuisson d'une fournée de 8 m³ de plâtre, il a fallu 253 fagots pesant chacun 8 kg. $3/4$: combien a-t-il fallu de kilogrammes de bois par mètre cube ?

P. 1739. Les $3/5$ d'un cent de bouteilles parisiennes coûtent 9 f. 36 : combien coûteront 3482 bouteilles ?

P. 1740. Une vis avance de $3/7$ de millimètre par tour. En combien de tours avance-t-elle : 1º de 13 mm. $2/3$, 2º de 27 mm. $4/5$, 3º de 12 mm. $1/4$, et 4º de 24 mm. $2/7$?

P. 1741. La somme que j'ai dépensée pour acheter du carrelet, que j'ai payé 1 f. 80 le kilogramme, est telle, qu'en en retranchant les $5/9$, elle se réduit à 3 f. 40 : combien de kilogrammes de carrelet ai-je achetés ?

P. 1742. Pour acheter 54 hl. de blé nouveau, en octobre 1855, on a déboursé une somme telle, qu'en retranchant les $4/9$ de cette somme, il est resté 1101 f. : quel a été le prix de l'hectolitre ?

P. 1743. Un peintre en bâtiments a un parquet à gratter et à laver; il a déjà fait les $2/3$ de ce travail, et il lui reste encore 19 m² 18 à nettoyer : quelle somme recevra-t-il pour ce parquet, s'il est payé à raison de 8 centimes par mètre carré ?

P. 1744. Un individu, voyageant sur une route bordée d'arbres des deux côtés, en avait déjà compté 4000 (d'un seul côté), lorsqu'il n'avait encore fait que les $2/5$ de son chemin : à quelle distance sont placés ces arbres ? On sait que la longueur de la route est de 25 km. 162 m. 5.

P. 1745. Trois particuliers doivent se partager un terrain : le 1ᵉʳ prend le $1/3$ du terrain; le 2ᵉ, le $1/4$; et le 3ᵉ prend 3 ha. 50 : quelle est la superficie totale du terrain, et le prix de chaque part, si l'are est vendu 30 f. ?

P. 1746. Une personne achète 83 m. $1/3$ de drap; elle en revend 16 m. $3/4$, et fait des habits avec le reste : combien en fera-t-elle, s'il faut 3 m. $1/3$ pour chaque habit ?

P. 1747. On a acheté 54 kg. de bois d'Amboine à un prix tel, que les $5/8$ d'un hectogramme de ce bois ont coûté $5/6$ de franc : combien devra-t-on débourser ?

P. 1748. On a acheté 19 balles de lichens tinctoriaux pesant chacune 25 kg.; on les a payés sur le pied de 0 f. 75 pour les $5/6$ d'un kilogramme : combien devra-t-on débourser ?

P. 1749. En 1856, la population de la France était de 36039364 habitants. On demande : 1º quelle est la superficie de la France en kilomètres carrés, sachant qu'en moyenne, on comptait 68 habitants par kilomètre carré; 2º quelle est la superficie du département du Nord, sa population totale étant de 1212343 habitants, et sa population par kilomètre carré étant les $157/50$ de la population moyenne de la France par kilomètre carré.

P. 1750. J'ai fait poser à une cheminée un cadre en cuivre, sur barre en fer carré, de 45 cm². ; quelle somme ai-je déboursée pour ce cadre, sachant qu'elle est égale au quotient de 3 f. 50 divisés par $7/9$?

P. 1751. Un poêlier-fumiste a fourni et posé pour une cheminée, un cadre en cuivre sur barre en fer carré, de 85 cm. sur 65 cm. : quelle somme a-t-il reçue pour cela, sachant qu'elle est égale au quotient de 6 f. divisés par $4/7$?

P. 1752. On a payé les $2/5$ des $3/4$ des $11/12$ d'une pièce de toile : quel est le prix de cette pièce si on a donné 77 f. 55?

P. 1753. On a fait 278 m. qui sont les $2/3$ de $1/2$ des $4/5$ des $5/6$ d'un ouvrage : combien cet ouvrage a-t-il de mètres?

P. 1754. On a payé 182 f. qui sont les $2/7$ des $3/4$ des $5/11$ des $8/9$ d'une dette : combien doit-on encore?

P. 1755. On a partagé une somme entre plusieurs personnes ; chacune a eu 31 f., qui sont les $2/3$ des $4/5$ des $3/4$ des $5/6$ des $3/16$ de la somme : combien y avait-il de personnes? quelle était cette somme?

P. 1756. On a soldé les $5/7$ des $3/4$ des $7/8$ des $11/15$ d'un mémoire, et l'on doit encore 867 f. 30 : quel était le montant de ce mémoire?

P. 1757. Combien a-t-on eu de pieds de noyer noir valant 169 f. le pied, pour une somme dont 9126 f. sont les $3/8$ des $9/10$? Et quel serait le poids de chaque pied, si le kilogramme était vendu au prix de 0 f. 144 le décimètre cube pesant 72 Dg.?

P. 1758. Les $18/25$ d'une somme égalent 108 f. ; or, avec le $1/3$ de cette somme, on a acheté 20 kg. de confitures : combien a coûté le kilogramme?

P. 1759. Les $2/3$ de la quantité de houille nécessaire pour la cuisson d'un millier de briques sont égaux à 167 kg. : combien en faudra-t-il d'hectolitres pesant 88 kg. pour la cuisson d'une fournée de 175 800 briques, et quelle somme coûtera cette houille, à 1 f. 90 l'hectolitre?

P. 1760. La moitié, plus les $3/4$, plus les $2/3$, plus les $5/6$ de la somme payée pour 3 mules, font une somme égale au prix de 3 chevaux payés 902 f. pièce : quel est le prix de chaque mule?

P. 1761. Un voyageur a parcouru 1463 km., qui sont les $2/5$, plus les $3/7$ et le $1/6$ de sa route : quelle est la longueur de cette route?

P. 1762. Il reste encore 306 km. à parcourir à un voyageur qui a fait les $3/11$ et les $5/9$ de sa route : combien a-t-il parcouru de kilomètres?

P. 1763. Les $3/4$, plus les $2/3$, plus les $5/6$ du prix que reçoit un ouvrier des environs de Lyon pour tisser un mèt. de crêpe, forment un total de 0 f. 54 : combien de mètres a tissés un ouvrier qui vient de recevoir 19 f. 20 de son patron?

P. 1764. Les $3/7$, plus les $4/9$ du prix que reçoit un ouvrier pour le tissage de 1 m. de florence, donnent pour total 82 centimes $1/2$; combien un ouvrier qui vient de recevoir 64 f. 26 de son patron, a-t-il tissé de mètres?

P. 1765. Une luzernière de 138 a. a donné 4 coupes ; le produit de la 4ᵉ a été de 4 500 kg. de fourrage frais. La seconde coupe vaut les 2/7 de la 1ʳᵉ; la 3ᵉ, les 4/5 de la 2ᵉ; et la 4ᵉ, les 5/6 de la 3ᵉ; la luzerne perd les 3/4 de son poids par la dessiccation : combien cette luzernière a-t-elle donné de fourrage sec par coupe et en totalité ? Quel est, en outre, le produit par hectare?

P. 1766. Un seigneur, interrogé sur le nombre de pièces d'or qu'il avait dans sa cassette, répondit : Si l'on ajoutait au nombre qu'elle contient, le 1/5, le 1/7 et les 3/4 de ce même nombre, il y en aurait 879 : quel est ce nombre ?

P. 1767. Deux tapissiers ont fait un échange; le 1ᵉʳ a donné 7 m. 7/9 de velours cramoisi; et le 2ᵈ a donné, en échange, 26 m. 8/11 de coutil. Le 1ᵉʳ tapissier veut savoir ce qu'il a eu de coutil pour un mètre de velours ; et le 2ᵈ, ce qu'il a eu de velours pour un mètre de coutil.

P. 1768. Deux ouvriers fontainiers ont fait un échange; l'un a reçu 12 kg. 8/9 de cuivre jaune neuf, pour 19 kg. 2 de cuivre vieux : combien a-t-il reçu de cuivre neuf pour un kilogramme de cuivre vieux ?

P. 1769. On échange 42 kg. 3/4 de nacre contre 3 kg. 2/5 d'écaille de tortue débitée en feuilles. On veut savoir ce qu'on a eu de nacre pour un kilogramme d'écaille, et ce qu'on a eu d'écaille pour un kilogramme de nacre.

P. 1770. Le 1/4, plus le 1/3, plus les 2/5 de la somme payée pour l'achat de quatre génisses, ont besoin d'être augmentés de 3 f. pour égaler la somme totale : on demande le prix de chacune.

P. 1771. Le 1/4, plus les 1/3, plus le 3/8 de la somme payée pour l'achat de 6 porcs ont besoin d'être augmentés du prix d'entrée en France par chaque tête de porc, c'est-à-dire de 12 f., pour égaler le prix total : on demande quel est le prix de chacun de ces animaux.

P. 1772. Pour payer un brûloir à café dit *Torréfacteur*, pouvant servir pour un kilogramme, on a déboursé une somme qui, multipliée par 4 + 5/6, a donné 87 f. : quel est le prix de cet objet?

P. 1773. Combien y avait-il de harengs dans un baril, si l'on en a d'abord vendu 243, si l'on en a ensuite cédé les 3/8, et s'il en reste encore les 2/5 ? et combien vaut le baril, si on les vend, en moyenne, 4 f. le cent?

P. 1774. Après avoir vendu les 4/7 d'un baril de harengs, il reste encore les 2/9 de ce baril, plus 260 harengs : combien en contenait-il, et pour quelle somme, si on les vend 3 f. 75 le cent ?

P. 1775. Un ébéniste a acheté de l'écaille de tortue pesant 4 kg. 5/7 pour 396 f. ; et il achète de la nacre pesant les 2/5 du poids de l'écaille de tortue pour 13 f. 20 : quel est le prix du kilogramme de nacre et du kilogramme d'écaille de tortue?

P. 1776. Un jardinier doit transporter 45 brouettées de fumier, à chaque voyage, il emploie une minute 1/4 pour charger la brouette, 2 minutes 5/6 pour le transport, 1/2 minute pour décharger, 2 minutes 1/3 pour le retour, et 7/8 de minute pour se reposer. On demande : 1° combien il lui faudra de temps pour effectuer le transport des 45 brouettées ; 2° combien ce jardinier transporterait de brouettées dans une journée commencée à 6 heures du matin et terminée à 8 heures du soir, s'il emploie 2 heures pour ses repas.

P. 1777. On a vendu, au prix de 4 f. 50 le kilogramme, un nombre de kilogr. de fil de chanvre, nombre qui est tel, que ses $5/8$ et ses $2/3$, ajoutés à deux fois ce nombre, donnent 3 199 $1/2$: combien doit-on recevoir?

P. 1778. Une bibliothèque et un secrétaire coûtent ensemble 625 f.; le secrétaire ne coûte que les $2/3$ du prix de la bibliothèque : quel est le prix de chaque objet?

P. 1779. J'ai acheté deux bœufs qui me coûtent 1 500 f. Le prix de l'un égale les $2/8$ du prix de l'autre : quel est le prix de chacun?

P. 1780. On a acheté des carpes et des brochets pesant ensemble 7 kg. $1/2$; les carpes pesaient les $7/8$ du poids des brochets: combien devra-t-on débourser, les carpes valant 1 f. 15 le kilogramme, et les brochets, 2 f. 35?

P. 1781. On a acheté deux chevaux pour 1 000 f.; mais le prix de l'un des chevaux est égal aux $4/6$ du prix de l'autre : quel est le prix de chacun?

P. 1782. Une personne a acheté 3 pièces de vin pour 468 f.; la 2e coûte les $2/3$ du prix de la 1re, et la 3e coûte les $3/4$ du prix de la 2de : combien a-t-elle payé chaque pièce?

P. 1783. Dans une entreprise, j'ai gagné les $2/5$ de la somme que j'avais exposée, puis les frais qui ont été $1/10$ de cette même somme; et j'ai retiré en tout 2 700 f. : quelle somme avais-je exposée?

P. 1784. Avec deux pièces de toile, on a fait 10 nappes de 3 m. $3/4$ chacune, et 10 douzaines $1/2$ de serviettes, chaque serviette ayant 1 mèt. $1/5$: quelle est la longueur de chaque pièce de toile? On sait que l'une ne vaut que les $2/3$ de l'autre.

P. 1785. On a vendu 3 chevaux pour la somme de 2 340 f. : on demande le prix de chacun d'eux, sachant que le prix du 2e est en même temps les $5/6$ du prix du 1er, et les $7/8$ du prix du 3e.

P. 1786. Un ouvrage de 3 772 m. a été fait par 4 ouvriers. La portion de ce travail faite par le 2e, équivaut aux $4/5$ de la portion faite par le 1er; la portion faite par le 3e équivaut aux $2/3$ de la portion faite par le 2e; et la portion faite par le 4e, égale les $3/4$ de la portion faite par le 3e : combien chacun a-t-il fait de mètres? et combien recevra-t-il, l'ouvrage ayant été payé 6 744 f. 50?

P. 1787. On a acheté deux carpes pesant ensemble 3 kg.; le poids de la plus petite, divisé par le poids de la plus grosse, donne pour quotient $5/7$: combien chacune a-t-elle coûté, si on les a payées sur le pied de 1 f. 20 le kilogramme?

P. 1788. Un marchand de fourrures a acheté 6 peaux de tigre et 4 peaux d'ours pour 456 f.; en divisant la somme payée pour les peaux de tigre par celle que l'on a déboursée pour les peaux d'ours, on obtient au quotient $3 + 3/4$: quel est le prix de chacune de ces peaux?

P. 1789. Un plumassier a acheté pour 5 985 f. de duvet de canard et d'eyder; le duvet de canard lui a coûté 9 f. 50 le kilogramme; et le duvet d'eyder, ou édredon, lui a coûté 28 f. 50 le kilogramme; la somme qu'il a déboursée pour l'édredon, divisée par la somme versée pour le duvet de canard, donne pour quotient 7 + 2/5 : on demande combien de kilogrammes d'édredon et de plumes de canard il a achetés?

P. 1790. Les mines d'or et d'argent du Mexique produisent annuellement 497 000 kg. de ces métaux précieux. Le quotient de la division de la quantité d'argent par la quantité d'or est de 81 + 5/6 : on demande quelle est la valeur de l'or et celle de l'argent, un kilogramme d'or pur valant 3 444 f. 44, et un kilogramme d'argent pur valant 15 fois 1/2 moins.

P. 1791. Un jardinier perd la moitié d'une corbeille de pommes ; il perd ensuite 1/4 du reste ; il lui reste encore 24 pommes : combien en avait-il?

P. 1792. En vendant 46 m. 1/5 de toile pour 50 f. 3/4, j'ai perdu 1/6 de mon achat. quel est le prix d'achat du mètre?

P. 1793. Une pièce de drap serait vendue 210 f. si elle était plus longue de 1/6 ; le prix du mètre étant 7 f. 50, quelle est la longueur de cette pièce?

P. 1794. En 1837, à Paris, la houille de Mons se vendait 70 f. les 1 000 kg. ; la gaillette ordinaire, 78 f. les 1 050 kg. ; la houille menue, 72 f. les 1 100 kg. ; et le charbon de forge de Saint-Etienne, 75 f. les 1 150 kg. : quel était le prix moyen du quintal métrique?

P. 1795. Le prix de la houille est de 7 f. les 5 hl. dans le département du Nord, de 7 f. les 9 hl. dans celui du Pas-de-Calais, de 7 f. les 8 hl. dans celui de la Moselle, et de 12 f. les 7 hl. dans celui de la Mayenne : quel est le prix moyen de l'hectolitre pour ces quatre départements?

P. 1796. Entre les 8/23 et les 4/15 du prix d'un châle, il y a 28 f. de différence : combien coûte-t-il?

P. 1797. Entre les 2/3 et les 3/5 du prix d'un mètre de serge, il y a 25 centimes de différence : combien devra-t-on payer pour 36 m. de ce tissu?

P. 1798. Les 2/3 de la somme que j'ai dépensée pour acheter 2 kg. 3/4 de morue, surpassent de 0 f. 52 les 3/11 de cette même somme : quel est le prix du kilogramme?

P. 1799. La différence entre les 15/19 et les 17/25 de la somme dépensée par un matelassier pour l'achat de 118 kg. 5/16 de laine se monte à 50 f. 44 : on demande combien lui a coûté cette laine.

P. 1800. Une personne vient d'acheter 84 hl. de pommes de terre ; mais elle a oublié quel est le prix de l'hectolitre ; elle se rappelle seulement qu'il y avait 40 f. de différence entre les 4/7 et les 4/9 de la somme qu'elle a déboursée pour les payer : quel est le prix de l'hectolitre?

P. 1801. On a vendu deux châles, l'un de 1re qualité, l'autre de 2e qualité ; le prix de celui-ci est les 8/15 du prix de celui-là, qui surpasse le prix du 2d de 175 f. : quel est le prix de chacun?

P. 1802. On a acheté 15 hl. de seigle pour une somme telle, que les 2/9, plus les 2/5 de cette somme surpassent de 34 f. 80 ses 8/17 : quel a été le prix de l'hectolitre?

P. 1803. Si l'on avait dépensé les 2/3, plus les 3/5, plus les 8/17 de la somme payée pour une certaine quantité d'œufs, on aurait dépensé 3 f. 76 de plus : quelle est cette quantité, sachant qu'on les a payés sur le pied de 68 f. le millier?

P. 1804. On a fait pour l'hiver une provision de beurre qui

coûte 2 f. 10 le kilogramme; les $3/4$, plus $1/3$, plus les $5/7$ de la somme que l'on a déboursée, augmentés de 15 f. 30, donnent le double de cette même somme: combien a-t-on acheté de kilogrammes de beurre?

P. 1805. Un lapidaire, interrogé sur le nombre de ses diamants, répond que, s'il en avait $1/4$ et 7 de plus, cela ferait 132 : combien en a-t-il?

P. 1806. Une fermière a vendu les $3/5$ d'un panier d'œufs; si elle ajoutait 28 œufs à ce qui lui reste, le nombre qu'elle avait serait augmenté de $1/5$: combien avait-elle d'œufs?

P. 1807. On demande combien il y a d'élèves dans une classe, sachant que, s'il y en avait 11 de plus, le nombre obtenu surpasserait le nombre demandé d'un dixième du nombre obtenu.

P. 1808. Quelqu'un a une certaine somme; après en avoir dépensé les $3/5$ pour acheter 18 kg. de café, il ajoute 60 f. à ce qui lui reste ; de cette manière, il se trouve avoir 10 f. 50 de plus qu'il n'avait d'abord : combien avait-il, et quel est le prix du kilogramme de café?

P. 1809. Une personne consommant en moyenne 0 kg. 202 de viande par jour, de combien de personnes se compose une famille qui, pendant les 5 jours gras d'une semaine, a consommé de la viande, dont le prix, étant de 1 f. 50 le kilogramme, forme une somme dont $1/3$, plus $1/5$, augmentés de 1 f. 26 $1/4$, donnent pour résultat les $7/10$ de cette somme?

P. 1810. On a vendu une lunette céleste et terrestre pour 540 f.; si on l'eût vendue 110 f. de plus, on eût gagné une somme égale aux $4/9$ de ce qu'elle avait coûté : combien cette lunette avait-elle coûté?

P. 1811. Un torréfacteur pouvant servir pour 2 kg. de café a été vendu 35 f.; si on l'eût vendu 5 f. de plus, le bénéfice eût été égal à $1/3$ du prix d'achat : combien avait-il coûté?

P. 1812. Une voiture doit faire en 8 heures un trajet de 20 km. Les grandes roues ont une circonférence de 4 m. $4/7$, et la circonférence des petites roues est de 2 m. $6/9$: combien chaque roue fait-elle de tours par minute?

P. 1813. Pour doubler un manteau, il a fallu 9 m. $3/7$ de napolitaine ayant $5/4$ de mètre de large : si l'on avait employé de la flanelle ayant $7/8$ de mètre de large, combien en aurait-il fallu de mètres?

P. 1814. Par quel nombre faudrait-il multiplier le prix d'une machine à faner pour le diminuer de ses $8/13$, et le réduire par là à 250 f.? et quel est le prix de cette machine?

P. 1815. Par quel nombre faudrait-il diviser le prix d'une pompe d'arrosement pour le jardinage, afin de rendre ce prix une fois et demie plus fort, et le porter ainsi à 37 f. 50? et quel est le prix de cette pompe?

P. 1816. Une montre qui marque maintenant l'heure véritable, avance de 8 minutes $2/3$ en $9/7$ de jour : dans combien de temps aura-t-elle avancé de 5 heures $3/4$?

P. 1817. Deux montres sont en désaccord de $3/4$ d'heure; l'une avance de 4 minutes $2/3$ par jour; et l'autre, pendant le même temps, retarde de 5 minutes $7/8$: combien de jours emploieront-elles pour se mettre d'accord?

P. 1818. Un train express part de Paris à 7 heures du matin, et arrive à Amiens à 9 heures 50 minutes. Le même jour, un train omnibus part d'Amiens à 6 heures 20 minutes du matin, et arrive à Paris à 11 heures 5 minutes. La distance de Paris à Amiens est de 147 km. $1/2$: à quelle distance de Paris se rencontreront ces deux trains, et à quelle heure aura lieu la rencontre?

P. 1819. Une forge, servant à l'affinage du fer par la méthode bourguignonne, fournit par mois 21 tonnes de fer : combien de jours a-t-il fallu à cette forge pour fournir une quantité de fer telle, qu'après en avoir vendu 8 758 kg. $3/4$, il en reste 28 qm. $3/5$?

P. 1820. Une forge comtoise produit par mois 18 000 kg. de gros fer : combien de jours a-t-il fallu à cette forge pour en produire une quantité telle, qu'après en avoir vendu 54 qm. $3/4$, il en restait 3 tm. $9/20$ de plus que ce qu'on avait vendu?

P. 1821. Si l'on diminuait de 1 le nombre de mètres que la Terre parcourt par seconde dans son mouvement de translation autour du Soleil, il y aurait 36 hm. $17/50$ de différence entre les $5/13$ et les $4/15$ de ce nombre : combien y a-t-il de myriamètres dans le contour de l'ellipse que la Terre décrit dans le cours d'une année de 365 jours 5 heures 48 minutes et 50 secondes?

P. 1822. Deux ouvriers scieurs de marbre emploient une heure $3/4$ pour faire un trait qui a les $8/85$ d'un mètre carré : combien de temps emploieront-ils pour faire un trait de scie qui aura 2 mèt. carr. $5/6$?

P. 1823. Les $3/4$ d'un baril de harengs ont coûté 33 f. 75 : combien coûteront les $5/8$ du même baril?

P. 1824. Une montre fait 617 battements par minute; on a compté 18 battements de cette montre, entre l'instant où l'on a aperçu la lueur d'un éclair et celui où l'on a entendu le tonnerre. Sachant que le son parcourt 340 m. par seconde, on demande à quelle distance on se trouve de l'orage. (On supposera que l'on aperçoit l'éclair au moment où il se produit).

P. 1825. Pour tapisser les murs d'une salle, il faut 15 rouleaux $3/8$ de papier, les rouleaux ayant $4/7$ de mètre de large : combien faudrait-il de rouleaux s'ils avaient $8/21$ de mètre de large?

P. 1826. Un maçon et son garçon, travaillant pendant 2 jours de 11 heures $1/3$, peuvent faire 4 m^3 de maçonnerie de moellons : combien feront-ils de mètres cubes en 5 jours s'ils travaillent, chaque jour, pendant 10 heures $7/8$?

P. 1827. Un ouvrier cordonnier emploie 13 jours $1/2$ pour faire 9 paires de souliers vernis : quel temps emploiera-t-il pour faire les $5/7$ de cet ouvrage ; et, sachant qu'il reçoit 5 f. 50 par paire, combien de jours devra-t-il travailler pour gagner la somme nécessaire à l'achat d'un vase d'argent au titre de 0,800, pesant 452 gr. 25, et payé 198 f. 50 le kilogramme d'argent pur, non compris la façon et la garantie?

P. 1828. Un fabricant de poteries grossières veut préparer 32 kg. $7/8$ d'alquifoux, vernis composé de plomb et de soufre. Combien devra-t-il débourser pour l'achat des matières premières, sachant : 1° que, dans 5 kg. $1/3$ d'alquifoux, il y a 5 kg. $3/25$ de plomb et que le reste est du soufre ; 2° que le plomb coûte 0 f. 75 le kilogramme, et le soufre, 0 f. 35?

DIVISION. 193

P. 1829. Douze mètres d'un 1ᵉʳ drap valent 7 m. $3/16$ d'un 2ᵈ; $2/3$ de mètre de ce 2ᵈ valent $10/21$ de mèt. d'un 3ᵉ; $5/6$ de mètre de celui-ci valent $14/9$ de mèt. d'un 4ᵉ; $3/4$ de mètre de ce 4ᵉ valent 2 m. d'un 5ᵉ; et $2/9$ de mètre de ce dernier coûtent 1 f. 05 : combien coûteront 64 m. du 1ᵉʳ drap?

P. 1830. Le bon blé fournit les $17/25$ de son poids en farine: combien faudra-t-il moudre d'hectolitres de blé pour avoir un sac de farine de 159 kg.? On sait qu'un hectolitre de blé pèse 80 kg.

P. 1831. La mouture des $3/8$ d'un hectolitre de blé coûte 0 f. 48 $3/4$: combien coûtera la mouture de 4 sacs de farine de 1ʳᵉ qualité pesant chacun 159 kg.? On sait que le bon blé rend en farine de cette qualité les $17/25$ de son poids, et qu'un hectolitre de blé pèse 80 kg.

P. 1832. Un ouvrier paveur qui fait les $5/9$ d'un mètre carré en $5/12$ d'heure et qui travaille 12 heures par jour, a 1 245 m² à paver : combien sera-t-il de jours pour faire ce travail?

P. 1833. Un bassin de 820 lt. est muni de 2 robinets; par le 1ᵉʳ, il reçoit 2 lt. $2/3$ en $2/5$ de minute; par le 2ᵈ, il perd 2 lt. $1/9$ en $3/4$ de minute : le bassin étant vide, on ouvre à la fois les 2 robinets: dans combien de temps sera-t-il rempli?

P. 1834. Une ouvrière peut tresser 12 paires de chaussons en 4 jours; une autre ouvrière peut faire le même ouvrage en 3 jours; si ces deux ouvrières travaillent ensemble, en combien de temps les 12 paires de chaussons seront-elles tressées?

P. 1835. On a inventé un métier à tresser avec lequel, en 12 heures, une ouvrière peut tresser 18 paires de chaussons; une 2ᵉ ouvrière peut faire le même ouvrage en 11 heures; et une 3ᵉ, en 10 heures : si les 3 ouvrières travaillent ensemble, combien de temps mettront-elles pour tresser les 18 paires de chaussons?

P. 1836. Pour faire 5 m² de sciage, un 1ᵉʳ ouvrier emploierait 3 heures; un autre ouvrier, moins fort et moins agile, emploierait 5 heures pour faire le même travail. Si on les fait travailler tous deux ensemble, en combien de temps termineront-ils ces 5 m²?

P. 1837. Trente-cinq ouvriers peuvent faire 35 m³ de béton en 7 heures, en travaillant à bras d'homme; 10 ouvriers, avec une machine, peuvent faire le même ouvrage en 10 heures. On emploie à la fois les deux troupes d'ouvriers chacune avec sa méthode : en combien de temps auront-ils fabriqué les 35 m³?

P. 1838. On a 40 000 tuyaux de drainage à mouler. A l'aide d'une machine, 7 ouvriers peuvent faire cet ouvrage en 16 jours; mais, avec une autre machine mieux disposée, 3 ouvriers peuvent faire le même ouvrage en 2 jours; on emploie à la fois les 2 machines et les 2 troupes d'ouvriers : en combien de temps les 40 000 tuyaux seront-ils moulés?

P. 1839. Un particulier veut faire creuser un bassin de 65 m. de longueur, 48 m. de largeur moyenne et 6 m. de profondeur. Il s'adresse à trois entrepreneurs; le 1ᵉʳ, qui a 75 ouvriers, se charge de faire le travail en 45 jours; le 2ᵉ, en 52 jours; et le 3ᵉ, en 36 jours. Le particulier emploie les trois entrepreneurs : combien mettront-ils de jours à faire ce travail?

P. 1840. Dans un champ de 14 Dm. de longueur sur 75 m. de

largeur, on creuse pour le drainage des tranchées dont le mètre courant demande l'extraction de 463 dm. cub. $3/5$ de terre, elles sont dans le sens de la longueur à 3 m. de distance l'une de l'autre. Une 1re troupe d'ouvriers peut faire cet ouvrage en 18 jours, une autre troupe de 9 ouvriers le peut faire en 10 jours, on emploie à la fois les deux troupes d'ouvriers : en combien de jours l'ouvrage sera-t-il terminé ?

P. 1841. On veut faire une excavation de 1074 m^3 60. Trois compagnies d'ouvriers se présentent pour faire ce travail ; la 1re, composée de 12 ouvriers, peut le faire en 9 jours ; la 2e, en 12 jours ; et la 3e, en 15 jours. On demande : 1° en combien de jours ce travail serait terminé si les trois compagnies y étaient employées ensemble; 2° combien coûtera ce travail, si la fouille est faite à deux banquettes, le travail coûtant 1 f. 50 le mèt. cube.

P. 1842. De deux ouvriers couvreurs qui doivent exécuter une toiture en tuiles de 512 m^2 ; le 1er ferait en un jour la 32e partie de cet ouvrage, et le 2d en ferait la 35e partie pendant le même temps : on demande en combien de temps ils auront terminé cette toiture s'ils travaillent ensemble.

P. 1843. De 2 ouvriers couvreurs qui doivent couvrir un bâtiment dont la toiture en ardoises cartelettes aura 312 m^2 de superficie, le 1er ne ferait en un jour que la 52e partie de cette couverture ; le 2d n'en ferait que la 48e partie pendant le même temps : on demande en combien de temps ce travail sera fini, si on emploie ensemble 3 ouvriers travaillant chacun autant que le 1er, et 5 ouvriers travaillant chacun autant que le 2d.

P. 1844. Avec une machine, on emploie 4 heures $2/25$ pour faire un mètre cube de béton ; et, à bras d'homme, on emploie 7 heures $2/5$; on se sert à la fois des deux méthodes : combien de temps demandera la fabrication d'un mètre cube ?

P. 1845. Pour faire trois paires de souliers vernis, un ouvrier cordonnier emploie 4 jours $2/3$; son fils mettrait 5 jours $7/8$ pour faire le même ouvrage : s'ils travaillent ensemble, en combien de temps auront-ils terminé ces trois paires de souliers ?

P. 1846. Un ouvrier cordonnier a 9 paires de souliers à faire ; il pourrait achever cet ouvrage en $1/4$ de mois, son fils pourrait le faire en $1/3$ de mois, et son apprenti en $1/2$ mois. Les trois personnes se réunissent : en combien de temps ces 9 paires de souliers seront-elles terminées ?

P. 1847. Pour poser 12 étais mesurant ensemble 2 m. cuo. 430 dm. cub., 4 ouvriers emploieraient 9 heures $1/4$; 5 ouvriers emploieraient 7 heures $4/9$: combien faudrait-il de temps à ces 9 ouvriers pour faire cette besogne, s'ils travaillaient ensemble ?

P. 1848. On a deux tables de marbre : l'une de 0 m. 95 sur 0 m. 54, l'autre de 0 m. 84 sur 0 m. 45. Un ouvrier les polirait toutes les deux en $4/5$ de jour ; un autre ouvrier ferait le même travail en $9/11$ de jour. Les deux ouvriers se réunissent : en combien de temps ce travail sera-t-il achevé ?

P. 1849. Un ouvrier broierait 4 kg. de minium, ou mine rouge ordinaire, en $3/4$ de jour ; un autre ferait le même travail en $5/7$ de jour. On demande : 1° quel temps ils mettront à le faire étant réunis ; 2° quelle partie du travail chacun aura faite ; 3° quel sera le gain de chacun, l'ouvrage entier étant payé 2 f. 75.

P. 1850. Un peintre a 7 kg. $1/2$ d'ocre rouge à broyer à l'huile ; une 1re troupe de 3 ouvriers pourrait faire ce travail en 9 heures $3/4$, une 2e troupe le ferait en 7 heures $2/9$, une 3e troupe le ferait en 5 heures $4/7$. Désirant que ce travail soit terminé le plus tôt possible, il met tous ces ouvriers à la besogne : en combien d'heures sera-t-elle finie ?

P. 1851. Un propriétaire veut faire en planches de sapin à deux parements et rainées de 34 mm. d'épaisseur, 5 cloisons ayant chacune 4 m. 80 de longueur sur 2 m. 60 de hauteur. Il s'adresse pour cela à 3 maîtres menuisiers ; les 6 ouvriers du 1er pourraient faire ce travail en 3 jours chacun de 9 heures $3/4$; les ouvriers du 2e auraient fini en 4 jours, et ceux du 3e en 7 jours. Il prend tous ces ouvriers ensemble : en combien de jours les 5 cloisons seront-elles terminées ?

P. 1852. On a 3 tables de marbre de Cerfontaine ; la 1re, de 1 m. 15 de longueur sur 0 m. 68 de largeur ; la 2e, de 0 m. 98 de longueur sur 0 m. 55 de largeur ; la 3e, de 1 m. 20 de longueur sur 0 m. 65 de largeur. Un ouvrier marbrier les polirait en 5 jours en travaillant 6 heures par jour, un autre ouvrier les polirait en 4 jours en travaillant 8 heures par jour. Si ces deux ouvriers travaillent ensemble pendant 7 heures par jour, en combien de jours finiront-ils ce polissage ?

P. 1853. On veut faire construire un mur de clôture de 54 m. 20 de longueur sur 0 m. 40 d'épaisseur et 3 m. 75 de hauteur. Une troupe de 4 ouvriers le construirait en 12 jours en travaillant 9 heures par jour ; une autre troupe le construirait en 9 jours en travaillant 7 heures. Comme on veut qu'il soit élevé le plus tôt possible, on réunit les deux troupes, et elles travaillent ensemble 8 heures par jour : en combien de jours et d'heures le mur sera-t-il construit ?

P. 1854. On veut faire faire un grillage en fil de fer n° 10, ayant 24 m^2 72 de superficie, et les mailles ayant 5 cm^2 ; un 1er ouvrier pourrait en faire 72 dm^2 en 3 heures $3/7$; un 2e ouvrier pourrait en faire 54 dm. carr. $7/8$ en 1 heure $7/12$; un 3e ouvrier pourrait en faire 154 dm^2 en 7 heures $1/15$. On emploie les 3 ouvriers ensemble : dans combien de temps ce grillage sera-t-il terminé ?

P. 1855. Un peintre a 9 kg. $2/7$ de terre d'ombre à broyer ; un 1er ouvrier peut en broyer 75 Dg. en 6 heures ; un 2e ouvrier, 585 gr. en 5 heures ; et un 3e, 3 hg. $2/3$ en 2 heures $1/2$: combien faudra-t-il de temps à ces 3 ouvriers pour broyer les 9 kg. $2/7$, s'ils travaillent ensemble ?

P. 1856. Pour élever un bâtiment présentant 745 m^2 de maçonnerie d'une épaisseur moyenne de 0 m. 64, il aurait fallu 24 jours de travail à une troupe de 20 ouvriers. Une partie de cette troupe, partie qui seule aurait pu faire l'ouvrage en 86 jours, ayant été employée ailleurs : en combien de temps les autres ouvriers ont-ils élevé cette maçonnerie ?

P. 1857. Une cuve pleine a trois robinets : si l'on en ouvre deux, elle se vide en 2 heures $1/2$; si on les ouvre tous les trois, elle se vide en 2 heures : en combien de temps cette cuve serait-elle vide, si l'on n'ouvrait que le troisième robinet ?

P. 1858. Un bassin de marbre a 2 m. 75 de longueur, 1 m. 18 de largeur, et 0 m. 84 de profondeur, ces mesures étant prises à l'intérieur. Deux ouvriers travaillant ensemble auraient, en 73 jours, évidé ou creusé le bloc de marbre qui a servi pour faire ce bassin ; l'un des deux ouvriers, travaillant seul, aurait employé 134 jours pour faire cet ouvrage : combien de jours l'autre aurait-il employés pour faire ce travail ?

P. 1859. Dans un bassin, coulent trois fontaines : la 1re le remplit en 1 heure $2/5$; la 2e, en 2 heures $3/4$; la 3e, en 4 heures $5/8$; un robinet le vide en 1 heure $2/3$; s'ils coulent tous ensemble, en combien de temps le bassin sera-t-il rempli ?

P. 1860. Deux ouvriers maçons avec chacun leur garçon pourraient faire, en 5 heures, un mètre cube de maçonnerie de libages avec mortier de chaux et sable. L'un des deux ouvriers avec son garçon emploierait 10 heures $4/5$ pour faire cet ouvrage : quel temps l'autre mettrait-il pour le terminer ?

P. 1861. Pour démolir et déposer différentes pièces de charpente mesurant ensemble 15 m. cub. 836, deux compagnies d'ouvriers, dont l'une est composée de 16 hommes, emploieraient 8 heures $2/3$; la 1re compagnie ferait seule l'ouvrage en 12 heures : combien d'heures la 2e compagnie y emploierait-elle ?

P. 1862. Un particulier veut faire poser dans divers appartements 48 m. linéaires de corniches. Deux ouvriers, travaillant ensemble 9 heures par jour, feraient ce travail en 1 jour $5/11$; l'un des deux, travaillant seul, le ferait en 2 jours $2/3$: quel temps l'autre ouvrier y emploierait-il s'il travaillait seul ?

P. 1863. Un particulier veut faire poser dans ses appartements 78 m. courants de corniches volantes, en chêne, de 54 mm. d'épaisseur, sur 16 cm. de profil ; trois ouvriers, travaillant ensemble, façonneraient et poseraient ces corniches en 13 jours $5/14$; le 1er des trois, travaillant seul, ferait cette besogne en 34 jours $1/2$; le 2e la ferait en 41 jours $1/3$: quel temps le 3e ouvrier emploierait-il, s'il travaillait seul ?

P. 1864. On veut faire faire en ardoises cartelettes 3 noues dont la 1re a 6 m. 50 de longueur ; la 2^e, 8 m. 20 ; et la 3^e, 7 m. 30. Trois ouvriers emploieraient ensemble 7 heures $7/39$ pour faire cet ouvrage ; l'un des trois, travaillant seul, le ferait en 2 jours de 10 heures de travail chacun : quel temps y emploieraient les deux autres ouvriers travaillant ensemble ? Quel temps y emploierait chacun de ces deux ouvriers travaillant seul, la vitesse d'l'un étant à celle de l'autre, comme 7 est à 8 ?

P. 1865. Pendant qu'une locomotive parcourt une route entière, une diligence n'en parcourrait que les $4/19$: combien la locomotive va-t-elle de fois plus vite que la diligence ?

P. 1866. Combien aura-t-on de kilogrammes de buis pour une somme dont $2/9$, plus $1/2$, plus $2/3$, plus $4/5$ font 41 f. 20, si le kilog. de ce bois vaut 0 f. 65 ?

P. 1867. Les $2/3$, plus les $3/4$, plus les $5/8$ de la somme reçue par un carreleur pour avoir fourni et posé en recherche des carreaux de 16 cm. à 0 f. 11 chacun, font 59 f. 29 : combien a-t-il fourni de carreaux ?

P. 1868. Combien aura-t-on de pièces de merrain de mûrier blanc de 1 m. 28 de longueur à 0 f. 30 la pièce, pour une somme dont $1/4$ et $1/5$ font 100 f. ?

P. 1869. Les $3/4$, plus les $5/8$, plus les $7/16$, plus les $9/32$ du

DIVISION.

nombre qui exprime la superficie du soleil, celle de la terre étant 1, forment un total de 26292,14 : quelle est donc, en mètres carrés, la superficie du soleil, celle de la terre étant de 509 370 016 000 000 de m² ?

P. 1870. Les $3/4$, plus les $4/5$, plus $1/2$ du nombre qui, d'après l'annuaire du bureau des longitudes, exprime le volume du soleil, celui de la terre étant 1, forment un total de 2 884 604,2 : quel est le volume du soleil, celui de la terre étant 1 080 994 216 Mm³ ?

P. 1871. Les $3/4$, plus les $2/3$, plus les $4/5$, plus les $5/7$ de la largeur d'une route départementale égalent 24 m. 62, non compris les fossés : combien d'hectares de terrain sont occupés par cette route, si elle a 45 km. de longueur ?

P. 1872. Si, au quintuple des $7/9$ de la somme reçue pour avoir fourni et posé des carreaux bâtards en recherche, à 0 f. 12 chacun, on ajoute $1/4$ de cette même somme, on obtient pour résultat 62 f. 58 : combien de carreaux a-t-on fournis et posés ?

P. 1873. Si, au quintuple des $3/7$ du prix d'un châle, on ajoute les $5/9$ de ce même prix, on a pour total 850 f. : quel est le prix de ce châle ?

P. 1874. Si, au quintuple des $9/16$ de la somme dépensée par un bourrelier pour l'achat de 54 kg. de poils de vache, on ajoute les $5/6$ de cette même somme, le total est 15 f. 75 : on demande le prix du kilogramme.

P. 1875. La plus grande des deux fractions de la somme que j'ai donnée pour un buffet plaqué en acajou est $3/7$; la plus petite de ces deux fractions est $3/8$, et leur somme est 135 f. : quel est le prix de ce meuble ?

P. 1876. Un teinturier a acheté une quantité de bois de fustet qui est telle, que s'il en avait encore acheté $1/3$, plus $1/4$, plus $1/7$, plus les $5/12$ d'autant et 20 kg. de plus, il en aurait 200 kg. : quelle somme doit-il débourser s'il a payé ce bois à raison de 0 f. 35 le kilogramme ?

P. 1877. J'ai vendu du vin au prix de 64 f. la pièce ; si, à la somme que j'ai retirée de cette vente, on ajoutait les $4/7$, plus les $5/8$, plus les $3/4$ de cette somme et 973 f., j'achèterais une propriété de 5 421 f., et il me resterait 832 f. : combien ai-je vendu de pièces de vin ?

P. 1878. On a acheté un torréfacteur pouvant servir pour $1/2$ kg. de café, et il a coûté une somme dont les $3/4$ des $2/3$, augmentés de $1/2$ des $5/6$, égalent 11 f. : quel est le prix de ce torréfacteur ?

P. 1879. En prenant les $4/9$ de $1/4$ de la somme payée par un fabricant d'éventails pour 25 peaux de cygne et 16 peaux d'eyder, on a pour résultat 38 f. : quel est le prix de chacune de ces peaux ? On sait que chaque peau de cygne a coûté 0 f. 15 de plus qu'une peau d'eyder.

P. 1880. Les $2/3$ des $4/5$ de la largeur de la chaussée pavée d'une route départementale égalent 2 m. 40 : combien a coûté le sable fin nécessaire au pavage d'une longueur de 9 km. 57 de cette chaussée ? On sait qu'il en a fallu 45 dm³ par mètre carré, que le mètre cube de sable fin pèse 1 900 kg. et qu'il coûte 4 f. 88 les 1 000 kg.

P. 1881. Les $4/5$ des $2/3$ des $3/4$ de la largeur de la chaussée pavée d'une route impériale égalent 2 m. 80 : combien a coûté le gros sable nécessaire au pavage d'une longueur de 13 km. 61 de cette chaussée? On sait qu'il en faut 0 m. cub. 23 par mètre carré, et qu'il coûte 4 f. 33 le mètre cube.

P. 1882. Les $7/15$ moins les $5/12$ de la somme qu'il faut débourser pour un sarcleur à blé, égalent 3 f. : quel est le prix de cet instrument qui, dans les blés semés en ligne, peut sarcler en même temps 6 interlignes distants de 25 cm.?

P. 1883. Il y a 3 f. de différence entre $1/4$ et les $2/9$ de la somme payée pour 4 kg. 8 d'éponges fines : quel est le prix du kilogramme ?

P. 1884. Le total des $3/4$ et des $2/5$ de la somme payée pour une horloge, diminué des $7/8$ de cette même somme, égale 27 f. 50 : combien coûte cette horloge ?

P. 1885. Quel est le prix d'un taureau, si $1/3$ de $1/4$ de ce prix, et ce même $1/4$ diminués des $3/8$ des $5/11$ de ce même prix, ont servi à acheter un veau dont la valeur était de 43 f. ?

P. 1886. Si l'on diminue les $2/3$ d'une somme de $1/5$ de cette même somme ; si l'on diminue ensuite les $5/8$ de la même somme de $1/6$ de cette somme, on a une différence de 4 f. entre ces $2/3$ et ces $5/8$ ainsi diminués. Or, la somme dont les $2/3$ et les $5/8$ sont ainsi modifiés, est le prix que coûte le drainage d'un hectare de terre argileuse compacte : combien devra-t-on débourser pour le drainage d'un champ de cette nature dont la contenance est de 732 a. ?

P. 1887. Un pharmacien a acheté de l'ipécacuanha qui lui coûte 23 f. 75 le kilogramme : combien devra-t-il débourser si les $2/3$ des $4/7$ de son acquisition, diminués de $1/5$ des $3/4$ de cette même emplette, donnent pour reste 2 kg. 91?

P. 1888. Un pharmacien a acheté au prix de 24 f. le kilogr. une certaine quantité d'ipécacuanha : combien devra-t-il débourser, sachant que les $4/9$ des $5/7$ de son emplette, augmentés des $3/8$ des $5/6$ de cette même emplette, donnent un total de 12 kg. 70?

P. 1889. Un père de famille, étant sorti avec une certaine somme pour faire des emplettes, a employé les $2/3$ des $4/5$, moins $1/2$ des $3/4$ de cette somme, à l'achat d'un brûloir à café, dit torréfacteur, qui lui a coûté 57 f. : quelle somme avait-il?

P. 1890. La moitié des $3/4$ des $2/5$ de la somme payée pour le transport par le chemin de fer d'une voiture à quatre roues égale 2 f. 85 : à quelle distance cette voiture a-t-elle été transportée, sachant que l'on a payé 0 f. 25 par kilomètre?

P. 1891. Pour acheter une paire de bottes, j'ai dépensé les $2/3$ des $7/8$ de ce que j'avais ; et, si l'on ajoutait à ce qui me reste ce que j'ai donné dernièrement pour payer 3 paires de souliers à 9 f. la paire, j'aurais $1/6$ de plus que je n'avais d'abord : quelle somme avais-je? et combien coûte la paire de bottes?

P. 1892. Un négociant avait une caisse d'écaille de tortue débitée en feuilles, et cette caisse pesait 28 kg. $3/4$; il en a vendu à un ébéniste 12 kg. $1/5$; à un marqueteur, 3 kg. $2/3$; à un tabletier, 7 kg. $4/9$: combien lui en reste-t-il, et combien le négociant l'a-t-il **vendue le kilogramme**, sachant que, au prix qu'il a vendu les **3 premières portions**, le reste lui rapporterait 326 f. $1/3$?

PROBLÈMES DIVERS

SUR LES FRACTIONS

P. 1893. Un individu achète les $4/7$ d'une pièce de vin ; un second achète les $20/35$ d'une autre pièce. Supposé que le vin soit de même qualité et au même prix, quel est celui de ces deux acheteurs qui en a pris le plus, et qui, à raison de son achat, déboursera la plus forte somme ?

P. 1894. Deux moulins donnent, l'un, 8 hl. de farine en 7 heures, et l'autre, 11 hl. en 12 heures : quelle quantité de farine fournissent-ils ensemble pendant une heure, et quel temps faut-il aux deux moulins réunis pour fournir un hectolitre de farine ?

P. 1895. Un navire à vapeur fait 2 km. 43 en 9 minutes ; un autre fait 4 km. 32 en un quart d'heure : on demande le nombre de kilomètres que l'un fait de plus que l'autre dans une heure.

P. 1896. La différence entre les $7/8$ et les $17/25$ du volume de la Terre est de 210 793 869 Mm³ ; sa densité est 5,48 : on demande quel est, en tonnes métriques, le poids du globe terrestre.

P. 1897. En 6 heures, un ouvrier forge les $3/4$ d'une grosse de lames de couteaux : quel temps emploiera-t-il pour en forger une grosse ; et, s'il travaille 16 heures par jour, combien gagnera-t-il pendant les 6 jours de la semaine, sachant qu'il a 0 f. 80 par grosse ?

P. 1898. On allume le poêle dans une salle à 5 heures du matin ; il chauffe jusqu'à midi et consume $4/5$ de bûche par heure ; on en allume un autre dans une classe à 8 heures du matin, et il est éteint à 4 heures du soir : quel est celui de ces deux qui a le plus consumé de bois, sachant que le dernier réduit en cendres $5/6$ de bûche par heure ?

P. 1899. Trois salles sont également éclairées, la 1re par le gaz, la 2e par une lampe carcel, et la 3e par des bougies ; on paie par heure 4 centimes pour le gaz, 6 centimes pour la lampe carcel, et 50 centimes pour les bougies. Si, pour la salle éclairée par la lampe carcel, on a payé 6 f. $1/2$, combien a-t-on payé pour l'éclairage des autres salles ?

P. 1900. Un jardinier a récolté 5 640 pieds de tabac pesant ensemble 11 qm. : il a porté ce tabac à la régie, et on lui a déclaré que le tiers et demi de cette récolte était de 1re qualité, que la moitié de ce tiers et demi était de 2e qualité ; que le reste était composé mi-partie de 3e et 4e qualité : quelle somme a-t-il retirée de la vente de ce tabac ? On sait que, par quintal, la 1re qualité lui a été payée 65 f. ; la 2e, 47 f. ; le 3e, 40 f. ; et la 4e, 22 f.

P. 1901. Une voiture est chargée de 350 gerbes de blé ; le poids de la voiture est les $3/11$ du poids total ; la gerbe de blé pèse 11 kg. : quel effort en kilogrammes doit faire chaque cheval, si la force de tirage est les $3/48$ du poids total, cette voiture étant attelée de 4 chevaux?

P. 1902. Un fermier, voulant se retirer pour jouir du fruit de ses épargnes, vend son troupeau de moutons à différents particuliers; l'un en achète les $2/9$; un autre, $1/3$; un 3e, les $2/5$: on demande ce qui lui en reste, sachant qu'il peut retirer 3600 f. de la vente de son troupeau à 16 f. par tête.

P. 1903. Un fabricant de coutellerie de Saint-Étienne a vendu 8 grosses de petits couteaux dits *eustache*, à 12 f. la grosse; il a employé le $1/3$ et le $1/4$ de la somme reçue, au paiement de ses ouvriers; et le reste, il l'a dépensé pour l'achat d'un certain nombre de manches à 0 f. 75 la grosse: combien de grosses de manches a-t-il achetées?

P. 1904. Un fermier, exploitant une propriété contenant 36 ha. 80 de terres à froment, conçoit le projet de fumer ces terres avec l'engrais-poisson. Combien de kilogrammes de cet engrais devra-t-il employer, sachant: 1° que chaque récolte enlève au sol 15 kg. d'acide phosphorique par hectare; 2° que l'engrais-poisson contient environ 18 p. % de phosphate où l'acide phosphorique entre pour les $6/13$?

P. 1905. Une prairie de 328 a. 50 ca. a produit 68328 kg. de fourrage vert qui a été réduit au quart par la dessiccation; déduction faite des frais de culture à 39 f. 60 par hectare, on a retiré 493 f. 307: combien chaque hectare a-t-il produit en fourrage sec, et combien a-t-on vendu les 1000 kg. de foin?

P. 1906. Un employé dans une fabrique de papier gagne 1800 f. par an; on lui retient chaque année d'abord $1/12$ de son traitement, puis $1/20$ du reste. On demande: 1° combien ensuite il doit recevoir par mois; 2° de prouver qu'il reviendrait au même de prélever d'abord $1/20$ du traitement, puis $1/12$ du reste.

P. 1907. Dans une fromagerie, il y a 60 fromages, pesant chacun 40 kg., placés sur quatre rangs égaux en nombre. Pendant l'intervalle de 15 jours, une famille de rats, composée de 12 membres, s'y introduit et ronge, à partir des $2/5$ du 1er rang, 2 hg. et demi à chaque fromage; et, à partir des $11/15$ du 3e rang, 125 gr. à chaque fromage. Dites: 1° quel est le nombre de kilogr. de fromage mangés par la famille dévastatrice; 2° à quelle somme s'élève le dommage, sachant que les fromages du 1er rang perdent $1/30$ de leur valeur, et que ceux du 3e rang en perdent $1/60$; en admettant que le kilogramme se vende 0 f. 80.

P. 1908. Quarante enfants vont dans un taillis et y coupent 28 baguettes de la valeur de 0 f. 003: quel dommage causent-ils à la commune, si ce dégât est répété 15 fois dans l'année? et quel serait le dommage dans 10 ans et dans 50 ans, si les $4/7$ fournissent des baliveaux de 0 f 09 au bout de 10 ans, et si les $2/7$ fournissent des arbres de la valeur de 8 f. 75 au bout de 50 ans?

P. 1909. En fondant 5 kg. de bismuth avec 3 kg. d'étain et 2 de plomb, on fait un alliage qui fond à la température de l'eau bouillante: on demande ce qu'il entre de chacun de ces métaux dans 1 kg. d'alliage, 2° dans $3/4$ de kilogramme, 3° dans 1 kg. $7/9$, 4° dans $17/18$ de kilogramme, 5° dans 13 kg. $6/11$, 6° dans $1/2$ kg.,

7° dans $11/15$ de kilogramme, 8° dans 21 kg. $2/3$, 9° dans 72 kg. $3/7$, 10° dans 48 kg. $17/21$.

P. 1910. L'alliage est plus fusible quand on fond ensemble 8 kg. de bismuth, 5 de plomb et 3 d'étain; c'est l'alliage ou métal de Darcet. On demande combien il entre de chacun de ces métaux : 1° dans 5 kg. $3/8$, 2° dans $13/14$ de kilogramme, 3° dans 18 kg. $1/5$, 4° dans 17 kg. $2/11$.

P. 1911. Combien faudra-t-il de plomb et d'étain pour faire du métal de Darcet, si l'on emploie, 1° 1 kg., 2° 4 kg. $1/2$, 3° 7 kg. $3/5$, 4° $8/9$ de kilogramme de bismuth?

P. 1912. Le laiton, ou cuivre jaune, se compose, terme moyen, de 65 kg. de cuivre et de 35 kg. de zinc : combien entre-t-il de chacun de ces métaux, 1° dans 7 kg., 2° dans $16/25$ de kilogramme, 3° dans 42 kg. $2/3$, 4° dans 87 kg. $1/4$ de laiton?

P. 1913. Combien faut-il ajouter de zinc, 1° à 3 kg. $1/5$, 2° à 8 kg. $7/8$, 3° à 29 kg. $1/6$, 4° à 728 kg. $21/25$ de cuivre pour en faire du laiton?

P. 1914. On peut obtenir un alliage qui imite l'or, en fondant 91 kg. de cuivre avec 9 kg. de zinc : combien faut-il allier de zinc, 1° à 72 kg. $3/5$, 2° à 183 kg. $7/8$, 3° à 28 kg. $5/12$, 4° à 84 kg. $11/15$ de cuivre?

P. 1915. Le bronze des canons s'obtient en fondant ensemble 9 kg. de cuivre et 1 kg. d'étain : combien y a-t-il de cuivre : 1° dans 788 kg., 2° dans 2 735 kg., 3° dans 487 kg. $3/4$ de bronze?

P. 1916. Le bronze des cloches s'obtient en fondant ensemble 100 kg. de cuivre, et 28 d'étain : combien y a-t-il de cuivre et d'étain 1° dans 248 kg. $1/4$, 2° dans 782 kg. $4/5$ de bronze?

P. 1917. Le melchior ou maillechort se compose de 50 parties de cuivre, 31 de zinc et 19 de nickel : combien y a-t-il de chacun de ces métaux, 1° dans $3/5$ de kilogramme, 2° dans $17/20$ de kilogramme d'alliage?

P. 1918. L'étamage se compose de 2 parties de plomb sur 8 d'étain; si le kilogramme de plomb coûte 0 f. 70, et celui d'étain, 4 f. 80, quel sera le profit d'un marchand qui aura vendu 599 kg. de cet alliage? On sait qu'il gagne $1/20$ du prix d'achat.

P. 1919. Un vase est fait avec 1 kg. $1/2$ d'étain, et $3/4$ de kilogramme de plomb : quelle quantité de chacun de ces métaux se trouve dans $2/5$ de kilogramme de cet alliage?

P. 1920. On était convenu de recevoir 340 hl. de houille, et l'hectolitre devait peser les $7/9$ du quintal métrique; au moment de livrer, l'hectolitre de houille se trouve plus pesant, et la compensation s'établit en donnant 300 hl. au lieu de 340 : quel était le poids de l'hectolitre de la dernière sorte de houille?

P. 1921. Il faudrait 1800 m. de drap pour habiller un bataillon, si le drap avait $6/4$ de large; mais il arrive qu'à la livraison, le drap se trouvant moins large, le fournisseur en a donné 2 000 m. : quelle était la largeur du dernier drap?

P. 1922. Une garnison a des vivres pour 120 jours en donnant une ration à chaque homme; mais, d'après de nouvelles dispositions, on augmente cette garnison de $1/3$, et les vivres doivent durer 105 jours : à combien devra-t-on réduire chaque ration?

P. 1923. Un ouvrier en travaillant pendant 11 jours, aurait

gagné une somme avec laquelle il aurait payé le loyer de sa maison ; mais sa femme dépensant chaque jour les 2/7 de sa journée, on demande pendant combien de jours de plus l'ouvrier devra travailler.

P. 1924. Une personne achète 8 kg. de bougies qui, éclairant de la même manière que les bougies stéariques, sont telles, que l'une d'elles emploie pour se consumer les 2/3 du temps employé par une bougie stéarique, dont le poids n'est que les 4/5 de celui de l'une des bougies achetées : à quel prix cette personne doit-elle acheter ses bougies, et quelle somme doit-elle débourser, la bougie stéarique se vendant 1 f. 50 le demi-kilogramme ?

P. 1925. Si 15 kg. de poivre coûtent autant que 11 kg. de clous de girofle, et si 80 kg. de clous de girofle coûtent 240 f., à combien reviennent 10 kg. de poivre ?

P. 1926. Pour 4 m. 1/2 de bouracan, on a 2 m. de serge ; 8 m. de serge valent autant que 5 m. de camelot, et 3 m. de camelot sont estimés valoir 7 m. de flanelle : combien aura-t-on de mètres de flanelle pour 36 m. de bouracan ?

P. 1927. Un épicier veut échanger du café contre du sucre : combien aura-t-il de kilogrammes de sucre pour 100 kg. de café ? On sait que 10 kg. de café valent 21 kg. de savon, que 26 kg. de savon valent 6 kg. de cannelle, et que 7 kg. de cannelle valent 26 kg. de sucre.

P. 1928. Cinq kilogrammes de cannelle sont estimés autant que 14 kg. de poivre ; 8 kg. de gingembre, autant que 2 kg. 1/2 de girofle ; et 7/9 de kilogramme de poivre, autant que 2 kg. de gingembre : combien aura-t-on de cannelle pour 1/2 kg. de girofle ?

P. 1929. On a du vin qui, tous frais faits, revient à 48 f. 75 l'hectolitre, et sur lequel on veut gagner 1 f. 20 par décalitre. On a placé ce vin dans 4 tonneaux de différentes capacités, et qui sont achetés par 4 individus qui prennent chacun un de ces tonneaux : quelle somme devra débourser chacun des acheteurs ? On sait ce qui suit sur la capacité de ces tonneaux : avec le contenu du 1er tonneau, on remplit le 2e, et il reste les 5/9 du 1er ; avec le contenu du 2e, on remplit le 3e, et il reste les 3/8 du 2e ; avec le contenu du 3e, on ne remplit que les 11/12 du 4e ; et, si l'on remplissait le 3e et le 4e avec le contenu du 1er, il resterait encore 105 lit.

P. 1930. Deux troupes d'ouvriers sont occupées à refaire, c'est-à-dire à dégrossir des bois de charpente ; la 1re, composée de 4 ouvriers, peut en dégrossir 6 m³ en 5 jours ; la 2e peut en travailler 4 fois plus : quelle portion du nombre total de mètres *cubes* de bois qu'elles ont à refaire chaque compagnie aura-t-elle dégrossie ?

P. 1931. Une personne achète des pommes, moitié à 4 pour 5 centimes et moitié à 3 pour 5 centimes ; elle les revend toutes à 7 pour 10 centimes, et elle perd 15 centimes sur le tout : combien en a-t-elle acheté ?

P. 1932. On a acheté du cobalt en poudre à 9 f. les 5 kg. ; on le revend à 13 f. les 7 kg., et l'on gagne 46 f. 30 : combien de kilogrammes a-t-on vendus ?

P. 1933. Une marchande a acheté des poires qui lui reviennent à 5 pour 0 f. 10 : en les revendant à 4 pour 0 f. 15, elle a gagné 3 f. 50 sur son marché : combien de poires a-t-elle vendues?

P. 1934. Une femme a acheté une certaine quantité de poires ; elle en a payé moitié à 2 pour 0 f. 05, et moitié à 3 pour 0 f 05 ; elle les revend toutes à 5 pour 0 f. 10, et elle perd 0 f. 05 sur son marché : combien de poires avait-elle achetées ?

P. 1935. Un poélier-fumiste avait acheté des carreaux en faïence à mosaïque à un prix moyen tel, qu'il en avait eu 5 pour 7 f. Il les a revendus moitié à 4 pour 7 f., et moitié à 2 pour 3 f. ; et il a gagné 22 f. 50 sur son marché : combien de carreaux avait-il achetés ?

P. 1936. On a vendu 4 lots de charbon de bois : le 1er lot a été vendu 9 f. les 4 hl. ; le 2e, 6 f. les 28 Dl. ; le 3e, 4 f. 50 les 18 Dl. ; et le 4e, 7 f. 50 les 35 Dl. : quel est le prix moyen de l'hectolitre ?

P. 1937. Deux ouvriers menuisiers ont à faire ensemble 36 m. 70 de moulures ; le 2d, qui en fait 4 m. 80 en 2 heures, s'est mis à l'ouvrage 3 heures 3/4 avant le 1er, qui en fait 8 m. en 3 heures : combien de mètr. auront-ils faits chacun lorsque l'ouvrage sera terminé ?

P. 1938. Deux ouvriers menuisiers ont ensemble 180 m. linéaires de moulures à faire, et ils commencent en même temps ce travail ; le 1er en fait 3 m. par heure ; et le 2d, 2 m. aussi par heure : combien de mètres chacun d'eux aura-t-il faits quand l'ouvrage sera terminé ?

P. 1939. Deux commis ont ensemble 2 180 st. de bois équarris à vendre à raison de 75 f. le stère ; le 1er en vend 36 st. par jour ; et le 2d, 45 st. : on demande en combien de jours ils auront fini, combien chacun en aura vendu de stères, et pour quelle somme.

P. 1940. Deux ouvriers serruriers posent des espagnolettes à des croisées. Le 1er en pose 2 en 3 heures ; et le 2d, qui commence 9 heures après le 1er, en pose 3 en 4 heures : dans combien d'heures le 2d en aura-t-il posé autant que le 1er ?

P. 1941. Deux ouvriers couvreurs ont commencé à des heures différentes un égout composé à 3 tuiles qu'ils ont achevé ensemble ; le 1er faisait 6 m. de ce travail en 5 heures ; et le 2d, 5 m. en 4 heures ; sachant que le 2d a commencé son travail à une extrémité de cet égout à 6 heures du matin, et qu'ils en ont fait chacun la moitié, on demande à quelle heure le 1er a dû commencer son travail à partir de l'autre extrémité, l'égout ayant 31 m. de longueur.

P. 1942. Dans un atelier de peinture, 2 ouvriers broient de l'ocre de rhue surfine : le 1er peut en broyer 3 hg. 4/7 en 2 heures ; et le 2d, 6 hg. 7/8 en 3 heures ; le 1er en a déjà broyé 2 kg. 1/3 lorsque le 2d se met à ce travail : dans combien de temps le 2d en aura-t-il broyé autant que le 1er ?

P. 1943. La somme déboursée pour un coffre-fort en fer, a été partagée en plusieurs portions ; le total de deux de ces portions est les $96/143$ de la somme ; la plus petite de ces deux portions est les $4/13$ de cette même somme ; la plus grande est 156 f. : quel est le prix du meuble ?

P. 1944. Pour paver deux cours, dont l'une a 26 m. carr. 82 de plus que l'autre qui est les $14/17$ de la 1re, on a reçu 2106 f. 264 : quel est le prix du pavage d'un mètre carré, et combien coûte le pavage de chacune de ces deux cours?

P. 1945. On a acheté 2 châles pour la somme de 378 f.; la différence du prix de ces 2 châles est égale aux $5/13$ du prix de celui dont la valeur est la plus grande : quel est le prix de chacun de ces 2 châles?

P. 1946. Un marchand de fourrures a vendu, au prix de 8 f. 50 la pièce, un certain nombre de peaux d'agneaux d'Astracan. En joignant au total des fonds que lui a fournis cette vente les $5/13$ de ce même total, diminués de 48 f., il pourrait acheter 25 peaux de renards argentés de Virginie à 96 f. la pièce : combien a-t-il vendu de peaux d'agneaux?

P. 1947. Dans deux forges servant à l'affinage du fer, l'une par la méthode comtoise et l'autre par la méthode champenoise, on consomme par mois 2505 hl. de charbon de bois; la forge comtoise n'en consomme que les $79/88$ de ce que consomme la forge champenoise : pour quelle somme chacune en consomme-t-elle par mois, le charbon valant 7 f. les 100 kg., et l'hectolitre pesant en moyenne 20 kg.?

P. 1948. Un marchand chapelier a vendu un certain nombre de chapeaux à 11 f. la pièce, et il a acheté un certain nombre de peaux de loutre à 21 f. 75 la pièce; en joignant ce qui lui est dû pour les chapeaux avec ce qu'il doit pour les peaux de loutre, il trouve un total de 493 f. Or, ce qui lui est dû surpasse la somme qu'il doit des $5/6$ de cette même somme : combien de chapeaux a-t-il vendus? combien de peaux a-t-il achetées?

P. 1949. Les $4/5$, plus les $2/3$ du nombre des esturgeons pris dans les eaux de la Russie en 1829, diminués des $6/19$ de ce même nombre, donnent un résultat qui le surpasse de 6493. En supposant que 100 de ces poissons donnent 22 hg. $17/25$ de colle, quelle est la valeur de celle qu'on a retirée des $7/15$ du nombre d'esturgeons pris, si elle est payée 35 f. le kilogramme?

P. 1950. A $1/5$, à $1/4$ et à $1/6$ de la somme que j'ai, il faudrait ajouter 1391 f. pour avoir les fonds nécessaires au paiement d'une berline dont le prix surpasse de 80 f. cette même somme. Quel est le prix de cette berline? Quelle est la somme que je possède?

P. 1951. Un éventailliste a une certaine somme qu'il destine à l'achat de l'ivoire que possède un de ses collègues qui se retire de l'industrie; si, à la somme qu'il possède, on ajoutait $1/3$, plus $1/5$, plus $1/7$ de cette somme, et 12 f. 50, il pourrait acheter cet ivoire au prix de 10 f. 46 le kilogramme; et il lui resterait les $4/25$ de la somme qu'il possède : quelle est cette somme? On sait qu'il y a 5 kg. d'ivoire.

P. 1952. On demande quelle sera, au bout de 9 ans, la dépense en fumier valant 3 f. 50 le mètre cube, sur une exploitation dont la contenance est telle, que la différence entre les $9/14$ et les $7/12$ de cette contenance est de 55 a. On sait : 1° que, chaque année, on ensemence de froment la moitié de ce domaine; 2° qu'il faut, en moyenne, 17500 kg. de fumier par hectare pour chaque ensemencement; 3° que le mètre cube de fumier pèse 750 kg.

P. 1953. Un artiste qui s'occupe de la photographie, a acheté, pour polir ses planches, une quantité d'oxyde d'étain qui est telle, qu'il y a 5 décimes $2/5$ de différence entre les $4/7$ et les $5/9$ de la somme qu'il a donnée pour la payer : combien de demi-kilogrammes en a-t-il achetés ? On sait qu'il l'a payée 0 f. 54 le kilogramme.

P. 1954. Les $2/5$, plus $1/3$, plus les $3/8$ de la somme reçue pour le carrelage d'un appartement, diminués des $5/6$ de la même somme, donnent pour résultat 11 f. 29 $23/25$: quelle est la superficie de cet appartement, qui est carrelé en carreaux bâtards, le mètre superficiel de ce carrelage coûtant 3 f. 20?

P. 1955. Un poêlier-fumiste vient d'acheter, au prix de 2 f. la pièce, un certain nombre de carreaux de faïence ayant 16 cm. sur 70 cm. pour revêtement de cheminée. En ajoutant 94 carreaux aux $2/11$ du nombre acheté, on a les $7/15$ de ce nombre : quel sera le gain total du poêlier-fumiste en revendant, au prix de 2 f. 25 la pièce, les carreaux achetés primitivement ?

P. 1956. Un fabricant a vendu, à 2 f. la pièce, un certain nombre de limes taillées. Avec la somme qu'il a reçue, il a payé 3 ouvriers : le 1er a eu $1/4$ de la somme ; le 2e en a eu les $3/7$, et le 3e a eu le reste : la somme reçue par le 2e surpassant de 30 f. celle reçue par le 1er : combien de limes a-t-on vendues ?

P. 1957. Un particulier achète à un poêlier-fumiste une colonne en faïence d'une seule pièce. Le particulier donne d'abord les $3/8$ de la somme qu'il doit, puis les $2/9$ de cette même somme. Sachant qu'il s'en faut de 3 f. 30 que ce 2d paiement soit égal au 1er, on demande ce qu'il doit encore, et quel est le prix de cette colonne.

P. 1958. On a acheté un certain nombre de peaux de renards de Virginie : $1/4$ du nombre de ces peaux a été payé 7 f. 50 la pièce ; $1/3$ a été payé 8 f. 20 ; les $3/8$ ont coûté 6 f. 90 ; et les 2 peaux qui restent, chacune 7 f. 25 : quel bénéfice fera-t-on sur ce marché, si l'on revend toutes ces fourrures au prix moyen de 8 f. 50 la pièce ?

P. 1959. Un négociant a vendu à 4 industriels une caisse d'écaille de tortue qui lui avait coûté 65 f. le kilogramme ; le 1er en a pris les $2/9$; le 2e, les $3/8$; le 3e en a eu $1/7$: et le 4e a pris le reste pour 294 f. 75. A ce prix, le négociant gagne 10 f. par kilogramme. On demande le poids total de la caisse, sa valeur au prix de vente et le gain total du négociant.

P. 1960. Le tiers, plus le quart, plus les $2/5$ du nombre de bobines employées, en 1817, dans les filatures de coton de la Grande-Bretagne, étant augmentés de 110764, donnent ce nombre total de bobines produisant chacune 2 écheveaux par jour : quel était le nombre total d'individus employés dans ces filatures, en supposant que, l'année étant de 300 jours de travail, chaque ouvrier produise 120 écheveaux par jour.

P. 1961. Un teinturier a dépensé une certaine somme pour acheter trois sortes de marchandises ; il a employé les $3/8$ de cette somme pour acheter des gousses tinctoriales à 1 f. 25 le kilogr., les $12/25$ pour acheter des lichens tinctoriaux à 0 f. 90 le kilogramme, et le reste pour acheter du nerprun à 1 f. 45 le kilogramme : sachant que les $5/6$ de la somme employée font 75 f., on demande combien de kilogrammes de chaque sorte de marchandise il a achetés.

6*

P. 1962. Un marchand de fourrures a acheté une peau de renard noir, qui est la plus précieuse des fourrures : $1/4$ du prix est égal à celui de 4 peaux de zèbre ; les $2/3$ du même prix forment la somme nécessaire pour payer 5 peaux de tigre ; et le reste du prix, 37 f. 50, est celui de 9 peaux de fouine. On demande : 1° le prix de la peau de renard ; 2° celui de chacune des peaux de zèbre, de tigre et de fouine.

P. 1963. Pour l'exploitation d'une mine, on a fait percer un puits dont le forage a coûté 96 f. par mètre courant. Pour s'acquitter de la somme que ce puits a coûtée, on a fait un premier versement égal aux $7/24$ de cette somme ; et il s'en faut des $5/12$ de cette même somme, que ce premier versement soit égal à ce qui reste encore à payer. Or, on doit encore 16 728 f. : quelle est la profondeur du puits ?

P. 1964. Pour la toiture d'un bâtiment, on a employé 72 chevrons ayant chacun 11 m. 30 de longueur et 0 m. 09 d'équarrissage ; on les a payés à 4 reprises différentes : la 1re fois, on a donné les $3/8$ de la somme ; la 2e fois, le cinquième ; la 3e fois, les $2/11$; la 4e fois, on a donné le reste : combien ces chevrons ont-ils coûté le mèt. cube, sachant que le 4e paiement surpassait de 24 f. 30 le 3e paiement ?

P. 1965. On a acheté 45 kg. d'huile d'olive commune, 60 kg. d'huile d'olive surfine vieille, et 72 kg. d'huile d'olive fine nouvelle. Pour payer ces trois sortes d'huile, on a déboursé une somme dont les $25/133$ ont été employés à payer l'huile commune ; les $20/57$, à payer l'huile surfine vieille ; et le reste, à payer l'huile nouvelle : sachant que le reste de la somme égale 198 f. 72, on demande le prix du kilogramme de chaque sorte d'huile.

P. 1966. Un particulier, en payant son fumiste, lui donne les $19/72$ de la somme totale qu'il lui doit pour un cendrier à tiroir en tôle, de 30 cm. sur 32 cm., le 6e de la même somme pour une capsule en tôle de 24 cm. de diamètre avec 2 anneaux, $1/12$ de cette somme pour un carreau en tôle planée au marteau, les $2/5$ de la même somme pour 2 paires de chenets en briques neuves pour cheminée ordinaire, et 1 f. 55, reste de la somme, pour le nettoyage d'un poêle : quelle est cette somme ?

P. 1967. Un cultivateur a vendu 4 génisses ; il a employé les $5/9$ de la somme qu'il en a retirée à l'acquisition de 5 moutons ; et ce qui lui reste est égal à $1/2$ de cette somme, moins 10 f. : quel est le prix d'une génisse et celui d'un mouton ?

P. 1968. Un fabricant de cannes vient d'acheter 186 kg. de rotins. La somme qu'il a déboursée est telle, que celui qui l'a reçue, après en avoir destiné la moitié au paiement d'une 1re créance, et les $15/31$ à diverses dépenses, a pu encore réserver sur cette somme 4 f. 20 pour des bonnes œuvres : quelle est la différence entre les $7/8$ et les $8/20$ du prix du quintal métrique de ces rotins ?

P. 1969. Un fabricant d'instruments de physique a vendu un chronoscope électrique servant à mesurer la chute des corps. Le prix de cet instrument est tel, qu'après en avoir employé les $4/7$ pour le paiement de ses ouvriers, ce qui reste au fabricant est égal à la moitié de ce prix, diminuée de 32 f. : **quelle est la différence entre les $3/4$ et les $2/5$ de ce prix ?**

PROBLÈMES DIVERS.   207

P. 1970. Si j'avais les 3/4 plus les 5/9 du triple de la somme que je possède, je pourrais, avec l'excédant de cette somme, acheter 291 hg. 2/3 de raie à 1 f. 50 le kilogramme : quelle est la somme que je possède?

P. 1971. Un paysan achète une vache ; il donne d'abord les 3/4 des 2/5 des 3/7 des 7/8 du prix qu'elle lui coûte ; puis, pour achever de solder son compte, il donne un cheval estimé 453 f., et on lui rend une somme égale au prix de la vache : on demande ce prix.

P. 1972. La largeur des accotements d'un chemin de fer est telle, que, si l'on en retranchait les 4/9, et si l'on ajoutait 50 cm. au reste, cette largeur serait diminuée de 1/6 : quelle est la largeur de ces accotements?

P. 1973. Une marchande a déjà vendu les 4/7 d'une caisse d'oranges ; et, si elle ajoutait 38 oranges à ce qui lui reste, la valeur primitive de la caisse serait augmentée de 1/3 : à quelle somme se montait la valeur des oranges contenues dans cette caisse, si on les vend 2 f. 40 la douzaine?

P. 1974. Quelqu'un a une certaine somme ; après en avoir dépensé les 5/9 pour l'achat de 253 kg. 1/3 de goudron, il ajoute 79 f. 80 à ce qui lui reste ; et, de cette manière, la somme qu'il avait d'abord se trouve augmentée des 5/12 : combien avait-il, et combien, avec cette somme, pourrait-il acheter de kilogrammes de goudron au prix payé pour les 253 kg. 1/3?

P. 1975. Un industriel a acheté des fils de lin simples et blanchis, au prix de 5 f. 20 le kilogramme : combien de kilogrammes de ce fil a-t-il achetés? On sait que, s'il avait employé à d'autres emplettes les 8/13 de la somme qu'il a consacrée à cet achat, et s'il avait ajouté 1 143 f. à la somme qui lui serait restée, la somme qu'il a déboursée pour ce fil eût été augmentée de ses 3/11.

P. 1976. Les 3/8 du prix qu'un marchand de fourrures a payé pour une peau de renard blanc argent, plus les 5/6 de ce prix, le surpassent de 20 f. : combien a-t-elle coûté?

P. 1977. Les 3/4 plus les 2/9 de la somme que j'ai déboursée pour payer 15 kg. de merlan, plus 8 f., surpassent cette même somme de 7 f. 50 : quel est le prix du kilogramme?

P. 1978. En diminuant de 2 f. le prix du semoir Jacquet-Robillard, d'Arras, les 3/4 moins les 19/31 de ce prix ainsi diminué égalent 34 f. : quel est le prix de cette machine?

P. 1979. Un pharmacien a une certaine somme ; il en dépense les 4/5 pour acheter de la rhubarbe qui lui coûte 9 f. 25 le kilogramme ; après quoi, il ajoute 99 f. 19 1/2 à ce qui lui reste ; et, de cette façon, la somme qu'il avait d'abord se trouve augmentée de 18 f. 53 1/2 : combien de kilogrammes de rhubarbe a-t-il achetés?

P. 1980. Quatre éventaillistes achètent 7 kg. d'ivoire ; le 1er paie les 2/7 de la dépense ; le 2e en paie les 3/8 ; le 3e en paie 1/5 ; et le 4e, les 39/280 ; et, en réglant le compte, il se trouve que le 4e doit ajouter 7 f. 75 à l'avance qu'il a faite pour solder son compte : combien chacun des autres doit-il donner ou recevoir selon qu'il a trop ou trop peu avancé, et quel est le prix du kilogramme d'ivoire?

P. 1981. Un domestique va au marché avec une certaine

somme; il en emploie les 2/9 pour acheter 2 kg. d'anguilles, les 3/7 pour acheter 12 kg. de carpes, 1/8 pour acheter 3 kg. de perche; il achète enfin une 4ᵉ sorte de poisson pour l'achat de laquelle il dépense 0 f. 95 de plus que pour la précédente, et il lui reste 1 f. 80 : combien avait-il, et combien coûte le kilogramme de chacune des trois premières sortes de poisson?

P. 1982. Un ouvrier fait en 46 minutes 5 dm² d'un grillage en fil de laiton dont les mailles sont de 11 mm. : combien de mètres carrés y aura-t-il dans la superficie de ce grillage, si cet ouvrier y emploie 8 jours de 9 heures 3/7 de travail?

P. 1983. La somme reçue par un ouvrier pour avoir fabriqué 6 douzaines de foulards façonnés et 4 douzaines de foulards noirs frangés, se monte à 100 f. 1/5; et les 8/13 de la somme reçue pour ces derniers sont égaux à 19 f. 1/5 : combien coûte la façon d'une douzaine de chacune de ces deux sortes de mouchoirs?

P. 1984. Un fabricant de brûloirs à café munis d'une balance indiquant le point auquel le café est suffisamment brûlé, et appelés pour cela Pondé-Torréfacteurs, a vendu à un marchand les 3/4 de ceux qu'il avait au prix de 80 f.; et le marchand a cédé au même prix à l'un de ses amis les 2/5 de son achat pour 480 f. : combien ont-ils d'instruments chacun et combien en reste-t-il au fabricant?

P. 1985. Les 4/15 et les 2/3 de la somme payée pour une chaise de poste, étant augmentés de 56 f., font 1456 f. : quel est le prix de cette chaise de poste?

P. 1986. Si l'on ajoute 1 f. 50 aux 4/13, aux 2/9, et aux 3/8 de la somme payée pour une caisse de marchandises reçue par le roulage ordinaire, on a pour total 18 f. 44 : quel était le poids de cette caisse? On sait que l'on paie 0 f. 20 par tonne et par kilomètre, et que la distance de transport était de 108 kilomètres.

P. 1987. On a reçu par le roulage accéléré une caisse de marchandise envoyée d'une distance de 72 km : combien de kilogr. pesait cette caisse? On sait que le transport a coûté 0 f. 35 par tonne et par kilomètre; et que, si l'on ajoutait 2 f. 50 aux 5/8 et aux 3/4 de la somme donnée pour le transport, on aurait un total qui surpasserait cette somme de 8 f. 62.

P. 1988. Les 3/7 de la somme que j'ai, sont égaux à cette même somme diminuée de 99 f. 20. Or, avec cette somme je pourrais acheter 124 kg. d'huile de palme : quel est le prix du kilogramme?

P. 1989. Un teinturier a acheté du bois de sumac à 35 f. les 100 kg.; la quantité qu'il a prise est telle, que, s'il en eût acheté 1/6, les 5/18 et les 7/9 de ce qu'il a pris réellement, il en aurait 16 kg. de plus : quelle somme doit-il débourser?

P. 1990. On a vendu des limes demi-dures de 487 mm. de long, au prix de 158 f. la douzaine. En ajoutant la moitié, 1/3 et 1/4 de la somme qu'on a reçue, on a un total qui surpasse de 197 f. 50 cette même somme : combien de douzaines de limes a-t-on vendues?

P. 1991. Un cultivateur a vendu 25 moutons; si, à la somme qu'il en a retirée, on ajoutait 1/2, plus 1/3, plus 5/6, et qu'on lui donnât en sus le prix d'une génisse qu'il veut vendre 50 f., il pourrait acheter un cheval qui vaut 900 f., et il lui resterait une somme égale aux 7/9 de celle qu'il a reçue pour ses moutons : on demande combien il les a vendus la pièce.

P. 1992. Par une loi portée en 1855, l'Etat perçoit sur les chemins de fer 1/10 du prix des places, au lieu de 1/30 qu'il percevait autrefois. On a calculé que cette augmentation rapporterait annuellement 16 millions à l'Etat : on demande à combien montait la recette moyenne annuelle des chemins de fer pour le transport des voyageurs en 1855.

P. 1993. Les 3/4 de la largeur de la chaussée pavée d'une route départementale, étant augmentés de 29 cm., forment un nombre qui, étant diminué d'un total composé de 1/3 de cette largeur et de 18 cm., se réduit à 1 m. 71 : combien ont coûté les pavés neufs qui ont été employés au pavage d'une longueur de 6 km. 35 de cette chaussée ? On sait qu'ils ont coûté 525 f. le mille, et qu'il en faut 1 665 par décamètre carré.

P. 1994. Les 3/4 de la largeur de la chaussée pavée d'une route impériale, plus 6 dm., forment un total qui, diminué de la somme des 4/9 de cette même largeur et de 8 dm., se réduit à 1 m. 45 : combien a-t-il fallu de pavés neufs pour le pavage d'une longueur de 8 km. 25 de cette chaussée ? On sait qu'il en faut 16, 65 par mètre carré.

P. 1995. Un teinturier a acheté 54 kg. de gousses tinctoriales à 1 f. 20 le kilogramme : quelle somme faudrait-il retrancher des 3/8 et des 5/6 de ce qu'il a déboursé pour le réduire à ses 7/9 ?

P. 1996. On a acheté 25 kg. 20 de café. Pour payer cette emplette, on a pris la somme qu'il fallait retrancher des 4/11 et des 5/12 de 3 085 f. 236 pour réduire cette somme à ses 3/4 : quel est le prix du kilogramme de café ?

P. 1997. Trois personnes se partagent des oranges ; la 1re en prend la moitié moins 7 ; la 2e prend les 2/3 du reste moins 2, et la 3e prend 15 oranges qui restent : combien y en avait-il et combien en ont eu les deux premières personnes ?

P. 1998. Trois personnes se partagent des oranges ; la 1re en prend les 2/5, plus 6 ; la 2e prend 1/3 du reste, plus 9 ; et la 3e prend 31 oranges qui restent : combien y avait-il d'oranges, et combien les deux premières personnes en ont-elles eu chacune ?

P. 1999. Un négociant avait une certaine quantité d'ivoire ; il en vend à un éventailliste 2/7, plus 174 gr. ; à un coutelier, 3/8, plus 162 gr. ; et il lui reste encore 1/3 de tout ce qu'il avait : combien de kilogrammes d'ivoire avait-il ?

P. 2000. Un général, après une bataille, trouve qu'il lui reste la moitié de son armée, plus 5 220 hommes ; 1/8, plus 870, ayant été blessés ; et le reste, qui est 1/5 du tout, faits prisonniers ou ayant déserté : quel était l'effectif avant la bataille ?

P. 2001. Un marchand de comestibles va au marché avec une somme telle, que, si, de 1/6, plus des 3/7, plus des 7/8, plus des 4/9 de sept fois cette somme, on retranchait 121 f. 20, il resterait 1 500 f. : combien, avec la somme qu'il porte, pourra-t-il acheter d'hectolitres de pommes de terre à 3 f. 78 l'hectolitre ?

P. 2002. Dans un mélange d'huile de baleine et d'huile de colza, on met les 3/5 du tout, plus 21 kg. d'huile de colza, et 1/4 d'huile de baleine, plus 3 kg. 75 : combien y a-t-il de kilogrammes de chaque qualité ? et à quelle somme totale revient ce mélange, l'huile de colza valant 1 f. 40 le kilogramme, et l'huile de baleine 1 f. 70?

P. 2003. On a porté des poulets au marché; on en a vendu les 2/5 de la totalité, plus 1 poulet 2/5; puis les 3/7, plus 4 poulets 2/7; et il en est resté 1/11, plus 3/11 de poulet : combien en a-t-on vendu chaque fois?

P. 2004. Un négociant a vendu à 4 marqueteurs 60 kg. de nacre dépouillée de sa croûte à 7 f. 60 le kilogramme; le 2e en a pris pour les 3/5 de la somme dépensée par le 1er, plus 18 f. 50; le 3e, pour les 4/7 de la même somme, plus 20 f.; et le 4e pour les 3/8 de la même somme, moins 10 f. 30 : on demande quelle somme chacun a dû débourser entre les mains du négociant.

P. 2005. Un épicier disait : Avec l'argent que j'ai sur moi, je paierais les 2/7 du prix de 147 kg. de sucre que je viens d'acheter; si j'avais 245 f. 70 de plus, je m'acquitterais entièrement, et il me resterait une somme égale aux 2/5 de la somme que j'aurais payée : quelle somme ai-je? quel est le prix du kilogramme de sucre?

P. 2006. Une paysanne vient au marché avec un panier d'œufs frais; une cuisinière lui achète la moitié de son panier, plus la moitié d'un œuf, au prix de 0 f. 63 la douzaine. Une autre personne lui achète la moitié de son reste, plus la moitié d'un œuf, au prix de 0 f. 618 la douzaine. Une 3e personne lui achète la moitié de son reste, plus la moitié d'un œuf, au prix de 0 f. 05 l'un, et il ne lui reste plus rien : combien cette paysanne avait-elle d'œufs, et quelle somme en a-t-elle retirée?

P. 2007. Une fermière porte des œufs au marché; elle en vend : 1° le tiers, plus les 2/3 d'un œuf, à 7 f. 80 le cent; 2° le quart de ce qui lui reste, plus la moitié d'un œuf, à 7 f. 45 le cent; 3° les 3/7 de ce qui lui reste, plus les 4/7 d'un œuf, à 7 f. 15 le cent; 4° les 3/5 de ce qui lui reste, plus 1/5 d'œuf, au prix de 0 f. 54 la douzaine; 5° les 5/6 de ce qui lui reste, plus 1/6 d'œuf, au prix de 0 f. 51 la douzaine; et il lui en reste 3 qu'elle donne aux pauvres : combien avait-elle d'œufs, et quelle somme en a-t-elle retirée?

P. 2008. Un petit marchand de mercerie avait un certain nombre d'écheveaux de fil à marquer. Il vend à une 1re personne la moitié de son fil, plus la moitié d'un écheveau; à une 2e personne, la moitié de ce qui lui reste, plus la moitié d'un écheveau; à une 3e enfin, la moitié de ce qui lui reste, plus la moitié d'un écheveau, et il lui en reste un écheveau : combien en avait-il, et quelle somme a-t-il reçue de chaque personne, si chaque écheveau lui est payé 0 f. 05?

P. 2009. Un vase, rempli d'eau, perd, pendant la 1re heure, le tiers de sa contenance; pendant la seconde heure, il perd le tiers du reste, et ainsi de suite pendant 5 heures; après quoi, il reste encore 5 lt. d'eau : combien de litres ce vase contient-il?

P. 2010. Un marchand chapelier avait reçu de l'un de ses fournisseurs une certaine quantité de chapeaux de soie qu'il avait payés 11 f. pièce. Dans une 1re semaine, il en vendit la moitié; la semaine suivante, il vendit la moitié de ce qui lui restait; il fit la même chose une 3e et une 4e semaine; de sorte que, vers la fin du mois, il ne lui restait plus que 6 de ces chapeaux. On demande : 1° combien de chapeaux il avait reçus ; 2° quel gain il a fait en tout sur ceux qu'il a vendus, sachant qu'il ne les a cédés qu'à 15 f. pièce.

P. 2011. Un vase est rempli d'eau salée ; cette eau contient un kilogramme de sel en dissolution. On vide $1/4$ de ce vase et on le remplit d'eau, puis on en vide $1/3$ et l'on remplit encore d'eau ; enfin, on vide encore la moitié du contenu du vase, et on la remplace par de l'eau : combien le liquide renfermera-t-il maintenant de sel en dissolution.

P. 2012. Un teinturier a acheté 8 balles de lichens tinctoriaux pesant chacune 25 kg.; il a déjà payé les $3/8$ des $5/6$ des $2/9$ du prix de ces 8 balles, et il doit encore 167 f. 50 ; quel est le prix du kilogramme ?

P. 2013. On a acheté, au prix moyen de 1 f. 40 le kilogramme, du poisson de différentes sortes ; et l'on en a pris de chaque qualité 2 kg. 76, qui sont les $3/4$ des $7/8$ des $2/3$ des $4/7$ de la quantité totale : combien de sortes de poisson a-t-on achetées, et quelle somme doit-on débourser ?

P. 2014. Une personne de la campagne porte au marché un certain nombre d'œufs ; elle en vend les $2/3$ des $6/9$ à raison de 0 f. 05 l'un, et reçoit 1 f. 40. On demande : 1° combien elle a porté d'œufs ; 2° quelle est sa recette totale en supposant qu'elle les ait vendus tous au même prix ?

P. 2015. Un commissionnaire étant au marché emploie $1/4$ de son argent pour acheter de la sole, $1/5$ pour acheter du turbot, et il rentre à la maison avec $1/8$ de ces deux quantités, plus 7 f. 90 : quelle somme avait-il ? et combien de kilogrammes de chaque sorte de poisson a-t-il achetés, s'il a payé la sole 2 f. les 15 hg., et le turbot 1 f. 76 les 8 hg.?

P. 2016. Un baril de harengs en contenait 1250 : combien en a-t-on vendu si ce qui reste forme un nombre dont les $4/7$, plus les $2/9$, plus les $3/8$, moins les $3/5$ de ces trois fractions, donnent un reste égal à $471 + 1/5$? et pour quelle somme en a-t-on vendu s'ils ont été payés sur le pied de 4 f. le cent?

P. 2017. Un fabricant de sucre de betteraves fournit à un épicier une certaine quantité de sucre à 136 f. les 100 kg.; il doit recevoir en paiement 80 kg. de café et 3528 f. en argent ; mais il ne peut fournir que les $4/7$ de ce qu'il a vendu, et il reçoit en paiement les 80 kg. de café et 1896 f. en argent : on demande quel nombre de kilogr. de sucre il devait fournir, et quel est le prix du kilogr. de café.

P. 2018. Un marchand s'est engagé à fournir à un fabricant d'instruments de physique une certaine quantité de laiton valant 2 f. 80 le kilogramme ; le marchand devait recevoir en paiement une cassette de mathématiques à double fond et 386 f. 20. A l'époque fixée, il ne peut fournir que les $7/11$ de la marchandise promise, et il reçoit pour son paiement la cassette et 229 f. 40 : quelle est la valeur de la cassette, et combien de kilogr. de laiton devait-il fournir?

P. 2019. Deux professeurs de physique, ayant chacun une même somme, se rendent chez un marchand d'instruments de physique et achètent chacun un télégraphe électrique de différents prix. Pour payer le sien, le 1er donne les $2/3$ de son argent ; le 2^d, pour payer son instrument, donne les 3/4 de la somme qu'il possède; et il reste au 1er professeur 23 f. 75 de plus qu'à l'autre. On demande : 1° quelle somme ils avaient chacun; 2° le prix de chaque instrument.

P. 2020. Une personne riche, habitant la campagne, s'est rendue à Paris pour acheter un baromètre très-riche avec deux thermomètres, du prix de 340 f. 70. Pendant son voyage, elle a dépensé les 3/4 de son argent; un domestique infidèle lui a dérobé les 2/5 de ce qui lui restait; en sorte que, pour payer le baromètre en question, elle a été obligée d'emprunter 125 f. 54. On demande : 1° combien cette personne avait d'argent avant son départ; 2° le montant de la somme qui lui a été dérobée.

P. 2021. Quelqu'un disait : Pour acheter une paire de bottes, j'ai dépensé les 2/3 des 3/4 de ce que j'avais dans ma bourse, et il me reste encore 15 f. Combien avait-il, et quelle somme lui coûte sa paire de bottes?

P. 2022. Après avoir dépensé les 3/4 des 2/3, plus 1/2 des 5/6 de ce que j'avais, il me reste encore 9 f. : quelle somme avais-je, et combien gagnerai-je avec ce que j'ai dépensé, si j'ai acheté 11 douzaines de couteaux à trancher la morue, et si je les revends en détail au prix de 0 f. 85 la pièce?

P. 2023. En retranchant 5 f. des 3/4 des 7/11 de la somme payée par un marchand de fourrures pour un certain nombre de peaux de martre qu'il a payées chacune 8 f. 4/5, il reste 100 f. : combien de peaux a-t-il achetées?

P. 2024. Après avoir dépensé 1/3 des 3/4 de mon argent, j'ai dépensé 9 f. pour l'acquisition d'une douzaine de couteaux à décoller la morue, et il me reste la moitié de ce que j'avais : combien de douzaines de couteaux semblables aurais-je pu acheter, et quelle somme aurais-je gagnée en les revendant 0 f. 90 la pièce?

P. 2025. Un cultivateur se charge de fournir de betteraves une sucrerie qui produit annuellement 750 qm. de sucre. Il veut connaître quelle devra être l'étendue du terrain qu'il en doit ensemencer, sachant déjà : 1° que la betterave donne 1/10 des 3/5 de son poids de sucre; 2° qu'un hectare de terrain en peut produire 300 qm.

P. 2026. Le chef d'une sucrerie a besoin de 18 quintaux de noir animal coûtant 21 f. 50 le quintal. Combien devra-t-il employer de kilogr. de cannes à sucre pour fabriquer le sucre qui, vendu à raison de 1 f. 20 le kilogramme, lui fournira la somme nécessaire à l'achat de ce noir animal, sachant : 1° que 100 kg. de canne renferment 18 kg. de sucre; 2° que, dans la fabrication, on ne peut extraire que les 2/5 du sucre que contient la canne?

P. 2027. Deux cents kilogrammes de sel joints à 24 000 kg. de fumier étant une proportion considérée comme une bonne fumure pour les 4/3 d'un hectare en terre argileuse, on demande combien il faudra de sel et de fumier pour 4 ha. 5/7, et quelle sera, sur cette surface, la production probable en poids de froment? On sait que l'emploi du sel augmente d'environ 1/50 le poids du grain; et, qu'en circonstances ordinaires, 22 kg. de fumier suffisent à la production de 1 kg. 87 de froment.

P. 2028. Les prix du kilogr. de soie en cocons pendant les

années 1810, 1811, 1812, 1814, 1815 et 1816, sont entre eux comme les nombres 6 $^9/_{10}$, 5 $^1/_5$, 5 $^9/_{10}$, 6 $^1/_2$, 6 $^4/_5$, et 8 $^3/_5$; le prix de 1810 et celui de 1816 forment un total de 7 f. $^3/_4$: quelle est la valeur des cocons récoltés pendant ces 6 années? On sait que la récolte de 1810 fut de 4073198 kg.; celle de 1811, de 3998134 kg.; celle de 1812, de 4599077 kg.; celle de 1814, de 4567355 kg.; celle de 1815, de 3481696 kg.; et celle de 1816, de 5049286 kg.

P. 2029. Les bêtes à laine que possède la France sont partagées en 9 catégories donnant des laines dont le prix varie selon l'ordre de ces catégories. Pour les laines en suint, ces prix sont entre eux comme les nombres 21, 12, 9, 8, 7, 6 $^2/_5$, 6, 6, 5 $^3/_5$; et le total des prix du kilogr. de laine de la 1re catégorie et du kilogr. de la 9e est de 7 f. 98: d'après cela, quelle somme devra débourser un négociant qui vient d'acheter 530 kg. de la 1re catégorie, 675 de la 2e, 720 de la 3e, 845 de la 4e, 948 de la 5e, 680 de la 6e, 832 de la 7e, 909 de la 8e, et 268 de la 9e?

P. 2030. Les laines lavées fournies par les 9 catégories des bêtes ovines de France peuvent être évaluées selon ces catégories à des prix qui sont entre eux comme les nombres 22 $^1/_2$, 12 $^1/_2$, 9, 8 $^1/_2$, 7 $^1/_2$, 6, 4 $^1/_4$, 3 $^1/_2$, 3 $^1/_4$. Le prix d'un kilogr. de laine de la 1re catégorie, joint au prix d'un kilogr. de la dernière, donne pour total 27 f. 81. D'après cela, quelle somme devra débourser un filateur de laine qui vient d'en acheter 290 kg. de la 1re catégorie, 364 de la 2e, 580 de la 3e, 458 de la 4e, 560 de la 5e, 630 de la 6e, 790 de la 7e, 930 de la 8e, et 750 de la 9e?

P. 2031. En ajoutant à 26 f. 25 les $^3/_7$ de ce même nombre, il est égal aux $^3/_4$ des $^5/_9$ de la somme payée pour l'achat de 2 m. 50 de lustrine ou drap d'or et de soie: quel est le prix du mètre?

P. 2032. En ajoutant à 270 f. les $^5/_6$ de cette somme, on obtient un résultat égal aux $^{20}/_{27}$ des $^5/_8$ de la somme payée par un fabricant de savon pour 30 quintaux de natron: combien coûte le kilogramme de cette substance?

P. 2033. En ajoutant à 25 f. 96 les $^3/_{11}$ de cette somme, elle devient égale à $^1/_5$ de $^1/_4$ des $^2/_9$ de la somme reçue pour la vente d'un certain nombre de quintaux métriques de fer en barres, vendus à raison de 35 f. 40 le quintal: quel est ce nombre de quintaux?

P. 2034. On a vendu des limes demi-douces de 135 mm. au prix de 4 f. la douzaine. On a été payé en argent pour les $^2/_3$ des $^5/_7$ des $^3/_4$ de la somme à recevoir pour cette vente. Pour l'acquit du reste, on a reçu un billet de 324 f. sur lequel on a rendu une somme égale à ce reste: combien de douzaines de limes a-t-on vendues?

P. 2035. Quelqu'un qui avait acheté une selle pour son cheval, a payé les $^2/_3$ des $^3/_4$ des $^5/_6$ de la somme qu'elle lui avait coûtée. Pour achever de s'acquitter, il donne un effet de 52 f. 50, et on lui rend une somme égale à celle qui restait à payer en dernier lieu: quel est le prix de la selle?

P. 2036. Un ouvrier a pavé les $^4/_9$ et les $^2/_7$ d'une cour; il est payé à raison de 0 f. 55 le mètre carré. Pour le reste du pavage de cette cour, on lui donne en argent les $6/7$ des $3/4$ des $5/11$ de ce qu'on lui doit, plus un billet de 12 f. 644, sur lequel il rend une somme égale à celle que l'on veut acquitter au moyen de ce billet : quelle est la superficie de la cour en question?

P. 2037. Un tabletier a une somme telle, que si on y ajoute 4 fois cette somme, plus $1/7$, plus $1/5$, plus $1/3$ de cette même somme, et si l'on retranche les $5/6$ du tout, il aura 23 f. 84 : combien, avec cette somme, pourra-t-il acheter de kilogr. de nacre franche au prix de 2 f. 40 le kilogramme?

P. 2038. Dans une exploitation agricole d'une contenance de 13 ha. 12 de prairies et de terres labourables, on estime qu'il faut annuellement par hectare une quantité de fumier telle, que, si l'on additionne les $3/8$, les $2/5$ et les $3/11$ de cette quantité, on trouve un total qui la surpasse de 525 dm³. Le mètre cube pèse un poids tel, que, si, à la moitié et au tiers de ce poids, on ajoute 130 kg., on a un résultat qui dépasse de 5 kg. le poids véritable ; d'autre part, le poids du fumier que produit un animal est en moyenne les $10/3$ du poids de nourriture et de litière qu'il consomme ; et un cheval consomme annuellement 5 400 kg. de litière et de foin, soit pour nourriture, soit pour litière : combien devra-t-on entretenir de chevaux sur ce domaine pour avoir tout le fumier nécessaire?

P. 2039. Le froment perd environ $1/20$ de son poids par la dessiccation après la moisson. Une récolte de froment d'un nombre d'hectolitres tel, que, si l'on ajoute le triple, les $2/7$ et les $4/9$ de ce nombre, et encore 20 hl., on trouve 235 hl., cette récolte, dis-je, pesait 80 kg. à l'hectolitre immédiatement après la moisson : quel sera son poids après la dessiccation, et combien vaudra cette même récolte à raison de 53 f. les 120 kg.?

P. 2040. La valeur totale de la récolte de sarrazin faite dans 2 pièces de terre est de 513 f.; la récolte faite dans la 1re est $1/4$ de celle qu'on a faite dans la 2e : on demande la contenance de chaque pièce, si le prix de l'hectolitre est de 9 f. 50, et si 2 ha. de la 1re ont donné autant que 2 ha. 50 de l'autre. La 1re a produit 20 hl. 75 par hectare.

P. 2041. Combien d'hectares faudrait-il ensemencer de lin pour obtenir 342 kg. de lin de 1er brin, et combien de lin brut serait fourni par cette quantité d'hectares? On sait : 1° que, par le rouissage, le lin perd les $3/8$ de son poids ; 2° que le lin roui fournit environ les $3/20$ de son poids de lin de 1er brin ; 3° qu'il fournit en lin ordinaire les $3/5$ de la quantité de lin de 1er brin ; 4° qu'il fournit en étoupes $1/10$ de son poids ; 5° qu'un hectare peut fournir 376 kg. de filasse comprenant lin de 1er brin, lin ordinaire et étoupe.

P. 2042. J'ai reçu une caisse de marchandises, laquelle pèse 75 kg.; elle a été transportée par une diligence, et me venait d'une ville éloignée de 124 km. Je sais que le prix du transport par les diligences varie de 0 f. 75 à 1 f. par tonne et par kilomètre ; et je désire connaître si l'on ne m'a pas trop demandé pour le transport de cette caisse, sachant que les $13/18$ de la somme que j'ai été obligé de donner sont égaux à cette même somme diminuée de 2 f. $1/4$.

P. 2043. Le total de la contenance de 2 pièces de terre est

PROBLÈMES DIVERS. 245

72 a. 28; l'une est 3 fois plus grande que l'autre. La plus grande est ensemencée de trèfle qui donne une récolte de foin de 6840 kg. par hectare; la 2e, ensemencée d'avoine, en a donné 25 hl. $3/5$ par hectare : quelle est la valeur de la récolte totale, si le trèfle vaut 4 f. 50 le quintal métrique et l'avoine 7 f. 45 l'hectolitre?

P. 2044. Un négociant avait dans ses magasins une certaine quantité d'ivoire qu'il a vendu au prix de 15 f. le kilogramme; un tabletier en a pris les $2/9$; un marqueteur en a pris les $3/11$; un fabricant de coutellerie de luxe en a pris les $5/12$; et un éventailliste, qui a pris le reste, en aurait eu le quart s'il en avait eu pour 48 f. de plus : pour quelle somme le négociant a-t-il vendu l'ivoire qu'il avait, et combien de kilogrammes en a-t-il vendu?

P. 2045. Un fabricant de savon d'huile de palme en a vendu une certaine quantité à quatre négociants, au prix de 0 f. 75 le kilogramme. Le 1er a pris les $4/9$ de la quantité totale achetée; le 2e en a pris $1/3$, le 3e en a pris $1/7$, et le 4e en aurait eu les $2/21$ s'il en avait eu pour 3 f. de plus. On demande : 1º la quantité totale de savon fournie par le négociant; 2º la somme qu'il doit recevoir de chaque négociant.

P. 2046. Un marchand a vendu à 3 teinturiers une certaine quantité de bois de sumac. Le 1er a pris les $2/9$ de cette quantité au prix de 37 f. les 100 kg.; le 2e en a pris les $4/7$ au prix de 0 f. 35 le kilogramme; le 3e, qui a payé cette marchandise sur le pied de 0 f. 38 le kilogramme, en aurait eu $1/3$ de la quantité vendue, s'il en eût pris pour 3 f. 04 de plus. On demande : 1º combien chaque teinturier a pris de kilogrammes de bois de sumac; 2º la somme totale qu'a dû recevoir le marchand.

P. 2047. Un cultivateur avait une certaine quantité d'hectolitres de blé qu'il a vendus au prix de 16 f. 50 l'un. Un boulanger en a pris les $7/24$; un meunier, les $4/9$; un pâtissier, les $7/36$; et un particulier qui a pris le reste pour sa consommation, en aurait eu $1/8$ s'il en avait pris pour 66 f. de plus. On demande : 1º quelle somme le cultivateur a reçue pour la vente de son blé; 2º combien il en avait d'hectolitres.

P. 2048. Pour un plancher en chêne dont les planches ont 41 mm. de largeur, la somme reçue par un menuisier est telle, que si on l'augmente de ses $4/9$, elle est égale aux $5/8$ des $4/7$ de 3050 f. 152. Ce plancher ayant une superficie de 55 m. carr. $4/5$, quel est le prix du mètre carré?

P. 2049. Un capitaine revenait de l'armée avec le reste de ses hommes, lequel formait un nombre qui, augmenté de ses $2/3$, était égal à la moitié des $3/5$ de 100. Alors, on lui demanda combien il en avait en entrant en campagne, il répondit : De ce que j'avais, les $2/7$ ont été tués; $1/12$ est prisonnier; $1/4$ est à l'hôpital; $1/6$ est mort de maladie. Combien d'hommes avait-il d'abord dans sa compagnie?

P. 2050. Une armée ayant été défaite, les $3/16$ des troupes sont restées sur le champ de bataille; les $2/7$ ont pris la fuite; les $4/25$ ont été faits prisonniers, et le reste est rentré dans ses retranchements. Or, si l'on augmente ce reste de ses $7/13$, il forme un nombre d'hommes égal aux $8/11$ des $5/29$ de 630025 : de combien d'hommes l'armée était-elle composée?

P. 2051. En joignant ce que je dois pour l'achat de 150 citrons avec ce qui m'est dû pour la vente de 72 oranges, on a 32 f. 40 pour total; et ma créance est surpassée par ma dette de $1/5$ de cette même dette : quel est le prix d'une orange et celui d'un citron?

P. 2052. Si j'avais 18 f. de plus, je pourrais payer une certaine quantité de sucre que je viens d'acheter et qui m'a coûté 1 f. 80 le kilogramme; et, si j'avais 17 f. de moins, je ne pourrais payer que les $4/9$ de la dette que je viens de contracter : combien ai-je? Quel est le nombre de kilogr. de sucre que j'ai achetés?

P. 2053. Si l'on me payait ce qui m'est dû pour la vente de 45 kg. de pommes tapées, je m'acquitterais de ce que je dois pour l'achat de 72 kg. de pruneaux, en augmentant toutefois la somme que j'aurais reçue de $1/15$ de cette même somme; or, ma dette et ma créance montent ensemble à 111 f. 60 : quel est le prix d'un kilogramme de pommes tapées et celui d'un kilogramme de pruneaux?

P. 2054. Trois épiciers ont acheté 2540 kg. de sucre qu'ils ont revendus pour 4572 f. Chacun d'eux est intéressé dans le prix de vente ainsi qu'il suit : le 1er pour les $3/8$ du prix d'achat; le 2e pour les $5/6$, et le 3e pour les $7/24$ du même prix d'achat. On demande : 1° le prix d'achat des 100 kg.; 2° le gain total et le gain fait par kilogramme.

P. 2055. Trois négociants ont acheté 768 kg. de plomb de France raffiné, qu'ils ont revendus pour 653 f. 40. Le 1er est intéressé dans le prix de vente pour les $9/16$ du prix d'achat; le 2e pour les $5/12$ du même prix, et le 3e pour les $79/336$ de ce prix. On demande : 1° le prix d'achat du quintal métrique de plomb; 2° le gain total; 3° le gain fait sur un kilogr. de plomb.

P. 2056. Trois marchands de fourrures ont acheté 312 peaux d'agneaux d'Astracan qu'ils ont revendues pour 2620 f. 80. Chacun d'eux est intéressé dans le prix de vente ainsi qu'il suit : le 1er pour $1/3$ du prix d'achat, le 2e pour les $6/13$, et le 3e pour les $317/975$ du même prix. On demande : 1° le prix moyen d'achat de chaque peau; 2° le gain total; 3° le gain fait sur une peau.

P. 2057. Un particulier s'est mis dans le commerce de la papeterie. La 1re année, il a gagné une certaine somme; la 2e année, il a gagné les $5/9$ de la même somme; et, la 3e, il a perdu les $2/7$ de ce qu'il avait gagné la 2e année. Son bénéfice total étant de 6652 f. 80 : combien a-t-il gagné pendant la 1re année?

P. 2058. Une pendule vaut les $2/3$ des $4/5$ des $5/8$ d'un meuble qui lui-même vaut les $7/3$ des $4/5$ d'un autre, et les trois objets valent ensemble 1256 f. : quel est le prix de chacun?

P. 2059. Quelle serait l'étendue respective de 3 champs dans lesquels on aurait récolté 3000 gerbes de blé pesant chacune 11 kg.? On sait : 1° que le blé fourni par une gerbe pèse 3 kg. $2/5$; 2° qu'un hectolitre pèse 75 kg.; 3° qu'un hectare a donné 12 hl. $1/2$; 4° que la contenance du 1er champ est de 2 ha. 88 a., et 5° que la contenance du 3e est les $7/9$ de celle du 2e.

P. 2060. On a acheté du sucre, du café et du chocolat qui ont coûté 1275 f.; pour le café, on a déboursé 2 fois $1/3$ plus que pour le sucre; et, pour le chocolat, 2/3 de plus que pour le sucre : combien a-t-on payé pour chaque espèce de marchandise?

P. 2061. On a acheté 2 fois 1/4 plus de chocolat, et 3 fois 1/2 plus de sucre que de café ; on a dépensé pour le tout 2754 f. : combien a-t-on dépensé pour le café, pour le chocolat, pour le sucre, et combien y a-t il eu de kilogrammes de chaque denrée, si le sucre coûte 1 f. 50, le café 3 f. et le chocolat 3 f. 20 le kilogramme?

P. 2062. Un marchand qui a des fonds disponibles, fait 3 spéculations. A la 1re, ses fonds sont augmentés des 5/12 ; à la 2e, ils le sont des 4/11 ; à la 3e, ils sont diminués des 2/13 ; et, après ces 3 spéculations, il se trouve avoir la somme nécessaire à l'acquisition d'un bateau de 45 tonneaux qui vaut 6800 f. : quelle somme avait-il d'abord?

P. 2063. Deux sommes sont telles, qu'en les ajoutant, la 1re est augmentée de ses 6/7 ; et, en retranchant la 2e de l'autre, on a 0 f. 84 pour reste. Or, avec la 1re de ces deux sommes, on achète 7 douzaines d'alouettes ; et, avec la 2e, on achète 72 alouettes : quel est le prix d'une alouette?

P. 2064. On a acheté au prix de 22 f. 50 le kilogramme des éponges fines chez deux marchands. Les quantités fournies par ces marchands sont telles, que, si on les ajoute, la plus grande est augmentée de ses 4/11 ; et, si on les retranche, on a 2 kg. 80 pour reste : quelle somme doit-on à chaque marchand?

P. 2065. Deux sommes sont telles, qu'en les ajoutant, la plus forte est augmentée de ses 25/32 ; et, en les retranchant l'une de l'autre, on a 7 f. 66 pour reste. Or, avec la plus forte de ces deux sommes, on a acheté 24 kg. d'huile de coco de Ceylan ; et, avec la plus faible, 18 kg. d'huile de coco Cochin : quel est le prix du kilogr. de chacune de ces deux sortes d'huile?

P. 2066. La plus grande de deux des portions de la somme déboursée pour une armoire plaquée en palissandre est les 2/5 de cette somme; la différence entre ces deux portions est les 8/45 de cette même somme, et la plus petite des deux égale 56 f. : quel est le prix de cette armoire?

P. 2067. On a acheté 66 kg. d'huile d'olive de deux qualités : de l'huile surfine nouvelle à 2 f. 75 le kilogramme, et de l'huile surfine vieille à 2 f. 50. En ajoutant, à la 7e partie de l'huile nouvelle, la 6e partie de l'huile vieille, on obtient une quantité égale aux 5/21 de la quantité d'huile nouvelle : combien devra-t-on débourser?

P. 2068. Pour pousser de 70 m. à 80 m. le sondage d'un terrain composé de grès houiller médiocrement dur, il a fallu 8 ouvriers qui ont travaillé pendant 12 jours. La somme déboursée pour les payer est partagée en 3 portions. Le total de 2 de ces portions est égal aux 31/45 de la somme; l'une d'entre elles est égale aux 2/9 de cette même somme, et l'autre se monte à 107 f. 52. On demande : 1° le prix de la journée d'un ouvrier; 2° le prix du forage d'un mètre courant pour la profondeur ci-dessus indiquée.

P. 2069. Un homme qui a 7 m. 2/3 d'ouvrage à faire, commence sa journée à 5 heures $1/4$ du matin, et fait $5/8$ de mètre en une heure : à quelle heure aura-t-il fini?

P. 2070. Deux voyageurs partent en même temps d'un même point d'une route et marchent dans la même direction. Le 1er marche pendant 12 heures $1/2$ et fait 6 km. $1/3$ à l'heure; le 2d marche pendant 10 heures $2/3$ et fait 4 km. $1/4$ à l'heure : à quelle distance se trouvent-ils l'un de l'autre après ce temps?

P. 2071. Deux voyageurs partent en même temps du même point d'une route longue de 501 km.; le 1er fait 25 km. $1/3$ par jour, et le 2d 20 km. $1/4$: à quelle distance se trouveront-ils l'un de l'autre : 1° après 8 jours de marche; 2° quand le 1er aura parcouru 105 km.?

P. 2072. Dans un atelier de peinture, 2 ouvriers ont à broyer chacun 4 kg. $8/13$ de noir d'ivoire; le 1er peut en broyer 16 Dg. $3/4$ par heure; et le 2d, 12 Dg. $5/6$: combien d'heures avant le 2d, le 1er aura-t-il fini sa tâche?

P. 2073. Un voyageur, parti de Paris à 7 heures $1/4$ du matin, est arrivé à Amiens à 11 heures $7/12$. Le lendemain, il est reparti d'Amiens à 6 heures $11/12$ du matin pour revenir à Paris. On demande à quel point de la route il a pu dire : Hier, à cette heure, j'étais en ce même lieu. On sait que la distance qui sépare ces deux villes est de 147 km. $1/2$.

P. 2074. Deux estafettes, sortant de Paris et d'Orléans, vont à la rencontre l'une de l'autre. La 1re, qui fait 69 km. $3/5$ en 4 heures $1/7$, sort de Paris à 5 h. 25 min. du matin; la 2e, qui fait 74 km. $2/3$ en 3 heures $1/8$, part d'Orléans à 8 h. 8 min. Il y a 120 km. entre ces deux villes : à quelle heure aura lieu la rencontre des deux estafettes et à quelle distance de Paris?

P. 2075. Deux ouvriers charpentiers ont 2 m. cub. 358 de bois à refaire avec moulures pour escalier; l'un en fait 21 dm. cub. $1/2$ par heure, et l'autre en fait 24 dm^3 dans le même temps. On demande : 1° combien chacun d'eux aura fait de décim. cub. quand l'ouvrage sera terminé; 2° en combien d'heures ils auront terminé ce travail.

P. 2076. Un chapelier a acheté des poils de lapin pour 116 f. $1/4$, et des poils de castor pour une somme telle, que son quotient par 116 + $1/4$ égale 2 + $18/31$: combien de kilogrammes de poils de lapin et de poils de castor a-t-il achetés? On sait que les 1ers lui coûtent 15 f. 50 le kilogr. et les autres 50 f. le kilogramme.

P. 2077. Deux hommes d'affaires ont vendu 4 560 st. de sapin ordinaire à 70 f. le stère. L'un en vend chaque jour 15 st. $3/4$ de plus que l'autre, et ils ont fini en 19 jours : combien chacun d'eux en a-t-il vendu de stères, et pour quelle somme?

P. 2078. Deux ouvriers font ensemble un faîtage en tuiles, qui a 45 m. de longueur; et ils commencent chacun par une extrémité du bâtiment; le 1er en fait 2 m. à l'heure, et le 2d en fait 3. Le 1er a commencé à travailler 3 heures $1/4$ avant le 2d : à quel point du faîtage se rencontreront-ils?

P. 2079. Deux ouvriers menuisiers ont ensemble 180 m. linéaires de moulures à faire; le 1er en fait 3 m. par heure; et le 2d, 2 m. aussi par heure : combien d'heures l'un devrait-il commencer avant l'autre, pour que, finissant ensemble, ils aient fait chacun la moitié de l'ouvrage?

P. 2080. Deux menuisiers ont ensemble 54 m. de moulures à faire; le 1er, qui en fait 5 m. en 2 heures, s'est mis à l'ouvrage 2 heures 1/3 avant le 2d; et, en finissant ensemble, ils ont fait chacun la moitié du travail : on veut savoir combien le 2d faisait de mètres par heure.

P. 2081. Deux ouvriers qui broient ensemble du vermillon d'Allemagne, en ont 6 hg. à broyer; et, quand ils ont fini ce travail, il se trouve que le 1er en a broyé les 2/3, et l'autre le reste. Si le 1er eût commencé une heure plus tard, ils en auraient broyé chacun la moitié. Combien chacun des deux ouvriers emploierait-il d'heures pour les 6 hg. s'il travaillait seul?

P. 2082. Deux ouvriers couvreurs travaillent ensemble à faire des égouts pour diverses toitures. Le 1er, qui a commencé son travail 9 heures avant le 2d, et qui fait des égouts de 6 pièces, savoir : 2 ardoises et 4 tuiles, en fait 4 m. en 5 heures. Le 2d, qui fait des égouts de deux tuiles, en fait 7 m. en 6 heures : quand celui-ci aura fait autant de mètres que le 1er, combien de mètres auront-ils faits chacun?

P. 2083. Deux ouvriers couvreurs travaillent ensemble à faire des égouts pour divers bâtiments. Le 1er, qui a fait d'avance 13 m. 4/5, fait, en 4 heures, 3 m. d'égout en bascule composé de six pièces, et commence 4 heures après le 2d, qui fait, en 7 heures, 6 m. d'égout composé de 3 tuiles. On demande : 1° dans combien d'heures le 2d aura fait autant de mètres que le 1er; 2° combien alors chacun d'eux aura fait de mètres.

P. 2084. Deux ouvriers menuisiers, travaillant ensemble à poser des corniches autour du plafond d'un corridor ayant 18 m. de longueur sur 2 m. de largeur, doivent faire chacun une portion de ce travail; le 1er travaille 3 fois plus vite que le 2d, et celui-ci a déjà posé 8 m. courants de corniches quand le 1er commence sa tâche : on demande combien chacun d'eux aura encore de mètres à poser quand le 1er en aura posé autant que le 2d.

P. 2085. Deux ouvriers commencent ensemble à creuser dans de la terre végétale chacun un fossé large de 1 m. 20 à l'ouverture, et de 0 m. 72 dans le fond, profond de 1 m. 05, et long de 28 m. 2/3. Le 1er fait 5 m. courants en 4 heures, et le 2d 8 m. courants en 7 heures : combien d'heures le 2d ouvrier aura-t-il terminé après le 1er?

P. 2086. Deux ouvriers couvreurs travaillent ensemble à faire une ruellée en tuile; le 1er en fait 5 m. en 3 heures, et le 2d, 7 m. en 4 heures; le 1er a commencé à une extrémité 2/3 d'heure avant que le 2d commençât à l'autre extrémité de la ruellée, et ils en avaient fait chacun la moitié quand ils se sont rencontrés : combien coûtera ce travail, à 0 f. 70 le mètre courant?

P. 2087. Deux ouvriers creusent des fossés des deux côtés d'une route dans de la terre végétale; ces fossés ont 1 m. 20 de largeur à l'ouverture, 0 m. 72 dans le fond et 1 m. 05 de profondeur. L'un des deux ouvriers, qui s'est mis à creuser son fossé avant l'autre, a déjà fait en longueur 28 m. 2/3 de fossé lorsque le 1er commence à creuser le sien. Le 1er fait 5 m. courants en 4 heures, et le 2d fait 8 m. courants en 7 heures : dans combien de jours le 1ᵉʳ aura-t-il avancé son travail autant que le 2ᵈ, s'ils travaillent chacun 12 heures par jour ?

P. 2088. Un filateur de laine en a acheté 58 balles pesant chacune 175 kg. : combien devra-t-il débourser pour cet achat ? On sait qu'en divisant le prix du kilogramme par 4, et en ajoutant le quotient au produit de ce même prix par 6, on obtient une somme de 17 f. $1/2$.

P. 2089. On a acheté au prix de 68 f. les 50 kg., une quantité de fromage de Roquefort qui a coûté une somme telle, que, si on la divise par 7, et si l'on ajoute le quotient au triple de la même somme, on a pour résultat 51 f. 29 $1/7$: quel est le nombre de kilogrammes que l'on a achetés ?

P. 2090. Une propriété vendue aux enchères a été adjugée pour 36 000 f. : on demande la mise à prix, sachant qu'à la 1ʳᵉ enchère, l'augmentation a été égale à $1/5$ de la mise à prix ; à la 2ᵈᵉ enchère, l'augmentation a été $1/4$ de la mise à prix ; et, à la 3ᵉ enchère, l'augmentation a été $1/29$ de l'enchère précédente.

P. 2091. Un ouvrier a fourni un certain nombre de mètres courants de gouttières en zinc dans une 1ʳᵉ maison ; dans une 2ᵉ maison, il en a posé un nombre de mètres qui surpasse le 1ᵉʳ des $2/9$ de celui-ci ; et, dans une 3ᵉ maison, il en a fourni une quantité qui surpasse la quantité précédente des $3/11$ de cette 2ᵉ fourniture ; et, à raison de 2 f. 40 le mètre, il a reçu pour la 3ᵉ fourniture 134 f. 40 : quelle somme a-t-il reçue pour la 1ʳᵉ, qui lui est payée 2 f. le mètre ?

P. 2092. On a acheté, au prix de 8 f. 50 le cent, une quantité de fromage de Brie telle, que ses $5/6$ multipliés par ses $3/8$, et le produit divisé par $4 + 2/7$, donne pour résultat $3 + 1/2$: combien devra-t-on débourser ?

P. 2093. Un négociant a acheté 178 m. de foulards, de crêpes, de florences et de sergé ; le nombre de mètres de foulards est les $4/7$ du nombre de mètres de sergé, qui est lui-même les $3/8$ du nombre de mètres de florences ; et le nombre de mètres de crêpes est les $5/9$ du nombre total de mètres des trois autres sortes de tissus : combien devra-t-il débourser ? On sait que les foulards valent 3 f. 78 ; les crêpes, 2 f. 25 ; les florences, 2 f. 50 ; et le sergé, 4 f. 90 le mètre.

P. 2094. Un teinturier a acheté pour 353 f. 50 des marchandises de trois sortes : 1° 175 kg. de lichens tinctoriaux ; 2° 2 kg. de safran ; 3° 30 kg. $5/8$ de carthame : quel est le prix du kilogr. de chaque sorte de marchandise, si la somme déboursée pour payer le safran est les $7/9$ de celle payée pour les lichens tinctoriaux, et si celle qu'on a déboursée pour le carthame est les $3/5$ de celle payée pour le safran ?

P. 2095. Deux artilleurs commencent à lancer des bombes à des temps différents ; l'un a 36 coups d'avance et tire 8 coups pendant que l'autre n'en tire que 7 ; le 1ᵉʳ dépensant en 4 coups autant de poudre que l'autre en 3, ils doivent cesser quand ils auront dépensé la même quantité de poudre : combien faudra-t-il que le dernier tire de coups ?

P. 2096. Un industriel a acheté de deux qualités de houille ; il en a pris 540 hl. de la 1ʳᵉ, dont l'hectolitre pèse les $4/5$ du quintal métrique, et il a déboursé 302 f 40 : combien a-t-il dû débourser pour 870 m³ de la 2ᵉ qualité, dont l'hectolitre pèse les 17/20 du quintal métrique ? On sait que, si les deux qualités étaient du même poids, le prix de la 1ʳᵉ serait égal aux 13/12 de celui de la 2ᵉ.

P. 2097. Dans une usine où l'on affine le fer, se trouvent deux forges, l'une champenoise, et l'autre bourguignonne. La forge champenoise ayant commencé de fonctionner avant l'autre, a, dans sa production de fer, forgé 4760 kg. d'avance. Pendant qu'elle forge 16 loupes de fer, la forge bourguignonne en forge 34 ; et 23 loupes de la forge champenoise produisent autant de fer affiné que 48 loupes de la forge bourguignonne : combien cette dernière doit-elle forger de loupes pour produire autant de fer forgé que l'autre, le poids moyen du fer donné par une loupe de la forge champenoise étant de 48 kg.?

P. 2098. Une diligence parcourt 1/7 de sa route le 1ᵉʳ jour; le 2ᵉ, elle parcourt 1/6 du reste; le 3ᵉ, les 2/9 du nouveau reste; le 4ᵉ, les 2/7 du nouveau reste ; le 5ᵉ, les 3/10 du reste; le 6ᵉ, les 3/5 du reste; et enfin, le 7ᵉ, elle a parcouru 140 km. qui restaient : on demande la longueur de la route et le parcours de chaque journée.

P. 2099. Une diligence a parcouru une route en 4 jours; le 1ᵉʳ jour elle a parcouru les 2/11 de la route; le 2ᵉ jour, elle a fait les 5/13 du reste; le 3ᵉ jour, elle a fait les 5/9 du 2ᵉ reste ; enfin, le 4ᵉ jour, elle a fait le reste du voyage en parcourant 192 km. : on demande la longueur de la route, et le trajet parcouru dans chaque journée.

P. 2100. Un négociant possède un certain nombre de quintaux d'étain des détroits; il en vend les 3/7; puis, par un second marché, il vend les 4/5 de ce qui lui reste. Enfin, il lui en reste 8 quintaux. 1º Pour quelle somme en avait-il d'abord, si le quintal coûte 334 f. 25 ? 2º Pour quelle somme en a-t-il vendu?

P. 2101. Un marchand de chevaux avait une certaine somme; il en emploie la moitié pour l'achat d'un cheval, la moitié du reste pour l'achat d'une jument, la moitié du 2ᵉ reste pour l'achat d'un mulet, la moitié du 3ᵉ reste pour l'achat d'un poulain ; et il emploie 120 f. qui lui restent pour l'acquisition de 2 ânes : quelle somme avait-il, et combien valent chacun des autres animaux qu'il a achetés?

P. 2102. Un teinturier a acheté des marchandises pour une somme que l'on ne connait pas; on sait seulement qu'il en a employé les 3/7 à l'achat de lichens tinctoriaux payés 0 f. 90 le kilogramme; les 4/9 du reste, à l'achat d'une certaine quantité de carthame valant 2 f. 40 le kilogramme; les 3/4 du dernier reste, à l'achat d'une quantité de nerprun valant 1 f. 50 le kilogramme. Il a de plus employé 24 f. pour acheter de la noix de galle à 2 f. 50 le kilogramme, et il lui reste les 2/63 de la somme; il les emploie à l'acquisition d'une certaine quantité d'orcanette valant 0 f. 80 le kilogramme : quelle somme a-t-il dépensée, et combien de kilogrammes de chaque sorte de marchandise a-t-il achetés?

P 2103. En 1835, on estimait que la matière première était les 22/107 de la valeur des cotons manufacturés dans la Grande-Bretagne. Les profits du capital, les frais de direction et de gestion des fabriques, les sommes nécessaires à l'entretien des machines, à l'achat de la houille, etc., montaient à $1/3$ de la différence entre la valeur des produits manufacturés et la valeur de la matière première, ou à une somme d'environ 226 millions $2/3$ en monnaie de France : quel était le montant de la valeur des produits manufacturés?

P. 2104. En 1835, le nombre total des mécaniciens, fondeurs, forgerons, menuisiers, maçons, etc., employés dans la Grande-Bretagne pour les filatures de coton, était de 100 000; ils recevaient en moyenne chacun 750 f. par an; la somme employée à les salarier était $1/3$ du profit des capitalistes; le reste de ce profit était destiné à l'entretien des machines et à l'achat de la houille : à quelle somme se montait ce profit; et combien coûtait l'entretien des machines, en supposant que l'achat de la houille ne coûtât que les $6/19$ de cet entretien?

P. 2105. J'ai fait faire à un poêlier-fumiste une cheminée en briques, garnie en faïence, avec cadre à moulures et rideau en cuivre. Je lui ai déjà donné trois à-compte valant ensemble les $7/9$ de ce que je lui dois pour ces travaux et ces fournitures; le 3e était $1/4$ de la somme; le 2e était le double du 1er : quelle fraction de la somme a été ce 1er paiement? combien m'a coûté cette cheminée, si je dois encore 7 f. 20?

P. 2106. Un marchand de bestiaux est allé à une foire avec une somme que l'on ne connaît pas; mais on sait qu'il en a dépensé les $2/9$ pour l'achat de 8 génisses, les $3/8$ du reste pour l'achat de 2 vaches, les $5/7$ du dernier reste pour celui de 2 bœufs; il emploie 84 f. pour les dépenses qu'il fait à son auberge; et, en faisant le relevé de ses comptes, il trouve qu'il lui reste $1/12$ de la somme qu'il avait d'abord : on demande quelle est cette somme, et quel est le prix de chacun des animaux qu'il a achetés.

P. 2107. Un teinturier a acheté : 1° 48 kg. de safran; 2° 600 kg. de carthame; 3° 480 kg. de nerprun; 4° 2 000 kg. d'avélanèdes; 5° 200 kg. de lichens tinctoriaux, et 6° 300 kg. de gousses tinctoriales. Pour le safran, il a dépensé la moitié de la somme totale qu'il a dû débourser pour toutes ces marchandises; pour le carthame, il a dépensé moitié moins que pour le safran, et ainsi de suite pour chaque sorte de marchandise, dont la dernière a coûté 0 f. 30 le kilogramme. On demande : 1° la somme totale déboursée; 2° la somme déboursée pour chaque sorte de marchandise; 3° le prix du kilogrammme de chaque sorte.

P. 2108. Un bâtiment renfermant 240 m^3 de maçonnerie, a demandé l'emploi de 76 m. cub. $4/5$ de mortier; les $2/23$ de la dépense à faire pour la fabrication du mortier, servent à payer les frais d'outils; les $3/23$ de la même dépense servent à payer le chef d'atelier, et la somme qu'il reçoit est les $3/10$ de celle qui est allouée aux garçons maçons; enfin, le reste de la dépense sert à payer le cheval et son conducteur; or, à l'égard du bâtiment dont il s'agit, on a payé pour cette dernière branche de dépense 24 f. 57c : combien a coûté la fabrication du mortier?

P. 2109. Deux marchands de papier font chaque année des affaires qui leur rapportent à chacun un égal revenu. Le 2^d économise annuellement les $2/11$ du sien. Le 1er, qui dépense 600 f.

par an de plus que le 2^d, doit, au bout de 3 ans, 1140 f.: pour quelle somme par an font-ils des affaires, supposé qu'ils gagnent chacun sur cette somme 6 f. 75 p. $^0/_0$?

P. 2110. Deux marchands de province avaient destiné annuellement chacun la même somme au commerce des coupe-racines. Le 1er ne dépense pour l'achat de ces instruments que les $4/5$ de cette somme; mais le 2^d, qui dépense pour cela 130 f. de plus que le 1er, trouve au bout de trois ans qu'il a dépensé 97 f. 50 de plus qu'il ne s'était d'abord proposé. On demande : 1° la somme destinée; 2° la somme dépensée par chaque marchand; 3° le nombre de coupe-racines achetés annuellement par chacun. On sait que le prix de l'instrument est de 26 f.

P. 2111. Deux marchands de fil de lin en avaient ensemble 108 kg. à 6 f. 50 le kilogramme. Le 1er a vendu $1/3$ de sa provision; et le 2^d, les $2/3$ de la sienne, et il en reste en tout 66 kg. On demande : 1° pour quelle somme chacun en avait; 2° pour quelle somme chacun en a vendu.

P. 2112. Un fabricant d'objets en buis achète de deux marchands 649 kg. de buis; pour s'acquitter, il donne une somme dont les $7/9$ diminués de 64 f. 90, égalent les $11/15$. Or, il a déjà employé les $3/11$ de la quantité fournie par le 1er marchand et les $7/11$ de la quantité fournie par le 2^d; et il lui reste encore 348 hg. : quelle somme a-t-il donnée à chaque marchand?

P. 2113. Un fabricant d'articles de pêche avait acheté de deux marchands 289 kg. de roseaux d'Europe pour une somme dont les $5/9$ augmentés de 8 f. 67 égalaient les $7/12$. Il a déjà employé les $6/17$ de la quantité fournie par le 1er marchand, et les $9/17$ de la quantité fournie par le 2^d, et il lui en reste encore 160 kg. : on demande quelle somme il a dû donner à chaque marchand.

P. 2114. On a acheté de deux marchands 360 kg. de fil de chanvre retors et écru, pour une somme dont les $4/9$ diminués des $3/8$ égalent 105 f. Mais on a déjà revendu $1/4$ de la quantité fournie par le 1er et les $3/4$ de la quantité fournie par le 2^d; et il en reste encore 200 kg. On demande : 1° combien chaque marchand a fourni de kilogrammes de fil; 2° le prix du kilogramme.

P. 2115. La différence entre la somme payée par un marchand de pelleteries pour 4 peaux d'hyène, et celle qu'il a déboursée pour 3 peaux de loup-cervier est de 21 f. $3/40$: quel est le prix d'une peau d'hyène et celui d'une peau de loup-cervier, si cette différence est égale à 281 fois le quotient du total de ces deux sommes et de leur différence par 1792?

P. 2116. Dans deux emplettes, on a acheté une certaine quantité de pièces de merrain de peuplier ayant chacune 1 m. 13 de longueur. Les sommes déboursées pour chacune de ces emplettes sont telles, que leur différence est de 299 f. 60; et cette différence est égale au produit par 53 + $1/2$, du quotient de la division du total de ces deux sommes et de leur différence par 359. Chaque pièce de merrain valant 0 f. 28, on demande de combien de pièces se compose chaque emplette.

P. 2117. Pour un 1er propriétaire, un maître paveur a fourni, corroyé et posé 39 m. cub. $11/13$ de terre glaise pour bassin; chez un 2^d propriétaire, il a fait en pavés scellés en sable, le pavage d'une cour ayant 74 m. carr. 40 de superficie. La différence entre les sommes qu'il a reçues de ces deux propriétaires est de 99 f. 52 ; et cette différence est égale au produit par $6 + 64/93$ du quotient de la division du total de ces deux sommes et de leur différence par 83. On sait encore que le 2^d a déboursé la plus grande somme. On demande : 1° le prix du mètre cube de terre glaise ; 2° le prix du mètre carré de pavage.

P. 2118. Un menuisier a fait un 1er plancher en chêne de 54 mm. avec frises de 22 cm., à raison de 16 f. le mètre carré. Il a fait un 2^d plancher à points de Hongrie en chêne de 27 mm. sur 8 cm. de largeur à raison de 10 f. 25 le mètre carré. La différence entre la somme payée pour le 1er plancher et celle payée pour le 2^d est de 1224 f. Or, cette différence est égale au produit par $58 + 2/211$ du quotient de division du total de ces deux sommes et de leur différence par 144 : quelle est la superficie de chacun de ces deux planchers, le 1er étant celui qui a le plus coûté ?

P. 2119. Un fabricant a acheté en suint des laines mérinos de Naz et des laines mérinos ordinaires pour 7560 f. ; les mérinos de Naz valent 6 f. 30 le kilogr. ; et les mérinos ordinaires, 4 f. 50 le kilogr. ; les $4/5$ de la somme qu'il a déboursée pour l'achat de cette dernière sorte surpassent de 243 f. les $3/7$ de la somme déboursée pour l'achat des laines mérinos de Naz : combien de kilogrammes de laines de chaque sorte a-t-il achetés ?

P. 2120. On a acheté de deux négociants un certain nombre de quintaux métriques de soufre brut, pour le paiement desquels on a déboursé une somme dont la moitié, le tiers, le quart et les $2/7$ égalent 575 f. Combien chaque négociant en a-t-il fourni de quintaux ? On sait : 1° que les $11/15$ de la somme reçue par le 1er surpassent de 46 f. 25 les $13/14$ de la somme reçue par le 2^d ; 2° que le prix du quintal est de 17 f. 50.

P. 2121. Un commerçant a acheté pour 197 f. 50 d'eau-de-vie de deux qualités ; la 1re est de l'eau-de-vie de Saintonge valant 210 f. l'hectolitre ; la 2de est de l'eau-de-vie de Montpellier valant 135 f. l'hectolitre : combien de litres de chaque sorte a-t-il achetés ? On sait que les $5/7$ de la somme déboursée pour l'eau-de-vie de Saintonge surpassent de 7 f. 47 les $3/4$ de la somme versée pour l'eau-de-vie de Montpellier.

P. 2122. Un fabricant de cannes a acheté pour 781 f. 83 deux collections de paquets de bambou à un prix tel, que les $2/3$, plus les $3/7$, plus les $4/9$ de la somme payée pour un quintal métrique égalent 354 f. 05 : combien de kilogrammes y a-t-il dans chacune de ces deux collections ? On sait que les $6/11$ de la somme payée pour la 1re surpassent de 122 f. 64 les $5/9$ de la somme versée pour la 2de.

P. 2123. Un régiment part le 5 et doit arriver le 22 à sa destination ; mais, au moment de partir, on reçoit un ordre qui prescrit d'être arrivé le 16. En vertu de cet ordre, chaque journée de marche est augmentée de 9 km. $3/4$. On demande : 1° combien ce régiment a de kilomètres à faire ; 2° combien il en aurait fait, chaque jour, dans le 1er cas.

P. 2124. Un ouvrier paveur commence le 15 juin à paver une rue, et il doit avoir fini le 12 juillet ; mais avant qu'il se mette à l'ouvrage, l'administration lui fait connaître qu'il doit avoir fini son travail le 4 juillet; d'après cette injonction, chaque jour il doit faire 2 m. carr. 3/11 de plus. On demande : 1° combien il a de mètres carrés à paver; 2° combien il en aurait pavé, par jour, dans le 1er cas; 3° combien il aurait gagné, par jour, dans le 2d cas, et ce qu'il gagnera par jour s'il a 0 f. 55 par mètre carré. Il est à remarquer qu'il ne travaille pas les dimanches, et qu'il s'en rencontre 4 dans le 1er cas, et 3 dans le 2d.

P. 2125. On a acheté du cuivre de l'Elbe à 335 f. 70 le quintal, et du cuivre d'Angleterre à 325 f. 80. On a pris 4 quintaux 1/9 de cette dernière variété de plus que de la 1re; et, si l'on divise la quantité de cuivre de l'Elbe par la quantité de cuivre d'Angleterre, on aura pour quotient 3/7 : combien devra-t-on débourser?

P. 2126. Un ouvrier, employé chez un fabricant d'instruments de physique, économise chaque année 1/25 de ses appointements; ceux-ci sont augmentés de 1/5 : quelle fraction de ses nouveaux appointements devra-t-il économiser pour obtenir la même somme d'économies; et combien pourra-t-il mettre de côté, sachant que ses nouveaux appointements se montent à 1 500 f.?

P. 2127. Un ouvrier, employé dans l'exploitation d'une mine, a reçu 450 f. pour le triage d'un certain nombre de mètres cubes de minerais; s'il eût reçu par mètre cube 1/5 de moins, il en aurait trié 50 m³ de plus pour la même somme : combien de mèt. cubes a-t-il triés, et combien a-t-il reçu par mètre cube?

P. 2128. Un ouvrier menuisier a un parquet à faire; il se propose d'en faire chaque jour une portion telle, qu'il puisse avoir fini ce parquet en 13 jours; mais son patron, étant venu voir son travail à la fin du 1er jour, le trouve trop peu soigné, et il lui ordonne de le faire avec moins de précipitation, et de ne le terminer que dans 16 jours : à combien l'ouvrier devra-t-il réduire le travail qu'il se proposait de faire chaque jour?

P. 2129. Un ouvrier a 8 appartements à carreler, et il se propose de terminer cet ouvrage en 10 jours; mais après un jour de travail, il reconnaît qu'il est nécessaire de le faire durer 3 jours de plus pour qu'il soit mieux exécuté : à combien doit-il réduire son travail de chaque jour?

P. 2130. Un maître menuisier s'est chargé de faire tous les planchers d'une vaste construction, et il doit terminer cet ouvrage en 75 journées de travail; mais le propriétaire trouve qu'il n'emploie pas assez d'ouvriers pour que l'ouvrage soit exécuté avec le soin convenable, et il a besoin que le travail soit terminé en 60 journées; alors, le maître menuisier augmente le nombre des ouvriers des 3/7 de ce nombre : à combien devra-t-on réduire le travail journalier de chaque ouvrier?

P. 2131. Un marchand a vendu 222 m. de drap de deux qualités, autant de l'une que de l'autre; il a eu pour le tout 1998 f. Or, 11 m. de la 2e qualité coûtent autant que 7 de la 1re : quel est le prix du mètre de chaque qualité?

P. 2132. Deux housses pour selle coûtent 42 f.; le quart du prix de l'une est égal au tiers du prix de l'autre : quel est le prix de chacune?

P. 2133. Les 2/3 de la somme que j'ai payée pour une paire d'éperons, sont égaux aux 4/9 de la somme que j'ai payée pour une paire d'étriers; et les éperons coûtent 6 f. de moins que les étriers: quel est le prix de la paire d'étriers et celui de la paire d'éperons?

P. 2134. Un marchand de fourrures a acheté 248 peaux, parmi lesquelles se trouvent des peaux de grèbe valant 240 f. le cent, des peaux de marmotte valant 180 f. le cent, et des peaux d'oie valant 237 f. le cent; les $5/6$ du nombre des peaux de grèbe, les $3/4$ du nombre des peaux de marmotte et les $5/8$ du nombre des peaux d'oie sont égaux entre eux : combien le marchand devra-t-il débourser?

P. 2135. Un fabricant d'huile a acheté de trois marchands 6060 kg. de noix à 0 f. 80 le kilogramme : combien doit-il à chacun, sachant que $1/9$ de la quantité prise au 1er, ou $1/7$ de la quantité prise au 2e, égale 6 fois le cinquième de la quantité prise au 3e?

P. 2136. Un poêlier-fumiste a livré 70 carreaux en faïence, à mosaïque, dont les uns, de 22 cm. sur 22 cm., valaient 1 f. 35 la pièce, et les autres, de 25 cm. sur 27 cm., valaient 1 f. 70. En multipliant le nombre des seconds par $7 + 1/2$, on obtient le même produit qu'en multipliant le nombre des premiers par 3 : quelle somme le poêlier a-t-il dû recevoir?

P. 2137. Un fabricant d'huile, avec les noix mondées qu'il a achetées de 3 marchands, a fait 2412 kg. $13/14$ d'huile de noix. Combien doit-il à chacun, sachant : 1° que les noix mondées coûtent 0 f. 80 le kilogr.; 2° que 5 kg. de noix donnent 3 kg. d'huile; 3° qu'il en a pris au 1er 2682 kg. $1/2$; et que la quantité prise au 3e est égale à 4 fois la quantité prise au 2e, plus 2 fois la 7e partie de cette même quantité?

P. 2138. Un chapelier a acheté des poils de lapin qu'il a payés 15 f. 12 le kilogramme; des poils de lièvre, dont le kilogramme lui a coûté 15 f. 75, et des poils de castor qui lui reviennent à 50 f. le kilogramme : combien de kilogrammes de chaque espèce de poils a-t-il achetés? On sait que la somme qu'il a déboursée pour payer les poils de lièvre est en même temps les $7/12$ de celle que lui coûtent les poils de lapin, et les $6/11$ de celle qu'il a donnée pour les poils de castor, et qu'il a déboursé en tout 601 f. 65.

P. 2139. Un marchand coutelier achète chez un fabricant les $7/8$ d'un paquet de couteaux de cuisine à 9 f. la douzaine; il cède les $5/6$ de son marché à l'un de ses confrères qui lui rembourse 532 f.; de cette manière, ce qu'il avait déboursé lui rentre, et il gagne encore 28 f. sur son marché, outre les couteaux qui lui restent : combien le paquet de couteaux du fabricant en contenait-il de douzaines? Combien le 1er marchand a-t-il gagné en tout par douzaine?

P. 2140. Un droguiste avait acheté des gousses tinctoriales à 1 f. 25 le kilogr.; il en a revendu le tiers à 1 f. 30 le kilogramme, le quart à 1 f. 41, les $2/7$ à 1 f. 32, et le reste à 0 f. 05 de perte par kilogramme. Sur le tout, il a gagné 8 f. 835 : combien de kilogrammes avait-il achetés?

P. 2141. Un marchand de couteaux achète le tiers de ses couteaux à raison de 8 couteaux pour 6 f. 50; un autre tiers à raison de 4 couteaux pour 2 f. 80; enfin, le dernier tiers à raison de

6 couteaux pour 4 f. 75. Il revend le tout à raison de 12 f. 50 la douzaine, et il gagne 147 f. 75 : quel est le nombre de ses couteaux?

P. 2142. Un marchand faïencier a acheté une provision d'assiettes en terre de pipe; il en revend la moitié à 1 f. 80 la douzaine; $1/6$ à 1 f. 90; et le reste à 2 f. 05; il se trouve alors qu'il a gagné 5 f. 25 sur son marché : combien de douzaines d'assiettes avait-il achetées à 1 f. 55 la douzaine?

P. 2143. Un marchand a acheté une pièce de batiste à raison de 20 f. le mètre; il en a revendu la moitié à 24 f., le sixième à 20 f.; le quart à 27 f., et le reste à 30 f.; alors il se trouve qu'il a gagné 165 f. sur son marché : combien la pièce contenait-elle de mètres?

P. 2144. Un marchand quincaillier a vendu des espagnolettes de différents prix pour 1170 f. 10. Les $2/7$ de la quantité vendue ont été livrés à 8 f. 50 la pièce; les $3/8$ de la même quantité ont été livrés à 10 f. 30, et le reste a été fourni à 12 f. 25 : combien d'espagnolettes a-t-il vendues?

P. 2145. On a acheté pour 64 f. de fourrures. Parmi ces fourrures, il y avait un certain nombre de peaux de belette, évaluées 78 f. 75 le cent, et des peaux de hamster évaluées 75 f. le cent. La somme que ces dernières ont coûtée était les $5/7$ de la somme payée pour les peaux de belette; et la somme déboursée pour des peaux de rats musqués, à 1 f. la pièce, était les $4/9$ de la somme payée pour les peaux de hamster : combien y avait-il de chaque sorte de fourrures?

P. 2146. Deux rues ont ensemble 3692 m. carr. $2/5$; et, si l'on prenait $1/7$ de la superficie de l'une pour le joindre à la superficie de l'autre, elles auraient la même étendue : combien devra-t-on payer à l'entrepreneur qui s'est chargé de les paver, la plus grande, avec des pavés scellés en mortier de chaux et sable de plaine, à 8 f. 15 le mètre carré, et l'autre avec des pavés scellés en sable seulement, à 7 f. 60 le mètre carré?

P. 2147. Si l'on joint ensemble $1/3$, les $2/5$, les $4/7$ et les $8/21$ du total du prix de vente et du prix d'achat de 75 kg. de fil de chanvre, on obtient 1239 f. : à quel prix avait-on acheté et à quel prix a-t-on revendu le kilogramme de ce fil, sachant que, si l'on retranchait $1/50$ de la somme reçue pour la vente, afin de le joindre à la somme déboursée pour l'achat, ces deux sommes seraient égales?

P. 2148. Si l'on ajoutait 0,0001 au total formé par les $2/3$, les $4/9$ et les $3/7$ de la réunion du prix de vente et du prix d'achat de 18 kg. 27 d'éponges communes, on obtiendrait 872 f. 16 : on demande le prix de vente et le prix d'achat du kilog. de ces éponges, sachant que, si l'on retranchait $1/22$ de la somme reçue pour la vente de ces éponges, et si l'on ajoutait ce $1/22$ à la somme donnée pour le prix d'achat, ces deux sommes seraient égales?

P. 2149. Si l'on additionne les $8/9$, les $3/8$, les $5/12$ et les $2/7$ du total du prix de vente et du prix d'achat de 8 kg. de fil pour dentelles, on obtient pour total 28 739 f. : quel est le prix de vente et le prix d'achat du kilogramme de ce fil? On sait que, si l'on retranchait les $5/203$ de la somme totale fournie par la vente, afin de les joindre à la somme déboursée pour l'achat, ces deux sommes seraient égales.

RÈGLE DE TROIS SIMPLE

P. 2150. Combien 7 864 kg. de blé donnent-ils de kilogrammes de farine, lorsque 100 kg. de blé donnent 70 kg. de farine ?

P. 2151. Les frais de culture pour un hectare de betteraves se montent à 420 f. ; la production est en moyenne de 40 000 kg. : à combien reviennent ces frais pour 100 kg. ?

P. 2152. Si j'ai payé 0 f. 85 pour 25 abricots, combien devrai-je donner pour 250 de la même valeur ?

P. 2153. Lorsqu'on paie 177 f. pour le fret et le chapeau de 1 839 kg. de cuivre, que faudra-t-il payer pour le fret et le chapeau de 2 678 kg. de la même marchandise et pour la même distance ?

P. 2154. Pour 112 f., un fontainier a fourni 16 robinets en bronze : combien en aurait-il fourni pour 182 f. ?

P. 2155. Pour 75 f., on a eu 15 peaux de renard teintes et lustrées : combien 20 peaux de même qualité coûteront-elles ?

P. 2156. Un poêlier-fumiste a fourni 7 bouches de chaleur en cuivre et à tourniquet pour la somme de 11 f. 20 : combien en aurait-il fourni pour 20 f. 80 ?

P. 2157. Combien un ouvrier a-t-il reçu pour la façon d'une pièce d'étoffe de soie ayant 84 m. 50 de longueur, si, pour une pièce de la même étoffe ayant 60 m., on lui a donné 45 f. ?

P. 2158. Pour la façon de 45 m. de velours, un ouvrier a reçu 96 f. 75 : combien recevra-t-il pour la façon de 135 m. du même velours ?

P. 2159. Combien faut-il payer pour 439 m. cub. 45 d'os bruts, lorsque 20 f. 47 sont le prix de 5 m. cub. 10 de la même marchandise ?

P. 2160. Combien faudra-t-il payer pour la commission d'achat de 235 barils d'huile de baleine à 36 f. pour 9 barils ?

P. 2161. Une barre de fermeture de boutique ayant 1 m. 60 de longueur, a coûté 5 f. 60 : combien aurait-elle coûté si elle n'avait eu que 1 m. 35 de longueur ?

P. 2162. Les presses simples dont se servent les ébénistes pour faire les placages, coûtent 18 f. la douzaine : combien coûteront 40 de ces presses ?

P. 2163. Lorsque 604 hectares de terrain se vendent 644 000 f., que valant 60 a. du même terrain ?

P. 2164. Si l'on paie 7 803 f. 85 pour 508 hl. de blé, à combien se monterait la perte causée par une erreur de 6 lt. dans le mesurage ?

P. 2165. Si l'on donne 325 Dg. de cacao pour 9 f. 75, combien en donnera-t-on de kilogr. pour 6000 f. ?

P. 2166. Une propriété de 68 ha. 24 a. 75 ca. a été affermée 2 980 f. 70 c. : combien devra être affermée une autre propriété de 48 ha. 17 a. 25 ca. ?

P. 2167. Une coupe de bois de 18 ha. 45 a. 95 ca. a produit

547 st. de bois : combien produirait un bois de 21 ha. 6 a. 45 ca. ?

P. 2168. Deux chevaux pourraient traîner, l'un 1254 kg., l'autre, 13 qm. 8. Si la journée du 1er est payée 2 f. 50, combien à proportion doit-on payer la journée du second ?

P. 2169. Avec 75 hl. de graine de faîne on peut faire 5 hl. d'huile : combien faudra-t-il d'hectolitres de la même graine pour faire 64 Dl. d'huile ?

P. 2170. Pour faire 15 hl. d'huile, il faut 825 Dl. de graine de till : combien ferait-on de décalitres d'huile avec 145 hl. de la même graine ?

P. 2171. Si une pièce de terre de 35 a. 36 ca., ensemencée d'œillette, produit en moyenne 5 hl. de graine valant 30 f. l'hectolitre, combien recevra-t-on pour le produit de 2 ha. ?

P. 2172. Dans l'affinage du fer par la méthode comtoise, 88 kg. de fonte donnent 65 kg. de fer forgé ; or, une forge comtoise fabrique par mois 17 tonnes de fer forgé : combien de quintaux métriques de fonte consomme-t-elle pour obtenir ce résultat ?

P. 2173. Lorsqu'on paie 176 f. 50 pour 8 doubles-stères de bois, combien aura-t-on de décastères du même bois pour 45 100 f. ?

P. 2174. Une douzaine de chaises plaquées en acajou a coûté 480 f. : combien aurait-on dépensé pour 20 chaises ?

P. 2175. Pour 111 f., on a eu 44 m. 40 de coutil de coton à petites raies, ce tissu ayant 1 m. 50 de large : combien faudrait-il débourser pour 75 m. 80 du même tissu ?

P. 2176. Vingt-cinq poires coûtent autant que 36 pommes ; et 3 pommes coûtent 0 f. 05 : combien coûteraient 140 poires ?

P. 2177. Pour payer 30 paires d'étriers, on a donné 5 sacs contenant chacun 1 080 pièces de 5 centimes : combien coûteraient 24 paires d'étriers ?

P. 2178. Un pharmacien a fait l'acquisition de 350 sangsues sur le pied de 195 f. le mille, droits compris : combien doit-il les vendre la pièce, s'il veut gagner 19 f. 25 sur cette acquisition ?

P. 2179. Une maison de commerce a vendu 15 appareils à fabriquer la bière dans les ménages ; et, de ces appareils qui ne lui avaient coûté que 720 f., elle a retiré une somme de 750 f. : combien a-t-elle gagné par appareil, et quelle somme aurait-elle retirée de la vente de 23 appareils ?

P. 2180. Dans l'atelier d'un peintre en bâtiment, 8 ouvriers auraient pu, en 13 jours, broyer 2 704 hg. de noir de charbon : combien d'hectogrammes auraient-ils broyés en 18 jours ?

P. 2181. Dans l'atelier d'un peintre en bâtiment, 12 ouvriers auraient pu, en 5 semaines de 6 jours de travail chacune, broyer 1 509 kg. 6 de jaune ordinaire : combien de jours emploieraient-ils pour en broyer 2 516 kg. ?

P. 2182. On a acheté 18 anneaux de 41 mm. de diamètre, en cuivre avec écrou. Pour les payer, on donne 3 pièces de 5 f., et 6 pièces de 0 f. 20 : quelle somme coûteraient 25 anneaux du même diamètre ?

P. 2183. Un pharmacien a acheté 25 kg. 30 de cantharides pour 435 f. 16 ; 26 hg. 18 de musc pour 3560 f. 48 ; 8 kg. 70 de castoréum pour 1 350 f. 24 ; et 14 kg. 8 d'antale pour 55 f. 50 :

quelle somme aurait-il déboursée en tout s'il avait acheté 18 kg. 34 de cantharides, 32 hg. 16 de musc, 6 kg. 40 de castoréum, et 5 kg 20 d'antale?

P. 2184. Un maître paveur a fourni à 28 particuliers chacun 25 tombereaux de gravois pour la somme de 1 760 f., et il lui en reste encore 49 tombereaux : combien en avait-il et pour quelle somme?

P. 2185. Un marchand de friture a vendu 25 kg. d'ablettes pour la somme de 21 f. 25 ; et il lui en reste 8 kg. de plus qu'il n'en a vendu : quelle somme retirera-t-il de la vente de ce reste?

P. 2186. Un poêlier-fumiste a reçu 39 f. pour avoir fait 3 conduits d'air froid ; le 1er avait 4 m. 75 de longueur ; le 2e, 6 m. 50 ; et le 3e, 8 m. 25 : quelle somme aurait-il reçue, s'il eût fait un 4e conduit ayant 9 m. 45?

P. 2187. En fournissant une barrière assemblée, sans montage et en bois de sapin, renfermant 18 m^3 de bois, pour la somme de 1 746 f., un charpentier a gagné 126 f. : combien aurait-il gagné si cette barrière eût renfermé 4 m^3 75 de moins?

P. 2188. Pour la somme de 126 f., on a vendu 9 cassettes de mathématiques : combien aurait-on reçu si l'on en avait vendu 7 de plus?

P. 2189. Neuf vignerons ont déchaussé, en 4 jours, 40 020 pieds de vigne : combien en auraient-ils déchaussé dans le même temps, s'ils eussent été trois de plus?

P. 2190. Deux chantiers composés l'un de 35 hommes et l'autre de 15, ont extrait 1 800 m^3 de pierre en 30 jours : combien en auraient-ils extrait si l'on avait mis 24 hommes de plus?

P. 2191. On a fait en 5 jours, pendant 10 heures par jour, 145 m. de velours : combien en fera-t-on en 27 jours, si l'on travaille le même nombre d'heures par jour?

P. 2192. On fait 125 m. d'étoffe de soie en 25 jours de travail : combien en fera-t-on en 2 mois, sachant qu'on ne travaillera que pendant les 52 jours ouvrables?

P. 2193. Un atelier composé de 6 métiers, façonne chaque semaine 180 m. de soie pour la somme de 135 f. : combien ce même atelier a-t-il façonné de mètres pour que les ouvriers aient gagné 945 f.?

P. 2194. Un poêlier-fumiste a vendu 4 fours en tôles de 32 cm^2 avec porte en cuivre, et il a reçu 60 f. : combien de fours semblables aurait-il vendus pour 105 f.?

P. 2195. Une barre de fermeture en fer de 9 mm. sur 41 mm., ayant 1 m. 20 de longueur, a coûté 6 f. 24 : quelle serait la longueur d'une barre de même force qui aurait coûté 8 f. 58?

P. 2196. Pour faire transporter 680 m^3 de moellons l'espace de 8 km., on paie 27 f. 20 : combien faudra-t-il payer pour le transport de 5960 m^3 de moellons à la même distance?

P. 2197. Dans 466 m^2 de maçonnerie ayant en moyenne 0 m. 60 d'épaisseur, il est entré 228 m^3 de moellons : combien en faudrait-il pour 785 m^2 de maçonnerie ayant la même épaisseur?

P. 2198. Un fabricant de colonnades de Lille a acheté 200 kg. de fil de coton, n° 40, à 8 f. le kilogramme. Le transport de cette marchandise lui a coûté 84 f. pour 39 Mm.: de quelle distance aurait-il pu la faire venir, pour 36 f. 04?

P. 2199. On demande quelle est la consommation journalière de houille dans une usine à gaz qui doit fournir chaque jour 84 330 m³ de gaz, si 15 hl. de houille produisent 270 m³ de gaz propre pour l'éclairage.

P. 2200. La fourniture de 7 500 coins servant à sceller dans les coussinets les rails d'un chemin de fer a été adjugée à raison de 7 f. les 50 coins : combien coûtera cette fourniture?

P. 2201. La fourniture de 150 000 chevillettes servant à attaquer sur les traverses les coussinets qui supportent les rails d'un chemin de fer, a été adjugée au prix de 414 f. la tonne : combien coûtera cette fourniture, si une tonne contient 3 334 chevillettes?

P. 2202. Une propriété de 45 ha. 32 a. 85 ca. rapporte 2 578 f. 75 ; une autre propriété de 33 ha. 18 a. 75 ca. rapporte 1 978 f. 65 : quelle est celle qui rapporte le plus, et combien sur toute son étendue?

P. 2203. Un bœuf qui a donné 284 kg. de viande, a coûté 375 f.; un autre bœuf qui pesait en viande 315 kg. avait coûté 420 f. : on désire savoir lequel était le plus cher.

P. 2204. Trois pièces de vin contiennent : la 1re, 227 lt. 40 ; la 2e, 17 Dl. 85 ; et la 3e, seulement 1 257 dl. : combien doit-on payer chacune des premières pièces, si la 3e coûte 128 f. 40?

P. 2205. On a dépensé 3 024 f. pour les jalousies des fenêtres du rez-de-chaussée et du 1er étage d'un édifice ayant 54 fenêtres sur chacune de ses deux façades : combien aurait-on dépensé si l'édifice avait eu un étage de plus ayant 20 croisées sur chaque façade, et s'il y avait eu 60 croisées au lieu de 54 pour le rez-de-chaussée et le 1er étage?

P. 2206. On estime, en général, qu'il entre 1 m. cub. 4 374 de bois par tonneau de 1 000 kg. dans la construction d'un navire, savoir : 1 m. cub. 150 de bois de chêne, et 0 m. cub. 2874 de bois de pin ou sapin. Or, pour la construction d'un navire de 540 tonneaux, le chêne a coûté 40 365 f., et le sapin a coûté 8 070 f. 192 : quel est le tonnage ou la capacité d'un autre navire pour la construction duquel on a employé pour 46 345 f. de chêne et pour 9 265 f. 776 de sapin?

P. 2207. Pour creuser les fondations de 52 m. de murs de refend à 2 m. 50 de profondeur sur 0 m. 75 de largeur, un ouvrier devait recevoir 25 f. 22 et 3 m. de drap ; mais les fondations n'ayant eu qu'une profondeur de 1 m. 20 sur 0 m. 70 de largeur, l'ouvrier n'a reçu que 3 f. 018 et les 3 m. de drap : on demande le prix du mètre de drap.

P. 2208. Deux compagnons paveurs ayant chacun leur garçon doivent paver une chaussée ayant 0 m. 75 de largeur ; ils se mettent à chacune des extrémités de la chaussée ; l'un avance de 1 m. 40 par heure, et l'autre de 1 m. 75 ; ils se rencontrent après 5 jours de travail de 12 heures par jour. On demande : 1º la longueur de la chaussée ; 2º ce qui est dû à chaque ouvrier, s'ils gagnaient 0 f. 375 par mètre courant ; 3º ce qui leur serait dû s'ils ne s'étaient rencontrés qu'après 8 jours 1/2 de travail, en faisant par jour la même quantité d'ouvrage.

RÈGLE DE TROIS SIMPLE.

P. 2209. En 4 heures $1/2$, 8 ouvriers ont chargé dans des brouettes 72 m³ de terre glaise : combien de mètres cubes chargeront-ils dans une journée de 12 heures?

P. 2210. Dans l'affinage du fer par la méthode champenoise, 66 kg. de fonte donnent 48 kg. de fer forgé; or, une forge champenoise a consommé par mois 26 125 kg. de fonte : combien de quintaux métriques de fer a-t-elle fournis?

P. 2211. Cent degrés du thermomètre centigrade valent 80° du thermomètre Réaumur : combien 23° $2/3$ centigrades valent-ils de degrés Réaumur?

P. 2212. Quatre degrés Réaumur équivalent à 5° centigrades : on demande quelle est, en degrés Réaumur, la moyenne du maximum et du minimum de la chaleur de l'île de la Réunion, les observations faites au chef-lieu de cette colonie donnant un maximum moyen de 28° centigrades, et un minimum moyen de 21° centigrades.

P. 2213. Cent kilogrammes de sucre brut coûtent, tous frais faits, 97 f. 50, et sont vendus 128 f. : dites quel bénéfice on fera sur 254 000 kg.

P. 2214. J'ai acheté trois pièces de toile qui m'ont coûté 738 f. : combien contiennent-elles de mètres? Je sais que 11 m. ont coûté 82 f.

P. 2215. Combien fera-t-on de kilogrammes de pain avec 18 sacs de farine pesant chacun 157 kg., s'il faut 59 250 gr. de farine pour faire 85 kg. de pain?

P. 2216. Un animal qui reste 24 heures à l'écurie et qui reçoit 30 kg. de foin et litière, donne 75 kg. de fumier : de combien la quantité de fumier serait-elle diminuée, s'il restait seulement 9 heures à l'écurie?

P. 2217. Avec 55 kg. de chiffons, on fait 40 kg. de papier : combien faut-il de kilogrammes de chiffons pour faire 34 rames de papier à la cloche servant pour l'écriture, si chaque rame pèse 44 doubles-hectogrammes?

P. 2218. Pour le lessivage des chiffons dans les fabriques de papier, il faut 2 parties de sel de soude pour 100 parties de chiffons : quelle somme dépensera-t-on pour l'achat du sel de soude nécessaire au lessivage de 345 quintaux de chiffons, le sel de soude valant 0 f. 45 le kilogramme?

P. 2219. Une peau de fouine qui avait coûté 4 f., a été vendue 4 f. 50 : combien a-t-on gagné pour 100?

P. 2220. A quelle somme se monte la commission d'achat de 24 barils d'huile de baleine contenant chacun 929 kg. d'huile à 1 f. le kilogr., si l'on paie 1 f. 25 p. 0/0 de commission?

P. 2221. En revendant 28 quintaux de cuivre à 2 f. 80 le kilogramme, je perds 3 f. 75 p. 0/0 : combien avais-je déboursé?

P. 2222. Combien faudra-t-il vendre la douzaine d'oranges pour gagner 5 f. sur 100 f. du prix de vente, si le prix d'achat de 3720 oranges est de 108 f. 50?

P. 2223. Combien faudra-t-il vendre la douzaine d'oranges pour gagner 5 f. sur 100 f. du prix d'achat, si ce prix d'achat est de 108 f. 50 pour 3720 oranges?

P. 2224. On a acheté 26 barils d'huile de baleine contenant chacun 725 kg. d'huile que l'on a payée 1 f. le kilogramme :

combien recevra-t-on si, en revendant cette huile, on gagne 6 f. 50 pour 100 f.?

P. 2225. Un teinturier a acheté 8 quintaux d'indigo à 16 f. le kilogramme; le négociant qui les lui a vendus lui accorde 2 f. 15 par cent d'escompte ou de rabais : combien le négociant recevra-t-il?

P. 2226. Combien paiera-t-on pour 13 caisses d'orseille bleu cendré pesant ensemble 3 450 kg., si l'on diminue 4 kg. de tare, et 2 1/2 de bon poids par 100, et que l'on paie 1 f. 75 le kilogramme net?

P. 2227. Un fabricant de poterie fait 12 fournées par an; en bloc, il vendrait ces fournées pour 7 695 f. 60. Mais à la dessiccation et à la cuisson, il éprouve sur ce prix une diminution de 8 p. %: on demande quel est son bénéfice net, si les frais de loyer, de ménage, de fabrication, etc., se montent annuellement à 5 900 f. 75?

P. 2228. Un fabricant de poterie a fait 12 fournées dans le cours d'une année; il les a vendues chacune 589 f 90 : combien en aurait-il retiré si la dessiccation et la cuisson ne lui avaient fait éprouver sur le prix une diminution de 8 p. %: quel est son bénéfice, et quel aurait été ce bénéfice, s'il a déboursé 5 900 f. 75 pour frais de fabrication, de loyer, etc.?

P. 2229. Saint-Bonnet-le-Château (Loire) livre au commerce, chaque vendredi, pour 3 600 f. de serrures confectionnées et pour 2 000 f. de dentelles : calculez sa livraison annuelle et le bénéfice qui revient au canton, s'il en retire 8 p. %.

P. 2230. Six ouvriers employés dans une fabrique de pain d'épice, ont pour leurs gages communs 12 p. % sur les produits : quelle somme gagnent-ils chacun? On sait qu'on a fabriqué 2 400 kg. de pain d'épice ordinaire à 2 f. 75 le kilogramme, 5 462 kg. de pain d'épice mi-fin à 5 f. 50 le kilogramme, et 6 425 kg. de pain d'épice superfin à 12 f. 50 le kilogramme. Ils doivent entretenir le magasin et les ustensiles à leur usage, ce qui leur occasionne une dépense de 3 642 f.

P. 2231. Quel bénéfice peut faire un fabricant de sucre sur le produit de 30 ha., si chaque hectare produit 40 000 kg. de betteraves, donnant 6 kg. p. % de sucre brut? Les frais de culture, de fabrication et de droits s'élèvent à 109 f. 50 les 100 kg., lesquels sont vendus 120 f.

P. 2232. Un cultivateur achète pour 1 300 f. un pré qu'il loue 40 f.; les frais de contributions sont de 2 f. 65 : combien p. % gagne-t-il net sur la somme employée à l'acquisition de ce pré?

P. 2233. Une prairie vendue par lots de 10 a. a été adjugée au prix de 188 f. l'are : on demande combien chaque lot produirait de foin valant 33 f. les 1 000 kg., le prix d'adjudication ayant été calculé sur un produit en foin valant 3 p. % du prix de la prairie?

P. 2234. Un cultivateur achète à raison de 12 f. 28 l'are, un champ de blé de 4 ha. 72, qui a produit en blé 56 hl. 64 valant 25 f. l'hectolitre. Les frais d'exploitation se sont élevés à 170 f. par hectare : quel a été le produit net de ce champ et combien p. % a rapporté la somme nécessaire à son acquisition?

P. 2235. **Pour obtenir une bonne récolte, il faut fournir à la** terre 31 kg. 76 d'azote par hectare. En supposant que l'engrais employé contient 1,56 p. % d'azote, qu'il pèse 70 kg. l'hectolitre et coûte 7 f. 50 les 100 kg., on demande combien il faudra employer d'hectolitres d'engrais et quelle somme il faudra dépenser pour fumer un terrain de 2 hm. 35 de long sur 1 hm. 75 de large ?

P. 2236. Dans 44 a. 04, un cultivateur a récolté 9 hl. de blé à 27 f. 50 l'hectolitre, et 1 650 kg. de paille à 2 f. 30 les 100 kg. : il demande combien il a gagné p. % d'après les déboursés suivants : pour fermage, 60 f.; pour engrais, 60 f.; pour grosse culture, 30 f.; pour semence, 75 lt. à 32 f. l'hectolitre; pour menues cultures, 15 f.; pour fauchage, 5 f.; pour liage et différents travaux, 7 f.; pour battage, 13 f. 50; et pour impositions, 4 f. 10.

P. 2237. Un menuisier ébéniste fait annuellement pour 43 800 f. d'affaires sur lesquelles il gagne 6 p. %; il veut régler sa dépense de manière à économiser, pour de bonnes œuvres, 5 f. sur 25 f. de revenu : quelle sera sa dépense journalière ?

P. 2238. Un négociant qui gagne 0 f. 75 par kilogramme d'écaille de tortue, se propose de donner 15 f. aux pauvres toutes les fois qu'il gagnera 450 f.: combien de kilogrammes d'écailles aura-t-il vendus lorsqu'il pourra faire une aumône de 280 f. ? et quelle somme lui rapportera en tout cette vente, si le kilogramme est vendu 84 f. 25 ?

P. 2239. Si j'avais mis 1 900 f. dans le commerce du quinquina Kalissaya, j'aurais pu en acheter 125 kg.; et, en les revendant, j'aurais gagné 504 f.; mais, ayant fait pour 608 fr. de profit, je demande ce que j'avais mis, et combien de kilogr. de quinquina j'ai achetés.

P. 2240. Si je donne 2 f. pour 25 f. de gain, combien aurai-je donné au bout de 6 ans, si chaque année je fais un bénéfice de 3 250 f.? Et, si je gagne 2 f. 50 par kilogramme de quinquina, combien de kilogrammes dois-je vendre annuellement, et pour quelle somme dois-je en acheter par an, si le prix de vente est 17 f. 75 ?

P. 2241. La force de 2 ouvriers menuisiers est dans le rapport de 7 à 12 : combien le 2^d fera-t-il de mètres linéaires d'alaises corroyées de deux côtés pendant que le 1er en fera 175 m. ?

P. 2242. Les forces de deux chevaux sont entre elles comme 5 et 7; si le 1er vaut 740 f., combien devra-t-on payer le 2^d ?

P. 2243. Les forces de deux bateaux à vapeur sont entre elles comme 2 est à 5; or, le plus fort est de 350 chevaux : quelle est la force de l'autre ?

P. 2244. Les prix de deux buffets, l'un en chêne, et l'autre plaqué en acajou, sont entre eux comme les nombres 5 et 7; or, le buffet en chêne vaut 150 f. : quel est le prix du buffet plaqué en acajou ?

P. 2245. Les prix d'une causeuse plaquée en acajou et d'une causeuse plaquée en palissandre sont dans le rapport de 7 à 8. Or, plaqué en acajou, ce meuble vaut 140 f. : combien coûtera-t-il, plaqué en palissandre ?

P. 2246. Le prix du harnais complet d'un cheval de voiture ordinaire, est au prix du harnais d'un cheval de selle comme 5 est à 3. Or, le harnais d'un cheval de selle a coûté 120 f. : combien coûtera le harnais d'un cheval de voiture?

P. 2247. Le prix d'un robinet en bronze de 35 mm., est au prix d'un robinet de 27 mm., comme 5 est à 4. Or, trois robinets de ce dernier calibre valent 38 f. 40 : combien vaudront trois robinets de 35 mm.?

P. 2248. Les prix absolus de deux glaces avec cadre doré, sont entre eux comme 17 est à 25. Or, la plus petite, qui a 63 cm. sur 84 cm., a coûté 85 f. : quel est le prix de la plus grande, qui a 66 cm. sur 108 cm.?

P. 2249. Les prix absolus de deux autres glaces, avec cadre doré, sont entre eux comme 3 est à 4. Or, la plus grande, qui a 69 cm. sur 99 cm., a coûté 120 f. : quel est le prix de la plus petite, qui a 66 cm. sur 84 cm.?

P. 2250. On a imaginé pour ratisser les jardins des instruments qui expédient promptement. Le prix de la ratissoire, d'une force équivalente à la moitié de la force d'un cheval, est au prix de la ratissoire tricycle avec râteau mobile comme 8 est à 17. Or, le prix de la 1re est 40 f. : quel est le prix de la 2de?

P. 2251. Les prix de deux bouches de chaleur à charnière et grillagées, l'une de 8 cm. et l'autre de 11 cm., sont entre eux comme 5 est à 8. Or, un poêlier en a vendu 15 de la 1re sorte pour 45 f. : combien devrait-il en vendre de la 2de pour 81 f. 60?

P. 2252. Les prix de deux carreaux en faïence unie, dits panneaux pour revêtement de cheminée, l'un de 22 cm. sur 95 cm., sont entre eux comme 25 est à 34. Or, un poêlier fumiste a reçu 61 f. 20 pour 12 carreaux de la 2e sorte : combien recevra-t-il pour 25 carreaux de la 1re?

P. 2253. La somme qu'un négociant veut consacrer à l'achat de défenses d'éléphant qu'il doit payer 16 f. 40 le kilogramme, est composée de deux parties qui sont entre elles comme 6 est à 30; la plus petite est 1200 f. : quelle est la plus grande? et combien de kilogrammes d'ivoire pourra-t-on acheter avec la somme entière?

P. 2254. Combien faut-il de kilogrammes de farine pour faire 350 kg. de pain, si, pour avoir 100 kg. de pâte, il faut ajouter à la farine 40 kg. d'eau, 750 gr. de sel, et si, en outre, la cuisson fait perdre à la pâte 15 kg. p. 0/0 de son poids?

P. 2255. Pour faire marcher un tissage, on emploie une machine à vapeur qui fait 18 m. d'étoffe en 4 heures, et qui dépense 16 hl. d'eau en 15 m. : combien lui faudra-t-il de temps pour faire 486 m. d'étoffe, et combien de mètres cubes d'eau emploiera-t-elle pour ce travail?

P. 2256. Un peigneur de laine achète 40 toisons pesant en moyenne 4 kg. à 1 f. 80 le kilogramme. Après le lavage et le peignage, il se trouve une diminution de poids de 8 kg. sur 100 pesant : combien a-t-il gagné sur sa laine en la revendant en moyenne à 3 f. 50 le kilogramme? On sait qu'il accorde une remise de 3 f. 50 p. 0/0, et que l'ouvrier employé au travail du lavage et du peignage, y a mis 12 jours, à raison de 2 f. 50 par jour.

P. 2257. Un ouvrier en soie a travaillé 5 semaines pour faire une pièce de 135 m. : combien travaillera-t-il de jours pour faire une seconde pièce, laquelle n'est que 1/5 de la première?

236 RÈGLE DE TROIS SIMPLE.

P. 2258. Combien pourra-t-on faire de pains de 2 kg. avec 2 sacs de blé pesant ensemble 180 kg., si le poids des sacs est $1/40$ du poids total? On sait que le blé donne en farine 72 p. $^0/_0$, et que 3 kg. de farine donnent 4 kg. de pain.

P. 2259. Dans le pavage d'une route, il a fallu 7 mèt. cubes 80 de sable pour une longueur de 12 m. d'une chaussée qui avait 5 m. de largeur : combien de mètres cubes de sable aurait-il fallu pour une longueur égale aux $3/4$ d'un hectomètre.

P. 2260. Un tisseur fait 12 m. en 3 jours $2/3$: combien en fera-t-il en 8 jours $5/6$?

P. 2261. Dans une filature de coton, une machine à carder traite 53 hg. de coton en 3 heures $2/3$: combien d'hectogrammes traitera-t-elle en 5 heures $2/9$?

P. 2262. Un ouvrier couvreur, avec son compagnon, a fait 8 mèt. carrés 40 de couverture en ardoises cartelettes, en 12 heures $3/5$: combien de mètres fera-t-il en 6 jours de chacun 11 heures de travail?

P. 2263. Combien paiera-t-on pour le contrôle d'une pièce d'argent qui pèse 872 gr. 36, sachant que le prix du contrôle des ouvrages d'argent est de 15 f. pour 150 Dg. et qu'on ajoute $1/10$ en sus?

P. 2264. Avec un coupe-racines du prix de 130 f., on peut, en 35 minutes, couper 8 quintaux $3/4$ de betteraves : combien de kilogrammes couperait-on en un quart d'heure?

P. 2265. Deux peintres en bâtiment ont peint des boiseries en couleur fine; le 1er en a peint 13 mèt. carr. 80; et le 2^d, 16 mèt. carr. 25 : ils ont reçu ensemble 9 f. 616 : on demande la somme reçue par chacun d'eux?

P. 2266. Dans une fête nationale, on a fait une fontaine avec du vin ordinaire qui coûtait 45 f. la pièce de 228 lt. La fontaine coulait par 4 robinets. Chacun d'eux donnait 2 l. $1/2$ en 5 minutes : combien a-t-on dépensé, sachant que les robinets ont été ouverts pendant 4 heures?

P. 2267. Dans 44 a. 4 ca. estimés 2 000 f., un cultivateur a récolté 4 hl. 5 de graine de lin à 26 f. l'hectolitre, et 300 bottes de filasse de 1 kg. 5 à 2 f. la botte; il estime les frais généraux de culture et d'apprêt aux $6/13$ du produit de son champ, il demande combien son capital foncier lui rapporte p. $^0/_0$.

P. 2268. Un propriétaire a vendu les $3/5$ de son terrain à raison de 2 f. 75 le mètre carré; le reste du terrain donne un revenu annuel de 600 f. : on demande combien il a vendu d'hectares, d'ares et de centiares, sachant que la vente s'est faite en supposant que le terrain rapporte 2 $1/2$ p. $^0/_0$ de sa valeur?

P. 2269. Dans une usine à gaz, il y a 9 cornues contenant chacune en moyenne 40 quintaux 50 de houille. On demande : 1° combien on produit journellement de mètres cubes de gaz dans cette usine; 2° quelle est sa valeur à raison de 0 f. 32 le mètre cube; 3° combien on en produirait s'il y avait 13 cornues; 4° quelle somme on en retirerait. On sait : 1° que 100 kg. de houille donnent 23 m^3 de gaz; 2° que l'on remplit les cornues deux fois par jour.

P. 2270. Un cultivateur a dépensé dans la culture de 88 a. 08 ca. de lin, 80 f. pour engrais, 35 f. pour grosse culture, 56 f. pour

RÈGLE DE TROIS SIMPLE. 237

ensemencement, 30 f. pour sarclage, et 12 f. pour impositions. Il a vendu son lin sur pied, pour 825 f. L'acquéreur a donné 35 f. pour l'arracher, 28 f. pour le battre, et 10 f. pour le rouir : quel est le rapport du bénéfice du cultivateur, qui estime son bienfonds 3 800 f., à celui du marchand ? On sait que le rendement en grain a été de 8 hl. 50 à 25 f. l'hectolitre, et en filasse de 625 bottes écanguées à 0 f. 40 l'une, et vendues 2 f. la botte de 15 hectogr.

P. 2271. Les $2/3$, plus les $3/5$ de la somme payée par un marchand chapelier pour 15 peaux de loutre, diminués des $5/6$ de la même somme, donnent pour résultat 157 f. 95 : quelle somme débourserait-on pour 24 peaux ?

P. 2272. Les $4/5$ et les $3/8$ de la somme payée pour 12 kg. 36 d'éponges communes égalent 90 f. 042 6 : quelle somme débourserait-on pour 43 kg. ?

P. 2273. En ajoutant aux $5/7$ de la somme reçue pour un plancher fait en sapin de Lorraine, les $4/15$ de cette même somme, on a pour résultat 521 f. 437 5 ; la superficie de ce plancher est de 60 m. carr. 75 : quelle serait la superficie d'un autre plancher qui aurait coûté 474 f. 25 ?

P. 2274. Si, du quadruple des $5/9$ de la somme payée par un fabricant de chapellerie pour 3 douzaines de peaux de lama, on retranche $1/6$ de cette même somme, il reste 606 f. 80 : quel serait le prix de 45 de ces peaux ?

P. 2275. La moitié, plus les $2/3$, plus les $5/6$, plus les $4/9$, plus les $3/7$ de la quantité de colle de poisson retirée de 100 esturgeons égalent 6 kg. $129/250$: à quelle somme se monterait le produit de la vente de la colle retirée des 68 325 esturgeons pris en 1829, si elle était vendue 35 f. le kilogramme ?

P. 2276. Une toiture, ayant 12 m. 54 de longueur sur 12 m. 40 de largeur, et faite en ardoise cartelette sur vieille volige recloué, a coûté 699 f. 732 : combien coûtera une toiture du même genre, présentant une surface de 132 m. carr. 648 ?

P. 2277. Un marchand a acheté sur pied la récolte en lin d'un champ de 4 ha. 40 a. 4 ca. Il a obtenu 42 hl. de graine, et la filasse a formé 3 050 bottes pesant chacune 15 hg. Il a vendu 21 hl. de graine à 25 f. 50, et le reste à 26 f. 20 l'hectolitre ; et il a retiré 6 100 f. de la vente de la filasse. On demande combien il a gagné p. 0/0, sachant : 1° que le prix d'achat de la récolte est de 9 f. 10 l'are ; 2° que, par are, il a payé 0 f. 27 d'arrachage, 0 f. 30 de battage et de nettoyage, et 0 f. 11 de rouissage ; 3° qu'il donne 0 f. 40 pour écanguer une botte, et 4° que ses frais de voyage s'élèvent à 30 f.

P. 2278. On a déboursé 8 f. 66 pour payer le badigeon à la chaux des murs et du plafond d'une chambre présentant 5 m. 18 de longueur sur 3 m. 75 de largeur, et 3 m. 50 de hauteur, ayant deux fenêtres de chacune 1 m. 50 de largeur sur 3 m. de hauteur, et une porte de 0 m. 80 de largeur sur 2 m. 20 de hauteur : combien coûtera le même badigeon pour une chambre d'une hauteur de 3 m. 75, présentant 4 m. 25 de longueur sur 3 m. 80 de largeur, ayant 3 croisées de chacune 1 m. 30 de largeur sur 2 m. 60 de hauteur, et 2 portes de chacune 0 m. 75 de largeur, sur 2 m. de hauteur ?

RÈGLE DE TROIS SIMPLE.

P. 2279. Dans 50 kg. d'eau salée, il entre 7 kg. de sel : combien faut-il y ajouter de kilogrammes d'eau douce pour que, sur 20 kg. d'eau salée, il y ait $2/3$ de kilogramme de sel?

P. 2280. Cent kilogrammes d'un mélange de cire et de blanc de baleine contiennent 12 kg. de cire : combien doit-on y ajouter de kilogrammes de blanc de baleine, pour que 100 kilogr. du nouveau mélange ne contiennent que 5 kilogr. de cire?

P. 2281. On a un mélange de soie grége du Levant et de soie grége d'Alais, lequel contient 72 kg. de soie d'Alais, et 8 kg. de soie du Levant : combien faut-il ajouter ou retrancher de soie d'Alais pour que 15 kg. du nouveau mélange contiennent 4 kg. de soie du Levant?

P. 2282. On a un mélange de 65 kg. de soie grége, lequel contient 13 kg. de soie de Vérone ; le reste est de la soie de Valence : combien doit-on ajouter de soie de Valence pour que, sur 65 kg. du nouveau mélange, il n'y ait que 4 kg. de soie de Vérone?

P. 2283. Un fabricant d'articles de literie a de la soie de porc mélangée avec du crin frisé de telle manière que, sur 18 kg. de crin, il y a 5 kg. de soie : combien devrait-il y ajouter de kilogrammes de crin pour que, sur 18 kg. de crin, il n'y ait que 1 kg. $1/2$ de soie?

P. 2284. Dans l'exploitation d'une mine d'argent, on a trouvé des minerais qui sur 125 hg. de minerai renfermaient 8 hg. d'argent; et d'autres minerais qui, sur 125 hg. de minerai, renfermaient 9 hg. d'argent : combien de décagrammes de matières étrangères les seconds minerais auraient-ils dû contenir de plus, pour que, sur 125 hg., ils ne renfermassent pas plus d'argent que les autres?

P. 2285. Dans l'exploitation d'une mine de plomb, on trouve de la galène qui, sur 12 kg., renferme 36 gr. d'argent et 9 kg. de plomb; le reste se compose de substances étrangères : combien de décagrammes de plomb faudrait-il qu'elle renfermât de plus pour que, sur 12 kg. de galène, il n'y ait que 5 gr. d'argent, en supposant que la quantité de substances étrangères y fût augmentée dans la même proportion?

P. 2286. Pour fabriquer les rails des chemins de fer, on réunit en paquets plusieurs barres de fer qui se soudent ensemble en passant au laminoir, et forment ainsi le rail; chaque paquet se nomme une *trousse*; il pèse 226 kg., et se compose de fer ballé, de fer fort et de fer puddlé; le fer fort s'y trouve dans une proportion telle, que, sur 226 kg., il y en a 98 de fer fort. Or, dans la composition d'une trousse qui ne pèse encore que 198 kg., il n'y a que 80 kg. de fer fort : combien doit-on ajouter de kilogrammes de ce fer pour que, sur 226 kg., il y en ait 98 de fer fort?

P. 2287. Dans une usine, les trousses de fer pèsent chacune 220 kg., et ne se composent que de fer ballé et de fer puddlé; or, dans la composition d'une trousse qui ne pèse encore que 172 kg., il y a 108 kg. de fer puddlé; combien faut-il ajouter de kilogr. de l'un ou de l'autre fer, pour que, sur 220 kg., il y ait 145 kg. de fer puddlé?

P. 2288. Un commis-voyageur se charge de placer les divers articles d'une maison qui s'occupe de la construction des instruments de physique, de chimie, d'optique, etc., et l'on convient de lui donner 1 f. 40 p. % de commission : combien aura-t-il gagné dans son voyage, s'il rapporte à la maison qui l'a commissionné une somme nette de 8540 f. ?

P. 2289. Pour construire les murs en briques d'un bâtiment de 25 m. de longueur, 8 m. de largeur, et 8 m. de hauteur, les murs ayant 0 m. 33 d'épaisseur, deux ouvriers ont employé 112 jours; une autre troupe d'ouvriers aurait mis 28 jours pour faire le même ouvrage; combien la seconde troupe compte-t-elle d'ouvriers; et combien les deux troupes d'ouvriers réunies mettront-elles de temps à faire tout l'ouvrage?

P. 2290. Douze hommes, ayant entrepris de creuser une cave, ont fait la moitié de ce travail en 14 jours; après quoi, 4 d'entre eux sont tombés malades : combien faudra-t-il de temps aux autres pour l'achever?

P. 2291. Une garnison de 2000 hommes avait des vivres pour 6 mois, en donnant à chaque homme 780 gr. de pain par jour : à combien doit-on réduire la ration pour que les vivres durent 9 mois?

P. 2292. Les vivres d'un bâtiment de mer suffisent aux 850 hommes d'équipage, s'ils ne restent en mer que 5 mois : on demande à combien il faut réduire la ration de cet équipage, pour qu'il ait de quoi rester en mer pendant 8 mois?

P. 2293. Si 8 ouvriers, en 6 jours de 13 heures de travail, ont chargé dans des tombereaux 480 m^3 de roc schisteux extrait à la mine : combien 12 ouvriers auraient-ils employé de jours de la même durée pour faire ce travail?

P. 2294. Il faut 680 planches de 0 m. 34 de largeur, pour entourer un clos : combien en faudrait-il si elles n'avaient que 23 cm. de largeur?

P. 2295. On sait que 30 ouvriers paveurs, tant compagnons que garçons, ont pavé en 9 jours de travail une rue qui a 2016 m^2 de superficie : combien faudrait-il de jours à 20 hommes pour faire le même ouvrage?

P. 2296. En travaillant 8 heures par jour, 18 ouvriers ont fait en 24 jours, 473 m. cub. 425 de béton : combien auraient-ils employé de jours pour faire cet ouvrage, s'ils avaient travaillé 12 heures par jour?

P. 2297. Vingt-quatre hommes, compagnons et aides, devaient en 30 jours paver une rue de 5416 m^2; mais on voudrait que cet ouvrage fût terminé en 12 jours : combien faudra-t-il d'hommes dans ce dernier cas?

P. 2298. Seize ouvriers, dont 8 compagnons et 8 aides, ont pavé une rue de 1575 m^2 de superficie en 21 jours $1/2$, avec des pavés ayant 19 cm^2 : combien auraient-ils mis de jours pour faire ce travail, s'ils n'avaient été que 12 hommes?

P. 2299. Il a fallu 6 jours à 3 ouvriers pour faire 690 m. de faîtage en tuiles neuves et à bourrelet neuf : combien auraient-ils mis de jours, si, au lieu de travailler pendant 12 heures par jour, comme ils faisaient, ils n'en avaient employé que 9?

P. 2300. Le sable valant 2 f. le mètre cube, on a dépensé 968000 f. pour le sable nécessaire à l'établissement de la voie d'un chemin de fer de 21 km. : quelle serait la longueur de la voie que l'on pourrait sabler pour la même somme, dans les localités où le sable coûte 4 f. 50 le mètre cube?

P. 2301. Pour terminer un certain ouvrage dans une fabrique d'instruments de physique et autres instruments de précision, on a employé 18 ouvriers pendant 26 jours et 10 heures par jour : combien aurait-il fallu de jours à 15 ouvriers travaillant aussi 10 heures par jour pour faire ce même ouvrage?

P. 2302. Pour éclairer une salle, il a fallu 8 lampes à mouvement d'horlogerie de Girard, avec bec en fer-blanc, l'intensité de la lumière de cette lampe étant représentée par 63, 66 : combien aurait-il fallu de becs de gaz pour produire le même effet, l'intensité de la lumière d'un bec étant représentée par 127?

P. 2303. Suivant quelques chimistes, la valeur fertilisante du fumier est en raison directe de l'azote qu'il contient : on demande combien il faudra employer de fumier renfermant 0,020 d'azote pour remplacer 53 900 kg. d'un autre fumier qui en contient seulement 0,018?

P. 2304. Un ouvrier a mis 10 jours $2/3$ pour faire un travail, en employant 9 heures $5/6$ par jour : combien devra-t-il employer d'heures par jour, s'il veut refaire le même travail en 8 jours $3/4$?

P. 2305. Un terrain a 12 m. 50 de longueur, sur 3 m. $2/3$ de largeur : de combien devra-t-on augmenter la largeur, si la longueur est diminuée de $5/7$ de mètre, et si le terrain doit avoir la même surface?

P. 2306. Pour faire transporter à la distance de 150 km. des os bruts qui, au prix de 0 f. 20 le kilogramme, ont coûté 30 f., on a été obligé de débourser les $8/9$ de cette dernière somme : à combien de kilomètres ferait-on transporter 750 kg. d'os bruts pour la même somme?

P. 2307. On veut doubler 60 m. de drap à $3/4$ de largeur avec de la toile de $5/6$ de largeur : combien faudra-t-il de mètres de toile?

P. 2308. Un charpentier devait faire un escalier de 78 marches ayant chacune 1 dm. $3/4$ de hauteur; mais on veut réduire la hauteur des marches à 1 dm. $1/5$: combien en faudra-t-il pour ce dernier cas?

P. 2309. On a employé, pour la tenture d'une salle, 64 m. d'étoffe à $5/4$ de largeur; on voudrait la remplacer par une autre étoffe qui aurait $8/9$ de largeur : combien faudra-t-il de mètres de cette nouvelle étoffe?

P. 2310. On a employé 275 m. de drap de $5/4$ de largeur pour faire une certaine quantité d'habits. Le drap n'ayant que $7/8$ de largeur, combien en faudrait-il pour faire la même quantité d'habits?

P. 2311. Pour le sondage d'un terrain composé de bancs de grès houiller médiocrement durs, et où l'on espère trouver une mine de houille, on a employé 3 ouvriers qui, en 14 jours, ont foré le terrain depuis la surface du sol jusqu'à une profondeur de 25 m. : combien de jours auraient-ils employés pour faire le même travail, si, au lieu de travailler pendant 12 heures par jour, ils n'avaient travaillé que pendant 9 heures $3/4$?

P. 2312. Dans le sondage du même terrain, 4 ouvriers, en **travaillant durant 3 jours, et pendant 12 heures par jour, ont** poussé le sondage de 25 m. à 30 m.: pendant combien d'heures par jour auraient-ils travaillé, s'ils avaient employé 4 jours 2/3 pour faire le même ouvrage ?

P. 2313. Un cultivateur veut fumer, avec du fumier de ferme, un terrain ayant 372 m. de longueur sur 240 de largeur; et ce terrain demande par hectare 17 500 kg. de fumier. Ce cultivateur sait: 1° que les engrais doivent leur action sur la végétation à la présence de l'azote, gaz qui est le principal élément nutritif des plantes; 2° que, sur une égale superficie de terrain, il faudra plus ou moins d'un engrais, selon qu'il contiendra plus ou moins d'azote; 3° que le fumier de ferme ordinaire contient en poids 4 pour 1 000 d'azote. Donc, le cultivateur veut connaître: 1° combien il lui faudra de fumier de ferme pour la fumure du terrain en question; 2° combien il lui faudrait de poudrette de Montfaucon, qui contient 15,6 pour 1 000 d'azote; 3° combien il lui faudrait de sang liquide qui en contient 29,5, ou de tourteaux de navette qui en renferment 46,4, s'il voulait obtenir avec ces diverses substances une égale fumure.

P. 2314. On a acheté 85 m. de drap pour habiller 25 élèves d'un pensionnat; le drap a $5/4$ de large et coûte 28 f. le mètre. Le pensionnat étant augmenté de 15 élèves et l'uniforme ayant changé, on demande à combien se montera la dépense nécessaire pour l'achat du drap servant au nouvel uniforme, s'il a $8/7$ de large, sachant qu'il coûte 25 f. le mètre?

P. 2315. L'adjudication de la construction d'un édifice dont le devis se monte à 20 000 f., a été faite à 15 p. 0/0 de rabais. Depuis cette adjudication, les matériaux, estimés les $3/5$ du montant net du devis, ont subi une hausse moyenne de 3 p. 0/0: on demande à combien se réduit le prix de la main-d'œuvre. Les frais de cession se montent à 2 f. 75 p. 0/0 du montant net de l'adjudication, et ils sont à la charge de l'adjudicataire.

P. 2316. Une machine à coudre peut faire 800 points à la minute, quelle que soit la distance de ces points. Une bonne ouvrière ne fait environ que 60 points à la minute, mais elle ne perd guère que 10 minutes par heure; la machine perd, au contraire, 25 minutes à peu près par heure. Son prix est de 150 f.; le prix de la journée d'une ouvrière est de 1 f. 75: au bout de combien de jours une personne qui faisait travailler une couturière à la journée et qui achète une pareille machine, aura-t-elle gagné le prix de sa machine? et combien de jours faudrait-il employer pour gagner 350 f.?

RÈGLE DE TROIS COMPOSÉE

P. 2317. Dans une fabrique d'huile, 18 hommes gagnent 1400 f. en 20 jours : combien 75 hommes, répartis dans plusieurs ateliers, gagneraient-ils en 81 jours?

P. 2318. Avec 6400 f. placés dans le commerce des pelleteries, on a gagné 5120 f. en 3 ans : combien gagnerait-on à proportion en 8 ans, avec 9600 f. placés dans le même commerce?

P. 2319. Sachant que 250 f. ont produit 5 f. en 3 mois, combien faudra-t-il placer pour recevoir en deux ans la somme nécessaire à l'acquisition d'un daguerréotype complet qui coûte 200 f.?

P. 2320. S'il faut 50 ouvriers tailleurs pour faire 400 habits en 20 jours, combien 35 ouvriers feraient-ils d'habits en 16 jours?

P. 2321. Un homme a fait 225 km. en marchant 8 heures par jour pendant 7 jours : quelle serait la longueur du chemin qu'il aurait fait s'il eût marché 7 heures par jour pendant 12 jours?

P. 2322. Vingt-cinq caisses de blanc de baleine pesant chacune 140 kg. ont coûté 8400 f. : combien coûteront 48 caisses pesant chacune 245 kg.?

P. 2323. Avec un moulin à bras, du prix de 75 f., deux hommes peuvent moudre 144 Dl. de grain en 9 jours de travail de 10 heures par jour : combien d'hectolitres moudraient-ils en 18 jours, s'ils travaillaient 11 heures par jour?

P. 2324. Pour 15 journées de 4 chevaux de trait, qui tirent avec une force moyenne de 140 kg. chacun, on a reçu 105 f. : combien devra-t-on recevoir à proportion pour 21 journées de 5 chevaux qui tirent avec une force moyenne de 124 kilogr.?

P. 2325. Si 20 écrivains, travaillant 8 heures par jour, pendant 15 jours, ont transcrit 10 volumes de 300 pages, combien 15 écrivains, travaillant 9 heures par jour, pendant 20 jours, transcriront-ils de volumes de 250 pages chacun?

P. 2326. Douze caisses de blanc de baleine pesant chacune 200 kg. ont coûté 5088 f. : quel doit être le poids de 53 caisses de la même substance et qui ont coûté chacune 288 f.?

P. 2327. Combien a-t-on dû recevoir de caisses de blanc de baleine raffiné pesant chacune 320 kg. pour 93600 f., si, pour 40248 f., on a reçu 48 caisses de la même substance pesant chacune 215 kg.?

P. 2328. Sur 75 peaux de loutre, payées en moyenne chacune 18 f. 40, on a gagné 120 f. : combien aurait-on gagné à proportion sur 45 peaux de renards argentés de Virginie payées en moyenne chacune 38 f. 50?

P. 2329. Pour avoir tissé 18 pièces de rubans ayant chacune 14 m. 25 de longueur, un ouvrier a reçu 149 f. 50 : combien recevrait-il pour le tissage de 26 pièces ayant chacune 16 m. 75 de longueur?

P. 2330. Un atelier composé de 10 ouvriers a reçu 317 m. 50 de soie à tisser pendant 12 jours : combien faudra-t-il en donner de mètres à 37 ouvriers pour les occuper autant que les premiers pendant 5 jours?

P. 2331. Dans des travaux de terrassement exécutés pour la construction d'une route, 18 ouvriers, travaillant 10 heures par jour pendant 6 jours, ont conduit à 30 m. de distance 1670 m³ : combien en auraient-ils transporté s'ils avaient travaillé pendant 11 jours de 12 heures de travail et qu'ils eussent conduit cette terre à 35 m. de distance?

P. 2332. Six ouvriers, en 9 jours, travaillant 8 heures par jour, ont fait 26 traits de scie ayant chacun 6 m² : on demande combien 18 de leurs compagnons feront de traits de scie de la même valeur si, pendant 16 jours, ils travaillent 9 heures par jour?

P. 2333. Les 4 cloisons d'un appartement ayant 6 m. 50 de longueur, 4 m. 75 de largeur, et 3 m. 80 de hauteur, ont été faites en chêne à deux parements, rainées et collées, par un menuisier qui a reçu pour ce travail 136 f. 80 : quelle somme doit-il demander pour faire dans les mêmes conditions les 4 cloisons d'un autre appartement ayant 7 m. 60 de longueur, 6 m. 50 de largeur et 3 m. 75 de hauteur?

P. 2334. S'il faut 45 ouvriers tailleurs pour faire 300 habits en 36 jours, combien faudra-t-il d'ouvriers pour en faire 200 en 27 jours?

P. 2335. Quatre batteurs au fléau, travaillant 9 heures par jour, ont battu 3780 gerbes en 15 jours : combien de jours seraient employés par 7 batteurs pour battre 8520 gerbes, s'ils travaillaient 12 heures par jour?

P. 2336. Vingt personnes ont dépensé 220 f. 50 pour 15 jours qu'elles ont resté dans un hôtel; 30 personnes aux mêmes conditions ont dépensé 352 f. 80 : combien de jours ont-elles resté?

P. 2337. Un homme, en marchant 11 heures par jour pendant 3 jours, a fait 110 km. : combien doit-il marcher d'heures par jour pour faire 260 km. en 12 jours?

P. 2338. Un homme, en marchant 10 heures par jour pendant 4 jours, a fait 160 km. : combien de jours devrait-il marcher pour faire 200 km., s'il marchait 8 heures par jour?

P. 2339. Deux marchands s'étant associés pour le commerce des pelleteries, le 1er a mis la valeur de 125 peaux de chameau, de jaguar, de léopard, d'once, de panthère et de tigre, évaluées, en moyenne, à 64 f. la pièce; il a laissé cette valeur pendant 6 mois, et a reçu 1200 f. de profit : quelle a été la mise du 2d? On sait qu'il a reçu 3375 f. pour 9 mois.

P. 2340. On a inventé en Belgique un moulin portatif qui vaut 280 f., et avec lequel 2 hommes, en 12 jours, travaillant 8 heures par jour, peuvent moudre 18 hl. de grain : combien de jours emploieraient-ils pour moudre 324 Dl. de grain, s'ils travaillaient 9 heures par jour?

P. 2341. Un maître tailleur a employé 18 ouvriers pendant 16 jours et 12 heures par jour pour faire 360 gilets droits : combien faudrait-il de jours à 8 ouvriers pour faire 240 de ces gilets, si ces ouvriers travaillaient seulement 9 heures par jour?

P. 2342. On demande combien il faudrait d'hommes pour refaire et assembler 60 m³ de bois pour escaliers en 20 jours de chacun 12 heures de travail, sachant qu'il a fallu 35 jours à 28 ouvriers qui travaillaient 9 heures par jour, pour faire 147 m³ du même ouvrage?

P. 2343. Pour tailler 125 m² de joints ou lits pour voussoirs et claveaux en pierre de roche, on a employé 15 hommes pendant 4 jours de chacun 10 heures de travail : combien faudra-t-il que 10 hommes travaillent d'heures par jour, pendant 19 jours, pour faire 475 m² du même ouvrage?

P. 2344. Pour couler 5330 m. de tuyaux de plomb ayant 0 m. 021 de diamètre intérieur sur 2 mm. d'épaisseur, il a fallu 5 jours de 8 heures de travail à 4 compagnons et 4 garçons : combien faudrait-il de jours de 10 heures de travail à 6 compagnons et 6 garçons pour couler 8420 m. des mêmes tuyaux?

P. 2345. Une machine à vapeur de la force de 50 chevaux fait mouvoir 4000 broches et file 4000 kg. de lin par semaine : combien mettrait-elle de jours si la force n'était que de 35 chevaux, ne faisant mouvoir que 2800 broches pour filer 7800 kg.?

P. 2346. Pendant 7 jours, et 9 heures par jour, 28 scieurs de long ont été employés à débiter des bois qui ont exigé divers traits de scie présentant ensemble une surface ayant 119 m. de longueur et 9 de largeur : combien 35 ouvriers, travaillant 12 heures par jour pendant 24 jours, donneraient-ils de longueur à une surface de traits de scie qui aurait la même largeur que la précédente.

P. 2347. Dans un vaste atelier de serrurerie, on demande combien il faudrait d'ouvriers pour préparer 450 serrures en 9 jours, travaillant 10 heures par jour, sachant qu'il a fallu 24 jours à 18 ouvriers, lesquels travaillaient 12 heures par jour, pour préparer 2880 serrures.

P. 2348. Pour poser 875 m. de tuyaux de plomb ayant 0 m. 055 de diamètre intérieur et 0 m. 004 d'épaisseur, il a fallu 6 compagnons et 6 garçons pendant 4 jours de 12 heures de travail : pendant combien d'heures par jour 5 compagnons et 5 garçons devraient-ils travailler pour poser 1240 m. des mêmes tuyaux, s'ils devaient avoir fini ce travail en 8 jours?

P. 2349. On a tissé une pièce de toile de 30 m. de longueur sur 0 m. 80 de largeur, avec 13 kg. de fil : quelle serait la longueur d'une pièce de toile de 0 m. 75 de largeur, tissée avec 16 kg. de fil?

P. 2350. Avec 13 kg. 75 de fil, on a fabriqué une pièce de toile ayant 65 m. de longueur sur 1 m. 12 de largeur : combien faudra-t-il de kg. de ce même fil pour fabriquer une pièce de toile de 108 m. de longueur sur 1 m. 20 de largeur?

P. 2351. Il y a 30000 kg. de farine dans une citadelle pour nourrir 1500 hommes pendant 80 jours : de quelle quantité cette provision doit-elle être augmentée pour que 2450 hommes en aient assez pendant 234 jours?

P. 2352. Quatre maçons ont fait un mur de 40 m. de longueur, en travaillant pendant 8 jours et 9 heures par jour ; pour en faire un autre de même hauteur, ils se mettent 3 de plus et travaillent pendant 9 jours et 8 heures par jour : quelle est la longueur de ce second mur?

P. 2353. Deux ouvriers forgerons, travaillant ensemble dans un atelier de serrurerie, ont gagné 660 f.; le 1ᵉʳ, qui a travaillé pendant 50 jours et 9 heures par jour, a reçu 247 f. 50 : combien le 2ᵈ a-t-il dû employer de journées de 12 heures pour gagner le reste?

P. 2354. La presse monétaire, à l'Hôtel des Monnaies de Paris, peut frapper 144 000 pièces de monnaie en 5 jours de 8 heures de travail : combien devrait-elle travailler d'heures par jour pour frapper le même nombre de pièces en 4 jours?

P. 2355. Un maître tailleur a 25 ouvriers qui, en 18 jours, et travaillant 8 heures par jour, ont fait 250 gilets croisés : combien 36 ouvriers, en 16 jours, travaillant le même nombre d'heures, en feront-ils?

P. 2356. Dans un fort, il y a 1600 hommes qui ont du pain pour 7 mois à raison de 75 Dg. par jour : combien faut-il en faire sortir pour que les vivres durent 16 mois en ne donnant que 70 Dg. de pain chaque jour?

P. 2357. Dans une forteresse, il y a 7600 hl. de froment pour 6 mois $1/2$ et pour 1500 hommes. Comme le siége sera long, on admet encore 500 hommes qui apportent avec eux 3500 hl. de froment : on demande combien de temps la garnison peut se défendre sans manquer de vivres?

P. 2358. Un boulanger a fait 630 kg. de pain avec 50 doubles-décalitres de blé de 2ᵉ qualité : combien en ferait-il avec 72 demi-hectolitres de 3ᵉ qualité? Le rendement de la 2ᵉ est supposé être au rendement de la 3ᵉ comme 23 est à 22.

P. 2359. Cinq pièces de ruban de velours contenant chacune 21 m. 444 ont coûté 4824 f. 90 : combien coûteraient 12 pièces de ruban contenant chacune 25 m. 40, si la qualité de ces 12 pièces était à la qualité des 5 premières comme 5 est à 6?

P. 2360. Quatre-vingt-six balles de coton pesant chacune 150 kg. ont coûté 28 380 f. : combien coûteront 104 balles pesant chacune 140 kilog., le prix de chacune des 86 balles du 1ᵉʳ achat étant au prix de chacune des autres, comme 11 est à 14?

P. 2361. Pour 5 balles de poil de chevron pesant chacune 125 kg., on a payé 3125 f. : combien paiera-t-on pour 8 balles de poil de chèvre pesant chacune 150 kg., si le prix du poil de chevron est à celui du poil de chèvre, comme 5 est à 6?

P. 2362. Le prix de la cochenille et celui de l'indigo sont entre eux comme 4 et 5; or, on a payé 6720 f. pour 7 balles de cochenille qui pesaient chacune 80 kg. : quel est le poids de chacune des 16 balles d'indigo qui ont coûté 17 280 f.?

P. 2363. Huit balles de laine, pesant chacune 150 kg., ont coûté 4527 f. 60, étant transportées à 273 km. : combien coûteront 15 balles de laine pesant chacune 175 kg., et transportées à 445 km., si le prix de cette dernière laine est à celui de la laine mentionnée en premier lieu comme 7 est à 10?

P. 2364. Le prix du bleu de Prusse et celui du prussiate de potasse cristallisé sont entre eux comme 15 et 14; or, on a payé 2976 f. pour 8 caisses contenant chacune 124 kg. de bleu de

Prusse : combien devra-t-on payer pour 5 caisses de prussiate de potasse qui en contiennent chacune 75 kg. ?

P. 2365. Les prix du kilogramme d'os bruts et du kilogramme de cornes de bétail brutes sont entre eux comme 2 et 7; les quantités que l'on a achetées de ces deux marchandises sont entre elles comme 9 et 11 : combien devra-t-on débourser pour la quantité de cornes brutes que l'on a achetée, si l'on a déboursé 129 f. pour les os bruts?

P. 2366. Une famille composée de 5 personnes a consommé, en 25 jours, pour 2 f. 25 de sucre valant 1 f. 80 le kilogramme : pour quelle somme en consommera, pendant 40 jours, une famille composée de 8 personnes, le prix du sucre étant de 1 f. 75, la consommation de chaque personne de cette famille étant à celle de chaque personne de la 1re famille comme 8 est à 5 ?

P. 2367. Douze balles de crin, pesant chacune 250 kg., ont coûté 5 250 f.; les droits, les frais de transport et autres, s'élèvent à la somme de 840 f. : combien coûteront 9 balles pesant chacune 170 kg., si, pour le 1er envoi, le prix de la marchandise est à celui de la marchandise du 2^d envoi comme 5 est à 4, et si les faux frais pour les deux envois sont, dans le même ordre, comme 7 est à 3?

P. 2368. Un éventailliste a acheté de l'ivoire de deux qualités; il en a pris pour 450 f. de la 2e qualité : pour quelle somme en a-t-il pris de la 1re? On sait que la quantité prise de la 1re est à la quantité prise de la 2e, comme 6 est à 5, et que le prix de la 1re est au prix de la 2e, comme 5 est à 3. Quelle est aussi la quantité de kilogrammes prise de chaque qualité, si le prix du kilogramme de la 2e qualité est de 7 f. 50?

P. 2369. Un fermier a 15 ha. 60 de terres dont il fume le tiers tous les ans à raison de 17 500 kg. par hectare; le fumier est produit dans la ferme par des animaux qui convertissent la litière et le fourrage en fumier dans les proportions de 2,5 de fumier pour 1 de fourrage sec et litière réunis : on demande combien il devra produire de litière et de fourrage pour arriver à la production du fumier qui lui est nécessaire. Le fourrage doit être à la litière comme 3 est à 1.

P. 2370. Pour éclairer une salle pendant 5 heures, on a employé 75 bougies de cire de 8 au demi-kilogramme, la lumière d'une bougie étant représentée par 15,62, chaque bougie consommant par heure 8 gr. 71, au prix de 7 f. 60 le kilogramme, ce qui a fait une dépense de 24 f. 82 : combien aurait-on dépensé pour l'éclairage de cette salle pendant 3 heures, avec des chandelles économiques de 6 au demi-kilogr., l'intensité de la lumière d'une chandelle étant représentée par 7,50, sa consommation par heure étant de 7 gr. 42, et le prix du kilogramme étant de 2 f. 40?

P. 2371. En 8 jours, 36 ouvriers ont élevé un mur de 32 m. de longueur sur 6 m. de hauteur, et 0 m. 75 d'épaisseur : combien 12 ouvriers emploieraient-ils de jours pour faire un mur de 21 m. 60 de longueur, 5 m. de hauteur et 0 m. 60 d'épaisseur? On sait que la force des premiers ouvriers est à celle des seconds comme 5 est à 4, et que la difficulté du travail pour le 1er mur est à celle du travail pour le 2^d comme 3 est à 2.

P. 2372. Un mur de 64 m. de longueur, 4 de hauteur, et 0 m. 75 d'épaisseur a été fait en 30 jours par 12 hommes qui travaillaient 7 heures par jour : quelle sera la hauteur d'un autre mur qui doit être fait en 15 jours par 21 hommes qui travailleront 11 heures par jour, ce mur devant avoir 82 m. 50 de longueur et 0 m. 60 d'épaisseur? La force des premiers ouvriers est à celle des seconds comme 5 est à 6; et la difficulté du 1er travail est à celle du 2d comme 7 est à 8.

P. 2373. Les forces de deux bateaux à vapeur sont entre elles comme 3 est à 4; par force de cheval, le poids des chaudières en tôle est à celui des chaudières en cuivre comme 9 est à 10, et le prix des 100 kg. pour les chaudières en tôle est au même prix pour celles en cuivre comme 5 est à 23; or, les deux chaudières en tôle du plus fort de ces deux bateaux, lequel est de 80 chevaux, ont coûté chacune 18000 f. : quel est le prix de chacune des deux chaudières en cuivre du plus petit?

P. 2374. Les forces de deux bateaux à vapeur sont entre elles comme 2 est à 3; les poids de houille consommée par force de cheval et par heure pour chacun de ces deux bateaux sont entre eux comme 31 est à 28; les longueurs des trajets à parcourir par chacun d'eux sont entre elles comme 4 est à 7. Or, le plus fort de ces deux bateaux a consommé dans son trajet 228 tonnes 614 kg. 4 de charbon : combien l'autre en a-t-il consommé?

P. 2375. Pour la peinture de 5 portes ayant chacune 2 m. 80 de hauteur sur 1 m. 15 de largeur, on a payé 54 f. 74 : combien paierait-on pour la peinture de 7 croisées de 2 m. 85 de hauteur sur 1 m. 12 de largeur, à condition de compter 3 croisées pour 2 portes?

P. 2376. Huit poutres ayant chacune en moyenne 0 m. 51 sur 0 m. 65 d'équarrissage et 12 m. 68 de longueur, ont coûté 2522 f. 052 : combien coûteraient 5 poutres ayant chacune en moyenne 0 m. 46 sur 0 m. 59 d'équarrissage, et 10 m. 72 de longueur?

P. 2377. Vingt-quatre bûches de bois d'ébène, ayant chacune en moyenne 0 m. 27 sur 0 m. 32 d'équarrissage et 4 m. 30 de longueur, et vendues à raison de 0 f. 32 le kilogr., ont coûté 3422 f. 40 : combien coûteraient 18 bûches du même bois ayant chacune 0 m. 24 sur 0 m. 30, et 5 m. 40 de longueur, et vendues à raison de 0 f. 35 le kilogramme?

P. 2378. On a mis 550 m³ de marne ou calcaire dans un champ de 9 ha. dont le sol contient seulement 0,01 de calcaire et dont la couche arable a 25 cm. de profondeur : combien devrait-on en mettre dans un champ de 608 a. dépourvu de calcaire, et ayant un sol de 35 cm. de profondeur, pour que, proportionnellement, il y ait autant de calcaire que dans le 1er champ?

P. 2379. Pour couvrir un toit de 30 m. de longueur sur 2 m. 67 de largeur, on a employé 5690 ardoises ayant 176 mm. de largeur sur 244 de hauteur; le pureau, c'est-à-dire la partie des ardoises non couverte par le rang supérieur était de 80 mm. : quelle devra être la largeur de 9130 ardoises ayant 298 mm., le pureau étant de 100 mm., si ces ardoises sont destinées à couvrir un toit de 60 m. de longueur, sur 3 m. 30 de largeur?

P. 2380. Quelle serait la longueur d'un canal ayant une largeur moyenne de 13 m. 75 et une profondeur de 2 m. 50, si, pour le creuser, on employait 475 hommes pendant 25 jours de 9 heures de travail? On sait que, pour creuser un autre canal de 2940 m. de longueur, 8 m. de largeur moyenne, et 3 m. 15 de profondeur, 350 hommes ont employé 15 jours en travaillant 8 heures par jour.

P. 2381. On a dépensé 3370 f. 41 pour l'ouverture et le remplissage des tranchées faites pour le drainage d'un champ de 549 m. de longueur sur 657 dm. de largeur, la distance entre les drains étant de 7 m. 30, la profondeur des tranchées de 0 m. 91, et la difficulté du terrain étant représentée par 9 : combien dépensera-t-on pour un pareil travail fait dans un champ de 830 m. de longueur sur 127 m. 96 de largeur, la distance entre les drains étant de 9 m. 14, la profondeur des tranchées de 0 m. 99, et la difficulté du terrain étant représentée par 6 ?

P. 2382. Il a fallu 51444 tuyaux pour drainer une terre qui a 12 ha. de superficie, l'intervalle entre les drains étant de 7 m., et la longueur des tuyaux étant de 0 m. 33 : combien faudrait-il de tuyaux pour le drainage d'une terre de 14 ha., l'intervalle entre les drains étant de 6 m., et la longueur des tuyaux étant de 3 dm. Combien coûterait l'achat de ces tuyaux, si on les payait 40 f. 50 le mille?

P. 2383. Un vigneron a fait vendanger en 4 jours une vigne de 3 ha. 30, ayant rendu 520 tonnes de raisin, par 15 vendangeurs travaillant 10 heures par jour : combien lui faudrait-il de vendangeurs pour faire le même travail en 2 jours, en travaillant 12 heures par jour, et la vigne produisant 3536 quintaux de raisin?

P. 2384. Pour tailler au ciseau 381 m^2 15 de joints ordinaires pour parpaings de peu d'épaisseur en pierre de roche, il a fallu employer 22 ouvriers pendant 15 jours de chacun 10 heures et demie de travail. Comme il restait encore 111 mèt. carr. 87 à tailler, 9 ouvriers les ont faits en 9 jours de chacun 12 heures $5/9$ de travail : quels ont été les ouvriers les plus habiles?

P. 2385. Cent kilogrammes de pommes de terre donnent, dans une féculerie bien conduite, 16 kg. de fécule sèche, et 26 kg. de résidu humide contenant 80 p. 0/0 d'eau : on demande combien les pommes de terre recueillies dans un terrain de 4 ha. 28 a. 60 ca. donneront de fécule à l'état sec et de résidu humide, sachant qu'un hectare produit 230 hl. de pommes de terre pesant 70 kg. l'hectolitre?

P. 2386. Dans une sucrerie, on a retiré 14782 f. 20 de la vente du sucre provenant des betteraves d'un terrain de 17 ha. 35, rapportant 284 quintaux de betteraves par hectare, ces betteraves ayant donné en sucre 5 p. 0/0 de leur poids et le sucre ayant été vendu 60 f. le quintal métrique : quelle somme produira la vente du sucre provenant des betteraves d'un terrain de 23 a. 82, rapportant 25420 kg. par hectare, ces betteraves rendant en sucre 5 + 7/8 p. 0/0 de leur poids, et le sucre étant vendu 64 f. 25 le quintal métrique?

P. 2387. Un terrain de 12 ha. 70 a., ensemencé de betteraves, en a donné par hectare 24200 kg.; 6 personnes occupées dans une sucrerie ont employé 11 jours pour nettoyer ces betteraves, en travaillant 12 heures par jour, et les racines pesant en moyenne chacune 2 hg. : combien 8 personnes, travaillant 9 heures par jour, mettront-elles de jours pour nettoyer des betteraves pesant chacune 21 Dg., et provenant d'un terrain de 14 ha. 84 a., qui a rendu 26520 kg. par hectare? On suppose que plus les racines sont grosses, moins il faut de temps pour en nettoyer un poids égal.

P. 2388. Quinze maçons travaillèrent ensemble à la construction d'un mur, pendant 12 jours, et en firent les $3/4$; après quoi, 7 quittèrent cet ouvrage : combien de temps les autres mirent-ils à le terminer?

P. 2389. Dans un fort il y a des vivres pour 1520 soldats pendant 5 mois. Si l'on augmente la garnison de 100 hommes et s'ils veulent rester 1 mois $2/3$ plus longtemps, quelle ration pourra-t-on donner journellement?

P. 2390. Un marchand de grain vend 9 hl. de froment pour 150 f., et paie 1 f. 20 pour 1 pain de 4 kg. : combien doit-il revendre l'hectolitre de froment, s'il paie $1/3$ de plus pour un pain qui pèse $1/4$ de plus que le premier?

P. 2391. Un voyageur devait faire une certaine route en marchant 7 jours, et 9 heures par jour; mais, ayant perdu 2 jours, on demande combien d'heures il devra marcher pendant les 5 jours qui lui restent pour la même route, en augmentant la vitesse des $2/5$?

P. 2392. Pour 4 bœufs pesant en moyenne chacun 375 kg., on a payé 1540 f. : combien devra-t-on débourser à proportion pour 7 autres bœufs dont le poids, en moyenne, est les $8/5$ du poids des 4 premiers?

P. 2393. Deux chevaux, dont la valeur a été appréciée en raison directe de leurs forces et en raison inverse de leur âge, ont, le 1er, 5 ans et 8 mois, et le 2^d, 7 ans 3 mois; la force du 1er est à celle du 2^d comme 3 est à 4 $1/2$: quel sera le prix du 1er, si le 2^d est vendu pour 540 f.?

P. 2394. Dans une filature, 9 métiers ayant chacun 215 bobines et travaillant 7 heures $8/15$ par jour, ont filé en 13 jours 2938 écheveaux de fil de coton du n° 30 : combien 6 métiers ayant chacun 195 bobines et travaillant 9 heures $5/12$ par jour fileront-ils d'écheveaux du même n° en 18 jours?

P. 2395. Un cultivateur a récolté 18420 gerbes de froment dont il a battu 6300; ces 6300 gerbes ont produit 5250 bottes de paille de 55 hg. et 274 hl. $8/13$ de froment pesant 78 kg. l'hectolitre : on demande combien le reste de la récolte produira de grain et de paille.

P. 2396. Un marchand de lin doit en livrer 2040 bottes dans 31 jours; il prend à cet effet 8 ouvriers qui écanguent chacun 5 bottes par jour. Il reçoit avis de livrer 7 jours plus tôt; il demande combien il doit prendre d'ouvriers faisant 4 bottes, si les 8 premiers travaillent $1/5$ de plus par jour, et si tous gardent religieusement les 5 dimanches qu'il y a dans ces 31 jours.

P. 2397. Dans une tréfilerie, une filière, donnant 80 m. de fil en $5/9$ d'heure, est mise en mouvement par une machine dont le volant fait 115 tours en 2 minutes $1/4$: quel temps cette filière emploierait-elle pour donner 986 m. du même fil, si le volant avait une vitesse de 432 tours en 5 minutes $2/3$?

P. 2398. Dans un Hôtel des Monnaies, on a fait fondre dans un creuset 119 kg., 13 Dg. $3/4$ d'or allié d'un dixième de cuivre, avec lequel on a pu couler 3 lingots ayant chacun 0 m. 25 de longueur, 0 m. 18 de largeur, et 0 m. 05 d'épaisseur : combien de kilogrammes de cet or aurait-on dû faire fondre pour obtenir 2 lingots ayant chacun 0 m. 38 de longueur, 0 m. 15 de largeur, et 0 m. 07 d'épaisseur?

P. 2399. Pour fabriquer 9875 kg. de fonte au charbon de bois, il en faut 10862 kg. 50 à 7 f. le quintal métrique; la puissance calorifique du charbon est à celle du coke comme 7 est à 6 : et le coke se vend 1 fr. 25 les 100 kg. : quelle somme dépenserait-on pour l'achat du coke nécessaire pour un haut fourneau qui fournirait par jour 3450 kg. de fonte et qui marcherait pendant 10 mois de l'année? (Le mois égale 30 jours.)

P. 2400. La puissance calorifique du coke est à celle de la houille comme 4 est à 5; dans un haut-fourneau où l'on fait usage du coke, il en faut 175 kg. par 100 kg. de fonte obtenue. Or, dans un fourneau au coke qui donnait 2840 kg. de fonte par jour et qui a marché pendant 8 mois, on a consommé 11928 qm. de coke : combien de quintaux de houille consommerait-on dans un haut-fourneau qui donnerait par jour 3250 kg. de fonte, et qui marcherait pendant 9 mois $1/2$?

P. 2401. Huit tisserands, en 12 jours $1/2$, et travaillant 10 h. $1/3$ par jour, ont fait 6 pièces de toile de 190 m., la finesse du fil étant représentée par 3, et sa mauvaise qualité par 7. On demande combien 10 hommes mettraient de jours en travaillant 15 h. $1/4$ par jour, pour faire 8 pièces de 150 m., dont la finesse du fil serait représentée par 2 et la mauvaise qualité par 5?

P. 2402. Il a fallu 70 rouleaux de papier ayant 8 m. 24 de longueur sur 0 m. 48 de largeur pour tapisser un appartement de 5 pièces : on demande combien il faudrait de rouleaux de 10 m. 40 de longueur, sur 0 m. 55 de largeur pour tapisser un seul appartement de 7 pièces. La longueur des pièces du 1er appartement est à celle des pièces du 2d comme $5/6$ sont à $7/8$, et les largeurs sont entre elles comme $4/7$ sont à $5/9$.

P. 2403. La hauteur du Monte-Vellino, dans les Apennins, est environ la moitié de celle du Mont-Blanc; les $2/5$ de la hauteur du Mont-Blanc donnent la hauteur du Mont-Ventoux, qui est elle-même les $5/7$ de celle du Monte-Rotondo, en Corse; or, cette dernière montagne a 2672 m. de hauteur : quelle est donc, approximativement celle du Monte-Vellino?

P. 2404. La hauteur du Col-du-Géant dans les Alpes est environ le double de celle de la Sierra-d'Estre en Portugal; la hauteur de cette dernière montagne est environ les $5/3$ de celle du mont Hékla en Islande; et celle du mont Hékla est environ les $2/3$ de celle du mont des Géants en Bohême; or, la hauteur de cette dernière montagne est de 1512 m. : quelle est donc, approximativement, la hauteur du Col-du-Géant?

P. 2405. Le prix du vert-de-gris sec est les $13/15$ du prix du **verdet cristallisé; le prix de cette dernière substance est égal à**

RÈGLE DE TROIS COMPOSÉE. 251

100 fois le tiers du prix de l'acétate de fer liquide ; et le prix de cette dernière substance est le 15ᵉ du prix de l'acétate de plomb. Or, 48 kg. d'acétate de plomb valent 64 f. 80 : combien coûteront 79 kg. de vert-de-gris sec?

P. 2406. Si 9 kg. de café valent 19 kg. de sucre, et si 5 kg. de sucre valent 3 kg. de chocolat, quel sera le prix d'un kilogramme de café, le prix d'un kilogramme de chocolat étant de 3 f. ?

P. 2407. Si 7 kg. de feuilles d'oranger coûtent autant que 8 kg. d'absinthe, et si 15 kg. d'absinthe coûtent autant que 4 kg. de séné : combien coûteront 25 kg. de feuilles d'oranger, le kilogramme de séné valant 2 f. 10 ?

P. 2408. Si 3 hg. de musc coûtent autant que 25 hg. de castoréum, et si 1 hg. de castoréum coûte autant que 10 hg. de cantharides, combien coûteront 8 hg., de musc, 3 kg. 1/2 de cantharides ayant coûté 52 f. 50?

P. 2409. Cinq douzaines de couteaux de Langres valent 4 douzaines de couteaux de Caen ; 8 douzaines de couteaux de Caen valent 15 douzaines de couteaux de Châtellerault; or, ceux-ci valent 0 f. 70 la pièce : quel est le prix de la douzaine de couteaux de Langres?

P. 2410. On a acheté des chaises de salon à 4 prix différents; 5 chaises du 1ᵉʳ prix coûtent autant que 12 du 2ᵉ ; 5 du 3ᵉ prix coûtent autant que 16 du 2ᵉ prix; et 20 du 4ᵉ prix coûtent autant que 9 du 3ᵉ prix : or, une chaise du 4ᵉ prix a coûté 36 f. : quelle est la valeur d'une chaise du 1ᵉʳ prix ?

P. 2411. Trois douzaines de couteaux de Saint-Étienne valent 4 douzaines de couteaux de Thiers ; 5 douzaines de couteaux de Thiers valent 3 douzaines de couteaux de Normandie : quel est le prix d'une douzaine de couteaux de Saint-Étienne, ceux de Normandie valant 4 f. la douzaine?

P. 2412. Trente-six kilogrammes de sulfate de soude valent 13 kg. de sulfate de magnésie; 3 kg. de cette dernière substance en valent 12 de sulfate de baryte; 7 kg. de sulfate de baryte en valent 9 de sulfate de fer, et 28 kg. de sulfate de fer en valent 2 de sulfate de cuivre : combien 75 hg. de sulfate de cuivre valent-ils de kilogrammes de sulfate de soude?

P. 2413. Dans quel rapport sont les prix de la laque et du kermès? On sait que 15 caisses de laque pesant chacune 85 kg. ont coûté 4462 f. 50, et que 12 caisses de kermès pesant chacune 68 kg. ont coûté 7344 f.

P. 2414. Une montre fait 4650 battements en 7 minutes 1/2; on a compté 18 battements de cette montre entre l'instant où l'on a aperçu la lueur d'un éclair et l'instant où l'on a entendu le bruit du tonnerre. Sachant que le son parcourt 3 hm. 2/5 par seconde, on demande : 1° à quelle distance on se trouve de l'orage ; 2° à quelle distance on s'en trouverait si, avec une montre qui fait 4860 battements en 9 minutes, on avait compté 15 battements entre l'instant où l'on a aperçu l'éclair et l'instant où l'on a entendu le bruit du tonnerre.

P. 2415. Pour un chemin de fer de 17 km. de longueur, on a employé 174856 f. 32 à l'achat des coussinets; ce chemin est à deux voies; la distance entre les traverses est de 1 m. 12; les coussinets pèsent chacun 9 kg. 60, et sont payés 300 f. la tonne :

combien a-t-on dû dépenser pour l'achat des coussinets d'un chemin de fer à une seule voie, d'une longueur de 52 km., la distance entre les traverses étant de 0 m. 90, les coussinets pesant 8 kg. 50, et étant payés 225 f. la tonne?

P. 2416. Pour la peinture de 3 appartements à deux couches et vernis, ayant ensemble 520 m^2, on a payé 1 196 f.: combien paierait-on pour la peinture d'un appartement de 12 m. de longueur sur 8 de largeur et 5 de hauteur, dans lequel il y a 3 portes de 2 m. 12 de hauteur sur 1 m. 10 de largeur, et 5 croisées de 2 m. 25 de hauteur sur 1 m. 30 de largeur? Les portes et les fenêtres doivent recevoir 3 couches, les murs et le plafond, qui est traversé par une poutre de 15 cm. d'épaisseur, ne doivent recevoir que deux couches. Le prix de la peinture à deux couches et vernis, est à celui de la peinture à 3 couches et vernis comme 23 est à 28.

P. 2417. Une fonte de fer présente la composition suivante : Charbon et phosphore, 6, 7 p. $^0/_0$. Fer, 93, 3 p. $^0/_0$. Elle donne, après l'affinage, un *fine métal* dont la composition est : Charbon, 2, 2 p. $^0/_0$. Fer, 97, 8 p. $^0/_0$. La fonte éprouve dans les feux de finerie un déchet de 10 p. $^0/_0$. On demande : 1° combien on obtiendra de *fine métal* en traitant 1 250 kg. de fonte, charge ordinaire d'un fourneau; 2° combien il faudrait traiter de kg. de fonte pour obtenir une quantité de *fine métal* telle, qu'au prix de 25 f. les 100 kg. on en retire 2 700 f. 3° Cette dernière somme ayant été donnée à 25 ouvriers qui l'avaient gagnée en 24 jours, et en travaillant 15 heures par jour, on veut savoir combien il faut que 68 ouvriers travaillent d'heures par jour, pendant 18 jours pour gagner 4 406 f. 40.

P. 2418. Un cultivateur, demeurant à 8 kilomètres de la ville, achète d'un entrepreneur, pour 150 fr., les plâtras et terres de démolition d'une maison; et l'entrepreneur doit les conduire sur l'exploitation. La quantité a suffi pour couvrir d'une couche de 5 mm. une surface de 3 ha. 20 a. de prairie; et, passés à la claie, le déchet a été de 20 p. $^0/_0$. On demande : 1° combien coûteraient les plâtras nécessaires pour couvrir d'une couche de 4 mill. une prairie de 572 a. située à 15 km. de la ville, supposé que, passés à la claie, ils aient donné un déchet de 15 p. $^0/_0$; 2° combien, dans ce dernier cas, coûterait le passage à la claie, sachant que, dans le 1er, on y a employé 4 journées d'homme à 1 f. 25.

RÈGLE D'INTÉRÊT

P. 2419. Un capitaliste a reçu 408 f. à compte sur l'intérêt d'une somme de 12 060 f. placée à 5 p. % par an : combien a-t-il encore à recevoir ?

P. 2420. Une personne a reçu d'une succession 186 000 f. : on demande la rente qu'elle aura si elle place cette somme à 5 p. %, et ce qui lui restera si elle consacre 5 f. par jour en bonnes œuvres.

P. 2421. Une propriété vaut 15 460 fr. : quel est son revenu net, en l'estimant à 3 1/2 p. % ?

P. 2422. Un marchand de fruits secs, ayant bien fait ses affaires, a placé à 5 p. % 17 495 f. 40, et il prend annuellement sur les intérêts de cette somme de quoi acheter 8 qm. 5/8 de prunes d'ente sèches, à 26 f. 08 les 50 kg. : combien lui reste-t-il ?

P. 2423. Une maison coûte 31 192 f. ; on veut gagner, en la revendant, 1 080 f. : 1° combien faut-il la revendre ; 2° combien l'acquéreur devra-t-il la louer par an, pour que ses fonds lui rapportent 5 p. % ; 3° en supposant que cet acquéreur soit un fabricant de tabletterie qui fait pour 17 500 f. d'affaires par an, sur lesquelles il gagne 8 p. %, quel sera son revenu total ?

P. 2424. Une personne charitable, ayant placé 24 456 f. à 5 p. %, veut employer la moitié de la rente au soulagement des pauvres, et le reste pour procurer à quatre de ses fermiers chacun un scarificateur tout en fer très-répandu en Angleterre : combien donnera-t-elle annuellement aux pauvres ? quelle sera la valeur du don total qu'elle fera à ses fermiers ? quel est le prix de chaque instrument ?

P. 2425. Un négociant en grains a vendu 7 080 hl. d'avoine à 9 f. 60 l'hl. ; 1 775 kl. d'orge à 8 f. l'hl. ; 9 680 hl. de seigle à 18 f. 65 l'hl. ; 910 kl. de froment à 38 f. 60 l'hl., et pour 2 765 f. d'autres menus grains ; il place à 4 p. % la somme qu'il retire de ces différentes ventes : on demande quelle rente annuelle il retirera de ce capital pour sa part personnelle, s'il paie tant pour ses domestiques que pour l'entretien de sa maison 14 200 f., et s'il consacre annuellement 4 250 f. en bonnes œuvres.

P. 2426. Un négociant se retire du commerce avec un capital équivalant au prix de 120 barils d'huile de baleine pesant chacun 505 kg. à 105 f. le quintal ; il place ce capital à 4 1/2 p. % : quelle sera sa rente annuelle ?

P. 2427. Une personne charitable a placé à intérêts au taux de 3 4/5 p. % un capital de 40 980 f. On demande 1° quelle est la rente ; 2° ce qui lui reste pour sa dépense si elle en emploie les 2/5 au soulagement des malheureux ; 3° combien de kg. de farine elle peut donner avec ces 2/5 au prix de 41 f. 15 le quintal métrique.

P. 2428. Quel est le plus avantageux de placer 16 870 f. à 4 1/2 p. %, ou d'acheter une propriété qui peut être louée 759 f. 15 ?

P. 2429. Un peigneur de laine dit qu'en revendant 175 kg. 350 grammes de laine, son bénéfice équivaut à la rente d'un capital de 5 200 f. placés à 4 3/4 p. 0/0 par an : quel est son bénéfice, et quel gain a-t-il fait sur chaque kilog. ?

P. 2430. Un fabricant a acheté 52 balles de laine pesant chacune 145 kg. à 12 f. le kg. ; il ne paie les intérêts à 5 p. 0/0 de la somme qu'il doit pour cet achat qu'au bout de 3 ans ; combien doit-il alors pour les arrérages ?

P. 2431. Trois négociants s'étant associés pour le commerce des soieries, ont fait un bénéfice équivalant à la vente de 112 pièces de satin contenant chacune 16 m. au prix de 25 f. le mètre ; ils placent ce bénéfice chez un de leurs confrères qui promet de leur en payer les intérêts à 4 p. 0/0 ; combien devra-t-il leur donner pour les arrérages au bout de six ans ?

P. 2432. Un menuisier ébéniste achète à un négociant 350 quintaux de bois de cèdre à 30 f. le quintal ; mais il ne peut payer cette acquisition que dans 5 ans : combien, à cette époque, devra-t-il seulement pour les intérêts calculés à 6 p. 0/0 par an ?

P. 2433. Le chef d'une usine à fer a vendu à un petit maître de forges 260 qm. de fonte à 123 f. 29 la tonne. Au bout de 9 ans, le maître de forges a remboursé la somme principale avec les intérêts à 5 p. 0/0 : combien a-t-il versé ?

P. 2434. Un marbrier vient d'acheter 24 mètres cubes de marbre de Médoux à 350 f. le m. cube. Il doit s'acquitter dans 4 ans en payant les intérêts à 3 1/3 p. 0/0 : quelle somme lui faudra-t-il tant pour le capital que pour les intérêts ?

P. 2435. J'ai emprunté 9 840 f. 50 à 6 p. 0/0 par an : quelle somme devrais-je compter pour le capital et les intérêts de 9 mois ?

P. 2436. Un couvreur a remanié 800 mètres carrés de couverture en ardoise sur volige neuve à 2 f. 45 le m^2. Il place à 5 1/4 p. 0/0 la somme qu'il reçoit pour ce travail ; quel intérêt lui rapportera-t-elle en 8 ans 5 mois ?

P. 2437. Une maison de commerce a envoyé à l'étranger, dans le cours d'une année, 48 qm. 3/5 de gibier à 2 f. 50 le kg. La somme produite par cette vente est placée à 5 p. 0/0 par le chef de cette maison, avant son départ pour un voyage aux colonies qui doit durer 3 ans 6 mois ; quelle rente recevra-t-il à son retour ?

P. 2438. Deux négociants se proposent de passer en Amérique ; mais, avant de s'embarquer, ils prêtent à un marchand une somme qu'ils ont retirée de la vente de 26 qm. d'écaille de tortue débitée en feuille à 77 f. 50 le kilogramme ; le marchand leur promet d'en payer la rente à 6 p. 0/0 : combien doivent-ils recevoir en tout après une absence de 7 ans 8 mois ?

P. 2439. Un fabricant de coutellerie, ayant vendu 80 douzaines de couteaux fermants, avec écusson et garniture d'argent, au prix de 36 f. la douzaine, prête à l'un de ses confrères et à 4 p. 0/0 l'argent qu'il retire de cette vente. L'emprunteur lui rembourse cette somme après 9 ans 1/2 : quelle somme le coutelier a-t-il reçue tant en capital qu'en intérêts ?

P. 2440. On a prêté 2 400 f. pour 70 jours au taux de 4 1/2 p. 0/0 : quel intérêt doit-on recevoir ?

P. 2441. On a prêté 14 076 f. à 5 p. 0/0 : que restera-t-il sur l'intérêt que l'on doit recevoir au bout de 45 jours après que l'on

RÈGLE D'INTÉRÊT. 255

aura payé deux glacières parisiennes qui coûtent 38 fr. chacune?

P. 2442. Un marchand tapissier a fourni 16 embrasses en larges galons de 14 cm., en coton blanc et bleu, et doublées en percale ; il demande pour chacune 3 f. 75. Si on ne le paie qu'au bout de 215 jours, à quelle somme se monteront les intérêts de ce qui lui est dû, le taux étant 5 p. 0/0?

P. 2443. Un menuisier a confectionné pour un bourgeois 25 paires de volets persiennes brisés en deux feuilles ; chaque paire de volets a 1 m. 50 de longueur sur une hauteur double, et le menuisier doit recevoir 12 f. par m. carr. de cette fourniture. S'il n'est payé qu'au bout de 90 jours, et qu'on lui tienne compte des intérêts à 4 1/2 p. 0/0, à quelle somme se monteront alors ces intérêts?

P. 2444. Un serrurier a ferré et ajusté pour différentes devantures de boutiques 15 bannes pour chacune desquelles il a reçu en moyenne 300 f. Il place à intérêts la somme totale qu'il a retirée de ce travail : quel intérêt lui rapportera-t-elle en 5 ans 7 mois 12 jours, à 6 1/4 p. 0/0 par an ?

P. 2445. Un épicier achète 24 hectol. de vinaigre à raison de 30 f. l'hect. Pourvu que l'acheteur paie les intérêts sur le pied de 5 1/2 p. 0/0, le vendeur consent à n'être payé qu'au bout de 6 ans 7 mois 9 jours : à quelle somme les intérêts se monteront-ils à cette époque?

P. 2446. Un épicier en gros vend 27 hectol. de vinaigre à raison de 6 f. le double-Dl. Il convient de n'être payé qu'au bout de 4 ans 5 mois 20 jours : à quelle somme se monteront alors les intérêts, si le taux est 4 1/4 p. 0/0?

P. 2447. Un fermier fait tondre son troupeau composé de 120 moutons ; 5 moutons lui donnent en moyenne 15 kg. 75 g. de laine; il en vend 1/3 à 1 f. 50 le kg., 1/3 à 2 f. 70, et 1/3 à 3 f. 15 ; quelle somme recevra-t-il si, d'accord avec l'acheteur, il consent à être payé au bout de 8 mois 15 jours moyennant un intérêt de 6 p. 0/0 par an?

P. 2448. Un négociant achète, au prix de 140 f. le mèt., 25 m. de dentelles de Valenciennes : à quel prix doit-il vendre le mètre s'il veut gagner 9 p. 0/0 sur la somme employée à cet achat?

2449. Un négociant a du linge de table consistant en serviettes qui lui ont coûté 30 f. la douzaine ; il veut revendre ce linge de manière qu'il gagne autant sur chaque douzaine que s'il avait placé son argent à 5 p. 0/0 : combien doit-il revendre la douzaine?

P. 2450. Un marbrier a acheté 15 tables en marbre blanc; elles ont chacune 1 m. 20 de longueur sur 0 m. 60 de largeur, et il les a payées 30 f. le m. carré. Il veut les revendre à un prix tel, qu'il gagne 15 p. 0/0 sur la somme employée à les payer : à quel prix doit-il porter chaque table?

P. 2451. Un marbrier a acheté 13 tables en marbre Sainte-Anne français ayant chacune 1 m. 28 de longueur sur 0 m. 60 de largeur, le tout pour 199 fr. 68; il veut les revendre à un prix tel, qu'il gagne autant que s'il plaçait son argent à 6 p. 0/0 : quel prix doit-il vendre chaque table?

P. 2452. Quelle somme faut-il pour l'achat d'une propriété

256 RÈGLE D'INTÉRÊT.

donnant 5 096 f. de revenu, si l'on veut que cette somme soit placée à 7 p. 0/0 ?

P. 2453. Un particulier a une rente de 1 974 f. provenant d'un capital placé à 5 p. 0/0; il veut, avec ce capital, acheter des soies moulinées qui valent 94 fr. le kg : combien en aura-t-il de kilogrammes?

P. 2454. Un maître tailleur gagne annuellement 11 573 f. 71 sur le chiffre de ses affaires; à quelle somme se monte ce chiffre? On sait qu'il gagne 6 p. 0/0.

P. 2455. Un droguiste reçoit tous les ans d'un principal placé à 4 p. 0/0 une rente avec laquelle il pourrait acheter 862 litres 79 de vernis à 3 f. le litre : quel est ce principal?

P. 2456. Une personne veut avoir 1 500 f. de rente après avoir payé 300 f. qu'elle doit : 1° combien lui faut-il de capital à 5 p. 0/0 ? 2° combien recevra-t-elle les autres années?

P. 2457. Une lande de 4 hect. 5 a. donne 18 f. de revenu net par hect.: combien la vendra-t-on si l'on veut la capitaliser à 9 p. 0/0 ?

P. 2458. Un compagnon paveur qui gagne 3 f. 20 par jour, veut se faire une rente annuelle de 640 f. : pendant combien de jours doit-il travailler pour gagner le capital nécessaire à la formation de cette rente, s'il le place à 5 p. 0/0 ?

P. 2459. Un fabricant d'huile veut se former une rente telle, qu'il ait 10 f. 50 à dépenser par jour pour son entretien, et 2 f. 70 pour différentes aumônes : combien devrait-il vendre de tonnes d'huile épurée, pesant chacune 91 kg. 2/3 à 146 f. les 100 kg., pour avoir le capital nécessaire, si ce capital est placé à 5 p. 0/0 ?

P. 2460. Un marchand de fourrures, content de sa fortune, se retire du commerce; il peut, avec sa rente, dépenser 5 f. par jour, et 8 f. les dimanches; il peut, en outre, donner 200 f. aux pauvres tous les ans : dites quelle est sa rente annuelle, et quel capital il a dû placer à 5 p. 0/0 pour avoir cette rente.

P. 2461. Quel serait le prix d'une propriété qui rapporte 2 1/2 p. 0/0 de sa valeur, et dont le revenu annuel se monte à 35 000 francs?

P. 2462. Un champ loué 652 f. 40 rapporte 3 1/2 p. 0/0 : combien devrait-on le vendre d'après ces données?

P. 2463. Un marchand droguiste veut se procurer une rente avec laquelle il puisse acheter tous les ans 6 qm. 3/5 d'outremer à 4 f. 70 le kg. : quel capital doit-il employer s'il le place à 5 p. 0/0 ?

P. 2464. Quelle somme faudrait-il placer à 5 3/7 p. 0/0, afin d'avoir un revenu avec lequel on puisse acheter au prix de 4 000 f. une machine locomobile à vapeur, pouvant s'appliquer à des machines à battre ou autres?

P. 2465. Un négociant place à 5 p. 0/0 un capital qu'on ne dit pas; mais on sait que ce capital lui procure une rente annuelle avec laquelle, au prix de 70 fr. le quint. mét., il peut acheter 2725 kilog. de cornes de bétail brutes : quel capital a-t-il placé?

P. 2466. Quel capital au taux de 4 1/2 représente la place de mesureur sur un marché qui compte en moyenne 4 200 hectolitres de céréales par semaine, si chacun des 20 postes est occupé par 3 mesureurs? Le mesurage se paie à 0 f. 10 l'hectol.

RÈGLE D'INTÉRÊT. 257

P. 2467. Un riche fabricant d'huile veut faire une fondation qui exige une rente annuelle de 3 600 f.: combien devrait-il vendre de tonnes d'huile, pesant chacune 90 kg., à 125 f. les 100 kg. pour avoir la somme nécessaire, si le capital qui doit former la rente est placé à 4 p. 0/0, et si les frais d'établissement se montent à 54 000 f. ?

P. 2468. Cinq négociants, partant pour aller commercer dans les pays étrangers, placèrent à 5 p. 0/0 une somme que l'on ne connaît pas ; on sait seulement qu'après 6 ans d'absence ils reçurent pour les arrérages une somme avec laquelle ils purent acheter 26 barils d'huile de baleine contenant chacun 875 litres à 1 f. 20 le litre : quel capital avaient-ils placé ?

P. 2469. Un négociant a placé à 4 p. 0/0 une certaine somme qui lui a produit en 5 ans les fonds nécessaires pour acheter 368 kg. de tamarins confits dans le sucre, à 2 f. 375 le kilog. : quelle somme a-t-il placée ?

P. 2470. Un propriétaire a vendu 72 moutons pour lesquels il n'a été payé qu'après 2 ans $1/2$; à cette époque, il a reçu, pour les intérêts calculés à 4 f. $3/4$ p. 0/0, 213 f. 75. On demande la valeur moyenne de chaque mouton.

P. 2471. Combien un négociant devrait-il vendre de balles de café, pesant chacune 160 kilog., à 2 f. 50 le kg., pour que le capital retiré de cette vente, étant placé à 5 p. 0/0, lui rapporte 1440 f. tous les 3 mois?

P. 2472. Combien faudrait-il vendre de tonneaux de vin de Bordeaux, provenant des grands crûs, à raison de 2 400f. le tonneau de 4 barriques chacune de 228 litres, afin d'avoir le capital qu'il faudrait placer à raison de 4 p. 0/0 pour en retirer au bout de 5 ans et 4 mois un intérêt de 2 048 fr. ?

P. 2473. Quel est le capital qui, placé à 5 p. 0/0 par an, pendant 9 mois 21 jours, a produit un intérêt avec lequel on a pu payer, à 1 f. 50 la paire, la façon des rideaux à vitrage de 42 croisées, ces rideaux ayant 2 mètres de haut ?

P. 2474. Un propriétaire a fait poser dans sa maison une pompe et 80 mètres de tuyaux pesant 4 kg. $7/8$ le mètre courant, à 0 f. 85 le kg.; il ne s'est acquitté de la somme qu'il devait pour cela qu'après 4 ans 5 mois 14 jours ; et, à cette époque, les intérêts à 5 p. 0/0 s'élevaient à la somme de 150 f. 375 : quel est le prix de la pompe ?

P. 2475. Quel est le capital qui, placé à 5 $1/4$ p. 0/0 par an, pendant 3 ans 5 mois 18 jours, a produit une rente avec laquelle on a pu payer la façon des grands rideaux de 18 croisées, ces rideaux étant en toile de Jouy, au nombre de deux par fenêtre, et la façon coûtant 16 f. par paire?

P. 2476. On a fourni 18 colonnes en fonte, de 11 cm. de diamètre, et de 4 m. 20 de hauteur ; le mètre courant pèse 64 kilog. et coûte 0 fr. 30 le kg., y compris le transport. On demande quel serait le capital qui, placé à 5 $3/4$ p. 0/0 par an, pendant 3 ans 5 mois 17 jours, produirait une rente égale à la somme que ces 18 colonnes ont coûtée.

P. 2477. J'ai payé un jardin 36 780 f., je le loue 1 475 f.: à combien p. 0/0 ai-je placé mon argent ?

P. 2478. Un maître tailleur fait annuellement pour 97 820 f.

d'affaires, sur lesquelles il gagne 4891 f. : combien gagne-t-il p. %?

P. 2479. Un charpentier, ayant gagné un avoir suffisant, peut vivre tranquille. Il emploie une partie de son capital à l'achat et aux réparations d'une maison qui lui est vendue 12860 f. Tant pour les réparations que pour divers autres frais, il y dépense 3000 fr., et il loue cette maison 1480 fr. : à quel taux a-t-il placé son argent?

P. 2480. Un particulier, ayant mis 9600 f. à intérêts, s'est embarqué pour l'Amérique, afin de s'y livrer à la traite des pelleteries pour le compte de la compagnie établie à Montréal dans le Canada; au bout de 7 ans, il est revenu et a reçu 3360 f. pour les arrérages : à quel taux avait-il placé son argent?

P. 2481. Quatre particuliers, s'étant associés pour l'éducation des vers à soie, ont récolté, pendant l'espace de 21 ans, 7666 kg. 20 de soie qu'ils ont vendue, prix moyen, 60 f. le kg.; se proposant de passer aux Indes, ils placèrent cette somme à intérêt avant leur départ; et, au retour de leur voyage qui dura 8 ans, ils reçurent pour les rentes échues 165589 f. 92 : à quel taux avaient-ils placé leur argent?

P. 2482. Dans l'espace d'un an, un pelletier-fourreur a vendu, entre autres marchandises, 25 peaux d'ours ou d'ourson à 40 f. la pièce, en moyenne; 6 peaux de lion, valant, en moyenne, chacune, 24 f.; 16 peaux de zèbre à 20 f. 75 la pièce, et une peau de renard noir, précieuse fourrure qu'il a vendue 480 f.; le produit de ces ventes a formé un capital qui, placé à intérêts pendant 12 ans, lui a fourni 1114 f. 92 de rentes; à quel taux l'a-t-il placé?

P. 2483. Dans le cours d'une année, un maître ouvrier a fait 4156 mèt. carr. de carrelage au prix moyen de 2 f. 75 le m² ; il place à intérêts la somme qu'il a ainsi gagnée, et elle lui rapporte 5143 f. 05 en 9 ans : à quel taux l'avait-il placée?

P. 2484. Un vitrier a fait en verre un comble ayant 150 mèt. carrés de superficie, à raison de 4 f. 50 le m²; il n'a été payé qu'au bout de 3 ans 8 mois, et il lui était dû pour les intérêts simples 142 f. 3125 : à quel taux lui ont-ils été payés?

P. 2485. On a vendu 45 quintaux métriques de fromage de Roquefort à 35 f. les 50 kilog.; on n'a été payé qu'après 3 ans 4 mois; et, à cette époque, les intérêts simples échus s'élevaient à 472 f. 50 : à quel taux étaient-ils fixés?

P. 2486. Un chamoiseur a vendu à un corroyeur 71 barils 1/5 de dégras de peaux, contenant chacun 230 kg. de cette substance, à 150 f. le baril. Le chamoiseur n'a été payé qu'au bout de 5 ans 4 mois 21 jours; et, à cette époque, les intérêts simples s'élevaient à 2879 f. 15 : quel en était le taux?

P. 2487. Un marchand de bois de construction vend 16 mâtereaux à raison de 125 f. la pièce; il n'est payé que 2 ans 7 mois 12 jours après cette vente; et, alors, il reçoit d'abord pour les intérêts échus 314 f. : à quel taux lui ont-ils été payés?

P. 2488. Un poêlier-fumiste a reçu de l'un de ses fournisseurs 75 poêles en faïence, au prix moyen de 58 f. la pièce. Au bout de 3 ans, le poêlier a versé 4872 f. tant pour le capital de la dette que pour les intérêts simples : quel a été le taux de intérêts ?

P. 2489. On a vendu à un meunier 3 paires de meules à moudre ayant chacune 1 mètre 35 de diamètre, à raison de 245. f. la meule. Au bout de 8 ans, on a reçu pour cette vente 2 116 f 80 tant en capital qu'en intérêts simples : à quel taux le meunier a-t-il payé les intérêts ?

P. 2490. On a vendu à un spéculateur 28 meules à aiguiser ayant chacune 1 m. 25 de diamètre à 35 f. la pièce. On n'a été payé qu'au bout de 20 mois ; et alors on a reçu 1 078 f. tant en capital qu'en intérêts simples : à quel taux ces intérêts ont-ils été calculés?

P. 2491. Un fabricant de tissus de coton avait acheté 500 kilog. de fil de coton n° 40 pour trame, à 6 f. 85 le kilog. Ne s'étant acquitté que 4 ans 3 mois après l'achat, il a donné, tant capital qu'intérêts simples, 4 080 f. 04 : à quel taux a-t-il payé les intérêts ?

P. 2492. On a acheté, pour un cabinet de physique, un appareil hydro-électrique qui a coûté 650 f. ; mais, comme on n'a pu le payer qu'après 15 mois, le prix fut augmenté de $1/16$ de sa valeur primitive : quel a été le taux de l'intérêt?

P. 2493. On a acheté au prix de 980 f. un appareil chercheur de comètes ; mais, comme on n'a pu le payer qu'au bout de 3 ans 9 mois, ce prix fut augmenté des $3/20$ de sa valeur primitive : quel a été le taux de l'intérêt?

P. 2494. Un propriétaire achète 12 stores représentant des figures avec bordures de fleurs, et ils lui coûtent 22 f. 50 le mètre carré. N'ayant pu s'acquitter qu'après 4 ans, la somme qu'il devait débourser a été augmentée du 5e de sa valeur primitive. On demande : 1° à quel taux les intérêts ont été calculés; 2° quelle somme totale il a déboursée, les stores ayant 2 mèt. 70 de longueur sur 1 mètre 35 de largeur.

P. 2495. On a acheté 8 stores ayant 3 mètres de longueur sur 1 m. 50 de largeur et coûtant 14 f. 50 le m². Comme on n'a pu s'acquitter qu'après 3 ans 1 mois 15 jours, la somme à débourser fut augmentée de $1/8$ de sa valeur primitive : quel a été le taux de l'intérêt?

P. 2496. Trois maîtres de forges ont acheté divers terrains pour en extraire du minerai de fer; ces terrains leur ont coûté 41 966 f. Quand ils se sont acquittés, ils avaient payé 17 625 f. 72 d'intérêts à 6 p. %: à quelle époque ont-ils éteint leur dette?

P. 2497. Un négociant a livré dans le cours d'une année 300 quintaux de viandes salées, au prix moyen de 0 f. 90 le kg. La somme qu'il en retire, il la place à intérêt à 4 p. %; et, au retour d'un voyage qu'il a fait dans les pays étrangers, il reçoit pour les arrérages 9 720 f. : pendant combien de temps fut-il absent?

P. 2498. Quatre industriels se sont associés pour l'exploitation d'une carrière; ils ont été obligés de s'engager à payer à divers propriétaires une somme de 407 379 f. 20 pour indemnité de terrains. Sachant qu'outre ce capital, ils ont donné 61 106 f. 88 d'intérêts à 5 p. %: on demande à quelle époque ils se sont acquittés.

P. 2499. Un jeune homme, ayant passé 14 années dans le

commerce des farines, se retira avec une fortune de 158760 f. qu'il plaça à intérêts à 4 p. 0/0 ; ensuite il entreprit le voyage de la Terre-Sainte, des Indes et de la Chine; de retour en Europe, il reçut pour les rentes échues une somme avec laquelle il pourrait payer 735 qm. de farine de froment à 43 f. 20 s'il voulait se remettre dans le commerce : combien a duré son voyage?

P. 2500. Un maître de forges a vendu 600 quintaux de fer fendu à 29 f. 65 le qm.; il désire savoir en combien de temps il recevra de l'acheteur 2965 f. pour les intérêts à 5 p 0/0 de la somme qui lui est due.

P. 2501. Un vitrier a fourni pour une nouvelle construction le verre nécessaire à la vitrerie de 84 croisées pour chacune desquelles il en a fallu 1 m² 65 à 5 f. 45 le mètre carré. A quelle époque a-t-il été payé, sachant que les intérêts, étant comptés à 5 p. 0/0 par an, se montaient à 90 f. 015 ?

P. 2502. Un fabricant d'amidon et de fécule peut faire annuellement pour 54750 f. d'affaires; supposé qu'il gagne 5 p. 0/0 par an, en combien de temps gagnera-t-il 6478 f. 75 ?

P. 2503. Pendant quel temps ont été placés 2420 f. qui, à 4 3/4 p. 0/0 par an, ont produit une rente avec laquelle on a pu acheter au prix de 550 f. un grand planétaire complet, donnant par le moyen de rouages les mouvements relatifs des corps célestes ?

P. 2504. Pendant quel temps ont été placés 1840 f. qui, à 5 1/4 p. 0/0 par an, ont produit une rente avec laquelle on a pu acheter au prix de 200 f. l'appareil de M. Foucault pour démontrer le mouvement de la rotation de la terre par le mouvement du pendule?

P. 2505. Un négociant vient d'envoyer à l'un de ses correspondants 2722 kg. 50 d'écaille de tortue débitée en feuilles à 8 f. l'hectog.; il place à 4 1/8 p. 0/0 la somme qu'il retire de cette expédition, et il entreprend le voyage d'Asie pour faire de nouvelles emplettes; à son retour, il touche 63525 f. pour les intérêts; pendant quel temps a-t-il été absent ?

P. 2506. Un négociant, ayant vendu 30 barils d'huile de baleine, contenant chacun 75 décalitres, à 110 f. l'hl., place à 4 6/11 p. 0/0 la somme qu'il retire de ce marché; au bout d'un temps qu'on ne sait pas, on lui a remboursé cette somme avec 9750 f. d'intérêts; pendant combien de temps cette somme a-t-elle été placée?

P. 2507. Un couvreur a fait 3000 mètres carrés de couverture en tuile neuve de Bourgogne, à claire-voie, sur lattis neuf, à raison de 3 f. 25 le m². Il place à 4 p. 0/0 la somme qu'il reçoit: pendant combien de temps devrait-il attendre pour recevoir une rente égale à celle que produirait un capital de 5434 f. placé à 5 p. 0/0 pendant 5 ans?

P. 2508. On a acheté, pour un cabinet de physique, un aimant artificiel armé et suspendu entre deux colonnes, et portant 50 kg., le tout pour la somme de 450 f. Il n'a pas été possible de s'acquitter tout de suite; et, lorsqu'on l'a fait, on a versé les 5/4 de la somme primitive, y compris l'intérêt simple à 5 p. 0/0 : après combien d'années a-t-on éteint cette dette?

P. 2509. Un propriétaire fait faire dans sa maison une terrasse en bitume, ayant 17 m. 50 de longueur sur 4 mèt. 40, et l'entrepreneur de ce travail lui demande 6 f. 25 par m². N'ayant pas été payé tout de suite, l'entrepreneur, à l'époque du paiement, a reçu tant en capital qu'en intérêts une somme égale aux $7/5$ de ce qui lui était dû d'abord. Le taux des intérêts étant 5 p. 0/0, après combien d'années a-t-il été payé?

P. 2510. Un marchand de bois a vendu 18 mâts à 5 f. 60 la pièce; et, lorsqu'il a été payé, il a reçu, tant en capital qu'en intérêts simples, une somme égale aux $27/20$ de la valeur des 18 mâts. L'intérêt ayant été calculé à 4 p. 0/0, à quelle époque le marchand de bois a-t-il été payé?

P. 2511. Un fabricant de dentelles de Lille en a vendu 15 pièces, contenant chacune 20 mètres à 5 f. 40 le mètre. L'acheteur n'ayant pu s'acquitter tout de suite, versa lors du paiement, tant en capital qu'en intérêts simples, une somme égale aux $11/8$ de la valeur des 15 pièces de dentelles. L'intérêt étant à 6 p. 0/0, à quelle époque a-t-il éteint cette dette?

P. 2512. Un particulier fait faire deux cloisons ayant chacune 7 mètres 80 de longueur sur 3 m. 75 de largeur. La 1re est en planches de sapin ayant 27 millim. d'épaisseur; la 2de, en planches de chêne ayant 41 mm. d'épaisseur; et 1 m² 30 de la seconde coûtent autant que 3 m² de la 1re, qui vaut 5 f. 20 le mèt. carré. Pendant combien de temps a-t-il différé de payer le menuisier qui a fourni et posé ces deux cloisons, si, pour les intérêts simples à 5 p. 0/0, il lui a donné 135 f. 837?

P. 2513. Un particulier fait faire deux cloisons ayant chacune 10 m. 50 de longueur sur 2 m. 60 de largeur; toutes deux sont à 2 parements, rainées et collées, et avec clefs dans les joints; la 1re est en sapin de 27 mm. d'épaisseur; et l'autre, en chêne de 54 mm. Seize m² de la 1re ne coûtent pas plus que 7 m² de la 2de, et cette première cloison vaut 5 f. 60 le mèt. carré. Pendant combien de temps a-t-il différé de payer le menuisier qui a fourni et posé ces deux cloisons, si, pour les intérêts simples, celui-ci a reçu 58 f. 604, le taux étant 5 p. 0/0?

P. 2514. Trois négociants qui étaient associés ont vendu 604 kilog. de cochenille à 12 f. le kg.; 4 qm. 32 de kermès à 9 f. le kg.; 227 kg. 2 d'indigo et de boules de bleu à 5 f. le kg.; 672 kg. d'extraits de bois de teinture à 2 f. 50 le kg., et 910 kg. d'indigo à 1 f. 60 l'hectogramme; la somme qu'ils ont retirée de la vente de toutes ces marchandises, étant placée à 5 p. 0/0, leur a rapporté 14256 f. d'intérêts: pendant combien de temps a-t-elle été placée?

P. 2515. Un marchand a placé 13500 f. à 5 p. 0/0; il demande: 1° pendant combien de temps il doit laisser ce capital pour recevoir un intérêt de 1680 f.; 2° combien il fabriquera de bougies avec le suif qu'il pourrait acheter avec cette somme au prix de 144 f. les 100 kg., sachant que 100 kg. de suif donnent 46 kilog. d'acide stéarique (matière des bougies), et que le paquet de 5 bougies pèse $1/2$ kilog.; 3° quelle somme il retirera de la vente de ces bougies au prix de 1 f. 80 le paquet.

P. 2516. Un capitaliste a acheté une propriété de 36450 f. qui rapporte 4 $1/3$ p.0/0 par an; il a placé 56458 f. 56 à 5 $1/2$ p. 0/0, et 30648 f. 56 à 5 f. 40 p. 0/0: quel est son revenu?

P. 2517. Un cultivateur paie 45 f. aux ouvriers qui ont battu sa récolte; il compte à 20 p. $^0/_0$ les intérêts d'une machine qui a coûté 350 f. et qui bat 30 hectol. 25 l. de grain par jour. On demande : 1° combien il a employé d'ouvriers pendant 6 jours à 1 f. 50 par jour ; 2° quelle est la valeur de sa récolte à 24 fr. les 100 kg., si l'hect. pèse 78 kg. ; 3° quelle est la dépense faite pour le battage.

P. 2518. Un particulier achète 15 chevaux à 348 fr. l'un; il les met au pâturage pendant 4 mois ; alors il les revend 6 375 f. Il en achète ensuite 12 autres pour 4272 f.; au bout de trois mois, il les revend chacun 416 f. On demande son bénéfice en supposant qu'il a emprunté à 5 p. $^0/_0$ l'argent employé pour acheter les chevaux, et qu'il a payé 670 f. pour la location de la prairie.

P. 2519. Un cultivateur a loué une ferme contenant 15 hectares de terres labourables et 475 ares de prairies. On demande le produit net de cette propriété, en supposant qu'il retire annuellement 166 f. 40 par hectare, qu'il dépense 120 f. pour la culture d'un hectare de terre et 32 f. pour celle d'un hectare de pré ; le loyer d'un hectare de terre est de 43 f., et celui d'un hectare de pré, de 80 f. Il paie les impositions qui s'élèvent à 6 fp. $^0/_0$ du loyer, et l'intérêt des frais de culture à 3 $1/2$ p. $^0/_0$.

P. 2520. Par hectare, une prairie coûte 36 f. d'entretien et donne un revenu net de 89 f. Le propriétaire de cette prairie veut la vendre 13 456 f. 80. Celui qui veut l'acheter, sachant déjà que le revenu net de cette propriété est estimé à 2 $1/2$ p. $^0/_0$ de sa valeur, et espérant vendre au prix de 32 f. les 1 000 kg. le foin qu'il en récoltera, désire encore savoir : 1° quelle est l'étendue de la prairie ; 2° quel est son revenu net total ; 3° combien elle rapportera de kilog. de foin.

P. 2521. Pour battre sa récolte, un cultivateur employait d'abord 8 ouvriers pendant 26 jours. Par jour, chaque ouvrier battait 12 Dl. de grain, et recevait 1 f. 40. Le cultivateur achète une machine du prix de 450 f. Au moyen de cette machine, 4 ouvriers peuvent battre la récolte en 8 jours, et le rendement en grain est augmenté de $1/_{14}$. On demande 1° l'économie produite sur le prix du battage par le moyen de la machine, l'intérêt du prix de cette machine étant calculé à 15 p. $^0/_0$; 2° quelle est la valeur de l'augmentation du rendement, l'hectolitre de grain valant 16 f. 50.

P. 2522. Pour battre sa récolte, un cultivateur employait d'abord 12 ouvriers pendant 6 jours. Par jour, chaque ouvrier battait 1 hectol. 50, et recevait 1 f. 50. Le cultivateur achète une machine qui lui coûte 320 f. Au moyen de cette machine, 4 ouvriers peuvent battre la récolte en 4 jours, et le rendement en grain est augmenté de $1/_{13}$. On demande : 1° quelle serait, au bout de 9 ans, l'économie réalisée sur le prix du battage par le moyen de la machine, l'intérêt du prix de cette machine étant de 15 p. $^0/_0$; 2° quelle serait, pour le même temps, la valeur de l'augmentation du rendement, l'hectolitre de grain étant estimé valoir 17 fr.

P. 2523. Un terrain coûte 18 950 f. ; les frais d'acquisition se montent à 4 $1/_2$ p. $^0/_0$ du prix d'achat. Pour améliorer ce terrain, on a employé 27 ouvriers pendant 14 jours ; chaque ouvrier recevait 2 f. 25 par jour; on y a transporté 2 892 mètres cubes de terre à 1 f. 05 le m³; 5 jardiniers y ont travaillé pendant 23 jours et ont reçu par jour chacun 3 f. 75; ils ont fourni 23250 pieds d'arbre à 39 f. 80 le cent, et pour 39 f. 65 de diverses graines; les murs de clôture de 1 185 mètres ont coûté 2 f. 95 le mètre, et on y a fait pour 2 700 fr. d'autres constructions : à combien revient cette propriété?

P. 2524. Un marchand de bestiaux a fourni à un cultivateur 4 vaches et 3 génisses; les vaches valent chacune 240 f.; et les génisses, chacune les $4/9$ du prix d'une vache; le paiement ne doit s'effectuer que dans 3 ans 8 mois 15 jours; à combien se montera-t-il en y joignant les intérêts à 5 p. $^0/_0$ par an?

P. 2525. Un marchand de chevaux a vendu à un cultivateur 3 chevaux et 2 poulains; les chevaux ont coûté chacun 540 f.; et les poulains, chacun les $2/3$ du prix d'un cheval; il ne doit être payé que dans 2 ans 4 mois: combien recevra-t-il à cette époque, s'il reçoit, avec le capital qui lui est dû, les intérêts à 4 f. 70 p. $^0/_0$?

P. 2526. Un marchand a reçu 4 barriques d'eau-de-vie coûtant 976 fr. 80 d'achat, 286 f. 28 de droits, et 64 f. de transport. On demande : 1° combien il doit vendre le litre pour gagner 425 f. 60 sur son marché, sachant que chaque barrique contient 215 lt. 75; 2° quel intérêt ce marchand devra dans 5 ans 8 mois 20 jours au banquier qui lui a fourni à 5 $1/4$ p. $^0/_0$ la somme nécessaire pour payer les dépenses occasionnées par l'achat et l'envoi des 4 barriques.

P. 2527. Une rame de papier aux armes d'Amsterdam pèse 6 kilog. 15. Un marchand papetier vient d'en acheter 125 rames à 1 f. 20 le kg., avec la rente provenant d'un capital placé à 4 p. $^0/_0$ pendant 8 ans : combien ce capital lui aurait-il rapporté s'il avait été placé pendant 3 ans et 2 mois?

P. 2528. Un particulier avait placé à 3 p. $^0/_0$ un capital qui, au bout d'un an, lui a produit une rente avec laquelle il a pu payer 6 fauteuils plaqués en acajou, qui lui avaient coûté 85 f. la pièce: combien ce capital lui aurait-il procuré au bout de 292 jours, s'il avait été placé à 4 p. $^0/_0$?

P. 2529. Un marchand papetier avait un capital qui, placé à 6 p. $^0/_0$, pendant 2 ans 8 mois, lui a rapporté une rente avec laquelle il a pu acheter 72 rames de papier à la Tellière, au prix de 8 f. 50 la rame : quelle rente ce capital lui aurait-il rapportée s'il avait été placé à 5 $3/4$ p. $^0/_0$ depuis le 13 avril 1849, jusqu'au 23 septembre suivant?

P. 2530. Un libraire avait un capital qui, placé à 5 p. $^0/_0$ pendant 7 ans, lui a produit une rente avec laquelle il a pu payer 80 rames de papier Pot grand format, à 8 f. 75 la rame; combien ce capital lui aurait-il procuré, s'il avait été placé à 4 $1/2$ p. $^0/_0$ depuis le 25 février 1857 jusqu'au 12 mars 1858?

P. 2531. La construction des bâtiments d'une ferme est d'une solidité telle, qu'ils peuvent subsister pendant 90 ans. Étant neufs, ces bâtiments valent 7 800 f. Au bout de 90 ans, leur valeur ne sera plus que 12 p. $^0/_0$ de leur valeur primitive. Pour quelle somme devront-ils être vendus après 52 ans de durée?

P. 2532. La fourniture du sable destiné à la pose des voies sur un chemin de fer a été évaluée à 141 140 f. pour une longueur de 13 kilomèt. Un entrepreneur s'est chargé de cette fourniture en accordant 13 f. 65 p. 0/0 de rabais. Supposé qu'après avoir été payé, il place à 5 p. 0/0 par an la somme qu'il aura reçue, combien lui sera-t-il dû pour les intérêts de cette somme après 5 ans 8 mois 12 jours?

P. 2533. Le prix d'achat d'un tonneau de fromage a été de 90 f. les 100 kilog.; le transport a coûté 8 f. 50 le qm., et l'on a donné 6 f. de commission: à quel prix faut-il vendre le kg. de ce fromage, si l'on veut gagner 8 p. 0/0 du prix de revient? L'évaporation a diminué de 3 kg. le poids de ce tonneau de fromage, qui, au moment de l'achat, pesait 740 kilogrammes.

P. 2534. On a vendu 150 mètres cubes de pierre de Saint-Germain ayant 55 cm. sur 1 m. de large, et l'on n'a été payé qu'au bout de dix ans; à cette époque, les intérêts simples calculés à 4 $1/2$ p. 0/0 par an s'élevaient à 5 400 f.: quel était le prix du mètre cube de pierre?

P. 2535. Un marchand papetier avait acheté 75 rames de papier Pot petit format. Il ne peut payer cette emplette qu'au bout de 3 ans 4 mois; et alors les intérêts simples calculés à 5 $2/5$ p. 0/0 s'élèvent à 101 f. 25 : quel était le prix de la rame de papier?

P. 2536. Un sculpteur acheta un bloc de marbre ayant 2 mètres 10 de longueur, 1 m. 20 de largeur, et 0 m. 95 d'épaisseur; il ne s'acquitta qu'au bout de 4 ans; et, à cette époque, les intérêts simples au taux de 5 p. 0/0 s'élevaient à 1 376 f. 55 : quel était le prix du mètre cube de marbre?

P. 2537. Un épicier a reçu un certain nombre de paniers de figues qui en contenaient chacun 119 douz., et chaque figue lui revenait à 0 f. 0125. Il n'a pu les payer qu'après 8 mois; et alors, les intérêts simples de ce qu'il devait, étant calculés à 6 p. 0/0, s'élevaient à 9 f. 996. On demande : 1° combien l'épicier a reçu de paniers de figues ; 2° à quel prix il doit vendre la douzaine pour gagner 5 f. 95 par panier?

P. 2538. Un particulier a placé les $4/5$ de ses fonds à 4 p. 0/0 et $1/5$ à 5 p. 0/0, il retire en tout, chaque année, de quoi payer l'enharnachement d'un cheval de voiture ordinaire, ce qui va, dans le genre riche, à 294 f.: quelle somme a-t-il placée en tout?

P. 2539. Un industriel place à 4 p. 0/0 les $3/4$ d'un capital, il place le reste à 5 p. 0/0. Au bout de l'année, il reçoit en tout pour les intérêts une somme avec laquelle, au prix de 11 f. le quintal, il peut acheter 13430 kg. de terre à porcelaine : quel capital a-t-il placé?

P. 2540. Un particulier a placé les $5/9$ de ses fonds à 4 $3/4$ p. 0/0, et les $4/9$ à 5 $1/4$ p. 0/0. Il retire en tout une rente annuelle avec laquelle il peut faire faire un plancher de 25 m. de longueur sur 3 m. 58 de largeur, dans lequel il entre 75 dm^3 de bois par m^2 de plancher. Sachant que le bois ordinaire ainsi employé vaut, compris montage et pose, 86 f. le mètre cube, on demande quelle est la somme que ce particulier a placée à intérêts?

P. 2541. Un particulier a placé les $3/7$ de ses fonds à 5 $1/2$ p. 0/0 et les $4/7$ à 6 p. 0/0. La rente annuelle qu'il en retire lui a suffi pour payer un pan de bois de 21 m. 30 de longueur sur 3 m. 50 de hauteur. Le bois employé pour ce travail coûte, y compris l'assemblage, 95 f. le m. cube, et il en entre 54 dm. cubes par mèt. carré du pan de bois : quelle somme ce particulier a-t-il placée ?

P. 2542. Pour payer les intérêts de 5 ans d'un 1ᵉʳ capital, un fabricant de coutellerie a vendu, au prix de 41 f. la douzaine, 39 douzaines de couteaux de table, à lames d'acier et à manches de nacre ; et, pour acquitter les intérêts de 7 ans d'un 2ᵈ capital, il a vendu 48 douzaines de couteaux de table de Langres, à manches d'ébène, au prix de 28 f. 70 la douzaine : quel rapport y a-t-il entre les deux capitaux ?

P. 2543. Pour payer les intérêts de 3 ans 7 mois 5 jours d'un premier capital, un fabricant de boutons a vendu 98 grosses de boutons de soie au métier, à 3 f. 70 la grosse ; et, pour acquitter les intérêts de 4 ans 2 mois d'un second capital, il a vendu 700 grosses de boutons de corne, à 1 f. 05 la grosse : quel rapport y a-t-il entre les deux capitaux ?

P. 2544. Pour payer les intérêts de 18 mois $1/2$ d'un 1ᵉʳ capital, un marchand de chapeaux pour dames a vendu deux chapeaux de paille d'Italie, l'un de 403 f. 80, l'autre de 434 f. 25 ; et, pour acquitter les intérêts de 2 ans d'un second capital, il a vendu 3 autres chapeaux dont 2 de chacun 450 f. et l'autre de 432 f. : quel rapport y a-t-il entre les deux capitaux ?

P. 2545. Pour payer les intérêts de 2 ans 3 mois 9 jours d'un 1ᵉʳ capital, un fabricant a vendu 27 grosses de boutons de métal, à 55 f. 55 la grosse ; et, pour acquitter les intérêts de 2 ans 11 mois d'un second capital, il a vendu 175 grosses de boutons de soie, à 8 f. 47 la grosse : quel rapport y a-t-il entre les deux capitaux ?

P. 2546. Une propriété contient 3 hectares 75 ares de terre rapportant 43 f. 25 de produit net par ha. ; 480 a. donnant 36 f. 40 par ha., et 1 ha. 85 a. rapportant 26 f. par hectare : quelle est la valeur de cette propriété, si l'on estime le produit net 1° à 4 p. $^0/_0$ de cette valeur ; 2° si on l'estime à 3 $1/2$ p. $^0/_0$?

P. 2547. Quelle est la valeur d'une prairie de 470 ares rapportant 9120 bottes de foin de chacune 5 kg., si l'on vend les 100 bottes 16 f. 50, et si les frais de culture s'élèvent à 34 f. 80 par hect. ? On suppose que le produit net est 3 $1/3$ p. $^0/_0$ ou $1/30$ de la valeur de la propriété.

P. 2548. Un cultivateur achète au prix de 650 f. une machine à fabriquer les tuyaux de drainage : quelles sont l'étendue et la valeur des terres labourables que possède ce cultivateur : 1° si leur produit net est 4 $1/2$ p. $^0/_0$ de leur valeur ; 2° si ce produit net est en moyenne de 48 f. 75 par hect. ; 3° si, pour payer cette machine, il emploie le tiers du produit net annuel de ces terres ?

P. 2549. Un cultivateur possède 48 hectares 75 ares de terres labourables lui rapportant en moyenne par hect. un produit net de 4 $1/4$ p. $^0/_0$ de leur valeur, et ce produit net est de 36 f. 50 par hectare. On demande : 1° quelle est la valeur de ces terres ; 2° combien il lui restera de leur produit net d'un an après qu'il aura payé une machine à fabriquer les tuyaux de drainage, laquelle revenait au fabricant à 540 f., si celui-ci a voulu gagner 70 f. sur cette machine.

P. 2550. Un menuisier vient de faire un parquet en feuille et en bois de chêne ; les bâtis sont de 54 millimèt. et les panneaux de 34 mm. ; ce parquet a 125 m. carrés de superficie, et il est payé sur le pied de 19 f. 10 le m². ; le menuisier place à intérêts sur le pied de 6 p. % la somme qu'il reçoit pour ce travail ; dans combien de temps devra-t-il toucher 3533 f. 50 en tout ?

P. 2551. Un menuisier a fait au prix de 10 f. 25 le mètre carré un plancher qui a 8 mèt. de longueur sur 5 m. 25 de largeur. Il place à intérêts et au taux de 4 1/2 p. % la somme qu'il a reçue pour ce travail : combien de temps doit-il attendre pour toucher 482 f. 16 en tout ?

P. 2552. Un menuisier a fait pour une nouvelle construction 120 croisées en chêne à 56 f. 25 l'une ; il a fait ensuite 30 portes d'appartement à deux vantaux à 49 f. les deux vantaux, plus 5 portes cochères à 156 f. les deux vantaux. Il place à 3 1/3 p. % la somme qu'il a reçue pour les croisées et à 3 p. % celle qu'il a reçue pour les portes. On demande pour combien de temps il faudrait qu'il prêtât à 4 p. % le revenu que, pendant 8 ans, ces deux sommes lui rapportent, pour avoir un nouvel intérêt de 489 f. 60 ?

P. 2553. Un marchand de meubles a fourni à l'un de ses confrères 3 armoires à 200 f., 4 psychés à 145 f., 6 lits à colonnes à 800 f., 4 prie-Dieu à 150 f., une douzaine de fauteuils à 100 f. l'un, 4 lits de repos à 217 f. 50, et 5 tables rondes à 119 f. Les deux premiers genres de ces meubles sont plaqués en noyer et les autres en palissandre. Lorsque le paiement de ces divers objets s'est effectué avec celui des intérêts à 5 p. %, le marchand a reçu 12 943 f. : à quelle époque a-t-il été payé ?

P. 2554. Un ouvrier maçon qui gagne en été 32 f. 10 par semaine a travaillé pendant 20 semaines. Pendant combien de temps, à partir du dernier jour de travail, devrait-on différer de le payer, pour que la somme qui lui est due lui rapportât 13 fr. 375, au même taux que 840 f. qui lui rapportent 52 fr. 50 tous les 15 mois ?

P. 2555. Un ouvrier marbrier en bâtiment gagne 2 f. 75 par jour, et il a travaillé pendant 6 mois, les 26 dimanches exceptés. Pendant combien de temps devrait-on différer de le payer à partir du dernier jour de travail, pour que la somme qui lui est due lui rapportât 43 f. 97, au même taux que 930 f. qui lui rapportent 111 f. 60 tous les 2 ans ?

P. 2556. On a acheté un piano qui coûte 720 f. Pendant combien de temps devrait-on différer de payer cet instrument, pour que les intérêts simples de son prix soient de 56 f. 70, au même taux que 540 f. qui rapportent tous les 4 ans 113 f. 40 d'intérêts simples ?

P. 2557. Un charretier a conduit, à 100 m. de distance, et avec un tombereau à deux chevaux, 2 Dm³ de terre, à raison de 0 f. 40 le mètre cube. Pendant combien de temps devra-t-on différer de le payer, afin que la somme qui lui est due pour ce travail lui rapporte 160 f. de rente, au même taux que 900 f. qui lui rapportent 135 f. tous les 3 ans ?

P. 2558. Un négociant achète 15 pièces de drap de Chalabre contenant chacune 18 m. et il les paie 12 f. le mètre ; ne s'étant acquitté qu'au bout de 5 ans 9 mois, il débourse, tant pour capital que pour intérêts, 4264 f. 65 : à quel taux les intérêts ont-ils été calculés ?

RÈGLE D'INTÉRÊT. 267

P. 2559. Un marbrier achète, au prix de 2480 f. le mètre cube, un bloc de marbre de Carrare ayant 2 m. 85 de longueur, 1 m. 44 de largeur, et 1 m. 20 d'épaisseur. Pour le payer, il donne d'abord 213 f. 504, et il emprunte le reste de la somme nécessaire; il ne rend ce reste qu'après 5 ans 8 mois 18 jours; et alors il verse, tant en capital qu'en intérêts simples, 15087 f. : à quel taux a-t-il payé les intérêts de son emprunt?

P. 2560. Les vins rouges valent en Espagne 153 f. 60 l'hectolitre, et leur transport de Santander en France coûte, en moyenne, 8 f. par pièce de 2 hl. Or, pour payer un envoi de 25 pièces, un marchand de vin emprunte une somme qu'il ne rembourse qu'au bout de 3 ans 10 mois; et alors il verse, tant en capital qu'en intérêts simples, une somme de 9692 f. 40 : quel était le taux des intérêts?

P. 2561. On a acheté 94 kg. 7 d'huile, qui reviennent à 175 f. 60 : on les revend 205 f. 30. On demande : 1° combien on a gagné par hectogramme; 2° combien de tonnes de 92 kg. 50 il faudrait vendre pour gagner une somme égale aux intérêts de 36210 f. 79, qui, placés à intérêts pendant 5 ans, ont produit, tant pour capital que pour intérêts simples, 43452 f. 948; 3° à quel taux étaient placés les 36210 f. 79.

P. 2562. On estime que les vignobles de la France couvrent une étendue de terrain contenant en tout 1972000 ha., et qu'ils donnent un revenu annuel moyen de 613000000 de fr. D'après cela, quelle est l'étendue d'un vignoble payé 21315 f. 42? On sait que le revenu moyen de ce vignoble est évalué à $8\,3/4$ p. % de sa valeur.

P. 2563. Une lande de 6 ha. 39 a., donnant par hectare un revenu net de 16 f., égal à 9 p. % du prix d'achat, a été convertie en terre labourable, rapportant 31 f. de revenu net par hectare. Pour l'améliorer, on a dépensé 218 f. par hectare en sus de ce que l'on a retiré. On demande quelle est l'augmentation de valeur du fonds, et quel est le bénéfice total, en supposant son revenu net de $4\,1/2$ p. %.

P. 2564. Une prairie rapporte 1875 kg. de foin par hectare; le regain est $1/4$ du foin qui est estimé 18 f. les 500 kg. Les frais de culture d'un hectare s'élevant à 38 f., et le produit net étant $3\,1/3$ p. % de la valeur de la prairie, on demande quelle est l'étendue d'une propriété qui vaudrait 7345 f. 80.

P. 2565. Un fabricant de papier a acheté 45 quintaux de chiffons blancs à raison de 54 f. 70 le quintal métrique. Il s'est acquitté après 14 mois 20 jours; et les intérêts qu'il a dû verser pour la somme qu'il devait, étant ajoutés à ce capital, donnaient un nombre qui était au capital comme 33 est à 31 : quel était le taux de ces intérêts?

P. 2566. Un négociant a vendu, le 12 mars 1853, 72 m. de drap de Carcassonne; et il convient avec l'acheteur que celui-ci s'acquittera le 6 décembre 1857, à condition qu'il lui tiendra compte des intérêts simples. Or, à cette date, le négociant reçoit en tout 1310 f. 04, et les intérêts forment les $213/1000$ du capital. On demande : 1° quel est le prix du mètre de drap; 2° quel est le taux des intérêts.

P. 2567. Un commerçant qui fournit des vivres aux équipages de marine, fait venir de Monte-Video 850 kg. de viande salée et séchée, qu'il paie sur le pied de 1 f. 50 le kilogramme; les frais de transport et de douane augmentent ce prix de $1/3$, et il la revend à un chef d'équipage avec un certain bénéfice. Le 24 juin 1851, il prête à l'un de ses amis la somme qu'il a reçue du chef d'équipage; et le 5 septembre 1857, on lui rend cette somme augmentée de ses intérêts simples, qui formaient les $31/100$ du capital, en sorte qu'il reçoit en tout 2449 f. 70. On demande: 1° à quel taux le commerçant a prêté son argent; 2° combien il a gagné par kilogramme de viande.

P. 2568. En 1840, on a entrepris le dessèchement du lac de Harlem en Hollande; trois machines à vapeur ont été employées à cet ouvrage; l'une d'entre elles, y compris les bâtiments et tous les accessoires, a coûté 900000 f., dont 375000 pour les bâtiments seulement. On suppose qu'un particulier qui a mis des fonds dans cette entreprise reçoit, au bout de 5 ans 2 mois, 172200 f., et que cette somme contient le capital placé et le bénéfice que ce dernier a rapporté; on suppose d'ailleurs que le bénéfice est $2/5$ du capital. On demande: 1° quels sont le capital et le bénéfice; 2° à quel taux le particulier a placé son argent.

P. 2569. Un professeur de physique économise chaque année la dix-huitième partie de son traitement; on augmente celui-ci d'un tiers. On demande: 1° quelle portion de ses nouveaux appointements le professeur pourra mettre de côté, s'il veut économiser annuellement les $6/5$ de la somme qu'il économisait par le passé; 2° quelle rente annuelle il se fera, si, après 25 ans d'exercice avec ses nouveaux appointements, il se retire en plaçant ses économies à 4 $1/2$ p. $0/0$, sachant que ses premiers appointements se montaient à 2700 f.

P. 2570. Le compte de culture pour un hectare de bisaille d'hiver, après une céréale de printemps, est établi comme suit, par MM. Girardin et du Breuil, dans leur Cours élémentaire d'agriculture.

DÉPENSES.	f.	c.
Un labour profond,	25	»
Un hersage,	2	60
Semaille de la bisaille à la volée,	1	»
Semaille du seigle,	1	»
Semence: 2 hl. de vesce, à 12 f. l'hectol.,	»	»
Un hectol. de seigle,	12	»
Un hersage,	2	60
Fauchage et transport,	12	»
Battage et nettoyage du grain,	14	»
Intérêt pendant un an à 5 p. $0/0$ du prix de 20000 kilog. de fumier existant dans le sol, et ayant coûté 10 f. les 1000 kg.,	»	»
Loyer de la terre,	70	»
Frais généraux d'exploitation,	20	»
Intérêt pendant un an à 5 p. $0/0$ des frais qui précèdent,	»	»
TOTAL DE LA DÉPENSE.	»	»

PRODUIT.

	f.	c.
Paille, 2912 kg., équivalant à 1942 kg. de foin sec, à 71 f. 50 les 100 kg.,	»	»
Grain, 15 hl. à 12 f. l'un,	»	»
TOTAL DU PRODUIT.	»	»

Or, un cultivateur a ensemencé 3 ha. 42 en bisaille : quelles seront ses dépenses, ses recettes et son bénéfice ?

P. 2570. On propose de régler, à la fin de l'année, la situation d'une laiterie, dont le compte peut être établi ainsi qu'il suit :

DÉPENSES.

	f.	c.
Intérêts à 5 p. 0/0 de la valeur de 15 vaches, du prix de 225 f. l'une,	»	»
Intérêts à 10 p. 0/0 de la même valeur, pour le dépérissement annuel, les maladies, etc.,	337	50
Nourriture, 0 f. 51 par jour et par tête,	»	»
Paille pour litière, 3 kg. par jour et par tête, à 36 f. les 1000 kg.,	»	»
Loyer de la vacherie,	335	»
Intérêts à 20 p. 0/0 de la somme de 250 fr., valeur de divers ustensiles, pour casse, détérioration, etc.	»	»
Nourriture annuelle d'un taureau, et intérêts de son prix d'achat,	160	»
Gages du vacher,	170	»
Gages d'une servante,	120	»
Nourriture journalière de ces deux personnes, estimée à 1 f. 40.	»	»
Soins du vétérinaire, médicaments, etc.	85	»
Sel pour les vaches, 30 gr. par jour et par tête, à 20 fr. les 100 kg.,	»	»
Frais de transport du lait.	155	»
TOTAL DES DÉPENSES.	»	»

RECETTES.

	f.	c.
155 voitures de fumier, à 1 f. 85 l'une,	»	»
15 veaux vendus 10 f. 25 chacun,	»	»
27930 lit. de lait vendu à Paris au prix de 0 f. 30 le litre,	»	»
TOTAL DES RECETTES.	»	»
BÉNÉFICE.	»	»

P. 2571. Un cultivateur exploite une propriété renfermant 15 ha. 75 de terres labourables. Chaque année, 1/3 de cette quantité est semé de blé, puis de sarrasin dans la même campagne ; 1/9 est ensemencé de seigle ; 1/6 d'avoine ; et 1/8 d'orge.

Cette propriété, étant dans un bon terrain, et cultivée avec soin, un hectare de blé rapporte en moyenne 840 gerbes; un hectare de seigle, 740 gerbes; un hectare d'avoine, 800 gerbes; un hectare d'orge, 640 gerbes; et un hectare de sarrasin, 1 800 gerbes. Un bon batteur au fléau, gagnant 3 f. par jour, bat ordinairement chaque jour 75 gerbes de blé, ou 90 de seigle, ou 112 d'avoine, ou 112 d'orge, ou 225 de sarrasin. Le cultivateur veut remplacer ses batteurs par une machine à battre qui, desservie par 6 hommes, bat par jour 1 200 gerbes de blé, ou 1 600 de seigle, ou 1 800 d'orge, ou 1200 d'avoine, ou 2 400 de sarrasin, et cette machine coûte 1 050 f. Si le cultivateur achète et emploie cette machine, il devra, pour calculer l'économie qu'elle lui procurera, compter l'intérêt du prix de cette machine, à raison de 5 p. $^0/_0$, et ajouter pour l'entretien 2 f. 50 p. $^0/_0$ du même prix; et les 6 ouvriers qui la desservent doivent être payés à raison de chacun 2 f. 25 par jour. D'après cela, on demande quelle économie annuelle procurera au cultivateur l'acquisition de cette machine.

P. 2572. Une brande de 19 ha. 25 affermée comme pacage, ne rapporte que 172 f. par an. Le propriétaire de cette brande se décidant à la mettre en culture, un laboureur lui offre de la défricher, de l'ensemencer, de faire la récolte et le battage aux conditions suivantes : Le propriétaire lui fournirait la semence et l'engrais; le cultivateur aurait droit ensuite à toute la paille et aux $2/5$ du grain récolté. Le propriétaire accepte; or, l'engrais à employer se vend 13 f. l'hectolitre, et il en faut 4 hl. 25 par hectare. La semence se vend 5 f. 05 le double-décalitre, et il en faut 2 hl. par hectare. Pour acheter l'engrais et la semence, le propriétaire est obligé d'emprunter chez un banquier l'argent nécessaire, au taux de 6 p. $^0/_0$ par an. Neuf mois après, la récolte est faite; elle donne une quantité égale à 11 fois la semence; le grain est vendu 21 f. 75 l'hectolitre, et le propriétaire solde immédiatement son compte chez le banquier. On demande : 1° quel est le bénéfice net du propriétaire ; 2° combien dans cette dernière année chaque hectare de sa brande lui a produit de plus ou de moins que précédemment par année.

P. 2573. Un maître taillandier a acheté 920 kg. d'acier fondu, à 250 f. le quintal métrique, payables en trois termes égaux de deux ans en deux ans, savoir : le tiers au 19 juillet 1846, le tiers au 19 juillet 1848, et le dernier tiers au 19 juillet 1850 ; on tient compte des intérêts à 5 p. $^0/_0$. Au lieu de payer régulièrement, le taillandier, qui a fait ce marché le 19 juillet 1844, fait les paiements suivants : 1° au 20 juillet 1845, il verse les intérêts d'un an ; 2° le 20 juillet 1846, il verse en intérêts et principal, 462 f. 50; 3° le 15 janvier 1847, il verse 368 f. 75 ; 4° le 20 décembre suivant, il débourse 100 f. ; 5° le 30 octobre 1848, il donne 462 f. 50 ; 6° le 30 novembre 1848, il verse 187 f. 50 ; 7° le 1er avril 1850, il verse 350 f. ; 8° le 20 novembre 1850, il donne encore 500 f. ; 9° le 9 septembre 1851, il débourse 187 f. 50; tous ces paiements sont versés tant en intérêts qu'en principal : on demande le règlement du compte du taillandier, et l'on désire savoir s'il doit encore, et combien. (Mois de 30 jours.)

P. 2574. Un filateur de laine fait venir du Levant 4 270 kg.

de laine qui, tous frais faits, lui reviennent à 4 f. 50 le kilogramme. N'ayant pas de fonds disponibles, il emprunte d'un banquier, le 12 juin 1852, la somme nécessaire pour s'acquitter, et il promet d'avoir remboursé cette somme le 15 décembre 1856, en tenant compte des intérêts à 5 p. %. Mais au lieu d'attendre jusqu'à cette époque pour effectuer ce remboursement, il fait divers versements à mesure qu'il peut disposer de quelques fonds. Ainsi, 1° le 30 mars 1853, il verse les intérêts échus jusqu'à ce jour; 2° le 25 novembre 1853, il verse 4850 f.; 3° le 8 avril 1854, il verse 3600 f.; 4° le 2 janvier 1855, il verse 6530 f.; 5° le 18 octobre 1855, il verse 4200 f.; et 6° le 21 septembre 1856, il verse 1450 f.: on demande le règlement de compte du filateur, s'il redoit encore au banquier, et combien.

P. 2575. Un maître menuisier a entrepris toute la menuiserie d'une nouvelle construction. Il est payé quatre mois après le terme convenu, et alors il reçoit, tant pour capital que pour intérêts à 5 p. %, une somme de 20 374 f. : à quelle somme se montait son entreprise?

P. 2576. Un entrepreneur s'était chargé des travaux de terrassement d'un chemin de fer sur une certaine étendue; il a gagné sur le total de son entreprise une somme égale à celle qu'il a reçue par kilomètre; or, cette somme placée à 5 p. % pendant 6 ans, est devenue, tant capital qu'intérêts simples, 42 198 f. : quelle est-elle?

P. 2577. Un négociant, ayant placé à 5 p. % un capital qu'on ne connaît pas, reçut au bout de 4 ans, tant pour le capital que pour les intérêts, 10 305 f. : quel est ce capital? combien, avec cet intérêt, pourrait-il acheter d'hectogrammes de musc, au prix de 11 f. 45 le décagramme?

P. 2578. Un marbrier a acheté 2400 qm. de marbre des Pyrénées. Si au bout de 3 ans il s'était acquitté de la dette qu'il a contractée, en payant le capital avec les intérêts simples à 4 p. %, il aurait déboursé 48 384 f. : on demande le prix des 100 kg. de marbre.

P. 2579. Pour un établissement de bains, on a fourni 18 baignoires en cuivre de 1 m. 30 de longueur. Le chef de cet établissement ne s'est acquitté qu'après 5 ans 4 mois; et, à cette époque, il a déboursé 2851 f. 20 tant pour le capital que pour les intérêts à 6 p. % : quel est le prix de chaque baignoire?

P. 2580. Un poêlier a donné à l'un de ses fournisseurs, pour 75 poêles en faïence, la somme de 4 438 f. 20 tant pour intérêts d'un an à 4 p. %, que pour le capital du prix d'achat de ces 75 poêles : quel est le prix moyen de chacun?

P. 2581. Un marchand chapelier avait d'abord économisé un capital qu'il avait ensuite prêté à l'un de ses confrères pendant 4 ans 6 mois, au taux de 5 p. %. Le 2ᵈ chapelier ayant, à l'époque fixée, remboursé son emprunt avec les intérêts, le 1ᵉʳ marchand a mis le tout dans son commerce, ce qui, en lui procurant un revenu de 9 p. %, lui a fourni un bénéfice égal au produit de la vente de 270 chapeaux de soie de qualité supérieure vendus en moyenne à raison de 16 f. pièce : quelle était la valeur du capital prêté?

P. 2582. Un négociant, ayant vendu 240 m. de toile, prêta,

le 18 janvier 1852, la somme qu'il avait retirée de cette vente; le 27 juillet 1856, on lui remboursa cette somme avec ses intérêts au taux de 6 p. 0/0, et il prêta le tout à un marchand de ferronnerie qui s'en servit pour acheter 16 limes bâtardes de 406 mm., sur lesquelles il gagna 15 p. 0/0 en les revendant, ce qui lui procura un bénéfice de 146 f. 4768 : on demande quel était le prix du mètre de toile, et le prix d'achat d'une lime.

P. 2583. Un négociant, ayant vendu de la toile à raison de 3 f. 50 le mètre, prêta à 5 2/5 p. 0/0, le 17 mars 1853, la somme qu'il avait retirée de cette vente; le 22 novembre 1857, on lui remboursa cette somme avec ses intérêts simples, et il prêta le tout à un marchand quincaillier qui s'en servit pour acheter des limes demi-douces de 335 mm. au prix de 35 f. 077 la pièce, sur lesquelles il gagna 10 p. 0/0, ce qui lui procura un bénéfice de 284 f. 1237 : combien a-t-on vendu de mètres de toile et a-t-on acheté de limes?

P. 2584. Un négociant place à 4 1/2 p. 0/0 un capital qu'il retire au bout de 5 ans 8 mois avec ses intérêts échus pendant ce temps; il place le tout dans l'exploitation d'une fabrique d'acide sulfurique, d'où il retire 6 p. 0/0 de bénéfice, ce qui lui donne un revenu de 3 672 f. On demande : 1° quel est le capital primitif; 2° combien il lui restera sur son revenu, si, chaque année, il l'emploie à faire venir de Naples 50 caisses de soufre pesant chacune 200 kg., et s'il paie ce soufre sur le pied de 0 f. 15 le kilogramme, les frais de transport et de douane s'élevant aux 3/5 du prix d'achat.

P. 2585. Un cultivateur achète, le 15 mai 1850, une machine à battre qu'il ne peut payer tout de suite; mais il convient de payer à 4 p. 0/0 les intérêts de ce qu'il doit pour cette acquisition. Or, le 15 octobre 1853, il verse 500 f.; le 15 février 1856, il verse 400 f.; le 15 mai 1856, il verse 800 f.; et le 15 septembre, il verse 450 f., et il ne doit plus rien. Tous ces versements sont faits tant en capital qu'en intérêts : quel est le prix de cette machine?

P. 2586. Un industriel achète le 12 janvier 1849 une machine locomobile qu'il ne peut payer tout de suite; mais il s'engage de payer à diverses reprises et en donnant les intérêts simples à 5 p. 0/0. Ainsi, le 12 avril 1852, il donne 2 400 f.; le 12 juin 1854, il donne 1 500 f.; le 12 février 1855, il donne 3 500 f.; et le 12 juillet de la même année, il débourse 1 240 f., et il ne doit plus rien. Tous ces déboursés sont faits tant en capital qu'en intérêts: quel est le prix de cette machine?

P. 2587. Un négociant a souscrit un billet de 3 000 f. pour 12 quintaux de chromate de potasse payables dans 17 mois; le taux de ce billet est de 6 p. 0/0. : quelle aurait dû être l'échéance du billet, pour n'avoir que 2 875 f. 50 à payer?

P. 2588. Un négociant achète 75 pièces d'indienne contenant chacune 45 m., et, pour s'acquitter, il souscrit un billet de 3 915 f. payables dans 3 ans 1/3 : quelle devrait être l'échéance du billet si le négociant voulait ne débourser que 3 807 f.? et l'intérêt de 4 4/5 p. 0/0 étant compris dans les deux sommes ci-dessus, quel est le prix du mètre d'indienne?

RÈGLE D'INTÉRÊT.   273

P. 2589. Un marchand papetier a acheté 28 rames $1/2$ de papier grand-aigle, à 43 f. 60 la rame, et 15 rames de papier grand-colombier, à 37 f. 16 la rame. Il fait pour ces achats un billet payable dans 20 mois : de combien devra-t-il avancer le paiement pour n'avoir que 1 650 f. à rembourser? L'intérêt de 6 $1/2$ p. $^0/_0$ par an est compris dans les prix ci-dessus pour les 20 mois.

P. 2590. Un négociant reçoit 270 limes douces de 433 mm. Pour s'acquitter, il souscrit un billet de 28 001 f. 25 payables dans 20 mois : de combien devrait-il avancer le remboursement de ce billet pour n'avoir à verser que 27 413 f. 43 $3/4$? L'intérêt de 5 $1/2$ p. $^0/_0$ étant compris dans les sommes indiquées, on demande aussi quel est le prix d'une lime.

P. 2591. Deux ouvriers épiciers ont placé à la caisse d'épargne 951 f. qu'ils ont gagnés ensemble pendant 140 jours. Au bout de 12 ans, ils ont retiré tant pour le capital que pour les intérêts simples : le 1er, 984 f. 20; le 2^d, 423 f. 28 : à quel taux leur a-t-on payé les intérêts des sommes placées? combien chacun d'eux a-t-il placé, et quel est le prix de sa journée?

P. 2592. Un ouvrier cantonnier qui gagne 41 f. 60 par mois, a placé à intérêts en 3 fois, et pour 5 ans chaque fois, une somme équivalente au gain qu'il a fait pendant 2 ans $1/2$. Chaque placement, joint à ses intérêts simples, lui a donné les sommes suivantes, savoir : le 1er, 650 f.; le 2e, 535 f.; le 3e, 375 f.: quel était le montant de chaque placement, et à quel taux lui en a-t-on payé l'intérêt?

P. 2593. Un ouvrier plieur de soie qui gagne 18 f. par semaine, prête pour 7 ans à trois de ses confrères la somme qu'il a gagnée pendant les 52 semaines d'une année. Au temps fixé, il reçoit de chacun d'eux tant en capital qu'en intérêts les sommes suivantes, savoir : du 1er, 315 f. 60; du 2e, 552 f. 30; et du 3e, 362 f. 94 : quelle somme avait-il prêtée à chacun, et à quel taux lui en ont-ils payé les intérêts?

P. 2594. Un ouvrier siropier qui gagne 15 f. par semaine, a prêté pour 4 ans à quatre ouvriers dans le besoin, la somme qu'il a gagnée pendant les 78 semaines d'une année et demie. A l'époque fixée, il reçoit de chacun d'eux tant pour le capital que pour les intérêts les sommes suivantes, savoir: du 1er, 416 f. 50; du 2e, 380 f. 80; du 3e, 357 f., et du 4e, 238 : quelle somme avait-il prêtée à chacun, et à quel taux lui en a-t-on payé les intérêts?

P. 2595. Un officier a placé 13 200 f. partie à 5 $1/4$ p. $^0/_0$, et partie à 6 $1/2$ p. $^0/_0$; ces capitaux lui produisent 805 f. 50 d'intérêt : quel est le montant de chacune des deux sommes placées?

P. 2596. Deux négociants, se trouvant dans le besoin, empruntent ensemble 30 000 f. d'un de leurs confrères, qui n'exige du 1er qu'un intérêt de 4 $1/2$ p. $^0/_0$, et du 2^d, qu'un intérêt de 3 $3/4$ p. $^0/_0$, ce qui lui procure une rente annuelle avec laquelle il peut acheter 50 kg. d'une certaine sorte de soie désignée sous le nom de *Douppion*, et coûtant 24 f. le kilogramme : quel est le montant de la somme prêtée à chacun des deux négociants?

P. 2597. Un négociant prête à deux de ses confrères 58 100 f. Le 1er paie les intérêts de son emprunt au taux de 6 p. $^0/_0$, et le

2^d, qui a besoin de commisération, ne les paie qu'au taux de 4 f. 10 p. %. Le tout procure au négociant une rente annuelle avec laquelle il peut acheter 40 kg. 1/2 de soie moulinée, à raison de 72 f. le kilogramme : quel est le montant de l'emprunt de chacun des deux autres négociants ?

P. 2598. Un riche tanneur a placé 83 981 f. 875, partie à 4 4/5 p. %, et partie à 5 p. %; et ce capital ainsi placé lui produit une rente avec laquelle il peut acheter 175 peaux fraîches de bœuf pesant chacune 34 kg. 25, à raison de 68 f. le quintal métrique : quel est le montant de chacune des deux parties du capital ?

P. 2599. Un marchand de toiles avait deux capitaux qu'il plaça pendant le même temps; le 1er à 5 1/4 p. %, le 2^d, à 6 1/2 p. %. Le 1er produisit 6378 f. 75; le 2^d, qui surpassait le 1er de 8 100 f., produisit 11 846 f. 25. Ensuite, il employa le 1er de ces deux capitaux pour acheter 60 pièces de toile de 108 m. chacune; et le 2^d, pour acheter 75 pièces de toile de même longueur : On demande : 1° pendant quel temps les deux capitaux ont été placés à intérêts; 2° le prix du mètre de la toile achetée avec chacun des deux capitaux.

P. 2600. Un négociant a deux capitaux placés à intérêt pendant un certain temps, le même pour les deux. Le 1er, placé à 4 3/4 p. %, a rapporté 2077 f. 65; le 2^d, qui surpassait le 1er de 1 350 f. et qui est placé à 5 1/2 p. %, a produit 2851 f. 20. Il emploie ensuite ces deux capitaux à acheter de la toile; avec le 1er, il achète une qualité de toile valant 1 f. 50 le mètre: et, avec le 2^d, une autre qualité de toile valant 1 f. 60 le mètre. Chaque pièce étant de 108 m., combien de pièces de toile de chaque qualité a-t-il achetées, et pendant quel temps les capitaux ont-ils été placés ?

P. 2601. Un riche industriel qui est à la tête d'une filature de coton, place un 1er capital à 5 p. % pour un certain temps; et à la fin de ce temps, ce capital produit 10 800 f. d'intérêts. Plus tard, l'industriel place un 2^d capital qui, pendant le même temps, au taux de 4 p. %, produit 12 000 f. d'intérêts; et ce 2^d capital surpasse le 1er d'une somme de 24 000 f. On demande : 1° la valeur de chacun de ces deux capitaux ; 2° le temps pendant lequel ils ont été placés ; 3° la somme qu'il faudrait retrancher du 1er pour payer l'entretien annuel de 400 becs de gaz servant à l'éclairage de la filature de coton à 87 f. 50 par bec; 4° la somme qu'il faudrait retrancher du 2^d pour l'achat de la houille nécessaire à l'entretien annuel de cette filature, cet entretien coûtant 14 500 f. par trimestre.

P. 2602. Un industriel possède un capital qu'il place dans l'industrie de la verrerie, et ce capital lui rapporte 6 p. %. Un autre spéculateur qui s'occupe de la même industrie, et qui possède 15 000 f. de plus que le 1er, retire 8 p. % de son capital, parce qu'il fait mieux ses affaires, et il touche chaque année 1 560 f. de plus que ce 1er. On demande la valeur du capital de chaque industriel.

P. 2603. Huit industriels se sont associés pour établir une fabrique de papier, et ils ont versé chacun 325 000 f. On compte pour frais d'administration et pour intérêts des capitaux 8 p. % par an. On y occupe 140 ouvriers qui reçoivent en moyenne chacun 75 f. par mois, et 16 contre-maitres qui reçoivent aussi par mois chacun 125 f. La fabrique produit par jour 75 quintaux métriques de papier destiné à l'impression, et vendu sur le pied de 1 f. 20 le kilogramme : on demande à quel taux se trouve placé le capital engagé dans cette industrie par chacun des huit associés, et le revenu que chaque associé doit toucher annuellement, supposé : 1° que le chiffon coûte 105 f. la tonne métrique, et que 3 tonnes de chiffon donnent une tonne de papier; 2° que les matières employées au blanchiment, au collage, etc., coûtent 60 f. par tonne de papier; 3° qu'il y a 300 jours de travail par an.

P. 2604. Un carrossier, ayant réalisé quelques économies, achète 28 actions de la compagnie des omnibus de Londres, laquelle est établie au capital de 20 millions de francs divisés en 200 000 actions. On demande quel sera le bénéfice annuel de ce carrossier sur ses 28 actions, sachant : 1° que la compagnie possède 810 voitures qui coûtent en moyenne 15 594 f. chacune, en y comprenant le matériel et la licence; 2° que la recette moyenne d'une voiture est de 65 f. par jour, et la dépense moyenne journalière, de 50 f.; 3° que, pour subvenir aux frais d'administration et autres, on prélève d'abord un intérêt de 6 p. $^0/_0$ sur le capital employé, avant de rien donner aux actionnaires.

P. 2605. Un capitaliste a versé 18 540 f. entre les mains du caissier d'une compagnie anglaise qui possède des docks à Londres. D'autres versements effectués dans le cours d'une année élèvent la recette annuelle à 12 079 485 f. Les dépenses annuelles se sont élevées à 8 156 650 f. La compagnie a payé aux actionnaires un dividende égal aux $^{52}/_{1000}$ du capital total employé; ce dividende est de 1 549 250 f.; enfin, chaque actionnaire reçoit à 6 p. $^0/_0$ l'intérêt de la somme qu'il a versée. On demande : 1° la somme que devra recevoir le capitaliste à la fin de l'année; 2° la somme qui restera dans la caisse de la compagnie; 3° quelle sera la portion de cette somme sur laquelle le capitaliste aura encore des droits.

P. 2606. La fourniture du sable destiné à la pose des voies sur un chemin de fer a été évaluée à 130 700 f. pour une longueur de 10 700 m. Un entrepreneur s'est chargé de cette fourniture en accordant un rabais sur le prix d'évaluation. Après avoir été payé, la somme qu'il a reçue a été placée à intérêts, à un taux tel, qu'après 16 mois, ce capital et les intérêts simples formaient une somme de 133 745 f. 31, et, après 2 ans, une somme de 138 698 f. 84. On demande : 1° quelle somme il a placée à intérêts; 2° le taux de l'intérêt; 3° le taux du rabais qu'il a accordé.

P. 2607. Un négociant français a fait venir d'Aragon 655 kg. $^1/_2$ de soie grége, qui lui reviennent, rendus en France, à 50 f. le kilogramme. Il les a revendus à un prix tel, que la somme qu'il a gagnée, jointe à ses intérêts de 5 ans $^1/_3$, donne un total de 3461 f. 04; et, jointe à ses intérêts de 8 ans $^3/_4$, elle donne un total de 3998 f. 55. On demande : 1° à quel taux cette somme a été placée; 2° à quel prix le négociant a revendu le kilogramme de soie grége.

P. 2608. Une usine française a fourni à une compagnie qui

fait construire en Espagne un chemin de fer de 75 km. de longueur, les rails nécessaires à l'établissement de deux voies. Les chefs de cette usine ont fait un bénéfice tel, que, placé à un certain taux, ce bénéfice et ses intérêts formaient, après 4 ans 8 mois, une somme de 218 388 f. 80, et, après 6 ans, une somme de 230 193 f. 60. Les 100 kg. de rails finis, coûtaient aux chefs de l'usine 20 f. 80. On demande à combien ils sont revenus à la compagnie, sachant : 1° que ces rails pesaient 34 kg. 72 le mètre courant; 2° que les frais de transport supportés par les fournisseurs se sont élevés à 5 f. 50 par tonne métrique.

P. 2609. Une usine française doit fournir à une compagnie qui fait construire en Suisse un chemin de fer de 125 km. de longueur les rails nécessaires à l'établissement de deux voies. Les rails pèsent 34 kg. 72 le mètre courant; les chefs de l'usine se chargent des frais de transport à 215 km. de distance, à raison de 0 f. 20 par tonne et par kilomètre. On demande à quel prix le quintal métrique de ces rails revient à la compagnie, sachant: 1° que le gain fait par les chefs de l'usine est tel, que, étant placé dans leur industrie, ce gain joint aux intérêts qui en proviennent, forme, au bout de 2 ans 1 mois, une somme de 394 940 fr., et, au bout de 3 ans 9 mois, une somme de 422 027 f. 65 ; 2° que le prix de fabrique du quintal de rails finis, peut être établi ainsi qu'il suit: 1° Cent deux kilog. de rails bruts, à 20 f. 13 les 100 kg.; 2° charbon, pour 0 f. 05; 3° ajustage et frais divers se montant à 0 f. 50. Il faut en déduire 1 kg. 90 de mitraille valant 15 f. les 100 kg. On veut aussi savoir quel est le taux des intérêts que fournit la somme placée dans l'industrie.

P. 2610. Une usine, ayant un seul haut-fourneau marchant au coke pendant 10 mois de l'année, produit par jour 6 800 kg. de fonte, qui se vend au prix de 12 f. 75 les 100 kg. Le prix de revient des 100 kg. peut s'établir ainsi qu'il suit : 1° minerai, 300 kg. à 1 f. 32 le quintal métrique; 2° castine, 80 kg. à 0 f. 28 les 100 kg. ; 3° coke, 180 kg. à 1 f. 25 le quintal métrique; 4° main-d'œuvre, 0 f. 40 ; 5° intérêt à 5 p. 0/0 du capital, et à 6 p. 0/0 du fonds de roulement; 6° cours d'eau, direction, contributions et frais divers, 1 f. 20. Le capital fixe engagé est de 280 000 f. et le fonds de roulement est de 340 000 f. : on demande quel est le bénéfice annuel fait par le propriétaire de cette usine.

P. 2611. Une usine où l'on convertit la fonte en fer d'après la méthode comtoise, se compose de 4 feux desservis journellement chacun par six ouvriers qui se relèvent trois à trois de 8 heures en 8 heures. Pendant chaque période de 8 heures, on forge à chaque feu 4 loupes de fonte qui pèsent chacune 88 kg., et qui donnent chacune 65 kg. de fer. Les trois ouvriers qui travaillent pendant chaque période sont: 1° un affineur qui est payé à raison de 17 f. par 1000 kg. de fer obtenu; 2° un forgeron qui reçoit 15 f. par 1000 kg. de fer obtenu, et un valet qui gagne 20 f. par mois. L'affineur et le forgeron reçoivent chacun 10 f. par mois en sus du prix de fabrication. A chaque feu est aussi attaché un releveur de charbon gagnant 30 f. par mois. La fonte coûte 11 f. les 100 kg., et le fer fabriqué se vend 345 f. la tonne. Les frais généraux et les frais d'administration sont évalués à 1 f. 20 par quintal de fer obtenu. Pour la même quantité de fer, on consomme 7 hl. de charbon de bois valant 1 f. 60 l'hectolitre. Le fonds de roulement est de 320 000 f.

On travaille pendant 25 jours par mois.

D'après toutes ces données, on demande la somme que doit payer un capitaliste pour l'acquisition de cette usine, afin que son argent lui rapporte 15 p. $^0/_0$, supposé que l'intérêt du fonds de roulement soit à 6 p. $^0/_0$.

PROBLÈMES SUR LES ASSURANCES

DÉFINITIONS ET PRINCIPES.

32. Une *assurance* est un contrat d'indemnité par lequel un capitaliste s'engage à payer à un propriétaire les pertes que celui-ci peut éprouver sur une maison ou sur un autre immeuble, sur un navire, sur ses marchandises, etc.

33. Celui qui s'engage à payer les pertes éprouvées s'appelle *assureur*; et celui qui est protégé par l'assurance s'appelle *assuré*.

34. La somme que l'assuré s'engage à payer à l'assureur, à la fin de chaque année ou d'un voyage, s'appelle *prime d'assurance*.

35. L'acte contenant les conventions arrêtées entre l'assureur et l'assuré s'appelle *police d'assurance*.

36. On peut distinguer deux sortes d'assurances : 1° les assurances sur terre contre l'incendie, la grêle, les maladies des bestiaux, etc.; 2° les assurances maritimes contre les risques de la mer.

37. Dans les assurances sur terre, les primes se paient chaque année; dans les assurances maritimes, sauf quelques exceptions, les primes se paient pour le temps du voyage.

38. On appelle *franchise* un tant pour cent sur la valeur assurée que l'assureur ne paie pas en cas d'avarie ou de perte; en sorte que l'assuré perd ce tant pour cent.

39. Pour parer à la perte de la franchise, le négociant ou le propriétaire fait quelquefois assurer une valeur supérieure à la valeur réelle, afin de recevoir au moins cette valeur réelle en cas d'avarie ou de perte.

40. On peut considérer les problèmes sur les assurances comme des cas particuliers de la *règle d'intérêt*; la valeur des propriétés ou des marchandises assurées représente le *capital*, et la prime d'assurance représente l'*intérêt*.

PROBLÈMES.

P. 2612. Un propriétaire assure à 1 7/9 p. 1000 sa maison valant 33660 f. : quelle est la prime d'assurance qu'il doit payer annuellement?

P. 2613. Un cultivateur fait assurer sa maison et ses dépendances dont les bâtiments sont estimés 12500 f.; ils renferment en moyenne 120 hl. de blé valant 18 f. l'hectolitre, 204 quintaux de paille estimée 2 f. 80 le quintal, 200 qm. de foin estimé 36 f. les 1000 kg., et un matériel d'exploitation estimé 3400 f. : quelle somme devra-t-il débourser chaque année pour la prime d'assurance, le taux de cette prime étant de 1 f. 1/4 p. 1000?

P. 2614. Un cultivateur a fait assurer 3 meules de foin ayant chacune un volume de 17 m. cub. 135, et 6 meules de blé ayant chacune un diamètre de 4 m. 75. On sait : 1° qu'un mètre cube de foin pèse 65 kg.; 2° que le foin est estimé 35 f. les 1000 kg.; 3° que les meules de blé contiennent autant de fois 500 gerbes, que le diamètre contient de mètres, et que le poids d'une gerbe est évalué à 9 kg.; 4° que, sur 100 kg. de gerbes, il y a 34 kg. de grain estimé 16 f. les 75 kg., et 66 kg. de paille estimée 2 f. 50 les 100 kg. : quelle prime devra payer le cultivateur pour 9 mois, le taux de l'assurance étant 1 f. 4/5 p. 1000 par an?

P. 2615. Un cultivateur veut faire assurer ses bâtiments, ses récoltes, ses bestiaux, son matériel d'exploitation, etc. Le bâtiment d'habitation couvre 100 m², et il est évalué à 95 f. le mètre carré; les bâtiments d'exploitation couvrent 400 m², et sont estimés 70 f. le mètre carré. Le matériel d'exploitation, comme voitures, charrues, harnais, etc., est estimé 4600 f. Il a 3 chevaux estimés chacun 450 f.; 20 vaches estimées chacune 150 f.; un taureau estimé 130 f.; 4 veaux estimés chacun 35 f.; 6 porcs estimés chacun 40 f. La volaille de basse-cour est estimée en tout 80 f. Les récoltes consistent en 390 hl. de froment estimés en moyenne 16 f. l'hectolitre; 220 hl. d'orge ou d'avoine estimés ensemble en moyenne à 10 f. 25 l'hectolitre; 1060 qm. de paille, à 2 fr. 80 l'un, et 1250 qm. de foin estimés à 3 fr. 50 l'un : on demande quelle prime annuelle ce cultivateur doit verser s'il se fait assurer par une compagnie d'assurances mutuelles dont le taux de la prime est de 3/4 seulement p. 1000?

P. 2616. Un cultivateur avait fait assurer ses bâtiments et ses récoltes, et le tout était estimé 75400 f. Il a été 3 ans 9 mois sans payer la prime, dont le taux était de 1 f. 40 pour 1000 : quelle somme doit-il à la compagnie?

P. 2617. Un cultivateur avait fait assurer ses bâtiments, son matériel d'exploitation, ses bestiaux et ses récoltes; et le tout se trouvait estimé à 54900 f. Il est demeuré 28 mois sans payer la prime fixée à 1 3/4 pour 1000 : quelle somme a-t-il dû débourser pour cet objet?

P. 2618. On paie 60 f. pour l'assurance d'une maison de 30 m. de façade, sur une largeur moyenne de 8 m. Le taux de la prime d'assurance étant de 1/8 p. 0/0 : quelle est la valeur de cette maison ?

P. 2619. Un cultivateur, ayant fait assurer ses bâtiments, le matériel et les provisions qu'ils renferment, a été 3 ans 6 mois sans payer sa prime ; et, à cette époque, il a versé entre les mains des agents de la compagnie d'assurance une somme de 336 f. Les valeurs assurées étant estimées 64 000 f., quel était le taux de la prime ?

P. 2620. Un propriétaire fait assurer sa maison, couvrant une superficie de 98 m², et estimée à raison de 100 f. le mètre carré. Ayant été 5 ans 4 mois sans pouvoir payer sa prime, il a déboursé pour cet objet 39 f. 20 : quel était le taux de cette prime ?

P. 2621. Un propriétaire fait assurer une maison couvrant 130 m² de terrain, et estimée à raison de 120 f. le mètre carré ; il a déboursé pour ses primes 121 f. 68. Le taux étant de 1 f. 80 pour 1 000, pendant combien de temps sa maison a-t-elle été assurée ?

P. 2622. Un propriétaire fait assurer une maison couvrant une superficie de 180 m². La maison est estimée à raison de 175 f. par mètre carré, et le mobilier est évalué en tout à 3 600 f. Il a déboursé pour les primes 595 f. 35, au taux de 1 f. 20 pour 1 000. Pendant combien de temps a-t-il été assuré ?

P. 2623. Un cultivateur avait fait assurer ses bâtiments, son mobilier et son matériel d'exploitation, et le tout était estimé 52 000 f. Il a été victime d'un incendie 3 ans 9 mois après avoir contracté son engagement avec la compagnie. Les dégâts ont été évalués aux 9/13 des valeurs assurées. La prime d'assurance fixée à 1 f. 50 p. 1 000, a été payée à la fin de chaque année : quelle somme devra-t-il recevoir de la compagnie ?

P. 2624. On assure le transport de 3 voitures à 2 1/2 p. 0/0 sur la 1re, estimée 4 980 f. ; à 3 1/4 p. 0/0 sur la 2e, estimée 3 640 f. ; à 3 3/4 p. 0/0 sur la 3e, estimée 6 400 f. Les voitures éprouvent pour 580 f. d'avaries ; on propose de faire le compte entre l'assureur et l'assuré.

P. 2625. Un cultivateur avait fait assurer, du 18 août au 21 février suivant, 5 meules de foin contenant chacune 135 m³, et 9 meules de blé ayant chacune 5 m. 20 de diamètre. Or, le 15 novembre, un incendie consume 2 meules de foin et 5 meules de blé. Combien la compagnie doit-elle au cultivateur, déduction faite de la prime à 1 f. 60 pour 1 000 ? On sait : 1° que le mètre cube de foin pesait 65 kg. valant 3 f. 40 les 100 kg. ; 2° que les meules de blé contenaient autant de fois 500 gerbes de 8 kg. 40 que leur diamètre contenait de mètres ; 3° que sur 100 kg. de gerbes, il y en avait 32 de grain valant 20 f. les 80 kg. et 68 de paille valant 2 f. 60 le quintal métrique ; 4° que le cultivateur, ne payant que les 4/5 de la prime, ne doit recevoir que les 4/5 de la valeur du dommage.

P. 2626. Un cultivateur fait assurer pour 8 mois, 4 meules de foin ayant chacune 128 m. cub., et 6 meules de blé ayant chacune 3 m. 60 de diamètre. On sait : 1° que le mètre cube de foin pèse 60 kg. ; 2° qu'une gerbe pèse 11 kg. ; 3° que, dans une meule, il y a autant de fois 500 gerbes, qu'il y a de mètres dans le diamètre

PROBLÈMES SUR LES ASSURANCES. 281

de la meule ; 4° que, sur 100 kg. de gerbes, il y a 30 kg. de grain et 70 de paille ; 5° que le blé vaut 16 f. 50 l'hectolitre de 76 kg. ; la paille, 2 f. 60 les 100 kg. ; et le foin, 3 f. 50 le quintal métrique. Or, il arrive au bout de 5 mois que le cultivateur a 3 meules de foin et 2 meules de blé consumées par le feu. La prime d'assurance étant à 1 f. 80 pour 1000, combien le cultivateur recevra-t-il, déduction faite de la prime ?

P. 2627. On a assuré sur un bateau à vapeur, 50 boucauts de sucre pesant chacun 450 kg., et estimés valoir 0 f. 75 le kilogr. Le taux de la prime est de 5 p. % par an, et le bateau a fait un voyage de 240 jours : quelle somme l'assuré doit-il débourser ?

P. 2628. Un négociant fait assurer sur un navire 36 barriques de café pesant chacune 150 kg.; ce café est estimé 1 f. 30 le kilog. La police d'assurance a été conclue le 15 avril 1856, et le navire est arrivé à sa destination le 30 août suivant. Le taux de l'assurance étant de 4 3/4 p. % par an, quelle prime l'assuré doit-il débourser ?

P. 2629. Un navire, assuré pour 850 000 f., et partant du Havre, devait arriver à Stockholm le 12 septembre, mais il n'est arrivé que le 25 du même mois. La prime était de 1 1/8 p. % avec augmentation de 1/4 p. % par huitaine de retard : quelle somme le maitre du navire devra-t-il payer aux assureurs ?

P. 2630. Un navire, partant pour Saint-Pétersbourg, devait y être arrivé le 5 octobre ; mais il n'est arrivé que le 24 de ce mois. La prime étant de 1 1/4 p. % avec augmentation de 1/2 par huitaine de retard, et les valeurs assurées étant de 758 000 f. : quelle somme devra-t-on payer pour les primes de cette assurance ?

P. 2631. Un navire devait partir d'Odessa le 21 octobre; mais des circonstances imprévues retardent le départ jusqu'au 18 novembre. Ce navire était assuré pour 675 000 f.; la prime était de 1 1/4 p. % avec augmentation de 1/4 p. % pour chaque huitaine de retard en octobre, et de 1/2 p. % pour chaque huitaine de novembre : quelle somme est due aux assureurs pour les primes ?

P. 2632. Un navire, partant du Havre, devait être arrivé à Saint-Pétersbourg le 13 septembre; mais les mauvais temps l'ayant retardé, il n'a pu arriver que le 10 octobre ; la prime étant de 1 1/8 p. % avec augmentation de 1/4 par huitaine de septembre et de 1/2 par huitaine d'octobre, et les valeurs assurées étant estimées à 540 000 f. : quelle somme devra-t-on débourser pour les primes ?

P. 2633. Un négociant avait fait assurer, sur un navire, 540 sacs de cacao pesant chacun 75 kg., et valant 0 f. 90 le kilogramme. Trois assureurs s'étaient chargés de cette assurance, et l'un d'eux avait assuré pour 12 000 f. Mais, avant de partir, le négociant fait prévenir qu'il n'a pris que 480 sacs de cacao. Chacun des assureurs doit donc diminuer proportionnellement la valeur qu'il avait assurée : à quelle somme se réduit la valeur de 12 000 f. assurée par l'un d'eux ?

P. 2634. Un négociant se proposait de faire charger, sur un navire, 800 sacs de poivre pesant chacun 15 kg.; et ce poivre valait 0 f. 80 le kilogramme. Deux assureurs avaient assuré la valeur de ce chargement, et l'un d'eux avait assuré pour 4 600 f.

Mais, le négociant n'ayant pu faire charger que 720 sacs, à quelle somme se réduit la valeur de 4600 f. assurée comme il est indiqué ci-dessus?

P. 2635. On a fait assurer sur un navire partant du Havre pour Saint-Pétersbourg 340 tonneaux d'alun pesant chacun 480 kg., et estimés 2 f. le quintal métrique; le taux de la prime est de 1 1/4 p. 0/0, et la franchise de 8 p. 0/0. Or, au débarquement on reconnaît que la marchandise a subi une avarie de 15 p. 0/0 : quelle somme l'assuré devra-t-il recevoir des assureurs?

P. 2636. Le propriétaire de l'un des bateaux qui desservent le canal du Languedoc, fait assurer ce bateau pour 420000 f., à raison de 4 1/2 p. 0/0 par an. Dans le cours de l'année, les avaries éprouvées se montent à 21 p. 0/0 des valeurs assurées. La franchise était de 3 p. 0/0 : quelle somme devra recevoir des assureurs le propriétaire de ce navire, déduction faite de la prime et de la franchise, et quelle somme l'un d'eux en particulier devra-t-il lui fournir, ayant assuré pour 18360 f. sur les 420000 f.

P. 2637. Un bateau à vapeur desservant la ligne de Paris à Rouen est assuré pour 350000 f. par an, au taux de 5 p. 0/0. Dans le cours de l'année, ce bateau a éprouvé des avaries se montant à 18 p. 0/0 de la valeur assurée. La franchise étant de 3 p. 0/0, quelle somme devra débourser l'un des assureurs qui avait assuré pour 15800 f. sur les 350000 f., et quelle somme devra recevoir le propriétaire du navire pour les avaries qu'il a subies, déduction faite de la prime et de la franchise?

P. 2638. Un négociant, voulant expédier du Havre à Londres 72 surons de cannelle pesant chacun 50 kg. au prix de 2 f. 90 le kilogramme, fait assurer ce chargement à raison de 1 p. 0/0. La marchandise ayant éprouvé des avaries évaluées à 7 1/2 p. 0/0 de sa valeur, et la franchise étant de 3 p. 0/0, quelle somme le négociant devra-t-il recevoir des assureurs?

P. 2639. Un négociant, voulant expédier pour l'Espagne 75 balles de chanvre pesant chacune 150 kg., du prix de 1 f. 40 le kilogramme, veut faire assurer ce chargement, et il veut en recevoir le prix net en cas de sinistre. La prime étant de 1 1/4 p. 0/0, et la franchise de 12 p. 0/0 : à quel prix doit-il faire estimer l'ensemble du chargement?

P. 2640. Un négociant expédie pour Stockholm 60 caisses de fruits secs pesant chacune 50 kg. au prix de 0 f. 80 le kilogr. Il veut faire assurer ce chargement de manière à recevoir le prix net en cas de sinistre. La prime étant de 1 1/4 p. 0/0, et la franchise de 15 p. 0/0, quelle est la somme à laquelle il doit estimer son chargement?

P. 2641. Un négociant avait fait assurer sur un navire pour 28400 f. d'horlogerie; mais les avaries s'étant élevées au delà des 3/4 de la valeur des marchandises, il en a fait le délaissement; c'est-à-dire qu'il les a laissées aux assureurs qui ont dû lui en payer la valeur. La vente des effets, faite au profit des assureurs, leur produit, déduction faite des frais, une somme de 5200 f. Un assureur qui s'était chargé des 3/8 de l'assurance, demande : 1° ce qu'il doit payer au négociant, déduction faite de la prime à 3/4 p. 0/0, et de la franchise à 5 p. 0/0; 2° quelle est la perte qu'il éprouve, y compris 7 1/2 p. % du montant de la prime pour le courtier d'assurance.

P. 2642. Un négociant avait fait assurer, sur un navire, 6 qm. 30 kg. de houblon à raison de 2 f. 20 le kilogramme. Mais les avaries éprouvées par cette marchandise s'étant élevées aux 3/4 de sa valeur, il en a fait le délaissement. Les assureurs vendent cette marchandise avariée à leur profit, et, déduction faite des frais, elle leur produit une somme égale aux 3/16 de sa valeur primitive. L'un des assureurs, intéressé dans cette affaire pour 6480 f., veut savoir : 1° ce qu'il doit payer au négociant, déduction faite de la prime à 5/8 p. %, et de la franchise à 12 p. %; 2° quelle perte il éprouve, y compris 7 1/2 p. % de la valeur de la prime pour le courtier d'assurance.

P. 2643. Un assureur a pris pour 4 000 f. d'assurance sur des porcelaines chargées à bord d'un navire; la prime étant de 2 3/4, et la franchise de 8 1/2 p. %. Sur de la quincaillerie chargée à bord du même navire, il prend pour 5600 f. d'assurances, avec prime de 3 1/4, et franchise de 12 3/4 p. %. La porcelaine arrive intacte, et la quincaillerie étant avariée, on en a fait le délaissement à l'assureur, qui, en la revendant, en retire, tous frais faits, les 2/15 de sa valeur primitive : on demande la perte ou le bénéfice qu'éprouve l'assureur sur ces deux assurances, c'est-à-dire combien il doit recevoir pour ses primes, et combien il doit débourser pour les avaries, et pour le courtage d'assurance à 7 1/2 p. % de la valeur des primes.

PROBLÈMES

SUR LES RENTES ET LES ACTIONS

DÉFINITIONS ET PRINCIPES.

41. Les *rentes* sont des intérêts que l'Etat paie pour des sommes qu'il a empruntées.

42. Les rentes sur l'Etat se désignent ordinairement par le taux de l'intérêt qu'elles rapportent. Ainsi, on dit: la rente 3 p. $^0/_0$, la rente 4 $^1/_2$ p. $^0/_0$; ou, simplement, le 3 p. $^0/_0$, le 4 $^1/_2$ p. $^0/_0$.

43. Lorsqu'un particulier emprunte, il paie, pour une somme invariable, qui est 100 f., un taux plus ou moins élevé; dans les emprunts faits par l'Etat, le taux ou la *rente* reste invariable, et ce qui varie, c'est la somme qu'il faut placer pour avoir le taux.

44. Le *cours de la rente* est la somme variable qu'il faut placer pour avoir le taux. Ainsi, lorsqu'on dit que le cours de la rente 4 $^1/_2$ p. $^0/_0$ est à 95 f. 25, cela signifie qu'il faut placer 95 f. 25 pour avoir 4 f. $^1/_2$ de *rente*.

45. On appelle *hausse* ou *baisse* les variations que subit le cours de la rente. Ces variations prennent le nom de *hausse* lorsqu'il faut placer plus qu'auparavant pour avoir le même taux; et elles prennent le nom de *baisse* lorsqu'il faut placer moins.

46. La rente est *au pair* lorsque le cours de cette rente est 100 f. exactement.

47. On distingue aujourd'hui trois rentes sur l'Etat: le 4 $^1/_2$ p. $^0/_0$, le 4 p. $^0/_0$ et le 3 p. $^0/_0$.

48. Les rentes 4 et 4 $^1/_2$ p. $^0/_0$ se paient tous les 6 mois. Chaque paiement est de la moitié de la rente annuelle. Les paiements se font le 22 mars et le 22 septembre. La rente 3 p. $^0/_0$ se paie tous les trois mois. Chaque paiement est du quart de la rente annuelle. Les paiements se font le 1er janvier, le 1er avril, le 1er juillet et le 1er octobre.

49. Les titres des rentes se nomment *inscriptions de rente*.

50. On distingue deux sortes d'*inscriptions de rente*: les *inscriptions au porteur* et les *inscriptions nominatives*.

51. La plus petite *inscription* ou la plus petite *coupure* de rentes au porteur est de 10 f., aussi bien pour le 4 p. $^0/_0$

et le 4 1/2 p. 0/0, que pour le 3 p. 0/0. En général, toute inscription de rente au porteur doit être un multiple de 10 f.

52. En 3 p. 0/0, on ne délivre au porteur que des titres de 10 f., de 20 f., de 30 f., de 50 f., de 100 f., de 300 f., de 500 f., de 1000 f., de 1500 f., et de 3000 f.

53. En 4 p. 0/0, les titres au porteur sont successivement de 20 f., de 50 f., de 100 f., de 300 f., de 500 f., de 1000 f., de 2000 f., de 4000 f., etc.

54. En 4 1/2 p. 0/0, on ne délivre au porteur que des titres de 10 f., de 20 f., de 30 f., de 50 f., de 100 f., de 300 f., de 500 f., de 1000 f., de 2250 f., de 4500 f.

55. Les inscriptions de rentes 3 p. 0/0 au porteur sont sur papier jaune; celles des rentes 4 p. 0/0, sur papier bleu; et celles des rentes 4 1/2 p. 0/0, sur papier rose.

56. Tous les six mois, le possesseur d'une inscription au porteur en détache une portion désignée sous le nom de *coupon*, et portant la date de l'échéance, le n° de l'inscription et le montant du semestre égal à la moitié de la rente annuelle. Le Trésor paie à présentation de ce coupon. Lorsque tous les coupons de l'inscription sont épuisés, ce qui arrive tous les cinq ans, le Trésor délivre gratuitement un nouveau titre, c'est-à-dire une nouvelle inscription.

57. La plus petite inscription nominative est de 5 f. Les inscriptions d'une valeur plus forte augmentent de franc en franc, c'est-à-dire qu'elles peuvent être de 6 f., de 7 f., de 8 f., de 14 f., de 23 f., etc.; elles ne portent jamais de centimes.

58. Les inscriptions nominatives ne sont pas accompagnées de coupons. Lorsque, tous les six mois, on se présente au Trésor, ou chez le Receveur pour toucher la moitié de la rente portée sur l'inscription, on doit présenter cette inscription qui, alors, est frappée d'un timbre portant la date du paiement.

59. Outre les achats de rentes et les inscriptions de rentes sur l'Etat, on peut encore placer des fonds en achetant des *obligations* de chemins de fer et quelques autres obligations; des *actions* émises par des Compagnies d'assurances, par des Sociétés ou des Compagnies instituées pour la construction des chemins de fer, l'exploitation d'une industrie quelconque, d'une entreprise commerciale, etc.

60. Les *obligations* des chemins de fer et les autres obligations sont analogues aux inscriptions de rente au porteur; elles sont, comme ces inscriptions, accompagnées de coupons que l'on détache tous les six mois, et qui sont acquittés sur leur présentation. Le revenu des obligations des chemins de fer est taxé par l'Etat d'un impôt de 12 centimes $1/2$ p. $^0/_0$ du capital calculé sur le cours moyen.

Pour faire comprendre ce qu'on entend par *action*, supposons qu'il s'agisse de l'établissement et de l'exploitation d'un chemin de fer. On présume que les frais de cet établissement et de cette exploitation s'élèveront à 1 500 000 f.; une Compagnie se formera pour diriger cette entreprise ; elle partagera la somme totale en 1 500 portions de 1 000 f. chacune ; des capitalistes fourniront chacun une ou plusieurs de ces portions, et la Compagnie leur délivrera un titre par lequel elle s'engagera à leur payer l'intérêt des capitaux fournis, et à leur donner dans les bénéfices produits par l'entreprise une part proportionnée à ces capitaux. Ces portions de capitaux, et les titres qui en assurent l'intérêt et le bénéfice, prennent le nom d'*actions*.

61. Une *action* est la part que l'on a mise dans les fonds ou les capitaux d'une Compagnie formée pour une entreprise quelconque ; c'est aussi la part d'intérêt ou de bénéfice que l'on a droit de prendre sur le bénéfice total fait par cette Compagnie.

62. Une *action* est aussi un titre, un effet de commerce qui constate le droit que l'on a au partage des bénéfices, ou l'obligation de supporter les pertes de la Compagnie, en proportion des fonds placés.

63. Ces *actions* ou ces titres peuvent se négocier, c'est-à-dire se vendre ou s'acheter ; ils sont sujets à la *hausse* ou à la *baisse* comme les titres des inscriptions de rentes sur l'Etat.

64. On appelle *dividende* la part de bénéfice qui, en sus de l'intérêt des actions, revient à chaque actionnaire en proportion du nombre d'actions qu'il a prises, c'est-à-dire en proportion de sa mise de fonds.

65. Les opérations commerciales sur les effets publics, c'est-à-dire la vente ou l'achat des titres de rente et des actions, se font par l'intermédiaire des agents de change moyennant un droit de courtage qui, pour les rentes françaises, est de $1/8$ p. $^0/_0$. Pour les autres valeurs, le droit de courtage est de $1/8$ p. $^0/_0$, ou de $1/4$ p. $^0/_0$, selon la nature de ces valeurs.

PROBLÈMES.

P. 2644. Un fabricant vend à un négociant 30 pièces de velours de soie contenant chacune 50 m., au prix moyen de 25 f. le mètre. Sur la somme qu'il retire de cette vente, il prend 78 f. pour une bonne œuvre; et, avec le reste, il achète des rentes 4 $1/2$ p. $^0/_0$ au cours de 94 f. 50 : quel revenu aura-t-il ?

PROBLÈMES SUR LES RENTES ET LES ACTIONS.   287

P. 2645. Un négociant en étoffes pour gilets, vient de vendre 17 pièces de *valencia* ayant chacune en moyenne 26 m. 47 de longueur à 15 f. le mètre. A la somme qu'il retire de cette vente, il ajoute 1292 f. 87; et, avec le total, il achète des rentes 4 1/2 p. 0/0 au cours de 93 f. 52 : quelle rente annuelle retirera-t-il?

P. 2646. Le gravier aurifère exploité sur les bords du Rhin contient en or les 0,000000232 de son poids. La valeur totale de l'or retiré annuellement de ce gravier est de 45000 f. On demande : 1° quelle rente annuelle on se ferait si, après en avoir ôté 128 f. 40, on employait le reste des 45 000 f. à l'achat de rentes 4 1/2 p. 0/0 au cours de 91 f. 95; 2° quel est le poids total du gravier soumis au lavage, en estimant à 9 p. 0/0 la perte due à l'opération. On sait qu'au change des monnaies, le kilogramme d'or pur vaut 3437 f.

P. 2647. Un marchand de fourrures se retire du commerce avec une somme de 34 520 f. 50; il achète avec ce capital du 3 p. 0/0 au cours de 70 fr. 45; quelle sera sa rente annuelle?

P. 2648. Un meunier a vendu 172 sacs de farine pesant chacun 157 kg. au prix de 45 f. 50 le quintal métrique : quel revenu se fera-t-il si, de la somme qu'il retire de cette vente, il retranche 40 f. 74 ; et si, avec le reste, il achète des rentes 3 p. 0/0 au cours de 64 f. 68?

P. 2649. Un fabricant vend à un négociant 25 châles en velours de soie, au prix moyen de 348 f. 63 la pièce; 48 châles satin uni au prix moyen de 75 f. la pièce, et 60 châles satin broché au prix moyen de 95 f. la pièce. Avec la somme qu'il retire de ces transactions, il achète des rentes 3 p. 0/0 au cours de 68 f. 85 : quel revenu cette somme lui rapportera-t-elle?

P. 2650. Un propriétaire, ayant vendu 3 chevaux au prix moyen de 758 f., emploie la somme produite par cette vente pour acheter des rentes 4 1/2 p. 0/0 au cours de 94 f. 75 : quelle rente aura-t-il?

P. 2651. Un marchand de modes a acheté une maison pour la somme de 42 830 f.; il y fait des réparations pour une somme égale à celle qu'il retire de la vente de 4 chapeaux de paille d'Italie au prix de 637 f. 95 la pièce : quelle rente se ferait-il en achetant, au cours de 73 f. 10, du 3 p. 0/0 pour une somme égale à celle qu'il retire de la vente de cette maison, sachant qu'il a gagné 2 864 f. 20?

P. 2652. Un cultivateur a vendu 15 voitures chargées ensemble de 3 610 bottes de foin à 0 f. 20 la botte. Il joint la somme qu'il retire de cette vente à celle que lui rapporte la vente de 542 hl. de froment à 21 f. 50 l'hectolitre ; et, avec le tout, il achète des rentes 3 p. 0/0 au cours de 68 f. 75 : combien s'est-il fait de rente?

P. 2653. Un marbrier a fourni 15 cheminées à cadre en marbre vert moulin, au prix de 350 f. la pièce : combien de rentes 3 p. 0/0 pourra-t-il retirer de la somme qu'il a reçue pour cette fourniture, en supposant la rente au cours de 75 f.?

P. 2654. Un marbrier a fourni et posé 20 cheminées à consoles avec côté et foyer, et en marbre Sainte-Anne ; chacune coûte 200 f. Il voudrait savoir combien de rentes 4 1/2 p. 0/0 il pourra retirer de la somme qu'il a reçue pour cette fourniture, en supposant la rente au pair?

P. 2655. On a vendu 972 kg. 1875 de liége ouvré à 3 fr. 20 le kilogramme; on désire savoir si l'on aura plus de profit à placer les fonds fournis par cette vente à 5 p. 0/0, ou à acheter des rentes 4 1/2 p. 0/0 au cours de 91 f. 50, et quel profit on retirera.

P. 2656. Un négociant vient de vendre à un chapelier 2 quintaux 1/4 de poil de lièvre, à 15 f. 50 le kilogramme; il demande lequel est le plus avantageux, ou de placer l'argent qu'il retire de cette vente à 4 f. 75 p. 0/0, ou d'acheter de la rente 3 p. 0/0 au cours de 67 f. 50, et quel est le profit ou la perte qu'il ferait.

P. 2657. Un négociant qui vient de vendre 250 kg. d'ivoire à 12 f. 82 le kilogr., ne sait s'il doit placer la somme qu'il retire de cette vente à 4 3/4 p. 0/0, ou s'il doit acheter du 3 p. 0/0 au cours actuel de 64 f. 10; il demande quel est le parti qui lui serait le plus avantageux.

P. 2658. Un chamoiseur vient de vendre à un corroyeur 18 barils de dégras de peaux contenant chacun 186 kg. de cette substance, à 0 f. 70 le kilogramme; et il veut savoir s'il vaut mieux placer l'argent qu'il retire de cette vente à 5 p. 0/0, ou acheter de la rente 4 1/2 p. 0/0 au cours de 93 f., et quel sera le profit ou la perte.

P. 2659. Un négociant vient de vendre 60 quintaux de lin peigné à 218 f. 50 le quintal métrique. Il se trouve à portée d'acheter du 4 1/2 p. 0/0 au cours de 95 f. ou du 3 p. 0/0 au cours de 69 f. Il demande quel parti lui sera plus avantageux, et quelle rente annuelle il retirera de la somme qu'il a reçue pour la vente ci-dessus indiquée s'il prend ce parti.

P. 2660. Un épicier en gros veut disposer d'une somme avec laquelle il peut acheter des rentes 3 p. 0/0 au cours de 64 f. 70, ou bien 16 caisses de clous de girofle pesant chacune 75 kg., à 6 f. 47 par kilogramme; et, en les revendant au bout d'un an, il peut gagner 0 f. 23 par kilogramme : quel est le parti qui lui sera le plus avantageux?

P. 2661. Un épicier en gros veut disposer d'une somme avec laquelle il peut acheter des rentes 4 1/2 p. 0/0 au cours de 96 f., ou bien 16 balles contenant chacune 8 ballots renfermant une boîte de cannelle du poids de 12 kg. à 5 f. 50 le kilogramme; en revendant cette cannelle au bout d'un an, il aura un bénéfice de 0 f. 20 par kilogramme : quel est le parti qui lui sera le plus avantageux?

P. 2662. Combien devra-t-on louer une terre achetée 84 960 f. 50, pour que le capital d'achat produise le même revenu que s'il eût été employé à l'achat de rentes 4 1/2 p. 0/0 au cours de 91 f. 75?

P. 2663. Un tanneur veut se faire 2 605 f. de rentes en achetant du 4 1/2 p. 0/0 au cours de 95 f. 40 : combien devra-t-il vendre de kilogrammes de cuir, au prix moyen de 3 f. 50 le kilogramme?

P. 2664. Un officier retraité veut se faire 3 280 f. de rentes en achetant du 4 1/2 p. 0/0 au cours de 93 f. 75 : quelle somme doit-il débourser?

P. 2665. Quel capital faut-il, lorsque le cours du 4 1/2 p. 0/0 est à 92 f. 75, pour se faire une rente avec laquelle on puisse acheter à la fin de l'année 2 poulains, valant chacun 340 f.?

PROBLÈMES SUR LES RENTES ET LES ACTIONS.   289

P. 2666. Un maître cordonnier vient de toucher une rente avec laquelle il a acheté 175 kg. de cuir fort à 3 f. 20, et 20 kg. de cuir de veau à 3 f. 50 : quelle somme a-t-il dû débourser pour acheter des rentes 4 $1/2$ p. $0/0$ au cours de 105 f. 35, afin d'avoir la rente en question?

P. 2667. Un épicier a acheté du 4 $1/2$ p. $0/0$ au cours de 90 f. 30, et il s'est fait une rente avec laquelle il peut acheter, chaque année, pour son commerce, 850 kg. de chocolat à 0 f. 28 l'hectogramme : quel capital a-t-il déboursé pour l'achat de cette rente?

P. 2668. Un meunier a vendu 92 quintaux $1/2$ de son, ce qui lui a fourni une somme avec laquelle il a acheté des rentes 4 $1/2$ p. $0/0$ au cours de 92 f. 50 ; et il reçoit une rente annuelle de 225 f. : à quel prix a-t-il vendu le quintal de son?

P. 2669. On a acheté du 4 $1/2$ p. $0/0$ au cours de 92 f. 75, et l'on s'est fait une rente avec laquelle, en y joignant 11 f. 88, on peut acheter, chaque année, au prix de 1 f. 20 le kilogramme, la viande nécessaire à la consommation d'une famille qui se compose de 6 personnes dont chacune consomme en moyenne 21 Dg. de viande par jour : quel capital a-t-on déboursé?

P. 2670. On appelle *Scafendre* un appareil au moyen duquel on peut travailler sous l'eau, et qui est porté par le plongeur lui-même ; il coûte 6500 f. : quel capital faudrait-il consacrer à l'achat d'une rente 4 $1/2$ p. $0/0$ au cours de 92 f. 75 pour avoir un revenu annuel égal à ce prix?

P. 2671. Le 2 juin 1858, la rente 3 p. $0/0$ s'est vendue 69 f. 40, et la rente 4 $1/2$ p. $0/0$ s'est vendue 93 f. 40. Or, ce jour-là, une personne voulait acheter une rente de 215 f. pour pouvoir faire avec cette rente l'acquisition d'un baromètre portatif à niveau constant. On demande s'il valait mieux qu'elle achetât de la rente 3 p. $0/0$ que de la rente 4 $1/2$ p. $0/0$, et quel gain elle pouvait faire.

P. 2672. La vitesse moyenne des paquebots à vapeur est de 7 nœuds 945 à l'heure (le nœud est égal à 1853 m. 935); la distance de Marseille à Alger étant d'environ 788 km., on demande : 1° combien de temps mettra un paquebot pour aller de Marseille à Alger ; 2° combien coûtera ce voyage (aller et retour) pour une famille de 6 personnes placées aux premières places à raison de 7 centimes $1/2$ par voyageur et par kilomètre ; 3° le cours des rentes 4 $1/2$ p. $0/0$ étant à 94 f. 75, pour quelle somme a-t-on dû en acheter afin d'avoir la rente nécessaire pour faire ce voyage tous les ans, en supposant que l'on fasse pendant la traversée pour 10 f. 80 de dépenses accessoires?

P. 2673. Un officier retraité veut se faire 2950 f. de rentes en achetant du 3 p. $0/0$ au cours de 71 f. 45 : quelle somme doit-il débourser?

P. 2674. La rente 3 p. $0/0$ étant à 63 f. 50, combien de mètres cubes de pierre de taille ordinaire, à 50 f. le mètre cube, faudra-t-il vendre pour se faire avec la somme qu'on en retirera une rente de 2540 f.?

P. 2675. Le cours du 3 p. $0/0$ étant à 64 f. 80, combien faut-il vendre de quintaux métriques d'huile d'arachide à 149 f. 04 pour obtenir le capital nécessaire à l'acquisition d'une rente de 2760 f.?

P. 2676. La rente 3 p. 0/0 étant à 67 f. 80, combien faudra-t-il vendre de kilogrammes de sel d'étain à 224 f. le quintal, pour avoir la somme nécessaire à l'achat de 750 f. de rentes ?

P. 2677. Le cours du 3 p. 0/0 étant à 66 f. 65, quel capital faudra-t-il débourser pour se faire une rente avec laquelle, en y ajoutant 3 f. 408, on puisse payer la provision d'œufs nécessaires à la consommation annuelle d'une famille composée de 8 personnes dont chacune consomme en moyenne 3 œufs par semaine; les œufs valant en moyenne 46 f. le millier ?

P. 2678. Un particulier qui a acheté de la rente 3 p. 0/0 lorsque le cours de cette rente était à 75 f., emploie la rente qu'il reçoit à la fin d'une année pour acheter et faire poser chez lui 18 m² de verre cannelé de 2ᵉ classe, à 12 f. le mètre carré : quelle somme avait-il déboursée pour l'achat de cette rente ? Courtage, 1/8 p. 0/0.

P. 2679. J'ai acheté 4 douzaines de chapeaux à 8 f. 50 pièce; je donne en paiement 45 m. le drap, à 12 f. le mètre, et je veux acheter, au cours de 93 f. 75, du 4 1/2 p. 0/0 afin d'avoir une rente égale à la somme que le chapelier doit me rendre sur mes 45 m. de drap : quel capital dois-je débourser pour l'achat de cette rente ?

P. 2680. Le 3 pour 0/0 étant au cours de 70 f. 80, et la fouille d'un mètre cube de tuf jeté sur berge à deux banquettes et enlevé aux décharges publiques valant 4 f, combien de mètres cubes de ce travail un entrepreneur de terrassement devrait-il faire exécuter pour recevoir une somme qui, employée à l'achat du 3 p. 0/0, lui procurât une rente de 1830 f. ? Courtage, 1/8 p. 0/0.

P. 2681. Un roulier se charge de 840 kg. de fer qui doivent être transportés à 240 km., moyennant le prix de 12 f. par quintal. Lorsqu'il a fait 100 km., le mauvais état des chemins l'oblige à en décharger 2 quintaux; 70 km. plus loin, on lui en recharge 280 kg.; puis il arrive à sa destination. On demande : 1° combien il doit recevoir; 2° quelle somme il devrait consacrer à l'achat de rentes 3 p. 0/0 au cours de 76 f. 60, pour recevoir annuellement une somme surpassant de 3 f. 40 celle qui lui revient.

P. 2682. Un industriel a établi dans un atelier un calorifère à eau chaude; les tuyaux de ce calorifère ont 180 m. de développement; et, tout compris, l'industriel est payé à raison de 9 f. le mètre courant de tuyaux. Pour s'acquitter, le chef de l'atelier a versé une somme inférieure de 60 f. aux 2/5 de celle qu'il vient de recevoir pour le paiement d'une rente 4 1/2 p. 0/0 qu'il a vendue au cours de 94 f. 50 : quelle rente a-t-il vendue ?

P. 2683. Un agriculteur du département du Nord a ensemencé de lin un champ de 215 a., qui a rapporté 580 kg. de lin brut par hectare. Un ouvrier gagnant 1 f. 40 par jour, et pouvant broyer 100 kg. en 40 heures, pourrait préparer ce lin en travaillant 12 heures par jour; mais, avec une machine importée en France, deux hommes gagnant aussi 1 f. 40 par jour, peuvent faire le même travail en 12 heures : quel sera le bénéfice du cultivateur dans l'emploi de cette machine, et combien devrait-il débourser pour l'achat d'une rente 4 1/2 p. 0/0 qui, au cours de 96 f., lui rapporterait une somme égale à ce bénéfice? L'intérêt et l'entretien de la machine sont estimés à 10 f. 39

P. 2684. L'alimentation ordinaire et quotidienne du cheval doit se composer de 2 bottes de paille pesant chacune 5 kg., de 2 bottes de foin pesant aussi chacune 5 kg., et de 15 lt. d'avoine. On demande : 1° quelle quantité mensuelle et annuelle de chacune de ces substances on doit employer à la nourriture de 4 chevaux ; 2° quelle est la dépense annuelle en supposant le foin à 18 f. les 500 kg., la paille à 12 f. la demi-tonne, et l'avoine à 7 f. 50 l'hectolitre ; 3° quelle somme il faudrait employer à l'achat de rentes 3 p. $^0/_0$ au cours de 67 f. 50 pour avoir la rente annuelle nécessaire à cette dépense augmentée de 1 f. 50 ; 4° quelle est la dépense journalière.

P. 2685. Un cultivateur ayant vendu 3 bœufs au prix de 210 f. la pièce, acheta, avec la somme qu'il en retira, du 3 p. $^0/_0$ au cours de 78 f. 50 : à quel taux réel plaça-t-il son argent?

P. 2686. On a vendu, au prix de 0 f. 85 le kilogramme, 68 quintaux de chanvre teillé. La somme produite par cette vente a été employée à l'achat de rentes 3 p. $^0/_0$ au cours de 66 f. 35 : à quel taux cette somme s'est-elle trouvée placée?

P. 2687. Un négociant qui vient de vendre 3 quintaux 3/4 de nacre bâtarde non dépouillée de sa croûte, à 1 f. 20 le kilogramme, voudrait, avec la somme qu'il retire de cette vente, acheter du 3 p. $^0/_0$ au cours de 63 f. 10 : il demande à quel taux réel il placera son argent.

P. 2688. Un négociant vient de vendre à divers commerçants 650 kg. de feuilles d'oranger à 1 f. 75 le kilogramme. Avec la somme qu'il reçoit pour cette vente, il achète du 3 p. $^0/_0$ au cours de 66 f. 90 : à quel taux réel place-t-il son argent, et quelle rente annuelle recevra-t-il?

P. 2689. Un corroyeur a acheté d'un chamoiseur 25 quintaux de dégras de peaux à 0 f. 75 le kilogramme. Le chamoiseur retranche, de la somme qu'il reçoit de cette vente, 14 f. 40 ; et il emploie le reste à acheter de la rente 3 p. $^0/_0$ au cours de 66 f. 45 : à quel taux réel place-t-il cet argent, et quelle rente annuelle en retirera-t-il?

P. 2690. Un négociant vient de vendre 14 pièces d'étoffe pour gilet, ayant chacune 28 m. 75 de longueur, à 12 f. 40 le mètre ; de la somme qu'il retire de cette vente, il retranche 5 f. 25 ; et, avec le reste, il achète des rentes 3 p. $^0/_0$ au cours de 64 f.75 : à quel taux a-t-il placé son argent, et quelle rente recevra-t-il annuellement?

P. 2691. Un fabricant d'huile vient de vendre 150 tonnes d'huile d'œillette bon goût contenant chacune 10 Dl., au prix de 132 f. l'hectolitre. Sur la somme qu'il retire de cette vente, il dépense 7 f. 50 ; et, avec le reste, il achète des rentes 4 1/2 p. $^0/_0$ au cours de 94 f. 25. Il demande : 1° à quel taux réel il place son argent ; 2° quelle rente annuelle il se fait.

P. 2692. On a vendu, au prix de 1 f. 60 le kilogramme, 77 balles de chanvre contenant chacune 75 bottes de 1 kg. 95. Avec l'argent que l'on retire de cette vente, on achète de la rente 4 1/2 p. $^0/_0$ au cours de 91 f. 80 : à quel taux a-t-on placé son argent? et quelle augmentation recevrait successivement le capital, si l'on revendait les rentes au cours de 93 f. 75, puis au cours de 95 f. 60, puis au cours de 97 f. 20, et enfin au cours de 100 f.?

P. 2693. En achetant des rentes 3 p. 0/0 pour 11 115 f., un cultivateur s'est fait un revenu avec lequel il pourrait acheter un semoir à 7 tubes, lequel vaut 450 f. : quel était le cours de la rente?

P. 2694. Un fabricant achète d'un négociant 19 balles de laine pesant chacune 138 kg. à raison de 6 f. le kilogramme; avec la somme qu'il en retire, il achète des rentes 3 p. 0/0, et il se fait 684 f. de rente : quel était alors le cours de la rente?

P. 2695. Un charcutier a vendu à un capitaine de vaisseau 15 quintaux 3/8 de porc salé à 1 f. 40 le kilogramme. Sur la somme qu'il a reçue, il dépense 86 f. 10; avec le reste, il achète des rentes 4 1/2 p. 0/0, et il se fait 108 f. de revenu : quel était le cours de la rente?

P. 2696. Un négociant vient de vendre 35 quintaux 12 de laine, à 4 f. 10 le kilogramme; il ajoute 36 f. à la somme qu'il en retire; avec le total, il achète de la rente 4 1/2 p. 0/0, et il se fait 694 f. de rente : quel était alors le cours de la rente?

P. 2697. On a vendu, au prix de 120 f. l'hectolitre, 180 tonnes d'huile d'œillette commune pesant chacune 933 hg., et contenant chacune 100 lt.; avec la somme qu'on a retirée de cette vente, on a acheté des rentes 4 1/2 p. 0/0, et l'on s'est fait 1 077 f. de rente : quel était alors le cours de la rente?

P. 2698. Un paveur a fait le pavage d'une cour de 2 Dm. carr. 8 m. carr. 5 dm. carr. en pavés de deux, c'est-à-dire de 22 cm. de côté, sur 11 cm. d'épaisseur, posés sur forme de terre et scellés en salpêtre; le mètre carré de ce pavage lui est payé 4 f. 70; avec la somme qu'il reçoit, il veut acheter des rentes 3 p. 0/0; et, pour cela, il désire savoir à quel cours il doit les acheter pour se faire 40 f. de rente, et avoir 53 f. 84 de reste.

P. 2699. On a vendu 236 qm. d'épine-vinette à 0 f. 25 le kilogramme : avec la somme qu'on a retirée de cette vente, on a acheté des rentes 3 p. 0/0 au cours de 66 f. 35, et on les a revendues au cours de 64 f. 75 : combien a-t-on perdu?

P. 2700. Un négociant a vendu 75 m. de velours à cantres, à 40 f. le mètre. Avec la somme qu'il retire de cette vente, il achète des rentes 4 1/2 p. 0/0 au cours de 94 f. 50, et il les revend au cours de 92 f. 25 : combien perd-il?

P. 2701. Un négociant, après avoir vendu 75 quintaux de cornes de bétail brutes à 0 f. 74 le kilogramme, achète, avec la somme qu'il en retire, des rentes 3 p. 0/0 au cours de 64 f. 10; et il les revend au cours de 62 f. 50 : combien perd-il?

P. 2702. Un droguiste vend 8 hl. de sucs tannins liquides, au prix de 5 f. 25 le litre; avec la somme qu'il retire de cette vente, il achète du 3 p. 0/0 au cours de 67 f. 25, et il les revend au cours de 65 f. 50 : combien perd-il?

P. 2703. Un droguiste qui a vendu 960 kg. d'extraits de bois de teinture à 2 f. 50 le kilogramme, achète, avec la somme qu'il retire de cette vente, des rentes 4 1/2 p. 0/0 au cours de 94 f. 25, et il les revend au cours de 95 f. 75 : combien gagne-t-il?

P. 2704. On a vendu 75 fardeaux contenant chacun 12 corbeilles de pommes tapées de 1re qualité, à 60 f. les 50 kg.;

chaque corbeille pèse 3 kg. 50. Avec la somme que l'on retire de cette vente, on achète des rentes 4 1/2 p. 0/0 au cours de 90 f., et on les revend ensuite au cours de 92 f. 50 : combien gagne-t-on?

P. 2705. Un marchand de mercerie a vendu 60 grosses de boutons de métal à 50 f. la grosse. Il emploie la somme qu'il retire de cette vente à l'achat de rentes 4 1/2 p. 0/0 au cours de 93 f. 50. Si la rente baisse de 3 f. 50, quelle perte éprouvera-t-il en les revendant?

P. 2706. Un marchand de fruits secs en gros a vendu 80 fardeaux de 12 corbeilles de poires tapées de 2ᵉ qualité, chaque corbeille pèse 3 kg 1/4 ; et il les a vendues au prix de 50 f. les 50 kg. ; avec la somme qu'il retire de cette vente, il achète des rentes 3 p. 0/0 au cours de 64 f. 65; il les a revendues au cours de 62 f. 50 : combien a-t-il perdu?

P. 2707. Un marchand de mercerie vend 300 grosses de boutons de lasting à 7 f. 10 la grosse, et 150 grosses, à 8 f. : il emploie la somme que lui procure cette vente à l'achat de rentes 3 p. 0/0 au cours de 73 f. 90; si la rente vient à baisser de 3 f. 90, quelle sera sa perte en les revendant?

P. 2708. Un fabricant de carrosserie a fourni, au prix de 3 500 f. chacune, quatre diligences à une administration de messageries. Il emploie la somme qu'il a reçue à l'achat de rentes 3 p. 0/0 au cours de 74 f. 10 : supposé que le cours de la rente s'élève à 80 f. 50, quel sera son bénéfice s'il revend ces rentes?

P. 2709. Un marchand de bois vend à un maître menuisier 875 m. de planches de chêne ayant 33 mm. d'épaisseur sur 24 cm. de largeur, à 1 f. 40 le mètre courant. Avec la somme qu'il retire de cette vente, il achète des rentes 4 1/2 p. 0/0 au cours de 92 f. 58, et il les revend au cours de 94 f. 45 : combien gagne-t-il?

P. 2710. Quelqu'un a acheté pour 888 f. de rentes 3 p. 0/0 au cours de 66 f. 60 : quel temps faudra-t-il pour que cette somme lui rapporte un intérêt avec lequel il puisse acheter, pour un jeune homme qu'il protège, deux globes, l'un terrestre et l'autre céleste, coûtant chacun 32 f. ?

P. 2711. Quelqu'un a acheté pour 1 044 f. 45 de rentes 4 1/2 p. 0/0 au cours de 94 f. : quel temps faudra-t-il pour que cette somme lui rapporte un intérêt avec lequel il puisse acheter pour son fils une sphère de Copernic du prix de 58 f. ?

P. 2712. Un négociant vient de vendre 62 qm. 40 de prussiate de potasse à 3 f. 60 le kilogramme; il emploie la somme que lui fournit cette vente à l'achat de rentes 4 1/2 p. 0/0 lorsque cette rente est au cours de 97 f. 20 : combien de temps devra-t-il attendre pour que cette somme lui rapporte un intérêt de 2 600 f. ?

P. 2713. Un carreleur a fait en carreaux de Paris de 16 cm., à pans, le carrelage de 3 appartements, dont le 1ᵉʳ a une superficie de 75 m. carr. 978; la surface du 2ᵉ est 1/3 plus grande, et celle du 3ᵉ est les 3/4 des surfaces réunies des 2 premiers; ce carrelage lui est payé sur le pied de 2 f. 30 le mètre carré. A la somme qu'il reçoit, il ajoute 21 f. 94 ; et, avec le tout, il achète des rentes 3 p. 0/0 au cours de 73 f. 55 : pendant combien de temps devra-t-il attendre pour avoir un intérêt de 174 f. ?

P. 2714. Sur la vente de 18 kg. 75 de castoréum à 152 f. 40

294   PROBLÈMES SUR LES RENTES ET LES ACTIONS.

le kilogramme, on a gagné 78 f. 75. On demande : 1° combien l'on aurait gagné si l'on en avait vendu pour 3 328 f.; 2° pendant quel temps il faudrait attendre pour que ces 3 328 f. rapportassent la somme nécessaire à l'achat d'un piano valant 2 000 f., supposé que le capital cité ci-dessus fût employé à l'achat de rentes 4 1/2 p. % au cours de 93 f. 60.

P. 2715. Le total des 2/3 et des 3/4 de la somme reçue pour la vente de 675 qm. de houille, diminué des 4/5 de la même somme, donne pour résultat 500 f., moins 50 centimes. On demande : 1° quel est le prix du quintal de houille; 2° pendant combien de temps il faudrait attendre pour avoir un intérêt avec lequel on pourrait payer un piano de 1 500 f., si, pour une somme égale à 9 fois le prix des 675 qm. de houille, on avait acheté du 3 p. % au cours de 72 f. 90.

P. 2716. Un fabricant de carrosserie a vendu une berline pour la somme de 2 496 f.; il emploie cette somme à l'achat de rentes 4 1/2 p. % au cours de 93 f. 60. Pendant combien de temps devra-t-il attendre pour que ces rentes lui fournissent un intérêt avec lequel il pourrait acheter pour son fils un microscope de 250 f.?

P. 2717. Un entrepreneur a fait en zinc n° 14 la couverture d'un bâtiment dont la toiture a 572 m² de surface; et ce travail est payé 6 f. 50 le mètre carré. De la somme qu'il reçoit, il retranche 68 f. pour une bonne œuvre; et il emploie le reste à l'achat de rentes 3 p. % au cours de 73 f. Pendant combien de temps devra-t-il attendre pour avoir un intérêt avec lequel il puisse payer 936 bottes de lattes au prix de 155 f. les 104 bottes?

P. 2718. Un épicier a fait faire et poser dans son magasin 120 m. courants de tablettes de 25 mm. d'épaisseur sur 20 cm. de largeur, à 3 f. 80 le mètre courant. Il achète ensuite pour 3 256 f. 80 de rentes 3 p. % au cours de 70 f. 80. Pendant combien de temps devra-t-il attendre pour avoir un intérêt avec lequel il puisse acquitter la somme qu'il doit au menuisier?

P. 2719. Dans une grande forge, le prix de revient du quintal de rails bruts peut être établi d'après les données suivantes : il faut 63 kg. de fer ébauché, à 14 f. 91 les 100 kg., plus 62 kg. de fer corroyé à 18 f. 79 les 100 kg., plus 55 kg. de charbon à 1 f. 10 les 100 kg.; la main-d'œuvre coûte 0 f. 56, et les frais divers se montent à 0 f. 04. On obtient 112 kg. 50 de fer, sur lesquels on retranche 12 kg. 50 provenant des bouts coupés pour que les rails soient d'égale longueur, et ces 12 kg. 50 donnent un produit de 17 f. les 100 kg. Or, un maître de forges a fourni à l'un de ses collègues les rails bruts nécessaires à l'établissement des deux voies d'un chemin de fer sur une longueur de 20 km.; ces rails pèsent 34 kg. 80 le mèt. courant, et il les lui vend au prix de 22 f. 625 le quintal métrique. Avec une 1re partie du bénéfice, il achète une inscription de 900 f. de rentes 4 1/2 p. %, au cours de 95 f.; avec une 2e partie, il achète une inscription de 500 f. de rentes 3 p. % au cours de 69 f. 45; il donne 290 fr. au bureau de bienfaisance; et, avec le reste de son bénéfice, il achète du 4 1/2 p. % au cours de 95 f. 25 : à quel cours moyen devrait-il acheter du 3 p. % pour avoir, avec la même somme totale, la même quantité totale de rentes?

PROBLÈMES SUR LES RENTES ET LES ACTIONS.

P. 2720. Un cultivateur vient de vendre 136 hl. de blé à 30 f. 40 l'hectolitre. Avec la somme que lui procure cette vente, il achète trois inscriptions de 18 f. de rentes 4 $1/2$ p. $0/0$, au cours de 90 f. 60, et une inscription de 20 f. de rentes 3 p. $0/0$ au cours de 64 f. 35. Avec le reste diminué de 1 f. 95, il achète des rentes 3 p. $0/0$ au cours de 68 f. 25 : à quel cours moyen devrait-il acheter du 4 $1/2$ p. $0/0$ afin d'avoir, pour le prix du blé qu'il a vendu, la même quantité totale de rentes?

P. 2721. Un négociant vient de vendre à un chamoiseur 12 barriques d'huile de morue contenant chacune 230 lt. à 1 f. 50 le litre. Avec la somme qu'il retire de cette vente, il achète une inscription de 50 f. de rentes 3 p. $0/0$ au cours de 66 f. 45, et une inscription de 90 f. de rentes 4 $1/2$ p. $0/0$ au cours de 93 f. Avec le reste diminué de 2 f. 10, il achète du 4 $1/2$ p. $0/0$ au cours de 95 f. 76. A quel cours moyen devrait-il acheter du 4 $1/2$ p. $0/0$ afin d'avoir, pour le prix de l'huile qu'il a vendue, la même quantité totale de rentes?

P. 2722. Un entrepreneur a fait, en zinc n° 16, la couverture d'un bâtiment dont la toiture présente une surface de 856 m. c.; et, tout compris, ce travail avec fourniture lui a été payé 7 f. 15 le mètre carré. Avec la somme qu'il a reçue, il achète 3 inscriptions de 45 f. de rentes 4 $1/2$ p. $0/0$ au cours de 94 f. 25, et deux inscriptions de 20 f. de rentes 3 p. $0/0$ au cours de 70 f. 35. Avec le reste diminué de 39 f. 50, il achète du 3 p. $0/0$ au cours de 68 f. 10 : à quel cours moyen aurait-il dû acheter du 3 p. $0/0$ avec la somme totale, afin d'avoir la même quantité totale de rentes?

P. 2723. Un marchand de coutellerie veut employer une somme de 3 827 f. 20 à l'achat de rentes sur l'État; or, le 4 $1/2$ p. $0/0$ est au cours de 93 f. 60; et le 3 p. $0/0$, au cours de 74 f. 55 : lequel de ces deux cours est le plus élevé; combien le marchand gagnera-t-il p. $0/0$ sur les 3 827 f. 20 en prenant le plus avantageux; et combien de douzaines de paires de ciseaux communs pourra-t-il acheter avec le gain total qu'il fera en préférant le cours le plus avantageux, s'il en prend de deux qualités : l'une à 9 fr. la grosse, l'autre à 4 fr. 50 la douzaine, et si la quantité prise de la qualité inférieure est les $2/5$ de la quantité prise de l'autre qualité?

P. 2724. Un industriel qui exploite une mine de houille a vendu, au prix de 1 f. 10 les 100 kg., la houille consommée pendant 25 jours dans une usine où l'on fabrique 14 tonnes de rails par 24 heures; et il faut 55 kg. de charbon par quintal de rails. Avec la somme retirée de cette vente et diminuée de 17 f. 50, il achète des rentes 4 $1/2$ p. $0/0$ au cours de 94 f. 50; quelques jours après, il les revend au même cours pour acheter du 3 p. $0/0$ au cours de 75 f. : gagne-t-il ou perd-il? et lequel des deux cours est le plus élevé?

P. 2725. Une machine à fouler le raisin peut fouler en une heure 3813 kg. de raisin; et 150 kg. de raisin donnent 845 hg. de vin clair. On demande : 1° combien cette machine donnera d'hectolitres de vin en 9 heures; 2° la rente annuelle que l'on se ferait en achetant du 4 $1/2$ p. $0/0$ au cours de 95 f. 25, avec la somme produite par la vente de ce vin au prix moyen de 46 f. 40

l'hectolitre, après avoir diminué cette somme de 253 f. 45 ; 3° ce que l'on gagnerait ou ce que l'on perdrait en achetant du 3 p. % au cours de 63 f. 50 ; 4° lequel de ces deux cours est le plus élevé. On sait qu'un litre du vin dont il s'agit pèse 992 gr.

P. 2726. Un négociant a vendu 160 m. de drap pour 2436 f. Une partie de ce drap coûte 12 f. le mètre ; l'autre partie, 18 f. le mètre. On demande : 1° combien ce négociant a vendu de mètres de drap de chaque qualité ; 2° quelle rente annuelle il pourrait tirer de la somme que cette vente lui procure, s'il l'employait à acheter du 4 1/2 p. % au cours de 91 f. 35 ; 3° quelle serait cette rente annuelle, s'il achetait du 3 p. % au cours de 60 f. 90 ; 4° lequel de ces deux cours est le plus élevé.

P. 2727. Un cultivateur qui peut disposer de 6720 f., délibère s'il doit acheter de la rente 4 1/2 p. % à 94 f. 50, ou s'il doit acheter un certain nombre d'hectares de terre à 1120 f. l'hectare. Or, dans chaque période de trois ans, un hectare peut rapporter: la 1re année, 12 hl. de blé à 20 f. 50 l'hectolitre ; la 2e année, 18 hl. d'avoine à 9 f. 50 l'hectolitre ; et la 3e année, 112 hl. de pommes de terre à 2 f. 50 l'hectolitre ; les frais de culture s'élèvent en moyenne à 170 f. par an pour chaque hectare ; les impositions sont évaluées au 10e du revenu moyen annuel : quel sera le produit net de ces terres? et de combien sera-t-il inférieur ou supérieur au produit de la rente 4 1/2 p. % ?

P. 2728. On veut acheter une propriété dont le revenu représente un placement à 3 p. % du capital d'achat ; cette propriété se compose de 275 a. de 1re classe rapportant par hectare 68 f. 25, de 528 a. de 2e classe rapportant par hectare 42 f. 75, de 420 a. de 3e classe, rapportant 16 f. 40 par hectare : quelle somme devra-t-on consacrer à l'acquisition de cette propriété? combien faudrait-il vendre de rentes 3 p. % au cours de 71 f. 45 pour la payer? quel serait le gain ou la perte que l'on ferait?

P. 2729. Une laiterie possède 15 vaches qui ont coûté, en moyenne, chacune 250 f.; leur nourriture et les frais de toute espèce nécessaires à leur entretien coûtent 4785 f. ; pour tenir compte des chances de perte ou de maladie, on prélève 10 p. % du prix des vaches sur le produit. D'autre part, le propriétaire retire environ 150 voitures d'engrais à 1 f. 75 ; 15 veaux qui se vendent en moyenne 10 f. immédiatement après leur naissance, et enfin, 27 920 lt. de lait à 0 f. 25 le litre, dont le transport à la ville prochaine coûte 163 f. 50. On demande : 1° le bénéfice annuel du propriétaire par chaque tête de vache, en tenant compte de l'intérêt du prix d'achat des vaches à 5 p. % ; 2° combien coûterait, au cours de 69 f. 60, l'achat d'une rente 3 p. % qui produirait un revenu surpassant de 4 f. 57 le revenu donné par une de ces vaches.

P. 2730. Combien de tonnes de minerai de cuivre a-t-on dû acheter pour obtenir 28 quintaux de cuivre, sachant que la teneur en cuivre de ce minerai est de 12 p. % et que le cuivre perdu dans le traitement du minerai s'élève aux 2 centièmes de celui que le minerai contient? 2° quelle somme recevra-t-on pour la vente de ces 28 quintaux de cuivre, sachant que l'on a eu un bénéfice de 13 f. 05 par quintal de cuivre, et que les frais nécessaires pour extraire le cuivre s'élèvent à 5 f. 75 par quintal de minerai traité ? 3° quelle rente annuelle se fera-t-on, et à quel taux placera-t-on son argent, si, après avoir ôté 38 f. 45 de la somme reçue, on emploie le reste à l'achat d'une rente 3 p. % au cours de 63 f. 60 ?

P. 2731. Une personne a fait bâtir une maison ; le maçon lui présente un mémoire de 8000 f. ; le charpentier, un de 6000 f.; le menuisier, un de 4000 f. ; le peintre, un de 2000 f. L'architecte fait sur chacun une réduction de 15 p. %, et demande pour son honoraire, après réduction faite, 2 p. % : on demande combien cette personne doit vendre de rentes 3 p. % au cours de 61 f. 20 pour payer cette maison, et combien elle doit la louer afin de retirer 5 p. % du prix de cette maison, si elle dépense 100 f. par an pour l'entretien, et le cinquième de l'intérêt à 5 p. % pour les contributions.

P. 2732. Un marchand a dans son magasin des draps d'Elbeuf, des draps de Sedan, des draps de Louviers et des draps d'Abbeville; 520 m. de drap de Sedan valent 24 960 f. ; 318 m. de drap de Louviers valent 17 172 f. ; 245 m. de drap d'Abbeville valent 11 025 f.; et 72 m. de drap d'Elbeuf valent 2520 f. A l'un de ses créanciers auquel il doit 111 570 f., il fournit 12 pièces de drap de Sedan ayant en moyenne chacune 40 m.; 5 pièces de drap de Louviers ayant chacune 36 m.; 18 pièces de drap d'Abbeville ayant chacune 45 m., et 24 pièces de drap d'Elbeuf ayant chacune 48 m.; et, pour s'acquitter complètement, il a vendu des rentes 4 1/2 p. % au cours de 102 f. : combien a-t-il vendu de rentes ?

P. 2733. Un marchand vient d'acheter 143 hl. d'orge à 8 f. 70 l'hectolitre ; afin d'avoir la somme nécessaire au paiement de cette orge, il profite d'un moment de hausse pour vendre des rentes 4 1/2 p. % ; or, le 3 p. % vient de s'élever de 64 f. 35 à 66 f. 20 : à quel prix doit s'élever le 4 1/2 p. % qui est actuellement à 90 f. 50 pour que sa hausse soit proportionnelle à celle du 3 p. % ?

P. 2734. Un droguiste a vendu 665 kg. d'extrait de bois de teinture à 2 f. 50 le kilogramme; il veut, avec la somme qu'il retire de cette vente, acheter des rentes 4 1/2 p. % : il demande à quel cours il doit les acheter, sachant qu'elles étaient à 95 f., tandis que le 3 p. %, étant à 65 f. 60, s'est élevé à 67 f. 25.

P. 2735. Un marchand de bois a vendu à plusieurs menuisiers 7250 m. linéaires de planches de chêne des Vosges, ayant 13 mm. d'épaisseur sur 24 cm. de large, à 0 fr. 70 le mètre. A la somme qu'il retire de cette vente, il ajoute 605 fr.; et, avec le tout, il achète du 3 p. %. A quel cours doit-il l'acheter, sachant que le 4 1/2 p. % s'est élevé de 90 f. 25 à 92 f. 50, et que le 3 p. % était à 66 f. 50 avant que le 4 1/2 p. % ne montât : quelle rente se fera-t-il et combien perd-il pour avoir attendu ?

P. 2736. Combien a coûté une rente 3 p. % qui, achetée au cours de 70 f. 65, produit en 6 mois une somme avec laquelle on peut payer la façon de 26 grands rideaux à 2 laizes chacun, à raison de 8 f. la paire ? Courtage, 1/8 p. %.

P. 2737. Combien a coûté une rente 4 1/2 p. % qui, achetée au cours de 93 f. 60, produit en un semestre une somme avec laquelle on peut payer la façon de 16 grands rideaux d'alcôve de 3 laizes chacun avec bordure sur 3 sens, à 10 fr. la paire? Courtage, 1/8 p. 0/0.

P. 2738. Un cultivateur veut acheter une machine à battre valant 1 800 f., et il veut que cette somme soit la rente d'un capital qu'il destine à l'achat de rentes 3 p. 0/0; de plus, il désire que cette rente soit égale à celle que produirait ce capital s'il l'employait à l'achat de rentes 4 1/2 p. 0/0 au cours de 92 f. 70 : combien devra-t-il payer le 3 p. 0/0, et quel capital devra-t-il employer? Courtage, 1/8 p. 0/0.

P. 2739. Un riche cultivateur a un capital avec une partie duquel il veut acheter du 4 1/2 p. 0/0 pour une somme telle, qu'il ait au bout de l'année une rente avec laquelle il puisse faire l'acquisition d'une machine locomobile à vapeur, du prix de 2 600 f.; et il veut acheter cette rente à un prix tel, que le capital qu'il veut y employer lui rapporte une rente égale à celle qu'il produirait s'il achetait du 3 p. 0/0 au cours de 73 f. 80 : combien devra-t-il payer le 4 1/2 p. 0/0, et quel capital devra-t-il employer? Courtage, 1/8 p. 0/0.

P. 2740. Avec une machine à semer, du prix de 400 f., on a employé 125 lt. de semence pour ensemencer un hectare de terrain; la main-d'œuvre s'est élevée à 3 f., et la récolte a été de 379 Dl. de blé. Un semeur, dans la même étendue de terrain, a mis 2 hl. 1/5 de semence; la main-d'œuvre a coûté 2 f. 90, et la récolte s'est élevée à 32 hl. 1/2 de grain : on demande la somme qu'il faudrait débourser pour acheter, au cours de 71 f. 40, une rente 3 p. 0/0, afin d'avoir un revenu annuel égal au bénéfice résultant de l'emploi de la machine à semer sur une étendue de 6 ha., en comptant le blé à 21 f. 70 l'hectolitre, et en retranchant du bénéfice 26 f. 17, pour l'intérêt du prix et l'entretien de la machine.

P. 2741. Dans une chaudière exposée à l'Exposition universelle, on a constaté que chaque kilogramme de houille brûlée produit 10 kg. 54 de vapeur. On sait d'autre part que, pour produire un kilogramme de vapeur à 110°, il faut autant de chaleur que pour élever d'un degré la température de 640 kg. d'eau. On demande : 1° combien il faudrait de kilogrammes de houille pour élever de 92° la température de 875 hl. d'eau; 2° quelle somme il faudrait consacrer à l'achat d'une rente 4 1/2 p. 0/0 au cours de 90 f. 25, afin d'avoir une rente annuelle égale à la somme qu'il faudrait consacrer chaque mois à l'achat de cette houille au prix de 3 f. l'hectolitre de 85 kilogr.

P. 2742. Un particulier consomme par jour pour l'entretien de sa maison 6 lit. de vin à 0 f. 60 le litre. Pour subvenir à cette dépense annuelle, il achète du 3 p. 0/0 au cours de 67 f. 90, et du 4 1/2 p. 0/0 au cours de 95 f. 40, et cela en telle proportion, qu'avec les rentes 3 p. 0/0, il pourra couvrir le tiers de la dépense en question, et les 2 autres tiers avec les rentes 4 1/2 p. 0/0. Il doit, pour frais de courtage, 1/8 p. 0/0 du prix total de la rente achetée : combien doit-il payer en tout à l'agent de change chargé de l'acquisition?

P. 2743. On fabrique, avec des prunes, de l'alcool à 50 degrés centésimaux, c'est-à-dire contenant 50/100 d'alcool pur;

PROBLÈMES SUR LES RENTES ET LES ACTIONS. 299

225 lt. de prunes donnent 16 lt. environ de cet alcool. En supposant que la rectification de cet alcool, pour l'amener à 90 degrés centésimaux, occasionne une perte égale aux $7/100$ de l'alcool contenu, on demande : 1° combien il faudra de litres de prunes pour avoir 4 hl. d'alcool à 90 degrés, c'est-à-dire contenant $90/100$ d'alcool pur ; 2° quel serait le prix de ces prunes en supposant qu'elles coûtent 0 f. 60 le double-décalitre ; 3° combien il faudrait vendre de rames de papier grand-carré à 16 f. 90 la rame, pour acheter au cours de 96 f. 30 des rentes 4 $1/2$ p. $0/0$, rapportant annuellement une somme égale à celle qui est nécessaire pour l'achat de ces prunes et pour payer 13 f. 39 de dépenses accessoires. Le courtage est $1/8$ p. $0/0$.

P. 2744. Un industriel qui exploite une mine de houille achète, pour 214 000 f., des rentes 4 $1/2$ p. $0/0$ au cours de 93 fr. 75 : à combien faut-il que la rente monte, pour qu'en les revendant il gagne la somme nécessaire au paiement des ouvriers qui ont lavé 8 675 m^3 de houille devant être réduite en coke, sachant qu'ils sont payés à raison de 4 centimes par hectolitre de houille à laver ?

P. 2745. Un maître de forges, qui exploite une mine de fer, achète pour 647 885 f. de rentes 3 p. $0/0$ au cours de 74 f. 90 : à combien faut-il que la rente monte pour qu'en les revendant il puisse gagner la somme nécessaire au paiement des ouvriers qui ont lavé 25 000 m^3 de minerai de fer, sachant que 2 ouvriers peuvent en laver 25 m. par jour, et qu'ils gagnent journellement chacun 1 f. 80 ?

P. 2746. Un verrier vend à un marchand de produits chimiques des ballons, matras, cornues, etc., d'une capacité totale de 36 hl. à 45 f. 60 les 100 lt. de capacité. Après avoir fait ce marché, le verrier a acheté 45 f. de rentes à 4 $1/2$ p. $0/0$, au cours de 95 f. ; puis une inscription de 20 f. de rentes 3 p. $0/0$ au cours de 69 f. 30 ; enfin une inscription de 50 f. de rentes 4 p. $0/0$ à un cours qu'il a oublié ; mais il sait que s'il avait employé 170 f. 50 de plus à acheter uniquement du 3 p. $0/0$ au cours de 69 f., il aurait eu la même quantité totale de rentes. On demande : 1° quel était le cours du 4 p. $0/0$; 2° quelle somme le verrier a dû ajouter à la somme que lui a produite sa vente, ou quelle somme il a dû en retrancher.

P. 2747. On a vendu 630 kg. de fil de chanvre à 5 f. 25 le kilogramme. Avec la somme qu'on a reçue en paiement et d'autres fonds que l'on avait en réserve, on a acheté une inscription de 100 f. de rentes 4 p. $0/0$ au cours de 84 f. ; puis une inscription nominative de 270 f. de rentes 4 $1/2$ p. $0/0$ au cours de 95 f. 25, et enfin 4 inscriptions de 20 f. de rentes 3 p. $0/0$ à un cours que l'on a oublié ; mais on se rappelle que si l'on avait employé 79 f. de plus à acheter uniquement du 4 $1/2$ p. $0/0$ au cours de 97 f. 50, on aurait eu la même quantité totale de rentes. On demande : 1° quel était le cours du 3 p. $0/0$; 2° quelle somme on a dû ajouter à celle qu'on a reçue pour la vente du fil.

P. 2748. Un pharmacien veut se créer une rente avec laquelle il pourrait acheter chaque année 90 hg. d'extrait de quinquina à 30 f. le kilogramme. Pour cet effet, il achète 3 inscriptions de 50 f. de rentes 4 p. $0/0$ au cours de 81 f. ; 3 inscriptions de 20 f.

de rentes 3 p. 0/0 au cours de 68 f. 40, et une certaine quantité de rentes 4 1/2 p. 0/0 à un cours qu'il a oublié; il sait seulement que, s'il avait employé 135 f. 50 de moins à l'achat de rentes 4 p. 0/0 au cours de 82 f. 40, il aurait eu néanmoins la même quantité totale de rentes : quel était le cours du 4 1/2 p. 0/0 ?

P. 2749. Un entrepreneur a fourni un lot de rails pour l'établissement des deux voies d'un chemin sur une longueur de 73 hm.; le mètre courant de ces rails pèse 20 kg., et l'entrepreneur a dû les livrer au prix de 38 f. le quintal métrique. Avec la somme qu'il a reçue pour cette fourniture, il veut acheter des actions de l'Assurance générale contre l'incendie; elles sont de 5 000 f.; elles rapportent 675 f. d'intérêts et de dividende, et elles se négocient à 155 p. 0/0 de bénéfice. On demande : 1° quelle somme il devra ajouter à celle qu'il a reçue s'il veut acheter 20 de ces actions; 2° quel est le revenu qu'il se fera; 3° s'il est plus avantageux d'acheter des actions des mines de charbon d'Azincourt, chaque action se [payant 1 450 f., et rapportant 150 f. d'intérêts et de dividende ; 4° combien l'on gagne ou l'on perd p. 0/0 en prenant ce dernier parti.

P. 2750. Un couvreur a fait sur lattis neuf et en tuile neuve de Bourgogne, petit moule, la couverture de divers bâtiments présentant ensemble une surface de toiture ayant 1 236 m², à 5 f. 25 le mètre carré. Voulant placer la somme qu'il a reçue pour ce travail, il désire savoir s'il vaut mieux placer son argent à 5 p. 0/0 ou acheter des actions de la compagnie du Soleil : elles sont de 1 000 f., elles rapportent 110 f. d'intérêts et de dividende, et elles se négocient à 115 p. 0/0 de bénéfice; il veut encore savoir combien il gagnera en prenant le parti le plus avantageux et à quel taux il placera son argent en achetant des actions.

P. 2751. Un maître maçon a fait 965 m³ de murs en meulière neuve hourdée en mortier de chaux et de sable, à 21 f. 80 le mètre cube. Avec la somme qu'il reçoit pour ce travail, il veut acheter des actions de compagnies d'assurances contre l'incendie ; celles de la compagnie dite *la France* sont de 5 000 f.; elles rapportent 200 f. d'intérêts et de dividende, et se négocient à 40 p. 0/0 de bénéfice; celles de la compagnie de *la Providence* sont de 2 500 f.; elles rapportent 50 f. d'intérêts et de dividende et se négocient à 45 p. 0/0 de bénéfice : quelles sont les plus avantageuses et de combien p. 0/0? combien d'actions pourra-t-il acheter en prenant les plus avantageuses, et quel revenu aura-t-il?

P. 2752. Un menuisier a planchéié en point de Hongrie 5 appartements dont le 1er a 22 m. carr. 96 cm. carr.; le 2e, 34 m. carr. 74 dm. carr.; le 3e, 60 m. carr. 54 cm. carr.; le 4e, 75 m. carr. 18 dm. carr. 4 cm. carr. ; et le 5e, 113 m. carr. 646 cm. carr.; pour tous ces planchers, les bois sont en chêne de 34 mm. sur 8 cm. de largeur; et le mèt. carré de ces planchers, compris pose de lambourdes, coûte 14 f. 80. Le menuisier, étant bien réglé dans ses affaires, veut acheter, avec la somme qui lui est due, ou des fonds romains, ou des obligations du chemin de fer de Strasbourg à Bâle. Or, les fonds romains consistent en obligations de 1 000 f. à 5 p. 0/0 d'intérêts, et elles sont au cours de 87 f. 20 pour 100 f.; les obligations du chemin de fer sont de 500 fr., au cours de 480 fr.; elles rapportent 25 f. d'in-

PROBLÈMES SUR LES RENTES ET LES ACTIONS.   301

térêts, et elles sont remboursables à 625 f. : quel est le parti le plus avantageux ? à quel taux placera-t-il son argent en prenant ce parti, et quel revenu se fera-t-il?

P. 2753. Un couvreur a fait sur vieux lattis, et en tuile neuve, petit moule, la couverture de divers bâtiments présentant ensemble une surface de toiture de 846 m. carr. 57 à 4 f. 70 le mètre carré. Il désire savoir lequel est préférable de placer à 4 1/2 p. 0/0 la somme qu'il a reçue pour ce travail, ou de l'employer à l'achat d'actions. Il peut choisir entre les actions de MM. Cail, constructeurs, et les actions des forges de Commentry ; toutes ces actions sont de 500 f. ; mais les premières sont au cours de 540 f., et rapportent 47 f. 40 par an, et les secondes sont au cours de 430 f., et rapportent 50 f. par an : combien gagnera-t-il en prenant le parti le plus avantageux, et à quel taux placera-t-il son argent en achetant les actions qui rapportent le plus ?

P. 2754. Un maître maçon a fait un mur de fondation ayant 230 m. de développement, 2 m. 15 de hauteur et 0 m. 94 d'épaisseur. Il a été payé sur le pied de 21 f. 05 le mètre cube. Il désire savoir s'il lui sera plus avantageux d'employer la somme qu'il a reçue pour ce travail à l'achat d'actions du chemin de fer du Nord, ou du chemin de fer d'Orléans, ou du chemin de fer de Lyon à la Méditerranée : les premières sont au cours de 1 105 f., et produisent 60 f. d'intérêts et de dividende; les deuxièmes sont au cours de 1 410 f., et produisent 80 f. d'intérêts et de dividende ; les troisièmes sont au cours de 1 825 f., et produisent 86 f. d'intérêts et de dividende : à quel taux placera-t-il son argent en prenant le parti le plus avantageux ? combien déboursera-t-il pour l'achat de ces actions, et quel revenu lui produiront-elles?

P. 2755. On a fabriqué en France, depuis l'établissement du système décimal jusqu'en 1855, pour 2 384 479 020 f. de pièces de 20 f. On demande : 1º leur poids; 2º la quantité de cuivre qu'elles contiennent; 3º les frais de fabrication en supposant qu'ils soient en moyenne de 7 f. par kilogramme ; 4º combien de rames de papier chapelet à 44 f. la rame on pourrait acheter avec la rente annuelle que l'on recevrait si, avec la 100ᵉ partie de la somme versée pour les frais de fabrication, on avait acheté des obligations du chemin de fer de Paris à Lyon. Ces obligations, remboursables à 1 250 f., sont au cours de 980 f., et produisent 50 f. d'intérêt.

P. 2756. Un canal a coûté 8 000 000 de f.; et, tous frais faits, il rapporte annuellement 300 000 f. Supposé qu'il ait été construit au moyen d'actions de 1 000 f. chacune, et qu'un particulier ait pris 25 actions, quelle rente ce particulier doit-il recevoir annuellement?

P. 2757. Le coton brut donne environ 3 kg. de graine par kilogramme de coton produit; d'autre part, 26 kg. de graine donnent environ 9 l. 9 dl. d'huile. On demande : 1º combien on pourrait faire de tonnes d'huile avec une quantité de coton brut pouvant produire 150 balles de coton pesant chacune 200 kg., si chaque tonne d'huile pesait 95 kg. ; 2º quel serait le prix de revient de chaque tonne si l'on voulait gagner 8 p. 0/0 en vendant l'huile au prix de 1 f. 10 le litre, supposé que la densité de cette huile fût de 0,925 ; 3° combien on se ferait de rentes si, en ajoutant 4 f. 10 au prix total de vente de cette huile, on employait la somme obtenue à l'achat d'actions du Comptoir d'escompte (valeur nominale, 500 f.) ces actions étant au cours de 650 f., et produisant 42 f. de revenu par an ; 4° de combien le revenu serait augmenté si, pour acheter ces actions, on avait attendu qu'elles fussent au cours de 705 f. produisant un revenu de 47 f. par an ; 4° combien on gagnerait en revendant ces actions à ce dernier cours ; 5° à quel taux chaque acheteur placerait son argent.

P. 2758. La graine de coton, après avoir servi à fabriquer l'huile, laisse un résidu dont la valeur est environ les $10/23$ du prix de revient de l'huile. La production du coton, en 1853, s'est élevée, en Amérique, à environ 3 000 000 de balles pesant chacune 200 kg., et l'on a laissé perdre la graine. On demande : 1° combien de tonnes d'huile pesant 95 kg. on aurait pu faire avec cette graine, d'après les renseignements donnés au problème précédent ; 2° quelle aurait été la valeur du résidu, supposé que l'huile eût valu un prix tel, qu'en gagnant 12 p. 0/0 sur le prix de revient, on l'eût vendue 1 f. 20 le litre ; 3° combien de rentes on se ferait si, avec un millième de cette valeur, on avait acheté des actions de la banque de France, (valeur nominale, 1 000 f.) au cours de 3 950 f. rapportant 272 f. de revenu ; et si, avec le reste de cette millième partie, on avait acheté des actions du chemin de fer Grand-Central (valeur nominale, 500 f.), au cours de 280 f., rapportant 15 f. par an.

P. 2759. Un poêlier-fumiste a fourni et posé dans une maison 166 m. 08 de tuyaux en poterie ; chaque pièce a 27 cm. de diamètre sur 32 cm. de hauteur et lui a été payée 1 f. 25. Avec la somme qu'il a reçue, il achète à leur valeur d'émission, c'est-à-dire au cours de 275 f., des obligations du chemin de fer d'Orléans, remboursables à 500 f., et produisant 15 f. d'intérêt par an. On demande : 1° à quel taux il place son argent ; 2° quel est son revenu annuel ; 3° quelle somme il recevrait si ses obligations lui étaient remboursées.

P. 2760. Un marchand de rouenneries a fait faire et poser dans son magasin 120 m² de tablettes en bois de sapin rainées et collées de 20 mm. d'épaisseur, à 4 f. 70 le mètre carré. Précédemment, il avait acheté au cours de 108 f. 50 des actions (de 100 f.) de la caisse centrale de l'Industrie, rapportant 22 f. par an ; ces actions lui donnaient un revenu supérieur de 52 f. à sa dette ; il les revend au cours de 152 f. 50 ; il paie, à l'achat et à la vente, $1/4$ p. 0/0 de courtage. On demande : 1° combien il avait déboursé pour l'achat des actions ; 2° à quel taux il avait placé son argent, 3° quelle somme il a reçue pour la vente de ses actions et quel est son bénéfice ; 4° à quel taux l'acheteur place son argent.

P. 2761. Dans le cours d'une campagne, un poêlier-fumiste a fourni 1 375 m. de tuyaux en tôle forte, de 27 cm. de diamètre, au prix de 1 f. 80 la pièce de 1 m. 50 de longueur. Avec la somme qu'il a reçue pour cette fourniture, il a acheté des actions du Comptoir d'escompte de Paris, au prix d'émission, 500 f. ; au bout d'un certain temps, elles lui ont rapporté 42 f.

de revenu annuel. On demande : 1° son revenu annuel ; 2° à quel taux son argent est placé ; 3° son bénéfice en capital s'il revend ses actions 705 f. ; 4° à quel taux l'acheteur place son argent.

P. 2762. Un particulier a acheté au cours de 168 f. 75 des actions de la société des mines de charbon de la Loire ; le revenu annuel est de 10 f. par action. Avec la rente que lui procure son achat, il a acheté 16 m. 88 de verre mousseline, à 15 f. 25 le mètre carré : on demande la somme qu'il a déboursée pour ses actions. Courtage, $1/4$ p. $^0/_0$.

P. 2763. On veut avoir une rente avec laquelle on puisse payer un escalier, dit *onglet*, de 60 marches, lequel a demandé l'emploi de 1 m. cub. 97 de bois, à 200 f. le mètre cube. Afin d'avoir cette rente, combien faudra-t-il débourser pour acheter les actions qui la procureront, si ces actions sont celles du chemin de fer de l'Est, si on les paie au cours de 935 f., si elles produisent chacune 78 f. 50 d'intérêt et de dividende, et si le courtage coûte $1/8$ p. $^0/_0$?

P. 2764. Un capitaine de vaisseau veut acheter un chronomètre qui vaut 3 240 f. Afin d'avoir au bout d'un an la rente nécessaire à cette acquisition, il achète au cours de 296 f. 25 des obligations du chemin de fer de Paris à Lyon. Combien devra-t-il débourser pour l'achat de ces obligations qui, émises en 1855 à 290 f., produisent 7 f. 50 d'intérêts par semestre ? Courtage, $1/8$ p. $^0/_0$.

P. 2765. L'action de 100 f. du sous-comptoir des métaux étant au cours de 120 f. et produisant 8 f. 25 d'intérêts et de dividende, combien faudra-t-il payer, y compris le courtage de $1/8$ p. $^0/_0$, afin d'avoir un nombre d'actions tel, que ces actions produisent une rente avec laquelle on puisse s'acquitter à l'égard d'un maître charpentier à qui l'on a fait faire un escalier de 45 marches que l'on a payé sur le pied de 300 f. pour 20 marches, tout compris : rampe, main-courante, peinture, etc.?

P. 2766. Un marchand de coutellerie avait acheté au cours de 292 f. 50 des obligations du chemin de fer Grand-Central rapportant 7 f. 50 par semestre, et remboursables au taux de 500 f. Il vient de toucher ses intérêts, et il en emploie le montant à l'achat de 15 douzaines de canifs à crayon, au prix de 1 f. 80 la douzaine ; de 26 douzaines de canifs d'écolier, à 3 f. 50 la douzaine ; de 28 douzaines de canifs à queue d'acier, au prix de 8 f. 75 la douzaine ; de 4 douzaines de taille-plumes, à 25 f. la douzaine, et d'une demi-douzaine de couteaux, à 4 f. la douzaine : quelle somme avait-il déboursée pour l'achat de ces obligations ? Courtage, $1/8$ p. $^0/_0$. Quel bénéfice fera-t-il en les revendant 301 f. 25 ? Courtage, $1/8$ p. $^0/_0$.

P. 2767. En achetant pour 10 425 f. d'actions du Comptoir d'escompte, émises à 500 f., et produisant 36 f. d'intérêts et de dividende, un cultivateur s'est fait un revenu avec lequel il pourrait acheter un rouleau en fonte garni d'aspérités, lequel vaut 540 f. On demande : 1° le cours des actions ; 2° à quel taux il a placé son argent.

P. 2768. La fouille d'un mètre cube de tuf non mêlé, jeté sur berge à une banquette et enlevé aux décharges publiques, valant 3 fr. 50, combien de mètres cubes de ce travail un entrepreneur de terrassements devrait-il faire exécuter pour recevoir une somme qui, employée à l'achat d'actions, lui procure une rente de 440 f.? On sait qu'il achète un nombre égal d'actions de deux compagnies établies pour l'exploitation du zinc et du plomb. Les actions de la 1re compagnie, dite de la Vieille-Montagne, ont une valeur nominale de 80 f.; elles sont au cours de 345 f. et rapportent 20 f. par an; les actions de la 2de compagnie, dite de la Nouvelle-Montagne, ont une valeur nominale de 1000 f.; elles sont au cours de 1230 f., et rapportent 90 f. par an. Le courtage est de 1/4 p. 0/0.

P. 2769. Une machine à battre le blé est mise en mouvement par 4 chevaux et exige le travail de 5 ouvriers. Le prix du travail des chevaux est évalué pour chacun, à 0 f. 35 l'heure; le prix du travail du 1er ouvrier est évalué à 0 f. 30 l'heure, et celui de chacun des autres à 0 f. 20. La machine bat 100 gerbes de blé par heure, et chaque gerbe donne en moyenne 4 lt. 5 de blé. On admet qu'on doit compter dans les dépenses 0 f. 65 par heure pour l'intérêt du capital de la machine et de son entretien. D'après cela, on demande quelle somme avaient coûtée des actions du chemin de fer du Nord qui ont fourni un revenu annuel avec lequel, en en retranchant 2 f. 60, on a pu faire battre 178 hl. de blé. On sait que la valeur nominale de ces actions est de 400 f., qu'elles ont été achetées au cours de 940 f., et qu'elles rapportent 61 f. d'intérêts et de dividende : combien auraient-elles coûté si elles avaient été achetées au cours de 1032 f. 50? A quel taux l'argent a-t-il été placé dans le 1er cas, et à quel taux l'aurait-il été dans le 2d?

P. 2770. Une exploitation d'abeilles a donné les résultats suivants : D'une part, on a acheté 75 ruches à 15 f. chacune; les frais de transport se sont élevés à 375 f.; la location d'un enclos a coûté 150 f.; la main-d'œuvre pour les soins à donner aux ruches et la récolte du miel, 225 f.; enfin on a acheté 75 surtouts en paille à 1 f. pièce. D'autre part, on a retiré 1875 kg. de miel, à 1 f. 40 le kilogramme et 55 kg. 1/2 de cire à 4 f. le kilogr. On demande : 1° le bénéfice total; 2° le bénéfice moyen donné par chaque ruche; 3° le bénéfice pour 100 f. de capital (total des dépenses); 4° la somme qu'il aurait fallu consacrer à l'achat d'actions des canaux de la Sambre française pour avoir une rente égale au bénéfice total augmenté de 63 f., sachant que la valeur nominale de ces actions est de 500 f., qu'elles sont au cours de 1350 f., et qu'elles rapportent 120 fr. d'intérêts et de dividende; 5° à quel taux on placerait son argent. Le courtage est de 1/4 p. 0/0.

P. 2771. On a fait faire 2 planchers en fer présentant chacun 63 m² de superficie; un fabricant de grosse serrurerie a fourni pour cela 42 kg. 91 de fer par mètre carré de plancher, à 50 f. les 100 kg. posés. Avec la somme qu'il a reçue pour cette fourniture, il achète des actions du Comptoir d'escompte au cours de 650 f.; elles ont une valeur nominale de 500 f., et rapportent 42 f. d'intérêts et de dividende. On demande : 1° le revenu qu'elles lui procureront; 2° à quel taux son argent a été placé; 3° à quel taux son argent aurait été placé, et quel revenu il aurait eu, s'il avait acheté ces actions au cours de 705 f., et si elles avaient rapporté 47 f.; 4° quel sera son bénéfice, s'il les revend à ce dernier cours?

P. 2772. Dans une nouvelle construction, un fabricant de grosse serrurerie a posé 13 planchers en fer ayant chacun 36 m² 75 de superficie; le poids du fer employé est, par mètre carré, de 23 kg. 258; et, posé, il coûte 50 f. les 100 kg. Avec la somme qu'il a reçue pour ce travail et cette fourniture, le serrurier achète au pair, c'est-à-dire au cours de 500 f., des actions du service maritime des Messageries impériales; et elles lui rapportent chacune 120 f. d'intérêts et de dividende; il les a ensuite revendues au cours de 1 312 f. 50; et l'acheteur les a cédées plus tard au cours de 1 125 f. On demande : 1° à quel taux le serrurier a placé son argent; 2° le bénéfice qu'il a fait sur son capital; 3° la perte de l'acheteur en cédant ces mêmes actions.

P. 2773. Un rentier a souscrit pour 23 actions du chemin de fer d'Orléans, à 500 f. par action. Au bout d'un certain temps, ces actions ont rapporté 80 f. de dividende annuel, et elles valaient 1 410 f. On demande : 1° combien il a déboursé; 2° combien il recevrait s'il vendait ses actions; 3° le revenu qu'elles lui procurent; 4° combien elles vaudraient si elles donnaient 82 f. 50 de dividende; 5° la perte qu'éprouverait celui qui les achèterait alors, et qui serait forcé de les revendre dans le cas où le dividende ne serait plus que 79 f. 50; 6° à quel taux on place son argent suivant les cas.

P. 2774. Un entrepreneur a fourni pour l'administration d'un chemin de fer à une seule voie les rails nécessaires à l'établissement de cette voie sur une longueur de 9 km. 7/8; ces rails pèsent 31 kg. par mètre courant; il a dû les livrer au prix de 36 f. 75 les 100 kg. Avec la somme qu'il a reçue pour cette fourniture, il a acheté à la fin de septembre 1855 des actions du chemin de fer de Paris à Lyon. Ces actions, dont la valeur nominale est de 500 f., étaient au cours de 1 095 f., et rapportaient 73 f. 75 d'intérêts et de dividende; le 3 avril 1856, le cours de ces actions était 1 275 f., et leur rapport n'était pas augmenté; à la fin d'août 1856, elles étaient au cours de 1 362 f. 50 et rapportaient 82 f. 50 d'intérêts et de dividende; le 31 décembre 1856, elles étaient au cours de 1 365 f., et rapportaient 85 f. d'intérêts et de dividende. On demande : 1° le revenu de l'entrepreneur à chacune de ces époques; 2° quel est, des différents cours ci-dessus indiqués, celui qui est le plus élevé; 3° quel bénéfice aurait fait l'entrepreneur en revendant ces actions à l'une des trois dernières époques; 4° quelle a été, à chacune de ces époques, l'augmentation de son revenu.

RÈGLE D'ESCOMPTE

P. 2775. Quand le kilogramme de sucre brut coûte 0 f. 95, combien paiera-t-on pour 25 barriques pesant chacune 297 kg., si l'on obtient 4 p. % de tare, et 6 p. % d'escompte sur le prix du sucre?

P. 2776. J'expédie à Bernard, de Neufchâtel, en Suisse, 25 pièces de vinaigre ordinaire, à 42 f. la pièce; comme il désire me payer comptant, je lui fais un escompte de 3 p. % : quel sera le montant de ma traite à vue sur Bernard?

P. 2777. Mon fournisseur m'a fait une remise de 3 $\frac{1}{2}$ p. % sur le montant d'une facture s'élevant à 428 f. 30 : que reste-t-il à payer?

P. 2778. Un marchand de comestibles a acheté 24 quintaux de jambons de Bayonne, à 1 f. 875 le kilogr. : combien devra-t-il débourser au comptant, si on lui accorde 2 $\frac{1}{2}$ p. % d'escompte en dehors?

P. 2779. L'administration des postes prenant 2 p. % pour le transport du numéraire, combien doit donner au directeur du bureau une personne qui veut recevoir à Paris la somme de 2 482 f.?

P. 2780. Un entrepreneur de maçonnerie achète 340 m³ de pierre franche de taille à 54 f. le mètre cube; comme il paie comptant, le vendeur lui accorde une remise de 4 p. % sur le prix d'achat : combien doit-il payer?

P. 2781. J'ai acheté 54 rames de papier vergé à dessin que j'ai payé 15 f. la rame: et 30 rames de papier vélin que j'ai payé 23 f. la rame. La somme que je dois n'est payable que dans un an; mais, pouvant payer tout de suite, j'obtiens 5 p. % d'escompte : combien déboursera-je?

P. 2782. Un négociant a acheté 30 quintaux de blanc de baleine à 2 f. 15 le kilogramme, et payable dans un an; et 80 barils d'huile de baleine contenant chacun 5 hl. à 109 f. l'hectolitre, et payables dans 18 mois; mais, en payant comptant, il peut obtenir 5 p. % de diminution sur le 1er marché, et 4 $\frac{1}{2}$ p. % sur le second : quelle diminution totale obtiendra-t-il?

P. 2783. Un fabricant de coutellerie a vendu à divers marchands 27 douzaines de couteaux fermants à manche de corne sans garniture, à raison de 15 f. la douzaine; 18 douzaines avec écusson et garniture unie, à raison de 24 f. la douzaine; 8 douzaines de chacune de ces deux premières sortes avec tire-bouchon, ce qui en augmente le prix de 6 f.; enfin 4 douzaines de chacune des deux mêmes sortes avec lame de canif, ce qui augmente le 1er prix de 8 f. Sur la somme qu'il a reçue, il a donné aux pauvres 0 f. 05 par franc : combien lui est-il resté?

P. 2784. Le kilogramme de café vaut 4 f. 25 quand on accorde 6 p. % d'escompte : combien doit-on le vendre au comptant sans escompte?

P. 2785. Un marchand achète 248 m. de drap à 18 f. le mètre

on lui accorde 9 mois de crédit, ou 6 p. % d'escompte, s'il paie comptant : à combien lui revient le mètre de drap dans cette dernière condition ?

P. 2786. Un piano vaut 1820 f. net ; deux amateurs se présentent, l'un en donne 2000 f., à condition d'avoir 10 p. % d'escompte ; l'autre, 1940 f. et 6 p. % d'escompte : peut-on accepter, et quel sera le bénéfice ou la perte ?

P. 2787. Un marchand a vendu 783 m. de drap à 25 f. le mètre ; il a accordé 9 p. % d'escompte, tandis qu'il n'avait obtenu que 5 p. % sur le prix d'achat, et que le mètre ne lui a coûté que 24 f. : quel est le résultat de cette opération ?

P. 2788. Quel sera le bénéfice d'un marchand qui a acheté 18 pièces de drap contenant chacune 48 m. 65 c.n. à 12 f. 85 le mètre, s'il les revend 15 f. 70 le mètre, et si, en outre, il a obtenu 9 p. % d'escompte, tandis qu'il n'accorde que 6 p. % ?

P. 2789. Un négociant a 128 hl. 68 lt. de vin qu'il peut céder à 38 f. 70 l'hectol., et 6 p. % d'escompte sans faire de perte ; on propose de lui payer son vin 43 f. l'hectolitre, moyennant 13 p. % d'escompte : peut-il accepter cette proposition ? et, dans le cas où il la pourrait accepter, quel serait son bénéfice ?

P. 2790. Un industriel veut acheter, au prix de 1000 f., une machine à double effet pour fabriquer des tuyaux de drainage ; il veut aussi acquérir un malaxeur du prix de 660 f. ; on lui offre 5 p. % d'escompte au comptant ; ou 8 p. % si les deux machines sont estimées ensemble 1730 f. : quel est le parti le plus avantageux ?

P. 2791. Un restaurateur de Paris m'a commandé 6 pièces de vinaigre de table. Je les lui expédie à raison de 175 f. la pièce, à trois mois ; mais i. me demande un délai de trois mois en plus, en m'offrant le 2 p. % : à combien se montera le prix de la pièce, et quelle somme devra-t-il me payer dans six mois ?

P. 2792. J'ai acheté 90 kg. de bourre de soie filée, à 25 f. le kilog., payables dans un an ; mais, pouvant payer comptant, j'obtiens 5 p. % d'escompte en dedans : combien paierai-je ?

P. 2793. En vendant 54 caisses de prunes sèches de Bordeaux pesant chacune 50 kg., à 8 f. 75 le demi-quintal métrique, on gagne 9 + 3/8 p. % sur le prix d'achat : combien ces 54 caisses avaient-elles coûté ?

P. 2794. En vendant 75 barils de pruneaux de Tours de 1re qualité, pesant chacun 40 kg., à 42 f. 50 les 50 kg., on gagne 6 + 2/5 p. % sur le prix d'achat : combien ces 75 barils avaient-ils coûté ?

P. 2795. Un marchand de charcuterie a vendu 540 kg. de saucissons de Lyon à 4 f. le kilogramme. Il ne doit être payé que dans 15 mois ; mais, ayant besoin d'argent tout de suite, il demande à être remboursé, en accordant 6 p. % par an d'escompte en dedans : quelle somme recevra-t-il ?

P. 2796. Un fabricant de vannerie a acheté 540 bottes d'osier pesant chacune 12 kg. à 0 f. 10 le kilogramme, payables dans 18 mois ; mais, 4 mois après cet achat, ayant des fonds disponibles, il s'acquitte de cette dette et obtient un escompte en dedans de 5 p. % par an : combien a-t-il dû débourser ?

P. 2797. Un pelletier-fourreur achète 18 peaux de jaguar à 51 f. 70 la pièce, et 30 peaux de renards argentés de Virginie à 8 f. chacune; il obtient 18 mois de crédit; mais il se décide bientôt à payer comptant : quelle diminution devra être opérée sur la somme qu'il doit, si on lui accorde 4 p. % par an d'escompte en dedans ?

P. 2798. Un cultivateur qui exploite une grande propriété, achète une machine locomobile à vapeur de la force de 5 chevaux et du poids de 2 500 kg. Cette machine lui coûte 5 500 f., qu'il doit payer dans 10 mois; mais, s'il paie comptant, on lui accorde 4 1/2 p. % par an d'escompte en dedans : quel sera le montant de cet escompte ?

P. 2799. Un fabricant de tissus de coton a acheté 67 kg. 1/2 de fil pour chaîne, n° 22, à 4 f. 70 le kilogramme, et il devait s'acquitter dans 9 mois; mais, en payant comptant, il a obtenu un escompte en dedans de 4 1/2 p. % par an : quelle somme a-t-il déboursée ?

P. 2800. Un pelletier-fourreur a acheté 50 peaux de zèbre à 22 f. 20 la pièce, et 150 peaux d'agneaux d'Astracan à 6 f. la pièce; on lui avait accordé 2 ans de crédit; mais, ayant des fonds disponibles, il paie 11 mois avant le terme convenu, et il obtient 6 p. % par an d'escompte en dedans : quelle diminution subira la somme qu'il doit ?

P. 2801. Un quintal métrique de graine de colza vaut 41 f., et donne 38 kg. d'huile. On demande : 1° le prix de la graine nécessaire pour obtenir 15 tonnes d'huile pesant chacune 92 kg.; 2° quelle somme on devra verser si cette graine étant payable dans 21 mois, on s'acquitte au bout de 6 mois, en obtenant un escompte en dedans de 6 p. % par an.

P. 2802. Un entrepreneur a carrelé, en carreaux de Massy de 22 cm., tous les appartements du rez-de-chaussée d'une maison; ces appartements, dont le carrelage a coûté 3 f. 50 le mètre carré, ont une superficie totale de 520 m². L'entrepreneur, qui ne devait être payé qu'après 5 ans, demande à l'être tout de suite, en accordant un escompte de 6 p. % par an : quelle sera la valeur de cet escompte ?

P. 2803. J'ai vendu 4 pièces de vinaigre supérieur à 560 f. la pièce. J'ai reçu en à-compte une traite de 380 f. sur Besançon, une de Lyon de 450 f., mon mandat de ce jour de 990 f. Ces trois effets sont à 3 mois d'escompte : combien devrais-je encore recevoir dans trois mois pour être payé entièrement ? Et si, dans le cas où je serais payé comptant, j'accordais un escompte de 3 p. %, combien devrais-je recevoir ?

P. 2804. Je viens de faire l'acquisition de plusieurs articles de magasin, dont le prix de facture s'élève à 4 500 f.; et, comme dans ce moment je me trouve gêné, je fais un billet payable dans 6 mois : quelle sera la valeur de mon billet, si l'escompte est à 6 p. % par an ?

P. 2805. Un marchand coutelier a acheté 21 douzaines de canifs de Paris à 10 f. 75 la douzaine; 32 douzaines de canifs de Langres à 7 f. 50 la douzaine, et 43 douzaines de canifs de Bourges à 4 f. 80 la douzaine. Il avait d'abord obtenu 9 mois de crédit; mais il s'est acquitté tout de suite, et a obtenu 6 p. % d'escompte par an : quelle remise a dû lui être faite?

P. 2806. Le maître d'une verrerie a acheté, au prix de 3 f. 75 le quintal, 540 qm. de sable, payables dans 5 mois. Le vendeur, ayant reçu le billet du montant de la somme qui lui est due, voudrait toucher immédiatement ce montant chez un banquier : quelle est la retenue que fera celui-ci, et quelle somme donnera-t-il au porteur? Le taux est à 4 p. % par an, et l'escompte est en dehors.

P. 2807. Un militaire en retraite a acheté une maison pour une certaine somme; il doit payer 1120 f. après 25 mois, et 2280 f. 5 mois plus tard; mais il convient avec le vendeur de payer la 1re somme au bout de 7 mois, et l'autre 2 mois après, à condition d'avoir 8 p. % par an d'escompte en dedans : à combien lui revient cette maison?

P. 2808. Un quincaillier a fait des emplettes pour 3642 f. à 3 mois, et à 5 p. % d'escompte par an : s'il paie comptant, combien déboursera-t-il?

P. 2809. Un marchand de fruits secs achète 124 caisses de prunes d'ente, du 1er choix, à 25 f. les 50 kg. ou la caisse; comme il ne peut payer comptant, il fait au vendeur un billet payable dans 140 jours : quel sera le montant de ce billet, l'escompte étant à 6 p. % par an?

P. 2810. Un menuisier a fait les lambris de 9 chambres ayant chacune 5 m. 20 de longueur, sur 4 mèt. 30 de largeur ; ces lambris montent à une hauteur de 0 m. 81; il doit être payé à raison de 8 f. 50 le mètre carré de lambris, et cela dans 18 mois; mais on le paie comptant, et il accorde 5 p. % par an d'escompte : quelle somme recevra-t-il?

P. 2811. Un riche rentier, qui occupe ses loisirs à l'étude de l'astronomie, achète un équatorial portatif pour la somme de 3350 f., et il fait pour le montant de cette somme un billet payable dans 4 mois. Le constructeur change ce billet contre un autre payable dans 13 mois : quelle doit être la valeur nominale de ce dernier, l'escompte en dedans étant à 6 1/2 p. % par an?

P. 2812. Un marchand épicier devait 6519 f. payables dans 9 mois; mais, pouvant payer comptant, il obtient un escompte en dedans de 4 p. % par an. On demande : 1° pendant combien de temps il pourra, avec la déduction obtenue, subvenir à la dépense occasionnée par 5 becs de gaz allumés en moyenne pendant 4 heures par jour; 2° quelle sera la dépense annuelle de ces 5 becs de gaz dans la même condition, sachant qu'un bec de gaz consomme un hectolitre de gaz par heure, et que le mètre cube de gaz coûte 0 f. 40.

P. 2813. Un entrepreneur de maçonnerie achète 125 m³ de libages à 40 f. le mètre cube; mais, ne pouvant pas payer comptant, il fait un billet payable dans 8 mois 20 jours : quel sera le montant de ce billet, l'escompte étant à 6 p. % par an?

P. 2814. Un tanneur a acheté, le 12 octobre, 645 quintaux d'écorces à tan, qui lui sont vendues 8 f. le quintal. La somme qu'il doit est payable le 20 juin suivant : s'il paie comptant, combien devra-t-il débourser, sachant qu'on lui accorde 6 p. % par an d'escompte en dehors?

P. 2815. Un fabricant de chocolat a acheté 28 sacs de cacao pesant chacun 75 kg., à 2 f. 50 le kilogramme, payables le 25 novembre; mais il s'acquitte le 25 mai précédent, et obtient un escompte de 5 $\frac{1}{2}$ p. $^0/_0$ par an : quelle somme débourse-t-il?

P. 2816. Un fabricant de chocolat achète au Havre 18 balles de cacao pesant chacune 80 kg., à 2 f. 40 le kilogramme, et il fait pour cet achat un billet payable dans 8 mois; mais il s'acquitte au bout de 5 mois, et obtient un escompte de $^1/_3$ p. $^0/_0$ par mois : quelle somme a-t-il dû débourser?

P. 2817. Un négociant vient de recevoir 4 balles de feuilles de séné, à 2 f. 75 le kilogramme; chaque balle pèse 250 kg. Il fait un billet payable dans 8 mois 15 jours; mais, 5 mois après, il s'acquitte et obtient un escompte de $^1/_3$ p. $^0/_0$ par mois : combien débourse-t-il?

P. 2818. Un négociant achète 5 caisses de barbotine pesant chacune 120 kg., à 1 f. 80 le kilogramme; il fait un billet payable le 15 octobre; mais, ayant des fonds disponibles, il s'acquitte de sa dette le 8 juin précédent, en obtenant 5 + $^3/_4$ p. $^0/_0$ par an d'escompte : combien débourse-t-il?

P. 2819. On a acheté 5 chevaux coûtant chacun 680 f., et 4 juments valant chacune 575 f.; le tout est payable dans 6 mois 15 jours; mais on veut s'acquitter tout de suite : combien devra-t-on débourser, si l'on obtient un escompte en dedans de 6 p. $^0/_0$ par an?

P. 2820. Un particulier a vendu 18 ruches d'abeilles à 16 f. la pièce : combien a-t-il dû recevoir s'il a été payé 3 mois 18 jours avant le terme fixé, et s'il a accordé 5 + $^3/_4$ p. $^0/_0$ par an d'escompte en dedans?

P. 2821. Un cultivateur a vendu, le 24 juin, 45 moutons à 24 f. la pièce; il devait être payé le 15 octobre suivant, mais l'acquéreur s'acquitta le 22 juillet : combien celui-ci a-t-il dû débourser, s'il a obtenu un escompte en dedans de 4 $\frac{1}{2}$ p. $^0/_0$ par an?

P. 2822. On achète 145 quintaux de bois de gaïac à 0 f. 20 le kilogramme. On fait pour cette dette un billet payable dans 2 ans; mais on s'acquitte 342 jours d'avance, et l'on obtient un escompte en dedans de 6 p. $^0/_0$ par an : combien doit-on débourser?

P. 2823. Un cultivateur achète le 24 avril une provision de 175 m^3 d'os bruts, à 4 f. 50 le mètre cube; et il fait un billet payable le 15 novembre suivant; mais, au bout de 20 jours, ayant des fonds disponibles, il peut s'acquitter, et il obtient un escompte en dedans de 6 p. $^0/_0$ par an : combien doit-il débourser?

P. 2824. Dans une maison, on a fourni et posé 20 cheminées en marbre noir, à 22 f. 50 chacune; mais le propriétaire, en s'acquittant, a retenu 27 f. d'escompte en dehors : à quel taux l'escompte a-t-il été calculé?

P. 2825. J'ai acheté 199 kg. 50 de bourre de soie écrue, à 9 f. le kilogramme; sur la somme que je devais pour cet achat, je n'ai payé que 1710 f. : de combien p. $^0/_0$ était l'escompte en dedans?

P. 2826. J'ai fait fouiller 2400 m^3 de terre crayeuse; ce travail m'a coûté 1 f. le mètre cube, et je devais m'acquitter au bout d'un an; mais, ayant payé comptant, j'ai obtenu 120 f. d'escompte en dedans : de combien p. $^0/_0$ était l'escompte?

P. 2827. Sur la somme qu'un marchand d'articles de chasse devait payer pour 200 carnassières qui lui avaient coûté 6 f. la pièce, et qu'il devait payer au bout de l'an, il n'a déboursé que 1140 f. : de combien p. $^0/_0$ était l'escompte en dedans?

P. 2828. Pour un escalier de 80 marches, un charpentier a employé 2 m. cub. 750 de bois de qualité, à 180 f. le mètre cube. Il était d'abord convenu de n'être payé qu'après 9 mois $1/_2$; mais, ayant eu tout de suite besoin de fonds, on s'est acquitté envers lui en lui donnant 472 f. 55 : de combien p. $^0/_0$ par an était l'escompte en dedans qu'on lui a retenu?

P. 2829. Un négociant achète pour 2467 f. de marchandises; son créancier lui accorde 15 mois de crédit; mais, voulant payer comptant, le négociant donne 2281 f. 975 : quel escompte en dehors p. $^0/_0$ a-t-il obtenu par an?

P. 2830. Pour la couverture d'un bâtiment, un ouvrier zingueur a employé 420 mèt. carr. de zinc à 6 f. 25 le mètre carré, et il ne devait être payé qu'à la fin de l'année; mais il a demandé ensuite à l'être au bout de 3 mois, en sorte qu'à cette époque il a reçu 2516 f. 72 : quel était le taux de l'escompte en dehors?

P. 2831. Un vitrier achète en fabrique 960 m^2 de verre à vitres, à 4 f. le mètre carré. On lui accorde un délai d'un an, et il convient qu'on lui accordera l'escompte en dehors à un taux fixé s'il paie avant le terme; après 5 mois, il donne 3750 f. 40 : à quel taux était l'escompte?

P. 2832. On avait acheté 28 pièces de toile de chanvre ayant chacune 54 m. de longueur, à 2 f. 50 le mètre, et l'on devait s'acquitter dans 3 ans; mais, ayant versé les fonds au bout de 16 mois, on n'a déboursé que 3449 f. 25 : quel est le taux de l'escompte en dehors que l'on a obtenu?

P. 2833. Un entrepreneur qui s'est chargé de creuser un canal à raison de 500000 f. par kilomètre, reçoit un 1er à-compte de 30000 f. Comme il doit les $^{18}/_{25}$ de cette somme dans une ville éloignée de 120 km. de celle où il réside, il reçoit d'un banquier de cette dernière une lettre de change de cette valeur; et, pour cette lettre de change, il débourse 22356 f. : à combien p. $^0/_0$ était l'escompte en dehors?

P. 2834. Un charpentier a confectionné, dans une nouvelle construction, divers escaliers qui ont demandé 7 m. cub. 8815 de bois refait à 170 f. le mètre cube. Il devait être payé dans 20 mois; mais, ayant eu besoin de fonds, il a voulu être payé 15 mois avant le terme convenu, et il a accordé pour escompte en dedans 78 f. 815 : de combien p. $^0/_0$ par an était cet escompte?

P. 2835. Le propriétaire d'un moulin à huile a fabriqué 540 hl. d'huile de lin dans l'espace d'une année; chaque hectolitre d'huile donne 181 tourteaux pesant chacun 10 hg.; or, il a vendu tous les tourteaux d'une année au prix de 190 f. la tonne (1000 kg.); il devait être payé dans un an; mais on a avancé le paiement de 6 mois, et il n'a reçu que 18000 f. parce qu'il a accordé un escompte en dedans : quel a été le taux de cet escompte?

P. 2836. Un négociant avait acheté, au prix de 171 f. 25 la douzaine, 48 chapeaux en paille de riz, et cela à 72 jours de crédit; mais, ayant payé comptant, il n'a déboursé que 676 f. 78 : à combien p. $^0/_0$ par an était l'escompte en dehors?

P. 2837. Un négociant avait acheté 7 quintaux $1/_2$ de riz, à 0 f. 90 le kilogr.; il avait fait pour cet achat un billet payable dans 4 ans 3 mois 14 jours : mais ce billet escompté en dedans pour ce temps, s'est trouvé réduit à 555 f. 81 : quel a été le taux de l'escompte?

P. 2838. Un poêlier achète 562 kg. $1/_2$ de tôles du Berri, à 80 f. les 100 kg., payables à une certaine époque; mais, en payant comptant, il a obtenu 2 p. $^0/_0$ d'escompte par an, et il n'a déboursé que 445 f. 50 : à quelle époque devait-il d'abord s'acquitter?

P. 2839. Un menuisier a fait pour une maison nouvellement construite, 30 châssis de croisées ayant 1 m. 30 de largeur sur une hauteur double, et chaque châssis lui est payé à raison de 10 f. 50 le mètre superficiel. Il devait être payé dans 2 ans; mais il a demandé à être remboursé avant cette époque; et, en accordant 5 p. $^0/_0$ d'escompte, il a reçu 998 f. 156 : à quelle époque a-t-il été payé?

P. 2840. Un ouvrier zingueur a employé pour les chéneaux d'une toiture, 140 m^2 de zinc à 6 f. 50 le mètre carré, et il ne devait être payé qu'après 6 mois; ayant eu besoin d'argent avant cette époque, on lui a avancé le paiement; mais on lui a retenu 4 $1/_2$ p. $^0/_0$ d'escompte en dehors par an, de sorte qu'il n'a reçu que 899 f. 76 : à quelle époque a-t-il été payé?

P. 2841. On a vendu deux pendules pour la somme de 2525 f. payables dans 16 mois. Le particulier qui les a achetées les a payées en obtenant un escompte en dedans de 91 f. 265. Le taux étant à 5 p. $^0/_0$ par an, à quelle époque s'est-il acquitté?

P. 2842. Un marchand de parapluies en a acheté 100 au prix de 9 f. 755 la pièce, et il devait s'acquitter dans 18 mois; mais ayant pu le faire plus tôt, il n'a déboursé que 935 f. : en obtenant un escompte en dedans de 4 p. $^0/_0$ par an, à quelle époque s'est-il acquitté?

P. 2843. Un propriétaire avait acheté pour 1 800 f. une calèche ayant déjà servi, et il devait la payer dans 18 mois; mais, ayant pu s'acquitter avant ce terme, il a obtenu un escompte en dedans de 6 p. $^0/_0$, ce qui lui a procuré une diminution de 97 f. 26 : à quelle époque s'est-il acquitté?

P. 2844. Un propriétaire avait acheté un landau qui lui avait coûté 5 000 f., et qu'il devait payer dans 2 ans; mais, s'étant acquitté avant ce terme, il a obtenu un escompte en dedans de 6 $3/_4$ p. $^0/_0$ par an, et n'a déboursé que 4 563 f. 60 : à quelle époque s'est-il acquitté?

P. 2845. Un marchand de province achète chez un fabricant de Paris 24 appareils appelés *buanderies-baignoires*, au prix de 264 f. 40 la pièce, et payables au bout de 2 ans; mais il a avancé le paiement de telle sorte, que, au taux de 6 $1/_2$ p. $^0/_0$ par an, il a obtenu un escompte en dedans de 563 f. 73 : combien de mois se sont écoulés entre l'achat et le paiement?

P. 2846. Un fabricant a vendu à un marchand d'instruments

RÈGLE D'ESCOMPTE. 313

d'agriculture, 25 rouleaux formés de 14 ou 15 disques en fonte, un peu tranchants, séparés par des rondelles d'un moindre diamètre. Ces rouleaux, appelés *rouleaux-squelettes*, coûtent chacun 153 f. 83. Le marchand, qui ne devait s'acquitter que dans 20 mois, paie avant ce terme, à raison de 6 p. % par an, obtient un escompte en dedans de 121 f. 05 : à quelle époque s'est-il acquitté?

P. 2847. Le prix de la façon du mètre cube de murs en garnis et moellonnailles est de 9 f.; mais il y a une plus-value de 3 f. pour des murs en reprise faits en sous-œuvre et dans l'embarras des étais; or, on a fait faire 532 m. cub. 765 de murs de ce genre, que l'on doit payer dans 18 mois; mais, comme on peut s'acquitter plus tôt, on obtient un escompte en dehors de 6 p. %, ce qui procure une diminution de 367 f. 60 : à quelle époque a-t-on payé?

P. 2848. Un maître cordonnier a acheté 218 kg. 75 de cuir fort à 2 f. 40 le kilogramme; 187 kg. 50 de cuir de vache à 2 f. 75 le kilogramme; 230 kg. de cuir de veau à 3 f. 48 le kilogramme; et 139 kg. 75 de cuir de cheval à 1 f. 50 le kilogramme; pour payer toutes ces emplettes, il avait obtenu 15 mois de crédit : à quelle époque a-t-il payé si on lui a accordé $2/3$ p. % d'escompte en dedans par mois, et s'il n'a déboursé que 1898 f. 75?

P. 2849. Un marchand de comestibles a acheté des jambons de Lorraine, à 1 f. 70 le kilogramme; sur la somme qu'il ne devait payer que dans 18 mois, et qu'il a payée comptant, on lui a accordé un escompte en dehors de 53 f. 55 à 5 p. % par an : combien de kilogrammes de jambons a-t-il achetés?

P. 2850. Un vitrier qui avait fourni pour une nouvelle construction 240 m² de verre, a reçu pour son paiement 1026 f.; mais la somme qui lui était due a été escomptée en dehors à 5 p. % : quel était le prix du mètre carré de verre?

P. 2851. Un maître carreleur a carrelé, en carreaux de Montereau, tous les appartements du rez-de-chaussée d'une maison; ils ont ensemble une superficie de 624 m. carr. 56 dm. carr.; ayant accordé au propriétaire un escompte en dedans de 5 $1/2$ p. %, il a reçu pour ce travail 1480 f. : quel est le prix du mèt. carré de carrelage?

P. 2852. Un particulier a fait faire 375 m² de toiture en ardoise neuve, dite anglaise, grande carrée, sur volige neuve fournie par le couvreur. Il devait s'acquitter dans 21 mois; mais, pouvant le faire tout de suite, il obtient 6 p. % par an d'escompte en dedans, et ne débourse que 750 f. : combien lui coûte le mètre carré de cette toiture?

P. 2853. Quelle est la somme qui, escomptée en dehors pour 7 mois 9 jours à 6 $1/4$ p. % par an, a produit un escompte avec lequel on a pu payer la façon de 8 banquettes ayant chacune 1 m. 75 de longueur, à 9 f. le mètre de longueur?

P. 2854. On a vendu 51 balles de chanvre à 1 f. 50 le kilogr., et l'on devait être payé dans un an; mais l'acheteur ayant avancé le paiement de 240 jours, et ayant obtenu 6 p. % par an d'escompte en dehors, n'a déboursé que 9547 f. 20 : quel était le poids de chaque balle?

P. 2855. Un négociant avait vendu, le 18 juin, des cornes de bétail brutes, sur le pied de 0 f. 74 le kilogramme, et on lui avait fait un billet payable le 24 janvier; mais il a été payé comptant; et, ayant accordé un escompte en dehors de 6 p. 0/0 par an, il a reçu 624 f. 19 : combien de kilogrammes de cornes avait-il vendus ?

P. 2856. Quelle est la somme qui, escomptée en dedans pour 16 mois 6 jours, à 6 1/2 p. 0/0 par an, a produit un escompte avec lequel on a pu payer la façon de 25 tabourets à 3 f. 51 la pièce?

P. 2857. Un cultivateur achète un monceau d'os bruts et de sabots de bétail, pesant 36 quintaux 2/5, et il doit le payer dans 240 jours; mais, pouvant s'acquitter tout de suite, il obtient un escompte en dedans de 6 p. 0/0, et il ne donne que 700 f. : quel est le prix du quintal métrique de cette marchandise?

P. 2858. Un astronome ayant fait exécuter des travaux, a obtenu 6 p. 0/0 d'escompte en dehors, et il a déboursé 1410 f. Avec l'escompte, il a acheté 2 méridiens en marbre, avec loupe et canon. On demande le prix des travaux et celui de chaque méridien.

P. 2859. Un épicier achète 65 pains de sucre à 10 mois de crédit; mais, ayant payé comptant, il a obtenu 7 f. 20 p. 0/0 d'escompte en dehors, et il a déboursé 1100 f. 84. On demande : 1° le prix d'achat de chaque pain de sucre; 2° combien il doit le revendre afin de gagner 0 f. 75 p. 0/0 pour chacun des 10 mois.

P. 2860. Un cultivateur a vendu à un fabricant drapier 19 quintaux de chardons cardières à 15 mois de crédit; mais le fabricant n'a déboursé que 3000 f. Ayant acquitté sa dette 6 mois après l'achat, en obtenant un escompte en dedans de 6 p. 0/0 par an, quel était le prix du kilogramme de chardons cardières?

P. 2861. Combien de kilogrammes de soie teinte faudrait-il acheter à raison de 5 f. le demi-hectogramme, et à 22 mois de crédit, afin que, diminution faite de 7 p. 0/0 d'escompte par an et en dedans, on payât comptant 1223 f. 82?

P. 2862. Un négociant a acheté 35 pièces de toile damassée à 5 f. le mètre; il devait s'acquitter au bout de 2 ans; mais, au bout de 9 mois, ayant des fonds disponibles, il paie sa dette en obtenant un escompte en dedans de 5 p. 0/0 par an, et il verse 8400 f. : quelle était la longueur de chaque pièce?

P. 2863. Un bourgeois qui s'est retiré à la campagne, et qui veut se livrer à l'art si agréable de l'horticulture, achète un terrain qui lui coûte 15800 f., plus 5 p. 0/0 de ce prix pour les frais de vente. Ce terrain ayant besoin de nombreuses améliorations, le bourgeois dépense 8306 f. pour les réaliser : quelle somme devrait lui rembourser un amateur à qui il aurait vendu ce terrain, à 20 mois de crédit, avec un bénéfice de 4760 f., et à qui il aurait accordé 6 p. 0/0 par an d'escompte en dedans, supposé que le paiement fût fait au comptant?

P. 2864. Un cultivateur a répandu sur un champ de luzerne de 238 a., au mois de juin, après la 1re coupe, 40 hl. de plâtre. Le produit de la 2e coupe a augmenté d'un tiers. On demande : 1° quel est le produit de l'augmentation convertie en foin, sachant que la 1re coupe a donné par are 79 kg. 50 au prix de 33 f. les 1000 kg., si l'on déduit le prix du plâtre à 3 f. l'hectolitre pour avoir le produit net ; 2° quel était le montant d'un billet que l'on a payé avec ce produit, sachant que ce billet a été payé 18 mois d'avance, et que l'escompte était en dehors à 6 $1/2$ p. $^0/_0$ par an?

P. 2865. Un négociant achète 160 cornues en porcelaine à 9 f. 75 la pièce, et payables dans 3 mois, et il les revend immédiatement au chef d'un magasin d'instruments de physique et de chimie pour 1640 f. payables dans 6 mois : quel est son bénéfice, l'intérêt étant à 6 p. $^0/_0$?

P. 2866. Un entrepreneur a fourni un lot de rails pouvant servir à l'établissement des deux voies d'un chemin de fer sur une longueur de 6420 m.; le mètre courant de ces rails pèse 30 kg., et l'entrepreneur a dû les fournir au prix de 344 fr. la tonne. Supposé qu'il accorde à la compagnie un escompte en dehors de 4 $1/4$ p. $^0/_0$, quelle sera la remise qu'il fera?

P. 2867. Quelle somme a gagnée un homme qui, avec ses trois chevaux, a lavé au patouillet le minerai brut qui a produit 73 m^3 de minerai prêt à fondre, sachant que, pour avoir le minerai prêt à fondre, il faut laver 8 fois plus de minerai brut, qu'il faut un jour de 12 heures pour laver 6850 dm. cub. de ce dernier, que la journée d'un cheval vaut 3 f. 40, et celle du conducteur, 2 f. 20? Et si l'exploitant demande, pour s'acquitter, un délai de 8 mois en offrant 6 p. $^0/_0$ par an de profit, quelle somme recevra le maître de l'attelage?

P. 2868. Un entrepreneur s'est chargé de fournir, pour un chemin de fer de 24 km., les traverses nécessaires à l'établissement de deux voies; leur distance moyenne doit être de 90 cm.; le nombre des traverses de joint doit être à celui des traverses intermédiaires dans le rapport de 1 à 3, et leur prix est de 9 f. 20 la pièce pour les traverses de joint et de 7 f. 75 pour les autres : quel sera le montant de la remise qu'il fera sur le paiement, s'il accorde 4 $3/4$ p. $^0/_0$ d'escompte en dehors?

P. 2869. Un menuisier a fait les planchers de tous les appartements du 1er étage d'une maison; ils ont ensemble une superficie de 440 m. carr. 76 dm. carr.; ces planchers sont faits en planches de sapin de 34 mm., rainés et chevauchés à l'anglaise; et, compris pose de 2 m. 50 de lambourdes par mètre carré, le mètre carré de plancher coûte 7 f. Le propriétaire doit le payer de la manière suivante, savoir : 1249 f. 92 dans 10 mois, plus 739 fr. 20 dans 18 mois, et le reste dans 22 mois; mais, le menuisier ayant besoin de fonds, le propriétaire consent à le payer comptant avec escompte de 4 p. $^0/_0$ par an : combien le menuisier recevra-t-il?

P. 2870. Un droguiste a acheté les articles suivants : 1° 15 quintaux de pâte de pastel à 100 f. le quintal ; 2° 1820 kg. de cachou à 1 f. 50 le kilogramme; 3° 2416 kg. d'orseille violette à 0 fr. 50 le kilogramme; 4° 60 kg. de maurelle à 1 fr. le kilogramme; 5° 60 quintaux de bleu de Prusse à 3 f. le kilogr.; 6° 16 quintaux de prussiate de potasse à 2 f. 80 le kilogramme; 7° 4150 kg. de rocou à 3 f. le kilogramme; et 8° 330 kg. d'outremer à 4 f. le kilogramme. La somme qu'il doit pour cette emplette est payable dans 6 mois : combien déboursera-t-il s'il paie comptant, à 2 $1/2$ p. $^0/_0$ d'escompte en dehors?

P. 2871. Un teinturier a acheté : 1° 64 quintaux de garance moulue à 110 f. le quintal; 2° 1740 kg. de curcuma à 35 f. le quintal ; 3° 16 quintaux de quercitron à 20 f. le quintal ; 4° 136 quintaux de gaude à 18 f. le quintal ; 5° 1360 kg. de sumac à 0 f. 50 le kilogramme; 6° 1240 kg. de lichens tinctoriaux à 90 f. le quintal ; 7° 75 kg. de safran à 60 f. le kilogramme; 8° 24 quintaux de carthame à 2 f. 40 le kilogramme ; 9° 26 quintaux de nerprun à 1 f. 50 le kilogramme ; 10° 2340 kg. de graines de rocou à 1 f. 50 le kilogramme; 11° 39 quintaux de noix de galle à 2 f. 50 le kilogramme. Il doit payer toutes ces marchandises à un an de terme: quel escompte en dehors obtiendra-t-il à 3 p. 0/0, s'il paie comptant?

P. 2872. Le prix de revient du quintal de fer ébauché dans une grande forge située près des mines de houille peut être établi ainsi qu'il suit :

	f.	c.
110 kg. de fonte à 9 f. 50 les 100 kg.	10	45
125 kg. de houille, à 1 f. 10 les 100 kg.	1	375
Main-d'œuvre.	1	46
Frais généraux et frais divers.	1	62
Total.	14	905

Supposé qu'un maître forgeron ait acheté 120 quintaux de ce fer en donnant au maître de forges un bénéfice de 6 centimes $23/40$ par kilogramme, et qu'il doive s'acquitter en trois paiements: le 1er, de 845 f. 50, payables dans 6 mois ; le 2e, de 616 f., payables dans 15 mois ; et le 3e, du reste de la dette, payable dans 2 ans, et qu'il obtienne de payer comptant avec escompte en dehors de $6\ 3/4$ p. 0/0 : quelle somme déboursera-t-il ?

P. 2873. Le prix de revient du quintal de fer corroyé dans la même forge peut s'établir ainsi qu'il suit :

	f.	c.
68 kg. de fer ébauché à 14 f. 91 les 100 kg.	10	1388
29 kg. de bouts de rails à 17 f. les 100 kg.	4	93
15 kg. de mitraille à 15 f. les 100 kg.	2	25
63 kg. de houille à 1 f. 10 les 100 kg.	»	693
Main-d'œuvre.	»	69
Frais divers.	»	69
Total. . .	19	3918

Supposé qu'un serrurier ait acheté 128 quintaux de ce fer à un prix tel que le chef de l'usine gagne 0 f. 07 par kg., et que le serrurier doive s'acquitter dans un an 5 mois, quelle somme déboursera-t-il s'il paie comptant et s'il obtient 5 p. 0/0 d'escompte en dehors par an?

P. 2874. Un fermier exploite une culture de 54 ha., dont $1/3$ étant ensemencé de froment, chaque hectare de froment a fourni en moyenne 19 hl. de grain et 32 quintaux de paille. Il a vendu le grain 21 f. l'hectolitre, et la paille vaut 2 f. 50 le quintal ; les frais de culture se sont élevés à 190 f. 50 par hectare. On demande : 1° quel est le bénéfice du cultivateur sur la culture du froment; 2° quelle dette il a éteinte en versant 28 mois avant le **terme une somme égale à ce bénéfice, s'il a obtenu 5 $1/2$ p. 0/0 par an d'escompte en dedans?**

RÈGLE D'ESCOMPTE. 317

P. 2875. J'ai fait faire à un premier entrepreneur 7644 m. cub. 4/9 de travaux de terrassement dans de la terre ordinaire jetée sur berge et transportée à la brouette à 4 relais ou 80 m. de distance, puis enlevée aux champs à 4 hm.: ces travaux m'ont coûté 2 f. 25 le mètre cube, et l'on m'a donné un an de crédit. A un 2ᵈ entrepreneur, j'ai fait faire 3650 m. cub. de terrassement dans de la terre mêlée de gravois et de pierrailles, jetée sur berge à une banquette, puis enlevée aux champs à 1/2 km.; ces travaux m'ont coûté 3 f. le mètre cube, et j'ai 18 mois de crédit; mais si je paie comptant, le 1ᵉʳ entrepreneur m'accorde par an 5 p. 0/0 d'escompte; et le 2ᵈ, 4 1/2 p. 0/0 par an. Quelle diminution obtiendrai-je?

P. 2876. Un marchand de bétail, pouvant disposer d'une somme de 30800 f., prend sur cette somme 77 f. pour une bonne œuvre, et il emploie les 6/7 du reste à l'achat de 2310 moutons et brebis. Dans l'espace d'un an, il perd 110 de ces animaux; mais il obtient 650 agneaux; au bout de l'année, il revend tout son troupeau à raison de 10 f. 50 par tête. On demande: 1° le prix d'achat par tête des 2310 moutons et brebis; 2° le bénéfice ou la perte du marchand, déduction faite de l'intérêt à 5 p. 0/0 du capital employé à l'achat; 3° quelle dette il a pu acquitter en versant 15 mois avant l'échéance une somme égale à son bénéfice ou à sa perte s'il a obtenu 6 p. 0/0 par an d'escompte en dedans?

P. 2877. Dans une construction nouvelle, on a fait faire deux planchers en fer ayant chacun 15 m. 36 de longueur sur 8 m. 25 de largeur. Le poids du fer employé est de 35 kg. par mètre superficiel; et, mis en place, il coûte 50 f. les 100 kg. On demande: 1° le prix total de ces deux planchers; 2° l'escompte en dehors que l'on obtiendra à raison de 3/4 p. 0/0 par mois, si l'on s'acquitte 68 jours avant l'échéance du paiement?

P. 2878. A Boulogne-sur-Mer, en 1854, la pêche du hareng a donné les résultats suivants: 1° A la pêche d'été, 96 bateaux jaugeant ensemble 3164 tonneaux, et portant 1440 hommes, ont rapporté 10272 barils de salaisons, estimés ensemble 670570 f. 85; 2° à la pêche d'hiver, 98 bateaux, jaugeant ensemble 2471 tonneaux et portant 1174 hommes, ont rapporté 20123 barils valant ensemble 1117042 f. 84. On demande: 1° l'escompte qu'obtiendra un marchand qui a fait l'acquisition de 15 barils de ces harengs provenant de la pêche d'hiver, supposé qu'il ait acheté chaque baril à un prix qui surpasse de 15 f. le prix de l'estimation, que la somme qu'il doit pour cela soit payable dans 10 mois, qu'il paie comptant et que le taux de l'escompte soit de 4 1/2 p. 0/0 par an; 2° quel escompte il obtiendrait dans les mêmes conditions pour l'achat de 20 barils de la pêche d'été, à un prix surpassant aussi de 15 f. le prix de l'estimation; 3° quelle est la somme qui reviendrait à un navire employé à cette pêche en hiver et en été, s'il jaugeait 35 tonneaux; 4° combien gagnerait chacun des hommes montant ce navire s'ils étaient au nombre de 16.

P. 2879. Un négociant dit: Si j'avais acheté au prix de 3 f. 50 le kilogramme 75 quintaux de blanc de baleine, j'aurais gagné 3600 f. par les escomptes qu'on m'aurait accordés; mais n'en ayant acheté que 5314 kg. 2/7, les escomptes que j'ai obtenus ne se montent qu'à 2940 f.; je demande si j'ai obtenu plus de diminution à proportion de mes achats, et à combien p. % ce surplus s'élève.

P. 2880. Un négociant a vendu 82 balles de chanvre pesant chacune 125 kg., à 1 f. 60 le kilogramme ; l'acheteur lui fait un billet payable à la fin de l'année ; le négociant le fait escompter le 20 mai ; le nouveau possesseur le fait escompter le 25 août ; et le 3º possesseur, le 15 octobre. L'escompte étant à 5 p. % et en dehors, quelle somme chacun d'eux a-t-il reçue en échange du billet? (Mois réels.)

P. 2881. On a fait faire, au prix de 3 f. le mètre carré, 154 m. carr. de cloisons en carreaux de plâtre, enduits à deux parements. Pour ce travail, on donne à l'entrepreneur, le 12 mars, un billet payable le 30 novembre suivant. L'entrepreneur, ayant besoin d'argent, fait escompter ce billet le 2 mai ; le nouveau possesseur le fait escompter le 16 juillet, et le 3º possesseur le fait escompter le 12 septembre. L'escompte étant de 6 p. % en dehors et la commission de $1/2$ p. %, quelle somme chacun d'eux recevra-t-il en échange du billet?

P. 2882. Un armateur achète un navire de 300 tonneaux pour la somme de 44 990 f. ; mais avant la livraison, ce navire se trouve avarié par suite du mauvais temps, en sorte que l'armateur fait sur le paiement une retenue de 15 p. %. Pour le reste, le 13 avril il fait un billet payable dans un an ; mais le possesseur de ce billet le fait escompter le 21 juin ; le 2º possesseur le fait escompter le 14 août, et le 3º possesseur le fait escompter le 26 novembre. L'escompte étant de 6 p. % en dehors, et la commission étant de $5/8$ p. %, quelle somme chaque possesseur recevra-t-il en échange du billet?

P. 2883. Un facteur de pianos de Paris vend à un marchand luthier de province 18 pianos évalués à raison de 450 f. la pièce, transport compris. Le 13 septembre 1856, le luthier envoie au facteur de pianos, pour la somme due, un billet payable le 15 juin 1857. Le facteur de pianos, ayant besoin de fonds, fait escompter ce billet le 25 novembre 1856 ; le nouveau possesseur le fait escompter le 30 janvier 1857, et le 3º possesseur le fait escompter le 18 mars suivant. Le taux de l'escompte en dehors étant de $5\ 1/2$ p. %, et la commission de $3/4$ p. %, quelle somme chacun d'eux recevra-t-il en échange du billet?

P. 2884. Un cultivateur veut couvrir entièrement une prairie contenant 375 a. d'une couche de terreau composée de chaux et de vase d'étang, ayant 12 mm. d'épaisseur. La chaux entrera dans le compost pour 2 hl. par 5 m^3, à 3 f. 50 les deux hectolitres. On demande : 1º combien le compost devra avoir de mètres cubes ; 2º quelle sera la dépense pour l'achat de la chaux ; 3º combien coûteront la main-d'œuvre et le charroi, en supposant le travail d'une journée d'homme pour 10 m^3 à 1 f. 25 la journée, et le transport de 10 m^3 par journée d'attelage de deux bœufs à 6 f. la journée, conducteur compris ; 4º quel sera le montant d'un billet que l'on fait en faveur d'un spéculateur de qui l'on a emprunté la somme nécessaire pour payer toutes ces dépenses, si le billet est payable dans 15 mois, sachant que ce montant se compose de la somme et de l'escompte à 6 p. % par an.

P. 2885. Pour laver le minerai de fer, on se sert d'une machine appelée *patouillet*, laquelle peut, avec trois chevaux attelés ensemble, laver 6 m. cub. 850 de minerai brut par jour; ce minerai rend $1/8$ de minerai prêt à fondre. En admettant que la journée d'un cheval soit payée 3 f. 50, et celle du conducteur 2 f. 25, quelle somme coûtera le lavage du minerai brut qui rendra 48 m^3 de minerai prêt à fondre, et quel escompte a-t-on subi en négociant à 8 p. % par an un billet payable dans neuf mois afin d'avoir la somme nécessaire pour payer cette main-d'œuvre?

P. 2886. Un entrepreneur de transports a 15 chevaux dont chacun lui coûte en moyenne 582 f., et consomme annuellement 38 qm. de foin et 428 l. d'avoine; le foin coûte environ 5 f. 50 le quintal, et l'avoine 8 fr. 25 l'hectolitre; de plus, chaque année, l'entrepreneur est obligé de remplacer 3 de ses chevaux et perd en moyenne 1200 f. à l'échange. D'autre part, la journée d'un cheval lui est payée 3 f., et ses chevaux travaillent ordinairement 240 jours dans l'année. On demande: 1° quel est le bénéfice annuel de cet entrepreneur, en tenant compte de l'intérêt du prix des chevaux à 5 p. %; 2° combien d'années lui seront nécessaires pour qu'avec ce bénéfice il puisse réaliser la somme nécessaire au paiement d'un domaine vendu 48 600 f. payables en 9 paiements égaux, le premier paiement tout de suite et les autres d'année en année, mais tous remplacés par un seul paiement comptant avec escompte en dehors de 5 p. % par an.

P. 2887. Un négociant a acheté 148 hl. 80 d'huile de morue à 155 f. l'hectolitre, et payables à 3 ans; il a la liberté de faire des avances de paiement à raison de $3/4$ p. % d'escompte en dehors par mois; ainsi, au bout de 15 mois, il a donné 11 458 f.; dans quel temps a-t-il dû solder le reste? On sait qu'il n'a déboursé que 8517 f. 60.

P. 2888. On a acheté 69 quintaux de laine à 5 f. le kilogramme, payables dans 3 ans 4 mois, avec liberté de faire des avances de paiement avec escompte en dehors de 5 p. % par an: or, treize mois après ce marché, on déboursa 8697 f. 50; un an après le versement de cette somme, on fit une nouvelle avance de 16 687 f. 50; on demande à quelle époque on a versé le reste, sachant qu'on n'a déboursé que 6727 fr. 50.

P. 2889. Le 15 juillet 1843, un commerçant acheta 50 quintaux 83 kg. de laine pour la somme de 25 400 f. payable le 12 novembre 1844; mais il était libre de faire des avances de paiement avec remise de $5/8$ p. % par mois d'escompte en dehors; ainsi, le 24 mars 1844, il fit un paiement de 6449 f. 3775; le 15 juin suivant, il déboursa encore 12 599 f. 93625: on demande dans quel temps il a dû solder le reste, sachant qu'il n'a déboursé que 5532 f. 4575.

P. 2890. Un fabricant de brosserie fine acheta 65 kg. de poil de blaireau à 80 f. le kilogramme, payables dans 2 ans, mais avec liberté de faire des avances de paiement avec escompte de 6 p. % par an et en dehors. En vertu de cet arrangement, 8 mois après ce marché, il déboursa 1508 f. 80; 7 mois 24 jours après ce paiement, il versa de nouveau 2244 fr. 06; enfin, pour acquitter le reste de sa dette, il ne déboursa que 1195 f. 60: combien de temps avant l'échéance fit-il ce dernier versement?

P. 2891. Un marchand de bois achète 40 000 fagots à 42 f. 10

le cent; la dette qu'il contracte est payable dans 2 ans 11 mois; mais il a la liberté de faire des avances de paiement avec escompte en dehors de 6 p. 0/0. Il débourse donc au bout de 15 mois 7587 f.; cinq mois après, il verse 4393 f. 75 : dans quel temps a-t-il dû payer le reste, s'il n'a déboursé que 3568 f. 50 ?

P. 2892. Un marchand de bois a acheté des bois de construction mesurant ensemble 150 st. à 116 f. 1/3 le stère, payables dans 2 ans 8 mois; mais, au bout de 15 mois, il versa 8939 f. 59, déduction faite de l'escompte en dehors. On demande dans quel temps il a payé le reste de la somme, sachant qu'il n'a déboursé que 6352 f. 762 et que l'escompte était de 3/5 p. 0/0 par mois.

P. 2893. Un particulier a acheté un piano pour 2346 f. 40; le vendeur a gagné 12 p. 0/0 sur le prix d'achat, et seulement 6 p. 0/0 sur le prix de revient. 1° Quels sont ces prix ? 2° Quels seraient-ils en supposant 12 p. 0/0 sur le prix de vente par rapport au prix d'achat, et 6 p. 0/0 sur le prix de vente par rapport au prix de revient? 3° Quel est le bénéfice du vendeur dans les deux cas?

P. 2894. Un boulanger achète 15 sacs de farine, pesant chacun 159 kg., à 116 f le sac; combien doit-il revendre le sac pour gagner 10 p. 0/0 1° sur le prix d'achat, 2° sur le prix de vente? et quelle somme recevra-t-il dans l'un ou l'autre cas?

P. 2895. Un marchand de papier a vendu à un imprimeur 280 rames de papier grand-raisin double à 28 f. 80 la rame. Dans cette vente, le marchand a gagné 4 p. 0/0 sur le prix de vente : quel était le prix d'achat? quel serait le prix d'achat, en supposant que l'on a gagné 4 p. 0/0 sur le prix d'achat?

P. 2896. Quel est le plus avantageux de gagner 6 p. 0/0 sur le prix de vente, ou sur le prix d'achat? Quel est le moins désavantageux de perdre 6 p. 0/0 sur le prix de vente, ou sur le prix d'achat?

P. 2897. Un marchand a vendu à une personne riche un chapeau de paille d'Italie pour la somme de 545 f.; à ce marché, il a perdu 2 p. 0/0 sur le prix de vente : combien le chapeau lui avait-il coûté? Combien aurait-il coûté si la perte eût été de 2 p. 0/0 sur le prix d'achat ?

P. 2898. Un petit fabricant avait acheté, au prix de 4 f. le kilogramme, du fil de coton pour trame n° 20, et il devait s'acquitter après 3 mois 5 jours. Mais en payant comptant, il a obtenu, au taux de 6 p. 0/0 par an, un escompte en dehors de 8 f. 55 : combien de kilogrammes de fil avait-il achetés? combien en aurait-il acheté si l'escompte eût été en dedans?

P. 2899. On a vendu 92 quintaux 3/4 d'acide muriatique à 10 f. le quintal, et l'on doit être payé dans 8 mois 16 jours. Si l'on a payé comptant, quel escompte en dehors devra-t-on accorder au taux de 6 p. 0/0? On demande aussi quel escompte on devrait accorder si l'escompte était en dedans.

P. 2900. Un particulier a fait faire 1000 m2 de couverture en tuile vieille, grand moule, à claire-voie sur lattis neuf, à 2 f. 50 **le mètre carré. Il** devait s'acquitter à une certaine époque; mais **pouvant payer comptant**, il a obtenu 6 p. 0/0 d'escompte: quelle diminution lui a-t-on accordée? quels auraient été le taux de l'escompte et la diminution, si le mètre ayant été payé 2 f. 55, il n'eût déboursé que la même somme?

P. 2901. On a acheté pour un laboratoire de chimie deux gazomètres en cuivre garnis chacun de quatre robinets; ces objets avec tous leurs accessoires ont coûté 500 f. et étaient payables dans 8 mois; mais on s'est acquitté tout de suite et l'on n'a déboursé que 480 f. L'escompte étant pris en dehors, quel en a été le taux? quel aurait été ce taux, si l'escompte avait été pris en dedans?

P. 2902. On a fait faire 875 m³ de murs en garnis et moellonnailles, et l'on est convenu de payer 9 f. de façon par mètre cube, et cela dans deux ans. Mais ayant pu s'acquitter avant cette époque, on a obtenu 4 1/2 p. % d'escompte par an, ce qui a produit sur la somme due une diminution de 295 f. 3125; à quelle époque a-t-on payé? Quel escompte p. % devait-on obtenir si, en payant 10 f. par m³, on n'eût déboursé néanmoins que la même somme?

P. 2903. Quelle somme faut-il à un marchand de vin pour payer 18 barriques de vin à 143 f. la barrique, s'il obtient 6 p. % d'escompte? et quel devrait être le prix de la barrique si l'escompte, étant à 10 p. %, le marchand déboursait néanmoins la même somme?

P. 2904. Un poêlier a acheté 875 kg. de tôles douces des Ardennes à 54 f. les 100 kg.; le fournisseur lui accorde 2 1/2 p. % d'escompte sur le montant de sa facture: quelle somme déboursera-t-il? Si le fournisseur accordait 6 p. %, quel devrait être le prix des 100 kg., pour qu'on déboursât la même somme totale?

P. 2905. Dans une maison nouvellement construite, on a fourni et posé 12 cheminées à console en marbre de Laval; chacune a coûté 180 f.: quel sera l'escompte en dehors à retenir sur la somme due pour cet objet, le taux étant à 6 p. %? Si le taux était 4 p. %, quel serait le prix d'une cheminée, supposé que l'on déboursât dans ce cas la même somme totale?

P. 2906. On a acheté une machine à vapeur locomobile, de la force de trois chevaux, pour la somme de 4000 f.: combien déboursera-t-on pour la payer si l'on obtient 4 p. % d'escompte en dedans? Si l'acheteur eût voulu 10 p. % d'escompte, à quel prix le vendeur aurait-il dû porter cette machine, pour recevoir la même somme?

P. 2907. On a vendu pour un cabinet de physique, 1° deux machines électriques; l'une à un seul conducteur, avec un plateau de 44 cm. a coûté 115 f.; l'autre, à deux conducteurs, avec plateau en glace de 1 m. 30, a coûté 1550 f.; 2° un modèle de machine à vapeur, à haute et à basse pression, pour la somme de 1200 f.; 3° un modèle de locomotive avec tous ses agrès et railsways, pour 2000 f.; et 4° un modèle de tender avec pompe, articulé. On demande le prix de ce dernier objet, sachant que, pour l'ensemble des objets achetés, l'acquéreur avait fait un billet payable dans 6 mois, qu'il s'est acquitté 36 jours après l'achat en obtenant un escompte en dehors de 5 1/2 p. %, et qu'il n'a versé que 5051 f. 37. Quel serait ce prix, si, en versant la même somme, on avait obtenu l'escompte en dedans?

P. 2908. Le chef d'une manufacture de porcelaine a acheté, au prix de 100 f. la tonne, 500 qm. de derle ou terre à porcelaine. Il fait un billet pour la somme à verser par suite de cet achat. Ce billet, escompté en dehors à 4 p. % par an le 1er janvier 1856, se trouve réduit à 4 800 f.: quelle était son échéance? Quelle aurait été cette échéance si, l'escompte ayant été pris en dedans, on avait, ce même jour, versé la même somme pour l'acquit du billet?

P. 2909. Un fabricant de semoule vient d'acheter un sasseur mécanique qui lui coûte 3000 f. payables dans 18 mois; mais, s'il veut payer tout de suite, il obtiendra 7 p. % d'escompte en dehors : quelle somme déboursera-t-il? quel serait le taux d'escompte si le sasseur, ayant été vendu 2 850 f., on avait déboursé néanmoins la même somme?

P. 2910. Un particulier vient d'acheter une pendule qui lui coûte 1 200 f. payés comptant; mais il voudrait la payer en trois billets égaux, échéant, le 1er dans 3 mois, le 2e dans 6 mois, et le 3e dans 9 mois : quel doit être le montant de chaque billet, l'escompte étant à 6 p. % par an et en dedans? quel devrait être ce montant, si l'escompte était en dehors?

P. 2911. Un fabricant de broderies veut acheter deux machines à broder, du prix de 5040 f. chacune; pour cela, il emprunte de l'argent chez un banquier. Ce dernier, n'ayant point d'argent comptant, porte à la Banque de France un effet de 10000 f. payable dans 90 jours. La Banque escompte cet effet à 6 p. %. Le banquier remet l'argent à l'emprunteur et lui demande 6 p. % par an d'intérêt, plus 1 1/2 p. % de commission. On demande quelle somme ce fabricant devra au banquier 218 jours après.

P. 2912. Un industriel a vendu à deux négociants 11 680 kg. 95 Dg. de potasse à 100 f. le quintal métrique; le 2d en a pris 5 183 kg. 45 de plus que le 1er, et les deux négociants font chacun un billet; celui du 1er est payable dans 16 mois; et celui du 2d, dans 18 mois. Huit mois après, l'industriel fait escompter les deux billets chez un banquier, et il reçoit pour le 2d 4 891 f. 79 de plus que pour le 1er: quel est le taux de l'escompte en dehors?

RÈGLE DU TEMPS POUR LES PAIEMENTS

P. 2913. On a acheté 648 kg. de noir d'ivoire à 0 f. 80 le kilogramme; on doit en payer $1/8$ chaque mois : de combien sera chaque paiement?

P. 2914. Un négociant a acheté 6 quintaux de laine à 24 f. le kilogramme; 7 quintaux à 1 f. 80 l'hectogramme; 7 quintaux à 16 cent. le décagramme; 25 quintaux à 10 f. le kilogramme; 18 quintaux à 8 f. le kilogramme, et 2764 kilogrammes à 0 f. 05 le décagramme; il doit payer chaque mois $1/4$ de la dette qu'il vient de contracter par tous ces achats : de combien sera chaque paiement?

P. 2915. J'ai acheté de la laine que j'ai payée 8 f. le kilogr.; je dois m'acquitter par douzièmes, de mois en mois : dites combien de quintaux de laine j'ai achetés, et de combien sera chaque paiement, sachant que 360 f., que j'ai donnés à compte, sont à la somme totale que je dois, pour cet achat, comme 8 est à 420.

P. 2916. Une machine à vapeur, de la force de 18 chevaux, consomme par heure 91 kg. $4/5$ de houille. En achetant la houille nécessaire à l'alimentation de la machine fonctionnant jour et nuit pendant 9 mois de 30 jours, on convient avec le marchand de s'acquitter par cinquièmes, de mois en mois : quelle sera la valeur de chaque paiement? On sait que l'hectolitre de houille pèse 85 kg. et qu'elle coûte 3 f. l'hectolitre.

P. 2917. J'ai acheté 522 kg. de soies grèges filées, à 39 f. le kilogramme ; et je dois m'acquitter de cette dette comme il suit : les $4/9$ comptant; le $1/5$ du reste, dans 16 mois; les $2/3$ de ce qui restera à payer, dans 8 mois; et le reste, dans un an : quel sera le montant de chaque paiement?

P. 2918. Un fabricant d'articles de literie, vient d'acheter 720 kg. de duvet d'oie, à 10 f. le kilogramme, et 240 kg. d'édredon épuré, à 27 f. le kilogramme. Il doit s'acquitter de la manière suivante de la dette qu'il vient de contracter : il en paiera $1/6$ comptant, $2/9$ dans 5 mois, et le reste au bout de l'an : de combien sera chaque paiement?

P. 2919. J'ai acheté 259 kg. 527 gr. de soie écrue moulinée et je me suis acquitté en quatre paiements : le 1er a été de 2160 f.; pour le 2e, j'ai donné deux fois la valeur du premier, plus $1/3$ de cette valeur; pour le 3e, j'ai donné autant que pour les deux premiers, moins 1631 f. 70; et, pour le 4e, j'ai donné la moitié du 2e, et les $3/4$ du 3e : quel est le montant de chaque paiement, et quel est le prix du kilogramme de soie moulinée?

P. 2920. Un charcutier a acheté 15 porcs; il en a payé le tiers à 45 f. la pièce, le cinquième du 1er reste à 48 f., les $3/8$ du 2e reste à 50 f., les $2/5$ du 3e reste à 58 f., et le dernier reste à 60 f.; il donne 47 f. comptant; pour le reste de ce qu'il doit, on lui accorde 6 mois de crédit, à condition qu'à partir de cette époque il paiera 120 f. chaque mois : dans combien de temps aura-t-il fini de s'acquitter?

P. 2921. Un négociant avait acheté 125 quintaux de savon de Marseille. Il s'est acquitté en 3 paiements ; le 1er a été des 3/5 de la dette qu'il avait contractée ; le 2e, du quart de cette même dette ; et le 3e, de 3510 f. On demande : 1° le montant de chaque paiement ; 2° le montant total de la dette ; 3° le prix du quintal de savon.

P. 2922. J'ai acheté des soies gréges filées à 44 f. le kilogramme, et je me suis acquitté en trois paiements : le 1er était 4 fois plus grand que le 2e ; et le 2e, 3 fois moindre que le 3e, qui fut de 6078 f. 60 : combien ai-je acheté de kilogrammes de soies gréges ?

P. 2923. On a vendu 72 hl. de maïs à 15 f. 30 l'hectolitre ; et l'on a été payé en trois paiements, dont le 2e était le double du 1er, et dont le 3e était le double de la somme des deux premiers : quelle a été la valeur de chaque paiement ?

P. 2924. Un particulier a acheté 700 bouteilles de vin de Champagne ; il s'est acquitté en 3 fois de la dette qu'il a contractée ; ses trois paiements étaient entre eux comme les nombres 7, 3 et 11 ; et le 3e surpassait le premier de 520 f. : quel était le montant de chaque paiement et le prix de chaque bouteille ?

P. 2925. Un revendeur a acheté d'un marchand de légumes secs 45 hl. de haricots à 28 f. 80 l'hectolitre ; il s'acquitte en trois paiements, dont le 2e est le double du 1er, et le 3e est le triple du 2e : quelle est la valeur de chaque paiement ?

P. 2926. J'ai acheté 35 kg. d'écaille de tortue débitée en feuilles, à 84 f. 30 le kilogramme. Je dois m'acquitter en 3 paiements, dont le 1er doit être fait dans 10 mois, et les deux autres de mois en mois à la suite du 1er : quel sera le montant de chaque paiement ? Je sais que le 2e est le double du 1er, et que le 3e est égal à la somme des deux autres.

P. 2927. J'ai acheté 213 kg. 1/2 d'ivoire à 18 f. le kilogr. ; j'ai donné comptant une somme dont je ne me rappelle pas le montant ; 9 mois après, j'ai fait un paiement quintuple du 1er ; et, au bout de l'an, j'ai acquitté le reste de ma dette, lequel était égal aux 2/3 du total des deux premiers paiements : quel a été le montant de chaque paiement ?

P. 2928. Un peintre en bâtiments a acheté 150 kg. de noir de fumée à 1 f. 50 le kilogramme. Il s'acquitte en quatre paiements : le 1er, qui est fait argent comptant, est le tiers du 2e, dont le peintre s'acquitte après 6 mois ; le 3e, fourni au bout de 9 mois, est le triple du 2e ; et le 4e, donné au bout de l'année, se compose du reste de la dette et est le double du 1er : à combien se monte chaque paiement ?

P. 2929. Un marchand de fers a acheté 80 quintaux de fers laminés de Suède, à 46 f. 90 le quintal ; et il doit s'acquitter en quatre paiements. Le 2e, qui doit être effectué dans 8 mois, est triple du 1er, qui doit se faire au comptant ; le 3e, qui doit se faire dans un an, est double du 2e ; et le 4e, qui doit s'effectuer dans 15 mois, est quadruple du 1er : dites quel sera le montant de chaque paiement.

P. 2930. Un corps de ferme a été construit, il y a 24 ans, dans des conditions qui lui assuraient une durée moyenne de 100 années, et il a coûté 8500 f. On demande : 1° combien doivent être estimés aujourd'hui ces édifices, en supposant que les matériaux conservent, à l'expiration des 100 années, une valeur intrinsèque de 10 p. 0/0 du capital employé. 2° Ce corps de ferme étant acheté aujourd'hui au prix d'estimation qui vient d'être demandé, on s'acquitte en 3 paiements donnés d'année en année; le 1er paiement est des 3/8 de la somme; le 2e, des 2/7; et le 3e, du reste: quelle est la valeur de chaque paiement?

P. 2931. Un négociant a acheté 183 kg. 75 de défenses d'éléphant qu'il a payés de 6 mois en 6 mois en quatre paiements; le 1er a été des 2/9 de la dette; le 2e a été de 320 f. 50; on ne connaît pas le montant du 3e; le 4e a été de 663 f. 50; et il égale le 1er et le 2e paiement réunis. Quel a été: 1° le montant de chaque paiement; 2° le prix du kilogramme de défenses d'éléphant; 3° le temps nécessaire à l'entier acquit de la dette?

P. 2932. Un fabricant d'images a acheté 72 kg. de noir d'imprimeur en taille douce. Comme il n'est pas avancé dans ses affaires, il s'acquitte en quatre paiements, de mois en mois. Si le 1er et le 2e paiement avaient été augmentés, l'un de 5 f., et l'autre de 7 f. pris sur le 3e paiement, ces 3 paiements eussent été égaux; et le 4e a été de 18 f. 60, ce qui est la 6e partie, plus 3 f., de la somme totale : de combien a été chaque paiement, et quel est le prix du kilogramme de noir d'imprimeur?

P. 2933. Un marchand de bestiaux a acheté 4 bœufs, 7 vaches et 5 génisses; les bœufs lui ont coûté 480 f. chacun; les vaches lui ont coûté chacune les 3/5 du prix d'un bœuf; et les génisses, le quart du prix d'une vache. Ce marchand doit s'acquitter en deux paiements, dont l'un, qui est les 5/12 de la dette totale, doit être effectué dans 6 mois; et l'autre, qui est le reste de la dette, doit être fait à la fin de l'année : de combien sera chaque paiement?

P. 2934. Un marchand de chevaux en a acheté 6, dont le 1er lui a coûté 540 f.; le 2e a coûté 1/4 de plus que le 1er; le 3e a coûté les 2/3 du prix du 1er et les 2/5 du prix du 2e; le 4e a coûté les 8/9 du prix du 3e et 1/6 du prix du 1er; le 5e vaut le prix moyen des 3 premiers; et le 6e, le prix moyen du 4e et du 5e; le marchand doit s'acquitter dans l'espace d'un an en payant 1/12 par mois : de combien sera chaque paiement?

P. 2935. Un tanneur a acheté 80 peaux de bœuf sur le pied de 78 f. 50 le quintal métrique; 64 peaux de vache, à 78 f. le quintal métrique, et 30 peaux de veau, à 6 f. la pièce; il doit s'acquitter en 3 paiements: le 1er sera 1/4 de la dette, plus 20 f.; le 2e doit être égal au 1er, plus 1/5 de la dette; et le 3e doit être du reste de ce que doit le tanneur : quelle sera la valeur de chaque paiement? On sait que les peaux de bœuf pèsent en moyenne chacune 40 kg.; et les peaux de vache, chacune 25 kg.

P. 2936. Une scierie avec toutes ses machines a coûté 32 000 f. On demande : 1° combien le propriétaire de cette usine gagne par jour s'il y a 8 scies qui fonctionnent journellement pendant 12 heures; et si, en 3/4 d'heure, chaque scie fait 42 m. courants de planches estimées 0 f. 015 par mètre; 2° quel est le gain annuel du propriétaire, si l'usine marche 300 jours par an; 3° quel à-compte il pourra donner au bout de l'année, après avoir prélevé sur son gain annuel 6 f. par jour pour son entretien et celui de sa famille, et après avoir pris sur le même gain les sommes nécessaires au paiement de ses 6 ouvriers, dont 3 gagnent 2 fr. par jour, 2 gagnent 2 fr. 50, et le dernier, 3 fr. ; 4° combien de jours après le 1er à-compte il devra travailler afin de pouvoir payer le reste des 32 000 l.

P. 2937. Les expériences de M. Lecocq, de Clermont, ont prouvé que le sel employé avec mesure comme amendement favorise la végétation et donne des produits d'excellente qualité ; c'est ainsi que les prés salés sont en réputation pour la quantité et la qualité de leurs fourrages et l'engrais de leurs moutons. Voici les résultats obtenus pour le froment : de 2 a. de terrain, l'un n'a pas reçu de sel, et l'on en a répandu 3 kg. sur l'autre ; le 1er n'a produit que 14 kg. de blé, et le 2^d en a donné 20 kg. 1/2. Cela connu, on demande : 1° quel sera pour un champ de 5 ha. 78 a. la différence de produit en hectolitres et en kilogrammes, sachant que l'hectolitre de bon froment pèse 78 kg.; 2° quel sera le bénéfice réalisé, le sel valant 30 f. les 100 kg., le blé valant 20 f. 50 l'hectolitre ; et 5 journées d'homme, à 2 f. chacune, ayant été nécessaires pour répandre le sel ; 3° quelle est la contenance d'une terre que l'on a achetée sur le pied de 910 f. l'hectare, sachant que le bénéfice indiqué ci-dessus est à la somme que coûte cette terre, comme 7 est à 420 ; 4° quel sera le montant de chaque paiement versé pour cette terre, sachant que l'on doit s'acquitter par douzièmes, de mois en mois.

P. 2938. Un maître cordonnier a acheté d'un tanneur 228 kg. de cuir de vache, à 5 f. 80 le kilogramme ; 220 kg. de cuir fort, à 3 f. 20 le kilogramme ; 345 kg. de cuir de veau, à 7 f. 40 le kg. ; 270 kg. de cuir de cheval, à 1 f. 50 le kg. ; 116 douzaines de basanes de mouton, à 18 f. 60 la douzaine ; et 4 douzaines de maroquin, à 54 f. la douzaine ; il doit s'acquitter en 2 fois de la somme que coûte cette emplette : la moitié dans 6 mois, et le reste dans 10 : s'il ne veut faire qu'un seul paiement, quand devra-t-il le faire ?

P. 2939. Un marbrier a acheté 5 m. cub. 520 de marbre gris de Caunes à 875 f. le mèt. cub. Il doit s'acquitter de la moitié de sa dette dans 6 mois ; et il doit payer ensuite chaque tiers du reste de 6 mois en 6 mois. S'il veut payer en une seule fois, à quelle époque doit-il le faire ?

P. 2940. Un menuisier a planchéié les appartements du 1er et du 2^d étage d'une maison ; ces appartements, dont les planchers sont en chêne de 27 mm. et coûtent 10 f. le mètre carré, ont une surface totale de 520 m². Le propriétaire qui a fait travailler ce menuisier doit le payer en 3 fois : le quart de ce qu'il lui doit dans 8 mois ; le cinquième, dans 15 mois ; et le reste, dans 16 ; mais il désire ne faire qu'un seul paiement : quand doit-il le faire ?

P. 2941. Un pharmacien a acheté 6 balles de réglisse pesant chacune 75 kg., à 2 fr. 30 le kilogramme. Il devait s'acquitter en trois paiements, dont le 2e était triple du 1er, et le 3e était double du 2e ; le 1er était payable dans 5 mois ; le 2e, dans 8 ; et le 3e, au bout de l'an ; mais il désire ne faire qu'un seul paiement, quand doit-il l'effectuer ?

P. 2942. Un négociant de Marseille vient de recevoir d'Égypte

6 balles de tamarin en pâte; chaque balle pèse 3 qm., et la marchandise lui revient à 9 f. 50 le kilogramme. N'ayant pas de fonds disponibles pour payer cette emplette, il emprunte à l'un de ses associés, et s'engage à le rembourser des $2/5$ de sa dette dans 4 mois; du tiers dans 10 mois, et du reste au bout de l'année; mais il préfère s'acquitter en un seul paiement: dans quel temps devra-t-il l'effectuer?

P. 2943. Un luthier a acheté d'un facteur d'instruments de musique 16 clarinettes au prix moyen de 130 f. l'une. Il doit payer après 3 mois le quart de la dette qu'il vient de contracter, le 5e après 5 mois, le 8e après 8 mois, et le reste après 10 mois: s'il veut ne faire qu'un seul paiement, à quelle époque doit-il l'effectuer?

P. 2944. Une machine à vapeur, de la force de 15 chevaux, consomme par heure 1 173 hg. de houille, à 3 f. l'hectolitre de 85 kg. En achetant la houille nécessaire à l'entretien de la machine pendant un an de 300 jours d'un travail de 24 heures par jour, on convient d'abord de s'acquitter en trois paiements: le 1er doit être des $5/16$ de la dette; le 2e, des $7/18$; et le 3e, du reste. Le 1er doit être effectué dans 6 mois; le 2e, 5 mois après le 1er; et le 3e, dans 18 mois; mais, comme on ne peut effectuer le 1er paiement au temps convenu, on propose de n'en faire qu'un seul: quand aura-t-il lieu?

P. 2945. Un entrepreneur est convenu avec le maître d'une mine, d'abattre 1 634 m³ de roches et de minerais à raison de 9 f. 60 le mètre cube, et que, 6 mois après que ce travail sera achevé, il recevra un 1er paiement équivalant aux $5/12$ de la somme qui lui sera due, et que le reste lui sera remboursé 4 mois après le 1er paiement. Mais, dans la suite, il désire être payé en une seule fois : quand devra se faire cet unique paiement?

P. 2946. Dans l'exploitation d'une mine, on donne 8 f. 50 pour l'abattage d'un mètre cube. Un entrepreneur ou chef ouvrier en a fait abattre 872 m³ 748; et, 3 mois après l'achèvement du travail, le maître de l'exploitation doit lui payer les 0,5 de la somme qu'il lui doit pour cet abattage; 4 mois après ce 1er paiement, il doit encore lui donner 0,35 de la somme totale, et il doit payer le reste 2 mois après le 2^d paiement. A quelle époque devra-t-il payer tout ensemble pour ne faire qu'un seul paiement?

P. 2947. Un marchand horloger a vendu 3 montres à un père de famille : la 1re, valant 375 f., est payable dans 2 mois $1/2$; la 2e, valant 420 f., est payable 3 mois après la 1re; la 3e, valant 250 f., est payable 1 mois $1/2$ après la 3e: si le père de famille veut remplacer les 3 paiements par un seul, à quelle époque devra-t-il l'effectuer?

P. 2948. Un négociant a acheté, au prix de 3 f. 35 le kilogr.; 39 quintaux de blanc de baleine payables comptant; 5 barils d'huile de baleine, contenant chacun 3 quintaux d'huile, à 1 f. 15 le kilogramme, et payables dans 8 mois; 10 barils d'huile de morue, contenant chacun 150 kg. d'huile, à 1 f. 315 le kilogr., et payables dans 10 mois. Comme il ne peut effectuer le 1er paiement, il propose à son créancier de n'en faire qu'un seul pour tous ces achats : quand doit-il le faire pour qu'ils ne perdent ni l'un ni l'autre?

P. 2949. Un entrepreneur s'est chargé de 45 000 m. courants de clôture pour un chemin de fer, à 2 f. 80 le mètre ; il doit être payé de ce qui lui sera dû pour ce travail, en 5 paiements dont les 4 premiers égalent la valeur de chacun 10 000 m.; le 5ᵉ égalera la valeur des 5 000 m. restants ; or, il aurait dû recevoir le 1ᵉʳ au bout de 4 mois ; le 2ᵉ, 3 mois $1/2$ après le 1ᵉʳ ; le 3ᵉ, 2 mois $1/5$ après le 2ᵉ ; et les 2 autres de 2 mois en 2 mois ; mais l'administration a bien voulu le rembourser en un seul paiement compensant les 5 autres : à quelle époque a-t-il dû le recevoir ?

P. 2950. Un poêlier a acheté un certain nombre de marmites en cuivre à panache, pesant ensemble 340 kg., à 3 f. 75 le kilogramme. N'ayant pas beaucoup de fonds d'avance, il convient de payer $1/5$ comptant ; $1/8$ dans 3 mois, les $2/3$ du reste dans 4 mois, et le reste dans 7 mois 10 jours : à quelle époque pourrait-il s'acquitter s'il voulait ne faire qu'un seul paiement?

P. 2951. On a vendu à un marchand de vaisselle 20 douzaines d'assiettes de porcelaine de 1ᵉʳ choix, à 10 f. la douzaine, et 60 douzaines d'assiettes de 2ᵈ choix, à 8 f. 30 la douzaine. Pour s'acquitter, ce marchand a fait 4 billets : le 1ᵉʳ de 128 f. 50 à 4 mois de crédit ; le 2ᵉ de 240 f. à 3 mois 18 jours ; le 3ᵉ de 129 f. 30 à 8 mois 15 jours ; et le 4ᵉ, du reste de la somme à payer, à 15 mois 20 jours. On désire acquitter tous ces billets en un seul paiement : à quelle époque doit-il se faire?

P. 2952. Un entrepreneur s'est chargé de 6 000 mèt. courants de clôture d'un chemin de fer, à 2 f. 75 le mètre ; il doit être payé des $4/5$ de ce qui lui sera dû pour ce travail, en 6 paiements égaux, qu'il doit recevoir, le 1ᵉʳ, après 2 mois 8 jours ; le 2ᵉ, 3 mois 5 jours après le 1ᵉʳ ; le 3ᵉ, 2 mois 17 jours après le 2ᵉ ; le 4ᵉ, 1 mois 28 jours après le 3ᵉ ; le 5ᵉ, 3 mois après le 4ᵉ ; et le 6ᵉ, 3 mois 7 jours après le 5ᵉ ; mais l'administration veut bien le rembourser en un seul paiement compensant tous les autres : à quelle époque cet unique paiement doit-il être fait?

P. 2953. Un négociant a acheté 52 quintaux de plomb laminé à 78 fr. le quintal ; il fait au vendeur 4 billets : le 1ᵉʳ est de 875 f., payable au bout de 92 jours ; le 2ᵉ, de 1 240 f., payable au bout de 115 jours ; le 3ᵉ, de 1 370 f., payable au bout de 48 jours ; et le 4ᵉ, du reste de la somme qu'il doit, billet payable au bout de 280 jours. Il voudrait remplacer tous ces billets par un seul comprenant toute la somme : au bout de combien de jours ce billet unique sera-t-il payable?

P. 2954. Un marbrier a acheté 6 m³ 450 de marbre, dit Brèche d'Alep, au prix de 950 f. le mèt. cube. Il doit s'acquitter par cinquièmes : le 1ᵉʳ au comptant, le 2ᵉ dans 4 mois, le 3ᵉ dans 8 mois, le 4ᵉ dans 12 mois, le 5ᵉ dans 15 mois. S'il veut ne faire qu'un seul paiement, quand doit-il acquitter sa dette?

P. 2955. Un pelletier-fourreur a acheté 4 peaux de renards noirs qu'il a payées chacune 312 f. ; dans combien de temps devrait-il verser ce qu'il doit pour cet achat, afin de ne rien perdre ni rien gagner, sachant que, d'après les premières conventions, il aurait dû en payer 1/2 dans 8 mois, 1/4 dans 10 mois, et le reste au bout de l'an?

P. 2956. Une machine à cloche plongeante, servant à la ventilation d'une mine, a coûté 28 000 f. On doit s'acquitter de cette somme en deux paiements, dont le 1er doit se faire dans 18 mois; et le 2d, qui est le quart du 1er, doit se faire 15 mois après celui-ci. Si l'on s'acquittait en une seule fois, à quelle époque devrait-on faire cet unique paiement?

P. 2957. Un jeune homme, voulant s'exonérer du service militaire, s'arrange avec un remplaçant et lui promet 1 950 f. qu'il lui paiera en 3 paiements: le 1er, égal aux 4/13 de la somme, sera fourni comptant; le 2e, égal aux 7/15, sera effectué dans 18 mois, et le reste dans 2 ans: si le jeune homme veut s'acquitter en une seule fois, à quelle époque pourra-t-il le faire?

P. 2958. Un épicier en gros avait acheté d'un vinaigrier 45 hl. de vinaigre; il devait s'acquitter en 3 paiements; le 1er, qui était du quart de la dette, devait se faire dans 5 mois; le 2e, qui était des 3/7 de la dette, devait se faire 4 mois après le 1er; et le 3e, qui était de 405 f., devait se faire à la fin de l'année; mais l'épicier s'est acquitté en un seul paiement: à quelle époque l'a-t-il effectué, et à quel prix a-t-il acheté l'hectolitre de vinaigre?

P. 2959. Un armurier a acheté 25 canons doubles rubannés, pour fusils de chasse, au prix de 280 f. la pièce. Il doit s'acquitter en 3 paiements: l'un de 2 340 f., après 2 mois 1/3; le 2e, de 3 270 f., 3 mois 7 jours après le 1er; et le 3e, 4 mois 1/5 après le 2e. S'il voulait s'acquitter en une seule fois, à quelle époque devrait-il faire cet unique paiement?

P. 2960. Un épicier a acheté d'un vinaigrier 8 hl. de vinaigre à 35 f. l'hectolitre; il doit s'acquitter en 2 paiements qui sont entre eux comme 3 est à 7; le 1er doit s'effectuer dans 4 mois; et le 2d, au bout de l'année; mais il voudrait s'acquitter en un seul paiement: à quelle époque doit-il le faire?

P. 2961. Un poêlier-fumiste s'est approvisionné d'un certain nombre de fours en tôle avec portes et pentures en fer, pesant ensemble 312 kg., à 1 f. 60 le kilogramme: à l'époque de l'achat, c'est-à-dire le 25 janvier, il doit payer les 2/5 de ce qu'il doit pour cette acquisition; et il doit payer le reste au 15 février: s'il veut faire ces deux paiements en un seul, quel jour doit-il l'effectuer?

P. 2962. On a acheté 30 quintaux de fil de laine longue et peignée, à 15 f. le kilogramme. On doit s'acquitter en 2 paiements; l'un, du quart de la dette, au bout de 4 ans 6 mois; et l'autre, du reste de la dette, au bout de 5 ans 8 mois. On voudrait s'acquitter en une fois au moyen d'un paiement de 45 000 fr. On demande à quelle époque il devra s'effectuer, l'intérêt étant simple et le taux 4 1/2 p. 0/0.

P. 2963. On a acheté 132 barils d'olives salées, pesant chacun 40 kg., au prix de 25 f. le baril. On doit s'acquitter en deux paiements, dont le quotient est 11, et dont la différence est 2 750 f.; l'un de ces deux paiements, le plus faible, doit être effectué dans 8 mois; et l'autre, dans 15 mois; mais on veut n'en faire qu'un seul: à quelle époque devra-t-on s'acquitter?

P. 2964. On a acheté 280 barils d'olives salées, pesant chacun

3 kg., à 36 f. les 40 kg. On doit s'acquitter en deux fois de la somme qu'on doit pour cet achat; et les deux paiements sont tels, que leur quotient est 23; le plus faible doit être fait dans 3 mois; et le plus fort, dans 15 mois : si l'on ne voulait faire qu'un seul paiement, quand devrait-on l'effectuer?

P. 2965. On a acheté 350 barils d'olives salées, pesant chacun 2 kg. $1/2$, à 42 f. les 40 kg. On doit s'acquitter en deux paiements de la dette que l'on vient de contracter par cet achat; le quotient de ces deux paiements est 14; le plus petit doit être fait dans 8 mois, et le plus grand, six mois après; l'acheteur, ne pouvant faire le 1er paiement à l'époque fixée, désire n'en faire qu'un seul, le vendeur y consent, à condition de ne rien perdre : quand devra se faire ce paiement?

P. 2966. Un éventailliste a fourni à l'un de ses confrères 8 éventails à 250 f. la pièce, et payables dans 4 mois; et de plus, 12 autres éventails à 500 f. la pièce, payables dans 5 mois : quelle somme aurait-il pu lui prêter en proportion pour 15 mois?

P. 2967. Quelle somme dois-je prêter à mon sellier pour 10 mois, s'il m'a fourni deux harnais ordinaires pour cheval de voiture, au prix de 200 f. chacun, payables dans 5 mois; et deux harnais ordinaires pour cheval de carrosse, au prix de 400 f. chacun, payables dans 6 mois?

P. 2968. Un armurier avait prêté 2 000 f. pour 15 mois à l'un de ses confrères; celui-ci lui a vendu 18 canons doubles enrubannés, pour fusils de chasse, à 120 f. la pièce : jusqu'à quelle époque l'armurier peut-il différer le paiement de ces 18 canons?

P. 2969. Un luthier a vendu, pour 250 f., une 1re flûte payable dans 3 mois, pour 300 fr., une 2e flûte payable dans 6 mois; et pour 500 fr., une 3e flûte payable dans 8 mois : pour quel temps celui qui les a achetées pourrait-il prêter 1 200 f. au luthier?

P. 2970. Un jeune homme, qui veut s'appliquer à l'étude de l'astronomie, a acheté pour la somme de 600 f. un astrolabe mobile à étoiles transparentes et lumineuses, et il a payé cet instrument un an après l'achat; en même temps, il avance au constructeur une somme de 850 f. : combien de temps celui-ci peut-il garder cette somme avant de la rendre?

P. 2971. Un sellier m'a fourni un harnais complet et riche pour cheval de selle, au prix de 200 f. payables dans 2 mois; un harnais complet et riche pour cheval de voiture, au prix de 300 f. payables dans 3 mois; un harnais complet ordinaire pour cheval de carrosse, au prix de 400 f. payables dans 4 mois; pendant combien de temps peut-il garder 2 000 f. qu'il me doit?

P. 2972. Un coutelier a prêté à l'un de ses confrères : 1° pour 3 mois, la somme nécessaire à l'acquisition de 36 douzaines de rasoirs, à 15 f. la douzaine; 2° deux mois après il lui a prêté, pour 4 mois, la somme nécessaire à l'acquisition de 20 douzaines de rasoirs, à 18 f. la douzaine : pour combien de temps ce confrère peut-il prêter au 1er coutelier la somme nécessaire à l'acquisition de 42 douzaines de rasoirs à 21 f. la douzaine, afin de lui rendre le même service qu'il en a reçu?

P. 2973. Un fabricant de machines m'avait pris pour 600 f. de marchandises qu'il devait me payer dans 9 mois; mais il ne s'est acquitté qu'à la fin de l'année : combien de temps pourrais-je différer le paiement d'une machine à faner, de 650 f. payables dans 8 mois?

P. 2974. En vendant du drap 7 f. 75 le mètre, on en a retiré 1 248 f. sur lesquels on a gagné 211 f.: combien faudrait-il vendre le mètre du même drap, pour gagner 35 f. 31; et, si l'on a vendu ce drap à un horloger, qui, l'ayant acheté à 6 mois de crédit, ne s'est acquitté qu'au bout de 10 mois, pendant combien de temps pourra-t-on garder la somme qui lui est due pour une montre de 275 f. qu'on devait lui payer après 5 mois?

P. 2975. Un fabricant de chapeaux de paille d'Italie devait 5 000 f. payables dans 8 mois 20 jours; il a vendu à son créancier 75 chapeaux pour hommes, à 14 f. la pièce; et il ne doit être payé qu'à l'époque où la somme qui lui est due pour cette vente aura produit un intérêt égal à celui de 5 000 f. qu'il doit lui-même : à quelle époque aura lieu ce paiement?

P. 2976. Un marchand chapelier doit à l'un de ses fournisseurs 800 f. payables dans 15 mois, et, à un autre, 1 200 f. payables dans 6 mois 12 jours. Il vend à un autre chapelier 150 chapeaux à 12 f. la pièce : à quelle époque doit-il fixer le paiement de la somme qui lui est due pour cette vente, s'il veut qu'elle lui rapporte un intérêt égal à ceux qu'il doit verser pour ses deux dettes?

P. 2977. Une filature de coton renfermant 45 métiers de chacun 280 broches a coûté pour son établissement un prix moyen de 40 f. par broche. L'industriel qui l'a montée a emprunté pour 15 ans de l'un de ses associés les $3/14$ de la somme qu'il a dépensée pour cela : pour quel temps pourra-t-il à son tour, dans la suite, prêter à cet associé une somme de 115 000 f., afin de ne plus lui avoir d'obligation?

P. 2978. Pour aller en paquebot de Marseille à Smyrne, on paie pour les 1res places 370 f. par personne. Une famille de 8 personnes étant obligée de faire ce voyage, et n'ayant pas de numéraire, emprunte la somme nécessaire au paiement de la traversée. Quatre ans après, cette famille ayant fait de bonnes affaires, revient en France, et rend la somme qu'elle a empruntée; et la personne qui la lui avait prêtée, emprunte d'elle, à son tour, une somme de 1 420 f. : combien cette personne doit-elle la garder de temps pour compenser les intérêts de la somme qu'elle a prêtée?

P. 2979. Un industriel faisant marcher une filature renfermant 50 métiers de chacun 320 broches, et qui occupe un nombre total d'ouvriers que l'on peut évaluer à raison d'un ouvrier pour 40 broches, se trouve sans fonds disponibles pour le paiement de ses ouvriers pour les 6 jours de travail d'une semaine. Il emprunte pour 8 mois, de l'un de ses amis, la somme dont il a besoin pour cet effet : quelle somme pourra-t-il à son tour, dans la suite, prêter à cet ami, si celui-ci ne peut la lui rendre qu'au bout d'un an? Le prix moyen de la journée d'un ouvrier est de 1 f. 60.

P. 2980. Un propriétaire a fait faire pour un passage présentant une superficie de 230 m^2, un macadam bitumineux de 3 cm. d'épaisseur, à raison de 5 f. 25 le mèt. carré; et il doit s'acquitter après 18 mois. Mais l'entrepreneur de ce travail doit au propriétaire 1600 f. payables dans 15 mois : à quelle époque ces deux particuliers pourront-ils régler leur compte ?

P. 2981. On doit payer 3360 f. pour 84 hl. de vin, à 12 mois de crédit; mais on a payé 36 hl. au bout de 10 mois : on désire savoir dans quel temps il faudra payer le reste.

P. 2982. Un entrepreneur d'ouvrages en bitume a acheté 50 qm. de goudron minéral, ou asphalte pur, à raison de 60 f. les 100 kg. Il doit s'acquitter dans 16 mois; mais il débourse 1000 f. au bout de 8 mois : pendant combien de temps peut-il garder le reste ?

P. 2983. Dans une nouvelle maison, on pose 68 m² de vitres en verre blanc double, à 12 f. 50 le mètre carré; on doit être payé dans 10 mois; mais on reçoit 320 f. au bout de 6 mois : à quelle époque recevra-t-on le reste ?

P. 2984. Un négociant a vendu 24 pièces de drap de Sedan, contenant chacune 28 m., à 25 f. le mètre, et il a accordé 10 mois de crédit; il n'a reçu le quart de cette somme qu'au bout de 15 mois : à quelle époque avait-il reçu les 3/4 de cette même somme ?

P. 2985. J'avais acheté 450 kg. de casse non apprêtée, au prix de 0 f. 05 le demi-hectogramme, et j'avais obtenu 15 mois de crédit; mais j'ai payé les 2/5 de ma dette au bout de 8 mois : pendant combien de temps puis-je garder le reste ?

P. 2986. Un particulier fait faire un vitrage de 100 m², à 4 f. 80 le mèt. carré, et il doit s'acquitter dans 8 mois : pendant combien de temps pourra-t-il garder le reste, s'il verse 200 f. comptant ?

P. 2987. Un négociant veut faire passer au Mexique 68 quintaux de viande salée, qu'il achète à raison de 0 f. 80 le kilogramme; la dette qu'il contracte est payable dans 9 mois, à condition que, s'il avance 2400 f., il pourra garder le reste pendant 12 mois : à quelle époque devra-t-il faire cette avance ?

P. 2988. Un négociant a acheté 18 quintaux de graisse de poisson, au prix moyen de 125 f. le quintal, et payables dans 6 mois; 9 quintaux de blanc de baleine pressé, à 375 f. le quintal, payables dans 8 mois; et 15 quintaux de blanc de baleine raffiné, à 475 f. le quintal, payables dans 10 mois. Or, il paie 9000 fr. au bout de 5 mois : pendant combien de temps peut-il garder le reste ?

P. 2989. Un menuisier a fait pour un propriétaire, 3 portes charretières ayant chacune 3 m. 20 de largeur sur une hauteur double, à raison de 24 f. le mètre carré, et payables dans 21 mois; mais le menuisier ayant besoin d'argent, le propriétaire veut bien lui avancer de 8 mois 733 f. : pendant combien de temps ce propriétaire peut-il garder le reste pour compenser l'avance qu'il a faite ?

P. 2990. On a fait paver une cour de 60 m² avec des pavés scellés en sable, à 7 f. 50 le mètre carré. On devait payer le paveur après 13 mois de crédit; mais on a payé avant l'échéance les 2/3 de ce qui lui était dû, de manière qu'on peut garder le reste 2 ans sans lui faire tort : quand a-t-on payé ces 2/3 ?

P. 2991. Un pharmacien a acheté 150 pains de camphre pesant

RÈGLE DU TEMPS POUR LES PAIEMENTS.   333

chacun 1 kg. 1/2, à 4 f. 20 le kilogramme, et on lui a accordé 18 mois de crédit; mais il s'est acquitté des 3/5 de sa dette avant le terme convenu, de sorte qu'il a gardé le reste pendant 2 ans 1/2. On demande à quelle époque il avait fait le 1er paiement.

P. 2992. Un négociant a acheté 8 barils d'huile de morue, à 1 f. 50 le kilogramme et à 15 mois de crédit; mais ayant payé une partie de la somme qu'il doit, il garde 800 f. pendant 3 ans 9 mois, pour compenser l'avance qu'il a faite: on demande à quelle époque il a fait le 1er paiement, sachant que chaque baril contenait 2 quintaux d'huile.

P. 2993. On a acheté 28 stores à fleurs et oiseaux sur des arbustes; ces stores ont chacun 5 m² 36 et valent 12 f. 50 le mètre carré. La somme due pour cela est payable dans 9 mois; mais, si l'on avance 850 f. avant ce terme, on pourra garder le reste pendant un an: à quelle époque doit-on faire cette avance?

P. 2994. J'ai acheté 48 kg. de thé impérial, à 5 f. 25 le kilogramme et à 15 mois de crédit; j'en ai payé les 3/4 avant l'échéance, de manière que l'intérêt que j'aurais pu me procurer avec la somme que j'ai déboursée est compensé par celui que j'ai obtenu sur le quart de ma dette, en le gardant 3 ans 9 mois après le terme convenu: à quelle époque ai-je payé les 3/4 de ma dette?

P. 2995. Un voiturier a transporté à 3 km. de distance, 1936 m³ de terre, à 3 f. le mèt. cube. Il ne devait être payé que dans 18 mois; mais ayant reçu avant le terme une partie de la somme, on a pu différer de lui payer les 1420 f. qui restaient, et il ne les a reçus qu'après 2 ans 7 mois: à quelle époque avait-il reçu l'avance qui lui a été faite?

P. 2996. Un voiturier a transporté à 18 hm. de distance, sur des chemins mal entretenus, 6425 m³ de terre, à raison de 3 f. 15 le mètre cube. Il ne devait être payé pour ce travail que dans un an; mais ayant eu besoin de fonds, il a reçu avant le terme une partie de la somme qui lui était due, en sorte qu'on a pu garder pendant 20 mois les 8420 f. qu'on lui devait encore: à quelle époque avait-il reçu le 1er paiement?

P. 2997. Un particulier a fait faire en sapin 2 pans de bois ayant chacun 36 m. 40 de longueur, sur 9 m. 60 de hauteur; dans chaque mètre carré de ces deux pans de bois, il est entré 58 dm³ de bois, à 84 f. le mètre cube. Il devait s'acquitter dans 15 mois; mais le charpentier ayant eu besoin de fonds, le particulier lui a avancé 1800 f. au bout de 9 mois: jusqu'à quelle époque le reste du paiement peut-il être différé?

P. 2998. Un particulier a fait faire 3 planchers, ayant chacun 28 m. 75 de longueur sur 6 m. 80 de largeur. Dans chacun de ces planchers, il est entré par mètre carré 72 dm³ de sapin, à 95 f. le mètre cube. Il devait s'acquitter dans 20 mois; mais l'ouvrier ayant besoin de fonds, ce particulier veut bien lui faire, au bout d'un an, un 1er paiement de 2380 f.: jusqu'à quelle époque le 2d paiement peut-il être différé?

P. 2999. On a acheté un pressoir mobile, pour la somme de 810 f. payable dans 2 ans: mais, si l'on en paie 1/4 au comptant,

$1/5$ dans 3 mois, et $1/6$ dans 6 mois, à quelle époque devra-t-on payer le reste ?

P. 3000. Un traiteur achète 4 douzaines de chapons, pesant chacun 15 hg., à 2 f. 15 le kilogramme; 25 dindons, pesant chacun 3 kg. $1/2$, à 1 f. 30 le kilogr.; et 3 douzaines de canards, à 1 f. 50 la pièce; il doit payer les chapons dans 5 mois, les dindons dans 9 mois, et les canards dans 3 mois. Or, il donne tout de suite 200 f.: pendant combien de temps peut-il garder le reste de sa dette ?

P. 3001. Un boucher a fourni à un établissement public, dans le cours d'une année, 273 quintaux $3/4$ de viande, à 1 f. 25 le kilogramme. A la fin de l'année, on convient avec lui de lui payer dans 6 mois le tiers de ce qui lui est dû, les $2/5$ dans 9 mois, et le reste dans un an; mais les circonstances permettent de lui donner les $3/5$ de la dette totale après 4 mois: pendant combien de temps pourra-t-on garder le reste?

P. 3002. Un négociant a acheté 25 quintaux d'acide nitrique, à 58 f. le quintal; il emprunte d'un banquier les fonds dont il a besoin pour s'acquitter, et il lui fait 3 billets: le 1er, de 450 f. payables dans 4 mois; le 2e, de 640 f. payables dans 6 mois; et le 3e, du reste de la somme empruntée payable dans 9 mois. Il donne au banquier 730 f. au bout de 5 mois et veut s'acquitter du reste en un seul paiement: à quelle époque doit-il le faire?

P. 3003. Un particulier a fait faire un puits artésien, qui a une profondeur de 132 m., pour la somme de 4 780 f., payables dans un an; mais il trouve l'occasion de payer 750 f. après un mois, 480 f. trois mois après ce 1er paiement, et 970 f. cinq mois plus tard: pendant combien de temps pourra-t-il garder le reste pour compenser les avances qu'il a faites ?

P. 3004. Un négociant a acheté d'un filateur, une 1re fois, 1 071 kg. $3/7$ de coton, à 5 f. 60 le kilogramme, à 90 jours de crédit; et une 2e fois, les $2/3$ de la 1re quantité, au même prix et à 120 jours de crédit. Or, au bout de 40 jours, il donne à-compte 5 000 f.: quand doit-il payer le reste?

P. 3005. Un menuisier a fait pour un entrepreneur 8 portes d'allée ayant chacune 1 m. 30 de largeur sur une hauteur double, à 25 f. le mètre carré, payables dans 9 mois; mais, le menuisier ayant eu besoin d'argent, l'entrepreneur lui avait avancé avant ce terme les $5/8$ de ce qu'il lui devait, en sorte qu'il a pu garder le reste pendant 16 mois: à quelle époque avait-il fait cette avance?

P. 3006. Un jeune homme, voulant s'adonner à l'étude de la cosmographie, achète un globe terrestre pour la somme de 44 f. payable dans 6 mois, un globe céleste pour la somme de 48 f. payable dans 9 mois, et un planétaire complet pour la somme de 250 f. payable dans 15 mois; mais comme il a payé au comptant les deux premières sommes, on lui accorde de ne payer la 3e que dans 2 ans: combien ce jeune homme a-t-il gagné, supposé qu'il ait placé son argent à 5 p. $^0/_0$?

P. 3007. Supposé que l'hectare de terrain coûte 715 f., quelle somme devra débourser le propriétaire qui voudrait acquérir 15 ha. 60? et, s'il s'acquitte en trois paiements, quel sera le montant de chaque paiement, si l'excès du 2e sur le 1er est de 1 724 f.; et celui du 3e sur le 2e, de 3 527 f.?

P. 3008. On a acheté un appareil avec lequel on peut fabriquer par jour 700 bouteilles d'eau gazeuse. Cet appareil ayant coûté 1 075 f., on a payé au comptant 75 f.; et le reste de la dette a été acquitté en quatre paiements; le 1er a été inférieur de 20 f. au 2e; le 3e a surpassé de 20 fr. le 2e, et a été inférieur de 20 f. au 4e: quelle a été la valeur de chaque paiement?

P. 3009. Un jeune homme, voulant s'exonérer du service militaire, a besoin pour cela d'une somme de 2 340 f. qu'il emprunte de l'un de ses amis, et il doit la lui rembourser en quatre paiements; les deux premiers feront ensemble 1 470 fr.; le 3e sera égal au tiers du 1er qui sera au 2e comme 4 est à 3, et le 4e doit compléter le remboursement: quel sera le montant de chaque paiement?

P. 3010. On a vendu à un négociant 147 qm. d'acide muriatique, à 9 f. 75 le quintal, et l'on a été payé en trois fois; le 1er paiement, qui s'est fait au comptant, a été des $2/3$ du 2e paiement, qu'on a reçu au bout de 6 mois; et ce 2e paiement était égal aux $4/5$ du 3e paiement, qui n'a été acquitté que 20 mois après la vente: de combien était chaque paiement?

P. 3011. Un carreleur a fait en briques de Bourgogne posées de champ et en forme de point de Hongrie, le carrelage de 4 appartements, ayant ensemble une superficie de 640 m^2, le tout à raison de 9 f. 75 le mètre carré. Le propriétaire qui lui a fait faire ce carrelage, l'a payé en trois fois; le 1er paiement a été des $3/8$ de la dette, plus 125 f.; le 2e égalait le 1er, plus $1/5$ de la dette; le 3e était le reste: on demande la valeur de chaque paiement.

P. 3012. Un négociant a acheté 6 châles de dentelle, à 1 200 f. la pièce; 5 écharpes de dentelle, à 1 520 f. la pièce; et 4 mantilles de dentelle, à 1 400 f. la pièce. Il devait s'acquitter en trois paiements; le 1er, dans 6 mois; le 2e, égal aux $4/5$ du 1er, dans un an; et le 3e, égal aux $3/4$ du 1er, dans 16 mois; mais il désire ne faire qu'un seul paiement: quand devra-t-il l'effectuer?

P. 3013. Un riche marchand de draperies a acheté, pour conserver ses étoffes, 145 pains de camphre pesant chacun $6/5$ de kilogramme, à 4 f. 30 le kilogramme. Il devait s'acquitter en trois paiements; le 1er était payable dans 8 mois; le 2e, qui était le double du 1er, plus 18 f., était payable dans un an; et le 3e, qui était triple des deux premiers, plus 60 f., l'était dans 18 mois; mais le marchand préfère s'acquitter en un seul paiement: quand devra-t-il l'effectuer?

P. 3014. On a acheté 54 balles de chanvre contenant chacune 218 bottes de 2 kg. 45, à 1 f. 50 le kilogramme. On devait s'acquitter en 3 paiements; le 1er devait être fait dans 7 mois 18 jours; le 2e, qui devait être le triple du 1er, devait être fait dans 10 mois 8 jours; le 3e, valant 2 fois $3/4$ les deux premiers, devait s'effectuer dans un an. Mais on veut ne faire qu'un seul paiement: quand devra-t-on s'acquitter?

P. 3015. Un négociant a acheté 25 m. 72 de dentelle vrai réseau de Bruxelles, à 240 f. le mèt.; et il devait s'acquitter en quatre paiements; le 1er, de 2 340 f. 50, devait être effectué au bout de 7 mois; le 2e, qui devait être égal à $1/5$ de ce qui restait à payer, devait être versé 3 mois après le 1er paiement; les deux derniers devaient être effectués de manière que le 3e, qui devait être le triple du 4e, fût versé 4 mois après le 2e ; et le dernier paiement, 18 mois après l'achat. Mais le négociant désire ne faire qu'un seul paiement : quand devra-t-il l'effectuer ?

P. 3016. Un moulin à huile peut fabriquer, dans un an, 600 hl. d'huile ; un hectare de terre produit 15 hl. de graine d'œillette ; un hectolitre d'œillette donne 40 kg. de tourteau et 22 kg. d'huile. Or, une tonne d'huile, ou un hectolitre, pèse 933 kg. On demande : 1° combien d'hectares de terre sont nécessaires à la production de la graine consommée annuellement par un moulin ; 2° quelle somme on retirera de la vente des tourteaux produits annuellement par ce moulin, au prix de 12 f. 50 le quintal ; 3° à quelle époque on devra être payé, sachant qu'on devait d'abord l'être en deux termes, l'un 8 mois après la vente et l'autre au bout de 15 mois, et que ces deux paiements, dont le 1er devait être les $5/9$ du 2^d, sont remplacés par un seul.

P. 3017. On a fait élever 875 m³ de maçonnerie en briques de Bourgogne, au prix de 66 f. le mètre cube. Pour régler le compte avec l'entrepreneur de ce travail, on fait 5 billets : le 1er, de 9450 f., payable le 30 janvier, ou 4 mois après la fin du travail ; le 2e, de 12400 fr., payable le 15 février ; le 3e, de 8240 f., payable le 30 mars ; le 4e, de 15720 f., payable le 30 mai ; et le 5e, du reste de la somme, payable le 30 août. On veut annuler tous ces billets et en faire un seul qui les comprenne tous : à quelle époque doit-il être payable pour établir compensation entre les sommes avancées et les sommes retardées ?

P. 3018. Un éventailliste a vendu à l'un de ses confrères un éventail de 500 f., qui doit lui être payé dans 2 mois ; un autre de 600 f., qui doit être payé dans 3 mois ; et un 3e de 700 f., qui doit être payé dans 4 mois. Ce confrère a prêté, à son tour, à l'éventailliste 200 f. pour 10 mois : pendant combien de temps pourra-t-il garder 300 f. qu'il doit encore à ce même éventailliste ?

P. 3019. Un cultivateur ayant mis de côté la quantité de racines nécessaires à l'alimentation de son bétail, il lui en reste encore 225 qm. qu'un voisin, qui en manque, offre de lui acheter suivant leur valeur nutritive comparée au foin, celui-ci valant 28 f. les 1 000 kg. On demande : 1° combien il recevrait d'argent, sachant que la valeur nutritive de ces plantes est les $200/457$ de celle du foin ; 2° supposé que ce cultivateur ne doive être payé que dans 8 mois, et qu'il soit redevable à son voisin de 200 f., payables dans 10 mois, à quelle époque ils pourront régler leur compte sans perte pour personne.

P. 3020. Un appareil servant à la ventilation d'une mine, a coûté 9500 f. Dans quel temps le chef de l'exploitation de cette mine pourra-t-il s'acquitter, pour qu'il y ait compensation entre cette dette et deux paiements que doit lui faire le constructeur de cet appareil, l'un de ces paiements étant de 3 800 f., payables dans 8 mois $1/4$; et l'autre, de 5 400 f., payables dans 7 mois $1/3$?

P. 3021. Un particulier a fait faire 3 planchers en fer ayant chacun 47 m² de superficie et dans lesquels il y a 24 kg. 75 de fer par mètre carré, à 50 f. les 100 kg. ; il devait s'acquitter dans 16 mois ; mais il a payé les $4/9$ de la somme à une époque telle, qu'il peut garder le reste pendant 2 ans $1/3$ sans faire tort au serrurier : à quelle époque a-t-il fait le 1er paiement?

P. 3022. Un négociant a acheté 248 hg. de colle de poisson, à 36 f. 50 le kilog. Il devait s'acquitter en trois paiements, dont le 1er, qui devait être versé 16 mois après l'achat, surpassait de 128 f. le 2e, qui devait être versé 4 mois $1/2$ après le 1er; et le 3e, qui devait surpasser le 1er de 249 f., devait être effectué 3 mois $2/5$ après le 2e; mais il s'est acquitté en une seule fois : combien de temps après l'achat a-t-il opéré cet unique paiement?

P. 3023. Un négociant a acheté 15 bûches de bois d'ébène ayant chacune en moyenne un volume de 754 dm^3. Le décimètre cube de ce bois pèse 1 kg. $1/5$, et le négociant l'a payé 0 f. 35 le kilogramme. Il doit s'acquitter en trois paiements : le 1er doit être fait au comptant; le 2e, qui est double du 1er, doit être effectué dans un an; et le 3e, qui est le double des deux premiers, doit être fait au bout de 16 mois; mais ayant avancé le 2e paiement, le négociant a fait le 3e au bout de 20 mois : de combien le 2e paiement a-t-il été avancé?

P. 3024. Un négociant a acheté 4 billes de bois d'acajou de Honduras, ayant en moyenne chacune 1 m. 35 sur 1 m. 70 d'équarrissage et 5 m. de longueur. Chaque décimètre cube pèse 8 hg. 5, et le négociant les achète à raison de 70 f. le quintal. Il devait payer une partie de sa dette au bout de 10 mois; un 2e paiement double du 1er devait être effectué 8 mois après le 1er; et le dernier paiement, triple du 2e, devait se faire au bout de 30 mois. Or, le négociant n'a effectué ce dernier paiement qu'après 3 ans, parce qu'il avait avancé le 2e : de combien l'avait-il avancé?

P. 3025. On a vendu, au prix de 120 f. la tonne, les tourteaux provenant de deux moulins à huile, qui ont marché pour les produire pendant 20 mois. Or, chacun d'eux fabrique 570 hl. d'huile par an; et, de chaque hectolitre d'huile, on retire 130 tourteaux du poids de 11 hg. On devait être payé en 3 fois; le 1er paiement devait être effectué dans 4 mois; le 2e, égal aux $2/5$ du 1er, moins 180 f., devait être fait 5 mois après le 1er; le 3e, qui devait être égal aux $3/8$ du 1er, plus 80 f., devait être versé 6 mois après le 2e. On a été payé en une seule fois : à quelle époque a-t-on reçu cet unique paiement?

P. 3026. On a acheté 532 balles de coton d'Egypte pesant chacune 136 kg., à 2 f. 15 le kilogramme, et l'on devait s'acquitter en 3 paiements; le 2e devait être les $2/5$ du 1er, plus 140 fr.; et le 3e, devait être les $5/8$ du 2e, moins 275 f. Le 1er paiement devait être effectué dans 8 mois; le 2e, dans un an; et le 3e, dans 18 mois. Or, on paie les $5/7$ de la somme totale au bout de 6 mois : combien de temps peut-on garder le reste pour le payer en une seule fois?

P. 3027. On a acheté une machine à comprimer l'air, laquelle a coûté 850 f.; et l'on devait d'abord s'acquitter en 3 paiements : le 1er, qui était de la moitié de la dette, devait être effectué au bout de 8 mois; les 2 autres, qui étaient entre eux comme 6 est à 11, devaient être acquittés : l'un, 5 mois après le 1er paiement; et l'autre, 7 mois après le 2e. Mais on n'a voulu faire qu'un seul paiement : à quelle époque a-t-on dû s'acquitter?

P. 3028. Un train de laminoirs à deux équipages fournit par mois 580 qm. de tôles fines, pour la fabrication desquelles on consomme 50 kg. de houille par quintal de tôle. Le chef d'un train de laminoirs a fait, au prix de 1 f. 20 les 100 kg., sa provision de houille pour 18 mois; et il convient de s'acquitter en deux paiements, dont le 1er sera au 2^d comme 20 est à 5; le 1er se fera dans 3 mois $1/2$; et le 2^d, dans 5 mois $1/3$; mais cet industriel désire s'acquitter en une seule fois : à quelle époque devra-t-il le faire?

P. 3029. Dans un four à puddler par la méthode champenoise, on produit par jour 2116 kg. de fer raffiné; on consomme par quintal de fer obtenu, 60 kg. de houille, à 1 f. 10 les 100 kilogr., et l'on travaille 300 jours par an. Le chef de l'une de ces usines, ayant fait sa provision de houille pour un an, convient de s'acquitter en deux paiements, dont le 1er, qui se fera 6 mois après le marché, sera d'un quart plus grand que l'autre, qui se fera 2 mois après le 1er. Mais s'il veut ne faire qu'un seul paiement, à quelle époque devra-t-il l'effectuer?

P. 3030. On a acheté 30 stores ayant chacun 1 m. 75 de largeur sur 3 m. 50 de hauteur; comme ils représentent des fleurs variées, entrelacées, ils valent 15 f. 40 le mètre carré. On doit s'acquitter en trois paiements: le 1er est au 2e comme 4 est à 5; et le 3e est égal à la moitié du 2e; le 1er doit se faire dans 4 mois; le 2e, dans 7 mois; et le 3e, dans un an. Or, on débourse 975 f. au bout de 6 mois: pendant combien de temps peut-on garder le reste?

P. 3031. Un marchand de bois a vendu à un particulier 125 st. de bois de chêne, payables dans 18 mois; mais le marchand ayant besoin de fonds, le particulier veut bien lui avancer de 10 mois 675 f.: 1° combien de temps peut-il garder le reste de la somme, lequel surpasse cette 1re avance d'une quantité telle, que, si la dette totale était doublée, la différence entre les deux paiements serait de 1750 f.? 2° quel est le prix du stère?

P. 3032. Un cultivateur a acheté de l'administration de la guerre le fumier d'une écurie de cavalerie contenant 300 chevaux, à raison de 0 f. 10 par cheval et par jour. On demande: 1° combien de mèt. cubes de fumier il a eus au bout de 3 mois, chaque cheval produisant en moyenne 24 kg. 698 de fumier par jour, et le poids moyen du mètre cube étant de 750 kg.; 2° quel est le prix de revient du mèt. cube; 3° combien de temps le cultivateur peut garder le reste, supposé que pour s'acquitter il doive, à partir de la fin des trois mois, donner 800 f. dans 6 mois, 1 200 f. 4 mois plus tard, et le reste au bout de l'année, mais qu'au bout de 3 mois il donne 650 fr., et 300 f. 2 mois après.

P. 3033. Un fermier a acheté une machine à battre mobile, qu'il doit payer de manière qu'il donnera 400 f. dans 6 mois, 1 000 f. dans 10 mois, et 1400 f. dans 12 mois. Mais celui qui a vendu cette machine doit au fermier 1 300 f., payables dans 16 mois. Si le fermier lui abandonnait d'abord ces 1 300 f. comme partie du paiement, et qu'il ne payât le reste de ce qu'il doit que dans 2 ans : quelle somme devrait-il alors débourser?

P. 3034. Un marchand de bois de chauffage a vendu à un industriel 240 stères de bois de bouleau, à 11 f. 40 le stère, payables

RÈGLE DU TEMPS POUR LES PAIEMENTS. 339

dans 20 mois; mais le marchand a reçu de cette dette, au bout de 2 ans, une partie telle, que sa différence avec l'autre partie plus grande est double de la plus petite : on demande à quelle époque il avait reçu le 1er paiement.

P. 3035. J'ai acheté 172 hl. de châtaignes que j'ai payés à raison de 4 f. l'un; la dette est payable dans 15 mois, à condition que, si je fais une partie du paiement avant ce terme, il me sera accordé du temps au delà de 15 mois pour ce qui restera à payer. Or, j'ai fait un premier paiement 8 mois après l'achat, et j'ai payé mon créancier 13 mois après l'échéance ou le terme qu'il m'avait donné d'abord : combien lui ai-je compté chaque fois ?

P. 3036. J'ai acheté 300 kg. de thé Hyson, à 4 f. 50 le demi-kilogr., payables dans 12 mois, à condition que, si je faisais une partie du paiement avant ce terme, il me serait accordé du temps au delà de 12 mois pour ce qui resterait à payer; or, j'ai fait un 1er paiement 5 mois après l'achat, et j'ai soldé mon créancier 11 mois après le terme qu'il m'avait donné d'abord : combien ai-je payé chaque fois?

P. 3037. Un entrepreneur s'est chargé de la construction d'un pont en maçonnerie, lequel a 7 m. 40 d'ouverture et 6 m. de largeur, pour la somme de 17 500 f. payables dans 15 mois, à partir de l'achèvement du pont, à condition que, si l'administration faisait une partie du paiement avant ce terme, l'entrepreneur lui accorderait du temps au delà de 15 mois pour ce qui lui resterait à payer. Or, l'administration a fait un 1er paiement 5 mois après l'achèvement du travail, et elle a payé le reste de la dette 10 mois après le terme fixé d'abord : combien a-t-elle donné chaque fois?

P. 3038. Un propriétaire fait creuser un puits artésien d'où l'eau jaillit d'une profondeur de 65 m., et ce travail lui coûte 2 865 f., payables dans 8 mois : combien doit-il payer comptant pour pouvoir garder le reste pendant un an?

P. 3039. Un particulier a fait faire 2 planchers en fer, l'un de 57 m. 75 de superficie dans lequel il est entré 32 kg. 536 de fer par mètre carré, à 0 f. 50 le kilogr., et payable comptant; l'autre, payable dans 12 mois, a 52 m. 50 de superficie; et le fer qui y entre coûte 50 f. les 100 kg. Le particulier paie à la fois les 2 planchers, après 5 mois 3 jours : combien de kilogrammes de fer renferme chaque mètre carré du 2d plancher?

P. 3040. Un jeune homme, épicier en détail, a acheté d'un épicier en gros 25 kg. de poivre demi-lourd, à 2 f. le kilogramme, payables à 6 mois; 40 kg. de café Guayra, à 2 f. 50 le kilogramme, payables à 9 mois; et 400 kg. de sucre, à 1 f. 50 le kilogramme, payables à 15 mois; mais, comme il a payé comptant les 2 premières marchandises, son créancier lui accorde de ne lui payer la 3e que dans deux ans : combien ce jeune homme a-t-il gagné, supposé qu'il ait placé son argent à 5 p. 0/0?

P. 3041. Un entrepreneur s'est chargé de la construction d'un pont en tôle de 7 m. 40 de portée et de 22 m. de largeur, pour la somme de 38 500 f. Il a acheté à cet effet pour 18 370 f. de tôle, payables comme il suit, savoir : 4000 f. dans 8 mois 1/4, 5000 f. dans 15 mois, et le reste dans 2 ans. Il a obtenu 5 p. 0/0 d'escompte s'il payait avant le temps marqué. Or, il a satisfait son créancier en un seul paiement et n'a déboursé que 17 298 f. On demande: 1° à quelle époque il aurait dû payer la somme entière ; 2° à quelle époque il l'a effectivement payée.

P. 3042. Pour aller en paquebot de Marseille à Constantinople, on paie 420 f. par personne pour les 1res places. Or, une famille de 6 personnes est obligée de faire ce voyage ; et, comme elle n'a pas, pour le moment, de numéraire dont elle puisse disposer, elle emprunte d'un ami la somme nécessaire, et s'engage à en rembourser les $4/7$ avec les intérêts à 5 p. $^0/_0$ après 16 mois, et le reste avec les intérêts à 4 p. $^0/_0$ après 20 mois. Si elle paie en une seule fois, à quelle époque cet unique paiement pourra-t-il se faire ?

P. 3043. Un particulier possède une maison dont il habite une partie, et dont il pourra louer le surplus, à raison de 4 200 f. par an, après y avoir fait pour 14 600 f. de réparations ; il trouve à échanger sa maison contre une terre qui lui rapportera 7 560 f., s'il la fait valoir lui-même ; mais il faudra qu'il y construise une habitation de 4 800 f., pour avoir un logement équivalent à celui qu'il occupe actuellement. S'il fait l'échange et qu'il estime chaque capital à 20 fois le revenu, 1° combien aura-t-il de revenu par an pour son travail personnel ; 2° dans combien de temps aura-t-il acquitté les deux dettes causées par les 14 600 f. de réparations et la construction de 4 800 f.? On lui accorde 10 mois de crédit ; et, à partir de cette époque, il versera 2 425 f. tous les mois.

REGLE

DE

RÉPARTITION PROPORTIONNELLE SIMPLE

P. 3044. Un maître peigneur de laine vient de donner 756 f. à deux ouvriers qui ont travaillé pendant le même nombre de jours : combien doivent-ils avoir chacun; si le 1er gagnait 4 f. par jour, et le 2^d, 3 f.?

P. 3045. Un tisserand a fait 256 m. 50 de toile avec du fil que lui avaient confié trois personnes : combien de mètres de toile doit-il rendre à chaque personne, sachant que la première lui avait fourni 28 kg. de fil; la 2e, 35 kg.; et la 3e, 32 kilogr.?

P. 3046. En 1853, la France a tiré des pays étrangers, pour 9 180 f. de ruches d'abeilles ; l'Allemagne en a fourni 101 ruches; la Belgique, 263 ; les Etats-Sardes, 126; la Suisse, 122 : pour quelle somme chacun de ces pays a-t-il contribué à ce commerce?

P. 3047. Une personne riche laisse, en mourant, une somme de 3600 f. qui doit être répartie entre 3 familles indigentes, proportionnellement au nombre d'enfants qu'il y a dans chaque famille. Il y a 5 enfants dans la 1re, 4 dans la 2de, et 3 dans la 3e : combien donnera-t-on à chaque famille?

P. 3048. Pendant l'année 1853, la valeur des génisses exportées de France s'est élevée à 36320 f. : la Belgique en a reçu 61 ; l'Angleterre, 185 ; l'Espagne, 67 ; les Etats-Sardes, 33; la Suisse, 98 ; et l'île de la Réunion, 10 : pour quelle somme chacune de ces contrées en a-t-elle acheté?

P. 3049. Quatre villages ont été imposés par le général d'une armée victorieuse à une taxe extraordinaire de 78540 f. ; et ils doivent payer en proportion du nombre de leurs habitants : dans le 1er, il y en a 350; dans le 2e, 240 ; dans le 3e, 540 ; et dans le 4e, 642 : quelle somme paiera chaque village ?

P. 3050. Quatre ouvriers se sont associés afin de faire une moisson pour laquelle ils ont reçu 32 hl. 4 de blé; ils partagent entre eux, en raison de l'espace que chacun a moissonné. Le 1er a moissonné 3 ha.; le 2e, 7 ; le 3e, 9 ; et le 4e, 8. On demande quelle est la part de chacun.

P. 3051. Un riche fabricant de soieries, voulant soulager 3 pauvres familles qui travaillent pour lui, y destine la somme qu'il retire de la vente de 12 pièces de florence contenant chacune 56 m., à 2 f. 50 le mèt. On demande quelle somme chaque famille recevra à proportion du nombre de ses membres, sachant que la 1re est composée de 3 personnes; la 2e, de 6 ; et la 3e, de 5.

P. 3052. Trois spéculateurs, exploitant des mines voisines, voient leurs travaux envahis par une inondation commune; ils s'associent pour l'assèchement de leurs mines, et ils font pour 15411 f. de dépenses. Ils ont calculé que, si la mine du 1er eût été seule inondée, les travaux d'assèchement eussent duré 26 jours ; que, si le 2ᵉ et le 3ᵉ se fussent trouvés séparément dans le même cas, il aurait fallu pour celui-ci 19 jours de travail, et pour celui-là 21 jours : quelle sera, en conséquence, la part de chacun à la dépense commune ?

P. 3053. Deux ouvriers paveurs, travaillant ensemble, ont fait un pavage de 128 m², qui leur est payé 0 f. 50 le mèt. carré ; le 1ᵉʳ en a fait 56 m. ; et le 2ᵉ, le reste : on demande quelle part chacun doit avoir au gain.

P. 3054. Trois négociants qui sont associés ont vendu 18 quintaux de nacre dépouillée de sa croûte, à 6 f. 50 le kilog. Ils doivent se partager la somme qu'ils ont retirée de cette vente de telle manière que, quand le 1ᵉʳ aura 6 f., le 2ᵉ n'en ait que 4, et le 3ᵉ, 2 : combien auront-ils chacun ?

P. 3055. Deux menuisiers se sont associés pour faire un plancher de 161 m², en sapin de 41 mm., dont le mètre carré, y compris pose de 2 m. 50 de lambourdes par mèt. carré, coûte 7 f. 50 ; mais leur travail et leurs fournitures sont tels, que, quand l'un prendra 3 f. sur la somme qui leur est payée pour ce travail, l'autre aura 4 f. : quelle sera la part de chacun ?

P. 3056. En France, six départements ont l'autorisation de cultiver le tabac ; ce sont : 1° celui du Bas-Rhin, qui en plante 2 753 ha. rapportant 1 875 kg. par hectare ; 2° celui du Nord, qui en plante 1 181 ha. rapportant 2 277 kg. par hectare ; 3° celui d'Ille-et-Vilaine, qui en plante 461 ha. rapportant 1 203 kg.; 4° celui du Pas-de-Calais, qui en plante 574 ha. rapportant 1 912 kg. par hectare ; 5° celui du Lot, qui en plante 1 651 ha. rapportant 766 kg.; et 6° celui de Lot-et-Garonne, qui en plante 2 959 ha. rapportant 561 kg. par hectare. Or, en 1843, le gouvernement a demandé en tout à la culture 12 320 tonnes de tabac : combien chacun de ces départements a-t-il dû en fournir de quintaux à proportion de sa production, et combien de kilogr. a-t-il pu livrer à l'exportation ?

P. 3057. Un père, en mourant, laisse à ses enfants une magnanerie qu'ils vendent 12 000 f., son mobilier évalué 1 440 f., et 188 a. 10 ca. de terrain planté en mûriers évalué 3 120 f. Ce père de famille veut que, sur cette succession, l'aîné ait 6 parts ; le cadet, 5 ; le 3ᵉ fils, 4 ; et le 4°, 3 : quelle doit être la part de chacun ?

P. 3058. Un négociant dans le commerce des soies laisse à ses trois enfants 210 kg. de soies grèges écrues, estimées 54 f. le kilogramme ; 174 kg. de soies écrues moulinées, estimées 82 f. le kilogramme ; et 798 f. en argent : quelle somme chacun d'eux recueillera-t-il de cette succession, si l'aîné doit avoir 4 parts ; le cadet, 3 ; et le dernier, 2 ?

P. 3059. Trois associés avaient mis une même somme dans le commerce des graines, et ils ont fait une perte équivalente à 32 hl. de graine de chènevis, estimée 30 f. l'hectolitre. Le 1ᵉʳ a laissé sa mise pendant 15 mois ; le 2ᵉ a laissé la sienne pendant 20 mois ; et le 3ᵉ a laissé la sienne pendant 25 mois : combien chacun perd-il ?

P. 3060. Cinq marchands de papier en ont acheté 825 rames, à 68 f l'une. Ils les ont revendues à un imprimeur pour un prix tel, que, sur 11 f., ils ont gagné 1 f.; et ils ont partagé leurs bénéfices de manière que, sur 28 f., le 1er a eu 11 f.; le 2e, 7 f.; le 3e, 5 f.; le 4e, 3 f.; et le 5e, 2 f. On demande le bénéfice et la mise de chacun.

P. 3061. Trois enlumineurs se sont associés pour acheter 45 hg. de carmin à 6 f. 50 le décagramme; ils ont gagné dans l'emploi de cette substance 846 fr.: quels ont été la mise et le gain de chacun? On sait que les sommes pour lesquelles ils ont contribué à cette emplette sont entre elles comme les nombres 4, 6 et 8.

P. 3062. Cinq menuisiers se sont associés pour faire 336 m^2 de plancher en chêne de 34 mm. avec frises de 11 cm., à 12 f. 50 le mètre carré; les fournitures et le travail de chacun d'eux sont tels, qu'ils doivent se partager la somme qui leur est due pour cela en parties proportionnelles aux nombres 4, 6, 7, 8 et 3: combien chacun doit-il avoir?

P. 3063. Quelle somme faudra-t-il débourser par an pour l'achat des feuilles de mûrier nécessaires à l'entretien d'une magnanerie dans laquelle on élève annuellement les vers à soie provenant de 31 gr. de graine? On sait: 1° que ces feuilles peuvent être évaluées à raison de 7 f. 80 le kilogramme; 2° que la vie du ver à soie se divise en cinq âges: le 1er, de 5 jours; le 2e, de 4 jours; le 3e, de 7 jours; le 4e, de 7 jours; et le 5e, de 10 jours; 3° que, pendant ces cinq âges, leur consommation est proportionnelle aux nombres 7, 21, 70, 240, 1450; 4° que les vers provenant d'un gramme de graine consomment dans le 1er âge 107 gr. 66 de feuilles.

P. 3064. On a acheté pour 1800 f. de laine de trois qualités différentes; on en a pris une égale quantité de chaque qualité. Pour quelle somme en a-t-on pris de chacune de ces trois qualités, si la 1re valait 5 f. le kilogramme; la 2e, 6 f.; et la 3e, 9 f.?

P. 3065. Un chef d'atelier donne 616 f. à son commis, pour les distribuer à 8 ouvriers, dont 2 gagnent chacun 2 f. par jour; 2 autres, chacun 3 f.; 2 autres, chacun 4 f.; et les 2 derniers, chacun 5 f.: les ouvriers ayant travaillé le même nombre de jours, combien chaque couple d'ouvriers recevra-t-il?

P. 3066. Un négociant a un passif (dette) de 148 920 f.; son actif est de 74 915 f.; les frais de justice s'élèvent à 6745 f. On propose d'établir les comptes de 2 créanciers dont l'un devrait avoir 32 427 f. 50; et l'autre, 9 643 f. 80.

P. 3067. Quatre négociants veulent former le capital nécessaire à l'acquisition de 45 quintaux d'huile aromatisée, à 5 f. 90 le kilogramme. Le 1er veut y être pour 0 f. 35 par franc; le 2e, pour 0 f. 30; le 3e, pour 0 f. 15; et le 4e, pour 0 f. 20: combien chacun doit-il mettre?

P. 3068. L'actif d'un failli n'est que 49 p. 0/0 de son passif, lequel s'élève à 62 585 f. Un créancier est intéressé pour 7 048 f. 60; un 2e, pour 8 960 f.; et un 3e, pour 12 430 f.: combien revient-il à chacun si les frais de justice s'élèvent à 6 1/5 p. 0/0 du passif; et combien p. 0/0 chacun recevra-t-il?

P. 3069. Sept ouvriers doivent se partager une gratification de

205 fr. 90 ; le 1er doit avoir 1/4 de plus que les autres : combien auront-ils chacun ?

P. 3070. Trois ouvriers ont fait un travail qui leur a été payé 1050 f. Le gain du 1er n'est que les 2/3 de celui du 2e ; et le gain du 2e n'est que les 4/5 de celui du 3e. On demande le nombre de journées de chaque ouvrier, sachant que le prix de la journée du 1er est de 1 f. 60 ; celui de la journée du 2e, de 1 f. 80 ; et celui de la journée du 3e, de 2 f.

P. 3071. Quatre marchands ont acheté 372 tonneaux de vin à 174 f. le tonneau, et on leur a diminué 1 1/4 p. 0/0 en raison de ce qu'ils ont payé comptant. Le 1er prend 1/3 du marché ; le 2e, 1/6 ; le 3e, 3/8 ; et le 4e prend le reste : combien chacun doit-il payer ?

P. 3072. On a acheté du borax raffiné, à 2 f. 90 le kilogramme ; de l'oxalate acide de potasse, à 2 f. 80 ; et du chromate de plomb, à 1 f. 75. On a déboursé pour le tout 3000 f., dont les 5/12 ont servi à payer le borax ; les 2/5, à payer l'oxalate ; et le reste, à payer le chromate : combien de kilogrammes de chacune de ces marchandises a-t-on achetés ?

P. 3073. Un bon fermier donne à 5 pauvres la somme provenant de la vente de 450 œufs, à 40 f. le millier, en disant : le 1er en aura 1/2 ; le 2e, 1/3 ; le 3e, 1/4 ; le 4e, 1/5 ; et le 5e, 1/6 : comment faut-il faire ce partage pour remplir les intentions du fermier ?

P. 3074. Un pharmacien avait acheté 90 kg. d'absinthe, à 0 f. 55 le kilogramme ; il les a revendus à raison de 0 f. 06 l'hectogramme ; le gain qu'il a fait sur ces 90 kg. a été distribué à 4 pauvres ; le 1er a voulu en avoir la moitié ; le 2e, le tiers ; le 3e, le quart ; le 4e, le cinquième : combien chacun a-t-il eu ?

P. 3075. Un marchand de poisson donne à 4 pauvres la somme qu'il a retirée de la vente de 45 kg. de friture, à 0 f. 80 le kilogramme ; ne sachant pas trop l'arithmétique, il veut que le 1er en ait 1/3 ; le 2e, les 3/4 ; le 3e, les 4/5 ; et le 4e, les 5/6 : combien doit-on donner à chaque pauvre pour remplir les intentions de leur bienfaiteur ?

P. 3076. Deux marchands ont acheté 45 quintaux de térébenthine liquide à 1 f. 50 le kilogramme ; leur gain est à leur mise comme 2 est à 9 ; la mise du 1er est double du gain ; le 2d a fourni le reste. On demande : 1° le gain total ; 2° la mise et le profit de chacun.

P. 3077. Deux négociants se sont associés pour le commerce de l'ivoire ; la mise du 1er est à celle du 2d comme 17 est à 23 ; et le 1er a mis la valeur de 340 kg. d'ivoire, à 18 f. 25 le kilogramme : combien chacun d'eux doit-il avoir sur le gain de 2840 f. qu'ils ont réalisé ?

P. 3078. Trois artistes se sont associés pour acheter du carmin qu'ils ont payé 0 f. 60 le gramme ; ils ont fait avec cette substance un bénéfice qui est à leur dépense comme 4 est à 15. On demande : 1° quel est le bénéfice de chacun, sachant que leurs mises sont entre elles comme les nombres 3, 7 et 11, et que la plus faible est de 345 f. ; 2° combien ils ont acheté d'hectogr. de carmin.

P. 3079. Cinq héritiers ont à se partager 56 hl. 20 dl. de vin :

le 1ᵉʳ en voudrait 12 hl. 25 dl.; le 2ᵉ, autant que le 1ᵉʳ et 6 l. en sus; le 3ᵉ, autant que le 2ᵉ, et 2 l. 1/2 de plus; le 4ᵉ, 22 hl. 1/2; et le 5ᵉ, autant que le 4ᵉ et 3 l. en sus : quelle sera la part de chacun?

P. 3080. Quatre industriels exploitant des mines voisines entre elles s'associent pour l'assèchement de ces mines, qui ont été envahies par une inondation, et ils font pour cela une dépense de 71 280 f. Pour l'assèchement de la mine du 3ᵉ, il a fallu 3 fois autant de travail que pour l'assèchement de celle du 1ᵉʳ, dont la mine a demandé des travaux doubles de ceux qu'il a fallu entreprendre pour l'assèchement de la mine du 2ᵉ; et, pour la mine du 4ᵉ, il a fallu entreprendre des travaux équivalents au tiers de ceux que l'on a exécutés pour les 3 autres ensemble : quelle somme chacun d'eux doit-il débourser proportionnellement à ce que l'on a fait pour lui?

P. 3081. Un pharmacien a acheté de l'absinthe à 0 f. 60 le kilogramme, des feuilles d'oranger à 1 f. 75 le kilogramme, des feuilles de séné à 2 f. 50 le kilogr. : combien devra-t-il débourser, sachant qu'il a pris en tout 256 kg. de ces marchandises, que la quantité d'absinthe est à celle de feuilles d'oranger comme 5 est à 11, et que la quantité de feuilles de séné est égale au poids total des deux autres substances?

P. 3082. Trois marchands de couleurs se sont associés pour acheter 2 kg. 3/4 de carmin à 64 f. l'hectogramme; et ils ont perdu en le revendant 118 f. 80 : quelle part chacun doit-il supporter de la perte, sachant que les mises du 1ᵉʳ et du 2ᵉ sont entre elles comme les nombres 2 et 7, et qu'il y a 540 f. de différence entre elles?

P. 3083. Quatre négociants se sont associés pour le commerce des cuivres; ils ont acheté un certain nombre de quintaux de cuivre laminé au coke, à 330 f. 60 le quintal, et ils l'ont revendu 345 f. On demande la part que chacun doit avoir au bénéfice, sachant que leurs mises sont proportionnelles aux nombres 10, 11, 17 et 19, et que le total des mises des deux derniers surpasse de 4 350 f. le total des mises des deux premiers.

P. 3084. Quatre fermiers se sont associés pour acheter une baratte rotative et une machine à élever les eaux pour les irrigations; le prix de cette machine surpasse de 108 f. celui de la baratte. Pour ce dernier appareil, ils ont contribué également à son paiement; mais, pour le paiement de la machine, le 1ᵉʳ a donné le double; le 2ᵉ, le triple; le 3ᵉ, le quadruple; et le 4ᵉ, le quintuple de ce qu'il avait donné pour le 1ᵉʳ objet. On demande: 1° ce que chacun d'eux a donné; 2° le prix de chacun des deux objets.

P. 3085. Deux ouvriers ont fait en volige neuve fournie un lattis à claire-voie, présentant une surface de 988 m², à raison de 0 f. 76 le mètre carré : combien chacun d'eux doit-il recevoir, sachant que si le 1ᵉʳ avait latté 15 m² de plus, et le 2ᵈ, 21 m² aussi en plus, le travail de l'un serait à celui de l'autre comme 7 est à 9?

P. 3086. Cinq bouchers, s'étant associés, ont acheté 38 veaux qu'ils ont payés, en moyenne, 45 f. la pièce; ils ont retiré de chacun, toujours en moyenne, 44 kg. de viande, qu'ils ont vendue à raison de 1 f. 20 le kilogramme; 6 kg. de différentes issues, qu'ils ont vendues à raison de 0 f. 75 le kilogramme; et 5 kg. de cuir qui leur a été payé sur le pied de 115 f. 50 le quintal: combien chacun doit-il avoir sur le bénéfice, sachant que le 1er avait fourni les $2/15$ de la somme qu'ils ont déboursée pour l'achat, que le 2e avait mis 175 f. de plus que le 1er, que la mise du 3e était à celle du 1er comme 7 est à 5, que celle du 4e était à celle du 2e comme 3 est à 4, et que le 5e avait mis le reste?

P. 3087. Dans le cours d'une campagne, on a vendu des stores de six sortes différentes, ayant chacun 4 mèt. car. 50 de surface: 1° des stores fond blanc à bordure, à 4 f. 50 le mètre carré; 2° des stores fond de couleur à bordure, à 7 f. 20; 3° des stores à étoiles ou fleurons semés, à 8 f. 10; 4° des mêmes, mais sans bordure, à 6 f. 30; 5° des stores damassés, à 10 fr. 80; 6° des stores perses, à 11 f. 70. On a vendu en tout 1538 stores; et, en comparant les quantités vendues des 5 derniers prix avec la quantité vendue du 1er prix, on trouve que chacune de ces quantités est à celle vendue du 1er prix comme 3 est à 4, comme 2 est à 3, comme 2 est à 5, comme 3 est à 7, et comme 5 est à 12. Quelle somme a-t-on retirée de ces transactions?

P. 3088. Trois entrepreneurs de maçonnerie ont acheté un certain nombre de mètres cubes de pierre meulière qu'ils ont payée 7 f. 50 le mètre cube, et qu'ils ont revendue 10 f. 75. On demande quelle part chacun doit avoir sur le bénéfice, sachant que les 2 premiers ont payé 72 m.; les 2 derniers, 86 m.; et le 1er avec le dernier, 64 m.

P. 3089. Quelqu'un a acheté 18 cravates, dont 4 de batiste, 6 de percale et 8 de couleur. Une cravate de percale coûte 3 f. de plus qu'une de couleur, et 2 f. de moins qu'une de batiste. On demande combien elles ont coûté chacune, sachant que, si la totalité eût coûté 16 f. de plus, elles reviendraient à 5 f. l'une dans l'autre.

P. 3090. La Garonne, la Seine, le Rhône et la Loire ont ensemble un cours de 35273 hm.; le premier et le dernier de ces fleuves ont ensemble un cours de 16343 hm.; et le cours du dernier surpasse celui du 1er d'un nombre d'hectom. dont les $2/3$ égalent 2674. Les longueurs des cours du 2e et du 3e sont entre elles comme 1496 est à 1659. Quels sont en kilomètres les cours de ces quatre fleuves?

P. 3091. Un particulier partage 17340 f. en 5 parts, de manière que la 1re soit à la 3e comme 5 est à 7; la 2e à la 3e comme 3 est à 8; la 3e à la 4e comme 9 est à 2; et la 4e à la 5e comme 4 est à 10: quelle sera chaque part?

P. 3092. Cinq bouches de chaleur en cuivre à charnières et grillagées valent ensemble 41 f. 20. Le diamètre de la 1re est de 8 cm.; celui de la 2e, de 11 cm.; celui de la 3e, de 14 cm.; celui de la 4e, de 16 cm.; et celui de la 5e, de 22 cm. Le prix de la 1re est à celui de la 2e comme 5 est à 8; celui de la 2e est à celui de la 3e comme 2 est à 3; celui de la 1re est à celui de la 4e comme 15 est à 41, et celui de la 3e est à celui de la 5e comme 2 est à 5. On demande le prix de chacune.

P. 3093. Les prix du nettoyage et de la pose des poêles, et d'un petit calorifère, sont répartis ainsi qu'il suit: en désignant respectivement chacun de ces prix par le n° 1 pour un poêle ordinaire, par le n° 2 pour un poêle plus grand, par le n° 3 pour un poêle à colonne, par le n° 4 pour un poêle de construction, par le n° 5 pour le calorifère : le n° 1 est au n° 4 comme 5 est à 8 ; le n° 2 est au n° 5 comme 2 est à 3 ; le n° 3 est au n° 5 comme 3 est à 4 ; et le n° 2 est au n° 4 comme 5 est à 7. Le total des cinq prix étant de 11 f. 80, on demande le montant de chaque prix en particulier.

P. 3094. Trois négociants se sont associés pour acheter 96 qm. de sucre raffiné à 155 f. le quintal. On demande la mise de chacun pour cet achat, sachant que le gain du 1er est à celui du 2e comme 1 est à 3 ; et celui du 2e, à celui du 3e comme 4 est à 5.

P. 3095. Trois associés ont acheté 62 balles de café pesant chacune 50 kg., à 2 f. 40 le kilogramme, et ils ont revendu ce café à raison de 3 f. 60 le kilogramme. Pour l'achat, la mise du 1er était à celle du 2e comme 3 est à 8 ; et celle du 2e, à celle du 3e comme 2 est à 5. Combien auront-ils chacun sur le gain ?

P. 3096. Trois domestiques d'un fermier reçoivent à titre de gratification 234 œufs qu'ils doivent se partager de manière que la part du 1er soit à celle du 2e comme 5 est à 4, et que la part du 1er soit à celle du 3e comme 7 est à 3. Combien chacun en aura-t-il, et quelle somme chaque part vaudra-t-elle, si les œufs valent 3 f. 90 le cent ?

P. 3097. Trois jeunes étudiants se sont associés pour acheter un grand planétaire complet, de 1 m. 33 de diamètre, ce qui leur a coûté 547 f. 20. On demande ce que chacun d'eux a fourni pour le payer, sachant que la mise du 1er est à celle du 2e comme 7 est à 9, et que la mise du 1er est à celle du 3e comme 3 est à 4.

P. 3098. Le Rhin, l'Elbe et le fleuve Saint-Laurent ont ensemble un cours de 5554 km. 44. Le cours du 1er est à celui du 2e comme 21 est à 19, et le cours du 3e est à celui du 2e comme 59 est à 38 : quelle est la longueur du cours de chacun de ces fleuves ?

P. 3099. Un riche marchand de farines laisse à ses trois enfants une succession consistant en 192 sacs de farine de froment estimée 75 f. le sac, 144 sacs de farine de seigle estimée 44 f. 50 le sac, 60 sacs de farine de maïs estimée 31 f. 80 le sac, 96 sacs de farine d'orge estimée 24 f. 60 le sac, et 743242 f. 40 en argent. Son testament porte que la part de l'aîné sera à l'égard de celle du cadet comme 8 est à 5 ; et celle du cadet à celle du plus jeune, comme 6 est à 4 : quelle sera la part de chacun ?

P. 3100. On a acheté pour 460 f. une guitare, une contre-basse et un violon. Le prix de la guitare est à celui de la contre-basse comme 2 est à 3, et celui de la contre-basse est à celui du violon comme 5 est à 7 : combien coûte chacun de ces instruments ?

P. 3101. Un homme fait son testament : les 3/5 de ma fortune, dit-il, seront placés à 3 1/2 p. 0/0 ; la rente annuelle de ces 3/5 sera destinée à l'apprentissage de 10 enfants qui recevront chacun 315 f. par an. Le reste sera partagé entre mes trois neveux, de manière que la part du 1er soit à celle du 2e comme 12 est à 15; et celle du 2ᵉ à celle du 3ᵉ comme 90 est à 24. On demande quelle est la fortune de cet homme et la part des trois neveux.

P. 3102. Quatre petits marchands ont vendu 180 kg. de poix à 0 f. 20 le kilogr. Sur la somme qui est le produit de cette vente le 1ᵉʳ voudrait avoir 8 f. 25; le 2ᵉ, 12 f. 75; le 3ᵉ, 14 f. 25, et le 4ᵉ, 17 f. 25 : combien doit-on donner à chacun ?

P. 3103. Quatre industriels se sont associés afin d'acheter une machine à élever l'eau pour s'en servir dans des épuisements; elle leur a coûté 1972 f. Pour quelle somme chacun d'eux a-t-il contribué à la payer, la mise du 1ᵉʳ étant à celle du 2ᵉ comme 2 est à 3; celle du 2ᵉ, à celle du 3ᵉ comme 3 est à 5; et celle du 3ᵉ, à celle du 4ᵉ comme 5 est à 7 ?

P. 3104. Un charron a acheté un orme, un frêne, un chêne et un peuplier pour la somme de 789 f.; la valeur de l'orme est à celle du chêne comme 10 est à 7; la valeur de ce dernier est à celle du peuplier comme 8 est à 3; et la valeur de ce dernier est à celle du frêne comme 5 est à 12 : quel est le prix de chacun de ces arbres ?

P. 3105. Un coupe-racines à disque de 2 lames, un 2ᵉ de 3 lames, un 3ᵉ de 6 lames, et un 4ᵉ à tambour, valent ensemble 505 f.; le prix du 1ᵉʳ est à celui du 2ᵉ comme 3 est à 4; celui du 2ᵉ est à celui du 4ᵉ comme 5 est à 9; et celui du 3ᵉ est à celui du 4ᵉ comme 5 est à 6 : quel est le prix de chacun de ces coupe-racines?

P. 3106. Quatre marchands se sont associés pour le commerce de la ganterie; ils ont acheté 1 500 douzaines de paires de gants de Suède à 0 f. 70 la paire, et ils les ont revendus en moyenne 10 f. 50 la douzaine. Ils se sont partagé leur bénéfice de manière que, lorsque le 2ᵉ a pris 4 f., le 3ᵉ en a pris 7; lorsque le 3ᵉ a pris 9 f., le 4ᵉ en a pris 13; et lorsque le 4ᵉ a pris 5 f., le 1ᵉʳ en a pris 8. On demande le bénéfice de chacun.

P. 3107. Un prince, voulant récompenser 4 officiers qui se sont distingués par leur valeur, veut que la somme de 23 670 f., qu'il leur destine, leur soit distribuée de la manière suivante : lorsque le 1ᵉʳ aura 6 f., le 4ᵉ en aura 9; lorsque le 2ᵉ aura 8 f., le 1ᵉʳ en aura 10; et lorsque le 3ᵉ aura 4 f., le 2ᵉ en aura 7 : quelle sera la part de chacun?

P. 3108. Une charrue belge, une charrue légère, une charrue à butter et une charrue Dombasle petit modèle, valent ensemble 245 f.; le prix de la 1ʳᵉ est à celui de la 4ᵉ comme 4 est à 3; le prix de la 2ᵉ est à celui de la 1ʳᵉ comme 1 est à 2, et à celui de la 3ᵉ comme 8 est à 13 : quel est le prix de chacune de ces charrues ?

P. 3109. Quatre ouvriers ont travaillé à faire l'émoussage et le nettoyage d'un comble présentant une surface de 574 m. carr. 62, et ils ont été payés à raison de 0 f. 06 le mètre carré. De quelle manière doivent-ils se partager la somme qu'ils ont reçue, sachant que, lorsque le 2ᵉ nettoyait 5 m², le 3ᵉ en nettoyait 6; lorsque le 3ᵉ en nettoyait 9, le 4ᵉ en nettoyait 8; et lorsque le 4ᵉ en nettoyait 4, le 1ᵉʳ en nettoyait 3 ?

P. 3110. Quatre ouvriers ont fait le régalage de 10 016 m³ de terre pour la somme de 1 999 f. 80 : quelle part chacun d'eux doit-il avoir à cette somme, sachant que, lorsque le 1ᵉʳ travaillait pendant 2 heures, le 4ᵉ travaillait pendant 3 heures; lorsque le 1ᵉʳ travaillait pendant 5 heures, le 2ᵉ travaillait pendant 4 heures; et lorsque le 2ᵉ travaillait pendant 7 heures, le 3ᵉ travaillait pendant 9 heures?

P. 3111. Quatre marchands se sont associés pour acheter les bois de charpente d'une coupe de bois; ils en ont retiré 150 poutres ayant chacune en moyenne 1 mèt. cub. 840 dm^3, à 80 f. le mètre cube; et, en les revendant, ils gagnent 0 fr. 015 par décimètre cube: quelle a été la mise de chacun d'eux et quel sera le gain de chacun, la mise du 1ᵉʳ étant à celle du 4ᵉ comme 3 est à 7; celle de ce dernier étant à celle du 2ᵉ comme 9 est à 5, et celle du 3ᵉ étant à celle du 1ᵉʳ comme 6 est à 11?

P. 3112. Le prix du mètre courant posé de gouttières en zinc, est réparti ainsi qu'il suit; en désignant par le n° 1 le prix des gouttières en zinc n° 14, de 16 cm. d'ouverture avec supports de 81 cm. en 81 cm.; par n° 2 le prix des mêmes gouttières sans supports; par n° 3 le prix des gouttières en zinc n° 12 avec supports, les 3 prix forment ensemble une somme de 6 f. 50; le 1ᵉʳ est au 2ᵉ, comme 6 est à 5, et au 3ᵉ comme 8 est à 7: combien devra-t-on débourser pour 23 m. 75 du 1ᵉʳ prix, 28 m. 34 du 2ᵉ, et 35 m. 50 du 3ᵉ?

P. 3113. Pour le verre dit d'Alsace, il y a quatre prix différents du mèt. carré: 1° le prix du verre simplement posé; 2° le prix du verre posé et entretenu; 3° le prix pour châssis de comble; 4° le prix de châssis de comble posé et entretenu. Le prix n° 1 est au prix n° 2 comme 5 est à 6; le prix n° 2 est au prix n° 3 comme 15 est à 14; le prix n° 3 est au prix n° 4 comme 10 est à 11; et la somme de ces 4 prix est 17 f. 40: quelle somme est due à un vitrier qui a fourni 35 m. 70 de verre du 1ᵉʳ prix, 18 m. 41 du 2ᵉ, 84 m. 37 du 3ᵉ, et 62 m. 79 du 4ᵉ?

P. 3114. Quatre cultivateurs ont ensemble 404 moutons distribués entre eux de telle sorte que, sous le rapport du nombre des moutons, le troupeau du 1ᵉʳ est à celui du 2ᵉ comme 5 est à 4; celui du 2ᵉ est à celui du 3ᵉ comme 7 est à 3; et celui du 3ᵉ est à celui du 4ᵉ comme 6 est à 13. Or, ces cultivateurs donnaient d'abord pour chaque mouton une ration journalière de 0 kg. 75 de paille hachée et de 0 kg. 85 de foin. Ils ont reconnu ensuite, par la lecture d'un ouvrage sur l'agriculture, que cette ration pouvait être réduite à 5 hg. de foin et 5 hg. de paille, pourvu qu'on arrose ces fourrages avec de l'eau contenant 75 Dg. de sel par quintal métrique de fourrage. On demande: 1° l'économie totale annuelle qu'ils ont réalisée; 2° la part que chacun d'eux doit avoir à cette économie, sachant: 1° que le foin coûte 0 f. 35 la botte de 6 kg.; 2° que la valeur de la paille est le quart de celle du foin; 3° que le sel coûte 0 f. 20 le kilogramme.

P. 3115. En désignant par n° 1 le mètre cube de remblai de terre ordinaire régalé et pilonné à la demoiselle par couches de 16 à 22 cm.; par n° 2 le mètre cube du même remblai, mais seulement régalé; par n° 3 le même remblai transporté à la brouette à 40 m., et de plus régalé et pilonné; par n° 4 le même travail, mais transporté à 3 relais ou 60 m.; et par n° 5 le mètre cube de remblai de terre grasse tenant aux outils, régalé et pilonné, on a 4 f. 02 pour le total des prix du mètre cube de ces 5 sortes de terrassement. Ces prix sont répartis ainsi qu'il suit : le n° 1 est au n° 3 comme 3 est à 8 ; le n° 3 est au n° 4 comme 7 est à 8 ; le n° 2 st au n° 5 comme 1 est à 9 ; et le n° 1 est au n° 2 comme 7 est à 2. Or, dans un travail de remblai, on a fait 530 m³ du n° 1, 724 m³ du n° 2, 645 m³ du n° 3, 278 m³ du n° 4, et 127 m³ du n° 5 : quelle somme doit-on débourser ?

P. 3116. On veut partager 627 f. entre 3 personnes, de manière que la part de la 1re soit à celle de la 2e comme $2/3$ est à $3/4$, et que la part de la 2e soit à celle de la 3e comme $4/5$ est à $8/7$: combien devra-t-on donner à chaque personne ?

P. 3117. Trois couvreurs ont acheté 242 milliers de tuiles à 90 f. 50 le millier : combien chacun doit-il payer, sachant qu'ils se sont partagé ces tuiles de telle manière, que la part du 1er est à celle du 2e comme $2/3$ est à $3/4$, et que celle du 2e est à celle du 3e comme $1/2$ est à $2/5$?

P. 3118. Quatre négociants se sont associés pour acheter 109 quintaux $2/3$ de litharge qu'ils ont payée 0 f. 65 le kilogramme ; ils l'ont revendue 80 f. le quintal : quelle part chacun doit-il avoir au bénéfice, la mise du 1er étant à celle du 2e comme 4 est à 5, celle du 2e à celle du 3e comme $2/3$ est à $4/5$, et celle du 3e à celle du 4e comme 2 $1/4$ est à 3 ?

P. 3119. Pour le verre blanc de premier choix, les prix du mètre carré pour les quatre cas indiqués au probl. 3113 sont répartis ainsi qu'il suit : le prix n° 1er est les $22/25$ du prix n° 2 ; le prix n° 3 est en même temps les $14/15$ du prix n° 2 et les $7/8$ du prix n° 4, et la somme des 4 prix est 29 f. 10. Quelle somme doit-on à un vitrier qui a posé 27 mèt. carr. 32 du 1er prix, 18 m. carr. 15 du 2e, 139 m. carr. 79 du 3e, et 19 m. carr. 21 du 4e ?

P. 3120. On a vendu des glaces avec cadres dorés ; et elles sont de 4 prix différents, savoir : 1° des glaces de 63 cm. sur 81 cm., à 82 f. la pièce ; 2° des glaces de 63 cm. sur 84 cm., à 85 f. ; 3° des glaces de 66 cm. sur 84 cm., à 90 f. ; 4° des glaces de 66 cm. sur 81 cm., à 92 f. La quantité fournie du 1er prix est à celle du 2e comme $6/5$ est à 1 ; celle du 2e est à celle du 3e comme 2 est à 3 $1/2$; celle du 1er est à celle du 4e comme 1 est à $5/9$; et on en a vendu en tout 277 : quelle somme en a-t-on retirée ?

P. 3121. De becs-de-cane pour volet, on en distingue de 5 prix différents, savoir : 1° 3 f. ; 2° 1 f. 80 ; 3° 2 f. 25 ; 4° 4 f. ; 5° 2 f. Supposé que, dans un magasin de serrurerie, quand on en vend 3 du 1er prix, on en vende 2 du 2e ; quand on en vend 5 du 2e, on en vende 4 du 3e ; quand on en vend 7 du 3e, on en vende 6 du 4e ; et, quand on en vend 9 du 4e, on en vende 8 du 5e, et qu'on en vende annuellement 965 en tout, pour quelle somme en débite-t-on en 5 ans ?

P. 3122. Dans le commerce de la serrurerie, on appelle becs-de-cane de petites serrures sans clef ; or, il y en a de 6 prix différents pour armoires, savoir : 1° 3 f. ; 2° 1 f. 90 ; 3° 1 f. 75 ; 4° 5 f. 50 ; 5° 7 f. 50 ; 6° 11 f. Supposé que, dans un magasin de serrurerie, les quantités vendues annuellement des 3 premiers prix soient entre elles comme 5, 7 et 9 ; que les quantités des 4e et 5e prix soient entre elles comme 4 $2/7$ et 8 $4/7$; que les quantités vendues du 3e et du 6e prix soient entre elles comme 6

RÈGLE DE RÉPARTITION PROPORTIONNELLE SIMPLE. 351

est à 5 ; et que, si de chaque prix on en vendait autant que du 3e, on en vende 354 de plus, pour quelle somme en vend-on annuellement ?

P. 3123. Un professeur veut donner 78 bons points à 4 élèves pour une composition. Le 1er a fait 1 faute ; le 2e en a fait 2 ; le 3e, 4 ; et le 4e en a fait 5. Combien chacun aura-t-il de bons points ?

P. 3124. Dans une composition le 1er élève fait $3/4$ de faute ; le 2e, 1 faute ; le 3e, 1 $1/2$; le 4e, 2 $1/4$; et le 5e, 3 $3/4$: combien chacun aura-t-il de bons points sur 167 qui leur sont destinés ?

P. 3125. Un élève fait 0 faute ; le 2e fait $1/4$ de faute ; le 3e, $3/4$ de faute ; le 4e, 1 faute ; et le 5e, 1 faute $1/2$: combien chacun de ces cinq élèves aura-t-il de bons points sur 312 qui leur sont destinés, si la quantité donnée au 2e est les $2/3$ de celle donnée au 1er ?

P. 3126. On veut accorder une gratification de 107 f. 04 à quatre ouvriers proportionnellement à leur assiduité. Sur 300 jours de travail, le 1er a une absence ; le 2e en a 4 ; le 3e, 5 ; et le 4e, 7 : combien auront-ils chacun ?

P. 3127. Un prince, voulant gratifier trois vieux officiers, leur destine annuellement 8 400 f. : combien auront-ils chacun, sachant qu'ils doivent recevoir à proportion de leur âge, le 1er ayant 62 ans ; le 2e, 68 ans ; et le 3e, 80 ans ? Combien chacun aurait-il en raison inverse de son âge ?

P. 3128. Un riche négociant, se retirant du commerce, veut faire l'établissement de 3 pauvres enfants dont le père a bien travaillé pour lui ; et il leur destine la somme qu'il vient de recevoir pour une dernière expédition de 120 fûts d'huile de baleine contenant chacun 4 quintaux d'huile à 50 f. le demi-quintal. Il veut que chaque enfant ait de cette somme à proportion de son âge : on demande quelle part chacun doit avoir, sachant que l'aîné a 20 ans, le cadet, 16, et le dernier, 14. Combien auraient-ils chacun si on leur partageait cette somme en raison inverse de leur âge ?

P. 3129. Quatre cheminées en marbre dit *brèche-portor*, ont coûté 1 200 f. ; les prix sont en raison inverse des nombres 1, $5/3$, $15/14$, et $3/2$: quel est le prix de chacune ?

RÈGLE

DE

RÉPARTITION PROPORTIONNELLE COMPOSÉE

P. 3130. Deux cultivateurs se sont associés pour l'achat d'une machine à moissonner, qui leur a coûté 650 f. Chaque année, le 1er ensemence 12 ha. 45 de terrain rapportant en moyenne 13 hl. par hectare; et le 2^d, 8 ha. 70 rapportant 16 hl. 50 par hectare : combien chacun d'eux doit-il donner pour le paiement?

P. 3131. Deux cultivateurs se sont associés pour l'achat d'une machine à battre, dite à fléaux mobiles, qui leur a coûté 550 f. Or, chaque année, le 1er se sert de la machine pendant 24 jours de 9 heures de travail par jour; et le 2^d, pendant 21 jours de 12 heures de travail par jour : pour quelle somme chacun doit-il contribuer au paiement de la machine?

P. 3132. Cinquante ouvriers carrossiers ont gagné ensemble une somme de 3415 f. 50 ; 20 ont travaillé pendant 15 jours; 12, pendant 20 jours; et les autres, pendant 25 jours : combien doivent-ils recevoir, et combien chacun d'eux gagne-t-il par jour, le prix de la journée étant le même pour tous?

P. 3133. Cinq capitaines, 8 lieutenants, et 24 sous-lieutenants ont loué une prairie pour mettre leurs chevaux au vert. Les capitaines en avaient chacun 5 ; les lieutenants, chacun 4 ; et les sous-lieutenants, chacun 2, qui y sont restés pendant 45 jours. On demande combien ils ont dû payer chacun, le loyer étant de 1246 f., par mois.

P. 3134. Un cultivateur a 4228 f. de frais généraux à répartir entre ses cultures, en raison des frais faits pour chacune d'elles. On demande combien devront supporter les récoltes suivantes qui ont coûté par hectare : le froment, 328 f.; le seigle, 270 f.; l'avoine, 260 f.; l'orge, 290 f.; la betterave, 420 f.; les prairies artificielles, 120 f. Il y a dans la ferme 35 ha. de froment, 4 de seigle, 18 d'avoine, 3 d'orge, 12 de betteraves, et 22 de prairies artificielles.

P. 3135. Les frais de battage d'une machine à battre s'élevant à 2431 f., on veut les répartir entre les différents grains battus dans une ferme et proportionnellement aux jours employés pour le battage. La machine a battu 39200 gerbes de froment à raison de 560 par jour; 5760 gerbes de seigle, à raison de 720; 2400 gerbes d'avoine, à raison de 800; et 3600 gerbes d'orge, à raison de 900. On demande quelle devra être la part des frais par chaque hectolitre de ces céréales, le produit en grain ayant été par 100 gerbes, pour le froment, 3 hl.; pour le seigle, 2 hl. 50; pour l'avoine, 5 hl.; et pour l'orge, 4 hl.

P. 3136. Pour la main-d'œuvre de la maçonnerie d'un bâtiment qui a demandé à 3 maçons et à 3 manœuvres 60 journées de travail, on a payé 810 f. : on demande le prix de la journée

RÈGLE DE RÉPARTITION PROPORTIONNELLE COMPOSÉE. 353

de chacun des ouvriers, sachant que les maçons gagnaient le double des manœuvres.

P. 3137. Un riche marchand de farines, content des services de deux de ses domestiques, leur fait une rente annuelle équivalente à la valeur de 60 sacs de farine estimés chacun 70 f. On demande quelle doit être la rente de chacun à proportion du nombre de ses enfants, sachant que la famille du 1er est composée de 5 enfants; et celle du 2^d, de 6; et que les enfants du 1er doivent recevoir 5 f. lorsque ceux du 2^d auront 3 f. 50?

P. 3138. Un riche négociant avait acheté 12 quintaux d'écaille de tortue débitée en feuilles qu'il avait payée 77 f. 50 le kilogramme, et il les a revendus sur le pied de 8 fr. 40 l'hectogr. Content du succès de ses spéculations, il destine au soulagement de 3 pauvres familles la somme qu'il a gagnée sur cette marchandise, à condition que, lorsque chaque individu de la 1re aura 4 f., ceux de la 2e auront chacun 5 fr., et chacun de ceux de la 3e, 7 f.: on demande quelle somme chaque famille doit recevoir, sachant que la 1re est composée de 5 personnes; la 2e, de 8; et la 3e, de 10.

P. 3139. Un petit commerçant doit à 5 négociants la somme de 12 000 f.; au 1er, il doit 20 fûts d'huile de baleine contenant chacun 2 quintaux à 50 f. le demi-quintal; au 2e, il doit 640 kg. de blanc de baleine à 17 f. 50 les 4 kg.; au 3e, il doit 8 barils d'huile de morue contenant chacun 2 quintaux d'huile à 1 f. 45 le kilogramme; au 4e, il doit 1440 kg. de graisse de poisson à 1 f. 25 le kilogramme; enfin il doit le reste de la somme au 5e. Étant venu à mourir, il ne laisse que 8310 f.: on demande combien chacun doit perdre à proportion de sa créance.

P. 3140. Un fabricant de bimbeloterie vient de donner 612 f. 30 pour payer ses ouvriers à la fin du mois. Il y a 5 hommes, 3 femmes et 2 enfants; la part d'un enfant est les $3/5$ de celle d'une femme, et celle d'une femme est les $10/23$ de celle d'un homme: quelle somme chacun d'eux a-t-il reçue; et combien chacun gagne-t-il par jour, le mois étant de 26 jours de travail?

P. 3141. Douze banquiers, 8 négociants et 6 marchands se sont associés pour acheter un navire de 800 tonneaux qui leur a coûté 120 000 f., et avec lequel ils ont fait un bénéfice de 75 900 f. La mise d'un négociant égale les $5/6$ de celle d'un banquier; et celle d'un marchand, les $2/3$ de la mise d'un négociant: quelle sera la part de chacun d'eux au bénéfice?

P. 3142. Un maître tailleur vient de payer ses ouvriers pour deux semaines de travail; et il leur a distribué une somme de 907 f. 70, que 15 hommes, 18 femmes et 4 enfants se sont partagée entre eux. La part d'une femme, qui était les $6/13$ de celle d'un homme, était 12 fois la 5e partie de celle d'un enfant: combien les hommes, les femmes et les enfants ont-ils eu chacun?

P. 3143. Les droits pour le passage d'un bac sont établis ainsi qu'il suit: pour un voiturier, on doit payer 0 f. 10; pour un cavalier, 0 f. 05; pour un piéton, 0 f. 03. La recette d'un mois s'est élevée à 206 f. 72. On demande combien il est passé de voituriers, de cavaliers et de piétons, sachant que le nombre des

854 RÈGLE DE RÉPARTITION PROPORTIONNELLE COMPOSÉE.

voitures qui sont passées est les $2/9$ de celui des cavaliers, et que celui des cavaliers est les $7/31$ de celui des piétons.

P. 3144. Il faut payer pour le passage d'un pont 0 f. 15 par voiture attelée de deux chevaux, 0 f. 10 par voiture à un cheval, 0 f. 05 par cavalier, et 0 f. 03 par piéton. Dans le cours d'un mois, le nombre des voitures à 2 chevaux a été les $2/5$ de celui des voitures à un cheval; le nombre des voitures à un cheval a été les $3/11$ du nombre des cavaliers; et le nombre des cavaliers a été les $5/27$ de celui des piétons. La recette mensuelle s'est élevée à 337 f. 44. On demande combien il est passé de voitures à 2 chevaux, de voitures à un cheval, de cavaliers et de piétons.

P. 3145. Des ouvriers ont fouillé en 15 jours 2106 m³ de tuf très-dur; d'autres, en 24 jours, 9936 m³. Le nombre total de ces ouvriers est de 308. Combien y en avait-il dans le 1er, et dans le 2e cas? Combien coûte la fouille d'un mètre cube de ce tuf, si chaque ouvrier était payé à raison de 2 f. 50 par jour?

P. 3146. On a fait drainer 3 champs dont les superficies sont entre elles comme les nombres 15, 17 et 19; les distances entre les drains sont respectivement entre elles pour chaque champ comme les nombres 5, 7 et 9; les profondeurs des drains sont comme les nombres 6, 7, 8. La dépense est de 3922 f. 80. Combien a coûté le drainage de chaque champ, et à combien revient le drainage d'un hectare pour chacun, le 1er ayant 3 ha.?

P. 3147. Pour le drainage de 3 champs, dans lesquels la distance entre les drains est respectivement pour chacun comme les nombres 2, 3 et 4, il a fallu 77844 tuyaux: combien en a-t-il fallu pour chaque champ? On sait que la superficie du 2e est d'un tiers plus grande que celle du 1er, laquelle n'est que la moitié de celle du 3e. Combien en a-t-il fallu par hectare pour chaque champ, si, pour le 1er, on en a employé 5859 par hectare? Quelle est la superficie de chaque champ? Quelle est la dépense qu'il faut faire pour l'achat des tuyaux de chaque champ au prix de 25 f. 50 le mille?

P. 3148. Un marchand a vendu du papier de quatre qualités; la 1re qualité vaut 8 f. 75 la rame; la 2e, 6 f. 40; la 3e, 5 f. 20; et la 4e, 4 f. 10. La quantité vendue de la 1re qualité est à la quantité vendue de la 2e, comme 5 est à 7; la quantité vendue de la 2e qualité est à la quantité vendue de la 4e comme 3 est à 2; et la quantité vendue de la 1re qualité est à la quantité vendue de la 3e comme 6 est à 5. Le marchand a reçu 737 f. 30 après avoir accordé 5 p. $^0/_0$ d'escompte: combien de rames de chaque sorte a-t-il vendues?

P. 3149. Un épicier a acheté des chandelles de 6, de 8 et de 12 au demi-kilogramme, le tout au prix de 1 f. 25 le kilogramme, et des bougies stéariques au prix de 2 f. 40 le demi-kilogramme. Son emplette pèse en tout 166 kg. $3/4$. Le poids des chandelles de 6 est à celui des bougies comme 7 est à 4; le poids des chandelles de 8 est à celui des bougies comme 8 est à 11, et à celui des chandelles de 12 comme 6 est à 13. Quel est le poids de chaque sorte de chandelles, et quelle somme doit-il débourser?

P. 3150. Un pelletier-fourreur a acheté des peaux de belette, des peaux d'écureuil et des peaux de rat musqué pour 215 f. 40;

il a payé les peaux de belette 80 f. le cent; les peaux d'écureuil, 85 f. le cent; les peaux de rat musqué, 70 f. le cent : on demande combien de peaux de chaque sorte il a achetées, sachant que le nombre des peaux de belette est à celui des peaux d'écureuil comme 25 est à 28, et que le nombre de peaux d'écureuil est à celui des peaux de rat musqué comme 7 est à 10.

P. 3151. Un cordonnier a acheté du cuir fort, du cuir de cheval et du cuir de veau pour 505 f. 80; le prix du kilogramme de cuir fort est à celui du kilogramme de cuir de cheval comme 5 est à 2, et il est à celui du kilogr. de cuir de veau comme 7 est à 15; la quantité de cuir fort est à celle du cuir de cheval comme 16 est à 9, et à celle du cuir de veau comme 6 est à 5. On demande combien de kilogr. de chaque sorte de cuir il a achetés, et le prix du kilogr. de chaque espèce, sachant qu'il a pris 48 kilogr. de cuir fort.

P. 3152. Quatre cordonniers ont acheté pour 8344 f. de quatre sortes de cuirs : cuir de bœuf, cuir de vache, cuir de veau, cuir de cheval; le 1er a payé le cuir de bœuf, à raison de 2 f. 80 le kilogramme; le 2e, qui s'est chargé de l'achat et du paiement du cuir de vache, l'a acheté sur le pied de 2 f. 50 le kilogramme; le 3e, qui a payé le cuir de veau, l'a acheté sur le pied de 3 f. 50 le kilogr.; enfin le 4e, qui a fourni le cuir de cheval, l'a payé 2 f. le kilogr.; ils ont fait sur ce cuir, après la mise en œuvre, un bénéfice égal aux $17/40$ du prix d'achat : combien chacun doit-il avoir sur ce bénéfice, et quelle est la quantité de cuir de chaque sorte? On sait que la quantité du 1er est à celle du 2e comme 3 est à 4, celle du 2e à celle du 3e comme 5 est à 2, et celle du 3e à celle du 4e comme 9 est à 7.

P. 3153. Quatre marchands couteliers se sont associés pour le commerce de la cisellerie, et ils ont mis en tout 630 douzaines de ciseaux de cordonnier. Pour le nombre de douzaines fourni par chacun, la mise du 1er est à celle du 2e comme 2 est à 3; celle du 2e, à celle du 3e comme 4 est à 5; celle du 3e est à celle du 4e comme 6 est à 7. Les ciseaux mis par le 1er valent 48 f. la douzaine; ceux du 2e valent 60 f.; ceux du 3e, 72 f.; et ceux du 4e, 84 f. Le bénéfice est de 973 f. 20. Combien chaque marchand doit-il prendre sur ce bénéfice?

P. 3154. Trois industriels se sont associés pour faire marcher une féculerie pendant 150 jours. Les pommes de terre rendent en fécule 16,875 p. 0/0 de leur poids, et l'hectolitre pèse 80 kg. Le compte des dépenses journalières est établi ainsi qu'il suit : 1° 200 hectol. de pommes de terre à 1 fr. 75; 2° un contre-maître gagnant 2 f. 25; 3° deux ouvriers manœuvres et un enfant approchant la pomme de terre, etc., gagnant chacun 1 f. 60; 4° trois hommes au blanc avec 2 étuveurs, gagnant chacun 2 f.; 5° entretien des machines, toiles, tamis, 10 f.; 6° intérêts du capital de l'usine, 6 p. 0/0 par an sur 150 jours de travail, le capital étant évalué à 75000 f. de dépenses annuelles; 7° intérêts journaliers de la valeur des bâtiments, 17 f. 50; 8° 3 hl. de houille pour le calorifère, à 3 f. l'hectolitre; 9° frais généraux, bureau, 5 f.; 10° transport de la fécule au lieu de la vente, à 0 f. 75 par quintal métrique; 11° dépenses imprévues, 20 f. Les industriels vendent le quintal métrique de fécule 22 f. Combien chacun doit-il avoir sur le bénéfice total, la mise du 1er industriel étant à celle du 3e comme 4 est à 7, et celle du 2e étant à celle du 3e comme 5 est à 9?

P. 3155. Quatre industriels se sont chargés de l'éclairage au même degré d'intensité d'une salle de réunion dans le cours d'un certain nombre de soirées qui ont duré ensemble pendant 125 heures 39 minutes. Ils ont employé des lampes hydrostatiques de Thilorier alimentées avec de l'huile valant 1 f. 40 le kilogr. Le pouvoir éclairant de ces lampes est tel, que l'intensité de la lumière donnée par les becs Thilorier est, pour les becs n° 1er, les $27/25$ de la lumière donnée par une lampe Carcel; pour les becs n° 2, la lumière est les $4/5$ de celle d'une lampe Carcel; pour les becs n° 3, la lumière en est les $3/4$; et pour les becs n° 4, elle en est les $9/20$. Le 1er industriel a employé 20 lampes à bec n° 1er dépensant par heure 52 gr. 143 d'huile; le 2e a employé des becs n° 2 dépensant par heure 36 g. 61; le 3e, des becs n° 3 dépensant 31 g. 85; et le 4e, des becs n° 4 dépensant 17 g. 26. La durée du temps d'éclairage dont chacun d'eux s'est chargé est répartie de telle sorte entre les quatre industriels, que le temps du 1er est à celui du 3e comme 2 est à 5; le temps du 3e est à celui du 4e comme 3 est à 7, et à celui du 2e comme 4 est à 9. Le bénéfice total étant de 420 f., quelle part chacun d'eux doit-il en prendre?

P. 3156. Un maître maçon et son compagnon mettent 4 heures $1/2$ pour faire un mètre cube de maçonnerie en moellons : on demande le prix de la journée du maçon et du compagnon qui ont exécuté 161 mèt. cub. 031 de maçonnerie en travaillant 10 heures par jour, sachant que $1/4$, plus les $2/3$, plus les $4/5$, moins les $5/6$ de la somme qu'on a donnée, égalent cette somme diminuée de 51 f. 9925, et que le prix de la journée du compagnon est à celui de la journée du maçon comme 16 est à 25.

P. 3157. Deux négociants s'étant associés, le 1er a acheté 340 m. de drap ayant $5/4$ de mètre de largeur, et il a déboursé 4250 f.; le 2d a acheté une quantité de drap d'une qualité différente; le nombre de mètres de cet achat est au nombre de l'achat du 1er comme 19 est à 17; la largeur de ce drap est à celle du 1er comme 7 est à 10 : et, si les deux espèces de drap avaient la même largeur, le prix du mètre du 1er serait les $5/7$ du prix du mètre du 2d; les deux négociants ont gagné ensemble 1 855 f.: combien chacun d'eux doit-il avoir sur ce gain à proportion de sa mise?

P. 3158. Trois marchands couteliers se sont associés pour le commerce de la cisellerie, et ils ont mis ensemble 304 douzaines de ciseaux de perruquier. Le 1er en a mis un certain nombre de douzaines en acier fondu, à 38 f. 50 la douzaine; le 2e en a mis 3 fois $1/2$ autant de douzaines que le 1er; ils sont au poli fin et valent 25 f. 75 la douzaine; le 3e en a mis 2 fois $1/3$ autant de douzaines que le 2e; ils sont au poli blanc et valent 11 f. 80 la douzaine. La perte est de 384 f. 70 : combien chaque marchand doit-il supporter de cette perte?

P. 3159. On a construit dans un établissement public, composé de six corps de bâtiment, un appareil de chauffage et de ventilation qui, pour le chauffage, consomme par jour 270 kg. de houille par corps de bâtiment; de plus, il faut journellement pour les employés de l'administration un quintal de houille, et cela pour les sept mois de chauffage. Trois marchands de houille se sont engagés à fournir au prix de 3 f. 75 l'hectolitre de 85 kg. le combustible nécessaire pour un hiver; la quantité fournie par le 1er est à celle fournie par le 2e comme $2/7$ est à $4/9$; et celle fournie par le 3e est à celle fournie par le 1er comme $6/11$ est à $5/12$: quelle somme chacun d'eux recevra-t-il ?

P. 3160. Pour la ventilation du même établissement, on brûle par heure 68 kg. 85 de houille pendant les 24 heures des 365 jours de l'année. Trois marchands de houille se sont engagés pour un an à fournir, au prix de 3 f. 50 l'hectolitre de 85 kg., la houille nécessaire à cette consommation. La quantité fournie par le 1er est à celle fournie par le 3e comme $3/8$ est à $4/13$, et celle fournie par le 3e est à celle fournie par le 2e comme $5/6$ est à $7/9$: quelle somme chacun d'eux recevra-t-il ?

P. 3161. Trois industriels se sont associés, pendant un an, pour la filature du coton. Ils en ont acheté 951 balles pesant chacune 150 kg., à 2 f. 50 le kilogramme. La valeur des produits manufacturés est les $53/11$ de la valeur du coton brut; les salaires des ouvriers absorbent les $2/3$ de l'excédant de la valeur des produits manufacturés sur la valeur du coton brut; les frais de direction et de gestion sont les $19/57$ du tiers de cet excédant ; les frais d'entretien du matériel, d'achat de houille, etc., sont les $11/38$ du même tiers ; et le reste est le bénéfice net fait à la fin de l'année : quelle part chacun des associés doit-il avoir à ce bénéfice, la mise du 1er pour l'achat du coton étant à celle du 2e comme 3 est à 5 ; et celle du 2e étant à celle du 3e comme 8 est à 7 ?

P. 3162. Trois fontaines, coulant ensemble dans un bassin, l'empliraient en 24 heures. Le temps qu'il faudrait à la 1re seule pour l'emplir est à celui qu'il faudrait à la 2e comme 1 est à $5/8$; et celui qu'il faudrait à la 2e est à celui qu'il faudrait à la 3e comme 1 est à $3/5$: combien faudrait-il d'heures à chaque fontaine coulant seule pour emplir le bassin ?

P. 3163. La superficie occupée par la gare et les ateliers de l'un des principaux chemins de fer de France est de 7 ha. 50 a. 36 ca. Si l'on diminuait de 10 ca. la superficie des ateliers des machines et tenders, de 8 a. 55 celle des ateliers des voitures, de 15 m² celle des bureaux, de 76 m² celle des magasins, et de $1/10$ d'hectare celle des cours; la 1re de ces superficies partielles serait à la 5e comme 4 est à 13, et à la 2e comme 18 est à 17, la 2e serait à la 3e comme 136 est à 7, et la 3e serait à la 4e comme 7 est à 57. Quelle est l'étendue de ces diverses superficies partielles ?

P. 3164. La superficie occupée par la gare et les ateliers d'un autre chemin de fer important est de 2 ha. 22 a. $1/2$. Si l'on diminuait de 74 m² la superficie des ateliers des machines et tenders, de 73 m² celle des ateliers des voitures, de 4 m² celle des bureaux, de 3 a. 27 celle des cours, et si l'on augmentait de 8 ca. celle des magasins, la 1re superficie partielle serait à la 2e comme 49 est à 20; la 2e serait à la 4e comme 10 est à 23 ; la 3e serait la 10e partie de la 2e, et la 5e serait le double de la 3e. Quelle est l'étendue de ces diverses superficies partielles ?

P. 3165. Quelle serait la contenance de chacune des 2 pièces de terre qui auraient fourni 5 voitures chacune de 350 gerbes, si cette contenance était proportionnelle à 2 nombres dont le produit est 120, et dont le produit serait 192 si l'un des deux nombres était augmenté de 9? On sait d'ailleurs que le blé fourni par une gerbe pèse 3 kilog. $2/5$, qu'un hectolitre pèse 75 kg., et que chaque hectare a fourni 13 hl. $2/3$.

P. 3166. Quelle étendue de terre est nécessaire à une famille de 4 personnes dont chacune consomme journellement 640 gr. de pain? On sait que 4 kg. de pain sont fournis par 3 kg. de farine, que le poids de la farine est les 0,725 du poids du blé, que l'hectolitre de blé pèse 76 kg., que 18 hl. sont fournis par un hectare, et qu'il faut 1 hl. 80 de semence par hectare. Et cette étendue de terre demandée étant divisée en 2 pièces, quelle sera l'étendue de chacune si elle est proportionnelle à deux nombres dont la différence est 490 et le quotient 15?

P. 3167. Un propriétaire qui possède 27 ha. de terre labourable en ensemence annuellement $1/3$ de froment, $1/3$ d'orge et d'avoine, de telle sorte que la quantité ensemencée d'avoine, qui est la plus grande, soit avec la quantité d'orge dans le rapport de deux nombres dont la somme est 4 et dont la différence est le double du plus petit. Le troisième tiers est ensemencé partie de trèfle, partie de gesse et partie de pommes de terre; le terrain planté de pommes de terre, joint au terrain ensemencé de trèfle, a une étendue triple du terrain ensemencé de gesse; et joint au terrain ensemencé de gesse, il forme une étendue égale à $1/6$ du terrain total. On demande : 1° combien le propriétaire récoltera d'hectolitres de froment, d'orge, d'avoine et de pommes de terre, si un hectare de froment donne 15 hl. $2/3$; un hectare d'orge, 14 hl.; un hectare d'avoine, 16 hl. $1/3$; et un hectare de pommes de terre, 104 hl. $3/5$; 2° combien de quintaux métriques de gesse et de trèfle il récoltera en vert, sachant qu'un hectare de trèfle rapporte 28 qm. de foin, et un hectare de gesse 35 quintaux, et que le rapport en poids du fourrage vert au foin est comme 4,5 est à 1.

P. 3168. Trois industriels se sont associés pendant un an pour exploiter un four à puddler, c'est-à-dire à raffiner le fer. Le 1er s'est chargé de l'achat du fer à raffiner, au prix de 15 f. 20 les 100 kg.; et l'on en faisait par jour 15 fournées de 230 kg. à raffiner. Le 2e s'est chargé de l'achat de la houille au prix de 1 f. 10 les 100 kg.; or, il en a fallu autant de quintaux que l'on a obtenu de quintaux de fer raffiné, lequel était les $23/25$ du fer à raffiner; le 2e a, en outre, payé les $2/5$ des frais généraux, qui se sont montés à 1 f. 70 par quintal de fer obtenu. Le 3e s'est chargé du reste des frais généraux et du paiement des quatre ouvriers; les deux qui travaillaient pendant le jour gagnaient ensemble 4 f. 80; ceux qui travaillaient pendant la nuit gagnaient le double; et le travail de l'année a été de 300 jours. Quelle part chaque associé doit-il avoir au bénéfice, sachant qu'ils ont vendu le fer obtenu au prix moyen de 20 f. 50 les 100 kg.?

P. 3169. Trois industriels se sont associés afin d'exploiter pendant 6 mois une usine pour le raffinage du fer par la méthode anglaise. Le 1er s'est chargé de l'achat de la fonte à raison de 12 f. les 100 kg.; on en raffinait 576 quintaux par semaine. Le 2e s'est chargé de l'achat du coke à 1 f. 25 le quintal; il en faut 35 kg. par quintal de *fine-metal* obtenu, et la fonte a subi un déchet de 15 p. 0/0; de plus, il s'est chargé du tiers des frais généraux. Le 3e s'est chargé du paiement des ouvriers; ils se divisent en deux brigades de deux hommes chacune, travaillant pendant 12 heures; ces deux hommes sont le maitre fineur gagnant 2 fr. 50 par jour et son aide gagnant 1 f. 25; pour la brigade qui travaille pendant les 12 heures de nuit, ces prix sont doublés; on ne travaille pas les dimanches; le 3e se charge encore des 2/3 des frais généraux, évalués à 1 f. 60 par quintal de *fine-metal* obtenu. Ils ont vendu ce *fine-metal* au prix de 18 f. 75 les 100 kg. Quelle part chacun doit-il avoir au bénéfice?

P. 3170. Cinq menuisiers ébénistes ont acheté 56 quintaux de bois de gaïac qu'ils ont payé sur le pied de 0 f. 25 le kilogramme; et ils ont fait sur ce bois un bénéfice de 1 176 f., qu'ils se sont partagés de manière qu'en ajoutant la part du 3e aux parts de chacun des deux premiers, qui sont entre elles comme 1 est à 7, on obtient les parts du 4e et du 5e, qui sont entre elles comme 2 est à 3 : quelle est la mise et quel est le bénéfice de chaque menuisier?

P. 3171. Cinq négociants se sont associés pour le; commerce des cotons; et ils en ont acheté 840 balles pesant chacune 89 kg., à 1 f. 70 le kilogramme. Ils ont revendu cette marchandise avec un bénéfice de 0 f. 30 par kilogramme : quel a été le bénéfice de chacun d'eux, si leurs mises sont telles, que celle du 1er est à celle du 2e comme 4 est à 9 ; et que, si l'on ajoute à chacune des deux premières mises celle du 3e, on obtient celles du 4e et du 5e, qui sont entre elles comme 5 est à 6.

P. 3172. Cinq industriels sont à la tête d'une filature de coton qui en consomme annuellement 287 balles pesant chacune 155 kg., à 2 f. 30 le kilogramme; leur bénéfice est égal aux 2/7 de la valeur de la matière employée. Quelle part chacun doit-il avoir à ce bénéfice? On sait que la mise du 1er est à celle du 2e comme 3 est à 8, que celle du 4e est à celle du 5e comme 5 est à 7, et que, si l'on ajoute celle du 3e à chacune des deux premières, on obtient chacune des deux dernières.

P. 3173. Deux marchands de combustible se sont engagés à fournir la houille nécessaire pour chauffer l'intérieur d'une église pendant 90 jours, à raison de 560 kg. par jour, taux moyen; cette houille coûte 3 f. l'hectolitre, et le poids de l'hectolitre est de 84 kg.; à ce marché, ils gagnent 0 f. 40 par hectolitre. On demande : 1° quelle sera leur part du bénéfice, sachant que, d'abord, la quantité de houille fournie par le 2d était le quart de celle fournie par le 1er; mais que, l'hiver s'étant prolongé, ils ont été obligés d'en fournir en plus chacun une même quantité, qui a été telle, que la fourniture totale du 2d a été le tiers de celle du 1er; 2° de combien de jours s'est prolongée la durée du chauffage.

P. 3174. Deux marchands de combustible se sont engagés à fournir la houille nécessaire au chauffage et à l'assainissement d'un hôpital pendant 6 mois; la consommation de la houille est de 1 650 kg. par jour; et son prix, de 3 f. l'hectolitre de 87 kg.; à ce marché, ils gagnent 0 f. 35 par hectolitre. On demande :

1° quelle sera leur part du bénéfice, sachant que la mise du 1er était d'abord triple de celle du 2d ; mais que, le froid s'étant prolongé, ils ont été obligés d'en fournir chacun une même quantité qui a été telle, que la mise totale du 1er n'a été, par suite, que le double de la mise totale du 2d ; 2° quelle a été la prolongation de la durée du chauffage.

P. 3175. Deux brasseurs se proposent d'acheter une certaine quantité de houblon qu'ils se flattent d'obtenir à un certain prix ; dans cette prévision mal fondée, la mise primitive du 1er est triple de celle du 2d ; mais ils sont obligés de payer à raison de 3 f. le kilogramme le houblon qu'ils achètent ; par suite, chacun ajoute 6750 f. à sa mise primitive ; et, alors, la mise du 1er n'est plus que le double de celle du 2d. On demande : 1° combien de kilogrammes de houblon ils ont achetés ; 2° à quel prix ils espéraient l'obtenir ; 3° combien chacun d'eux en aura de kilogrammes à proportion de sa mise.

P. 3176. Deux industriels se sont associés pour faire marcher un haut-fourneau qui produit 2000 kg. de fonte par jour pendant 365 jours. Pensant que le prix moyen de cette fonte sera moins élevé qu'il ne l'est réellement, ils mettent annuellement dans l'entreprise chacun une somme telle, que la mise du 1er est 7 fois plus forte que celle du 2d ; mais leurs prévisions ne s'étant pas réalisées, ils sont obligés d'ajouter à leur mise primitive, chacun 10950 f. ; et, alors, la mise du 1er n'est plus que 4 fois celle du 2d. On demande : 1° à quel prix ils pensaient que leur reviendraient les 100 kg. de fonte ; 2° à quel prix ils leur reviennent réellement ; 3° à quel prix ils devront vendre la fonte, s'ils veulent, au bout de 365 jours, avoir réalisé un bénéfice de 10000 f. ; 4° quelle part chacun d'eux aura sur ce bénéfice.

P. 3177. Deux négociants se sont associés pour le commerce des draps ; ils ont acheté 136 mèt. de drap de Sedan et 221 m. de drap de Lisieux à un prix tel, que 17 m. de drap de Sédan et 8 m. de drap de Lisieux coûtent 553 f., le mètre de drap de Sédan coûtant 9 f. de plus que le mètre de drap de Lisieux. Pour ce premier achat, leurs mises étaient entre elles comme 12 et 5. A leur 1re mise, ils ont ajouté chacun une même somme qui a établi leurs mises totales dans le rapport de 4 à 3 ; et ils ont acheté au même prix de chaque sorte de drap une quantité telle, que, dans ce 2d achat, la 1re sorte était à la 2e comme 2 est à 3. Ils ont fait sur le tout un bénéfice de 15 p. 0/0. On demande : 1° la mise de chacun et le bénéfice de chacun ; 2° le prix du mètre de chaque sorte de drap ; 3° la quantité achetée de chaque sorte.

RÈGLE DE SOCIÉTÉ SIMPLE

P. 3178. Trois compagnies d'ouvriers ont moulé ensemble 257 600 tuyaux pour le drainage; ce travail leur a été payé 528 f. On demande quel a été le gain de chaque compagnie, sachant que, dans la 1re, il y avait 7 ouvriers; dans la 2e, 9 ouvriers; et dans la 3e, 6 ouvriers.

P. 3179. Quatre associés avaient acheté un navire de 600 tonneaux pour la somme de 90 000 f. Le gain du 1er sur la location de ce navire a été 3 500 f.; celui du 2e, de 4 000 f.; celui du 3e, de 4 200 f.; et celui du 4e, de 4 800 f.: quelle avait été la mise de chacun d'eux?

P. 3180. Trois maîtres de forges se sont associés pour acheter en commun la fonte qu'ils doivent raffiner pendant un an. Le 1er, qui dirige un feu comtois, contribue à l'achat pour 33 141 f. 60; le 2e, qui dirige un feu champenois, donne 37 620 f.; le 3e, qui dirige un feu bourguignon, fournit 42 072 f. 40. Mais ils adoptent l'emploi de l'air chauffé pour alimenter leurs forges, ce qui leur procure sur la consommation de leur fonte une économie de 5 641 f. 70 : quelle somme chacun doit-il avoir sur ce bénéfice?

P. 3181. Trois négociants de l'île de la Réunion, voulant entreprendre l'exploitation d'une sucrerie, s'associèrent et déposèrent en caisse, savoir: le 1er 68 000 f.; le 2e, 52 000 f.; le 3e, 40 000 f. La société étant dissoute, le gain s'élevait à 498 000 f. que l'on partagea proportionnellement à la mise de chaque associé. On demande quelle fut la portion du bénéfice que chacun reçut?

P. 3182. Trois associés veulent commercer à l'étranger; le 1er donne 63 000 f. pour l'achat d'un navire de 450 tonneaux; le 2e débourse 40 000 f. pour l'achat des marchandises qui composent la cargaison; et le 3e donne 60 000 f. pour le paiement des hommes de l'équipage; ils perdent sur le tout 15 000 f.: quelle perte chacun doit-il subir?

P. 3183. Six industriels se sont associés pour monter une filature de coton. Le 1er a mis 300 000 f. pour l'achat du terrain et des bâtiments; le 2e s'est chargé de l'acquisition d'une pompe à feu de 70 chevaux avec trois chaudières, et il a mis pour cela 105 000 f.; le 3e a mis 120 000 f. pour la pose de la machine et pour payer les appareils de la transmission des mouvements; le 4e a mis 30 000 fr. pour l'appareil de chauffage, et 35 000 f. pour l'éclairage au gaz par 400 becs; le 5e a mis 290 000 f. pour l'acquisition de 77 métiers à filer; le 6e a mis 275 000 f., pour les cardes et les préparations. Or, cette filature rapporte 460 000 f. par an : combien chacun doit-il prendre sur cette somme à proportion de sa mise?

P. 3184. Trois teinturiers s'étaient associés pour acheter 240 kg. d'indigo à 15 f.40 le kilogramme. La mise en œuvre leur a procuré un bénéfice de 462 f., sur lequel le 1er a eu 112 f. 50; le 2e, 154 f. 50; et le 3e, 195 f.: quelle était la mise de chacun?

P. 3185. Quatre négociants ont fait un fonds consistant en 200 kg. de soie écrue moulinée, à 80 f. le kilogramme. Le 1ᵉʳ a eu, pour sa part du gain, la somme de 640 f.; le 2ᵉ, 560 f.; le 3ᵉ, 480 f.; et le 4ᵉ, 400 f. : combien chacun avait-il mis ?

P. 3186. Trois menuisiers s'étant chargés de faire les planchers d'une maison, le 1ᵉʳ a fourni 1500 planches; le 2ᵉ, 1875; et le 3ᵉ, 2250; tous frais faits, ils ont un bénéfice de 750 f.: combien chacun doit-il avoir sur ce bénéfice ? et quelle est la superficie totale de ces planchers, chaque planche ayant 1 m. 45 de longueur sur 0 m. 08 de largeur?

P. 3187. Quatre maîtres carreleurs ont fait en carreaux de Montereau 750 m² de carrelage à 2 f. 50 le mètre carré. Eu égard à leurs fournitures et au nombre d'ouvriers employés par chacun le 1ᵉʳ doit avoir 5 parts sur la somme qu'ils ont reçue; le 2ᵉ doit en avoir 6; le 3ᵉ, 4; et le 4ᵉ, 10 : quelle somme chacun recevra-t-il ?

P. 3188. Trois négociants se sont associés pour acheter 73 quintaux de bois de sandal rouge à 0 f. 20 le kilogramme. Sur 365 f. de bénéfice, le 1ᵉʳ a eu 128 fr. 45; le 2ᵉ, 135 f. 70; et le 3ᵉ, le reste : quelle avait été la mise de chacun?

P. 3189. Quatre négociants, ayant fait un fonds commun, ont gagné 900 f.; le 1ᵉʳ a reçu 300 f. pour son gain; le 2ᵉ, 225 f.; le 3ᵉ, 206 f. 25; et le 4ᵉ, qui avait mis dans l'association 3 quintaux de blanc de baleine estimé à 2 f. 25 le kilogr., a reçu le reste du gain. On demande la mise de chacun.

P. 3190. Quatre négociants ont fait un fonds avec lequel ils achètent 6 quintaux de laine mérinos de 1ʳᵉ qualité, à raison de 20 f. le kilogramme; ils retirent 19200 f. à la fin de la société : combien chacun doit-il avoir sur le profit, sachant que le 1ᵉʳ avait mis 2240 f.; le 2ᵉ, 2320 f.; le 3ᵉ, 2400 f.; et le 4ᵉ, le reste.

P. 3191. Trois marchands ont acheté 12 quintaux de défenses d'éléphant en morceaux de plus d'un kilogramme, à 16 f. 25 le kilogramme; en les revendant, ils ont gagné 4875 f.; le 1ᵉʳ a eu 2400 f.; le 2ᵉ, 1875 f.; et le 3ᵉ, le reste. On désire savoir combien chacun avait dépensé.

P. 3192. Quatre cultivateurs se sont associés pour l'achat d'une machine à battre qui marche par le moyen d'une machine à vapeur et qui leur a coûté 3800 f. Au bout de 12 ans, elle leur a procuré un bénéfice de 9380 f. qu'ils se sont partagé en raison de leur mise; or, le 1ᵉʳ a mis 940 f.; le 2ᵉ, 814 f.; le 3ᵉ, 1250 f.; et le 4ᵉ, le reste : quelle a été la part de chacun sur le bénéfice ?

P. 3193. Trois cultivateurs se sont associés pour acheter une machine à battre qui leur a coûté 1800 f., et qui, au bout de 10 ans, leur a procuré une économie de 5600 f. sur le battage de leurs grains. Ils se partagent alors leur bénéfice : quelle somme chacun doit-il avoir, sachant que, pour l'acquisition de la machine, le 1ᵉʳ avait donné 540 f.; le 2ᵉ, 730 f.; et le 3ᵉ, le reste ?

P. 3194. Trois cultivateurs ont acheté 148 moutons qui leur ont coûté, valeur moyenne, 16 f. 50 par tête; pour les payer, le 1ᵉʳ avait fourni 875 f. 40; le 2ᵉ, 945 f. 30; et le 3ᵉ avait fourni le reste; après les avoir nourris pendant 6 mois, ils les revendent avec un bénéfice de 6 f. 40 par tête : combien chacun doit-il recevoir de ce bénéfice, à proportion de sa mise, et combien aura-t-il en tout?

P. 3195. Trois teinturiers se sont associés pour acheter: 1° 45 quintaux de garance à 1 f. 10 le kilogramme; 2° 84 quintaux du curcuma à 35 f. le quintal; 3° 42 quintaux de quercitron à 0 f. 20 le kilogramme; 4° 59 quintaux de gaude à 18 f. le quintal; 5° 1545 kg. de fustet à 50 f. le quintal; et 6° 41 quintaux de nerprun à 1 f. 50 le kilogramme. Avec ces diverses substances tinctoriales, ils ont gagné 5400 f. Le 1er a eu 1800 f.; le 2e, 1620 f.; et le 3e, le reste : pour combien chacun avait-il contribué au fonds nécessaire aux achats ci-dessus indiqués?

P. 3196. Quatre facteurs d'orgues se sont associés pour monter un orgue; le 1er y a fait pour 6500 f. de dépenses; le 2e, pour 6000 f.; le 3e, pour 7000 f.; et le 4e, pour 8000 f.; et ils ont reçu 30000 f. : quel est le bénéfice de chacun?

P. 3197. Trois fabricants de meubles se sont associés pour acheter 294 quintaux de bois de sapin à 0 f. 30 le kilogramme. Le 1er avait mis 2420 f. 70; le 2e avait mis 530 f. 30 de plus que le 1er, et le 3e avait mis le reste. Leur bénéfice a été de 4410 f. : combien chacun d'eux doit-il avoir sur ce bénéfice?

P. 3198. Quatre bouchers ont fait un fonds avec lequel ils ont gagné 145 f.; ils ont mis chacun 150 kg. de viande de différents prix: le 1er estime sa marchandise 1 f. 30 le kilogramme; celle du 2e vaut 1 f. 25 le kilogramme; celle du 3e, 1 f. 15; et celle du 4e, 1 f. 20. Quelle part chacun doit-il avoir sur le gain?

P. 3199. Trois particuliers qui font le commerce des fromages se sont associés pour faire l'achat d'une certaine quantité de cette marchandise, sur laquelle ils ont gagné 240 f. Ils ont fourni leurs fonds de telle manière, que le 1er en a payé 8 quintaux; le 2e, 10 quintaux; et le 3e, 14 quintaux. Le quintal ayant été payé 35 f., quelle part chacun doit-il avoir après qu'ils auront prélevé du gain total 50 f, qu'ils destinent aux pauvres?

P. 3200. La construction d'un canal a coûté 120000 f. par kilomètre; sa longueur est de 116812 m.; et, tous frais faits, il rapporte annuellement 400000 f. Supposé qu'il ait été construit par actions de 750 f., que quatre associés aient pris un nombre d'actions tel, que le 1er reçoive annuellement 321 f.; le 2e, 428 f.; le 3e, 556 f. 40; le 4e, 749 f.: quelle avait été la mise de chacun d'eux?

P. 3201. Quatre marchands de bois ont acheté 134870 m. courants de chevron de 7 cm. d'épaisseur sur 11 cm. de largeur, à 0 f. 48 le mètre courant; sur ce marché, ils ont gagné 16184 f. 40. On demande: 1° la mise de chacun, qui est égale pour tous; 2° le bénéfice de chacun; 3° le prix d'achat et le prix de vente du mètre courant.

P. 3202. Quatre associés ont mis dans le commerce une somme égale; leur bénéfice a consisté en 75 sacs de farine de seigle pesant chacun 125 kg., à 28 f. 80 le quintal métrique; le 1er a laissé son argent 1 an 4 mois; le 2e, 1 an 9 mois; le 3e, 2 ans 3 mois; et le 4e, 2 ans 5 mois : quelle part chacun doit-il avoir au bénéfice?

P. 3203. Les mises de trois associés dans le commerce des **produits chimiques sont égales**; elles sont restées respectivement dans la société 3 mois, 5 mois et 7 mois : combien revient-il à chacun, le gain étant égal au produit de la vente de 100 quintaux de nitrate de soude à 45 f. le quintal?

P. 3204. Trois marchands ont mis en commun la somme nécessaire à l'acquisition de 36 paires de meules à moudre, ayant chacune 1 m. 75 de diamètre, à 260 f. la pièce; ils ont revendu chaque paire de meules 580 f. ; ils se sont partagé le bénéfice de manière que le 1er a eu relativement à sa mise, 840 f.; le 2e, 750 f.: quel est le bénéfice du 3e, et la mise de chacun?

P. 3205. Trois marchands de bois ont acheté 76500 fagots, sur lesquels ils ont gagné 4743 f.; le 1er avait mis 7372 f. 50; le 2e, 8437 f. 50; on ne connaît pas la mise du 3e, mais on sait qu'il a reçu 1581 f. de bénéfice. On veut connaître : 1° sa mise; 2° le gain des deux autres ; 3° le prix d'achat du cent de fagots.

P. 3206. Trois poêliers-fumistes se sont associés pour acheter 4850 kg. de tôle planée; ils ont fait sur l'emploi de cette tôle un bénéfice de 250 f., dont 95 f. sont pour le 1er, et le reste est pour les deux autres ; l'un de ces deux avait mis 875 f. 85; et l'autre, 1097 f. 30. On demande: 1° la mise du 1er ; 2° le bénéfice de chacun des deux autres; 3° le prix d'achat du quintal de tôle.

P. 3207. Trois marchands ont fait une association pour un chargement de grains. La mise du 1er est de 270 hl.; celle du 2e, de 150; celle du 3e, de 120. Dans la traversée, le mauvais temps force à jeter une partie de la cargaison à la mer, et il se trouve qu'on a jeté 90 hl. du 1er, 54 hl. du 2e, et 18 du 3e : comment devront-ils régler leurs comptes pour que chacun supporte la perte suivant son chargement?

P. 3208. Deux industriels de Niort se sont associés pour la fabrique de la ganterie; le 1er a mis 27 900 f.; le 2^d, 24 630 f. Le 1er a eu pour sa part des bénéfices de plus que le 2^d une somme égale au prix de 35 douzaines de paires de gants de Niort qu'il avait vendus 25 f. la douzaine. On demande combien ils ont gagné chacun et combien leur mise leur a rapporté p. 0/0.

P. 3209. Trois négociants ont acheté 30 barils de muscades pesant chacun 95 kg. 1/2, ce qui leur revient à 6 f. 50 le kilogramme; ils revendent cette marchandise au prix de 0 f. 75 l'hectogramme : quelle part chacun d'eux doit-il avoir au gain, la mise du 3e étant aussi forte que celle des deux autres ensemble, lesquels ont fait une mise égale?

P. 3210. Quatre industriels se sont associés pour acheter une machine à vapeur locomobile de la force de 6 chevaux, au prix de 5270 f. Le 1er a mis une certaine somme ; le 2e, une somme 3 fois plus forte; le 3e, une somme 3 fois plus forte que celle du 2e; le 4e a mis le reste, et il a mis autant que les deux premiers. Cette machine leur ayant procuré un bénéfice de 1530 f., quelle part chacun d'eux doit-il avoir à ce bénéfice?

P. 3211. Trois propriétaires, habitants d'une commune rurale, veulent faire don à cette commune d'une horloge publique; elle leur coûte 480 f. Quelque temps après, le conseil municipal vote en leur faveur une somme de 125 f., qu'ils se partagent en proportion de la somme pour laquelle chacun d'eux a contribué à l'achat de l'horloge; or, le 2e a autant que le 1er plus 12 f. 50, et le 3ᵉ a autant que les deux autres : quel avait été le don de chacun ?

P. 3212. Trois tapissiers se sont associés pour acheter un lustre qu'ils ont payé 15 400 f. Le 1ᵉʳ a fourni 1 640 f. de plus que le 2ᵉ, qui a mis 1975 f. de plus que le 3ᵉ. Ils ont ensuite revendu ce lustre pour 15 000 f. : quelle perte chacun d'eux doit-il supporter ?

P. 3213. Quatre industriels se sont associés pour exploiter une fabrique d'huile de colza qui en confectionne 16 hl. toutes les 24 heures. La dépense annuelle est de 400 000 f.; et le gain annuel, de 28 000 f. On demande ce que chacun doit avoir sur ce gain à proportion de sa mise annuelle, sachant que celle du 1ᵉʳ est double de celle du 2ᵉ, qui met 2 fois plus que le 3ᵉ, que ces trois premiers mettent 350 000 f. pour l'achat du colza à 25 f. l'hectolitre, et que le 4ᵉ se charge du reste de la dépense pour l'entretien et la marche de la machine.

P. 3214. Trois marbriers se sont associés pour acheter 8 m³ 540 de marbre dit *griotte* qu'ils ont payé 1 530 f. le mètre cube ; sur l'emploi de ce marbre, ils ont fait un bénéfice de 2 430 f. : quelle part chacun doit-il avoir à ce bénéfice ? On sait que la mise du 1ᵉʳ surpassait de 2 540 f. celle du 2ᵉ, et de 3 220 f. celle du 3ᵉ.

P. 3215. Quatre jeunes gens de familles riches se sont associés pour acheter un polyorama animé représentant tous les objets de la nature avec les mouvements qu'ils exécutent, ce qui leur a coûté 2 400 fr. Le 2ᵉ a donné 75 fr. de plus que le 1ᵉʳ ; le 3ᵉ a donné 2 fois autant que le 2ᵉ, plus 84 f. ; et le 4ᵉ a donné 4 fois autant que le 3ᵉ, plus 45 f. : pour quelle somme chacun a-t-il contribué à cette acquisition ?

P. 3216. Trois jeunes gens de familles riches d'une commune rurale veulent, pour l'enseignement de la géographie, doter l'école de cette commune d'une collection complète de grandes cartes murales qui leur coûtera 255 f. Le 1ᵉʳ donnera une certaine somme ; le 2ᵉ donnera autant que le 1ᵉʳ, plus 35 f. ; le 3ᵉ donnera autant que les deux autres, moins 45 f. : pour quelle somme chacun d'eux contribuera-t-il à cette bonne œuvre ?

P. 3217. Trois frères, voulant s'appliquer à l'étude d'une manière spéciale, réunissent les économies qu'ils ont faites sur les sommes qui leur ont été données par leurs père et mère, et ils achètent une lunette méridienne qui leur coûte 1 250 f. Le 1ᵉʳ donne pour cela une certaine somme ; le 2ᵉ donne autant que le 1ᵉʳ, moins 36 f. ; le 3ᵉ donne autant que les deux premiers, moins 48 f. ; et leurs parents, charmés du noble usage qu'ils font de l'argent dont ils peuvent disposer, veulent contribuer à cette acquisition pour 450 f. : combien chacun des trois frères a-t-il donné ?

P. 3218. Cinq marbriers se sont associés pour acheter 15 m³ de marbre de Languedoc à 700 f. le mètre cube ; ils ont fait sur l'emploi de ce marbre un bénéfice de 2 625 f. : quelle part chacun doit-il avoir à ce bénéfice ? On sait que le 1ᵉʳ a mis 3 740 f., que le 2ᵉ a mis une somme égale à la différence qui existe entre la mise du 1ᵉʳ et celle du 3ᵉ, qui a mis 1 200 f., que la mise du 4ᵉ est égale à la différence des mises du 2ᵉ et du 3ᵉ.

P. 3219. Cinq charcutiers se sont associés pour faire une fourniture de porc salé sur laquelle ils ont gagné 1400 f., en vendant cette marchandise au prix de 1 f. 25 le kilogramme. Le 1er en a fourni 480 kg.; le 2e, 256 kg. de plus que le 1er; le 3e, 256 kg. de plus que le 2e; et ainsi des autres, en augmentant toujours de 256 kg.: quelle part chacun doit-il avoir sur le gain ?

P. 3220. Deux négociants ont acheté deux caisses de muscades pesant chacune 96 kg. à 6 f. 25 le kilogramme; ils ont gagné 225 f. sur ce marché en les revendant: on demande quel doit être le gain de chacun ainsi que sa mise, sachant que le second a reçu pour gain et pour mise 855 f.

P. 3221. Deux négociants qui s'occupent du commerce des cuivres, en ont acheté un certain nombre de quintaux qu'ils veulent revendre 340 f. le quintal; mais ils en perdent 8 quintaux dans un naufrage. En faisant leur compte, ils trouvent qu'en vendant ce qui leur reste, à 408 f. le quintal, ils retireront de leur vente la même somme. On demande : 1° la somme qu'ils avaient mise dans ce commerce, sachant que le quintal leur avait coûté 325 f.; 2° quel bénéfice ils ont fait; 3° quelle est la mise de chacun, sachant que le 1er a retiré, mise et bénéfice, 10 200 f.; 4° quel est le bénéfice du 2d.

P. 3222. Deux cultivateurs s'étaient associés pour acheter la récolte d'une pièce de terre ensemencée de sainfoin et contenant 3 ha.; ils comptaient sur un certain nombre de kg. de foin par hectare, et ils se proposaient de vendre ce foin à raison de 17 f. 50 les 100 bottes de 5 kg.; mais, ayant été trompés dans leurs prévisions, et ayant récolté 1 920 kg. de moins dans toute la pièce, ils trouvent, en faisant leur compte, qu'en vendant ce qu'ils ont récolté à raison de 18 f. 90 les 100 bottes, ils retireront de leur vente la même somme. On demande : 1° la somme que leur avait coûtée cette récolte, sachant que, d'après leurs prévisions, les 100 bottes leur seraient revenues à 16 f.; 2° quel est le bénéfice des deux cultivateurs; 3° quelle est la mise de chacun d'eux, le 1er ayant retiré, mise et bénéfice, 518 f. 40; 4° quel est le bénéfice du 2d; 5° combien de bottes ils ont récoltées par ha.

P. 3223. Deux marchands de légumes, s'étant associés pour acheter la récolte d'un champ de pommes de terre contenant 1 ha. 70 a., comptaient sur une certaine quantité qu'ils se proposaient de vendre à raison de 10 f. 41 les 3 hl. de 75 kg.; mais, ayant récolté 4 080 kg. de moins qu'ils n'espéraient, ils trouvent qu'en vendant l'hectolitre au prix de 4 f., ils retireront de leur vente la même somme. On demande: 1° la somme que leur avait coûtée cette récolte, sachant que, d'après leurs prévisions, l'hectolitre de pommes de terre leur serait revenu à 2 f. 50; 2° quel bénéfice ils ont fait; 3° quelle est la mise de chacun, le 1er ayant retiré, mise et bénéfice, 870 f. 40; 4° quel est le bénéfice du 2d; 5° combien d'hectolitres de pommes de terre ils ont récoltés par hectare.

P. 3224. Deux horlogers ont fait une association pour acheter 120 mouvements de pendules au prix moyen de 29 f. 50; et, dans cette spéculation, ils ont perdu 540 f. La perte du 1er surpasse de 134 f. celle du 2d : quelles ont été la mise et la perte de chaque horloger ?

P. 3225. On veut connaître la mise particulière de deux associés qui ont gagné 1 300 f. avec les fonds nécessaires à l'achat de

2 000 kg. de tamarins confits dans le sucre et coûtant 1 f. 50 le kilogramme, sachant que le gain du 1er surpasse de 260 f. celui du 2^d.

P. 3226. Deux épiciers se sont associés pour acheter 268 kg. de savon à 112 f. 50 les 100 kg.; le 1er a mis 48 f. 50 de plus que le 2^d; et ils font sur cette marchandise un bénéfice de 18 p. 0/0 sur le prix d'achat. On demande: 1° ce qui revient à chacun, mise et bénéfice; 2° le prix auquel ils ont dû vendre le kilogramme de savon.

P. 3227. Trois cultivateurs se sont associés pour acheter une machine à moissonner qui leur a coûté 1 100 f. Les deux premiers ont mis ensemble 340 f. de plus que le 3e; et le 2e a mis 78 f. de moins que le 1er. Cette machine leur ayant procuré un bénéfice de 972 f.: quelle part chacun des associés doit-il avoir à cette somme?

P. 3228. Quatre cultivateurs s'étaient associés pour acheter un semoir à 9 tubes qui leur a coûté 500 f. Les deux premiers avaient mis ensemble les 3/5 de la somme et le 2e avait mis 20 f. de plus que le 1er; les deux autres ont mis le reste, de sorte que la mise du dernier était inférieure de 28 f. à celle du 3e. Cette machine leur a procuré pour 875 f. de bénéfice: combien chacun a-t-il dû prendre sur cette somme?

P. 3229. Deux négociants se sont associés pour faire le commerce des meules à moudre; ils en ont acheté 45 paires ayant 1 m. 964 de diamètre à 375 f. la meule; le 1er avait mis 2 fois autant que le 2^d, moins 345 f. Ils ont pris un commis qui doit avoir 12 p. 0/0 des bénéfices; et il arrive que ce commis touche 540 f. pour sa part. 1° Combien chacun de ces négociants a-t-il retiré de bénéfice? 2° Combien ont-ils revendu chaque paire de meules?

P. 3230. Deux associés ont fait un fonds assez élevé pour acheter 9 kg. de musc à 12 f. 68 le décagramme; le second a mis 3 150 f. de moins que le 1er: combien chacun recevra-t-il pour mise et bénéfice, s'ils font un gain égal au tiers de la mise?

P. 3231. Quatre facteurs d'orgues, après en avoir monté un pour une église, ont eu pour bénéfice: le 1er, 2 000 f.; le 2e, 2 500 f.; le 3e, 2 700 f.; le 4e, 3 000 f. On demande la dépense de chacun, sachant que la dépense totale est les 11/4 du bénéfice total.

P. 3232. Trois négociants ont fait un fonds avec lequel ils ont acheté: 1° du muriate de potasse à 40 fr. les 100 kg.; 2° du muriate d'ammoniaque (sel ammoniac) à 700 f. la tonne; 3° du muriate d'étain à 180 f. le quintal. La somme qu'ils ont déboursée pour le muriate de potasse est les 7/8 de celle qu'ils ont déboursée pour le muriate d'ammoniaque, laquelle est double de celle qu'ils ont versée pour le muriate d'étain. Leur bénéfice, dont les 7/12 égalent 19 054 f., est de 16 p. 0/0 de leur mise. On demande: 1° la part de chaque associé sur ce bénéfice, sachant qu'ils ont fait cette convention que le 1er associé touchera le quart des bénéfices plus 3 000 f., et que le 2e touchera 5 000 f. de plus que le 3e; 2° quelle a été la mise de chacun d'eux si elle est proportionnelle à la portion qu'il doit avoir du bénéfice; 3° combien ils avaient acheté de quintaux de chacune des trois sortes de marchandises énoncées ci-dessus.

P. 3233. Trois fabricants de tissus de coton se sont associés pour acheter tout le coton filé par une usine dans l'espace d'un an. Or, cette usine contient 75 métiers ayant chacun 360 broches, et chaque broche donne par semaine 24 écheveaux du n° 30. Tous frais faits, ils font sur les tissus fabriqués avec ce fil, un bénéfice égal aux $3/17$ de la somme qu'il leur a coûtée : quelle somme chacun doit-il avoir sur ce bénéfice? On sait : 1° qu'ils ont acheté ce fil au prix moyen de 4 f. 30 le kilogr.; 2° que le n° du fil indique le nombre d'écheveaux contenus dans un demi-kilogr.; 3° que le 1er avait mis 945 200 f.; le 2e, 853 430 f.; et le 3e, le reste.

P. 3234. Trois jeunes étudiants en astronomie se sont associés pour acheter une lunette astronomique qui leur a coûté 2 794 f.; le 2e a fourni pour cette acquisition les $3/5$ de ce qu'a fourni le 1er; et le 3e a donné les $4/7$ de ce qu'ont donné les deux autres : combien chacun d'eux a-t-il donné?

P. 3235. Trois cultivateurs s'associent afin d'acheter un moulin pour réduire les céréales en farine; ce moulin coûte 1 305 f. Le 2e a donné les $5/8$ de la somme donnée par le 1er; et le 3e a donné les $19/26$ de la somme donnée par les deux autres : quelle part chacun doit-il avoir au bénéfice de 630 f. qu'ils ont retiré de l'emploi de ce moulin?

P. 3236. Deux marchands ont fait une association pour le commerce du papier; ils ont acheté 92 rames de papier Grand-Soleil, à 83 f. 20 la rame, et ils les ont revendues à divers imprimeurs de grands ouvrages avec un bénéfice de 10 f. 40 par rame : quelle somme chacun doit-il avoir sur le bénéfice total? On sait que la mise de chaque marchand est telle, que le 2^d devrait ajouter à sa mise les $2/5$ de cette même mise et 454 f. 40, pour mettre autant que le 1er.

P. 3237. Trois marchands se sont associés pour le commerce de la ganterie; ils ont acheté 195 douzaines de paires de gants de chevreau glacés pour hommes, à 23 f. la douzaine; 158 douzaines de paires de gants de chevreau pour femmes, à 22 f. la douzaine; 135 douzaines de paires de gants de Suède à 10 f. la douzaine; 124 douzaines de paires de gants d'agneau pour hommes, à 20 f. la douzaine; 219 douzaines de paires de gants d'agneau pour femmes, à 17 f. la douzaine; et 153 douzaines de paires de gants de castor communs, à 12 f. la douzaine. Les frais de transport et autres ont augmenté leur dépense totale de 8 p. %; et ils ont cédé leur marché à une autre compagnie pour 21 500 f. On demande combien chaque marchand a gagné, sachant que la mise du 1er étant triplée, est égale aux $9/7$ de celle du 2e, qui a mis les $8/5$ de la mise du 3e.

P. 3238. Quatre cultivateurs se sont associés pour faire une fourniture de paille de froment qu'ils ont vendue 28 f. les 100 bottes : combien chacun d'eux doit-il recevoir? On sait que le 1er a livré les $3/11$ de la fourniture; le 2e en a livré une quantité qu'on ne dit pas; le 3e en a fourni 600 bottes, quantité égale à la livraison du 1er et du 4e, qui a fourni 240 bottes.

P. 3239. La construction d'un canal qui a 241 488 m. de longueur a coûté 125 000 f. par kilomètre. Supposé qu'il ait été

RÈGLE DE SOCIÉTÉ SIMPLE.

construit par actions, que la valeur d'une action soit de 1000 f., que quatre associés aient pris ensemble un nombre d'actions tel, que le 1er ait les 2/9 de ce nombre ; que le 2e ait 16 actions ; que le 3e en ait un nombre qu'on ne dit pas ; et que le 4e en ait 36, nombre égal au total des actions prises par les deux premiers ; que, dans le cours d'une année, le produit du canal se soit élevé, tous frais faits, à 591 840 f.: quelle part chacun des quatre associés en question a-t-il dû avoir à ce bénéfice ?

P. 3240. Deux associés, s'étant mis dans le commerce des eaux-de-vie, ont acheté de l'eau-de-vie d'Armagnac, qu'ils ont payée 170 f. l'hectolitre et qu'ils ont revendue 21 f. 50 le décalitre. Après l'avoir revendue, ils se séparent ; le 1er a pour sa part 42 969 f. 85 : combien avait-il mis de plus que l'autre ? On sait qu'ils ont vendu d'abord 1/5 de leur provision, puis le sixième du reste ; et qu'après en avoir vendu encore 120 hectolit., il ne leur restait plus que le quart de cette même provision.

P. 3241. Trois négociants se sont associés pour le commerce de l'eau-de-vie de Cognac ; ils l'ont achetée à raison de 230 f. l'hectolitre ; et, en la revendant, ils ont gagné en moyenne 4 f. par décalitre. Le 1er avait mis 25 760 f. On demande : 1° la mise du 2e et celle du 3e, qui a eu 3 640 f. pour sa part de bénéfice ; 2° le bénéfice du 1er et celui du 2e, sachant que, sur la quantité d'eau-de-vie qu'ils avaient achetée, ils en ont vendu d'abord le septième, puis 1/8 du reste, puis les 7/9 du 2e reste ; qu'ensuite un particulier leur en a acheté 40 hl., et qu'après cela il ne leur restait plus que les 2/7 du 3e reste.

P. 3242. Plusieurs associés ont fait une entreprise pendant un an pour la fabrication du papier ; le 1er a mis les 2/9 des fonds ; le 2e a mis 4 000 f. de moins que le 1er ; le 3e, 4 000 fr. de moins que le 2e, et ainsi de suite jusqu'au dernier. Si les mises eussent été toutes égales à la plus forte, leur total eût été augmenté de 1/3. La marchandise vendue a produit une somme égale aux 8/3 de celle qui a été mise, laquelle est employée pour l'achat des chiffons. En admettant que les 13/16 de la somme provenant de la vente servent à couvrir les frais de fabrication et la mise, on demande : 1° combien il y a d'associés ; 2° combien ils ont mis chacun ; 3° la part que chacun doit avoir sur le bénéfice net.

P. 3243. Quatre industriels se sont associés pour la filature du coton, et ils ont mis ensemble une certaine somme. Cette première spéculation faite, ils règlent leurs comptes, et il se trouve que cette somme est devenue les 19/13 de ce qu'elle était. Ils retirent leur mise ; et, avec 307 200 f. qui leur restent pour bénéfice, ils font une nouvelle spéculation qui leur rapporte un gain tel, que, s'ils eussent gagné 5 120 f. de plus, ce gain eût égalé la 5e partie de la 1re mise qu'ils avaient faite. Alors, ils partagent leurs fonds de telle manière, que le 1er prend 1/4 de la totalité ; le 2e, 1/3 de ce qu'a laissé le 1er ; le 3e prend la moitié de ce qu'a laissé le 2e ; et le 4e prend ce qui reste. On demande combien ils ont mis et combien ils ont retiré chacun.

RÈGLE DE SOCIÉTÉ COMPOSÉE

P. 3244. Trois bourreliers, s'étant associés, ont perdu 450 f.; le 1er avait mis 300 kg. de crin à 1 f. 50 le kilogramme; le 2e avait fourni 300 kg. de cuir de Hongrie estimé 2 f. le kilogramme; et le 3e avait mis son industrie estimée 750 f. : combien chacun d'eux doit-il supporter de cette perte?

P. 3245. Trois maîtres cordonniers se sont associés pour acheter des cuirs; le 1er a fourni les fonds nécessaires pour payer 150 kg. de cuir de vache en croûte, à 2 f. 50 le kilogramme; le 2e a payé 187 kg. 50 de cuir de bœuf en croûte, à 2 f. 40 le kilogr.; le 3e a payé 187 kg. 50 de cuirs jusés sans acide, à 2 f. 80 le kilogramme; après avoir mis ces cuirs en œuvre, ils ont eu un profit net de 270 f. : combien chacun doit-il avoir de ce profit?

P. 3246. Avec 600 f. placés dans le commerce des pelleteries, deux hommes ont gagné 150 f.; le premier a mis 600 peaux de lapin apprêtées, estimées 62 f. 50 le cent; le 2e a mis 300 peaux de lièvre, estimées 75 f. le cent: combien chacun doit-il avoir du gain en proportion de sa mise?

P. 3247. Deux marchands couteliers se sont associés pour le commerce de la cisellerie; le 1er a mis 81 douzaines de ciseaux d'un poli noir, à 14 f. la douzaine; et le 2d, 54 douzaines de ciseaux d'acier fondu, à 28 f. la douzaine; ils ont gagné 375 f. : quelle part chaque associé doit-il prendre sur ce bénéfice?

P. 3248. Trois marchands couteliers s'étaient associés pour le commerce de la cisellerie ordinaire; le 1er avait mis 78 douzaines de ciseaux d'un poli blanc, de 108 mm., à 8 f. la douzaine; le 2e, 86 douzaines de ciseaux de 122 mm., à 10 f. la douzaine; et le 3e, 95 douzaines de ciseaux de 135 mm., à 12 f. la douzaine. Ils ont perdu 134 f. 20 : combien chacun doit-il supporter de cette perte à proportion de sa mise?

P. 3249. Trois poêliers se sont associés pour fournir et poser dans une maison nouvellement bâtie divers objets. Le 1er a fourni et posé 6 cheminées en briques, garnies en faïence, à 22 f. chacune; et, pour chacune, 13 m. de tuyaux en poterie dont chaque pièce, du prix de 11 f., a 24 cm. de diamètre, sur 32 cm. de hauteur. Le 2e a fourni 8 poêles en faïence à 65 f. la pièce; et, pour chacun, 4 kg. 5 de tuyaux en cuivre à 4 f. 50 le kilogramme. Le 3e a fait diverses fournitures pour la somme de 830 f. Leur bénéfice étant de 230 f., quelle part chacun doit-il y avoir?

P. 3250. Quatre marchands de chevaux, s'étant associés, ont acheté 18 chevaux à raison de 475 f. chacun, 13 juments à raison de 437 f. la pièce, 15 poulains à raison de 245 f. par tête, et 16 mulets qu'ils ont payés 325 f. l'un; ils ont revendu les chevaux 730 f. par tête; les juments, 635 f.; les poulains, 372 f.; et les mulets, 450 f. : on demande ce que chacun doit recevoir du gain à proportion de sa mise, sachant que le 1er avait payé les chevaux; le 2e, les juments; le 3e, les poulains; et le 4e, les mulets.

P. 3251. Trois maîtres de forges se sont associés afin de faire une provision de charbon de bois pour six mois ; le 1er, qui dirige une forge comtoise, a mis pour cela 9996 f.; le 2e, qui dirige une forge champenoise, a mis 10932 f. 60; le 3e, qui dirige une forge bourguignonne, a mis 11183 f. 76. Mais ils adoptent l'emploi de l'air échauffé à 120° pour le feu comtois, à 150° pour le feu champenois, et à 180° pour le feu bourguignon, ce qui leur procure sur leur charbon une économie de 4816 f. 85 : quelle part chacun doit-il avoir sur ce bénéfice ?

P. 3252. Trois négociants ont gagné 1131 f. : le 1er avait mis, pour 18 mois, 120 kg. de défenses d'éléphant, en morceaux de moins d'un kilogramme, à 7 f. 50 le kilog.; le 2e, 180 kg. de la même marchandise et au même prix, pour 15 mois; le 3e avait mis, pour 14 mois, 60 kg. de nacre franche, à 2 f. 50 le kilogr. : combien chacun doit-il avoir du gain ?

P. 3253. Quatre négociants, s'étant associés pour le commerce des soies, ont gagné 6000 f. Le 1er a fourni, pour 18 mois, 24 kg. de soies grèges, à 50 f. le kilogramme. Le 2e a fourni, pour 10 mois, 80 kg. de cocons secs, à 14 f. le kilogramme. Le 3e a fourni, pour 14 mois, 300 kg. de cocons frais, à 3 f. 80 le kilogr. Le 4e a fourni, pour 15 mois, 60 kg. de bourre de soie filée, à 31 f. le kilogramme : combien chacun doit-il avoir du gain ?

P. 3254. Quatre ouvriers se sont associés pour faire 440 m³ de terrassement consistant à fouiller la terre et à la jeter sur berge. Le 1er a travaillé pendant 6 jours et 11 heures par jour; le 2e, pendant 9 jours et 10 heures par jour ; le 3e, pendant 4 jours et 12 heures par jour ; le 4e, pendant 7 jours et 9 heures par jour. Ils ont reçu pour ce travail 213 f. 60 : quelle part chacun doit-il prendre sur cette somme ?

P. 3255. On a disposé dans un établissement public un appareil de chauffage et de ventilation qui consomme journellement, en moyenne, 367 kg. de tourbe. Trois marchands se sont associés pour faire cette fourniture pendant un an ; le 1er en a livré pour 5 mois; le 2e, pour 4 mois ; et le 3e, pour le reste de l'année : quelle somme chacun d'eux recevra-t-il, la tourbe valant 0 f. 95 le quintal ?

P. 3256. Trois rouliers ont transporté des carrières de Bagnères-de-Bigorre 25900 qm. de marbre, et ils ont fait sur ce transport un bénéfice de 3420 f. Le 1er en a transporté 12500 qm., à Bordeaux, et a reçu 2 f. 75 par quintal ; le 2e, qui en a transporté 275 qm. de moins que le 1er, faisait ce transport à Bayonne, et il a reçu 2 f. 50 par quintal ; enfin, le 3e a transporté le reste à Toulouse, et a reçu pour cela 2 f. par quintal : quelle part chacun doit-il avoir au bénéfice ?

P. 3257. Deux négociants se sont associés pour le commerce des huiles de poisson ; le 1er a acheté 12 barils d'huile de baleine contenant chacun 2 quintaux d'huile à 1 f. 15 le kilogramme ; et le 2d, 6 barils d'huile de morue contenant aussi chacun deux quintaux d'huile à 1 f. 50 le kilogramme ; ils ont retiré leurs fonds aussitôt après la vente de leurs marchandises ; or, l'huile de morue a été revendue après 18 mois ; et l'huile de baleine, après deux ans : combien chacun doit-il avoir sur le gain, qui se monte à 1680 f. ?

P. 3258. Trois négociants font un voyage de long cours pour

le commerce des grains, et dépensent 24 000 f. pour leur entretien et autres frais: on demande pour combien chacun est entré dans cette dépense, sachant que le 1er a eu sur le bénéfice une somme avec laquelle il a pu acheter 750 hl. de blé à 30 f. l'hectolitre; le 2e, une somme avec laquelle il a pu acheter 1500 hl. d'avoine à 9 f. 50 l'hectolitre; et le 3e, une somme avec laquelle il a pu acheter 1280 hl. d'orge à 8 f. 75 l'hectolitre.

P. 3259. Trois négociants ont fait un fonds de commerce avec lequel ils ont gagné 3640 f.; le 1er avait mis 8 kg. d'écaille de tortue à 80 f. le kilogramme, et cette marchandise n'a été vendue qu'après 2 ans et demi; le 2e avait mis 160 kg. de nacre franche à 2 f. 50 le kilogramme, et cette marchandise n'a été vendue qu'au bout de 25 mois; le 3e avait mis 40 kg. d'écailles de tortues caouanes à 19 f. 90 le kilogramme, et cette marchandise n'a été vendue qu'au bout de 3 ans moins 1 mois : quelle somme chacun doit-il avoir sur le gain ?

P. 3260. Trois négociants ont fait un fonds de 10640 f.; le 1er a fourni les fonds nécessaires à l'achat de 16 quintaux de blanc de baleine à 1 f. 90 le kilogramme; le 2e, les fonds nécessaires à l'achat de 8 barils d'huile de baleine contenant chacun 360 kg. à 1 f. 25 le kilogramme; le 3e a payé 8 barils d'huile de morue contenant chacun 256 kg. d'huile à 12 f. 50 les 8 kg., et il a mis le reste pendant un an pour payer les frais de l'association. Le blanc de baleine a été revendu au bout de 8 mois; l'huile de baleine, après 15 mois; et l'huile de morue, après 6 mois. Chaque associé ayant recouvré ses fonds après la vente de la marchandise qu'il avait payée, quelle part chacun doit-il avoir au gain montant à 1200 f.?

P. 3261. Deux marchands de drap se sont associés; l'un a mis une somme avec laquelle ils ont pu acheter 90 m. de drap d'Elbeuf à 24 f. le mètre; et l'autre, une somme avec laquelle ils ont pu en acheter 60 m. au même prix. En supposant que le 1er ait 24 f. de profit de plus que l'autre, combien ont-ils gagné en tout ?

P. 3262. Trois entrepreneurs se sont associés pour faire les escaliers demi-onglets et onglets d'une vaste maison; le 1er a fait quatre escaliers demi-onglets, de chacun 72 marches; à 380 f. les 20 marches; le 3e en a fait trois, de chacun 90 marches, à 300 f. les 20 marches; et le 3e a fait 5 escaliers onglets, de chacun 40 marches, à 820 f. les 20 marches. Ils ont fait sur le tout une perte de 886 f. 10 : quelle part chacun d'eux doit-il en supporter?

P. 3263. Deux négociants, s'étant associés pour le commerce des grains, mirent en magasin 640 hl. de blé à 20 f. l'hectolitre; au bout de deux ans, ayant fini de vendre leur grain, ils se partagèrent le bénéfice; et le 1er négociant, qui, pour sa part, avait mis 360 hl. de blé, reçut 1440 f.: dites ce que reçut le 2d. On sait que le blé qu'il avait mis en magasin fut vendu au bout de 20 mois.

P. 3264. Trois cultivateurs se sont associés; le 1er a mis 320 hl. de sarrasin à 6 f. 20 l'hectolitre; le 2e, 120 hl. de froment à 18 f. 60 l'hectolitre; le 3e, 50 hl. d'épeautre qu'il estime 17 f. l'hectolitre; le sarrasin a été vendu au bout de 10 mois; le fro-

RÈGLE DE SOCIÉTÉ COMPOSÉE. 373

ment, au bout de 15 mois $1/2$; et l'épeautre, au bout de 17 mois 20 jours : quelle part chacun doit-il avoir au gain, s'il est de 450 f.?

P. 3265. Pour chauffer et ventiler un amphithéâtre servant à des cours publics et pouvant contenir 1200 élèves, on a établi deux calorifères consommant ensemble 275 kg. de houille par jour, et un foyer d'appel pour la ventilation consommant 14 kg. par heure. En admettant qu'il y ait cinq jours de leçons par semaine, que la ventilation soit de 8 heures par jour, et que les cours durent six mois, quelle part aura chacun des deux marchands de houille sur le bénéfice de 500 f. qu'ils ont fait sur la fourniture de houille pour un hiver; l'un ayant fourni celle des calorifères, et l'autre celle du foyer d'appel?

P. 3266. Trois ouvriers couvreurs se sont associés pour remanier les toitures d'une maison. Le 1er a remanié un comble en tuiles grand moule, présentant une superficie totale de 541 mèt. carr. 78, et a rétabli entièrement le lattis, le tout à raison de 0 f. 85 le mèt. carré. Le 2e a remanié un comble en tuiles petit moule; ce comble présente une surface de 632 mèt. carr. 39; le lattis ayant été conservé, ce travail a coûté 0 f. 65 le mètre carré. Le 3e a remanié une toiture en tuiles grand moule, sur lattis neuf, le tout à raison de 1 f. 15 le mètre carré, et la surface de ce travail est de 371 mèt. carr. 46. Ils ont fait un bénéfice de 92 f. 40 : quelle part chacun doit-il avoir à ce bénéfice?

P. 3267. Quatre associés ont mis successivement dans le commerce une même somme; le 1er a retiré ses fonds quand le 2e a mis les siens, et ainsi des autres; ils ont eu au bout de 5 ans 6 mois les bénéfices suivants : le 1er, 27 sacs de farine de froment à 42 f. 50 le quintal métrique; le 2e, 30 sacs de farine de seigle à 26 f. 40 le quintal métrique; le 3e, 24 sacs de farine de maïs à 20 f. le quintal; et le 4e, 36 sacs de farine d'orge à 16 f. 75 le quintal. On demande pendant combien de temps chaque mise est restée dans la société, le poids du sac de farine étant de 125 kg.

P. 3268. Trois marchands de bestiaux se sont associés; ils ont acheté 25 bœufs à 250 f. la pièce; après trois mois $1/2$, ils les ont revendus 375 f.; le 1er marchand a fourni la somme nécessaire au prix d'achat; le 2e a payé le loyer d'une étable sur le pied de 350 f. par an, et a fourni de plus les racines nécessaires à leur alimentation; le 3e a fourni le foin et la paille nécessaires à l'alimentation et à la litière. On demande ce que chacun des trois marchands doit recevoir à proportion de sa mise, sachant : 1° qu'outre le loyer, le 2e a dû fournir 54 590 kg. de racines à 2 f. 80 le quintal; 2° que le 3e a dû fournir 3885 kg. de foin à 36 f. les 1000 kg., et 14 590 kg. de paille à 0 f. 28 les 10 kg.; 3°, que, en sus du gain fourni par le prix de vente des bœufs, ils ont produit 10 mèt. cub. 50 de fumier vendu à raison de 4 f. le mètre cube?

P. 3269. Trois cultivateurs ont fait une fourniture de foin de 3470 quintaux à 4 f. 20 le quintal; mais ils doivent partager le prix de la fourniture en raison de la quantité et de la qualité du foin fourni par chacun d'eux. Le 1er a fourni 30 000 bottes de foin pesant chacune 5 kg., valant 0 f. 18 la botte; le 2e a fourni 950 quintaux valant 0 f. 038 le kilogramme ; et le 3e, qui a fourni le reste, estime sa marchandise 3 f. 95 le quintal : quelle somme revient à chacun d'eux ?

P. 3270. Trois tanneurs se sont associés pour acheter des peaux ; le 1er a payé 12 quintaux de peaux de bœuf à 75 f. le quintal ; le 2e a payé 18 quintaux de peaux de vache à 62 f. 50 le quintal ; et le 3e a payé 9 quintaux de peaux de veau pour l'acquisition desquelles il a fallu débourser une somme égale à la moitié de la dépense totale des deux premiers associés ; tous frais faits, ils ont gagné sur ces peaux, après le tannage, 1518 f. 75 : combien chacun aura-t-il sur le gain ? et combien les peaux de veau valent-elles le quintal métrique ?

P. 3271. Quatre chapeliers, ayant fait un traité d'association, conviennent que le 1er mettra 300 kg. de poil de lapin estimé 12 f. 50 le kilogramme ; que le 2e mettra de poil de lièvre pour une valeur $1/5$ plus forte que la mise du 1er ; que le 3e fournira du poil de castor pour une valeur égale à la mise des deux autres ensemble ; et le 4e, son industrie pendant l'année, industrie qu'il estime 6000 f. : combien chacun aura-t-il sur le profit qui, tous frais faits, s'élève à 4575 f. ? combien le 2e a-t-il fourni de kilogrammes de poil de lièvre, s'il l'estime 15 f. 60 le kilogramme ; et le 3e, de kilog. de poil de castor, s'il l'estime 50 f. le kilogramme ?

P. 3272. Quatre cultivateurs ont loué une pâture moyennant 975 f. Le 1er y a mis 5 bœufs pendant 54 jours ; le 2e, 7 vaches pendant 63 jours ; le 3e, 8 génisses pendant 75 jours ; et le 4e, 6 chevaux pendant 50 jours. On calcule que, pour la pâture, 1 bœuf dépense 1 fois $1/2$ autant qu'une vache, ou 2 fois autant qu'une génisse, ou 1 fois $1/4$ autant qu'un cheval : quelle part devra payer chacun des cultivateurs ?

P. 3273. Deux négociants se sont associés pour acheter 145 balles de coton pesant chacune 80 kg., à 2 f. 40 le kilogramme, et ils l'ont revendu à raison de 3 f. Le 1er avait mis 2 fois autant que le 2d et 840 f. de plus : combien chacun doit-il avoir sur le bénéfice ?

P. 3274. Deux cultivateurs ont mis en société 840 f. pour les frais de culture d'un terrain qu'ils ont ensemencé de carottes. On demande : 1° quelle est l'étendue de ce terrain, sachant que les frais de culture d'un hectare de carottes s'élèvent à 280 f. ; 2° l'étendue du terrain qu'ils auraient pu, avec leur mise, cultiver en luzerne, sachant que les frais de culture d'un hectare de luzerne ne sont que de 80 f. ; 3° le gain ou la perte qu'ils ont faite, en préférant la culture des carottes à celle de la luzerne, sachant que, dans un hectare de terrain, on récolte en moyenne, ou 40 000 kg. de carottes, ou 9600 kg. de foin de luzerne ; que, pour la nourriture des bestiaux, 280 kg. de carottes équivalent à 100 kg. de foin de luzerne ; que la botte de foin de luzerne de 6 kg. vaut, en moyenne, 0 f. 35, et que le loyer d'un hectare de terre vaut annuellement 50 f. ; 4° quelle est la mise de chacun d'eux, sachant que, sur le gain ou la perte, le 1er a 72 f. de plus que le 2d.

P. 3275. Au moyen des données du problème précédent, on demande : 1° combien de moutons pourront être nourris par les deux cultivateurs en question, pendant les 6 mois d'hiver, avec les carottes qu'ils ont recoltées, sachant qu'il faut journellement par mouton 1 kg. de carottes et 1 kg. de luzerne; 2° quelle étendue de terrain ils devront ensemencer de luzerne pour compléter la nourriture de ces moutons; 3° quelle sera pour eux l'économie résultant de l'emploi des carottes sur l'emploi exclusif de la luzerne pour la nourriture de ces moutons, en supposant, outre les données ci-dessus indiquées, que 100 kg. de carottes coûtent 1 f. 85; 4° quelle part chacun de ces deux cultivateurs doit prendre sur cette économie, sachant que le 1er a 175 moutons de plus que l'autre. (On compte le mois de 30 jours.)

P. 3276. Trois vitriers se sont chargés de faire la vitrerie d'une église pour laquelle il a fallu 972 panneaux en plomb et verre ayant chacun 0 m. 64 de hauteur sur 0 m. 52 de largeur à 9 f. 20 le mètre carré. On demande: 1° combien a coûté ce travail; 2° quelle part chacun doit avoir au bénéfice montant à 1380 f., le 2e ayant fourni 54 panneaux de plus que le 1er; et le 3e, 18 de plus que le 2e.

P. 3277. Trois vitriers se sont associés afin de faire la vitrerie d'une église, pour laquelle ils ont fourni et posé 1750 panneaux en plomb et verre, ayant chacun 6 dm. de hauteur sur 5 dm. de largeur, à 9 f. 20 le mètre carré. Le 2e a fourni le double du nombre de panneaux fournis par le 1er et 50 en sus; et le 3e en a fourni quatre fois autant que le 2e, moins 150 : quelle part chacun d'eux doit-il avoir au bénéfice qui est de 2490 f.?

P. 3278. Pour un chemin de fer, la fourniture de 300000 coussinets est divisée en quatre lots, dont le 1er est de 63000; le 2e, de 72000; le 3e, de 84000; et le 4e, du reste de la fourniture : le poids de chacun de ces coussinets est de 9 kg. 60 pour les coussinets ordinaires, et de 12 kg. pour les coussinets de joint; le nombre de ces derniers est au nombre des autres dans le rapport de 1 à 3. Un 1er entrepreneur se charge de fournir le 1er lot au prix de 208 f. 40 la tonne, et le 3e lot au prix de 215 f. la tonne rendue sur la ligne; un 2e entrepreneur se charge de fournir le 2e lot au prix de 224 f. 90; et un 3e se charge de fournir le 4e lot au prix de 222 f. 35. Supposé que ces trois entrepreneurs fassent un bénéfice total de 64320 f., qu'ils mettent ce bénéfice en commun, et qu'ils se le partagent en raison de la somme pour laquelle chacun d'eux est adjudicataire, quelle part auront-ils chacun à ce bénéfice?

P. 3279. Quatre ouvriers tailleurs ont travaillé à la confection de 6 habits, 3 redingotes et 3 paletots; et, en y travaillant l'un après l'autre, ils ont employé 54 journées $3/10$ à cette confection. Le 1er gagnait 2 f. 40 par jour; le 2e, 2 f.; le 3e, 1 f. 75; et le 4e, 1 f. 50; et ils ont reçu tous les quatre la même somme. On demande combien ils ont gagné, et pendant combien de jours chacun a travaillé.

P. 3280. Quatre ouvriers tailleurs ont fait, en travaillant l'un après l'autre, 2 cabans, 4 twines, 6 coachmen et 2 gilets croisés. Le 1er a travaillé pendant 4 jours; le 2e, pendant 8 jours; le 3e, pendant 10 jours; et le 4e, pendant 12 jours : combien ont-ils gagné chacun par jour? On sait qu'entre eux tous, ils gagnent 8 f. 04 par jour, et qu'ils ont touché chacun une somme égale.

P. 3281. Trois plombiers se sont associés pour fournir 969 m.

de tuyaux de plomb, à 0 f. 85 le kilogramme. Le 1er en a fourni une certaine quantité ayant 0 m. 028 de diamètre, pesant 26 hg. $1/4$ le mètre courant. Le 2e en a fourni en longueur les $5/8$ de ce qu'a fourni le 1er, et cette fourniture du 2e pèse 3 kg. $3/4$ le mètre courant. Le 3e a fourni une longueur de tuyaux égale aux $4/13$ de la somme des longueurs des deux autres fournitures, et ces tuyaux pèsent 412 Dg. $1/2$ le mètre courant. Le bénéfice étant de 280 f., quelle part chaque plombier doit-il y avoir?

P. 3282. Trois ouvriers couvreurs se sont associés pour remanier les toitures en ardoises d'une maison. Le 1er a remanié un comble en ardoise grande carrée sur volige neuve, présentant une surface de 421 mèt. carr. 86, à raison de 2 f. 45 le mètre carré. Le 2e a remanié un comble dont la surface est les $5/6$ de celle du précédent; il est en ardoise grande carrée rétablie en partie, à 1 f. 60 le mèt. carré. Le 3e a remanié un comble dont la surface est égale aux $2/5$ de la somme des surfaces des deux précédents; il est en ardoise cartelette sur plâtre fourni, et ce travail coûte 2 f. 50 le mètre carré. Ils ont perdu sur ces travaux 36 f. 40 : quelle part chacun doit-il supporter de cette perte?

P. 3283. Trois plombiers se sont associés pour fournir 2482 m. courants de tuyaux de plomb de différents calibres, à 0 f. 85 le kilogramme. Les tuyaux fournis par le 1er ont 5 cm. $1/2$ de diamètre et pèsent 4 kg. $7/8$ le mètre courant; ceux fournis par le 2e, ont 3 cm. de diamètre, 14 mm. d'épaisseur, et pèsent 3 kg. 15 le mètre courant; ceux fournis par le 3e, ont 28 mm. de diamètre et pèsent 295 Dg. le mètre courant. Le 2e en a fourni une longueur égale aux $9/8$ de la longueur fournie par le 1er; et le 3e, une longueur égale à celle fournie par les deux autres : quelle part chacun doit-il avoir au bénéfice évalué 475 f.?

P. 3284. Deux industriels se sont associés pour la fabrication des briques; ils ont, dans le courant d'une campagne, fait cuire 45 fournées comprenant chacune en moyenne 9 milliers de briques, leur revenant à 25 f. le millier; le 2d s'est chargé de la dépense à faire pour le bois; or, pour chaque fournée, on brûlait 1054 fagots pesant chacun 89 hg., à 20 f. la tonne, et le 1er s'est chargé de la dépense à faire pour la préparation des briques avant la cuisson. Ils ont vendu ces briques au prix de 45 f. le millier : quelle part chacun d'eux doit-il avoir au bénéfice?

P. 3285. Deux spéculateurs se sont associés pour l'exploitation d'une plâtrière et la cuisson du plâtre. Dans le cours d'une campagne, ils ont pu cuire 75 fournées de chacune 60 m³ de plâtre cru, à 28 f. le mètre cube ou les 2000 kg. Pour chaque fournée, il a fallu 900 fagots de chêne et charme mélangés, à 0 f. 30 la pièce. Après la cuisson, les 1000 kg. ne pèsent plus que 750 kg. et se vendent en moyenne 2 f. le sac de 50 kg. On demande ce que chacun doit avoir sur le bénéfice, le 1er s'étant chargé de l'achat et du paiement du plâtre cru; le 2d, de l'achat et du paiement du bois, du transport du plâtre et des autres frais que l'on estime en tout à 510 f. par fournée.

P. 3286. Trois fabricants de grosse serrurerie et un vitrier se sont associés pour faire la couverture d'un vaste magasin, ayant 110 m. 25 de longueur sur 28 m. 60 de largeur. Le 1er serrurier a fourni 20 fermes en fer pesant chacune 1676 kg. Pour chacune des 21 travées, le 2ᵉ serrurier a fourni: 1° 16 pannes et un faîtage de 5 m. 25 de longueur, pesant ensemble 1 354 kg.; 2° des boulons d'assemblage pesant ensemble 29 kg.; 3° 16 chevrons en fer de 15 m. 60 de longueur, pesant ensemble 1 129 kg. Pour chacune des 21 travées, le 3ᵉ serrurier a fourni la couverture en tôle pesant, en moyenne, par travée, 1 895 kg. Le vitrier a fourni 50 m² de vitrerie par travée, à 4 f. 90 le mètre carré. Le fer valant, en moyenne, 50 f. les 100 kilogr., la tôle valant 45 les 100 kg., et le bénéfice des quatre industriels étant de 6 875 f., quelle part chacun doit-il en prendre?

P. 3287. Un fabricant de grosse serrurerie, un menuisier et un plafonneur se sont associés pour faire 3 planchers ayant chacun 6 m. de portée et 63 m² de superficie. Pour chaque plancher, le serrurier a fourni et posé : 1° 13 fermettes pesant chacune 103 kg. 36, à 0 f. 68 le kg.; 2° pour chacune des 14 travées du plancher, 6 entretoises pesant ensemble 18 kg. 27, à 0 f. 55 le kg.; 3° pour les 14 travées, 8 ancres en fer pesant ensemble 44 kg. 80, à 0 f. 50 le kg.; et 42 cours de fantons pesant ensemble 250 kg. 83, à 0 f. 40 le kg. Pour chaque plancher, le plafonneur a fourni et posé : 1° 62 m. superficiels de poterie hourdée en plâtre, à 12 f. 60 le mètre ; 2° crépis et enduits du plafond, etc., à 2 f. le mètre. Le menuisier a fait le plancher, proprement dit, en chêne de 27 mm. à raison de 8 f. 15 le mètre carré. Le bénéfice total étant de 1 546 f., quelle part chacun doit-il en prendre ?

P. 3288. Trois charpentiers se sont associés pour faire les ouvrages de charpente d'une maison. Le 1ᵉʳ s'est chargé de la charpente des combles ; il a fourni 9 fermes comprenant chacune 4 mèt. cub. 194 de bois de qualité, à 115 f. le mètre cube, plus 160 chevrons de chacun 10 m. de longueur, à 0 f. 60 le mètre courant. Le 2ᵉ a fait deux pans de bois de chacun 31 m. 50 de longueur sur 10 m. 50 de hauteur, et dans chacun desquels il est entré 10 dm³ de bois par mètre carré, à 110 f. le mèt. cube. Le 3ᵉ a fourni trois escaliers demi-onglets de chacun 70 marches à 9 f. 50 la marche, et 3 planchers chacun de 31 m. 50 de longueur sur 9 m. de largeur, dans lesquels il est entré 80 dm³ de bois par mètre carré, à 170 fr. le mètre cube. Sur ces divers travaux et fournitures, ils ont fait un bénéfice de 4 950 f.: quelle part chacun d'eux doit-il avoir à ce bénéfice?

P. 3289. Les frais nécessaires pour extraire le cuivre d'un quintal de minerai s'élèvent à 5 f. 75; or, deux industriels s'associent et forment un fonds de 11 621 f. 58, avec lequel ils achètent une certaine quantité de minerai dont la teneur en cuivre est 12 p. 0/0. Le cuivre perdu dans l'opération s'élevant aux $2/100$ de celui que le minerai contient, on demande : 1° combien de quintaux de minerai ils ont achetés, sachant que le quintal de cuivre ne leur revient qu'à 200 f.; 2° à quel prix ils ont revendu le quintal de cuivre, sachant qu'ils ont revendu le tout 19 227 f. 50 ; 3° quels sont les mises et les gains de chaque industriel, sachant que le gain du premier surpasse de 850 f. 30 celui du 2ᵈ.

P. 3291. Trois associés ont gagné 348 600 f. dans l'exploitation d'une mine, exploitation qui a duré 6 ans. Le 1ᵉʳ avait mis 215.000 f. au commencement de l'exploitation; puis il a retiré 52 400 f. 2 ans ½ après. Le 2ᵉ n'avait fait son versement, qui a été de 164 000 f., que 1 an 1/3 après le commencement de l'exploitation ; et enfin, le 3e n'avait fait le sien, qui a été de 215 000 f., que 3 ans après le versement du 1er : quelle part chacun doit-il avoir au bénéfice ?

P. 3291. Quatre personnes firent société pour 3 ans, afin d'élever des vers à soie; la 1re fournit au commencement 2 kg. d'œufs de vers à soie à 175 f. le kilogr.; et, 8 mois après, elle ajouta 2 420 f. pour payer l'établissement d'un calorifère pour le chauffage de la magnanerie, et l'établissement d'un ventilateur. La 2e donna d'abord 8 400 f. pour les frais de construction de la magnanerie mais au bout de 15 mois, elle retira la moitié de cette somme, et, 9 mois après, 2 500 f. La 3e mit 1 600 f. au commencement pour payer les ouvrages de menuiserie faits dans la magnanerie, et 5 600 f. au bout d'un an pour payer le fermage du terrain où sont plantés les mûriers. La 4e mit d'abord 640 f. pour payer les gens de service; et, tous les six mois, elle augmentait sa mise d'une pareille somme pour la même fin : dites ce que chacune doit avoir du gain montant à 75 000 f.

P. 3292. Cinq négociants se sont associés pour quatre ans. Le 1er a mis d'abord 12 kg. de copal de Calcutta estimé 6 f. le kilogramme; 5 mois après, il a mis 384 kg. de gomme-gutte à 2 f. 50 le kilogramme; et enfin, 4 mois avant la fin de la société, il a mis 240 kg. de gomme-copal de Calcutta estimée 7 fr. 50 le kilogramme. Le 2e a mis au commencement 120 kg. de gomme en petits morceaux et mondée au vif, estimée 6 f. le kilogramme; et, six mois après, 360 kg. de la même marchandise. Le 3e a mis d'abord 300 kg. de gomme tendre de Damas à 1 f. 60 le kilogr.; et, tous les 6 mois, il ajoutait 300 kg. de gomme élastique de Batavia à 2 f. le kilogr. Le 4e ne mit sa marchandise que 8 mois après le commencement de la société ; alors il mit 720 kg. de gomme demi-dure d'Afrique, à 1 f. 50 le kilogramme, et il réitéra cette mise tous les 6 mois. Le 5e fut chargé de la vente des marchandises; il fut convenu qu'il estimerait son temps à 4 f. par jour et qu'il serait censé verser son traitement annuel au milieu de l'année (365 j.). Combien chacun doit-il avoir sur le bénéfice, qui est de 25 000 f. ?

P. 3293. Six industriels se sont associés pour l'exploitation d'une carrière de pierre de taille. Après avoir réalisé un certain bénéfice, ils se partagent la somme formée de leur première mise et de ce bénéfice. Il se trouve qu'en prenant chacun proportionnellement à sa mise, le 1er prend la moitié de cette somme, moins 52 500 f.; le 2e en prend un tiers, moins 75 000 f.; le 3e en prend les 3/4, moins 89 000 fr.; le 4e en prend 1/8 juste; le 5e en prend 1/4, moins 19 000 f.; et le 6e prend pour sa part 5 500 f. qui restent. On demande combien ils ont mis et combien ils ont eu chacun de bénéfice, sachant que s'ils eussent gagné 30 000 f. de plus, ils auraient doublé leur mise.

P. 3294. Pour la construction d'une gare importante placée à la tête d'un chemin de fer : 1° les travaux de terrassement et de maçonnerie sont évalués à 1 218 248 f. 91 ; 2° ceux de pavage, à 111 654 f. 13 ; 3° ceux de charpente, à 203 854 f. 49; 4° ceux de serrurerie, à 143 195 f. 81; 5° ceux de menuiserie, à 175 845 f. 42; 6° ceux de couverture et de plomberie, à 185 348 f. 19 : 7° ceux de peinture et de vitrerie, à 83274 f. L'adjudicataire des 1ers les a pris à 4 f. 05 p. $^0/_0$ de rabais; celui des 2es, à 12 f. 60 p. $^0/_0$; celui des 3es, à 9 p. $^0/_0$; celui des 4es, à 29 f. 15 p. $^0/_0$; celui des 5es, à 19 f. 15 p. $^0/_0$; celui des 6es, à 32 f. 12 p. $^0/_0$; celui des 7es, à 31 f. p. $^0/_0$. Supposé que ces entrepreneurs fassent en tout un bénéfice de 144520 f., qu'ils mettent ce bénéfice en commun et qu'ils se le partagent en raison de la somme réelle pour laquelle chacun d'eux est adjudicataire : quelle part chacun d'eux doit-il avoir à ce bénéfice?

RÈGLE DES MOYENNES

P. 3295. Dans les travaux de construction sur pilotis, on considère un pieu comme battu au refus absolu, quand il ne s'enfonce plus que de 5 mm. par volée de 30 coups de mouton: de combien ce pieu s'enfonce-t-il alors, en moyenne, par coup?

P. 3296. Lorsque le poids à supporter par les pieux n'est pas considérable et qu'ils ont pénétré dans un sol résistant, on peut arrêter le battage quand l'enfoncement est de 8 cm. pour deux volées valant ensemble 50 coups: de combien chaque pieu s'enfonce-t-il alors, en moyenne, par coup?

P. 3297. La plus grande distance de la Terre au Soleil est environ de 155 000 000 de kilomètres; et sa plus courte distance, de 150 000 000 de kilom.: quelle est sa distance moyenne?

P. 3298. La plus grande distance de la planète Uranus au Soleil est de 3 105 000 000 de kilomètres; et sa plus courte distance, de 2 289 000 000 de kilom.: quelle est sa distance moyenne?

P. 3299. Un ouvrier chapelier a travaillé pendant 6 jours pour différentes personnes; le 1er jour, il a reçu 3 f.; le 2e jour, 3 f. 75; le 3e, 4 f. 50; le 4e, 5 f.; le 5e, 4 f. 75; et le 6e, 4 fr. 90: quelle est la moyenne de son gain journalier?

P. 3300. On a acheté six chevaux dont le 1er a coûté 546 f.; le 2e, 775 f.; le 3e, 730 f.; le 4e, 674 f.; le 5e, 815 f., et le 6e, 720 f.: quel est le prix moyen d'un de ces chevaux?

P. 3301. En 1837, le prix des œufs était, pendant le mois de janvier, de 78 f. 31 le millier; pendant le mois de février, de 52 f. 50; et, pendant le mois de mars, de 45 f. 77: quelle a été la moyenne du prix pendant ces trois mois?

P. 3302. La consommation du beurre à Paris a été, en 1832, de 4 341 438 kg.; en 1833, de 4 419 383 kg.; en 1834, de 4 538 086 kg.; et en 1835, de 4 762 321 kg.: quelle a été la consommation moyenne annuelle de ces quatre années?

P. 3303. En 1830, le prix moyen du kilogramme de beurre a été de 2 f. 25; en 1831, de 2 f. 12; en 1832, de 2 f. 11; en 1833, le même qu'en 1830; en 1834, de 2 f. 31; et en 1835, de 2 fr. 24: quelle a été la moyenne du prix pour ces six années?

P. 3304. On a quatre pièces de vin de qualités différentes; le vin de la 1re vaut 0 f. 50 le litre; celui de la 2e, 0 f. 75; celui de la 3e, 0 f. 80; et celui de la 4e, 0 f. 65: quel est le prix moyen du litre?

P. 3305. En 1829, le prix du kilogramme de coton Louisiane bon ordinaire a été de 1 f. 389; en 1830, ce prix a été de 1 f. 562; en 1831, il a été de 1 f. 505; en 1832, il a été de 1 f. 562; et, en 1833, de 2 f. 286: quelle a été la moyenne du prix pour ces cinq années?

P. 3306. En 1782, le prix du kilogramme de coton des Indes occidentales était, pour le coton Surinam, de 6 f. 48; en 1783, ce prix était de 6 f. 60; en 1784, il était de 3 f. 935; en 1785, de 4 f. 167; en 1786, de 5 f. 557; en 1787, de 5 f. 904; en 1788, de 6 f. 251 ; et, en 1789, de 3 f. 607 : quelle a été la moyenne du prix pour ces huit années?

P. 3307. Les quantités de coton filé exporté de France en Angleterre sont: pour 1831, de 2307 kg.; pour 1832, de 2179 kg.; pour 1833, de 737 kg.; pour 1834, de 1195 kg.; et, pour 1835, de 1305 kg.: quelle est la moyenne de l'exportation pour chacune de ces cinq années?

P. 3308. Les quantités de fils de coton exportés de la France, sont: pour 1826, de 71472 kg.; pour 1827, de 90596 kg.; pour 1828, de 166508 kg.; pour 1829, de 112954 kg.; pour 1830, de 115504 kg.; pour 1831, de 172842 kg.; pour 1832, de 127120 kg.; pour 1833, de 117785 kg.; pour 1834, de 43691 kg.; et, pour 1835, de 51336 kg.: quelle est la moyenne de l'exportation pour chacune de ces dix années?

P. 3309. Pour cingler le fer puddlé, on se sert de marteaux dont la tête pèse de 2000 à 6000 kg. Pour connaître le nombre de coups frappés par un de ces marteaux dans l'espace d'une minute, on les a comptés à quatre différentes reprises et à différents jours; la 1re fois, on a compté 80 coups par minute; la 2e, 87 coups; la 3e, 93; et la 4e, 100 coups : quelle est la moyenne à prendre?

P. 3310. Dans les forges où l'on affine la fonte pour la transformer en fer, on se sert de marteaux mus par l'eau et par la vapeur, et dont le poids peut aller jusqu'à 400 kg. Pour calculer le nombre de coups frappés dans une minute, on a observé l'un de ces marteaux à cinq reprises différentes et à différents jours; la 1re fois, on a compté 90 coups par minute; la 2e, 98 coups; la 3e, 104; la 4e, 109; la 5e, 120: quel est, en moyenne, le nombre de coups frappés dans une minute?

P. 3311. Les péages perçus dans les années 1847, 1848, 1849, sur les canaux administrés par l'Etat, ont été, en moyenne, par tonne et par kilomètre :

	centimes.
Pour le canal de Bourgogne,	3,009
— du Rhône au Rhin,	1,282
— latéral à la Loire,	1,766
— du Centre,	1,434
— du Nivernais,	1,950
— du Berry,	1,660
— d'Arles à Bouc,	1,915
— de Nantes à Brest,	1,366

Quelle est la moyenne générale de ces divers prix?

P. 3312. Une culture de sarrasin semé sur chaume de seigle d'hiver a donné, pendant 18 ans, les produits suivants par hectare :

1e année,	8 hl.	23	10e année,	2 hl.	30
2e	3	41	11e	10	45
3e	15	79	12e	16	54
4e	9	32	13e	24	32
5e	13	49	14e	21	29
6e	17	23	15e	8	75
7e	21	36	16e	1	97
8e	4	92	17e	4	37
9e	2	73	18e	16	40

Quelle est la moyenne annuelle de cette production par hectare?

P. 3313. La moyenne des températures observées à Paris, tous les jours de l'année, à midi, est de 13 degrés $1/2$. En formant ainsi les moyennes de toutes les heures du jour et de la nuit, pour toute l'année, on a trouvé :

Minuit,	8°,5	6 heures,	8°,2	Midi,	13°,5	6 heures	12°,2
1 heure,	8°,1	7	9°,2	1 heure,	14°,1	7	11°,6
2	7°,7	8	10°,3	2	14°,5	8	10°,8
3	7°,4	9	11°,2	3	13°,9	9	10°,2
4	7°,1	10	12°,1	4	13°,4	10	9°,7
5	7°,5	11	12°,9	5	12°,8	11	9°,1

D'après ce tableau, on demande : 1° quelle est la température moyenne de Paris; 2° à quelles heures du matin et du soir tombe cette température moyenne.

P. 3314. On a trouvé qu'un thermomètre transporté à l'extrémité de l'atmosphère indiquerait 57° au-dessous de la glace fondante; par un autre calcul, on a trouvé 60° de froid; un 3e calcul a donné 45°; un 4e, 46°; un 5e, 61°; un 6e, 76°,8; un 7e, 77°,8; un 8e, 68°,8; un 9e, 78°,6; un 10e, 51°,5; un 11e, 59°,4 : quelle est la température probable de l'espace situé au-dessus de l'atmosphère ?

P. 3315. Après avoir découvert une mine de cuivre, on a essayé trois échantillons des minerais trouvés; le 1er renfermait 40 p. % de cuivre; le 2e, 42 p. %; et le 3e, 45 p. % : quelle est la teneur moyenne de ces minerais ?

P. 3316. Dans les commencements de l'exploitation d'une mine d'étain, on a essayé cinq échantillons des minerais trouvés ; le 1er renfermait 43,24 p. % d'étain; le 2e en renfermait 48,32 p. %; le 3e, 51,37 p. %; le 4e, 54,21 p. %; et le 5e, 59,48 p. % : quelle est la richesse moyenne du minerai?

P. 3317. Cinq échantillons de terre pris dans un champ, aux quatre coins et au centre, ont donné les résultats suivants :

	1er échant.	2e échant.	3e échant.	4e échant.	5e échant.
Argile,	40 p. %	36 p. %	35 p. %	37 p. %	32 p. %
Chaux,	25	28	32	30	36
Sable ou Silice,	16	30	20	24	20
Humus,	19	6	13	9	12

On demande quelle dénomination devra porter le sol du champ, sachant que le sol est nommé *argileux, calcaire,* ou *siliceux,* selon qu'il renferme en plus grande abondance l'argile, la chaux ou la silice.

P. 3318. En comparant le pouvoir éclairant du gaz provenant de six qualités de houille, à celui de six qualités provenant de l'huile, on a trouvé que le pouvoir éclairant du gaz étant chaque fois représenté par 100, celui de l'huile l'est par 140, 225, 250, 354, 356 et 310. Quel est le pouvoir moyen de l'éclairage au gaz d'huile?

P. 3319. Ayant acheté quatre vaches, dont la 1re avait coûté 250 f.; la 2e, 235 f.; la 3e, 190 f.; et la 4e, 184 f.; on a revendu la 1re, 284 f. 75; la 2e, 248 f. 25; la 3e, 270 f. 15; et la 4e, 209 f. 85 : quel est le gain moyen sur chacune ?

P. 3320. La durée moyenne du travail journalier, dans une ferme, est de 9 heures pendant 120 jours, de 12 heures pendant

RÈGLE DES MOYENNES. 383

135 jours, et de 13 heures pendant 45 jours : quelle est, pendant toute l'année, sa durée moyenne ?

P. 3321. On a acheté chez un pelletier-fourreur, 3 peaux de chat sauvage, à 2 f. 40 ; 2 peaux de civette, à 2 f. 75 ; 5 peaux de genette, à 2 f. 50 : quel est le prix moyen de chaque peau, et combien a-t-on dépensé ?

P. 3322. On a acheté 150 lt. de vin à 0 f. 60, puis 240 lt. à 0 f. 50, et enfin 210 lt. à 0 f. 40 : quel est le prix moyen du litre ?

P. 3323. J'ai acheté 60 Dl. de blé à 2 f. 40, puis 10 hl. à 22 f. et 40 Dl. à 2 f. : quel est le prix moyen du décalitre ?

P. 3324. On a 21 hl. 45 lt. de froment à 18 f. 25, plus 175 Dl. à 1 f. 55, plus 13 hl. 40 à 17 f., et 277 Dl. à 21 f. l'hectolitre : combien doit-on vendre l'hectolitre, en moyenne, pour gagner 1 f. 65 par hectolitre ?

P. 3325. On a 48 Dl. 5 lt. de haricots à 24 f. 50 l'hectolitre, 7 hl. 28 lt. à 21 f. 75, et 470 lt. à 3 f. 25 le décalitre : combien vaut l'hectolitre, en moyenne ?

P. 3326. Pour l'entretien d'un canal qui a 46 km. de longueur, on dépense annuellement par kilomètre 1 600 f. pour les huit premiers, 1 830 f. pour les neuf suivants, 1 750 f. pour les douze suivants, et 1 900 f. pour les autres : quelle est, en moyenne, la dépense par kilomètre ?

P. 3327. Pour l'entretien d'une route qui a 52 km. de longueur, on dépense annuellement par kilomètre 240 f. pour les quinze premiers, 180 f. pour les dix-huit suivants, 210 f. pour les neuf suivants, et 230 f. pour le reste de la route : quelle est, en moyenne, la dépense par kilomètre ?

P. 3328. Les murs d'une maison ont 60 m. de développement ; leur épaisseur aux fondations, qui ont 1 m. 50 de profondeur, est de 0 m. 80 ; au rez-de-chaussée, dont la hauteur est de 3 m. 75, cette épaisseur est de 0 m. 55 ; et, au 1er étage, dont la hauteur est de 3 m. 20, l'épaisseur est de 0 m. 50 : quelle est l'épaisseur moyenne des murs de cette maison ?

P. 3329. Les murs de fondation d'une maison ont 0 m. 75 de profondeur et 0 m. 90 d'épaisseur : ceux des caves ont 2 m. 80 de hauteur, et 0 m. 80 d'épaisseur ; ceux du rez-de-chaussée, 4 m. 20 de hauteur et 0 m. 60 d'épaisseur ; ceux de l'entre-sol, 2 m. 60 de hauteur, et 0 m. 55 d'épaisseur ; ceux du 1er étage, 3 m. 50 de hauteur et 0 m. 50 d'épaisseur ; ceux du 2^{d} étage, 3 m. 20 de hauteur et 0 m. 40 d'épaisseur : quelle est l'épaisseur moyenne des murs de cette maison ?

P. 3330. Pour essayer la force des rails destinés à un chemin de fer important, on leur a fait supporter au milieu de leur longueur une charge de 14 000 kg. Sur 50 rails pris au hasard, 18 ont conservé, après la charge enlevée, une courbure dont la flèche était de 0 m. 0015 ; pour 16 autres, la flèche était de 0 m. 0024 ; pour 9 autres, de 0 m. 0026 ; et, pour 7 autres, de 0 m. 0017 : quelle était la longueur moyenne de la flèche conservée ?

P. 3331. Dans l'essai des rails cités au problème précédent, la flèche de courbure des 15 premiers était de 0 m. 0072 pendant l'application de la charge ; pour les 12 suivants, la flèche était de 0 m. 0078 ; pour les 17 suivants, de 0 m. 0088 ; et, pour les 6 derniers, de 0 m. 0091 : quelle était la longueur moyenne de cette flèche de courbure? La distance entre les points d'appui sur lesquels reposaient les rails était de 1 m. 25.

P. 3332. Sept cent vingt-quatre quintaux de foin valent 3 f. 25 le quintal; 832 qm. d'une autre qualité valent 2 f. 95; et 1 567 d'une 3e qualité valent 3 f. 10. Si on les vendait l'un dans l'autre au même prix, combien vendrait-on le millier et quelle somme recevrait-on?

P. 3333. Un ouvrier qui rend à un fabricant une pièce de châles la fait peser trois fois; à la 1re pesée, on trouve que son poids surpasse de 75 gr. 20 celui que l'ouvrier est tenu de rendre; à la 2e, le surplus du poids est trouvé de 65 gr. 40; et à la 3e il est trouvé de 70 gr. 80 : combien devra-t-on donner à l'ouvrier pour ce surplus à raison de 64 f. le kilogramme?

P. 3334. Un ouvrier qui rend au fabricant une pièce d'étoffe de soie qu'il a confectionnée reçoit 64 f. par kilogramme de surplus, lorsque la pièce qu'il rend pèse un poids plus fort qu'il n'est tenu de rendre. Or, on pèse quatre fois une pièce de satin rendue par un ouvrier; la 1re fois, l'excédent est trouvé de 45 gr. 75; la 2e, de 40 gr. 80; la 3e, de 44 gr. 20; et la 4e, de 47 gr. 25 : quel est l'excédant moyen, et combien doit-on à l'ouvrier?

P. 3335. Quatre paveurs ont pavé trois cours; pour la 1re, qui a 72 mèt. carr. 25, ils ont reçu 289 f.; pour la 2e, qui a 113 mèt. carr. 95, ils ont reçu 370 f. 37; pour la 3e, qui a 151 mèt. carr. 8, ils ont reçu 660 f. 33; ils ont à paver une autre cour de 128 mèt. carr. 75 au prix moyen des 3 premières : quel sera le prix du pavage de cette dernière cour, et quelle sera la part de chacun d'eux sur la somme qui leur est due pour ces quatre cours?

P. 3336. Huit ouvriers carreleurs ont fait le carrelage de trois appartements; le 1er, qui est carrelé en briques posées de plat et à point de Hongrie, a 30 m2 de surface; le 2e, qui est carrelé en carreaux d'âtre de Paris, de 22 cm2, a 37 mèt. carr. 50; et le 3e, qui est carrelé en carreaux à four, de 16 cm. à pans, a 60 m2. Ils ont reçu pour le 1er; 180 f., pour le 2e; 150 f.; et, pour le 3e, 180 f. Ils ont encore à carreler d'autres appartements qui ont ensemble une surface de 262 mèt. carr. 50; et ils seront payés au prix moyen des trois précédents : quel sera le prix de ces 262 m2 50, et la part de chaque ouvrier pour ce dernier travail?

P. 3337. Cinq compagnons paveurs avec leurs aides ont 420 m2 de pavage à faire; le 1er en fait 6 m. par jour; le 2e, 8; le 3e, 10; le 4e, 12; et le 5e, 9 : en combien de jours les auront-ils faits s'ils travaillent ensemble?

P. 3338. J'ai deux tonneaux de vin, l'un de 212 lt. à 0 f. 25; l'autre de 190 l. à 0 f. 40 : combien dois-je vendre le litre, en moyenne, pour gagner 31 f. 80 sur le tout?

P. 3339. Une commune, désirant faire fondre une cloche, fournit 264 kg. d'étain à 2 f. 60, plus 900 kg. de cuivre à 2 f. 90, et 36 kg. de zinc à 0 f. 80 : combien coûtera le métal de cette cloche, et quel sera le prix du kilogramme d'alliage en supposant 8 p. 0/0 de déchet?

P. 3340. Un coutelier a acheté des ciseaux fins en acier fondu, pour chirurgien, et il en a de trois prix. Les 1ers sont droits et valent 36 f. la douzaine ; les 2es sont couverts et courbés et valent

RÈGLE DES MOYENNES.

48 f.; les 3es sont couverts et inclinés et valent 54 f. Il en a pris autant d'un prix que de l'autre et a dépensé 966 f.: combien en a-t-il eu de chaque prix, et quel est le prix moyen?

P. 3341. Un fabricant a employé 5 ouvriers pour 40 pièces de toile de chacune 108 m.; le 1er en faisait 2 m. 50 par jour; le 2e, 3 m. 25; le 3e, 2 m. 20; le 4e, 2 m. 15; et le 5e, 3 m. 10 : combien de jours ont-ils employés chacun, et combien le fabricant a-t-il dû débourser, chaque ouvrier étant payé à raison de 1 f. 25 par jour?

P. 3342. Un fabricant d'étoffes pour gilets a fait faire 35 pièces de côtelé, ayant chacune en moyenne 25 m. de longueur, et il a employé pour cela 4 ouvriers; le 1er pouvait en faire 7 m. en 4 jours; le 2e, 8 m. en 5 jours; le 3e, 6 m. en 5 jours; et le 4e, 3 m. en 2 jours : combien de jours ont-ils employés pour faire cet ouvrage, et quelle somme le fabricant a-t-il déboursée si, en moyenne, chaque ouvrier gagnait 3 f. 50 par jour?

P. 3343. Un miroitier avait acheté des glaces sans tain de différentes dimensions et à différents prix; savoir : 1° 8 glaces de 66 cm. sur 87 cm., à 60 f.; 2° 15 glaces de 66 cm. sur 90 cm., à 65 f.; 3° 21 glaces de 66 cm. sur 96 cm., à 70 fr.; 4° 24 glaces de 69 cm. sur 99 cm., à 75 fr. Après les avoir étamées et encadrées, il les a revendues à des prix tels, qu'il a gagné 250 f. sur le 4e achat et 180 f. sur le 3e; qu'il a perdu 70 f. sur le 2e et 45 f. sur le 1er. On demande : 1° s'il a gagné; et 2° combien, en moyenne, sur chaque marché.

P. 3344. On a vendu à deux personnes 27 kg. $^1/_2$ d'écrevisses; la 1re en a pris 4 fois moins que la 2e; et elle les a payées 1 f. 75 le kilogramme, tandis que la 2e les a payées 2 f. le kilogramme : quel est le prix moyen du kilogramme pour ces deux ventes?

P. 3345. On a acheté 840 kg. de riz Java à deux prix différents, savoir : 0 f. 45 et 0 f. 50 le kilogramme. La quantité achetée à 0 f. 45 le kilogramme est 13 fois plus considérable que celle achetée à 0 f. 50 : quel est le prix moyen du kilogramme, et combien a-t-on payé?

P. 3346. Un enlumineur a acheté en 3 fois 235 gr. de carmin; la dernière fois, il en a acheté 133 gr. à 5 f. 40 le décagramme; la 2e fois, il en a pris 5 fois plus qu'à la 1re et l'a payé 27 f. 50 l'hectogramme, tandis que, la 1re fois, il ne l'avait payé que 254 f. le kilogramme : quel est le prix moyen du gramme?

P. 3347. On a vendu 189 kg. de feuilles de séné, dont une partie à 2 f. 50, et l'autre à 2 f. 75 : quel est le prix moyen du kilogramme de cette marchandise? On sait que la quantité à 2 f. 50 est six fois plus grande que celle à 2 f. 75.

P. 3348. On a acheté 65 kg. 8 d'amidon à trois prix différents: 0 f. 95 le kilogr., 1 f. 10 et 1 f. 15. La quantité prise du 2e prix est trois fois aussi grande que celle du 1er prix; et celle à 1 f. 15 est égale aux deux autres quantités prises ensemble : quel est le prix moyen du kilogramme?

P. 3349. Un menuisier a fourni à divers particuliers 118 consoles de quatre prix différents, savoir: 1° des consoles d'escalier, à 3 f. la pièce; 2° des consoles d'escalier d'un travail moins compliqué, à 2 f. 25 la pièce; 3° des consoles pour devantures de boutiques, à 6 f. 50 ; 4° des consoles pour escaliers, à 2 f. 75. Il en a fourni 9 du 3e prix ; la quantité fournie du 2e prix est égale aux quantités fournies du 3e et du 4e ; et la quantité fournie du 1er prix est le double de celle du 2e prix, moins 2 consoles : quelle est la moyenne du prix de ces consoles ?

P. 3350. Un peintre a mis en couleur 177 m. 50 de barreaux. Il en a peint un certain nombre de mètres en bleu d'acier, à 0 f. 12 le mètre courant ; une 2e quantité, dépassant de 5 m. le triple de la précédente, a été peinte en vermillon, à une couche, et à 0 f. 30 le mèt. courant ; une 3e quantité, inférieure de 20 m. au double de la 2e, a été peinte en outremer, à une couche, et à 0 f. 40 ; une 4e quantité, inférieure de 2 m. 50 aux deux premières, a été peinte en bronze à l'effet, à deux couches, et à 0 f. 30 les 2 couches ; enfin, une 5e quantité, inférieure de 30 m. au double de la 2e, a été peinte en noir au vernis, à 0 f. 14 le mètre courant : quelle est la moyenne du prix du mètre pour ces diverses peintures des 177 m. 50 de barreaux ?

P. 3351. On a vendu 45 moutons, dont 8 ont été payés 18 f. 25 la pièce, 5 autres ont été payés 20 f. 50 ; les $3/8$ de ce qui reste nt été payés 15 f. 70 ; les $3/5$ du 2e reste ont été payés 18 f. 80 ; nfin, le dernier reste a été payé 24 f. 50 : on demande le prix moyen de chaque mouton.

P. 3352. On a acheté quatre pièces de rubans de fleuret contenant chacune 85 m. ; la 1re coûte 9 f. ; la 2e coûte $1/3$ de plus ; la 3e coûte les $2/3$ des prix réunis des deux premières ; et la 4e coûte un prix égal aux prix réunis de la 1re et de la 3e : quel est le prix moyen du mètre de ce ruban ?

P. 3353. Les ferblantiers emploient, pour faire leurs soudures, un alliage composé de sept parties de plomb pour une partie d'étain : combien faudra-t-il employer de plomb et d'étain pour faire 126 hg. de cet alliage, et quel sera le prix moyen de l'hectogramme, si $1/4$ du plomb qui compose l'alliage coûte 0 f. 72 le kilogramme, si $1/7$ de ce plomb coûte 0 f. 84 le kilogramme, si les $3/8$ coûtent 0 f. 75 le kilogr., si le reste du plomb coûte 0 f. 78 le kilogramme, si $1/3$ de l'étain a été payé 4 f. 50 le kilogramme, et si le reste a coûté 4 f. 80 le kilogramme ?

P. 3354. On a acheté 540 madriers en sapin de Lorraine, de 0 m. 06 d'épaisseur sur 0 m. 32 de largeur et 3 m. 90 de longueur ; on en a payé une 1re partie à 1 f. 60 le mètre linéaire, et une 2e partie à 1 f. 80. Le huitième du quintuple de la 2e partie égale 75 madriers : quel est le prix moyen du mètre linéaire ?

P. 3355. On a acheté 67 550 bouteilles à quatre prix différents, savoir : 23 f. le cent, 18 f. le cent, 16 f. le cent, et 14 f. le cent. Le nombre de bouteilles du 2e prix est triple du nombre de bouteilles du 1er prix, et trois fois plus petit que le nombre de bouteilles du 3e prix ; et ce dernier est la 20e partie du nombre de bouteilles du 4e prix : quel est le prix moyen auquel on a acheté le cent de ces bouteilles ?

P. 3356. Un menuisier a fait 140 m² de cloisons en sapin à deux parements et rainées. 1° Il en a fait un certain nombre de mètres carrés de 13 mm. d'épaisseur à 3 f. 50 le mètre carré ; 2° Il en a fait le double de la quantité précédente plus 5 m², le but de 20 mm. d'épaisseur, à 4 f. le mètre carré ; 3° Il en a fait le triple de la 1re quantité, moins 10 m², à 4 f. 80 le mètre carré de 27 mm. d'épaisseur; 4° il en a fait la moitié des quantités énoncées 2° et 3°, plus 3 mèt. carr. 70, à 6 f. le mètre carré de 34 mm. d'épaisseur; 5° il en a fait le quart des quantités indiquées aux quatre nos précédents, plus 17 mèt. carr. 25, à 9 f. 50 le mètre carré de 54 mm. d'épaisseur : quelle est la moyenne du prix du mètre carré de ces cinq sortes de cloisons?

P. 3357. On a fait faire le pilonnage de 5 830 m³ de terre, dont une partie a été pilonnée selon l'usage ordinaire; une autre partie, ayant 684 m. de moins que la 1re, a été pilonnée avec beaucoup de soin; le 1er travail a coûté 0 f. 07 le mètre cube; et le 2d, 0 f. 14 : quel est le prix moyen du mètre cube?

P. 3358. Un ouvrier charpentier, travaillant à la pièce, a fait 98 m. courants de moulures; une partie de ces moulures qui sont des moulures droites et composées de deux membres, lui sont payées 1 f. 20 le mètre courant; une autre partie, composée de moulures cintrées, et qui est inférieure de 28 m. à la 1re, lui est payée 2 f. le mètre : quel est le prix moyen du mètre courant?

P. 3359. Un marbrier a fourni à différents particuliers 21 cheminées en marbre dit Aspin Turquin; les unes ont été vendues 65 f. la pièce; et les autres, 90 f. la pièce; s'il avait fourni cinq cheminées de moins du prix le plus élevé, et six de plus de l'autre prix, il en aurait fourni autant d'un prix que de l'autre : quel est le prix moyen de chacune de ces cheminées?

P. 3360. On a acheté 56 kg. de truffes sèches à quatre prix différents, savoir : à 7 f. 80, à 7 f. 95, à 8 f. 15, à 8 f. 40 le kilogramme. Les quantités prises de chaque prix seraient égales si celle qui vaut 7 f. 95 le kilogramme était diminuée de 8 kg., et si celle qui vaut 8 f. 40 était augmentée de 80 hg. : quel est le prix moyen que l'on a donné du kilogramme?

P. 3361. On a acheté de quatre négociants 64 kg. de térébenthine compacte; le 1er négociant l'a vendue 0 f. 50 le kilogramme; le 2e, 0 f. 55; le 3e, 1 f. 16 le double-kilogramme; et le 4e, 1 f. 20 le double-kilogramme. On demande quel est le prix moyen auquel on doit vendre le kilogramme si, en moyenne, on veut gagner 0 f. 05 par demi-kilogramme, sachant que, si le 1er négociant en avait fourni 45 hg. de plus, et le 3e 45 hg. de moins, les quatre négociants auraient fourni la même quantité.

P. 3362. On a acheté de deux négociants une certaine quantité d'essence de térébenthine qu'on a payée au 1er, 1 f. 45 le kilogramme, et au 2d, 1 f. 50. On veut gagner, en moyenne, 0 f. 20 par litre. A quel prix moyen doit-on la vendre, sachant : 1° que si le 1er marchand en avait fourni 18 kg. de plus, et le 2d, 45 kg. de moins, ils auraient fourni la même quantité; 2° que la fourniture totale eût été de 4 quintaux 20; 3° qu'un centimètre cube de cette liqueur pèse 875 mg.?

P. 3363. Un pharmacien a acheté 138 hg. de semencine, dont une partie a été payée au prix de 1 f. 60 le kilogramme et le reste à 1 f. 80; le quotient de la 1re partie par la 2e est 5 : quel est le prix moyen du kilogramme?

P. 3364. On a vendu à deux personnes une certaine quantité de morue; la 1re l'a payée 0 f. 45 le kilogramme; la 2de l'a payée

0 f. 50. Le produit de la quantité achetée par la 1re et de la quantité achetée par la 2de, égale 420 kilogrammes; et la septième partie de ce produit est égale à cinq fois l'emplette de la 2e : quel est le prix moyen du kilogramme?

P. 3365. On a acheté à 0 f. 75 et à 0 f. 90 le kilogramme, 87 kg. de pâtes d'Italie; la quantité qui a coûté 0 f. 75 le kilogramme, était la douzième partie du produit de cette même quantité par celle qui a coûté 0 f. 90 : quel est le prix moyen du kilogramme?

P. 3366. Dans une maison nouvellement construite, on a posé 18 cheminées en marbre blanc-veiné; sur cette quantité, il y en a un certain nombre à 275 f. la pièce; et le reste, qui est le huitième du produit de ces deux nombres de cheminées, a coûté 290 f. la pièce : quel est le prix moyen de chacune de ces dix-huit cheminées?

P. 3367. Un marchand a fourni à trois particuliers un certain nombre de roulettes de lit; le 1er a pris le tiers de ce nombre et les a payées 1 f. 50 la pièce; le 2e en a pris les $2/5$ au prix de 1 f. 40 la pièce; et le 3e en a pris 16 au prix de 1 f. 60 : quelle est la moyenne du prix de chacune de ces roulettes?

P. 3368. Un ouvrier couvreur a remanié des toitures en tuile, grand moule; ces toitures présentent une surface de 1445 m^2; le remaniement de la 1re, laquelle est triple de la 2e, étant fait sur lattis conservé, coûte 0 f. 65 le mèt. carré; celui de la 2e, sur lattis rétabli entièrement, coûte 0 f. 85 le mètre carré; celui de la 3e, laquelle est le seizième du total des deux premières, est fait sur lattis rétabli en partie, et coûte 0 f. 75 le mètre carré : quelle est la moyenne du prix du mètre carré de ces trois sortes de remaniement?

P. 3369. Un chapelier a acheté du poil de lièvre et du poil de lapin; le poil de lièvre lui coûte 15 f. 75 le kilogramme; et le poil de lapin, 12 f. 45 : quel est le prix moyen du kilogramme, et combien le chapelier devra-t-il débourser, si le poids du poil de lièvre est les $3/7$ du poids du poil de lapin, et si, en tout, le chapelier a acheté 370 kg. de poil?

P. 3370. Un plumassier a acheté des plumes de parures de diverses qualités; il a pris 27 kg. de plumes de couleur qui lui coûtent 8 f. 50 le kilogramme; et des plumes noires à 11 f. 40 le kilogramme; il en a pris les $7/9$ de la quantité de plumes de couleur : quel est le prix moyen du kilogramme, et combien le plumassier devra-t-il débourser?

P. 3371. Un négociant a acheté 94 quintaux $3/4$ de savon de quatre prix différents: 1 f. 25 le kilogramme; 1 f. 32; 1 f. 36, et 1 f. 40. La quantité du 1er prix est les $4/5$ de celle du 2e prix; cette 2e quantité est les $7/6$ de celle du 3e prix; et cette 3e quantité est les $9/10$ de celle du 4e prix : quel est le prix moyen du kilogramme?

P. 3372. Un poêlier-fumiste a vendu 96 carreaux de faïence unie, dits panneaux pour revêtements de cheminée. Ils étaient de trois grandeurs différentes; les 1res, de 19 cm. sur 81 cm., valaient 3 f. 05 la pièce; les 2es, de 25 cm. sur 85 cm., valaient 4 f. 10 la pièce; et les 3es, de 27 cm. sur 85 cm., valaient 4 f. 75. La quantité fournie de la 1re sorte était les $5/7$ de la quantité fournie de la 2e; et ceux de la 3e sorte étaient aussi nombreux que les autres ensemble : quel est le prix moyen de chacun de ces 96 carreaux ?

P. 3373. Un marchand de meubles a vendu cinquante chaises en noyer à trois prix différents; 7 f.; 12 f.; et 25 f. La quantité vendue à 12 f. est la moitié de celle vendue à 25 f.; et la quantité vendue à 7 f. est le tiers de celle vendue à 12 f. : quel est le prix moyen d'une chaise ?

P. 3374. Un marchand quincaillier a fourni 45 poignées d'espagnolettes; il y en a un certain nombre qui sont d'un genre ordinaire, et qui valent 0 f. 80 la pièce : une 2⁰ quantité, égale aux 2/3 de la 1ʳᵉ, valant 1 f. 25; et une 3ᵉ, égale aux 5/6 de la 1ʳᵉ, valant 1 f. 40, quelle est la moyenne du prix de chacune ?

P. 3375. On a acheté 990 kg. de potasse; une 1ʳᵉ partie de cette quantité a été payée 0 f. 95 le kilogramme; une 2ᵉ partie, égale aux 2/3 de la 1ʳᵉ, a coûté 1 f. le kilogramme; et une 3ᵉ partie, égale aux 4/5 de la 2ᵉ, a coûté 1 f. 06 le kilogramme : quelle somme devra-t-on débourser pour un 2ᵈ achat de 7 quintaux 3/4 de la même marchandise payés au prix moyen du 1ᵉʳ achat ?

P. 3376. On a acheté aux prix de 1 f. 60 et de 1 f. 75 le kilogramme une certaine quantité de figues; le produit du nombre de kilogrammes à 1 f. 60 par le nombre de kilogrammes à 1 f. 75 est 360; et, si le nombre de kilogrammes à 1 f. 60 était augmenté de 6 kg., ce produit serait 504 : quel est le prix moyen du kilogramme ?

P. 3377. On a acheté 39 kg. de thé peckao; on en a payé une partie à 6 f. 50 le demi-kilogramme, et le reste à 12 f. 15 le demi-kilogramme; le produit de ces deux parties est 360; et, si la quantité payée 12 fr. 15 était augmentée de 5 kg., ce produit serait 480 : quel est le prix moyen du kilogramme de ce thé ?

P. 3378. Un marchand de meubles a vendu des sophas en acajou, à deux prix différents, savoir : 95 f., et 120 f.; si l'on multiplie la quantité vendue à 95 f. par celle vendue à 120 f., on obtient 45 pour produit; et, si l'on augmentait de 12 la quantité vendue à 120 f., on aurait 153 pour produit : quel est le prix moyen d'un sopha ?

P. 3379. Un sellier a fourni les harnais de quatre chevaux de carrosse; les prix de ces harnais sont entre eux comme les nombres 8, 5, 7 et 9. Sachant que les deux derniers ont coûté 222 f. de plus que les deux premiers, on demande le prix de chacun, et la moyenne des quatre prix.

P. 3380. Un sellier a fourni les harnais de six chevaux de selle; les prix de ces harnais sont entre eux comme les nombres 4, 7, 3, 9, 11, 5; le 1ᵉʳ et le dernier coûtent ensemble 360 f. On demande : 1° le prix de chacun de ces harnais; 2° la moyenne de ces six prix.

P. 3381. Un entrepreneur de pavage achète 3 m³ de granit de Normandie pour bordure sans parement, et il les revend ensuite ensemble 63 f. 19 de plus qu'ils ne lui ont coûté. A ce marché, il gagne 8 1/3 p. % sur le prix de vente. On lui livre dans une autre occasion 6 m³ de la même pierre pour 1362 f.: quel est le prix moyen d'achat du mètre cube de cette pierre ?

P. 3382. Un ouvrier charpentier, travaillant à la pièce, a fait 500 mortaises, dont une partie sans tenon à 0 f. 65 la pièce, et une autre partie qui est la moitié de la 1re, plus 50, **avec tenon**, à 1 f. 05 : quel est le prix moyen de chaque mortaise?

P. 3383. On a acheté 25 hg. d'opium ; une partie de cette quantité a été payée sur le pied de 36 f. 25 le kilogramme ; une 2e partie, sur le pied de 37 f. 50 ; et une 3e, sur le pied de 40 f. Or, l'excès de la 2e partie sur la 1re est de 3 hg.; et celui de la 3e sur la 2e, de 4 hg. On demande le prix moyen du décagramme.

P. 3384. Un tabletier a acheté 9 kg. d'écaille de tortue débitée en feuilles ; il a payé cette marchandise à trois prix différents : 8 f. l'hectogramme, 8 f. 50 et 9 f. La quantité qu'il a eue au 1er de ces trois prix surpasse de 7 hg. celle qu'il a eue au 2e prix, et de 11 hg. celle qu'il a eue au 3e prix : quel est le prix moyen du kilogramme?

P. 3385. Sur 500 kg. de morue qui ont été vendus à quatre prix différents, on en a livré à 0 f. 40 le kilogramme une quantité qui surpasse de 65 kg. la quantité vendue à 0 f. 50 le kilogramme, de 36 kg. la quantité vendue à 0 f. 45, et de 47 kg. la quantité vendue à 0 f. 35. On demande le prix moyen du kilogramme.

P. 3386. On a acheté 375 460 tuyaux pour le drainage d'une propriété, et cela à trois prix différents, savoir : 18 f. le mille, 22 f. et 25 f. La quantité prise du 2e prix surpasse de 6 540 celle du 3e prix, et elle est surpassée de 8 920 par celle du 1er prix : quel est le prix moyen du mille?

P. 3387. Un plombier-fontainier, en posant des tuyaux de plomb, a fait 16 nœuds de soudure ; il en a fait un certain nombre à un tuyau de 8 cm., à 5 f. la pièce ; il en a fait trois de moins à un 2e tuyau de 4 cm., à 3 f. la pièce, et deux de moins qu'au 2e à un 3e tuyau de 27 mm., à 2 f. la pièce : quelle est la moyenne du prix de ces nœuds de soudure?

P. 3388. Un plombier-fontainier a vendu 13 robinets à col de cygne, parmi lesquels il y en a un certain nombre de chacun 27 mm., à 23 f.; un autre nombre double du 1er, à 18 f. la pièce ; et enfin une 3e sorte de robinets, qui en comprend trois de plus que la quantité précédente, à 10 f. la pièce : quelle est la moyenne du prix de ces robinets?

P. 3389. Un négociant a envoyé à Alger 3 672 gasquels ou calottes turques ; on en a vendu une certaine quantité à raison de 18 f. la douzaine ; une seconde quantité plus petite de 120 que la 1re, qui est de 1 480 calottes, a été vendue sur le pied de 21 f. la douzaine ; et la 3e quantité a été vendue 26 f. la douzaine. On demande le prix moyen de chacune de ces calottes.

P. 3390. Un peintre a doré 90 m. courants de bordure de glace de trois largeurs différentes, savoir : 9 cm., 6 cm., et 4 cm. Le prix du mètre courant de dorure est de 7 f. 50 pour la 1re largeur, 6 f. 75 pour la 2e, et 3 f. 30 pour la 3e. La quantité du 3e prix surpasse de 10 m. courants la quantité du 2e, qui, à son tour, est de 4 m. courants plus longue que celle du 1er prix : quelle est la moyenne du prix du mètre courant de dorure pour ces trois sortes de bordure?

P. 3391. Dans des travaux de terrassement comprenant 8 450 m³ de terre fouillée, un certain nombre de mètres ont été fouillés en rigole ; et ce travail a coûté 0 f. 38 le mèt. cube ; une 2e quantité, surpassant la 1re de 380 m³, a été jetée sur berge ; et ce travail a coûté 0 f. 57 ; enfin, une 3ᵉ quantité, surpassant la 2ᵉ de 880 m³, a été jetée sur banquette ; et ce travail a coûté 0 f. 60 le mètre cube : quel est le prix moyen du mètre cube de ces divers travaux ?

P. 3392. On a acheté une certaine quantité de laine de diverses qualités, dont 1/4 a coûté 24 f. le kilogramme ; les 2/5, 18 f. ; les 2/9, 12 f. ; et 69 kg. qui restent ont coûté 10 f. le kilogramme : quel est le prix moyen de toutes ces laines et combien devra-t-on débourser ?

P. 3393. On a fait venir de Belgique un certain nombre de peaux de phoque dont les 2/5 ont été payés à raison de 18 f la pièce ; les 2/9, à 16 f. 75 ; le tiers, à 15 f. ; et les deux peaux qui restent, à 20 f. la pièce, les droits de douane ont coûté 3 f par peau : on demande le prix moyen de chacune et la dépense totale, si les frais de transport se sont élevés à 41 f. 40

P. 3394. On a acheté à la foire de Leipzig un certain nombre de peaux de martre dont les 2/7 ont été payés à raison de 6 f. 25 la pièce ; les 4/9, à raison de 7 f ; le cinquième, à raison de 6 f. 70 ; et les 44 dernières, à raison de, 7 f. 40 ; les droits de douane à l'entrée en France ont coûté par peau 0 f. 15, les frais de transport de Leipzig à Paris par les chemins de fer ont coûté 165 f. 45 : on demande le prix moyen de revient pour chaque peau.

P. 3395. On a acheté 792 kg. de sel de soude ; on en a payé une 1ʳᵉ partie à 0 f. 30 le kilogramme, une 2ᵉ partie à raison de 0 f. 35, et une 3ᵉ partie à raison de 0 f. 38. Ces parties sont telles, que 1/7 de la 1ʳᵉ, ou 1/6 de la 2ᵉ, valent 5 fois la 3ᵉ : quel est le prix moyen du quintal métrique de cette marchandise ?

P. 3396. On a acheté en deux fois 36 dl. d'encre ; la quantité achetée la 2ᵉ fois excède la quantité achetée la 1ʳᵉ fois, et celle-ci surpasse de 87 cl. la différence des deux quantités. On demande à quel prix moyen on a acheté le litre de cette encre, sachant que la 1ʳᵉ fois on l'a payée 2 f. 50 le litre ; et la 2ᵉ, 3 f. 25.

P. 3397. Un marchand de cornes de bétail brutes en a vendu 822 kg. à deux prix différents ; la plus petite partie de ce nombre a été vendue à raison de 0 f. 70 le kilogramme ; et elle surpasse de 69 kg. la différence entre elle et la plus grande, qui a été vendue 0 f. 80 le kilogramme : quel est le prix moyen du kilogramme ?

P. 3398. On a acheté du thé Hyson à 4 f. 60 et à 6 f. 45 le demi-kilogramme ; si l'on augmentait de 75 hg. la quantité à 6 f. 45, elle serait égale à la quantité payée 4 f. 60 ; et, si l'on augmentait de 15 kg. la quantité payée 4 f. 60, elle serait de moitié plus grande que l'autre quantité : quel est le prix moyen du demi-kilogramme ?

P. 3399. On a acheté une certaine quantité de truffes fraîches ; on en a payé une 1ʳᵉ partie à 6 f. 75 le kilogramme, une 2ᵉ à 7 f. 20, et une 3ᵉ à 7 f. 45 ; si la quantité payée à 7 f. 20 était augmentée de 35 hg., et la quantité payée à 7 f. 45, de 750 Dg., on en aurait en tout 45 kg., et les quantités achetées de chaque prix seraient égales : quel est le prix moyen du kilogramme ?

P. 3400. Un marchand de couleurs a acheté en deux fois 54 hg. d'une substance colorante appelée *cendres vertes* ; il en a pris chaque fois une quantité telle, que si, la 1ʳᵉ fois, il en eût pris 68 hg., et, la 2ᵈᵉ, 1 kg. 2/5 en sus, la 1ʳᵉ emplette eût été trois fois plus forte que la seconde : quel est le prix moyen du kilogramme de cette marchandise, si, la 1re fois, il l'a payée 0 f. 25 l'hectogramme, et, la 2e, 3 f. le kilogramme ?

P. 3401. Un marchand achète du papier dit Espagnol à 5 f. la rame, du papier dit Romaine à 6 f. 25 la rame, et du papier Pot à 5 f. 75 la rame. Il en prend d'abord une égale quantité de chaque sorte; mais ensuite, de chacune des deux premières, il en prend 20 rames de plus que de la 3e; et alors, la quantité prise de cette 3e qualité n'est plus que le quart de la quantité totale achetée : quel est, dans ce dernier marché, le prix moyen de la rame?

P. 3402. Un marchand achète du papier dit Petit-Jésus, valant 4 f. 75 la rame ; du papier dit Main-Fleurie, valant 9 f. 60, et du papier dit le Lis, valant 5 f. 20. Il en prend de chaque sorte une quantité telle, qu'il en a, de chacune des deux premières, 36 rames de plus que de la 3e; et la quantité prise de cette 3e sorte est le quart de la quantité totale achetée : à quel prix moyen a-t-il acheté la rame de papier?

P. 3403. Deux courriers partent ensemble d'une ville pour aller à une autre. Le 1er parcourt 1/4 de la route avec une vitesse de 5 km. en 30 minutes, un autre quart en faisant 6 km. en 42 minutes, un 3e quart en faisant 8 km. en 40 minutes, et le dernier quart en ne faisant que 6 km. par heure. Le 2e courrier, qui parcourt toute la distance avec une vitesse uniforme de 7 km. en 38 minutes et demie, arrive au lieu de la destination commune 2 heures 48 minutes 30 secondes avant le 1er : quelle est la distance qui sépare les deux villes?

P. 3404. Un coutelier a vendu, à quatre prix différents, 32 douzaines de ciseaux de chirurgien : ceux à incision droite ont coûté 12 f. et 15 f. la douzaine; ceux convexes, 20 f.; et ceux concaves, 21 f.; il y en a 13 du 1er et du 2e prix, 15 du 1er et du 3e prix, et 20 du 1er et du 4e prix : quel est le prix moyen de ces 32 douzaines de ciseaux?

P. 3405. On a acheté du chêne de bateau ayant 32 mm. d'épaisseur; on en a payé une partie à 1 f. 75 le mètre courant, et l'autre partie à 2 f. Cette dernière partie, retranchée de la 1re, donne pour reste 378 m.; et le quotient des deux parties est 8 : quel est le prix moyen du mètre?

P. 3406. Un éventailliste a acheté de l'ivoire chez deux négociants ; le 1er lui a fait payer sa marchandise 18 f. 75 le kilogramme; et le 2d, 17 f. 50 : quel est le prix moyen de l'hectogramme? On sait que la quantité prise chez le 1er négociant surpasse de 4 kilogr. celle prise chez le 2d, et que le quotient de ces deux quantités est 6.

P. 3407. On a acheté de deux qualités de thé Souchong ; on a payé la plus petite partie à 4 f. 50 le demi-kilogramme, et le reste à 3 f. 15 le demi-kilogramme ; quel est le prix moyen du kilogramme? On sait que la différence entre la quantité à 4 f. 50 et celle à 3 f. 15 est de 180 kg., et que le quotient de ces deux quantités est 13.

P. 3408. On a acheté 6092 kg. de bois de cèdre de quatre qualités différentes; la 1re vaut 0 f. 20 le kilogramme; la 2e, 0 f. 24 ; la 3e, 0 f. 27; et la 4e, 0 f. 35. La quantité prise à 0 f. 20

est égale au total des trois autres quantités ; la quantité coûtant 0 f. 24 le kilogramme est égale au surplus de la 3ᵉ sur la 4ᵉ ; le produit de ces deux dernières quantités est 825 466 : quel est le prix moyen du kilogramme ?

P. 3409. On a vendu 60 paires de bretelles à quatre prix différents, savoir : 12 f., 10 f., 6 f., et 4 f. 50 la paire. Si, des bretelles du 1ᵉʳ prix, on en eût vendu moitié plus qu'on n'en a vendu, on en aurait débité autant que des trois autres prix ensemble. Le nombre de paires du 1ᵉʳ prix, multiplié par le nombre de paires du 2ᵉ prix, et le nombre du 2ᵉ, multiplié par celui du 3ᵉ, donnent les deux produits 192 et 96 : quel est le prix moyen de chaque paire ?

P. 3410. Un marchand de papiers de tenture en a vendu de quatre sortes ; la 1ʳᵉ vaut 0 f. 75 le rouleau ; la 2ᵉ, 0 f. 90 ; la 3ᵉ, 1 f. 20 ; et la 4ᵉ, 1 f. 35. S'il en avait vendu 40 rouleaux de plus du 1ᵉʳ prix, 10 de plus du 2ᵉ, et 50 de moins du 3ᵉ, il en aurait vendu une égale quantité de chacun de ces trois prix. Si la quantité totale vendue était diminuée de 35 rouleaux, les $5/64$ du reste formeraient la quantité partielle du 4ᵉ prix, laquelle est de 70 rouleaux : quel est le prix moyen du rouleau ?

P. 3411. Un horloger reçoit la visite de cinq amateurs qui veulent acheter chacun une pendule ; celle que choisit le 2ᵉ vaut la moitié du prix de celle qu'a choisie le 1ᵉʳ ; celle que veut prendre le 3ᵉ vaut le tiers de celles des deux premiers ; et enfin celle que prend le 5ᵉ vaut la cinquième partie du prix des pendules choisies par les quatre premiers. Un 6ᵉ amateur se présente, sans argent ; le 1ᵉʳ des cinq lui donne $1/6$ de la valeur de la pendule qu'il avait d'abord choisie et 120 f. de plus, et il en prend une autre d'une valeur égale à la somme qui lui reste, de sorte que les six pendules sont payées chacune au même prix : on demande ce prix et la somme reçue par l'horloger.

P. 3412. On a vendu un certain nombre de paires de bretelles à quatre prix différents : 3 f., 2 f. 40, 1 f. 80 et 1 f. 50. Du 1ᵉʳ prix, on a vendu la moitié du nombre de paires, moins 6 paires ; du 2ᵉ, on a vendu $1/3$ du reste, moins 2 paires ; du 3ᵉ, on a vendu $1/4$ du reste, moins une paire ; et, du 4ᵉ prix, on a vendu 13 paires qui restaient : on demande le prix moyen de la paire.

P. 3413. On a acheté des versoirs pour charrue, de deux prix différents dont le total est de 35 f. ; le prix inférieur, joint à 7 fois le prix supérieur, donne pour résultat 155 f. : quel est le prix moyen de chaque versoir, si l'on en a acheté 4 du prix inférieur et 3 du prix supérieur ?

P. 3414. On a acheté des versoirs pour charrue, de deux prix différents dont le total est de 21 f. Le prix inférieur est le triple de la différence entre ce prix et le prix supérieur : quel est le prix moyen de chaque versoir si on en a acheté 5 du prix inférieur et 9 du prix supérieur ?

P. 3415. On a vendu pour divers laboratoires de chimie 82 creusets en terre de Paris. Une première partie de cette quantité a été vendue à raison de 0 f. 12 la pièce ; et une 2ᵈᵉ partie, à raison de 0 f. 16 ; la différence du tiers de la 1ʳᵉ partie au cinquième de la 2ᵉ est 14 : quel est le prix moyen d'un creuset ?

P. 3416. Un poêlier-fumiste a fourni 43 carreaux de faïence

en mosaïque; les uns, de 22 cm. sur 32 cm., valaient 1 f. 75 la pièce; et les autres, de 24 cm. sur 38 cm., valaient 2 f. 40. En divisant le nombre des premiers par 7, et le nombre des seconds par 3, le total de deux quotients égale 9 : quel est le prix moyen de chacun de ces 43 carreaux ?

P. 3417. Un ouvrier couvreur a acheté des clous à volige, à 1 f. 10 le kilogramme; des clous à latte, à 1 f. 30; et des clous à ardoises fins, à 2 f. 60. Les $3/7$ de la quantité achetée des 1ers, les $4/9$ de celle des 2es, et les $13/15$ de la quantité des 3es, pèsent ensemble 1 kg. 28; il en a en tout 2 kg. 04; la quantité prise des 2es est les $4/5$ de la quantité prise des 3es : quelle est la moyenne du prix du kilogramme de ces trois sortes de clous?

P. 3418. On a vendu, pour une certaine somme, trois machines à fabriquer les tuyaux de drainage : les deux premières, qui coûtent chacune le même prix, ont été payées chacune 60 f. de plus que si toutes les trois avaient été au même prix; la 3e n'a coûté que les $9/31$ de la somme totale. On demande : 1° le prix de chaque machine; 2° leur prix moyen.

P. 3419. On a vendu trois machines à moissonner pour une certaine somme; la 3e coûte 650 f.; et les deux autres coûtent chacune le même prix. On demande : 1° le prix de chaque machine, sachant que, si l'on prenait le quinzième du prix total des trois machines pour l'ajouter au prix de la 3e, les trois prix seraient égaux; 2° quel est leur prix moyen.

P. 3420. Un horloger a vendu cinq pendules pour la somme de 1 136 f. 20. Le prix de chacune est tel, que la 2e vaut 2 fois la 1re, et 52 f. de plus; la 3e vaut la moitié de la 1re et les $2/5$ de la 2e, moins 18 f.; la 4e vaut trois fois la 3e, moins 278 f.; et, enfin, la 5e vaut autant que la 1re et la 4e, moins 82 f. 40. On demande : 1° le prix de chaque pendule; 2° le prix moyen de 28 pendules dont 4 ont été vendues au prix de la 1re; 7, au prix de la 2e; 5, au prix de la 3e; 6, au prix de la 4e; et les autres, au prix de la 5e.

RÈGLE DE MÉLANGE ET D'ALLIAGE

P. 3421. L'alliage d'un kilogramme d'étain avec 2 kg. de plomb sert à souder le plomb et l'étain : à quel prix reviendront 75 hg. de cet alliage, si l'étain est à 2 f. 75 le kilogramme, et le plomb à 0 f. 75?

P. 3422. Le blanc de Hollande est un mélange de trois parties de sulfate de baryte et d'une partie de carbonate de plomb: quel sera le prix d'un baril de blanc de Hollande pesant 640 kg.? et quel sera le prix moyen du quintal métrique, si le sulfate de baryte vaut 9 f. 20 le quintal, et le carbonate de plomb, 0 f. 08 l'hectogramme?

P. 3423. Le blanc de Venise est un mélange à poids égaux de sulfate de baryte et de carbonate de plomb : combien coûtera un baril de blanc de Venise pesant 450 kg.? et quel sera le prix moyen du kilogramme? On sait que le sulfate de baryte vaut 0 f. 09 le kilogramme, et le carbonate de plomb 80 f. le quintal métrique.

P. 3424. Le blanc de Hambourg est un mélange de deux parties de sulfate de baryte avec une partie de carbonate de plomb : quel sera le prix d'un fût de 380 kg. de blanc de Hambourg, si le sulfate de baryte coûte 9 f. 50 le quintal métrique, et le carbonate de plomb 0 f. 80 le kilogramme? et quel sera le prix moyen du kilogramme?

P. 3425. Le verre à vitre se compose de 0,70 de sable ou silice, 0,15 de soude, 0,13 de chaux, et 0,02 d'alumine. On y ajoute un peu de peroxyde de manganèse ou d'acide arsénieux pour le rendre plus blanc. On demande combien il entre des quatre premières substances dans 6270 kg. de verre.

P. 3426. Les substances qui entrent dans la composition du verre sont, avec leurs proportions, les suivantes: 1° sable, 100 parties; 2° sulfate de soude, 44 ; 3° charbon en poudre, 5 ; 4° chaux éteinte, 6 ; 5° débris de verre, 20 : quel poids de chaque substance faudrait-il pour 832 kg. de sable?

P. 3427. Voici, d'après M. Lemercier, une recette d'encre lithographique ; on prend : cire jaune, 4 parties; suif de mouton épuré, 3 parties ; savon blanc de Marseille, 13 parties ; gomme laque en feuilles, 6 parties; noir léger, 3 parties : combien d'hectogrammes de chacune de ces substances faudrait-il prendre pour faire 6 kg. 48 d'encre?

P. 3428. Le bronze des bouches à feu se compose de 10 parties d'étain, et 90 de cuivre. Pour obtenir 100 kg. de bouches à feu terminées, on emploie 22 kg. 20 de cuivre neuf; 3 kg. 30 d'étain neuf; 80 kg. 40 de vieilles pièces; 116 kg. 20 de débris de fabrication : combien faudra-t-il de chacune de ces substances pour une bouche à feu de 1 080 kg.?

P. 3429. Pour obtenir le cristal, on soumet à la fusion un mélange de substances diverses dont voici le détail avec leurs proportions : sable blanc siliceux, 100 ; minium, 55 à 65 ; potasse, 25 à 30 ; nitre, 2 à 5 ; peroxyde de manganèse, 0,001 ; acide arsénieux, 0,0005 à 0,001 ; calcin, débris de travail, 50 à 100. On demande combien il faut de ces substances pour un mélange de 8 750 kg., en calculant 1° sur les premiers nombres, 2° sur les autres.

P. 3430. La pâte de faïence terre de pipe est composée des substances dont les noms suivent avec leurs proportions : argile plastique, 0,854 ; silex, 0,13 ; et chaux, 0,016. La pâte de faïence cailloutée se compose d'après les proportions suivantes : argile plastique de Montereau ou de Dreux, 0,87 ; silex, 0,13 ; ou argile plastique d'Angleterre, 0,83 ; argile, 0,17. La pâte de faïence fine feldspathique (S.-Amand) se compose des substances dont les noms et les proportions suivent : argile plastique d'Angleterre, 0,62 ; kaolin, 0,16 ; silex, 0,19 ; feldspath altéré, 0,03. On demande combien il faut de chacune de ces substances pour faire 17 quintaux de la 1re faïence indiquée, 8 quintaux 2/5 de la 2e, et 4 quintaux 7 de la 3e.

P. 3431. La glaçure ou vernis pour la faïence terre de pipe se compose des substances dont voici les noms et les proportions : feldspath calciné, 0,07 ; sable, 0,31 ; minium, 0,30 ; litharge, 0,27 ; borax, 0,03 ; verre de cristal, 0,02 ; ou des substances suivantes : sable quartzeux, 0,36 ; minium, 0,45 ; carbonate de soude, 0,17 ; nitre, 0,02 ; bleu de cobalt, 0,00001. 2° Pour la faïence cailloutée, le vernis se compose des substances ci-après indiquées avec leurs proportions : sable de feldspath altéré, 0,40 ou 0,42 ; minium, 0,23 ou 0,26 ; borax, 0,23 ou 0,21 ; carbonate de soude, 0,14 ou 0,11 ; bleu de cobalt, 0,00001. 3° Le vernis employé pour la faïence feldspathique se compose des substances dont les noms suivent avec leurs proportions, kaolin caillouteux, 0,25 ; silex, 0,13 ; oxyde blanc de plomb : 0,52 ; verre de cristal, 0,10. On demande combien il faut de chacune de ces substances pour 920 kg. de glaçure de chaque espèce.

P. 3432. Pour un mètre cube de maçonnerie de moellons bruts, on emploie 0 mèt. cub. 4 de mortier, ou 0 mèt. cub. 32 de plâtre en poudre. Pour un mètre cube de maçonnerie de moellons smillés, c'est-à-dire dont les lits et les joints sont taillés, on emploie 0 mèt. cub. 32 de mortier, ou 0 mèt. cub. 25 de plâtre. Pour un mètre cube de maçonnerie de moellons d'appareil, c'est-à-dire taillés comme la pierre de taille, on emploie 0 mèt. cub. 25 de mortier, ou 0 mèt. cub. 20 de plâtre. Quelle quantité de mortier ou de plâtre faudrait-il pour un mur de chacun de ces genres de maçonnerie, si ce mur avait 18 m. 25 de longueur, 9 m. 80 de hauteur, et 0 m. 65 d'épaisseur moyenne ?

P. 3433. Dans 3 ha. 45, on veut faire un fourrage mélangé de 0,25 de seigle, 0,5 de vesce, 0,25 de féveroles ; on sait qu'on sème isolément 1 hl. 50 de seigle, 2 hl. de vesce, et 3 hl. de féveroles par hectare : combien devra-t-on semer de litres de chacune de ces plantes pour obtenir dans la récolte les proportions indiquées ?

P. 3434. Sur 100 parties, le laiton pour les ouvrages au tour est composé des métaux ci-après indiqués avec leurs proportions : cuivre, 65,8 ; zinc, 31,8 ; plomb, 2,15 ; et étain, 0,25. On veut faire 485 kg. de laiton : combien faudra-t-il de chacune des substances ci-dessus désignées ?

P. 3435. On distingue deux espèces de pâte fulminante pour les allumettes chimiques : l'une dite à la colle, et l'autre à la gomme. Voici les substances dont se composent ces deux pâtes, avec leurs proportions :

	Pâte à la colle.	Pâte à la gomme.
Phosphore,	2,5	2,5
Colle forte,	2	2,5
Eau,	4,5	3
Sable fin,	2	2
Ocre rouge,	0,6	0,5
Vermillon,	0,1	0,1

Quelles proportions faudrait-il des autres substances pour 18 hectogr. $3/5$ de phosphore ?

P. 3436. Le bronze qui doit être doré se compose de 82 parties de cuivre, 18 de zinc, 3 d'étain, et 1,5 de plomb. Il peut encore se composer de 82 parties 257 de cuivre, 17,481 de zinc, 0,238 d'étain, et 0,024 de plomb : on demande combien, pour chacune de ces deux compositions, il faudrait de kilogrammes de zinc, d'étain et de plomb, si l'on y faisait entrer 280 kg. de cuivre.

P. 3437. Avec les substances suivantes que l'on fait fondre ensemble à très-petit feu, on fait un bon mastic à greffer ; on le chauffe quand on veut s'en servir. Ces substances avec leurs proportions sont : poix de Bourgogne, 500 gr. ; poix noire, 125 gr. ; cire jaune, 60 gr. ; résine, 60 gr. ; et suif de mouton, 15 gr. : combien faut-il de chaque substance si l'on emploie respectivement dans trois compositions séparées : 1° 725 gr. de poix de Bourgogne ; 2° 75 gr. de cire ; 3° 35 gr. de suif ?

P. 3438. Pour graisser les machines, on emploie quelquefois un mélange de 16 parties de plombagine en poudre très-fine, et de 84 parties d'axonge (graisse de porc). Pour les wagons on emploie les substances ci-après désignées avec leurs proportions : suif blanc, 120 kg. ; huile de poisson, 50 kg. ; résine, 20 kg. ; sel de soude, 18 kg. ; eau, 192 kg. La plombagine valant 0 f. 40 le kilogramme ; l'axonge, 1 f. 25 ; le suif, 1 f. 20 ; l'huile de poisson, 1 f. 12 ; la résine, 0 f. 18 ; le sel de soude, 0 f. 32 : on demande la valeur des substances qui entrent dans 168 kg. du 1er mélange, et dans 78 quintaux $3/4$ du 2e.

P. 3439. Les mortiers de ciment romain pour citernes, réservoirs, etc., peuvent être composés de l'une des trois manières suivantes : 1° 3 volumes de ciment pour 1 de sable ; 2° 2 volumes de ciment et 1 de sable ; 3° 3 volumes de ciment et 2 de sable. Les mortiers de ciment romain pour les enduits, maçonneries, etc., peuvent être composés de l'une des deux manières suivantes : 1° 1 volume de ciment et 1 de sable ; 2° 2 volumes de ciment et 3 volumes de sable. Dans un mètre cube de chacune de ces cinq sortes de mortier, il entre 0 mèt. cub. 35 de sable pour la 1re sorte, 0 mèt. cub. 46 pour la 2e, 0 mèt. cub. 55 pour la 3e, 0 mèt. cub. 70 pour la 4e, 0 mèt. cub. 84 pour la 5e. On demande : 1° en décimales du mètre cube la quantité de ciment entrant dans un mètre cube de chacune de ces cinq sortes de mortier ; 2° le prix de ce ciment à 13 f. 70 les 100 kg.; 3° le prix du mètre cube de chaque sorte de mortier, le sable coûtant 2 f. 60 le mètre cube. On sait que le litre de ciment romain pèse 1 kg. 02, enveloppe comprise.

P. 3440. Quand les vins de bonne qualité deviennent acides, on peut les dulcifier en y ajoutant par litre de 0 gr. 6 à 1 gr. de tartrate neutre de potasse. Combien faudrait-il de kilogrammes de tartrate si, en employant par litre 0 g. 8 de cette substance, on voulait dulcifier le vin nécessaire à la consommation annuelle d'une famille de six personnes, dont chacune consomme journellement en moyenne 6 dl. de vin?

P. 3441. Quand un vin n'est pas potable pour cause d'acidité, on fait dissoudre 8 kg. de cassonade dans 100 litres d'eau; on mêle à 200 litres de vin; on laisse fermenter, et l'on soutire comme pour le vin ordinaire. On demande: 1° combien coûtera la cassonade nécessaire à l'amélioration de 75 hl. de vin, si elle vaut 1 f. 10 le kilogramme; 2° combien on retirera de la vente de ce vin s'il est acheté sur le pied de 60 f. la pièce de 228 lit., et si, dans le soutirage, il y a eu 5 lit. de lie par hectolitre.

P. 3442. Pour les caractères d'imprimerie, on emploie trois sortes d'alliage: le 1er se compose de 20 parties d'antimoine et 80 de plomb; le 2e alliage, plus dur que le 1er, se compose de 6 parties d'étain, 19 d'antimoine et 75 de plomb; le 3e se compose d'une partie de cuivre, 9 parties d'étain, 16 d'antimoine et 74 de plomb. Le cuivre valant 3 f. 10 le kilogramme; l'étain, 3 f. 25; le plomb, 0 f. 60; et l'antimoine, 1 f. 90: on demande la valeur du métal qui entre, déchets non compris, dans 1 680 kg. de caractères de chacune de ces trois sortes d'alliage.

P. 3443. L'alliage composé de 5 parties de bismuth, 3 d'étain et 2 de plomb fond à environ 100°; celui composé de 8 parties de bismuth, 5 de plomb et 3 d'étain, fond à 94°. Si l'on fond ensemble 4 kg. du 1er alliage et 7 du 2e, dans quelles proportions les trois métaux seront-ils?

P. 3444. Pour les cylindres destinés à l'impression, on forme d'abord un alliage composé de la manière suivante: 4 parties de cuivre, 4 parties d'étain, 1 partie d'antimoine, 1 partie de plomb, 18 parties de zinc; puis on forme un autre alliage composé de 2 parties de zinc et d'une partie d'étain; enfin, on fond ensemble 3 parties du 1er alliage et 2 du second. On demande: 1° quelle est, en centièmes, la composition de l'alliage final; 2° quelle somme il faudrait dépenser pour l'achat des éléments de cet alliage pour 160 kilogrammes de cylindres, le cuivre valant 2 f. 95 le kilogramme; l'étain, 3 f. 15; l'antimoine, 1 f. 25; le plomb, 0 f. 60; et le zinc, 0 f. 65.

P. 3445. Il y a trois compositions différentes pour les ciments hydrauliques ou pouzzolanes; la 1re contient 0,7 d'argile et 0,3 de chaux; la 2e, 0,8 d'argile et 0,2 de chaux; la 3e, 0,9 d'argile et 0,1 de chaux. On demande: 1° combien il faudra ajouter de chaux à 7 878 kg. d'argile pour former du ciment hydraulique qui contienne 0,78 d'argile; 2° combien il faudrait ajouter de chaux, si l'on voulait que ce ciment hydraulique contînt 0,28 de chaux; 3° combien de chaux il faudrait ajouter à une marne contenant

RÈGLE DE MÉLANGE ET D'ALLIAGE.

0,09 de chaux et 0,91 d'argile pour faire 75 qm. de ciment hydraulique qui contienne 0,19 de chaux.

P. 3446. On appelle chaux-ciments celles qui sont formées de l'une des trois compositions suivantes : 1° 0,4 d'argile et 0,6 de chaux ; 2° 0,5 d'argile et 0,5 de chaux ; 3° 0,6 d'argile et 0,4 de chaux. On peut les fabriquer artificiellement comme les ciments hydrauliques. On demande : 1° combien il faut ajouter d'argile à 8 920 kg. de chaux, pour faire un ciment qui contienne 0,46 d'argile ; 2° combien il faut ajouter d'argile à 10 750 kg. d'un composé d'argile et de chaux contenant déjà 0,15 d'argile, pour faire un ciment qui contienne 0,52 d'argile ; 3° combien il faut ajouter d'argile à 6 740 kg. d'un composé d'argile et de chaux contenant déjà 0,18 d'argile, pour faire un ciment qui contienne 0,42 de chaux.

P. 3447. Les chaux hydrauliques contiennent de 0,1 à 0,3 d'argile et de 0,9 à 0,7 de chaux ou calcaire. Quand on ne trouve pas de chaux hydraulique naturelle, on en fabrique avec du calcaire friable ; on le réduit en bouillie, et l'on y ajoute la quantité d'argile convenable. A défaut de calcaire facile à broyer, on emploie de la chaux grasse ; après que le mélange est desséché, on le soumet à la cuisson. Or, on veut former de la chaux hydraulique qui contienne 0,25 d'argile ; combien faut-il ajouter d'argile : 1° à 3 580 kg. de calcaire ; 2° à 4 730 kg. de calcaire contenant déjà 6 p. 0/0 d'argile ?

P. 3448. Pour empêcher les vins blancs de tourner au gras, on prend 8 gr. de tannin pur par hectolitre de vin ; on met ce tannin avec quatre fois son poids d'eau dans un vase de cuivre qu'on place sur le feu, et l'on agite avec une cuiller de bois ou d'argent ; la dissolution opérée et filtrée à travers un linge, on l'ajoute au vin après le soutirage de dessus colle. On emploie le même moyen pour ramener les vins qui ont tourné au gras. On demande combien un vigneron devra employer de tannin pour traiter ainsi une récolte de vin blanc faite dans quatre pièces de vigne qui, en moyenne, ont fourni 18 hl. de vin par hectare. On sait que l'excès de la contenance de la 1re sur celle de la 2e est égal aux $4/7$ de l'étendue de la 1re, que l'excès de la contenance de la 2e sur celle de la 3e est égal aux $3/5$ de l'étendue de la 2e ; que l'étendue de la 3e est les $12/13$ de la contenance de la 4e, et qu'il faudrait retrancher 2 ha. 25 de l'étendue de la 1re pour la rendre égale aux contenances réunies de la 3e et de la 4e.

P. 3449. Un lingot d'argent est au titre de 0,875 : que faut-il faire pour l'amener au titre de 0,950, ou au titre de 0,800 ? On sait que ce lingot pèse 1 kg.

P. 3450. Un lingot d'argent du poids de 6 kg. 24 est au titre de 0,95 ; un autre du poids de 5 kg. 705 est au titre de 0,842 ; un 3e du poids de 10 kg. 5 est au titre de 0,74 ; un 4e au titre de 0,548 est du poids de 8 kg. 45. On fond ces lingots en un seul. On demande : 1° quel sera son titre ; 2° ce qu'il faut faire pour l'amener au titre de 0,950 ; 3° au titre de 0,800.

P. 3451. Un orfèvre a trois lingots d'or ; le 1er est au titre de 0,92 ; le 2e, au titre de 0,84 ; le 3e, au titre de $3/4$; le poids du 1er lingot est de 7 kg. $3/4$; celui du 2e, de 9 kg. 25 ; et celui du 3e, de 1 235 Dg. Il veut les fondre en un seul lingot. On demande :

1° le titre de l'alliage; 2° le poids du cuivre; 3° ce qu'il faut faire pour amener l'alliage au titre de 0,9.

P. 3452. Quand, au moment de la vendange, les vins sont trop faibles en alcool, on peut, au moment de la fermentation, ajouter au moût, 2 kg. de sucre par hectolitre pour augmenter de 1 centième la richesse alcoolique. Si, en outre, il est trop acide, c'est-à-dire s'il a trop de verdeur, on peut y ajouter environ 13 litres d'eau par hectolitre de moût pour diminuer l'acidité de 1 pour 1000. On a 120 hl. de moût contenant 9 pour 1000 d'acide, et 2 p. $^0/_0$ d'alcool: combien faut-il y ajouter d'eau et de sucre pour le ramener à 6 d'acide pour 1 000, et à 3 p. $^0/_0$ d'alcool?

P. 3453. Le chrysocale est composé de 92 parties de cuivre, 6 de zinc et 6 d'étain; il sert à la fabrication des bijoux en faux. Un lingot contient 16 kg. de cuivre, 8 kg. d'étain et 5 kg. de zinc; que faut-il faire pour le convertir en chrysocale en y faisant entrer les 8 kg. d'étain?

P. 3454. Un alliage pour planches à graver la musique, contient 68 parties d'étain et 32 d'antimoine; un autre contient 78 parties d'étain et 22 d'antimoine; un 3e contient 81 parties d'étain et 19 d'antimoine. Si l'on fond ensemble parties égales de ces alliages, quelles seront les proportions sur 100, et que faudra-t-il faire pour l'amener à contenir 80 parties d'étain et 20 d'antimoine, qui sont les proportions ordinaires, et cela, en y faisant entrer la quantité d'antimoine contenue dans les 100 parties de l'alliage?

P. 3455. Le maillechort le plus beau est celui qui contient 8 parties de cuivre, 6 de nickel et 3 $^1/_2$ de zinc. On demande ce qu'il faut faire pour l'obtenir avec un alliage contenant 50 kg. de cuivre, 4 kg. de nickel et 12 kg. de zinc, en faisant entrer dans la composition les 50 kg. de cuivre contenus dans l'alliage donné.

P. 3456. Un cultivateur veut amender d'un tiers, avec du sable fin, une terre qui ne rapporte rien en raison de son excès d'argile; il veut faire l'épreuve sur 48 ares, et mettre ce sable dans une couche de terrain ayant 21 cm. d'épaisseur : combien faudra-t-il de mètres cubes de sable?

P. 3457. La pesanteur spécifique des principaux sols est exprimée par les chiffres suivants:

un décimètre cube de sol argileux, pèse 2 kg. 590,
— — sol siliceux, — 2 671,
— — sol calcaire, — 2 569,
— — humus ou terreau, 1 225.

Cela posé, que deviendra la pesanteur spécifique d'un sol calcaire, par suite d'un amendement d'argile égal à 20 p. $^0/_0$? On sait qu'à ce sol calcaire on avait donné une fumure d'engrais d'étable qui avait converti 1 $^1/_2$ p. $^0/_0$ du sol en humus.

P. 3458. Combien faudrait-il de soie grège à 54 f. le kilogramme, et combien en faudrait-il à 48 f. le kilogramme pour que le prix moyen de l'hectogramme soit de 5 f.?

P. 3459. Un marchand de bois de chauffage a du bois de chêne qui vaut 11 f. 20 le stère, et du bois d'aune dont le stère vaut 7 f. 50: combien devra-t-il vendre de stères de chaque sorte de bois pour que le prix moyen du stère soit de 9 f. 75?

RÈGLE DE MÉLANGE ET D'ALLIAGE. 401

P. 3460. On a du lait à 20 centimes le litre, du lait à 25 centimes le litre, et de la crème à 35 centimes le litre : quelle serait la proportion dans laquelle il faudrait vendre de chacune de ces trois substances pour que le prix moyen du litre revint à 30 centimes?

P. 3461. On a vendu une quantité d'huile de poisson pouvant remplir 6 barils contenant chacun 130 litres; et le prix moyen de vente revient à 0 f. 80 le litre. Or, la totalité de l'huile vendue se composait de trois qualités d'huile, dont la 1re valait 0 f. 55 le litre ; la 2e, 0 f. 60 ; et la 3e, 0 f. 85 : combien en a-t-on vendu de chaque qualité?

P. 3462. On veut acheter 540 kg. d'huile d'olive de deux qualités ; la 1re vaut 2 f. 50 le kilogramme ; et la 2e, 2 f. 75 ; on veut en prendre de chaque sorte une quantité telle, que le prix moyen du kilogramme revienne à 2 f. 60 : combien de kilogr. d'huile devra-t-on prendre de chaque qualité?

P. 3463. Un marchand de bois de chauffage a du bois de charme qui vaut 12 f. 50 le stère et du bois d'orme qui vaut 9 f. 60. On lui en demande en tout 372 st., et l'on veut qu'il y ait de chaque sorte de bois un nombre de stères tel, que le prix moyen revienne à 10 f. 80 le stère : combien le marchand devra-t-il livrer de stères de chaque sorte?

P. 3464. On a du beurre de quatre qualités : la 1re vaut 1 fr. 60 le kilogramme ; la 2e, 1 f. 80 ; la 3e, 2 f. 10 ; et la 4e, 2 f. 25 : combien devrait-on en vendre de chaque qualité pour que le prix moyen du kilogramme revînt à 1 f. 90?

P. 3465. Les figues surfines valent 1 f. 60 le kilogramme; les fines, 1 f. 20 ; et les demi-fines, 0 f. 60. Un marchand en a vendu de chacune de ces trois qualités une quantité telle, que le prix moyen de vente lui revient à 1 f. 50 le kg. : combien de kilogrammes de chaque qualité a-t-il vendus?

P. 3466. Un matelassier a des laines de trois prix ; les 1res valent 3 f. 50 le kilogramme ; les 2es, 4 f. ; les 3es, 4 f. 75. On lui en demande de chaque prix une quantité telle, qu'on en ait 72 kg. revenant au prix moyen de 4 f. 50 le kilogramme : combien devra-t-il en livrer de kilogrammes de chaque prix?

P. 3467. Un fabricant d'articles de literie a du duvet de cygne qui vaut 11 f. 50 le kilogramme, du duvet d'oie qui vaut 10 f. le kilogramme, et du duvet de canard qui vaut 9 f. 25 ; il vend de chacune de ces trois sortes de duvet une quantité telle, que le prix moyen de vente de 85 kg. qu'il a livrés revient à 10 f. 40 le kilogramme : combien a-t-il vendu de kilogrammes de chaque sorte?

P. 3468. On a des pruneaux de 1re qualité à 0 f. 85 le kilogramme, des pruneaux de 2e qualité à 0 f. 70 le kilogramme, des pruneaux de 3e qualité à 0 f. 45 le kilogr.; on en a vendu 172 kg. sur lesquels il y en a de chaque sorte une quantité telle, que le prix moyen du kilogramme revient à 0 f. 60 : combien de kilogrammes de chaque sorte a-t-on vendus?

P. 3469. Le poids spécifique du cuivre étant 8,788, celui du zinc étant 6,861, et celui du fer étant 7,9, on veut former avec du cuivre et du zinc un alliage du poids de 158 kg., et qui pèse autant qu'un égal volume de fer : combien doit-on prendre de cuivre et de zinc?

402   RÈGLE DE MÉLANGE ET D'ALLIAGE.

P. 3470. L'eau est un composé d'oxygène et d'hydrogène, dans la proportion d'un volume d'oxygène contre deux volumes d'hydrogène. Le poids spécifique de l'oxygène rapporté à l'air est de 1,106 ; celui de l'hydrogène est de 0,069, et celui de l'eau est de 773,28. On demande combien il entre de litres de chacun des gaz précédents dans une quantité d'un poids égal à celui de l'argent pur contenu dans une somme de 19875 f. en argent?

P. 3471. L'air atmosphérique est composé de 78 parties 9 d'azote, de 21 parties d'oxygène et d'environ 0,001 de gaz acide carbonique. Le poids spécifique de l'azote rapporté à l'air étant de 0,972, celui de l'oxygène de 1,106, et celui de l'acide carbonique de 1,529, on demande combien de litres de chacun de ces gaz il y a dans 3 kg. d'air. On sait que 773 lt. 28 d'air pèsent un kilogramme.

P. 3472. On a trois lingots d'argent le 1er, au titre de 0,980, pèse 175 Dg. ; le 2e, au titre de 0,810, pèse 450 gr. ; le 3e, au titre de 0,580, pèse 18 hg. On les fond ensemble pour en faire un seul lingot qui soit au titre de 0,800. Pour amener à ce dernier titre les lingots donnés, on y ajoute de l'argent qui est au titre de 0,830 : combien faudra-t-il en ajouter pour obtenir le lingot demandé?

P. 3473. Un orfèvre a trois lingots d'or : le 1er contient 15 centièmes de cuivre ; le 2e, 12 centièmes ; et le 3e, 20 centièmes : dans quelles proportions devra-t-il prendre de ces trois lingots pour avoir un alliage renfermant 16 centièmes de cuivre?

P. 3474. Le similor composé de 80 parties de cuivre et de 20 parties de zinc est d'un beau jaune ; 2° le similor composé de 84 parties de cuivre et de 16 parties de zinc est plus beau ; 3° le similor formé de 86 parties de cuivre et de 14 parties de zinc est d'un jaune brillant ; 4° le similor formé de 88 parties de cuivre et de 12 parties de zinc est de couleur d'or. On demande : 1° combien il faut de cuivre et de zinc pour faire 36 kg. de similor de chacune des quatre compositions ; 2° combien il faudrait prendre de la 1re, de la 2e, et de la 4e, pour obtenir les 36 kg. de la 3e.

P. 3475. Combien faut-il d'argent aux titres de 0,920 ; 0,860 ; 0,740 et 0,720 pour en obtenir 5 kg. 64 à 0,800?

P. 3476. On a quatre lingots d'or ; le 1er renferme en cuivre les $3/8$ de son poids ; le 2e, les $7/24$; le 3e, le quart ; le 4e, le douzième ; on veut faire un lingot pesant 12 hg. 24, et au titre de 0,840 : combien de grammes doit-on prendre de chaque lingot?

P. 3477. Un orfèvre a deux lingots contenant de l'or et de l'argent. Le 1er, sur 100 gr., en contient 88 d'or et 12 d'argent ; le 2e, sur 100 gr., en contient 97 d'or et 3 d'argent. L'orfèvre voudrait faire un 3e lingot qui, sur 100 gr., contînt 92 gr. d'or et 8 d'argent : que doit-il prendre de chacun des deux premiers lingots?

P. 3478. Un négociant a du carbonate de plomb, ou blanc de céruse, de deux qualités ; la 1re lui coûte 0 f. 73 le kilogramme ; et la 2e, 0 f. 84. Il en vend 850 kg. sur lesquels il gagne 72 f. 25 en vendant cette substance au prix moyen de 83 f. 50 le quintal ; **combien en vend-il de kilogrammes de chaque qualité?**

P. 3479. Un orfèvre a cinq lingots d'argent aux titres de 0,950 ;

RÈGLE DE MÉLANGE ET D'ALLIAGE. 403

0,910; 0,845; 0,720, et 0,700; il veut en faire un au titre de 0,800 : combien doit-il en prendre de chacun?

P. 3480. L'orfèvre mentionné au Probl. précédent veut faire un lingot au titre de 0,800 dans lequel il veut mettre 1 kg. 75 du 1er de ses 5 lingots, et 2 kg. 10 du 3e : combien devra-t-il en mettre de chacun des autres?

P. 3481. L'orfèvre dont il est parlé aux deux Probl. précédents veut prendre 840 gr. du 1er de ses cinq lingots pour obtenir un autre lingot du poids de 3 kg. 75 au titre de 0,800 : combien doit-il prendre de chacun de ses quatre autres lingots? Combien devrait-il en prendre si le lingot à obtenir devait peser 1 kg. 35?

P. 3482. On veut acheter, pour 540 f., du vin de deux qualités; la 1re vaut 3 f. le litre, et la 2e, 2 f. : combien devra-t-on prendre de litres de chaque qualité pour former les 225 lt. que l'on veut avoir?

P. 3483. Un tabletier achète de la nacre franche à 2 f. 50 le kilogramme, et à 2 f. 75; et, tant de l'un que de l'autre prix, il en prend 20 kg. pour 53 f. : combien de kilogrammes de chaque prix achète-t-il?

P. 3484. Un marqueteur a acheté de l'écaille de tortue à 8 f. 20 l'hectogramme, et à 9 f. 15; et, tant de l'un que de l'autre prix, il en a acheté 3 kg. 625, pour 317 f. 20: combien d'hectogrammes de chaque prix a-t-il achetés?

P. 3485. On a de l'argent contenant un huitième de cuivre, et de l'argent qui renferme un quinzième de cuivre. Dans quel rapport faut-il les mélanger pour obtenir de l'argent contenant un dixième de cuivre, et combien de décagrammes de chaque sorte faudrait-il mettre dans l'alliage pour en faire une quantité suffisante à la fabrication de la somme nécessaire à l'acquisition d'une machine à égrener les gousses de trèfle et de luzerne, cette machine valant 230 f.?

P. 3486. On a de l'or contenant 15 centièmes de cuivre, et de l'or contenant 8 centièmes de cuivre. Dans quel rapport faut-il les mélanger pour avoir de l'or contenant un dixième de cuivre, et combien de grammes de chaque sorte faudrait-il prendre pour en faire la quantité nécessaire à la fabrication d'une somme avec laquelle on pourrait acheter pour 770 f. une machine à battre avec appareil à moudre, coupe-racines et hache-paille?

P. 3487. Un orfèvre a deux lingots d'or de 95 Dg. chacun, l'un au titre de 0,920, et l'autre au titre de 0,750: combien doit-il ajouter de grammes du 2e lingot au 1er pour abaisser le titre à 0,840?

P. 3488. Pour faire de la bougie, on a mélangé 140 kg. de blanc de baleine, à 31 f. 474 les 7 kg., avec de la cire à 5 f. 40 le kilogramme, de manière que le kilogramme du mélange vaut 4 f. 54 : combien a-t-on mis de kilogrammes de cire?

P. 3489. On a de l'eau-de-vie de deux qualités; la 1re vaut 2 f. 50 le litre; et la 2e, 1 f. 90; on a vendu 560 lt. de la 1re qualité: 1° combien faut-il en vendre de litres de la 2e, pour que le prix moyen de vente du litre de ces deux qualités revienne à 2 f. 10? 2° combien faudrait-il vendre de Dl. de chaque qualité pour que cette vente, faite au prix moyen du litre, produise la somme nécessaire au paiement d'une voûte de cave ayant 5 m. 17

404 RÈGLE DE MÉLANGE ET D'ALLIAGE.

de pourtour pris au milieu de l'épaisseur, 15 m. de longueur, et 0 m. 42 d'épaisseur, cette voûte étant payée à raison de 17 f. 90 le mètre cube?

P. 3490. On a vendu 2 hl. de vin à 0 f. 65 le litre. On demande : 1° combien il faut encore en vendre de litres à 0 f. 50 pour que le prix de vente du litre revienne en moyenne à 0 f. 55 ; 2° combien il faudrait vendre de litres de chaque sorte pour que le litre revenant en moyenne à 0 f. 55, on puisse retirer de cette vente la somme nécessaire au paiement d'un enduit en chaux ordinaire de 20 m. 48 de longueur développée sur 3 m. 75 de hauteur, au prix de 1 f. 80 le mètre carré.

P. 3491. On a du café de deux qualités ; la 1re vaut 2 f. 80 le kilogramme ; et la 2e, 3 f. 75 ; on veut en vendre de ces deux qualités 38 kg. au prix moyen de 3 f. 25. On demande : 1° combien, sur ces 38 kg., il faut en vendre de kilogrammes de chaque sorte ; 2° combien de kilogrammes de chaque sorte il faudrait vendre pour que, le kilogramme revenant au prix moyen, on puisse avoir la somme nécessaire à l'achat d'une table de marbre Sainte-Anne belge ayant 2 cm. d'épaisseur, 1 m. 10 de longueur, 56 cm. de largeur, et valant 25 f. le mètre carré.

P. 3492. Un distillateur a de l'eau-de-vie de deux qualités ; la 1re vaut 1 f. 70 le litre ; et la 2de, 1 f. 20 ; on lui en demande de chaque qualité une quantité telle, que le prix moyen de vente du litre revienne à 1 f. 40 ; mais il veut gagner 8 p. 0/0 sur le prix de chacune des deux sortes d'eau-de-vie. On demande combien il doit fournir de litres de chaque sorte pour avoir la somme nécessaire à l'achat d'une table de marbre Sainte-Anne belge ayant 1 m. 30 de longueur sur 60 cm. de largeur et valant 28 f. le mètre carré.

P. 3493. Un marchand a acheté deux barriques d'eau-de-vie contenant chacune 228 lt. ; elles lui coûtent 570 f. les deux, et l'une lui coûte 57 f. de plus que l'autre. Il trouve à en vendre immédiatement 15 Dl. à 13 f. le décalitre. On demande : 1° combien il doit vendre de litres de chaque sorte pour faire 15 centimes de bénéfice par litre ; 2° combien il lui restera de la somme retirée de cette vente après qu'il aura acheté et payé 6 kg. 83 de cercles pour tonneaux à 1 f. 20 le kilogr.

P. 3494. Une ville veut, dans un temps de disette, distribuer par semaine 1680 kg. de pain aux indigents. L'hectolitre de blé coûte 40 f., et le poids d'un hectolitre est de 76 kg. L'hectolitre de seigle, pesant 63 kg., se vend 24 f. Le meunier prélève 6 1/4 p. 0/0 pour la mouture ; le boulanger, 15 p. 0/0 pour le déchet au blutage ; on lui accorde en outre 7 p. 0/0 pour les frais de fabrication, le tout sur le poids du blé ; et il rend, sur le reste, 4 kg. de pain pour 3 kg. de farine. On demande dans quelles proportions il faut mélanger le froment et le seigle pour que le kilogramme de pain ne revienne qu'à 0 f. 45 ; et combien on devra acheter d'hectolitres de l'un et de l'autre pour la consommation de 4 mois, sur lesquels 2 sont de 31 jours.

P. 3495. Un hectare de terrain, ensemencé de blé, produit en moyenne 180 gerbes qui donnent chacune 5 kg. 1/2 de blé ; le poids de ce blé diminue des 9/200 de sa valeur en se desséchant ; l'hectolitre de blé pèse environ 75 kg. On demande : 1° le rendement en hectolitres d'un hectare de terre; 2° quelle serait l'étendue de deux propriétés dont la 1re aurait rendu 150 hl. de blé valant 28 f. l'hectolitre, et dont la 2e aurait rendu 130 hl. de blé valant 25 f. l'hectolitre; 3° combien d'hectolitres de chacune de ces deux sortes de blé il faudrait vendre pour faire 240 hl. qui reviendraient au prix moyen de 26 f. l'hectolitre.

P. 3496. On a besoin de cinq espèces de chaux : la 1re coûte 40 f. le mèt. cube; la 2e, 41 f. 50; la 3e, 43 f.; la 4e, 54 f.; et la 5e, 75 f. On veut en acheter de chaque espèce une quantité telle que le prix moyen du mètre cube revienne à 52 f.; on veut néanmoins avoir 24 m3 de la 3e espèce, deux fois autant de la 1re que de la 4e; et l'on veut que la quantité prise de la 2e espèce soit les $8/9$ de la quantité prise de la 5e : combien faut-il en prendre d'hectolitres de chaque espèce?

P. 3497. Un orfévre a 6 lingots d'argent: le 1er, au titre de 0,940, pèse 18 hg.; le 2e, au titre de 0,870, pèse 15 hg.; le 3e, au titre de 0,740, pèse 1 kg.; le 4e est au titre de 0,900; le 5e est au titre de 0,820; et le 6e est au titre de 0,540. Cet orfévre fond les trois premiers lingots en un seul. Pour amener ce lingot au titre de 0,800, il y ajoute de chacun des trois derniers une quantité telle, qu'il en met du 6e le double de ce qu'il met du 5e : on demande combien l'orfévre a mis de chacun des trois derniers lingots.

P. 3498. Un orfévre a quatre lingots d'or : le 1er, pesant 78 Dg., est à 0,9 de fin; le 2e, pesant 8 hg. 45, est à 0,6; le 3e, pesant les $4/5$ d'un kilogramme, est à 0,4; et le 4e, pesant 948 gr., est à 0,3 de fin. L'orfévre veut former un lingot du poids d'un kilogramme à 0,75 de fin, et à la condition de prendre trois fois plus de métal à 0,9 qu'à 0,6 et deux fois plus de métal à 0,4 qu'à 0,3 : combien de grammes de métal restera-t-il de chacun des 4 lingots?

P. 3499. Avec 8 hl. 75 d'esprit-de-vin à 33° Cartier, ou environ 85° centésimaux, c'est-à-dire contenant en volume 0,85 d'alcool : combien faut-il ajouter d'eau pour en faire de l'eau-de-vie à 19° ou à 0,50 d'alcool?

P. 3500. Un marchand a de l'esprit-de-vin à 30° ou contenant 0,79 d'alcool; il veut en faire de l'eau-de-vie à 18°, c'est-à-dire contenant 0,46 d'alcool. L'hectolitre d'esprit-de-vin a coûté 88 f., et le marchand se propose de vendre l'eau-de-vie au prix de 0 f. 80 le litre. On demande : 1° combien il faudra ajouter d'eau à 3 hl. $1/2$ d'esprit-de-vin; 2° combien on gagnera par litre d'eau-de-vie obtenue et quel sera le bénéfice total ; 3° combien il faudra vendre de litres de cette eau-de-vie pour que le prix de vente forme la somme nécessaire pour payer, au prix de 0 f. 22 le mètre cube, le jet de la terre provenant du creusement d'une cave ayant 25 m. 48 de longueur, 8 m. 40 de largeur, et 2 m. 75 de profondeur.

CARRÉS ET RACINES CARRÉES

PRINCIPES PRÉLIMINAIRES.

66. Les $2/3$ d'un nombre multipliés par ses $4/5$ donnent pour produit $2/3 \times 4/5 =$ les $8/15$ du carré de ce nombre. Il en serait de même du produit de deux autres fractions quelconques d'un même nombre ; ce produit est toujours une fraction du carré de ce nombre.

67. En multipliant le total de deux nombres par leur différence, on obtient la différence de leurs carrés.

Ex. Soient 8 et 5 ces nombres, leur total est $8+5=13$; leur différence est $8-5=3$. Or, $13 \times 3 = 39$. D'un autre côté, le carré de 8 est $8^2 = 64$; le carré de 5 est $5^2 = 25$. Et $64 - 25 = 39 = 13 \times 3$. D'où il résulte que :

68. 1° En divisant la différence des carrés de deux nombres par la différence de ces mêmes nombres, on obtient leur total.

69. 2° En divisant la différence des carrés de deux nombres par le total de ces mêmes nombres, on obtient leur différence.

70. Le carré du total de deux nombres est égal au total des carrés de ces nombres plus au double de leur produit.

Ex. Soient 9 et 4 ces nombres ; leur total est $9+4=13$. Or, $(13)^2 = 169$. D'un autre côté, le carré de 9 est $9^2 = 81$; le carré de 4 est $4^2 = 16$; le total de ces carrés est $81 + 16 = 97$; le double produit de 9 par 4 est $2 \times (9 \times 4) = 72$. Or, $97 + 72 = 169 = (13)^2$. D'où il résulte que :

71. 1° Si, au total des carrés de deux nombres, on ajoute le double de leur produit, on obtient le carré de leur total.

72. 2° Si, du carré du total de deux nombres, on retranche le double de leur produit, on obtient le total de leurs carrés.

73. 3° Si, du carré du total de deux nombres, on retranche le total de leurs carrés, il reste le double de leur produit.

74. Le carré de la différence de deux nombres est égal au total des carrés de ces nombres, moins le double de leur produit.

Ex. Soient 9 et 4 ces nombres ; leur différence est $9-4=5$. Or, le carré de 5 est $5^2 = 25$. D'un autre côté, le carré de 9 est

$9^2 = 81$; le carré de 4 est $4^2 = 16$; le total de ces carrés est $81 + 16 = 97$; le double produit de 9 par 4 est $2 \times (9 \times 4) = 72$. Or, $97 - 72 = 25 = 5^2 = (9-4)^2$. D'où il résulte que :

75. 1° Si, du total des carrés de deux nombres, on retranche le double de leur produit, on obtient pour reste le carré de leur différence.

76. 2° Si, au carré de la différence de deux nombres, on ajoute le double de leur produit, on obtient le total de leurs carrés.

Ex. Soient 9 et 4 ces nombres; leur différence est $9 - 4 = 5$; le carré de cette différence est $5^2 = 25$; le double du produit de ces nombres est $2 \times (9 \times 4) = 72$. Or, $25 + 72 = 97$. D'un autre côté, le carré de 9 est $9^2 = 81$; le carré de 4 est $4^2 = 16$. Et $81 + 16 = 97$.

77. 3° Si, du total des carrés de deux nombres, on retranche le carré de leur différence, on obtient pour reste le double de leur produit.

Ex. Soient 9 et 4 ces nombres; nous avons vu au n° précédent que le total de leurs carrés est $81 + 16 = 97$; que le carré de leur différence est $5^2 = 25$; que le double de leur produit est $2 \times (9 \times 4) = 72$. Or, $97 - 25 = 72$.

78. En multipliant le produit de deux nombres par leur quotient, on obtient le carré du plus grand de ces deux nombres.

Ex. Soient 15 et 3 ces nombres; leur produit est $15 \times 3 = 45$; leur quotient est $15 : 3 = \frac{15}{3} = 5$. Or, $45 \times 5 = 225 = 15 \times 3 \times \frac{15}{3} = \frac{15 \times 3 \times 15}{3} = 15 \times 15 = (15)^2$.

79. Réciproquement, en divisant le carré du plus grand de deux nombres par leur produit, on obtient le quotient de ces deux nombres. Et, en divisant le carré du plus grand des deux nombres par leur quotient, on obtient leur produit.

80. En divisant le produit de deux nombres par leur quotient, on obtient le carré du plus petit de ces deux nombres.

Ex. Soient 15 et 3 ces nombres; leur produit est $15 \times 3 = 45$; leur quotient est $15 : 3 = 5 = \frac{15}{3}$. Or, $45 : 5 = 9 = 3^2 = 15 \times 3 : \frac{15}{3} = \frac{15 \times 3 \times 3}{15} = 3 \times 3 = 3^2$.

81. Réciproquement, en multipliant le carré du petit nombre par leur quotient, on obtient leur produit.

82. La différence du carré du total de deux nombres et du carré de leur différence est égale à 4 fois leur produit.

Ex. Soient 9 et 4 ces nombres; leur total est $9 + 4 = 13$; leur différence est $9 - 4 = 5$. Le carré de leur total est $(13)^2 = 169$; le carré de leur différence est $5^2 = 25$; la différence entre ces deux carrés est $169 — 25 = 144$. Or, 4 fois le produit des deux nombres est aussi $4 \times (9 \times 4) = 144$. D'où il suit que :

83. 1° En ajoutant 4 fois le produit de deux nombres au carré de leur différence, on obtient le carré de leur total.

84. 2° En retranchant 4 fois le produit de deux nombres du carré de leur total, on obtient le carré de leur différence.

85. Si l'on rend un nombre 2, 3, 4, 5, etc., fois plus grand ou plus petit, son carré devient 2^2, 3^2, 4^2, 5^2, etc., ou 4, 9, 16, 25, etc., fois plus grand ou plus petit.

Ex. Soit le nombre 3; son carré est $3^2 = 9$. Si l'on rend 2 fois plus grand le nombre 3, on obtient $3 \times 2 = 6$; et le carré de 6 est $6^2 = 36$, nombre 2^2 ou 4 fois plus grand que 9, carré de 3.

86. D'après le principe précédent, la différence entre le carré du total et le carré de la différence de deux nombres étant égale à 4 fois leur produit, la différence entre le carré du demi-total et le carré de la demi-différence est 4 fois plus petite, c'est-à-dire est égale à une fois leur produit. D'où il résulte que :

87. 1° En ajoutant le carré de la demi-différence de deux nombres à leur produit, on obtient le carré de leur demi-total.

88. 2° En retranchant le produit de deux nombres du carré de leur demi-total, on obtient le carré de leur demi-différence.

89. Si l'on rend les deux facteurs d'un produit le même nombre de fois plus grands ou plus petits, le produit sera multiplié ou divisé par le carré de ce nombre de fois.

Ex. Soient les facteurs 7 et 3; leur produit est $7 \times 3 = 21$; si l'on rend ces facteurs chacun 5 fois plus grands, on aura pour produit $(7 \times 5) \times (3 \times 5) = 7 \times 5 \times 3 \times 5 = 7 \times 3 \times 5 \times 5 = 21 \times 25 = 21 \times 5^2$.

90. Si, au produit de deux nombres, on ajoute le produit du plus grand par leur différence, on obtient le carré de ce plus grand nombre.

Ex. Soient 9 et 4 ces deux nombres; leur produit est $9 \times 4 = 36$; leur différence est $9 — 4 = 5$; le produit du plus grand par leur différence est $9 \times 5 = 45$. Or, $36 + 45 = 81 = 9^2 = $ le carré du grand nombre.

91. Si, du produit de deux nombres, on retranche le produit du plus petit par leur différence, on obtient le carré de ce plus petit nombre.

Ex. Soient 9 et 4 ces deux nombres; leur produit est $9 \times 4 = 36$; leur différence est $9 — 4 = 5$; le produit du plus petit par leur différence est $4 \times 5 = 20$. Or, $36 — 20 = 16 = 4^2 = $ le carré du petit nombre.

CARRÉS ET RACINES CARRÉES.   409

92. Trois cas peuvent se présenter dans l'extraction de la racine carrée des fractions ordinaires : 1° les deux termes de la fraction peuvent être des carrés parfaits ; 2° le dénominateur seulement est un carré parfait ; 3° le dénominateur n'est pas un carré parfait.

Pour extraire la racine carrée d'une fraction ordinaire, il faut, dans le 1ᵉʳ cas, extraire la racine carrée de ses deux termes ; dans le 2ᵉ cas, il faut extraire la racine carrée du numérateur, à une certaine unité fractionnaire près, puis extraire la racine carrée du dénominateur, et diviser celle du numérateur par celle du dénominateur ; dans le 3ᵉ cas, il faut multiplier par le dénominateur les deux termes de la fraction donnée, puis opérer comme dans le 2ᵉ cas.

On peut aussi préalablement réduire en fraction décimale la fraction proposée, en continuant l'opération jusqu'à ce qu'on ait une quantité de chiffres décimaux double de celle qu'on veut obtenir à la racine.

PROBLÈMES.

P. 3501. Quel est le carré de chacun des nombres suivants :
1° 13 unités ; 2° 18 unités ; 3° 124 unités ; 4° 875 unités ; 5° 1 436 unités ; 6° 2 748 unités ; 7° 8 476 unités ; 8° 6 389 unités ?

P. 3502. Quel est le carré de chacun des nombres suivants :
1° 26 unités 30 centièmes ; 2° 324 unités 48 centièmes ; 3° 638 unités 7 dixièmes ; 4° 1 476 unités 4 millièmes ; 5° 3 684 unités 132 dix-millièmes ; 6° 7 394 unités 54 millionièmes ; 7° 948 unités 6 centièmes 4 cent-millièmes ?

P. 3503. Quel est le carré de chacune des quantités décimales suivantes : 1° 0,03 ; 2° 0,4 ; 3° 0,0037 ; 4° 28 dix-millièmes ; 5° 142 millionièmes ; 6° 73 cent-millièmes ; 7° 1 324 cent-millionièmes ; 8° 24 635 dix-millionièmes ?

P. 3504. On demande le carré de chacune des fractions suivantes : 1° $3/7$; 2° $45/52$; 3° $8/187$; 4° $12/23$; 5° $327/682$; 6° $1934/5739$; 7° $3245/7084$; 8° $74/57329$; 9° $947/6348$; 10° $7/53848$.

P. 3505. On demande le carré de chacun des nombres fractionnaires suivants : 1° 8 unités $3/5$; 2° 27 unités $4/9$; 3° 214 unités $7/12$; 4° 839 unités $6/13$; 5° 4 287 unités $2/11$; 6° 46 368 unités $24/29$; 7° 352 427 unités $20/27$; 8° 946 368 unités $72/97$; 9° 314 010 unités $84/101$; 10° 561 818 unités $745/1239$.

P. 3506. Quel est le carré de chacune des expressions suivantes : 1° $\dfrac{338+3/5}{15+4/7}$; 2° $\dfrac{19+0,5\ 2/3}{4-2,07\ 3/4}$; 3° $\dfrac{8+2/3-4/5}{3+6/7-8/9}$?

P. 3507. Quel est le carré de chacune des expressions suivantes :
$$1° \quad \frac{4\frac{2}{3} - 3\frac{7}{8}}{\left(4+\frac{2}{3}\right)\times\left(5-\frac{4}{5}\right)} \; ; \quad 2° \quad \frac{24\,{}^{12}/_{17} + 32\,{}^{17}/_{24}}{\left(72-\frac{3}{5}\right)\times\left(18+\frac{9}{16}\right)} \; ?$$

P. 3508. Quel est le carré de l'expression suivante :
$$\frac{\left(3\frac{1}{3} - 2\frac{1}{4}\right)\times\left(\frac{1}{6}-\frac{1}{8}\right)}{{}^{3}/_{7}\times{}^{4}/_{9}} \; ?$$

P. 3509. Quel est le carré de l'expression suivante :
$$\frac{\left(42\,{}^{5}/_{7}+36\,{}^{4}/_{9}\right)\times\left(2\,{}^{6}/_{11}+9\,{}^{5}/_{12}\right)}{\left(14+{}^{3}/_{8}\right)\times\left(27-\frac{6}{13}\right)} \; ?$$

P. 3510. Quel est le carré de chacune des expressions suivantes :
$$1° \quad \frac{(469+{}^{7}/_{8})-(324-{}^{3}/_{5})}{43+\frac{245}{124+237}} \; ; \quad 2° \quad \frac{\left(48+\frac{36}{41}\right)-\left[4\times\left(\frac{32}{45}+7\right)\right]}{35+\frac{28}{0,04}+\left(\frac{75}{0,009}\times 84\right)} \; ?$$

P. 3511. Quelle est la racine carrée de chacun des nombres suivants : 1° 169 unités; 2° 576 unités ; 3° 1 225 unités; 4° 2 401 unités , 5° 3 249 unités ; 6° 4 096 unités; 7° 5 329 unités; 8° 6 724 unités ; 9° 9 801 unités; 10° 10 816 unités?

P. 3512. Quelle est la racine carrée de chacun des nombres suivants : 1° 61 009 unités ; 2° 454 276 unités ; 3° 505 521 unités ; 4° 637 821 unités; 5° 648 132 unités; 6° 738 417 unités ; 7° 809 215 unités; 8° 927 748 unités; 9° 977 137 unités; 10° 999 999 unités?

P. 3513. Quelle est, à moins d'un centième près, la racine carrée de chacun des nombres suivants : 1° 9 828 432 unités; 2° 16 032 016 unités ; 3° 30 858 025 unités ; 4° 31 900 584 unités; 5° 96 964 006 unités ; 6° 48 832 144 unités; 7° 63 091 249 unités; 8° 64 738 116 unités ; 9° 95 981 209 unités ; 10° 99 980 001 unités?

P. 3514. Quelle est, à moins d'un millième près, la racine carrée de chacun des nombres suivants : 1° 100 000 000 d'unités ; 2° 147 219 689 unités; 3° 773 618 596 unités ; 4° 1 344 395 556 unités ; 5° 1 975 273 580 unités ; 6° 3 086 363 580 unités ; 7° 4 281 346 624 unités ; 8° 5 858 830 849 unités ; 9° 7 683 223 716 unités ; 10° 9 754 525 225 unités?

P. 3515. Quelle est la racine carrée de chacun des nombres décimaux suivants : 1° 152 413 839 unités 36 centièmes ; 2° 1 281 002 839 unités 21 centièmes ; 3° 609 151 unités 76 100 cent-millièmes ; 4° 184 093 unités 3 376 100 dix-millionièmes ; 5° 103 318 629 unités 1 172 169 133 041 dix-trillionièmes?

P. 3516. Quelle est la racine carrée de chacune des quantités décimales suivantes : 1° 0,401 ; 2° 0,83 754 ; 3° 0,0 008 783 ; 4° 75 328 billionièmes ; 5° 4 253 072 cent-millionièmes ; 6° 4 183 759 dix-billionièmes ; 7° 43 millièmes ; 8° 35 centièmes ; 9° 24 cent-millièmes ; 10° 237 millionièmes?

P. 3517. Quelle est, à moins d'un millième près, la racine carrée de chacune des fractions suivantes : 1° ${}^{4}/_{9}$; 2° ${}^{3}/_{7}$; 3° ${}^{5}/_{12}$; 4° ${}^{17}/_{28}$; 5° ${}^{21}/_{34}$; 6° ${}^{72}/_{83}$; 7° ${}^{124}/_{639}$; 8° ${}^{1349}/_{2725}$; 9° ${}^{25432}/_{12835}$; 10° ${}^{82}/_{9468843}$?

P. 3518. Quelle est, à moins d'un millième près, la racine carrée de chacun des nombres fractionnaires suivants : 1° 482 unités ${}^{2}/_{3}$;

CARRÉS ET RACINES CARRÉES. 411

2° 528 unités $1/_{19}$; 3° 3805 unités $4/_{15}$; 4° 58704 unités $13/_{27}$; 5° 924025 unités $18/_{29}$; 6° 827 unités $42/_{349}$; 7° 1209 unités $59/_{601}$; 8° 49 unités $248/_{4767}$; 9° 390 unités $76/_{8375}$; 10° 23 unités $35/_{78952}$?

P. 3519. On a acheté du drap pour 88 f. 36 ; le prix d'achat du mètre est égal au nombre de mètres achetés : combien a-t-on eu de mètres et quel serait le prix de vente du mètre, si l'on revendait ce drap avec un bénéfice de 1 f. 45 par mètre?

P. 3520. Un ébéniste achète pour 306 f. 25 d'ivoire qu'il paie à un prix tel, que le kilogramme lui coûte autant de francs qu'il en a pris de kilogrammes: quel est le prix du kilogramme, et combien en a-t-il pris de kilogrammes?

P. 3521. On a vendu 192 huîtres à un certain nombre de personnes, de manière que chacune en a eu autant de douzaines qu'elles étaient d'individus : combien y avait-il de personnes et combien ont-elles déboursé chacune, si elles ont payé ces huîtres 0 f. 25 la douzaine?

P. 3522. On a acheté au prix de 0 f. 24 la douzaine des huîtres que l'on a payées 8 f. et que l'on a servies dans un repas; elles ont été distribuées de manière que chacun des invités a reçu autant d'huîtres qu'il y a d'individus : combien y avait-il d'invités? combien d'huîtres ont-ils eues chacun ?

P. 3523. Un tabletier achète pour 1280 f. d'écailles de tortue débitée en feuilles. Le kilogramme de cette marchandise lui coûte un prix tel, que pour les 1280 f. il en a autant de kilogrammes qu'il y a de pièces de 5 f. dans le prix du kilogramme : combien de kilogrammes a-t-il achetés? quel est le prix du kilogramme?

P. 3524. Un champ carré contient 12544 pieds d'arbres plantés en carré à 4 m. l'un de l'autre: on demande combien de rangées aboutissent sur chacun des quatre côtés.

P. 3525. On fait une plantation en plein de peupliers à 4 m. les uns des autres, dans un champ carré de 6 ha. 15 a. 4 ca.: combien y a-t-il de peupliers sur chaque face de la pièce?

P. 3526. Un terrain parfaitement carré, ayant 25 ha. 40 a. 16 ca., est environné de trois rangées d'arbres plantés à 8 m. de distance les uns des autres; la rangée extérieure rentre de 4 m. à partir des limites du terrain, et chaque rangée intérieure rentre de 8 m. à partir de la rangée qui la précède immédiatement : combien y a-t-il d'arbres?

P. 3527. Deux marchands ont fourni chacun une certaine quantité de pieds de noyer noir au prix de 178 f. 45 la pièce : quelle somme chacun d'eux recevra-t-il? on sait que l'un des deux marchands en a fourni 9 pieds, et que la somme des carrés des quantités fournies est 657?

P. 3528. On a vendu, au prix de 15 f. la pièce, un nombre de parapluies tel, qu'en ajoutant 16 à son carré, on obtient 80 pour résultat: quelle somme doit-on recevoir?

P. 3529. On a acheté des moellons d'Arcueil au prix de 9 f. 50 le mètre cube et des moellons de Passy au prix de 7 f. 50 le mèt. cube. Le total des carrés des nombres de mètres cubes de chaque sorte est 625, et l'on a pris 15 m³ de moellons de Passy: quelle somme doit-on débourser?

P. 3530. Un entrepreneur achète des bardeaux de chêne de

0 m. 32 de long à 2 f. 25 la botte, et d'autres bardeaux de 0 m. 27 à 2 f. 10 : quelle somme doit-il débourser, sachant que 534 égale les 2/3 du total des carrés des deux nombres de bottes, et qu'il a pris 15 bottes de la qualité inférieure?

P. 3531. On a acheté 54 kg. d'indigo, et 46 kg. de laque en bâton. Le carré de la somme donnée pour payer ces deux acquisitions est de 63907 f. 84 ; et la somme que coûte l'indigo est 91 f. 80 : quel est le prix du kilogramme de chacune de ces deux marchandises?

P. 3532. On a acheté deux douzaines de couteaux de cuisine, pour 120 f. L'une est en acier cémenté; l'autre, en acier fondu ; et les carrés de leurs prix sont entre eux comme 4 est à 9 : quel est le prix de chaque douzaine?

P. 3533. On a acheté de la fleur de soufre à 0 f. 24 le kilogramme, et du soufre en canons à 0 f. 35 le kilogramme : combien devra-t-on débourser, sachant que, en tout, on a acheté 80 kg. de soufre, et que le carré de la quantité de fleur de soufre et celui de la quantité de soufre en canons sont entre eux dans le rapport de 49 à 81 ?

P. 3534. Un horloger a vendu trois pendules pour la somme de 1620 f. Les prix de ces trois pendules sont tels, que leurs carrés sont entre eux comme 25 est à 36, et comme 36 est à 49 : quel est le prix de chaque pendule?

P. 3535. Un horloger a vendu trois montres dont les prix respectifs sont entre eux comme 5 est à 6, et comme 6 est à 9 ; et le total des carrés de ces prix est 3550 f. : combien coûte chaque montre?

P. 3536. On a vendu des parapluies à trois prix différents, savoir : 10 f., 14 f. et 18 f. Les quantités vendues de chaque prix sont entre elles comme 4 est à 7, et comme 7 est à 9 ; et le total de leurs carrés est de 1314 : quelle somme devra-t-on recevoir?.

P. 3537. Un marchand boucher a fait transporter par le chemin de fer à 181 km. de distance, des bœufs, des veaux et des moutons ; les trois nombres de ces trois sortes d'animaux sont entre eux comme les fractions 1/6, 1/5 et 1/4 ; et la somme des carrés de ces trois nombres égale 1876 : combien le transport de ces animaux lui a-t-il coûté? On sait que, par kilomètre, on paie 0 f. 10 pour un bœuf, 0 f. 04 pour un veau, et 0 f. 02 pour un mouton.

P. 3538. Deux corbeilles contiennent chacune un certain nombre d'oranges ; la moitié de l'un des deux nombres joint à l'autre, rend l'un des nouveaux 5 fois plus fort que l'autre; et, sans opérer de changement, si l'on multiplie un nombre par l'autre, le produit est égal à 1152 : quelle est la valeur du contenu de chaque corbeille si chaque orange, vaut 0 f. 20?

P. 3539. Dans une filature de coton se trouvent deux machines à carder. Les quantités de coton traitées par ces deux machines en une minute sont telles, que leur quotient est $1 + 2/3$; si l'on fait le carré de la quantité traitée par la 2e, qui fait le moins d'ouvrage, si l'on divise ce carré par la 6e partie de la quantité de coton traitée par la 1re machine, si l'on multiplie le résultat par la différence du travail des deux machines, on a pour produit 777 gr. 60 cg. Cela posé, on demande combien de kilogrammes

CARRÉS ET RACINES CARRÉES. 413

de coton sont traités par ces deux machines, dans une journée de 12 heures.

P. 3540. En divisant le carré du nombre de francs que j'ai par le quart de ce nombre, je trouve 96 f. : combien d'hectolitres de chaux vive pourrai-je acheter avec la somme que je possède, si cette chaux me coûte 4 f. l'hectolitre ?

P. 3541. Un verrier vient d'acheter de la potasse à 0 f. 80 le kilogramme, et du sulfate de soude à 0 f. 15. La quantité de potasse achetée, divisée par la quantité de soude, donne pour quotient $4 + 3/4$, et le total des carrés de ces deux quantités égale 6032 quintaux : combien devra-t-il débourser ?

P. 3542. On a acheté deux hygromètres, l'un d'une monture très-riche, et l'autre d'une monture très-simple ; le quotient de leurs prix est 7, et la différence des carrés de ces prix est 10 800 : combien a coûté chacun de ces deux objets ?

P. 3543. On a acheté des fromages de Roquefort pour une somme égale à la différence des carrés de deux sommes dont le total est 13 f., et la différence 5 f. : combien de fromages a-t-on achetés, sachant qu'on les a payés 70 f. le demi-quintal, et que chaque fromage pèse 3 kg. ?

P. 3544. On a acheté du drap pour 1225 f.; le prix d'achat du mètre est $1/16$ du nombre de mètres achetés : combien en a-t-on eu de mètres et quel serait le prix de vente du mètre si l'on revendait ce drap avec un bénéfice de 0 f. 75 par mètre ?

P. 3545. J'ai acheté de l'indigo que j'ai payé 1 f. 75 l'hectogramme ; les $2/3$ des $3/4$ de la somme que j'ai donnée pour payer cette emplette, multipliés par les $4/9$ des $2/5$ de la même somme, donnent 2205 pour produit : combien de kilogrammes d'indigo ai-je achetés ?

P. 3546. Un maître maçon a fourni du ciment de pure tuile de Bourgogne à 2 f. 20 l'hectolitre. Les $6/11$ de la somme qu'il a reçue pour cette fourniture, étant multipliés par les $7/12$ de cette somme, sont inférieurs de 23 234 f. 80 au carré de la même somme : combien d'hectolitres de ciment le maçon a-t-il fournis ?

P. 3547. J'ai acheté de la chaux vive de Melun à 4 f. 30 l'hectolitre ; si je multiplie les $2/7$ de la somme déboursée pour cette emplette par les $5/6$ de cette même somme, j'obtiens un produit qui est inférieur de 55 913 f. 76 au carré de cette même somme : combien d'hectolitres de chaux ai-je achetés ?

P. 3548. Il s'en faut de 147 f. 84 que les $5/6$ de la somme payée pour de l'écorce de citron, multipliés par les $4/7$ de cette même somme, soient égaux à son carré : combien vaut le kilogramme de cette marchandise, sachant qu'on en a pris 24 kg. ?

P. 3549. On a acheté de la chaux hydraulique de Meudon à 4 f. l'hectolitre. Les $8/13$ de la somme déboursée pour cet achat, étant multipliés par les $4/5$ de cette somme, donnent un produit inférieur de 34 320 f. au carré de la même somme : combien d'hectolitres de chaux a-t-on achetés ?

P. 3550. On a acheté 12 hl. 45 de graine de colza. Le prix de l'hectolitre est tel, que les $5/16$ du carré de ce prix, diminués de 4 f. 20, sont égaux aux $4/13$ du carré de ce même prix, augmentés de 0 f. 48 : combien devra-t-on débourser ?

P. 3551. Un spéculateur a acheté un nombre de balles de coton qui est tel, que, si l'on retranche 1152 du carré de ce nombre, on a le même résultat que si l'on divisait ce même carré par 9. Or, chaque balle pèse 148 kg. 25, et le prix du kilogramme est de 1 f. 96 : combien le spéculateur devra-t-il débourser ?

P. 3552. On a acheté 45 hg. de chocolat pour une somme telle, qu'en retranchant 15 20 des $5/9$ de son carré, on a le même résultat que si l'on retranchait de 177 f. 76 les $3/8$ de ce même carré : quel est le prix du kilogramme de chocolat ?

P. 3553. Quel est le prix d'un couteau de cuisine, dit *tranchelard*, en acier fondu ? On sait que ce prix est égal à la plus petite de deux sommes dont la plus grande est 11 f. ; et que, si l'on multiplie le total de ces deux sommes par leur différence, on obtient 72 pour produit.

P. 3554. Un négociant a acheté pour 2520 f. d'huile de noix, 2e qualité, au prix de 1 f. 40 le kilogramme ; il a ensuite acheté une certaine quantité d'huile de noix, 3e qualité, au prix de 30 f. les 100 kg. Or, 180 qm. sont le produit de la quantité totale achetée par la différence de poids entre les quantités partielles de chaque sorte : combien de quintaux de chaque sorte d'huile le négociant a-t-il achetés, et quelle somme totale devra-t-il débourser ?

P. 3555. Un marchand de fourrures a acheté 4 peaux d'agneau d'Astracan qu'il a payées 7 f. 45 la pièce ; il a acheté un nombre plus grand de peaux d'agneau ordinaires mégies, qu'il a payées 0 f. 65 la pièce : combien a-t-il dû débourser, sachant que le produit du nombre total des deux sortes de peaux qu'il a achetées par la différence entre les nombres des peaux de chaque sorte, est égal à 180 ?

P. 3556. On a acheté deux caisses d'amandes à 1 f. 20 le kilogramme ; leur poids exprimé en kilogrammes est tel, que la somme de leurs poids respectifs multipliée par la différence de ces mêmes poids donne pour produit 39 quintaux $3/4$, et la moins pesante a coûté 150 f. On demande le prix de la 2e.

P. 3557. On a acheté au prix de 225 f. une balance hydrostatique ; elle doit être accompagnée d'un appareil servant à démontrer qu'un corps plongé dans un liquide perd de son poids une quantité égale au poids du volume de liquide qu'il déplace : quel est le prix de cet appareil ? On sait que le nombre 50369 est le produit du total des prix de la balance et de l'appareil par la différence de ces mêmes prix.

P. 3558. On a acheté des plumes de parure blanches et des noires ; la quantité de plumes blanches surpasse de 8 kg. celle des plumes noires, et la différence entre les carrés des poids de ces deux sortes de plumes est 176 kg. : combien devra-t-on débourser pour les payer, si les plumes blanches coûtent 95 f. 75 le kilogramme, et les plumes noires, 10 f. 50 ?

P. 3559. Un pelletier-fourreur a acheté un certain nombre de peaux de butor, et un nombre plus grand de peaux d'oie. On demande : 1° combien de peaux de chaque sorte il a achetées, sachant que la différence des nombres des deux sortes est 9, et que la différence de leurs carrés est 189 ; 2° combien il devra débourser, s'il paie les peaux de butor 8 f. 50 la pièce, et les **peaux d'oie sur le pied de 248 f. le cent.**

CARRÉS ET RACINES CARRÉES.

P. 3560. On a acheté d'un marchand de fourrures une peau de chacal et une peau d'ours. La différence entre les carrés des prix respectifs de ces deux peaux est de 1575, et la peau d'ours coûte 35 f. de plus que la peau de chacal : quel est le prix de chaque peau, et quelle somme doit-on débourser ?

P. 3561. On a acheté de la pierre de Nanterre au prix de 26 f le mètre cube, et de la pierre de Méry en moins grande quantité, au prix de 45 f. La différence entre les carrés des deux nombres de mètres cubes de ces deux sortes de pierres est 81, et la différence des deux nombres est 3 : quelle somme devra-t-on débourser ?

P. 3562. La différence entre le carré du nombre de mètres cubes de pierre meulière de qualité supérieure et le carré du nombre de mètres cubes de la même pierre de qualité inférieure, est 31. Ces deux qualités valant, la 1re, 11 f. 50, et la 2e, 10 f. 50 le mèt. cube, quelle somme devra-t-on débourser, sachant qu'on a pris 15 m³ de la 2e qualité, et que cette quantité est moindre que celle prise de la 1re qualité ?

P. 3563. On a acheté, au prix de 91 f. le mètre cube, des pierres de taille dites pierres de liais d'Arcueil : quelle somme devra-t-on débourser si le nombre des mètres cubes achetés est tel, que, si l'on retranche 405 de son carré, la racine de ce carré se trouve diminuée de 5 ?

P. 3564. La pierre de liais dite de Saint-Germain, coûte 81 f. le mètre. Le propriétaire d'une carrière en a vendu une quantité telle, que, si du carré du nombre de mètres cubes qu'elle renferme, on retranche 832, la racine de ce carré se trouve diminuée de 8 : quelle somme devra-t-il recevoir ?

P. 3565. Les pierres de liais dites d'Arcueil, étant en petits morceaux, coûtent 71 f. le mètre cube : combien devra débourser un particulier qui vient d'acheter de ces pierres une quantité telle, que, si du carré du nombre de mètres cubes qu'elle renferme, on retranche 540, la racine de ce carré se trouve diminuée de 6 ?

P. 3566. Quelle somme devra-t-on débourser si l'on paie, au prix de 0 f. 75 le demi-kilogramme, des fromages suisses verts qui pèsent chacun 4 kg. 5, et dont on a pris un nombre tel, que, si l'on retranche 175 de son carré, la racine de ce carré se trouve diminuée de 7 ?

P. 3567. Combien devra-t-on payer pour 84 fromages de Neufchâtel, si le cent de ces fromages coûte une somme telle, que, si l'on augmente de 128 f. son carré, la racine de ce carré est augmentée de 4 f. ?

P. 3568. La pierre de liais dite de Passy, coûte 51 f. le mètre cube. Dans une construction, on en a employé une quantité telle, que, si au carré du nombre de mètres cubes qu'elle renferme, on ajoute 1953, la racine de ce carré se trouve augmentée de 9 : quelle somme ces pierres ont-elles coûtée ?

P. 3569. La pierre de taille dite petit liais de Créteil, coûte 61 f. le mètre cube. Dans une construction, on en a employé une quantité telle, que si, au carré du nombre de mètres cubes qu'elle renferme, on ajoute 1287, la racine de ce carré se trouve augmentée de 11 : quelle somme a-t-on dû débourser pour le paiement de ces pierres ?

P. 3570. Un négociant a acheté de l'huile de noix de 1re qualité au prix de 1 f. 80 le kilogramme : combien devra-t-il débourser, sachant qu'il en a pris un nombre de quintaux tel, que, si l'on ajoute 175 au carré de ce nombre, la racine de ce carré se trouve augmentée de $1/3$ de sa 1re valeur?

P. 3571. Un fabricant a acheté des laines de trois qualités pesant en tout 1018 kg.; il y en a 509 kg. de la 1re qualité, et cette quantité est égale à la différence des carrés des poids de la 2e et de la 3e qualité : combien devra-t-il débourser, si la 1re qualité lui coûte 5 f. 50 ; la 2e, 5 f.; et la 3e, 4 f. 25 ; et si le poids de la 2e quantité surpasse celui de la 3e ?

P. 3572. Un négociant a acheté des plumes de parure à 200 f. et à 150 f. le kilogramme. Le poids total de cette emplette est de 16 kg.; et la différence entre le carré du poids des plumes de la 1re qualité et le carré du poids des plumes de la 2de est 96 kg. : combien devra-t-il débourser, le 2d poids étant inférieur au 1er ?

P. 3573. Un négociant vient d'acheter, pour 630 f., des cornes de bétail brutes : quel est le prix du kilogramme de cette marchandise ? On sait que le nombre de quintaux qu'il a achetés est tel, qu'en l'ajoutant à 17 et en le retranchant de 17, la différence des carrés qui en résulte est 612.

P. 3574. On a acheté un nombre de paniers d'huîtres tel, que si on l'ajoute à 18, et si on le retranche de 18, la différence des carrés des nombres qui en résulte est 504 : combien devra-t-on débourser, sachant qu'un panier renferme 50 douzaines d'huîtres à 0 f. 25 la douzaine ?

P. 3575. Le loyer des bâtiments pour une fabrique d'huile de colza coûte annuellement 3000 f. : combien coûtera-t-il pour un nombre d'années tel, que, si on l'ajoute à 25 et si on le retranche de 25, la différence des carrés des nombres qui en résulte est 1200?

P. 3576. Un garçon charcutier a travaillé chez deux patrons; le 1er lui donnait 2 f. 40 par jour ; et le 2d, 15 f. par semaine. Le total des carrés des sommes reçues des deux patrons est 3321, et le produit de ces deux sommes est 1620 : pendant combien de jours le garçon charcutier a-t-il travaillé pour chaque patron, le 1er lui ayant donné la plus petite somme ?

P. 3577. Un boulanger a deux ouvriers qui gagnent chacun 4 f. 20 par jour. En faisant le total des carrés des nombres de journées de ces ouvriers, on obtient 1586 ; et le produit des deux nombres de journées est 665 : quelle somme le boulanger doit-il à chaque ouvrier, le 1er ayant travaillé le plus longtemps?

P. 3578. Un boulanger a deux ouvriers qui sont loués au mois et qui gagnent chacun 175 f. par mois. Si l'on faisait le total des carrés des sommes dues à ces deux ouvriers, on obtiendrait 3583125 ; et, si l'on faisait le produit de ces deux sommes, on obtiendrait 1653750 : pendant combien de mois chaque ouvrier a-t-il travaillé, le 2d ayant travaillé le plus longtemps ?

P. 3579. Un boulanger a deux ouvriers qui sont loués à la semaine ; le 1er gagne 27 f. 50 par semaine, et le 2d gagne 22 f. 50. Si l'on fait le total des carrés des nombres de semaines dont le paiement leur est dû, on obtient 650 ; et si l'on fait le produit de ces deux nombres, on obtient 323 : quelle somme le boulanger

CARRÉS ET RACINES CARRÉES. 417

doit-il à chaque ouvrier, le 1er ayant travaillé le plus longtemps?

P. 3580. Un fabricant de pâtes alimentaires a deux ouvriers qui gagnent chacun 3 f. 50 par jour; ensemble, ils ont travaillé pendant un nombre de journées tel, que son carré est 2 209; et, si l'on multiplie le nombre des journés du 1er par le nombre des journées du 2^d, on obtient 546 pour produit: quelle somme le fabricant doit-il à chaque ouvrier, le 2^d ayant le plus travaillé?

P. 3581. Un négociant a acheté 385 douzaines d'assiettes de porcelaine : on demande le prix de vente et le prix d'achat de la douzaine, sachant que, si l'on fait le carré du total du prix de vente et du prix d'achat de la douzaine, on obtient 338 f. 56 ; et que, si l'on fait le produit de ces deux prix, on obtient 83 f. 20. On veut aussi savoir quel intérêt à 5 p. % le négociant devra payer, s'il ne s'acquitte qu'après un nombre d'années égal au nombre de francs du prix d'achat de la douzaine.

P. 3582. Un marchand taillandier fait venir de Styrie 650 faux dont chacune lui coûte un prix tel, que, si l'on élève au carré le total de ce prix et du gain qu'il veut faire par douzaine, on obtient 231 f. 04 ; et que, si l'on fait le produit du prix par le gain, on obtient 43 f. 32 : quel sera le prix de vente de chaque faux?

P. 3583. Un propriétaire possède un terrain situé sur une mine de cuivre; la société d'industriels qui exploite cette mine paie à ce propriétaire une indemnité de 2 280 f. par hectare : quelle somme recevra-t-il? On sait que, si l'on fait le carré du total des deux dimensions du terrain, on obtient 29 929 m², et que, si l'on fait le total des carrés de ces dimensions, on obtient 18 409 m².

P. 3584. Un cultivateur a ensemencé de froment un terrain dont les dimensions sont telles, que le carré du total de ces dimensions est 465 124 m², et que le total des carrés de ces dimensions est 232 900 m² : il demande combien il lui faudra d'ouvriers pour couper cette récolte en 12 jours de 9 heures de travail, sachant qu'il a fallu 6 ouvriers travaillant 10 heures par jour pour couper dans un jour la récolte d'un hectare de froment.

P. 3585. Un particulier fait faire un plancher en poteries dont la longueur et la largeur sont telles, que le carré du total de ces deux dimensions est 142 m² 0864 ; et que le total des carrés de ces dimensions est 75 m² 4834 : quelle somme coûtera ce plancher, au prix de 5 f. 95 le mètre carré?

P. 3586. Le propriétaire d'une maison fait badigeonner à la colle les quatre cloisons d'une chambre dont les dimensions sont telles : 1° que le carré du total de la hauteur et de la longueur de la chambre est 144 mèt. carr. 9616; 2° que le total des carrés de ces deux dimensions est 74 mèt. carr. 4016 ; 3° que le carré du total de la hauteur et de la largeur de la chambre est 61 mèt. carr. 4656, et 4° que le total des carrés de ces deux dimensions est 33 mèt. carr. 2416 : combien ce badigeon coûtera-t-il si le peintre demande 0 f. 20 par mètre carré?

P. 3587. On a fait faire en bitume une terrasse dont les dimensions sont telles, que le total des carrés de la longueur et de la largeur est 601, et que le carré de la différence entre la longueur et la largeur est 361 : combien coûtera cette terrasse si ce travail est payé au prix de 4 f. 50 le mètre carré?

P. 3588. On a fait faire 24 portes vitrées au prix de 8 f. 75 le mètre carré. Si l'on fait le total des carrés de la largeur et de la hauteur de l'une de ces portes, on obtient 4 mèt. carr. 5 625 ; et, si l'on fait le carré de la différence entre la hauteur et la largeur, on obtient 1 mèt. carr. 5 625 : quelle somme coûteront ces 24 portes qui ont toutes les mêmes dimensions?

P. 3589. Un peintre en bâtiments a peint en granit chiqueté et caillouté les murs d'un corridor dont les dimensions sont telles, que : 1° le total des carrés de la hauteur et de la longueur est 81 mèt. carr. 965 ; 2° le carré de la différence entre la hauteur et la longueur est 27 mèt. carr. 04 ; 3° le total des carrés de la hauteur et de la largeur est 18 mèt. carr. 125 ; 4° le carré de la différence entre la hauteur et la largeur est 0 mèt. carr. 25 : quelle somme le peintre recevra-t-il pour ce travail s'il est payé à raison de 2 f. 60 le mètre carré ?

P. 3590. On a acheté, au prix de 56 f. le mètre cube, des pierres de taille tendres, dites de Conflans, et au prix de 35 f. le mètre cube, des pierres de taille, dites lambourdes d'Arcueil. Les quantités de mètres cubes prises de chacune de ces deux sortes de pierres sont telles, que la 1re surpasse la 2de, et qu'elles forment deux nombres dont la somme des carrés est 1872, et la différence de ces mêmes carrés est 720 : que doit-on débourser?

P. 3591. Un facteur d'instruments de musique a vendu à un marchand de ces instruments un certain nombre de guitares pour 3 200 f. ; et, si l'on divisait le prix d'une guitare par le nombre des guitares vendues, on trouverait 8 f. pour quotient: combien a-t-on vendu de guitares, et quel est le prix de chacune ?

P. 3592. Un sculpteur achète, au prix de 722 f. 40 le mètre cube, deux blocs de marbre dont l'un est 3 fois plus petit que l'autre ; et, si l'on multipliait le volume de l'un par le volume de l'autre, on trouverait pour produit 22,753 548. Le volume de chacun de ces blocs étant exprimé en mètres cubes, on demande quelle somme le sculpteur devra débourser?

P. 3593. Un charpentier a fourni à un maître maçon des cintres pour voûtes, lesquels valent ensemble 209 f. 44. Leur volume total est tel, que, si on le divisait par un nombre égal au prix du mètre cube, on trouverait pour quotient 204 531 cm³ 25 : quel est le prix du mètre cube et quel est le volume total du bois dont ces cintres se composent?

P. 3594. Un charpentier a loué à un entrepreneur de maçonnerie des cintres pour voûtes ; il demande 162 f. pour la location de ces cintres y compris le transport et la pose : quel est le volume total du bois dont ces cintres se composent, et quel est le prix de la location d'un mètre cube? On sait que le nombre de mètres cubes est double du nombre de francs du prix de la location d'un mètre cube.

P. 3595. Un filtre mobile coûte 3 f. : combien en aurait-on pour une somme qui, retranchée de son carré, donne pour reste 210 f. ?

P. 3596. Quel est le prix d'une machine à râtisser les jardins? On sait que ce prix, ajouté à son carré, donne pour total 930 f.

P. 3597. Trois marchands se sont associés pour une opération de commerce ; le 1er a mis une certaine somme ; le 2e a mis 7 f. de plus que le 1er, et le 3e a mis 18 f. de plus que

CARRÉS ET RACINES CARRÉES.   419

le 2ᵉ. La mise du 1ᵉʳ multipliée par celle du 3ᵉ donne pour produit 1650. Le bénéfice total étant de 100 f., on demande le bénéfice de chacun.

P. 3598. Un spéculateur a reçu un certain nombre de balles de coton Géorgie et un nombre 7 fois plus faible de balles de coton Fernambouc, et le total des carrés de ces deux nombres est de 1250. Le poids moyen de chaque balle est de 144 kg. 60; le coton Géorgie vaut 1 f. 60 le kilogramme, et le coton Fernambouc 2 f. 15 : combien le spéculateur devra-t-il débourser?

P. 3599. Certains sables contiennent environ 0,0000039 d'or qu'on extrait par le lavage ; dans cette opération, on perd environ 0,09 de l'or qui se trouve dans le sable : quelle quantité de sable faudra-t-il soumettre au lavage pour en retirer une somme en or égale au plus grand de deux nombres dont le quotient est 5, et dont le total des carrés égale 1146600 ?

P. 3600. On a acheté de l'écorce de citron au prix de 0 f. 72 le kilogramme, et de l'écorce d'orange au prix de 0 f. 75 le kilogr. : combien devra-t-on débourser, sachant que le quotient de la quantité d'écorce d'orange par la quantité d'écorce de citron est 5, et que la différence des carrés de ces deux quantités est 384 kg. ?

P. 3601. La vitesse la plus grande qu'on puisse donner à un paquebot à vapeur est de 8 nœuds $1/2$ à l'heure ; la longueur du nœud est égale à 1853 m. 935 : combien de fois une personne qui ferait en chemin de fer le voyage de Paris à Rouen ferait-elle ce trajet pendant qu'une autre personne se rendrait en paquebot de Paris à Rouen, sachant que le produit des longueurs des deux trajets exprimés en kilomètres égale 29960, que le quotient de leur somme ou total par leur différence est $4\ 29/37$, que la plus grande vitesse des chemins de fer est 50 km. à l'heure, et que le trajet en chemin de fer est le plus court?

P. 3602. On a vendu de la laque en bâtons, à 3 f. 50 le kilogramme, et de l'indigo à 17 f. 50. Le tiers de la somme payée pour l'indigo égale les $5/16$ de la somme payée pour la laque ; et, si l'on multiplie cette dernière par $1/7$ de la somme payée pour l'indigo, on obtient pour résultat 3780 f. : combien de kilogrammes de chaque sorte de marchandise a-t-on achetés?

P. 3603. Les $5/9$ des $7/15$ du carré de la somme qu'il faut débourser pour un mètre cube de pierre de taille dite cliquart de Vanves, étant divisés par le tiers des $2/5$ de la racine de ce carré, donnent pour quotient 109 f. 375 : quelle somme faudra-t-il débourser pour 45 m. cub. 638 de cette pierre?

P. 3604. La septième partie de 13 fois la somme payée pour 24 agneaux est égale aux $5/8$ des $13/18$ de la 49ᵉ partie du carré de cette somme : on demande à quel prix revient chaque agneau.

P. 3605. Si le carré de la somme payée pour un chien de chasse était divisée par les $2/5$ de cette même somme, on aurait 100 f. pour résultat : quelle somme ce chien a-t-il coûtée?

P. 3606. Les $3/11$ des $4/9$ du carré de la somme payée pour un mètre cube de pierre de taille dite de la Plaine de Paris, divisés par les $5/6$ de la racine de ce carré, donnent 6 f. 336 : quelle somme faudra-t-il débourser pour 72 mèt. cub. 875 de cette pierre?

P. 3607. Quatre négociants se sont associés pour le commerce du sucre, et ils en ont acheté 42 qm. à 120 f. le quintal. Pour cette acquisition, le 3ᵉ avait mis 1400 f.; le 4ᵉ a eu sur le gain 800 f.; la mise du 1ᵉʳ multipliée par celle du 2ᵉ qui est plus forte, donne un produit égal à 1008000 f.; et le produit général des mises est 2257920000000 de f. On demande : 1° la mise de chacun ; 2° le bénéfice de chacun; 3° le prix de vente du kilogramme de sucre.

P. 3608. Trois négociants viennent d'acheter du sucre; le 1ᵉʳ en a acheté autant de fois 9 quintaux que le 2ᵉ en a pris de fois 13 quintaux; le 2ᵉ en a pris autant de fois 5 quintaux que le 3ᵉ en a pris de fois 2 quintaux; et, si l'on multiplie l'achat du 1ᵉʳ par celui du 2ᵉ, celui du 2ᵉ par celui du 3ᵉ, et celui du 3ᵉ par celui du 1ᵉʳ, le total de ces trois produits est 14809 quintaux 60 : combien chacun a-t-il dû débourser, le 1ᵉʳ ayant payé ce sucre 123 f. le quintal; le 2ᵉ, 127 f.; le 3ᵉ, 130 f.?

P. 3609. Quatre négociants se sont associés pour acheter 16 qm. d'huile de noix, de 2ᵉ qualité. Pour cet achat, le 1ᵉʳ a mis 4 fois autant que le 2ᵉ, dont la mise est le quintuple de celle du 3ᵉ, qui, à son tour, a mis le tiers de ce qu'a mis le 4ᵉ. La mise du 1ᵉʳ multipliée par celle du 2ᵉ, celle du 2ᵉ multipliée par celle du 3ᵉ, et celle du 4ᵉ multipliée par celle du 2ᵉ, donnent trois produits dont le total est le nombre 768 répété mille fois. Leur gain, multiplié par le total de leur mise, donne un produit égal au 8ᵉ du carré de ce même total. On demande : 1° combien ils avaient mis chacun ; 2° combien chacun a retiré du gain proportionnellement à sa mise; 3° combien ils ont revendu le kilogramme d'huile.

P. 3610. En 1832, l'Angleterre a reçu du Brésil, 135298 balles de coton, et d'Égypte 45864. Le produit du poids des balles d'Égypte par le poids de celles du Brésil est 8 tonnes $1/10$; et le produit du poids des balles d'Égypte par le nombre de kilogrammes qu'il faudrait ajouter à celles du Brésil pour que leur poids total fût égal à celui des autres est 19 qm. On admet que la perte dans le tilage est des $7/64$ du poids total, et que le prix du fil est de 4 f. 75 le kilogramme: quelle est la valeur du fil formé avec le coton reçu de ces deux contrées ?

ÉVALUATION DES SURFACES

P. 3611. Quelle est la valeur de la récolte en froment faite dans un champ de 245 m. de longueur sur 92 m. de largeur, s'il a fourni 18 hl. 75 par hectare, et si, comme en 1846, le prix de l'hectolitre est de 35 f. 25?

P. 3612. Une feuille de papier grand-aigle a 1 m. 014 de longueur sur 0 m. 688 de largeur : quelle sera la superficie totale d'une rame de 500 feuilles, et quel sera le prix d'un mètre carré de ce papier, la rame valant 320 f.? On ne compte qu'une surface pour chaque feuille.

P. 3613. Quelle est la surface totale des aubes de la paire de roues d'un bateau à vapeur de la force de 80 chevaux, la longueur de chaque aube étant de 2 m. 133, leur largeur, de 0 m. 457, le nombre des aubes pour chaque roue étant de 14? On n'évalue que la surface exposée au choc de l'eau.

P. 3614. Quelle est la superficie d'une feuille de papier de $2/3$ de mètre de longueur sur $3/8$ de mètre de largeur?

P. 3615. Un champ a pour longueur les $2/3$ des $3/4$ des $8/10$ de 1 480 m. ; sa largeur est égale aux $3/4$ de $1/8$ de sa longueur : quelle est sa superficie?

P. 3616. Un trottoir de 35 m. 25 de longueur sur 2 m. 75 de largeur doit être dallé en bitume mélangé d'un tiers de sable ou gravier : combien paiera-t-on si le mètre carré coûte 5 f. 85?

P. 3617. Si ce même trottoir devait être dallé en pierres ayant 0 mèt. carr. 12 de superficie, et qui, toutes posées, coûtent 105 f. 60 le cent, quelle serait la dépense?

P. 3618. Une maison a 12 croisées de 1 m. 45 de largeur et 2 m. 90 de hauteur; 12 autres, de 1 m. 15 de largeur sur 2 m. 35 de hauteur; 12 autres, de 1 m. de largeur sur 2 m. de hauteur. Les 12 premières sont payées 9 f. 75 le mètre carré, et les autres 9 f. 30 : quel est leur prix total?

P. 3619. Aux 12 premières croisées mentionnées au Probl. précédent, on adapte des volets brisés, en chêne, au prix de 7 f. 90 le mètre carré. Aux 12 suivantes, on adapte des volets brisés, en sapin, au prix de 5 f. 75 le mètre carré. Aux autres croisées, on place des volets non brisés coûtant 5 f. 10 le mètre carré. Combien paiera-t-on pour le tout?

P. 3620. Quel est le prix de 17 croisées qui ont 2 m. 30 de hauteur sur 1 m. 30 de largeur, chacun des ébrasements avec recouvrement et tablette, ayant 7 m. 60 de développement en longueur et 40 cm. en largeur, si l'on a payé 6 f. par mètre carré de menuiserie pour les croisées, et 3 f. pour les boiseries? On sait de plus que : 1° le tout a été peint à 0 f. 75 le mètre carré pour les trois couches, mais l'on a compté les deux faces des croisées pour une face $1/2$; 2° que les ferrures ont coûté 50 f.; 3° que la vitrerie a été payée à 5 f. le mèt. carré ; 4° que chaque croisée a 8 carreaux de 0 mèt. 56 sur 0,46.

P. 3621. Un plâtrier a fait dans une maison trois plafonds

ayant chacun 7 m. 35 de longueur, sur 5 mèt. 40 de largeur ; de plus, il s'est chargé de faire peindre les deux côtés de 6 portes hautes de 2 m. 05, et larges de 1 m. 05 : quelle somme doit-il recevoir, sachant qu'on lui paie 3 f. 05 le mètre carré des plafonds, et 0 f. 90 celui de la peinture des portes, et qu'il a déjà reçu 56 f. en à-compte ?

P. 3622. Un plancher, ayant 12 m. de longueur et 7 m. de largeur, a été fait avec des planches de 3 m. de longueur ; le déchet fait sur ces planches dans leur emploi a été de $1/8$ de leur superficie brute, elles ont coûté 1 f. 25 le mètre carré brut. On a employé 5 bottes de pointes à 2 f. 50 la botte, et 24 journées d'ouvrier à 2 f. 75 par jour : quelle somme ce plancher a-t-il coûtée ?

P. 3623. Une cloison de 5 m. 35 de longueur et de 3 m. 60 de hauteur doit être faite en briques dont le millier coûte 18 f. : combien coûtera cette cloison ? On sait que, par mètre carré : 1° il faut 40 briques pour la pose desquelles le plâtre gris employé coûte 0 f. 25 ; 2° il faut pour 40 centimes de plâtre blanc servant aux deux enduits ; 3° la main-d'œuvre coûte 0 f. 65, et les faux frais sont de 0 f. 10.

P. 3624. On a fait faire en briques doubles une cloison ayant 6 m. 28 de longueur sur 3 m. 45 de hauteur : combien coûtera cette cloison ? On sait que, par mètre carré : 1° il faut 40 briques dont le millier coûte 33 f., et pour la pose desquelles le plâtre gris employé coûte 0 f. 30 ; 2° il faut pour 0 f. 50 de plâtre blanc servant aux deux enduits ; 3° la main-d'œuvre coûte 0 f. 70, et les faux frais sont de 0 f. 10.

P. 3625. D'après les données des deux Probl. précédents, on demande quelle somme doit débourser un propriétaire qui a fait faire : 1° en briques doubles une cloison de 7 m. 40 de longueur sur 3 m. 25 de hauteur ; 2° en briques ordinaires une 2e cloison ayant 8 m. 70 de longueur sur 3 m. 75 de hauteur ; 3° en briques doubles une 3e cloison de 6 m. de longueur sur 3 m. 20 de hauteur. On suppose que, pour chacune de ces cloisons, l'entrepreneur a fait une remise de 6 p. 0/0.

P. 3626. Avec des pavés ayant environ 12 à 15 centimètres en tête et 15 à 18 cm. en queue, on veut faire paver une cour de 24 m. 75 de longueur sur 15 m. 60 de largeur. Le mille de pavés coûte 65 f. d'achat, 10 f. de taille, et fait 24 m² de pavage. Il faut un mètre cube de sable pour 4 m², et ce sable coûte 2 f. 50 le mètre cube. Par mètre carré, la pose et le battage des pavés reviennent à 0 f. 40, et le bénéfice de l'entrepreneur et les faux frais s'élèvent à 0 f. 30. On demande : 1° le prix du mètre carré de pavage ; 2° le prix total du pavage de la cour.

P. 3627. Une rue de 385 m. de longueur doit être pavée sur une largeur de 8 m. 30. Par mètre carré, il faut 0 mèt. cub. 30 de sable coûtant 2 f. 85 le mètre cube ; la préparation du terrain coûte 0 f. 50 ; et la main-d'œuvre, 0 f. 85. On emploiera des pavés qui ont en tête 22 cm. de côté et qui ont 22 à 25 cm. de queue ; à cause des joints, il en faut 20 par mètre carré ; le cent coûte 12 f. 40 d'achat et 1 f. 50 de taille. Le bénéfice de l'entrepreneur étant un 10° des dépenses, à combien reviendra le pavage de cette rue ?

ÉVALUATION DES SURFACES. 423

P. 3628. On veut faire plafonner une salle de 8 m. 60 de longueur sur 6 m. 55 de largeur. Par mètre carré de plafond, on emploie : 1° pour 10 centimes de pointes ; 2° pour 20 centimes de terre grasse et chaux servant au dégrossissage ; 3° pour 0 f. 50 de plâtre entrant dans les deux couches de l'enduit ; 4° pour 60 cent. de main-d'œuvre, et l'on paie 10 centimes pour équipage et faux frais. Le millier de lattes coûte 25 f., et la botte de 50 lattes fait 3 m². Il doit y avoir une corniche qui sera payée 7 f. 50 le mètre courant ; et l'on ajoutera à la longueur de la corniche 0 m. 30 pour chacun des quatre retours d'angle. On demande : 1° quelle sera la dépense totale ; 2° combien on dépenserait en plus si l'on faisait le dégrossissage en plâtre gris à 0 f. 40 par mèt. carré, et si l'on faisait une 3ᵉ couche d'enduit en plâtre fin à 0 f. 50 aussi par mètre carré.

P. 3629. Après avoir payé les $5/8$ du prix des portes cochères d'une grange, il reste encore à payer les $4/9$ de ce prix, plus 117 f. : combien les a-t-on payées le mètre carré, si cette grange a deux entrées ayant 3 m. de largeur sur 5 m. 40 de hauteur ?

P. 3630. Combien coûteront les lattes nécessaires pour la couverture d'un bâtiment si elles sont payées 35 f. le mille ? Chacun des côtés de la toiture a 16 m. 45 de longueur sur 5 m. 60 de largeur ; les lattes ont 1 m. 30 de longueur, et elles sont distantes, d'axe en axe, de 0 m. 08.

P. 3631. Combien faudra-t-il de clous pour latter la toiture d'un bâtiment dont chaque versant a 16 m. 45 de longueur, sur 11 m. 30 de largeur, les chevrons étant espacés entre eux de 0 m. 47 et les lattes de 0 mèt. 08 ? et combien ces clous coûteront-ils, s'ils sont payés 1 f. 25 le kilogr. ? On sait qu'un kilogr. en renferme 640.

P. 3632. Combien coûteront les tuiles nécessaires à la couverture d'un bâtiment ayant 16 m. 45 de longueur et dont les versants ont chacun 11 m. 30 de largeur ? Les tuiles ordinaires ont 0 m. 243 de longueur sur 0 m. 162 de largeur, et perdent les $2/3$ par le recouvrement, les faîtières ont une longueur de 0 m. 352 ; les 1ʳᵉˢ coûtent 50 fr. le mille, et les autres 6 fr. le cent. On demande aussi le prix de la main-d'œuvre, sachant qu'un couvreur qui pose les lattes et les tuiles peut faire 18 m² de couverture par jour et que le prix de sa journée est de 3 f.

P. 3633. Combien faudra-t-il de tuiles pour couvrir une magnanerie dont la superficie extérieure est de 270 m. 40, et dont la longueur est égale à 5 fois la demi-largeur, si cette couverture forme deux rectangles dont la base est égale à la longueur du bâtiment, et dont la hauteur est de 7 m. 45 ; les tuiles ayant 0 m. 31 de longueur sur 0 m. 23 de largeur, et perdant les $2/3$ de leur superficie par le recouvrement.

P. 3634. Une magnanerie qui a 270 mèt. carr. 40 de superficie extérieure, et dont la largeur est les $2/5$ de la longueur, a une hauteur qui, mesurée depuis le sol jusqu'aux gouttières, est les $15/16$ de la largeur ; au rez-de-chaussée, il y a, sur chaque façade latérale, une porte de 1 m. 50 de large sur 3 m. 25 de hauteur, et deux fenêtres ; le 1ᵉʳ et le 2ᵉ étage de chacune de ces façades sont percés chacun de trois fenêtres ; et ces mêmes façades sont surmontées chacune d'un pignon d'une hauteur égale à la demi-largeur du bâtiment; le rez-de-chaussée et les deux étages de chaque façade principale sont percés chacun de huit fenêtres; la largeur des fenêtres est de 1 m. 25, et leur hauteur est double. D'après ces données, quelle est la superficie extérieure des murs? et quelle est la superficie intérieure du sol du bâtiment si les murs ont 0 m. 65 d'épaisseur?

P. 3635. Une pièce de terre carrée a 240 Dm. de circuit ; une autre pièce de terre de même contour vaut 6 000 f. de moins que la 1re; en les estimant l'une et l'autre à 20 f. l'are, on demande: 1° quelles sont les dimensions de cette seconde pièce de terre ; qui a la forme d'un rectangle ; 2° quelle somme devrait débourser l'acquéreur de ces deux pièces de terre si, les ayant achetées à 5 ans de crédit, il s'acquittait 18 mois avant l'échéance en obtenant un escompte en dedans de 6 $1/2$ p. $^0/_0$ par an.

P. 3636. On veut planter 1815 arbres qui, étant espacés également, forment un rectangle dont la longueur soit à la largeur comme 5 est à 3 : combien y aura-t-il d'arbres sur chaque file?

P. 3637. Quelles sont les dimensions d'une pièce de terre dont la largeur est égale aux $2/5$ de la longueur, si cette pièce a donné en blé 16 hl. $2/9$ par hectare? On sait que, si l'on y eût récolté 25 hl. $2/3$, la récolte eût été triple de ce qu'elle fut en réalité.

P. 3638. Un propriétaire veut faire une plantation d'oliviers dans une de ses terres qui a 224 m. de longueur sur 192 m. de largeur. S'il veut mettre les oliviers à 8 m. de distance en tous sens, combien cette terre pourra-t-elle en contenir?

P. 3639. Un propriétaire croyant qu'une de ses terres lui produira davantage en vin, se décide à la convertir en vignoble: mais, comme il veut y mettre un bon plant, il est obligé de l'acheter; il désire par conséquent savoir combien sa terre pourra contenir de ceps, si elle a 215 m. 50 de long sur 203 m. de large, et si les ceps sont placés à 1 m. de distance.

P. 3640. On veut faire un plancher de sapin ayant 8 m. 75 de longueur sur 5 m. 40 de largeur, avec des planches de 32 cm. de largeur sur 3 m. 90 de longueur: 1° combien faudra-t-il de planches si l'on compte $1/16$ de perte sur le nombre total par suite des déchets? 2° quelle somme faudra-t-il débourser pour l'achat de ces planches, si elles coûtent 0 f. 70 le mètre linéaire?

P. 3641. Une société qui veut exploiter une mine a donné à un cultivateur 20 422 f. d'indemnité pour une propriété dont la longueur est le double de la largeur; or, cette largeur est de 120 m. 70 : combien la société a-t-elle donné par hectare?

P. 3642. Deux prairies naturelles ont donné en foin la même récolte. Après avoir enlevé de la 1re prairie 4 voitures de foin à 3 chevaux; et, de la 2e, 2 voitures à 4 chevaux, la 2e prairie contient en foin $1/3$ de plus que la 1re: quelles sont les dimensions de chacune de ces prairies, la 1re ayant une longueur quintuple de la largeur; et la 2e, une longueur triple de la largeur? On sait encore : 1° qu'un hectare de la 1re a donné 4 370 kg. de foin, et qu'un hectare de la 2e en a donné 4 820 kg.; 2° que chacun des chevaux attelés aux voitures a tiré avec une force de 75 kg.; 3° que la force du tirage était $1/25$ de la charge totale; 4° que le poids de la voiture était $1/4$ de cette même charge totale.

P. 3643. Un général d'armée veut ranger en bataille 1 152 soldats, et en faire un bataillon carré à centre vide, de manière que le centre vide puisse contenir 42 soldats de front : on demande combien il y aura de soldats de front sur chaque face extérieure et quelle sera la hauteur du bataillon.

P. 3644. On propose de déterminer la charge que peut supporter avec sécurité un pilastre en chêne fort dont la section carrée est de 16 cm. de côté, la longueur étant moindre que 12 fois le côté de la section, le chêne pouvant supporter 30 kg. par centimètre carré de section.

P. 3645. Un terrain, ayant la forme d'un parallélogramme, a une longueur de 408 m.: quelle est sa largeur si, ayant été ensemencé d'épeautre, on a employé 19 hl. 24 lt. pour la semence de ce terrain, à raison de 40 Dl. par hectare?

P. 3646. Un terrain, ayant la forme d'un parallélogramme de 115 m. de largeur et ayant été ensemencé d'épeautre, a fourni une récolte en grain pesant 8 435 kg. L'épeautre pesant 42 kg. par hectolitre, quelle est la longueur de ce terrain, qui a rapporté 45 hl. par hectare?

P. 3647. Un terrain, ayant la forme d'un parallélogramme, a 264 m. de longueur et une largeur égale aux $5/12$ de cette longueur. Il doit être ensemencé de froment : combien d'hectolitres de semence faudra-t-il employer, s'il en faut 250 lt. par hectare?

P. 3648. La largeur d'un terrain ayant la forme d'un parallélogramme est à sa longueur comme 5 est à 18: quelles sont les dimensions de ce terrain qui, ayant été ensemencé de froment, et ayant rapporté 28 hl. 40 par hectare, a fourni au cultivateur 345 hl. 26?

P. 3649. Un terrain, qui a la forme d'un parallélogramme, ayant été ensemencé de froment, a fourni par hectare 5 400 kg. de paille. Le cultivateur, ayant vendu cette paille à raison de 30 f. les 100 bottes de 6 kg., en a retiré une somme de 2 340 f.: quelles sont les dimensions de ce terrain, sa longueur étant à sa largeur comme 21 est à 8?

P. 3650. Un terrain, ayant une superficie égale à celle d'un losange dont les diagonales sont de 38 Dm. 8 et de 245 m., a produit par hectare 2 950 kg. de paille d'épeautre : combien de bottes en fournira-t-il, si chacune pèse 5 kg. 48?

P. 3651. Dans une nouvelle construction, on a fait placer une couche de béton en bitume de 3 cm. d'épaisseur ; la superficie de cette couche est égale à celle d'un losange dont l'une des diagonales a 16 m. 48 de longueur, et l'autre 2 m. 75 : combien coûtera cette couche de béton si elle est payée au prix de 3 f. 50 le mètre carré?

P. 3652. On a fait faire, au prix de 2 f. 50 le mèt. carré, un enduit bitumineux de 8 mm. d'épaisseur et d'une surface égale à celle d'un losange dont l'une des diagonales a une longueur de 23 m. 76 ; et l'autre, une longueur de 5 m. 25 : quelle somme cet enduit a-t-il coûtée?

P. 3653. Un losange dont les diagonales sont telles, que l'une est les $4/7$ de l'autre, a une superficie égale à celle d'un terrain qui, étant ensemencé de seigle, a absorbé pour 36 f. 40 de semence payée 17 f. 50 les 115 kg. L'hectolitre de seigle pesant

72 kg., et la quantité de semence par hectare étant de 25 Dl., **on** demande la longueur des diagonales du losange en question.

P. 3654. Un losange dont les diagonales sont telles, que l'une est les 12/5 de l'autre, a une superficie égale à celle d'un terrain qui, ensemencé de seigle, a donné une récolte valant 824 f., à raison de 18 f. les 115 kg. L'hectolitre de seigle pesant 72 kg., et le terrain ayant rendu 24 hl. par hectare, on demande la longueur des diagonales du losange?

P. 3655. Un losange dont les diagonales sont entre elles comme 8 est à 11, est égal en superficie à un terrain qui, ayant été ensemencé de seigle, a fourni pour 645 f. 40 de paille évaluée à 0 f. 35 la botte de 5 kg. 20. Ce terrain ayant produit 35 qm. de paille par hectare : on demande la longueur des diagonales du losange.

P. 3656. Un losange dont les diagonales sont entre elles comme 9 est à 13, est égal en superficie à un terrain qui, ensemencé d'orge d'hiver, a absorbé 132 kg. de semence pesant 64 kg. par hectolitre. Chaque hectare de ce terrain ayant reçu 32 Dl. de semence, quelle est la longueur de chaque diagonale ?

P. 3657. On a fait faire en zinc la couverture d'un pavillon quadrangulaire, couverture présentant quatre triangles de 8 m. 36 de base et de 7 m. 92 de hauteur : quelle somme coûtera cette couverture en zinc n° 12, en feuilles de 50 cm^2, développé et compris tasseaux, à raison de 5 f. 70 le mètre carré?

P. 3658. Combien devra-t-on débourser pour payer les enduits faits des deux côtés des murs d'un bâtiment ayant dans œuvre 15 m. 25 de longueur, 8 m. 75 de largeur, 6 m. 50 de hauteur jusqu'à la gouttière? Les pignons ont 5 m. de hauteur; il y a 2 portes cochères, chacune ayant 3 m. de largeur sur 5 m. 40 de hauteur ; les murs ont 0 m. 60 d'épaisseur ; on donne 0 f. 05 de façon par mètre carré, et le mortier coûte 0 f. 15 par mètre carré.

P. 3659. Un terrain de forme triangulaire, dont la base est les 7/9 de la hauteur, ayant été ensemencé d'orge d'hiver, en a produit 75 hl. 20. Chaque hectare ayant rapporté 38 hl. quelles sont les dimensions de ce terrain?

P. 3660. Un terrain de forme triangulaire, dont la hauteur est les 15/8 de la base, ayant été ensemencé d'orge d'hiver, a fourni pour 935 f. 55 de paille vendue à raison de 21 f. les 100 bottes de 5 kg. 80. Chaque hectare ayant produit 25 qm. de paille, quelles sont les dimensions de ce terrain?

P. 3661. Un terrain présentant la forme d'un triangle dont la base est à la hauteur comme 9 est à 17, ayant été ensemencé d'orge d'hiver, a produit 2540 bottes de fourrage vert pesant chacune 22 kg. Chaque hectare ayant produit 18540 kg. de fourrage, on demande les dimensions de ce terrain.

P. 3662. Un terrain de forme triangulaire qui a été ensemencé d'orge de printemps, a absorbé pour 128 f. 75 de semence payée 18 f. 50 les 115 kg. Chaque hectare ayant demandé 286 lt. de semence pesant 56 kg. l'hectolitre, on demande les dimensions de ce terrain, dont la base est à la hauteur comme 6 est à 13.

P. 3663. On a fait faire en zinc n° 13, la couverture d'un bâtiment, laquelle présente deux triangles ayant chacun 9 m. 40 **de base et 6 m. 32 de hauteur, et deux trapèzes ayant chacun**

ÉVALUATION DES SURFACES.

même hauteur que les triangles, 25 m. 48 de base inférieure et 16 m. 08 de base supérieure. Cette couverture valant 6 f. 10 le mèt. carré, quelle somme coûtera-t-elle?

P. 3664. Un particulier qui veut exploiter une mine, a donné 1240 f. d'indemnité par hectare d'un terrain composé : 1° d'un rectangle ayant 112 m. de long sur 98 m. de large ; 2° de deux trapèzes ayant chacun 128 m. 10 de longueur à l'une des bases, 110 m. 50 à l'autre et 64 m. 55 de hauteur; 3° de trois triangles ayant chacun 99 m. de base sur 78 m. 30 de hauteur : quelle somme a-t-il déboursée ?

P. 3665. Un pré fournit annuellement 87 171 kg. 475 de foin ; ce pré forme un trapèze dont l'une des bases est de 600 m.; l'autre, de 98 m., et dont la hauteur est de 485 m. On demande : 1° le produit de chaque are; 2° combien il faudrait vendre l'hectare de ce pré pour avoir la somme nécessaire au paiement d'un autre pré de forme triangulaire dont la hauteur est de 600 m., et la base de 694 m., sachant qu'un are de ce dernier coûte 42 f.; 3° combien on pourrait annuellement nourrir de chevaux avec la récolte de ce dernier pré, si chaque cheval consomme 9 kg. de foin par jour, et si le produit d'un are du 2^d pré est à celui d'un are du 1er comme 4 est à 5.

P. 3666. La toiture d'un bâtiment forme : 1° deux rectangles chacun de 42 m. 50 de base et 8 m. de hauteur ; 2° deux trapèzes ayant chacun 42 m. 50 de base inférieure, 30 m. 70 de base supérieure et 5 m. 40 de hauteur; 3° deux triangles ayant chacun 7 m. de base et 5 m. 40 de hauteur. Une botte de lattes sert pour 8 m². et le mille de lattes comprenant 20 bottes coûte 45 f. Par mètre carré, les clous et les ardoises coûtent 1 f. 20; et la main-d'œuvre, 0 f. 40. Cette toiture est accompagnée pour chaque versant principal d'un chéneau en plomb ayant sur chaque côté principal de la toiture 42 m. 50 de longueur, et la largeur du plomb employé est de 0 m. 33. Le mètre carré de plomb pèse 22 kg. 704 et vaut, tout posé, 0 f. 95 le kilogramme : quelle sera la dépense totale qu'il faudra faire pour le paiement des objets ci-dessus indiqués pour la couverture de ce bâtiment ?

P. 3667. La toiture d'un bâtiment se compose : 1° de deux rectangles ayant chacun 33 m. 36 de base et 6 m. 50 de hauteur; 2° de deux trapèzes ayant chacun 33 m. 36 de base inférieure, 24 m. 80 de base supérieure et 4 m. 10 de hauteur; 3° de deux triangles ayant chacun 5 m. 80 de base et 4 m. 10 de hauteur. Le bâtiment est couvert en ardoises ayant 0 m. 217 sur 0 m. 162, perdant les 2/3 de leur longueur par le recouvrement et coûtant 12 f. 20 le millier. Par mètre carré, on dépense en outre 0 f. 40 pour les voliges, 0 f. 30 pour les clous, 0 f. 40 pour la main-d'œuvre, et 0 f. 15 pour équipage et faux frais : quelle somme coûtera cette couverture ?

P. 3668. On veut couvrir un bâtiment dont la toiture forme deux trapèzes dont les bases ont 36 m. 75 et 25 m. 80, leur hauteur est 9 m. 45; deux triangles qui ont 16 m. 65 de base et 10 m. de hauteur. La dépense pour un mètre carré peut s'évaluer ainsi qu'il suit : voliges, 0 f. 40 ; clous, 0 f. 25 ; main-d'œuvre, 0 f. 40 ; ardoises, 1 f. 10 ; équipage et faux frais, 0 f. 15. Il faudra ajouter un chéneau en plomb de 0 m. 33 de largeur et deux tuyaux de conduite pour les eaux ayant chacun 15 m. de longueur et coûtant 2 f. 35 le mètre courant; il faudra en outre 124 crochets à 0 f. 25 la pièce; le chéneau coûte 7 f. 80 le mètre courant: quelle sera la dépense pour les objets ci-dessus indiqués?

P. 3669. Combien paiera t-on pour les coyaux et les voliges fournis et posés dans la couverture d'une maison, si cette couverture présente : 1º deux trapèzes dont la partie inférieure a 22 m. de longueur; la base supérieure, 8 m. 70; et la hauteur, 9 m. 20; et 2º deux triangles dont la base a 16 m. 20 et la hauteur 7 m. 15? Chaque volige a 1 m. 92 de longueur et 0 m. 13 de largeur; et ces voliges sont payées à raison de 104 pour 20 f. Les coyaux sont au nombre de 184 et coûtent 0 f. 25 la pièce.

P. 3670. Un particulier a une maison dont le toit forme deux trapèzes et deux triangles isocèles; les trapèzes ont chacun 25 m. 75 de base inférieure, 18 m. 45 de base supérieure, et 8 m. 50 de hauteur; les triangles ont chacun 12 m. de base, et ont pour hauteur la hauteur d'un trapèze. Ce toit est couvert avec des ardoises qui ont 0 m. 271 de longueur et 0 m. 189 de largeur; elles ont perdu $3/5$ par le recouvrement. Le propriétaire fait démolir cette maison pour en faire construire une autre plus grande; le toit doit avoir la même forme que celui qu'il fait défaire, seulement on ajoute 8 m. à sa longueur, 3 m. 50 à sa largeur et 2 m. à la hauteur de chaque trapèze et de chaque triangle. Dites combien il doit acheter d'ardoises, et ce qu'elles coûteront. On sait qu'il emploie celles qu'il a conservées de la maison qu'il a démolie; que les couvreurs en ont cassé les $3/8$ en les déclouant; que les nouvelles qu'il achète doivent avoir les mêmes dimensions, être employées de la même manière que les premières, et qu'elles valent 20 f. 80 le millier.

P. 3671. La couverture d'un bâtiment présente : 1º deux trapèzes dont la base inférieure est de 22 m., la base supérieure est de 8 m. 70; et la hauteur, de 9 m. 25; 2º deux triangles dont la base est de 16 m. 20; et la hauteur, de 7 m. 20; on compte en sus 4 arêtiers de chacun 10 m. 80 de longueur sur 0 m. 33 de largeur, plus un rang d'ardoises sur tout le pourtour des gouttières; les ardoises ont 0 m. 298 de longueur sur 0 m. 217 de largeur; le recouvrement est de 0 m. 198 sur la longueur; elles coûtent 45 f. le mille. Un ouvrier peut couvrir par jour 8 m². et il gagne 5 f. 50; il faut par ardoise deux clous de 570 au kilogramme qui vaut 1 fr. 50; on paie pour les équipages et faux frais 0 f. 60 pour 4 m² : combien coûte cette couverture?

P. 3672. Dans une contrée agricole et marécageuse, où il tombe 0 m. 66 de pluie par an, une machine à vapeur de la force de dix chevaux peut dessécher en un mois de 20 jours de travail, et en fonctionnant 12 heures par jour, un terrain de 415 ha. : combien de jours par mois devrait travailler cette machine pour dessécher un terrain composé : 1º de quatre triangles ayant respectivement pour bases 275 m., 392 m., 624 m., et 536 m.; pour hauteurs, 748 m., 815 m., 784 m., et 938 m.; et 2º de quatre trapèzes, dont deux ont pour base inférieure commune 2 845 m., pour bases supérieures, 748 m. et 815 m., et pour hauteurs, 684 m. et 573 m. 40; et dont les deux autres ont pour base inférieure commune 3795 m., pour bases supérieures 784 m. et 938 m., et pour hauteurs 735 m. 20 et 472 m. 90?

P. 3673. Un cultivateur prend à ferme, pour 9 ans, 6 coupons de terres labourables; le 1er a une longueur de 27 Dm. sur 84 m. de largeur ; le 2e, ayant la forme d'un trapèze, a 145 m. à sa base inférieure, 78 m. à sa base supérieure, et 236 m. de longueur ; le 3e a une superficie totale de 78 a. 40 ca.; le 4e, qui a la forme d'un parallélogramme, a 215 m. de base et 58 m. de hauteur ; enfin, les deux derniers ont ensemble une superficie égale aux 2/3 de la superficie du 1er ; le prix de fermage de toutes ces terres est de 60 f. par hectare pour les 9 ans. Il laisse chaque hectare en jachères pendant trois ans; ce qui lui donne, la 1re année, 3 f. 75 par hectare ; la 2e, 8 f. 50 ; et la 3e, 16 f. 25. Combien faudra-t-il que ses terres lui rapportent pendant les deux autres cultures de chaque espèce en froment, blé noir et avoine, pour couvrir le prix de ferme au bout des 9 ans, si le prix moyen est de 20 f. l'hectolitre pour le froment, de 11 f. 20 pour le blé noir et de 8 f. 50 pour l'avoine; les frais de culture étant 9 fois le quart du prix du fermage?

P. 3674. On désirerait connaître quelle était la hauteur d'un triangle isocèle, sachant qu'on en a retranché la partie supérieure par une section parallèle à la base, et que celle qui reste forme un trapèze qui a 4 m. 50 de base inférieure, 3 m. 50 de base supérieure, et 1 m. 75 de hauteur.

P. 3675. On suppose qu'un arpenteur, mesurant une longueur, fasse une erreur moindre que la millième partie de la longueur qu'il mesure : on demande quelle sera la limite de l'erreur que cet arpenteur a pu commettre sur l'évaluation de la surface d'un champ ayant la forme d'un trapèze dont les bases sont 235 m. et 185 m., et dont la hauteur est 380 m.

P. 3676. Voici, d'après M. de Gasparin, le nombre de ceps par hectare qu'on trouve dans les vignes des localités suivantes : Ain et Vosges, 40000; Orléanais, 27000; Paris, 25000; Côte-d'Or, 23365; Touraine, 20833; Beaujolais, 15625; Haute-Garonne, 12919; Marseille, 1000; Médoc, 6944; Gers, 4545; Château-Neuf (Vaucluse), 2500. On demande, d'après cela, combien, pour chaque localité, il y aurait de ceps de vigne dans un champ ayant une superficie égale à celle d'un pentagone ayant 175 m. de côté.

P. 3677. On demande : 1° combien il faudra de carreaux de forme hexagone pour carreler une salle qui a 12 m. 50 de longueur sur 8 m. 40 de largeur, sachant que le périmètre d'un carreau est de 0 m. 54 ; 2° combien on devra au carreleur si on le paie à raison de 3 f. 50 le mètre carré ; 3° combien il faut de carreaux par mètre carré.

P. 3678. Pour la tenture d'un salon hexagone, on a employé du papier dont le rouleau coûte 9 f. 50 et couvre 360 dm^2 ; le papier employé pour les bordures coûte 19 f. le rouleau ; les bordures sont au nombre de 4 sur la largeur d'un rouleau ayant 8 m. de longueur; le collage coûte 0 f. 60 pour chaque rouleau. La surface du parquet est de 6 mèt. carr. 4952; la hauteur du salon est de 4 m. 50 ; celle des lambris, de 1 m. Le salon a une porte de 1 m. 50 de largeur sur 2 m. 70 de hauteur, et il est éclairé par 3 fenêtres ayant chacune 1 m. 20 de largeur sur 2 m. 40 de hauteur; combien coûtera la tenture de ce salon?

P. 3679. On demande: 1° combien il faudra de rouleaux de papier de tenture pour tapisser un salon octogone dont le parquet a une surface de 12 m². la hauteur de ce salon étant de 3 m. 80; celle des lambris, de 0 m. 96; y ayant deux fenêtres de 1 m. 50 de largeur sur 3 m. de hauteur, et une porte de 1 m. 46 de largeur sur 2 m. 60 de hauteur; 2° combien coûtera cette tenture, les rouleaux ayant 8 m. 24 de longueur sur 0 m. 50 de largeur, et coûtant 6 f. 40 la pièce. Il faut encore observer: 1° que le collage a coûté 0 f. 50 le mèt. carr.; 2° que le rouleau pour bordure coûte un prix double du rouleau ordinaire, et qu'il y a trois rangées de bordures sur la largeur du rouleau; 3° que, pour tout le papier en général, il y a 0 m. carr. 20 de déchet par rouleau.

P. 3680. Dans une année assez abondante, les vignes ont donné 2 hl. de vin par 5 ares, et le vin s'est vendu, en moyenne, 24 f. l'hectolitre: pour quelle somme a-t-on pu en récolter dans une vigne d'une superficie égale à celle d'un hexagone de 18 Dm. de côté?

P. 3681. On veut faire drainer un terrain dont la longueur est à la largeur comme 8 est à 3, et dont la superficie est égale à celle d'un heptagone régulier de 42 Dm. de côté. Les drains posés dans le sens de la largeur doivent être placés à 12 m. 50 de distance entre chaque rangée, parce que le terrain a un sous-sol assez poreux: combien coûtera l'achat des tuyaux, y compris le tuyau collecteur placé dans le sens de la longueur, si on les paie au prix de 37 f. 50 les 1 000 tuyaux de 0 m. 304 de longueur sur 51 mm. de diamètre?

P. 3682. En Bavière, on fait du gaz pour l'éclairage avec du bois de sapin; 50 kg. de sapin donnent 15 m³ de gaz. Au prix de 0 f. 45 le mètre cube, quelle somme obtiendrait-on du gaz fabriqué avec le bois de sapin retiré d'une coupe dont la surface serait égale à celle d'un heptagone régulier de 28 Dm. de côté, sachant que, dans une coupe de 40 ans, 51 a. de forêt peuvent donner 118 st. de bois, qu'un mètre cube de sapin pèse 657 kg., et que, dans le bois mesuré, il y a 0,44 de vide?

. 3683. On a fait un régalage de terre, c'est-à-dire qu'on a étendu des terres rapportées sur un terrain ayant une superficie égale à celle d'un heptagone régulier de 16 Dm. de côté. Ce travail ayant coûté 100 fr. par hectare, combien a-t-on dépensé?

P. 3684. On a dressé et nivelé des terres rapportées sur un terrain ayant une superficie égale à celle d'un ennéagone régulier ayant 27 Dm. de côté; combien a coûté ce travail payé 0 f. 04 le mètre carré?

P. 3685. On veut faire drainer un terrain ayant la forme d'un trapèze dont les deux bases sont entre elles comme 4 est à 3, dont la longueur est à la somme des bases comme 25 est à 7, et dont la superficie est égale à celle d'un octogone régulier dont le rayon a une longueur de 31 Dm.: quelle somme coûtera l'achat des tuyaux à 42 f. 60 le mille? Leur longueur est de 36 cm.; et, pour cette longueur, il en faut 1983 par hectare lorsque l'écartement des drains est de 14 m., écartement que l'on veut observer dans

ÉVALUATION DES SURFACES.

le terrain en question. On demande aussi combien il y aura de rangées de drains, s'ils sont placés parallèlement aux bases.

P. 3686. Un serrurier a fourni au prix de 6 f. 75 le mètre carré un coupon de toile métallique pour garde-manger en fer. La surface de ce coupon étant égale à celle d'un polygone régulier de 14 côtés ayant chacun 0 m. 35 de longueur, quelle somme recevra-t-il ?

P. 3687. Combien coûteront les bois entrant dans la composition d'un plancher ayant une surface égale à celle d'un dodécagone régulier de 1 m. 45 de côté ? On sait qu'il en entre 70 dm^3 de 1re classe par mètre carré et que le bois ordinaire refait et refeuillé de 1re classe, ou refait des 3 côtés, se paie à raison de 170 f. le mètre cube.

P. 3688. Un plancher a une surface égale à celle d'un pentédécagone régulier de 0 m. 84 de côté : combien coûteront les bois qui entreront dans la conctruction de ce plancher, s'il en entre 80 dm^3 de 2e classe par mètre carré ? On sait que le bois refait et refeuillé de 2e classe, ou refait des 4 côtés, coûte 180 f. le mètre carré.

P. 3689. Pour un bateau à vapeur de la force de 56 chevaux, le diamètre des roues, en dehors des aubes, est de 4 m. 115 ; la longueur de chaque aube est de 2 m. 057 ; la largeur, de 0 m. 381 : quelle est la surface totale des aubes de la paire de roues, l'écartement des aubes, mesuré sur la circonférence extérieure, étant de 1 m. 077 307 ?

P. 3690. Le diamètre des grandes roues d'une locomotive est 1 m. 66 : quelle est, en hectomètres et en kilomètres, la longueur du trajet parcouru par cette locomotive, si chacune de ces roues a fait 1 695 875 tours ?

P. 3691. Quelle serait, en hectares, la surface d'un terrain circulaire d'un rayon égal au rayon minimum des courbes adoptées dans la construction des chemins de fer, ce rayon étant de 800 m. ?

P. 3692. Quelle est la superficie d'une plaque tournante servant dans une gare à changer la direction des wagons, le diamètre de cette plaque étant de 4 m. 50 ?

P. 3693. Trouvez le poids que peut supporter sans être altérée une tringle de fer cylindrique de 45 mm. de diamètre, le fer forgé pouvant résister à un effort de traction de 1 000 kg. par centimètre carré de section transversale.

P. 3694. Quel poids pourra-t-on soulever avec une corde en chanvre de Strasbourg de 25 mm. de diamètre, sachant que chaque centimètre carré de section transversale peut supporter un poids de 300 kg. ?

P. 3695. Dites quel poids pourra supporter avec sécurité une colonne massive, en fonte, de 12 cm. de diamètre sur 3 m. 80 de hauteur, si chaque centimètre carré de section transversale peut supporter 333 kg.

P. 3696. En considérant d'un seul côté la surface des pièces de 5 f. et en faisant abstraction des reliefs que présente cette surface, on trouve 8 décimèt. carr. $3/5$ pour l'ensemble des surfaces des pièces que l'on a déboursées pour le paiement d'**une belle table à manger en chêne** : quel est le prix de cette table ?

P. 3697. Le diamètre du fond d'une corbeille est de 0 m. 46, et la circonférence de son bord supérieur est de 2 m. 262 : quelle différence y a-t-il entre la surface de la base inférieure et la surface de la base supérieure du cône tronqué dont cette corbeille présente la figure ?

P. 3698. Une promenade publique présente la forme d'une couronne circulaire de verdure, dont le diamètre extérieur est de 530 m. ; et le diamètre intérieur, de 520 m. Supposé que l'on pût en couper l'herbe au mois de juin, que cette récolte évaluée en foin fût équivalente à 2 730 kg. par hectare, que l'herbe perdit par la fenaison les 0,8 de son poids : combien de bottes d'herbe pesant chacune 16 kg. 50 pourrait-on récolter ?

P. 3699. Un parterre de forme circulaire, ayant 45 m. de diamètre, est entouré d'une couronne de verdure qui a 8 m. de largeur : combien de bottes d'herbe pesant 15 kg. pourra fournir cette couronne de verdure ? On sait qu'elle aurait donné en foin une récolte de 4 260 kg. par hectare, et que l'herbe aurait perdu par la fenaison 0,70 de son poids.

P. 3700. Un parterre circulaire est entouré d'une couronne de verdure formant une bande de 6 m. 40 de largeur. Ce parterre ayant 26 m. 50 de diamètre, combien de bottes d'herbe pesant chacune 18 kg. 32 fournirait la bande de verdure ? On sait que cette herbe, réduite en foin, perdrait 0,56 de son poids, et fournirait 2 540 kg. de foin par hectare.

P. 3701. Un bassin de forme circulaire est entouré d'une couronne de verdure formant une bande large de 5 m. 50. Ce bassin ayant 128 m. de circonférence, combien de bottes d'herbe pesant chacune 21 kg. 50 pourrait-on récolter dans la couronne de verdure, sachant que l'herbe perdrait par la fenaison les 0,66 de son poids, et fournirait 2 630 kg. de foin par hectare ?

P. 3702. Un bassin de forme circulaire est entouré d'une couronne de verdure formant une bande de 9 m. 50 de largeur. Ce bassin ayant 119 m. de circonférence, combien de bottes d'herbe pesant chacune 19 kg. 80 pourrait-on récolter dans la couronne qui l'entoure, sachant que cette herbe, réduite en foin, perdrait les 0,54 de son poids, et fournirait 4 380 kg. de foin par hectare ?

P. 3703. Une propriété est à vendre : on demande combien elle contient d'hectares de terre cultivable, sachant qu'elle est de forme triangulaire, qu'au centre se trouve un étang en ellipse ayant un diamètre de 420 m., et l'autre de 230 m. Un des côtés du triangle a 1 200 m., l'autre 1 500 et le dernier 2 000. Si l'on estime 4 900 f. l'hectare de terre cultivable, et 3 500 f. l'hectare de la partie couverte par l'étang, combien se vendra cette propriété ?

P. 3704. Une prairie présentant la forme d'un triangle dont l'un des côtés a 5 420 m. ; le 2e, 628 Dm. ; et le 3e, 34 hm., est occupée au centre par un étang de forme elliptique dont l'un des axes est de 195 m., et l'autre, de 348 m. : combien pourrait-on retirer de la vente du foin récolté dans cette prairie, si elle avait fourni en deux coupes 6 320 kg. de foin par hectare, et si ce foin avait été vendu à raison de 0 f. 20 la botte de 5 kg. ?

P. 3705. Une prairie qui a la forme d'un triangle dont le 1er

ÉVALUATION DES SURFACES. 433

côté a 4 hm. 30; le 2e, 56 Dm.; et le 3e, 728 m., est occupée par un étang de forme elliptique dont le grand axe est de 184 m. 25; et le petit axe, de 98 m. 72 : combien pourrait-on retirer de la vente du foin récolté dans cette prairie, sachant qu'elle a fourni en deux coupes 5740 kg. de foin par hectare, et que ce foin a été vendu à raison de 24 f. 80 les 100 bottes de 6 kg.?

P. 3706. Une prairie de forme triangulaire a des côtés présentant une longueur de 968 m. pour le 1er, de 736 m. pour le 2e, et de 528 m. pour le 3e. Au centre de cette prairie, se trouve un bassin de forme elliptique dont le grand axe a 320 m. et dont le petit axe est les $5/8$ du grand. Pendant combien de jours pourra-t-on nourrir 7 chevaux avec le foin récolté dans cette prairie, si l'on donne à chacun 7 kg. de foin par jour, et si, par hectare, on récolte 5250 kg. de foin?

P. 3707. Le plancher à frise d'une salle a coûté 138 f. 60, et il a été payé sur le pied de 9 f. le mètre carré. L'un des deux axes d'une ellipse est les $12/17$ de l'autre : quelles sont les longueurs de chacun de ces deux axes si la surface de cette ellipse est égale à celle de la salle?

P. 3708. Le parquet à caissons d'une salle a coûté 10 f. 70 le mètre carré, et l'on a dépensé en tout pour ce parquet 157 f. 80 : quelles seraient les longueurs des deux axes d'une ellipse dont la surface serait égale à celle de cette salle, l'un des deux axes étant les $11/15$ de l'autre?

P. 3709. Une salle a été planchéiée pour la somme de 75 f., à raison de 1 f. 85 par mètre carré pour le bois et de 3 f. 25 pour la pose : quelles sont les longueurs des deux axes d'une ellipse dont la surface est égale à celle de cette salle, si ces longueurs sont entre elles comme les nombres 3 et 5?

P. 3710. On a dépensé 165 f. pour faire faire un parquet à fougère avec rosaces dans une salle dont la surface est égale à celle d'une ellipse, dont la longueur du petit axe est à celle du grand comme 5 est à 7 : quelle est la longueur de chacun de ces axes, si le parquet a coûté 13 f. le mètre carré?

P. 3711. On a bitumé à raison de 6 f. le mètre carré un espace présentant la forme d'un secteur dont l'angle au centre est de 84° : le rayon de ce secteur étant de 6 m. 80, quelle somme coûtera ce travail?

P. 3712. Un terrain présentant la forme d'un secteur dont l'angle au centre est de 86° et dont le rayon est de 87 m. 56, a été ensemencé d'avoine : quelle somme a-t-on dû dépenser pour payer la semence, si elle a coûté 38 f. 50 les 150 kg., l'hectolit. pesant 48 kg. et chaque hectare ayant reçu 48 Dl. de semence?

P. 3713. Quel est le rayon d'un secteur dont l'angle au centre est de 124°, si la surface de ce secteur est égale à celle d'un terrain qui, ensemencé d'avoine, en a fourni pour une somme de 857 f.? On sait que cette avoine a été vendue sur le pied de 38 f. les 150 kg., qu'elle pesait 45 kg. par hectolitre, et que chaque hectare en a produit 45 hl.

P. 3714. Quel est le rayon d'un secteur dont l'angle au centre est de 145°, si la surface de ce secteur est égale à celle d'un terrain ensemencé d'avoine qui a fourni pour 846 f. de paille rendue à raison de 18 f. les 100 bottes de 5 kg. 80? On sait que ce terrain a fourni 2970 kg. de paille par hectare.

P. 3715. Un terrain ensemencé de sarrasin a demandé pour la semence 21 Dl. 58 de grain, à raison de 84 lt. par hectare : quelle est la valeur de l'angle au centre d'un secteur de 145 m. de rayon, si la surface de ce secteur est égale à celle du terrain en question ?

P. 3716. Dans un terrain ensemencé de sarrasin, on en a récolté 138 hl. : quelle est la valeur de l'angle au centre d'un secteur ayant 245 m. de rayon, si sa surface est égale à celle de ce terrain? On sait qu'on a eu 24 hl. de sarrasin par hectare.

P. 3717. Combien de litres de semence a-t-il fallu pour ensemencer de haricots un terrain présentant la forme d'un segment dont la corde est de 350 m. et la flèche de 125 m., si un hectare en a demandé 105 lt.?

P. 3718. Combien de kilogrammes de paille de sarrasin a-t-on récoltés dans un terrain présentant la figure d'un segment dont la corde a une longueur de 532 m.; et la flèche, une longueur de 49 m. 75, si un hectare de ce terrain a fourni 18 450 kg. de paille ?

P. 3719. Combien de bottes de paille de haricots a pu fournir un terrain d'une surface égale à celle d'un segment dont l'arc était de 170°, et qui appartenait à un cercle de 245 m. de rayon, si un hectare de ce terrain a fourni 2 200 kg. de paille, et si chaque botte pesait 6 kg. 75?

P. 3720. Combien d'hectolitres de haricots a-t-on récoltés dans un terrain d'une surface égale à celle d'un segment présentant un arc de 240°, et appartenant à un cercle de 175 m. de rayon, si ce terrain a produit 26 hl. de haricots par hectare?

P. 3721. Combien d'hectolitres de semence a-t-il fallu pour ensemencer de féveroles un terrain d'une surface égale à celle d'un segment pris dans un cercle de 136 m. de rayon, si la corde de ce segment est de 248 m.? On sait qu'il faut 186 lt. de semence par hectare.

P. 3722. Combien d'hectolitres de féveroles récoltera-t-on dans un terrain présentant une surface égale à celle d'un segment faisant partie d'un cercle de 326 m. de rayon, si la corde de ce segment est de 139 m. 75, et si chaque hectare a fourni 25 hl. 80?

P. 3723. La surface d'un champ est équivalente à celle de l'espace qui, dans un cercle de 380 m. de rayon, est compris entre deux cordes parallèles dont l'une est de 284 m.; et l'autre, de 328 m. Dans ce champ, on a semé des lentilles dont le fourrage a fourni un produit de 1750 kg. par hectare : combien de bottes de ce fourrage a-t-on récoltées dans le champ, si chaque botte pèse 5 kg. 8?

P. 3724. Un champ présente une surface équivalente à celle de l'espace qui, dans un cercle de 215 m. 42 de rayon, est compris entre deux cordes parallèles dont l'une est de 138 m. 20 ; et l'autre, de 195 m. 60. Ce champ a fourni 18 hl. 42 de lentilles par hectare : combien d'hectolitres en a-t-il produits en tout ?

P. 3725. Un champ présente une surface équivalente à celle de l'espace qui, dans un cercle de 350 m. de rayon, est compris entre deux cordes parallèles, dont l'une est de 175 m.; et l'autre, de 240 m. Ce champ ayant été ensemencé de lentilles,

ÉVALUATION DES SURFACES.

on en a répandu 1 Dl. 1/2 pour 10 a.: combien a-t-il fallu d'hectolitres de semence?

P. 3726. Un champ présente une surface équivalente à celle de l'espace qui, dans un cercle de 280 m. de rayon, est compris entre deux cordes parallèles, dont l'une est de 128 m. 70; et l'autre, de 210 m. On veut semer de la luzerne dans ce champ: combien coûtera la semence nécessaire si elle est payée au prix de 1 f. 35 le kilogr.? On sait qu'il en faut 25 kg. par hectare.

P. 3727. Un terrain présente la forme d'un triangle dont les dimensions sont égales à celles d'un autre triangle dont l'angle opposé à la base est situé au centre d'un cercle de 248 m. de rayon, et dont la base est une corde de 406 m. Ce terrain, étant ensemencé de féveroles, a fourni par hectare 2 300 kilog. de fanes sèches: combien de bottes en a-t-on retirées si chaque botte pèse 3 kg. 72?

P. 3728. Combien d'hectolitres de pois gris faudra-t-il pour ensemencer un terrain triangulaire dont les dimensions sont égales à celles d'un triangle pris dans un cercle de 237 m. de rayon, et ayant pour base une corde de 348 m., si, pour chaque hectare, il faut 184 lt. de semence?

P. 3729. Dans un champ ensemencé de pois gris, et présentant une surface triangulaire de dimensions égales à celles d'un triangle pris dans un cercle de 246 m. de rayon, on a récolté 834 bottes de fourrage donné par la paille de ces pois. Si chaque botte pesait 5 kg., et si chaque ha. a fourni 3 500 kg. de paille, quelle est la longueur de la corde qui sert de base au triangle?

P. 3730. Un champ présente une surface triangulaire de dimensions égales à celles d'un triangle pris dans un cercle de 196 m. de rayon: quelle est la longueur de la corde qui sert de base à ce triangle, si ce champ, ayant fourni 31 hl. 75 de pois par hectare, a donné une récolte totale de 47 hl.?

P. 3731. Un terrain de 248 m. de longueur sur 112 m. de largeur doit être échangé contre un autre terrain de figure semblable dont la surface est 3 fois plus grande: quelles sont la longueur et la largeur de cet autre terrain?

P. 3732. Dans un champ présentant la figure d'un losange dont les diagonales sont de 145 m. et 315 m., on a récolté 7 800 kg. de foin de luzerne par hectare: combien de bottes de foin de 6 kg. chacune récolterait-on dans un champ d'une surface égale à celle d'un losange dont les diagonales seraient 3 fois plus grandes que les précédentes?

P. 3733. Un champ présentant la forme d'un parallélogramme de 364 m. de base et de 128 m. de hauteur, ayant été ensemencé de luzerne, a fourni 780 kg. de graine par hectare: quelle serait la valeur de la graine qu'on aurait récoltée si ce champ avait eu des dimensions 5 fois plus grandes que les précédentes, et si la graine avait été vendue sur le pied de 132 f. 40 les 100 kg.?

P. 3734. Un champ présentant la figure d'un triangle dont la base est de 275 m., et la hauteur, de 384 m., doit être ensemencé de sainfoin, et il faudra 145 kg. de graine par hectare: combien coûterait la graine nécessaire à l'ensemencement de ce champ si ses dimensions étaient 6 fois plus grandes, et si la graine était payée sur le pied de 18 f. l'hectolitre et demi, un hectolitre de graine pesant 31 kilogr.?

CUBES ET RACINES CUBIQUES

DÉFINITIONS ET PRINCIPES.

93. On appelle *puissance* d'un nombre le produit de plusieurs facteurs égaux à ce nombre. Ainsi $4 \times 4 \times 4$, ou 64, est une puissance du nombre 4.

94. La quantité de fois qu'un nombre est pris comme facteur indique le *degré* de la puissance de ce nombre. Ainsi, le nombre 4 lui-même est la 1re puissance de 4 ; le produit 4×4 est la 2e puissance de 4 ; le produit $4 \times 4 \times 4$ est la 3e puissance de 4 ; le produit $4 \times 4 \times 4 \times 4 \times 4$ est la 5e puissance de 4, etc.

95. La deuxième puissance d'un nombre s'appelle *carré*; et la troisième puissance s'appelle *cube*.

96. Une puissance d'un nombre s'indique par un chiffre écrit à la droite et un peu au-dessus de ce nombre. Ainsi, la 6e puissance de 32 se désigne $(32)^6$. Ce chiffre, qui indique le degré de la puissance, s'appelle *exposant*.

97. Tout nombre qui a été pris plusieurs fois comme facteur pour produire un autre nombre est la *racine* de ce second nombre.

98. Une racine d'un degré quelconque s'indique par un chiffre écrit entre les branches de ce signe $\sqrt{\ }$ qu'on appelle *radical*. Ainsi, $\sqrt[5]{16807}$ indique qu'il faut extraire la *racine cinquième* de 16807.

99. En multipliant par elle-même la 2e puissance d'un nombre, on obtient la 4e ; la 2e puissance, étant multipliée par la 3e, donne la 5e puissance ; le produit de la 4e puissance par la 5e est égal à la 9e, etc. En général, le produit de deux puissances d'un nombre est une puissance d'un degré égal au total des degrés des puissances multipliées.

100. De même, en multipliant les $3/8$ de la 2e puissance d'un nombre par les $5/9$ de la 1re puissance, ou par les $5/9$ de ce nombre, on obtient $3/8 \times 5/9 =$ les $15/72$ de la 3e puissance de ce même nombre ; en multipliant les $4/7$ de la 5e puissance par les $2/3$ de la 3e, on obtient $4/7 \times 2/3 =$ les $8/21$ de la 8e puissance. En général, le produit de deux fractions des puissances d'un nombre est une fraction d'une puissance de ce nombre, puissance dont le degré est égal au total des degrés des puissances dont les fractions ont été multipliées.

101. Réciproquement, en divisant la 4ᵉ puissance d'un nombre par la 1ʳᵉ, on obtient au quotient la 3ᵉ puissance ; si l'on divise la 5ᵉ puissance par la 3ᵉ, on obtient la 2ᵉ puissance, etc. En général, le quotient de deux puissances d'un nombre est une puissance d'un degré égal à la différence des degrés des puissances divisées.

102. De même, en divisant les $4/7$ de la 3ᵉ puissance d'un nombre par les $3/5$ de ce nombre, ou par les $3/5$ de sa 1ʳᵉ puissance, on obtient $4/7 : 3/5 = \frac{4 \times 5}{7 \times 3} =$ les $20/21$ de la 2ᵉ puissance de ce nombre. En général, le quotient de deux fractions des puissances d'un nombre est une fraction d'une puissance de ce nombre, puissance dont le degré est égal à la différence des degrés des puissances dont les fractions ont été divisées.

103. En élevant au carré la 3ᵉ puissance, on obtient la 6ᵉ ; en élevant au cube la 3ᵉ, on obtient la 9ᵉ ; en élevant au carré la 5ᵉ, on obtient la 10ᵉ ; en élevant au cube la 4ᵉ, on obtient la 12ᵉ, etc. En général, en élevant à une puissance quelconque une autre puissance d'un nombre, on obtient une puissance d'un degré égal au produit des exposants ou des degrés des deux puissances employées.

104. Réciproquement, si l'on extrait la racine carrée de la racine carrée d'un nombre, on obtient la racine 4ᵉ ; si l'on extrait la racine carrée de la racine cubique, on obtient la racine 6ᵉ ; si l'on extrait la racine cubique de la racine cubique, on obtient la racine 9ᵉ ; si l'on extrait la racine 4ᵉ de la racine 5ᵉ, on obtient la racine 20ᵉ. En général, si l'on extrait une racine quelconque d'une autre racine d'un degré aussi quelconque, la racine obtenue est d'un degré égal au produit des degrés des racines employées.

105. Trois cas peuvent se présenter dans l'extraction de la racine cubique des fractions ordinaires : 1° les deux termes de la fraction peuvent être des cubes parfaits ; 2° le dénominateur seulement est un cube parfait ; 3° le dénominateur n'est pas un cube parfait.

Pour extraire la racine cubique d'une fraction ordinaire, il faut, dans le 1ᵉʳ cas, extraire la racine cubique de ses deux termes ; dans le 2ᵉ cas, il faut extraire la racine cubique du numérateur à une certaine unité fractionnaire près, extraire celle du dénominateur, et diviser celle du numérateur par celle du dénominateur ; dans le 3ᵉ cas, il faut multiplier par le carré du dénominateur les deux termes de la fraction donnée, et opérer comme dans le 2ᵉ cas.

On peut aussi préalablement réduire en fraction décimale la fraction proposée, en continuant l'opération jusqu'à ce qu'on ait une quantité de chiffres décimaux triple de celle qu'on veut obtenir à la racine.

PROBLÈMES.

P. 3735. Quel est le cube de chacun des nombres suivants: 1° 14 unités; 2° 19 unités; 3° 134 unités; 4° 268 unités; 5° 7435 unités?

P. 3736. Quel est le cube de chacun des nombres suivants: 1° 1029 unités 7 dixièmes; 2° 43 unités 6 centièmes; 3° 75 unités 56 centièmes; 4° 2582 unités 47 millièmes; 5° 594 unités 8 centièmes 3 dix-millièmes?

P. 3737. Quel est le cube de chacune des quantités décimales suivantes: 1° 0,07; 2° 0,0038; 3° 64 cent-millièmes; 4° 275 dix-millionièmes; 5° 87 millièmes?

P. 3738. Quel est le cube de chacune des fractions suivantes: 1° $12/64$; 2° $5/27$; 3° $9/84562$; 4° $17/496$; 5° $28/3847$?

P. 3739. On demande le cube de chacun des nombres fractionnaires suivants: 1° 25352 unités $3/7$; 2° 952 unités $18/41$; 3° 1278 unités $13/53$; 4° 2365 unités $17/402$; 5° 27318 unités $4/819$?

P. 3740. Quel est le cube de chacune des expressions fractionnaires suivantes : 1° $\dfrac{418 + 5/8}{17 + 2/7}$; 2° $\dfrac{17 + 0,3 \; 2/7}{7 - 3,5 \; 3/5}$; 3° $\dfrac{9 + 5/6 - 4/7}{7 + 6/7 - 7/8}$?

P. 3741. On demande le cube de chacune des expressions fractionnaires suivantes :

1° $\dfrac{5 \; 3/7 - 4 \; 7/9}{(4 \; 3/4) \times (6 - 2/7)}$; 2° $\dfrac{(4 \; 1/8 - 3 \; 1/9) \times (1/7 - 1/9)}{4/9 \times 7/10}$.

P. 3742. Quelle est la racine cubique de chacun des nombres suivants: 1° 1331 unités; 2° 3375 unités; 3° 12167 unités; 4° 32768 unités; 5° 110592 unités?

P. 3743. On propose d'extraire la racine cubique de chacun des nombres suivants: 1° 185193 unités; 2° 272144 unités; 3° 456533 unités; 4° 704969 unités; 5° 970299 unités.

P. 3744. On désire savoir quelle est la racine cubique de chacun des nombres suivants : 1° 1367631 unités; 2° 9938375 unités; 3° 41781923 unités; 4° 96071912 unités; 5° 184220009 unités.

P. 3745. On demande la racine cubique de chacun des nombres suivants: 1° 300763000 unités; 2° 476379541 unités; 3° 709732288 unités; 4° 736314327 unités; 5° 997002999 unités.

P. 3746. Quelle est, à moins d'un centième près, la racine cubique de chacun des nombres suivants : 1° 1802485322 unités

CUBES ET RACINES CUBIQUES.   439

2° 8 048 096 064 unités; 3° 41 709 719 232 unités; 4° 183 250 432 000 unités; 5° 474 870 321 608 unités?

P. 3747. On demande quelle est, à moins d'un centième près, la racine cubique de chacun des nombres suivants: 1° 708 062 704 497 unités; 2° 734 847 565 824 unités; 3° 999 700 029 999 unités; 4° 1 000 000 000 d'unités; 5° 2 498 846 293 unités.

P. 3748. On désire savoir quelle est, à moins d'un centième près, la racine cubique de chacun des nombres suivants: 1° 14 897 132 847 unités; 2° 45 844 273 539 unités; 3° 102 503 235 427 unités; 4° 194 205 128 671 unités; 5° 1 000 000 000 000 d'unités.

P. 3749. Quelle est, à moins d'un millième près, la racine cubique de chacun des nombres suivants: 1° 3 unités; 2° 7 unités; 3° 915 unités; 4° 628 unités; 5° 14 934 unités?

P. 3750. Quelle est la racine cubique de chacun des nombres décimaux suiv.: 1° 95 961 827 973 unités 391 154; 2° 312 733 011 115 unités 263 375; 3° 314 709 521 unités 608; 4° 49 547 699 unités 7497; 5° 9 unités 15; 6° 51 662 unités 1 837 824; 7° 7 022 unités 99 565 375; 8° 11 unités 03?

P. 3751. Quelle est la racine cubique de chacune des fractions décimales suivantes: 1° 0,518; 2° 0,12 965; 3° 5 616 millionièmes; 4° 26 cent-billionièmes; 5° 76 dix-millièmes?

P. 3752. On demande quelle est, à moins d'un millième près, la racine cubique de chacune des fractions suivantes: 1° $64/125$; 2° $29791/42875$; 3° $8872/24389$; 4° $517/4913$; 5° $3/7$; 6° $729/1331$; 7° $8/17$; 8° $1/17$.

P. 3753. On veut savoir quelle est, à moins d'un millième près, la racine cubique de chacun des nombres fractionnaires suivants: 1° 176 unités $8/343$; 2° 12 463 unités $827/13824$; 3° 628 unités $3/4$; 4° 4 145 296 unités $20/29$; 5° 19 528 047 unités $43/97$.

P. 3754. Un bloc de marbre de forme cubique a un volume de 1 mèt. cub. 72542: quelle est la longueur de chacun de ses côtés?

P. 3755. Un fermier a récolté 530 hl. d'avoine: cette quantité représentant le cube de la semence, combien de doubles-décalitres d'avoine avait-il semés?

P. 3756. Un fabricant d'articles de chasse a acheté 13 peaux de phoque: combien devra-t-il débourser pour les payer? On sait que chacune lui coûte une somme qui, multipliée par son carré, donnerait pour produit 274 f. 625.

P. 3757. On a acheté au prix de 0 f. 35 le kilogramme un nombre de kilogrammes de graine de colza qui est tel, que les $2/9$ du cube de ce nombre égalent 25 509 168: combien devra-t-on débourser?

P. 3758. Un bourrelier a acheté 84 kg. de crin brut, qu'il a payés un prix tel, que les $13/15$ du cube de ce prix, diminués des $7/9$ du même cube, égalent 0 f. 6591: combien ce bourrelier devra-t-il débourser?

P. 3759. Un tapissier a acheté 75 kg. de crin, qu'il a payés un prix tel, que le total des $3/5$ et des $2/7$ de son carré, multiplié par 4 fois les $4/5$ du même prix, donnent pour produit 15 f. 19: combien ce tapissier devra-t-il débourser?

P. 3760. Un tapissier a acheté 4 peaux de léopard, qu'il a payées chacune un prix tel, qu'en multipliant les $3/16$ de son carré par les $5/8$ du même prix, on obtient un résultat dont les $7/24$ de la 10e partie sont égaux à 896 : combien ce tapissier devra-t-il débourser ?

P. 3761. Le kilogramme de poil de lapin coûtant 15 f. 50, combien devra débourser un chapelier qui en a acheté une quantité telle, que les $3/11$ de la différence entre les $8/19$ et les $7/18$ de son carré, multipliés par $1/6$ de cette même quantité, donnent pour produit 2166 kg. ?

P. 3762. La 18e partie des $3/8$ de la somme payée pour un certain nombre de mètres de drap d'or, multipliée par la 6e partie de $1/16$ de cette somme, et ce nouveau produit étant multiplié par les $5/14$ des $7/12$ de cette même somme, fournit un résultat qui, divisé par 192, donne pour quotient 45 : quel est le nombre de mètres achetés, ce tissu valant 32 f. le mètre ?

P. 3763. Un marqueteur a acheté une quantité de nacre telle, que, en la payant 6 f. 75 le kilogramme, et en multipliant le carré de la somme qu'il doit débourser, par ses $5/9$, on obtient au produit 295245 : combien de kilogrammes de nacre a-t-il achetés ?

P. 3764. La Terre, qui, en moyenne, est distante du Soleil de 153 000 000 de kilomètres, fait sa révolution autour de cet astre en 365 jours 5 heures 48 minutes 45 secondes ; Mars fait la sienne en 686 jours 22 heures 14 minutes 27 secondes. On demande la distance de Mars au Soleil, d'après cette loi que les carrés du temps des révolutions sont entre eux comme les cubes des distances.

P. 3765. Connaissant la loi énoncée au Probl. précédent, et sachant d'ailleurs que la durée de la révolution de la Terre, ou ce qu'on appelle l'année sidérale, est égale à 365 jours 256, on demande quelle est la durée de la révolution de Saturne, la distance moyenne de cette planète au Soleil étant de 1459400000 kilomètres, la distance moyenne de la Terre au Soleil étant de 153 millions de kilomètres.

P. 3766. Le 6e de la 16e partie de la somme payée pour 35 m. de blonde, multiplié par la 480e partie de cette même somme, et le nouveau produit étant multiplié par la 168e partie de la même somme, donnent pour produit final un nombre dont la centième partie égale 49 : quel est le prix du mètre de blonde ?

P. 3767. Un fabricant d'indiennes a acheté 3 920 kg. de fil n° 36 pour trame. Le prix du kilogramme est tel, qu'en multipliant son carré par la 8e partie de ce même carré, on obtient le produit de ce prix par $17 + 72/125$: quelle somme le fabricant doit-il débourser ?

P. 3768. Les $2/5$ des $3/4$ du carré de la somme payée pour une ruche d'abeilles, divisés par les $3/8$ du sixième de sa racine, donnent 307 f. 20 : quelle est cette somme ?

P. 3769. Combien devra débourser un négociant qui, au prix de 2 f. 75 le kilogr., vient d'acheter un nombre de balles de coton qui est tel, que, si l'on multiplie entre eux les $3/8$, les $5/6$ et le quart de ce nombre, on a pour produit 8640 ? On sait que chaque balle pèse 145 kg.

P. 3770. Combien devra-t-on débourser pour 15 douzaines de serviettes de table, sachant que le prix de la douzaine est tel, qu'en multipliant entre eux ses 5/6, ses 3/4 et ses 2/9, on a pour produit 4723 f. 92 ?

P. 3771. Combien coûteront 25 douzaines de serviettes d'office, si le prix de la douzaine est tel, qu'en multipliant entre eux son tiers, ses 3/8 et ses 2/7, on a pour produit 169 f. 344 ?

P. 3772. On a acheté chez un droguiste du cachou qui a coûté 1 f. 50 le kilogr., et de l'orseille qui a coûté 1 f. 70 le kilogramme : quelle quantité de kilogrammes de ces deux marchandises a-t-on achetée, sachant que le cube de la somme déboursée est 3 442 951, et que le cube de la différence entre la somme donnée pour le cachou et la somme plus petite donnée pour l'orseille, est de 571 787 ?

P. 3773. On a acheté chez un droguiste 145 hg. de rocou, et 79 kg. d'orseille bleu cendré ; le cube de la somme donnée pour cette emplette est de 4 251 528, et la somme donnée pour l'orseille se monte à 118 f. 50 : on demande le prix du kilogramme de chaque sorte de marchandise.

P. 3774. On a acheté 75 Dl. de graine de chanvre et 248 lt. de graine de lin. Les prix de l'hectolitre de ces deux sortes de graines sont tels, que le total de leurs cubes est 18 759 f. 851, et que la différence de ces mêmes cubes est 9 937 f. 963 ; le plus élevé est celui du lin : combien devra-t-on débourser ?

P. 3775. Dans deux champs ensemencés de sainfoin, on a récolté une quantité de foin telle, que, si l'on vend du 1er de ces champs 19 200 kg. de foin, et du 2d, 9 600 kg., ces deux quantités sont, à l'égard de la récolte totale de chacun de ces champs, des fractions telles, que le total des cubes de ces fractions est 1241/1728 et la différence de ces mêmes cubes est 217/1728. On demande : 1° la contenance en hectares de chacun de ces deux champs, sachant que, par hectare, le 1er a fourni 80 qm. de foin ; et le 2d, 60 qm. ; 2° la valeur totale de la récolte, la quantité de foin vendue ayant rapporté 1036 f. 80.

P. 3776. On a acheté chez un droguiste de l'orseille bleu cendré, au prix de 1 f. 75 le kilogramme ; et du rocou, au prix de 3 f. 10 le kilogramme. Quelle somme devra-t-on débourser pour cette emplette, sachant : 1° qu'en multipliant la quantité de rocou par une certaine fraction, on obtient 12 kg. pour produit, et qu'en multipliant la quantité d'orseille par une fraction plus grande, on obtient 20 kg. pour résultat ; 2° que le total des cubes de ces deux fractions est 62 558/250 047, et leur différence, 23 192/250 047 ?

P. 3777. Le nombre 47 304 est les 3/17 du total des cubes des nombres de paniers d'huitres placés sur deux voitures ; l'une de ces voitures en contient pour 492 f., au prix de 10 f. 25 le panier : pour quelle somme en contient l'autre, si on vend le panier 0 f. 75 de plus ?

P. 3778. Deux voitures chargées d'huitres arrivent sur le marché ; on vend pour 156 f. 80 une partie de la charge de la 1re, au prix de 11 f. 20 le panier ; et pour 315 f., une partie de la charge de la 2e, au prix de 10 f. 50 le panier. Le total des cubes des fractions de la charge de chaque voiture ainsi vendues, égale 3887/46656. On demande pour quelle somme chaque voiture en contient, sachant que l'on avait vendu primitivement les $2/9$ de la charge de la 1re, et que les restes des charges de ces deux voitures ont été vendus, pour la 1re, 11 f. 50; et, pour la 2e, 10 f. 75 le panier.

P. 3779. Un négociant vient d'acheter du coton dont le kilogramme lui revient à 2 f. 80 : combien cet achat lui coûte-t-il si chaque balle pèse 75 kg., et si, en divisant le cube du nombre de balles par ce même nombre, on a 2025 pour quotient ?

P. 3780. On a acheté 145 hg. d'écorce de citron pour une somme telle, que son cube, divisé par son carré, donne pour quotient 10 f. 15: quel est le prix du kilogramme ?

P. 3781. Un fabricant de rouenneries a acheté 2685 kg. de fil de coton pour chaîne, n° 25. En divisant le cube du prix du kilogramme par les $2/3$ du carré de ce prix, on obtient 7,065 : quelle somme doit-il débourser ?

P. 3782. On a acheté 5 kg. d'écorce d'orange pour une somme telle, que les $12/19$ de son cube, divisés par cette même somme, donnent pour quotient 9 f. 12 : quel est le prix du kilogramme ?

P. 3783. Un pelletier-fourreur a acheté 400 peaux de lapin apprêtées, qu'il a payées de telle manière, que le cube du prix du cent, divisé par les $5/9$ de son carré, donne pour quotient 135 : combien devra-t-il les revendre la pièce pour gagner 32 f. 80, sachant que, par 100 peaux qu'il avait achetées, il en a reçu 104 ?

P. 3784. On a acheté 28 kg. 45 de graine de moutarde, 642 hg. de graine de lin, et 2572 Dg. de graine de chanvre. Le prix d'un kilog. de graine de chanvre est les $3/5$ du prix d'un kilogramme de graine de moutarde, et les $6/7$ du prix d'un kilog. de graine de lin ; et le produit de ces trois prix est 0 f. 0525 : combien devra-t-on débourser ?

P. 3785. Un tabletier vient d'acheter de l'ivoire qui lui coûte 15 f. 75 le kilogramme, de l'écaille de tortue qui lui coûte 8 f. 50 l'hectogramme, et de la nacre franche qui lui coûte 6 f. 50 le kilogramme ; le nombre de kilogrammes d'ivoire est les $3/5$ du nombre de kilogrammes de nacre, lequel est 4 fois plus grand que le nombre de kilogrammes d'écaille : quelle somme devra-t-il débourser, si le produit de ces trois nombres égale 1200 ?

P. 3786. Un maître carreleur a carrelé trois appartements ; le 1er, qui est carrelé en carreaux à four de 16 cm. à paris, a 18 m. carr. 7 de superficie ; le 2e, qui est carrelé en carreaux de Massy de 16 cm., a 26 m. carr. 2 dm² de superficie ; et le 3e, qui est carrelé en carreaux de Massy de 22 cm., a une superficie de 45 m. carr. 0589. Les prix du mèt. carr. de ces trois carrelages sont tels, que leur produit égale 25 f. 20, et que le prix du 2e est les $4/5$ du prix du 1er, qui lui-même est les $6/7$ du prix du 3e : combien le maître carreleur recevra-t-il ?

P. 3787. Dans le courant d'une semaine, un marchand de lait en a vendu à trois familles une quantité telle, que, au prix de 0 f. 20 le litre, le produit des trois sommes qu'il a reçues de ces familles, se monte à 24 f. 01. On demande combien de litres de lait il a fournis à chacune de ces trois familles, sachant que la somme qu'il a reçue de la 2e est les $4/7$ de celle qu'il a reçue de la 1re, et que la somme qu'il a reçue de la 3e est les 5/8 de celle qu'il a reçue de la 2e.

P. 3788. Deux voitures sont chargées d'huîtres de manière que le nombre de paniers que contient la 1re est au nombre de paniers que contient la 2e, comme 6 est à 7, et que le total des cubes de ces deux nombres est 407 511 : pour quelle somme chacune en contient-elle, le panier d'huîtres valant 11 f. 50 ?

P. 3789. Un ébéniste a acheté de l'ivoire qui lui coûte 18 f. 50 le kilogramme, de l'écaille de tortue qui lui coûte 0 f. 85 le décagramme, et de la nacre qui lui coûte 0 f. 65 l'hectogramme ; les quantités d'ivoire et d'écaille sont entre elles comme les nombres 8 et 5 ; les quantités d'écaille et de nacre, comme les nombres 4 et 3 ; et le produit de ces trois quantités égale 96 qm.: quelle somme devra-t-il débourser ?

P. 3790. Un négociant a vendu du drap cati de 2e classe à trois prix différents, savoir : à 15 f. 40, à 18 f. 70 et à 24 f. 50 le mètre ; la quantité de mètres du 1er prix est à celle du 2e comme 3 est à 5 ; celle du 2e prix est à celle du 3e, comme 7 est à 4, et le produit des quantités de mètres de chacun de ces trois prix est 117 600 : quelle somme a-t-il dû recevoir ?

P. 3791. Un maître paveur a pavé trois cours ; la 1re, dont les pavés sont scellés en mortier de chaux et sable de plaine, a 75 mèt. carr. 4 dm² de superficie ; la 2e, dont les pavés sont scellés en mortier de chaux et ciment commun, a 54 mèt. carr. 84 de superficie ; la 3e, dont les pavés sont scellés en mortier et ciment de bonne qualité, a 63 mèt. carr. 09 ; les prix du mètre carré de pavage de ces trois cours sont tels, que leur produit égale 204 f. 624, et que le 1er est au 2e comme 28 est à 29, et le 1er au 3e comme 8 est à 9 : combien ce maître paveur recevra-t-il pour ce travail ?

P. 3792. Un marchand de lait a fourni à deux familles, au prix de 0 f. 25 le litre, un certain nombre de litres de lait : combien chaque famille lui doit-elle, sachant que le nombre de litres fourni à la 1re est au nombre de litres fournis à la 2e comme 3 est à 2, et que le total de ces deux nombres et le total de leurs cubes sont entre eux comme 1 et 343, et que le total de leurs cubes égale 12 005 ?

P. 3793. Un marchand de lait en a fourni dans trois maisons un nombre de litres tel, que la quantité reçue par la 1re est à la quantité reçue par la 2e comme 3 est à 2, que la quantité reçue par la 2e est à celle reçue par la 3e comme 2 est à 5, et que 1/8 des 3/20 du total de leurs cubes est 1536 : quelle somme devra recevoir ce marchand, s'il a vendu son lait au prix de 0 f. 25 le litre ?

P. 3794. Avec un kilogramme de graine d'œillette dont on ressèmerait tout le produit, on pourrait, au bout de trois ans, ensemencer 78 732 000 ha., plus d'une fois et demie la surface de la France : on demande quel est le rapport de la semence au produit, c'est-à-dire combien 1 kg. de semence produit de kilogr. de graine, sachant qu'avec un kilogramme de graine d'œillette on peut ensemencer 14 a. 56.

P. 3795. Un négociant a vendu, au prix de 32 f. 72 le mètre, du drap cati de 1re qualité. Le nombre de mètres vendus est tel, qu'en le multipliant successivement par 2, par 7 et par 9, on obtient trois résultats dont le produit est 2 765 952 : quelle somme a-t-il dû recevoir ?

P. 3796. On a vendu, au prix de 5 f. 25 le mètre cube, y compris le transport coûtant 2 f. 25, une quantité de mètres cubes de sable de rivière formant un nombre tel, que, si on le multiplie successivement par 3, par 5 et par 8, on obtient trois résultats dont le produit est 405 000 : quelle somme devra-t-on recevoir ?

P. 3797. Si l'on multiplie successivement par 4, par 6 et par 11 le nombre de mètres cubes de salpêtre vendu à raison de 3 f. 50 le mètre cube, on obtient trois résultats dont le produit est 1 539 648 : quelle somme devra-t-on recevoir ?

P. 3798. Si l'on multiplie successivement par 12, par 13 et par 14 le nombre de tombereaux de tuileaux de Bourgogne vendus à raison de 10 f. le tombereau de 2 m³ environ, on obtient trois résultats dont le produit est 1 592 136 : quelle somme devra-t-on recevoir ?

ÉVALUATION DU VOLUME DES SOLIDES

ET DE LA CAPACITÉ DES VAISSEAUX ET DES RÉSERVOIRS

P. 3799. Pour le lavage des chiffons, dans la fabrication du papier, on se sert d'une caisse quadrangulaire en bois ayant 0 m. 65 de profondeur, 0 m. 90 de longueur, et 0 m. 50 de largeur. On remplit d'eau cette caisse jusqu'à 0 m. 10 du bord : combien de litres d'eau renferme-t-elle alors?

P. 3800. Un bassin, ayant 1 m. 25 de profondeur, couvre 1/4 d'hectare : combien ce bassin peut-il contenir d'hectolitres d'eau?

P. 3801. Dans un bassin de 5 m. 60 de longueur, 3 m. 40 de largeur et 2 m. 70 de profondeur, l'eau monte à 2 m. 10 de hauteur : combien y en a-t-il d'hectolitres, et quelle quantité le bassin a-t-il reçue dans une heure, si, pour le remplir, l'eau y a coulé pendant 56 heures?

P. 3802. Combien y a-t-il de stères dans une pile de bois longue de 18 m. 5, et haute de 2 m. 25, si les bûches ont 1 m. 14, et quelle en est la valeur si le stère est estimé 8 f. 40?

P. 3803. Un négociant reçoit, par un navire, 50 colis de 2 mèt. de longueur, 1 m. de hauteur et 1 m. 50 de largeur. Pour le tonneau d'encombrement, qui est de 1440 dm^3, il paie 50 f. : combien a-t-il à débourser pour acquitter son fret?

P. 3804. Quel est le poids d'un pilier en briques de 0 m. 75 sur chaque côté, et de 4 m. 75 de hauteur, si un mètre cube de maçonnerie en briques pèse 1800 kg.?

P. 3805. On demande ce qu'il faudra débourser pour faire clore d'un fossé un jardin qui a 230 m. de tour, si l'on donne 0 f. 40 par mètre cube, le fossé devant avoir 1 m. 30 de largeur moyenne, et 1 m. 20 de profondeur.

P. 3806. Une personne, voulant faire creuser un réservoir dans l'une de ses propriétés, est convenu de donner 0 f. 48 du mètre cube à l'ouvrier chargé de ce travail : on demande combien cet ouvrier recevra, si le réservoir doit avoir 45 m. 15 de longueur sur 28 m. 18 de largeur et 2 m. 10 de profondeur.

P. 3807. Quel est le prix de trois chênes équarris de chacun 9 m. 60 de longueur et 0 m. 55 d'équarrissage, à raison de 12 f. le décistère?

P. 3808. Si le décistère se vend 0 f. 95, que coûtera un tas de bois ayant 9 m. de longueur, 4 m. de largeur et 3 m. 5 de hauteur?

P. 3809. Combien coûterait un solide en bois d'acajou, ayant 26 dm. de longueur sur 0 m. 54 d'équarrissage, le décimètre cube de bois d'acajou pesant 8 hg., et le kilogramme valant 0 f. 75?

P. 3810. Combien coûtera le blé qui pourrait remplir un magasin ayant 27 m. 30 de longueur sur 15 m. 75 de largeur et 4 m. de hauteur, à raison de 17 f. 75 l'hectolitre?

P. 3811. Un tas de blé a 14 m. 75 de longueur, 8 m. 25 de largeur et 0 m. 60 de hauteur; l'hectolitre pèse 78 kg.: combien faudra-t-il débourser pour le faire␣pelleter, si l'on donne 7 millièmes de centimes par quintal métrique?

P. 3812. Déterminez le poids d'une barre de fer de 5 cm. d'épaisseur, 4 cm. de largeur, 6 m. de longueur, le poids d'un décimètre cube de fer étant de 7 kg. 788.

P. 3813. Un marchand de fer en a vendu 5 barres à raison de 0 f. 75 le kilogr.: combien doit-il recevoir, sachant que chacune de ces barres a 3 m. 15 de longueur, 0 m. 06 de largeur et 0 m. 032 d'épaisseur, et que le centimètre cube de fer pèse 7 gr. 788 mg.?

P. 3814. Dans la toiture d'un bâtiment ayant dans œuvre 15 m. 45 de longueur, et dont les murs ont 0 m. 60 d'épaisseur, il entre quatre rangées de pannes et un faîte; les pannes ont 0 m. 22 sur 0 m. 22 d'équarrissage; et le faîte 0 m. 22 sur 0 m. 19: combien devra-t-on débourser pour ces pièces de bois, à raison de 95 f. le mètre cube?

P. 3815. Une planche de 5 m. de longueur sur 35 cm. de largeur et 27 mm. d'épaisseur, doit être payée à raison de 4 f. le mètre carré : combien coûtera-t-elle? et à combien le décistère de cette planche reviendra-t-il?

P. 3816. Combien faut-il de planches longues de 2 m. 56, larges de 0 m. 35, et épaisses de 0 m. 095, pour planchéier un pont qui a 23 m. 86 de longueur, et 15 m. de largeur? On désire aussi savoir ce que coûteront ces planches, estimées 3 f. 45 l'une, et combien il y a de stères de bois dans toutes ces planches réunies.

P. 3817. Combien faudra-t-il faire de voyages avec un tombereau de 1 m. 75 de longueur sur 1 m. 15 de largeur et 0 m. 65 de profondeur, pour enlever un tas de terre ayant 25 m. 30 de longueur sur 12 m. 85 de largeur et 7 m. 55 de hauteur?

P. 3818. On a dans une grange un tas de foin ayant 14 m. 25 de longueur, 6 m. 40 de largeur et 3 m. 15 de hauteur : combien de bottes pourra-t-on faire avec ce tas de foin, une botte pesant, en moyenne, 5 kg.; et 100 kg. étant le poids de 940 dm3 ?

P. 3819. Quel est le prix d'un stère de bois lorsqu'une pile de 31 m. 45 de longueur, 2 m. 30 de hauteur, et dont les bûches ont 1 m. 14, a été payée 494 f. 7714 ?

P. 3820. Un bassin de 5 m. 45 de longueur, 2 m. 30 de largeur et 1 m. 40 de profondeur, est plein d'eau : on demande sa capacité en hectolitres et combien de temps emploierait pour le remplir une fontaine donnant 15 hl. 74 lt. par heure.

P. 3821. Quelle sera la hauteur d'un stère de bois si les bûches ont 1 m. 38 de longueur?

P. 3822. On veut former un stère de bois avec des bûches qui ont 2 m. 15 de longueur : à quelle hauteur devront-elles monter si on les empile entre deux montants placés à 0 m. 85 de distance?

P. 3823. Quatre piles de bois, valant 8 f. 10 le stère, sont vendues pour une somme totale de 12 499 f. 92 : quelle est la longueur de chaque pile, si sa hauteur est de 4 m. 45, et si les bûches ont 1 m. 14 ?

ÉVALUATION DES VOLUMES.

P. 3824. Quelle est la hauteur d'un mur qui a 14 m. 50 de longueur sur 0 m. 70 d'épaisseur, et qui coûte 680 f., le mètre cube ayant été payé à raison de 17 f.?

P. 3825. La longueur des murs d'un jardin est de 475 m.; leur hauteur est de 2 m. 75: quelle est leur épaisseur s'ils forment 587 mèt. cub. 812 5 de maçonnerie?

P. 3826. La hauteur des murs d'un jardin est de 3 m., y compris les fondations; leur épaisseur est de 0 m. 40: quelle est leur longueur, leur volume étant de 217 mèt. cub. 200?

P. 3827. On vient de clore un jardin par un mur qui a coûté 2524 f. 90; il a 2 m. 60 de hauteur et 0 m. 60 d'épaisseur: le mètre cube ayant été payé 15 f. 25, dites quelle en est la longueur.

P. 3828. Un propriétaire, voulant clore par des murs les deux côtés de sa cour, estime qu'il dépensera pour cela 1218 f. 40: quelle sera l'épaisseur de ces murs, qui doivent avoir ensemble 37 m. 4 de longueur sur 3 m. 20 de hauteur, et être payés à raison de 17 f. 60 le mètre cube?

P. 3829. On voudrait creuser une citerne qui, jusqu'à la naissance de la voûte, pût contenir 5 kl. d'eau : à quelle hauteur doit commencer la voûte, si la longueur de la citerne est de 1 m. 80 et sa largeur de 1 m. 20?

P. 3830. On a fait construire en briques un bâtiment ayant 18 m. de longueur, 7 m. de largeur et 15 m. de hauteur; les murs ont une épaisseur moyenne de 0 m. 45. Dans l'intérieur de ce bâtiment, il y a 15 cloisons construites en briques posées sur champ; 7 de ces cloisons ont 6 m. 10 de longueur et 4 m. de hauteur; 5 autres cloisons ont 4 m. de longueur et 3 m. de hauteur; et les autres ont 5 m. 70 de longueur sur 3 m. de hauteur. Ce bâtiment est muni à l'extérieur : 1° de quatre portes ayant chacune 2 m. 95 de hauteur et 1 m. 95 de largeur; 2° de 32 croisées ayant chacune 1 m. 15 de largeur sur 1 m. 75 de hauteur. A l'intérieur du bâtiment, on compte 18 portes ayant chacune 1 m. 10 de largeur sur 1 m. 80 de hauteur. L'épaisseur des joints de mortier entre les briques est de 0 m. 01. D'après ces données, on demande : 1° combien il a fallu de briques pour cette construction, si elles ont 0 m. 18 de longueur, 0 m. 09 de largeur et 0 m. 05 d'épaisseur; 2° combien elles ont coûté si on les a payées au prix de 45 f. le mille.

P. 3831. Combien faudra-t-il de mètres cubes de moellons pour construire une grange ayant dans œuvre 15 m. 25 de longueur, 8 m. 75 de largeur et 6 m. 50 de hauteur jusqu'à la gouttière; les murs ayant 0 m. 60 d'épaisseur? Il y a deux portes cochères ayant 3 m. de largeur sur 5 m. 40 de hauteur; les pierres de taille qui forment les piliers et l'architrave de ces deux portes ont en moyenne 0 m. 40 de largeur et une épaisseur égale à celle des murs; les deux pignons ont une hauteur de 5 m., les fondations ont 1 m. 20 de profondeur et 0 m. 75 de largeur. On sait qu'un mètre cube de moellons ne fait que 0 mèt. cub. 830 de maçonnerie.

P. 3832. Un mur a 17 m. 60 de longueur sur 1 m. d'épaisseur aux fondations. A 2 m. 95 de hauteur, se trouve sur l'épaisseur un 1er retrait de 0 m. 25 ; à 2 m. 85 au-dessus du 1er retrait, s'en trouve un 2ᵉ de 0 m. 15; à 3 m. au-dessus du 2ᵉ retrait s'en trouve un 3ᵉ de 0 m. 10, au-dessus duquel la hauteur du mur est encore de 2 m. 70. Au-dessus du 1ᵉʳ retrait, il y a 2 portes ayant 1 m. 90 de largeur sur 2 m. 60 de hauteur, et 6 croisées ayant 1 m. 80 de largeur sur 2 m. de hauteur. Au-dessus du 2ᵉ retrait, il y a 8 croisées ayant 1 m. 20 de largeur sur 1 m. 80 de hauteur ; et, au-dessus du 3ᵉ retrait, se trouvent aussi 8 croisées ayant 1 m. de largeur sur 1 m. 60 de hauteur. On demande: 1° combien il faudra de mètres cubes de pierre de taille en supposant les montants et l'architrave des ouvertures ainsi que les appuis des croisées en pierre de taille ayant la même épaisseur que celle du mur et une largeur moyenne de 30 cm.; en supposant aussi qu'à chacune des extrémités du mur, se trouve une chaîne en pierre de taille ayant une largeur moyenne de 45 cm.; 2° combien il faudra de mètres cubes de moellons, sachant qu'un mètre cube de moellons ne fait que 0 mèt. cub. 830 de maçonnerie.

P. 3833. On a fait creuser une cave et les fondements d'une maison ; cette maison a 15 m. 50 de longueur sur 8 m. 40 de largeur; les fondements, descendant à 1 m. 40 plus bas que le sol de la cave, doivent atteindre une profondeur de 6 m. 75 et avoir 1 m. 75 de largeur : combien coûtera la fouille de cette cave et des fondements si le mètre cube, compris enlèvement et transport des déblais aux décharges publiques, coûte 2 f. 75 ?

P. 3834. Combien coûtera la main-d'œuvre de la fouille et du transport à 150 m. de distance de la terre des fondations d'un bâtiment de 15 m. 25 de longueur et 8 m. 75 de largeur? Les fondations ont 0 m. 70 de largeur et 1 m. 20 de profondeur; 20 m³ de terre donnent 30 m³ de déblais pesant chacun 1 250 kg.; pour fouiller, jeter et charger un mètre cube de déblais, un homme emploie $4/5$ d'heure; le tombereau qui sert au transport est attelé de deux chevaux qui exercent un effort chacun de 90 kg.; ils marchent avec une vitesse de 1 m. 20 par seconde; le poids du tombereau est $1/5$ de sa charge totale; le rapport du tirage à la charge totale est de $1/4$; il faut une demi-heure pour charger et décharger; pour chacun des chevaux, on gagne 6 f. 30 par jour, et le voiturier a 3 f.; les autres ouvriers sont payés 1 f. 50 par jour, et la journée de travail est de 12 heures.

P. 3835. Un plancher de 10 m. 50 de longueur sur 5 m. de largeur est établi : 1° avec 4 enchevêtrures ayant chacune 5 m. 50 de longueur et 0 m. 25 sur 0 m. 24 d'équarrissage; 2° avec 10 chevêtres ayant ensemble 20 m. 90 de longueur et 0 m. 25 sur 0 m. 22 d'équarrissage ; 3° avec 28 solives ayant chacune 3 m. 40 de longueur et 0 m. 20 sur 0 m. 09 d'équarrissage. Ces bois coûtent 100 f. le mètre cube. A leur prix total, il faut, pour chaque mètre carré de plancher, ajouter 1 f. 50 pour les ferrements, 4 f. 50 pour le plafond en plâtre, et 11 f. 50 pour le parquet. Le mètre carré de plancher ainsi établi pèse 198 kg. On demande : 1° le total de la dépense ; 2° le poids total du plancher; 3° à combien revient le mètre carré.

P. 3836. Un pan de bois se compose : 1° de 2 poteaux corniers et d'un poteau de fond ayant chacun 5 m. 80 de hauteur et 0 m. 25 sur 0 m. 20 d'équarrissage ; 2° de 8 poteaux d'huisserie ayant chacun 2 m. 50 de longueur et 0 m. 18 sur 0 m. 16 d'équarrissage ; 3° de 2 linteaux et de 2 entre-toises ayant chacun 1 m. de longueur et 0 m. 18 sur 0 m. 16 d'équarrissage; 4° de 4 décharges ayant chacune 2 m. 45 de longueur et 0 m. 17 sur 0 m. 15 d'équarrissage ; 5° de 4 tournisses ayant chacune 2 m. 40 de longueur et 0 m. 15 sur 0 m. 13 d'équarrissage; 6° de 8 poteleters ayant chacun 0 m. 60 de longueur et 0 m. 15 sur 0 m. 15 d'équarrissage ; 7° de 5 sablières ayant chacune 0 m. 25 sur 0 m. 20 d'équarrissage ; 3 de ces sablières ont 5 m., une a 3 m., et l'autre 1 m. de longueur; 8° d'une corniche ayant 5 m. 50 de longueur et 0 m. 27 sur 0 m. 25 d'équarrissage: quel est le prix de ce pan de bois, s'il vaut 95 f. par mètre cube de bois?

P. 3837. Le comble d'un édifice est composé: 1° de 4 fermes de charpente formées chacune de 1 mèt. cub. 646 de bois ; 2° d'un faitage ayant 12 m. 40 de longueur et 0 m. 20 sur 0 m. 17 d'équarrissage; 3° de 4 pannes ayant chacune 12 m. 40 de longueur et 0 m. 20 sur 0 m. 20 d'équarrissage ; 4° de 2 plates-formes ayant chacune 12 m. 40 de longueur et 0 m. 10 sur 0 m. 20 d'équarrissage; 5° de 56 chevrons ayant chacun 6 m. 10 de longueur et 0 m. 10 sur 0 m. 10 d'équarrissage; 6° de 2 chanlattes ayant chacune 12 m. 40 de longueur et 0 m. 18 sur 0 m. 04 d'équarrissage: quelle est la valeur de la charpente de ce comble au prix moyen de 109 f. le mètre cube?

P. 3838. Entre les $5/6$ et les $7/9$ de la somme payée pour les 9 faux-entraits d'une charpente, il y a 18 f. 5509 de différence : quel prix les a-t-on payés le mètre cube? On sait que, sur 7 d'entre eux, qui ont 0 m. 33 sur 0 m. 30 d'équarrissage, 3 ont une longueur de 6 m. 10 ; et les autres ont une longueur de 3 m. 60; les derniers ont 0 m. 21 sur 0 m. 30 d'équarrissage, et une longueur de 2 m. 50.

P. 3839. Une maison doit avoir hors d'œuvre 21 mèt. de longueur, sur 15 m. 20 de largeur; les murs de fondation devront avoir 0 m. 75 d'épaisseur. Les chevaux du voiturier qui s'est chargé du charroi de la terre des fondations tirent chacun avec une force de 81 kg.; le rapport du tirage à la charge totale est de 0,08 ; le poids de la voiture est les $2/9$ de la charge totale, et le mètre cube de terre pèse 1 900 kg. On demande : 1° la profondeur des fondations ; 2° le nombre des chevaux attelés, sachant que , si l'on ne fait que 183 voyages, il restera 2 898 kg. de terre ; et que, si l'on en fait 184, la dernière charge de la voiture sera diminuée de 252 kg.

P. 3840. Un voiturier qui s'est chargé du transport de la terre extraite des fondations de différents murs ayant ensemble une certaine longueur, a reçu une somme telle, que, en ajoutant $1/2$, $1/4$, $3/5$ de cette somme, on a pour total 36 f. 15. On demande le nombre de mètres cubes transportés par voyage et la longueur totale des murs, sachant que : 1° les fondations avaient 1 m. 20 de profondeur sur 0 m. 70 de largeur ; 2° le poids du mètre cube de terre est de 1 900 kg. ; 3° les chevaux étaient au nombre de 3, et chacun d'eux tirait avec une force de 86 kg. 64 ; 4° le rapport du tirage à la charge totale était 0,06, et le poids de la voiture était le quart de la charge totale ; 5° **les chevaux marchaient avec une vitesse moyenne de 1 m. 25 par seconde,** et la distance à laquelle on transportait la terre était de 1 km. $5/8$; 6° les chevaux gagnaient chacun 3 f. 30 par jour ; le voiturier gagnait 3 f., plus 2 f. pour son équipage et les faux frais ; 7° la journée de travail était de 11 heures $3/5$, et l'on mettait 10 minutes pour charger la voiture et 5 pour la décharger.

P. 3841. On a fait construire en pierre de taille les murs extérieurs d'une maison ayant 21 m. de longueur moyenne sur 15 m. 20 de largeur moyenne et 8 m. 40 de hauteur. Les $3/5$ de la dépense faite pour cette construction ont été employés à l'achat de la pierre ; le quart de cette dépense a servi au paiement des tailleurs de pierre ; le mortier a coûté un tiers de la somme donnée pour la taille des pierres ; et 961 f. 90, reste de la dépense totale, ont été déboursés pour payer la main-d'œuvre de la maçonnerie. On demande quelle est l'épaisseur des murs, sachant : 1° qu'il y a eu, outre la pierre nécessaire pour les murs, 14 mèt. cub. 869 de pierre employée pour la saillie des corniches, des plates-bandes, etc. ; 2° qu'il y a une porte ayant 1 m. 70 de largeur sur 4 m. 30 de hauteur, 13 croisées ayant 1 m. 70 de largeur sur 3 m. 40 de hauteur, et 14 croisées ayant 1 m. 45 de largeur sur 2 m. 80 de hauteur ; 3° que le mortier entre pour $1/10$ dans le volume de la maçonnerie ; 4° que la pierre de taille a été payée 1 f. 80 les 45 dm^3.

P. 3842. Quelles seront les dimensions d'une grange qui, indépendamment du comble, doit avoir 810 m^3 de capacité, si la largeur est égale aux $4/7$ de sa longueur, et si sa hauteur, jusqu'à la gouttière, est les $2/5$ de la longueur ?

P. 3843. Un riche propriétaire désire faire un réservoir d'eau, afin que, dans les sécheresses, il puisse arroser ses propriétés, en donnant un débit de 25 lt. par minute, et qu'il puisse en fournir pendant 90 jours en comptant les jours de 24 heures. Dites quelles seront les dimensions de ce bassin, si on le fait 2 fois plus long que large, et si la profondeur est la moitié de la largeur.

P. 3844. En faisant abstraction des embrasures des fenêtres, un salon peut contenir 833 hl. 49 d'air ; sa largeur est les $2/3$ de sa longueur ; et sa hauteur, les $3/4$ de sa largeur ; il y a 4 fenêtres ayant 1 m. 30 de largeur sur 2 m. 5 de hauteur, et une porte de 1 m. 60 de largeur sur 2 m. 90 de hauteur : combien coûtera la tenture de ce salon en papier de 12 f. 50 le rouleau, chaque rouleau ayant 10 m. 40 de longueur sur 0 m. 54 de largeur ? Le rouleau de bordures, qui en comprend 3 bandes, coûte un prix double ; il y a un déchet de 20 dm^2 par rouleau ; le collage coûte 0 f. 80 le mètre carré, et les lambris ont 0 m. 80 de hauteur.

P. 3845. En faisant abstraction des embrasures de 6 croisées ayant 1 m. 70 de largeur sur 3 m. 40 de hauteur, un salon dont la hauteur est les $5/8$ de la longueur ; et la largeur, les $13/9$ de la hauteur, peut contenir 2 106 hectolitres d'air. De plus, il a deux portes dont la largeur est de 1 m. 50 sur 2 m. 70 de hauteur : combien coûtera la tenture de ce salon en papier de 15 f. le rouleau ? Chaque rouleau couvre une superficie de 3 m. carr. 6 ; le collage coûte 0 f. 60 par mètre carré ; le rouleau de bordures, long de 10 m. 40, et comprenant 3 bandes, coûte 30 f. ; le collage des bordures coûte 0 f. 03 le mètre linéaire, et les lambris ont 0 m. 92 de hauteur.

P. 3846. Un bassin contient 1093 mèt. cub. 75 d'eau quand il est plein ; sa longueur est à sa largeur comme 7 est à 5, et à sa profondeur comme 5 est à 3 : quelles sont les dimensions de ce bassin ?

P. 3847. En supposant que la production moyenne d'un hectare soit égale à 20 hl. de froment du poids de 76 kg., on demande : 1° combien coûte en fumier seulement le froment récolté dans un champ d'une superficie égale à celle d'un cercle de 8 Dm. de rayon, le prix du fumier étant de 3 f. 50 le mèt. cube du poids de 750 kg., le prix du charroi pour conduire dans le champ le fumier nécessaire étant de 50 f., et 187 Dg. de grain demandant 22 kg. de fumier ; 2° quelles sont les dimensions du tas de fumier, sa longueur, sa largeur et sa hauteur étant proportionnelles aux nombres 15, 8 et 3.

P. 3848. Combien coûteront les travaux de terrassement pour l'ouverture des tranchées du drainage d'un terrain argileux de 23 Dm. de longueur sur 87 m. 10 de largeur ? Les drains sont dans le sens de la longueur à 6 m. 70 de distance ; et le drain collecteur est dans le sens de la largeur ; la profondeur des tranchées est de 0 m. 91 ; leur largeur est de 0 m. 45 à l'ouverture et de 0 m. 15 dans le fond ; la journée des ouvriers est de 10 heures ; et son prix, de 2 f. 35 ; la fouille avec le jet d'un mètre cube de terre demande un travail de 2 heures.

P. 3849. Combien aurait-on pu faire de pièces de 20 f., de 5 f. et de 10 f. avec un lingot d'or pur égal en solidité à un prisme triangulaire qui a 25 cm. à chacun de ses côtés, et 45 cm. de longueur ?

P. 3850. Dans le sondage d'un terrain houiller, on a reconnu 24 couches de houille ayant ensemble une épaisseur de 18 m. ; le terrain dans lequel on les a trouvées présente une superficie équivalente à celle d'un polygone régulier de 9 côtés dont chacun aurait une longueur de 16 Dm. : combien de tonnes de houille peut-on espérer de tirer de ce terrain, s'il y en a $1/3$ de perdu pour les piliers qu'on est obligé de laisser, le mètre cube de houille compacte pesant 1328 kg. ?

P. 3851. Un poêlier-fumiste doit faire 25 m. 70 de tuyaux de tôle ayant 27 cm. de diamètre ; il emploie pour cela des feuilles de tôle de 0 m. 90 de largeur sur 1 m. 50 de longueur : combien de feuilles de tôle devra-t-il employer, chaque feuille formant une pièce de tuyaux ayant 1 m. 50 de longueur, et perdant 0 m. 05 par la pénétration mutuelle des pièces ?

P. 3852. Un poêlier doit faire 18 m. 45 de tuyaux de tôle ; chaque pièce des tuyaux a 0 m. 67 de longueur, et les pièces pénètrent l'une dans l'autre de 0 m. 08 ; leur diamètre est de 22 cm. : combien de feuilles de tôle devra-t-il employer pour cette confection, si chaque feuille a 1 m. 35 de longueur ?

P. 3853. Pour faire le sondage d'un terrain où l'on espère trouver une mine, on a foré un puits de 0 m. 08 de diamètre sur 72 m. de profondeur : combien de mètres cubes de déblais a-t-on extraits ?

P. 3854. **Pour un mètre cube de maçonnerie en moellons bruts** de pierre meulière, on emploie 0 mèt. cub. 45 de mortier ou 0 mèt. cub. 36 de plâtre en poudre; pour un mètre cube de maçonnerie en moellons smillés, on emploie 0 mèt. cub. 35 de mortier ou 0 mèt. cub. 29 de plâtre; pour un mètre cube de maçonnerie en moellons d'appareil, on emploie 0 m. cub. 27 de mortier ou 0 mèt. cub. 22 de plâtre. Supposé que les murs extérieurs d'une maison soient du 1er genre de maçonnerie, combien faudra-t-il de mètres cubes de mortier, ou combien faudrait-il de mètres cubes de plâtre, si cette maison a, hors d'œuvre, 28 m. de longueur, 8 m. 60 de largeur, 12 m. 75 de hauteur, et si les murs ont une épaisseur moyenne de 0 m. 65? Combien faudrait-il de mortier ou combien faudrait-il de plâtre s'ils étaient de chacun des deux autres genres de maçonnerie? Il est à remarquer que le bâtiment a : 1° une porte cintrée ayant 2 m. 10 de largeur, et 3 m. 20 de hauteur jusqu'à la naissance du cintre; 2° 68 fenêtres ayant en moyenne 2 m. 20 de hauteur et 1 m. 75 de largeur.

P. 3855. Pour le défilage des chiffons dans la fabrication du papier, on se sert d'un vaste bassin qu'on appelle pile, et qui se construit soit en bois, soit en pierre, soit en fonte; sa profondeur est d'environ 0 m. 65; sa largeur intérieure est de 1 m. 45; et sa plus grande longueur intérieure est d'environ 3 m. 50; il est terminé cylindriquement à chacune des deux extrémités de cette longueur: combien de litres d'eau contient-il lorsqu'il est rempli aux $2/3$, ainsi qu'on a coutume de le faire?

P. 3856. Lorsqu'un corps est plongé dans un liquide, il perd une portion de son poids égale au poids du liquide déplacé. On demande, d'après ce principe, quel sera le poids d'un cylindre de fonte plongé dans l'eau, sachant que le rayon de la base de ce cylindre est de 0 m. 18; et sa hauteur, de 0 m. 35, la densité de la fonte étant 7,207.

P. 3857. Sur un bateau à vapeur de la force de 80 chevaux, le diamètre de chacun des deux cylindres à vapeur est de 0 m. 94; la longueur de la course des pistons est de 0 m. 914; la tension de la vapeur est, en atmosphères, de 1,333; et sa densité est alors de 0,0008, celle de l'eau froide étant 1. Or, un kilogramme de houille cassée en petits morceaux peut produire 45 hg. de vapeur. On demande combien on consommera de kilogrammes de houille par heure sur ce bateau, la vapeur cessant d'arriver dans les cylindres aux $7/10$ de la course des pistons, et le nombre des coups de piston étant de 30 par minute. La vapeur agit à chaque coup dans les deux sens.

P. 3858. Un lingot d'or pur vaut 46 000 f.; sa forme est celle d'un cylindre dont la base a 0 m. 012 de rayon: quelle est sa hauteur, la densité de l'or étant 19,258? On sait que la retenue par kilogramme d'or au titre de la monnaie est, au Change des Monnaies, de 6 f. 70.

P. 3859. On a versé 244 hg. de mercure dans un vase cylindrique dont le fond a 17 cm. $1/2$ de diamètre. La densité du mercure étant de 13,6, à quelle hauteur le liquide s'élèvera-t-il?

P. 3860. **Un demi-kilogramme de plomb filé pour lier les espaliers et les treilles des jardins se vend, pour le n° 1er, 3 f.; et il** a 168 m. de longueur : en admettant que ce fil soit parfaitement cylindrique, quel est son diamètre?

P. 3861. On demande : 1° combien on peut faire de barres cylindriques ayant 15 mm. de diamètre, avec une masse de fer qui pèse 4545 kg., si chaque barre a 4 m. 50 de longueur; 2° combien on doit vendre la barre au prix de 0 f. 40 le kilogramme.

P. 3862. Quelle est la capacité intérieure d'un tuyau de poêle ayant deux coudes rectangulaires, le diamètre étant de 16 cm. et la plus grande longueur de ce tuyau étant de 4 m. 25 pour la 1re ligne de tuyau, de 1 m. 75 pour la 2e, et de 2 m. 75 pour la 3e?

P. 3863. Quelle est la capacité d'un tuyau de poêle présentant trois coudes rectangulaires? Le diamètre du tuyau est de 9 cm.; la longueur du 1er côté des angles est de 2 m. 52 ; celle du 2e, de 3 m. 24; celle du 3e, de 1 m. 44 ; et celle du 4e, de 0 m. 27.

NOTA. Pour cuber approximativement une pièce de bois en grume, il faut : 1° chercher le milieu de la longueur ; et, à ce point, prendre, avec une ficelle ou un mètre flexible, le contour de la pièce de bois; 2° prendre les 2/9 du contour trouvé, ce qui donne l'équarrissage de la pièce de bois ; 3° élever au carré ces 2/9 du contour, ce qui donne la superficie moyenne de la base ; 4° multiplier ce dernier résultat par la longueur de la pièce de bois.

Un autre procédé à suivre consiste : 1° à diminuer de 1/5 la circonférence mesurée au milieu de la pièce de bois; 2° à prendre le quart du reste pour avoir l'équarrissage, et opérer comme il est indiqué ci-dessus aux nos 3° et 4°.

Ces deux procédés donnent approximativement le volume de la pièce de bois équarrie que l'on peut tirer de la pièce de bois en grume.

P. 3864. En employant le 1er procédé indiqué, dites quel est le volume d'un tronc d'arbre ayant une circonférence moyenne de 1 m. 25, et une longueur de 15 m. 35.

P. 3865. En employant le 2d procédé indiqué, dites : 1° quel est le volume d'un tronc d'arbre ayant une circonférence moyenne de 2 m. 85, et une longueur de 12 m. 50; 2° combien on pourra tirer de planches de ce tronc d'arbre, si chaque planche a 3 m. 125 de longueur et 0 m. 035 d'épaisseur; 3° quelle somme procurera la vente de ces planches au prix de 1 f. 40 le mètre linéaire.

P. 3866. Un particulier a abattu 5 pieds d'arbres ; comme il veut les vendre 0 f. 12 le décimètre cube, il désire savoir quelle somme il en retirera. Le 1er a 5 m. 85 de longueur et 0 m. 85 de tour ; le 2e a 6 m. 45 de longueur et 0 m. 95 de tour; le 3e a 7 m. de longueur et 1 m. 30 de tour; le 4e a 9 m. 85 de longueur et 0 m. 65 de tour; le 5e a 10 m. de longueur et 0 m. 75 de tour. Le vendeur demande lequel est préférable de faire cuber son bois en se servant, pour opérer, des 2/9 ou du 5e du contour. Il demande, en outre, combien il aura de surplus en se servant d'un moyen préférablement à l'autre.

P. 3867. Un marchand de planches a acheté trois chênes sur pied, pour la somme de 100 f. chacun; il a employé quatre hommes pour les abattre, lesquels ont mis trois jours, et ils gagnaient 3 f. 50 par jour. On demande : 1° combien l'on a fait de planches avec les trois arbres, le 1ᵉʳ ayant 8 m. de longueur, et 1 m. 85 de contour à son milieu ; le 2ᵉ, 11 m. 45 de longueur et 1 m. 65 de contour ; et le 3ᵉ, 13 m. de longueur et 1 m. 38 de contour ; chaque planche ayant 0 mèt. 03 d'épaisseur, et pour longueur la moitié du tronc ; 2° combien il a gagné sur son marché, s'il vend ces planches au prix de 1 f. 20 le mètre linéaire, et si, avec les débris, il a fait 8 st. de bois de chauffage qu'il a vendus 8 f. 75 le stère ; il est encore à remarquer qu'il a payé 0 f. 75 par planche pour les faire scier, et qu'il a payé 8 f. de charroi ; 3° on demande enfin combien chaque pièce de bois, après avoir été équarrie, contenait de décimètr. cubes. Pour les calculs, on emploie le 1ᵉʳ procédé indiqué pour le cubage du bois.

P. 3868. Un tuyau de fonte pour la conduite du gaz a un diamètre intérieur de 0 m. 24, une épaisseur de 0 m. 012 et une longueur de 3 130 m. La densité de la fonte étant 7,207, et son prix étant de 19 f. 50 le quintal métrique, on demande quelle est la valeur de cette conduite de gaz.

P. 3869. Le propriétaire d'une maison veut faire creuser dans sa cour un puits ayant 2 m. 36 de diamètre ; la maçonnerie doit avoir 0 m. 50 d'épaisseur prise sur le diamètre ci-dessus indiqué ; on présume que l'on trouvera l'eau à 32 m. de profondeur. L'extraction d'un mètre cube de terre, y compris le transport, coûte 3 f. 50 ; et le mètre cube de maçonnerie coûte 20 f. 50 : à quelle somme ce puits reviendra-t-il ?

P. 3870. Quelle somme a coûtée le polissage d'un monument en marbre composé d'un socle dont les 4 faces ont chacune 0 m. 35 de largeur sur 0 m. 28 de hauteur, et d'une pyramide quadrangulaire dont les 5 faces ont chacune 0 m. 33 de base et 0 m. 85 d'apothème, ce travail pouvant être évalué sur le pied de 8 f. 50 le mètre carré ?

P. 3871. Un fabricant de coutellerie a acheté 45 limes usées au prix de 52 f. 50 le quintal métrique ; 25 présentaient la figure d'une pyramide triangulaire, dont la hauteur était en moyenne de 0 m. 37, et dont le triangle de la base avait 0 m. 03 sur l'une de ses faces et 0 m. 02 sur chacune des deux autres ; les autres limes présentaient la figure d'un parallélipipède rectangle ayant 0 m. 35 de longueur, 0 m. 028 de largeur et 0 m. 006 d'épaisseur. La densité de l'acier étant de 7,8163, combien ce fabricant devra-t-il débourser ?

P. 3872. Combien pourrait-on mettre d'hectolitres de pommes de terre dans un silo d'une capacité égale à celle d'un bassin pyramidal à base pentagonale régulière, dont la profondeur est de 5 m. 24, le côté de la base étant de 1 m. 75 ?

P. 3873. Avec des pierres à bâtir, on a formé une pyramide hexagonale régulière de 4 m. 80 de hauteur : le côté de la base étant de 1 m. 18, combien faudrait-il de voitures à deux chevaux pour enlever ces pierres : 1° si les chevaux tirent ensemble avec une force de 375 kg. ; 2° si le poids de la voiture est le quart de la charge totale ; 3° si le rapport du tirage à la charge totale est de 0,25 ; 4° si ces pierres pèsent 1 345 kg. par mètre cube ?

P. 3874. Supposé : 1° que des pierres à bâtir eussent un poids de 1715 kg. par mètre cube ; 2° que ces pierres formassent une pyramide heptagonale régulière de 6 m. 75 de hauteur, dont la base aurait 2 m. 80 de côté, combien faudrait-il de voitures à 2 chevaux pour les transporter? On sait : 1° que les chevaux tirent ensemble avec une force de 320 kg.; 2° que le rapport du tirage à la charge totale est 0,165; 3° que le poids de la voiture est les 7/23 de la charge totale.

P. 3875. Avec des pierres meulières à bâtir, on a formé un tas ayant la forme d'une pyramide octogonale régulière de 7 m. 86 de hauteur, dont le côté de la base est de 2 m. 34 : combien faudrait-il de voitures à deux chevaux pour transporter ces pierres? On sait : 1° que les chevaux tirent avec une force de chacun 212 kg.; 2° que le rapport du tirage à la charge est de 0,125; 3° que le poids de la voiture est le quart de la charge totale; 4° que le poids des pierres est de 1 248 kg.

P. 3876. Quelle somme devra-t-on verser pour payer 32 limes usées présentant la figure d'un cône de 0 m. 27 de longueur et de 0 m. 0471 de circonférence à la base, si elles coûtent 0 f. 50 le kilogramme? On sait que la densité de l'acier est de 7,8 163.

P. 3877. Un décimètre cube de sucre pesant environ 1 606 gr. 1/2, quel sera le poids d'un pain de sucre dont le diamètre de la base aura 32 cm., et dont la hauteur sera égale à 6 fois le rayon de la base; et quelle sera la valeur de ce pain de sucre, si on le paie 1 f. 75 le kilogramme?

P. 3878. Un décimètre cube de sucre pèse environ 1 606 gr. 1/2 : quelles sont les dimensions d'un pain de sucre dont la hauteur est égale à 2 fois le diamètre de la base, et dont le poids est de 11 kg. 921 gr. 378 2?

P. 3879. Que doit coûter une pièce de bois de chêne qui a 0 m. 72 de côté à l'une de ses extrémités, 0 m. 35 à l'autre, et 8 m. 40 de longueur, si le mètre cube vaut 130 f.?

P. 3880. Quel est, en décistères, le volume d'une pièce de bois qui a 0 m. 45 d'équarrissage à l'une de ses extrémités, 0 m. 25 à l'autre, et 15 m. 75 de longueur?

P. 3881. On demande la capacité d'un vase ayant intérieurement la forme d'une pyramide décagonale tronquée, dont la grande base a 0 m. 15 de côté, la petite base, 0 m. 08, et dont la profondeur est de 0 m. 27.

P. 3882. On demande la largeur d'un bassin pouvant contenir autant d'hectolitres d'eau qu'un autre bassin dont l'intérieur présenterait la forme d'une pyramide pentagonale tronquée ayant 2 m. 45 de côté à sa grande base, 1 m. 35 à sa plus petite base et 3 m. 75 de profondeur, sachant que la longueur du 1er bassin est double de la largeur demandée et que sa profondeur en est le triple.

P. 3883. Un peintre a mis en couleur ordinaire la surface extérieure de 8 poteaux présentant la forme d'une pyramide quadrangulaire tronquée; le volume de chacun d'eux est de 196 656 cm³; les bases étant carrées, le côté de la base supérieure est les 14/17 de celui de la base inférieure; et celui-ci est le 6e de la hauteur. En supposant l'apothème de la pyramide tronquée sensiblement égal à la hauteur, quelle somme est due à ce peintre, s'il est payé à raison de 0 f. 25 le mètre carré?

P. 3884. Combien faut-il de litres d'eau pour remplir un vase qui présente la forme d'un pétrin, c'est-à-dire la forme d'un prisme à base trapézoïdale tronquée symétriquement à chacune de ses deux extrémités? A l'intérieur et à l'ouverture, ce vase a 2 m. 46 de longueur sur 2 m. 32 de largeur; et dans le fond, 1 m. 46 de longueur sur 1 m. 31 de largeur. La profondeur du vase est de 95 cm.

P. 3885. Un vase présente la même forme que celui qui est mentionné au Probl. précédent; ce vase, dans l'intérieur, a 1 m. 45 de plus grande longueur sur 0 m. 95 de plus grande largeur; et 1 m. 15 de plus petite longueur sur 0 m. 65 de plus petite largeur: quelle est sa capacité si sa profondeur est de 0 m. 75?

P. 3886. Quel serait le poids d'une masse de fonte présentant la même forme que les vases mentionnées aux deux Probl. précédents, et qui aurait 25 cm. sur le grand côté de sa base inférieure, 15 cm. sur le petit, 20 cm. sur le grand côté de sa base supérieure et 12 sur le petit; la hauteur étant de 45 cm.? On sait que la pesanteur spécifique de la fonte est 7,207.

P. 3887. Combien faut-il payer pour un tas de pierres ayant 25 m. 35 de longueur, et 22 m. 25 de largeur à sa base inférieure, 23 m. 45 de longueur et 20 m. 35 de largeur à sa base supérieure? La hauteur est de 3 m. 45, et on estime que le mètre cube vaut 7 f. 50.

P. 3888. Dans la construction d'un chemin de fer, il faut 4 m³ de sable par mètre courant de chaussée: combien de mètres courants pourra-t-on garnir avec 245 tas de sable ayant chacun en moyenne 15 m. 26 de longueur sur 3 m. 18 de largeur à la base inférieure, 13 m. 82 de longueur sur 1 m. 50 de largeur au sommet et 2 m. 15 de hauteur? et quel sera le prix de tout ce sable à 4 f. 50 le mètre cube rendu sur la voie?

P. 3889. Dans une grange, se trouve un tas de paille de froment ayant 6 m. 25 de longueur à sa base, 4 m. 72 à son sommet, 2 m. 84 de largeur à la base, et 3 m. 42 de hauteur; un quintal métrique de gerbes de froment non battu occupe un espace de 920 dm³, et la paille n'est que les $7/10$ du poids total: combien de jours un homme emploiera-t-il pour hacher cette paille, sachant qu'avec une machine hache-paille il peut couper 140 kg. de paille par jour?

P. 3890. Un manœuvre, élevant des matériaux avec une brouette en montant une rampe et revenant à vide, peut élever 60 kg. à 0 m. 02 par seconde et travailler 10 heures par jour: combien de jours emploiera-t-il pour transporter à 3 m. 15 de hauteur un tas de sable argileux ayant à sa base 8 m. 70 de longueur sur 4 m. 86 de largeur; au sommet, 5 m. 32 de longueur sur 2 m. 15 de largeur, et 1 m. 55 de hauteur verticale; ce sable pesant 1740 kg. le mètre cube?

P. 3891. Un menuisier a fait en planches de chêne un réservoir ayant la forme d'un prisme à base trapézoïdale, tronqué symétriquement à chacune de ses deux extrémités, et présentant la forme des tas de pierres disposées sur les routes. La profondeur de ce réservoir est de 1 m. 64; la longueur du fond est de 5 m. 76; et sa largeur, de 2 m. 10; la longueur du bord du

ÉVALUATION DES VOLUMES.

réservoir est de 6 m. 80 ; et sa largeur, de 2 m. 51 : combien d'hectolitres d'eau contiendra-t-il ?

P. 3892. Un menuisier a fait un pétrin présentant la même forme que le réservoir cité au Probl. précédent ; la profondeur de ce pétrin est de 0 m. 72 ; la longueur du fond, de 1 m. 25 ; sa largeur, de 0 m. 52 ; celle du bord supérieur, de 2 m. 06 ; et sa largeur, de 0 m. 78 : quelle est, en litres, la capacité de ce pétrin ?

P. 3893. Un vase présente la forme d'un cône tronqué dont le rayon de la base inférieure est de 0 m. 15 ; le diamètre de la base supérieure, de 0 m. 36 ; et dont la profondeur est de 0 m. 45 ; ce vase est rempli d'acide nitrique dont la densité est 1,217. On demande la valeur de cet acide nitrique, si on le vend 0 f. 80 le litre ?

P. 3894. Un cuvier a 1 m. 30 de diamètre au fond et 1 m. 50 de diamètre au bord supérieur ; sa profondeur est de 0 m. 80 : combien pourra-t-il contenir de barils de vendange, si la contenance de chaque baril est de 60 litres ?

P. 3895. Quelle sera la dépense à supporter pour faire préparer 12 colonnes de fonte ayant chacune 25 cm. de diamètre à la base inférieure, 15 cm. à la base supérieure, et 3 m. 75 de hauteur, le kilogramme de fonte étant payé au prix de 0 f. 35 ? La densité de la fonte est, pour ces colonnes, de 7,4.

P. 3896. Un bassin, ayant la forme d'un cône tronqué, est rempli d'eau. On demande : 1° combien il contient de kilolitres, puis de décilitres, sachant que la circonférence de la base est de 16 mèt. 96 ; celle du sommet, de 15 mèt. 86, et la profondeur est de 5 m. 35 ; 2° dans combien de temps il sera mis à sec, si on y applique trois robinets, et si le 1er donne 4 lit. 625 en une minute ; le 2e, 28 lit. 875 en 8 minutes ; et le 3e, 13 lit. 75 en $1/_{10}$ d'heure ; 3° combien il faudrait de temps à chaque robinet coulant seul pour épuiser cette quantité d'eau.

P. 3897. Dans un grenier, se trouve un tas de blé qui présente la forme d'un cône tronqué ayant 1 m. 24 de hauteur, 16 m. 9664 de circonférence à sa base inférieure, et 10 m. 9956 de circonférence à sa base supérieure : combien de jours a-t-on employés pour battre ce grain avec une machine qui en bat 28 hl. par jour ?

P. 3898. La cheminée d'une usine présente la forme d'un cône tronqué ayant à sa base 2 m. 45 de diamètre extérieur, l'épaisseur de la maçonnerie étant de 0 m. 50 ; à son sommet, le diamètre extérieur est de 1 m. 25 ; et l'épaisseur de la maçonnerie, de 0 m. 35 ; la hauteur de la cheminée est de 22 m. 85. Elle repose sur un foyer prismatique qui a pour base un hexagone régulier dont les côtés ont 1 m. 80 de longueur extérieure et 1 m. 05 dans l'intérieur du foyer. Ce foyer, dont la hauteur est de 4 mèt. 50, est construit avec des briques de mêmes dimensions que les briques de la cheminée. L'épaisseur des joints du mortier est de 1 cm. Les briques, ayant 0 m. 22 de longueur sur 0 m. 11 de largeur et 0 m. 05 d'épaisseur, coûtent 45 f. le mille ; la chaux a coûté en tout 80 f., et le sable, 35 f. On a employé 5 ouvriers pendant 15 jours, et ils gagnaient chacun 3 f. 45 par jour. On leur a de plus donné pour équipages et faux frais 0 f. 25 par

13*

mètre carré de maçonnerie mesurée à l'extérieur. On suppose l'apothème ou la génératrice du tronc de cône de la cheminée sensiblement égale à la hauteur. D'après ces données on demande quelle somme a dû coûter cette cheminée.

P. 3899. Un tonnelier veut faire un seau pouvant contenir un double-décalitre d'eau : quelle profondeur devra-t-il donner à ce seau, la circonférence supérieure étant de 0 m. 96; et la circonférence inférieure, de 0 m. 84, le tout à l'intérieur ?

P. 3900. Un vannier doit faire des corbeilles contenant chacune 1 hl.; leur diamètre inférieur sera de 0 m. 64; leur diamètre supérieur, de 0 m. 75 : quelle devra être leur profondeur ?

P. 3901. Le vide intérieur d'un haut-fourneau marchant au coke, et servant à fondre le minerai de fer, se compose de deux troncs de cônes renversés réunis par leur plus grande base; l'un se nomme la *cuve*; sa hauteur est les 2/3 de la hauteur totale du fourneau; son plus grand diamètre est le sixième de la même hauteur; et son petit diamètre est les 2/3 du grand. L'autre tronc de cône se nomme les *étalages*; son grand diamètre est le même que celui de la cuve; son petit diamètre est le tiers du grand; et sa hauteur est les 5/24 de la hauteur totale du fourneau. On demande quelle est la capacité intérieure de ce haut-fourneau, sa hauteur étant de 15 m.

P. 3902. On demande quelle est la capacité intérieure d'un haut-fourneau marchant au charbon de bois et qui est formé de deux cônes tronqués dont la hauteur totale est de 12 m., sachant : 1° que la hauteur de la cuve est les 4/5 de la hauteur totale; 2° que son grand diamètre est le quart de la même hauteur, et que son petit diamètre est le tiers du grand; 3° que la hauteur des étalages est le sixième de la hauteur totale, que leur grand diamètre est le même que celui de la cuve, et que leur petit diamètre est le tiers du grand.

P. 3903. On avait un cône massif de plomb; on en a coupé une partie qu'on a vendue 0 f. 75 le kilogramme; la partie qui reste a 45 cm. de diamètre à sa base, 30 cm. de diamètre à la partie tronquée, et 25 cm. de hauteur. On demande : 1° quel était le poids de la partie vendue; 2° celui de la partie restante ; 3° la somme retirée de la partie vendue; 4° la valeur de la partie restante; 5° le poids total, et enfin la valeur totale, le poids spécifique du plomb étant de 11,352.

P. 3904. On a un pain de sucre tronqué qui a 70 cm. de circonférence à sa base, 30 cm. à sa partie tronquée, et 24 cm. de hauteur. On demande : 1° combien ce pain de sucre contenait de décimètres avant qu'on l'eût tronqué; 2° sa hauteur totale; 3° combien il pèse de kilogrammes si un décim. cub. pèse 16 hg.; 4° combien coûte le pain entier, si on le paie 0 f. 75 le demi-kilogramme.

P. 3905. Un tas de sable présentant la forme d'un cône tronqué a 8 m. 50 de circonférence à sa base inférieure, 3 m. 75 de circonférence à sa base supérieure, et 2 m. 95 de hauteur. Dites quelle serait la hauteur du tas de sable si l'on achevait le cône et combien il faudrait pour cela y ajouter de mètres cubes de sable.

P. 3906. Un réservoir ayant au bord et dans le fond une lon-

ÉVALUATION DES VOLUMES.   459

gueur de 16 m., sur 8 m. 77 de largeur au bord, et 7 m. 90 dans le fond, doit être rempli d'eau jusqu'aux $2/3$ de sa hauteur : combien d'hectolitres d'eau contiendra-t-il, sa profondeur étant de 1 m. 35?

P. 3907. On a une cuve ayant 2 m. 45 de diamètre au bord, 2 m. 20 dans le fond et 1 m. 25 de profondeur. On demande: 1° combien elle contient d'hectolitres; 2° combien il faut de tonneaux pour renfermer le contenu de cette cuve, si elle est remplie jusqu'à 5 cm. du bord, et si chaque tonneau a 50 cm de diamètre au bouge, 44 cm. à chacun des fonds et 1 m. 20 de longueur.

P. 3908. Un particulier a une cuve remplie de vin de Bordeaux ; on demande : 1° combien il y a d'hectolitres dans ce vaisseau, sachant que le diamètre du bord est de 4 m. 25, celui du fond de 4 m. 12, et qu'elle a 2 m. 75 de profondeur ; 2° combien il faut de tonneaux pour l'épuiser, s'ils ont chacun 0 m. 68 de diamètre intérieur au bouge, 0 m. 62 à chaque fond, et 0 m. 82 de longueur; 3° combien l'acquéreur doit le revendre le litre, s'il veut gagner 3 000 f. sur son marché. Il est à remarquer qu'il a payé par pièce 3 f. 25 pour le transport et 35 f. d'octroi, qu'il a déboursé 45 f. pour les frais de déchargement, et qu'il a payé l'hectolitre 145 f.

P. 3909. On demande le poids d'un tonneau rempli de vin de Bordeaux, sachant : 1° que ce tonneau a 0 m. 91 de hauteur d'un fond à l'autre ; 2° qu'il a 2 m. 18 de circonférence de bouge, 1 m. 94 de circonférence à chacun des deux fonds ; 3° que les douves dépassent chaque fond d'une longueur de 0 m. 07 ; 4° que leur épaisseur moyenne est de 0 m. 012 ; 5° que l'épaisseur de chacun des deux fonds est de 0 m. 018 ; 6° que le poids spécifique du bois est de 0,872, et celui du vin de 0,994 ; 7° que le tonneau a des cercles de fer dont le poids total est de 6 kg.

P. 3910. Un père de famille, ayant trois enfants, veut avant sa mort faire le partage de son avoir ; pour cela, il fait trois parts, de la manière suivante: la 1re consiste dans 130 pièces de vin de deux dimensions ; 95 pièces ont 96 cm. de diamètre au bouge, 90 à chacun de leurs fonds et 94 de longueur ; les autres ont 1 m. au bouge, 91 cm. à leurs fonds et 1 m. 20 de longueur. Il estime le vin 45 f. l'hectolitre. La 2e part consiste en 6 vignes estimées l'une dans l'autre à 6095 f. chacune. La 3e part consiste en une métairie qui donne chaque année un revenu de 2046 f., au taux de 4 $1/2$ p. 0/0. On a tiré les trois lots au sort ; l'aîné a eu les vignes, le cadet la métairie, et le dernier le vin. Dites: 1° comment on doit faire ce partage, pour que chacun des enfants ait le même capital; 2° quels sont ceux qui doivent rembourser, et combien, pour garder la part qui leur est échue.

P. 3911. Dans un tonneau qui a 1 m. 25 de longueur intérieure, 0 m. 92 de diamètre au bouge et 0 m. 76 de diamètre aux deux fonds, la hauteur de l'huile mesurée par la bonde et perpendiculairement, s'élève à 0 m. 68. On demande : 1° la quantité d'huile contenue dans le tonneau ; 2° sa valeur si elle coûte 1 f. 15 le litre.

Règle. Si le vide n'est pas égal au plein, on évalue le plus petit des deux au moyen de la règle suivante :

On multiplie la longueur intérieure du tonneau par la surface d'un cercle qui aurait pour rayon les $\frac{3}{4}$ de la hauteur de la partie mesurée, prise sur le diamètre du bouge. (On n'obtient qu'une approximation.)

P. 3912. Quel est le poids d'un tonneau d'alcool dont le fût, étant vide, pèse 40 kg.? On sait que le diamètre du bouge est de 0 m. 80; celui du fond, de 0 m. 70; la longueur intérieure, de 0 m. 90; et que la densité de l'alcool égale 0,84 : quelle sera la quantité d'alcool qui restera dans ce tonneau lorsqu'on en aura retiré une quantité telle, que celle qui restera ne s'élèvera plus qu'à 0 m. 54, étant mesurée par la bonde?

P. 3913. Après avoir pris les dimensions d'un tonneau, on a trouvé qu'il a 98 cm. de diamètre au bouge, 89 cm. à chacun de ses fonds, et 95 cm. de longueur. On demande : 1° quelle est sa capacité en litres ; 2° combien l'on a payé le litre de vin qu'il contient, si l'on a payé le tonneau 340 f. ; 3° combien il faut le revendre le litre si l'on veut gagner 25 p. 0/0 ; 4° combien il en restera de litres si, après en avoir vendu une certaine quantité, et avoir mesuré le reste par la bonde, ce reste ne s'élève plus qu'à 0 m. 36 de hauteur?

P. 3914. Un épicier a fait l'acquisition d'un tonneau d'huile de colza dont la longueur est de 1 mèt. 32 ; le rayon du bouge est de 0 m. 94 ; celui du jable, de 0 m. 85. Sachant qu'un décimètre cube de cette huile pèse 915 gr., et qu'elle vaut 138 f. 50 les 100 kg., on demande: 1° combien cet épicier devra débourser ; 2° combien il en reste de litres dans le tonneau lorsque, après en avoir vendu une certaine quantité et avoir mesuré la hauteur du reste par la bonde, on trouve cette hauteur de 0 m. 12.

P. 3915. On vient d'acheter une pièce d'huile d'olive dont la futaille a 1 m. 40 de longueur ; le diamètre du bouge est de 0 m. 90 ; et celui du jable, de 0 m. 70. Sachant qu'un décimètre cube de cette huile pèse 91 Dg. 1/2, et qu'elle vaut 170 f. les 100 kg., on demande : 1° quelle somme on devra débourser ; 2° combien il reste de litres d'huile dans le tonneau lorsque, après en avoir vendu une certaine quantité et avoir mesuré la hauteur du reste par la bonde, on trouve que cette hauteur est encore de 0 m. 75.

P. 3916. En supposant la Terre parfaitement sphérique, quelle serait sa surface, son diamètre étant de 12 733 km.?

P. 3917. En supposant la Lune parfaitement sphérique, quelle serait sa surface, son diamètre étant à celui de la Terre comme 3 est à 11, et le diamètre de la Terre étant de 12 733 km.?

P. 3918. Quel serait le volume d'un globe représentant le globe terrestre, et qui, ayant 0 m. 22 de rayon, aurait coûté 44 f.?

P. 3919. Dites le poids d'une sphère en platine purifié, qui a 45 cm. de circonférence, son poids spécifique étant de 19 500 gr.

P. 3920. Une chaudière de forme cylindrique a 1 m. 30 de diamètre et 1 m. 50 de profondeur. Cette chaudière étant remplie d'eau, on y plonge une sphère qui a 0 m. 45 de diamètre. On

ÉVALUATION DES VOLUMES. 461

demande : 1° le volume de la sphère ; 2° combien de litres d'eau sont sortis par suite de l'immersion de la sphère ; 3° quelle est la capacité de la chaudière.

P. 3921. Trouvez : 1° quel serait le poids d'un cône en fonte s'il avait 0 m. 56 de diamètre à sa base et 0 m. 56 de hauteur ; 2° quel serait le diamètre d'une sphère de la même matière, si cette sphère avait le même poids que le cône proposé. La densité de la fonte est de 7,207.

P. 3922. Un boulet de canon pèse 12 kg., et sa densité est 7,788 : quel est son diamètre ?

P. 3923. Dans la fabrication de la tôle fine, le déchet est, en moyenne, de 8 p. 0/0 ; l'épaisseur des feuilles est de 1 mm. 1/2 ; leur longueur, de 1 m. 50 ; et leur largeur, de 1 m. D'après ces données, on demande quel serait le rayon d'une sphère qui pourrait être fondue avec le fer qui a servi à la fabrication de 75 feuilles de tôle, sa densité étant 7,788.

P. 3924. On veut faire une chaudière ayant la forme d'une demi-sphère, et dont le diamètre intérieur soit de 2 m. 75 ; l'épaisseur de cette chaudière doit être de 0 m. 075. On demande quelle quantité de fonte il faudra liquéfier pour couler cette chaudière, la fonte subissant un déchet de 10 p. 0/0, et sa densité étant de 7,207.

P. 3925. Dans une usine on vient de faire une chaudière en fonte ayant la forme d'une demi-sphère qui a 2 m. 35 de diamètre à son ouverture, sans y comprendre son épaisseur qui est de 85 mm. Dites : 1° combien elle coûtera si le poids spécifique est de 7 kg. 754, et si on la vend à raison de 0 f. 45 le kilog. ; 2° quelle est, en litres, la capacité de cette chaudière.

P. 3926. Les deux chaudières cylindriques d'un bateau à vapeur ont chacune 8 m. 50 de longueur et 0 m. 85 de diamètre ; elles sont terminées par deux demi-sphères, la longueur de chacun des deux bouilleurs cylindriques de chaque chaudière est de 8 m. 65 sur 0 m. 50 de diamètre. Ces mesures étant prises à l'extérieur, l'épaisseur étant de 4 mm. 1/2, et l'eau s'élevant dans les chaudières jusqu'aux 2/3 de leur diamètre, on demande combien d'hectolitres d'eau elles contiennent, et combien en contiennent les 4 bouilleurs.

P. 3927. On a voulu ensemencer de ray-grass un champ d'une contenance telle, que cent fois le cuivre pur contenu dans la somme en monnaie de bronze déboursée pour l'achat de la graine, formeraient un secteur sphérique pris dans une sphère de 0 m. 35 de rayon, et dont la calotte aurait 0 m. 12 de hauteur. Cette graine ayant coûté 0 f. 70 le kilogramme, et le champ ayant absorbé 54 kg. de graine par hectare, on demande quelle est sa surface. On sait que la densité du cuivre est 8,788.

P. 3928. En vendant au prix de 18 f. l'hectolitre et demi la graine de sainfoin récoltée dans un champ, on a reçu en monnaie d'argent une somme dont l'argent pur formerait un secteur sphérique pris dans une sphère de 0 m. 04 de rayon, et dont la calotte aurait 0 m. 03 de hauteur. La densité de l'argent étant 10,4743, et la récolte de graine étant évaluée à 18 hl. 50 par hectare, on demande quelle est la surface du champ.

P. 3929. En vendant au prix de 0 f. 20 la botte de foin de

5 kg , on a retiré de la récolte en foin d'un champ de ray-grass une somme en argent d'un poids égal à la millième partie du poids d'un secteur sphérique en plomb, pris dans une sphère d'un rayon de 0 m. 78, et dont la calotte aurait une hauteur de 0 m. 27: quelle est la surface de ce champ, qui a fourni 7 630 kg. de foin par hectare? La densité du plomb est de 11,445.

P. 3930. En vendant au prix de 68 f. les 100 kg. la graine de ray-grass récoltée dans un champ qui en a produit 16 hl. de 41 kg. par hectare, on a retiré une somme en argent d'un poids égal à la centième partie du poids d'un secteur sphérique en bronze de 0 m. 37 de rayon, et dont la calotte aurait 0 m. 15 de hauteur : quelle est la surface de ce champ, la densité du bronze étant de 8,67?

P. 3931. Un champ de 5 ha. 31 a. a été ensemencé de trèfle à raison de 9 hl. 75 de graine en bourre par hectare. On demande quelle est la surface de la calotte servant de base au secteur sphérique en cuivre jaune d'un poids égal au poids de la somme en argent déboursée pour l'achat de la graine au prix de 98 f. les 100 kg., sachant que l'hectolitre de graine en bourre pèse 6 kg. que la densité du cuivre jaune est 8,40, et que le rayon de la sphère est de 0 m. 15.

P. 3932 Un champ de 133 a. 52, ayant été ensemencé de trèfle, a produit par hectare 48 hl. de graine en bourre : l'hectolitre pesant 6 kg. en bourre, et cette graine ayant été vendue à raison de 96 f. les 100 kg., on demande quelle est la surface de la calotte sphérique servant de base à un secteur sphérique de 0 m. 36 de rayon, supposé que ce secteur soit en acier d'une densité de 7,8163, et qu'il soit d'un poids égal au poids de la somme en argent retirée de la vente de la graine de trèfle récoltée dans le champ en question.

P. 3933. Un champ de 2 ha. 3612, ayant été ensemencé de trèfle, a fourni une récolte de 5 600 kg. de foin par hectare. Ce foin ayant été vendu à raison de 20 f. les 100 bottes de 5 kg., on demande le rayon de la sphère à laquelle appartiendrait un secteur sphérique en fer d'un poids égal au poids de la somme en bronze retirée de la vente de ce foin, supposé que la calotte sphérique qui lui sert de base eût une surface de 0 m. 0648, la densité du fer étant 7,788.

P. 3934. Un champ de 2 ha. 0580 a été ensemencé de trèfle violet, et l'on y a répandu 18 kg. 20 de graine par hectare. Cette graine ayant coûté 136 f. les 100 kg., on demande quel serait le rayon du secteur sphérique en étain d'un poids égal à celui de la somme en argent déboursée pour l'achat de la graine semée dans ce champ, supposé que la calotte qui sert de base au secteur eût une surface de 0 mèt. carr. 0 320, la densité de l'étain étant de 7,291.

P. 3935. Un champ d'une contenance de 5 ha. 1267 a été ensemencé de trèfle rouge ; il a donné une récolte de 586 kg. de graine par hectare. Cette graine ayant été vendue au prix de 132 f. les 100 kg., on demande le rayon d'un secteur sphérique d'un poids égal à celui de la somme en argent reçue pour la récolte du champ, supposé que la calotte qui sert de base au sec-

ÉVALUATION DES VOLUMES.

teur ait une surface de 0 m. carr. 0192, et que le secteur soit en zinc, dont la densité est 6,861.

P. 3936. On a un segment sphérique à deux bases, dont l'une a 0 m. 48 de rayon; et l'autre, 0 m. 403; la hauteur du segment est de 0 m. 08. Supposé qu'il soit en porcelaine de Sèvres, dont la densité est 2,1457, que son poids soit égal à celui de la somme en argent versée pour le paiement d'un champ acheté au prix de 2920 f. l'hectare, on demande quel sera le poids des betteraves récoltées dans ce champ, s'il en fournit 28400 kg. par hectare. Quelle sera aussi la surface de la zone sphérique enveloppant ce segment, le diamètre de la sphère étant de 0 m. 62?

P. 3937. On a un segment sphérique à deux bases, dont l'une a 0 m. 41 de rayon; et l'autre, 0 m. 252; la hauteur de ce segment est de 0 m. 12. Supposé qu'il soit en porcelaine de Chine, dont la densité est 2,3847, que son poids soit égal à celui de la somme en argent versée pour l'acquisition d'un terrain vendu au prix de 2180 f. l'hectare; on demande combien de kilogrammes de graine de betteraves il faudrait pour ensemencer ce terrain, sachant qu'il en faut 4 kg. 82 par hectare. Quelle serait la surface de la zone sphérique enveloppant ce segment, le diamètre de la sphère étant de 0 m. 52?

P. 3938. On a un segment sphérique à deux bases, dont l'une a 0 m. 35 de rayon; et l'autre, 0 m. 417; la hauteur du segment est de 0 m. 28. Supposé qu'il soit en verre de Saint-Gobain, dont la densité est 2,4882, et que son poids soit égal à cent fois celui de la somme en argent reçue pour la vente du foin de trèfle récolté dans un champ qui en a fourni 8740 kg. par hectare, quelle est l'étendue de ce champ si ce foin est vendu à raison de 21 f. les 100 bottes de 5 kg.? Quelle serait aussi la surface de la zone sphérique enveloppant ce segment, le rayon de la sphère étant de 0 m. 42?

P. 3939. Quel est le volume d'un segment sphérique à une base, s'il a 0 m. 17 de hauteur, le rayon de sa base étant de 0 m. 165, et quel serait le poids des carottes recueillies dans un terrain payé à raison de 875 f. l'hectare, si la somme en argent versée pour l'acquisition de ce terrain était d'un poids égal à celui de ce segment supposé en cuivre rouge dont la densité est 8,788? On sait que chaque hectare du terrain proposé a produit 4293 kg. de carottes.

P. 3940. Un segment sphérique à une base d'un rayon de 0 m. 424 est supposé en argent allié comme celui des monnaies, et son poids est égal à 10 fois celui de la somme en argent déboursée pour l'acquisition d'un terrain ayant coûté 987 f. l'hectare. Quel sera le poids de la récolte en panais faite dans ce terrain s'il en produit 36940 kg. par hectare? On sait que la densité de l'argent monnayé est 10,12, et que la hauteur du segment est de 0 m. 15.

P. 3941. Un segment sphérique extrême, dont la base a un rayon de 0 m. 62 et dont la hauteur est de 0 m. 32, a un poids égal à 100 fois celui de la somme en argent déboursée pour le paiement d'un champ vendu au prix de 580 f. l'hectare. Si ce segment était en plomb dont la densité est 11,445, quel serait le poids de la récolte en navets-turneps faite dans ce champ qui en a produit 38750 kilogr. par hectare?

P. 3942. Quelle est la quantité de navets de Suède récoltés dans un champ qui en a produit 56450 kg. par hectare; si ce champ, vendu au prix de 915 fr. l'hectare, a coûté une somme d'argent d'un poids égal à 5 fois la millième partie de celui d'un onglet sphérique en bronze pris dans une sphère de 1 m. 84 de diamètre? On sait que la densité du bronze est 8,67 et que l'angle du fuseau est de 142°.

P. 3943. Combien d'hectolitres de navets-turneps a-t-on récoltés dans un champ qui en a produit 31450 kg. par hectare, et qui, ayant été vendu sur le pied de 1150 f. l'hectare, a produit une somme en argent d'un poids égal à la centième partie de celui d'un onglet sphérique en étain pris dans une sphère de 1 m. 15 de diamètre? On sait que la densité de l'étain est 7,2914, que l'angle du fuseau est 91°, et que l'hectolitre de navets-turneps pèse 48 kg.

P. 3944. Quelle est la quantité d'hectolitres de betteraves divisées au coupe-racines qui aurait été récoltée dans un champ qui en a produit 24700 kg. par hectare, et qui, ayant été payée sur le pied de 1050 fr. l'hectare, a coûté une somme en argent d'un poids égal à la centième partie de celui d'un onglet sphérique en cuivre jaune pris dans une sphère de 0 m. 95 de diamètre? On sait que la densité du cuivre jaune est 8,4, que l'angle du fuseau est de 136°, et que l'hectolitre de betteraves divisées pèse 48 kg.

P. 3945. Un bassin de forme elliptique a 5 m. 45 de plus grand diamètre, 4 m. 25 de plus petit diamètre et 3 m. 25 de profondeur. Un autre, de forme circulaire, a 4 m. 865 de diamètre, et a la même profondeur que le premier bassin quel est le plus grand des deux, et de combien?

P. 3946. Quel est le poids d'un morceau de fer qui a pour base une ellipse dont les diamètres sont 85 cm. et 75 cm., et dont l'épaisseur est 1 m. 25? Quel est aussi le poids d'un autre morceau de fer qui a la forme d'un cylindre de 0 m. 80 de diamètre, sur une longueur égale à l'épaisseur du 1er, le poids spécifique étant de 7 kg. 788? Dites, en outre, combien on peut faire de barres ayant 15 mm. de côté, et 4 m. 50 de longueur, avec chacun de ces morceaux de fer.

P. 3947. Un bassin de forme elliptique a 28 m. de grand diamètre, 15 m. de petit diamètre, et 6 m. 75 de profondeur. On demande: 1° son contenu en hectolitres; 2° combien il faut de temps à 4 fontaines pour le remplir, sachant que la 1re donne 15 lit. 50 en une minute; la 2e, 18 lit. 75; la 3e, 42 lit. 84 en 3 minutes; et la 4e, 58 lit. 60 en 4 minutes.

P. 3948. On désire creuser un bassin de forme ovale; il doit avoir 15 m. de diamètre à son grand axe, 12 m. 75 à son petit, et 4 m. 50 de profondeur, sans y comprendre l'épaisseur du mur qui est de 45 cm. dans toutes ses parties. On demande: 1° combien on paiera pour le faire creuser, si l'entrepreneur demande 1 f. 75 par mètre cube de déblai; 2° combien coûtera la maçonnerie, si l'on paie 15 f. 45 par mètre cube; 3° combien on déboursera en tout; 4° quelle est la capacité de ce réservoir.

ÉVALUATION DES VOLUMES.

P. 3949. Trouvez le diamètre d'une sphère dont le poids est égal à un ellipsoïde aplati qui a 56 cm. à son grand axe, et 26 cm. à son petit ; ces deux solides sont en plomb, et leur poids spécifique est de 11 kg. 352.

DÉFINITIONS. Un *ellipsoïde* est un solide produit par la révolution d'une ellipse autour de l'un de ses axes.

Si le grand axe est l'axe de révolution, c'est-à-dire si l'ellipse tourne autour du grand axe, le solide obtenu est un *ellipsoïde allongé*.

Quand l'ellipse tourne autour du petit axe, le solide obtenu est un *ellipsoïde aplati*.

RÈGLES. On obtient le volume d'un ellipsoïde en multipliant le carré du grand axe par l'axe de révolution et par le sixième du rapport de la circonférence au diamètre, c'est-à-dire par $3,1416 \times 1/6 = 0,5236$.

Le volume d'un ellipsoïde est encore égal aux $2/3$ du volume d'un cylindre dont le diamètre de la base serait égal au grand axe, et dont la hauteur serait égale à l'axe de révolution de l'ellipsoïde.

P. 3950. Quel est le poids d'un objet en fer fondu formant un ellipsoïde allongé qui a 0 m. 45 cm. de rayon à son grand axe, et 25 cm. de rayon à son petit axe? Le poids spécifique du fer est de 7,788.

P. 3951. On a un morceau de fer d'une forme telle, qu'il est impossible d'en prendre les dimensions, et l'on n'a pas de poids pour le peser ; on le plonge dans un vase de forme cylindrique qui a un diamètre de 46 cm. et qui est rempli d'eau ; et, après l'avoir retiré, on trouve que le liquide ne monte plus qu'à 25 cm., au lieu qu'auparavant il montait à 49 cm. Dites quel est le poids du morceau de fer.

P. 3952. Un bloc de marbre de 174 dm³ doit être remplacé par un autre de forme cubique et d'un volume triple : quelles seront les dimensions de ce second bloc? Quelles seraient les dimensions respectives de trois autres blocs dont le 1er serait 12 fois plus petit que le bloc proposé en 1er lieu ; le 2e serait les $3/4$ de ce même bloc primitif ; et le 3e en serait les $7/2$?

P. 3953. Une plaque de fonte de 85 cm. de longueur, 38 de largeur et 2 d'épaisseur, doit être remplacée par une autre plaque semblable dont le volume est 5 fois plus grand : quels seront les côtés de cette dernière?

P. 3954. Un bassin a 4 m. de longueur, 2 m. de largeur et 1 m. 40 de profondeur ; on demande quelles seraient respectivement les dimensions de six autres bassins, dont le 1er serait 2 fois plus grand que le bassin proposé en 1er lieu ; le 2e serait 2 fois plus petit ; le 3e serait 5 fois $1/4$ plus grand ; le 4e les $4/5$ de ce même bassin proposé en 1er lieu ; le 5e en serait les $2/3$, et le 6e en serait les $8/5$.

PROGRESSIONS PAR DIFFÉRENCE

P. 3955. On a acheté un instrument d'optique appelé chambre noire qui a coûté une somme égale au 13e terme d'une progression par différence dont le 1er terme est 6 f. et dont la raison est 7 : combien devra-t-on débourser?

P. 3956. Les arbres d'une allée sont à 3 m. 15 de distance les uns des autres ; le 1er d'une rangée est à 4 m. 75 de l'une des extrémités de l'allée : à quelle distance de cette extrémité se trouve placé le 22e arbre de la même rangée?

P. 3957. Pour le commerce extérieur des grains, on a divisé les départements frontières en quatre classes; quand le prix de l'hectolitre dépasse, dans la 1re classe, 28 f.; dans la 2e, 26 f.; dans la 3e, 24 f.; dans la 4e, 22 f., on paie un droit de 0 f. 25 l'hectolitre à l'importation et de 6 f. à l'exportation ; puis, le droit d'importation augmente de 1 f. pour 1 f. de baisse par hectolitre, et le droit de sortie doit être augmenté de 2 f. par chaque franc de hausse. Si, actuellement, la sortie n'était pas prohibée, quelle serait la somme à payer par hectolitre dans la 1re région, le prix de l'hectolitre étant de 40 f.?

P. 3958. Un pharmacien a vendu de la graine de moutarde à 12 personnes ; chacune en a pris 4 hg. de moins que la précédente : combien la dernière en a-t-elle pris d'hectogrammes, et pour quelle somme? On sait que, au prix de 0 f. 60 le kilogramme, la 1re en a pris pour 4 f. 50.

P. 3959. On a vendu à neuf particuliers du caoutchouc qui a été payé 6 fr. 50 le kilogramme; le 1er en a pris 8 kg.; le 2e et chacun des autres en ont pris 5 kg. de plus que ceux qui les précédaient immédiatement : combien le 9e en a-t-il pris et pour quelle somme?

P. 3960. Quelle somme devra-t-on débourser pour un thermomètre à bains, dont le prix est égal au 1er terme d'une progression par différence, dont le 15e terme est 37 f. 50 et dont la raison est 2,50?

P. 3961. Un menuisier a acheté, dans l'espace de 6 ans, de la colle forte chez 16 marchands; il en a pris 89 kg. chez le dernier ; la quantité qu'il a prise de chacun des autres va en diminuant de 4 kg. On demande : 1° combien de kilogrammes lui a fournis le 1er; 2° la somme qu'il a dû débourser pour le 1er achat, le kilogramme ayant été payé 1 f. 75.

P. 3962. Un maître paveur a fait en pavés de trois, et à 4 f. 50 le mètre carré, le pavage de 4 cours dont la superficie de chacune surpasse de 15 mèt. carr. 24 la superficie de celle qui la précède immédiatement, et dont la plus grande a une surface de 159 mèt. carr. 68. On demande la superficie de la plus petite, et ce qui est dû au paveur pour cette même cour.

P. 3963. On a vendu du bois de sassafras à 12 personnes; chacune en a pris 24 hg. de moins que celle qui la précédait immédiatement; or, au prix de 15 f. le quintal métrique, la dernière personne en a pris pour 66 f. 72 : combien de kilogr. a pris la 1re, et pour quelle somme?

P. 3964. Un marchand de bois de chauffage a vendu, dans l'espace de trois mois, un certain nombre de stères de bois à 45 particuliers; chacun en a pris $5/8$ de stère de plus que le précédent. Or, le dernier en a acheté 31 st. $1/2$. Pour quelle somme le 1er en a-t-il acheté, le stère valant 12 f. 50 ?

P. 3965. Un marchand de bois de chauffage a vendu, dans le courant d'un mois, des fagots à 18 personnes; chacune en a pris 6 de plus que la précédente : combien la première en avait-elle pris? On sait que, au prix de 48 f. le cent, la dernière en a pris pour 56 f. 16.

P. 3966. On a acheté 10 morceaux de bois de Fernambouc dont le poids va graduellement en décroissant de $5/9$ d'hectogramme par morceau; or, le 10e morceau pèse 3 kg.: quel sera le poids du premier, et combien coûtera-t-il au prix de 0 f. 84 le kilogramme?

P. 3967. On a calculé que, depuis un siècle environ, le fermage avait suivi une progression constante par suite de laquelle il doublait tous les trente-deux ans. Or, le fermage d'une propriété était de 3640 f. en 1820, et de 7280 f. en 1852 : quelle a été l'augmentation annuelle?

P. 3968. En 1812, le total des importations de cotons en laine fut de 6 343 230 kg,; et, en 1819, il fut de 17 010 401 kg.; en supposant que ce total ait augmenté chaque année d'un même nombre de kilogrammes, on demande le montant de cette augmentation régulière et annuelle.

P. 3969. En 1820, le total des importations des cotons en laine fut de 20 203 314 kg.; en 1835, il fut de 38 759 819 kg.; en supposant qu'il ait augmenté chaque année d'un même nombre de kilogrammes, on demande quelle aurait été cette augmentation régulière et annuelle.

P. 3970. Quelqu'un qui avait acheté des assiettes de faïence à 1 f. 50 la douzaine, s'est acquitté en 20 paiements; le 1er était de 8 f.; le dernier, de 17 f. 50. On demande quelle était la différence constante entre chaque paiement.

P. 3971. Un ouvrier fabricant d'étoffe pour gilet a tissé 17 pièces de *valencia*; la 10e valait 11 f. 50 le mètre, et la 17e valait 15 f. : sachant que la valeur du mètre, pour chacune, était d'une même quantité plus grande que pour celle qu'il avait faite immédiatement avant, on demande cette augmentation de prix pour chaque pièce, et le prix du mètre pour la 1re.

P. 3972. On a acheté des cuirs de huit espèces: 1° du cuir de cheval dont on a pris 25 kg.; 2° 28 kg. de dépouilles de vache; 3° 42 kilog. de cuir de vache pour 1res semelles; 4° 50 kg. de cuir fort pour semelles; 5° 48 kg. de cuir de vache pour les quartiers des souliers; 6° 72 kg. de cuir de vache pour empeignes; 7° 36 kilog. de cuir de veau, 2e qualité; et 8° 45 kg. de cuir de veau, 1re qualité; le prix du kilogramme de cuir de cheval était de 1 f. 20, et le prix du kilogramme de cuir de veau, 1re qualité, de 7 f. 50 : en supposant que l'augmentation fût régulière d'un prix à l'autre, quel était le prix des autres sortes de cuir, et quelle somme a-t-on dépensée?

P. 3973. Une fermière a fourni du beurre à un certain nombre de personnes; la 1re en a pris $1/_2$ kg.; chacune des autres en a pris 5 hg. de plus que la précédente, et la dernière en a pris 6 kg.: à combien de personnes la fermière a-t-elle vendu?

P. 3974. Un boucher a acheté 12 veaux pour une certaine somme dont il s'est acquitté en plusieurs paiements; le 1er a été de 14 f.; le 2e, de 34 f. 25, et ainsi de suite jusqu'au dernier qui a été de 176 f.: en combien de paiements le boucher s'est-il acquitté?

P. 3975. Un fabricant de poteries a acheté, au prix de 4 f. le kilogramme, une certaine quantité de safre qu'il a payé en plusieurs fois; le 1er paiement a été de 6 f. 75; et le dernier, de 33 f. Chaque paiement augmentant de 3 f. 75, on demande combien le fabricant a fait de paiements.

P. 3976. Un ébéniste avait acheté de la colle forte qui lui avait été vendue 1 f. 70 le kilogramme. Comme il n'avait pas beaucoup d'avance, il s'est acquitté en plusieurs paiements; le 1er a été de 6 f. 80; et le dernier, de 34 f.; chaque paiement augmentait de 3 f. 40. On demande combien il a fait de paiements.

P. 3977. Un marchand de poisson a vendu de la perche à différentes personnes; la 1re lui en a pris 25 hg.; chacune des autres lui en a pris successivement $1/_2$ kg. de plus que celle qui la précédait, et la dernière en a pris 6 kg.: à combien de personnes a-t-il vendu, et quelle somme a-t-il dû recevoir de la dernière s'il a vendu le kilogramme 1 f. 25?

P. 3978. Pour creuser un puits de 19 m. de profondeur, on a payé 2 f. 30 pour le 1er mètre, chacun des autres mètres a coûté 0 fr. 40 de plus que le précédent: combien a-t-on payé pour le tout?

P. 3979. Un voyageur a fait 22 km. le 1er jour; chacun des jours suivants, il augmentait sa marche de 4 km.; le dernier jour, il a parcouru 70 km.: on demande combien son voyage a duré de jours et la route qu'il a parcourue.

P. 3980. On a acheté 750 kg. de duvet de cachemire brut· combien coûte le kilogramme, si l'on s'est acquitté en 6 paiements, dont le 1er a été de 40 f., et dont chacun des autres a augmenté successivement de 334 f.?

P. 3981. On a acheté des laines de 9 qualités différentes; on en a pris 150 kg. de la 1re qualité; et, de chacune des autres qualités, on en a pris 75 kg. de plus que de la qualité immédiatement supérieure: combien devra-t-on débourser si le prix moyen de ces laines est de 9 f. 80 le kilogramme?

P. 3982. On a acheté six sortes de cuirs: 25 kg. de cuirs jusés avec acide, à 1 f. 80 le kilogramme; 2° des cuirs jusés sans acide, à 2 f. 70; 3° des cuirs de bœuf en croûte, à 2 f. 15; 4° des cuirs de vache en croûte, à 2 f. 35; 5° des cuirs de vache lissés, à 2 f. 60; 6° des cuirs de veau secs, à 3 f. 40: sachant que la quantité achetée de chaque sorte surpassait de 8 kg. la quantité précédente, combien de kilogrammes de cuir a-t-on achetés, et pour quelle somme?

P. 3983. Un livre, d'un certain format, contient un nombre de pages égal au total des 18 termes d'une progression par différence, dont le 1er terme est 2, et dont la raison est 4. Chaque page contient 42 lignes, et chaque ligne se compose de 54 lettres. On veut le réimprimer dans un autre format, où chaque page n'aura que 35 lignes, et chaque ligne contiendra 43 lettres : combien aura-t-il de pages dans ce nouveau format?

P. 3984. Un maître a promis à un élève de lui donner un point pour la 1re ligne de sa dictée qui sera sans faute, 2 points pour la 2e, et ainsi de suite; mais, pour la 1re où il aura une faute, l'élève lui donnera 2 points, 4 pour la 2e, et ainsi de suite, en augmentant toujours de 2 points : qui est-ce qui sera redevable, ou de l'élève, ou du maître? On sait que la dictée a 20 lignes et que l'élève fait 16 lignes sans faute.

P. 3985. On a acheté 84 moutons pour une certaine somme dont on s'est acquitté en 18 paiements; chaque paiement surpassait le précédent de 9 f. 50, et le dernier a été de 164 f. 50 : quel a été le prix de chaque mouton, et de combien a été le premier paiement?

P. 3986. Deux ouvriers pâtissiers ont travaillé ensemble; le travail du 1er a été de 16 jours; il a gagné chaque jour une somme égale; tandis que l'autre, qui a travaillé un jour de moins que le 1er, a gagné 0 f. 50 le 1er jour, 1 f. le 2e, 1 f. 50 le 3e, son gain augmentant chaque jour de 0 f. 50; et il arrive que le 2^d n'a reçu que les 3/4 de ce qu'a reçu le 1er : combien le premier a-t-il gagné par jour?

P. 3987. Deux ouvriers pâtissiers ont travaillé ensemble; l'un a gagné 3 f. 50 par jour; l'autre a gagné 1 f. le 1er jour, 1 f. 25 le 2e jour, 1 fr. 50 le 3e jour, en augmentant ainsi chaque jour de 0 f. 25 : pendant combien de jours ont-ils dû travailler ensemble pour avoir chacun la même somme?

P. 3988. Un boulanger prend deux ouvriers à la journée; il donne au 1er 7 f. 25 par jour; au 2^d, 1 f. 25 le 1er jour, 1 f. 50 le 2e jour, 1 f. 75 le 3e jour, et ainsi de suite, en augmentant toujours de 0 f. 25. Après combien de jours recevront-ils chacun la même somme?

P. 3989. Un négociant avait acheté 1420 kg. 8 de thé Hayson-Skin, il avait payé comptant les 3/8 de cette somme. Il s'est acquitté du reste en 16 paiements de mois en mois; le 1er paiement a été de 42 f., et les autres ont augmenté successivement de 20 f. 30. On demande: 1° la somme payée comptant; 2° le prix du kilogramme de thé.

P. 3990. Une pierre qui tombe parcourt 4 m. 90 pendant la 1re seconde de sa chute; le chemin parcouru pendant les secondes suivantes augmente de 9 m. 80 par seconde : quelle est la profondeur d'un puits dans lequel on laisse tomber une pierre qui emploie 8 secondes pour arriver au fond?

P. 3991. Mon pré est bordé du côté de la route par 6 mûriers en ligne droite, à 10 m. les uns des autres. Ayant chargé mon ouvrier de les arracher et de les porter tous vers le 1er, je désire savoir combien il parcourra de mètres, attendu qu'il ne peut en porter qu'un à la fois.

P. 3992. Un jardinier doit conduire 14 brouettées de sable dans une allée; ces brouettées doivent être distantes l'une de l'autre de 1 m. 15, et le tas est à 15 m. de l'allée : on demande combien il lui faudra de temps s'il parcourt 45 m. par minute et si le chargement d'une brouettée prend 4 minutes.

P. 3993. Sur un chemin de 816 m., on doit conduire 48 voitures de sable et les espacer également. La carrière de sable étant à 285 m. du chemin, on demande: 1° le chemin parcouru par le charretier; 2° le temps qu'il lui faudra s'il parcourt 36 m. par minute, et s'il faut 21 minutes pour le chargement d'un tombereau.

P. 3994. La distance entre chacun des espaliers d'un jardin est de 12 m. pour les poiriers et les pommiers greffés sur franc, de 8 m. pour les poiriers greffés sur cognassier, les pommiers greffés sur doucin et les pêchers greffés sur amandier. On demande 1° quelle doit être l'étendue d'un mur près duquel on veut planter 28 poiriers sur franc et 20 sur cognassier, 15 pommiers sur franc, 25 sur doucin et 25 pêchers sur amandier; 2° le chemin que fera un jardinier qui portera une hottée de fumier au pied de chacun de ces plants, supposé qu'il se charge à des tas de fumier déposés antérieurement au pied du 1er espalier de chaque espèce.

P. 3995. La distance entre chacun des espaliers d'un jardin est de 6 m. pour les pêchers greffés sur prunier, pour les pruniers greffés sur amandier, pour les cerisiers, pour les abricotiers greffés sur pruniers ; la distance entre les pruniers greffés sur prunier est de 4 m.; et, entre les abricotiers greffés sur amandier, elle est de 7 m. Le long d'un mur du jardin se trouvent plantés 8 pêchers sur prunier, 5 pruniers sur amandier, 9 cerisiers, 12 abricotiers sur prunier, 6 pruniers sur prunier et 15 abricotiers sur amandier. On demande : 1° quelle est la longueur de ce mur ; 2° quel chemin devra faire un jardinier qui portera une hottée de fumier au pied de chacun de ces espaliers, supposé qu'ils soient disposés dans l'ordre ci-dessus indiqué, et que le tas de fumier soit à 16 m. du 1er pêcher.

P. 3996. Un marneur à la brouette dépose des marnons sur une ligne droite partant de la marnière à 35 dm. les uns des autres: le 1er étant à 14 m. de la marnière, on demande à quelle distance est le 45e marnon, et le chemin qu'a fait l'ouvrier en allant et venant pour déposer ces 45 marnons.

P. 3997. Un pharmacien a vendu de la graine de moutarde à 10 personnes ; chacune en a pris $2/3$ d'hectogramme de plus que la précédente ; or, la 1re en a pris 4 hg., combien la 10e en a-t-elle pris, pour quelle somme, et quelle somme le pharmacien a-t-il dû recevoir au prix de 0 f. 60 le kilogramme?

P. 3998. Un fabricant de coutellerie échange de l'acier qui lui avait coûté 1 f. 40 le kilogramme contre du fer qui vaut 0 f. 42 le kilogramme ; à l'échange, l'acier est augmenté par kilogramme d'une somme égale au total des 9 termes d'une progression par différence dont le premier est 0 f. 015 ; le 2°, 0 f. 0215 : de combien le marchand de fer doit-il augmenter sa marchandise par quintal métrique pour ne rien perdre?

P. 3999. Un ouvrier a tissé 6 pièces de crêpe contenant chacune 70 m.; il a reçu 10 f. 50 pour le tissage de la 1re, et 21 f.

PROGRESSIONS PAR DIFFÉRENCE. 471

pour le tissage de la dernière : combien a-t-il reçu en tout, et de quelle somme augmentait régulièrement le prix de tissage de chaque pièce?

P. 4000. Un marchand de couleurs a acheté au prix de 0 f. 85 le kilogramme une quantité d'orpiment égale au total des 9 termes d'une progression par différence dont le 1er est 18 hg., et le dernier 21 kg. On demande : 1° la raison de cette progression ; 2° la somme que le marchand devra débourser.

P. 4001. Pour payer 3052 m. de toile, on a donné du drap de Sedan à 16 f. le mètre : quel est le prix du mètre de toile si le nombre de mètres de drap est égal au total des 14 termes d'une progression par différence dont le 1er est 9, et le dernier, 100? Quelle est la raison de cette progression?

P. 4002. Un ouvrier fabricant d'étoffes pour gilet a tissé 12 pièces de cachemire ; le prix du mètre pour chacune était d'une même somme plus fort que pour celle qu'il avait travaillée immédiatement auparavant ; or, pour la 4e, le prix du mèt. était de 11 f. 50 : quel était le prix du mètre pour la 1re? Ce prix étant de 17 f. 50 pour la 12e, quelle était l'augmentation du prix pour chaque pièce? Et si l'ouvrier a été payé à raison de 4 f. 60 par mètre, combien a-t-il gagné, chaque pièce étant de 25 m.?

P. 4003. Un jeune homme avait reçu de ses parents 36 f. pour acheter un fusil de chasse ; mais il assista 16 pauvres en donnant 3 f. au 12e et 3 f. 25 au 13e, chacun d'eux recevant ainsi une somme surpassant de la même quantité la somme reçue par le précédent. Après cette aumône, il resta au jeune homme 12 f. 50, qu'il destina pour une autre bonne œuvre : quelle somme avait-il avant le don de ses parents?

P. 4004. On achète deux pièces de coutil, dont l'une est les 3/4 de l'autre, et qui coûtent ensemble 492 f. 80. Leur longueur totale est égale au total des termes d'une progression par différence dont le 1er terme est 7 mèt. ; le dernier, 49 ; et la raison, 6 m. 1° Quel est le prix du mètre? 2° Quel est le prix de chaque pièce? 3° Quel est le nombre des termes de la progression?

PROGRESSIONS PAR QUOTIENT

P. 4005. Un professeur d'astronomie a une somme égale au 6e terme d'une progression par quotient, dont le 1er terme est 5 f. et dont la raison est 4 : combien lui restera-t-il lorsqu'il aura payé une lunette méridienne qui lui coûte 1 900 f.?

P. 4006. Un riche fabricant, voulant attirer la bénédiction divine sur ses opérations commerciales, met de côté pour les pauvres 1 m. de calicot le 1er jour de l'année, 2 le 2e jour, 4 le 3e jour, 8 le 4e jour, et ainsi de suite en doublant chaque jour : combien de pièces de 51 m. 20 donnera-t-il le 12 janvier, jour auquel il doit clore cette bonne œuvre?

P. 4007. Combien de pains de 2 kg. un boulanger a-t-il vendus le dernier jour d'une semaine, sachant que, au prix de 0 f. 30 le kilogr., il en a vendu le 1er jour pour 19 f. 20, et que la vente de chaque jour était triple de celle du jour précédent?

P. 4008. En 6 fois, un marchand de poisson a vendu des brochets qui lui ont été payés 2 f. le kilogramme; la 1re fois il en a vendu pour 1 f. 50; et, à chaque vente, il en débitait 2 fois plus qu'à la précédente : de combien de kilogrammes a été la dernière?

P. 4009. Un propriétaire exploite un domaine de la valeur de 43 046 f. 721 ; chaque année, il augmente la valeur de ce domaine du 9e de la valeur qu'il avait l'année précédente : quelle sera la valeur de cette propriété au bout de 9 ans?

P. 4010. On suppose qu'une luzerne augmente de 20 p. 0/0 de produit jusqu'à sa 5e année, et diminue ensuite dans la même progression. Le produit étant de 3 000 kg. à l'hectare pour la 1re année, on demande quel sera celui des années suivantes jusqu'à la 10e inclusivement.

P. 4011. L'assortiment complet d'une filature de lin se compose : 1° d'une machine à peigner ; 2° d'une table à étaler; 3° d'une 1re machine à étirer, à deux têtes et à 2 rubans; 4° d'une seconde machine pour le 2e étirage, à 2 têtes et à 4 rubans; 5° d'un banc à broches; 6° d'un métier à filer du n° 16 au n° 30, ayant 140 bobines; 7° de deux métiers à filer du n° 30 au n° 60, ayant chacun 154 bobines; 8° de deux dévidoirs, ayant chacun 70 broches; 9° d'une presse à faire les paquets. Cela posé, on demande combien il y a de machines en tout et combien il y a d'assortiments dans une filature où le nombre total des bobines est égal au 10e terme d'une progression par quotient dont le 1er terme est 5 $1/4$, et dont la raison est 2.

P. 4012. Dans une filature de lin, il faut par assortiment 3 hommes et 20 enfants. En admettant que les hommes gagnent chacun 2 f. 50 par jour; et les enfants, chacun 1 f. 20 : combien y a-t-il de bobines dans une filature où, en augmentant de 50 f. la somme donnée aux ouvriers pour le paiement des 25 journées de travail d'un mois, on obtiendrait le 7e terme d'une progression par quotient dont la raison est 5, et dont le 1er terme est 0 f. 356, sachant qu'il y a, dans chaque assortiment, un métier de 140 bobines et 2 métiers de chacun 154 bobines?

PROGRESSIONS PAR QUOTIENT.

P. 4013. On a acheté 5 tonneaux de vin de 220 lit. pour une somme égale au dernier terme d'une progression par quotient dont le 1er est 0 fr. 65, et dont la raison et le nombre des termes sont égaux chacun au nombre des tonneaux achetés. On a payé 120 f. 50 de droits et 43 f. 25 de port et autres frais ; et l'on a fait un bénéfice de 90 f. : combien un marchand de coutellerie a-t-il pu acheter de litres de ce vin avec la somme qu'il a retirée de la vente de 7 bistouris convexes à chasse d'écaille, qui lui avaient coûté 30 f. la douzaine, et qu'il a revendus avec un bénéfice de 0 f. 90 sur chaque bistouri ?

P. 4014. Deux pièces de vin contiennent ensemble 743 lit. 26. La 1re en contient un nombre de litres égal au 5e terme d'une progression par quotient dont le 1er terme est 55 cl. 3/5, et dont la raison est 5. La 2e pièce coûte 178 f. 092 ; et les deux ensemble, 334 f. 467. On demande : 1° quelle est la plus chère et de combien ; 2° combien de litres de la meilleure un coutelier pourra acheter avec le bénéfice fait sur la vente de 9 scalpels qui lui avaient coûté 10 f. 80 la douzaine, et qu'il a vendus avec un bénéfice de 0 f. 45 par instrument.

P. 4015. Un professeur de physique vient d'acheter un petit barreau aimanté dans son étui : combien lui coûte cet objet ? On sait que, pour le payer, il a déboursé une somme égale au 1er terme d'une progression par quotient dont la raison est 5, et dont le 7e et dernier terme est 62 500 f.?

P. 4016. Quelqu'un disait que, si l'on quadruplait successivement 5 fois son argent, on trouverait la somme nécessaire pour acheter 128 paires de meules à moulin valant 300 f. la meule : quelle somme a-t-il ?

P. 4017. Un parfumeur assure que, si l'on quintuplait 5 fois successivement la somme qu'il a reçue d'un acheteur, on trouverait la somme nécessaire pour l'acquisition de 7 kg. 1/2 de musc à 125 f. l'hectogramme : combien a-t-il reçu ?

P. 4018. Un marchand de quincaillerie achète à Birmingham, en Angleterre, au prix moyen de 0 f. 60 la paire, un nombre de paires de pelles et pincettes égal au 1er terme d'une progression par quotient dont le nombre de termes est 5, la raison 1/4, et le dernier terme 3 : quelle somme devra-t-il débourser ?

P. 4019. Un boulanger achète 120 sacs de farine à 72 f. 80 le sac ; pour s'acquitter de la dette qu'il contracte, il emprunte de l'argent à 6 reprises, et chaque emprunt est 3 fois plus fort que celui qui le précède immédiatement ; or, le dernier a été de 5832 f. : de combien a été le premier ?

P. 4020. Un négociant a acheté 4882 hg. 3/4 d'écaille de tortue à 80 f. le kilogr. Il s'acquitte en sept paiements dont chacun est 5 fois plus considérable que celui qui le précède immédiatement, et dont le dernier est de 31 250 f. : quelle a été la valeur du 1er ?

P. 4021. Un négociant a employé 5 semaines pour faire l'acquisition d'une certaine quantité de cornes de bétail brutes, qu'il payait 0 f. 74 le kilogr. ; la 1re semaine il en a acheté pour 2 f. 22 ; et la dernière, pour 568 f. 32 : combien de fois l'acquisition de chaque semaine valait-elle celle de la semaine précédente ?

P. 4022. Un confiseur a fait, la 1re année de son établissement, pour 650 f. d'affaires; la 7e année, il en a fait pour 473 850 f.: dans quel rapport le chiffre de ses affaires s'est-il accru chaque année?

P. 4023. Un confiseur a fait, la 1re année de son établissement, pour 540 f. d'affaires; la 8e année, il en a fait pour 69 120 f.; et, pendant ces 8 ans, il en a fait en tout pour 137 700 f.: dans quel rapport le chiffre de ses affaires s'est-il accru chaque année?

Nota. Par des notations et des calculs algébriques, on démontre que, lorsqu'on connaît le total des termes d'une progression par quotient, ainsi que le premier terme et le dernier, on obtient la raison en divisant le total diminué du 1er terme par ce même total diminué du dernier terme.

P. 4024. Un raffineur de sucre a fait en 7 ans pour 4 778 375 f. d'affaires; la 1re année, il n'en a fait que pour 875 f.; et la 7e, il en a fait pour 3 584 000 f.: dans quel rapport le chiffre de ses affaires s'est-il accru chaque année?

P. 4025. On a vendu 6 chevaux pour une certaine somme; on a été soldé en 7 paiements dont chacun était le triple du précédent; le premier paiement a été de 3 f.: quelle a été la valeur de chacun des autres et le prix moyen de chaque cheval?

P. 4026. Un particulier avait acheté 16 Dl. de bière à 18 f. l'hectolitre; il les a revendus avec un bénéfice total de 5 fr. Encouragé par ce succès, il fit trois autres emplettes sur lesquelles il fit un gain proportionnel au 1er, en triplant chaque fois son achat. On demande: 1° combien il a gagné au 4e marché; 2° combien il a gagné en tout.

P. 4027. Un négociant a fait 7 envois de caoutchouc dont chacun était 3 fois plus considérable que celui qui le précédait immédiatement: quel était le poids du dernier, le 1er n'étant que de 6 kg.? Quelle somme a-t-il dû recevoir pour tous ces envois, le prix du kilogramme étant de 6 f. 75?

P. 4028. On a vendu de l'opium à 6 particuliers dont chacun a pris une quantité égale aux $2/3$ de la quantité prise par celui qui le précédait immédiatement; or, le 1er en a pris $1/2$ kg.: combien le 6e en a-t-il pris et quelle somme devra-t-on recevoir en tout, au prix de 48 f. 60 le kilogramme?

Nota. Par des notations et des calculs algébriques, on démontre que, lorsqu'une progression par quotient est décroissante, il faut, pour obtenir le total des termes, retrancher du 1er terme le produit du dernier par la raison, et diviser le reste par l'unité diminuée de la raison.

P. 4029. On a acheté de la graine de luzerne à plusieurs reprises; la 1re fois, on en a pris 15 hg.; et la dernière fois, 12 quintaux 36 kg.; chaque emplette était le quadruple de celle qui la précédait immédiatement: pour quelle somme en a-t-on acheté, si on l'a payée 150 f. le quintal métrique?

P. 4030. Un fabricant de cirage a acheté 775 kg. de noir à souliers; il s'acquitte en plusieurs paiements dont chacun est le double du précédent; le dernier est de 200 f., et le 1er, de 12 f. 50: on demande le prix du quintal métrique de noir.

P. 4031. Un cultivateur a entrepris la culture du colza; la 1re année, il en a récolté 5 Dl.; chacune des années suivantes, il en a récolté le double de celle qui la précédait immédiatement: pour quelle somme en avait-il récolté au bout de 8 ans, au prix de 31 f. 50 l'hectolitre?

P. 4032. Un fabricant de papiers peints a acheté du vert de

montagne en 6 fois; la 1re, il en a pris 86 hg.; et, à chacune des autres, il en a acheté 4 fois plus qu'à la précédente: quelle somme a-t-il déboursée en tout, le kilogramme valant 2 f.?

P. 4033. On a acheté dans 5 magasins des peaux de lièvre préparées; dans le 1er, on en a pris 6; dans chacun des autres, on en a pris 3 fois plus que dans celui qui le précédait immédiatement: quelle somme devra-t-on débourser si le prix moyen de chacune de ces peaux est de 0 f. 75?

P. 4034. Un maître mallctier a acheté 280 peaux de phoque mégies; pour les payer, il a emprunté de l'argent à 6 personnes; la 1re lui a prêté 5 f.; chacune des autres lui a prêté 3 fois plus que la précédente: à combien lui revient chaque peau?

P. 4035. Un peintre veut vendre 14 tableaux au prix moyen de 4 600 f. l'un; on lui offre 4 f. du 1er, 8 f. du 2e, et ainsi des autres: quel est le parti le plus avantageux pour le peintre?

P. 4036. Pour fouler mon blé, je me propose de louer 10 chevaux dits de la Camargue; le gardien me les cède pour 6 jours, à condition que je lui donnerai 0 f. 05 par jour pour le 1er cheval, 0 f. 10 pour le 2e, 0 f. 20 pour le 3e, et ainsi en doublant jusqu'au dixième. Comme je ne sais pas bien calculer, dites-moi ce que je devrais lui donner, si j'acceptais la condition, et à combien me reviendrait un cheval par jour.

P. 4037. On a vendu du camphre à 6 fabricants d'étoffes de laine; chacun en a pris le quart de la quantité prise par celui qui le précédait immédiatement; or, le 1er en a pris pour 819 f. 20: combien d'hectogrammes le 6e en a-t-il pris, et pour quelle somme en a-t-on vendu, le décagramme valant 0 f. 05?

P. 4038. Un chapelier veut acheter 13 m. de peluche pour faire des chapeaux de tissu. Le fabricant veut lui vendre ce tissu à raison de 5 f. 80 le mètre; mais le chapelier trouvant ce prix trop élevé, le fabricant lui demande seulement 0 f. 01 pour le 1er mètre, 0 f. 02 pour le 2e mètre, 0 f. 04 pour le 3e, et ainsi de suite en doublant toujours jusqu'au 13e mètre; séduit par cette proposition, le chapelier accepte tout de suite: on demande s'il a gagné ou perdu, et combien.

P. 4039. Un petit marchand chapelier demande à son fournisseur 12 chapeaux de soie d'une qualité extra-supérieure; le fournisseur veut les lui faire payer 17 f. pièce. Le marchand trouve ce prix exorbitant; alors le fournisseur lui demande seulement 0 f. 50 du 1er chapeau, 0 f. 10 du 2e, 0 f. 20 du 3e, et ainsi de suite en doublant toujours jusqu'au 12e; le marchand accepte tout de suite ce marché, croyant y gagner beaucoup. On désire savoir s'il était fondé à croire à ce gain.

P. 4040. Un parfumeur veut acheter 13 hg. de musc; on lui en demande 1 755 f.; mais il trouve ce prix exorbitant; alors le négociant lui offre de lui céder le 1er hectogramme à 1 f., le 2e à 2 f., le 3e à 4 f.; le parfumeur trouve cette dernière condition beaucoup plus avantageuse et l'accepte: on demande à quel prix lui reviennent les 13 hg.

P. 4041. On a acheté, au prix de 12 f. 80 le kilogramme, une quantité de vermillon égale au total des 12 termes d'une progression par quotient dont les 2 premiers sont 3 kg. et 2 kg.: quelle somme devra-t-on débourser?

P. 4042. Une fermière a acheté une baratte de Rowan pouvant servir pour 3 Dl. de lait ; et, pour la payer, elle a déboursé une somme égale au quart du total des 6 termes d'une progression par quotient dont le 1er terme est 204 f. 80 ; et le 2e, 51 f. 20 : quel est le prix de cet objet ?

P. 4043. Une fermière a acheté une baratte pouvant servir pour 80 l. de crème. Cette baratte coûte une somme égale au 8e du total des 8 termes d'une progression par quotient dont le 4e terme est 2 f. 16 ; et le 5e, 6 f. 48 : combien la fermière a-t-elle dû débourser ?

P. 4044. Lorsqu'on fait cuire les briques à la volée, on les dispose en tas sur une aire convenablement dressée. Chaque tas ne peut avoir moins de 50000 briques ni plus de 200 000. La quantité de houille brûlée est de 250 kg. par millier de briques. Quelle somme coûtera la houille employée pour la cuisson d'un tas de briques qui en contient un nombre égal au total des 6 termes d'une progression par quotient dont les 2 derniers sont 150 000 et 30 000 ; la houille coûtant 1 f. 75 l'hectolitre de 85 kg.?

P. 4045. On a vendu au prix de 1 f. 50 le kilogramme une quantité de sel ammoniac égale au total des termes d'une progression par quotient de 7 termes, dont le 3e est un quintal métrique ; et le 5e, un quart de quintal : quelle somme devra-t-on recevoir ?

P. 4046. Un marchand a acheté, lundi, 1127 m. 7 de drap ; il en a vendu les $3/5$ mardi, au prix de 11 f. 45 le mètre. Le mercredi, il a vendu les $3/8$ de ce qui lui restait de la veille, au prix de 8 f. 24 le mètre. Le jeudi, il échange tout ce qui lui restait du mercredi contre du vin, et l'échange se fait sur le pied de 4 lit. $1/2$ de vin pour 1 m. $1/2$ de drap. On demande : 1° quelle somme et combien de litres de vin il a retirés des 1127 m. 70 de drap ; 2° combien de milliers de briques de Bourgogne, au prix de 88 f. 73 le millier, on pourrait acheter avec la somme qui resterait si, de la somme qu'on a retirée de la vente du drap, on retranchait le total des termes d'une progression par quotient de huit termes, dont les deux premiers sont 2 f. 30 et 6 f. 90.

P. 4047. Un marchand d'œufs en a vendu à 6 personnes ; chacune en a pris 3 fois plus que la précédente ; or, la dernière en a pris 729 : combien la 1re en a-t-elle acheté, et quelle somme devra recevoir le marchand s'il vend ses œufs sur le pied de 70 f. le mille ?

P. 4048. Un fabricant de brosserie a acheté de la soie de porc, de la soie de sanglier, du poil de blaireau, du crin, du poil de petit-gris, du poil de putois, et du poil de martre. On demande combien de kilogrammes de cette dernière sorte de poil il a achetés, et combien de kilogrammes en tout, si la quantité qu'il a prise de chaque sorte de poil est double de la précédente, et si elles sont placées dans l'ordre inverse de l'énumération ci-dessus énoncée. On sait qu'il a pris 32 kg. de soie de porc.

P. 4049. Un fabricant d'articles de literie a acheté : 1° de l'édredon ; 2° du duvet de cygne ; 3° du duvet d'oie ; 4° du duvet de canard ; 5° du crin ; 6° de la laine. On demande combien de kilogrammes d'édredon il a achetés, et quel est le poids total de tous les articles dont il s'est pourvu, si la quantité qu'il a prise de chacun de ces articles est triple de la précédente, et si elles sont placées dans l'ordre indiqué ci-dessus. On sait qu'il a pris 607 kg. 5 de laine.

PROGRESSIONS PAR QUOTIENT. 477

P. 4050. On a acheté des laines de 7 qualités différentes, on en a pris de chacune 4 fois plus que de la qualité immédiatement inférieure : combien en a-t-on pris de la plus basse qualité, combien de kilogrammes en a-t-on achetés, et combien devra-t-on débourser, si le prix moyen du kilogramme est de 12 f. 75, et si l'on en a pris 327 quintaux 68 de la 1re qualité ?

P. 4051. Un marchand de bois de chauffage a vendu à 8 personnes un certain nombre de stères de bois de charme ; chacune en a pris les $3/4$ de la quantité prise par celle qui la précédait immédiatement ; or, la 8re en a reçu pour 217 f. 60. Combien la 1re en a-t-elle eu de stères ? Pour quelle somme ? Combien de stères le marchand de bois en a-t-il vendus et pour quelle somme, le stère valant 12 f. 80 ?

P. 4052. Un fabricant de rubans en a vendu 5 pièces contenant chacune 16 m. 80. Le prix de chaque pièce était les $11/10$ du prix de la pièce précédente, et il a vendu la dernière pour 65 f. 8845. Combien a-t-il vendu la 1re pièce, et quelle est la somme totale qu'il en a retirée ?

P. 4053. Un fabricant de colle-forte a acheté des débris de peaux provenant de la mégisserie ; ces substances rendent en colle-forte 46 p. 0/0 de leur poids : quelle somme lui rapportera la colle formée avec ces débris, s'il la vend 1 f. 45 le kilogr., sachant que le nombre de quintaux de débris achetés est égal à la somme des 9 termes d'une progression par quotient dont le premier terme est 1 ; et le dernier, 256 ?

P. 4054. Le poids d'un litre de vapeur est les $5/8$ du poids d'un litre d'air, et le poids d'un litre d'air est 770 fois moindre que le poids d'un litre d'eau : quel est, à un milligramme près, le poids d'un nombre de litres de vapeur égal au total des 7 termes d'une progression par quotient dont le 4e égale 16 ; et le dernier, 128 ?

P. 4055. Les gros tendons de bœufs, avec portions de muscles, rendent en colle-forte 35 p. 0/0 de leur poids ; un fabricant de colle en a acheté un nombre de kilogrammes égal au total des 10 termes d'une progression par quotient dont le 1er terme st 3 ; le 10e est 1 536 : quelle somme lui rapportera la vente de cette colle au prix de 150 f. le quintal métrique, et quelle somme a-t-il déboursée pour l'achat des matières premières s'il les a payées 32 f. 50 le quintal ?

P. 4056. Un paveur a fait en pavé échantillonné de 14 cm. le pavage de 6 cours dont les superficies forment une progression par quotient dont la raison est 1 $1/2$. On demande ce qui est dû au paveur pour ce travail qui lui est payé sur le pied de 13 f. 80 le mètre carré, sachant que la superficie de la plus petite de ces cours est de 26 mèt. carr. 40.

P. 4057. Un marchand de bois de chauffage a acheté 6 500 stères de bois de saule à 10 f. 93 le stère ; il s'est acquitté en 7 paiements ; le 1er a été de 65 f. ; et le dernier, de 47 375 f. : combien de fois chaque paiement contenait-il la valeur du précédent ?

P. 4058. Un marchand de fromages a vendu en 5 fois des fromages de Neufchâtel ; la 1re fois il n'en a vendu que 2 ; et, la 5e fois, il en a vendu 162 : sachant que la quantité vendue chaque fois était un certain nombre de fois plus grande que la précédente, et qu'il les a vendus sur le pied de 12 f. le cent, on demande la raison de la progression ainsi formée et la somme totale qu'il a reçue.

P. 4059. On avait acheté 735 feuilles de bois d'érable, à 7 f. la feuille. Pour acquitter cette dette, on a déjà effectué 4 paiements; le 1er a été du tiers de la dette; et le dernier, des $64/_{1029}$ de cette même dette : quel est le rapport unique et constant qui existe entre chaque paiement ; quelle somme a-t-on versée. et combien reste-t-il encore à débourser ?

P. 4060. Un négociant de Lyon a vendu 4 châles ; le 1er lui a été payé 60 f. ; et le 4e, 321 f. 5625 : quelle est la raison de la progression des prix de ces châles, et quelle somme le fabricant a-t-il dû recevoir ?

P. 4061. Sept particuliers ont fourni au directeur d'une poudrerie chacun une certaine quantité de bois de bourdaine ; le 1er n'a pu en livrer que 3 kg., mais le 7e en a fourni 468 quintaux $3/4$. Combien chacun en a-t-il fourni de fois la livraison de celui qui le précédait immédiatement, et quelle somme le directeur devra-t-il verser, le bois valant 11 f. 50 le quintal métrique ?

P. 4062. Un menuisier a planchéié en chêne de 54 mm., avec frises de 22 cm., 5 appartements dont le plus petit a 7 mèt. carr. 40 de superficie ; et le plus grand, 118 mèt. carr. 40 : que lui est-il dû pour ce travail qui lui est payé sur le pied de 16 f. le mètre carré, et combien de fois la superficie de chacun des 4 derniers appartements contient-elle la surface de celui qui le précède immédiatement ?

P. 4063. Un maître carreleur a fait, en briques de Bourgogne, le carrelage de quatre appartements dont le plus petit a une superficie de 5 mèt. carr. 06 décim. carr. 50 ; et le plus grand a une surface de 136 mèt. carr. 755. On demande ce qui lui est dû pour ce travail qui lui est payé à raison de 3 f. 20 le mètre carré, et combien de fois la superficie de chacun des trois derniers appartements contient la superficie de celui qui le précède immédiatement ?

P. 4064. Un chiffonnier a vendu pour 29 f. 12 d'os bruts à 0 f. 20 le kilogramme. Il avait ramassé tous ces os de telle manière que, la 1re semaine, il n'en avait trouvé que 4 hg. ; et, la dernière semaine, il en avait ramassé 97 kg. 2. Combien de fois le produit de chaque semaine valait-il le produit de la semaine précédente ?

P. 4065. Un cultivateur, ayant ses blés attaqués par l'alucite, veut acheter un tarare appelé tue-teigne, machine propre à les en purger. Pour cet effet, à la fin d'un premier mois, il met de côté 2 f. et épargne ainsi chaque mois une certaine somme toujours plus forte que celle du mois précédent ; le dernier, son épargne s'est montée à 486 f., en sorte qu'il peut acheter ce tarare, qu'on lui laisse à 728 f. : combien de fois l'épargne de chaque mois valait-elle celle du précédent ?

P. 4066. Un fabricant qui, cette année, a fait tisser 2 176 pièces de calicot ayant chacune 50 m. de longueur à 0 f. 70 le mètre, n'en avait fait tisser que 17 pièces pendant la 1re année de son établissement ; mais, chaque année, il en a fait fabriquer le double de la précédente : combien y a-t-il d'années qu'il est établi ?

PROGRESSIONS PAR QUOTIENT. 479

P. 4067. Pendant un certain nombre d'années, un spéculateur a fait le commerce des cotons; la 1re année de son commerce, il n'en a acheté que 8 balles; chaque année, l'état prospère de son commerce lui permettait d'en acheter 3 fois plus que l'année précédente, en sorte que, la dernière année, il a pu en acheter 5832 balles : pendant combien d'années est-il resté dans ce commerce?

P. 4068. Un négociant a vendu des cotons à différents petits marchands; le 1er en a pris les $4/5$ d'une tonne; chacun des autres en a pris les $5/6$ de la quantité prise par le 1er; et le dernier en a pris les $50/108$ d'une tonne : à combien de personnes a-t-on fait ces différentes ventes?

P. 4069. Un marchand de moutons a vendu tous ses moutons dans 6 foires; à la 1re, il n'en a vendu que 4; à la 2e, il en a vendu le double; à la 3e, le double de ce qu'il avait vendu dans la seconde; et ainsi de suite, toujours en doublant : combien avait-il de moutons et quelle somme en a-t-il retirée, s'il a vendu les 4 premiers 15 f. la pièce, si le prix de ceux qu'il a vendus à la 2e foire était $1/3$ plus grand que le prix de la 1re foire, si le prix de la 3e était les $4/5$ de celui de la 2e, si le prix de la 4e surpassait de $1/8$ celui de la 3e, si le prix de la 5e était les $7/9$ du prix de la 4e, si enfin le prix de la 6e était la moyenne des 5 prix précédents?

P. 4070. Pour l'exploitation d'un chemin de fer, il faut un nombre de locomotives égal au dernier terme d'une progression par quotient dont le premier terme est 7, et dont le nombre des termes et la raison forment un total égal au 1er terme, tandis que la différence entre ces deux mêmes quantités est 3. Si la raison est la plus grande des deux quantités, et si chaque locomotive coûte 47260 f., quelle somme faudra-t-il verser?

P. 4071. On a acheté 324 m. de fil de fer de 3 mm. 5 dixièmes de diamètre, au prix de 2 f. 10 le kilogramme : 1° combien a-t-on payé ce fil de fer, sachant que la densité du fer est de 7,8; 2° combien de kilogrammes d'étain valant 4 f. le kilogr. pourrait-on acheter avec une somme égale au total des 8 termes d'une progression par quotient, dont le 1er terme est égal à la 23e partie du tiers du prix total de ce fil de fer, le 2e étant égal à la 23e partie de ce prix?

P. 4072. Un tuyau de conduite en fonte a une longueur de 2134 m.; son diamètre intérieur est de 0 m. 245; son épaisseur moyenne, de 0 m. 014. La densité de la fonte est de 7,2; et son prix, de 20 f. le quintal métrique. On demande : 1° le prix du tuyau; 2° quelle différence il y a entre ce prix et la somme des termes d'une progression par quotient de 5 termes dont le 2e est 28, et dont le 1er est égal au 5e du quotient obtenu en divisant par 1000 ce prix préalablement diminué de 5 fr. 44.

P. 4073. La Terre parcourt annuellement, en tournant autour du Soleil, un chemin d'une longueur égale à 230 km. quadruplés d'abord 4 fois, puis le résultat obtenu quintuplé 6 fois : combien de kilomètres parcourt-elle : 1° par heure; 2° par minute; 3° par seconde? On sait qu'un an se compose de 365 jours 5 heures 48 minutes 48 secondes.

INTÉRÊTS COMPOSÉS ET ANNUITÉS

DÉFINITIONS ET PRINCIPES

106. Le calcul des *Intérêts composés* et des *Annuités* trouve son application dans les questions ayant rapport à l'amortissement, au crédit foncier, aux rentes viagères, aux assurances sur la vie, aux caisses dotales et aux caisses d'épargnes.

107. Il est à remarquer, par rapport aux intérêts composés, que, lorsque la durée du placement se compose d'un nombre fractionnaire d'années, c'est-à-dire d'un nombre d'années accompagné de mois et de jours, on ne doit calculer les intérêts composés que pour le nombre entier d'années; le capital est considéré comme étant placé à intérêts simples pour la fraction d'année qui accompagne le nombre entier.

108. Les *Annuités* sont des sommes fixes que l'on verse chaque année, et que l'on ajoute ainsi à un capital rapportant intérêt; ce sont encore des sommes égales que, sous forme de rentes, on retire chaque année d'un capital placé.

109. L'*Amortissement* est une annuité que l'on verse chaque année pendant un temps limité, pour éteindre une dette; et cette annuité est calculée de manière qu'au bout de ce temps, le débiteur ait remboursé le capital dû, ainsi que les intérêts composés que le créancier aurait pu en retirer; mais aussi on tient compte au débiteur des intérêts composés des avances qu'il fait.

110. Le *Crédit foncier* de France est une institution régie par une Société d'administrateurs, et placée sous la tutelle du gouvernement. Cette institution a pour but de prêter sur hypothèque, aux propriétaires fonciers qui sont dans le besoin, les capitaux qui peuvent leur être nécessaires.

111. Les prêts du Crédit foncier de France se font pour un temps qui peut varier de 10 à 60 ans, et se remboursent au moyen d'annuités totales dont chacune se compose : 1° des intérêts à 4 $1/2$ p. $^0/_0$, ou à 5 p. $^0/_0$ du capital emprunté, selon que l'emprunteur a reçu en prêt des obligations foncières à 4 p. $^0/_0$, ou à 5 p. $^0/_0$ d'intérêts; 2° de 0 f. 60 par 100 f., pour frais d'administration; 3° de l'annuité nécessaire pour amortir le capital emprunté, c'est-à-dire pour que la dette soit éteinte au bout du temps fixé par le contrat de prêt. En faisant le total de ces trois parties pour chaque 100 f. prêtés, on complète les centimes; et, lorsque le prêt est fait pour 50 ans et au-dessus, ce total ne doit être que de 5 f.

112. Les intérêts se capitalisent, c'est-à-dire s'ajoutent au capital tous les 6 mois; et les annuités sont payables moitié au 30 juin, et moitié au 31 décembre de chaque année.

113. Les débiteurs du Crédit foncier ont droit de faire des remboursements anticipés, et même de s'acquitter entièrement avant l'époque fixée par le contrat de prêt; mais alors l'administration exige une indemnité qui ne peut dépasser 3 p. $^0/_0$, et qui est actuellement $1/2$ p. $^0/_0$ du capital remboursé par anticipation; ce capital doit toujours être un multiple de 100 f.

114. Afin de se pourvoir des fonds nécessaires aux prêts qu'elle fait, l'administration du Crédit foncier met en circulation des obligations foncières au porteur, analogues à celles dont nous avons parlé au n° 60.

115. Les obligations du Crédit foncier sont de deux sortes : 1° les obligations de 500 f. à 5 p. $^0/_0$; 2° les obligations de 500 f. à 4 p. $^0/_0$. Ces obligations peuvent servir pour effectuer les remboursements indiqués au n° 113; et, dans ce cas, elles sont acceptées pour leur valeur nominale, lorsqu'elles ne produisent pas un intérêt inférieur à celui de l'emprunt contracté.

116. Les *Rentes viagères* sont des annuités payées à une ou plusieurs personnes jusqu'à leur mort, moyennant l'aliénation d'un capital à fonds perdu.

117. Afin de connaître le capital qu'il faut placer pour avoir une rente viagère dont le montant est connu; ou afin de connaître quelle rente viagère on peut exiger d'un capital connu, il est nécessaire de savoir pendant combien d'années on sera probablement à même ou de recevoir ou de payer cette rente.

118. Pour calculer ce nombre d'années, on fait usage, selon les cas, des tables n° 4 et n° 5. Dans la 1ʳᵉ de ces tables, la durée de la vie moyenne et de la vie probable est indiquée pour chaque âge; ainsi, pour les personnes de 28 ans, la durée de la vie moyenne est de 35 ans 4 mois, c'est-à-dire qu'elles parviennent, en moyenne, à l'âge de 28 + 35 ans 4 mois, ou à l'âge de 63 ans 4 mois; et, pour le même âge, la durée de la vie probable est de 38 ans 4 mois, c'est-à-dire qu'une personne de 28 ans peut espérer de vivre jusqu'à l'âge de 28 + 38 ans 4 mois, ou de 66 ans 4 mois.

119. Pour calculer, au moyen de la table n° 5, la durée de la vie probable d'une personne d'un âge connu, on cherche dans cette table le nombre des vivants de cet âge ; on divise ce nombre par 2, et l'on cherche dans la table à quel nombre d'années correspond le nombre obtenu. Ainsi, pour savoir l'âge probable qu'atteindra une personne de 45 ans, on cherche dans la table le nombre 334 072 des vivants à l'âge de 45 ans; on divise ce nombre par 2, et l'on obtient pour quotient 167 036, nombre qui correspond à peu près à 65 ans ; donc, une personne de 45 ans peut espérer d'atteindre l'âge de 65 ans, et de vivre encore 65 — 45 = 20 ans.

120. La table n° 5 indique une mortalité plus rapide que la table n° 4. La table n° 4 est plus souvent employée pour les calculs des rentes viagères, parce qu'elle indique une plus longue jouissance de la rente.

121. Les *Assurances sur la vie* sont des contrats par lesquels une Compagnie de capitalistes s'engage à procurer certains avantages aux héritiers de l'assuré. Ces avantages sont ordinairement l'un des suivants : 1° une somme fixe à payer aux héritiers, à la mort de l'assuré; 2° une rente viagère à un héritier; 3° une rente perpétuelle aux héritiers de l'assuré.

122. Le calcul des assurances diffère de celui des rentes viagères en ce que, si c'était une rente, le premier paiement aurait lieu à la fin de la 1re année, tandis que, pour les primes à verser par l'assuré au profit de la Compagnie, le premier paiement a lieu au commencement de la 1re année.

123. Les Compagnies d'assurances sur la vie se servent de la table n° 5 pour le calcul des sommes fixes payables au décès des assurés, et de la table n° 4 pour le calcul des rentes viagères.

124. Les *Caisses dotales* sont des associations formées ordinairement pour 20 ans par des pères de famille qui veulent assurer une dot à leurs enfants, au moment où ils parviennent à leur 20e année.

125. Les pères de famille qui forment ces associations, mettent en commun pendant la durée de la société, soit un capital fixe, soit des mises annuelles ; et, à l'expiration de la société, ils se partagent les capitaux déposés et les intérêts qu'ils ont produits. Pour le calcul des sommes à remettre à chacun des enfants assurés, on se sert de la table n° 4.

INTÉRÊTS COMPOSÉS ET ANNUITÉS.

126. La *Caisse d'épargne* est un établissement d'utilité publique, ayant pour objet de recevoir et de faire fructifier les économies qui lui sont confiées.

127. Les sommes confiées à la Caisse d'épargne ne peuvent être moindres de 1 f. ni supérieures à 300 f., excepté pour les remplaçants des armées de terre et de mer, qui peuvent déposer en un seul versement le prix stipulé dans l'acte de remplacement, à quelque somme qu'il s'élève, et il porte intérêt pendant toute la durée de l'engagement. Les versements ne doivent pas comprendre des fractions de franc.

128. On ne reçoit plus de versement, lorsque le compte d'un individu s'élève à 1 000 f., et celui d'une société de secours mutuels, à 8 000 f., le tout en capitaux et intérêts.

129. Les dépôts confiés à la Caisse d'épargne commencent à porter intérêt à partir du dimanche suivant, au taux de 4 p. $^0/_0$; mais la caisse retient $^1/_2$ p. $^0/_0$, pour subvenir aux frais d'administration. Dans le calcul des intérêts, on suppose que l'année comprend 52 semaines exactement. Les intérêts courent jusqu'au dimanche qui précède le jour du remboursement.

130. Les intérêts de chaque déposant sont capitalisés, c'est-à-dire, ajoutés au capital à la fin de chaque année, dans le cours du mois de décembre; ils produisent de nouveaux intérêts.

131. Lorsque, par suite du règlement annuel des intérêts, le compte d'un déposant excède le maximum de 1 000 f., et celui d'une société de secours mutuels, le maximum de 8 000 f., si, dans les 3 mois, le déposant ou la société n'ont pas diminué leur crédit au-dessous du maximum fixé, l'administration de la Caisse d'épargne achète sans frais 10 f. de rentes sur l'État au profit du déposant, et 100 f. de rentes au profit de la société de secours mutuels. Après cela, le compte réduit de l'un ou de l'autre continue de porter intérêts à la Caisse d'épargne, et ils peuvent faire de nouveaux versements.

132. Dans le cas où le déposant ne retire pas les titres de rentes achetés pour son compte, l'administration de la Caisse d'épargne en reste dépositaire, reçoit les semestres d'arrérages et les porte au compte du déposant.

133. Pour effectuer plus facilement et plus promptement les calculs nécessaires à la résolution des problèmes d'intérêts composés qui se rapportent aux différents cas précédemment indiqués, on pourra se servir avantageusement des tables d'intérêts placées au commencement de cet ouvrage.

134. La table n° 6 contient les 50 premières puissances de 1 f. augmenté de son intérêt d'un an d'après les différents taux les plus communément usités. Chacune des colonnes de cette table peut être considérée comme une progression par quotient ayant 50 termes, et dont la raison est égale au premier terme. D'après cela, si l'on voulait calculer l'augmentation de valeur de 1 f. pour un nombre d'années supérieur à 50 (limite de la table), pour 80 ans, par exemple, il suffirait de calculer le dernier terme d'une progression ayant $80 - 50 = 30$ termes, dont le 1er serait le nombre correspondant à 50 ans, et dont la raison serait un nombre correspondant à 1 an. La 30e puissance de la raison serait le nombre correspondant à 30.

135. Cette table peut servir pour les problèmes dans la résolution desquels on a besoin de savoir à quelle somme se monte un capital augmenté de ses intérêts composés pour un temps donné.

136. Pour faire usage de cette table, il faut chercher dans la colonne du taux donné le nombre correspondant à la quantité d'années indiquée et multiplier ce nombre par le capital primitif.

137. La table n° 7 contient les capitaux qu'il faut verser pour que, joints à leurs intérêts composés, ils produisent un capital d'un franc après un temps donné. Cette table a été calculée en divisant 1 f. par chacun des nombres de la table n°. 6.

Chacune des colonnes de la table n° 7 peut être considérée comme une progression par quotient décroissante dont la raison est égale au quotient des deux premiers nombres. On peut donc calculer un terme correspondant à plus de 50 ans en employant une marche analogue à celle indiquée au n° 134. Dans cette table n° 7, le zéro tenant la place des unités n'est écrit que pour le 1er nombre de chaque colonne, il est sous-entendu pour les autres.

138. Cette table peut servir pour les problèmes dans la résolution desquels on a besoin de savoir quelle somme il faut placer à intérêts composés pour que, après un temps donné, on ait, tant en capital qu'en intérêts composés, une somme connue d'avance.

139. Pour faire usage de cette table, il faut chercher dans la colonne du taux donné le nombre correspondant à la quantité d'années indiquée, et multiplier ce nombre par la somme connue.

140. La table n° 8 contient les capitaux obtenus à la fin de chaque année par le versement d'un franc effectué au commencement de chaque année, versement qui reste entre les mains du dépositaire pendant un temps donné, et qui s'augmente, chaque année, de ses intérêts composés.

141. Cette table a été calculée en additionnant successivement les nombres de la table n° 6. Ainsi, par exemple, le 6ᵉ nombre de la colonne du 5 p. % de la table n° 8, est le total des 6 premiers nombres de la même colonne de la table n° 6 ; le 8ᵉ nombre de la table n° 8, est le total des 8 premiers nombres de la table n° 6. Chacun des nombres de cette table est donc le total des termes d'une progression par quotient ayant un nombre de termes indiqué par le nombre d'années auquel il correspond.

D'après cela, si l'on voulait calculer un nombre correspondant à une quantité d'années supérieure à 50, on chercherait, d'après le n° 134, le dernier terme de la progression, et l'on calculerait le total des termes de la progression.

142. Cette table peut servir pour les problèmes ayant rapport aux dépôts faits dans les Caisses d'épargne, problèmes dans la solution desquels on a besoin de savoir quel capital on possèdera après un certain nombre d'années, au commencement de chacune desquelles on a versé une somme connue.

143. Pour faire usage de cette table, il faut chercher dans la colonne du taux donné le nombre correspondant à la quantité d'années indiquée, et multiplier ce nombre par la somme connue, versée annuellement.

144. La table n° 9 contient les capitaux que l'on peut emprunter ou prêter, en sachant que l'on peut s'acquitter ou que l'on peut être remboursé en versant ou recevant une annuité de 1 f. pendant un temps donné. Cette table a été calculée au moyen de la table n° 7 de la même manière que la table n° 8 l'a été au moyen de la table n° 6.

Si l'on voulait calculer un nombre correspondant à une quantité d'années supérieure à 50, on agirait d'une manière analogue à celle indiquée au n° 141.

145. La table n° 9 peut servir pour les problèmes ayant rapport aux emprunts faits à la Société du Crédit foncier, aux dépôts faits dans les sociétés d'Assurances sur la vie, aux sommes ou aux valeurs données en rentes viagères, etc.; problèmes dans la solution desquels, connaissant la somme qu'on peut donner ou recevoir annuellement, on veut savoir quel capital on doit préalablement emprunter ou déposer.

146. Pour faire usage de cette table, il faut chercher dans la colonne du taux donné le nombre correspondant à la quantité d'années indiquée, et multiplier ce nombre par la somme versée ou reçue annuellement.

147. La table n° 10 ne diffère de la table n° 8 que par le temps du versement de l'annuité, versement qui se fait à la fin de chaque année, au lieu de se faire au commencement.

148. La table n° 10 a été calculée en additionnant successivement les nombres de la table n° 6, excepté le dernier de ceux que l'on considérait, et l'on a ajouté 1 à chaque total. Ainsi, par exemple, le 8ᵉ nombre de la colonne du 6 p. % dans la table n° 10 est le total des 7 premiers nombres de la même colonne dans la table n° 6, total auquel on ajoute 1 f., montant du 8ᵉ versement fait à la fin de l'année.

149. Cette table peut servir à des problèmes analogues à ceux pour lesquels on emploie la table n° 8, et l'on en fait usage d'après les mêmes procédés.

150. La table n° 11 indique la somme qu'il faut verser au commencement de chaque année pour que, à la fin d'un nombre quelconque d'années, on puisse toucher une somme de 100 f.

151. Cette table a été calculée en divisant 100 par chacun des nombres de la table n° 8.

152. La table n° 11 peut servir pour les problèmes relatifs aux sociétés d'Assurances sur la vie, aux Caisses dotales, etc., lorsqu'on veut savoir quelle somme il faut verser annuellement pour assurer, après un nombre quelconque d'années, une somme fixe à des héritiers, une dot à des jeunes gens, etc.

153. La table n° 12 indique la somme qu'il faut verser à la fin de chaque année pour que, à la fin d'un nombre quelconque d'années, on ait éteint une dette de 100 f.

154. Cette table a été calculée en divisant 100 par chacun des nombres de la table n° 9. Elle aurait aussi pu être calculée en divisant chacun des nombres de la table n° 6 par ceux qui leur correspondent respectivement dans la table n° 10, et en multipliant par 100 chacun des quotients obtenus. Elle peut servir pour les problèmes relatifs aux amortissements.

155. Pour faire usage des deux tables n° 11 et n° 12, il faut chercher dans la colonne du taux donné le nombre correspondant à la quantité d'années indiquée, multiplier ce nombre par le capital à obtenir, ou par le montant de la dette à éteindre, et diviser le produit par 100.

156. D'après le n° 112, les intérêts du Crédit foncier se **capitalisent tous les 6 mois, ou 2 fois par an**; il a été nécessaire de former la table n° 13, pour servir de supplément à la table n° 6. Les cinq premières colonnes de cette table supplémentaire peuvent servir au calcul des intérêts composés pour $1/4$ d'année et pour une demi-année; ou, ce qui revient au même, pour le calcul de l'intérêt composé de sommes placées à des taux qui sont $1/4$ ou $1/2$ des taux les plus usités. La 6e colonne peut servir au calcul de l'intérêt composé des sommes déposées à la Caisse d'épargne

157. Puisque les tables nos 8, 9, 10, 11 et 12 sont formées et dérivées de la table n° 6, on pourra facilement effectuer à l'aide de la table supplémentaire toutes les opérations auxquelles donneront lieu les problèmes relatifs au Crédit foncier et à la Caisse d'épargne lorsque ces problèmes auront de l'analogie avec ceux dont la résolution demande l'emploi des tables nos 8, 9, 10, 11 et 12. Il suffira, pour cet effet, de se rappeler de quelle manière ces dernières tables ont été formées et calculées.

158. Dans l'emploi de la table supplémentaire et dans les problèmes auxquels on l'appliquera, on considérera les trimestres ou les semestres de la même manière que l'on considère les années dans l'emploi des autres tables et dans la résolution des autres problèmes d'intérêts composés.

PROBLÈMES.

INTÉRÊTS COMPOSÉS PROPREMENT DITS.

P. 4074. On a vendu 8000 bouteilles champenoises à raison de 23 f. le cent, et l'on a placé pour 10 ans à intérêts composés la somme qu'on a reçue. Le taux étant de 6 p. 0/0, quelle somme retirera-t-on après ces 10 ans?

P. 4075. Un cultivateur achète une terre ayant 3 ha. 40 a., à raison de 950 f. l'hectare, avec faculté de payer dans 12 ans; les intérêts à 5 p. 0/0 doivent se capitaliser chaque année et être payés avec le capital primitif : combien devra-t-il rembourser?

P. 4076. Pour payer 5 chevaux qui lui ont été vendus 840 f. la pièce, un particulier emprunte une somme qu'il ne peut rembourser qu'après 8 ans, pendant lesquels il n'a payé aucun intérêt. Enfin, à cette époque, il paie sa dette avec les intérêts des intérêts : quelle somme a-t-il dû débourser? Les intérêts sont calculés à 6 p. 0/0.

P. 4077. Un négociant dont les affaires n'étaient pas bien en règle, avait acheté 6 balles de lin renfermant chacune 60 bottes de lin pesant chacune 146 Dg., à 2 f. 70 le kilogramme; mais il a laissé s'écouler 20 années pendant lesquelles il n'a payé ni capital ni intérêts : à quelle somme se monteront les intérêts composés cumulés pendant ce temps à raison de 5 p. 0/0 !

P. 4078. Dans un établissement de bains, on a construit le foyer dans le réservoir même où l'on fait chauffer l'eau. Cet appareil, le plus économique possible pour un établissement de ce genre, a coûté 2 000 f. Supposé que l'on ait été 18 ans sans payer les intérêts simples de cette somme à 5 p. 0/0, et que chaque annnée ils aient été ajoutés au capital, quelle somme devra-t-on à la fin de la 8e année ?

P. 4079. Un cultivateur a vendu 3 bœufs, 5 vaches et 2 génisses ; les bœufs valent chacun 475 f. ; les vaches valent chacune les 2/5 de ce prix ; et les génisses valent chacune le tiers du prix d'une vache. Ce cultivateur n'est payé que 5 ans après cette vente ; alors on lui rembourse le prix de vente augmenté de l'intérêt des intérêts calculés à 5 1/2 p. 0/0 : combien a-t-il dû recevoir?

P. 4080. Un marbrier achète un bloc de marbre dit Brèche-Napoléon, ce bloc a 3 m. 24 de longueur, 1 m. 08 de largeur, et 0 m. 92 d'épaisseur; il le paie 730 f. le mètre cube; mais il ne s'acquitte qu'après 6 ans, et alors il verse le capital et les intérêts composés à 5 p. 0/0 par an : quelle somme débourse-t-il ?

P. 4081. Un libraire, voulant calculer la dépense d'impression d'un livre de 35 feuilles, fait le compte suivant: 30 f. de composition et 5 f. de correction par feuille ; la rame de papier de 500 feuilles à 12 f. ; le brochage à 0 f. 50 le volume ; la couverture à 0 f. 05 ; et 85 f. de menus frais. On veut savoir : 1° le prix coûtant de l'édition tirée à 1 500 exemplaires; 2° le prix de revient du volume, d'après la somme que le libraire devra verser au bout de 5 ans si, pour couvrir tous ces frais, il a emprunté à 5 p. 0/0 les fonds nécessaires, et s'il rembourse alors ces fonds avec leurs intérêts composés.

P. 4082. Un filateur de lin vend 1 531 kg. de fil de lin écru, à 4 f. 50 le kilogr., puis il achète au prix de 12 f. le quintal métrique le lin en tiges brutes nécessaire pour faire 1 540 kg. de fil. Il place à intérêts composés à 5 1/2 p. 0/0 par an la somme qui lui reste. On demande celle qu'il retirera après 5 ans 7 mois, sachant: 1° que 100 kg. de lin brut donnent 48 kg. de lin broyé ; 2° que 100 kg. de lin broyé donnent 65 kg. de lin peigné ; 3° que le lin peigné éprouve au filage un déchet de 2 p. 0/0.

P. 4083. Le chef d'une usine pour la fabrication de la tôle forte achète, au prix de 15 f. 75 le quintal, le fer ébauché qu'il emploie pendant 8 mois, et il ne s'acquitte qu'après 7 ans 5 mois. A cette époque, il verse le capital de sa dette avec ses intérêts composés au taux de 5 1/2 p. 0/0 par an : quelle somme a-t-il déboursée, sachant que le train qu'il dirige fournit 18 quintaux de grosses tôles par mois, et que le déchet sur le fer employé est de 30 p. 0/0 ?

P. 4084. Le chef de la même usine achète, au prix de 1 f. 20 le quintal métrique, la houille dont il a besoin pendant 8 mois; et il ne s'acquitte qu'au bout de 28 mois. A cette époque, il verse le capital de sa dette avec les intérêts composés au taux de 6 p. 0/0 : quelle somme a-t-il déboursée, sachant que l'on consomme 150 kg. de houille par quintal de tôle produite?

P. 4085. On a acheté 84 quintaux d'acier de cémentation en barres, au prix de 168 f. le quintal, et l'on ne s'acquittera que 4 ans $1/2$ après ce marché. Les intérêts composés étant calculés à 4 p. % par an, quelle somme devra-t-on débourser à cette époque ?

P. 4086. Un lampiste fabricant a vendu à un marchand lampiste 25 paires de lampes Carcel à 90 f. la paire. Le marchand ne s'est acquitté qu'après 30 mois, et il a payé les intérêts composés, à raison de 5 p. % par an : quelle somme a-t-il déboursée ?

P. 4087. Par le moyen d'une machine aspirante à piston, la ventilation d'une mine coûte 45 f. 80 par jour : combien devrait-on recevoir après 3 ans moins un mois pour le produit d'un capital égal à la somme dépensée pour cette ventilation pendant 600 jours, si ce capital était placé à 5 $1/2$ p. % par an et à intérêts composés ?

P. 4088. Quelle somme faudrait-il verser immédiatement pour toucher, après 8 ans, la somme nécessaire à l'achat de 36 mesures de harengs au prix de 7 f. 53 la mesure, le taux des intérêts composés étant de 5 $1/2$ p. % ?

P. 4089. Combien faudrait-il vendre de barils d'huile de baleine contenant chacun 8 hl. à 1 f. 20 le kilogramme pour avoir 57 239 f. 12 après 14 ans, le taux des intérêts composés étant à 5 $1/2$ p. %, et le litre d'huile de baleine pesant 93 Dg. ?

P. 4090. Combien faut-il verser immédiatement pour avoir au bout de 8 ans la somme nécessaire à l'achat de 70 pièces de velours de coton, ayant chacune 61 m. 80 de longueur, à 2 f. 50 le mètre, et cela en comptant les intérêts cumulés à raison de 6 p. % ?

P. 4091. Un négociant a acheté 480 kg. d'écaille de tortue débitée en feuilles, à 85 f. le kilogramme. Pour s'acquitter, il donne une lettre de change de 51 426 f. 55, payable dans 5 ans, y compris les intérêts composés calculés à 6 p. % par an : combien doit-il encore, argent comptant ?

P. 4092. Une pièce de drap de Sedan et une pièce de drap de Louviers, contenant chacune 30 m., ont coûté ensemble 2550 f., et la pièce de drap de Sedan a coûté 150 f. de plus que l'autre : quel est le prix du mètre de drap de Sedan, et combien faudrait-il vendre de mètres de drap de Louviers pour avoir la somme qui, placée à intérêts composés pendant 7 ans, à 5 p. % par an, est devenue 1 875 f. 80 ?

P. 4093. On a acheté un planétaire complet donnant par le moyen de rouages les mouvements relatifs des corps célestes ; et, pour le payer, on a déboursé 314 f. 45, somme qu'on avait reçue pour les intérêts composés d'un capital placé pendant dix ans, à 5 p. % : quel était ce capital ?

P. 4094. Un cultivateur, possédant une grande étendue de terres labourables, a vendu, à 3 marchands de grain, ses blés provenant des quatre années précédentes. Il en livre au 1er 530 hl.; au 2e, 340 hl.; et au 3e, 672 hl.; et il reçoit du 1er une lettre de change de 19 923 f. 10 payables dans 7 ans ; du 2e, une lettre de change de 16 083 f. 84 payables dans 9 ans, et du 3e, une lettre de change de 26 978 f. 63 payables dans 5 ans. Ce cultivateur, **ayant acheté des propriétés, doit acquitter 15 958 f. payables**

dans 4 ans, et 22 247 f. 88 payables dans 3 ans. On demande :
1° quel est, outre ses propriétés foncières, l'état actuel de sa fortune ; 2° à quel prix il a vendu l'hectolitre de blé à chacun des trois marchands. Les intérêts composés sont calculés à 6 p. 0/0.

P. 4095. Un fabricant de chapellerie a acheté un certain nombre de peaux de castor à 75 f. le cent ; pour s'acquitter, il a donné les 2/9 d'un capital qui, placé à intérêts composés pendant 7 ans à 4 1/2 p. 0/0, était devenu, à la fin de la 7° année, 3 903 f. 97 : combien de peaux le fabricant avait-il achetées ?

P. 4096. Un marchand de couleurs a vendu 75 kg. de bleu d'outremer à un peintre qui ne l'a payé qu'après 5 ans 9 mois ; à cette époque, il a donné 489 f. 91 pour le capital et les intérêts composés à 5 f. 50 par an : quel est le prix du kilogr. de bleu d'outremer ?

P. 4097. Combien faut-il vendre de quintaux de cornes de bétail brutes à 0 f. 80 le kilogramme pour que le produit de cette vente, placé à intérêts composés pendant 6 ans 8 mois, et à 5 1/2 p. 0/0 par an, puisse donner, à la fin du placement, 8 576 f. 40 ?

P. 4098. Un marchand de couleurs a vendu à un peintre du vernis qui vaut 2 f. 75 le kilogramme ; après 4 ans 6 mois, il a reçu du peintre 300 f. 35, tant pour la dette que celui-ci avait contractée que pour les intérêts des intérêts de cette dette, calculés à 6 p. 0/0 par an : combien de kilogrammes de vernis avait-il vendus ?

P. 4099. Le taux des intérêts composés étant fixé à 6 p. 0/0 par an, combien devrait-on vendre de tonneaux d'huile de morue pour réaliser la somme qu'il faudrait verser immédiatement afin d'avoir 6 384 f. 86 dans 45 mois ? On sait que chaque tonneau contient 228 lit., et que le prix de l'hectolitre est de 150 f.

P. 4100. Combien faut-il placer aujourd'hui, à intérêts composés et à 3 p. 0/0 par an, pour avoir, après 6 ans 10 mois, la somme nécessaire au voyage en paquebot de 25 personnes allant de Marseille à Smyrne, et ayant des places de 2° classe ? Le prix de ces places est de 240 f. par personne.

P. 4101. Un marchand de grains achète 645 hl. de froment. Pour s'acquitter, il donne deux lettres de change, l'une de 6 608 f. 60 payables dans 7 ans 8 mois, et l'autre de 11 428 f. 43 payables dans 2 ans 9 mois. Les intérêts composés étant, pour la 1re, au taux de 4 1/2 ; et, pour la 2de, au taux de 5 p. 0/0 : quel est le prix de l'hectolitre ?

P. 4102. On avait acheté de la nacre de perle à 6 f. 30 le kilogramme pour une somme telle, que, jointe à ses intérêts composés et accumulés pendant 4 ans 7 mois au taux de 5 1/2 p. 0/0, elle s'élevait à 8 596 f. 50. Pour acquitter cette dette, on a donné une lettre de change de 8 081 f. 26, y compris les intérêts composés, le tout payable dans 3 ans : on demande ce que l'on doit ajouter ou ce que l'on doit recouvrer sur cette lettre de change, en argent comptant.

P. 4103. On doit payer dans 3 ans 1 800 f. pour 75 m. de satin à 4/5 de largeur : combien devrait-on payer dans 5 ans pour 60 m. de satin de la même qualité, mais qui aurait 5/6 de largeur, les intérêts composés étant comptés sur le pied de 6 p. 0/0 ?

P. 4104. Un relieur avait acheté, au prix de 8 f. 75 la botte,

INTÉRÊTS COMPOSÉS ET ANNUITÉS. 491

132 bottes de parchemin pesant chacune 2 kg. Il n'a pu s'acquitter qu'après un certain nombre d'années ; et alors il a versé 1 509 f. 54 tant pour le capital de la dette que pour les intérêts composés, à 5 1/2 p. 0/0 par an : après combien d'années s'est-il acquitté?

P. 4105. Un menuisier a fourni et posé des jalousies pour 28 croisées ayant chacune 2 m. 60 de hauteur ; ces jalousies garnies de rubans et de cordes, et y compris les têtes, lui ont été payées sur le pied de 9 f. le mètre courant de hauteur. Mais on n'a pu le payer tout de suite, en sorte que, quand on s'est acquitté, on lui a versé une somme de 1 244 f. 88, en lui payant les intérêts composés sur le pied de 5 1/2 p. 0/0 : à quelle époque a-t-il été payé ?

P. 4106. Un négociant avait 191 hl. d'esprit-de-vin 3/6 de Montpellier. Il avait acheté cette liqueur à raison de 165 f. l'hectolitre, et il l'a revendue au prix de 180 f. Pendant combien de temps la somme qu'il a gagnée devra-t-elle rester placée pour produire, tant capital qu'intérêts composés, 5 956 f. 13, le taux étant 5 p. 0/0 ?

P. 4107. Dans des travaux de terrassement, un voiturier a conduit, à 16 hectomètres de distance, 225 m³ de terre, à raison de 2 f. 90 par mèt. cube. Pendant combien de temps la somme qu'il a reçue devrait-elle rester placée à intérêts composés, au taux de 4 1/2 p. 0/0, pour produire 1 209 f. 30 ?

P. 4108. Un marchand de laitage a vendu des tablettes de lait desséché pesant en totalité 45 kg. à 1 f. 20 l'hectogramme ; la somme qu'il en retire est placée à intérêts composés, à 6 p. 0/0. Dans combien de temps le bénéfice de ce capital sera-t-il égal à cette même somme ?

P. 4109. On a fait faire dans un magasin deux escaliers onglets à jour ayant chacun 25 marches, à 820 f. les 20 marches. L'entrepreneur qui s'est chargé de ce travail a placé à intérêts composés et à 4 1/2 p. 0/0 la somme qu'il a reçue : après combien d'années ce capital sera-t-il triplé ?

P. 4110. Un marchand de papier avait acheté, au prix de 9 f. 50 la rame, 35 rames de papier ministre ; mais, n'ayant pu s'acquitter qu'après un certain nombre d'années, et les intérêts composés étant calculés à 5 p. 0/0 par an, sa dette primitive s'est trouvée doublée : après quel temps s'est-il acquitté ?

P. 4111. Un entrepreneur a creusé un puits artésien d'une profondeur de 172 m. pour la somme de 5 420 f. Il désire savoir à quel taux il devrait placer ce capital pour qu'il fût triplé en 25 ans.

P. 4112. Un négociant a acheté 275 kg. de fil de cachemire à 60 f. le kilogramme, et il l'a revendu à raison de 6 f. 80 l'hectogramme. La somme qu'il a gagnée a été placée par lui à intérêts composés pendant 6 ans ; et alors elle se montait à 2 948 f. 21 : à quel taux avait-elle été placée ?

P. 4113. Un miroitier a vendu 5 glaces de chacune 10 m² de superficie, au prix de 8 060 f. la pièce. La somme qu'il a retirée de cette vente a été prêtée à intérêts composés pour 8 ans, à condition qu'à la fin de la 8ᵉ année on lui rendra pour son capital et les intérêts cumulés 59 541 f. 45. Il arrive qu'à la fin de la 5ᵉ année le miroitier consent à recevoir ce qui lui est dû. On demande à connaitre le taux des intérêts et le montant de la somme reçue.

ANNUITÉS PROPREMENT DITES.

P. 4114. Un fermier peut, au commencement de chaque année, mettre de côté et placer à intérêts composés, à 5 p. 0/0, une somme équivalente au produit de 75 kg. de beurre vendu à raison de 2 f. 50 le kilogramme : à combien se montera le capital ainsi acquis au bout de 15 ans ?

P. 4115. Le taux des intérêts composés étant fixé à 5 f. 50 par an, combien devra-t-on toucher après 8 ans, si l'on fait au commencement de chaque année le versement d'une somme provenant de la vente annuelle de 600 douzaines d'œufs à 75 f. le millier ?

P. 4116. L'intérêt composé étant 4 p. 0/0, combien pourrait-on acheter de pièces de velours de coton ayant chacune 63 m. de longueur à 2 f. 50 le mètre, en versant pendant 5 ans 1 755 f. 60 au commencement de chaque année, et en employant à l'achat le capital acquis à la fin des 5 ans ?

P. 4117. Le taux des intérêts composés étant fixé à 5 p. 0/0, combien faudrait-il verser au premier jour de chaque année afin d'avoir en 4 ans une somme suffisante pour acheter la graine de cameline nécessaire à la fabrication de 75 tonnes d'huile, sachant qu'il en faut 5 hl. pour une tonne, et que l'hectolitre de graine de cameline coûte 27 f. ?

P. 4118. Quelle serait, après 18 ans, la valeur d'une annuité égale au prix d'un télescope de 46 cm. de foyer, qui coûterait 150 f., si l'on calculait les intérêts composés, à 6 p. 0/0 ?

P. 4119. Un garçon de ferme a laissé ses salaires chez son maître, qui lui en paie l'intérêt à 4 1/2 p. 0/0 par an en capitalisant chaque année les intérêts ; les salaires dus sont de 250 f. par an : on demande quelle est, au bout de 15 ans, la somme due au garçon de ferme ?

P. 4120. Un épicier vend tous les ans 140 kg. de thé poudre à canon, à 8 f. le kilogramme ; et, pendant 12 ans, il verse à la fin de chaque année, en forme d'annuité, la somme qu'il en retire, dans l'intention d'acheter avec le produit total de ces douze annuités la maison qu'il habite. Le taux des intérêts composés étant fixé à 5 1/2 p. 0/0, quelle est la valeur de la maison ?

P. 4121. Un fabricant de machines d'agriculture vend, en moyenne, par an, 10 égrenoirs à maïs, au prix de 100 f. la pièce ; il met en rente à la fin de chaque année la somme totale qu'il en retire, et il en laisse les intérêts s'accumuler. Le taux étant de 5 p. 0/0 par an, que deviendra la somme totale des placements au bout de cinq années ?

P. 4122. Un maître forgeron veut économiser en 5 ans la somme nécessaire pour payer 4 étaux du prix de 360 f. chacun : quelle somme devrait-il placer à la fin de chaque année, pour avoir à la fin de la 5e la somme nécessaire, capital et intérêts compris ? Le taux de l'intérêt composé est de 5 p. 0/0.

INTÉRÊTS COMPOSÉS ET ANNUITÉS. 493

P. 4123. Quelle serait la contenance d'une pièce de vigne achetée à Thomery, au prix de 18000 f. le demi-hectare, si elle était acquise avec la somme produite par 15 versements de 1200 f. effectués au dernier jour de chaque année, le taux des intérêts composés étant fixé à 5 $^1/_2$ p. % par an? On demande en outre combien, année moyenne, cette vigne devrait rapporter de kilogrammes de raisin valant 0 f. 90 le demi-kilogramme, pour que le capital employé à l'acquisition de cette propriété rapporte 8 p. %.

P. 4124. Un taillandier vend chaque année, entre autres outils, 10 cognées de charpentier à 10 f. la pièce; et il place à la fin de l'année à 6 p. % une somme égale à celle qu'il en retire. On demande ce que deviendront ces placements au bout de 10 ans, capitaux et intérêts compris.

P. 4125. Un entrepreneur a fourni pour une longueur de 25 km. les chevillettes nécessaires pour fixer les coussinets sur les traverses des deux voies d'un chemin de fer; et il en a fallu 2 kg. 10 par mètre courant de rails, à raison de 0 f. 48 le kilogramme. La somme qu'il a reçue pour cette fourniture a été placée par lui à intérêts à raison de 6 p. %; il ne touche chaque année que 813 f. 50; et le reste des intérêts se cumule avec le capital: combien lui sera-t-il dû au bout de 6 ans?

P. 4126. On a vendu une machine à vapeur locomobile applicable aux machines à battre ou à tout autre usage; la somme de 5000 f., prix de cette machine, a été placée à 5 p. % par le vendeur, à condition qu'il ne touchera annuellement que 150 f. et qu'on lui tiendra compte de la portion d'intérêts qu'il laissera chaque année en les cumulant avec le capital: combien devra-t-il recevoir après 12 ans?

AMORTISSEMENT.

P. 4127. On a acheté un landau pour la somme de 5000 f.: quelle somme faudrait-il payer annuellement si l'on voulait éteindre cette dette en 8 ans, le taux de l'intérêt composé étant de 5 p. % par an?

P. 4128. Un menuisier ébéniste a acheté 84 qm. d'érable à 50 f. le quintal; il voudrait s'acquitter en 3 paiements égaux d'année en année, en ayant égard aux intérêts composés calculés à 6 p. %: quelle sera la valeur de chaque paiement?

P. 4129. Un marchand de bois a acheté 200 m² de sapin ordinaire, de 0 m. 24 d'équarrissage, à 62 f. 50 le mèt. cube. Il paie annuellement, pour la dette contractée par cet achat, un intérêt de 500 f. Mais il voudrait s'acquitter définitivement et du capital et des intérêts en 4 paiements égaux effectués à la fin de chaque année: quelle sera la valeur de chaque paiement?

P. 4130. Un marbrier achète divers blocs de marbre de Boulogne cubant ensemble 14 mèt. cub. 850, au prix de 580 f. le mètre cube; il verse d'abord 613 f., et il s'acquitte du reste de sa dette en 4 annuités: quel est le montant de chacune, l'intérêt étant à 4 $^1/_2$ p. %?

14*

P. 4131. Un ouvrier a fait deux escaliers de chacun 75 marches, et ayant 1 m. 30 d'emmarchement, à raison de 12 f. la marche. Il est payé au moyen de 4 versements égaux ; le 1er comptant, et les autres d'année en année : de combien est chaque paiement, l'intérêt composé étant à 6 p. %?

P. 4132. On a fait faire en asphalte de 16 mm. d'épaisseur une terrasse présentant une surface de 274 mèt. carr. 85, à 7 f. le mètre carré, payables dans 8 ans, sans intérêts ; mais on offre de faire 9 paiements égaux, dont le 1er comptant, et les autres d'année en année, en tenant compte pour ces paiements des intérêts composés à 4 p. % : de combien sera chaque paiement ?

P. 4133. Le chef d'un atelier de serrurerie avait acheté 8 étaux du prix de 140 f. la pièce : quelle somme dut-il payer à la fin de chaque année, s'il a voulu éteindre en 3 ans la dette qu'il avait contractée, le taux de l'intérêt composé étant de 5 p. % par an ?

P. 4134. Un menuisier a fourni et posé des jalousies pour 35 croisées ayant chacune 1 m. 60 de largeur sur une hauteur double. Ces jalousies lui ont été payées sur le pied de 6 f. 75 le mètre superficiel, en observant que, dans ce cas, il faut ajouter 30 cm. à la hauteur de la croisée pour la tête et le pavillon de la jalousie. Il est payé en 3 versements égaux, le 1er comptant, les autres d'année en année : l'intérêt étant à 5 $\frac{1}{2}$ p. %, de combien est chaque paiement ?

P. 4135. Un commerçant avait acheté 84 hl. 5 de Cognac sur le pied de 260 f. l'hectolitre, et il a voulu s'acquitter de la somme qu'il lui avait coûtée, en 25 paiements égaux, effectués à la fin de chaque année. Le taux des intérêts composés étant de 5 $\frac{1}{2}$ p. %, de combien a été chaque paiement ?

P. 4136. Un industriel a fait construire une chambre de plomb pour la fabrication de l'acide sulfurique. Voici le devis de la construction de cette chambre, qui a 1 690 m³ de capacité et qui peut brûler 650 kg. de soufre par 24 heures : 1° Charpente de la chambre et des bâtiments, 12 000 f. ; 2° vitrerie, 400 f. ; 3° plomb, 45 000 kg., plus 1 000 kg. de tuyaux, le tout à 56 f. les 100 kg. ; 4° laminage du plomb à 6 f. 50 les 100 kg. et 4 p. % de déchet sur le prix d'achat de ce plomb ; 5° terrain, 3 500 f. ; 6° journées de plombiers et manœuvres, 2 000 f. ; 7° chaudière de tôle, 1 300 f., 8° chaudière en platine, 25 000 f. ; 9° serrurerie, 800 f. ; 10° maçonnerie des bâtiments et des fours, 8 500 f. ; 11° robinets, 1 200 f. ; 12° soudure, 3 500 f. ; 13° frais divers, 3 000 fr. Il veut s'acquitter en 25 ans du total de ces différentes dépenses : l'intérêt composé étant calculé à 5 p. %, quelle somme devra-t-il verser à la fin de chaque année et que lui restera-t-il sur son gain annuel ? On sait qu'il travaille 300 jours par an, et que le compte de ses dépenses et de ses recettes journalières est établi ainsi qu'il suit : *Dépenses.* 1° Soufre, 600 kg. par jour, à 20 f. les 100 kg. ; 2° salpêtre, 48 kg. à 70 f. les 100 kg. ; 3° acide sulfurique, 28 kg. à 0 f. 24 ; 4° houille, 900 kg. à 25 f. les 1 000 kg. ; 5° main-d'œuvre, 6 ouvriers à 2 f. ; 6° bureaux, frais divers, 25 f. — *Recettes* : 1° sulfate de potasse, 50 kg. à 0 f. 40 ; 2° acide sulfurique, 1 872 kg. à 24 f. les 100 kg.

P. 4137. On a fait faire une toiture de 128 m² en mastic-bitume coulé à 7 mm. d'épaisseur sur planches de carton, et ce travail a coûté 7 f. 25 le mètre carré. L'entrepreneur a été payé, en 6 versements égaux, à la fin de chaque année, excepté le dernier qui a été fait 5 mois après le précédent : l'intérêt composé étant à 5 p. $^0/_0$, de combien a été chaque paiement?

P. 4138. Un négociant veut entreprendre le commerce des huiles d'olives; il achète pour cet effet 32 tonnes d'huile surfine nouvelle, qu'il paie en versant 950 f. à la fin de chaque année pendant 10 ans. L'intérêt composé étant fixé à 6 p. $^0/_0$ par an, quel est le prix de chaque tonne?

P. 4139. Un négociant veut entreprendre le commerce des huiles de colza, et il en achète 24 tonnes; pour les payer, il verse 800 f. à la fin de chaque année pendant 5 ans. L'intérêt composé étant à 5 p. $^0/_0$, combien chaque tonne lui a-t-elle coûté ?

P. 4140. Un marchand de couleurs a vendu à un peintre 1 336 gr. 50 de carmin. Pour s'acquitter, le peintre verse 300 f. à la fin de chaque année pendant 3 ans : quel est le prix du kilogramme de carmin, le taux des intérêts composés étant de 6 p. $^0/_0$ par an ?

P. 4141. Un négociant vient de recevoir 10 balles de follicules de séné ; chaque balle pèse 180 kg. Pour s'acquitter, il emprunte à l'un de ses banquiers une somme qu'il promet de rembourser en versant à la fin de chaque année, pendant 5 ans, une somme de 1455 f. 15. Le taux étant fixé à 5 p. $^0/_0$, quel est le prix du kilogr.?

P. 4142. On veut placer une somme à intérêts composés, au taux de 5 p. $^0/_0$; et l'on veut qu'en retirant 600 f. par an, tant sur le capital que sur les rentes, il ne reste plus rien au bout de 8 ans. On demande : 1° quelle somme il faut placer ; 2° combien il faut vendre de quintaux métriques de soude pour gagner cette somme, si la soude revient à 14 f. 50 le quintal métrique et si on la vend 16 f.; 3° combien il faudra débourser pour le sulfate de soude avec lequel on l'aura fabriquée s'il coûte 11 f. 75 les 100 kg., sachant que 14982 kg. de sulfate donnent 224 qm. de soude.

P. 4143. On veut placer une somme à intérêts composés, au taux de 5 p. $^0/_0$; et l'on veut qu'en retirant 840 f. par an tant sur les rentes que sur le capital, il ne reste plus rien au bout de 12 ans. On demande : 1° quelle somme il faut placer ; 2° combien il faut vendre de quintaux métriques de soude pour gagner cette somme si l'on gagne 15 f. 40 par tonne métrique ; 3° combien il faudra débourser pour la craie employée dans la fabrication de cette soude si cette craie coûte 10f. la tonne métrique, et s'il en faut 135 kg. pour 224 kg. de soude.

P. 4144. On veut placer un capital à intérêts composés, au taux de 5 p. $^0/_0$; et l'on veut qu'en retirant 975 f. par an, tant sur les rentes que sur le capital, il ne reste plus rien au bout de 10 ans. On demande : 1° quelle somme il faut placer; 2° combien de quintaux métriques de soude il faut vendre pour gagner cette somme, si l'on gagne 1 f. 40 par quintal métrique; 3° combien il a fallu débourser pour payer le poussier de charbon qui a servi à la fabrication de cette soude, s'il coûte 3 f. 75 le quintal métrique et s'il faut 480 kg. de poussier pour 14 qm. de soude obtenue.

P. 4145. Combien de kilogrammes de coton filé un teinturier devrait-il teindre en couleur aurore, à raison de 0 f. 60 le kilogramme, pour avoir une somme telle, qu'étant placée à intérêts composés, au taux de 5 1/2 p. 0/0, il puisse amortir cette somme en 10 ans, avec cette condition qu'il ne recevrait rien pendant les cinq premières années, et qu'il toucherait 750 f. à la fin de chacune des cinq dernières ?

P. 4146. L'intérêt étant à 5 p. 0/0, combien de kilogrammes de coton filé un teinturier devrait-il teindre en vert petit teint, à raison de 0 f. 75 le kilogramme, pour réaliser la somme qu'il voudrait placer afin d'avoir une rente annuelle de 60 f. pendant 8 ans et recevoir 5 500 f. après ce temps, en tenant compte de l'intérêt des intérêts qu'il ne toucherait pas,?

P. 4147. Un teinturier a teint en violet une certaine quantité de coton filé, à raison de 0 f. 50 le kilogramme; et il a placé à 4 1/2 p. 0/0 la somme qu'il a reçue pour ce travail; à la fin de chaque année, il touche une annuité de 270 f.; et, après 13 ans, il touche, outre l'annuité, une somme de 3420 f. pour son remboursement final : combien de kilog. de coton a-t-il dû teindre pour gagner la somme placée ?

P. 4148. Un entrepreneur s'est chargé de la construction d'un pont en maçonnerie, de 14 m. d'ouverture, pour la somme de 32 500 f. Après avoir été payé, il ajoute à cette somme celle de 67 500 f., et il place le tout à intérêts composés, à raison de 5 p. 0/0, avec la condition que, pendant les 20 premières années, il touchera 25 000 f. tous les 5 ans, et qu'à la fin de la 25ᵉ année, on lui soldera son compte: combien devra-t-il toucher à cette époque ?

P. 4149. Un négociant vient de recevoir 12 balles de badiane pesant chacune 240 kg. à 2 f. 75 le kilogramme. Pour les payer, il emprunte à un banquier la somme dont il a besoin, et il s'engage à en payer les intérêts simples à 5 1/2 p. 0/0 ; mais il voudrait joindre aux intérêts une somme égale et telle, qu'après 6 ans il se trouverait libéré. On demande combien il devra verser chaque année pour les intérêts et l'amortissement, sachant que les intérêts des à-compte annuels lui seront comptés à 4 1/2 p. 0/0.

P. 4150. Pour la couverture d'une gare, un serrurier a fourni, au prix de 0 f. 90 le kilogrammme, les pièces suivantes :

	kilogr.
29 travées composées chacune de 15 pannes de 4 m. 15 pesant chacune 88 kg. 8.	38 628 »
20 travées de lanterne composées des pièces suivantes :	
414 chevrons en fer à vitrage, de 7 m. 50 de longueur, pesant chacun 30 kg. 1	12 461,4
1 banc de faitage vitré, pesant	675,4
Boulons et autres fers, pesant ensemble	3 831,2
427 balustres en fonte, id.	13 175,0
54 consoles en fonte, id.	1 863,0
664 supports de chevrons, id.	664,0

De la somme qu'il a reçue pour cette fourniture, il a pris 168 f. 20 pour diverses dépenses, et il a placé le reste à intérêts composés, à 5 1/2 p. 0/0 par an. Pendant sept ans, il a reçu, à la fin

INTÉRÊTS COMPOSÉS ET ANNUITÉS. 497

de chaque année, une annuité de 4400 f.: combien a-t-on dû lui rembourser après ce temps?

P. 4151. On avait acheté 3 berlines au prix de 4 500 f. chacune: combien doit-on encore sur la dette qu'on a contractée alors, si l'on a déjà payé 5 annuités de 2250 f. chacune, l'intérêt composé étant à 5 p. $^0/_0$ par an?

P. 4152. Un marchand d'instruments de précision a emprunté une somme telle, qu'en payant l'intérêt composé, sur le pied de 4 1/2 p. $^0/_0$, il s'en est acquitté au moyen de 15 annuités égales chacune au prix d'un microscope solaire d'un très-grand modèle, qui vaut 300 f.: quelle était cette somme?

P. 4153. Pour établir sa maison de commerce, un épicier a emprunté 25 000 f. à raison de 6 p. $^0/_0$; et, chaque année pendant 16 ans, il a donné pour l'acquit de cette dette la somme provenant de la vente de 520 kg. de poivre à 2 f. 60 le kilogr.: combien devra-t-il encore à la fin de la 16e année?

P. 4154. Un spéculateur achète 250 balles de coton Fernambouc pesant chacune 120 kg., à 4 f. 50 le kilogramme. Pour se libérer, il demande 16 ans de terme, avec la faculté de pouvoir s'acquitter par divers à-compte aux époques qui seront le plus à sa convenance, et sous la condition que les intérêts réciproques et composés seront calculés à 4 1/2 p. $^0/_0$. Or, après deux ans, il a donné 8000 f.; après 3 ans, 15 000 f.; après 7 ans, 20 000 f.; après 10 ans, 30 000 f. On demande combien il a dû payer, après cette dernière époque, pour s'acquitter du reste en 6 paiements égaux, effectués à la fin de chaque année?

P. 4155. Un entrepreneur de maçonnerie achète 25 blocs de pierre de taille ayant chacun en moyenne 3 m^3, à 95 f. le mèt. cube, et 500 m^3 de moellons choisis, à 9 f. 95 le mètre cube. Il emprunte à intérêts composés la somme nécessaire pour payer ces achats, et il s'engage à payer 1000 f. à la fin de chaque année jusqu'à extinction de la dette: combien de paiements fera-t-il si le taux est de 5 p. $^0/_0$?

P. 4156. Un particulier a acheté un pavillon carré avec tours aux quatre angles, soubassement où sont les cuisines et les caves, rez-de-chaussée, premier étage de 5 m. de hauteur, mansardes dans les greniers avec lucarnes gothiques; ce pavillon a 15 m. sur 18 m., et les tours occupent en plus 30 m. de superficie totale, le tout à raison de 200 f. le mètre carré. Il a emprunté à intérêts composés la somme nécessaire pour payer cette acquisition, et il a éteint sa dette au moyen d'une annuité de 6000 f. qu'il a payée pendant 15 ans: à quel taux avait-il emprunté?

P. 4157. On s'est acquitté de 4949 f. 32 au moyen de 14 annuités de 500 f. On demande: 1° à quel taux cette somme était placée; 2° le nombre de quintaux de soude qu'il avait fallu vendre pour gagner cette somme, si cette marchandise revenait à 13 f. 60 et si on la vendait 15 f. 50 le quintal; 3° combien coûtait la houille qui avait servi à fabriquer cette soude, si ce combustible coûtait 2 f. 50 l'hectolitre, sachant que, pour 224 qm. de soude obtenue, on consomme 150 hl. de houille.

P. 4158. On s'est acquitté de 36 000 f. au moyen de 18 annuités de 3200 f. On demande: 1° à quel taux cette somme était placée; 2° combien avaient coûté les frais généraux et la main-d'œuvre de la fabrication de la soude vendue pour cette somme au prix de 15 f. le quintal si, pour 112 qm., on paie 200 f.; 3° combien avait coûté l'embarillage de cette soude à raison de 18 f. pour 22 qm. 40.

P. 4159. On s'est acquitté de 5476 f. 78 au moyen de 50 annuités de 300 f. On demande : 1° à quel taux cette somme était placée; 2° la quantité de soude qu'il a fallu vendre au prix de 15 f. 20 le quintal pour gagner cette somme, si cette soude revenait à 13 f. 60 les 100 kg.; 3° combien ont coûté les matières premières qui ont servi à la fabriquer si elle est faite avec du sel marin valant 10 f. la tonne métrique, et de l'acide sulfurique à 50° valant 10 f. le quintal, sachant que, pour 6160 kg. de soude obtenue, il faut 36 qm. de sel et 4 tm. 50 d'acide sulfurique.

CRÉDIT FONCIER.

P. 4160. Un cultivateur achète 25 ha. de landes pour 1 250 f.; il les plante moyennant 1850 f.; pour payer ces dépenses, il emprunte au Crédit foncier la somme nécessaire, et cela pour 45 ans : quelle annuité totale devra-t-il servir, si le prêt lui est fait en obligations foncières de 500 f. à 4 $1/2$ p. $0/0$?

P. 4161. Deux cultivateurs exploitent des fermes dans lesquelles ils moissonnent chaque année 75 ha. de céréales; en faisant exécuter ce travail à la faucille, leur moisson dure 25 jours de chacun 12 heures de travail, les ouvriers gagnent chacun 2 f. 25 par jour, et ils sont au nombre de 30; ces cultivateurs achètent, au prix de 750 f. la pièce, deux machines à moissonner dont le travail ne coûte que 5 f. par hectare; pour les payer, ils empruntent au Crédit foncier, pour 30 ans, les fonds nécessaires. On demande si le bénéfice qu'ils feront suffira pour payer l'annuité de cet emprunt, sachant que le prêt leur est fait en obligations foncières de 500 f. portant intérêt à 4 $1/2$ p. $0/0$.

P. 4162. Un cultivateur achète une houe tournante qui lui coûte 200 f., et une machine à moissonner qui vaut 800 f.; il emprunte au Crédit foncier, pour 48 ans, la somme nécessaire au paiement de ces appareils : quelle somme aura-t-il à payer par semestre, si le prêt lui est fait en obligations foncières de 500 f. portant intérêt à 5 p. $0/0$?

P. 4163. Un cultivateur reçoit du Crédit foncier, à titre de prêt pour 36 ans, un capital composé de 5 obligations foncières de 500 f. à 5 p. $0/0$ d'intérêts; et ces obligations subissent à leur négociation un escompte de 2 f. 50 p. $0/0$; de la somme qu'il réalise en numéraire par ce moyen, il prend les fonds nécessaires à l'achat d'une houe à cheval qui lui coûte 500 f.; d'une machine à moissonner qui lui coûte 625 f., d'un buttoir qui lui coûte 30 f., et d'un distributeur d'engrais qui lui coûte 525 f. On demande : 1° ce qui lui restera de la somme réalisée; 2° quelle somme il devra payer à chaque semestre pour l'annuité due au Crédit foncier.

P. 4164. Un cultivateur achète, au prix de 940 f. l'hectare, un terrain de 4 ha. 50 qui produit, année moyenne et tous frais faits,

INTÉRÊTS COMPOSÉS ET ANNUITÉS. 499

une récolte qui donne 75 f. de bénéfice par hectare ; il emprunte au Crédit foncier, pour 40 ans, la somme nécessaire au paiement de ce terrain. On demande : 1° combien il doit prendre d'obligations foncières de 500 f. à 4 1/2 p. 0/0, si, à leur négociation, elles subissent un escompte de 5 p. 0/0 ; 2° en combien d'années le surplus du revenu du terrain sur les annuités à payer lui aura procuré les fonds nécessaires à l'achat d'une machine à moissonner coûtant 860 f.

P. 4165. Un cultivateur, n'ayant pas d'argent comptant disponible, veut néanmoins faire l'acquisition d'une machine à moissonner coûtant 660 f., d'un semoir coûtant 500 f., d'une houe à cheval coûtant 150 f., et de harnais pour 2 chevaux à raison de 80 f. par cheval. On demande : 1° combien ce cultivateur devra prendre d'obligations à 5 p. 0/0 du Crédit foncier, si elles subissent un escompte de 3 f. 50 p. 0/0 ; 2° quelle annuité il devra payer par semestre, s'il fait cet emprunt pour 25 ans.

P. 4166. Posant en principe qu'un baliveau planté est un capital de 0 f. 50 placé à intérêts composés de 4 p. 0/0, que le sol équivaut à la valeur d'une lande dont le revenu net, de 18 f. 50 par hectare, serait considéré comme la rente d'un capital placé à 8 p. 0/0. On demande : 1° quelle sera la valeur de 8 ha. 40 de futaie de chênes âgés de 56 ans, en supposant 10 pieds d'arbre, en moyenne, par are ; 2° combien d'obligations du Crédit foncier on devrait emprunter pour payer cette futaie, si ces obligations sont à 5 p. 0/0, et si elles subissent à leur négociation un escompte de 4 f. 80 p. 0/0 ; 3° quel sera le montant de l'annuité à payer si le prêt est fait pour 32 ans.

P. 4167. Une propriété rurale a été achetée 36 000 f., et elle donnait 5 p. 0/0 de revenu avant le percé d'une route et la construction d'un canal. Au bout de 5 ans, la route a été achevée ; et, à ce moment, la valeur de la propriété a été augmentée de 2 p. 0/0 de sa valeur au moment de l'achat. Huit ans après, le canal étant terminé, il y a eu 3 p. 0/0 d'augmentation sur la valeur de la propriété à cette époque. Enfin, une futaie de 87 pieds de chêne qui, lors de la plantation à la date de l'acquisition, valaient 0 f. 60 chacun, a gagné 4 p. 0/0 d'intérêt composé, par pied, annuellement. On demande : 1° quelle sera la valeur du capital foncier, 13 ans après l'acquisition ; 2° quelle somme on devra ajouter au revenu de 5 p. 0/0 de ce capital foncier pendant cette 13e année pour payer l'annuité due au Crédit foncier, supposé qu'on ait emprunté pour 15 ans à 4 1/2 p. 0/0 la somme nécessaire au paiement de cette propriété.

P. 4168. Pour acheter à Thomery une vigne valant 15 000 f. le demi-hectare, un propriétaire a emprunté pour 28 ans, à 4 1/2 p. 0/0, au Crédit foncier, un capital pour lequel il paie par semestre une somme de 539 f. 76 : quelle est, en ares, la contenance de cette pièce de vigne ?

P. 4169. Un cultivateur veut acheter une houe à cheval valant 192 f. ; et il reconnaît qu'avec cet instrument, il pourra économiser annuellement 70 f. 21, montant de l'annuité qu'il paie chaque année au Crédit foncier pour une somme dont le prêt à 5 p. 0/0 doit durer 24 ans : quelle est cette somme ?

P. 4170. Un cultivateur voulait acheter au prix de 420 f., une charrette à engrais liquides; mais il trouve plus expédient d'acheter pour 250 f. 30 seulement une machine appelée distributeur d'engrais. Supposé que la somme qu'il économise soit égale à celle qu'il donne annuellement pour acquitter le montant de l'annuité qu'il doit au Crédit foncier pour un prêt à 4 $1/2$ p. $^0/_0$ dont la durée doit être de 39 ans, quel est le capital emprunté.

P. 4171. Un cultivateur voulait acheter, au prix de 700 f., un semoir répandant l'engrais en même temps que la semence; mais il peut obtenir pour 500 f. un autre semoir ayant la même utilité. Supposé que la somme qu'il économise soit égale à celle qu'il verse tous les semestres pour acquitter le montant de l'annuité qu'il doit au Crédit foncier pour un prêt à 5 p. $^0/_0$ dont la durée doit être de 18 ans, quel est le capital emprunté?

P. 4172. Deux propriétaires qui ont emprunté à 4 $1/2$ p. $^0/_0$, l'un pour 20 ans et l'autre pour 34 ans, paient la même annuité. La somme empruntée par le 1er a été employée à l'achat d'un terrain de 1re classe, qui, payé 1200 f. l'hectare, et donnant un produit net annuel de 48 f. 25 par hectare, lui a fourni en 4 ans la somme nécessaire à l'acquisition d'un semoir coûtant 290 f. On demande quel est le capital emprunté par le 2^d propriétaire.

P. 4173. Deux cultivateurs qui ont emprunté à 5 p. $^0/_0$, l'un pour 35 ans et l'autre pour 22 ans, paient la même annuité. La somme empruntée par le 1er a été employée à l'achat d'un terrain de 2e classe qui, payé 900 f. l'hectare et donnant un produit net annuel de 35 f. par hectare, lui a procuré en 2 ans une somme avec laquelle il a pu acheter un semoir à brouette coûtant 60 f., et un rayonneur du prix de 80 f.: on demande quelle est la somme empruntée par le 2^d cultivateur.

P. 4174. Un propriétaire qui a emprunté à 4 $1/2$ p. $^0/_0$, un certain capital pour 12 ans, remarque que, s'il eût emprunté le même capital pour 27 ans, il aurait eu à verser en moins tous les 6 ans une somme avec laquelle il aurait pu payer un rouleau squelette valant 375 f.: quel est le capital emprunté?

P. 4175. Un propriétaire qui a emprunté un capital à 5 p. $^0/_0$, pour 23 ans, reconnaît que, s'il eût emprunté le même capital pour 42 ans, il aurait eu à payer en moins chaque année une somme avec laquelle il aurait pu acheter, au prix de 280 f., un rouleau squelette à disques mobiles : quel est le capital emprunté?

P. 4176. Un cultivateur a emprunté pour 46 ans, à 4 $1/2$ p. $^0/_0$, une somme pour laquelle il donne une annuité égale au prix d'un rouleau à disques armés de dents servant à briser les mottes les plus dures. Voulant employer cette annuité à l'achat de ce rouleau, dont le prix est de 398 f. 13, le cultivateur se propose de se libérer au bout de 14 ans: 1° quelle somme devra-t-il débourser, s'il s'acquitte en numéraire; 2° combien gagnera-t-il s'il s'acquitte en obligations foncières, en obtenant sur chacune un escompte de 2 p. $^0/_0$?

P. 4177. Un cultivateur a emprunté pour 26 ans, à 5 p. $^0/_0$, un capital pour l'amortissement duquel il donne tous les semestres une somme égale au prix d'un scarificateur valant 142 f. 785. Pour acheter cet appareil, le cultivateur veut être libéré de ce prêt, et c'est ce qu'il se propose de faire 7 ans après l'emprunt :

1° quelle somme devra-t-il alors débourser, s'il s'acquitte en numéraire ; 2° combien gagnera-t-il s'il s'acquitte en obligations foncières avec escompte de 3 p. 0/0 ?

P. 4178. Un cultivateur a emprunté pour 38 ans, à 4 1/2 p. 0/0, une somme de 24 000 f.; il veut se libérer auparavant, et le faire à une époque telle, que, en mettant à part chaque année après la libération, les intérêts à 5 p. 0/0 de l'annuité qu'il payait avant, il puisse avoir la somme nécessaire à l'achat d'un scarificateur extirpateur, du prix de 293 f. 76. On demande : 1° à quelle époque le cultivateur pourra se libérer; 2° quelle somme il devra débourser à cet effet, s'il s'acquitte en numéraire; 3° quel sera son bénéfice s'il s'acquitte en obligations foncières et en obtenant sur chacune un escompte de 4 p. 0/0.

P. 4179. Un cultivateur veut acheter un tarare appelé *tue-teigne*, afin de purger ses blés des insectes dont ils sont attaqués; pour cet effet, il se propose de placer à 6 p. 0/0, pendant un an, une somme de 6000 fr., ce qui lui donnerait une rente égale au prix de cette machine. Mais il reconnaît que cette rente est aussi égale à l'annuité qu'il paie au Crédit foncier pour une somme empruntée à 5 p. 0/0 depuis 4 ans, et dont le prêt lui a été fait pour 16 ans ; alors il se propose de faire servir cette annuité à l'achat de la machine et d'employer pour se libérer du prêt les 6000 f. qu'il voulait placer. On demande si cette somme suffira, ou si elle sera trop forte, et ce qu'il faudra y ajouter ou en retrancher.

RENTES VIAGÈRES ET ASSURANCES SUR LA VIE.

P. 4180. Un officier retraité, âgé de 52 ans, possède un capital de 43 200 f. Il place cette somme dans une compagnie d'assurances sur la vie qui prend 8 p. 0/0 de bénéfice pour couvrir les frais d'administration : quelle rente cet officier devra-t-il recevoir si les intérêts sont calculés à 4 1/2 p. 0/0 ?

P. 4181. Un officier retraité, âgé de 54 ans, veut se faire une rente viagère de 4 600 f. La compagnie à laquelle il s'adresse prend un droit de 5 p. 0/0 par an sur le capital déposé, afin de couvrir les frais d'administration : quel capital cet officier doit-il placer, si les intérêts sont calculés à 4 1/2 p. 0/0 par an?

P. 4182. Un industriel âgé de 45 ans se retire des affaires, étant possesseur de 5340 f. de rentes à 4 1/2 p. 0/0; il les vend alors au cours de 93 f. 25, et il place en rente viagère la somme qu'il en retire : quel sera le montant de la rente qu'il devra recevoir annuellement, sachant : 1° qu'il a dû donner 1/8 p. 0/0 pour frais de courtage en vendant ses rentes 4 1/2 p. 0/0 ; 2° que la société d'assurances où il place son capital prend un droit de 9 p. 0/0 pour frais de gestion ; 3° que les intérêts seront calculés à 4 1/2 p. 0/0 par an?

P. 4183. Un boucher fait annuellement pour 145 600 f. d'affaires sur lesquelles il gagne 5 p. 0/0. Il place ce bénéfice à la fin de chaque année, et on lui tient compte des intérêts composés aussi à 5 p. 0/0 par an. Au bout de 20 ans, il se retire du commerce, et retire également ses divers placements. Il est alors âgé de 50 ans, et il place en rente viagère le produit des placements précédents : quelle rente devra-t-il recevoir annuellement, les intérêts étant calculés à 4 1/2 p. % par an, et la compagnie à laquelle il s'adresse prenant un droit de 5 p. % pour frais de gestion ?

P. 4184. Un ouvrier peigneur de bouts de chaîne de soie peut gagner par mois 97 f. 50 ; il dépense par jour 1 f. 45. A la fin de l'année, il place à intérêts composés et à 5 p. % le total de ses économies ; et il fait cela depuis l'âge de 28 ans jusqu'à l'âge de 54 ans. Alors, il place en rente viagère le total des produits de ses économies annuelles : quel sera le montant de la rente qu'il devra recevoir, si les intérêts sont calculés à 4 p. %, et si la société d'assurances qui servira la rente prend 6 p. % de bénéfice ?

P. 4185. Un ouvrier peigneur de crin gagne 2 f. 75 par jour ; il avait d'abord la funeste habitude de perdre le lundi, et de dépenser en moyenne, outre la perte de cette journée, une somme de 4 f. 25 ; mais, à l'âge de 21 ans, les bons conseils qu'il a le bonheur de recevoir et de suivre le déterminent à se corriger. A la fin de chaque année, il place à intérêts composés et à 6 p. %, la somme qu'il économise par la sage détermination qu'il a prise, et il continue ainsi jusqu'à l'âge de 48 ans. Alors il place en rentes viagères le total des produits de cette économie : quel sera le montant de la rente qu'il devra recevoir, supposé que la société d'assurances à laquelle il s'adresse prenne un droit de 8 p. % au moment du placement, et que les intérêts soient calculés à 6 p. % ?

P. 4186. Une famille composée de huit personnes veut faire annuellement en paquebot le voyage de Marseille à Gallipoli. Le prix des 3es places, aller et retour, est de 360 f. par personne. Le chef de cette famille veut que cette dépense soit le produit d'une rente viagère placée sur sa tête, et il est âgé de 58 ans. Pour avoir le capital nécessaire à la constitution de cette rente, il vend des fonds placés en rentes 3 p. %. Le cours de ces rentes étant à 64 f. 50, combien devra-t-il en vendre, en tenant compte du courtage de 1/8 p. %, la société qui servira la rente viagère prenant un bénéfice de 5 p. %, et les intérêts étant à 4 1/2 p. % ?

P. 4187. Un ouvrier employé au service d'un haut-fourneau, et qui fait ce service pendant la nuit, gagne 4 f. 80 par nuit et travaille pendant 25 nuits par mois. Supposé que sa dépense annuelle soit de 540 f. pour son entretien, et de 275 f. pour frais de loyer, à quel âge devrait-il commencer à mettre de côté ses économies pour que, à l'âge de 48 ans, il pût disposer d'un capital qui, placé en rente viagère, lui produisît une pension de 1440 f. ? On admet que la société d'assurances à laquelle il confierait ce capital compte les intérêts à 6 p. % et prend au moment du placement un droit de 12 p. %.

P. 4188. Un ouvrier menuisier qui gagne en moyenne 4 f. 60 par jour, et qui travaille pendant 25 jours par mois, dépense chaque année 340 f. pour frais de loyer, 650 f. pour l'entretien de sa famille, et 120 f. pour des dépenses imprévues. On demande :
1° combien cet ouvrier, qui est sobre et rangé, peut mettre en

réserve chaque année ; 2° quelle sera la valeur totale de ces réserves annuelles si, à la fin de chaque année, il les place à intérêts composés, à 6 p. %, depuis l'âge de 30 ans jusqu'à celui de 47 ans ; 3° quelle sera la rente viagère dont il pourra jouir à l'âge de 64 ans si, à l'âge de 47 ans, il place dans une société le produit total de ses réserves annuelles, les intérêts étant alors à 4 $\frac{1}{2}$ p. %.

P. 4189. Un ouvrier cambreur qui peut gagner 5 f. 75 par jour, se trouve dans la malheureuse habitude de ne pas travailler le lundi ; et, par suite du mauvais emploi de ce jour, il dépense inutilement, en moyenne, une somme de 2 f. 50 par semaine ; et, de plus, il perd une demi-journée le mardi. Les sages instructions qu'il a reçues dans une société de secours mutuels le déterminent à changer de conduite, et à placer à intérêts composés, à 5 $\frac{1}{2}$ p. %, le total de ce qu'il a ainsi économisé à la fin de chaque année, depuis l'âge de 23 ans jusqu'à l'âge de 47 ans. Alors il dépose dans une société d'assurances le produit total de ces divers placements. On demande si le capital ainsi déposé sera suffisant pour lui donner le droit de jouir, à partir de l'âge de 62 ans, d'une rente viagère de 1 470 f., les intérêts étant calculés par la société au taux de 4 p. %.

P. 4190. Un ouvrier avait fait l'essemillage de 40 000 moellons tendres, à 2 f. 50 le cent. Le patron ne l'a payé pour ce travail que 35 semaines après qu'il a été achevé ; mais sa loyauté l'a engagé à lui donner avec le capital les intérêts simples à 5 p. % par an : quelle somme l'ouvrier a-t-il reçue? et combien devrait-il ajouter à cette somme ou en retrancher pour que, à partir de la présente année qui est la 40e de son âge, il pût faire au commencement de chaque année un versement qui lui constituerait à l'âge de 55 ans une rente viagère de 1 500 f., les intérêts étant à 4 $\frac{1}{2}$ p. %?

P. 4191. Un ouvrier parqueteur, après avoir prélevé sur son gain annuel 650 f. pour l'entretien de sa famille, 350 f. de loyer, et 150 f. pour des dépenses imprévues, pourrait mettre de côté 1 515 f. par an ; mais, chaque année, il s'endette au contraire de 85 f., à cause de la malheureuse habitude où il est de faire le lundi et de perdre, par suite de ses débauches, plusieurs des jours qui le suivent. Enfin, parvenu à l'âge de 45 ans, il se corrige de ce travers si pernicieux ; il paie ses dettes ; et il verse entre les mains d'une société d'assurances 1 300 f. à la fin de chaque année pendant 15 ans. On demande quel sera le montant de la rente viagère que cette société devra lui servir à partir de la fin de ces 15 ans, l'intérêt étant à 4 $\frac{1}{2}$ p. %.

P. 4192. Un valet de ferme, gagé au prix de 175 f. par an, plus la nourriture et les frais généraux qui s'élèvent à 219 f. 80, a pour mission de conduire un attelage pendant 270 jours d'un travail de 8 heures par jour ; mais il n'a fait ce travail que pendant une moyenne journalière de 7 heures 25 minutes, ayant passé le reste du temps à fumer ou à boire, et ayant dépensé en moyenne 0 f. 75 par jour. On demande : 1° à quelle somme s'élève pour un an la perte qu'il a faite, y compris la retenue que le fermier a le droit de lui faire, la journée d'un attelage valant 6 f. ; 2° quel sera le montant de la rente viagère temporaire dont ce valet de ferme pourra jouir depuis l'âge de 54 ans jusqu'à l'âge de 72 ans, si, depuis l'âge de 25 ans jusqu'à celui de 54 ans, il a placé à la fin de chaque année, à intérêts composés, et à 5 p. 0/0 par an, une somme égale à la perte qu'il a faite pendant l'année de sa mauvaise conduite; et si, à l'âge de 54 ans, il dépose dans une société le produit total des placements précédents, la société calculant les intérêts à 4 1/2 p. 0/0.

P. 4193. Un boulanger fait pour 112 800 f. d'affaires dans le cours d'une année, et il gagne 8 p. 0/0 par an. On demande : 1° en combien de temps il fera pour 338 400 f. d'affaires, et combien il gagnera; 2° supposé qu'après ce temps, le boulanger soit âgé de 39 ans et qu'il veuille se faire une rente viagère temporaire de 1 800 f. dont il puisse jouir jusqu'à l'âge de 58 ans, quelle somme devra-t-il ajouter à celle qu'il a gagnée pendant le temps demandé ci-dessus, ou quelle somme devra-t-il en retrancher pour avoir le capital nécessaire, les intérêts étant calculés à 5 p. 0/0.

P. 4194. Un entrepreneur a fourni les rails nécessaires à l'établissement des deux voies d'un chemin de fer sur une longueur de 6 km. 660, à raison de 7 f. 50 par mètre courant de voie. Il voudrait assurer à l'un de ses héritiers une somme de 15 700 f., et il désire savoir si l'intérêt d'un an à 5 p. 0/0 de la somme reçue pour cette fourniture sera suffisant dans le cas où, étant placée aujourd'hui dans une société d'assurances, l'héritier ne touche la somme qu'on veut lui assurer qu'à la mort de l'entrepreneur, lequel a maintenant 54 ans. La société calcule les intérêts à 4 1/2 p. 0/0.

P. 4195. Un négociant âgé de 35 ans veut assurer à ses héritiers une somme de 48 000 f. payables à son décès; il désire savoir quelle somme il doit placer actuellement dans une société d'assurances pour atteindre ce but, et si la somme qu'il vient de recevoir pour 100 qm. d'acide stéarique à 2 f. le kilogramme sera suffisante ou insuffisante pour obtenir ce résultat, la société calculant les intérêts à 4 1/2 p. 0/0.

P. 4196. Un homme de 38 ans vient de vendre 510 qm. de buis à 0 f. 65 le kilogramme, et il place tout de suite à 4 1/2 p. 0/0, dans une société d'assurances, la somme qu'il vient de retirer de cette vente : quel capital ses héritiers pourront-ils toucher à l'époque de son décès?

P. 4197. Un marchand de bois de charpente a vendu 420 m³ de sapin du Nord pour poutres et poutrelles assorties et de choix de 16 m. de longueur sur 0 m. 32 d'équarrissage, à 85 f. le mètre cube; et il place tout de suite à 4 1/2 p. 0/0, dans une société d'assurances, la somme qu'il vient de recevoir pour cette vente. Ce marchand de bois ayant 42 ans, quelle somme ses héritiers toucheront-ils à l'époque de son décès?

P. 4198. Un ouvrier graveur dans un atelier de tabletterie gagne 6 f. par jour, travaille 300 jours par an, dépense annuellement pour son entretien et celui de sa famille 1 090 f.; il économise le reste; et, au commencement de chaque année, à partir de l'âge de 26 ans, il le dépose dans une société d'assurances qui calcule le intérêts à 4 1/2 p. 0/0 : quelle somme assure-t-il ainsi à ses héritiers ?

INTÉRÊTS COMPOSÉS ET ANNUITÉS.   505

P. 4199. Un cultivateur de Normandie ensemence, chaque année, avec 21 kg. de graine de gaude, à raison de 4 kg. $1/2$ par hectare, une étendue de terrain qui lui rapporte, en moyenne, par hectare 2 400 kg. de tiges sèches, qu'il vend à raison de 0 f. 16 le kilogramme. La somme qu'il retire annuellement de cette vente, il la verse chaque année dans la caisse d'une société d'assurances qui prend 16 p. $^0/_0$ de bénéfice. Il fait ce versement depuis l'âge de 43 ans jusqu'à sa mort. Le taux de l'intérêt étant de 5 $1/2$ p. $^0/_0$, quelle somme la société devra-t-elle donner aux héritiers de ce cultivateur?

P. 4200. Un cultivateur du Midi ensemence de garance, chaque année, une étendue de terrain qui absorbe 154 kg. de semence, à raison de 84 kg. par hectare; et, en moyenne, un hectare lui rend, au bout de 3 ans, 3 500 kg. de racines sèches qu'il vend, à raison de 0 f. 45 le kilogramme. La somme qu'il retire annuellement de cette vente, il la donne à une société d'assurances jusqu'à l'époque de sa mort : quelle somme cette société, qui prend 15 p. $^0/_0$ de bénéfice, devra-t-elle donner aux héritiers de ce cultivateur qui a commencé ses versements à l'âge de 47 ans? Le taux de l'intérêt est 5 p. $^0/_0$.

P. 4201. Un luthier vend, année moyenne, 20 flûtes au prix moyen de 60 f. la pièce. La somme qu'il en retire est donnée, au commencement de chaque année, à une société d'assurances qui prend 15 p. $^0/_0$ de bénéfice. Ce luthier a commencé cette spéculation à l'âge de 50 ans. On demande quelle somme la société d'assurances devra payer aux héritiers de ce luthier, le taux de l'intérêt étant de 5 p. $^0/_0$ par an.

P. 4202. Un ouvrier monteur de chapeaux de paille, engagé à l'année, gagne 1 500 f. par an. Il est âgé de 26 ans, et il économise le tiers de ses appointements pour les donner à une compagnie d'assurances sur la vie. Quelle somme devra donner la compagnie aux héritiers de cet ouvrier à sa mort? On trouve dans les tables de mortalité qu'il atteindra probablement 58 ans. On suppose d'ailleurs que la compagnie prend 6 p. $^0/_0$ de bénéfice, que les intérêts des sommes versées par l'ouvrier sont composés, et que le taux est à 5 p. $^0/_0$.

CAISSE DOTALE.

P. 4203. Pour l'extraction du minerai d'étain qui fournit 100 kg. d'étain raffiné, on paie 79 f. 50. On suppose qu'un entrepreneur s'est chargé pour un an, à ce prix, de l'extraction du minerai d'une mine qui fournit annuellement 2 800 qm. d'étain, que le paiement de ses ouvriers a absorbé les $5/6$ de la somme qu'il a reçue, et que les $9/10$ du reste ont été absorbés par d'autres dépenses. Il place le dernier dixième sur la tête d'un de ses fils qui vient de naître, c'est-à-dire qu'il donne cette somme à une société, pour que celle-ci remette une certaine somme à cet enfant, quand il aura atteint sa vingtième année. On demande quelle est la somme que la société devra s'engager à payer, en comptant le taux de l'intérêt à 5 p. $^0/_0$ et en prenant 24 p. $^0/_0$ pour son bénéfice.

P. 4204. Le prix de l'extraction et du transport à l'usine est de 32 f. 50 par quintal métrique de minerai de cuivre, et il en faut 333 kg. pour fournir 100 kg de cuivre noir; or, supposé : 1° que quatre entrepreneurs se soient chargés, pour un an, de l'extraction et du transport du minerai d'une mine qui fournit annuellement 1700 qm. de cuivre noir; 2° que, tous frais faits, ils aient un 20° de bénéfice qu'ils se partagent également; 3° que l'un d'eux place les $12/25$ de sa part sur la tête d'un enfant de 9 ans, quelle somme la société de la Caisse dotale devra-t-elle payer lorsque cet enfant aura atteint sa 21° année, l'intérêt étant de 4 1/2 p. 0/0 par an, et la société prenant 20 p. 0/0 de bénéfice?

P. 4205. Un commerçant a vendu 37 hl. 1/2 d'huile d'œillette à raison de 134 f. 20 l'hectolitre. La somme qu'il a reçue pour le paiement de cette huile a été placée sur la tête d'un enfant nouveau-né; et la société d'assurances prend 8 p. 0/0 de bénéfice : quelle somme cette société doit-elle s'engager à remettre à l'enfant quand il aura atteint l'âge de 25 ans, le taux de l'intérêt étant de 4 p. 0/0?

P. 4206. Un luthier, ayant vendu 6 clarinettes au prix moyen de 250 f., place sur la tête de son fils nouvellement né la somme qu'il retire de cette vente, c'est-à-dire qu'il donne cette somme à une société pour que celle-ci remette une certaine somme à cet enfant lorsqu'il sera atteint par la conscription. Mais, si l'enfant meurt avant ce temps, la somme sera acquise à la société, qui n'aura aucun déboursé à faire. Quelle somme la société doit-elle s'engager à payer sans bénéfices, le taux de l'intérêt étant à 5 p. 0/0 par an?

P. 4207. Le taux de l'intérêt étant fixé à 4 p. 0/0 par an, combien de kilogrammes de coton filé un teinturier devrait-il teindre en couleur puce, au prix de 5 f. 20 par kilogramme de coton, pour avoir la somme qu'il devrait placer dans une Caisse dotale au moment de la naissance de son fils, pour lui assurer à l'âge de 20 ans une somme de 18000 f.?

P. 4208. Un industriel qui s'occupe de la fabrication de la soude, veut assurer à son fils, âgé de 6 ans, une somme de 15000 f. qui devra lui être remise lorsqu'il sera parvenu à l'âge de 20 ans. Les intérêts étant à 4 p. 0/0, combien de houille cet industriel devra-t-il consommer pour produire la soude qu'il vendra pour gagner la somme à placer à la Caisse dotale? La soude lui revient à 136 f. la tonne; il la vend au prix de 14 f. 75 le quintal; pour 1540 kg. de soude, on consomme 5 hl. de houille d'une 1re qualité; et, de plus, 5000 kg. de houille d'une 2e qualité, pour 6160 kg. de soude.

P. 4209. Un industriel qui s'occupe de la fabrication de la soude, veut savoir ce que lui coûteront la main-d'œuvre et les frais généraux de la fabrication de la soude qu'il devra vendre annuellement pour recouvrer la somme qu'il place au commencement de chaque année, à dater de la naissance de son fils, pour lui constituer à l'âge de 20 ans une dot de 16500 f., les intérêts étant à 4 p. 0/0. Il sait que, pour 3080 kg. de soude obtenue, il débourse ordinairement 71 f. pour la main-d'œuvre et les frais généraux; et il vend la soude à raison de 15 f. 80 le quintal.

P. 4210. Un teinturier veut que son fils ait une dot de 21600 f.

à l'âge de 20 ans, et, pour cet effet, il demande combien de kilogrammes de fil de coton il devra teindre annuellement en rouge grand teint, 1re qualité, pour recouvrer par son bénéfice la somme qu'il place au commencement de chaque année, à partir de la présente pendant laquelle son fils atteint l'âge de 4 ans. Le teinturier se fait payer cette teinture à raison de 12 f. 50 par kilogramme de fil, et elle lui revient à 11 f. Les intérêts sont à 4 p. 0/0.

P. 4211. Un teinturier dont le fils est âgé de 8 ans, place à 4 p. 0/0, dans une Caisse dotale, au commencement de chaque année, à partir de la présente, la somme qu'il reçoit pour la teinture en rouge grand teint, 2e qualité, de 800 kg. de fil de coton : quelle dot assure-t-il à son fils pour l'âge de 20 ans, si la teinture d'un kilogramme de fil est payée 5 f. 50 ?

CAISSE D'ÉPARGNE.

P. 4212. Un ouvrier qui travaille dans une fonderie gagne 2 f. 50 par jour, et dépense 1 f. 30 pour son entretien ; au bout de 5 mois de 25 jours de travail, il porte ses économies à la Caisse d'épargne. Il retire ses fonds au bout de 3 ans : quelle somme recevra-t-il ?

P. 4213. Un ouvrier fabricant de chocolat gagne par jour 4 f. 75, et ne dépense que 3 f. 25. Il porte à la Caisse d'épargne les économies qu'il a faites pendant 3 mois de 26 jours de travail, et il retire ses fonds au bout de 5 ans : quelle somme recevra-t-il ?

P. 4214. Un tisseur de coton, gagnant en moyenne 1 f. 35 par jour, a déposé 70 f. à la Caisse d'épargne 35 semaines avant la fin de l'année ; et, à partir du 1er janvier suivant, il a laissé ses fonds pendant 6 ans. On demande : 1° combien il a dépensé par jour pour avoir ces 70 f. en 28 semaines ; 2° quelle somme il a reçue lorsqu'il a retiré ses fonds de la Caisse d'épargne.

P. 4215. Un tisserand qui gagne 2 f. 25 par jour a déposé 132 f. à la Caisse d'épargne 18 semaines après le commencement de l'année, et il les a laissés pendant 8 ans. On demande : 1° combien il a dépensé par jour pour avoir les 132 f. en 6 mois de 25 jours de travail ; 2° quelle somme il a reçue lorsqu'il a retiré ses fonds de la Caisse d'épargne.

P. 4216. Un ouvrier brasseur qui gagne 56 f. 60 par mois, dépense chaque jour 1 f. 20 pour son entretien ; il donne toutes les semaines 2 fr. 50 à l'un de ses compagnons qui est malade ; et, au bout de 9 mois, il porte le reste de ses économies à la Caisse d'épargne, et il ne les retire qu'après 28 ans : quelle somme recevra-t-il alors ?

P. 4217. Un ouvrier menuisier en meubles qui gagne 5 f. 40 par jour, économise tous les mois une somme égale au gain qu'il fait dans les 6 jours de travail d'une semaine, et, à la fin de l'année, il a l'heureuse idée de confier ses économies à la Caisse d'épargne ; il fait la même chose l'année suivante : quelle somme pourra-t-il déposer à la fin de la 3e année, pour que son compte ne dépasse pas le maximum de 1000 f. ?

P. 4218. Un ouvrier moulineur de soie qui gagne 70 f. 50 par mois, ne dépense que 1 f. 40 par jour; et, au commencement de chaque semaine, il verse à la Caisse d'épargne le produit de ses économies : à combien s'élèvera son avoir, capital et intérêts, à la fin de l'année?

P. 4219. Deux ouvriers fabricants de produits chimiques font bourse commune; ils dépensent ensemble 4 f. par jour; l'un d'eux gagne journellement 5 f. 50; et l'autre, 4 f. 25. On demande : 1° la somme qu'ils pourront déposer chaque semaine à la Caisse d'épargne, sachant qu'ils observent religieusement le repos du dimanche et des 4 fêtes de l'année; 2° à combien s'élèvera leur avoir, capital et intérêts, à la fin d'une année?

P. 4220. Un ouvrier mécanicien qui gagne 3 f. 60 par jour et qui travaille 306 jours par an, ne dépense que 60 f. par mois tant pour son entretien que pour son loyer; et, au commencement de chaque semaine, il dépose à la Caisse d'épargne les économies de la semaine précédente : s'il continue ainsi pendant 3 ans, à combien s'élèvera son avoir à la fin de la 3e année, y compris les rentes 4 $1/2$ p. $^0/_0$ que l'administration achètera à son profit lorsque son compte aura atteint le chiffre de 1 000 f.; le cours de la rente étant de 92 f.?

P. 4221. Un ouvrier guillocheur sur boutons de corne, gagnant 56 f. par mois, verse 8 f. toutes les semaines à la Caisse d'épargne; et il effectue ces versements pendant 20 ans, à partir de l'âge de 25 ans: à combien s'élèvera son avoir à la fin de la 20e année, y compris les 40 f. de rentes 4 $1/2$ p. $^0/_0$ que, à sa prière, l'administration achètera en son nom tous les deux ans, et dont elle lui remettra les titres chaque fois, le cours moyen de la rente étant de 93 f.?

FIN DU RECUEIL DE PROBLÈMES.

TABLE

ALPHABÉTIQUE ET ANALYTIQUE

DES OBJETS ET DES PRODUITS AGRICOLES, COMMERCIAUX ET INDUSTRIELS

AUXQUELS SONT APPLIQUÉS

LES PROBLÈMES CONTENUS DANS CE RECUEIL

A

ABEILLES. Probl. 1018, 2770, 2820, 3046, 3768. (Voyez Cire, Miel.)
ABSINTHE. Probl. 2407, 3074, 3081.
ACIDES. Probl. 1130, 1131, 2899, 3010, 4195.
ACIDE NITRIQUE. Probl. 173, 3002.
ACIDE SULFURIQUE. Probl. 173, 231, 1140, 2584, 4136, 4159.
ACIER. Probl. 394, 2573, 3932, 3998, 4085.
AGRICULTURE. Probl. 4, 6, 11, 56, 142, 638, 639, 640, 642, 684, 687, 692, 696, 701, 703, 705, 949, 1050, 1061, 1387, 2236, 2267, 2270, 2457, 2461, 2516, 2519, 2563, 2568, 2572, 2615 à 2617, 2619, 2623, 2887, 3320, 3437, 3672, 3967, 4009, 4094, 4119, 4160, 4161, 4164, 4166, 4167. (Voyez les articles Amendement, Anes, Arbres fruitiers, Arpentage, Avoine, Bétail, Betteraves, Blé, Bœufs, Bois de chauffage, Bois de construction, Bois et Forêts, Carottes, Chanvre, Chardons, Charrues, Châtaignes, Chevaux, Cidre et Poiré, Drainage, Engrais, Farine, Fèves et Féveroles, Foin, Fromage, Froment, Fruits à noyau, Fruits à pepins, Garance, Graines de plantes fourragères, Graines oléagineuses, Gruau, Haricots, Harnais, Herbe, Houblon, Huiles, Labour, Laines, Lait, Légumes, Lentilles, Lin, Litière, Luzerne, Machines agricoles, Maïs, Marnage des terres, Moutons, Mulets, Mûriers, Navets, OEufs, Orge, Paille, Pain, Pois, Pommes de terre, Prairies, Ray-grass, Sainfoin, Sarrasin, Seigle, Sel, Vers à soie, Sorgho, Tabac, Terres, Topinambours, Tourteaux, Transport, Trèfle, Vaches, Veaux, Vergers, Vignes, Vin, Volaille.)
AIR. Probl. 204, 209, 263, 365, 372, 373, 1359, 3251, 3471, 3844, 3845, 4054.
ALCOOLS ou ESPRITS-DE-VIN. Probl. 1318, 1388, 1458 à 1461, 1659, 2743, 3499, 3500, 3912, 4106. (Voyez Eaux-de-vie.)
ALLIAGE DES MÉTAUX. Probl. 1909 à 1919, 3339, 3353, 3421, 3442 à 3444, 3449 à 3451, 3453 à 3455, 3469, 3472 à 3477, 3479 à 3481, 3485 à 3487, 3497, 3498.
ALLUMETTES CHIMIQUES. Probl. 1100, 1101, 3435.
ALUMINIUM. Probl. 1142.
ALUN. Probl. 2635.
AMENDEMENT DES TERRES. Probl. 254, 265, 844, 2418, 2864, 2884, 3456. (Voyez les articles Chaux, Marnage des terres, Os d'animaux, Plâtre, Sable.)
AMIDON. Pr. 82, 3548. (Voy. l'article Fécule.) ANES. Probl. 240, 2101.
ANTALE. On donne ce nom à une poudre fine qui était introduite autrefois dans plusieurs préparations usitées en pharmacie. Cette substance

est formée par la pulvérisation des coquilles d'un genre de mollusques appelé *dentale* ou *antale*. Probl. 281, 420, 2183.

ARBRES FRUITIERS. Probl. 669 à 678, 737, 875. 1035, 1036, 1045, 1414, 1415, 1420, 2523, 3524, 3636, 3638, 3956, 3994, 3995.

ARDOISES. Probl. 300, 358, 359, 606, 636, 637, 2276, 2379, 2852, 3666, 3668, 3670, 3671.

ARGENTERIE. Probl. 965, 1052, 1267, 1268, 1289, 1291, 1347, 1348, 1682, 1827, 2263, 3449, 3450, 3472, 3475, 3477, 3479 à 3481, 3485, 3497, 3928, 3940.

ARMÉES. Probl. 3, 111, 130, 339, 393, 1259, 1516, 2000, 2049, 2050, 2957, 4180, 4181.

ARPENTAGE. Probl. 565, 590, 3674, 3675. (Voyez les Probl. sur les Mesures agraires et sur les Surfaces.)

ART MILITAIRE. Probl. 227, 328, 516, 517, 1110, 1111, 1239, 1455, 1618, 1921, 1922, 2095, 2123, 2291, 2351, 2356, 2357, 2389, 2595, 2664, 2673, 3009, 3049, 3107, 3127, 3133, 3643. (Voyez Armées.)

ARTICLES DE PÊCHE ET DE CHASSE. P. 2113, 2827, 2959, 2968, 3605, 3756.

AVÉLANÈDES. On désigne sous ce nom le gland d'une espèce de chêne qui croît dans les contrées du Levant. On donne aussi ce nom à la coque de ce gland. Les tanneurs s'en servent pour la préparation des cuirs. Probl. 1077, 1129, 2107.

AVOINE. Pr. 144, 146, 641, 642, 694, 695, 697, 701, 862, 882, 909, 1336, 1506, 1668, 2043, 2425, 2571, 2615, 2684, 2727, 2886, 3134, 3135, 3167, 3258, 3673, 3712 à 3714, 3755.

B

BADIANE. La *badiane* est un arbrisseau dont les feuilles rappellent celles du laurier. Sa graine s'emploie dans la préparation de l'anisette. Probl. 1528, 4149.

BALLONS. Probl. 1140.

BARBOTINE. La *barbotine* est une poudre contre les vers. Cette poudre est faite avec la graine d'une plante qui croît dans différentes contrées de l'Asie. Probl. 2818.

BASSINS (Capacité des). Probl. 279, 876 à 879, 947, 948, 950, 951, 962, 1476 à 1478, 1566, 1567, 1576, 1653, 1833, 1859, 2009, 3800, 3801, 3820, 3829, 3843, 3846, 3881, 3882, 3884, 3885, 3891, 3893, 3894, 3896, 3906, 3945, 3947, 3948, 3954.

BATEAUX ORDINAIRES ET A VAPEUR. Probl. 381, 461, 478 à 481, 509, 510, 1075, 1259, 1895, 2062, 2243, 2373, 2374, 2636, 2637, 2672, 2978, 3042, 3601, 3613, 3689, 3857, 3926, 4100, 4186.

BATIMENTS. Probl. 102, 801 à 804, 2315, 2423, 2479, 2531, 2612, 2613, 2615 à 2623, 2650, 2930, 3057, 3154, 3183, 3842. (Voyez Maisons.)

BÉTAIL, BÊTES A CORNES. Probl. 152, 335, 1372, 1373, 2106. (Voyez Bœufs, Vaches, Veaux.)

BÉTON. Probl. 767 à 771, 1837, 1844, 2296, 3651.

BETTERAVES. Probl. 64, 65, 66, 67, 68, 69, 81, 133, 333, 642, 696, 937, 939, 1341, 1357, 1376, 1388, 1573, 1671, 2025, 2151, 2231, 2264, 2386, 2387, 3134, 3936, 3937, 3944.

BEURRE. Probl. 8, 58, 145, 162, 163, 970, 1058, 1061, 1068, 1093, 1123, 1428, 1675, 1804, 3302, 3303, 3464, 3973, 4114.

BIÈRE. Probl. 1431, 1433 à 1436, 1710, 4026.

BLANC DE BALEINE. Probl. 2280, 2322, 2326, 2327, 2782, 2879, 2948, 2988, 3139, 3189, 3260, 3488.

BLÉ. Probl. 30, 64, 65, 66, 67, 68, 69, 134, 138, 141, 142, 255, 256, 366, 367, 368, 638, 853, 870, 888, 940, 941, 949, 952, 1044, 1145, 1335, 1404, 1417, 1430, 1484 à 1486, 1492, 1493, 1496, 1498, 1501, 1504, 1505, 1507, 1523, 1669, 1742, 1830, 1831, 1901, 2047, 2059, 2150, 2164, 2234, 2236, 2258, 2323, 2335, 2358, 2466, 2521, 2522, 2571, 2572, 2613,

TABLE ALPHABÉTIQUE. 511

2614, 2625, 2626, 2720, 2727, 2769, 3050, 3165, 3166, 3207, 3258, 3263, 3323, 3494, 3495, 3637, 3645, 3646, 3810, 3811, 3897, 3957, 4094. (Voyez Froment.)
BŒUFS. Probl. 49, 217, 251, 252, 377, 421, 434, 938, 993, 996, 997, 1017, 1053, 1083, 1102, 1109, 1290, 1688, 1779, 1885, 2106, 2203, 2392, 2570, 2615, 2685, 2884, 2933, 3263, 3272, 3537, 4079.
BOIS DE CHAUFFAGE. Probl. 37, 79, 181, 215, 229, 253, 264, 283, 319, 786 à 836, 902, 1061, 1313, 1437, 1473, 1645, 1738, 1898, 2167, 2173, 2332, 2891, 3031, 3034, 3205, 3284, 3285, 3459, 3463, 3802, 3808, 3819, 3821 à 3823, 3867, 3964, 3965, 4051, 4057.
BOIS DE CONSTRUCTION. Probl. 712, 713, 734, 735, 738, 752, 1315, 1320, 1518, 1529, 1622, 1939, 1964, 2077, 2206, 2346, 2376, 2487, 2510, 2892, 3104, 3111, 3201, 3288, 3354, 3405, 3525, 3526, 3530, 3644, 3687, 3688, 3807, 3814, 3835 à 3838, 3864 à 3867, 3879, 3880, 4129, 4197.
BOIS D'ÉBÉNISTERIE, DE TABLETTERIE, etc. Probl. 41, 55, 121, 194, 287, 288, 988, 1293, 1294, 1323, 1324, 1651, 1657, 1728, 1747, 1757, 1866, 2112, 2377, 2432, 2699, 2822, 3023, 3024, 3170, 3188, 3197, 3408, 3527, 3809, 3963, 4059, 4061, 4128, 4196.
BOIS DE TEINTURE. Probl. 119, 971, 983, 1876, 1989, 2046, 2514, 2699, 2871, 3966.
BOIS ET FORÊTS. Probl. 430, 431, 432, 433, 789, 795, 796, 799, 805, 824 à 833, 835, 836, 1908, 2167, 4166, 4167.
BOISSONS. Probl. 5, 25, 881, 886, 1632. (Voyez les articles Bière, Cidre et Poiré, Vin.)
BONNES ŒUVRES. Probl. 25, 129, 174, 315, 388, 389, 398, 399, 527, 790, 1078, 1089, 1560, 1629, 2237, 2238, 2240, 2424, 2427, 2460, 2467, 2644, 2717, 2719, 2876, 3047, 3051, 3073 à 3075, 3101, 3128, 3137, 3138, 3211, 3216, 3494, 4003, 4006, 4216.
BONNETERIE. Probl. 226.
BOUGIES. Probl. 1899, 1924, 2370, 2515, 3149, 3488. (Voyez Oléine et Stéarine.)
BOUTONS. Probl. 456, 2543, 2545, 2705, 2707.
BRAISE. Probl. 264, 902. (Voyez Charbon.)
BRIQUES. Probl. 601, 612, 613, 629, 747, 748, 749, 1759, 2289, 3017, 3284, 3623 à 3625, 3804, 3830, 3898, 4044, 4046.
BRONZE. Probl. 1915, 1916, 3428, 3436, 3930, 3942.
BROSSERIE. Probl. 40.

C

CACHOU. Le *cachou* est un mélange de sucs provenant de l'expression des gousses fraîches et de la décoction de la partie centrale de plusieurs acacias ; et, en particulier d'un acacia qui est très-commun dans les Indes. On emploie le cachou dans les fabriques d'indiennes et dans les teintureries. Le cachou est aussi employé en médecine, et l'on en fait une pâte qui rend l'haleine agréable. Probl. 3772.
CAFÉ. Probl. 395, 396, 977, 998, 999, 1012, 1039, 1060, 1065, 1808, 1927, 1996, 2017, 2060, 2061, 2406, 2471, 2628, 2784, 3095, 3491.
CAILLOUX. Probl. 767 à 770, 850.
CALICOT. Probl. 586, 1339, 1340, 1368, 1610, 1693, 4006, 4066.
CAMPHRE. Probl. 2991, 3013, 4037.
CANAUX. Probl. 1, 578, 2380, 2756, 2833, 3200, 3239, 3311, 3326, 4167.
CANNES, PARAPLUIES. Probl. 1968, 2122, 2842, 3528, 3536.
CANNELLE. La *cannelle* est l'écorce intérieure des jeunes pousses d'une espèce de laurier qui croît dans la Chine et dans l'île de Ceylan. Cette substance est employée en médecine et comme assaisonnement. P. 1520, 1928, 2638, 2661.
CANTHARIDES. Les *cantharides* sont des espèces de mouches vertes d'un vert doré très-brillant; elles exhalent une odeur pénétrante. Après les avoir récoltées, les avoir fait périr, et les avoir desséchées, on en fait une

poudre brunâtre qui forme la base des vésicatoires. Probl. 32, 45, 2183, 2408.

CAROTTES. Probl. 700, 934 à 936, 1373, 1422, 1672, 3274, 3275, 3939 3940.

CARRELAGE. Probl. 50, 84, 274, 436, 559, 564, 571, 595, 1867, 1872 1954, 2129, 2483, 2713, 2802, 2851, 3011, 3187, 3336, 3677, 3786, 4063.

CARTHAME. Le *carthame* est une plante cultivée dans les pays méridionaux. Ses fleurs servent à la teinture de la soie, du coton et du lin. Probl. 1706, 2094, 2102, 2107, 2871.

CARTON. Probl. 1009, 1022, 1055, 1056.

CASSE. La *casse* est un fruit employé en médecine à cause de ses propriétés laxatives. Il est produit par un arbre appelé canéficier qui croît dans l'Éthiopie, l'Inde, l'archipel Indien, la Cochinchine et les Antilles Probl. 2985.

CASSONADE. Probl. 172, 341, 1135, 3441. (Voyez Sucres.)

CASTORÉUM. Le *castoréum* est une matière animale provenant du castor et qui est employée en médecine. Probl. 281, 2183, 2408, 2714.

CENDRES BLEUES ou VERTES. On désigne sous ce nom deux produits commerciaux employés comme substances colorantes. Les *cendres bleues* doivent leur belle nuance à l'oxyde de cuivre, et les *cendres vertes* doivent la leur au carbonate de cuivre. Probl. 1446, 1521, 3400.

CHANDELLES. Probl. 234, 303, 1395, 2370, 3149.

CHANVRE. Probl. 873, 981, 1030, 1066, 2639, 2686, 2692, 2854, 2880, 3014, 3694.

CHAPEAUX, CHAPELLERIE. Probl. 344, 1948, 2010, 2544, 2581, 2651, 2679, 2836, 2897, 2975, 2976, 3389, 4038, 4039.

CHARBON DE BOIS. Probl. 228, 262, 808 à 819, 944, 1051, 1292, 1314 1363, 1364, 1491, 1601, 1602, 1671, 1680, 1936, 1947, 2399, 2611, 3251, 3426, 4061, 4144.

CHARCUTERIE. Probl. 1054, 1702, 1771, 2615, 2695, 2778, 2795, 2849, 2920, 3219.

CHARDONS A FOULON ET AUTRES. Probl. 645, 1484 à 1486, 2860.

CHARPENTE. Probl. 346, 348, 522, 734, 735, 752, 753, 1471, 1472, 1518, 1529, 1622, 1861, 1930, 2075, 2187, 2541, 2697, 3288, 3294, 3382, 3593, 3594, 3836 à 3838, 4136.

CHARRUES. Probl. 127, 1338, 3108, 3413, 3414.

CHATAIGNES. Probl. 101, 3035.

CHAUDRONNERIE. Probl. 284, 2579, 2845, 2950, 3920, 3924 à 3926, 4136.

CHAUX. Probl. 23, 215, 235, 254, 265, 628, 766, 772, 773, 774, 844, 945, 946, 954 à 957, 960, 961, 1427, 1487, 3425, 3426, 3445, 3446, 3496, 3540, 3547, 3628.

CHAUX HYDRAULIQUE. Probl. 31, 757, 758, 760, 767 à 770, 958, 959, 3447, 3549.

CHEMINS DE FER. Probl. 124, 128, 154, 155, 156, 157, 192, 199, 205, 250, 304, 443, 444, 453, 454, 482 à 490, 503, 504, 539, 541, 548, 556, 557, 785, 1453, 1454, 1639, 1667, 1687, 1818, 1890, 1972, 1992, 2073, 2200, 2300, 2532, 2576, 2606, 2949, 2952, 3163, 3164, 3294, 3537, 3601, 3692, 3888. (Voyez les articles Coke, Coussinets et Chevillettes, Fer, Lattes, Locomotives, Ponts, Rails, Sable, Tenders, Terrassement, Transport, Traverses, Vitesse, Wagons.)

CHEVAUX. Probl. 47, 80, 99, 100, 170, 240, 255, 256, 270, 285, 307, 323, 378, 379, 380, 421, 820 à 823, 882, 962, 1094, 1336, 1372, 1388, 1419, 1420, 1437 à 1439, 1482, 1483, 1668, 1676, 1761, 1781, 1785, 1901, 1971, 2038, 2101, 2168, 2242, 2324, 2393, 2518, 2525, 2615, 2650, 2665, 2684, 2769, 2819, 2867, 2885, 2886, 2934, 3032, 3133, 3250, 3272, 3300, 3642, 3665, 3834, 3839, 3840, 3873 à 3875, 4025, 4036, 4076.

CHOCOLAT. Probl. 396, 1274, 2060, 2061, 2165, 2633, 2667, 2815, 2816, 3552.

CHRONOLOGIE. Probl. 63.

CIDRE ET POIRÉ. Probl. 5, 875, 1091, 1692.

TABLE ALBHABÉTIQUE.

CIMENT. Probl. 248, 760, 1538, 3446, 3546.
CIMENT ROMAIN DE VASSY. Probl. 72, 73, 414, 1481, 3439, 3445.
CIRE. Probl. 1018, 1522, 2280, 2770, 3427, 3488.
CLOISONS. Probl. 110, 601, 604, 605, 612, 613, 1851, 2333, 2512, 2513, 2881, 3356, 3623 à 3625.
CLOUTERIE. Probl. 1040, 1362, 3417, 3628, 3631, 3666 à 3668, 3671.
COBALT. Le *cobalt* est un métal dont l'oxyde s'emploie pour colorer en bleu les porcelaines, le verre, etc. Un composé de cobalt et d'acide arsénique s'emploie aux mêmes usages. Probl. 1932.
COCHENILLE. La *cochenille* est un insecte qui donne une belle couleur rouge; c'est elle qui fournit les plus belles nuances d'écarlate et de pourpre. Probl. 1019, 1028, 1069, 1266, 1271, 1286, 2362, 2413, 2514.
COKE. Probl. 263, 549, 1115, 1116, 1122, 1144, 2400, 2610, 3169.
COLLE. Probl. 260, 1949, 2275, 3022, 3961, 3976, 4053, 4055.
COLOPHANE. Probl. 259.
COMBUSTIBLES. Probl. 323, 1005, 1143, 3255. (Voyez les articles Bois de chauffage, Braise, Charbon de bois, Coke, Houille.)
CONFITURES. Probl. 83, 1758, 2469, 2963 à 2965, 4022, 4023.
COPAHU. (Voyez Gomme.)
CORDONNERIE. Probl. 1845, 1846, 1891, 2021. (Voyez Cuirs.)
CORNES. Probl. 213, 420, 1011, 2365, 2465, 2701, 2855, 3397, 3573, 4021, 4097.
COSMOGRAPHIE. Probl. 216, 496, 525, 1344, 1463 à 1468, 1649, 1821, 1869, 1870, 1896, 2212, 3006, 3297, 3298, 3313, 3314, 3764, 3765, 3916, 3917, 4073.
COTON. Probl. 46, 74, 93, 95, 241, 360, 429, 982, 1031, 1073, 1074, 1105, 1665, 1666, 2103, 2104, 2261, 2360, 2601, 2757, 2758, 2977, 3004, 3026, 3161, 3171, 3172, 3183, 3243, 3273, 3305, 3306, 3539, 3551, 3598, 3610, 3769, 3779, 3968, 3969, 4067, 4068, 4154.
COULEURS ET VERNIS. Probl. 1514, 1712, 1849, 1850, 1855, 1942, 2072, 2081, 2180, 2181, 2364, 2455, 2870, 2913, 2928, 2932, 3061, 3078, 3082, 3346, 3422 à 3424, 3427, 3431, 3478, 4000, 4030, 4032, 4098, 4140. (Voyez les articles Cendres bleues ou vertes, Orseille, Outremer, Produits chimiques, Rocou, Térébenthine.)
COUSSINETS ET CHEVILLETTES. (Chemins de fer.) Probl. 545, 546, 547, 1440 à 1442, 2200, 2415, 3278, 4125.
COUTELLERIE. Probl. 331, 1038, 1237, 1247, 1260, 1270, 1474, 1719, 1897, 1903, 2022, 2024, 2139, 2141, 2409, 2411, 2439, 2542, 2723, 2766, 2783, 2805, 2972, 3153, 3158, 3247, 3248, 3340, 3404, 3532, 3553, 4013, 4014.
COUTIL. Probl. 463, 1554, 1635, 1767, 2175, 4004.
COUVERTURE DES BATIMENTS. Probl. 125, 126, 358, 359, 606, 616, 636, 637, 1413, 1614, 1842, 1843, 1864, 1941, 1964, 2078, 2082, 2083, 2086, 2091, 2262, 2276, 2299, 2379, 2436, 2484, 2507, 2717, 2722, 2750, 2753, 2852, 2900, 3085, 3109, 3266, 3282, 3286, 3294, 3368, 3630 à 3633, 3657, 3666 à 3671, 3814, 4137, 4150. (Voyez les articles Ardoises, Bois de construction, Charpente, Clouterie, Lattes, Plomberie, Tuiles, Zinc.)
CRIN. Probl. 40, 384, 1107, 1127, 1128, 1559, 2283, 2367, 3244, 3758, 3759, 4048, 4049.
CUIRS. Probl. 88, 137, 402, 405, 989, 1007, 1008, 1091, 1092, 1118, 1119, 1241, 1369, 1451, 2663, 2666, 2848, 2938, 3086, 3151, 3152, 3244, 3245, 3972, 3982.
CUIVRE. Probl. 218, 233, 963, 1136, 1137, 1240, 1276, 1280, 1443 à 1445, 1682, 1753, 1768, 1912 à 1917, 2125, 2153, 2221, 2730, 3083, 3221, 3289, 3315, 3339, 3428, 3434, 3436, 3444, 3449 à 3451, 3453, 3455, 3469, 3472 à 3476, 3485, 3486, 3927, 3931, 3939, 3944, 4204.
CURCUMA. Le *curcuma* est une plante originaire des Indes. Sa racine, connue sous le nom de Safran des Indes, renferme un principe colorant très-recherché par l'industrie pour la teinture en jaune. Probl. 87, 90, 2871, 3195.

D

DAMAS. Probl. 521, 1553.
DÉFENSES D'ÉLÉPHANT. (Voyez le mot Ivoire).
DÉGRAS DE PEAUX. Probl. 2486, 2658, 2689.
DENSITÉS. Probl. 1292 à 1298, 1303 à 1308, 1310, 1313 à 1320, 1322 à 1324, 1330, 1331, 1334, 1359, 1425 à 1427, 1456 à 1462, 1479, 1480, 1490, 1503, 3469 à 3471, 3812, 3813, 3856, 3861, 3868, 3871, 3876, 3877, 3878, 3886, 3895, 3903, 3904, 3909, 3912, 3919, 3921 à 3925, 3927 à 3944, 3946, 3949 à 3951, 4054, 4071, 4072.
DENTELLE. Probl. 176, 1264, 2149, 2229, 2448, 2511, 3012, 3015.
DIAMANTS. Probl. 549, 1805.
DRAINAGE. Probl. 530, 531, 646, 663, 666, 680, 953, 1133, 1447, 1637, 1838, 1840, 1886, 2381, 2382, 2548, 2790, 3146, 3147, 3178, 3386, 3418, 3681, 3685, 3848.
DRAP. Probl. 17, 22, 74, 76, 114, 167, 236, 238, 302, 319, 361, 456, 462, 463, 465, 468, 495, 514, 519, 520, 521, 523, 1326, 1340, 1377, 1378, 1383, 1384, 1406 à 1408, 1410, 1411, 1488, 1489, 1543, 1552, 1570, 1609, 1652, 1690, 1727, 1736, 1746, 1793, 1829, 1921, 2131, 2207, 2307, 2310, 2314, 2558, 2566, 2679, 2726, 2732, 2785, 2787, 2788, 2974, 2984, 3157, 3177, 3261, 3519, 3544, 3762, 3790, 3795, 4001, 4046, 4092.
DUVET, PLUME. Probl. 967, 1789, 2918, 3467, 3980, 4049.

E

EAU. Probl. 209, 313, 363, 442, 1243, 1296, 1298, 1345, 1391, 1497, 1683, 1684, 2009, 2011, 2279, 3470.
EAUX-DE-VIE. Probl. 898, 901, 903, 1033, 1700, 2121, 2526, 3240, 3241, 3489, 3492, 3493, 3499, 3500, 4135.
ÉCAILLES DE TORTUE. Probl. 94, 108, 1261, 1262, 1285, 1769, 1775, 1802, 1959, 2238, 2438, 2505, 2926, 3138, 3259, 3384, 3484, 3523, 3785, 3789, 4020, 4091.
ÉCLAIRAGE. Probl. 149, 303, 1311, 1899, 2302, 2370, 3155. (Voyez les articles Bougies, Chandelles, Gaz, Huiles, Lampes.)
ÉCORCE DE CITRON ET D'ORANGE. Probl. 3548, 3600, 3780, 3782.
ÉDUCATION. Probl. 413, 1387, 1581, 1603, 1664, 1807, 1908, 2188, 2314, 2569, 2710, 2711, 2716, 3006, 3097, 3123 à 3125, 3215, 3216, 3217, 3234, 3984.
ENCRE. Probl. 1123, 1389, 1390, 1508, 3396, 3427.
ENGRAIS, FUMURE DES TERRAINS. Probl. 109, 130, 148, 252, 254, 375, 380, 689, 690, 692, 693, 1325, 1366, 1421, 1672, 1776, 1904, 1952, 2027, 2038, 2216, 2235, 2236, 2303, 2313, 2369, 2570, 2572, 2829, 2884, 3032, 3268, 3847, 3994, 3995.
ÉPICERIES. Probl. 1925, 1928, 2634, 3040, 4153. (Voyez les articles Cannelle, Girofle, Moutarde, Muscades.)
ÉPONGES. Probl. 1883, 2064, 2148, 2272.
ESCALIERS. Probl. 178, 2308, 2342, 2763, 2765, 2828, 2834, 3262, 3288, 4109, 4131.
ÉTAIN. Probl. 158, 1137, 1909 à 1911, 1915, 1916, 1918, 1919, 2100, 3316, 3339, 3353, 3421, 3428, 3434, 3436, 3442 à 3444, 3453, 3454, 3934, 3943, 4203.

F

FARINE. Probl. 85, 221, 1016, 1103, 1121, 1145, 1492, 1493, 1498, 1499, 1501, 1505, 1507, 1539, 1540, 1830, 1831, 1894, 2150, 2215, 2254, 2258, 2351, 2427, 2499, 2648, 2894, 3099, 3157, 3166, 3262, 3267, 3494, 4019.

TABLE ALPHABÉTIQUE.

FÉCULE. Probl. 82, 175, 244, 323, 1076, 1584, 1659, 2385, 2502, 3154. (Voyez l'art. Amidon.)
FER. Probl. 12, 394, 817, 1024, 1040, 1052, 1094, 1140, 1363, 1364, 1443 à 1445, 1491, 1601, 1602, 1646, 1819, 1820, 1947, 2033, 2097, 2172, 2210, 2500, 2611, 2681, 2719, 2872, 2873, 2877, 2929, 3029, 3168, 3309, 3310, 3469, 3603, 3812, 3813, 3861, 3923, 3933, 3946, 3950, 3951, 3998, 4071, 4083.
FEUILLES D'ORANGER. Probl. 2407, 2688, 3081.
FÈVES ET FÉVEROLES. Probl. 698, 699, 701, 704, 3433, 3721, 3722, 3727.
FILS DE COTON. Probl. 316, 317, 360, 1113, 1114, 1647, 1665, 1666, 1960, 2198, 2394, 2491, 2799, 2898, 3233, 3307, 3308, 3767, 3781, 4145 à 4147, 4207, 4210, 4211.
FILS DE LAINE. Probl. 1403, 1488, 2962, 4112.
FILS DE LIN ou DE CHANVRE. Probl. 176, 1380, 1777, 1975, 2008, 2111, 2114, 2147, 2149, 2349, 2350, 2401, 2747, 3045.
FLANELLE. Probl. 319, 1379, 1381, 1405, 1626, 1813, 1926.
FOIN. Probl. 71, 149, 217, 377, 434, 682, 703, 708, 709, 882, 1336, 1337, 1341, 1358, 1372, 1373, 1416, 1422, 1506, 1662, 1905, 2038, 2216, 2233, 2369, 2520, 2547, 2564, 2613, 2614, 2615, 2625, 2626, 2652, 2684, 2886, 3019, 3114, 3167, 3222, 3268, 3269, 3274, 3332, 3642, 3665, 3698 à 3702, 3732, 3733, 3775, 3818, 3929, 3933, 3938.
FONTAINES. Probl. 876 à 879, 1392, 1393, 1476, 1477, 1548, 1549, 1566, 1567, 1576, 1588, 1589, 1596 à 1598, 1703, 1833, 1857, 1859, 2266, 3162, 3820, 3896, 3947.
FONTE. Probl. 159, 249, 261, 262, 263, 365, 372, 373, 1115, 1116, 1443 à 1445, 2172, 2210, 2399, 2400, 2417, 2433, 2476, 2610, 2611, 2872, 3169, 3176, 3180, 3310, 3695, 3856, 3895, 3921, 3924, 3925, 3953, 4072.
FRET ET CHAPEAU. On appelle *fret* le prix du loyer d'un navire, ou la somme donnée pour le transport par mer d'une quantité quelconque de marchandises. En fait de navigation, on entend par *chapeau* une gratification que l'on convient de donner au capitaine ou au maître d'un navire de commerce pour avoir chargé à bon port et bien conditionné les marchandises transportées. Probl. 2153, 3803.
FROMAGE. Probl. 369, 1044, 1061, 1428, 1907, 2089, 2092, 2485, 2533, 3199, 3543, 3566, 3567, 4058.
FROMENT. Probl. 48, 82, 164, 254, 257, 292, 378, 391, 638, 641, 642, 683, 684, 685, 686, 688, 692, 693, 701, 705, 883, 904, 905, 1346, 1360, 1374, 1435, 1499, 1506, 1952, 2039, 2357, 2390, 2395, 2425, 2652, 2874, 2937, 3134, 3135, 3167, 3264, 3324, 3494, 3584, 3611, 3647 à 3649, 3673, 3847, 4101. (Voyez Blé.)
FRUITS A NOYAU. Probl. 135, 168, 1046, 1047, 2152, 2743, 3556.
FRUITS A PÉPINS. Probl. 135, 168, 403, 1574, 1791, 1931, 1933, 1934, 2051, 2176, 2537, 2704, 3376, 3465.
FRUITS SECS. Probl. 2053, 2422, 2640, 2704, 2706, 2793, 2809.

G

GANTS, GANTERIE. Probl. 438, 1248, 1272, 1277, 1278, 3106, 3208, 3237.
GARANCE. La *garance* est une plante vivace que l'on cultive dans le midi de l'Europe et de la France. La racine de cette plante a la propriété de donner une belle couleur rouge qu'on emploie très-utilement pour l'impression des toiles peintes, et pour la teinture des laines et de la soie. La garance alizari est la poudre tirée des racines de cette plante. Probl. 29, 2871, 3195, 4200.
GAZ POUR L'ÉCLAIRAGE. Probl. 1311, 1545, 1546, 1592, 1593, 1899, 2199, 2269, 2302, 2601, 2812, 3183, 3318, 3682.
GÉOGRAPHIE. Probl. 661, 1465, 1749, 2212, 3090, 3098, 3216.
GIROFLE (Clous de). Les *clous de girofle* sont les fleurs non épanouies d'un arbre originaire des Îles Moluques. Les clous de girofle sont em-

ployés comme assaisonnement dans la préparation des aliments. Probl. 1520, 1925, 1928, 2660.

GOMME. La *gomme* est une substance visqueuse, incolore, translucide, qui coule naturellement, ou par incision, de certains arbres. La *gomme arabique* est fournie par une espèce d'acacia. La *gomme de copahu* se tire par incision d'un arbre du Brésil appelé copaïer. Probl. 13, 24, 105, 117, 223, 297, 299, 1010, 2413, 3292, 3427, 3531, 3602, 3959, 4027.

GOUDRON. Probl. 818, 1974, 2982.

GRAINES DE PLANTES FOURRAGÈRES. Probl. 647, 707, 710, 838, 849, 1328, 1329, 1338, 1542, 3726, 3733, 3734, 3927, 3928, 3930 à 3932, 3934, 3935, 3937, 4029.

GRAINES OLÉAGINEUSES. Probl. 169, 872, 873, 887, 911, 920 à 933, 1312, 1332, 1333, 1340, 1351, 1352, 1356, 1604, 1615, 1616, 1708, 1709, 2169 à 2171, 2267, 2270, 2277, 2757, 2758, 2801, 3016, 3059, 3213, 3550, 3757, 3774, 3784, 3794, 4031, 4117.

GRILLAGES. Probl. 1617, 1721, 1735, 1854, 1982.

GRUAU. Probl. 244, 1067, 1499, 1505, 2668.

GRUE (machine). Probl. 131.

H

HABITS. Probl. 25, 417, 418, 419, 455, 456, 495, 518, 1234, 1238, 1579, 1725, 1726, 1834, 1835, 2310, 2314, 2320, 2334, 2341, 2355, 2454, 2478, 3089, 3279, 3280, 3409.

HARICOTS. Probl. 246, 698, 699, 701, 704, 1044, 1299, 2725, 3325, 3717, 3719, 3720.

HARNAIS. Probl. 80, 1427, 2246, 2538, 2967, 2971, 3379, 3380.

HAUTEUR DE QUELQUES ÉDIFICES ET DE QUELQUES MONTAGNES. Probl. 439, 440, 441, 442, 2403, 2404.

HERBE ou FOURRAGE VERT. Probl. 1081, 1373, 1905, 3167, 3661, 3698 à 3702.

HORLOGERIE. Probl. 1649, 1816, 1817, 1884, 2058, 2641, 2764, 2841, 2910, 2947, 2974, 3211, 3224, 3411, 3420, 3534, 3535.

HOUBLON. Probl. 1080, 1433, 1434, 1436, 2642, 3175.

HOUILLE. Probl. 173, 184, 235, 253, 258, 261, 264, 372, 373, 374, 943, 1075, 1143, 1302, 1361, 1534, 1572, 1681, 1759, 1794, 1795, 1920, 2096, 2199, 2269, 2311, 2312, 2400, 2601, 2715, 2719, 2724, 2741, 2744, 2872, 2873, 2916, 2944, 3028, 3029, 3154, 3159, 3160, 3168, 3173, 3174, 3265, 3461, 3462, 3850, 3857, 4044, 4084, 4136, 4157, 4208.

HUILES. Probl. 259, 303, 410, 837, 840, 841, 843, 845, 848, 864, 865, 872 à 874, 880, 919 à 933, 942, 964, 969, 973, 1003, 1013, 1027, 1042, 1063, 1099, 1276, 1280, 1303 à 1307, 1309, 1319, 1321, 1322, 1330, 1331, 1334, 1351, 1356, 1425, 1426, 1456, 1503, 1515, 1565, 1604, 1615, 1616, 1630, 1708, 1709, 1722, 1905, 1988, 2002, 2065, 2067, 2135, 2137, 2160, 2169, 2170, 2220, 2224, 2317, 2426, 2459, 2467, 2468, 2506, 2561, 2675, 2691, 2697, 2721, 2757, 2782, 2835, 2887, 2948, 2992, 3016, 3067, 3128, 3139, 3155, 3213, 3257, 3260, 3554, 3570, 3609, 3911, 3914, 3915, 4089, 4099, 4138, 4139, 4205.

HUITRES. Probl. 8, 356, 357, 423, 3521, 3522, 3574, 3777, 3778, 3788.

I

IMPRIMERIE. Probl. 206, 3442, 3444, 3983, 4081.

INDIENNES. (tissus). Probl. 386, 523, 2588.

INDIGO. L'*indigo* est une matière dont on se sert pour colorer en bleu, et qui est ainsi nommée parce qu'elle est originaire des Indes. Probl. 212, 1020, 2225, 2362, 2514, 3184, 3531, 3545, 3602.

INSTRUMENTS DE MUSIQUE. Probl. 2556, 2714, 2715, 2786, 2883, 2893, 3943, 2969, 3100, 3196, 3231, 3531, 4201, 4206.

INSTRUMENTS DE PHYSIQUE ET D'ASTRONOMIE. Probl. 222, 268, 295,

TABLE ALPHABÉTIQUE. 517

1279, 1629, 1661, 1810, 1969, 2018, 2019, 2020, 2188, 2211, 2288, 2301, 2319, 2492, 2493, 2503, 2504, 2508, 2671, 2811, 2858, 2901, 2907, 2970, 3027, 3215, 3217, 3234, 3415, 3542, 3557, 3918, 3955, 4005, 4015, 4093, 4118, 4152.

IPÉCACUANHA. Dans le commerce, sous le nom d'*ipécacuanha*, on désigne les racines d'une plante qui doit surtout sa valeur réelle au principe végétal que renferme son écorce, lequel est doué d'une propriété vomitive énergique. Probl. 1887, 1888.

IRIS. L'*iris* est une plante dont la racine, réduite en poudre, sert de parfum. La racine de l'iris de Florence, étant bien desséchée, est employée pour la formation de ces petites boules nommées pois d'iris, avec lesquelles on entretient la suppuration des cautères. Probl. 1057, 1095.

IVOIRE. Probl. 9, 52, 54, 193, 219, 269, 272, 987, 1021, 1070, 1086, 1512, 1951, 1980, 1999, 2044, 2253, 2368, 2657, 2927, 2931, 3077, 3191, 3252, 3406, 3520, 3785, 3789.

J

JALAP. Le *jalap* est une plante dont la racine tuberculeuse est employée en médecine. On trouve le jalap dans toute l'Amérique septentrionale. Probl. 1000, 1025, 1062, 1078, 1089.

JOURNÉES D'OUVRIERS. Probl. 171, 174, 181, 202, 203, 207, 256, 257, 315, 324, 327, 336, 338, 392, 399, 412, 429, 448, 466, 494, 499, 691, 733, 737, 746, 798, 822, 823, 883, 889, 893 à 896, 899, 902, 962, 1096, 1112, 1135, 1371, 1388, 1430, 1482, 1505, 1525, 1641, 1669, 1678, 1697, 1717, 1906, 1923, 2068, 2069, 2317, 2353, 2458, 2517, 2521 à 2523, 2554, 2555, 2571, 2591 à 2594, 2611, 2683, 2745, 2769, 2867, 2884, 2885, 2936, 2937, 2979, 3044, 3065, 3070, 3132, 3136, 3140, 3142, 3145, 3154, 3156, 3168, 3169, 3279, 3280, 3299, 3341, 3342, 3576 à 3580, 3834, 3840, 3986 à 3988, 4012, 4136, 4161, 4185, 4187, 4192, 4198, 4212 à 4221.

K

KERMÈS. Le *kermès*, ou graine d'écarlate, est un insecte du genre de la cochenille. (Voyez le mot Cochenille.)

L

LABOUR DES TERRES. Probl. 684, 687, 1386, 1418 à 1420, 1732.

LAINES. Probl. 21, 51, 62, 74, 107, 118, 143, 201, 278, 296, 329, 385, 966, 968, 974, 975, 1014, 1037, 1097, 1108, 1134, 1403, 1488, 1558, 1575, 1799, 2029, 2030, 2088, 2119, 2256, 2363, 2420, 2430, 2447, 2574, 2694, 2696, 2888, 2889, 2914, 2915, 3064, 3190, 3392, 3466, 3571, 3981, 4049, 4050.

LAIT. Probl. 153, 854, 857, 1093, 1457, 1640, 2571, 3460, 3787, 3792, 3793, 4108.

LAITON. Probl. 1136, 1319, 1490, 1912, 1913, 2018, 2729, 3434, 3931, 3944.

LAMPES. Probl. 149, 1256, 1258, 1899, 2302, 3155, 4086.

LASTING. Probl. 188, 386, 455. (Voyez le mot Drap.)

LATTES. Probl. 635, 2717, 3085, 3628, 3630, 3666 à 3669.

LÉGUMES. Probl. 1072, 1079.

LENTILLES. Probl. 246, 681, 702, 706, 906, 907, 1300, 3723 à 3725.

LIBRAIRIE. Probl. 132, 237, 332, 382, 402, 1452, 1587, 2325, 3983, 4081, 4104.

LICHENS TINCTORIAUX. Probl. 1748, 1961, 2012, 2094, 2102, 2107, 2871.

LIÉGE. Probl. 1656, 2655.

LIN. Probl. 147, 400, 832, 1015, 1043, 1087, 1106, 1352, 2041, 2267, 2270, 2277, 2345, 2396, 2659, 2683, 4011, 4012, 4077, 4082.

LITHARGE. La *litharge* est une substance qui se forme du plomb, lorsqu'on travaille à séparer de ce métal l'argent qu'il renferme. La litharge entre dans la composition du cristal, dans celle du vernis des poteries et dans plusieurs autres. Probl. 3118, 3431.
LITIÈRE. Probl. 152, 2038, 2216, 2369.
LOCOMOTIVES. Probl. 337, 488, 489, 490, 505, 534 à 537, 549 à 555, 1122, 1731, 1865, 3690, 4070.
LOYERS DE LOGEMENTS, etc. Probl. 25, 181, 398, 1923, 3043, 3575.
LUZERNE. Probl. 701, 703, 708, 849, 1765, 2864, 3274, 3275, 3726, 3732, 3733, 4010.

M

MACHINES AGRICOLES. Probl. 256, 257, 366, 686, 866, 1037, 1257, 1275, 1342, 1345, 1349, 1385, 1404, 1431, 1505, 1814, 1815, 1978, 2110, 2250, 2264, 2323, 2424, 2517, 2521, 2522, 2571, 2585, 2693, 2725, 2738 à 2740, 2767, 2769, 2798, 2846, 2973, 2999, 3033, 3084, 3105, 3130, 3131, 3135, 3192, 3193, 3227, 3228, 3235, 3419, 3596, 4065, 4121, 4161 à 4165, 4169 à 4179.
MACHINES INDUSTRIELLES. Probl. 151, 183, 195, 376, 888, 1073, 1074, 1113, 1114, 1143, 1423, 1424, 1488, 1539, 1540, 1835, 1894, 2261, 2316, 2340, 2354, 2397, 2464, 2586, 2670, 2683, 2909, 2911, 2936, 2956, 2979, 3008, 3183, 3438, 3539, 4011.
MAÇONNERIE. Probl. 208, 320, 459, 460, 464, 579, 622, 623, 624, 625, 628, 629, 630, 634, 635, 716, 725, 736, 737, 744, 745, 747, 748, 758, 759, 761 à 768, 960, 961, 1530, 1531, 1541, 1606, 1612, 1696, 1720, 1826, 1853, 1856, 1860, 2108, 2197, 2289, 2352, 2371, 2372, 2388, 2523, 2751, 2754, 2847, 2902, 3017, 3156, 3294 à 3296, 3328, 3329, 3432, 3634, 3652, 3658, 3804, 3824 à 3832, 3841, 3854, 3869, 3898, 3948, 4136. (Voyez les articles Bâtiments, Béton, Briques, Cailloux, Chaux, Ciment, Ciment romain, Cloisons, Maisons, Moellons, Mortiers, Pierres, Plâtre, Ponts, Puits, Sable.)
MAIS. Probl. 855, 866, 2923.
MAISONS. Probl. 102, 2731, 2807, 3043, 4156. (Voyez Bâtiments.)
MARBRERIE. Probl. 619, 722, 723, 724, 729, 732, 739, 740, 742, 743, 751, 1251, 1412, 1613, 1642, 1664, 1704, 1734, 1822, 1848, 1852, 1858, 2434, 2450, 2451, 2536, 2559, 2578, 2653, 2654, 2824, 2905, 2939, 2954, 3129, 3214, 3218, 3359, 3366, 3592, 3754, 3870, 3952, 4080, 4130.
MARINE. Probl. 305, 1259, 2292, 2567. (Voyez les articles Bateaux ordinaires et à vapeur, Frêt et Chapeau, Navigation, Navires.)
MARNAGE DES TERRES. MARNE. Probl. 26, 714, 741, 754, 1365, 1367, 1370, 2378, 3996.
MÉCANIQUE. Probl. 355, 376, 533, 1686, 1713, 1740.
MÉLASSE. Probl. 89, 1357.
MENUISERIE. Probl. 242, 362, 364, 467, 566, 580, 581, 585, 588, 626, 1527, 1551, 1677, 1862, 1863, 1937, 1938, 2079, 2080, 2084, 2161, 2195, 2205, 2237, 2241, 2443, 2552, 2575, 2718, 2760, 2810, 2839, 2989, 3005, 3294, 3349, 3558, 3588, 3618 à 3620, 3629, 4105, 4134. (Voyez les articles Cloisons, Planchers, Planches.)
MERCURE ou VIF-ARGENT. Probl. 1297, 3859.
MERRAIN. Probl. 288, 350, 351, 1868, 2116.
MÉTALLURGIE. Probl. 158, 159, 233, 261, 262, 263, 365, 372, 373, 817, 1052, 1115, 1116, 1139, 1363, 1364, 1491, 1534, 1601, 1602, 1819, 1820, 1947, 2097, 2172, 2210, 2399, 2400, 2417, 2610, 2611, 2646, 2730, 3029, 3168, 3169, 3176, 3251, 3289, 3315, 3316, 3599, 3901, 3902.
MEUBLES. Probl. 308, 390, 1232, 1283, 1287, 1469, 1556, 1559, 1648, 1778, 1875, 1943, 2058, 2066, 2174, 2244, 2245, 2410, 2441, 2528, 2553, 2853, 2856, 3212, 3373, 3378, 3696, 3881, 3884, 3885, 3892, 3893, 3960.
MEULES A MOUDRE OU A AIGUISER. Probl. 2489, 2490, 3204, 3229, 4016.
MIEL. Probl. 1018, 2770.
MINES ET CARRIÈRES. Probl. 20, 352, 731, 750, 1256, 1258, 1268, 1291, 1361, 1733, 1790, 1963, 2068, 2127, 2284, 2285, 2311, 2312, 2496, 2498,

TABLE ALBHABÉTIQUE.

2744, 2745, 2867, 2885, 2945, 2946, 2956, 3020, 3052, 3080, 3103, 3285, 3290, 3293, 3315, 3316, 3583, 3641, 3664, 3850, 3853, 4087, 4203, 4204.
MIROITERIE. Probl. 567, 598, 1513, 1536, 2248, 2249, 3120, 3343, 4113.
MOELLONS. Probl. 622, 623, 624, 628, 716, 755, 756, 762, 764, 2197, 3529, 3831, 3832, 4155, 4190.
MONNAIES. Probl. 528, 529, 624, 1146 à 1291, 1342, 1344 à 1346, 1348, 1349, 1428, 1439, 1469 à 1480, 1535, 1655, 1674, 1675, 1676, 2354, 2755, 3696, 3849, 3858, 3927 à 3944.
MORTIERS. Probl. 629, 630, 634, 736, 757 à 770, 957 à 961, 1481, 2108, 3432, 3439, 3841, 3854, 3898.
MOUCHOIRS. Probl. 294, 316.
MOUSSELINE. Probl. 76, 386, 425, 1341, 1382.
MOUTARDE. Probl. 306, 1327, 1528, 3958, 3997.
MOUTONS. Probl. 36, 251, 270, 377, 421, 434, 992, 997, 1048, 1053, 1081, 1674, 1685, 1902, 1967, 1991, 2470, 2821, 2876, 3114, 3194, 3275 3351, 3537, 3604, 3985, 4069.
MULETS. Probl. 92, 240, 1676, 1760, 2101.
MURIERS. Probl. 38, 524, 1026, 1353 à 1355, 3057, 3991.
MUSC. Probl. 120, 2183, 2408, 2577, 3230, 4017, 4040.
MUSCADES. La *muscade* est le fruit du muscadier, arbre qui croît dans les îles Moluques. Ce fruit est de la grosseur d'une pêche. La muscade est employée dans la pharmacie, dans la droguerie et dans l'épicerie. Probl. 3209, 3220.

N

NACRE. Probl. 1071, 1255, 1263, 1284, 1707, 1769, 1775, 2004, 2037, 2687, 3054, 3252, 3259, 3483, 3763, 3789, 4102.
NATRON. Le *natron* est un carbonate de soude solide et naturel. Plusieurs lacs de la basse Égypte fournissent en abondance cette substance, qu'on emploie au blanchiment du lin et à la fabrication du verre. Probl. 2032.
NAVETS. Probl. 64, 65, 66, 67, 68, 69, 642, 700, 871, 916 à 918, 1373, 1422, 3019, 3268, 3941 à 3943.
NAVIGATION. Probl. 2, 123, 381, 1533, 1600, 2627 à 2643, 2672, 2978, 3042, 3143, 3182. (Voyez l'article Marine.)
NAVIRES. Probl. 1895, 2206, 2882, 3141, 3179, 3182.
NERPRUN. Le *nerprun* est un arbrisseau portant un petit fruit noir dont on se sert en médecine et dans la teinture. Les lames de son écorce fournissent aussi une couleur jaune que l'on fixe avec l'alun. Probl. 984, 1961, 2102, 2107, 2871, 3195.
NOIX DE GALLE. Les *noix de galle* sont des excroissances produites sur les feuilles de chêne par la piqûre de certains insectes. Les noix de galle fournies par le chêne de l'Asie-Mineure sont d'un grand usage dans les arts, surtout dans la teinture et dans la fabrication de l'encre. P. 1006, 2102, 2871.
NOMBRES ABSTRAITS. Probl. 19, 310, 311, 415, 416, 1561, 1568, 1577, 1578, 3501 à 3518, 3735 à 3753.

O

ŒUFS. Probl. 8, 58, 260, 342, 1803, 1806, 2006, 2007, 2014, 2677, 3073, 3096, 3301, 4047, 4115.
OLÉINE. On désigne sous le nom d'*oléine* un des principes entrant dans la composition des huiles grasses et des graisses solides, telles que le suif : c'est la partie la plus pure de l'huile. Probl. 1394, 1400, 1401.
OPIUM. Probl. 3383, 4028.
OR. Probl. 122, 160, 963, 1240, 1269, 1288, 1343, 1350, 1479, 1480, 1605, 2306, 2398, 3451, 3473, 3476, 3477, 3486, 3487, 3498, 3599, 3849, 3858.
ORANGES. Probl. 86, 247, 401, 404, 411, 1414, 1975, 1997, 1998, 2051, 2222, 2223, 3538.

ORGE. Probl. 891, 641, 642, 679, 689, 694, 695, 697, 701, 839, 1431, 1432, 1434 à 1436, 1506, 2571, 2615, 2733, 3134, 3135, 3167, 3258, 3656, 3659 à 3662.
ORGE PERLÉ. Probl. 244.
ORSEILLE. L'*orseille* est une pâte colorante que l'on prépare avec deux espèces de lichens dont les uns croissent sur les rochers au bord de la mer; et les autres, sur les roches de l'Auvergne et des Pyrénées. Probl. 2226, 3772, 3773, 3776.
OS D'ANIMAUX. Probl. 972, 978, 979, 2159, 2365, 2823, 2857, 4064.
OUTILS ET INSTRUMENTS USUELS. Probl. 867, 1236, 1245, 1253, 1254, 1312, 1470, 1475, 1478, 1673, 1772, 1811, 1878, 1882, 1889, 1984, 2162, 2179, 2966, 3018, 3413, 3414, 3595, 4042, 4043.
OUTREMER. L'outremer est une pierre qui vient de Perse, de Chine et de la grande Boukharie. Cette pierre est très-estimée à cause de la belle couleur bleu d'azur qu'on peut en retirer. On prépare aujourd'hui de l'outremer factice qui rivalise avec l'outremer naturel. Probl. 2463, 4096.
OUVRIERS. Probl. 196, 245, 258, 315, 327, 336, 392, 398, 456, 1049, 1050, 1094, 1096, 1386, 1417, 1494 à 1497, 1763, 1764, 1836, 1845 à 1847, 1923, 2126, 2127, 2591, 3069, 3126, 4184, 4188 à 4192, 4202.

P

PAILLE. Probl. 152, 690, 699, 702, 704, 705, 882, 1336, 1374, 1499, 1500, 1506, 2236, 2395, 2570 à 2572, 2613 à 2615, 2625, 2626, 2684, 2874, 2895, 3114, 3238, 3268, 3649, 3650, 3655, 3660, 3714, 3718, 3719, 3729, 3889.
PAIN. Probl. 25, 85, 264, 318, 902, 1049, 1050, 1096, 1103, 1112, 1121, 1144, 1145, 1492, 1493, 1498, 1499, 1501, 1507, 1560, 2215, 2230, 2254, 2258, 2356, 2358, 3166, 3494, 4007, 4193.
PAPIER. Probl. 165, 166, 1906, 2057, 2109, 2217, 2218, 2527, 2529, 2530, 2535, 2565, 2589, 2603, 2743, 2755, 2781, 3060, 3148, 3236, 3242, 3401, 3402, 3612, 3614, 3799, 3855, 4110.
PARQUETS. Probl. 275, 569, 570, 1743, 2128, 2550, 3708, 3710, 3835.
PASSEMENTERIE. Probl. 1698, 3409, 3412.
PATES D'ITALIE. Probl. 27, 182, 1090, 3365.
PAVAGE. Probl. 60, 276, 407, 558, 562, 572, 587, 597, 614, 760, 1519, 1832, 1944, 1993, 1994, 2036, 2117, 2124, 2146, 2184, 2208, 2259, 2295, 2297, 2298, 2698, 2980, 2990, 3053, 3294, 3335, 3337, 3616, 3617, 3626, 3627, 3711, 3791, 3962, 4056.
PEINTURE EN BATIMENTS. Probl. 408, 568, 574, 575, 576, 583, 584, 585, 589, 591, 596, 602, 603, 631, 632, 633, 1449, 1712, 1849, 2265, 2278, 2375, 2416, 3294, 3350, 3390, 3586, 3589, 3620, 3883. (Voyez Couleurs et Vernis.)
PEAUX. Probl. 14, 16, 18, 115, 116, 185, 190, 239, 282, 286, 289, 301, 437, 990, 1004, 1048, 1082, 1084, 1085, 1109, 1138, 1241, 1281, 1450, 1788, 1879, 1946, 1958, 1962, 1976, 2023, 2056, 2115, 2134, 2145, 2155, 2219, 2271, 2274, 2318, 2328, 2339, 2480, 2482, 2598, 2797, 2800, 2935, 2955, 3150, 3246, 3270, 3321, 3393, 3394, 3555, 3559, 3560, 3760, 3783, 4033, 4034, 4095.
PIERRES DE TAILLE ET AUTRES. Probl. 180, 585, 617, 625, 627, 630, 711, 733, 763, 765, 766, 775 à 780, 1295, 2190, 2534, 2674, 2780, 2813, 3088, 3381, 3561 à 3565, 3568, 3569, 3590, 3603, 3606, 3832, 3841, 3873 à 3875, 3887, 4155.
PLAFONNAGE. Probl. 610, 611, 635, 1663, 3287, 3621, 3628, 3835.
PLANCHERS. Probl. 110, 343, 560, 561, 573, 599, 604, 615, 1428, 2048, 2118, 2130, 2273, 2540, 2551, 2752, 2869, 2940, 2998, 3055, 3062, 3186, 3287, 3288, 3585, 3622, 3640, 3687, 3688, 3707, 3709, 3835, 4062.
PLANCHES. Probl. 110, 151, 376, 599, 2294, 2709, 2735, 2936, 3186, 3640, 3815, 3816, 3865, 3867.

TABLE ALPHABÉTIQUE. 521

PLATRE. Probl. 253, 745, 1645, 1738, 2864, 3285, 3432, 3628, 3854.
PLOMB. Probl. 1139, 1828, 1909 à 1911, 1918, 1919, 2055, 2953, 3353, 3421, 3434, 3436, 3442 à 3444, 3860, 3903, 3929, 3941, 3949, 4136.
PLOMBERIE ET FONTAINERIE. Probl. 191, 277, 2154, 2247, 2348, 2474, 3294, 3387, 3388, 3666, 3668, 4136.
PLUMES. Probl. 3370, 3558, 3572.
POÊLERIE ET FUMISTERIE. Probl. 214, 224, 330, 594, 600, 718, 728, 1244, 1246, 1517, 1750, 1751, 1935, 1955, 1957, 1966, 2105, 2136, 2156, 2186, 2194, 2251, 2252, 2488, 2580, 2682, 2759, 2761, 2838, 2904, 2961, 3092, 3093, 3249, 3372, 3416, 4078.
POILS. Probl. 1029, 1120, 2076, 2138, 2361, 2656, 2890, 3271, 3369, 3761, 4048.
POIS. Probl. 246, 653, 698, 699, 701, 706, 858, 2570, 3728 à 3730.
POISSON. Probl. 8, 42, 43, 44, 59, 78, 177, 230, 298, 1509 à 1511, 1526, 1741, 1773, 1774, 1780, 1787, 1798, 1823, 1949, 1970, 1977, 1981, 2013, 2015, 2016, 2185, 2878, 3075, 3364, 3385, 3977, 4008, 4088.
POIX. Probl. 312, 3102.
POMMES DE TERRE. Probl. 64 à 69, 82, 175, 246, 323, 642, 696, 700, 891, 912 à 914, 1076, 1483, 1584, 1659, 1800, 2001, 2385, 2727, 3154, 3167, 3223, 3872.
PONTS. Probl. 249, 371, 769, 3037, 3041, 3143, 3144, 4148.
POPULATION. Probl. 35, 61, 1102, 1493, 1498, 1504, 1749.
PORCELAINE. Probl. 1317, 2539, 2643, 2865, 2908, 2951, 3936, 3937.
POTASSE. Probl. 3375, 3429, 3541.
POTERIES. Probl. 181, 232, 1828, 2142, 2227, 2228, 3430, 3431, 3581, 3970. (Voyez les articles Cobalt, Litharge, Safre.)
PRAIRIES. Probl. 170, 322, 377, 434, 638, 641, 642, 660, 682, 684, 687, 701, 703, 709, 711, 1337, 1358, 1416, 1502, 1662, 1905, 2232, 2233, 2519, 2520, 2547, 2564, 2884, 3134, 3272, 3642, 3665, 3698 à 3706.
PRODUITS CHIMIQUES. Probl. 1132, 1487, 1537, 1716, 1953, 2364, 2405, 2412, 2587, 2676, 2702, 2703, 2712, 2734, 2912, 3072, 3203, 3232, 3395, 3422 à 3426, 3429, 3431, 3440, 3541, 4045, 4136.
PRUNEAUX. Probl. 1046, 1047, 2422, 2640, 2793, 2794, 3468.
PUITS ARTÉSIENS ET AUTRES. Probl. 1391, 1393, 1497, 1963, 2311, 2312, 3003, 3038, 3853, 3869, 3978, 3990, 4111.

Q

QUERCITRON. Le *quercitron* est l'écorce moulue d'une espèce de chêne vert de l'Amérique septentrionale. Le quercitron peut servir à teindre en jaune la laine, la soie, etc.; et on l'emploie pour les couleurs composées et principalement pour les couleurs vertes dont le jaune fait partie. Probl. 267, 271, 273, 2871, 3195.
QUINCAILLERIE. Probl. 243, 284, 347, 427, 428, 1679, 1956, 1990, 2144, 2182, 2582, 2583, 2590, 2643, 2808, 3121, 3122, 3367, 3374, 3686, 3871, 3876, 4018, 4122, 4133.
QUINQUINA. Le *quinquina* est l'écorce d'un arbre qui croît au Pérou. C'est le meilleur médicament que l'on puisse employer pour chasser la fièvre. Probl. 1585, 2239, 2240, 2748.

R

RAILS. Probl. 540, 1117, 1646, 2286, 2287, 2608, 2609, 2719, 2724, 2749, 2774, 2866, 3330, 3331, 4194.
RAY-GRASS. Le *ray-grass* est une espèce d'ivraie vivace avec laquelle on fait des prairies artificielles. Probl. 3927, 3929, 3930.
RÉGLISSE. Probl. 1098, 1273, 2941.
RHUBARBE. La *rhubarbe* est une plante dont les racines, réduites en poudre, forment un médicament précieux comme tonique et comme purgatif doux et fortifiant. Probl. 325, 397, 1729, 1979.

RIZ. Probl. 106, 211, 2837, 3345.
ROCOU. Le *rocou* est une matière colorante rouge qui entoure la graine d'un arbre commun dans l'Amérique méridionale. Probl. 2870, 2871, 3773, 3776.
ROUTES. Probl. 180, 266, 379, 470, 507, 508, 577, 746, 1744, 1761, 1762, 1871, 1880, 1881, 1993, 1994, 3327, 4167.
RUBANS. Probl. 387, 446, 466, 476, 493, 500, 515, 1705, 2329, 2359, 3352, 4052.

S

SABLE. Probl. 453, 454, 634, 717, 720, 757, 758, 759, 761, 762, 766 à 770, 957 à 961, 1487, 1495, 2259, 2300, 2532, 2606, 2806, 3425, 3426, 3429, 3431, 3439, 3456, 3599, 3626, 3627, 3796, 3888, 3890, 3905, 3992, 3993.
SAFRAN. Probl. 1711, 2094, 2107, 2871.
SAFRE. Sous le nom de *safre*, on désigne une couleur tirée du cobalt (voyez ce mot) avec laquelle on fait le bleu d'émail qui sert à colorer les porcelaines et la faïence. Probl. 3975.
SAINFOIN. Probl. 701, 707, 708, 710, 3222, 3734, 3775, 3928.
SALPÊTRE. Probl. 231, 3797, 4136.
SALSEPAREILLE. La *salsepareille* est un arbuste qui vient du Brésil, et dont la racine est employée en médecine. Probl. 1001, 1025, 1062.
SANGSUES. Probl. 2178.
SARRASIN. Probl. 846, 2040, 2571, 3264, 3312, 3673, 3715, 3716, 3718.
SATIN. Probl. 326, 409, 469, 1582, 1624, 2431, 2649, 4105.
SAVON. Probl. 1396, 1565, 1586, 2032, 2045, 2921, 3226, 3371, 3427.
SEIGLE. Probl. 424, 641, 642, 690, 694, 697, 842, 847, 870, 1374, 1500, 1802, 2425, 2571, 3134, 3135, 3433, 3494, 3653 à 3655.
SEL. Probl. 134, 363, 1684, 2011, 2027, 2254, 2279, 2570, 2937, 3114, 4159.
SELLERIE ET CARROSSERIE. Probl. 336, 1625, 1874, 1950, 1985, 2035, 2132, 2133, 2177, 2604, 2708, 2716, 2843, 2844, 3244, 4127, 4151.
SEMENCINE, SEMEN-CONTRA. La *semencine* est l'une des trois principales sortes de *semen-contra*. Par *semen-contra*, on entend en pharmacie, la semence de plusieurs espèces de plantes, administrée pour faire périr les vers intestinaux. Probl. 3363.
SEMOULE. Probl. 244.
SÉNÉ. Sous le nom de *séné*, on désigne les feuilles desséchées de plusieurs petits arbrisseaux qui croissent naturellement dans les pays méridionaux. Ces feuilles sont employées en médecine à cause de leur vertu purgative; mais on les associe avec du sulfate de soude. P. 1528, 2407, 2817, 3081, 3347, 4141.
SERRURERIE. Probl. 472 à 475, 528, 529, 585, 1940, 1943, 2229, 2347, 2353, 2444, 2771, 2772, 2877, 3021, 3039, 3121, 3122, 3286, 3287, 3294, 3620, 3835, 4136, 4150.
SOIE, SOIERIES. Probl. 112, 113, 189, 290, 291, 314, 424, 980, 1265, 1354, 1355, 1730, 1796, 1801, 1873, 1945, 1983, 2028, 2094, 2157, 2192, 2193, 2257, 2281, 2282, 2330, 2431, 2453, 2481, 2596, 2597, 2607, 2792, 2825, 2861, 2917, 2919, 2922, 3051, 3058, 3185, 3253, 3334, 3334, 3458, 3999, 4060.
SOIE (vers à). Probl. 10, 39, 96 à 98, 445, 563, 985, 986, 1354, 2481, 3057, 3063, 3291.
SOIES DE PORC ET DE SANGLIER. Probl. 1002, 2283, 4048.
SOMMES D'ARGENT EN GÉNÉRAL. Probl. 34, 91, 103, 144, 280, 334, 345, 370, 1524, 1611, 1654, 1754 à 1756, 1766, 1783, 2836, 2419, 2420, 2435, 2440, 2456, 2605, 2647, 2773, 2777, 2804, 2829, 2896, 3046, 3068, 3091, 3116, 3597, 4182.
SON (vitesse du). Probl. 161, 457, 458, 1607, 1824, 2415.
SORGHO. Probl. 1375.
SOUDE. La *soude* proprement dite est une plante qui croît dans le voisinage des mers. C'est des cendres de cette plante qu'on retire la substance connue elle-même dans le commerce sous le nom de *soude*.

TABLE ALPHABÉTIQUE. 523

La soude du commerce est une substance blanche, qui se dissout facilement dans l'eau, et qui a une saveur âcre et un peu caustique. P. 1141, 3395, 3425, 4142 à 4144, 4157 à 4159, 4208, 4209.

SOUFRE. Probl. 173, 1828, 2120, 2584, 3533, 4136.

SPARTE, SPARTERIE. Le *sparte* est une espèce de jonc qui croît sur les bords de la mer dans le midi de la France et en Espagne. Il s'emploie pour la fabrication des ouvrages de sparterie, tels que nattes, tapis, corbeilles, cordes, etc. Probl. 1660.

STÉARINE. La *stéarine* est un des principes qui entrent dans la composition des graisses et des huiles. C'est avec cette substance qu'on prépare l'acide stéarique employée pour la fabrication des *bougies stéariques*. Probl. 1400, 1402.

SUCRES. Probl. 15, 53, 75, 81, 89, 134, 172, 186, 225, 333, 340, 395, 396, 1032, 1033, 1039, 1041, 1064, 1125, 1126, 1357, 1397, 1398, 1671, 1927, 2005, 2017, 2025, 2026, 2052, 2054, 2060, 2061, 2213, 2231, 2366, 2386, 2406, 2627, 2775, 2859, 3094, 3181, 3452, 3607, 3608, 3877, 3878, 3904, 4024.

SUIF. Probl. 251, 1048, 1053, 1109, 1399, 2515, 3427.

T

TABAC. Probl. 1023, 1034, 1038, 1043, 1670, 1673, 1900, 3056.

TABLEAUX. Probl. 57, 4035.

TAILLANDERIE. Probl. 3582, 4124.

TAILLE DES PIERRES. Probl. 607, 608, 609, 618, 620, 621, 733, 2343, 2384, 3841.

TAMARIN. Le *tamarin* est le fruit d'un arbre qui croît dans les Indes, en Égypte et en Arabie. Probl. 2469, 2942, 3225.

TAN. Le *tan* est un produit formé par de l'écorce de chêne moulue, et dont on se sert pour tanner les peaux, pour les changer en cuir. On se sert aussi, dans le même but, d'écorce d'aune. Probl. 353, 354, 976, 2702, 2814, 3448.

TAPISSERIE, TENTURE. Probl. 150, 220, 501, 582, 1235, 1252, 1724, 1825, 2309, 2402, 2442, 2473, 2475, 2494, 2495, 2736, 2737, 2993, 3030, 3087, 3410, 3678, 3679, 3844, 3845.

TEINTURE DES ÉTOFFES, DES TISSUS, etc. Probl. 1961, 1995, 2094, 2102, 2107, 2140, 2871, 3195, 4145 à 4147, 4199, 4207, 4210, 4211. (Voyez les articles Cachou, Carthame, Cochenille, Garance, Indigo, Nerprun, Noix de galle, Quercitron, Rocou, Safran.)

TENDERS. Probl. 536, 537.

TÉRÉBENTHINE. La *térébenthine* est un suc résineux et visqueux qui coule de certains arbres. On l'obtient en faisant à l'arbre des incisions au moyen desquelles on recueille la térébenthine dans des vases. Probl. 259, 3076, 3361, 3362.

TERRASSES. Probl. 2509, 3587, 4132.

TERRASSEMENT. Probl. 498, 511, 512, 592, 593, 715, 719, 721, 726, 727, 730, 737, 781 à 785, 948, 950, 962, 1482, 1494, 1638, 1658, 1839, 1841, 2085, 2087, 2207, 2209, 2290, 2293, 2331, 2576, 2686, 2768, 2826, 2875, 3110, 3115, 3145, 3254, 3294, 3357, 3391, 3683, 3684, 3805, 3806, 3833, 3839, 3840, 3948, 4107.

TERRES LABOURABLES. Probl. 322, 422, 586, 640, 643 à 652, 654 à 659, 662, 664, 665, 667, 668, 691, 711, 737, 1387, 1429, 1523, 1555, 1608, 1628, 1745, 2090, 2163, 2166, 2202, 2268, 2305, 2421, 2428, 2452, 2462, 2477, 2519, 2523, 2546, 2548, 2549, 2662, 2727, 2728, 2868, 2937, 3007, 3043, 3165, 3166, 3274, 3275, 3317, 3457, 3583, 3615, 3635, 3675, 3691, 3703, 3731, 3834, 3936 à 3944, 4075, 4164, 4172, 4173.

THÉ. Probl. 395, 396, 2994, 3036, 3377, 3398, 3407, 3989, 4120.

TISSUS DIVERS. Probl. 1384, 1409, 1535, 1547, 1583, 1715, 1730, 1797, 1926, 2031, 2143, 2260, 2645, 2690, 3233, 3342, 3766, 3971, 4002, 4038.

TOILES. Probl. 22, 236, 302, 336, 386, 425, 447, 497, 526, 527, 1034, 1104,

1340, 1368, 1380, 1489, 1557, 1571, 1621, 1635, 1643, 1644, 1650, 1701, 1737, 1752, 1784, 1792, 2143, 2214, 2307, 2349, 2350, 2401, 2449, 2582, 2583, 2599, 2600, 2832, 2862, 3045, 3341, 3770, 3771, 4001.

TOLE. Probl. 2194, 2761, 2838, 2904, 2961, 3028, 3041, 3206, 3851, 3852, 3923, 4083, 4084.

TONNELLERIE. Probl. 3899, 3907 à 3914, 4012, 4013.

TOPINAMBOURS. Probl. 64 à 69, 910.

TOURTEAUX DE GRAINES OLÉAGINEUSES. Les *tourteaux* sont des masses ayant la forme d'un pain aplati, et qui sont composées du résidu des graines des fruits oléagineux, après qu'on a extrait l'huile qui y était contenue. Les tourteaux sont une bonne nourriture pour les bestiaux. Probl. 923, 924, 926, 929, 930, 1356, 1366, 1373, 2313, 2835, 3016, 3025.

TRANSPORT, ROULAGE. Probl. 124, 128, 154, 155, 156, 175, 181, 200, 323, 378, 379, 380, 450, 451, 716, 717, 721, 726, 727, 730, 733, 737, 746, 781 à 785, 800, 808 à 810, 820 à 823, 892, 895, 962, 1088, 1308, 1335, 1365, 1412, 1413, 1417, 1437 à 1439, 1448, 1460, 1482, 1483, 1532, 1812, 1901, 1986, 1987, 2042, 2196, 2306, 2557, 2560, 2570, 2608, 2609, 2624, 2681, 2779, 2884, 2886, 2995, 2996, 3154, 3256, 3642, 3796, 3817, 3833, 3834, 3839, 3840, 3847, 3867, 3873 à 3875, 3890, 4107.

TRAVAIL EN GÉNÉRAL. Probl. 33, 187, 664, 1544, 1550, 1562 à 1564, 1569, 1595, 1599, 1689, 1694, 1695, 1699, 1714, 1718, 1723, 1753, 1786, 2069, 2304.

TRAVERSES POUR LES CHEMINS DE FER. Probl. 542 à 544, 1117, 2868.

TRÈFLE. Probl. 109, 701, 703, 707, 710, 838, 1373, 2043, 3167, 3931 à 3935, 3938.

TRUFFES. Probl. 1059, 3360, 3399.

TUILES. Probl. 1413, 1438, 2750, 2753, 2900, 3117, 3632, 3633, 3798.

TUYAUX. Probl. 309, 2544, 2848, 3281, 3283, 3851, 3852, 3862, 3863, 3868, 4072, 4136.

V

VACHES. Probl. 153, 251, 377, 421, 938, 1017, 1053, 1081, 1102, 1640, 1688, 1770, 1967, 1971, 1991, 2106, 2524, 2571, 2615, 2729, 2933, 3048, 3272, 3319, 4079.

VANNERIE. Probl. 2796, 3697, 3900.

VAPEUR (machines à). Probl. 255, 261, 374, 1143, 1443 à 1445, 1572, 2255, 2345, 2568, 2741, 2906, 2916, 2944, 3183, 3210, 3672, 4126.

VEAUX. Probl. 49, 251, 434, 996, 997, 1017, 1082, 1290, 1885, 2570, 2615, 2729, 3086, 3537, 3974.

VELOURS. Probl. 295, 344, 409, 463, 492, 502, 526, 1580, 1619, 1767, 2158, 2191, 2644, 2649, 2700, 4090, 4116.

VERGERS. Probl. 639, 640, 669 à 678, 1429.

VERNIS. Probl. 1514. (Voyez Couleurs.)

VERRERIE, BOUTEILLES, etc. Probl. 1627, 1739, 2628, 2746, 2831, 3113, 3119, 3355, 3425, 3426, 3938, 4074. (Voyez Cobalt, Litharge, Natron, Sable.)

VESCES. Probl. 702, 1301, 1542, 3167, 3433.

VIANDES. Probl. 7, 8, 25, 134, 991 à 997, 1048, 1082, 1083, 1102, 1109, 1249, 1809, 2203, 2437, 2497, 2567, 2669, 2987, 3001, 3086, 3198, 3344, 3418.

VIGNES. Probl. 639, 852, 908, 915, 1371, 1623, 2189, 2383, 2562, 3639, 3676, 3680, 3910, 4123, 4168.

VIN. Probl. 25, 77, 79, 134, 260, 851, 852, 856, 859 à 861, 863, 868, 869, 884, 885, 889, 890, 892 à 897, 899 à 901, 903, 908, 915, 1308, 1458 à 1462, 1620, 1627, 1631, 1634, 1683, 1782, 1877, 1893, 1929, 2204, 2266, 2472, 2560, 2725, 2742, 2789, 2903, 2924, 2981, 3071, 3079, 3304, 3322, 3338, 3440, 3441, 3448, 3452, 3482, 3490, 3680, 3908 à 3910, 3913, 4013, 4014.

VINAIGRE. Probl. 819, 2445, 2446, 2776, 2791, 2803, 2958, 2960.

VITESSE DES VOYAGEURS, DES DILIGENCES, etc. Probl. 197, 198,

383, 435, 449, 451, 452, 477, 481, 491, 506, 513, 532, 1590, 1591, 1594, 2070, 2071, 2874, 2098, 2099, 2123, 2337, 2338, 2391, 3403, 3979.
VITRERIE. Probl. 585, 1476. 1477, 1487, 2484, 2501, 2602, 2678, 2762, 2831, 2850, 2983, 2986, 3113, 3119, 3276, 3277, 3286, 3294, 3620, 4136.
VOLAILLE. Probl. 2003, 2063, 2615, 3000.

W

WAGONS. Probl. 538, 553 à 555, 3438.

Z

ZINC. Probl. 1136, 1137, 1534, 1912 à 1914, 1917, 2091, 2722, 2830, 2840, 3112, 3434, 3436, 3444, 3453, 3455, 3469, 3474, 3657, 3663, 3935.

FIN DE LA TABLE ALPHABÉTIQUE.

TABLE DES MATIÈRES

	Pages
AVANT-PROPOS.	1
Remarques sur l'emploi de quelques-uns des signes de l'Arithmétique.	1*
Table des principales abréviations employées dans cet ouvrage.	3*
Moyens d'abréger certaines opérations.	4*
Méthode abrégée pour la multiplication.	ibid.
Méthode abrégée pour la division.	5*
Division abrégée des nombres décimaux.	6*
Méthode abrégée pour l'extraction de la racine carrée.	7*
Méthode abrégée pour l'extraction de la racine cubique.	8*
N° 1. Tableau des poids spécifiques ou des densités de quelques corps.	9*
N° 2. Table servant à trouver le nombre de jours compris entre deux époques quelconques de l'année.	11*
N° 3. Table des surfaces, des rayons, des apothèmes et des côtés de quelques polygones réguliers.	12*
N° 4. Loi de la mortalité en France, suivant la Table de Deparcieux.	13*
N° 5. Loi de la mortalité en France, d'après Duvillard.	14*
N° 6. Table indiquant la valeur de 1 fr. à intérêts composés.	15*
N° 7. Table indiquant la somme à verser immédiatement pour recevoir 1 fr. après un nombre déterminé d'années.	16*
N° 8. Table indiquant le capital acquis à la fin de chaque année par un versement annuel de 1 fr.	17*
N° 9. Table indiquant le capital à recevoir immédiatement, et dont on s'acquitte en servant une annuité de 1 fr.	18*
N° 10. Table indiquant la valeur d'une annuité de 1 fr. à la fin de chaque année.	19*
N° 11. Table indiquant le tant pour cent d'un capital quelconque, à verser au premier jour de chaque année, pour obtenir ce même capital après un temps donné.	20*
N° 12. Table indiquant le tant pour cent d'un capital quelconque, à payer à la fin de chaque année, pour s'acquitter de ce même capital à une époque déterminée.	21*
N° 13. Table supplémentaire de la Table n° 6, pour le calcul des intérêts composés, lorsqu'on capitalise les intérêts tous les trois mois ou tous les six mois.	22*

Nos des Probl.		Pag.
1 à 55.	Recueil de Problèmes. — Nombres entiers et nombres décimaux. — Addition.	1
56 à 121.	Soustraction.	7
122 à 196.	Multiplication.	14
197 à 300.	Division.	22
	Problèmes divers sur les quatre Règles. — Principes. Du n° 1er au n° 18.	33
301 à 438.	Problèmes.	35
439 à 557.	Système métrique. — Mesures de longueur.	51
558 à 637.	Mesures de superficie proprement dites. — Principe n° 19.	63
638 à 711.	Mesures agraires.	72

TABLE DES MATIÈRES.

Nos des Probl.		Pag.
712 à 785.	Mesures de solidité proprement dites. — Principe n° 20.	81
786 à 836.	Mesures pour le bois de chauffage.	91
837 à 962.	Mesures de capacité.	98
963 à 1145.	Mesures de poids.	112
1146 à 1166.	Mesures monétaires. — Relations.	131
1167 à 1173.	Monnaies de bronze.	132
1174 à 1205.	Monnaies d'argent.	133
1206 à 1230.	Monnaies d'or.	135
1231 à 1291.	Problèmes divers sur les monnaies.	137
	Problèmes divers sur le système métrique. — Principes. Du n° 21 au n° 31.	144
1292 à 1538.	Problèmes.	145
1539 à 1572.	Fractions. — Addition.	172
1573 à 1602.	Soustraction.	174
1603 à 1688.	Multiplication.	177
1689 à 1892.	Division.	183
1893 à 2149.	Problèmes divers sur les fractions.	199
2150 à 2316.	Règle de Trois simple.	228
2317 à 2418.	Règle de Trois composée.	242
2419 à 2611.	Règle d'Intérêt.	253
2612 à 2643.	Problèmes sur les Assurances. — Principes. Du n° 32 au n° 40.	278
	Problèmes sur les Rentes. — Principes. Du n° 41 au n° 65.	284
2644 à 2774.	Problèmes.	286
2775 à 2912.	Règle d'Escompte.	300
2913 à 3043.	Règle du Temps pour les paiements.	323
3044 à 3129.	Règle de Répartition proportionnelle simple.	341
3130 à 3177.	Règle de Répartition proportionnelle composée.	353
3178 à 3243.	Règle de Société simple.	361
3244 à 3294.	Règle de Société composée.	370
3295 à 3420.	Règle des Moyennes.	380
3421 à 3500.	Règle de Mélange et d'Alliage.	395
	Carrés et Racines carrées. — Principes. Du n° 66 au n° 92.	406
3501 à 3610.	Problèmes.	409
3611 à 3734.	Évaluation des Surfaces.	421
	Cubes et Racines cubiques. — Principes. Du n° 93 au n° 105.	436
3735 à 3798.	Problèmes.	438
3799 à 3954.	Évaluation du Volume des Solides.	445
3955 à 4004.	Progressions par différence.	466
4005 à 4073.	Progressions par quotient.	472
	Intérêts composés et Annuités. — Principes. Du n° 106 au n° 158.	480
4074 à 4113.	Problèmes. — Intérêts composés proprement dits.	487
4114 à 4126.	Annuités proprement dites.	492
4127 à 4159.	Amortissement.	493
4160 à 4179.	Crédit foncier.	498
4180 à 4202.	Rentes viagères et Assurances sur la vie.	501
4203 à 4211.	Caisse dotale.	505
4212 à 4221.	Caisse d'épargne.	507
	Table alphabétique et analytique.	509

FIN DE LA TABLE DES MATIÈRES.

Tours. — Impr. Mame.

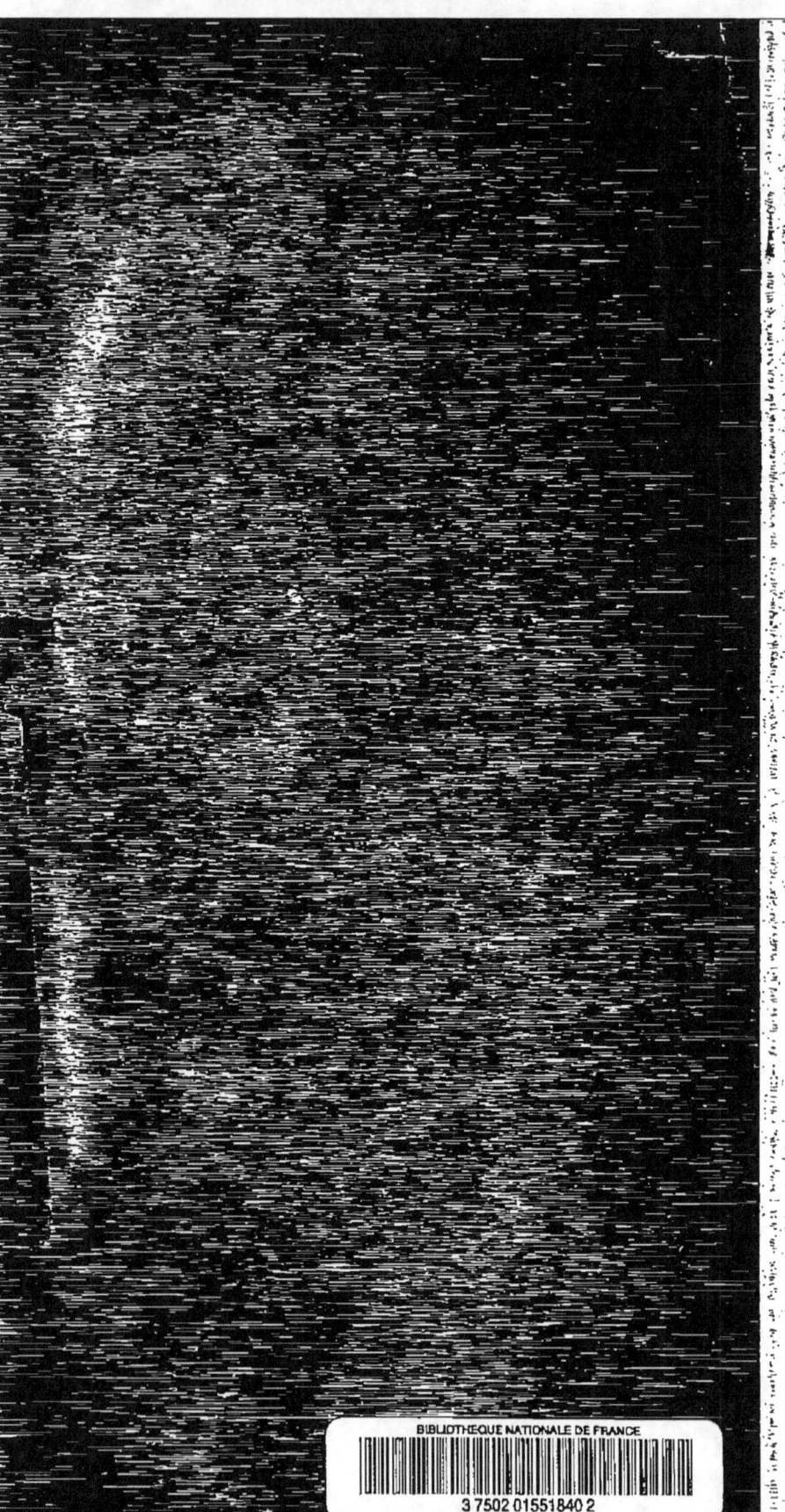

www.ingramcontent.com/pod-product-compliance
Lightning Source LLC
Chambersburg PA
CBHW060758230426
43667CB00010B/1613